JN248415

学ぶ人は、
変えてゆく人だ。

目の前にある問題はもちろん、
人生の問いや、
社会の課題を自ら見つけ、
挑み続けるために、人は学ぶ。
「学び」で、
少しずつ世界は変えてゆける。
いつでも、どこでも、誰でも、
学ぶことができる世の中へ。

旺文社

全国高校入試問題正解 2021年受験用

国語

旺文社

本書の刊行にあたって

全国の入学試験問題を掲載した「全国高校入試問題正解」が誕生して，すでに70年が経ちます。ここでは，改めてこの本を刊行する３つの意義を確認しようと思います。

①事実をありのままに伝える「報道性」

その年に出た入学試験問題がどんなもので，解答が何であるのかという事実を正確に伝える。この本は，無駄な加工を施さずにありのままを皆さんにお伝えする「ドキュメンタリー」の性質を持っています。また，客観資料に基づいた傾向分析と次年度への対策が付加価値として付されています。

②いちはやく報道する「速報性」

報道には事実を伝えるという側面のほかに，スピードも重要な要素になります。その意味でこの「入試正解」も，可能な限り迅速に皆さんにお届けできるよう最大限の努力をしています。入学試験が行われてすぐ問題を目にできるということは，来年の準備をいち早く行えるという利点があります。

③毎年の報道の積み重ねによる「資料性」

冒頭でも触れたように，この本には長い歴史があります。この時間の積み重ねと範囲の広さは，この本の資料としての価値を高めています。過去の問題との比較，また多様な問題同士の比較により，目指す高校の入学試験の特徴が明確に浮かび上がってきます。

以上の意義を鑑み，これからも私たちがこの「全国高校入試問題正解」を刊行し続けることが，微力ながら皆さんのお役にたてると信じています。どうぞこの本を有効に活用し，最大の効果を得られることを期待しています。

最後に，刊行にあたり入学試験問題や貴重な資料をご提供くださった各都道府県教育委員会・教育庁ならびに国立・私立高校，高等専門学校の関係諸先生方，また解答・校閲にあたられた諸先生方に，心より御礼申し上げます。

2020年6月　　旺 文 社

CONTENTS

2020／国語

公立高校

国立高校

私立高校

高等専門学校

この本の特長と効果的な使い方

しくみと特長

◆公立・国立・私立高校の問題を掲載

都道府県の公立高校（一部の独自入試問題を含む），国立大学附属高校，国立高専・都立高専，私立高校の国語の入試問題を，上記の順で配列してあります。

◆「解答」には「解き方」「別解」も収録

問題は各都道府県・各校ごとに掲げ，巻末に各都道府県・各校ごとに「解答」と「解き方」を収めました。難しい問題には，特にくわしい「解き方」をそえ，さらに別解がある場合は［または］と示しました。

◆「時間」・「満点」・「実施日」を問題の最初に明示

2020年入試を知るうえで，参考になる大切なデータです。満点を公表しない高校の場合は「非公表」としてありますが，全体の何％ぐらいが解けるか，と考えて活用してください。

また，各都道府県・各校の最近の「出題傾向と対策」を問題のはじめに入れました。志望校の出題傾向の分析に便利です。

◆各問題に，問題内容や出題傾向を表示

それぞれの問題のはじめに，学習のめやすとなるように問題内容を明示し，さらに次のような表記もしました。

- よく出る ………よく出題される重要な問題
- 新傾向 ………新しいタイプの問題
- 思考力 ………思考力を問う問題
- 基本 ………基本的な問題
- 難 ………特に難しい問題

◆出題傾向を分析し，効率のよい受験対策を指導

巻末の解説記事に「2020年入試の出題傾向と2021年の予想・対策」および公立・国立・私立高校別の「2020年の出題内容一覧」など，関係資料を豊富に収めました。これを参考に，志望校の出題傾向にターゲットをしぼった効果的な学習計画を立てることができます。

◇なお，編集上の都合により，写真や図版を差し替えた問題や一部掲載していない問題があります。あらかじめご了承ください。

効果的な使い方

■志望校選択のために

一口に高校といっても，公立のほかに国立，私立があり，さらに普通科・理数科・英語科など，いろいろな課程があります。

志望校の選択には，自分の実力や適性，将来の希望などもからんできます。入試問題の手ごたえや最近の出題傾向なども参考に，先生や保護者ともよく相談して，なるべく早めに志望校を決めるようにしてください。

■出題の傾向を活用して

志望校が決定したら，「2020年の出題内容一覧」などを参考にしながら，どこに照準を定めたらよいか判断します。高校によっては入試問題にもクセがあるものです。そのクセを知って受験対策を組み立てるのも効果的です。

やたらに勉強時間ばかり長くとっても，効果はありません。年間を通じて，ムリ・ムダ・ムラのない学習を心がけたいものです。

■解答は入試本番のつもりで

まず，志望校の問題にあたってみます。問題を解くときは示された時間内で，本番のつもりで解答しましょう。必ず自分の力で解き，「解答」「解き方」で自己採点し，まちがえたところは速やかに解決するようにしてください。

■よく出る問題を重点的に

本文中に よく出る および 基本 と表示された問題は，自分の納得のいくまで徹底的に学習しておくことが必要です。

■さらに効果的な使い方

志望校の問題が済んだら，他校の問題も解いてみましょう。苦手分野を集中的に学習したり，「模擬テスト」として実戦演習のつもりで活用するのも効果的です。

［編集協力］株式会社 瑪瑙企画　［表紙デザイン］土屋真郁＋ya

公立高等学校

北海道

時間 45分　満点 60点　解答 P2　3月4日実施

出題傾向と対策

●総合問題二題、小説文一題、古文一題の四題構成。学校裁量問題は総合問題一題との差し替えで論説文が出題される。文章内容・設問ともに標準レベルだが、語彙、文法、古典知識などに関して幅広く問われるのが特徴的。記述問題もある程度あり、時間内で解き切るかが課題。

●国語知識については時間をかけずに済むように、基本的知識を事前に幅広く押さえておくこと。抜き出しを含む記述問題については「設問の要求」をしっかり押さえ、傍線部や空欄前後の内容を確認してまとめる訓練が必要。

注意　問いのうち、字数が指示されているものについては、句読点や符号も字数に含めて答えなさい。

> 裁量問題選択校では**二三四**と**裁量問題**を出題し、**一**を除外。

一 漢字の読み書き・慣用句・活用・文脈把握・内容吟味

次の問いに答えなさい。（計21点）

問一、よく出る 基本 (1)〜(4)の――線部の読みを書きなさい。（各1点）

(1)作者の略歴を紹介する。
(2)簡便な方法を試した。
(3)主将としてチームを率いる。
(4)兄とともに家業を継ぐ。

問二、よく出る 基本 (1)〜(4)の――線部を漢字で書きなさい。（各1点）

(1)かんまつの参考資料を見る。
(2)項目別に課題をれっきょする。
(3)太陽の光がふり注ぐ。
(4)誕生日に友人をまねいた。

問三、よく出る 次のA、Bの文の□には、体の部分を表す同じ漢字一字が入ります。その漢字を書きなさい。（2点）

A、私たちは、去年の優勝チームに□を借りるつもりでぶつかった。
B、友人に悩みを打ち明けて、□のつかえがおりた。

問四、基本 次は、中学生の村上さんと菊地先生の会話です。これを読んで、(1)、(2)に答えなさい。

> （村上さん）　放課後に[1]行うダンスの練習場所は、予定通り多目的教室でよろしいでしょうか。
> （菊地先生）　今日は隣の教室で打合せがあるため、多目的教室での練習は□ない方がよいでしょう。
> （村上さん）　わかりました。では、[2]他に使える場所があるかどうか探してみます。

(1)――線1「行う」を、□に当てはまるように活用させて書きなさい。（2点）

(2)次の文が、――線2「他に使える場所があるかどうか探してみます。」と同じ意味になるように、□に当てはまる言葉を書きなさい。（2点）

他に使う□場所があるかどうか探してみます。

問五、思考力 次の文章を読んで、(1)、(2)に答えなさい。

私たちの生活の中に段ボールは深く浸透し、段ボールを使ったことがない人はいないといっても過言ではありません。段ボールが日本で作られるようになってから一〇〇年を超えていますが、三枚の板紙を加工した姿かたちは、基本的に変わっておらず、「最初から完成形であった」ともいえます。また、段ボールは世界各国で生産され、それを何気なく手にとってしまうと、どれも変わりないように感じます。おそらく日本人にとっての段ボールは、いまや空気のような存在です。「[1]いつもそこにある段ボール」ですが、それにまつわる開発・創意工夫・生産管理の技術・技能も隠されています。ものを輸送するためには何らかの包装・容器が必要ですが、段ボールが他の資材と大きく違う点は、資源の乏しい日本であっても、原料のほとんどすべてを日本国内で賄うことができることです。これは、段ボールの原料のほとんどが段ボール古紙であるためであり、段ボールのリサイクルシステムが出来上がっていることに由来しています。すなわち、段ボール古紙が大量に発生する大都市が、「[2]現代の大森林」になっています。

（斎藤勝彦「トコトンやさしい段ボールの本」による）

(1)――線1「いつもそこにある段ボール」とありますが、この表現から、筆者が段ボールをどのようにとらえているかを、次のようにまとめるとき、[①]、[②]に当てはまる表現を、それぞれ書きなさい。ただし、[①]は文中から十字以内で書き抜き、[②]は文中の言葉を用いて、五字以上、十字以内で書くこと。（各2点）

> 段ボールは、私たち日本人にとって、[①]であるといってよいほど、[②]している。

(2)――線2「現代の大森林」とありますが、筆者が、大都市のことをこのように表現している理由を、次に示した表現に続けて、三十字程度で書きなさい。（3点）

現代の大都市では、

二 漢字知識・内容吟味・短文作成

次の問いに答えなさい。（計15点）

問一、よく出る 基本 次の文の――線部「鉛筆削り」は、①「鉛筆」と②「削り」の二つの単語に分けることができます。この二つの単語を、単語の成り立ちから分類したときの組み合わせとして正しいものを、ア～カから選びなさい。（2点）

妹は、小学校の入学祝いに鉛筆削りを買ってもらった。

ア、①　和語　②　和語
イ、①　和語　②　漢語
ウ、①　漢語　②　和語
エ、①　漢語　②　漢語
オ、①　外来語　②　和語
カ、①　外来語　②　漢語

問二、基本 (1)、(2)の文から、誤って使われている漢字一字をそれぞれ書き抜き、同じ読みの正しい漢字を書きなさい。（完答で各1点）

(1)町の伝統文化を守る取り組みが、地域住民の思持を得て進められている。

(2)施設の利用許可を受けるため、提出書類に必要事項を記入して信請した。

問三、ある中学校の生徒会役員が、地域の小学校六年生に中学校の生活を一日体験入学で紹介することになりました。次は、参加する小学生を対象に事前に行ったアンケートの結果（A）と、生徒会役員の話し合いの場面（B）です。これらを読んで、(1)～(3)に答えなさい。

（A）アンケートの結果

一日体験入学事前アンケート

【小学校６年生　112名回答】

中学校の生活で楽しみにしていることは何ですか。（複数回答）

・学校祭などの学校行事（69%）
・新しい友達をつくること（61%）
・部活動に参加すること（54%）
・制服を着ること（32%）
・新しい教科を勉強すること（20%）
・生徒会活動に参加すること（13%）

中学校の生活で不安に思っていることは何ですか。（複数回答）

・勉強が難しくなること（71%）
・定期テストがあること（63%）
・自分に合った部活動があるか（52%）
・学校のきまり（51%）
・先輩との関係（36%）
・学校が遠くなること（９%）

（B）生徒会役員の話し合いの場面

（田中さん）　これから、アンケート結果を参考にして、一日体験入学でどのようなことを紹介したらよいか考えましょう。何か意見はありますか。

（佐藤さん）　私は、授業の紹介をするとよいと思います。アンケート結果では、多くの小学生が、勉強が難しくなることに不安を感じているようなので、動画を使って、授業の楽しそうな様子を伝えるとよいと思います。

（高橋さん）　そうですね。また、回答数としては多くないですが、［　　］小学生もいるので、授業の紹介はよいと思います。

（山本さん）　部活動の紹介も必要だと思います。部活動については、楽しみにしている小学生がいる一方で、不安を感じている小学生もいて、部活動への関心が高いことが分かります。部活動の紹介でも動画を使い、部員に活動内容を説明してもらってはどうでしょうか。

（田中さん）　確かに授業と部活動を紹介するのはよいと思います。また、動画を使った紹介は、中学校の生活がイメージしやすくなると思います。まずは授業と部活動を紹介することにしましょう。他に、アンケートを生かして、紹介した方がよいと思うことはありませんか。

（野村さん）　［　　　　］

（田中さん）　今の意見も追加して、紹介資料を作成していくことにしましょう。

(1) 思考力 （B）の［　］に当てはまる表現を、（A）から考えて、二十字程度で書きなさい。（3点）

(2)（B）の［　　］で囲んだ部分の発言の意図を説明したものとして最も適当なものを、ア～エから選びなさい。（3点）

ア、発言の内容を評価しつつ、自分の意見を述べて、話し合いを方向付けながら進行しようとしている。
イ、発言の問題点に気づき、解決策を補足するなどして、話し合いの目的を参加者に意識させようとしている。
ウ、発言の内容を簡潔にまとめ、繰り返して説明することで、話し合いで出た意見の違いを明確にしようとしている。
エ、発言の趣旨を尊重する一方で、反対意見を述べることで、話し合いに新たな話題を提示し進行しようとしている。

(3) 思考力 野村さんも、話し合いの中で意見を述べようと思いました。あなたが野村さんになったつもりで、次の条件1、2にしたがって、（B）の［　　］に当てはまる表現を書きなさい。（5点）

条件1　学校生活のどのようなことを紹介するかを、理由とともに書くこと。

条件2　「授業」、「部活動」以外を紹介する意見とすること。

三 (小説文)文脈把握・内容吟味

次の文章を読んで、問いに答えなさい。　(計15点)

（これは、本の修復家を目指している高校生の菜月が、師匠である俊彦の指導を受けながら、初めて本の修復作業に取り組んでいるときの話です。）

菜月は覚えた知識を総動員して作業の進め方を模索する。とりあえずヘラで表紙を剥がしてみようと思い、道具入れから取り出す。しかし、紙を破いてしまうのが怖くて、ヘラを持つ手が震える。糸を切っていた時とは違い、今度の震えはなかなか治まってくれなかった。

「……どれ。ちょっとそのヘラを貸してみろ」

すると、後ろで作業を見守っていた俊彦が手間取る菜月の横に進み出た。俊彦は菜月からヘラを受け取り、彼女に見えるようにしながらヘラを裏表紙と見返しの間にあてがった。そして、そのまま正確無比な動きでヘラを操り、裏表紙を剥がしていく。何となくだけど、魚が三枚におろされていく様と似ている気がした。

それはいいとして、俊彦の手際に思わず見惚れてしまう。無駄のない洗練された手さばきも、紙を傷つけない絶妙な力加減も、そのすべてが完成された一つの技として昇華されている。最早それは、ある種の芸術のごとく菜月の目に映った。

「ざっとこんな感じだ」

俊彦の声で、ようやく我に返る。気が付けば、裏表紙は最初からそうであったかのように、きれいに分離していた。

「さあ、儂が今やったことを真似してみろ」

「ま……真似……ですか？」

俊彦が振り向くと、一転、先程以上の緊張で菜月は顔を強張らせた。1俊彦の真似をすることなど、自分にできるのか。下手に真似しようとしたら、2何か大きな失敗をしてしまうのではないか。緊張に震える菜月の顔には、はっきりとそう書かれている。

そうやって、いまだに尻込みする教え子の様子を見かねたのだろう。

「ふむ……。おい菜月。お前さんに一つ、昔話をしてやろう。儂が儂の最初の師匠から習った大切な教えだ」

俊彦は返そうとしたヘラを机に置くと、代わりにちょっとした昔語りを始めた。

「菜月よ、お前さんは良い職人とはどういうものだと思う？」

「えっと……失敗をしない人……とか、ですか？」

「それも大事だ。だが、もう一つ大事なことがある。何だかわかるか？」

重ねられた俊彦の問い掛けに、菜月が首を横に振る。彼女の返答を得た俊彦は、「そうか、わからないか」と呟いた後、神妙な顔つきでこんな言葉を続けた。

「良い職人、それはな——失敗を正せる職人だ」

「失敗を正せる、ですか？」

「そうだ。実際、これを教えてくれた人は、色んな意味ですごかったぞ。小さな失敗をしても、『これも修復工程の一部だ』とか、平然と言い張っていたからな。あれには儂も唖然としたものだ。——まあ、実力のある人だったから、実際いつも見事に切り抜けておったがな……」

真顔で言う俊彦と話の内容のギャップに、菜月は堪らず吹き出した。

「とどのつまり、もう少し肩の力を抜いていけ、ということだ。作業を慎重に行おうという心構えは大切だが、必要以上に気を張ることはない」

致命的な失敗をしなければ、必ずリカバリーすることができる。むしろ失敗を深刻に考え過ぎることの方が問題だ。失敗を気にするあまり緊張を生んで、良くない結果を引き寄せる原因となってしまうから……。

そう語った俊彦は、ヘラを手にとって、再び菜月に差し出した。無愛想だが、これが彼なりの励まし方なのだ。ヘラと一緒に俊彦の気遣いを受け取った菜月は、表情を和らげた。

3集中、集中。だけど、リラックス。

頭の中でそう唱えながら、一際大きく深呼吸した。ほどよく肩の力と緊張が解けたところで、菜月は本をひっくり返し、表表紙と見返しの間にヘラを当てる。間近で見た俊彦の動きを追うようにヘラを動かしていくと、表表紙と見返しが剥がれ出した感触が手に伝わってきた。ヘラから伝わる微妙な感触を頼りに、少しずつ表表紙を剥がしていく。失敗を恐れず、けれど焦らず丁寧に。指先まで自分の意志を行き渡らせ、菜月は注意深くヘラを動かしていった。

「——やった！　先生、剥がせました！」

そして、ついに分かれた表表紙を、菜月は興奮気味に俊彦に見せた。菜月から表表紙を受け取った俊彦は、それを「問題ない」と評した。つまり、合格点ということだ。

とその時、和人から「そろそろこっちの作業も始めてくれ」と声が上がった。

「儂は一度、あちらに戻る。お前さんは今と同じ要領で、角裂を剥がしていけ。時間が掛かってもいいから、慎重にな。両方剥がし終わったら、儂を呼べ」

「はい！」

菜月が元気よく返事をすると、俊彦は自身の修復作業に戻っていった。一人になった菜月も、解体作業を続ける。俊彦から指示された通り、次は角裂を取り外していく。一度作業を成功させたことで心に余裕が出てきたのか、4最初みたいに緊張で手が震えてしまうことはなかった。

「先生、角裂二枚とも剥がし終わりました！」

(日野祐希「菜の花工房の書籍修復家」による)

(注) 見返し——本の表表紙や裏表紙の裏に貼る紙。
昇華——より高度な状態に高まること。
リカバリー——失敗を取り戻すこと。
和人——修復作業を手伝いに来ている俊彦の孫。
角裂——本の角を補強する布。

問一、——線1「俊彦の真似をすることなど、自分にできるのか」とありますが、菜月がこのように思った理由を次のようにまとめるとき、①、②に当てはまる表現を、それぞれ文中から十字以上、十五字以内で書き抜きなさい。(完答で3点)

本の裏表紙が、俊彦の［　①　］や、［　②　］によって、見返しからきれいに剥がされていく様子を見たから。

問二、**思考力** ――線２「何か大きな失敗……そう書かれている」とありますが、俊彦は、このような様子の菜月への気遣いとして、自分の師匠の話を紹介した上で、失敗に対するどのような二つの考え方を話しましたか、それぞれ書きなさい。ただし、いずれも二十五字以上、四十字以内で書くこと。（６点）

問三、――線３「集中、集中」とありますが、菜月が本の修復作業に深く集中していることが最もよく表現されている一文を文中から抜き出し、最初の四字を書きなさい。（３点）

問四、**思考力** ――線４「最初みたいに……ことはなかった」とありますが、最初に菜月の手が緊張で震えていたのは、どのような失敗を恐れたからですか、十字程度で書きなさい。（３点）

四 （古文）表現技法・内容吟味

次の長歌を読んで、問いに答えなさい。（計９点）

これは、天智天皇が、春山に咲き乱れる花と、秋山をいろどる木の葉との、どちらに趣があるかと尋ねた時に、額田王(ぬかたのおおきみ)が詠んだ長歌です。

[1]冬ごもり　春さり来れば　鳴かざりし　鳥も来鳴きぬ
咲かざりし　花も咲けれど　山をしみ　入りても取らず
草深み　取りても見ず　秋山の　木の葉を見ては
黄葉(もみち)をば　取りてそしのふ　[2]青きをば　置きてそ嘆く
そこし恨めし　秋山そ我は
（『万葉集』による）

（注）冬ごもり――「春」にかかる（を修飾する）枕詞(まくらことば)。
春さり来れば――春がやってくると。
山をしみ――山が茂っているので。
草深み――草が深いので。
しのふ――思い慕う。
そこし――そのことが。

問一、**よく出る** **基本** ――線１「冬ごもり」は枕詞です。次の和歌から枕詞を書き抜きなさい。（２点）

誰(たれ)そこの　我がやどに来呼ぶ　たらちねの　母にころはえ　物思ふ我を
（注）ころはえ――しかられ。

問二、――線２「青きをば」とありますが、長歌の内容から、「青き」と「をば」の間に補うことができる最も適当な語を、長歌の中から一字で書き抜きなさい。（３点）

問三、次の文章は、長歌について説明したものです。［　①　］、［　②　］に当てはまる表現を、それぞれ書きなさい。ただし、［　①　］は五字以内で書き、［　②　］は長歌の中から五字以上、七字以内で書き抜くこと。（各２点）

この長歌において、額田王は、対になる表現を多く用いながら、春山の花と秋山の木の葉について、これらを［　①　］観賞できるかどうかという点に着目し、比較している。その上で、天智天皇の問いに対して「［　②　］」と答えている。

裁量問題 （論説文）漢字知識・漢字の読み書き・内容吟味・文脈把握

次の文章を読んで、問いに答えなさい。（計21点）

葛飾北斎(かつしかほくさい)に『三体画譜』という絵手本集がある。人びとや動物、植物、風景などを真・行・草の三体で描き分けたものだ。真は写実的に、行は少し崩して、草はさらに崩して描いたもの。この順に筆数が減り、単純化されている。真は[1]極細の筆で細部の線の一本一本まで描きこまれ、図鑑のように詳細がわかる。草でもそれほど大きな崩しはないが、詳細が省かれて太い筆の勢いがある。そのせいか、動きや雰囲気が感じられる絵が多かった。

[1]絵の複雑さで伝わるものが変わる。単純化するときには、なにを伝えたいかで、なにをどう抽出すべきかが違ってくる。

たとえば、[2]単純化の一つの極みがピクトグラム。禁煙や非常口、トイレのマークなどは、言葉がわからなくても意味が伝わるようにデザインされている。そこに抽出されているのは、わたしたちが物を見るときに「なにか」として認知する、意味処理のときに参照するスキーマに近い。「煙草(たばこ)とは、細長い筒の先端から煙が出る」といった、物についての一連の知識のことだ。それも多くの人が共有する一般的な知識、いわばステレオタイプを抽出している。

スマホなどの絵文字も同じ。意味を伝えるためのデザインでは、意味処理に必要な情報が最小限に抽出されているので、すっと意味がわかる。もっとも絵文字は、アップデートのたびにより写実的になって、一つの絵文字の意味が限定されてきた気もする。描きこみの多い複雑な絵ほど、情報量が多く具体的になるかわりに、一般性は失われる。

ただしデザインの場合も、完全にステレオタイプ的に単純化されると、わかりやすいけれどつまらない。あえてはずした部分や意味を隠した[2]隠喩的な部分がある方がおもしろいし、印象にも残る。

さらに、デザインでなくアートになると、むしろいかにステレオタイプでないものを抽出するかが肝心なのではないか。

抽象絵画の祖とされるカンディンスキーのエピソードがある。

カンディンスキーは、ある日、自分のアトリエにすばらしい作品があるのを見つけた。なんの絵だかわからないけれど、[3]傑作だ。近づいてみると、それは横向きに立てかけたウマの絵だった。そして、ウマだとわかったとたん、絵の魅力は一気に失せ(う)てしまった。

そこからカンディンスキーは抽象表現に向かっていく。安直な意味は鑑賞のじゃまになるのだ。

言葉をもった人間は、目に入る物を「なにか」としてラベルづけして見ようとする癖がある。つまり意味処理しようとするのがふだんの「見る」だとしたら、アートのツボの一つは、わたしたちに「見る」をさせないことにあるように思う。

作品に表現された物は、既存のスキーマから外れていたり、「なにか」であること自体を拒否したりする。そのときわたしたちは「なにか」として「見る」のをあきらめて、その形や色や質感をそのままじっくり「視る」。そうして作品と向きあううちに、埋もれていた記憶が掘りおこされたり、思いがけない連想がつながって自分なりの意味が見出されたりする。それが「観る」という主観的な体験ではないかと考えている。

だから[3]抽象表現主義の作品や抽象的な現代アートと向きあうときは、自分と向きあっているような、ほとんど瞑想をしているような気分になる。

意味ではない部分、それも自然からぎゅっと凝縮されたエッセンスが抽出されていると感じるのが、熊谷守一の作品だ。ネコ、アリ、石ころ、雨粒。晩年の作品ほど、より単純化された線や形で、色もべたっとぬりこめてある。

でもそれは、ピクトグラム的な抽出とはまるで違う。一匹一匹、一粒一粒、それぞれの一瞬の動きや存在のおもしろさが抽出されているように感じる。一見単純な形や色に表現されているのは、むしろ自然の多様さや複雑さの方だ。

毎日飽きもせず、アリや石ころをじいっと見つめていた人にしか描きだせないものだろう。とことん「視る」ことではじめて見える世界を、作品をとおして垣間見せてくれる。

文章を書くときにも、必要な情報を単純にわかりやすく、と意味だけ抽出するとつまらなくなる。

書く過程では、ぼんやりした考えを言葉に抽出している感じもある。書いて、削って、書いて、削って、と繰り返す過程でしぼり出されてはじめて、こんな成分が含まれていたのかと気づくことも多い。

意味の外にあるおもしろいものを抽出できるように、[4]複雑な自然を複雑なまま「視る」目を養っておきたい。

（齋藤亜矢「ルビンのツボ—芸術する体と心」による）

（注）アップデート——最新のものにすること。
アトリエ——画家などの仕事用の部屋。
エッセンス——最も大切な要素。

問一、**よく出る** **基本** 次の⑴、⑵に答えなさい。

⑴ ——線1「極細」と同じように、重箱読みをする熟語を、ア～エから一つ選びなさい。（1点）

ア、若者　イ、所望　ウ、手帳　エ、額縁

⑵ ——線2、3の読みを書きなさい。（各1点）

問二、**基本** ——線1「絵の複雑さで伝わるものが変わる」とありますが、筆者は『三体画譜』における真と草について、それぞれ何が伝わると考えていますか、二十字程度で書きなさい。（4点）

問三、——線2「単純化の一つの極みがピクトグラム」とありますが、筆者が考えているピクトグラムのデザインの特徴を、次のようにまとめるとき、［①］、［②］に当てはまる最も適当な表現を、それぞれ文中から十五字以上、二十字以内で書き抜きなさい。（各2点）

> ピクトグラムは、［①］ことを目的として、［②］を抽出することによって単純化されたデザインである。

問四、**難** **思考力** ——線3「抽象表現主義の……気分になる」とありますが、このような気分になるのはどうしてだと筆者は述べていますか。「意味処理」という語を使い、次に示した表現に続けて、八十字程度で書きなさい。（6点）

> 抽象表現主義の作品や抽象的な現代アートは、

問五、——線4「複雑な自然を複雑なまま『視る』目を養っておきたい」とありますが、このような目を養うためには、どのようにするとよいと筆者は考えていますか。最も適当なものを、ア～エから選びなさい。（4点）

ア、対象が何であるかを認知するために必要な情報を、多くの人がわかるように単純化して捉えること。

イ、対象を構成するそれぞれの要素を意味付けすることなく、対象のあるがままを時間をかけてしっかり見ること。

ウ、対象の多様性や複雑さを一般化するのではなく、対象を構成するそれぞれの要素の意味をそのまま捉えること。

エ、対象の意味をそのまま言葉として抽出しながら、意味の外にあるおもしろさに気付くまで繰り返し見ること。

青森県

時間 50分　満点 100点　解答 P3　3月10日実施

出題傾向と対策

●聞き取り問題（省略）、漢字の読み書き、漢文、論説文、小説文、条件作文の大問六題構成。レベルは標準的だが、記述もあり、量も多いので解答時間内に手早く進められるかが焦点となる。設問は聞き取り能力、知識・思考力・記述力を幅広く問うものとなっている。

●漢字や語彙といった知識に関しては日頃からきちんと授業などで蓄積しておく。それ以外は過去問を中心にして、読解時間、解答時間を意識しながら訓練を積んでおく。条件作文は他の高校の問題も活用しながら経験を積む。

一 （省略）放送による検査　（計16点）

二 漢字の読み書き　（計14点）

次の(1)、(2)に答えなさい。

(1) よく出る 次のア～オの――の漢字の読みがなを書きなさい。また、カ～コの――のカタカナの部分を楷書（かいしょ）で漢字に書き改めなさい。（各1点）

ア、音読で抑揚をつける。
イ、廉価な製品をつくる。
ウ、曇天の中を移動する。
エ、地域の催しに参加する。
オ、事実と意見を併せて発表する。
カ、体の中のゾウキの働きを勉強する。
キ、カンダンの差が激しい。
ク、方位ジシンを購入する。
ケ、物音に驚いて馬がアバれる。
コ、サイワいなことに雨がやんだ。

(2) 次のア、イの――のカタカナの部分を漢字で表したとき、その漢字と同じ漢字が使われている熟語を、それぞれあとの1～4の中から一つずつ選び、その番号を書きなさい。（各2点）

ア、部屋をカタづける。
　1、方言　2、破片　3、模型　4、形式
イ、当初の目的をカンスイする。
　1、遂行　2、推進　3、睡眠　4、抜粋

三 （漢文）古典知識・内容吟味　（計12点）

次の文章を読んで、あとの(1)～(3)に答えなさい。

【漢文】

宓(注1)子賤治(注2)単父、弾鳴琴、身不下堂、而単父治。(注3)巫馬期以星出、以星入、日夜不居、以身親之。而単父亦治。巫馬期問其故。宓子曰、「我之謂任[A]。子之謂任[B]。任力者故労、任人者故逸。」

【書き下し文】

宓子賤（ふくしせんぜん）単父（ぜんぽ）を治むるに、鳴琴（めいきん）を弾きて、身堂（みだう）を下（くだ）らず、而して単父治まる。巫馬期（ふばき）星を以（も）つて出で、星を以つて入り、日夜居らず、身を以つて之（これ）を親（みづか）らす。而して単父亦（また）治まる。巫馬期其の故（ゆゑ）を問ふ。宓子曰はく、「我は之れ[A]に任（まか）すと謂（い）ふ。子は之れ[B]に任すと謂ふ。力に任す者は故（もと）より労（らう）す、人に任す者は故より逸（いつ）す。」と。

（現代語訳）

宓子賤が知事として単父を治めたとき、いつも琴を弾き、自身は堂より下りて来ず、何もしないのに単父は治まった。巫馬期が知事として単父を治めたとき、朝は早く星を見て出かけ、夜も遅く星を見て戻り、日夜政道に尽くして安居せず、自ら政治を行った。そのようにして単父は同じように治まった。巫馬期はその訳を尋ねた。すると宓子賤は答えた。「私の政治のやり方は[A]に任せて治めるというものです。あなたの政治のやり方は[B]に任せて治めるというものです。自身の力に頼る者は疲れるが、他人に任せる者は楽なのです。」

――「蒙求（もうぎゅう）」より――

（注1）宓子賤……中国の春秋時代の人。
（注2）単父……中国の春秋時代の地名。
（注3）巫馬期……中国の春秋時代の人。

(1) よく出る 基本 以身親之に、【書き下し文】を参考にして、返り点をつけなさい。（4点）

(2) 星を以つて出で、星を以つて入り とありますが、どのようなことを表していますか。最も適切なものを、次の1～4の中から一つ選び、その番号を書きなさい。（4点）

1、風流を楽しむこと。
2、物事の兆候があらわれること。
3、仕事に勤め励むこと。
4、事態が差し迫ること。

(3) [A]、[B]に入る語の組み合わせとして最も適切なものを、次の1～6の中から一つ選び、その番号を書きなさい。（4点）

1、A 力　B 労
2、A 労　B 力
3、A 人　B 逸
4、A 逸　B 人
5、A 力　B 人
6、A 人　B 力

四 （論説文）活用・文脈把握・内容吟味　（計22点）

次の文章を読んで、あとの(1)～(5)に答えなさい。

書く側には、誰も読まないかもしれないなどという想像は浮かんでこない。何の疑いもなく、読み手の存在を当然の前提として文章を綴（つづ）る。だが、人間には、読む権利があると同時に、読まない自由もある。そんな何の義務も義理もない赤の他人に、ぜひ読んでもらおうと思えば、それ相応の配慮が必要だ。まずは、読むに値するすぐれた内容を盛ること、そして、読むにたえる秀(ひい)でた表現で綴ることである。わざわざその文章を読んでくれる奇特な相手に感謝し、その負担をできるだけ減らすことで少しでもその労に報いたい。

一般的な心構えとしてなら、そんなことは誰にでもわかっているかもしれない。だが、具体的にどうするかがむずかしい。しかも、表現の方策と効果はつねに一定ではない。読み手により、局面により、その目的により、その他さまざまな条件に応じて、結果はそれぞれ違うから、現実には途方にくれるばかりである。

ただ漫然と書くのではなく、まずは誰が読むのかを考え、語りかける方向を定めよう。こういう極端な例ならわかりやすいだろう。意中の人の心に訴えかけるべき恋文を、もしも万人向けに書き、そんなものをビラのように配ったら、肝腎の相手は本気にしない。だから当然、そんな場合は誰だって、内容も表現も、そのかけがえのない一個人に合わせて書く。

こんなふうに読み手の方向性をしぼる配慮は、特定の人に宛てる手紙にだけ必要なわけではない。程度の違いこそあれ、書きだす前に誰でも考え、実際に試みているはずなのだ。ここが曖昧だと、ピントが甘くなり、(注1)フォーカスが定まらないから、論点がぼやけてしまう。一般向けの文章であっても、どういう人に読んでもらいたいのかという、いわば文章の宛先をできるだけ限定し、ターゲットとなる読者層を明確にして書きたい。意識してピンぼけを防ぎ、シャープな文章に仕立てるためである。

通常の文章はたいてい不特定多数の読み手を想定して書く。だから、もちろん、(注2)どんぐり眼(まなこ)で(注3)おちょぼ口をした丸顔のぽちゃぽちゃっとした女の子などと、個別の読み手をイメージするわけにはいかない。とはいえ、読者層はのっぺりとした得体の知れないかたまりとは違う。子供か大人か、男性か女性か、学生か社会人か教員か職人か主婦か、その問題にどの程度の関心や知識のある人びとなのか、可能な範囲で読者対象をしぼりこみたい。どういう人が読むかによって、適切な表現はそれぞれ違ってくる。どのような人間が読むかという点を一切抜きにして、絶対すぐれた文章などというものはありえないからである。

読み手の立場に寄り添って書くようにと説くのは、おそらく(注4)文章作法書というものの常道だろう。そういう当然のことができるのは、書き始める前に読者層のイメージが頭のなかにおおよそ方向づけられているからだ。むろん、世の中には、物知りもいれば、物知らずもいる。関心のありかも人それぞれみな違う。ぴたりと照準を合わせるのは至難の業(わざ)だ。それでも、書くのは自分で、読むのは他人、その他人は自分とはまるで違う人間であるという当然きわまる事実を、きちんと認識して書く、その第一歩が肝腎なのである。

子供の生まれた家に市長名で「御出産おめでとうございます」という祝いの手紙が来て、よく見ると宛名が赤ん坊になっていた、そんな笑い話みたいな実話があるらしい。「出産」したのは母親であって、子供は夢中で「誕生」したにすぎない。発信人としては、赤ん坊はまだ字を知らないから実際に読むのは母親だと気をまわしすぎて、㋐全体としてつじつまの合わない通信文になったのかもしれない。

もし一度でも、宛名の相手の身になって読み返すことがあったら、こういう間違いはきっと避けられたはずなのだ。

この場合はまだ愛嬌(あいきょう)といって済まされそうな例だが、気づかずに相手を傷つけるケースもある。たとえば、東京の人間に「下阪(げはん)」と書かれたら、きっと大阪(おおさか)の人間はいい気持ちがしないことだろう。大阪へ下るなどと、相手を見くだす態度が気に食わないはずだ。

かつて千年以上も都だった京都、その地に生まれ育った人は、長年にわたって「京に上る」と言われてきただけに、東京に行くという意味の「上京」という語に抵抗が強く、無意識のうちにその使用を避ける傾向がありそうだ。[中略]

以前、「(注5)都下 (注6)小金井市(こがねいし)」と宛てたはがきが舞い込んだことがある。作家の永井龍男(ながいたつお)から届いた一通だったかもしれない。ほのかに文学的かおりが漂うせいか、「都下」という懐(なつ)かしいことばから、(注7)国木田独歩(くにきだどっぽ)や(注8)徳冨蘆花(とくとみろか)などの時代の(注9)武蔵野(むさしの)のおもかげが目に浮かび、一瞬のんびりとした雰囲気を味わったような記憶がある。だが、これをもし、東京の中心街から遠い土地に住んでいることを気にしている人間が読んだら、ちょっと複雑な気持ちかもしれないとも思った。同じそのことばから、都心に住む人が近郊を「いなか」と見くだすまなざしを感じとらないとも限らない。[　　]次第で効果も逆効果もあるから微妙である。

広く読まれる文章では相手も不特定だから、どういう表現で誰が傷つくか、ますます油断がならない。要は㋑他者への配慮であり、やさしさである。基本はそれに尽きるだろう。

――中村明(なかむらあきら)「日本語の作法」より。一部省略がある。――

(注1) フォーカス……焦点。
(注2) どんぐり眼……丸くて愛らしい目。
(注3) おちょぼ口……小さくかわいらしい口。
(注4) 文章作法書……ここでは文章を書く方法を著した書物。
(注5) 都下……東京都のうちで、二十三区を除いた市町村。
(注6) 小金井市……東京都中部の地名。
(注7) 国木田独歩……作家。
(注8) 徳冨蘆花……作家。
(注9) 武蔵野……ここでは埼玉県川越から東京都府中までの間に広がる地域。

(1) よく出る 読まと動詞の活用形が同じものを、次の1～4の――の中から一つ選び、その番号を書きなさい。(4点)

1、勉強をする時間だ。
2、借りた本を返す。
3、係を決めればよい。
4、彼にも話そう。

(2) ㋐全体としてつじつまの合わないとありますが、その理由を次のようにまとめました。[　　]に入る最も適切な語句を、本文中から十字でそのまま抜き出して書きなさい。(4点)

「御出産おめでとうございます」という祝いの手紙が

来て、[　　]いたのに、文章が母親に合わせて書かれていたから。

(3) [　　]に入る語として最も適切なものを、次の1〜4の中から一つ選び、その番号を書きなさい。（4点）

1、土地　2、目的　3、相手　4、意味

(4) この文章について述べたものとして最も適切なものを、次の1〜4の中から一つ選び、その番号を書きなさい。（4点）

1、文章作法書の手順に従って全体を構成し、文章の書き方が的確に伝わるように表現している。

2、最初に疑問を述べ、次に疑問の答えを裏付ける具体例を示し、説得力を増すように表現している。

3、複数の具体例とともに、意見を繰り返して示し、筆者の主張が明確に伝わるように表現している。

4、間違いを積極的に修正する必要性を具体例に必ず含め、主張に客観性をもたせて表現している。

(5) **思考力** ㋑他者への配慮であり、やさしさである とありますが、ある生徒が、この語句について、次のようにまとめました。[　　]に入る具体的な内容を、四十字以内で書きなさい。（6点）

自分が書いた文章を読んでくれる相手に対する感謝として、[　　]、論点をくっきりさせることが大切である。

五 (小説文)内容吟味・文脈把握・表現技法

次の文章を読んで、あとの(1)〜(6)に答えなさい。（計26点）

（中学校1年生の「祐也」はプロ棋士を目ざし、将棋の研修会に通っていた。日々、対局を重ねていたが、最近は何をしても勝てない状況に陥っていた。）

「祐也」

呼ばれて顔をあげると、(注1)三和土に背広を着た父が立っていた。

「どうした？」

心配顔の父に聞かれて、祐也は4連敗しそうだと言った。

「そうか。それじゃあ、もう休もう。ずいぶん、苦しかったろう」

祐也は父に歩みよった。肩に手を置かれて、その手で背中をさすられた。

「挽回できそうにないのか？」

手を離した父が一歩さがって聞いた。

「無理だと思う」

祐也は目を伏せた。

「そうか。㋐それでも最後まで最善を尽くしてきなさい」

「わかった」

父に背をむけて、祐也は大広間に戻った。どう見ても逆転などあり得ない状況で、こんな将棋にしてしまった自分が情けなかった。

10手後、祐也は頭をさげた。次回の、今年最後の研修会で1局目から3連勝しないかぎり、(注2)D1で2度目の降級点がつき、(注3)D2に落ちる。これでは(注4)奨励会試験に合格するはずがない。しかし、そんなことよりも、いまのままでは、将棋自体が嫌いになりそうで、それがなによりこわかった。

祐也はボディーバッグを持ち、大広間を出た。

「負けたのか？」

父に聞かれて、祐也はうなずいた。そのまま二人で1階まで階段をおりて、JR(注5)千駄ヶ谷駅へと続く道を歩いていく。いきには気づかなかったが、街はクリスマスの飾りでいっぱいだった。

「プロを目ざすのは、もうやめにしなさい」

祐也より頭ひとつ大きな父が言った。

「2週間後の研修会を最後にして、少し将棋を休むといい。いまのままだと、きみは㋑取り返しのつかないことになる。わかったね？」

「はい」

そう答えた祐也の目から涙が流れた。足が止まり、㋒あふれた涙が頬をつたって、地面にぽとぽと落ちていく。胸がわななき、祐也はしゃくりあげた。こんなふうに泣くのは、保育園の年少組以来だ。身も世もなく泣きじゃくるうちに、ずっと頭をおおっていたモヤが晴れていくのがわかった。

「将棋をやめろと言っているんじゃない。将棋は、一生をかけて、指していけばいい。しかし、おととしの10月に研修会に入ってから、きみはあきらかにおかしかった。おとうさんも、おかあさんも、気づいてはいたんだが、将棋については素人同然だから、どうやってとめていいか、わからなかった。2年と2ヵ月、よくがんばった。今日まで、ひとりで苦しませて、申しわけなかった」

父が頭をさげた。

「そんなことはない」

祐也は首を横にふった。

「たぶん、きみは、(注6)秀也が国立大学の医学部に現役合格したことで、相当なプレッシャーを感じていたんだろう」

父はそれから、ひとの成長のペースは千差万別なのだから、あわてる必要はないという意味の話をした。

千駄ヶ谷駅で(注7)総武線に乗ってからも、父は、世間の誰もが感心したり、褒めそやしたりする能力だけが人間の可能性ではないのだということをわかりやすく話してくれた。

「㋓すぐには気持ちを切り換えられないだろうが、まだ中学1年生の12月なんだから、いくらでも挽回はきく。高校は、偏差値よりも、将棋部があるかどうかで選ぶといい。そして、自分なりの将棋の楽しみかたを見つけるんだ」

ありがたい話だと思ったが、祐也はしだいに眠たくなってきた。(注8)錦糸町駅で乗り換えた東京メトロ(注9)半蔵門線のシートにすわるなり、祐也は眠りに落ちた。

午後6時すぎに家に着くと、玄関で母がむかえてくれた。

「祐ちゃん、お帰りなさい。お風呂が沸いているから、そのまま入ったら」

いつもどおり、張り切った声で話す母に、㋔祐也は顔がほころんだ。

浴槽につかっているあいだも、夕飯のあいだも、祐也は何度も眠りかけた。2年と2ヵ月、研修会で戦ってきた緊張がとけて、ただただ眠たかった。

悲しみにおそわれたのは、ベッドに入ってからだ。

「もう、棋士にはなれないんだ」

祐也の目から涙があふれた。布団をかぶって泣いているうちに眠ってしまい、ふと目をさますと夜中の1時すぎだった。父と母も眠っているらしく、家のなかは物音ひとつしなかった。

常夜灯がついた部屋で、ベッドのうえに正座をすると、祐也は将棋をおぼえてからの日々を思い返した。(注10)米村君はどうしているだろう。中学受験をして都内の私立に進んでしまったが、いまでも将棋を指しているだろうか。いつか(注11)野崎君と、どんな気持ちで研修会に通っていたのかを話してみたい。

祐也は、頭のなかで今日の4局を並べ直した。どれもひどい将棋だと思っていたが、1局目と2局目はミスをしたところで正しく指していれば、優勢に持ち込めたことがわかった。

「おれは将棋が好きだ。プロにはなれなかったけど、それでも将棋が好きだ」

うそ偽りのない思いにからだをふるわせながら、祐也はベッドに横になり、深い眠りに落ちていった。

——佐川光晴「駒音高く」より——

(注1) 三和土……ここでは研修会場の玄関。
(注2) D1……研修会の階級クラス。
(注3) D2……研修会の階級クラス。
(注4) 奨励会試験……日本将棋連盟のプロ棋士養成機関に入会する試験。
(注5) 千駄ヶ谷駅……駅名。
(注6) 秀也……「祐也」の兄。
(注7) 総武線……路線名。
(注8) 錦糸町駅……駅名。
(注9) 半蔵門線……路線名。
(注10) 米村君……小学生の時に「祐也」に将棋を教えてくれた友達。
(注11) 野崎君……2局目の対戦相手。

(1) ㋐それでも最後まで最善を尽くしてきなさい とありますが、このときの「父」の心情として最も適切なものを、次の1～4の中から一つ選び、その番号を書きなさい。　(4点)

1、無理だとあきらめることは勝負に影響を及ぼすので、「祐也」を奮い立たせようと怒鳴りつけている。
2、「祐也」が挽回できそうにないことはわかっているものの、将棋に向き合い全力で臨んでほしいと願っている。
3、連敗することは「祐也」の成長にとって必要であるため、現実の過酷さを受け入れさせようと突き放している。
4、「祐也」が厳しい状況にあることを理解しつつも、対戦相手を打ち負かしてほしいと躍起になっている。

(2) ㋑取り返しのつかないこと とありますが、どのようなことを表しているかを、「祐也」の思いをふまえながら、次のようにまとめました。[　]に入る最も適切な語句を、本文中から七字でそのまま抜き出して書きなさい。　(4点)

> 「祐也」は、将棋の研修会に入ってから、勝てない苦しみでおかしくなり、その状態が続けば[　]になるということ。

(3) ㋒あふれた涙が頰をつたって、地面にぼとぼと落ちていく とありますが、ある生徒が、この表現の特徴について、次のようにまとめました。[　]に入る最も適切な語句を、次の1～4の中から一つ選び、その番号を書きなさい。　(4点)

> [　]響きをもつ擬音語を用いて、「祐也」の心の内の悲しみを効果的に表現している。

1、鈍く重い　2、鈍く軽い
3、鋭く重い　4、鋭く軽い

(4) 思考力 ㋓すぐには気持ちを切り換えられないだろう とありますが、ある生徒が、「父」の気持ちについて次のようにまとめました。[　]に入る具体的な内容を三十五字以内で書きなさい。　(6点)

> 「父」は棋士を目ざしている「祐也」に対して、[　]と願っている。

(5) ㋔祐也は顔がほころんだ とありますが、このときの「祐也」の気持ちとして最も適切なものを、次の1～4の中から一つ選び、その番号を書きなさい。　(4点)

1、母の言葉でやる気が湧きあがり、今度こそはと闘志を燃やしている。
2、将棋を気にかけない母に対して不満を抱き、やりきれないでいる。
3、厳格な態度の父と異なり、温かな態度の母に感極まっている。
4、勝敗に関係なく見守ってくれる母に接し、ほっとしている。

(6) ある生徒が、家に着いたあとの「祐也」について次のようにまとめました。[A]、[B]に入る具体的な内容を、それぞれ二十字以内で書きなさい。　(各2点)

> 「祐也」は家に着いたあと、浴槽につかっているあいだも、夕飯のあいだも、研修会で戦ってきた緊張がとけて、ただただ眠たく、ベッドに入ってからは、[A]、涙があふれ、布団をかぶって泣いているうちに眠ってしまった。夜中の1時すぎに目が覚め、ベッドのうえに正座をし、将棋をおぼえてからの日々を思い返し、今日の4局を並べ直したとき、プロにはなれなかったけれど、それでも[B]思いを抱いた。

六 条件作文 思考力

ある中学校で、国語の時間に行った、類義語に関する学習で、場面や状況に応じた適切な言葉づかいについて、意見文を書くことになりました。次の文章は、ある中学生が「美しい」と「きれいだ」の違いについて調べてまとめたものの一部です。これを読んで、あとの(1)～(3)に従って文

章を書きなさい。　（10点）

> 私は形容詞の「美しい」と形容動詞の「きれいだ」の違いについて考えました。「ひたむきな姿が美しい」は、しっくりしますが、「ひたむきな姿がきれいだ」は、変な感じがします。「床をきれいに掃く」は、しっくりしますが、「床を美しく掃く」は、やはり変な感じがします。「美しい風景」と「きれいな風景」は、どちらも言えそうですが、場面や状況が異なるように感じられます。

(1) 題名を書かないこと。
(2) 二段落構成とし、第一段落では、「美しい」と「きれいだ」の違いについて気づいたことを書き、第二段落では、そのことをふまえて、自分の意見を書くこと。
(3) 百五十字以上、二百字以内で書くこと。

岩手県

時間	満点	解答	
50分	100点	P4	3月6日実施

出題傾向と対策

●論説文、小説文と古文の融合問題、説明文、話し合い文と図表の読み取りの融合問題の大問四題構成。大問数や種類は変更が多いので注意。設問も知識系、選択肢系、記述系、条件作文と多様で、幅広く国語力を問う問題構成である。解答時間に比べて作業量が多いのが特徴。

●本文、設問のレベルとも基本的なものが大半だが、国語力として要求されているジャンルが多く、日頃の知識のストック、授業での丁寧な学習の積み重ねをベースにして、手早く問題を処理する訓練を行う必要がある。

一 （論説文）漢字の読み書き・文脈把握・内容吟味

次の文章を読んで、あとの(1)～(6)の問いに答えなさい。　（計31点）

生物や社会科の授業で、生徒たちは「人間は集団生活を営む動物である」と習います。①動物の世界で言うなら「群れ」を作って生活するということです。群れを作る動物と言えば、サルや象、イルカなどいろいろな動物が浮かびます。彼らは群れをなしながら、協力し合って餌（えさ）を見つけ、外敵から身を守り、ねぐらを確保しています。個々の役割が決まっている群れもあるようです。もし、群れの中に、一匹でも群れ全体の利益を無視し、自分だけの利益を追求するようなのがいたらどうなるでしょうか？　もはや群れは成り立ちません。それどころか、彼らは群れで生活するからこそ生き延びてこられた動物たちです。この先、「絶滅」ということも十分にあり得ることでしょう。

人間の生活も同様です。それはほかの動物以上です。役割を分担し、お互いができないことをAオギナい合うことでいまの生活が成り立っています。昔ながらの言い方をすれば、「お互いさま」ということになります。労働と社会、そして人のありようを考えるとき、この「お互いさま」の感覚を持つことが、これからはますます重要になってくると、僕は思っています。

現代社会で起こっている問題の中にも、「お互いさま」という気持ちがあれば解決に向かうものがたくさんあります。戦争などはその最たるものです。経済面に限定しても、多くの企業や個人が、「自分だけ」とか「一人勝ち」という考え方で利益を追求する姿が目につきます。

経済がグローバル化し、世界Bキボでものごとを考えなければならなくなってきているいま、「自分だけ得をしよう」という発想は古臭い考え方と言っていいでしょう。経済は循環してこそ発展します。限られた資源を有効に活用し、豊かな生活を維持してゆくには、地球に住む一人ひとりの生活にゆとりがなければ不可能なのです。貧しい国、余裕のない国が増えれば増えるほど、環境に配慮した生活をしたくてもできない人々が増えてゆきます。われわれは、もはや地球族という群れの一員なのだと自覚しなければなりません。②少数のわがままな行動が、群れを絶滅へと追いやるかもしれない、そんな状況にまで来ているのではないでしょうか。

ちょっと話が大きくなりすぎました。もう少し、卑近（注）な話に戻りましょう。

「お互いさま」という言葉は、別の見方をすれば、「自立」を意味する言葉になります。「お互いさま」というのは、自分でやれることは自分でやり、できない部分は協力して助け合おうという姿勢で人と付き合う態度のことです。これはまさに「自立して生きる」こととまったく同じです。

この「お互いさま」の視点で現代社会の「労働」問題を見直してみます。教科書的に言うと、「労働」は有償の「職業労働」と無償の「家事労働」に分類されます。そこに別項目として「ボランティア労働」が付け加えられることもあります。でも、「群れで生活しているわれわれを支えるために営まれる行為」＝「労働」と考えれば、職業労働にしろ家事労働にしろボランティアにしろ、どれも大切な労働であって、そこにはなんの優劣もないことがわかります。

「みんなで社会を支え合っている」現実があるだけです。

[I]これから問題になってくるのは、働く意欲も、また社会へ貢献したい気持ちもあるのに、それを活用する場を、経済情勢によって社会の側で用意できないことでしょう。群れが、群れとしての能力を最大限に生かすためには、社会を構成するメンバー一人ひとりが、持てる力を最大限に発揮できる状況や場があることが大切なのです。

労働を通じて、社会にしっかりと参加・貢献できているという感覚が持てれば、群れを作る動物であるわれわれは安心して生きていけます。社会の平和や安定にもずいぶんプラスとなります。現実社会を見ると「孤立感」＝「群れからはみ出た感」がもとになって起きているのではないかと思える犯罪が増えてきているように思いませんか？

[II]、「お互いさま」という関係が成り立つのは、各自が「群れに参加している」「参加できている」ときであり、「自立」もまた社会参加という文脈の中でとらえる必要があるということなのです。現代社会では、「労働」を取り巻く問題が山積していますが、その多くは「労働の孤立化」や「労働は個人的な営為だ」という現代的な感覚から生じているような気がしてなりません。かといって<u>カンタン</u>（C）な解決方法がすぐに見つかるとも思えませんが、僕たち一人ひとりが③<u>働くということの意味</u>をもう一度とらえなおすことで、周りの人との関係性を少しずつでも「お互いさま」感覚に近づけてゆくことで、時間はかかっても少しずつ働きやすい労働環境、住みやすい生活環境に変えていけると信じています。

世の中を見渡せば、儲（もう）けることより人との関係性を豊かにすることを優先して、物を作ったり、商売をしたりしている人たちも、若い人を中心に少しずつですが増えてきているようにも思えます。僕は自分の生徒たちの中から、一人でも多く「お互いさま」感覚を持って労働市場に出てゆく人が生まれて欲しいと期待しています。

（南野忠晴（みなみのただはる）「正しいパンツのたたみ方――新しい家庭科勉強法」による）

（注）卑近…身近でわかりやすいこと。

(1) よく出る 基本　本文中の二重傍線部A～Cのカタカナにあたる漢字を、それぞれ楷書で正しく書きなさい。（各2点）

(2) 本文中の[I]、[II]には、それぞれどのような言葉が入りますか。次のア～エのうちから最も適当な組み合わせを一つ選び、その記号を書きなさい。（3点）

ア、Iたとえ　IIしかし
イ、Iたとえ　IIつまり
ウ、Iむしろ　IIしかし
エ、Iむしろ　IIつまり

(3) 傍線部①　動物の世界　とありますが、「動物の世界」を例に用いる効果はどのようなものですか。次のア～エのうちから最も適当なものを一つ選び、その記号を書きなさい。（5点）

ア、人間も他の動物と同様に、自己の利益のみを追求しながら集団生活を営んできたことを、わかりやすい話題を用いて読者に印象付ける効果。
イ、人間は他の動物とは異なり、集団を作りお互いに助け合いながら生きてきたことを、わかりやすい話題を用いて読者に印象付ける効果。
ウ、人間も他の動物と同様に、集団を作ってお互いに助け合いながら生きてきたことを、わかりやすい話題を用いて読者に印象付ける効果。
エ、人間は他の動物とは異なり、自己の利益のみを追求しながら集団生活を営んできたことを、わかりやすい話題を用いて読者に印象付ける効果。

(4) 思考力　傍線部②　少数のわがままな行動が、群れを絶滅へと追いやる　とは、人間社会がどうなることを言っていますか。それを、次のように言い換えて説明するとき、[a]、[b]にあてはまる言葉を、[a]は十五字以内で、[b]は十字以内でそれぞれ書きなさい。（各3点）

[a]によって、人間社会が[b]ということ。

(5) 傍線部③　働くということの意味　とありますが、それはどういうことですか。次のア～エのうちから最も適切なものを一つ選び、その記号を書きなさい。（5点）

ア、働くことで、社会に参加・貢献しているという感覚を持つことができ、安心して平和に生きていけるということ。
イ、働くことで、社会に参加・貢献しているという感覚を持つことができ、労働問題の解決方法を見出せるということ。
ウ、働くことで、社会に貢献したいという意識を持つことができ、社会の構成メンバーが能力を開発できるということ。
エ、働くことで、社会に貢献したいという意識を持つことができ、それを活用する場を自分で用意できるということ。

(6) 次のア～エのうち、本文の内容について説明しているものとして、最も適当なものはどれですか。一つ選び、その記号を書きなさい。（6点）

ア、「自立」とは、労働の孤立化を解決するために、それぞれが自己の利益を追求して、他の人の手助けはせずに、群れ全体が自分に厳しくなることである。
イ、「お互いさま」とは、それぞれが社会に参加できていることを前提に、自分でやれることは自分でやり、自分ではできないことは助け合うことである。
ウ、「自立」とは、社会全体の経済的利益を上げるために、できることをやるだけでなく、できないことでも自分一人で努力して成長しようとすることである。
エ、「お互いさま」とは、それぞれにゆとりがあることを前提に、群れ全体の豊かな生活を維持するため、地球環境に配慮した生活をしていくことである。

三 （小説文・古文）漢字の読み書き・文脈把握・内容吟味・語句の意味・仮名遣い

次の《文章I》は「さくらのカルテ」という小説の一部で、《文章II》は「徒然草」という古文の一部です。二つの文章を読んで、あとの(1)～(8)の問いに答えなさい。（計39点）

《文章I》

「たのもう、たのもう」

お寺の玄関で、①だれかの声がします。②わたしは耳を澄ませました。わたしは本堂の脇の、書院と呼ばれる部屋の前に立っています。一昨年(おととし)の冬のことでした。雪も降らず、冷たいだけの冬でした。

「わたしは、絵師(注1)、長谷桜玄(はせおうげん)と申します」

大きなお寺ではないので、眉毛(まゆげ)の白い和尚(おしょう)さんのほかは、よその寺から預かった二人の若い僧と、雑用係の小坊主(注2)しかいません。玄関に出ていったのは、和尚さんのようでした。低い声で長い間、二人は話し、最後に、小さな笑い声が聞こえました。この日から、絵師は桜花寺(おうかじ)に暮らすことになりました。

「ふすま一面に、さくらをお描きくだされ。あふれるような花をつける、さくらを、この書院に咲かせていただきたい」と和尚さんは、絵師に言いました。

「あいかわらず、役に立たんのう。何をやらしても、中途半端じゃ。春慶(しゅんけい)、仏様は見ておられるぞ」

和尚さんが、はあっと③ため息をつきました。和尚さんの前に立っているのは、春慶という名の小坊主です。やせた肩が震えています。ちょうどわたしの所から、後ろ向きの姿が見えました。はだしの足は、しもやけで赤くなって、痛がゆそうでした。足もとには、ぬれたぞうきんが、水を含んで置かれています。いつだって、絞り方がゆるすぎる、と小言(こごと)を言われ、小坊主は目を赤くしているのでした。わたしは、こうして庭に立っているだけですが、何もかも見ています。

「よいか、きょうからおまえは、書院でふすま絵を描かれる桜玄どのの助手をつとめるのじゃ。おまえがよいと言われたゆえ、な。ほかの用事はそのあとじゃ。寝る暇など、ないぞ」

こうして、小坊主は絵師の助手になりました。助手といっても、絵筆を持ったこともありません。絵師は、そのことを知っても、眼を細め、だまってうなずくだけでした。小坊主は、庭に面した廊下の隅で、いっそう小さくなって、絵師に呼ばれるのを待ちました。

それから、何日もたちました。けれども絵師は、色あせて絵柄もぼやけて見えなくなったふすまの紙を、小坊主に手伝わせてA丁寧に張り替えただけで、あとは何を描くでもなく、冷たい廊下に座って、しんとした庭をながめているのでした。

ときどき、絵師の視線がわたしのからだを通り過ぎていきます。冬芽はついているものの、すっかり葉を落としたはだかのわたしは、その視線に出会うと、小坊主みたいに④身を縮めるのでした。

「春慶どの」

と、絵師は細い声で、白湯(さゆ)を持ってきた小坊主に言いました。小坊主に向かって、春慶どの、と呼ぶのは、この絵師だけです。小坊主の青白い顔は、そう呼ばれるたびに、さくら色に染まるのでした。

「なかなか、よい姿だと思いませんか」

だれのことを言っているのでしょう。この庭の木は、わたし一本だけ。花の季節は「うつくし」とほめてもらえるのですが、冬は見向きもされません。凍てついた庭に、殺風景なわたしが立っています。

「はい……このさくらの木は、両の手を、手首のところであわせて、花のように開いた姿に見えます」

小坊主は、うつむいたまま、小さな声で言いました。

「ほほう、春慶どのは、よく見ておられる。さくらは、花の季節だけがうつくしいのではない。年中、うつくしい」

年中？ わたしは絵師のことばに、思わず声を上げそうになりました。もちろん、わたしの声など、人には聞こえません。それに、さくらといっても、何もわたしだけのことを言っているわけでもないでしょう。世の中には、星の数ほどさくらがあると聞いています。そしてそれは、みなうつくしい、と。わたしは、自分の姿をいちどもみたことがありません。池の端に立っているさくらならば、水面(みなも)に映った自分を見ることができるのでしょうが、ここに池はないのです。

絵師は、しばらくだまったまま、手にした湯呑(ゆのみ)の温かさを楽しんでいるようでした。ゆらり、と湯気が上がっています。ききき、とするどく百舌鳥(注3)が鳴いて、わたしの頭の上を横切っていきました。庭のかわいた地面に、鳴き声があとをひいています。

「木の姿も、うつくしい。年月を経て、大きくなったさくらの木は、ことのほか」

絵師は、白湯をひとくち飲むと、わたしをじっと見つめました。

「春慶どの、そなたは、さくらの何がうつくしいと感じますかな」

自分の考えなど、たずねられたこともない小坊主が、はっとして顔を上げました。わたしには、その胸のうちがよくわかります。小坊主のほおが、⑤濃いさくら色になりました。

「わたくしは、秋の落ち葉もうつくしいと思います。はだかの木に、少しだけ雪が積もっているようすも、好きでございます。それから……」

小坊主は、一気に言うと、そこでひと息ついて、続けました。

「それから、青葉のころに、枝からぶら下がる毛虫の糸が……細くて透き通った糸が、好きでございます」

そう言った小坊主の瞳には、それまで見せたことのない、ひかりがありました。そんなようすを、絵師は静かに見つめています。百舌鳥の声はもう、聞こえません。

そのうち、また何日も、絵師はぼんやりと、こんどは張り替えたばかりの、白いふすまをながめて過ごしました。

「描かんのう、あの絵描き。毎日、じいっとふすまを見とるだけじゃ」

ただ飯を食うだけかもしれん。いやいや、あやつ、絵師などではないかもしれん、と言いB交わす声が、本堂から聞こえてきます。よその寺から修行に来た、若い二人の僧の声でした。小坊主に、いつもつらく当たる、二人でした。

どうやら、だれもが、小坊主でさえも、もちろんわたしも、この絵師はにせものかもしれぬ、と思うようになっていたのです。この寺は、大きくもなく豊かでもありませんでしたが、それでも雨風はしのぐことができ、質素ではあっても食事も出ます。家がなく、放浪するしかない人にとって、これほどの幸運があるでしょうか。

それは、冷たいだけの冬の風に、ひとすじの温かいひかりが、混じりはじめたころのことでした。わたしの枝のつぼみも、少しずつ膨らんで、庭にも若い緑が目立つようになっています。

ついに、がまんの袋が、びりりと破れた和尚さんが、「さくらの絵は、どうなっておりますかのう」と、強い調子で絵師にたずねました。

「お経を聴いていると、心がまっしろになって、まぶたの裏でさくらが枝をのばし、つぼみをつけて、やがて咲きはじめます。それを待っております」

絵師は、おだやかに言うと、和尚さんに深々と頭を下げました。あきれかえった和尚さんが出ていくまで、絵師は頭を上げませんでした。

（中澤晶子「さくらのカルテ」による）

（注1）絵師…絵を描くことを職業とする人。
（注2）小坊主…修行中の年少の僧。
（注3）百舌鳥…モズ科の肉食の鳥。

《文章Ⅱ》

花は盛りに、月は隈なきをのみ見るものかは。［桜の花は真っ盛りに咲いているのだけを、月は曇りなく輝いているのだけを、観賞すべきなのだろうか、いやそうではない］雨に対ひて月を恋ひ、垂れこめて［部屋に閉じこもって］春の行方知らぬも、なほあはれに情け深し。［やはりしみじみとして情趣が深い］咲きぬべきほど［今にも花開きそうな］の梢[注1]、散りしをれたる庭などこそ見どころ多けれ。［とりわけ見る価値が多い］歌の詞書[注2]にも、「花見にまかれりけるに、早く散り過ぎにければ」［花見に出かけたところ、もうすでに花が散ってしまって見られなかった］とも、「障ることありてまからで」［用事があって花見に出かけず、花を見なかった］なども書けるは、「花を見て」といへるに劣れることかは。［劣っているだろうか、いやそんなことはない］

（「徒然草」による）

（注1）梢…樹木の枝の先。
（注2）詞書…和歌の前書き。その歌を作った日時や場所などを書き記したもの。

(1) よく出る 本文中の二重傍線部A～Cの漢字について、正しい読みをひらがなで書きなさい。（各2点）

(2) 難 傍線部① だれか、傍線部② わたしはそれぞれ何をさしていますか。次のア～エのうちから最も適当な組み合わせを一つ選び、その記号を書きなさい。（5点）

ア、①長谷桜玄　②小坊主の春慶
イ、①和尚さん　②小坊主の春慶
ウ、①長谷桜玄　②さくらの木
エ、①和尚さん　②さくらの木

(3) 基本 傍線部③ ため息 とありますが、このときの和尚さんの心情はどのようなものですか。次のア～エのうちから最も適当なものを一つ選び、その記号を書きなさい。（4点）

ア、失望　イ、安心　ウ、感動　エ、緊張

(4) 傍線部④ 身を縮める とありますが、これはどのような様子を表していますか。次のア～エのうちから最も適当なものを一つ選び、その記号を書きなさい。（4点）

ア、目立たないために、みすぼらしくする様子。
イ、恐れなどから、体や心を小さくさせる様子。
ウ、苦労などいとわずに、一心につとめる様子。
エ、自分を犠牲にして、人のために尽くす様子。

(5) 難 思考力 傍線部⑤ 濃いさくら色になりました とありますが、「濃いさくら色」は、小坊主のどのような心情を表していますか。その心情をもたらした理由を含めて、四十字以内で書きなさい。（6点）

(6) 基本 傍線部⑥ あはれに の読み方を現代の仮名遣いに直し、ひらがなで書きなさい。（2点）

(7) 傍線部⑦ 劣れることかは とありますが、これはどういうことを表していますか。次のア～エのうちから最も適当なものを一つ選び、その記号を書きなさい。（6点）

ア、月見に行けなかった時に詠んだ歌より、月見に行って実際に見て詠んだ歌の方が優れている。
イ、花が散っていくのを詠んだ歌より、月が沈んでいく様子を詠んだ歌が優れていることもある。
ウ、花見に行けなかった時に詠んだ歌より、花をその場で実際に見て詠んだ歌の方が優れている。
エ、花をその場で実際に見て詠んだ歌より、咲いた花を見ずに詠んだ歌が優れていることもある。

(8) 難 思考力 《文章Ⅰ》の点線部X まぶたの裏でさくらが枝をのばし、つぼみをつけて、やがて咲きはじめます、《文章Ⅱ》の点線部Y 雨に対ひて月を恋ひ、垂れこめて春の行方知らぬ とありますが、この二箇所からは、ものを観賞する上で似た姿勢が読み取れます。それはどのような姿勢ですか。［　　］にあてはまる言葉を十五字以上二十字以内で書きなさい。（6点）

［　　　　　　　　］姿勢。

三（説明文）内容吟味・韻文知識・表現技法・条件作文

次の文章を読んで、あとの(1)～(3)の問いに答えなさい。（計20点）

日常からちょっとジャンプしてみたいときに、短歌においてよく用いる方法に「比喩」があります。比喩にはいろいろな種類がありますが、中でも最もよく使われているのが、「直喩」と言われる方法です。

直喩は「AのようなB」とか「AはBのようだ」（文語体で表わすと「AのごときB」「AはBのごとし」）といったかたちを取ります。日々の会話でも「雪のように白い肌」「赤ちゃんの手はもみじのように可愛い」などと言いますね。AとBを同時に提示することで描写にふくらみが出て、作者の思いを想像性豊かに伝える効果があります。

（中略）

みづからの光のごとき明るさをささげて咲けりくれなゐの薔薇
佐藤佐太郎『帰潮』

すっきりと整った作品です。くれなゐ（新仮名では「くれない」。紅色のことです）の薔薇は、薔薇そのものが内なる光を発するような明るさで咲いています。ひかり輝くばかりに素敵な人のことを「オーラを発している」と褒め讃えますが、まさに薔薇もオーラの自家発電をしているようです。

（栗木京子「短歌を楽しむ」による）

(1) 傍線部　薔薇そのものが内なる光を発するような明るさ　とありますが、これは、佐藤佐太郎の作品のどこの箇所を説明したものですか。そのまま抜き出して書きなさい。（4点）

(2) 次の短歌では、何が何にたとえられていますか。それを次のように説明するとき、[a]、[b]にあてはまる言葉を、作品中の言葉を用いてそれぞれ五字で書きなさい。（各2点）

> らっきょうのような頭を傾けてうんと考えいるなり
> わが子は　　中川佐和子（なかがわさわこ）

この短歌では、[a]が[b]にたとえられている。

(3) **思考力** 二重傍線部　直喩　とありますが、直喩を用いてあなたが暮らす地域の様子を伝える【文】を書くとき、あなたはどのように表現しますか。あとの【条件】①～③に従って、その表現について説明する文章を書きなさい。（12点）

【文】　私が暮らす地域には、[　　]があります。

【条件】
①説明する文章は、原稿用紙（15字詰×7行＝省略）の正しい使い方に従って、二つの段落で構成し、五行以上七行以内で書くこと。
②第一段落は、「私が暮らす地域には、[　　]があります。」の形で書くこと。ただし、[　　]には、直喩を用いた表現を入れること。
③第二段落では、その直喩を用いた表現によって、どのような情景または心情を表現しようとしたかを説明すること。

四 （話し合い）グラフの読み取り・文脈把握 **思考力**

山本さんの中学校の保健委員会では、健康標語を作るために話し合いをしています。《話し合いの様子》と資料Ⅰ、資料Ⅱを見て、あとの(1)、(2)の問いに答えなさい。（計10点）

《話し合いの様子》

山本さん　健康標語を作るにあたって、中学生の体力向上をテーマにしようと決めましたね。体力向上のためには、どういうことに取り組んだら良いと思いますか。

高橋さん　体育の先生からは、しっかりと食事をとりなさいと指導されています。だから私は、食事の大切さを健康標語に取り入れるべきだと思います。

山本さん　なるほど、良いアイディアですね。ところで体力向上には、食事の何が大事なのでしょうか。食事の量も大事だと思いますし、食事の質も重要ですよね。

鈴木さん　この資料Ⅰを見てください。それによると、朝食を毎日食べる群（ぐん）の体力合計点が高いことから、朝食を食べることが大事なようですよ。

山本さん　では、食事以外に、体力向上のための取り組みにはどんなものが考えられますか。

高橋さん　睡眠時間が長いほど体力が向上するのではないでしょうか。

鈴木さん　私もそう思っていたけど、資料Ⅱを見ると、睡眠時間が長いほど体力が向上するわけではないみたいだよ。

山本さん　本当ですね。それでは、[　　]

資料Ⅰ

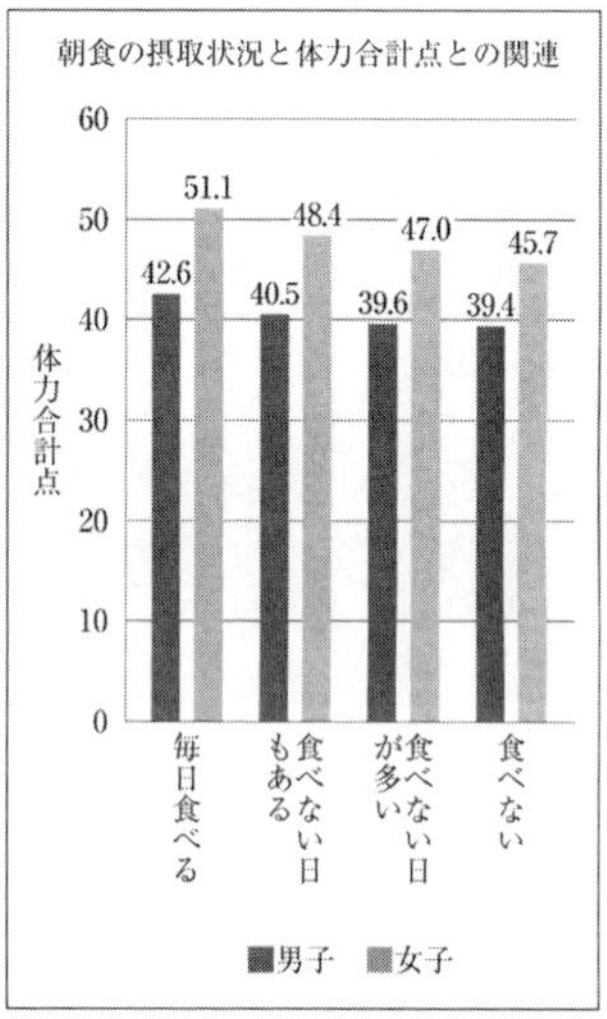

資料Ⅱ

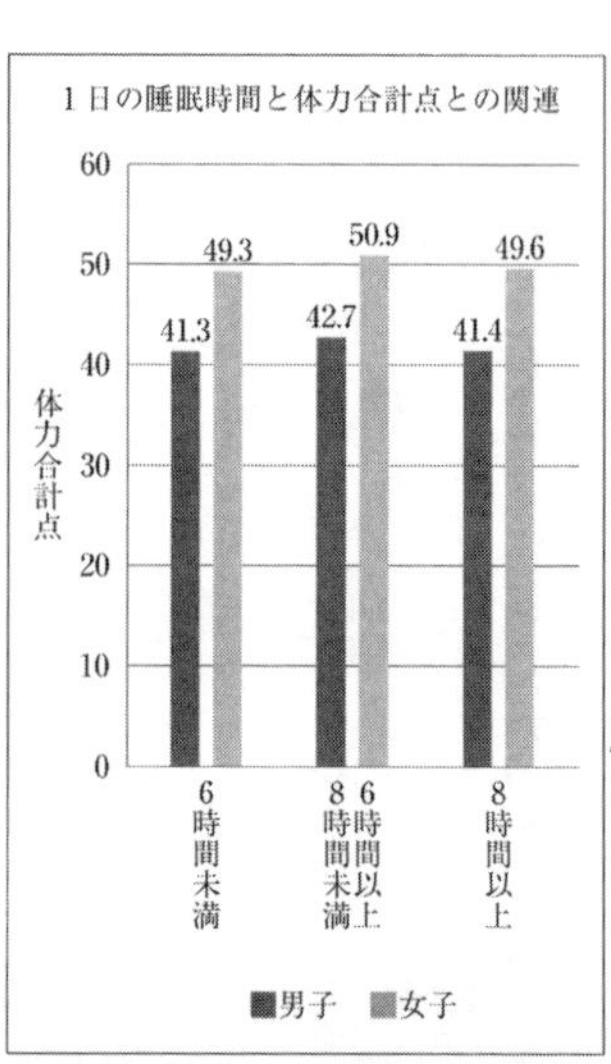

（スポーツ庁「平成三十年度全国体力・運動能力、運動習慣等調査結果」の中学生データから作成）

※体力合計点…握力や持久走などの体力テストの記録を得点化したものの合計点。男女では得点の基準が異なる。

(1) 傍線部　資料Ⅱを見ると、睡眠時間が長いほど体力が向上するわけではないみたいだよ　とありますが、この鈴木さんの発言の根拠となるのは資料Ⅱのどの部分ですか。次のア～エのうちから最も適当なものを一つ選び、その記号を書きなさい。（5点）

ア、すべての睡眠時間の群で、女子の体力合計点が男子の体力合計点よりも高いところ。
イ、男女ともに、睡眠時間8時間以上の群の方が、6時間以上8時間未満の群よりも体力合計点が低いところ。
ウ、男女ともに、睡眠時間8時間以上の群の方が、6時間未満の群よりも体力合計点が高いところ。
エ、男女ともに、睡眠時間6時間以上8時間未満の群の方が、6時間未満の群よりも体力合計点が低いところ。

(2) 本文中の[　　]には、山本さんがテーマについて提案する言葉が入ります。どのような言葉が入りますか。次のア～エのうちから最も適当なものを一つ選び、その記号を書きなさい。（5点）

ア、朝食を食べることと睡眠時間の長さをテーマにすべきだと思います。毎日朝食を食べる人ほど体力合計点が高く、睡眠時間が長い人ほど体力合計点が高くなっているからです。

イ、睡眠時間を長くとることをテーマにすべきだと思います。睡眠時間が長い人ほど体力合計点が高くなっていて、朝食を毎日食べても体力合計点が高くなってはいないからです。

ウ、栄養バランスの良い朝食をとることの大切さをテーマにすべきだと思います。栄養バランスの良い朝食を食べている人ほど男女ともに体力合計点が高くなっているからです。

エ、朝食を毎日食べることをテーマにすべきだと思います。朝食を毎日食べる人ほど体力合計点が高くなっていて、睡眠時間が長いほど体力合計点が高くなってはいないからです。

宮城県

時間 50分　満点 100点　解答 P5　3月4日実施

出題傾向と対策

●大問五題構成は例年どおり。一では、漢字などに加え、立会演説会の練習と友人による助言が出題された。小説文、論説文、古文では、選択問題の難度はそれほど高くないが、記述問題のなかには、読解力とまとめる力を問われる難しい設問も見られるので注意が必要である。

●漢字の読み書き、漢字知識、熟語などの基礎的な学習は日々継続して行うことが大切。作文は、百六十～二百字という字数で文章をまとめる練習を積み、字数感覚を身につけておく。記述問題対策も怠りなく。

一 漢字の読み書き・熟語・漢字知識・聞く話す

次の問いに答えなさい。(計32点)

問一、よく出る 基本 次の文の――線部①～⑧のうち、漢字の部分はその読み方をひらがなで書き、カタカナの部分は漢字に改めなさい。(各2点)

・夕食までの時間を読書に①費やす。
・洋服の破れを②繕う。
・③傾斜が急な坂道を登る。
・主役を演じた役者が④喝采を浴びる。
・庭にある木の⑤ミキの太さを測る。
・鳥が海の向こうへ⑥トんでいく。
・⑦アンイに判断しないように心がける。
・大臣が諸外国を⑧レキホウする。

問二、基本 熟語の構成が「予定」と同じものとして、最も適切なものを、次のア～エから一つ選び、記号で答えなさい。(2点)

ア、仮眠　イ、着席　ウ、尊敬　エ、雷鳴

問三、基本 次の行書で書かれた漢字を楷書で書いたとき、総画数が最も多いものを、次のア～エから一つ選び、記号で答えなさい。(2点)

ア、銅　イ、種　ウ、潮　エ、磁

問四、中学校の生徒会の会長に立候補したAさんは、立会演説会に向けて演説の練習を行い、それを聞いていたBさんからアドバイスをもらいました。次は、Aさんの【演説の練習】と、AさんとBさんの【練習後の会話】です。あとの(一)～(五)の問いに答えなさい。

【演説の練習】

私は、二年一組のAです。どうぞよろしくお願いします。

　私が生徒会長に立候補した理由は、この学校を、互いに協力し合う、笑顔あふれる学校にしたいと考えたからです。私はこれまで、「心に決めた目標を変えることなく最後までやり通す」ことをモットーに、何事にも取り組んできました。私は、生徒会長になって皆さんのために、自分の力を発揮したいと思います。

　さて、互いに協力し合う、笑顔あふれる学校にするために、私が生徒会長になって取り組みたいことは、「あいさつ運動」を充実させることです。現在、生徒会執行部と生活委員会の活動として、週に一回、昇降口前で「あいさつ運動」を実施しています。「あいさつ運動」によって、休み時間や放課後でも元気よく挨拶が交わされるようになり、学校が明るい雰囲気になってきました。

　そこで、「あいさつ運動」を充実させるために、私が実現したいこととして、学校の近くの商店街や近隣の小学校の前で実施することと、生徒会執行部と生活委員会だけが行うのではなく、生活委員を中心として、クラスごとに当番を決めて行うことを考えました。

　これにより、学校全体で「あいさつ運動」に取り組むことになるので、「互いに協力し合う」ことができ、そのうえ、本校が元気よく挨拶をする「笑顔あふれる学校」になるだけでなく、あふれる笑顔を地域にも広げていくことができると思います。これらのことを実現するのは簡単ではないかもしれません。しかし、①たとえ実現するのが難しいので、あきらめずに最後まで努力したいと思います。
どうか皆さん、私に一票をお願いします。

【練習後の会話】

〈Aさん〉聞いていてどうだったかな。話し方について、何か気づいたことはあったかな。

〈Bさん〉そうだね。演説にかかった時間は、ちょうどいいくらいだったよ。それと、今は二人だけで練習しているけれど、当日は、②立会演説会という場に合った話し方を心がけるといいね。

〈Aさん〉では、話し方を工夫してみるよ。他にもあるかな。

〈Bさん〉Aさんのモットーについてだけれど、同じような意味を表す四字熟語があったよね。四字熟語を使ったほうが、強い印象を与えると思うよ。

〈Aさん〉うん。それは「［③］」という四字熟語だよね。確かに、そのほうがいいね。演説の内容についてはどうだったかな。

〈Bさん〉④特に気になったのは、「あいさつ運動」を充実させるために実現したいことについてだね。その直前に話していた、現在の「あいさつ運動」の話からは、すんなりつながらないように感じたよ。もう少し説明が必要じゃないかな。

〈Aさん〉うーん。言われてみるとそのとおりだね。当日までに、実現したいことについての説明をよく考えて、説得力を高められるようにするよ。

〈Bさん〉そのほうがいいよ。Aさんが実現したいことは、聞き手にとって最も知りたい情報だからね。ただ、さっきの練習を聞いていたときは、伝えたいことがどういうことなのか、よく分からないなと思ったよ。実現したいことがいくつあるのか、それはどういう内容なのかが分かりやすく述べられると、いいと思うよ。

〈Aさん〉なるほど。⑤その部分も聞き手にとって分かりやすくなるように直してみるよ。

〈Bさん〉そうだね。Aさんの思いが、みんなに伝わるといいね。

(一) 【演説の練習】の中に「①たとえ実現するのが難しいので」とありますが、適切な表現になるように、「難しいので」の部分を、五字で直しなさい。（2点）

(二) 【練習後の会話】の中に「②立会演説会という場に合った話し方」とありますが、その話し方として、最も適切なものを、次のア～エから一つ選び、記号で答えなさい。（2点）

ア、全校生徒に話すので、間違わないように原稿から目を離さずに読む。
イ、広い会場で話すので、よく聞き取れるようにはっきりと発音する。
ウ、生徒に向かって話すので、親近感が湧くように丁寧語を使わない。
エ、他の立候補者と競うので、印象に残るようになるべく早口で話す。

(三) 【練習後の会話】の中の［③］にあてはまる言葉として、最も適切なものを、次のア～エから一つ選び、記号で答えなさい。（2点）

ア、謹厳実直　イ、心機一転
ウ、大器晩成　エ、初志貫徹

(四) 【練習後の会話】の中の「④特に気になったのは、」で始まる発言は、どのような観点に基づく指摘ですか。その説明として、最も適切なものを、次のア～エから一つ選び、記号で答えなさい。（3点）

ア、話が論理的であるかどうかという観点に基づいて、Aさんが実現したいことを考えた根拠が明確に述べられていないという指摘。
イ、事実と考えを区別して話しているかどうかという観点に基づいて、「あいさつ運動」の成果に事実が含まれていないという指摘。
ウ、聞き手が理解しやすい表現になっているかどうかという観点に基づいて、Aさんが実現したいことの説明が具体的ではないという指摘。
エ、話題を提示する際に聞き手に伝わりやすい工夫があるかどうかという観点に基づいて、資料を用いて説明したほうがよいという指摘。

(五) 【練習後の会話】の中に、「⑤その部分も聞き手にとって分かりやすくなるように直してみるよ。」とありますが、次の文章は、AさんがBさんのアドバイスに基づいて、【演説の練習】の中の［　］の部分を直したものです。［　］に入る適切な表現を考えて、十五字以内で答えなさい。（3点）

そこで、「あいさつ運動」を充実させるために、私が［　］。
一つ目は、「あいさつ運動」を、学校の近くの商店街や近隣の小学校の前で実施することです。二つ目は、「あいさつ運動」を、生徒会執行部と生活委員会だけが行うのではなく、生活委員を中心として、クラスごとに当番を決めて行うことです。

二 (小説文)内容吟味・表現技法

次の文章を読んで、あとの問いに答えなさい。（計20点）

「私」(飯田(いいだ))は、十五年前の小学六年生のときに、クラスで「三十人三十一脚」の大会に参加し、自分が転倒したせいで敗退したことと、練習中は隣で優しく支えてくれていた奥山が、大会を境によそよそしくなったことを、ずっと気に病んできた。「私」は意を決して同窓会に出席し、奥山に転倒したことをわびた。

「あ、あの、ほんとにごめんね、今さら。聞いてくれてありがとう。じゃ……」

　言うだけ言って逃げようとした私を制するように、そのとき、奥山くんがぬっと掌を突きだし、張りつめた声を響かせた。

「触って」

「え」

「触ってみて」

　血色のいい大きな掌。触って？　意味がわからず瞳で問うも、奥山くんは一文字に結んだ口を動かさない。どうやらそのままの意味らしい。

　①私はこくりと息を呑み、震える手をさしのべた。人差し指と中指、二本の指先でそっと眼下の掌に触れる。ぬめりとした。

「濡れてるでしょ」

「はい？」

「汗っかきなんだ」

「え」

「とくに、緊張するとすぐ汗が出て」

「あ……」

「今ならふつうに言えるけど、子どものころはすっごく、それが恥ずかしくて。どうしても、だれにも、知られたくなくて」

　声をなくした私の前で、あいかわらず白い奥山くんの首筋がみるみる赤く染まっていく。

「あの日……あの予選の日も、ぼくの手、汗でびっしょりだった。気がつかなかった？」

　問われて、ハッと息をつめた。あの日。スタートラインで肩と肩を組みあわせた瞬間の、奥山くんの掌。いつもよりそっけなく感じた記憶はある。感触は？　思いだせない。首を横にふった。

「そんな余裕なくて」

「すごい汗だったんだ、緊張して、あのムードにやられちゃって。紐を結ぶときも、腕を組むときも、バレたらどうしようって、すごくびくびくしてて。飯田さんが転んだとき、あれが絶頂だった。ぼくのせいだ、ぼくが汗ばっか気にしてたからだって＊パニクって、ますます手がびしょびしょになって……」

　②ごめん、と奥山くんが悲痛な声とともに低頭する。

「その濡れた手を、どうしても、飯田さんに、さしだせなかった」

「……」

　時間が止まった。時がもどった。十五年前のあの日、地べたに転がる私を無表情に見下ろしていた奥山くん。どうして気づいただろう。そのこぶしが大量の汗を抱いていたなんて。いつも冷静で、おだやかで、大人びていたあの男の子が、それほどの重圧に震えていたなんて。

　子どもだったんだ。ふいに、その当然の事実がすとんと胸に落ちた。奥山くんも、私も、もしかしたら＊真梨江先生も、あのころはみんなまだ本当に子どもだったんだ――。

「あれからぼく、飯田さんの顔、とてもじゃないけどまともに見られなくて、謝る勇気もないまま卒業しちゃって、それが、なんていうか、ずっとこのへんに引っかかってて……」

　このへん、と奥山くんのこぶしが＊鳩尾のあたりを叩いた瞬間、はじかれたように③私の涙腺がゆるみ、彼の背後にうかぶ上弦の月がぼやけた。

「だから今日、飯田さんと話ができてよかった。ほんとによかった」

「奥山くん……」

「＊SPやってると、どうしてもあの日のことを思いだすんだ。どんな要人守っても、セレブ守っても、クラスメイトの女子一人守れなかったら、ただのポンコツだなって」

　十五年間、私とおなじ重さを負ってきてくれた元パートナー。その肩からようやく力がぬけて、なつかしい＊観音の笑みがもどった。

　私も――。目の縁ぎりぎりに涙を押し留めながら、私は声にならない声を返した。私もずっとあの日に捕らわれつづけてきた。ことあるごとに自ら傷口をえぐり、そして、弱気になっていた。どうせまた私は失敗する。自分のせいでみんなに迷惑をかける。悪いほうへ悪いほうへと考えては怖じけてしりごみし、心の弱さをぜんぶあの転倒のせいにして、結局のところ、臆病な自分を甘やかしつづけていた。

「私も、話ができてよかった。今日、ここにきて本当によかった」

　ほどけていく。自らの手でこじらせていた紐のむすびめが解けていく。

「ありがとう」

　地を踏む足の軽さにふらつきながらも、④初めて自分から奥山くんに手をさしのべた。

「こちらこそ、ありがとう」

　再びつなぎあわせた手。それだけで十分だった。ためらいなく握手をしてくれた彼の濡れた掌に、十五年前の真実が宿っている。

　理解しあうために必要な年月もある。人は、生きるほどに必ずしも過去から遠のいていくのではなく、時を経ることで初めて立ち返れる場所もあるのだと、触れあった指先にほのかな熱を感じながら思った。

（森絵都「出会いなおし」による）

＊をつけた語句の〈注〉

パニクって――頭の中が混乱して。
真梨江先生――当時の担任の先生。
鳩尾――胸骨の下にあるくぼんだ所。
SP――要人の警護に当たる私服の警官。
観音の笑み――ここでは、仏像のように穏やかな笑顔のこと。

問一　**基本**　本文中に「①私はこくりと息を呑み、震える手をさしのべた。」とありますが、このときの「私」の心情を説明したものとして、最も適切なものを、次のア～エから一つ選び、記号で答えなさい。（3点）

ア、奥山の覚悟を感じ取り、気持ちが通じたことに感動している。

イ、奥山の意図が理解できず、何が起きるのかと困惑している。

ウ、奥山に弱気な姿を見せまいとして、気持ちが奮い立っている。

エ、奥山の態度があまりに高圧的なので、怒りを感じている。

問二、本文中に「②ごめん、と奥山くんが悲痛な声とともに低頭する。」とありますが、次の文は、奥山が「私」に謝りたいと思っていたことについて説明したものです。[　　]に入る適切な表現を考えて、三十字以内で説明しなさい。（3点）

> 精神状態がとても混乱する中、[　　　　]ので、転倒した「私」に、濡れた手をさしだせないでしまったこと。

問三、本文中に「③私の涙腺がゆるみ」とありますが、次の対話は、このことについて話し合ったものです。あとの(一)、(二)の問いに答えなさい。（各3点）

〈Xさん〉「私の涙腺がゆるみ」とあるけれど、「私」はどうして涙がにじんだのかな。

〈Yさん〉それは、奥山が「ずっとこのへんに引っかかってて……」と言って、鳩尾のあたりを叩いたことによって起こっているね。「私」はこの言動から何かを感じ取ったので、涙がにじんだのだろうね。

〈Xさん〉そうだね。奥山のその言動は、「私」に謝ることができなかった後悔が心に引っかかっていて、その状態が十五年もの間続いてきたということを意味していると思うんだ。

〈Yさん〉うん。奥山の後悔が、SPになった今の生活にまで影響していることは、その後の「どうしてもあの日のことを思いだす」という言葉からも分かるからね。そして奥山は、転倒のときの対応のまずさを振り返っては、自分を[A]きたんだね。

〈Xさん〉そう考えると、涙がにじんだときに、「私」が奥山の言動から感じ取ったのは、これまで苦しんできたのは「私」だけではなかったということかもしれないね。だから「私」は、奥山に対して、「[　B　]」と感じたんだろうね。

(一) [A]に入る適切な表現を考えて、五字以内で答えなさい。

(二) [B]にあてはまる言葉を、本文中から十六字でそのまま抜き出して、はじめの五字で答えなさい。

問四、**思考力** 本文中に「④初めて自分から奥山くんに手をさしのべた。」とありますが、このときの「私」の気持ちを、五十五字以内で説明しなさい。（5点）

問五、本文中の……線部の表現について説明したものとして、最も適切なものを、次のア～エから一つ選び、記号で答えなさい。（3点）

ア、「血色のいい大きな掌。」という体言止めの技法によって、文章に畳みかけるようなリズムを与えている。

イ、「びしょびしょ」という擬態語によって、様子をあえて不明瞭に伝え、読み手の関心をかき立てている。

ウ、「上弦の月がぼやけた」という情景描写によって、時間が経過していることを暗示している。

エ、「紐のむすびめが解けていく」という隠喩によって、たとえられているものの状態を印象づけている。

三 (論説文)内容吟味

次の文章を読んで、あとの問いに答えなさい。（計20点）

抽象は、英語ではアブストラクト。つまり抽出だ。自然から*エッセンスを抽出するのが、抽象表現であり、それこそが芸術の本質である、ということだろう。古典的な芸術論では、芸術は自然の模倣であるとされていたが、むしろ自然からの抽出というべきものかもしれない。

*クレーは「芸術の本質は、見えるものをそのまま再現するのではなく、見えるようにすることにある」ともいっている。抽出することで、人に見えていないものを見えるようにすることができる。

勤務先の大学にできた「基礎美術」コースで、いけ花の*珠寶さんのお献花を見学した。

珠寶さんが花器の前に座って一礼した瞬間、準備でがやがやしていた空気がすっとひきしまった。①思わず自分の背筋も伸びる。

ヒノキを真に据えると、ツツジやフジ、そしてハチクの筍までいけられていく。一つひとつの草木をとてもだいじに扱う様子が印象的だ。少し枯れているものも、虫食いのあるものも、同じようにだいじに扱われる。その手には迷いがない。適当な長さでさくっと切り、藁を束ねてつくった「こみわら」という花留に、すっとさしこんでいく。

できあがったものは、気品があって、みずみずしくて、それこそ美しい。ヒノキの葉の流れがうねるようで、風を記憶しているみたいだと思った。自然を素材として美しく造形したというよりも、それまで見えていなかった自然の造形に目を向けさせられた気がした。

珠寶さんにお話をうかがうと、自然のなかに生えている草木を見て、その姿にはっとしたこと、自分が感化されたものを表現するのだという。まさに抽出であり「！」の表現だ。

「それぞれの草木が持っている天然の姿を生かして、立ち伸びる性質のものは天を臨むような姿に、また横に靡きしだれる枝はそのような出生の姿を尊重する」（珠寶『造化自然――銀閣慈照寺の花』二〇一三年）

険しい場所に生えている草木の方が、中身がぎゅっと詰まって密度が高く、ユニークな枝ぶりをしているものが多い。いっぽう、ぬくぬくと育った木は、やっぱりぼーっと生えていることが多いというから②おもしろい。だからたいていは、険しい岩山に草木を探しにいくのだそうだ。

自然の美しさ。それを言葉で表現するのはむずかしい。雄大、壮大、崇高。ほかは、息を飲むような、えもいわれぬ、筆舌に尽くしがたい、絵にも描けない、となってしまう。わたしたちにとって美しい自然とは、どうやら、とにかく大きくて、言葉や絵では表現しきれないようなもの、ということらしい。

体験として考えると、自然の美しさは、自分のちっぽけさを感じることと隣りあわせのような気がする。

たとえば、ふとした瞬間に見上げる夜空。たくさんの星が鮮やかに見えるときほど、宇宙はなんて広くて、自分はなんてちっぽけなんだろうと思う。

それは、自分の存在価値を否定するようなネガティブな感情ではない。自分の力がまるでおよばない大きな存在があり、自分はそのわずかな一部分であること。むしろちっぽけであることが、なんだかうれしくて、心底ほっとするような、③幸福な非力感だ。

ふだんわたしたちは、目や耳などの感覚器官を通し、まわりの環境からつねに情報を読みとろうとする。それをもとに行動を選択するためだ。言葉を手に入れた人間は、目に入るものをつねに言葉でラベルづけすることで、その情報を効率的に処理し、伝達できるようになった。

でも、降ってきそうな星空は、ただの「星空」として分類できない。木霊が棲んでいそうな苔むしたスギの巨木は、ただの「木」として分類できない。

ラベルづけできないもの、情報化できないもの、つまり自分の既成概念をはるかに超えたものに、わたしたちは感服し、自然の美しさと感じるのだろう。

自然と人工――本来は線引きできるものではない。人間も動物であり、自然の一部だからだ。でも、それを④対比的なものとして感じてしまうのは、ほんとうの美しい自然が、そうして人知を超えたものという感覚があるからなのかもしれない。

写真家の畠山直哉さんが『出来事と写真』（大竹昭子との共著、二〇一六年）でおっしゃっているように「自然とは、人間の原理を超えて現象しているもの」だとすれば、そのことを強く感じさせられるものに、美や畏れを感じるのだろう。

珠寶さんは、お花をいけるとき、いつも緊張しているそうだ。でもそれは、人に対しての緊張ではない。大自然とか、かみさまとか、「もっと上の方のもの」に対しての緊張なのだという。

お献花の予定が決まれば、一年前からでも観客や会場をイメージして準備をする。でも当日、座った瞬間に、無になる。からっぽにして「考えない」。頭で考えてしまうと、これまでの経験の範囲でしかイメージできないからだという。

表現をする側も、いったん無になることで、自分を超える表現に挑む。それは「人間の原理」を超える部分を追求するということなのかもしれない。

（齋藤亜矢「ルビンのツボ」による）

＊をつけた語句の〈注〉
エッセンス―物事の重要な部分。本質。
クレー――スイスの画家。
珠寶――著名な華道家。

問一、**基本** 本文中に「①思わず自分の背筋も伸びる。」とありますが、筆者がこのようになった理由を説明したものとして、最も適切なものを、次のア～エから一つ選び、記号で答えなさい。（3点）

ア、珠寶さんが献花に礼儀正しく臨む姿を見て、気持ちが和らいだから。
イ、珠寶さんの献花が始まるのに、場が騒がしかったことを恥じたから。
ウ、珠寶さんの一礼を機に場の雰囲気が変わり、自分も緊張を感じたから。
エ、珠寶さんの一礼で空気がひきしまることに、気味悪さを覚えたから。

問二、本文中に「②おもしろい。」とありますが、次の文は、筆者がこのように感じた理由について説明したものです。［　］に入る適切な表現を考えて、十字以内で答えなさい。（3点）

> 珠寶さんの話を聞いて、それぞれの草木が、［　］をしているということに心が引かれたから。

問三、本文中に「③幸福な非力感」とありますが、次の対話は、この表現について話し合ったものです。［A］にあてはまる言葉を十三字で、［B］にあてはまる言葉を四字で、それぞれ本文中からそのまま抜き出して答えなさい。（各3点）

> 〈Xさん〉どうして筆者は、ちっぽけであることを「幸福な非力感」と表現したのかな。
> 〈Yさん〉ここでの「非力」とは、自然に対して、［A］ことを意味していると思うけれど、筆者が感じている「非力感」というのは、自分の存在価値を否定するようなネガティブな感情ではないと述べているね。
> 〈Xさん〉そうだね。筆者は、自分の既成概念をはるかに超えたものに感服し、そのような自然に［B］を感じると述べているね。だから、自然に対して謙虚に向き合う気持ちを込めて、自分のちっぽけさを感じることを「非力感」と表現したのかもしれないね。
> 〈Yさん〉自然の雄大さや美しさを感じることができるのは、自分がちっぽけだからなんだね。そのちっぽけな自分が、大きな存在である自然の一部分になっている。そのことを幸福だと感じたから、筆者は「幸福な非力感」と表現したのだろうね。

問四、本文中に「④対比的なものとして感じてしまう」とありますが、「自然と人工」をそのように感じてしまうのはなぜだと筆者は考えていますか。最も適切なものを、次のア～エから一つ選び、記号で答えなさい。（3点）

ア、動物である人間は自然と一体なはずなのに、圧倒的な存在である自然を前にすると、挑んで克服しようという感覚になるから。
イ、人間は自然からの情報をもとに行動しようとするのに、壮大な自然に対しては、情報を全く読みとれないような感覚になるから。
ウ、人間は自然に含まれて存在しているのに、人知を超えた自然と向き合うと、自分の存在価値が否定されているような感覚になるから。
エ、人間も自然の一部であるのに、既成概念では捉えきれない自然に接すると、人間と同じ領域にあるとは思えないという感覚になるから。

問五、本文中において、自然の美しさを表現するとはどうすることだと筆者は述べていますか。表現をする側の自然に対する向き合い方に触れながら、五十字以内で説明しなさい。（5点）

四 (古文)仮名遣い・内容吟味

次の文章を読んで、あとの問いに答えなさい。（計8点）

雪のいと(とても)高う降り積りたる夕暮より、端近う(部屋の端に近い所で)、同じ心なる人(気の合った人)二、三人ばかり、火桶を中にすゑて、物語などする(話などをする)ほどに、暗うなりぬれど、こなた(こちら)には火もともさぬに、おほかた(あたり一帯)の雪の光、いと白う見えたるに、＊火箸して灰などかきすさみて(火箸で灰などをわけもなくかきながら)、あはれなるもをかしきも(しんみりしたこともおもしろいことも)、言ひ合はせたるこそをかしけれ(おもしろい)。

（「枕草子」による）

＊をつけた語句の〈注〉

火箸——火がついた炭を挟むための金属製の箸。

問一、**よく出る** **基本** 本文中の「すゑて」を現代仮名遣いに改めなさい。（2点）

問二、次の対話は、この文章について話し合ったものです。あとの(一)、(二)の問いに答えなさい。（各3点）

> 〈Xさん〉この文章は、描かれている情景が目に浮ぶようだね。
> 〈Yさん〉そうだね。「暗うなりぬれど、こなたには火もともさぬに、おほかたの雪の光、いと白う見えたる」という描写では、［A］が対比されて表現されていると感じたよ。
> 〈Xさん〉それから、作者は、［B］はおもしろいと述べているけれど、作者のその思いは、私も分かる気がするな。
> 〈Yさん〉作者の感じ方と現代の私たちの感じ方に、共通するところがあるのかもしれないね。

(一) ［A］に入る適切な表現を考えて、十五字以内で答えなさい。

(二) ［B］にあてはまる表現として、最も適切なものを、次のア〜エから一つ選び、記号で答えなさい。

ア、一人で過ごす夜に、灰をかきながら楽しかった思い出にひたること
イ、火桶から離れて部屋の端で雪を鑑賞しながら、仲間と議論すること
ウ、雪の光を味わいながら、気の合う人とさまざまな話を語り合うこと
エ、外に火をともして、何も言わずにしみじみと雪景色を眺めること

五 条件作文 思考力

ある新聞に次のような【投書】が載りました。

【投書】

> **録画しながら聞くことに違和感**
> (高校生 17)
>
> 先日、駅前の広場で行われたイベントにおいて、バイオリンの演奏がありました。多くの人が足を止めていました。
> そのとき、私には気になったことがありました。見ている人の多くがスマートフォンで録画しながら演奏を聞いているのです。録画することに一生懸命で、その画面だけをじっと見つめている光景に、強い違和感を覚えました。
> 最近ではさまざまな場面で、録画しながら見たり聞いたりしている姿を見かけますが、それは本当にその場を楽しんでいるとは言えないのではないかと思います。

【投書】を読み、録画しながら見たり聞いたりすることについて、あなたはどのようなことを考えましたか。あなたの考えと、そのように考えた理由を具体的に示して、百六十字〜二百字で書きなさい。（20点）

秋田県

時間	満点	解答	
60分	100点	P6	3月5日実施

出題傾向と対策

●「聞くこと」に関する検査（省略）、論説文、国語知識問題、小説文、古文、課題作文の大問六題構成。国語知識の問題では、漢字・文節・動詞の活用の種類、対義語が問われた。読解問題は例年どおり、記述問題が多く、二百五十字以内の課題作文以外に五十字以内で要旨を書く記述問題が出題されている。

●漢字や文法、対義語などの基礎的な国語知識を確実に身につけておくこと。問題演習を通して、基礎的な読解力を身につけるとともに、記述力をつけておきたい。

一 (省略)「聞くこと」に関する検査（計10点）

二 (論説文)内容吟味・文脈把握・要旨

次の文章を読んで、1〜5の問いに答えなさい。（計21点）

よく伝わるコミュニケーションとは何かと聞かれることがある。コミュニケーションは双方向のものなので、聞き方も大切であり、表情や視線、身振り手振り、声の抑揚なども、豊かなコミュニケーションの大切な要素になる。最近では「傾聴」、「聞く力」といった言葉も出てきて、聞くことの重要性が説かれている。

こうした中で、通訳者としての経験から、日本語と英語間の能動的コミュニケーションであるスピーチを中心に、何が説得力があってよく伝わるコミュニケーションかということについて考えてみたい。一言でいうと、どちらの言語でも、明快な論理と素直な感情が融合していることがポイントだと考える。両者のバランスが重要で、どちらが欠

けても、説得力のあるコミュニケーションにはならない。別の言い方をすると、そういう話は実に通訳しやすい。

よく指摘されるように、英語は結論を先に言って、その後にbecause（なぜなら）などと言って理由を説明していく。yes（イエス）かno（ノー）かを最初に示し、その後に考えを述べる。自分の立場をまず前面に押し出して、相手に入ってこさせないスペースを自分の前に作って、主張していくようなイメージがある。途中で相手が割り込んできても、自分はまだ終っていないと言って、相手を押し戻し、自分の場を確保しながら論を展開していく。

日本人はこれが苦手だ。自分の立場を最初に言ってしまうと、対立軸がはっきりしすぎて後で険悪になるのではないかと恐れるのだ。そのため、日本人は、話しながら、相手が自分の言いたいことや立場を＊忖度（そんたく）してくれないかと願っている。その気持ちが強くなると、もともと日本語では文末に結論がくるにもかかわらず、さらに語尾を濁したり、声を呑（の）んだりして、もごもごさせてしまうのである。

また、日本人は、主義主張や意見を論理的に主張するのを、うっとうしいと感じる傾向がある。屁理屈という言葉がそれを象徴している。そのため、理屈を正しいと思っている欧米圏の人に向け、屁理屈という言葉のニュアンスを伝える英語を探すのは難しい。アメリカ人の友人に説明しようとして、「日本人は、あまりにも合理的すぎる理由づけは、“＊難癖（なんくせ）、あら探し”と言って嫌う」と言ったが、うまく伝わらなかった。「合理的な理由づけ」はあくまでも正しいもののようだ。2、3回やりとりをしてようやく、「日本人は議論のための議論を好まない。あまりにも自己主張が強いように思うから」と言ったら、理解してもらえた。

そもそもの前提として、理屈を正しいと思っている人たちと、どこか面倒くさいことをごたごた並べていると感じる私たち日本人との間では、ギャップがある。そのためか、いわゆる欧米人と議論を続けていると、日本人は根気を失いがちだ。欧米の人たちはhave the last word（決定的な発言をする、とどめの発言をする）をもって論戦で勝ったと考えるが、日本人はそう考えない。ま、いいかとなりがちである。交渉の通訳をしていて、日本側の主張のほうが個人的には正しいと思えるのに、いつの間にか、理屈で追い込まれていく場面に出会うことがある。これは「言葉による説得」で鍛え抜かれた文化とそうでない文化の違いゆえかと思うが、このあたりは、国際的な交渉が一段と増えるなかで、日本人が補強していくべき点であろう。相手の理屈には理屈で押し返す、相手の論理の弱点を言葉で突くといった訓練が必要で、これを屁理屈には陥らずに、やんわりと鋭くやるのが、日本流ということになるのではないかと思う。

（袖川裕美（そでかわひろみ）「同時通訳はやめられない」による）

【注】＊忖度……他人の気持ちを予測すること
＊難癖、あら探し……小さな欠点を見つけ出し、大げさに非難すること

1、コミュニケーション について、次のように説明した。〔　〕に当てはまる語句を、本文中から六字で抜き書きしなさい。（2点）

> コミュニケーションにおいて、話し方とともに聞き方も大切なのは、コミュニケーションが〔　〕だからである。

2、そういう話 とは、どのような話か。〔　〕に適する語句を本文中から十八字で抜き書きしなさい。（2点）

> バランスよく〔　〕話

3、屁理屈という言葉 について、次のようにまとめた。〔　〕に適する内容を十字以内で書きなさい。（3点）

> 屁理屈という言葉は、日本人が〔　〕と感じやすいことを象徴している。

4、友人に説明 とあるが、この体験を筆者が取り上げることで読者に伝えようとしたことは何か。最も適切なものを、次のア～エから一つ選んで記号を書きなさい。（3点）

ア、欧米圏の人に説明を理解してもらうための有効な方法
イ、欧米圏の人に説明することに成功した筆者の専門性
ウ、欧米圏の人に説明を理解してもらえたことの意外性
エ、欧米圏の人に説明するのが難しかったという現実

5、**難** 本文中における筆者の主張を次のようにまとめた。これを読んで、後の問いに答えなさい。

> 日本人は相手と〔a〕ことを心配するため、欧米圏の人のような立場を前面に押し出した議論を苦手としている。これは文化の違いによるものと思われるが、〔b〕に向け、補強が必要な点である。今後は、やんわりと鋭くやる、つまり〔c〕といった日本流のやり方を身に付けるべきである。

(1)〔a〕〔b〕に当てはまる語句を、〔a〕には五字で、〔b〕には六字で、本文中からそれぞれ抜き書きしなさい。（各3点）

(2)〔c〕に適する内容を「言葉による説得」という語句を用いて、五十字以内で書きなさい。（5点）

三 漢字の読み書き・文節・活用・熟語

次の文章を読んで、1～4の問いに答えなさい。（計14点）

人間も動物も外からの刺激を受けると、その情報を脳で処理し、何らかの反応や行動を起こしますが、人間の脳ではその①カテイに「心」が介在していると考えられています。たとえば、ネコに②遭遇したネズミが逃げていくのを人間が見たとします。面前で起きているのは、「ネズミがネコの姿を③捉えて、ネコから離れていった」というだけのことなのですが、人間はそのように単純には考えず、「ネズミが自分より大きなネコを見て『怖い』と思ったから逃げていった」という物語にするそうです。

このように、他者の「心」の状態を推し量って物語をつくることは、他の動物と④コトなる人間特有の心の働きであると言われています。

1、**よく出る** **基本** ①カテイ　④コトなる　を漢字に直して書きなさい。

②遭遇　③捉えて　の読み仮名を書きなさい。（各2点）

2、基本　人間も動物も外からの刺激を受けると　とあるが、これを文節に分けると何文節になるか。（2点）

3、基本　逃げ　の活用の種類を書きなさい。（2点）

4、単純　の対義語を漢字で書きなさい。（2点）

四（小説文）内容吟味

次の文章を読んで、1～4の問いに答えなさい。（計24点）

終戦から間もない北海道根室半島で、小学生の和子（かずこ）は家業の馬の飼育を手伝っている。暴風の迫ったある日、放牧中に馬のワカがいなくなったが、和子はそのまま帰宅した。その晩、このことを祖父に叱られた和子は一人で探しに出かけ、森を抜けた草地で牝馬（ひんば）（雌馬）と一緒にいるワカを見つけた。

「ワカ」

声に出して名を呼ぶ。ワカは近づかない。まるで知らない馬のように、風の中で立ち尽くしている。残った牝馬は和子から一歩逃げる。そのまま踵（きびす）＊を返し、地を蹴り走り去ってしまった。ワカは首を曲げてその方向を見ている。月光をわずかに反射して光る目はこれまで和子の知るワカのものではなかった。このままあの牝馬を追ってしまうのではないか。そう直感し、和子は思わず口を開いて制する。

「行くんでねえぞ。あんたは、うちの馬だ。一緒に帰るんだ」

断固とした主人の物言いに、ワカは弾（はじ）かれたように首を上げ、和子に近づいてきた。鼻先を撫（な）でてやると、ぶふうと熱い鼻息が吹きかかった。いつもの甘ったれだ。良かった、戻ってきた。

「心配かけさせて、この、この馬鹿たれがぁ……」

身を寄せたワカの体温に安堵（あんど）し力が抜けそうになるが、和子は身を奮い立たせて綱（つな）を取り出した。ワカは抵抗する気配もなく大人しく繋がれた。先ほど森で感じたような不安はかき消え、役目を果たした充足が和子の心を温かく満たしていた。

家に帰るには再びあの森を抜けなければならない。しかし、馬を引いて帰る道では、同じ森でも今度は何も恐怖を感じなかった。ワカが通ったであろう有刺鉄線＊が倒れた箇所を越え、慣れた自分の家の牧草地を抜け、いつもの道を歩んでいく。ワカは道すがら、嫌がるふうもなく実に従順だった。

遠くに家の灯（ひ）が見える。ワカが戻ってからは随分気力も戻っていた和子だったが、家を前にするとやはり安堵から大きく息を吐いた。握る綱からもそれが伝わったのか、ワカの歩みがやや速くなる。一人と一頭は、もはや間違えようもない家路を辿（たど）って、ひどく懐（なつ）かしい思いにかられながら帰還を果たした。

馬小屋に戻り戸を開けると、綱を引くより早くワカは自分の馬房（ばぼう）に入って水桶（みずおけ）に顔を突っ込んだ。勢いよく水を飲んでいる間に綱を外し、和子は戸締まりを確認して馬小屋を閉めた。

「ただいま。馬、捕まった」

家の戸を開くと、ストーブで暖められた室内の空気が和子を包む。中では細めたランプの灯の下に母と祖父がいた。弟妹はもう寝たらしい。母は和子の姿を見て慌てて立ち上がった。祖父は和子の方を見ず、黙って新聞を読んでいる。壁の時計は夜半を回っていた。和子が思っていたよりも随分時間が経（た）っていたようだった。

「いやあ、ワカ居たかい。良かった良かった。寒かったしょ。ああほら、こんなにほっぺた冷たくして。デンプン＊湯作ってあっから、温かいうちに飲みなさい」

玄関の和子に母は駆けより、頬を温かい掌（てのひら）で挟んでくれた。和子は上着を脱ぐと、黙って新聞に目を通している祖父に近づいた。床に正座する。そこでようやく祖父は口を開いた。目は新聞に向けられたままだ。

「どこにいた」

「隣ん家（ち）の畑だった。浜沿いの。雌の馬と一緒にいた」

祖父はちっと小さく舌打ちすると、新聞を荒い音を立てて捲（めく）る。

「明日んなったら、畑境のバラ線＊見て回らねばな。壊してたらこっそり直さねえと。隣にはワカが逃げたとか、余計なことは言うなよ」

「うん」

母からデンプン湯が入った椀（わん）を受け取ると、知らぬ間に外気で冷えた指に熱さが染（し）みる。両手で包むようにして指を温めると、心と体がどうにも弛（ゆる）んだ。

「おじじ、ごめんなさい」

「反省したか」

「はい」

祖父はがさがさと荒々しく新聞を畳むと、俺ぁ寝ると呟（つぶや）いて立ち上がった。和子を見下ろして言い据える。

「今回のでよく分かったべ」

「うん。よく分かった」

骨身に染みて答えると、祖父は「なら、ええ」と頷（うなず）いて寝床に向かった。和子は熱く喉を潤すデンプン湯を少しずつ飲み下し、母に促されて床についた。

（河﨑秋子（かわさきあきこ）「颶風（ぐふう）の王」による）

【注】＊踵を返し……体の向きを変えて
＊有刺鉄線……より合わせた針金に、短く鋭く切った針金のとげをつけたもの。境界線用等として使用される
＊デンプン湯……粉末状のデンプンを水で溶き、砂糖を加え、加熱して作ったとろみのある飲み物
＊バラ線……有刺鉄線のこと

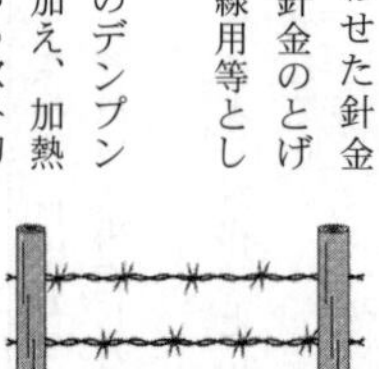
有刺鉄線・バラ線

1、まるで知らない馬のように　とあるが、和子の知るふだんのワカの様子を表現した語句を、本文中から四字で抜き書きしなさい。（2点）

2、同じ森でも今度は何も恐怖を感じなかった　とあるが、このときの和子の心情について、次のようにまとめた。〔　〕に当てはまる内容を、本文中から九字で抜き書きしなさい。（2点）

> ワカが一緒だという安心感に包まれるとともに、〔　　〕で心がいっぱいだった。

3、基本 次は、この文章を読んだ、守さん、正さん、幸さんの会話である。これを読んで、後の問いに答えなさい。

守　帰宅したときの、和子や家族の様子はどうかな。

正　母からデンプン湯を受け取って、和子は「心と体がどうにも弛んだ」とあるけれど、デンプン湯の熱と一緒に母の［a］が伝わったのかもしれないね。それまでは、新聞から目を離さない祖父のそばで、和子の［b］が続いていたのだろうね。

幸　でも、寝ずに帰りを待っていた祖父も和子を心配していたと思うよ。そう考えると、「がさがさと荒々しく新聞を畳む」祖父の様子からは［c］という性格がうかがえるね。

(1)　［a］［b］に当てはまる語句として最も適切なものを、次のア～オからそれぞれ一つずつ選んで、記号を書きなさい。　（各2点）

ア、緊張　イ、興奮　ウ、愛情
エ、満足　オ、落胆

(2)　［c］に適する内容を十五字以内で書きなさい。（4点）

4、思考力 難 国語の授業で《ワカを探しに行く前と、帰宅後で和子はどのように変化したか》という課題について考えた。次は、【前回の授業】の［本文］と［授業のまとめ］である。これを読んで、後の問いに答えなさい。

【前回の授業】
ワカを探しに行く直前に、祖父が母と和子に向かって話し、和子が答えた場面

［本文］	［授業のまとめ］
「俺ぁ、この子にいっつも言ってんだ。馬は目ぇかけてやらねば人間ば信用してくんねえと。信用してくれねえば、いざっちゅう時に人間も命預けられん。分かってんのか、和子」	祖父の考え 主人である人間が大切に世話をしなければ、馬と［Ⅰ］ことはできない。
「分かってる」 和子は蚊の鳴くような声で答えるしかなかった。	和子の反応 蚊の鳴くような声で「分かってる」 理由　頭では分かっているつもりでも、行動が伴わず、自信もなかったから。

(1)　［授業のまとめ］中の［Ⅰ］に適する内容を八字以内で書きなさい。　（4点）

(2)　課題について、次のようにまとめた。［Ⅱ］［Ⅲ］に適する内容を、十五字以内でそれぞれ書きなさい。ただし、［Ⅲ］には「自覚」という語句を用いて書きなさい。　（各4点）

> 恐怖を乗り越え、夜の森を抜けて見つけたワカを［Ⅱ］ことによって、無事に連れ戻した。この体験を通して、探しに行く直前に祖父に言われた言葉の意味を実感を伴って理解し、［Ⅲ］ことができた。

五　（古文）仮名遣い・内容吟味

次の文章を読んで、1～4の問いに答えなさい。　（計19点）

＊信濃（しなの）の国は、きはめて風はやきところなり。これにより て、諏訪明神（すはみやうじん）の社（やしろ）に、風の祝（はふり）（「風の祝」という神官）といふものを置きて、深く（奥深い所に風を閉じ込めて）①こめすゑて、②いはひ置きて（神として祭り）、百日の間、尊重することなり。しかれば（そうすると）、その年、風静かにて、農業のためにめでたし。おのづから（もしも）すき間もあり、日の光も見せつれば、風おさまらずして、悪（あ）しといふことを、能登大夫資基（のとのだいぶすけもと）（藤原資基）といふ人聞きて、「かくのごとく承る（こんなふうなことを聞きました）。これを歌によまむと思ふ」と、俊頼（としより）（源俊頼）に語りければ、俊頼、答へていはく、「むげに（まったく）俗に近し。かやうのこと、さらに思ひよるべからず（決して考えてはいけない）。不便（ふびん）、不便（だめだ、だめだ）」といひければ、その旨（むね）を存ずるところに（「そういうことか」と思っていたが）、俊頼、のちにこのことをよみける、

信濃なる木曾路（きそぢ）の桜咲きにけり
風の祝にすき間あらすな

もつとも腹黒きことか。＊五品（ごほん）、後悔しけり。
（『十訓抄（じっきんしょう）』による）

【注】＊信濃の国……今の長野県
＊五品……資基のこと

1、よく出る 基本 ①こめすゑて　②いはひ置きて　を現代仮名遣いに直し、すべて平仮名で書きなさい。（各2点）

2、さらに思ひよるべからず　とあるが、何を考えてはいけないと言っているか。最も適切なものを、次のア～エから一つ選んで記号を書きなさい。　（2点）

ア、風の神を百日間も尊重すること
イ、言い伝えどおりに生活すること
ウ、土地の風習を和歌に詠むこと
エ、諏訪明神の社を軽んずること

3、本文中の和歌について、次のようにまとめた。［a］［b］に適する内容を、［a］には五字以内で、［b］には十字以内でそれぞれ書きなさい。　（各3点）

> 木曾路に咲いた桜を詠んだ和歌である。［a］土地である信濃の国で、人々の生活を守ってきた「風の祝」に、［b］ようにしてほしいという作者の願いを託している。

4、次は、この文章を読んだ生徒の感想である。［Ⅰ］に当てはまる内容を、本文中から五字で抜き書きし、［Ⅱ］に適する内容を、十五字以内で書きなさい。
（Ⅰ3点、Ⅱ4点）

> 本文には「［Ⅰ］」とあるので、俊頼を批判する話だと思っていましたが、図書室で「十訓抄」を調べたら、この話は「ひたすら思慮深くあるべきこと」という教訓話として載っていました。たしかに、資基が思慮深かったら、［Ⅱ］ことはしなかったし、後悔することもなかったと思いました。

六 課題作文 思考力

あなたが考える「外国人に伝えたい日本の魅力」を、伝えたいと思う理由を交えて、次の〈条件〉にしたがって書きなさい。（12点）

〈条件〉
・題名は不要
・字数は二百字以上、二百五十字以内

山形県

時間	満点	解答	
50分	100点	P7	3月10日実施

出題傾向と対策

●小説文、論説文、古文、国語知識、作文の大問五題構成。問題の傾向も、記述式と記号式の割合も、バランスよく出題されている。小説文、論説文、古文ともに本文は比較的平易で読みやすい。作文や七十字以内の記述などは比較的時間が取られるので、時間配分が鍵となるだろう。

●過去問題や予想問題などで、時間配分のペースをつかむ。また、基礎・基本を大切に、さまざまな話題に関心を持ち、自分の意見をすぐに出せるようにしておく。読書でまとまった分量の文章を読むことにも慣れておきたい。

一 （小説文）漢字の読み書き・語句の意味・内容吟味・文脈把握・表現技法

次の文章を読んで、あとの問いに答えなさい。（計27点）

「三峰菜月（みつみねなつき）」は、幼い頃に絵本を直してもらった書籍修復家の「豊崎俊彦（とよさきとしひこ）」に憧れ、高校卒業を機に修復技術を教わることになった。次は、和装本（日本風の綴（と）じ方の本）の修復を教わる「菜月」が、「糸綴（いとと）じ」という製本の工程に臨む場面である。

糸の準備ができたら、[a]早速糸綴じ開始だ。まずは裁縫と同じく、切り取った糸を針の穴に通し、尻尾を結んでコブを作る。使う針はもちろん縫い針ではなく、製本用の太い綴じ針だ。

針と糸の準備を終えた菜月は、一旦それらを作業台に置き、目を閉じた。

この本に対する最後の作業を始める前に、精神を統一していく。逸（はや）る気持ちを落ち着け、頭の中から雑念を消す。酸素が頭に行き渡り、思考が澄み渡っていくように感じた。

糸綴じの工程は、言ってしまえば糸で三次元的に行う一筆書きだ。四つの穴の間を針と糸が行き来し、最後は始めの穴に戻ってくる。その無駄のない綴じの手順に、菜月はこの技法を文字通り編み出した先人たちの偉大さを感じていた。

その技法を自分も受け継ぎ、今この本に[b]施そうとしている。和綴じ製本という歴史に自分も加わるのだという実感を持って、[1]糸綴じを開始する。

まずは裏表紙側を上にし、上から三番目の穴のところの紙を何枚か持ち上げて、そこから裏表紙へ抜けるように針を通す。糸のコブが紙に引っかかって止まったら、あとは糸が緩んだり締め過ぎたりしないよう、注意しながら進めるだけだ。そうして、まるであやとりみたいに糸がすべての穴を通って戻ってきたら、糸が緩まないよう、もう一度引き締めて結ぶ。最後に結び目を穴の中に押し込んで余った糸を切れば、糸綴じはおしまいだ。

同時に、この本に対する修復も全工程が終了した。

糸を切るのに使った和鋏（わばさみ）と綴じ針を作業台に置き、菜月は長い息を吐いた。初めての和装本修復全工程をやり遂げ、菜月は心地よい安堵（あんど）を感じていた。

ただ、修復作業は完了しても、まだ一つ、やるべきことが残っている。

「先生、この本の修復作業、全部終わりました。確認をお願いします。」

修復し終えた本を俊彦へ差し出し、出来栄（できば）えのチェックを頼む。

「……わかった。しばらく待っておれ。」

本を受け取った俊彦は、まず表紙とそれぞれの辺の断面をじっくり眺めた。次いでゆっくりとページを捲（めく）り、本紙一枚一枚の状態と糸の綴じ具合を確かめる。

「本紙の裏打ちはよし。*皺（しわ）も残っていないな。ページの順番も間違っていない。*化粧断ちは昨日も言った通り、悪くない。表紙もしっかり見返しに貼り付いているし、ページの開きも十分。糸の緩みもなし、と……。――ふむ、いいな。」

本を一通り眺め回し、チェック事項を一つ一つ潰していく。そうしてすべての検分を終えた俊彦は、丁寧な所作で本を菜月に返した。

「ご苦労だったな、菜月。」

「それじゃあ……。」

「ああ。これにて、この本の修復は完了だ。ここまでよく頑張った。」

　菜月の言葉を引き継いで、俊彦が頷(うなず)いた。

　修復完了、それはつまり初めての修復を無事に乗り切れたということだ。[2]俊彦の言葉に安心して今度こそ力が抜け切った菜月は、崩れるようにその場でへたり込んだ。

「よかった、無事に終わって……。」

「まあ、失敗とまで行かなくとも、細々したミスはいくらでもあったがな。後ろで見ていて、冷や冷やする場面がどれだけあったことか……。とはいえ、初めての修復ということを考えれば、失敗がないだけでも十分だろう。」

「あ〜……、たくさん危なっかしいところを見せてしまって、すみません。」

　続々と繰り出される俊彦の辛口採点に、[3]菜月が項垂(うなだ)れる。

　何とか無事に終わらせることができたが、至らない点もたくさんあった。書籍修復家への道のりは、まだまだ遠く険しいということだろう。

　そんな菜月の肩を、笑顔になった俊彦が励ますように叩(たた)いた。

「そう落ち込むな。最初から完璧にできる人間なんておらん。今回できなかったことは、次の宿題にすればいい。これからも一歩ずつ着実に、たゆまず精進していけ。」

　俊彦からの檄(げき)を受けながら、菜月は思わず目を見開いてしまった。弟子入りを志願するようになってから、俊彦が菜月に向かって笑い掛けてくれたことはなかったからだ。

　自惚(うぬぼ)れかもしれないけど、ようやく自分も、少しだけ俊彦に受け入れてもらえたということなのだろうか。

　ただ、菜月の驚いた表情で自分が笑っているのに気付いたらしく、俊彦はすぐに口元を引き締めてしまった。その表情は、どことなくバツが悪そうだ。

　それでも、笑ってくれたという事実は変わらない。

　だから菜月も、俊彦に向かって力強い笑みを浮かべてみせる。

　たゆまず精進していけ？　言われるまでもない。今日学んだことを力に変え、明日はもっと先へと進んでやる。

　言葉にはせずとも、菜月の目は雄弁にそう語っている。自らの意思を示すかのように。そして彼女は俊彦に向かって頭を下げ、もらった檄に答えた。

「[4]はい！　これからもご指導ご鞭撻(べんたつ)のほど、どうぞよろしくお願いいたします！」

（日野祐希『菜の花工房の書籍修復家』による。一部省略がある。）

〔注〕

＊裏打ち＝本紙の裏に別の和紙を貼り付けて補強する手法。

＊化粧断ち＝本紙からはみ出た裏打ち和紙を取り除くための裁断。

＊檄＝ここでは、元気のない者に刺激を与えて活気づけること。

＊鞭撻＝努力するように強く励ますこと。

問一、**よく出る** **基本** ══部a、bの漢字の読み方を、ひらがなで書きなさい。（各2点）

問二、**よく出る** **基本** ……部における「所作」の意味として最も適切なものを、次のア〜エから一つ選び、記号で答えなさい。（2点）

ア、口調　イ、説明　ウ、指導　エ、仕草

問三、──部1について、糸綴じを開始する「菜月」の気持ちを説明したものとして最も適切なものを、次のア〜エから一つ選び、記号で答えなさい。（3点）

ア、修復の最後の工程に向かう気持ちを高ぶらせ、歴史に名を残すことのできる作業に全力を尽くそうとしている。

イ、修復の最後の工程がうまくいくよう祈りつつ、作業に対する不安を周囲に悟られないよう気を静めようとしている。

ウ、修復の最後の工程に向けて気持ちを集中させ、伝統的な技法への敬意を胸に作業に真剣に向き合おうとしている。

エ、修復の最後の工程を考え出した先人へ畏敬の念を抱きつつ、作業を終える喜びを一人でかみしめようとしている。

問四、──部2の表現から、「俊彦」の確認を待つ間の「菜月」は、どのような様子であったと読み取れますか。次のような形で説明したとき、[　]に入る適切な言葉を、「菜月」の心情をふまえて二十字以内で書きなさい。（4点）

> 初めての修復作業をやり遂げて一度は安堵したものの、「俊彦」の[　　　　]様子。

問五、**難** **思考力** ──部3について、「菜月」が項垂れた理由を、次のような形で説明したとき、[　]に入る適切な言葉を、本文に即して十五字以内で書きなさい。（4点）

> 危なっかしい場面があったことを「俊彦」から指摘され、自分の[　　　　]気持ちになったから。

問六、本文の表現の工夫とその効果を説明したものとして最も適切なものを、次のア〜エから一つ選び、記号で答えなさい。（3点）

ア、作業を始める前の場面に「菜月」自身の体験の回想がはさまれており、話の展開に重厚感を生んでいる。

イ、作業に関する描写に比喩が用いられており、糸で綴じる作業の様子がとらえやすくなっている。

ウ、作業を行う「菜月」の姿が「俊彦」の視点から描かれており、心情描写に客観性をもたせている。

エ、作業を終えたあとの情景描写に語り手の心情が反映されており、明るい結末を読者に印象づけている。

問七、──部4と答えた「菜月」の心情について、国語の授業で次のような話し合いが行われました。[Ⅰ]に入る適切な言葉を、本文中から十五字で抜き出して書き、[Ⅱ]に入る適切な言葉を、二十五字以内で書きなさい。（Ⅰ2点、Ⅱ5点）

> Aさん　「菜月」は随分元気に答えているみたいだね。
>
> Bさん　それには、「俊彦」とのやりとりが関係していると思うな。「俊彦」の言葉からは、書籍修復の仕事に対する厳しさだけでなく、「菜月」

に対する温かい気持ちも読み取れるよ。

Cさん　それに、「俊彦」の「[Ⅰ]」という様子から、「菜月」との心の距離が近づいているのがわかるよ。

Aさん　なるほど、「俊彦」が「菜月」を認め励ましてくれたことに気づいたから、「菜月」は「力強い笑み」を浮かべることができたんだね。「菜月」の元気な様子と、「今日学んだことを力に変え、明日はもっと先へと進んでやる」という表現をふまえると、「菜月」の最後の言葉には、[Ⅱ]が込められていると思うよ。

二 (論説文)漢字の読み書き・語句の意味・内容吟味・文脈把握

次の文章を読んで、あとの問いに答えなさい。(計27点)

対話とは何かと考えると、どのように説明できるでしょうか。

とても簡単にいえば、「相手と話すこと」ということになるでしょうか。

相手の目をしっかり見て、きちんと語りかけること、巷(ちまた)の話し方[a]講座等ではこんなアドバイスがあるかもしれません。そのとき、しばしば出るのは、「思ったことを感じるままに話してはダメだ」という意見ですね。思ったことを感じるままに話すと、お互いに感情的になってしまい、解決すべきことがなかなかうまく運ばない等々。

しかし、「思ったことを感じるままに話す」ことそれ自体が悪いことだとは、わたしは決して思いません。むしろ「思ったことを感じるままに話すべき」であるとさえ思うほどです。

ただ一つ、思ったことを感じるままに話すと、それがおしゃべりになってしまうという大きな課題があります。ここでいう「おしゃべり」とは、相手に話しているように見えながら、実際は、相手のことを考えない活動だからです。少しむずかしくいうと、他者不在の言語活動なのです。

[1]でも、相手があって話をしているのだから、他者不在とはいえないのではないかという質問も出そうですね。

たしかに、おしゃべりをしているときは、相手に向かって話しかけてはいますが、ほとんどの場合、何らかの答えや返事を求めて話しているのではなく、ただ自分の知っている情報を独りよがりに話しているだけではないでしょうか。そこでは、他者としての相手の存在をほぼ無視してしゃべっているわけです。だからこそ、思ったことを感じるままに話すことには注意が必要なのです。

「あのことが、うれしい、悲しい、好きだ、嫌いだ」というように、自分の感覚や感情をそのままことばにして話していても、相手は、「へえー、そうですか」と相槌(あいづち)を打つだけ。今度は相手も自分の思いを語りはじめ、それぞれに感じていることや思っていることを吐き出すと、お互いなんだかすっきりして、なんとなく満足する。こういうストレス発散の点では、おしゃべりもそれなりの効果を持っていますが、その次の段階にはなかなか進めません。

このように、いわゆるおしゃべりの多くは、かなり自己完結的な世界の話ですから、そのままでは、それ以上の発展性がないのです。その意味では、おしゃべりは、相手に向かって話しているように見えても、実際は、モノローグ(独り言)に近いわけでしょう。表面的には、ある程度、やりとりは進むように見えますが、それは、対話として成立しません。ここに[2]モノローグであるおしゃべりとダイアローグ*としての対話の大きな違いがあるといえます。

ダイアローグとしての対話は、常に他者としての相手を想定したものなのです。自分の言っていることが相手に伝わるか、伝わらないか、どうすれば伝わるか、なぜ伝わらないのか、そうしたことを常に考えつづけ、相手に伝えるための最大限の努力をする、その手続きのプロセス*が対話にはあります。

[3]対話成立のポイントはむしろ、話題に関する他者の存在の有無なのではないかとわたしは考えます。実際のやりとりに他者がいるかどうかだけではなく、話題そのものについても「他者がいる話題」と「いない話題」があるということなのです。つまり、その話題は、他者にとってどのような意味を持つかということが対話の進展には重要だということです。

したがって、ダイアローグとしての対話行為は、モノローグのおしゃべりを超えて、[4]他者存在としての相手の領域に大きく踏み込む行為なのです。

言い換えれば、一つの話題をめぐって異なる立場の他者に納得してもらうために語るという行為だともいえますし、ことばによって他者を[b]促し交渉を重ねながら少しずつ前に進むという行為、すなわち、人間ならだれにでも日常の生活や仕事で必要な相互関係構築のためのことばの活動だといえるでしょう。

では、このようなダイアローグとしての対話によって人は何を得ることができるのでしょうか。あるいは、今、対話について考えることは、わたしたちにとってどのような意味を持つのでしょうか。

まずあなたは対話ということばの活動によって相手との人間関係をつくっています。その人間関係は、あなたと相手の二人だけの関係ではなく、それぞれの背負っている背景とつながっています。

その背景は、それぞれがかかわっているコミュニティ*と深い関係があります。

相手との対話は、他者としての異なる価値観を受け止めることと同時に、コミュニティとしての社会の複数性、複雑さをともに引き受けることにつながります。

だからこそ、このような対話の活動によって、人は社会の中で、他者とともに生きることを学ぶのです。

このように、対話は、個人と個人が何かの話題について話し合うことだけではなく、それぞれの個人がことばを使って自由に活動できる社会の形成へという可能性にもつながっていきます。なぜなら、ことばを使って自分の考えていることを他者に伝えるという行為は、自分自身の個人的な私的領域から他者という未知の存在へ働きかける公的領域への行為だからです。

あなたにとっての対話という活動は、あなた自身がことばを使って自由に活動できる社会の形成のための重要なカギになるといえるでしょう。

〈細川英雄『対話をデザインする』による。一部省略がある。〉

〔注〕
＊ダイアローグ＝もともと「演劇・小説などの対話の部分」のこと。本文では、「モノローグ」の対義語として使われている。
＊プロセス＝過程。
＊コミュニティ＝地域社会。共同体。

問一、よく出る 基本 ――部a、bの漢字の読み方を、ひらがなで書きなさい。（各2点）

問二、よく出る 基本 ……部「感情的」の対義語として最も適切なものを、次のア～エから一つ選び、記号で答えなさい。（2点）
ア、理性的　イ、意識的
ウ、建設的　エ、機械的

問三、――部1は、本文中でどのような効果をあげていますか。最も適切なものを、次のア～エから一つ選び、記号で答えなさい。（3点）
ア、新たな観点から問題を提起することで、次の段落でその問題の改善策を検討し、互いの意見の共通点を明確にしている。
イ、新たな観点から問題を提起することで、次の段落でその問題の改善策を提示し、自分の意見の妥当性を高めている。
ウ、自分と異なる立場や考えを想定することで、次の段落でその立場や考えをふまえ、互いの意見を生かした結論を導いている。
エ、自分と異なる立場や考えを想定することで、次の段落でその立場や考えに反論し、自分の意見に説得力をもたせている。

問四、新傾向 次の表は、――部2について、「モノローグであるおしゃべり」と「ダイアローグとしての対話」の違いを、項目ごとにまとめたものです。表の[Ⅰ]に入る適切な言葉を、本文中から十字で抜き出して書き、[Ⅱ]に入る適切な言葉を、三十字以内で書きなさい。（Ⅰ2点、Ⅱ4点）

	相手への向き合い方	話題にすること・相手への話し方
モノローグであるおしゃべり	他者としての[Ⅰ]する	自分の知っている情報について、独りよがりに感じるまま話す
ダイアローグとしての対話	他者としての相手を想定する	[Ⅱ]をしながら話す

問五、次は、同じクラスの友人である二人の中学生が、国語の授業で行うスピーチについて話している場面です。[　]に入る、――部3の「対話成立のポイント」をふまえた言葉として最も適切なものを、あとのア～エから一つ選び、記号で答えなさい。（3点）

Aさん　国語の授業で行うスピーチのテーマはもう決まった？
Bさん　私は小さい頃から習っているピアノについて話そうと思っているよ。自分の得意なことなら、自信をもってスピーチができると思うんだ。
Aさん　テーマが決まっていていいな。私は自分の趣味について話そうか、自分の将来の夢について話そうか迷っているよ。
Bさん　[　]
Aさん　なるほど、それはいい考えだね。

ア、私のピアノはあくまで趣味で、将来は看護師になろうと思っているよ。
イ、私はピアノの先生の話を入れるか迷ったけれど、入れることにしたよ。
ウ、Aさんはお菓子作りが得意だから、お菓子作りについて話すといいよ。
エ、Aさんが自信をもって話せば、相手に伝わるスピーチになると思うよ。

問六、――部4を、次のような形で説明したとき、[　]に入る適切な言葉を、本文中から六字で抜き出して書きなさい。（3点）

異なる立場の他者に納得してもらうために語ったり、交渉を重ねながら少しずつ前に進んだりする、ことばを用いた[　]のための行為。

問七、本文において、筆者は、対話という活動によってどのような可能性が生まれると考えていますか。次の三つの言葉を使って、七十字以内で書きなさい。なお、三つの言葉はどのような順序で使ってもかまいません。（6点）

価値観　複雑さ　生きること

三（古文）仮名遣い・内容吟味

次の文章を読んで、あとの問いに答えなさい。（計15点）

国を治め、民を導く人は、公（おほやけ）にして私なく、智（ち）あきらかに、理正しくこそ、あらまほしけれ（あってほしいものである）。これにつけて、古（いにしへ）の人を思ひ出しぬるに、蘇瓊（そけい）といひし人、南清河（なんせいが）の太守（南清河郡の長官）に除（ぢょ）せられ（任ぜられた）ける比（ころ）、百姓に、1乙普明（いつふめい）といふもの兄弟、田を争ふ事侍り（はべ）。積年此事（せきねんこのこと）判断なくして、両方の証拠（証人たち）、百人に至れり。蘇瓊、国に至る時、兄弟を召して、さとして言へらく、「天下に得がたきものは、兄弟なり。求めやすき物は、田地なり。たとひ田地を得たりとも、兄弟の心を失ふ事を、いかにせん（どうにもできない）。骨肉の親しき（親しい肉親）をすてて、田地の疎（うと）き（親しくもない田地）を求む。哀れなる迷ひかな」と、泪（なみだ）を流しけるを見て、満座の者、ともになきたりければ、かの兄弟のもの、はじめて理に伏し、太守の前にひれふして、おのがすぢなき事（自分たちの行いが道理に合わないこと）をくい悲しみ、それより、2兄弟和睦して、争ひの心いささかもなかりけるとぞ。

〈『飛鳥川』による〉

問一、よく出る 基本 ——部「いひし」を現代かなづかいに直し、すべてひらがなで書きなさい。（2点）

問二、よく出る ——部「蘇瓊」が話している部分は、どこからどこまでですか。最も適切なものを、次のア～エから一つ選び、記号で答えなさい。（2点）

ア、国に至る時、　～　いかにせん。
イ、国に至る時、　～　迷ひかな
ウ、天下に得がたき　～　いかにせん。
エ、天下に得がたき　～　迷ひかな

問三、——部1とあるが、「兄弟」の争いについて説明したものとして最も適切なものを、次のア～エから一つ選び、記号で答えなさい。（3点）

ア、蘇瓊が仲裁しても、兄弟は田地の領有争いをやめようとはしなかった。
イ、蘇瓊が太守になる前から、兄弟は長年田地の領有争いを続けていた。
ウ、蘇瓊が太守になる頃には、兄弟を含む百人が田地の領有を訴えていた。
エ、蘇瓊が下した判決に対して、兄弟は証人を立てて田地の領有を訴えた。

問四、——部2について、「兄弟」が「和睦」した理由を、次のような形で説明したとき、□に入る適切な言葉を、現代語で書きなさい。（4点）

> 手に入れやすい□ことを嘆く蘇瓊の言葉を聞いて、自分たちの誤りに気づき反省したから。

問五、本文で、筆者は、「蘇瓊」のことを、どのような人物であると考えていますか。最も適切なものを、次のア～エから一つ選び、記号で答えなさい。（4点）

ア、公正で物事の筋道を通す、道理をわきまえた人物であると考えている。
イ、公の場に私的な争いを持ち込まない、厳格な人物であると考えている。
ウ、言葉よりも実践で手本を示す、行動力のある人物であると考えている。
エ、民を大事にして寛大な判決を下す、情け深い人物であると考えている。

四 漢字の読み書き・古典知識

次の問いに答えなさい。（計13点）

問一、よく出る 基本 次の1～5の——部のカタカナの部分を、漢字で書きなさい。なお、楷書で丁寧に書くこと。（各2点）

1、部長としてのカブが上がる。
2、荷物をアズける。
3、エンジュクした芸風。
4、ケイカイな曲に合わせて踊る。
5、ガイロ樹が芽吹く。

問二、よく出る 次は、加奈さんが、国語の授業で「百聞は一見に如かず」ということわざを紹介するために書いたカードです。加奈さんは、「百聞は一見に如かず」が中国の古典に由来することを知り、図書館で調べた漢文と書き下し文をカードに追加しました。漢文の——部に返り点をつけるとき、最も適切なものを、あとのア～エから一つ選び、記号で答えなさい。（3点）

> 【百聞は一見に如かず】（ひゃくぶんはいっけんにしかず）
> 意味　何度繰り返し聞いても、一度実際に見ることに及ばない。
> 漢文　（漢書・趙充国（ちょうじゅうこく）伝）充国曰、百聞不如一見。兵難隃度。
> 書き下し文　充国曰（い）はく、百聞は一見に如かず。兵は隃（はる）かに度（はか）り難（がた）し。

ア、百聞不㆓如㆑一見㆒
イ、百聞不㆓如一見㆒
ウ、百聞不㆑如㆓一見㆒
エ、百聞不㆑如㆑一㆒見㆓

五 条件作文 思考力

次のA、Bは、いずれも人の成長について述べた言葉です。

これらの言葉を読み、「自分が成長するために」という題で、まとまりのある二段落構成の文章を書きなさい。第一段落には、AとBの二つの言葉について、どのような考えが読み取れるか、書きなさい。それをふまえ、第二段落には、あなたの考えを、自身の体験や見聞きしたことを含めて書きなさい。ただし、あとの《注意》に従うこと。（18点）

> A　成長を欲（ほっ）するものはまず根を確かにおろさなくてはならぬ。上にのびる事をのみ欲するな。まず下に食い入ることを努めよ。　和辻哲郎
>
> B　背伸びして視野をひろげているうち、背が伸びてしまうということもあり得る。それが人生のおもしろさである。　城山三郎

《注意》
◇「題名」は書かないこと。
◇二段落構成とすること。
◇二〇〇字以上、二四〇字以内で書くこと。
◇文字は、正しく、整えて書くこと。

福島県

時間 50分　満点 50点　解答 P8　3月4日実施

出題傾向と対策

●今年は漢字の読み書きと行書体、詩の鑑賞、古文、小説文、論説文、条件作文の出題で、大問六題という構成は昨年と変わらない。小説文と論説文中の六十字以内の記述問題や、資料中のグラフを踏まえて意見を述べる条件作文では、自分の考えを解答にする総合力が問われる。

●漢字の読み書き、点画の省略、歴史的仮名遣いなどの基礎知識を確実に身につけておきたい。また、登場人物の心理や筆者の主張を正確に読み取り、解答に反映させる訓練と、二百字以内の作文の練習も必須である。

注意　字数指定のある問題の解答については、句読点も字数に含めること。

一　漢字の読み書き・漢字知識

次の1、2の問いに答えなさい。

1、基本　次の各文中の――線をつけた漢字の読み方を、ひらがなで書きなさい。また、＝＝線をつけたカタカナの部分を、漢字に直して書きなさい。

(1)努力の末に成功を収める。
(2)新入生の歓迎会を催す。
(3)投書が新聞に掲載される。
(4)論理の矛盾に気づく。
(5)春の日差しがフり注ぐ。
(6)完成までに十年をツイやした。
(7)腕のキンニクを鍛える。
(8)歴史をセンモンに研究する。

2、新傾向　次の行書で書かれた漢字について、楷書で書く場合と比べて、点画の省略が見られる漢字はどれか。ア～オの中から一つ選びなさい。

ア、府　イ、秒　ウ、労　エ、探　オ、貯

二　(詩)文脈把握・内容吟味・鑑賞

次の詩と鑑賞文を読んで、あとの問いに答えなさい。

若竹が無い　下田(しもだ)喜久美(きくみ)

自分を大切に守っていた
表皮を
いきおいよく　はがし
きっぱりと　ぬぎすて
グンと　青空に
かけ昇(のぼ)る

若い新芽たちは
蒼(あお)い肌から
若者の香りを
あたり一面に　ちりばめながら
匂いたち

空のむこうに
何があるのか……

ただ　ひたすらに
かけのぼり
いや　かけぬけ

あ
若竹が
無い！

竹の表皮は、成長していく過程で自然とはがれていきますが、この詩では、その様子を「　Ⅰ　」という言葉を用いて表現し、若竹が自らの意志で、自分を守る表皮と別れて、成長しようとしているかのように描いています。また、「　Ⅱ　」という視覚以外の感覚で捉えた言葉からは、生命力に満ちあふれる若竹の姿を想像することができます。
　そして、作者は、若竹が向かう「空」へと思いをめぐらせます。無限に広がる「空」に向かって、若竹が、　Ⅲ　姿がいきいきと表現され、若竹の成長の勢いが伝わってきます。

1、基本　　Ⅰ　にあてはまる最も適当な言葉を、詩の中から四字でそのまま書き抜きなさい。

2、基本　　Ⅱ　にあてはまる最も適当な言葉を、詩の中から五字でそのまま書き抜きなさい。

3、　Ⅲ　にあてはまる最も適当な言葉を、次のア～オの中から一つ選びなさい。

ア、あきらめず、ゆっくりと近づいていく
イ、強引に、周りの木を押しのけ進んでいく
ウ、いちずに、とどまることなく伸びていく
エ、怖がらず、何度も繰り返し挑んでいく
オ、しっかりと、不安を乗り越え育っていく

4、この詩の第五連「あ／若竹が／無い！」について説明したものとして最も適当なものを、次のア～オの中から一つ選びなさい。

ア、若竹の成長に気づいたうれしさを表現し、目では確認することができないほど背丈が伸びた竹の姿を印象づけている。
イ、若竹の成長に対するとまどいを表現し、自然の力を借りながら人間の予測を超えて成長する竹の姿を印象づけている。
ウ、若竹の成長に気づいた安心感を表現し、厳しい自然の中でもたくましく成長を続けていく竹の姿を印象づけている。
エ、若竹の成長に対する驚きを表現し、もはや若竹と呼

ぶことはできないほど立派に成長した竹の姿を印象づけている。

オ、若竹の成長に気づいた寂しさを表現し、周囲の植物に入りまじって見分けがつかなくなった竹の姿を印象づけている。

三 (古文)仮名遣い・内容吟味・口語訳

次の文章と資料を読んで、あとの問いに答えなさい。

昔、林の中にして定(ぢゃう)を修(しゅ)する者ありけり。(精神を集中して修行する者がいた)心を静めて修せんとするに、林に鳥集まりて、かまびすしかりければ、(騒々しかったので)仏にこの事を歎(なげ)き申すに、「その鳥に、羽一羽(はねいちは)づつ乞(こ)へ。」と宣(のたま)ふ。(おっしゃる)さて帰りて乞ひければ、一羽づつ食ひ抜きて(口にくわえて抜き取って)、取らせけり。また次の日乞ひける時、鳥共(ども)のいはく、「我等(われら)は羽をもちてこそ、空を翔(かけ)りて、食(じき)をも求め、命をも助くるに、日々に乞はれんには、みな翼欠けてむず。(なくなってしまう)この林に住めばこそ、かかる事もあれ。(このようなこともあるのだ)」とて、飛び去りぬ。

(「沙石集(しゃせきしゅう)」より)

○資料(本文の前に書かれている内容をまとめたもの)

ある僧が僧坊(寺院に置かれる僧のすまい)を造ろうとして、あらゆる人に資金や資材の提供を求めたため、人々はこれを嫌がった。仏はその様子を伝え聞き、弟子たちを戒めた。

1、**基本** 「食ひ抜きて」の読み方を、現代仮名遣いに直してすべてひらがなで書きなさい。

2、**よく出る** 次の会話は、本文と資料について授業で話し合ったときの内容の一部である。あとの(1)～(3)の問いに答えなさい。

Aさん 「修行する人が[1]仏の助言で鳥たちを追い払うことができたという話だね。」

Bさん 「うん、鳥は二日続けて羽を求められて、このままでは［　　］と考えて林から飛び去ったんだよ。」

Cさん 「私は、資料にある、本文の前に書かれている内容との関連を考えてみたんだけど、本文に出てくる鳥と、資料に書かれている人々は、どちらも自分のものを差し出すように求められているという共通点があるね。」

Bさん 「そうか、羽をねだられた鳥の気持ちは、人々の気持ちを表していると考えることができるんじゃないかな。」

Cさん 「なるほど。そうすると、単に鳥を追い払った話というだけではなく、本文に対する[2]違った理解ができそうだね。」

Aさん 「そうだね。資料の内容との関連を考えることで、最初に読んだときとは異なる理解ができたよ。」

(1) 「[1]仏の助言」とあるが、仏の助言の具体的内容を、本文(文語文)中から八字でそのまま書き抜きなさい。

(2) ［　　］にあてはまる内容を、二十五字以内で書きなさい。

(3) 「[2]違った理解」とあるが、その内容の説明として最も適当なものを、次のア～オの中から一つ選びなさい。

ア、他者に負担を求めるときには相手の反発を覚悟し、粘り強く説得を続けて協力への理解を得るべきであることを伝えている。

イ、他者に援助を求める場合には相手が感じる負担を理解し、むやみにものを要求することは慎むべきであることを伝えている。

ウ、あらゆる困難は自分の力で乗り越える必要があり、他者の力に頼らずに柔軟な発想で解決するべきであることを伝えている。

エ、すべてを犠牲にして修行に励むことが重要であり、自分の利益を優先する者は厳しく指導するべきであることを伝えている。

オ、動物は本能によって行動するため要求を拒否するが、人間は厳しい要求も我慢して受け入れるべきであることを伝えている。

四 (小説文)内容吟味・文脈把握・表現技法

次の文章を読んで、あとの問いに答えなさい。

(中学二年生の佐古葉子(さこようこ)は、絵を描くことが好きで、小学四年生のとき、同じ趣味をもつ瀬川(せがわ)しおりと親友になった。しかし、中学校入学後、宮永朱里(みやながあかり)を中心とするグループに葉子が入ったことで、しおりとの関係が変化し、話をする機会が減ってしまった。そんな中、春の体育祭に向けて、葉子はしおりたちと一緒にクラス応援旗を制作する係になる。)

しおりとは、早朝の教室でしゃべったのをきっかけに、じょじょにではあるけれど言葉を交わすようになっていた。ぎこちなさはまだ完全に消えてはいないし、しおりのほうに壁を感じることもときどきある。だけど、「葉子」としおりが呼んでくれるようになったことだけで、今は十分にうれしかった。

それに――[1]絵を描くことは、やっぱり、すごく楽しかったんだ。

普段はめったに使わないような大きな刷毛(はけ)で、思い切り、まだ白いところをすうっとなぞる。そうすると、心にあったもやもやも、自分のふがいなさも、全部ぜんぶ、ざあっと流されていくような気がした。[注1]百井(ももい)くんと松村さんは、細かい作業が苦手なようで、細筆を使って描くところは、私としおりのふたりでやった。息をつめて、筆先に集中して、丁寧に色をつけていく。そうして、ふうっと息を吐いて筆先を持ち上げる瞬間は、急に視界が広くなって、清々(すがすが)しい気持ちになれる。

作業を終えて、片付けをしている時に、

「だいぶ、進んだね。」

と、うれしそうに百井くんが言った。「頑張れば、明日か明後日(あさって)には完成するんじゃないかなあ。」と松村さんがあいづちを打ち、私としおりも、笑顔でうなずく。応援旗を見下ろせば、[注2]パステルカラーの空の中に、まだ白いままのクジラの[注3]シルエットがくっきりと浮かび上がっていた。

——どうか無事に、この絵が完成しますように。

祈るようにそう思いながら、私はそっと、教室のドアを閉める。

事件が起きたのは、その翌日のことだった。

午後四時。外は、まだずいぶん明るくて、グラウンドからは野球部の掛け声が、中庭からはトランペットの音色が響いている。作業を開始してまだ十分しか経っていないこともあって、その時教室にはまだ、朱里も含めた応援旗係全員が顔をそろえていた。

そんな時、それは起こった。

「あ。」

ぽつ、と目の前で鮮やかな赤色の絵の具がしぶきのように散ったのと、松村さんが短い悲鳴を上げたのは、どっちが先だったんだろう。

——嘘(うそ)。

気づいた時には、背景の空の上に、赤い絵の具が点々と散っていた。拭きとる間もなく、赤い絵の具はすうっと吸いこまれるようにシミになっていく。目の前には、赤く染まった筆をパレットに置いて、青ざめた顔をした松村さんの姿があった。

「ごめん！　ごめんなさい……。」

一瞬、しん、と静まり返った教室の中で、だれよりも先に声を上げたのは、松村さん本人だった。今にも泣きだしそうな顔で、「どうしようどうしよう。」とうろたえている。

実際、これはまずいかも、というのは、私自身も思ってしまったことだった。

上から塗り直したって、背景の色が薄いぶん、どうしても派手な赤色のほうが浮き出てしまう。ごまかそうとしても、かえって悪目立ちしてしまいそうだ。だけど今は、涙目になっている松村さんを責める気にはなれなかった。

大丈夫だよ、なんとかなるよ——。

そうフォローの言葉を口にしようとした。けれど、その時だった。

「えー、超目立つじゃん。どうすんの？　これ。」

[注4]ロコツな物言いにぎょっと顔を上げると、さっきまで手持ちぶさたにしていた朱里が、すぐそばに立っていた。きれいに整った眉をひそめて、応援旗を見下ろしている。

[2]「あ、でも、上から塗り直せば……。」おずおずと、百井くんが言いかける。

けれどそれを朱里は、「や、そこだけ塗り直しても、かえって目立つでしょ。」とあっさり[注5]一蹴した。その一言に、松村さんはさらに耳を真っ赤にして、「ごめんなさい……。」とうつむいてしまう。しおりが手を当てた松村さんの肩は、すでに、泣きだす寸前のように小さく震えている。

——なんで？　朱里……。

思わず隣をふりあおぐと、朱里はもう他人事(ひとごと)みたいにつまらなそうにそっぽを向いていた。

その瞬間、私の中で、何かが弾(はじ)けた。

「朱里。」

口を開くと、思ったよりも低い声が出て自分でも驚いた。朱里が、[注6]おっくうそうに首をもたげて私を見る。その視線にひるみそうになったけれど、私は、構わずに口を開く。

「……なんで、そういう言い方するの。それに、ずっと[注7]サボってたじゃん、朱里。こんな時だけ責めるのって、おかしいよ。」

言った。言ってしまった。

水を打ったような静けさの中で、カツン、と時計の針が動く音がした。しおりの、そして百井くんと松村さんの視線をひりひりと肌に感じる。怖い。怖くてたまらない。

「……何ソレ。なんであたしが、悪者みたいになってんの？」

抑揚のない声で言って、朱里がカバンをつかむ。そして[注8]ポニーテールを揺らして、私をまっすぐに見た。少し前まで「葉(よう)！」と笑いかけてくれていた、勝ち気な猫みたいな瞳。でも今そこにあるのは、以前のような親しみじゃなかった。「日向(ひなた)」と「日陰」の境界線。それを朱里がたった今、私の前に、完全に引いたことが、はっきりと分かった。

「……もういい。帰る。」

そう吐き捨てると、ふり向きもせず、朱里は足早に歩いていってしまった。その背中を視線だけで追いかけながら、私は、そっと目をふせる。

[3]泣きたかった。だけど、泣かない、と思った。

だって、私は今、朱里に本当の気持ちを言った。そのことに、後悔はなかったから。

ゆっくりと深呼吸してふり向くと、しおりと最初に目が合った。心配そうなそのまなざしに、大丈夫だよ、というふうに、私はうなずいてみせる。

「佐古さん……ごめんなさい。私のせいで。」

目を赤くした松村さんに、私はううん、と首をふった。

それは、本当の気持ちだった。私と朱里が衝突したのは、絶対に、松村さんのせいじゃない。

「……だけど、どうしようか。これ。」

と百井くんがつぶやいて、私たちは改めて、赤く散(ち)らばったシミを見下ろした。

淡い色が混じり合った幻想的な空の中に、点々と散った鮮やかな赤。たしかに、そこだけ見れば、違和感はある。だけど、なんて鮮やかなんだろう。

そう思った時、ぴんと心にひらめくものがあった。そうだ、初めてしおりと出会った日、私たちの間を吹き抜けていった風と、ひらめく花びらと——。

「……花。」

ぽつんとこぼした私のつぶやきに、三人が、いっせいに顔を上げる。

「花？」

首をかしげるしおりに、私は大きくうなずいた。

「そう。隠すんじゃなくて、デザインの一部にするのってどうかな。空に花びらが舞ってるようなイメージで全体に描きたして。そしたら、遠目からでも華やかに見えるし……。」

そこまで言った時、みんなの視線が私に集まっているのを感じて、はっとした。遅ればせながら恥ずかしくなって、かっと頬がほてる。どうしよう。もしかして、おかしいことを言ってしまっただろうか――。

けれど、その時。

「いいと思う。すごく。」

え、と[4]まばたきをする私の前で、しおりがまっすぐ私にほほえみかけて言った。

「やろうよ、それ。」

（水野　瑠見「十四歳日和」より）

注1　応援旗を制作する係のメンバー。
注2　明るく柔らかい感じの色。
注3　輪郭。
注4　「露骨」と書き、感情などを隠さずに表すこと。
注5　はねつけること。
注6　めんどうで気が進まないこと。
注7　怠けていた。
注8　長い髪を後頭部で束ねた髪型。

1、「[1]絵を描くことは、やっぱり、すごく楽しかったんだ。」とあるが、このときの葉子が感じている「絵を描くこと」の楽しさの説明として最も適当なものを、次のア～オの中から一つ選びなさい。

ア、大きな面を一気に塗るときと、細部を丁寧に描くときは、どちらも同じくらいの緊張感を求められること。
イ、使い慣れない刷毛で塗るときと、得意な細筆で描くときとでは、刷毛の方が繊細な感覚を求められること。
ウ、大胆に刷毛で塗るときと、意識を集中して細筆で描くときとでは、それぞれ異なる満足感を得られること。
エ、刷毛で大きな面を塗るときと、細筆で描くときとでは、細筆の細やかな作業の方が達成感を得られること。
オ、協力して大きな面を塗るときと、一人で細部を描くときは、ともに視界が大きく広がる感覚があること。

2、**基本**「[2]おずおずと、百井くんが言いかける。」とあるが、このときの百井の心情の説明として最も適当なものを、次のア～オの中から一つ選びなさい。

ア、朱里が強く怒りをぶつけてきたので、反論する怖さはあるが、もう応援旗の修復はしたくないという思いを伝えようとしている。
イ、朱里があからさまに失敗を非難したので、発言をためらいながらも、まだ応援旗は修復できるという思いを伝えようとしている。
ウ、朱里が簡単に作業を投げ出したので、仲間が減る寂しさはあるが、きっと応援旗を修復してみせるという思いを伝えようとしている。
エ、朱里が厳しく対応を迫ったので、返答をあせりながらも、誰かに応援旗の修復をしてもらいたいという思いを伝えようとしている。
オ、朱里が率直に感想を述べたので、普段との違いにとまどいながらも、すぐに応援旗を修復したいという思いを伝えようとしている。

3、**思考力**「[3]泣きたかった。だけど、泣かない、と思った。」とあるが、葉子が泣きたくても泣かないと思ったのはなぜか。六十字以内で書きなさい。

4、**よく出る**「[4]まばたきをする私」とあるが、このときの葉子の心情について次のように説明したい。あとの(1)、(2)の問いに答えなさい。

> 葉子は、旗を眺めているうちに、初めてしおりと出会った日のことを思い出し、そのときに見た情景から、飛び散ったシミを［　Ⅰ　］ことを思いついた。
> 自分のアイデアを夢中になって話している途中で、三人の視線に気づいた葉子は、［　Ⅱ　］を感じ、不安になっていた。そのとき、しおりが自分の提案を評価する発言をしたため、驚きを感じている。

(1)［　Ⅰ　］にあてはまる最も適当な言葉を、本文中から十字でそのまま書き抜きなさい。
(2)［　Ⅱ　］にあてはまる内容を、三十字以内で書きなさい。

5、**よく出る**本文の表現の特色を説明した文として最も適当なものを、次のア～オの中から一つ選びなさい。

ア、会話の中に含まれる間を表現しているため、発言の重みを実感することや、言葉に表れない心情を想像することができる。
イ、全員の心情を細やかに表現しているため、発言の意図を確認することや、一人一人の心情の変化を読みとることができる。
ウ、複数の色彩に関する語を用いて表現しているため、状況を自由に思い描くことや、隠された心情を推測することができる。
エ、過去の体験を繰り返し表現しているため、人間関係の変化に気づくことや、葉子の発言に共感しながら読むことができる。
オ、一人称で葉子の視点から表現しているため、葉子の成長を実感することや、多様な角度から心情を想像することができる。

五 （論説文）意味用法の識別・内容吟味・文脈把握・段落吟味・主題

次の文章を読んで、あとの問いに答えなさい。

「人として生きる」ということが、それぞれの個人がお互いを尊重しつつ、その人らしく生きていくということであるならば、なぜ人は、その人らしく生きなければならないのでしょうか。その人らしく生きていくということは、言い換えれば、あなたが自分らしく自由に生きるということです。この場合の「自由」とは、勝手気ままや好き放題という意味ではありません。自分自身の中にある何かを実現するために、自由はあるのです。あるいは、その何かを実現するためには、自由でなければならないとも言えるでしょう。やや回りくどい説明になるかもしれませんが、自由とは何かということについて少し考えてみることにしましょう。

（第一段落）

まず、自由になるための自分自身の中にある何かとは、自分の願望や欲望と言い換えることができます。しかし、そのすべてが思い通りになるわけではないでしょう。すべての人が自分の思い通りに、つまりそれぞれの願望や欲望のままに振る舞いだしたら、ただちにものの奪い合いや暴力沙汰になってしまう危険があります。近年、世界で頻発する[注1]テロリズムというのも、この一つかもしれません。人間であるかぎり、それぞれが自分の願望や欲望のかなうことを望んでいるわけですが、同時にそれを理性とか倫理[注2]というものによってブレーキをかけているということになります。まっすぐな一本道で思い切りスピードを出して走りたいと思うけれど、前に車がいてその車がゆっくり走っているのでスピードが出せないとき、「追い越したいけれど、もし事故を起こしたら」と思いとどまる——。こんな状況を思い浮かべてみてください。この「思いとどまる」というあたりが理性の働きということでしょうか。「もし事故を起こしたら」と考えること自体が、一つの倫理であるともいえるでしょう。（第二段落）

ところが、この理性や倫理というのは、個人のそれぞれがもっているものであると同時に、それぞれ異なるものです。人によってその理性や倫理の形や中身は違うと考えることができます。ですから、個人の理性や倫理の力だけでは、それぞれの願望や欲望をすべて押さえ込むことはできません。というよりも、[1]押さえ込む人と押さえ込まない人がいて当然ということになるわけです。そこで、個人の願望や欲望は、社会の秩序[注3]というものでコントロールされているわけです。（第三段落）

では、この社会秩序とは、だれがどのようにしてつくったものなのでしょうか。とても簡単にいうと、社会秩序とは、自分以外の他者との約束あるいは取り決めのようなものだと考えることができます。この社会で、わたしたちが安全に暮らせるよう、他者と相談しながら決めたルールだということです。つまり、欲望のままに行動したい自分を制御していくのは、他者という存在があるからなのです。なぜなら、他者もまた欲望のままに行動したいと思っているわけで、だからこそ、自分と相手が互いに牽制[注4]（けんせい）しあってはじめて、それぞれの欲望は制御されるというわけなのです。そのために、他者とともに生きるための[2]社会秩序としてのルールを、わたしたちは長い時間をかけてつくってきたということができます。たとえば、ルールには、さまざまなものがありますが、国における法律や、自治体の条例は、この個人の生活を支えている社会秩序の具体例ということになります。（第四段落）

ただ、個人がお互いに守るべきルールとは、自分と相手とが安心して暮らすために、本来わたしたち自身によってつくられたものですが、いつのまにかだれかがどこかで勝手につくったものという認識を多くの人が持ってしまっています。このことが実は、わたしたちの自由のあり方にとって、とても大きな危機だといえるのです。（第五段落）

いずれにしても、そのような社会秩序のもとで、自分自身が自分らしく生きていくこと、これが自由の基本概念でしょう。当然のこととして、自分以外の他者もそれぞれ自分らしく生きようとしているわけですから、この自由も認めようということになります。（第六段落）

このようにして、他者とともに、この社会で、自分らしく生きること、これが真の自由であるとするならば、対話は、この真の自由のための入り口にある行為だということができます。なぜなら、あなたは、対話という活動によってのみ他者の考えを知り、相手も自分と同じ欲望を抱いているということを理解するからです。相手もまた同じような欲望を持っていることに、対話の活動のプロセス[注5]の中で、わたしたちは気づきます。同時に、自分の思いをそのまま実現すればいいというものでもないということにも気づきます。こんなとき、泣き叫んだり暴力的に怒鳴ったりして自分の思いを相手にぶつけても、何の解決にもならないことをわたしたちは知るのです。その結果、では、どうしたら、相手も自分もそれぞれの思いを果たすことができるだろうか、と考えるようになります。（第七段落）

このように、対話という活動は、自分の思いの実現、つまり、自分にとっての自由、つまり、自分らしく生きるとは何かとわたしたちに考えさせるような環境をつくりだすといえるでしょう。わたしたちは、対話によってのみ真に自由になるための入り口に立つことができるということになるのです。（第八段落）

（細川　英雄「対話をデザインする　——伝わるとはどういうことか」より）

注1　政治目的のために、暴力あるいはその脅威に訴える傾向。また、その行為。
注2　人として求められる考え方や行いのよりどころとなるもの。
注3　物事が正しく行われるための順序やきまり。
注4　相手の注意を引きつけるなどして、自由に行動させないようにすること。
注5　過程。

1、**よく出る** 次の各文中の——線をつけた言葉が、第二段落の「欲望の」の「の」と同じ意味・用法のものを、次のア～オの中から一つ選びなさい。

ア、大きな声で歌うのは気持ちがよい。
イ、花の名前を祖母から教わる。
ウ、ここにある白い自転車は兄のだ。
エ、明日は何時から練習するの。
オ、父の訪れた旅館が雑誌で紹介された。

2、**基本** 「[1]押さえ込む人と押さえ込まない人がいて当然ということになる」とあるが、それはなぜか。最も適当なものを、次のア～オの中から一つ選びなさい。

ア、理性や倫理は願望や欲望の実現に伴う危険がある場合に働き、危険がない場合は行動を押さえ込もうとすることはないから。
イ、理性や倫理の働きは誰もが同じだが、複数の願望や欲望を抱いたときは一度にすべてを押さえ込むことができなくなるから。
ウ、理性や倫理の内容が同じであったとしても、どのように願望や欲望を押さえ込むかは人それぞれに適したやり方があるから。
エ、誰もが同じ理性や倫理をもっているわけではなく、どのような願望や欲望を押さえ込もうとするかは人によって異なるから。
オ、自分の理性や倫理だけでは願望や欲望を押さえ込むことはできず、自分とは考えが異なる他者による手助けが必要となるから。

3、「[2]社会秩序としてのルール」について、あとの(1)、(2)の問いに答えなさい。

(1) 思考力 「社会秩序としてのルール」がつくられた経緯について、次のように説明したい。文中の□に適する内容を二十五字以内で書きなさい。

> 欲望のままに行動すると、他者とぶつかったり、互いに不快な思いをしたりすることがある。私たちは、自分以外の□ことで、利害や感情の衝突を回避してきた。
> 数多くの他者が存在する社会において、誰もが安全に暮らすためには、より多くの人が納得する基準の設定が必要となり、社会秩序としてのルールが生み出されていったのである。

(2) 次の会話は、「社会秩序としてのルール」について授業で話し合ったときの内容の一部である。——線をつけた部分が、本文から読み取れる内容と異なっているものを、次のア～オの中から一つ選びなさい。

Aさん「本文によると、ア社会秩序をつくったのは、その社会に生きる人々自身だということだね。長い年月をかけて少しずつ、ルールをつくりあげていったということなんだろうね。」

Bさん「そうだね。イつくりあげたルールの例として法律や条例を挙げているよ。確かに、法律で決まっていることなら、誰だって気をつけるものね。第二段落に書いてある、ウスピードを出すことを思いとどまった例も、法律を守ることの重要性を示していると言えるね。」

Aさん「でも今、エルールは自分が関わらないところで決まったものだと、多くの人が考えているんだって。これは誤解だと、筆者は言いたいのだろうけれど。」

Bさん「そうだね。オ社会秩序の成立の経緯を誤解してしまうことには問題があると、筆者は指摘しているね。」

4、よく出る 本文における第六段落の働きとして最も適当なものを、次のア～オの中から一つ選びなさい。

ア、第五段落までの内容を踏まえて社会秩序の果たす役割を示し、他者への配慮を主張する第七段落につなぐ働き。

イ、第五段落までの内容を整理して社会秩序についての定義を示し、欲望が生じる経緯を考察する第七段落につなぐ働き。

ウ、第五段落までの内容を離れて自分らしさについての定義を示し、欲望の意味を捉え直す第七段落につなぐ働き。

エ、第五段落までの内容から視点を変えて自由であることの重要性を示し、対話の活用を訴える第七段落につなぐ働き。

オ、第五段落までの内容を受けて自由についての定義を示し、対話が果たす役割を説明する第七段落につなぐ働き。

5、思考力 第一段落に「人として生きる」とあるが、筆者は、「人として生きる」ことを実現するためには、どのようなことが必要だと考えているか。六十字以内で書きなさい。

六 条件作文 思考力

次の【資料Ⅰ】は、外来語や外国語などのカタカナ語（以下「カタカナ語」とする）を使用した文章の例であり、【資料Ⅱ】はカタカナ語の使用に関する意識を調査した結果である。【資料Ⅰ】と【資料Ⅱ】を読み、あとの条件に従ってカタカナ語の使用についてのあなたの考えや意見を書きなさい。

【資料Ⅰ】

私は、スポーツを通して、コミュニケーションの重要性と、明確なビジョン[注1]をもって練習を継続することの大切さを学んだ。また、困難なシチュエーション[注2]でも粘り強く取り組むことで、記録や勝敗以外の部分でも、自分がレベルアップしたという実感を得ることができた。

注1　将来の見通し。展望。　注2　状況。局面。

【資料Ⅱ】

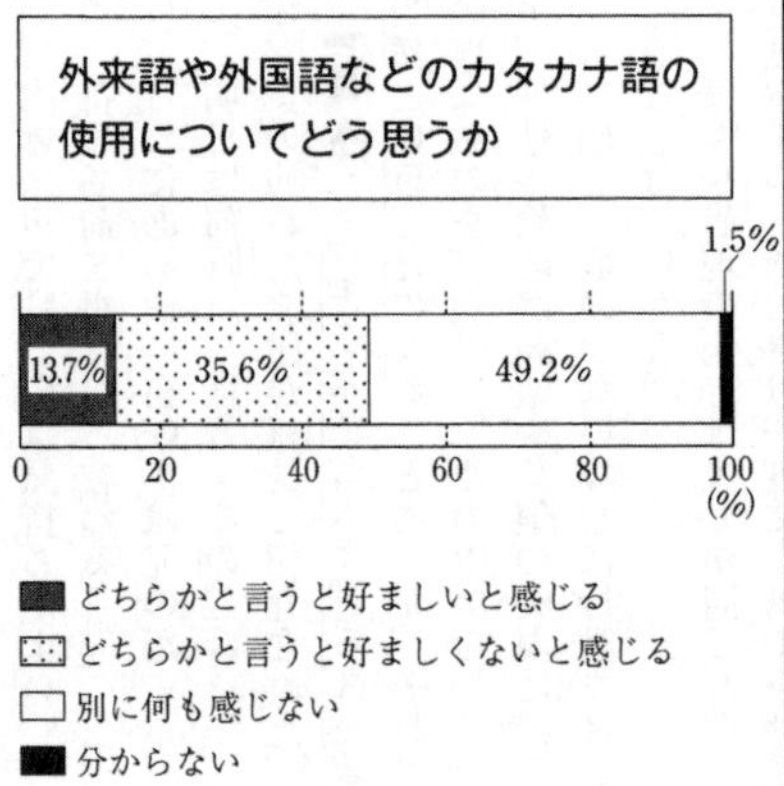

（文化庁「平成29年度　国語に関する世論調査」により作成）

条件
1、二段落構成とすること。
2、前段では【資料Ⅰ】と【資料Ⅱ】を読み、カタカナ語の使用という観点から気づいたことをそれぞれ書くこと。
3、後段では前段を踏まえて、カタカナ語の使用についてのあなたの考えや意見を書くこと。
4、全体を百五十字以上、二百字以内でまとめること。
5、氏名は書かないで、本文から書き始めること。
6、原稿用紙（10字詰×20行＝省略）の使い方に従って、文字や仮名遣いなどを正しく書き、漢字を適切に使うこと。

茨城県

時間 50分　満点 100点　解答 P9　3月4日実施

出題傾向と対策

●小説文、論説文、韻文（短歌）と鑑賞文、古典の文章をもとにした会話文の大問四題構成。小説文一題、論説文一題は例年どおり。どの大問にも記述式の問題があり、最後の大問には二百字の条件作文がある。

●問題は標準的だが、行書体の書き方や漢字の構成、品詞分類といった問題が出るので、日常の授業を大切にし、幅広い国語の知識を身につける。記述式の問題や条件作文で点差がつくと思われるので、練習を重ねたい。特に条件作文は比較的指示が細かく、対応できるよう準備する。

一 （小説文）漢字の読み書き・内容吟味・文脈把握

次の文章を読んで、(一)～(五)の問いに答えなさい。（計27点）

兵吾（ひょうご）と主税（ちから）の兄弟は、夏休みを利用して、父親が赴任しているオーストラリアに遊びに行く予定だった。しかし、父親が病気になってしまい、看病をするために母親が一人で行くことになった。母親の留守中、兵吾と主税は鎌倉に住む大叔父※1の家で過ごすことになり、そのための荷造りをしている。

「鎌倉ってさ、お母さんたちが行けば、きっと、ものすごく楽しいところだよね」と言って、主税はほっぺたをふくらませた。「それとか、老後の楽しみってやつで、おじいさんやおばあさんが行くんだ」

「たしかにね」とお母さんは荷造りしながら軽く受け流した。「でも、修学旅行でも行くでしょ。遠足でもね」

「大仏さんとか、鶴岡八幡宮※2（つるがおかはちまんぐう）とか」とバックパックに荷物をつめていた兄の兵吾も言った。

「どっちも、もう行ったし」と主税はさらにふくれっつらになった。

すると兵吾は、ちょうど手に持っていた鎌倉案内の冒頭ページを開いて読み上げた。

「鎌倉には、一年かかっても回りきれないほどの神社仏閣があります」

主税は、サラダの中にピーマンを発見した時みたいなしかめっつらをしてみせた。

「それに、海が近いよ」

主税は聞こえないふりをした。実をいえばそれだけが楽しみなのだが、ここはとにかく、〝いやいや行ってあげる〟という態度をつらぬくつもりでいたからだ。

「だって、家は山ん中なんでしょ」

「リスもくるし、クワガタもいるし、朝は鳥の鳴き声で目が覚めるわよ」

主税はさらに口をとがらせた。

「知らないの？　オーストラリアはコアラより鳥で有名なんだよ。ハデハデな鳥がいっぱいいるんだから。一日じゅう、鳴き声だらけさ。イルカだっているし」

主税はさらに突っかかった。

「だいいち、オーストラリアなら、そこいらじゅう海じゃないか」

ついにお母さんが笑い出した。お母さんは、オーストラリア行きをあきらめなければならなかった主税のことをかわいそうだと思っている。だからまだ笑っているのだ。

主税は内心、お母さんが「もうわかったから、早く荷造りしなさい」とこわい声で言ってくれればいいのにと思っていた。そしたら、思い切りあかんべして逃げ出せるからだ。

兵吾のほうは淡々と荷造りをしていた。主税はこれもおもしろくなかった。

〈お兄ちゃんだって、ほんとは鎌倉なんか行きたくないくせに。「日本にいれば部活にも、合宿にも行けるし」なんて言ってさ〉

本当なら、この夏はオーストラリアに単身赴任しているお父さんのところに行く予定だったのだ。ほぼ半年にわたって、兵吾と主税はオーストラリアについて調べに調べ、天気図にも毎日アクセスしてきた。特に楽しみにしていたのは、モートン島行きだった。この島では「客一人にイルカ一頭を(1)ホショウします」と案内にあった。毎朝晩、〝自分のイルカ〟に餌（えさ）をやれるのだ！

だが、お父さんが無菌性髄膜炎というこわい病気にかかって、最低でも一か月は入院することになってしまった。結局、お母さんだけが、（とんでもなく痛い）予防注射を何本も打ったあげく看病に行くことになったのである。

そんな騒動の最中に大叔父さんからたまたま連絡があって、事情を話したら、兄弟を引き受けようと(2)モウし出てくれたのだ。大叔父さんは北鎌倉の古い屋敷（やしき）に独りで住んでいる。

都合のいいことに、北鎌倉の手前の駅にはありとあらゆる塾があるらしい。主税が通っている塾の支部もちゃんとある。しかも鎌倉からなら東京にも通える。ちょっと早起きすれば学校の夏期行事や部活にも出られるということだ。

渡りに船と、お母さんは息子たちの北鎌倉行きをすぐに決めてしまった。「この際、お父さんに余計な心配をかける必要はないわね」と言って相談さえしなかったのだ。

もっとも、相談されたらお父さんは反対したかもしれない。兄弟のあずかり知らぬ理由でお父さんは北鎌倉の実家には、ほとんど帰ろうとしないからだ。

それはさておき、主税はもう五年生だ。この夏を逃したら、中学受験がすむまでオーストラリアには行けないだろうということで企画した旅行でもあった。

〈もう、ぜんぜん、無理じゃないか〉

主税は足もとの(3)ムギわら帽子をおもいきりけっとばすと、お母さんにつかまる前にすばやく逃げ出した。

お母さんはアやれやれという顔をしたが、何も言わなかった。

兵吾は主税がうらやましかった。自分もあんなふうに帽子をけっとばして出ていけたら、どんなにラクだろうと思ったのだ。

楽しみにしていた旅行がふいになり、大好きなお父さんとも当分会えず、ほとんどなじみのない大叔父さんと一夏いっしょに暮らすのだ。——しかもあの弟を連れて。

表には出さないが、兵吾は四歳下の弟がちょっと負担になることがあった。主税は元気の塊なのだ。いつだって我が道を行く。なんにでも反応が早くて、得意科目は体育と算数だ。図形の問題なんかパズルを解くみたいにあっという間に解いてしまう。どこにでも行きたがり、何でもやりたがる。

〈YMCA[※3]のキャンプなんて、幼稚園の年長さんから一人で行ってたし〉

家族で駅まで送っていったのだが、主税はキャンプのグループに加わるや否や、後ろを一度も振りかえらずに、いそいそと行ってしまった。

(イ)兵吾はお母さんがそこにいるのも忘れて、大きなため息をついた。

（朽木祥「月白青船山」による。）

※1　大叔父＝祖父母の兄弟。ここでは、兵吾と主税の祖父の弟にあたる人。
※2　鶴岡八幡宮＝鎌倉市にある神社。
※3　ＹＭＣＡ＝キリスト教青年会。青少年の生活指導、教育、福祉に関する活動を行っている。

㈠ **よく出る** **基本** 文章中の(1)――～(3)――の片仮名の部分を漢字で書きなさい。（各3点）

㈡ さらに　という言葉を繰り返すことにより表現している主税の心情として、最も適切なものを、次の1～4の中から選んで、その番号を書きなさい。（4点）

1、母がオーストラリアの鳥について詳しく知らないのでいらだっている。
2、兄が荷造りに夢中で全く自分の話を聞いてくれないため焦っている。
3、オーストラリアに行けなくなったことに対し不満をもち続けている。
4、鎌倉行きを納得しているかのように振る舞う兄を不安に思っている。

㈢ (ア)やれやれという顔をしたが、何も言わなかった　とあるが、この時の「お母さん」の心情として、最も適切なものを、次の1～4の中から選んで、その番号を書きなさい。（4点）

1、主税の態度は頼もしいが、鎌倉の大叔父の所へ行かせることは心配でもある。
2、主税の態度に怒りを感じたが、荷造りが終わってから叱ろうと我慢している。
3、主税の態度に困り果て、五年生なのに聞き分けのないことにがっかりしている。
4、主税の態度にあきれながらも、オーストラリアに行けないことに同情している。

㈣ (イ)兵吾はお母さんがそこにいるのも忘れて、大きなため息をついた　とあるが、兵吾がため息をついた理由を、四十五字以上、五十字以内で書きなさい。（句読点を含む。）（6点）

㈤ **新傾向** 国語の授業で文章を読み、「兵吾」の人物像について考えることになった。グループで話し合う前に、まず、自分の考えをノートにまとめた。次はある生徒の【ノートの一部】である。［　］に入る「兵吾」の人物像の根拠となる部分が、文章には何箇所かある。そのうちの一つを、文章中から一文で抜き出して、その初めの五字を書きなさい。（4点）

【ノートの一部】

〈「兵吾」の人物像〉
自分の本心をあまり言葉や態度に表さない人物だと思った。
○根拠となる表現
・［　］

二（論説文）漢字の読み書き・文脈把握・内容吟味

次の文章を読んで、㈠～㈤の問いに答えなさい。（計27点）

「何が言いたいのかがわからない」対話は、テーマが明らかでないのと同様、「何を話しているのかわからない」ということになりますね。その「テーマ」について(ア)「何が言いたいのか」がはっきりと相手に見えなければなりません。

ところが、その「言いたいこと」がなかなか見出せないあなたには、どのような課題があるのでしょうか。

「言いたいこと」を見出すために、あなたは、おそらくまず「情報の収集を」と考えていませんか。情報がなければ、構想が立てられない、だから、まず情報を、というのがあなたの立場かもしれません。

しかし、この発想をまず疑ってみてください。

情報といえば、まずテレビでしょうか。それから、もちろんのこと、インターネットの存在は、日々の生活や仕事の中で不可欠なものです。インターネットの普及は、情報の概念[※1]を大きく変えたといっても(1)過言ではないでしょう。インターネットの力によって、世界中のさまざまな情報が瞬時にして地球上のあらゆるところまで伝わるようになりました。その他、ラジオ、新聞、雑誌等を含めた、各種のメディアの力による情報収集の方法を、わたしたちは無視するわけにはいきません。しかも、こうしたメディアが、あなた自身の自覚・無自覚にかかわらず、いつの間にかわたしたちの仕事や生活のための情報源になっているということはもはや否定できない事実でしょう。

しかし、よく考えてみてください。それらの情報の速さと量は、決して情報の質そのものを高めるわけではないのです。たとえば、インターネットが一般化するようになってから、世界のどこかで起きた一つの事件について、地球上のすべての人々がほぼ同時に知ることが可能になりました。しかし、その情報の質は実にさまざまであり、決して同じではないのです。［A］、その情報をもとにしたそれぞれの人の立場・考え方は、これまた千差万別です。

こう考えると、一つの現象をめぐり、さまざまな情報が蝶のようにあなたの周囲を飛び回っていることがわかるはずです。大切なことは、そうした諸情報をどのようにあなたが自分の目と耳で切り取り、それについて、どのように自分のことばで語ることができるか、ということではないでしょうか。

もし、自分の固有の立場を持たなかったら、さまざまな情報を追い求めることによって、あなたの思考はいつの間にか停止を余儀なくされる※2でしょう。言説資料※3による、さまざまな情報に振り回されて右往左往する群衆の一人になってしまうということです。

だからこそ、情報あっての自分であり、同時に、自分あっての情報なのです。

情報の問題に関連して、ここには、ある共通の問題が潜んでいることが多いものです。

一つは、知らないことを知りたい、わかりたい、だから調べたい、というものです。

もう一つは、自分の知っていることをみんなに教えてあげたい、というものです。

まず、「知りたい、わかりたい、調べたい」という意欲そのものは、人間の好奇心の(2)一端としてとても重要です。ただ、そうした情報を得たいと思うだけでは、イ対話は成り立たないのです。もう一歩踏み込んで、「なぜ自分は○○が知りたいのか」というところまで突き(3)詰めないと、あなた自身の立場が見えてこないからです。ここでいう立場というのは、テーマについて自分がどう考えているかというあなた自身のスタンス※4というものです。

次に、「教えてあげたい、知らせたい」というのも、ほぼ同じ構造を持っています。これも、自分の知っている知識や情報を、知らない人に与えようとする発想から出ているわけで、「知りたい、わかりたい、調べたい」とは反対のベクトル※5ではありますが、やはり知識・情報のやりとりのレベルにとどまっているからです。単なる知識・情報のやりとりだけでは、自分の固有の主張にはなりにくいため、展開される議論そのものが表面的で薄っぺらなものになってしまうのです。

[B]、知識・情報を求めることが悪いといっているのではありません。前述のように、そのこと自体は、人間の好奇心を満たすものであり、前向きに考えるための重要なきっかけではあります。

しかし、自分の「考えていること」を相手に示し、それについて相手から意見をもらいつつ、また、さらに考えていくという(1)活動のためには、情報を集め、それを提供するという姿勢そのものが相手とのやりとりにおいて壁をつくってしまうことに、気づかなければなりません。対話という行為は、後にもくわしく述べるように、とてもインターラクティブ（相互関係的）な活動です。相手あっての自分であり、自分あっての相手です。こうした関係性の中で、情報を提供する／受けとるだけという、表層的なやりとりでは、そうした相互作用がきわめて起こりにくくなるのです。

（細川英雄「対話をデザインする――伝わるとはどういうことか」による。）

※1　概念＝大まかな意味内容。
※2　余儀なくされる＝しないわけにはいかなくなる。
※3　言説資料＝言葉で説明した資料。
※4　スタンス＝事に当たる姿勢。立場。
※5　ベクトル＝物事の動いていく方向。方向性。

(一) **よく出る** **基本** 文章中の(1)――～(3)――の漢字の読みを平仮名で書きなさい。（各2点）

(二) **よく出る** 文章中の[A]と[B]に入る言葉の組み合わせとして、最も適切なものを、次の1～4の中から選んで、その番号を書きなさい。（5点）

1、A　そして　B　なぜなら
2、A　しかも　B　もちろん
3、A　ただ　B　たしかに
4、A　もし　B　たとえば

(三) **思考力** ア「何が言いたいのか」がはっきりと相手に見えなければなりません　とあるが、言いたいことがはっきりと相手に見えるようにするために、何をすることが必要だと筆者は述べているか。それについて述べた次の文中の[　]に入る内容を、四十字以上、四十五字以内で書きなさい。（句読点を含む。）ただし、「情報」「立場」「語る」という三つの言葉を用いること。（6点）

> まず「情報の収集を」と考える自身の発想を疑って、[　]こと。

(四) イ対話　とあるが、対話とは何かを具体的に説明している部分を、文章中から句読点や符号を含めて五十四字で抜き出して、その初めと終わりの五字を書きなさい。（5点）

(五) **新傾向** 国語の授業で文章を読み、「ある共通の問題」について考えることになった。次はある生徒の【ノートの一部】である。[　]に入る言葉として最も適切なものを、文章中から四字で抜き出して書きなさい。（5点）

【ノートの一部】

> ○「ある共通の問題」について
> ・「知りたい、わかりたい、調べたい」
> ・「教えてあげたい、知らせたい」
> →単なる知識・情報のやりとり
> 表面的で薄っぺらな議論 ←
> 対話において[　]が生じにくい

三 （説明文）漢字知識・品詞識別・文脈把握・内容吟味

次の文章と【感想の交流の一部】を読んで、(一)～(六)の問いに答えなさい。（計21点）

[I]

空のまほらかがやきわたる雲の群千年くらゐ(い)は待つてみせるさ

（山田富士郎『アビー・ロードを夢みて』）

こういう宣言も楽しいと思いませんか。「まほら」は「奥」という意味。「くらゐ」は現代仮名遣いにすると「くらい」になります。空の奥にア光る雲を見ながら、作者は「千年くらいは待ってみせる」と言い切っています。

この歌、いろいろな状況が想定できますね。イ好きな人と待ち合わせしたけれど、三十分たっても一時間たっても来ない。不安な気持ちを立て直そうとしているところかもしれません。すると、[A]の「千年くらゐは待つてみせるさ」になります。あるいは、作者は大きな目標に向かって第一歩を踏み出したばかり、と考えることもできます。目先のことに一喜一憂せず堂々と行くぞ！という決意表明の歌と解してもすてきです。雲は形を変えてしまいますが、そこから導き出される作者の時間は、未来へ向かう確かな輪郭を持っています。

では次に、とびきり雄大なこの歌を読んでみましょう。

[II]　鯨の世紀恐竜の世紀いづれにも戻れぬ地球の水仙の白

（馬場あき子『世紀』）

恐竜が栄えていたのは、二億二〇〇〇万年ほど前。その後一億六〇〇〇万年近くの間、地球の王者でしたが、今から約六五〇〇万年前に突然に絶滅してしまいます。「恐竜の世紀」が終了したのです。鯨が現れたのは、それから一二〇〇万年ばかり経ってから。数字の上ではすらすらと表せますが、あらためて考えると目のくらむような長大な歳月です。

そして人類が地球に誕生したのは、約四〇〇万年前（わずか四〇〇万年前！）と言われていますから、鯨は私たちの大先輩ということになります。鯨は現在も親しまれている動物ですが、二十年ほど前までは日常生活にもっと密接に関わっていました。鯨の肉を食べたり、脂を利用したり、骨や歯を加工したり。縄文時代や弥生時代の遺跡から鯨の骨が見つかるということですから、私たちの祖先は一万年近く前から鯨の恩恵を受けていたことがわかります。『万葉集』の和歌にも、鯨は「鯨魚」、捕鯨は「鯨魚取」という表現で詠まれています。

作者は恐竜がのし歩いていた二億年前の地球を思い、鯨が海を泳ぎ回っていた五〇〇〇万年前の地球を思い、そして最後に人間が登場してからの地球のことを思っています。「いづれにも戻れぬ」には、どこか寂しそうな印象が漂います。それは、地球をすっかり汚して弱らせてしまった「人間の世紀」の悔しさが託されているからでしょう。人間の一人として心が痛みます。それは作者も同じです。

そしてこの歌のすぐれた点は、結句を「水仙の白」とうたい収めたところです。水仙の白い花は小さくて、一見まことに無力です。でも寒風に負けずにきっぱりと花を咲かせる水仙は、驚くほど強靭です。人間が痛めつけた[B]を見捨てることなく咲いてくれる水仙。ありがとう、と言いたくなります。

この一首をもう一度、初句から結句までじっくりと味わうと、鯨の世紀や恐竜の世紀といった、とてつもなく長い時間が、「水仙の白」という一滴の時間の中に、すっと回収されてゆくことに気付きます。水仙の花は地球の歴史をすべて知っているのかもしれません。大きな時間と小さな時間が、一首の中でダイナミックに溶け合っているのがわかって、思わずため息が出ます。

ひょっとすると、短歌という宇宙の中には独特の重力が働いているのかもしれません。長い時間を押し縮めたり、逆に短い時間を膨張させたり。時間とたわむれながら短歌を詠んでゆくうちに、時間の偉大さや時間の掛け替えのなさに気付くことができれば、すばらしいことだと思います。

（栗木京子「短歌をつくろう」による。）

【感想の交流の一部】

（一郎）　この文章を読むと、二つの短歌には時間を意識させる表現があることが分かりますね。私は、[I]の短歌にある「千年くらゐ」という表現が気に入りました。春子さんはどうですか。

（春子）　私は[II]の短歌の「水仙の白」という表現が、特に気に入りました。

（一郎）　どういうところがよいと思ったのですか。

（春子）　「水仙の白」という短い時間を表す言葉に[　　]させて、うたい収めたところです。

（一）　次の文字は、文章中の光る雲（ア）を行書で書いたものである。この文字の◯で囲んだ①から④の部分に表れている行書の特徴の説明に合っているものとして、最も適切なものを、次の1～4の中から選んで、その番号を書きなさい。（3点）

1、①の部分は横画から左払いへ連続して書かれている。
2、②の部分は左払いから縦画へ点画を省略して書かれている。
3、③の部分は点画を省略せずに筆脈を意識して書かれている。
4、④の部分は横画から右払いへ連続して書かれている。

（二）　基本　好きな（イ）と品詞が異なる言葉を、次の1～4の中から選んで、その番号を書きなさい。（3点）

1、立派な家を建てる。　2、おかしな話をする。
3、はるかな時を思う。　4、大切な人と会う。

（三）　[A]に入る最も適切な言葉を、次の1～4から選んで、その番号を書きなさい。（3点）

1、まちぼうけ　2、はやとちり
3、ゆめごこち　4、やせがまん

（四）　[B]に入る最も適切な言葉を、文章中から漢字二字で抜き出しなさい。（4点）

（五）　難　文章の内容に合っているものとして、最も適切なものを、次の1～4の中から選んで、その番号を書きなさい。（4点）

1、[I]の短歌は、複数の解釈をすることができるため、[II]の短歌に比べて作者の思いが分かりにくい。
2、[II]の短歌は、人類誕生以前の時代がうたわれており、[I]の短歌よりも長い時間が強調されている。
3、[I]の短歌は、想定される複数の状況において、未来へ向かう作者の時間を感じ取ることができる。
4、[II]の短歌は、最後に小さくて無力な「水仙」を加えることで、より寂しさを感じることができる。

（六）　【感想の交流の一部】の[　　]に入る最も適切な内容を、文章中の言葉を使って、十字以上、十五字以内で書きなさい。（句読点を含む。）（4点）

四 （漢文を含む話し合い）古典知識・熟語・内容吟味・文脈把握・条件作文

国語の授業で、次の古典の文章を読んで、論理的で分かりやすい話し方について話し合い、そこで出た意見を参考にして、文化祭のクラス企画について意見文を書くことになりました。次の【Ⅰ】～【Ⅲ】について、(一)～(五)の問いに答えなさい。（計25点）

【Ⅰ】古典の文章

昔、孔子車に駕(が)(乗って)して其の道に行く。三人(みたり)の七才なる童(わらは)有り。土の城(じやう)(土をこねて作った城の模型)を作りて遊戯(ゆげ)す(楽しく遊んでいた)。時に孔子来(きた)りて小児に告げて云(い)はく(言うには)、「小児、汝等(なむだち)(お前たち)、道を逃(さ)け(空けて)て吾(わ)が車を過ぐせ(通せ)」と。小児等(ら)嘆きて<u>曰(い)はく</u>ア(言うには)、「未(いま)だ車を逃くる城をば聞かず。城を逃くる車をば聆(き)く(聞いたことがある)」と。仍(よ)りて(そこで)孔子、車を却(さ)けて(よけて)城の外(ほか)より過ぐ。敢(あ)へて理(ことわり)を横(よこさま)にせず(決して道理を曲げることはしなかった)。

【Ⅱ】グループでの話し合い

（一郎）今日は、古典の文章をもとに、相手を説得する方法について話し合います。

（花子）古典の文章には孔子と子どもの会話が書かれていますね。孔子は、子どもに道を空けるように言っています。

（次郎）子どもは、城は車をよけることはできない、と孔子に言っていますね。孔子を説得するために効果的なのは、どういう点だったのでしょうか。

（明子）孔子は、子どもの理屈を聞いて、本物の城でも、子どもが作った土の城でも同じことだと思ったのですね。文章にも「□」と書いてあります。

（一郎）相手を説得するためには、筋道の通った話をすることが大切なのですね。

（花子）以前、国語の授業で、どういう順序で話すのかということを考えることが重要だと学びました。それに加えて、異なる立場からの反対意見も想定して、<u>反論</u>イを考えていくことも必要だと思います。

（次郎）今の意見は、学級会で文化祭のクラス企画について意見を発表するときに生かすことができそうです。

（明子）そうですね。自分の意見に賛成してもらえるように発表するときに役に立ちそうです。

（中略……この後も話し合いは続いた。）

（一郎）いろいろな意見が出ましたね。では、話し合いで出た意見を参考にして、学級会で発表するための意見文を書いてみましょう。

【Ⅲ】文化祭のクラス企画についての案

文化祭のクラス企画について

・文化祭のテーマ
「心を一つに」

・クラス企画の発表日時
10月31日(土) 10:00～14:00

○クラス企画の案

1　お化けやしき
場所：教室
内容：昔話を元にしたお化けやしきにする。お化けの姿に仮装して驚かす。

2　ミュージカル
場所：体育館ステージ
内容：地域に伝わる伝説をテーマにしたミュージカルを演じる。

3　学習成果の発表
場所：教室
内容：地域の伝統文化について各班で調べた内容をまとめて展示する。

4　美術作品の展示
場所：1階多目的室
内容：文化祭のテーマに基づいた大きな美術作品を制作して展示する。

(一) よく出る 基本 <u>曰はく</u>アの読み方を現代仮名遣いに直して、全て平仮名で書きなさい。（3点）

(二) <u>反論</u>イとあるが、この熟語と同じ構成のものを、次の1～4の中から一つ選んで、その番号を書きなさい。（4点）

1、入口　2、登校　3、建築　4、着脱

(三) 基本 【Ⅰ】の文章で述べられている内容に合っているものとして、最も適切なものを、次の1～4の中から選んで、その番号を書きなさい。（4点）

1、子どもは、城を恐れて走り去った車を見たことがあると言った。

2、子どもは、遊びをじゃまするのはよくないと言って孔子を怒った。

3、孔子は、三人の子どもたちに向かって、城に案内するよう命じた。

4、孔子は、子どもの言うことを聞いて納得し、城をよけて通った。

(四) 【Ⅱ】の文章中の□に入る最も適切な語句を、【Ⅰ】の文章中から十字以内で抜き出して書きなさい。（句読点を含む。）（4点）

(五) 思考力 授業の後、文化祭のクラス企画を一つ決める二回目の学級会が開かれることになっている。学級会では、希望するクラス企画について、それぞれが意見を発表した後、話し合いによって企画を決定する。あなたが希望するクラス企画を【Ⅲ】の中から一つ選び、【Ⅰ】と【Ⅱ】を参考にして、あなたの考えを書きなさい。ただし、以下の条件に従うこと。（10点）

1　百六十字以上、二百字以内で書くこと。（句読点を含む。）
2　二段落構成とし、第一段落には、あなたが希望するクラス企画とその理由を書くこと。第二段落には、自分の希望するクラス企画に賛成を得られるような内容を、他のクラス企画一つと比較して書くこと。
3　題名と氏名は書かないこと。
4　正しい原稿用紙の使い方をすること。
5　［や――の記号（符号）を用いた訂正はしないこと。
6　文体は、「です・ます」体で書くこと。

栃木県

時間 50分　満点 100点　解答 P10　3月5日実施

出題傾向と対策

●漢字の読み書き・国語知識、古文、論説文、小説文、条件作文の大問六題構成。各大問のレベルは標準的であるが、設問数も多く記述もあるので解答時間を考慮すればやや難と考えるべきである。また記述問題、条件作文ともある程度の読解力、思考力、記述能力が求められる。
●国語知識については授業などで得た知識を便覧などで補強して取りこぼしのないように気をつけたい。また過去問の丁寧な演習が非常に有効。条件作文については事前にある程度練習し、先生の指導を受けることが大事。

注意　答えの字数が指示されている問いについては、句読点や「　」などの符号も字数に数えるものとします。

一　漢字の読み書き・韻文知識・慣用句・熟語・品詞識別・文脈把握

次の1から3までの問いに答えなさい。（計30点）

1、よく出る 基本 次の——線の部分の読みをひらがなで書きなさい。（各2点）
(1) 地域の発展に貢献する。
(2) 朝日に映える山。
(3) 友人の承諾を得る。
(4) まぶしくて目を背ける。
(5) 地方に赴く。

2、よく出る 基本 次の——線の部分を漢字で書きなさい。（各2点）
(1) 歴史をケンキュウする。
(2) 図書館で本を力りる。
(3) 意味の二た言葉。
(4) 費用をフタンする。
(5) 英会話コウザに参加する。

3、よく出る 基本 次は、生徒たちが俳句について話し合っている場面である。これについて、(1)から(5)までの問いに答えなさい。

> スケートの紐むすぶ間も逸りつつ　山口誓子
>
> Aさん「この句は、作者がスケート場で靴の紐をア結びながら少年の頃を思い出し、早くスケートをしたいというわくわくした心情を詠んだものだそうだよ。」
>
> Bさん「作者の（　①　）ような心情やその場の情景が②想像できるね。作品や作者についてよく調べることが俳句の鑑賞では大切なことだね。」
>
> Cさん「それも鑑賞の一つだけれど、作品や作者について調べるだけでなく、読む人によって様々な捉え方ができるのも俳句のよさだと思う。私は③幼い子どもがイ初めてスケートをするときの情景を想像したよ。」
>
> Aさん「それもウおもしろくていいね。俳句の十七音から色々なことが想像できるんだね。」
>
> Bさん「なるほど。確かに、AさんとCさんがエ言うように、（　④　）のも俳句の魅力だね。」

(1) この俳句と同じ季節を詠んだ俳句はどれか。（2点）
ア、山風にながれて遠き雲雀かな　（飯田蛇笏）
イ、名月や池をめぐりて夜もすがら　（松尾芭蕉）
ウ、音もなし松の梢の遠花火　（正岡子規）
エ、淋しさの底ぬけて降るみぞれかな　（内藤丈草）

(2)（　①　）に入る慣用句として最も適切なものはどれか。（2点）
ア、胸が躍る　イ、肝を冷やす
ウ、舌を巻く　エ、目が泳ぐ

(3) ②想像と熟語の構成が同じものはどれか。（2点）
ア、抜群　イ、海底　ウ、削除　エ、未来

(4) ③幼いと同じ品詞である語は……部アからエのどれか。（2点）

(5)（　④　）に入るものとして最も適切なものはどれか。（2点）
ア、音読を通してリズムや調子を読み味わうことができる
イ、心情や情景を豊かに想像して読み味わうことができる
ウ、作者による作品の解説に従い読み味わうことができる
エ、表現技法の効果を取り上げて読み味わうことができる

二　(古文)仮名遣い・動作主・内容吟味

次の文章を読んで、1から5までの問いに答えなさい。（計10点）

浜の町といふに、島原屋市左衛門とかやいひし者あり。十二月初め、雪降り積もれる朝、用ありてとく ア出で、浜なる路をゆくに、雪のひまにあやしき物見えけるを、立ち寄り引き上げつるに、したたか重き袋にて、内に（注1）白銀大なるが三包ばかりとおぼしきあり。おどろきて、（注2）いかさま主有るべきなれば、やがてぞ尋ね来なましと、(1)所を去らで二時ばかり待ち居たれど問ひ来る人もなければ、いかさま旅人の落とせしならんと、そこらの（注3）町ぐだり、旅人の宿す家ごとに イ尋ね行きて、旅人のもの ウ失ひたまへるなどやあるとあふ人ごとに エ問ひしに、その日の夕つかた、かららうじて主にめぐりあひぬ。始め終はり詳しく尋ね聞きしに実の主なりければ、さきの袋のままにて返しはべりぬ。（注5）この主喜び拝みて、「我は（注4）薩摩国にて、たのめる人のくさぐさのもの買ひ求めにとて、我をおこせたるに、（注6）もしこの銀あらずば、我が命ありなんや。かへすがへすも(2)有り難きことにはべるかな。」と、その銀を分かちて報ひしかど（注7）曾て取りあぐる事もせねば、(3)力なく酒と肴を調へて（注8）懇ろに敬ひものして帰りぬ。

（「長崎夜話草」から）

（注1）白銀＝銀貨。「銀」も同じ。
（注2）いかさま＝きっと。
（注3）町くだり＝町の中心部から離れたところ。
（注4）薩摩国＝現在の鹿児島県西部。
（注5）くさぐさの＝様々な。
（注6）おこせたる＝派遣した。
（注7）曾て＝決して。
（注8）懇ろに＝心を込めて。

1、**よく出る** **基本** からうじて は現代ではどう読むか。現代かなづかいを用いて、すべてひらがなで書きなさい。（2点）

2、**基本** ア出で　イ尋ね行き　ウ失ひ　エ問ひ　の中で、主語にあたる人物が異なるものはどれか。（2点）

3、(1)所を去らで二時(ふたとき)ばかり待ち居たれど　とあるが、市左衛門が待ち続けた理由として、最も適切なものはどれか。（2点）
ア、浜の路(みち)で待つように持ち主から言われていたから。
イ、深く積もった雪のせいで移動ができなかったから。
ウ、袋が重すぎて一人ではどこにも運べなかったから。
エ、持ち主がすぐに戻ってくるだろうと予想したから。

4、**思考力** (2)有り難きこと　とあるが、市左衛門がどのように行動したことを指すのか。三十五字以内の現代語で書きなさい。（2点）

5、(3)力なく酒と肴(さかな)を調(ととの)へて　とあるが、このときの主の心情として最も適切なものはどれか。（2点）
ア、銀貨を取り戻せてうれしいので、好きなだけ酒と肴を楽しみたい。
イ、銀貨を受け取ってもらえないので、せめて酒と肴でお礼をしたい。
ウ、銀貨を渡すだけでは感謝しきれないので、酒と肴の準備もしたい。
エ、銀貨を渡したくはないので、酒と肴を振る舞うことで解決したい。

三 （論説文）内容吟味・文脈把握

次の文章を読んで、1から6までの問いに答えなさい。（計20点）

人がものを考え、それを表現していくという行為は、感覚・感情（情緒）に支えられた思考・推論（内言）を、身体活動をともなう表現（外言）へと展開していくことだということができます。話したり書いたりするという活動は、まさしく、この自分の中の思考と表現の繰り返しの上に成り立つ作業であり、この往還(注1)の活性化こそが、言語活動そのものの充実につながる働きをしているわけなのです。

ここでとくに重要なのが、自己と他者の相互理解のプロセス(注2)です。

自己の内部での思考と表現の往還と同時に、(1)自分と相手との間で起こる相互理解、すなわち、相手の表現を受け止め、それを解釈して、自分の考えを述べる、そうして、自分の表現したことが相手に伝わったか、伝わらないかを自らが確かめることによって、自分の「言いたいこと」「考えていること」がようやく見えてくるということになるのです。

しかも、このとき見えてきたものは必ずしも当初自分が言おうとしていたものとは同じではないことに気づくでしょう。というよりも、当初の自らの思考がどのようなものであるかはだれにもわからず、この自己と他者の間の理解と表現のプロセスの中で次第に形成されるものと考える方が適切でしょう。つまり、自分の「言いたいこと」というものは、そんなにすぐにはっきりと相手に伝えられるようなかたちでは、ことばとして取り出すことがむずかしいということでもあります。

このように考えると、「私」は個人の中にあるというよりもむしろ、他者とのやりとりの過程にあるというべきかもしれません。「自分」というようなものも、実体としてどこかに厳然とあるというよりも、あなたと相手とのやりとり、つまりは、あなたを取り囲む環境との間にあるということになります。それは、あなたの固有のオリジナリティ(注3)は本当にあなたの中にあるのか、という課題とつながっているのです。

あなたは、成長する段階でさまざまな社会や文化の影響を受けつつ、いろいろな人との交流の中ではぐくまれてきました。同時に、あなた自身の経験や考え方、さまざまな要素によって、あなたにしかない感覚・感情を所有し、その結果として、今、あなたは、世界にたった一人の個人として存在しています。この世に、あなたにかわる存在は、どこにもないということができるでしょう。

そして、このことによって、あなたが見る世界は、あなた自身の眼によっているということもできるはずです。つまり、あなたのモノの見方は、すべて(2)あなた自身の個人メガネを通したものでしかありえないということです。

あなたが、何を考えようが、感じようが、すべてが「自分を通している」わけで、対象をいくら［　　］し、事実に即して述べようとしたところで、実際、それらはすべて自己を通した思考・記述でしかありえないということになります。どんな現象であろうと、「私」の判断というものをまったく消して認識することはありえない、ということになるのです。

しかも、この自己としての「私」は、そうした、さまざまな認識や判断によって少しずつつくられていく、［　　］少しずつ変わっていくということができます。

これまで出会ったことのない考え方や価値観に触れ、自らの考え方を振り返ったり、更新したりすることを通して、「私」は確実に変容します。

ですから、はじめから、しっかりとした自分があるわけではないのです。

ここに、いわゆる「自分探し」の罠(わな)があります。本当の自分を探してどんなに自己を深く掘っていっても、何も出てきません。ちょうど真っ白な原稿用紙を前にどんなに頭をかきむしっても何も書けないのと同じです。

「自分」とは、「私」の中にはじめから明確に存在するものではなく、すでに述べたように、相手とのやりとり、つまり他者とのインターアクションのプロセスの中で次第に少しずつ姿を現すものです。

このように考えることによって、(3)あなた自身を「自分探し」から解放することができるのです。

（細川英雄「対話をデザインする」から）

（注1）往還＝行ったり来たりすること。
（注2）プロセス＝過程。
（注3）オリジナリティ＝独創性。

1、(1)自分と相手との間で起こる相互理解 を説明したものとして最も適切なものはどれか。（3点）
ア、お互いの考えを率直に受け止め批判し合うことにより、それぞれの立場の違いがさらに明確になっていくこと。
イ、相手の考えを自分なりに理解した上で自分の考えを相手に対して表現し、伝えられたかどうかを確認すること。
ウ、相手の考えと自分の考えの違いを認め合いながら、それぞれの異なる意見を共通する結論へと導いていくこと。
エ、お互いの思考と表現を往還していくことにより、相手に対して自分の意見を伝えることは容易だと気付くこと。

2、(2)あなた自身の個人メガネ とは何をたとえたものか。本文中から十三字で抜き出しなさい。（4点）

3、［　］に入る語句として最も適切なものはどれか。（3点）
ア、情緒的に判断　イ、効果的に分析
ウ、主観的に認識　エ、客観的に観察

4、［　］に入る語として最も適切なものはどれか。（3点）
ア、あるいは　イ、たとえば
ウ、なぜなら　エ、ところで

5、**思考力** (3)あなた自身を「自分探し」から解放することができる とあるが、どのような状態から解放することができるか。文末が「状態。」となるように、「自分探し」をする上で陥りやすいことを踏まえて、四十字以内で説明しなさい。ただし文末の言葉は字数に含めない。（4点）

6、本文における筆者の考えとして最も適切なものはどれか。（3点）
ア、個人の言語活動が活性化していくことで意見を主張できるようになり、自分らしさが完成されていく。
イ、価値観の異なる相手と議論を重ねることで新たな発想が生み出され、利便性の高い社会が創造される。
ウ、周囲の環境と関わり合うことで他とは区別される自己の存在に気付き、自分が徐々に形成されていく。
エ、お互いの立場を尊重しながら対等な人間関係を築くことによって、対話の成立する社会が実現される。

四 (小説文)内容吟味・文脈把握・表現技法

次の文章を読んで、1から6までの問いに答えなさい。（計20点）

〔小学四年生の航輝(こうき)は、船乗りである父と、母、小学一年生の妹莉央(りお)の四人家族である。三か月間の航海から戻った父は、家族と久しぶりの夕食時、重大発表があると言った。〕

「異動が決まってな。お父さん、陸上勤務になったんだ。これからは毎日、家に帰れるぞ。」

それは予想外の告白で、航輝は言葉の意味を理解するのに時間がかかってしまった。

――お父さんが、船を降りる？

「あらまあ、本当なの？」

信じられないとでも言いたげな母に、父は深々とうなずく。

「この一か月の休暇が終わったら、営業の仕事に回されることになった。そのままずっと陸上勤務というわけでもないんだが、少なくとも向こう何年かは船に乗ることはない。」

父の勤める海運会社は内航(注1)を中心としているが、営業などの部門で陸上勤務に従事する社員もいる。どうやら父は、ひそかに異動願を提出していたらしい。

「それで、勤務先は……。」

母が訊(たず)ねると(1)父は、それなんだが、とちょっと言いにくそうにした。

「名古屋営業所なんだ。これから一か月で引っ越さなくちゃならない。」

「名古屋！　そんなこと、急に言われても困るじゃないの。どうしてあらかじめ相談してくれなかったのよ。」

「いや、俺もこんなにすぐ陸上勤務になれるとは思ってなかったんだ。ほんのひと月ほど前、試しに異動願を出してみたんだが、まさか即採用されるとはなあ。」

「莉央、転校するの？　いやだ！」

非難がましい母に追従するように、妹の莉央も甲高(かん)い声を発する。
(2)父はばつが悪そうにビールを一口すすり、後頭部をかいた。
「これから家族で一緒に過ごせること、少しは喜んでもらえると思ってたんだがなあ。」

気まずい沈黙の中、航輝は父にかけるべき言葉を探していた。

母は折に触れ、父が子育てに協力できないことを批判してきた。［　］性格の父ではあるけれど、そんな母の言葉がまったく耳に入らず、心に刺さりもしなかったとは思わない。父なりに考えて、家族のためを思って行動した結果に違いないのだ。だが――。

「お父さんは、それでよかったの。」

航輝の投げかけた質問に、父はやはり困ったような微笑を浮かべた。

「航輝も、お父さんと毎日会えるのがうれしくないのか。」

「ううん、ぼくはうれしいよ。それはとてもいいことだと思う。」
(3)母の視線が鋭くなった気もしたが、歯牙(注2)(しが)にもかけない。
「でもさ、それって家族のために陸上勤務を希望したってことだよね。お父さんは本当にそれでよかったのかな。本当に、船を降りてもいいと思っていたのかな。」

すると父は虚(注3)(つ)を衝かれたようになり、何も答えずにビールの缶を口に運んだ。しかしすでに飲みきっていたようで、缶を軽く振って食卓に置く。底が天板に当たってコン、と乾いた音がした。

「お父さんはそれでよかったのか、か……航輝も大人びたことを口にするようになったもんだな。」

おどけるように言った父は質問をかわしたかったらしいが、その企み（たくら）はうまくいったとは言いがたい。三人のときよりも口数の減った食卓で、(4)航輝はせっかくのごちそうの味も何だかよくわからなかった。

――お父さんはやっぱり、船に乗るのが好きなんだよな。

あれは二年ほど前のことだっただろうか。

小学校の授業で、自分の名前の由来を調べるというのがあった。航輝が家に帰ってさっそく母に訊ねると、お父さんに訊（き）いて、との返事。航輝の名前を考えたのは父だったらしい。

航輝はその晩、ちょうど休暇で家にいた父に、あらためて名前の由来を訊ねた。そのとき父は風呂上がりで、首にタオルをかけて扇風機の風に当たっていた。

――おまえの人生という名の航路が、輝きに満ちていますように。そう願って、《航輝》と名づけたんだよ。

説明は簡潔でわかりやすく、ただそのあとで父は、照れ隠しのように付け加えたのだった。お父さんはやっぱり、船に乗るのが好きなんだよな、と。

そのときの一言ほど、実感のこもった父の台詞（せりふ）を航輝は知らない。

（岡崎琢磨「進水の日」から）

（注1）内航＝国内の港の間で貨物輸送すること。
（注2）歯牙にもかけない＝全く相手にしない。
（注3）虚を衝かれた＝備えのないところを攻められた。

1、(1)父は、それなんだが、とちょっと言いにくそうにした　とあるが、このときの父の心情として最も適切なものはどれか。（3点）
ア、名古屋という新天地で営業の仕事をすることへの心配。
イ、異動によってますます家族から嫌われることへの不安。
ウ、家族の生活を急に変化させてしまうことへのためらい。
エ、これから毎日家族と共に時間を過ごすことへの戸惑い。

2、**思考力** (2)父はばつが悪そうにビールを一口すすり、後頭部をかいた　とあるが、なぜか。四十五字以内で書きなさい。（4点）

3、□に当てはまる最も適切な語はどれか。（3点）
ア、きまじめな　イ、おおらかな
ウ、せっかちな　エ、さわやかな

4、(3)母の視線が鋭くなった気もした　とあるが、航輝がこのように感じた理由として最も適切なものはどれか。（3点）
ア、航輝だけが父に味方するような発言をしたことで、母の機嫌を損ねたと思ったから。
イ、父を批判してきた母に航輝が反発を始めたことで、母を悲しませたと思ったから。
ウ、父に毎日会えることを喜ぶ態度を航輝が見せたことで、母が絶望したと思ったから。
エ、航輝が父を味方につけようとしたことで、母の怒りがさらに強まったと思ったから。

5、(4)航輝はせっかくのごちそうの味も何だかよくわからなかった　とあるが、このときの航輝は父に対してどのようなことを考えていたのか。傍線部に続く回想の場面を踏まえて五十字以内で書きなさい。（4点）

6、本文の特徴を説明したものとして、最も適切なものはどれか。（3点）
ア、擬音語や擬態語を多用して家族の性格が描き分けられている。
イ、過去の場面を加えることで新しい家族の姿が表現されている。
ウ、豊かな情景描写を通して家族の心情が的確に表現されている。
エ、主人公の視点を通して交錯する家族の思いが描写されている。

五　条件作文　難　思考力

次の図は、日本語に不慣れな外国人にバスの乗り方について、係員が説明している場面である。係員の言葉を踏まえて、あなたが様々な国の人とコミュニケーションをとる際に心がけたいことを二百四十字以上三百字以内で書きなさい。

なお、あとの《条件》に従って書くこと。（20点）

日本語に不慣れな外国人にバスの乗り方について説明している場面
A
このバスは前方の乗車口からお乗りください。
左手に整理券がありますので、それを取っていただけますか？
?
B
このバスは前のドアから乗ってください。
左の箱から小さな白い紙が出ています。その白い紙を取ってください。
OK.

《条件》
（Ⅰ）二段落構成とすること。なお、第一段落は四行程度（八十字程度）で書き、第二段落は、第一段落を書き終えた次の行から書き始めること。
（Ⅱ）各段落は次の内容について書くこと。

第一段落
・外国人にとってわかりやすい表現にするために、図Bの係員の言葉ではどのような工夫がされているか。図Aの係員の言葉と比較して書くこと。

第二段落

・第一段落に書いたことを踏まえて、様々な国の人とコミュニケーションをとる際にあなたが心がけたいことを、体験（見聞きしたことなども含む）を交えて書くこと。

群馬県

時間	45～60分（各校が定める）
満点	100点
解答	P11
	3月10日実施

出題傾向と対策

●現代文二題（論説文、小説文）、古文、漢文、漢字、話し合い文の大問六題構成。課題作文は例年どおり出題された。漢文は書き下し文のみの出題だった。現代文の本文はどちらも長くなく、内容も平易である。選択問題が中心だが、字数指定のない記述問題の出題もある。古文漢文を含めた基本的知識の出題も多い。

●まずは、古文漢文も含めた基本的知識の定着に力を入れる。記述問題は、本文から必要な部分を取り出してまとめる練習を繰り返す。課題作文も準備をしておこう。

一（論説文）漢字の読み書き・文脈把握・内容吟味・表現技法

次の文章を読んで、後の㈠～㈤の問いに答えなさい。（計27点）

広く世界の古代や中世の文明では、私たちの地球は自然世界の中心にあり、天に見える星空が地球の周囲を回転していると思われていました。これは目に見える外界についての理解としては、ごく自然な見方です。天動説は東洋と西洋の古代と中世の世界に共通の見方でありましたが、この見方の下では、自然世界はすべて地球中心にして、人間中心に考えられていました。私たちの地球が宇宙の真ん中にあり、その地球で最高度の知性をもつ人間は、世界全体を見渡すことで、その全体像を見通すことができると考えられたのです。

A しかしながら、この見方には一つの大きな問題がありました。それは地球を含む太陽系の惑星（水星や火星、木星など）の運動の説明が、あまりにも複雑になってしまうという問題です。惑星は明けの明星や宵の明星のように、私たちの生活に㋐身近な、はっきりと目に見える星です。ところが、そうした身近な星のいくつかが、天空の示す東から西への大きな円運動とはまったく異なった、奇妙にもジグザグな運動をしているように見えることは、いかにも不自然で、容易に納得のいかない事実です（「惑星」という言葉は、惑っている星という意味で、不規則な運動をしているのでこの名前がついたのです）。

［　　］、地球が中心ではなく、太陽が中心で世界が回っていると考えてはどうかという、それまでの天空理解とはまったく異なった、非常に革命的な発想が、西洋の近代において生まれました。これが地動説であり、それを最初に㋑提言した人の一人がポーランドの天文学者でカトリック司祭でもあったコペルニクスです。天動説から地動説、あるいは地球中心説から太陽中心説へのこの大転換は、コペルニクスの名前にちなんで、「コペルニクス的転回」と呼ばれます。

さて、この大転換にはもう一つの大きな視点の変更が含まれていました。それは、有限で閉じられた天空のイメージから、無際限に広がっていて、どこまでも開かれているように見える宇宙のイメージへの転換です。

天動説から地動説へと見方を一八〇度変えた西洋の人びとは、同時に、それまでのように宇宙が天空によっておおわれた、一定の大きさの有限な世界であるという信念を捨てざるをえなくなりました。というのも、さまざまな天体観測を通じて惑星や恒星の研究を積み重ねてきた天文学者たちは、㋒次第に太陽系が属する銀河の他にも、いろいろな星雲が存在し、それぞれが銀河と同じような構造をもっているのではないか、と考えるようになったからです。こうした天体観測の精密化は、もちろん、望遠鏡による夜空の観察の解像度が飛躍的に進歩したことで可能になりました。コペルニクスの後、月や火星や木星についての㋓詳細な観測を行ったガリレイやケプラーは、当時としては非常に高度な観測技術をもっていたのです。

（地球が属する太陽系でさえ、宇宙の片隅にすぎないような、無数の銀河や星雲からなる宇宙。それはあまりにも※巨大な空間の中に、無際限な形で続いている、不定形で底の見えない、どろどろとしたカオスの世界のようにも思われます。

地動説とともに生まれた、開かれた宇宙のイメージ――。西洋近代に生じたこの宇宙論上の重大な革命は、ごく自然に、哲学における大きな発想の転換をも引き起こすことになりました。Bそしてこれこそが、西洋近代における宇宙論の変換に連動して生じた哲学の転換に他ならないのです。


（伊藤邦武「宇宙はなぜ哲学の問題になるのか」による。一部省略した箇所がある。）

（注）カオス……秩序がなく、物事の境界や順序がはっきりしない状態。

㈠ よく出る 基本 文中㋐――～㋓――の漢字の読みを平仮名で書きなさい。

㈡ よく出る 基本 文中［　］に当てはまる語として、次のア～エから最も適切なものを選びなさい。
ア、さらに　イ、そこで
ウ、すなわち　エ、ところで

㈢ 文中A――「しかしながら、この見方には一つの大きな問題がありました」とありますが、「二つの大きな問題」とはどのような問題ですか、「問題」という語につながるように、二十五字以内で書きなさい。

㈣ 文中※の部分の段落に見られる表現の効果としてどのようなことが考えられますか、次のア～エから最も適切なものを選びなさい。
ア、擬音語や大げさな表現を用いて宇宙への希望を抱かせている。
イ、対になる表現を用いて宇宙と哲学との対比を明確にしている。
ウ、ひらがなを多く用いて宇宙への親しみやすさを強調している。
エ、比喩や体言止めを用いて宇宙の果てしなさを印象づけている。

㈤ 文中B――「そしてこれこそが、西洋近代における宇宙論の変換に連動して生じた哲学の転換に他ならないのです」について、次の①、②の問いに答えなさい。

① 「西洋近代における宇宙論の変換」とありますが、「地動説」が唱えられるようになる以前は、人間はどのような存在であると考えられており、人々は宇宙をどのようなものとして思い描いていましたか、一文で書きなさい。

② 「これこそが、西洋近代における宇宙論の変換に連動して生じた哲学の転換に他ならないのです」とありますが、本文の内容を踏まえると、宇宙論の変換に伴って哲学はどのように転換していったと考えられますか、次のア～エから最も適切なものを選びなさい。
ア、宇宙の真理を解明したことに満足し、人間中心の考え方をさらに強めるようになっていった。
イ、宇宙の計り知れなさを実感し、人間の目に見える世界を相対的に捉えるようになっていった。
ウ、太陽の偉大さを痛感し、人間の力を超えた神のような存在について深く追求するようになっていった。
エ、天体の動きは予測できないと悟り、人間が持つ科学的知識に基づいた思考は誤りだと確信するようになっていった。

二（小説文）熟語・内容吟味

次の文章を読んで、後の㈠～㈣の問いに答えなさい。（計18点）

「プロを目ざすのは、もうやめにしなさい。」

祐也（ゆうや）より頭ひとつ大きな父が言った。

「二週間後の研修会を最後にして、少し将棋を休むといい。いまのままだと、きみは取り返しのつかないことになる。わかったね？」

「はい。」

そう答えた祐也の目から涙が流れた。足が止まり、あふれた涙が頬をつたって、地面にぼとぼと落ちていく。胸がわななき、祐也はしゃくりあげた。こんなふうに泣くのは、保育園の年少組以来だ。身も世もなく泣きじゃくるうちに、ずっと頭をおおっていたモヤが晴れていくのがわかった。

「将棋をやめろと言っているんじゃない。将棋は、一生をかけて、指していけばいい。しかし、おととしの十月に研修会に入ってから、きみはあきらかにおかしかった。おとうさんも、おかあさんも、気づいてはいたんだが、将棋については素人（しろうと）同然だから、どうやってとめていいか、わからなかった。二年と二ヵ月、よくがんばった。今日まで、ひとりで苦しませて、申しわけなかった。」

A父が頭をさげた。

「そんなことはない。」

祐也は首を横にふった。

「たぶん、きみは、秀也（しゅうや）が国立大学の医学部に現役合格したことで、相当なプレッシャーを感じていたんだろう。」

父はそれから、ひとの成長のペースは［　］なのだから、あわてる必要はないという意味の話をした。千駄ヶ谷（せんだがや）駅で総武線に乗ってからも、父は、世間の誰もが感心したり、褒めそやしたりする能力だけが人間の可能性ではないのだということをわかりやすく話してくれた。

「すぐには気持ちを切り換えられないだろうが、まだ中学一年生の十二月なんだから、いくらでも挽回（ばんかい）はきく。高校は、偏差値よりも、将棋部があるかどうかで選ぶといい。そして、自分なりの将棋の楽しみかたを見つけるんだ。」

ありがたい話だと思ったが、祐也はしだいに眠たくなってきた。錦糸町（きんしちょう）駅で乗り換えた東京メトロ半蔵門線のシートにすわるなり、祐也は眠りに落ちた。

午後六時すぎに家に着くと、玄関で母がむかえてくれた。

「祐ちゃん、お帰りなさい。お風呂（ふろ）が沸いているから、そのまま入ったら。」

いつもどおり、張り切った声で話す母に、B祐也は顔がほころんだ。

浴槽につかっているあいだも、夕飯のあいだも、祐也は何度も眠りかけた。二年と二ヵ月、研修会で戦ってきた緊張がとけて、ただただ眠たかった。

悲しみにおそわれたのは、ベッドに入ってからだ。

「もう、棋士にはなれないんだ。」

祐也の目から涙があふれた。I布団（ふとん）をかぶって泣いているうちに眠ってしまい、ふと目をさますと夜中の一時すぎだった。父と母も眠っているらしく、家のなかは物音ひとつしなかった。

常夜灯がついた部屋で、ベッドのうえに正座をすると、祐也は将棋をおぼえてからの日々を思い返した。米村（よねむら）君はどうしているだろう。中学受験をして都内の私立に進んでしまったが、いまでも将棋を指しているだろうか。いつか野崎君と、どんな気持ちで研修会に通っていたのかを話してみたい。

祐也は、頭のなかで今日の四局を並べ直した。どれもひどい将棋だと思っていたが、一局目と二局目はミスをしたところで正しく指していれば、優勢に持ち込めたことがわかった。

「おれは将棋が好きだ。プロにはなれなかったけど、それでも将棋が好きだ。」

うそ偽りのない思いにからだをふるわせながら、Ⅱ祐也はベッドに横になり、深い眠りに落ちていった。

（佐川光晴「駒音高く」による。）

（注）秀也……祐也の兄。

㈠ **基本** 文中□に当てはまる四字熟語として、次のア～エから最も適切なものを選びなさい。

ア、一朝一夕　イ、一日千秋
ウ、千差万別　エ、千載一遇

㈡文中A――「父が頭をさげた」とありますが、「祐也」に対して「父」が頭をさげたのはどうしてですか、次のア～エから最も適切なものを選びなさい。

ア、祐也が将棋を続けるという道を閉ざすことになったため。
イ、祐也の状況を見ていながら何もしてあげられなかったため。
ウ、祐也の気持ちを考慮せずに勉強を強要することになったため。
エ、祐也の夢の実現よりも兄の秀也のことを第一に考えていたため。

㈢文中B――「祐也は顔がほころんだ」とありますが、この時の「祐也」の気持ちとして、次のア～エから最も適切なものを選びなさい。

ア、明るく振る舞う母の様子を見て心が和らぐ気持ち。
イ、無理をして自分を励まそうとする母に同情する気持ち。
ウ、自分の心情を察してくれない母に対してあきれる気持ち。
エ、自分を子供扱いする母の態度に照れくささを感じる気持ち。

㈣ **思考力** 文中Ⅰ……「布団をかぶって泣いているうちに眠ってしまい、ふと目をさますと夜中の一時すぎだった」、文中Ⅱ……「祐也はベッドに横になり、深い眠りに落ちていった」とありますが、Ⅱで眠りに落ちていった時の「祐也」の心情はどのようなものであったと考えられますか、Ⅰで眠ってしまった時と比較して、書きなさい。

三 （古文）仮名遣い・動作主・内容吟味

次の文章を読んで、後の㈠～㈢の問いに答えなさい。（計12点）

今は昔、藤六（とうろく）といふ歌よみ、下衆（げす）の家にA入（い）りて、人もなかりける折をB見つけて入りにけり。鍋に煮ける物を、すくひ食ひける程に、家主（いへあるじ）の女、水をC汲（く）みて、大路の方より来て見れば、かくすくひD食へば、「いかに、かく（このように）人もなき所に入りて、かくはする物をばまゐるぞ（こうして煮ている物を召し上がるのですか）、あなうたてや（ああいやだ）、藤六にこそいましけれ（藤六さんではいらっしゃいませんか）。さらば歌詠（よ）み給（たま）へ。」と言ひければ、

むかしより阿弥陀仏（あみだほとけ）の誓ひにて煮ゆる物をばすくふとぞ知る

とこそ詠みたりけれ。

（「古本説話集」による。）

（注）藤六……藤原輔相（すけみ）のこと。
下衆……身分の低い者。

㈠ **よく出る** **基本** 文中＝＝「誓ひ」を現代仮名遣いで書きなさい。ただし、全て平仮名で書くこと。

㈡文中――A～Dの中には、一つだけ他のものと主語が異なるものがあります。主語が異なるものを、A～Dから選びなさい。

㈢次の会話文は、竹志さんたちが、本文について話し合った会話の一部です。これを読んで、後の①、②の問いに答えなさい。

竹志さん　「藤六」は、ユーモアに富んだ歌を詠む歌人として知られていたんだってね。
小梅さん　うん。だから突然、「家主の女」に「歌詠み給へ」なんて言われたわけよね。ところで、「藤六」が詠んだ歌の中で、急に「阿弥陀仏」が出てきたのはどうしてだろう。
松子さん　「阿弥陀仏」は、地獄で苦しむ罪人にさえも救いの手を差し伸べる慈悲深い仏様のことよね。だから、「煮ゆる物をばすくふ」とは、阿弥陀仏が地獄の釜で煮られる人を救うという意味でしょ。
竹志さん　あ、そうか。それと、「藤六」自身がした［Ⅰ］という行為が重ねられているということだね。
小梅さん　なるほど。そう考えると、おもしろい歌だね。この歌は、［Ⅱ］詠まれた歌なのかもしれないね。

①会話文中［Ⅰ］に当てはまる内容を、本文から考えて、現代語で書きなさい。

②会話文中［Ⅱ］に当てはまる内容として、次のア～エから最も適切なものを選びなさい。

ア、不利な立場でも、相手への攻撃を続けるために
イ、逃げ場のない状況で、罪を見逃してもらうために
ウ、悪いことをしたのに、他人に罪をなすりつけるために
エ、阿弥陀仏に対して、心を入れ替えると表明するため

めに

四 （漢文）古典知識・内容吟味

次の文章は、漢文を書き下し文に書き改めたものです。これを読んで、後の㈠～㈢の問いに答えなさい。（計9点）

夫れ善く游ぐ者は溺れ、善く騎る者は堕つ。各其の好む所を以て、反つて自ら禍を為す。是の故に［　　］未だ嘗て中はれずんばあらず（必ず傷つくことになる）、利を争ふ者は未だ嘗て窮せずんばあらざるなり（必ず行き詰まることになる）。

（「淮南子」による。）

（注）夫れ……そもそも。
游ぐ……「泳ぐ」に同じ。

㈠ よく出る 基本 文中［　　］には、「好レ事ヲ者ハ」の書き下し文が入ります。［　　］に当てはまる書き下し文を書きなさい。

㈡ 文中――「利を争ふ者」の意味として、次のア～エから最も適切なものを選びなさい。
ア、利害関係を無視する者
イ、利用方法に口をはさむ者
ウ、利益を勝ち取ろうとする者
エ、不利な状況にも屈しない者

㈢ 本文から読み取れることとして、次のア～エから最も適切なものを選びなさい。
ア、急いで何かをしようとすると、かえって時間がかかってしまうものだということ。
イ、他人に自慢したいと思う話題は、かえって他人から敬遠されるものだということ。
ウ、自分が無理をすることで、かえって周りに迷惑をかけてしまうものだということ。
エ、自分が得意だと考えている事柄のほうが、かえって良くない結果を生むものだということ。

五 漢字の読み書き・漢字知識

次の㈠、㈡の問いに答えなさい。（計12点）

㈠ よく出る 基本 次の①～④の――の平仮名の部分を漢字で、または漢字に送り仮名を付けて書きなさい。
①おうふくはがきで送る。
②情報のかくさんを防ぐ。
③彼はほがらかな人だ。
④世界一周をこころみる。

㈡ 基本 次の漢字の部首名を書きなさい。また、この漢字を楷書で書いた場合の総画数を書きなさい。

簡

六 （話し合い）語句の意味・内容吟味・課題作文

次の会話文は、季節に関する言葉について調べたことを発表するという活動に向け、花子さんと太郎さんが話し合った会話の一部です。これを読んで、後の㈠～㈢の問いに答えなさい。（計22点）

花子さん　国語の授業で勉強した俳句の季語についてさらに調べてみたら、「小春」は春を指す言葉ではないことが分かったわ。
太郎さん　え、そうなの。僕は、春になって間もない頃を指す言葉かと思っていたよ。
花子さん　辞書によると、「小春」は「陰暦十月の別称」とあったから、現在の十一月頃かしら。「冬の初めの頃の、穏やかで暖かな天気」のことを「小春日和」と呼ぶとも書いてあったわ。
太郎さん　へえ、そうなんだ。でも、十一月ってこれから本格的な冬が始まる前だよね。それなのに、どうして「小さい春」って書くんだろう。
花子さん　実は、「小」の意味は、単に「小さい」だけではなく、名詞に付く場合、「～のような、～と似ている」という意味で用いることもあるみたい。A「小春」はその一つの例だと思うわ。
太郎さん　なるほど。おもしろいね。それじゃあ、今回の発表では、「小春」を取り上げるというのはどうかな。
花子さん　そうね。いいと思うわ。B発表するにあたって、何か工夫できることがあるといいわね。

㈠ 会話文中A――について、「小春」の「小」と同じような意味で「小」の字が用いられている語を含むものとして、次のア～エから最も適切なものを選びなさい。
ア、家の近くに小川がある。
イ、彼女は小銭を貯金箱に入れた。
ウ、今年、私の妹が小学校を卒業する。
エ、ここは、瀬戸内の小京都と呼ばれる場所だ。

㈡ 会話文中B――について、太郎さんは、正岡子規の「桜にもまさる紅葉の小春かな」という俳句を見つけました。二人はこの句について話し合い、この句を発表の冒頭で用いるのが効果的だろうと考えました。二人がこの句を発表の冒頭で聞き手に示そうとした理由として、次のア～エから最も適切なものを選びなさい。
ア、「小春」の意味を誤解している人に気づいてほしいと考えたため。
イ、「小春」という語が持つ意味の多様さを示す例になると考えたため。
ウ、「小春」は俳句を作る人でも間違いやすいと訴えようと考えたため。
エ、「小春」が持つ初春のイメージをよく伝える具体例だと考えたため。

㈢ 思考力 春に関する言葉のうち、「春分」、「若草」、「山笑う」の中の一つについて発表するとしたら、あなたはどの言葉について詳しく調べ、発表したいと考えますか。あなたがその言葉について発表したいと考えた理由を、その言葉から受けるイメージに触れ、百四十字以上、百八十字以内で書きなさい。

埼玉県

時間 50分　満点 100点　解答 P12　2月28日実施

出題傾向と対策

●小説文、国語知識、論説文、古文、条件作文の大問五題構成。問題は標準的だが、記述式問題が重視されている。国語知識は、漢字、文法、熟語の意味、手紙の表現等、多岐にわたる。条件作文は、今年も資料を読み取り自分の考えをまとめる形式だった。

●日常の授業を大切にして、幅広い国語の知識を身につける。漢字・語句・文法・古文は基本をきちんと押さえておくこと。記述式問題が多いので、深い内容読解と書く練習が必要。図表を読み取る条件作文も練習を重ねたい。

一 (小説文)内容吟味・文脈把握

次の文章を読んで、あとの問いに答えなさい。(計26点)

> 同じ中学に通う鈴川有季と森田麻友が職場体験をしている地域の図書館に、二人の共通の知人である読書家の老人、七曲直が現れ、所有する二千冊の本を寄贈することを申し出るが、図書館職員の河尻利香子に断られる。翌日、有季と麻友は、以前から本の一部を引き取る約束をしていた七曲の家を訪れた。

「七曲さん。」

呼んでも、七曲はふり返りもしないし返事もしない。

麻友は居心地が悪そうに有季と七曲を見比べたあと、周囲を見回し、廊下の壁沿いの本棚の方へすうっと近寄っていく。自分は邪魔しないから、存分にやってくれといわれている気がした。

しかし有季にしても、拗ねている七曲に、利香子の苦悩や図書館の実態を上手く説明できるか分からない。けれど、伝えなければならないだろうと思うのは、七曲も利香子も、おなじ本を愛している者同士が、互いを誤解したままなのは哀しいと思うからだ。

「僕、昨日七曲さんと話をした河尻さんに、色々教えてもらったんです。図書館の書庫はもう、今でも溢れるほどに本があって、一冊増やすのすら大変なんだって。だから簡単に寄贈を受け入れられないんです。」

夕方のオレンジ色の光が、七曲の背中の方へうっすら射しこんでいる。彼の周りに、きらきら埃の粒が舞っているのが見えた。

「図書館には、図書館の役割があって。それで、図書館の人たちは、そのために一生懸命仕事していて。」

そこまで話したところで、①有季は言葉に迷った。「だから結局、寄贈を受け付けられない。大人として図書館のシステムを守る使命があるから、河尻さんも理性で感情を殺して仕事しているのだ。」と。そんなことを七曲に言っても、意味がない気がしたのだ。

もし七曲が『ライ麦畑でつかまえて』※のホールデンに似ているとしたら、そんな大人の理屈など百も承知で、それでも心がそれを受け入れられないで腹を立てたり哀しんだりしているとしたら、有季が語る大人の事情や苦悩なんかは、七曲の気持ちを宥める役には立たない。

(じゃあ、どうすればいいんだろう。)

利香子はホールデンのことを純粋さを必死で求めている、と言った。そんな人に対して、なにを言えばねじれた気持ちを慰められるのか、わからない。

暫く有季が沈黙していると、

「寄贈を受け付けてもらえないのは、別に良いんじゃ。」

背を向けたまま七曲が言った。有季の沈黙に、七曲の方が耐えられなくなったような、諦めたような声だった。

「それだけなら、そうか、じゃあ自力でなんとかすると、引き下がるだけで済んだんじゃ。」

七曲がなにを言いたいのかわからず、ちょっと間を置いてから有季は訊いた。

「なにが問題だったんですか。」

「あの魔女は、本を廃棄すると言った。」

「でも別に、七曲さんの家に押しかけてきて、本を廃棄すると言ったわけじゃないんですよ? 寄贈したら、その可能性があると言っただけで。」

「俺の本を廃棄しなくても、誰かが持ち込んだ本は廃棄されるんじゃろうが!」

②ふり返った七曲の目には真剣な怒りがあった。

「それは、そうでしょうけど。」

「図書館は、本の聖地みたいなもんじゃろうが。大昔の本から、新しい本まで、あらゆる種類の本を取りそろえて保管しているなんぞ、天国じゃろうが。その天国の番人が、本を廃棄すると抜かしたんじゃ!」

目をぎらつかせる七曲を見て、有季は悟った。七曲は怒っているのではなく、どちらかといえばショックを受けているのだ。彼の中で図書館が本の聖地と認識されているとするなら、そこに勤める人々も、七曲と同じく本を愛して止まない人だと信じていたのだろう。

しかしその人の口から「廃棄」の言葉を聞き、裏切られたような気がしたに違いない。図書館職員でさえ、簡単に本を捨てるのかと。

けれどそれは誤解だ。

「確かに、図書館では本を廃棄することがあるって聞きました。でも、それは好きこのんで廃棄するわけじゃなくて、やむを得ずなんです。本を捨てることに、すごく罪悪感があるって。」

「やむを得ずでも捨てるなら、同じじゃ。俺は捨てん!」

また、七曲は背中を向け、腕組みして押し黙る。

「七曲さん。」

呼んでみたが、ぴくりとも動かない。何度呼んでも、頑なな背中は反応しない。

(やっぱり無理か。)

諦めて、帰ろうかと思った。麻友を探してふり返ると、彼女の背中が廊下の方に見えた。「森田さん。」と呼ぶと、ひょこんと顔を覗かせた。「帰ろう。」と力なく告げると、彼女は頷き、こちらにやって来た。手には一冊の本がある。

麻友は有季のそばに来ると、七曲の背中に細い声で言った。

「七曲さん。これ、下さい。」

彼女が七曲の方へ向けて表紙を見せた本は、『ライ麦畑でつかまえて』だった。

それには七曲も反応してふり返り、表紙を認めて、少し嬉しそうな顔をした。

「おお、ええぞ。ええ本を選んだじゃないか。俺の好きな本じゃが、それは重複本があるからやる。どうして選んだ。近頃の若いのは、サリンジャーの名前も知らん奴が多いのに。」

手にある本の表紙を見おろし、麻友は呟く。

「七曲さんも、好きなんだ。」

「も？」

と、七曲が怪訝な顔をすると、麻友は暫く考えるように間をあけてから、答えた。

「図書館の、河尻さんも好きだって。」

「あの魔女がか？」

麻友は頷く。

有季は、はっとした。

（そうか。七曲さんも『ライ麦畑でつかまえて』が好きなんだったら。）

本の妖怪にはなれないが、本の力を借りることならできるのではないか。

いじけた七曲の気持ちにも届けられる言葉を、有季も口にできるかもしれないと思えた。

「河尻さんはホールデンのことを、友だちにはなりたくないけど、むかついたりしないって言いました。『ホールデンの理想のように、人間が生きられたら幸せなんだろうね。ライ麦畑のつかまえ役なんて、本人も言ってたように、馬鹿げているけど幸せよね。』って、言ってました。」

眉間に寄っていた七曲の皺が、その言葉を聞いて余計に深くなった。しかし、それは不愉快というよりは、よく聞き取ろうとしている様子に思えた。

「僕はそれを聞いて、河尻さんにはホールデンと同じような理想があって、けれどホールデンと同じように、現実世界では理想通りに生きられないから、ホールデンの理想を羨ましがっているような気がして。だって。」

再び七曲が背を向ける隙を与えまいと、有季は必死に言葉を続けた。

「だって、河尻さんはホールデンみたいな高校生じゃないから。色々なことを堪えて、呑みこんでるのかもって。だから、ライ麦畑のつかまえ役が羨ましいんだろうって。本当は、本を選んで廃棄することもしたくないし、新しい本だって出版されただけ全部図書館に入れたいのに、できないから。逆に、七曲さんみたいに、本を廃棄するって言われて、純粋に怒れる人が羨ましいのかもって。だから。」

一気にそこまで喋り、一つ息を吸い、言葉を紡ぐ。

「③だから。河尻さんは、魔女なんかじゃないです。」

むっとした表情で、七曲は一点を見つめて黙っている。

暫く沈黙が続いた。その沈黙が余りにも長すぎるので、有季は口を開く。

「僕も、ホールデンは好きじゃないけど。」

するとようやく、七曲が視線をあげた。

「おまえ、読んだのか。」

反応があったことに、ほっとした。

「読みました。図書館で借りて。ホールデンは好きじゃないけど、でも感じてることは、よくわかるところもあって。僕も、この本は好きです。」

すると七曲がついと、廊下の方を指さした。

「じゃあ、持って帰れ。あれは二、三冊あったはずじゃ。もってけ。」

「良いんですか？」

「ただし、おまえが選んだ本じゃないから、おまえの持ち帰り予定の八十冊にはカウントされんぞ。」

「え、そんな！」

「じゃあ、いらんか。」

せっかく本を持ち帰るなら、ノルマの数にカウントして欲しいのが正直なところだった。けれど、『ライ麦畑でつかまえて』は、手元に置いておきたかった。なぜなら、それを読む自分の年齢によって、感じるものが違うのではないかという予感が、強くしたからだ。もし、十年後、二十年後に読んだとき、自分が何を感じ取るのか、知りたかった。

「いえ、いります。もって帰ります。」

その答えを聞くと、七曲がにやっと笑った。

「まあ、あの図書館の魔女も許してやろう。二冊、本が減るのに貢献したようだからな。」

言葉の意味がわからず、きょとんとした。しかしすぐに理解した。理解した途端に、

「……あ。」
④思わず、有季は口元がゆるんだ。
（届いた。）

言葉が、本の力を借りて、腹を立てている七曲にも届いたのだ。

（僕の言葉が届いた。）

嬉しかった。そして本の力を借りたにせよ、七曲の心に言葉を届けられた自分が誇らしかった。


（三川みり著『君と読む場所』新潮文庫刊による。一部省略がある。）

（注）※『ライ麦畑でつかまえて』……J・D・サリンジャー（一九一九～二〇一〇）著。主人公の高校生ホールデンがニューヨークの街をめぐる長編小説。

問1、①有季は言葉に迷った。とありますが、このときの有季の様子を説明した文として最も適切なものを、次のア～エの中から一つ選び、その記号を書きなさい。（4点）
ア、七曲が怒りに任せ自分たちに返事すらしてくれないことに加えて、所在なさそうに協力を拒む麻友に対して、言いようのないもどかしさを感じている。
イ、七曲が河尻の立場や図書館の大人の事情を知ることで、最終的には理解してくれると大きな期待をしているが、今は何から話すか慎重になっている。
ウ、七曲のねじれてしまった気持ちを正せるようにと考えたが、怒っている大人を前にした緊張感から、言うべきことを忘れてしまい慌てている。
エ、七曲が、ただ大人の事情を知らずに怒っているのではないと考え、河尻や図書館側の事情を話しただけでは納得してもらえないと不安を感じている。

問2、思考力 ②ふり返った七曲の目には真剣な怒りがあった。とありますが、有季が考える七曲の心情はどのようなものですか。次の空欄にあてはまる内容を、三十字以上、四十字以内で書きなさい。（6点）

図書館職員である河尻のことを、[　　]という気持ち。

問3、③だから。河尻さんは、魔女なんかじゃないです。とありますが、このときの有季の考えを説明した文として最も適切なものを、次のア〜エの中から一つ選び、その記号を書きなさい。（4点）

ア、河尻さんは、時として純粋な高校生のように振る舞いながらも、本を心から愛し、理想を高くもっている人だということ。

イ、河尻さんは、本の廃棄について罪悪感を感じながらも、図書館職員として理性に従い仕事をしている人だということ。

ウ、河尻さんは、本を愛していながらも、本の廃棄については、仕事として行うことをためらわない人だということ。

エ、河尻さんは、本を愛するという理想を追う生き方をしており、言葉にこだわりをもった芯の強い人だということ。

問4、難 思考力 ④思わず、有季は口元がゆるんだ。とありますが、ここから有季のどのような心情がわかりますか。次の空欄にあてはまる内容を、「好きな本」、「誤解」の二つの言葉を使って、四十五字以上、五十五字以内で書きなさい。ただし、二つの言葉を使う順序は問いません。（7点）

はじめは難しいと感じていたが、[　　]という気持ち。

問5、本文の表現について述べた文として適切でないものを、次のア〜エの中から一つ選び、その記号を書きなさい。（5点）

ア、「夕方のオレンジ色の光が」で始まる連続する二つの文では、図書館の情景描写によって、有季や麻友の置かれた状況をイメージしやすくしている。

イ、「じゃあ、どうすればいいんだろう」のように、会話文以外においても有季の心情が表現されており、場面の展開をわかりやすくしている。

ウ、「ぴくりとも動かない」「ひょこんと顔を覗(のぞ)かせた」のように、擬態語を用いることで、七曲や麻友など、登場人物の様子を読者に印象づけている。

エ、「本の妖怪にはなれないが」「あの図書館の魔女」のように、隠喩（暗喩）を用いることで、有季や七曲の心情を読者に印象づけている。

二 漢字の読み書き・文・文脈把握・内容吟味・国語知識

次の各問いに答えなさい。（計24点）

問1、よく出る 基本 次の――部の漢字には読みがなをつけ、かたかなは漢字に改めなさい。（各2点）

(1)偉人の軌跡をたどる。
(2)屋上から市街を眺望する。
(3)穏やかな口調で話す。
(4)練習のコウリツを上げる。
(5)果実が真っ赤にウれる。

問2、基本 次の――部と＝＝部の関係が主・述の関係になっているものを、ア〜エの中から一つ選び、その記号を書きなさい。（3点）

先週末、友達と映画館に（ア）行った。チケットを購入した後、飲み物と（イ）食べ物を買った。映画はとても感動的で、一緒に行った友達も（ウ）泣いていた。映画を鑑賞し終わった後、記念にパンフレットを（エ）買った。

問3、次の会話の空欄[Ⅰ]にあてはまる言葉を、あとのア〜エの中から一つ選び、その記号を書きなさい。（3点）

Aさん「辞書によると、[Ⅰ]の本来の意味は『ある事をするための、ちょうどいい時期』とあります。こういう意味があることを、初めて知りました。」
Bさん「私は、[Ⅰ]という言葉は、『ものごとの終わり』という意味だと思っていました。」

ア、終幕　イ、潮時　ウ、時事　エ、挙句

問4、次は、中学生のAさんが書いた、職場体験でお世話になった方々への【お礼の手紙の原稿】を用いて、グループで話し合いながら手紙を推敲(すいこう)する学習の一部です。これらを読んで、あとの問いに答えなさい。

話し合いの様子

Aさん「【お礼の手紙の原稿】を見てください。これまで学習したことを思い出しながら、何か気づいたことがあったら、発言してください。」
Bさん「私は、季節に合わせた時候の挨拶が書けていてよいと思います。」
Cさん「私は、文末表現が気になります。①文末表現は統一する、と学習したので、一か所直す必要がありますね。」
Aさん「なるほど、そうですね。では、他にはありますか。」
Dさん「私は、前文や末文の書き方がとてもよいと思います。ただ、手紙の最後には、日付や署名、宛名などの後付けを書くと学習しました。②この手紙の最後にも書いた方がよいと思います。」
Bさん「後付けは、入れるとしたら③結語の後でしょうか。日付、署名、宛名などは書く位置についても注意する必要がありますね。」

〜話し合いが続く〜

【お礼の手紙の原稿】

拝啓
すがすがしい秋晴れが続いていますが、いかがお過ごしでしょうか。
さて、先日の職場体験の際は、大変お世話になりました。

体験を通して、様々なことを教えていただいた。特に、勉強になったことは、お客様に接する際の心構えについてです。体験初日の私は、お店にいらっしゃったお客様に対して、心のこもった挨拶ができませんでした。しかし、働いている皆様から「おもてなしの心」について教えてもらい、「今の笑顔、よかったよ。」などと励ましていただいたおかげで、気持ちのよい挨拶ができるようになり、体験を最後まで笑顔でやり遂げることができました。

今回の経験を、今後の中学校生活にも生かしていきたいと思います。

朝夕涼しくなってまいりましたが、皆様、お体を大切になさってください。

［Ⅱ］

(1) ①文末表現は統一する、と学習したので、一か所直す必要がありますね。とありますが、【お礼の手紙の原稿】の中から適切でない一文節の文末表現を探し、八字で適切な文末表現に書き直しなさい。なお、句点も一字に数えます。（3点）

(2) ②この手紙の最後にも書いた方がよいと思います。とありますが、この発言についての説明として最も適切なものを、次のア〜エの中から一つ選び、その記号を書きなさい。（3点）

ア、直前の発言内容を自分なりの言葉でまとめている。

イ、課題点を明確にするため繰り返し質問をしている。

ウ、自分と相手の意見を比較し共通点を確認している。

エ、話し合いの話題や方向をとらえて助言をしている。

(3) ③結語　とありますが、【お礼の手紙の原稿】の空欄［Ⅱ］にあてはまる、拝啓という頭語に対応する結語を、漢字二字で書きなさい。（2点）

三（論説文）内容吟味・文脈把握

次の文章を読んで、あとの問いに答えなさい。（計26点）

私たちは「自然」と言うとき、「手つかずの自然」「自然の脅威」などと表現する。ここにはたしかに、人間の文化の影響を受けていない自然環境、ありのままの動物や植物、山や川などの姿がイメージされているようだ。しかし翻訳研究者の柳父章（やなぶあきら）によると、①日本語の「自然」ということばは、明治以降に英語のnatureの翻訳語として使われるようになって初めてこのような意味を獲得したという。明治以前には、自然という語は「おのずからそうなっているさま、天然のままで人為の加わらぬさま」という意味で用いられていた。この古典的な自然の意味は、「人為」と対置されているという意味でnatureと共通している。この共通点ゆえにこの語が翻訳語として選ばれた。しかし、日本語の「自然」はもともと副詞や形容詞として使われ、人為の加わらない「状態」を示していた。つまり、名詞として自然環境そのものを表すようなことばではなかった。今でも私たちが使う「自然」ということばには、古い意味と新しい意味が混ざりあっている。私たちは、リラックスした、飾らない状態でテレビに出る芸能人を「あの人は自然体でいい」と賞賛する。その一方で、「手つかずの大自然」「自然の脅威」などという意味での新しい「自然」も、すっかり私たちに馴染（なじ）んでいる。

つまり、日本のことを考えても、人間の文化の影響を受けていないありのままの自然環境、という意味での「自然」は、西欧からの輸入によって成立している。それはせいぜいここ一五〇年くらいの発明であって、まったくもって「あたりまえ」ではない。一九八〇年代から九〇年代にかけての人類学は、各地の「自然と文化」という※カテゴリーに大まかに対応する概念を詳細に検討した。そして、「（人間の外側にある）自然と（人間のつくりだした）文化」という分け方自体が、西洋の文化が構築したものであって、普遍的なものではないということを示していった。

自然に対する分類の多様性というとき、自然を分類する（唯一精神をもった）人間という想定がある。そこには、自然を人間の生活から分離した「手つかずの」実体と見る見方が潜んでいるのかもしれない。はたして誰にとっても、人間以外の種はただ人間に認識され、分類されるのを待っている「考えるのに適した」存在なのだろうか。むしろ人間と動物のあいだに魂の連続性を見る人たちの立場からは、動物は身体のやりとりをつうじて人間と「ともに生きる」存在であり行為主体なのではないか。こうした視点から、［Ⅰ］ではなく、種間のかかわりあいに焦点を合わせる民族誌が、あらためて今、注目を集めている。

たとえばシベリアのユカギールの狩猟採集民の世界では、人、動物、モノは魂を備え、同じ理性的能力をもつ。それぞれが異なって思考するのは、種ごとに固有の身体をもっているためだ。狩猟の場において狩人は、獲物であるトナカイの真似（まね）をして移動し、匂いを嗅ぎ、音を出すことで、同族となって彼らを惹（ひ）きつけようとする。ただしそこで②完全にトナカイに変身してしまうと、人間に戻れなくなってしまう（そのような危険な事例もたくさんある）。人間としての※アイデンティティを維持したまま、一時的かつ不完全なかたちで動物の身体を身にまとい、その視点を獲得することが重要なのである。

注目すべきは、こうした自然と文化、人間と他種の関係を問いなおすさまざまな最近の研究は、遠く離れた「他者の現実」について語っているのみならず、私たちの社会についても異なるものの見方を示していることだ。考えてみれば、自然を人間の生活から分離した「手つかずの」実体ではなく、人間と他種との具体的なやりとり・交渉の場ととらえるならば、③たとえ都市生活のなかでも自然はある。

私たちの多くは、決して自然豊かな環境のなかに住んでいない。また、自然についての体系化された知識をもっているわけではない。しかしそんな私たちでも、具体的な生きものや事物と絶えずやりとりしていることには変わりがない。私たちはペットと情動的な関係を築く。そこで、ユカギールの人たちと変わらず、犬になりきった声真似をして飼い犬を呼んだり、飼い主として自分と犬を差異化したりする。その一方で私たちの生活は「愛せない他者」との関係のなかにもある。たとえば私たちは、ゴミ捨て場に集まるカラスにゴミを荒らされないようにゴミ袋をきっちり縛ったり、新聞紙でゴミ袋の中身を見えなくしたりする。

このように人間が自然をどう認識し、分類するかではなく、種間のかかわりあいという観点から人間と自然の関係を見つめなおす最近の研究は、他者だけでなく、私たちの社会についても語っている。私たちの生活は犬、カラス、など複数種との関係によってこそ成立する。その複雑な絡(から)みあいを解きほぐすことは、一つの自然を守る「地球市民」ではなく、多様な動植物や事物とのやりとりのなかでしか生きられない具体的な存在として、みずからをとらえなおすことでもあるのだ。

　人類学的に「自然」を問いなおすことは、「私たちの自然を守ろう」といった抽象的な環境主義のスローガンを超えて、他の多様な生物、モノと私たちの日々の具体的な関係に目を向けることである。そうした視点は、「自然保護」「多種共生」という美しいことばではとても表現できない、私たちと多様な存在の緊迫した関係をもクローズアップする。

　そもそも現代社会において、花粉症、鳥インフルエンザなど他の生きもの由来のウイルスは、すでに私たちの日常生活を脅(おびや)かしている。私たちは冬にはインフルエンザワクチンを接種し、うがい・手洗いを徹底するように言われ、春になるとムズムズする鼻を押さえてマスクを着け、目薬をさす。そのようにして他種から必死で身を守りつづけることでしか、私たちの生活は成り立たない。だからこそ「自然との共存」は今や遠く離れた美しい「自然」を「地球市民」という特権的な地位から守ることではなく、私たち自身の生存にかかわる他種との緊迫した関係である。つねに具体的な自然と人間、種間の関係に注目してきた人類学の研究は、こうしたより日常的で差し迫った「環境問題」に目を向け、④問いを生みだすためのあらたな視角を与えてくれるはずだ。

（松村圭一郎(まつむらけいいちろう)ら編著『文化人類学の思考法』により、「1　自然と知識―環境をどうとらえるか？」（中空萌(なかぞらもえ)執筆）による。一部省略がある。）

（注）※カテゴリー……区分。
※アイデンティティ……独自の性質や特徴。

問1、①日本語の「自然」ということば　とありますが、この説明として最も適切なものを、次のア～エの中から一つ選び、その記号を書きなさい。（4点）

ア、「自然」は、古典的な意味においても、明治以降の英語の nature の翻訳語としても、「自然環境」そのものについて用いるという点では共通している。

イ、「自然」は、明治以降に英語の nature の翻訳語として使用されるようになって初めて、自然環境そのものを表す副詞や形容詞としての意味を獲得した。

ウ、「自然」は、明治以前には人為の加わらない「状態」を示したが、「人為」と対置されているという意味で英語の nature と共通しており、翻訳語として選ばれた。

エ、「自然」は、明治以降に英語の nature の翻訳語として、副詞や形容詞として人為の加わらない「状態」を表す意味での使われ方が主流となっている。

問2、本文中の空欄［ I ］にあてはまる内容として最も適切なものを、次のア～エの中から一つ選び、その記号を書きなさい。（4点）

ア、他の種を認識し、分類する人間の知識
イ、人間と動物のあいだの魂の連続性
ウ、動物と人間との身体をつうじての交流
エ、人間と他種との具体的なやりとり・交渉

問3、②完全にトナカイに変身してしまうと、人間に戻れなくなってしまう　とありますが、筆者の述べるユカギールの狩猟採集民がこのように考える理由について次のようにまとめました。次の空欄にあてはまる内容を、「魂」、「固有」の二つの言葉を使って、三十字以上、四十字以内で書きなさい。ただし、二つの言葉を使う順序は問いません。（6点）

> ユカギールの狩猟採集民は、人間や動物が［　　　　］と考えるから。

問4、③たとえ都市生活のなかでも自然はある。　とありますが、筆者が考える都市生活のなかの自然について具体的に説明した文として適切でないものを、次のア～オの中から二つ選び、その記号を書きなさい。（5点）

ア、自然に関する体系化された専門的知識を得るため、インターネットで調べること。

イ、飼い主が、犬の声真似(まね)をして飼い犬を呼んだり、自分と犬を差異化したりすること。

ウ、カラスにゴミを荒らされないため、ゴミ袋を縛ったり、中身を見えなくしたりすること。

エ、地球市民として「私たちの自然を守ろう」という環境主義のスローガンを掲げること。

オ、花粉から自分の身を守るために、マスクを着用したり、目薬をさしたりすること。

問5、**難** **思考力** ④問いを生みだすためのあらたな視角を与えてくれるはずだ。　とありますが、人類学は、どのような視角を与えてくれると筆者は述べていますか。次の空欄にあてはまる内容を、「普遍的」、「具体的」の二つの言葉を使って、四十五字以上、五十五字以内で書きなさい。ただし、二つの言葉を使う順序は問いません。（7点）

> ［　　　　］という視角を与えてくれる。

四 （古文）仮名遣い・内容吟味・動作主

次の文章を読んで、あとの問いに答えなさい。（……の左側は口語訳です。）（計12点）

※大斎院(だいさいゐん)より※上東門院(じやうとうもんゐん)、「つれづれ慰みぬべき物語やさぶらふ。（退屈を紛らすことができる物語がございますか）」と（上東門院は）尋ね参らせさせたまへりけるに、紫式部を召して、「何をか参らすべき。（何を差し上げたら良いでしょうか）」とおほせられければ、「めづらしきものは何かはべるべき。（何がございましょうか、いや、ございません）①新しく作りて参らせたまへかし。」と②申しければ、「作れ。」とおほせられけるを、うけたまはりて、※『源氏』を作りたりけるとこそ、いみじく（すばらしく）めでたくはべれといふ人(ひと)はべれば、また、いまだ宮仕へもせで（まだ宮中にお仕えもしないで）里にはべりける折、かかるもの作り出でたりけるによりて、

召し出でられて、それゆゑ紫式部といふ名はつけたり、とも申すは、③いづれかまことにてはべらむ。

(『無名草子』による。)

(注)※大斎院……村上天皇の娘。選子内親王。
※上東門院……一条天皇の中宮藤原彰子。
※『源氏』……『源氏物語』のこと。

問1、**基本** いふ人はべれば とありますが、この部分を「現代仮名遣い」に直し、すべてひらがなで書きなさい。(3点)

問2、①新しく作りて参らせたまへかし。は「新しく作って差し上げなさいませ」という意味ですが、物語を新しく作ると考えたのは、どうしてですか。次の空欄にあてはまる内容を、十字以内で書きなさい。(3点)

退屈を紛らす物語として□から。

問3、②申しければ の主語として最も適切なものを、次のア～エの中から一つ選び、その記号を書きなさい。(3点)

ア、大斎院　イ、上東門院
ウ、紫式部　エ、作者

問4、③いづれか とありますが、ここでは何と何のことを指していますか。次のア～オの中からあてはまるものを二つ選び、その記号を書きなさい。(3点)

ア、作者が、紫式部の書いた『源氏物語』に高い評価を与えているということ。
イ、『源氏物語』を書いたことで宮中に召された女性が、紫式部と呼ばれたこと。
ウ、紫式部が、『源氏物語』を書いたことにより宮中から出されてしまったこと。
エ、紫式部が、『源氏物語』を書いた動機については不明であるということ。
オ、紫式部が、上東門院の求めに応じて『源氏物語』を書いたということ。

五 条件作文 思考力

次の資料は、「埼玉県の魅力」について、県内在住者を対象に調査し、その結果をまとめたものです。

国語の授業で、この資料をもとに「地域の魅力」について、一人一人が自分の考えを文章にまとめることにしました。あとの(注意)に従って、あなたの考えを書きなさい。(12点)

資料① 埼玉県に魅力を感じるか

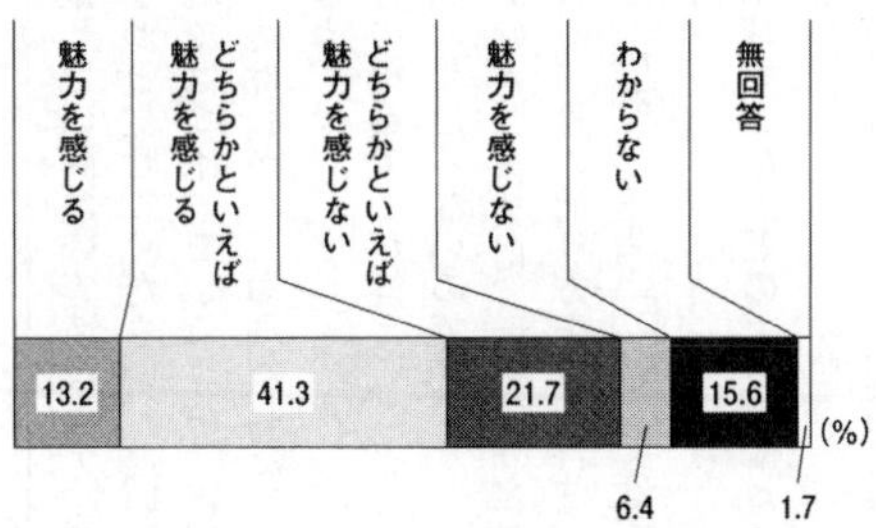

(四捨五入による端数処理の関係で、資料①の合計が100%になりません。)

資料② 埼玉県で魅力を感じるもの　上位5項目(複数回答)

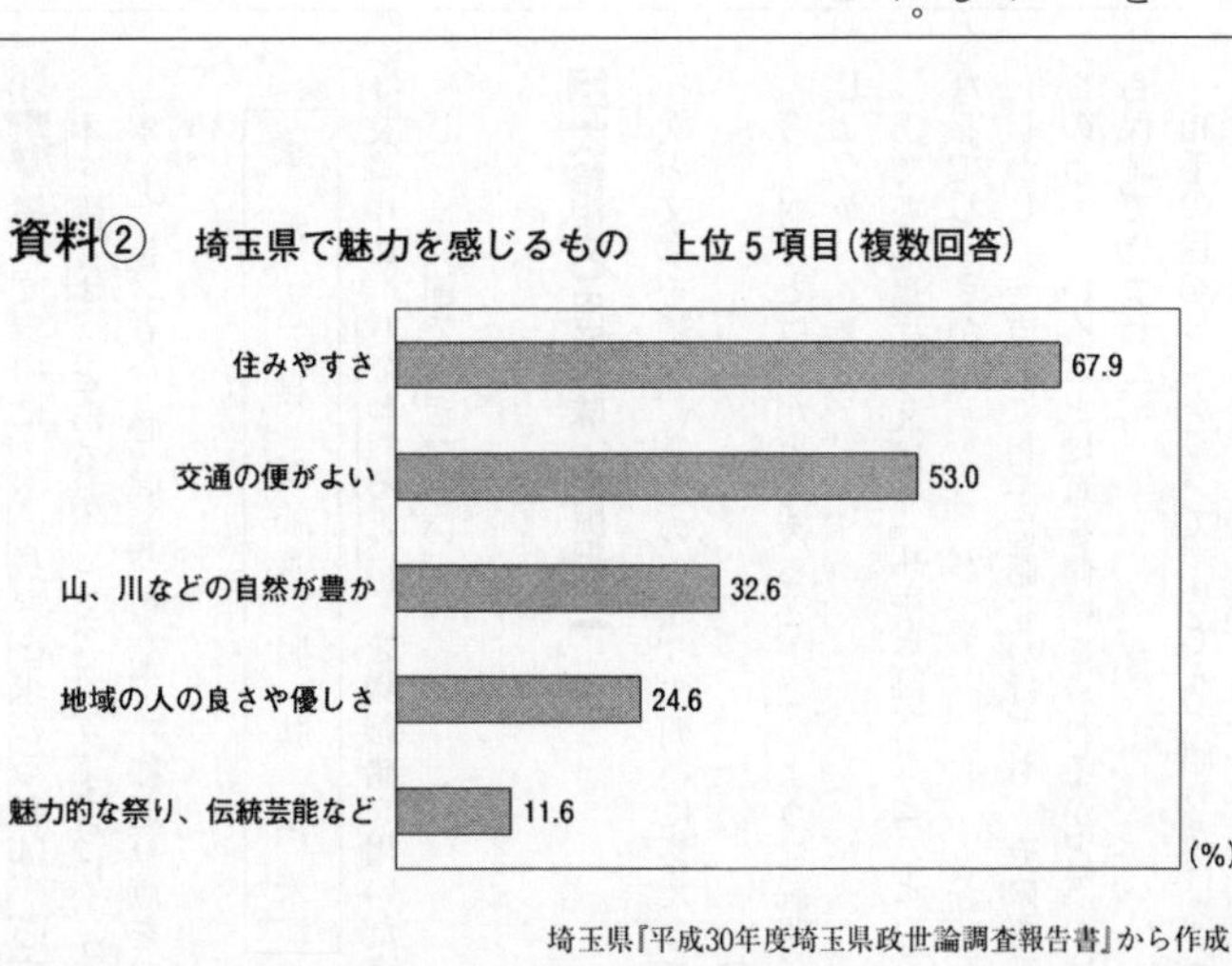

埼玉県『平成30年度埼玉県政世論調査報告書』から作成

(注意)
(1)二段落構成とし、第一段落では、あなたが資料から読み取った内容を、第二段落では、第一段落の内容に関連させて、自分の体験(見たこと聞いたことなども含む)をふまえてあなたの考えを書くこと。
(2)文章は、十一行以上、十三行以内で書くこと。
(3)原稿用紙(15字詰×13行＝省略)の正しい使い方に従って、文字、仮名遣いも正確に書くこと。
(4)題名・氏名は書かないで、一行目から本文を書くこと。

千葉県

時間 50分　満点 100点　解答 P13　2月12日実施

出題傾向と対策

●聞き取り検査（省略）、漢字の読み書き二題、文法・基礎漢文・国語知識、論説文、小説文、古文、条件作文各一題の大問八題構成。どの問題も標準的だが、内容が多岐にわたり、分量も多い。作文は条件の指定が細かい。

●漢字、文法、読解、基礎古文・漢文等、幅広い国語知識に習熟しておきたい。記述形式の問題が多く、読み取った内容を再構成する力が問われるので、読解力や表現力を高めておく。資料や文章を読み取って自分の考えを条件に沿ってまとめる条件作文の練習も必須である。

解答上の注意　解答する際に字数制限がある場合には、句読点や「　」などの符号も字数に数えること。

一　(省略)放送による聞き取り検査　（計10点）

二　漢字の読み書き　よく出る　基本

次の(1)～(4)の――の漢字の読みを、ひらがなで書きなさい。（各2点、計8点）

(1)髪飾りの映える女性。
(2)着物に足袋の風流ないでたち。
(3)大型楽器が貸与される。
(4)塗料が剥落する。

三　漢字の読み書き　よく出る　基本

次の(1)～(5)の――のカタカナの部分を漢字に直して、楷書で書きなさい。（各2点、計10点）

(1)雲が低く夕れこめる。
(2)荒れた大地をタガヤす。
(3)模擬店のシュウエキを寄付した。
(4)会員トウロクの手続きをする。
(5)事件をシンショウボウダイに書き立てる。

四　(対話文)文脈把握・文・古典知識・敬語

次の文章は、中学生の佐藤さんが、放課後に先輩の高橋さんの家で、宿題のアドバイスをしてもらっている場面の会話です。これを読み、あとの(1)～(4)の問いに答えなさい。（計8点）

佐藤さん　先輩、この問題の答えは「ア」でいいですか。
高橋さん　ちょっと見せてください。違いますね。
佐藤さん　それでは「イ」でしょうか。正解は何ですか。
高橋さん　記号だけわかっても理解したことにならないでしょう。
佐藤さん　明日の授業で私が答えることになっているので、間違えたくないのです。
高橋さん　私の好きな言葉に、「魚を与えれば一日は食べられる。魚の捕り方を教えれば一生食べていける。」があります。□ではだめということです。
佐藤さん　わかりました。どのように解くのかを教えてください。
高橋さん　ちょっと待って。この問題を解くにはまず、前提としてその前の問いがわかっていることが必要なのだけれど…。こちらも間違っているみたいですね。
佐藤さん　そこは私が答える問題ではないのですが…。
高橋さん　だめですよ。しっかりできるようになるこつは、基礎をおろそかにAしません。「B木の長きを求むる者は、必ず其の根本を固くす。」というでしょう。
佐藤さん　なるほど。私もできれば基礎から知りたいです。
高橋さん　その姿勢は大事ですね。では、ここまで終わらせたらお茶にしましょう。お気に入りのケーキもあるのよ。
佐藤さん　先輩のお気に入りのケーキをC食べられるとはうれしいです。頑張ります。

(1)　基本　文章中の□に入る言葉として最も適当なものを、次のア～エのうちから一つ選び、その符号を書きなさい。（2点）

ア、苦しまぎれ　イ、その場しのぎ
ウ、安うけあい　エ、なりゆきまかせ

(2)　基本　文章中のAしませんを、しっかりできるようになるこつはとの関係が適切になるように書き改めなさい。（2点）

(3)　基本　文章中にB木の長きを求むる者は、必ず其の根本を固くす。とあるが、こう読めるように、次の「求ムル木之長キヲ者ハ、必ズ固クス其ノ根本ヲ。」に返り点をつけなさい。（2点）

求ムル木の之長キヲ者ハ、必ズ固クス其ノ根本ヲ。

(4)文章中のC食べられるとはを謙譲語を用いた表現に直し、一文節で書きなさい。（2点）

五　(論説文)内容吟味・文脈把握

次の文章を読み、あとの(1)～(5)の問いに答えなさい。（計20点）

今、対話とは何かと考えると、どのように説明できるでしょうか。

とても簡単にいえば、「相手と話すこと」ということになるでしょうか。

しかし、一方的に相手に話しかけても、その相手がこちらの言っていることに耳を傾けてくれるかどうかは、だれも保証できません。

相手の目をしっかり見て、きちんと語りかけること、巷（注1）（ちまた）の話し方講座等ではこんなアドバイスがあるかもしれません。そのとき、しばしば出るのは、「思ったことを感じるままに話してはダメだ」という意見ですね。思ったことを感じるままに話すと、お互いに感情的になってしまい、解決すべきことがなかなかうまく運ばない等々。

　しかし、「思ったことを感じるままに話す」ことそれ自体が悪いことだとは、わたしは決して思いません。むしろ「思ったことを感じるままに話すべき」であるとさえ思うほどです。

　ただ一つ、思ったことを感じるままに話すと、それがおしゃべりになってしまうという大きな課題があります。

　ここでいう「おしゃべり」とは、相手に話しているように見えながら、実際は、相手のことを考えない活動だからです。少しむずかしくいうと、他者不在の言語活動なのです。

　でも、相手があって話をしているのだから、他者不在とはいえないのではないかという質問も出そうですね。

　たしかに、おしゃべりをしているときは、相手に向かって話しかけてはいますが、ほとんどの場合、何らかの答えや返事を求めて話しているのではなく、ただ自分の知っている情報を独りよがりに話しているだけではないでしょうか。そこでは、他者としての相手の存在をほぼ無視してしゃべっているわけです。だからこそ、思ったことを感じるままに話すことには注意が必要なのです。

　「あのことが、うれしい、悲しい、好きだ、嫌いだ」というように、自分の感覚や感情をそのままことばにして話していても、相手は、「へえー、そうですか」と相槌を打つだけ。今度は相手も自分の思いを語りはじめ、それぞれに感じていることや思っていることを吐き出すと、お互いなんだかすっきりして、なんとなく満足する。こういうストレス発散の点では、おしゃべりもそれなりの効果をもっていますが、その次の段階にはなかなか進めません。

　このように、いわゆるおしゃべりの多くは、かなり自己完結的な世界の話ですから、そのままでは、それ以上の発展性がないのです。その意味では、おしゃべりは、相手に向かって話しているように見えても、実際は、モノローグ（独り言）に近いわけでしょう。表面的には、ある程度、やりとりは進むように見えますが、それは、対話として成立しません。ここに[A]モノローグであるおしゃべりとダイアローグとしての対話の大きな違いがあるといえます。

　ちょっと余談になりますが、カルチャーセンターの講演会や大学の講義などでも、こうしたモノローグはよく見られます。本来、聴衆や学生に語りかけているはずなのだけれど、実際は、自分の関心事だけを自己満足的にとうとうと話している、これはまさにモノローグの世界ですね。

　これに対して、ダイアローグとしての対話は、常に他者としての相手を想定したものなのです。自分の言っていることが相手に伝わるか、伝わらないか、どうすれば伝わるか、なぜ伝わらないのか、そうしたことを常に考えつづけ、相手に伝えるための最大限の努力をする、その手続きのプロセス(注2)が対話にはあります。

　対話成立のポイントはむしろ、[B]話題に関する他者の存在の有無なのではないかとわたしは考えます。実際のやりとりに他者がいるかどうかだけではなく、話題そのものについても「他者がいる話題」と「いない話題」があるということなのです。つまり、その話題は、他者にとってどのような意味を持つかということが対話の進展には重要だということです。

　したがって、ダイアローグとしての対話行為は、モノローグのおしゃべりを超えて、他者存在としての相手の領域に大きく踏み込む行為なのです。

　言い換えれば、一つの話題をめぐって異なる立場の他者に納得してもらうために語るという行為だともいえますし、ことばによって他者を促し交渉を重ねながら少しずつ前にすすむという行為、すなわち、人間ならだれにでも日常の生活や仕事で必要な[C]相互関係構築のためのことばの活動だといえるでしょう。

　では、このようなダイアローグとしての対話によって人は何を得ることができるのでしょうか。あるいは、今、対話について考えることは、わたしたちにとってどのような意味を持つのでしょうか。

　まずあなたは対話ということばの活動によって相手との人間関係をつくっています。

　その人間関係は、あなたと相手の二人だけの関係ではなく、それぞれの背負っている背景とつながっています。

　その背景は、それぞれがかかわっているコミュニティ(注3)と深い関係があります。

　相手との対話は、他者としての異なる価値観を受け止めることと同時に、コミュニティとしての社会の複数性、複雑さをともに引き受けることにつながります。

　だからこそ、このような対話の活動によって、人は社会の中で、［D］を学ぶのです。

（細川英雄『対話をデザインする―伝わるとはどういうことか』による。）

（注1）巷＝世の中。世間。
（注2）プロセス＝事が進んできた順序。過程。
（注3）コミュニティ＝地域社会。共同体。

(1) 文章中に[A]モノローグであるおしゃべりとダイアローグとしての対話の大きな違いとあるが、これについて次の(a)、(b)の問いに答えなさい。

(a) 「モノローグであるおしゃべり」を説明したものとして最も適当なものを、次のア～エのうちから一つ選び、その符号を書きなさい。（2点）

ア、感じたことをそのまま表現し、相手と感情を共有する行為。
イ、相手の反応を考慮せず、思いや考えを自分本位に語る行為。
ウ、やりとりをうまく進めるために、思いついた順に話す行為。
エ、情報を正確に理解させるため、相手の目を見て述べる行為。

(b) 「ダイアローグとしての対話」を説明した次の文の［Ⅰ］、［Ⅱ］に入る言葉を文章中から抜き出してそれぞれ書きなさい。ただし、［Ⅰ］は五字、［Ⅱ］は十二字で抜き出すこと。（各3点）

> ある話題について話すとき、相手は自分とは［Ⅰ］の他者であるから、話す者は相手に対して常に［Ⅱ］を要することばの活動のこと。

(2) 文章中にB話題に関する他者の存在の有無 とあるが、なぜ筆者はこれを重視しているのか。その理由として最も適当なものを、次のア～エのうちから一つ選び、その符号を書きなさい。（2点）

ア、話し手が取り上げた話題について聞き手がどの程度知っているかによって、対話の発展する度合いが大きく変化するから。

イ、思わず相手を引き込むような興味深い話題の提供が聞き手に対する礼儀であり、対話の雰囲気のよしあしを左右するから。

ウ、相手の反応を想定しながら選んだ話題である方が話し手も熱が入るので、対話が成立しているかどうかの目安になるから。

エ、主体的に関わっていける話題であることが聞き手にとって意義のあることであり、対話が進展するかいなかに関わるから。

(3) 文章中にC相互関係構築のためのことばの活動 とあるが、これを説明したものとして最も適当なものを、次のア～エのうちから一つ選び、その符号を書きなさい。（2点）

ア、人の関心をひく話題を持ち出してことばを交わし合うことで、日常生活や仕事上の人間関係を円滑にすること。

イ、自己満足的な語りに終始することなく、相手にも思いのままに語ることを促すことばが対話を進展させること。

ウ、ことばのやりとりを通して相手の考えとの間に共通点や相違点を見いだして、互いの理解につなげていくこと。

エ、交渉を重ねて意見の異なる相手にも納得してもらうことで、自分の話術を使い思い通りの人間関係を築くこと。

(4) **思考力** 文章中から読みとれる筆者の考えについてまとめた次の説明文を完成させなさい。ただし、［Ⅰ］に入る言葉を自分の言葉で七字以内で書き、［Ⅱ］は文章中から十三字で抜き出して書くこと。（各3点）

> 対話によって相手の価値観を受け止めることとは、相手との［Ⅰ］ことである。さらに、対話は相手がどのようなコミュニティとかかわっているかという背景も含め、［Ⅱ］行為なので、対話を通じて相互の背景どうしが接点を持ち、相手の社会の複雑さを受け入れることになる。

(5) 文章中の［D］に入る言葉として最も適当なものを、次のア～エのうちから一つ選び、その符号を書きなさい。（2点）

ア、自分の特性を省みること

イ、自分の人生を生きること

ウ、他者を促し交渉すること

エ、他者とともに生きること

六 （小説文）内容吟味・文脈把握

次の文章を読み、あとの(1)～(5)の問いに答えなさい。（計20点）

> 下総古河藩の下級武士小松尚七は、いつも物事の不思議について考えてばかりで『何故なに尚七』の異名を持っている。その学問への情熱を買われて父の葦兵衛と共に江戸へ上り、古河藩重臣の鷹見十郎左衛門忠常から、藩主の若君、土井利位の御学問相手（共に学ぶ役目）になることを持ちかけられる。

「役料は(注1)七人扶持となる」

「七人扶持！」

親子が同じ顔でびっくりする。

「不足か？」

「(注2)滅相もございません」

「むろん、すべてはそなたたちの胸三寸だ。いかがであろう」

それだけ告げて、忠常は待つ姿勢をとった。

A冷や汗だか脂汗だかわからぬが、手の平が急に汗ばんでくる。拭うように、膝上の袴を握りしめた。迷っているのは、忠常の申し出に、ひどく惹かれているからだ。

この話を受ければいまの世では最高の学問を学ぶことができるのだ。身分や禄にはこだわりはないが、新たな学問への誘惑には、抗いがたいものがある。あの学問好きで(注3)闊達な利位と、そしてこの聡明な忠常とも、一緒に勉学に(注4)勤しめる。友と呼ぶには身分が違い過ぎるが、それでも何より得難いものに思えた。

だが、それは同時に、家族との別れを意味する。朗らかな母と温和な妹、元気な弟たちの顔が次々に浮かんだ。四人とも、父と自分が帰るのを、待ち焦がれているだろう。長男が他家へ行き、江戸で出仕すると言ったら、どんな顔をするだろう。

この場でこたえを出すのには、あまりにも難しい思案だった。

しばしの猶予をくれまいかと、頼むつもりで顔を上げたが、一瞬早く、葦兵衛の声がした。

「父上……」

「そのお話、謹んでお受けいたします」

忠常から念を押されても、葦兵衛の横顔は変わらなかった。

「よくぞ承服してくれた。倅殿の身は、この鷹見十郎左衛門が、しかとお預かり申す」

「なにとぞよろしく、お願い申し上げます」

B父の横顔が、ゆっくりと平伏した。

「父上、まことに良いのですか」

今夜は、父の旧知の勤番者が住まう長屋に、泊めてもらうことになっていた。長屋があるという下屋敷に向かいながら、尚七は気遣わしげな顔を向けた。

「良いも悪いも、七人扶持を断るいわれがあるものか。おまえの扶持の七倍、わしの三倍近くになるのだぞ」

「……父上」

「むろん養子に行く上は、扶持米も(注5)箕輪家のものではあるが、やはり縁者に七人扶持がいるというのは、いざというとき心強い」

現金なこたえに、尚七はがっくりきたが、どうやら照れかくしであったようだ。

下屋敷は、大川(おおかわ)を越えた深川(ふかがわ)にある。ひときわ人の多い両国橋(りょうごくばし)を渡りながら、西日が星のように照り返す川面(かわも)を、葦兵衛はながめていた。

「おまえには、ずっとすまないと思っていた」

橋が終わると、ぽつりと言った。

「これほど学問の才に恵まれながら、生かしてやることができなかった。(注6)鳶(とんび)が鷹(たか)を生んだというのに、とぶ場所さえ与えてやれなんだ」

父がこのように、自分の境遇を(注7)卑下(ひげ)したことは、尚七が知るかぎり一度もなかった。細かなことを気にせず、大らかで前向きな姿は、葦兵衛が長年かかって身につけた(注8)処世術であったのかもしれない。倅に対し、長いあいだそんな負い目を抱えていたのかと、Cにわかに熱いものがこみ上げた。

「父上……私は鷹なぞではありません。私は父上と同じ鳶です。ですが、D鳶に生まれたことを、誇りに思います」

そうか、と葦兵衛は顔いっぱいに笑い皺(じわ)を広げた。陰影を落とす西日のためか、(注9)炭団(たどん)のように黒い顔は、E泣き笑いのようにゆがんで見えた。

（西條奈加(さいじょうなか)『六花落々(りっかふるふる)』による。）

（注1）七人扶持＝武士の給与。一年間で七人分食べさせることができる米や金銭。
（注2）滅相もございません＝とんでもないことでございます、の意。
（注3）闊達＝心が広いさま。
（注4）勤しむ＝勉学などにはげむ。
（注5）箕輪家＝尚七が養子に入る代々医者の家。尚七は、藩主に会える身分でないので、小松家を出て、身分の高い家に養子に入る必要があった。
（注6）鳶（とんび）＝鳶（とび）の口語的表現。
（注7）卑下＝自分をあえて低い位置に引き下げてへりくだること。
（注8）処世術＝世間の人とうまくつきあいながら生活していく手段。
（注9）炭団＝炭の粉を丸めてかためた燃料。

(1) **基本** 文章中にA冷や汗だか脂汗だかわからぬが、手の平が急に汗ばんでくる　とあるが、なぜ尚七はこのような状態になったのか。その理由として最も適当なものを、次のア～エのうちから一つ選び、その符号を書きなさい。（3点）

ア、望外の役目に驚き、人生の選択が自分たちの返答にかかっていることを自覚し緊張しているから。
イ、出世話には魅力を感じたが、今の自分にとっては役不足だと思われたので返答に窮しているから。
ウ、身分ゆえに努力を評価されなかった自分が藩に必要とされることは、とても恐れ多いことだから。
エ、自分が身につけた学問をついに江戸で試す機会が来たので、はやる気持ちを押さえきれないから。

(2) 文章中にB父の横顔が、ゆっくりと平伏した　とあるが、このときの葦兵衛の様子を説明したものとして最も適当なものを、次のア～エのうちから一つ選び、その符号を書きなさい。（3点）

ア、尚七の才能を誰よりも信じる父親として、身分は低くとも息子が軽く扱われることのないよう、言外に忠常に念を押している様子。
イ、息子に与えられることになる手厚い待遇に感謝しつつも、幼い子らを抱えた一家の暮らし向きは良くならないことに苦悩する様子。
ウ、尚七に口を挟ませまいと態度で示すとともに、息子を手放す大きな決断をし忠常に一切を委ねた言葉の重みをかみしめている様子。
エ、頼みの綱の長男を養子に出すことは痛手であるが、尚七がこの話に惹かれていることを察したので私情を抑えようとしている様子。

(3) 文章中にCにわかに熱いものがこみ上げた　とあるが、その理由として最も適当なものを、次のア～エのうちから一つ選び、その符号を書きなさい。（3点）

ア、父の処世術と見えたものが、実は自分が江戸に行けるよう働きかけるためのものだったと知ったから。
イ、父の隠していた思いを知らされたことで、自分の背中を押してくれる父の真情を初めて理解したから。
ウ、長男を他家の養子に出すしかない状況に対して、父がすまないという言葉をぽつりと吐き出したから。
エ、父もまた学問を志しながら長年果たせなかった夢を、今自分に託そうとしていることが分かったから。

(4) 文章中にD鳶に生まれたことを、誇りに思います　とあるが、このときの尚七の思いを説明した次の文の[　]に入る言葉を、「……よりも……」という形を使って十三字以内で書きなさい。（4点）

> 自分自身は軽い身分に甘んじながら、[　]を大切に考え、送り出してくれる父の度量の大きさをありがたく思っている。

(5) **思考力** 文章中のE泣き笑いのようにゆがんで見えたは尚七の視点から描かれているが、このときの尚七について述べた次の説明文を完成させなさい。ただし、[Ⅰ]は「場所」という言葉を使って二十五字以内で書き、[Ⅱ]は、あとのア～エのうちから最も適当なものを一つ選び、その符号を書くこと。（Ⅰ4、Ⅱ3点）

> 尚七が父親の表情を通して見つめているものは、自分の前に開けた将来の展望だけではない。大らかで前向きな姿の裏に、[Ⅰ]という負い目を抱えて生きてきた父親の[Ⅱ]である。

ア、人生の悲哀　イ、激しい後悔
ウ、積年の恨み　エ、強い喪失感

七 （古文）古典知識・内容吟味・文脈把握

次の文章を読み、あとの(1)～(5)の問いに答えなさい。（計12点）

むかし(注1)難波(なんば)の三位入道殿(さんみのにふだうどの)、人に、鞠(まり)を（蹴鞠を教えなさったのを側で）A教へ給(たま)ひしを承(うけたまは)り（うかがったところ）しに、「手持ちは如何程(いかほど)も開きたるがよき」（手の構え方はどれだけでも）と教へられき。その次の日、又Bあらぬ人にあひて、「鞠の手持ちやう、如何程もすわりたるよき」（閉じているのがよい）と仰(おほ)せられき（おっしゃった）。是(これ)はその人のC気に対して教へかへられ侍(はべ)るにや（変えなさったのでしょうか）。後日に尋ね申し（尋ね申し）

し侍りしかば（ましたところ）、「Dその事侍り。さきの人は手がすわりたりしほどに、拡（ひろ）げたるが本（もと）にてある（基本である）と教へ、のちの人は手の拡ごりたれば、すわりたるが本にてあると申せしなり」。仏の（注2）衆生（しゆじやう）の気に対して万（よろづ）の法を説き給へるも、Eみなかく（このように）のごとし（ようである）。

（『筑波問答（つくばもんどう）』による。）

（注1）難波の三位入道殿＝蹴鞠（けまり）の名人。
（注2）衆生＝この世のあらゆる生き物。

(1) **基本** 文章中の A教へ給ひし を現代仮名づかいに改め、全てひらがなで書きなさい。（2点）

(2) 文章中の Bあらぬ人 と同じ人物を指す別の表現を、文章中から四字で抜き出して書きなさい。（2点）

(3) 文章中の C気 の文脈上の意味を表すものとして、最も適当なものを、次のア～エのうちから一つ選び、その符号を書きなさい。（2点）

ア、才気　イ、気骨　ウ、活気　エ、気質

(4) 文章中の Dその事侍り について、難波の三位入道はなぜこのようなことを言ったのか。その理由として最も適当なものを、次のア～エのうちから一つ選び、その符号を書きなさい。（2点）

ア、何気ない自分の発言の矛盾点を指摘されて困惑したから。
イ、筆者の発言が自分の教え方の意図に沿うものだったから。
ウ、的外れな質問であっても誠実に対応したいと思ったから。
エ、理解してもらうためには丁寧な説明が不可欠だったから。

(5) **思考力** 次の文章は、中学生の久保さんが授業でこの文章を読み、E みなかくのごとし に共感して記したものです。空欄に入る言葉を書きなさい。ただし、［Ⅰ］はこの文章の内容に沿って十字以内で、［Ⅱ］はそれによって得られる効果を十五字以上、二十字以内で書くこと。（各2点）

この話のテーマは「教え方」ですが、ここで述べられていることは「教え方」に限らず、人と接するさまざまな場面で応用できるものだと思います。たとえば自分の意見を相手に伝える時も、相手に応じて［Ⅰ］ことで、［Ⅱ］のではないかと考えました。

八　条件作文　思考力

近年、「地方創生」がうたわれ、国内の各地域がそれぞれの特色を生かして活性化を図ることに注目が集まっています。その一環として、地域によって異なる方言を広報活動等に活用する例も見られます。しかし、もともと方言は、他の地域の出身者には意味が分かりにくいものも多いはずです。その方言を広く活用することには、どのような効果があるのでしょうか。次の【資料1】、【資料2】をふまえて、あとの〈条件〉にしたがい、〈注意事項〉を守って、あなたの考えを書きなさい。（計12点）

【資料1】 自分が生まれ育った地域の方言を使う場面と程度

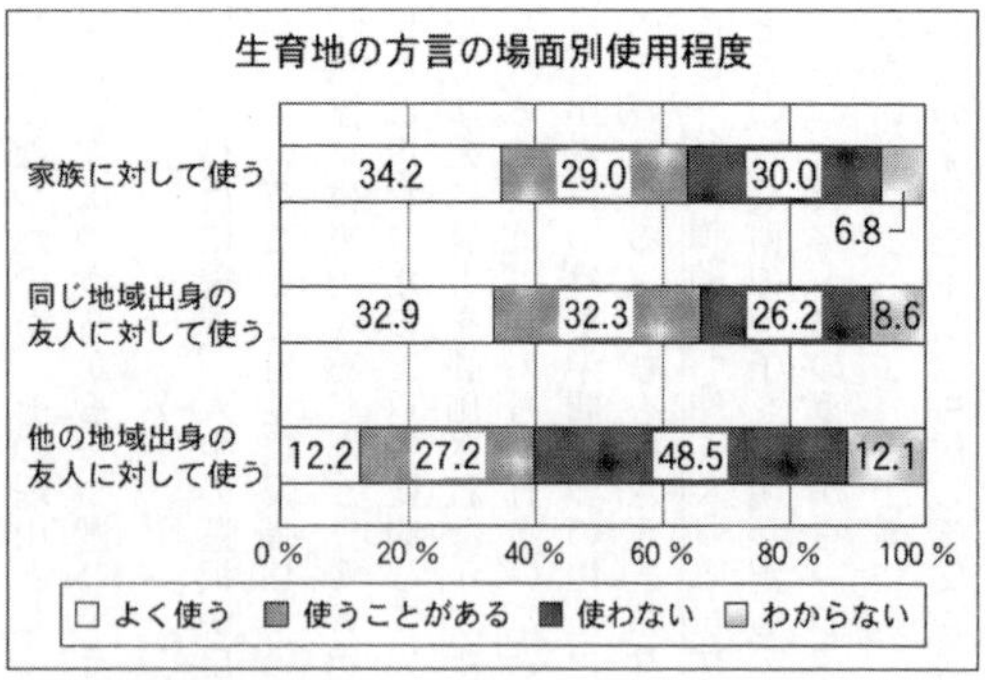

（国立国語研究所論集　田中ゆかり、林直樹、前田忠彦、相澤正夫「1万人調査からみた最新の方言・共通語意識『2015年全国方言意識Ｗｅｂ調査』の報告」より作成）

【資料2】 方言の活用事例
・駅や空港などで観光地を紹介するポスターや看板
・地域の特産品の品名や、それらを販売する商業施設の名前
・会社やスポーツチームなどの団体名
・自分の生育地以外の方言を使うこと
（例「がんばれ」などのメッセージを相手の地域の方言でおくる）

〈条件〉
①二段落構成とし、十行以内で書くこと。
②前段では、地元の人々に着目して【資料1】から読み取ったことをふまえ、方言の活用は地元の人々に対してどのような効果があると考えられるか、【資料2】の活用事例をもとにあなたの考えを書くこと。
③後段では、他の地域の人々に着目して【資料1】から読み取ったことをふまえ、方言の活用は他の地域の人々に対してどのような効果があると考えられるか、【資料2】の活用事例をもとにあなたの考えを書くこと。
④前段、後段とも【資料2】から選ぶ活用事例は同一のものとする。なお、どの事例を選んでも、そのこと自体が採点に影響することはありません。

〈注意事項〉
①氏名や題名は書かないこと。
②原稿用紙（20字詰×10行＝省略）の適切な使い方にしたがって書くこと。ただし、―や＝などの記号を用いた訂正はしないこと。

東京都

時間 50分　満点 100点　解答 P14　2月21日実施

出題傾向と対策

●漢字の読み書き二題、小説文、論説文、古文を含む対談文という五題構成は昨年と同じ。読解問題は、論説文に課題作文が一問ある以外は全て選択問題（マークシートを使用）。知識問題は歴史的仮名遣いに関するものが一問のみで、残りは全て内容読解に関するものであるが、選択肢の内容は正誤の判断が比較的容易である。

●傍線部の前後の内容を精確に読み取って、選択肢のポイントとなる言葉や内容と照合する練習を。漢字の読み書きが十問二十点分と比重が高いので、練習を怠りなく。

一　漢字の読み書き一　よく出る　基本

次の各文の――を付けた漢字の読みがなを書け。（各2点、計10点）

(1) 展望台から大海原を眺める。
(2) 学校の図書館で借りた本を返却する。
(3) 柔道の大会に出場するために鍛錬を重ねる。
(4) 小学校の恩師に心を込めて丁寧に礼状を書く。
(5) 鑑賞教室終了後、オーケストラの美しい演奏の余韻に浸る。

二　漢字の読み書き二　よく出る　基本

次の各文の――を付けたかたかなの部分に当たる漢字を楷書で書け。（各2点、計10点）

(1) 矢を放って的の中心をイる。
(2) 豊かな自然に囲まれてクらす。
(3) 湖に白鳥のムれが舞い降りる。
(4) 新鮮な魚を漁港から市場までユソウする。
(5) 人物画のハイケイに描かれた空の青さに心を奪われる。

三　（小説文）内容吟味・主題

次の文章を読んで、あとの各問に答えよ。（＊印の付いている言葉には、本文のあとに〔注〕がある。）（計25点）

（高校三年生の「私」は、同級生であるサキ、佐和子、弥生の三人と映画部に所属している。「私」たちは四人で映画を作り、『リーラ・ノエル』というチーム名でコンクールに応募していた。四人は十二月になっても、放課後欠かさず部室に集まっていた。）

その日、部室にいたのは私とサキの二人だけだった。サキは部室の隅でノートパソコンを操作していた。今の時代からは信じられないくらい分厚くて重いノートパソコンは、独特なメトロノームのようなファンの音からメトロ君と名付けられていて、学校にいるときサキはそれで映画の編集をしていた。

(1)私はその隣で、チクチクと一定リズムで回るファンの音に苛立ちながら、世界史の参考書にマーカーを引いていた。

「ねぇ、完璧な演技ってなんだと思う？」

突然、サキが聞いてきた。

振り向くと、いつの間にか窓際に移動していた。編集作業をしていたパソコンは閉じられ、代わりにカメラが握られている。

「ほんとに撮ってるの、それ？」

「完璧な演技。その答えの一つはね、日常を撮ることだと思ってる。」

サキは、停止ボタンを押してカメラを下ろす。本当に撮っていたらしい。

「＊コンテの四ページ。」

そう言われて、はっとする。次の作品の中に、受験勉強で悩むシーンがあった。自分がどんな顔をしていたかなんて覚えていない。でも、サキの様子を見る限り、きっといい画が撮れたのだろう。

「ねぇ、私たち、いつまでこんな風に、映画撮れるかな。」

「いつまでって、どういう意味？」

「私はさ、サキと同じ東洋芸大を受けるけど、佐和子は音大、弥生は就職するって言ってる。いつまで、こうしていられるのかな？」

「いつまでも、やりたいと思える限りやればいい。」

サキはもう一度、カメラを私に向ける。だけど、今度は録画ボタンを押さなかった。ファインダーごしに私を見ながら、当たり前のことのように続ける。

「大学生になったって、これから先も、みんなで一緒に映画を撮ろう。高校を卒業したら映画部じゃなくなるけど、私たちはいつまでも『リーラ・ノエル』だ。」

「いつまでもってわけにはいかないでしょ。いずれ、私たちは大人になる。」

「大人になったら、なんで映画を撮れないの？」

「いつまでも親の脛をかじってらんないでしょ。自分でお金を稼いで、食べていかなきゃいけない。」

「映画で食べていけばいい。四人で映画を撮り続けたら、いずれそうなれる。『リーラ・ノエル』というスタジオを作って、スタッフも増やして、どんどん新しい映像を生み出していく。素敵でしょ。」

たしかに、素敵だと思った。でも、私は、そこまで楽観的にはなれない。まだアルバイトさえしたことのない高校生だって、サキがカラオケの次の曲を選ぶような気軽さで口にした未来が、どれほど難しいことかくらいはわかる。

(2)「そんなの、夢物語だよ。」

「夢物語って言葉、好きだよ。夢のない物語なんてくだらない。」

廊下から、駆けてくるように足音が近づいてきた。ドアが開き、弥生と佐和子が入ってくる。弥生が騒々しいのはいつものことだけど、佐和子まで息を切らせて走ってくるなんて珍しい。

「どうしたの、二人とも。」

「さっき、佐和子の携帯に電話かかってきた。なんか、サキに、繋がらなかったからって。ほら、佐和子の携帯番号も登録してたろ。だから。」

「落ち着いて、電話ってなによ。」

「『スピカフィルムフェスティバル』の、短編部門の最優秀賞、私たちだって。」

一瞬、その言葉の意味が理解できなかった。

プロを目指している映画監督や芸術大学の学生たちが参加する、日本有数の自主制作映画のコンクール。それに、高校生の私たちの『追憶の中の君へ』が選ばれた。

サキは一年生のころから目標として口にしていたけど、私は無理だと決めつけていた。これまで受賞してきた、高校生を対象とした映画コンクールとはレベルが違いすぎる。

サキの方を振り向く。驚いた顔一つせずに、カメラを回していた。おそらく、弥生たちが部室に入ってきたところから撮っていたのだろう。

「お前、もしかして知ってたのかよ。わざと、電話にでなかったのかよ。」

弥生が詰め寄ると、サキはカメラを回しながら答える。

「東京の番号からかかってきたから、そうじゃないかなって思った。それなら、佐和子に出てもらおうと思った。この絵が、撮りたかったから。」

完璧な演技は、日常を撮ること。それはわかるけど、友達を騙してまでやるなよ。弥生がいつものように騒ぐ。佐和子は、部室の入口で、かみしめるように立ち尽くしている。私は。

「ね、大丈夫でしょ。私たちなら、必ずなれるよ。」

耳元で、サキが囁いた。

それを聞いた瞬間、やっと、実感がわいた。私たちは、すごい。私たちは、無敵だ。

(3)涙がこぼれた。止まらなくなった。

私が泣いているのに気づいて、弥生が静かになる。彼女の目にも涙が滲んでいた。佐和子も、泣いていた。みんな、やっと、私たちに起きたことがわかったのだろう。(4)サキだけは、計画通りに事が進んだというように笑っていた。

この日から、私たちの世界はめまぐるしく動いた。雑誌や新聞が取材に来て、全校生徒の前で表彰され、ニュース番組にも取り上げられた。授賞式当日は有名な映画監督に絶賛され、東京の大きな映画館で三日間上映された。その日々は、私たちに、これから先、映画で食べていくという自信を与えてくれた。

「卒業しても、これからもずっと、映画を撮ろうね。」

泣きながら、サキのさっきの言葉を思い出して、口にする。

進路が違っても、住む街が変わっても、『リーラ・ノエル』という居場所がある限り、私たちは一緒だ。(5)私たちはこれから先も映画を撮り続ける。

それは、恋愛映画の中で描かれる運命の出会いの瞬間のような、未来への確かな予感だった。

（瀬那和章「わたしたち、何者にもなれなかった」による）

〔注〕コンテ――映画の撮影台本。

〔問1〕(1)私はその隣で、チクチクと一定リズムで回るファンの音に苛立ちながら、世界史の参考書にマーカーを引いていた。とあるが、この表現について述べたものとして最も適切なのは、次のうちではどれか。（5点）

ア、受験に向けた勉強が進まず神経質になっている「私」の様子を、多角的に分析して捉え、音と色彩を描き分けて対照的に表現している。

イ、勉強がはかどらないことで、自分自身に腹を立てている「私」の様子を、時間の経過とともに順序立てて分かりやすく表現している。

ウ、勉強に集中することができずにあせりを感じている「私」の様子を、擬音語を用いて心情と重ねることで、印象的に表現している。

エ、参考書を前にして平静を保つことができない「私」の様子を、味気ない部室の雰囲気とともに描くことで、誇張して表現している。

〔問2〕(2)「そんなの、夢物語だよ。」とあるが、私がサキにこのように言ったわけとして最も適切なのは、次のうちではどれか。（5点）

ア、いずれ社会人となれば、四人で映画の撮影を続けるのは難しいと思っていることを、将来に対して楽観的なサキに伝えたかったから。

イ、映画を撮り続けるためには、撮影の体制を充実させる必要があるということを、カメラを回すことに必死なサキに言いたかったから。

ウ、四人がそれぞれの道に進むことを決めた今、現状維持のままでよいのかと抱いた疑問を、思い切ってサキに投げかけようと思ったから。

エ、日常の様子をカメラに収めるサキの姿から、高校生による映画制作の限界を感じ取り、映画部の解散をサキに提案しようと考えたから。

〔問3〕(3)涙がこぼれた。止まらなくなった。とあるが、このときの私の気持ちに最も近いのは、次のうちではどれか。（5点）

ア、四人の仲間の関係について心配していたが、賞の受賞により状況が劇的に転換し、親密な友人関係を結ぶことができると喜ぶ気持ち。

イ、大丈夫というサキの言葉により、今後撮影する映画は高い評価を得ると確信し、監督として将来やっていく手応えを感じている気持ち。

ウ、弥生と佐和子が受賞を喜びながらも、連絡をもらった際のサキの行動を責めていることから、四人の関係が崩れそうで悲しく思う気持ち。

エ、サキの言葉が現実のものとして心に響き、自分たちが成し遂げたことに改めて誇りをもつとともに、その結果に対して感動する気持ち。

〔問4〕(4)サキだけは、計画通りに事が進んだというように笑っていた。とあるが、この表現から読み取れる「サキ」の様子として最も適切なのは、次のうちではどれか。（5点）

ア、最優秀賞の受賞によって、仲間からの信頼を回復することができるだろうと考え、コンクールへの応募は大成功だったと思っている様子。

イ、受賞した賞は単なる通過点であり、自分の将来の希望を実現するために、仲間と別れて映画の撮影をすることができると喜んでいる様子。

ウ、今回の賞を目標に据えて部の活動を続け、応募した作品に対して自信をもっていたことから、大きな賞を受賞した状況に満足している様子。

エ、以前から賞には興味がなく、思い出として映像に残したいと思っていた仲間の姿を撮ることができ、思い残すことはないと感じている様子。

〔問5〕(5)私たちはこれから先も映画を撮り続ける。とある

が、このときの「私」の気持ちに最も近いのは、次のうちではどれか。　　　（５点）

ア、勉強に集中できない自分の将来を案じて、『リーラ・ノエル』の活動に時間を費やしてきた生活を後悔していたが、賞の受賞によって、同じ思いをもつサキとだけは一緒に映画を撮影したいと思う気持ち。

イ、自分たちの未来について抱いていた不安が、賞の受賞による喜びを通して自信に変わり、『リーラ・ノエル』として四人で映画の撮影をし続ける未来を思い描いて、共に活動していこうと思う気持ち。

ウ、賞の受賞によって周囲から喝采を浴びたことで、四人それぞれが自分の撮りたい映画を個々に撮るようになっても、『リーラ・ノエル』という思い出の場所があれば、生きていくことができると思う気持ち。

エ、目標としていた賞を受賞したことで、高校卒業後に進む予定だった進路を変更し、三年間続けてきた映画部の活動を心の支えとして、四人で新たに設立した『リーラ・ノエル』で仕事をしていこうと思う気持ち。

四（論説文）内容吟味・段落吟味・課題作文

次の文章を読んで、あとの各問に答えよ。（＊印の付いている言葉には、本文のあとに〔注〕がある。）（計30点）

宇宙の大原則に「エントロピー増大の法則」がある。エントロピーとは乱雑さのことであり、この世界のすべてのものごとは、時間の経過とともにエントロピーが増大する方向に進む。壮麗豪華な白亜の神殿も年月とともに風化・崩壊し、フェルメール＊の傑作でさえも退色し、機器も損耗する。整理整頓してあった机もあっという間にファイルや書類の山と化す。つまりこの世界では、あらゆる秩序はあまねく崩れ、乱雑になっていく方向にしか進まない。（第一段）

価値を生み出すこと。商品を作り出すこと。ビジネスモデルを考案すること。利益を生み出すことは、結局のところ「エントロピー増大の法則」に抗(あらが)って、乱雑さの中から秩序を創出することに他ならない。宇宙の大原則に逆らって行う行為である以上――つまり坂を転がり落ちる岩を止めるようなものである以上――エネルギーがいる。そして、最終的には決して宇宙の大原則には勝つことができないゆえに、止めた岩はまもなく転がり落ちてしまう。(1)つまり、ありていに言えば、商行為とは、使ったエネルギーよりも作り出した秩序により大きな価値を創造すること、そしてその秩序が再び無秩序に還(かえ)るまえに、その状態を転移することである。たとえば、川底の土砂の中から、砂金を取り出してくること。精製は乱雑さの中から秩序を生み出す作業、つまりエントロピーを下げる行為である。だからそこに価値が生まれる。逆に、土砂の中に砂金を混ぜること。足し算なので価値が加算されるように見えて、一瞬にして価値は無に帰す。エントロピーが増大するからだ。いったん混ぜたものを再びセパレートするには膨大な労力を要する。しかも混ぜることは常に危険を孕(はら)む。混ぜることで、乱雑さがより拡散することになり、大きなリスクを生み出しうる。（第二段）

絶え間なく増大するエントロピーと必死に闘っているのは何も商社パーソンだけではない。もっとも果敢にエントロピー増大の法則と対峙(たいじ)しているのは何あろう、もっとも高度な秩序を維持している私たち生命体である。如何(いか)にして。（第三段）

私は生命のこの営為を「動的平衡」と名づけた。（第四段）

生命にとって、エントロピーの増大は、老廃物の蓄積、加齢による酸化、タンパク質の変性、遺伝子の変異……といった形で絶え間なく降り注いでくる。油断するとすぐにエントロピー増大の法則に凌駕＊(りょうが)され、秩序は崩壊する。それは生命の死を意味する。これと闘うため、生命は端から頑丈に作ること、すなわち丈夫な壁や鎧(よろい)で自らを守るという選択をあきらめた。そうではなく、むしろ自分をやわかく、ゆるゆる・やわやわに作った。その上で、自らを常に、壊し分解しつつ、作りなおし、更新し、次々とバトンタッチするという方法をとった。この絶え間のない分解と更新と交換の流れこそが生きているということの本質であり、これこそが系の内部にたまるエントロピーを絶えず外部に捨て続ける唯一の方法だった。動きつつ、釣り合いをとる。これが動的平衡の意味である。（第五段）

生命の秩序は、過去三八億年、エントロピー増大という宇宙の大法則と対峙しながら、今日まで連綿と引き継がれてきた。これはエントロピー増大の法則を打ち破ったという意味ではない。打ち負かされそうになりながらも、絶えずずらし、避け、やり過ごしながら、ここまで来た、ということである。つまり生命は大勝することはなかったものの、大敗もしなかった。(2)動的平衡を基本原理として、（大きく）変わらないために（つねに小さく）変わり続けてきたからだ。（第六段）

動的平衡の原理を、人間の営み、人間の組織に当てはめて考えることができるだろうか。生命は、細胞、タンパク質、DNAなどの構築物を作り出しているが、その作り方は基本的には一通りである。これに対して、細胞の解体、タンパク質の分解、遺伝子情報の消去や抑制の方法は、千差万別、何通りもあり、いついかなるときでも分解が滞らないように、何重にもバックアップが用意されている。つまり生命は、作ることよりも、壊すことのほうをより一生懸命にやっている。これは第一義的にはエントロピー増大を防ぐためだが、もう一つ重要な意味を持つ。それは、つねに動的な状態を維持することによって、いつでも更新でき、可変であり、不足があれば補い、損傷があれば修復できる体制をとっているということだ。だからこそ生命は、環境に柔軟で適応的であり、進化が可能になる。そして動的平衡において重要なのは構成要素そのものよりも、その関係性にある、という点だ。（第七段）

自動車は走りながら故障を直すことなどできない。それは構成要素の機能分担が一義的に決まっていて、しかもその役割が機械論的なアルゴリズム＊の中に一義的に固定されているからだ。どれか一つが壊れれば交換するしかない。（第八段）

しかし生命の構成要素（細胞、タンパク質、遺伝子など）は、絶えず更新され、動的であるがゆえに、その関係性は可変的で柔軟だ。もし何かが欠落したり、不足したとしても、増減を調整したり、ピンチヒッターになりかわったり、バイパスを作ったりして、問題にすぐに対処できる。構成

要素はどれも基本的には多機能性であり、異なる役割を果たしうる。（第九段）

　さらに大切なことは、生命の動的平衡は自律分散型である、ということだ。個々の細胞やタンパク質は、ちょうどジグソーパズルのピースのようなもので、前後左右のピースと連携を取りながら絶えず更新されている。ピース近傍の補完的な関係性（相補性）さえ保たれていれば、ピース自体が交換されても、ジグソーパズルは全体としてゆるく連携しあっており、絵柄は変わらない。（第十段）

　新しく参加したピースは、郷に入っては郷に従うの言のとおり、周囲の関係性の中で自分の位置と役割を定める。既存のピースは、寛容をもって新入りのピースのために場所を空けてやる。こうして絶えずピース自体は更新されつつ、組織もその都度、微調整され、新たな平衡を求めて、刷新されていく。（第十一段）

　(3)そして個々のピースは、いずれも必ずしも鳥瞰的に全体像を知っている必要はない。ローカルで、自律分散型で、しかも役割が可変的であること。これが生命体の強みである。生命は自律分散的な細胞の集合体であり、各細胞はただローカルな動的平衡を保っているだけだ。脳は生命にとって実は「中枢」ではない。むしろ知覚・感覚情報を集約し、必要な部局に中継するサーバー的なサービス業務をしているにすぎない。情報に対してどのように動くかはローカルな個々の細胞や臓器の自律性に委ねられる。（第十二段）

　かつてサッカーの監督と対談したときのこと。読書家の監督は、私の動的平衡論を読んで、高く評価してくださった。そして、これは組織論としても応用可能だ、各選手が、自律分散的に可変性・相補性をもって状況に対応できれば最強のサッカーが実現される、という主旨のことをおっしゃってくださった。（第十三段）

　この議論をさらに進めれば、自律分散的な動的平衡のサッカーにおいて、少なくとも試合のまっただ中においては、いちいち指示を出す必要のないゲームが実現するだろう。おそらく理想の組織とはそういうものではないだろうか。（第十四段）

（福岡伸一「動的平衡3」による）

〔注〕フェルメール――十七世紀のオランダの画家。
凌駕――他をしのいで、その上に出ること。
アルゴリズム――問題を解決するための手法・手順。

〔問1〕(1)つまり、ありていに言えば、商行為とは、使ったエネルギーよりも作り出した秩序により大きな価値を創造すること、そしてその秩序が再び無秩序に還るまえに、その状態を転移することである。とあるが、「使ったエネルギーよりも作り出した秩序により大きな価値を創造すること」とはどういうことか。次のうちから最も適切なものを選べ。（5点）

ア、乱雑化に抗うために使う労力よりも、普遍的な原理を創造することによって、強力にエントロピー増大の法則を克服するということ。

イ、乱雑さの中から秩序を創出するために消費したエネルギーよりも、創出させた秩序によって、大きな利益を生み出すということ。

ウ、宇宙の大原則に挑む労力よりも、混ぜることで高まった価値が導く秩序によって、小さな労力で乱雑化を回避できるということ。

エ、エントロピー増大を止めるために使う時間よりも、ビジネスモデルの考案によって、効率的な秩序の創造ができるということ。

〔問2〕この文章の構成における第三段の役割を説明したものとして最も適切なのは、次のうちではどれか。（5点）

ア、前段で述べた内容を受けて、乱雑化という課題に対する具体的な解決方法を示すことで、筆者の論旨を理解しやすくしている。

イ、前段で述べた内容を受けて、生命の本質に関わる自説の根拠となる事例を並べて紹介することで、論の妥当性を主張している。

ウ、前段で述べた内容を受けて、エントロピー増大の法則について順序よく整理しながら説明することで、問題の所在を明らかにしている。

エ、前段で述べた内容を受けて、筆者の主張である生命の維持につながる新たな視点を提示することで、論の展開を図っている。

〔問3〕(2)動的平衡を基本原理として、（大きく）変わらないために（つねに小さく）変わり続けてきたからだ。とあるが、「（大きく）変わらないために（つねに小さく）変わり続けてきた」とはどういうことか。次のうちから最も適切なものを選べ。（5点）

ア、生命が、自然の摂理に打ち負かされないために、強固な防御体制を少しずつ構築していくことで、自らを危機から守ってきたということ。

イ、生命が、宇宙の大原則に支配されないために、少しずつ分解と更新を行い、自らの内部にエントロピーを蓄積させ続けてきたということ。

ウ、生命が、致命的な秩序の崩壊を招かないために、自らを柔軟にして分解や更新を少しずつ行い続けて、釣り合いをとってきたということ。

エ、生命が、自らの大規模な崩壊を防ぐために、個体の構成要素を不変にすることで、危機を乗り越える強さを徐々に備えてきたということ。

〔問4〕(3)そして個々のピースは、いずれも必ずしも鳥瞰的に全体像を知っている必要はない。とあるが、筆者がこのように述べたのはなぜか。次のうちから最も適切なものを選べ。（5点）

ア、生命体を構成する個々のピースは、周囲のピースと連携して絶えず作り直されながら、全体として相補的に平衡を保っているため、個々のピースがその生命体全体を把握している必要はないと考えているから。

イ、生命体を構成する個々のピースは、近傍と補完的な関係性をもちながら、脳からの指示・命令を直接受けて動いているため、個々のピースがその指示系統全体を把握している必要はないと考えているから。

ウ、生命体を構成する個々のピースは、ジグソーパズルのピースのように固有の形によって位置が決められ、平衡を保っているため、個々のピースが自分の立場を把握している必要はないと考えているから。

エ、生命体を構成する個々のピースは、それぞれに割り当てられ固定された役割を果たすことで、全体の機能を維持しているため、個々のピースがその役割の意味を把握している必要はないと考えているから。

〔問5〕 **思考力** 国語の授業でこの文章を読んだ後、「理想の組織」というテーマで自分の意見を発表することになった。このときにあなたが話す言葉を具体的な体験や見聞も含めて二百字以内で書け。なお、書き出しや改行の際の空欄、、や。や「などもそれぞれ字数に数えよ（20字詰×10行、原稿用紙＝省略）。　（10点）

五 （対談文・古文）内容吟味・段落吟味・口語訳・仮名遣い

次のAは、松尾芭蕉に関する対談の一部であり、Bは対談中で話題にしている芭蕉の言葉が引用されている「＊三冊子」の原文である。［　］で囲った文章はBの現代語訳である。これらの文章を読んで、あとの各問に答えよ。（＊印の付いている言葉には、本文のあとに〔注〕がある。）　（計25点）

A
山本　利休と芭蕉という題目は、結局芭蕉が『笈の小文』という紀行文の冒頭に書いた有名な文句に、芸術の四人の先達のことを、「西行の和歌における、＊宗祇の連歌における、雪舟の絵における、利休の茶における＊貫道するものは一なり」と言った真意を尋ねることです。そこに芭蕉が自分の精神的な先達として利休の名をあげているということですね。わたくしは利休と芭蕉とは、やった仕事は非常に違うけれども、しかしその精神は共通しているものがあるように思えるのです。利休と芭蕉とどういうところで一致し、どういうところで違っているか、少し自由な立場で考えてみたらどうだろうかという感じがしたんです。

井上　芭蕉はその自分の尊敬する先輩芸術家の選び方というのは的確ですね。

山本　(1)ええ、わたくしもね、この四人の選択に芭蕉の一つのある大事な心の傾向が、はっきり表れていると思います。それは一体どういうことだろうと、いろいろ考えたんですけどね。そしてまたこの四人をあげたことで、日本人の芸術観、あるいは東洋人の芸術観といってもいいのかもしれないけど、とにかく日本人の芸術観と、ヨーロッパ人の芸術観はかなり違った面があるということを物語っているんじゃないかと思うんですよ。というのは、利休がどうして芸術家なのか。作品はなにも残していないじゃないか。ああいう、お茶なんていうものはちっとも形の残らないものですね。ああいったものを芸術と認める伝統が日本にあるわけですね。

井上　そうですね。

山本　やっぱりね、芸術ははっきり形として残す、記念碑的なものを残す、造形するということなんですね。ところがお茶は、何を残したか。もちろん利休はなんかを残してる。利休が作った茶室だとか、庭だとか、あるいは花筒を作ったり、茶さじを削ったりしたということはあるわけだけれども。そういうことは末の末なんで、ほんとの目標は、やっぱり茶室で茶を主客飲み合うという無形のことでしょうからね。これは一つも形は残らない。

井上　あれなんかある鑑賞の仕方といったようなもの、そういうものに非常に仕事の上で共感するものがあるんでしょうかね。

山本　ウン、芭蕉と。

井上　芭蕉と利休のあいだに。ぼくはあの連歌や＊連句というものがなかなか鑑賞できないんですがね。

山本　むずかしいですね、あれは。

井上　ただあれがすばらしいものだろうなということはわかりますね。確かにあれはあの場に自分も一員として参画し、自分もほかの人の発句を鑑賞して、それらを理解して、そしてそれをさらに進めていくような形で自分のものを出していくわけですね。(2)よほどちゃんとした鑑賞というのが行われないとできない。

山本　そうですね。

井上　ですから、わたしならわたしが第三者として、あとになってあれを読むと、なかなか理解できないですね。だけど、その喜びはお茶、茶室におけるいわゆる一期一会ですけど、茶室における喜びも消えると同じように消えるんでしょうね。

山本　(3)消えるんです。そこなんですよ。そこをね、わたしは一致点の一番大きな根本だと思う。

井上　ああ、そうですか。わたしもね、なんとなく漠然とそんなことを感じたんです。

山本　だからね、芭蕉の連句というもの、あれはその座敷で、ある空間でですね、何人かの主客が一座して、そして連句を巻くという、その純粋な、煮つめられたように密度の高い空間と時間とを持つことが、究極の目標なわけです。それを記録として＊懐紙に書いて、作品が残りますね。だけどそれは、その時の楽しみの＊滓だというんです。

井上　ほんとうですね。

（中略）

山本　利休はやっぱり和歌なんかを非常によく読んで、定家だとか、あるいは新古今の歌ですね、そういったものを非常によく読んで、それを自分の芸術境地の観念的な目標にしています。

井上　ええ、利休の教養もたいしたものですが、芭蕉のあの持ってる教養というのはすごいですね。中国の文学の教養もすごいです。杜甫なども出てきますね。

山本　杜甫はもう一番好きだったんですね。それから日本の古典でしょうけどね。しかし、そういう教養プラス彼の人生教養なんです。つまり、いろんな人間の心をよく知ってたということでしょうね。

井上　そうですね。

山本　農民でも、町人でも、武士でも、お公家さんでも……。そういうことから見ると＊西鶴よりもよっぽど広いですよ、人間を知っている幅が。

井上　なるほど。

山本　それは、発句じゃわかんない。連句でわかる。

井上　連句でわかるんですか。

山本　連句でわかるんです。

井上　はあ。

山本　芭蕉の言葉で、「(4)東海道の一筋も知らぬ人、風雅に覚束なし」というのがあります。これは言わば、芭蕉と一緒に俳諧をやる連中の資格を言った言葉なんですね。資格としてはやっぱり一度でも人の往来のはげしい東海道を旅して、いろんな人たちの人生に触れて、豊富な人生智を蓄えているということですよね。

井上　そういうことですね。

（井上靖、山本健吉ほか「歴史・文学・人生」による）

B　旅の事、ある俳書に、「師の曰く、連歌に旅の句三句(ア)つづき、二句にてする(イ)よし。多く許すは神祇・釈教・恋・無常の句、旅にて離るる所多し。今、旅・恋難所にして、また一節この所にあり。旅体の句は、(ウ)たとひ田舎にてするとも、心を都にして、逢坂をこえ、淀の川舟にのる心持、都の便求むる心など本意とすべし、とは連歌の教なり」とあり。

また、「東海道の一筋もしらぬ人、風雅におぼつかなし、ともいへり」と(エ)あり。

（「新編　日本古典文学全集」による）

旅の（句の）こと（については）ある俳書に、「芭蕉先生の言われるには、『連歌では旅の句は三句続き（であるが、俳諧では）二句（続き）でするのがよい。多く（続けるのを）許すのは神祇・釈教・恋・無常の句（であって、その種の句は、次の付句が）旅（の句）で転換する場合が多い。当世では、旅と恋との句は（付け方が）むつかしく、（それだけに）又ひとかどのおもしろさもこの（旅と恋との句の）個所にある。（旅の様子の句は、たとえ田舎で（連歌）を作るときでも、心を都に置いて、逢坂の関を越えるとか、淀の川舟に乗っている気持ちとか、都へよき言づてを頼む気持ちなどを本意にするのがよい）とは連歌の教えである』」とある。又、『東海道の一つさえ旅したことのないような人は、俳諧の方でも頼りない』とも言われた」とある。

（森田峠「三冊子を読む」による）

〔注〕三冊子――江戸時代の俳人服部土芳が著した俳論書。
宗祇――室町時代の連歌師。
連歌――「俳諧の連歌」のこと。和歌の上の句と下の句を互いに詠み続けていく歌の形式。
貫道するものは一なり――（芸道を）貫いているものは同一である。
連句――「俳諧の連歌」の別称。
懐紙――連歌を書き留める和紙。
滓――良い所や必要な部分を取り去ったあとの残りの部分。
西鶴――井原西鶴。江戸時代に活躍した文化人。
神祇――天の神、地の神のこと。
釈教――仏教の教え。
逢坂――逢坂山。現在の滋賀県にある。
淀の川舟――淀川を伏見から大阪へ下る川船。

〔問1〕(1)ええ、わたくしもね、この四人の選択に芭蕉の一つのある大事な心の傾向が、はっきり表れていると思います。とあるが、「芭蕉」の「心の傾向」を説明したものとして最も適切なのは、次のうちではどれか。（5点）

ア、芭蕉は利休が作った茶室や庭に芸術性を見いだしており、茶そのものではなく、利休の残した様々な作品について高い価値を認めている。

イ、芭蕉は利休の残した茶の文化の精神性を尊重しており、西洋人と東洋人の芸術観について比較する上で、利休が適していると思っている。

ウ、芭蕉は自分の目標として利休の名をあげており、他の三人の先達と比較をすることで、利休の芸術性の高さを広く伝えようとしている。

エ、芭蕉は四人の先達の一人に利休をあげており、有形のものだけではなく、主客で茶を飲み合うといった無形のものも芸術として捉えている。

〔問2〕(2)よほどちゃんとした鑑賞というのが行われないとできない。とあるが、ここでいう「ちゃんとした鑑賞」とはどういうことか。次のうちから最も適切なものを選べ。（5点）

ア、連歌・連句への理解があり、句を進めていくために、参加者同士が他者の発句の内容に加えて相手の意図や思いをくみ取っていくこと。

イ、連歌・連句への理解があり、参加していない第三者に対して詳しく説明するために、相手の創作した作品を正確に記憶しておくこと。

ウ、連歌・連句への理解があり、作品の良い点や改善点を明確に伝えるために、発句の特徴について理論的に筋道を立てて批評すること。

エ、連歌・連句への理解があり、後世の人に連歌・連句のすばらしさを残していくために、その場の雰囲気や発句を詳細に記録しておくこと。

〔問3〕(3)消えるんです。そこなんですよ。そこをね、わたしは一致点の一番大きな根本だと思う。という山本さんの発言が、この対談の中で果たしている役割を説明したものとして最も適切なのは、次のうちではどれか。（5点）

ア、井上さんの、茶の文化に関する発言について疑問を抱き、それまでの対談の内容と別の事例を示すことで、具体的な発言を引き出している。

イ、井上さんの、一期一会に関する発言に賛同し、自分のもっている考えと共通する内容について強調することで、話題を焦点化させている。

ウ、井上さんの、連歌・連句に関する発言を不思議に思い、新たな視点として自分の独自の考えを述べることで、対談の内容を深めている。

エ、井上さんの、発句の鑑賞に関する発言に共感し、感覚的な言葉を用いて自分の解釈との違いを示すことで、話題の転換を図っている。

〔問4〕(4)「東海道の一筋も知らぬ人、風雅に覚束なし」とあるが、[　　]の現代語訳において「風雅に覚束なし」に相当する部分はどこか。次のうちから最も適切なものを選べ。（5点）

ア、転換する場合が多い

イ、本意にするのがよい
ウ、旅したことのない
エ、俳諧の方でも頼りない

〔問5〕 基本 Bの中の——を付けたア～エのうち、現代仮名遣いで書いた場合と異なる書き表し方を含んでいるものを一つ選び、記号で答えよ。（5点）

東京都立 日比谷高等学校

時間	50分
満点	100点
解答	P15
2月21日実施	

出題傾向と対策

●一・二漢字の読み書き、三小説文（省略）、四論説文、五和歌を含む論説文の五題構成。読解問題は、自分で考えた単語を答える問題、書き抜き問題各一問、五十字以内と六十字以内の記述各一問、論説文のテーマに関して具体例を挙げて自分の考えを述べる二百五十字以内の課題作文一問の他は全て選択問題だが、難問が多い。

●過去問を利用して難度の高い長文に慣れ、選択肢の内容を本文と照合し吟味、分析する力を付けるとともに、読み取った内容や自分の考えを記述する作文力を涵養する。

注意　答えに字数制限がある場合には、、や。や「などもそれぞれ一字と数えなさい。

一 漢字の読み書き　よく出る　基本

次の各文の——を付けた漢字の読みがなを書け。（各2点、計10点）

(1)性懲りもなく挑戦し続けた。
(2)彼女の挙措に強い感銘を受けた。
(3)拙劣な政策に人々は驚きあきれた。
(4)気にしていた仕事の進捗の具合を尋ねる。
(5)自縄自縛に陥り、身動きが取れなくなってしまった。

二 漢字の読み書き　よく出る　基本

次の各文の——を付けたかたかなの部分に当たる漢字を楷書で書け。（各2点、計10点）

(1)おみくじを神社の木にユわえる。
(2)それは許しがたいハイシン行為だ。
(3)彼女はイットウチを抜く秀才であった。
(4)彼とはコンリンザイ話をしないことにした。
(5)あの方はまれに見るハクランキョウキの人である。

三 （省略）伊与原新「アンモナイトの探し方」より　（計28点）

四 〔論説文〕内容吟味・課題作文　難

次の文章を読んで、あとの各問に答えよ。（＊印の付いている言葉には、本文のあとに〔注〕がある。）（計32点）

最近、＊「AIが人間を超える」とさかんに言われるようになりました。しかし、そうした議論には、与（くみ）しません。

もちろん、特定のジャンルで人間を超えることはありえます。私が最初にAIに興味を持ったのは将棋がきっかけでしたが、将棋や囲碁はゲームですから、一定のアルゴリズム（計算方法）で処理ができる。だから、あらゆる手を吟味できるAIの処理能力を大きくして、高速化すれば、AIが人間を負かすのは当たり前です。

そもそも、人間はコンピューターやAIと勝負する必要はありません。たとえば、百メートル走をオートバイと競う人がいるでしょうか。同様に、計算に特化したAIと人間が計算で争ったところで、AIが勝つに決まっているんですから。

また、AIが生物のようになる可能性はあり得ません。もちろん、コンピューターの世界のなかでなら既に実現しているし可能ですが、物質の世界で分子から組み立てていくことはできません。なぜなら、人工的に作れた細胞はないからです。

さらに言うと、脳の観点から見れば、人間とAIは全くの別物です。ゼロとイチの二進法のアルゴリズムで動くAIが、人間の脳を本質的に超えるということはないでしょう。

ただ、これからAIが発達するにつれて、大きな問題が起きるとも思っています。コンピューターやAIが行っているデジタル処理のあり方が、これまで以上に「人間の存在」を大きく規定していくことは間違いありません。つまり、人間が「情報化」されていくのです。

人間の「情報化」とはどういうことか。人間の根本的な部分から説明していきたいと思います。

人間とAIの関係をみていくには、人間と動物の違いを考えることが有効です。

(1)人間とは「意識＝理性」によって、「同じ」という概念を獲得した生き物です。それによって「等価交換」ができるようになり、言葉やお金、民主主義を生み出しました。

反対に、動物は「同一である」ということが理解できません。「＊感覚所与＝現実、事実」に依拠しているため、「同じ」とは対立する「差異」によって、物事の判断を行っています。

たとえば、〝同じ〟コップがここに二個あるとします。しかし、別々のものとして、違う場所にあるわけですから、動物にとっては、それは〝違う〟コップです。

それを人間が〝同じ〟と認識するのは、脳が「意識＝理性」によって判断しているからです。

「同じである」、つまり「a＝bゆえにb＝a」という「交換の法則」にまつわる有名な故事があります。「朝三暮四」という四字熟語は、〈宋の狙公が、飼っていたサルに「トチの実を朝に三つ、夜には四つやる」と言ったら、サルが「少ない」と怒った。「では、朝に四つ、夜三つやろう」と言うと喜んだ〉という話です。

大きいほうの利益を先に得るということで、考えの浅い「短見」の例として挙げられますが、実は、動物には等価交換がわからないということを表していると言えます。

人間にとっては、どちらも「一日に七つ」で同じ数であっても、感覚を優先する動物にはイコールが理解できないということです。

しかし、実は生物学的に見ると、人間とチンパンジーの遺伝子は九八％同じです。

では、どこで両者の知能は分かれていくのか。

面白い研究があります。ある研究者が、自分の子どもと同じ頃に誕生したチンパンジーを探してきて、一緒に兄弟として育てました。そうすると、三歳くらいまではチンパンジーのほうがはるかに発育がよく、利口でした。ところが、三歳を過ぎて、四歳から五歳になってくると、ヒトはどんどん発育が進むのですが、チンパンジーは停滞しました。その頃にヒトとチンパンジーを分ける何かがあると言えます。

この分け隔てるものを、(2)認知科学では「心の理論」と名付けています。これは簡単な実験で確かめることができます。

三歳児と五歳児に舞台を見せておきます。舞台にはAとBの二つの箱を置いておく。そこへお姉ちゃんがやってきて、Aに人形を入れて、箱に蓋をしてからいなくなる。次にお母さんがやってきて、Aに入っている人形をBに移して、蓋をして、舞台からいなくなる。

次にお姉ちゃんが再登場し、このとき二人の子どもに「お姉ちゃんはどちらの箱を開ける？」と質問します。すると、三歳児は人形がいまどちらに入っているかを知っているから「Bを開ける」と答える。三歳児にとっては、現在の自分の知識が全てであり、お姉ちゃんの頭の中がどうなっているかは考えないからです。

しかし、五歳児だと、「お姉ちゃんは、お母さんが人形をBに移したことを見ていなかったから、元のAに入ったままだと思っているだろう」ということで「Aを開ける」と正解するのです。

人間は成長するにつれて、「同じ」という概念を獲得し、相手の立場に立つことができるようになるというわけです。

私は、三十年前に『唯脳論』を書き、現代は脳の時代で「脳化社会」であると定義しました。脳化社会とは、脳の機能である「意識」が創り出す社会という意味で、情報化社会とは、(3)社会がほとんど脳そのものになったということです。

あらゆる人工物は、脳機能の表出、つまり脳の産物に他なりません。そこでは、植物や地面などの自然すら、人為的に配置されています。われわれは自然という現実を無視し、脳という御伽噺の世界に住むことになり、自然から自己を解放したと記しました。

この三十年で急速に進んだデジタル化によって、社会の「脳化」はますます鮮明になり、世界が究極的な理性主義になっています。理性・理論は、万国共通です。理性をもっとも牽引しているのはアメリカですが、これには必然的な理由があります。アメリカ社会というのは、多民族、多文化で構成されていますから、公の議論というのは、最終的に理性的にならざるを得ない。つまり、〝差異〟をともなったローカルルールは通用しません。

「理性」を突き詰めたのがコンピューターであり、その先にあるAIです。ゼロとイチだけでできたデジタル世界は、「同じ」の極致と言えます。

一方、わたしたちの身の回りの生活を見てみると、現代の都市というのは、「同じ」であることを突き詰め、(4)どんどん「感覚をそぎ落としている」ということがよくわかります。

オフィスを見れば、照明の明るさは変わらず、床は全部平面で同じ固さ。外の天気にも左右されることはありません。しかも、ゴキブリも出てこないし、蚊だってハエだって飛んでいない。つまり、無意味なものが一切ないのです。

同じものが追求される都市化された社会の影響は、人間の行動にもあらわれています。

たとえば、医療現場では、患者の血圧を測っていても、医者は相手の表情や様子を見るのではなく、カルテやパソコンの画面ばかり見ている。要するに医者は、患者という生身の人間ではなく、「人体に関する情報」を読み取っているだけです。

五、六年前、「人間の情報化」について考えるきっかけになった出来事がありました。

銀行に行って手続きをしようとしたら、事務員に「本人確認の書類はお持ちですか？」と聞かれたのです。私は運転免許証を持っていないし、健康保険証も病院に来たわけじゃないから持ってきていませんでした。するとその事務員は、「困りましたね。養老先生ってわかっているんですけどね……。」と言いました。私本人が目の前に立っているのに、相手が必要なのは書類、つまり情報ということです。

私は、「はて、相手が言っている本人ってなんだろう」

と悩んでしまった。だったら、うちで飼っている猫が、私の身分証明証をくわえて行けば、それでいいのでしょうか……。

このときのことがずっと頭の中にひっかかっていて、数年考え続けていたのですが、あるとき、「最近の新入社員は、同じ部屋で働いているのに、メールで報告してきやがる」と言う上司がいました。私は、「あっ！」と気付きました。「本人はいらないんだ！」と。

つまり、現代社会における「本人」というのは「ノイズ」でしかないということです。情報化されず、コンピューターシステムに取り込むことができない、身体を伴う「本人」は不要なものになっている。

要するにデジタル化を追求すると、関係のないものはそぎ落とされた「データ」だけが必要とされるようになるのです。

しかし、意味のあるものだけに囲まれていると、いつの間にか、意味のないものの存在が許せなくなってしまうということを忘れてはいけません。

(5)果たして「人間の情報化」の行き着く先に、人間が本当に求めている世界はあるのでしょうか。私は、デジタル的な理性一辺倒の世界は、本来の人間には合わないと感じています。

（養老孟司「ＡＩ無能論」による）

〔注〕ＡＩ――Artificial Intelligence の略。人工知能。
感覚所与――感覚としてあらかじめ与えられるもの。

〔問１〕思考力 (1)人間とは「意識＝理性」によって、「同じ」という概念を獲得した生き物です。それによって「等価交換」ができるようになり、言葉やお金、民主主義を生み出しました。とあるが、人間は「言葉」をどのようにして生み出したのか。五十字以内で書け。（8点）

〔問２〕(2)認知科学では「心の理論」と名付けています。とあるが、認知科学で、これを「心の」とするのはなぜか。その理由を説明したものとして最も適切なものは、次のうちではどれか。（4点）

ア、人間が、感覚ではなく、「心」といえるものを具体的な実在として初めて実感する理論であるから。

イ、肉体的な成長によるものではなく、表面的には出てこない「心」の成長についての理論であるから。

ウ、単なる理解ではなく、他の人の「心」を推察する能力を身に付ける過程についての理論であるから。

エ、同じ人間の一部でありながら、身体を支配する主体としての「心」の優位性を示す理論であるから。

〔問３〕(3)社会がほとんど脳そのものになった　とあるが、どういうことか。これを説明したものとして最も適切なものは、次のうちではどれか。（4点）

ア、環境が全てデジタル情報によって構築されて、人の感覚に基づいた価値よりもデータとしての正しさが優先されているということ。

イ、社会のあり方が、人間の脳のあり方を意識して、あらゆる要素を関連づけて作られ、人の脳による支配が可能になったということ。

ウ、現実の環境が、コンピューター上の仮想空間において検証されたものを模範として作られ、現実感のないものになったということ。

エ、自分たちの身の回りの世界が、最も効率的に利用されるように、全ての物が意識的に作られ、配置されたものになったということ。

〔問４〕(4)どんどん「感覚をそぎ落としている」ということとあるが、どういうことか。これを説明したものとして最も適切なものは、次のうちではどれか。（4点）

ア、個々が感覚を研ぎ澄まして個性的な状態を競い合うのではなく、互いに同じであることを前提にして、同じ環境同じ条件で自由に競い合い、それが平等に認められるのが都市空間のあり方だということ。

イ、同じ快適さを求める都市空間では、不快をもたらすさまざまな要素を排除していくから、与えられる刺激によってそれぞれの人に呼び起こされるべき感覚が発生しない状況を作り出しているということ。

ウ、現代の都市での生活は、システムを含めて全て計算され尽くしてできあがっているので、個人個人がそれぞれの感覚でどう感じとったかということは、ほとんど問題にもされなくなっているということ。

エ、現代社会は、科学の発達と高度な技術によって環境が整えられているので、それぞれの個人がどう感じるかという感覚は否定されて全体でどう評価されるかが問題とされるようになっているということ。

〔問５〕思考力 (5)果たして「人間の情報化」の行き着く先に、人間が本当に求めている世界はあるのでしょうか。とあるが、このことについて、筆者の指摘する「人間の情報化」がどのようなものであるか、これに該当する具体的な例を示した上で、あなたの考えを二百五十字以内で書け。なお、、や。や「などのほか、書き出しや改行の際の空欄もそれぞれ字数に数えること。（12点）

五　（省略）久保田淳「西行　長明　兼好　草庵文学の系譜」より　（計20点）

東京都立 西高等学校

時間 50分　満点 100点　解答 P15　2月21日実施

出題傾向と対策

●漢字の読み書き二題、小説文、論説文、古文を含む論説文の五題構成は例年どおり。選択問題中心だが、記述、書き抜き、論説文の内容を踏まえた課題作文も出題された。どの問題も長文で、設問も思考力を要する難問が多く、試験時間内に解き終わるにはかなりの努力が必要。

●過去問を利用して、難度の高い長文に慣れるとともに、選択肢を本文の内容と照合しながら正否を判断できる分析力と、読み取ったことやそれに対する自分の考えをまとめる記述力、作文力の養成に努める学習が必須。

注意　答えに字数制限がある場合には、、や。や「なども それぞれ一字と数えなさい。

一　漢字の読み書き　よく出る　基本

次の各文の――を付けた漢字の読みがなを書け。　(各2点、計8点)

(1)人手を割く。
(2)筆舌に尽くしがたい。
(3)大きな鐘声が響き渡る。
(4)昔は弊衣破帽の風俗が流行した。

二　漢字の読み書き　よく出る　基本

次の各文の――を付けたかたかなの部分に当たる漢字を楷書で書け。　(各2点、計8点)

(1)タダちに出発しよう。
(2)文書のシハイに迫る意気をもって読み進める。
(3)市民にベンエキを与える施設を作る。
(4)学者たちの意見はヒャッカソウメイの様相を呈した。

三　(小説文)内容吟味

次の文章を読んで、あとの各問に答えよ。(＊印の付いている言葉には、本文のあとに〔注〕がある。なお、▼印の付いている言葉は、全て将棋の戦い方に関する語である。)　(計26点)

〔野崎翔太(のざきしょうた)は、プロ棋士の有賀(ありが)先生が指導する朝霞(あさか)こども将棋(しょうぎ)教室に通う小学5年生である。以前は少年野球チーム「ファルコンズ」に所属して野球に打ち込んでいたが、小学4年生の時に転校したことをきっかけに、今度は将棋に熱中するようになった。順調に将棋の腕を上げていく翔太だったが、小学2年生の山沢(やまさわ)と対戦し、完敗してしまう。〕

> 将棋とは、王将(おうしょう)、飛車(ひしゃ)、角(かく)、歩(ふ)など8種類の駒を用いて行うゲームである。お互いが一手(一つ)ずつ駒を動かし、相手の王将(「玉(ぎょく)」とも呼ぶ。)がどこにも動けない状況(「詰み」と呼ぶ。)を作った側が勝ちとなる。「詰ます」というのは、相手を負かすことである。

ぼくは昼休みも教室に残り、頭のなかで▼横歩取り(よこふどり)の研究をした。放課後は盤と駒をつかってプロ同士の＊対局を並べる。そして▼詰め将棋をたっぷり解く。

アパートの部屋で、ひとりで将棋をしていると、山沢君の顔が頭に浮かんだ。小学2年生なのに厚いレンズのメガネをかけて、肌の色は白く、手足も細い。きっと、サッカーも野球も、あまりうまくはないだろう。

ぼくが山沢君について知っているのは、その程度だった。どこの小学校なのかや、何歳で将棋を始めたのかも知らない。山沢君だって、ぼくのことは名前と学年しか知らないはずだ。

(同じ将棋教室に通っていても、ぼくたちはおたがいのことをほとんど知らずに対局しているんだ。)

そのことに、ぼくは初めて気づいた。ファルコンズのメンバーは全員同じ小学校だったし、どこに住んでいるのかも、きょうだいが何人いるのかも知っていた。食べものの好き嫌いや、勉強がどのくらいできるのかも知っていた。土まみれになって練習し、試合に勝てばみんなで喜び、負けてはみんなで悔しがった。

でも、一対一で戦う将棋では、勝っても、喜び合うチームメイトがいない。チームメイト同士で励まし合うこともない。将棋では、ｘ自分以外は全員が敵なのだ。

野球と将棋のちがいを考えているうちに、ぼくはさみしくなってきた。

(でも、山沢君がどのくらい強いかは、いやというほど知ってるぜ。)

ぼくは山沢君との一局をくりかえし並べていた。おそらく、ぼくの指し手は全て読み筋にあったにちがいない。つまり、多少手強(てごわ)くはあっても、負ける気はしなかったはずだ。

(見てろよ、山沢。今度は、おまえが泣く番だ。)

ぼくは気合いを入れたが、ますますさみしくなってきた。

(自分以外は、全員が敵か。)

頭のなかでつぶやくと、涙がこぼれそうになった。

(将棋は、ある意味、野球よりきついよな。)

ぼくは初めて将棋が怖くなった。

前回の将棋教室から2週間がたち、ぼくは自転車で公民館にむかった。母は、午後3時前に来てくれることになっていた。介護施設での昼食の支度と片付けがあるため、Aコースが始まる午後1時に来るのはどうしても無理だからだ。そのことは、母の携帯電話からのメールで、有賀先生に伝えていた。

この2週間、ぼくはひたすら横歩取りを研究した。できれば、今日は山沢君とは対戦せずに、別の相手に研究の成果をぶつけてみたい。

ぼくは父と母にも山沢君のことを話していた。二人とも、＊大熊(おおくま)君と同じく、ぼくが負けた相手が小学2年生だということに驚いていた。

「何回負けたって、いいんだぞ。おとうさんは、翔太が夢中になれるものを見つけたことがうれしいんだから。」

「おかあさん、将棋は野球よりも、ずっと大変だと思うの。

だって、野球なら、味方の活躍で勝つこともあるけど、将棋には味方がいないじゃない。」

　二人とも、駒の動かしかたすらわかっていないのだが、それなりに的確なアドバイスなのがおもしろかった。

　公民館に着いて、こども将棋教室がおこなわれる103号室に入ると、ぼくは挨拶をした。

「こんにちは。お願いします。」

　気合いが入りすぎて、いつもより大きな声が出た。

「おっ、いい挨拶だね。みんなも、野崎君みたいにしっかり挨拶をしよう。」

　有賀先生が言ったのに、返事をした生徒はひとりもいなかった。先生も、困ったように頭をかいている。ファルコンズだったら、罰として全員でベースランニングをさせられるところだ。

（(1)将棋一辺倒じゃなくて、野球もやっててよかったよな。）

　ぼくは*航介（こうすけ）君のおとうさんと*田坂（たさか）監督に胸のうちで感謝した。

　朝霞こども将棋教室では、最初の30分はクラス別に講義がおこなわれる。ぼくは初段になったので、今日から山沢君たちと同じ、一番上のクラスだ。ところが、有段者で来ているのはぼくと山沢君だけだった。

「そうなんだ。みんな、かぜをひいたり、法事だったりでね。」

　講義のあとは、ぼくと山沢君が対戦し、2局目は有賀先生がぼくたち二人を相手に二面指しをするという。前にも、先生が3人の生徒と同時に対局するところを見たが、手を読む速さに驚いた。プロが本気になったらどれほど強いのか、ぼくは想像もつかなかった。

「前回と同じ対局になってしまうけど、それでもいいかな？　先手は野崎君で。」

「はい。」

　ぼくは自分を奮い立たせるように答えたが、(2)山沢君はつまらなそうだった。

（よし。目にもの見せてやる。）

　ぼくは椅子にすわり、盤に駒を並べていった。

「おねがいします。」

　二人が同時に礼をした。山沢君が対局時計のボタンを押すと、ぼくはすぐに角道を開けた。山沢君もノータイムで角道を開けた。続いて、ぼくが飛車先の歩を突くと、山沢君は少し考えてから、同じく飛車先の歩を突いた。どうせまた振り飛車でくると思っていたはずだから、居飛車（いびしゃ）を選んだぼくに合わせようとしているのだ。

（よし、そうこなくちゃな。）

　ぼくは飛車先の歩を突き、山沢君も飛車先の歩を突いた。ぼくが飛車先の歩を伸ばせば、山沢君も飛車先の歩を伸ばす。この流れなら、まずまちがいなく横歩取りになる。あとは、研究の成果と、自分の読みを信じて、一手一手を力強く指すのみ。

　序盤から大駒を切り合う激しい展開で、80手を越えると双方の玉が露出して、どこからでも王手がかかるようになった。しかし、どちらにも決め手がない。ぼくも山沢君もとっくに持ち時間はつかいきり、ますます難しくなっていく局面を一手30秒以内で指し続ける。壁の時計に目をやる暇などないが、たぶん40分くらい経（た）っているのではないだろうか。持ち時間が10分の将棋は30分あれば終わるから、ぼくはこんなに長い将棋を指したことはなかった。これでは有賀先生との2局目を指す時間がなくなってしまう。

「そのまま、最後まで指しなさい。」

　有賀先生が言って、(3)そうこなくちゃと、ぼくは気合いが入った。かなり疲れていたが、絶対に負けるわけにはいかない。山沢君だって、そう思っているはずだ。

（勝ちをあせるな。相手玉を詰ますことよりも、自玉が詰まされないようにすることを第一に考えろ。）

　細心の注意を払って指していくうちに、形勢がぼくに傾いてきた。ただし、頭が疲れすぎていて、目がチカチカする。指がふるえて、駒をまっすぐにおけない。

「残念だけど、今日はここまでにしよう。」

　ぼくに手番がまわってきたところで、有賀先生が対局時計を止めた。

「もうすぐ3時だからね。」

　そう言われて壁の時計を見ると、短針は「3」を指し、長針が「12」にかかっている。40分どころか、1時間半も対局していたのだ。

　ぼくは盤面に視線を戻した。ぼくの玉はすでに相手陣に入っていて、詰まされることはない。山沢君も入玉をねらっているが、10手あれば詰ませられそうな気がする。ただし手順がはっきり見えているわけではなかった。

「すごい勝負だったね。ぼくが将棋教室を始めてから一番の熱戦だった。」

　プロ五段の有賀先生から最高の賛辞をもらったが、ぼくは詰み筋を懸命に探し続けた。

「馬引きからの7手詰めだよ。」

　山沢君が悔しそうに言って、ぼくの馬を動かした。

「えっ？」

　まさか山沢君が話しかけてくるとは思わなかったので、ぼくはうまく返事ができなかった。

「こうして、こうなって。」

　詰め将棋をするように、山沢君が盤上の駒を動かしていく。

「ほら、これで詰みだよ。」

（なるほど、そのとおりだ。）

　頭のなかで答えながら、ぼくはあらためてメガネをかけた小学2年生の実力に感心していた。

「プロ同士の対局では、時間切れ引き分けなんてない。それは*研修会でも、*奨励会でも同じで、将棋の対局はかならず決着がつく。でも、ここは、小中学生むけのこども将棋教室だからね。今日の野崎君と山沢君の対局は引き分けとします。」

　有賀先生のことばに、ぼくはうなずいた。

「さあ、二人とも礼をして。」

「ありがとうございました。」

　山沢君とぼくは同時に頭をさげた。そして顔をあげたとき、山沢君のうしろにぼくの両親が立っていた。

「えっ、あれっ。ああ、そうか。」

　ぼくは母が3時前に来る約束になっていたことを思いだしたが、まさか父まで来てくれるとは思ってもみなかった。もうBコースの生徒たちが部屋に入ってきていたので、ぼくは急いで駒を箱にしまった。

「みなさん、ちょっと注目。これから野崎君に認定書を交付します。」

ふつうは教室が始まるときにするのだが、有賀先生はぼくの両親に合わせてくれたのだ。

「野崎翔太殿。あなたを、朝霞こども将棋教室初段に認定します。」

みんなの前で賞状をもらうなんて、生まれて初めてだ。そのあと有賀先生の奥さんが賞状を持ったぼくと有賀先生のツーショット写真を撮ってくれた。両親が入った4人での写真も撮ってくれた。

「野崎さん、ちょっといいですか。翔太君も。」

有賀先生に手招きされて、ぼくと両親は廊下に出た。

「もう少し、むこうで話しましょうか。」

どんな用件なのかと心配になりながら、ぼくは先生についていった。

「翔太君ですが、成長のスピードが著しいし、とてもまじめです。今日の一局も、じつにすばらしかった。」

有賀先生によると、山沢君は小学生低学年の部で埼玉県のベスト4に入るほどの実力者なのだという。来年には研修会に入り、奨励会試験の合格、さらにはプロの棋士になることを目標にしているとのことだった。

「小学5年生の5月でアマチュア初段というのは、正直に言えば、プロを目ざすには遅すぎます。しかし野崎君には伸びしろが相当あると思いますので、親御さんのほうでも、これまで以上に応援してあげてください。」

そう言うと、有賀先生は足早に廊下を戻っていった。

まさか、ここまで認めてもらっているとは思わなかったので、ぼくは呆然(ぼうぜん)としていた。将棋界のことをなにも知らない父と母は(4)キツネにつままれたような顔をしている。二人とも、すぐに仕事に戻らなければならないというので、詳しいことは今晩話すことにした。

103号室に戻り、カバンを持って出入り口にむかうと、山沢君が立っていた。ぼくより20センチは小さくて、腕も脚もまるきり細いのに、負けん気の強そうな顔でこっちを見ている。

「つぎの対局は負けないよ。絶対に勝ってやる。」

「うん、また指そう。そして、一緒に強くなろうよ。」

ぼくが言うと、山沢君がメガネの奥の目をつりあげた。

「なに言ってんだよ。将棋では、自分以外はみんな敵なんだ。」

小学2年生らしいムキになった態度がおかしかったし、(y)「自分以外はみんな敵だ。」と、ぼくだって思っていた。

「たしかに対局中は敵だけど、盤を離れたら、同じ将棋教室に通うライバルでいいんじゃないかな。ぼくは初段になったばかりだから、三段になろうとしているきみをライバルっていうのは、おこがましいけど。」

ぼくの心ははずんでいた。

(佐川光晴「駒音高く」による)

〔注〕対局を並べる――実戦通りに駒を動かして、一人で研究をする。
大熊(おおくま)君――現在の小学校での友人。
航介(こうすけ)君――ファルコンズのチームメイト。航介の父はファルコンズのジュニアチームの監督だった。
田坂(たさか)監督――ファルコンズのシニアチームの監督。
研修会・奨励会――奨励会はプロ棋士の養成機関。研修会に所属すると、奨励会の入会に有利になる。

〔問1〕(1)将棋一辺倒じゃなくて、野球もやっててよかったよな。とあるが、このときの心情はどのようなものか。その説明として最も適切なものを、次のうちから選べ。(4点)

ア　きちんとした礼儀を身につけられたことへの感謝を通して、将棋教室での厳しい指導を大切に感じながらも、少年野球で得られた経験の価値を再確認している。

イ　周囲に対して敬意を払う姿勢を身につけられたことへの感謝を通して、将棋の存在と比べて、少年野球での経験がいかに大きいものであったのかを実感している。

ウ　挨拶などのふるまいを身につけられたことへの感謝を通して、現在打ち込んでいる将棋だけでなく、少年野球で得られた経験にも大きな価値を見いだしている。

エ　日常的に挨拶ができるようになったことへの感謝を通して、少年野球の経験が将棋の指し方に影響していることを実感し、過去の日々をなつかしく思っている。

〔問2〕(2)山沢君はつまらなそうだった。とあるが、山沢君がつまらなそうにしているのはなぜか。その説明として最も適切なものを、次のうちから選べ。(4点)

ア　実力の優劣が明確になった相手であり、有賀先生を後回しにしてまで対局することには意味がないと感じているから。

イ　対局で実力差が明確になった相手であり、その相手と間を置かずに対局しても同じ結果の繰り返しになるだけだから。

ウ　経験の差が歴然としている相手であり、どんなに熱心に研究を重ねてきたといっても二人の差が埋まるはずがないから。

エ　勝敗が明らかになっている相手であり、人数あわせで再度同じ対局をさせる有賀先生を内心うとましいと思ったから。

〔問3〕(3)そうこなくちゃと、ぼくは気合いが入った。とあるが、このときの心情はどのようなものか。その説明として最も適切なものを、次のうちから選べ。(4点)

ア　指導者である有賀先生との対局は魅力だが、山沢君との対局は積み重ねた努力の成果を見せるために待ち望んでいた機会であり、対局が継続することに喜びを感じている。

イ　偶然にも実現した山沢君との対局だが、努力のおかげで徐々に形勢が有利になってきており、対局の継続によって勝利が現実になりつつあることに気持ちが高ぶっている。

ウ　山沢君と対局できるとは思っていなかったが、山沢君は将棋で出会った初めてのライバルであり、対局の重要性を有賀先生が認めてくれたことに感謝の念を覚えている。

エ　プロ棋士の有賀先生と指す2局目を犠牲にすることにはなるが、山沢君との対局は自分の努力の成果を試せる好機でもあり、対局を続けられることに気分が高揚している。

〔問4〕(4)キツネにつままれたような顔をしている。とあるが、この表現から読み取れる様子はどのようなものか。その説明として最も適切なものを、次のうちから選べ。（4点）

ア、翔太が今将棋に夢中であることには賛成してきた両親が、翔太にプロを目指させたいという有賀先生の意向を聞き、不安を抱いている様子。

イ、将棋に詳しくない両親が、翔太の将棋の才能や将来性に対する有賀先生の思いがけない評価を聞き、わけがわからずぼんやりしている様子。

ウ、翔太より年下の山沢君の才能を知らない両親が、翔太が今からプロを目指しても遅すぎるという有賀先生の判断を聞き、落胆している様子。

エ、将棋に無関心だった両親が、翔太の将棋の早熟な才能について手放しで褒めている有賀先生の言葉を聞き、すっかり信用し喜んでいる様子。

〔問5〕難 思考力 点線部x自分以外は全員が敵なのだ。と、y「自分以外はみんな敵だ。」と、ぼくだって思っていた。では、翔太の心情はどのように変化したか。変化のきっかけを含めて六十字以内で説明せよ。（6点）

〔問6〕本文の表現や内容について述べたものとして最も適切なものはどれか。次のうちから選べ。（4点）

ア、翔太の思いを（将棋は、ある意味、野球よりきついよな。）と（　）内で表し、さらに「ぼくは初めて将棋が怖くなった。」と直接描写して、物語の展開に即した主人公の心情を細やかに表している。

イ、「山沢君の顔が頭に浮かんだ。」「見てろよ、山沢」と翔太の強い敵対心を強調する一方で、山沢君の翔太への態度は淡々とした変化の無い描写にすることで、二人の人物像を対比的に描いている。

ウ、「横歩取り」「大駒を切り合う」などの将棋用語を多用し、対局場面では短文を重ね臨場感を出すとともに、登場人物の心情表現を排除する工夫により、将棋の世界の厳しさを効果的に表している。

エ、簡潔な会話の連続で物語をスムーズに展開させる一方で、人物描写における「困ったように」のような直喩表現の多用や、心情を（　）内で詳しく説明する工夫により、人物像を明確に描いている。

四 （論説文）内容吟味・段落吟味・課題作文

次の文章を読んで、あとの各問に答えよ。（*印の付いている言葉には、本文のあとに〔注〕がある。）（計35点）

わたしが見るところ、写真や映像がインフラ化する兆候を捉えたのが、一九八五年春にパリのポンピドゥーセンターで開催された、大がかりな展覧会である。タイトルは『非物質』展、主催はポンピドゥーセンター内にある産業創造センターで、哲学者ジャン＝フランソワ・リオタールが監修したものだった。当初、この企画は新しい技術によって起きつつある、人間と物質との関係をテーマにするはずだったが、監修にリオタールが加わることになって、その内容は大きく変わったと言われる。ポンピドゥーセンターを訪れるのは初めてではなかったが、この展覧会はわたしにとってすべてが未知の体験で、その名状しがたい雰囲気はいまでも憶(おぼ)えている。

まず会場入口ではヘッドホンを装着する。会場はポンピドゥーセンターで大きな企画展が開かれる五階だが、それまでの展覧会とは打って変わって非常に薄暗く、仮設のような金属板やカーテンがぶら下がり、どこが壁なのか分からない。展覧会の動線も不明で、観客はまるで迷路のようになった会場をのそりのそりと進んでゆくという、見たことのない光景だった。ともあれ、この展覧会が(1)わたしにとって「非物質」という言葉の意味を考えるうえで、ひとつの契機となったことは間違いない。

仮にいま、この『非物質』展を再構成して開催したらどうだろうか。おそらく当時と完全に同じものを作るのは困難だろう。作品は保存されているかもしれないが、そこで使われていた機材のほとんどは、すでに廃棄されているか、生産も中止されているはずだ。音響作品も映像作品もアナログ機材によるものだから、デジタルに変換しなければならない。写真のプリント、照明等も含めて、オリジナルと同じ雰囲気を作り出すことは難しい。その当時の新素材や人工皮膚といった物質さえも、おそらく揃(そろ)えるのに苦労することだろう。

そうして苦労の末に再構成した展覧会に、おそらく多くの人はとまどうだろう。それは大昔の技術を展示する産業資料館のようで、退屈するかもしれない。そこで言われている「インタラクティヴ*」や「シミュレーション」は、今日のオンラインゲームにすら届かないレベルである。反応は遅く、解像度は粗く、全体に暗い。唯一の救いは、ヘッドホンに届くさまざまな声になるだろう。

ひとことで言えば、近未来的な物質を扱った展覧会の35年後に残っているのは、実は物質のほうではなく、思想や言葉といった「非物質」のほうだということである。35年前に使われた電子的なメディアのほとんどは、過渡期的なものとして、すでに姿を消しているのだ。そのことを監修者らが予想していたかどうかは別にして、展覧会の名称としては、間違ってはいなかったということになる。

したがって今日の「物質」を考えるうえで参考になるのは、この展覧会に何がなかったか、になるだろう。おそらくそれは、この数年後に商用が開始になるインターネットである。表現の非物質化、身体性の消滅、場所に固定されない存在などのアイデアが、具体的に何によって実現されることになるのか、それが分かっていなかった。音響も映像もすべてが、マルチメディアによって一元化される可能性も、まだはっきりとは意識されていなかったのである。

だがここで注意したいのは、そこにこそ『非物質』展の歴史的な重要性があるということだ。インターネットの爆発的な成長を前提とせずに非物質性に注目したのであり、それは科学技術の発展によって、現実がそれ以前とは異なる様相を呈してきたこと、(2)それまでとは異なる現実が登場しはじめたことを示している。展覧会のレジュメでは、そのことが「モノの複雑さ」と表現されている。リオタールらの展覧会は、わたしたちの世界を構成しているモノが、もはや以前のようなモノではなくなるのではないか、という問題提起だった。

今から思えばその複雑なモノの様態こそがメタコード*であり、その技術的な帰結として現れた代表がインフラグラムである。(3)モノの世界はもはやインフラグラム無しでは成立しない。デジタル化によって写真表現が大きく変わっても、商品広告の圧倒的多数が、依然として写真というメディアによっていることからも明らかだろう。同時に「モノがそれ以前のようなモノではなくなる」ことが、直接的に影響するのも写真である。それは写真というメディア自体が、もともと複雑性をもっていることと関係している。

写真は光学と化学、さらに電子工学という複合的な科学技術の産物である。だがそれだけが写真を成立させているのではない。写真はすぐれて知的道具であると同時に社会的な産物でもある。今日の文明は、そのあらゆる局面において写真抜きで成立するとは誰にも想像できない。写真はそれほど広く深く浸透しており、その力は物質的な存在としての写真だけでなく、記憶や思考といった心の働きにも影響をもっている。写真の複雑性は、物質的な面だけのものではない。

まず写真はその発展を通じて、光の応用範囲を拡張してきたという歴史がある。一九世紀以降の科学技術は、電磁波の研究を通じて、科学的な描画の可能性を拡張してきた。日常的な意味での写真は可視光線の幅で扱われるが、X線を使ったレントゲン写真、赤外線フィルム、レーザー光を使ったホログラム*等々と、これらも広義の光の描画だと言えるだろう。これらには、コピー機やスキャナのように通常「カメラ」とは呼ばれない機械も含まれる。

第二に、そこに一定の手続きや操作が含意されているという点である。今日以上のような応用領域を拡張している光のひとつはレーザー*だが、3Dスキャナのような機械はまさに二一世紀のフォトジェニック・ドローイングを可能にしていると言えるだろう。物体の形状をレーザー光で計測し、これを3次元データとして取り出し、これを3Dプリンタで出力する。この一連の過程は3次元のフォトジェニック・ドローイングである。「撮影」できる対象はまだスキャナのサイズによって制限されるが、すでに手持ちのスキャナが開発されていることからも、立体的な撮影記録が日常化すると考えられる。スキャンした物体をデータとして転送し、別の場所で出力することが一般化すれば、物体とイメージの区別は次第になくなってゆくだろう。

もともと人間は立体的な再現に対する強い欲望をもっている。一九世紀後半にはすでにダゲレオタイプ*による「ステレオ写真」（立体写真）が作られたが、これは物理的には存在していない写真の奥行きを見たいという欲望の産物である。その先には3Dホログラフィーがあり、さらに3D描画から立体を作り出す今日の技術がある。写真史の最初の160年を2D中心の時代とするならば、現在は写真が3D中心の時代に入っているとも言えるだろう。すでに述べたように、写真がインフラグラムとして今日わたしたちの生活に深く広く浸透しているのも、主に3次元的利用のためにほかならない。

写真と地図製作技術との結びつきによって生まれた、新たなイメージ空間としてのストリートビューについては、いまや地球はもとより、月から他の惑星までをデータ化するのだから、そのデータ量はまさに「天文学的」なものになってゆくだろう。GPSによる位置情報と一体化した写真は、地球上に位置しているというよりは、複製された宇宙モデルの一部ということになる。逐次更新されるという点では時間の次元を加えた、4次元的利用とも言えるだろう。

こうして写真は異なる種類の情報を結びつけ、過去に向けても未来に向けても増殖を続けてゆく記憶の建築物であるとともに、あらゆる種類の映像を取り込みつつ24時間常に編集が続く、雑誌のようでもある。撮影され、印刷され、投影され、スキャンされ、コピーされ、立体化され、平面化され、切られ、貼られ、消され、共有され、保存される。それは(4)物質性を持ちながら、物質性を超えて増殖し、イメージの惑星を形成するスーパーマガジンである。

言うまでもなく、これは今日の写真の使用法のほんの一部に過ぎない。医療技術やセキュリティ産業も含め、二一世紀は「光による描画」の爆発的な応用の時代とも言えるだろう。そこでは(5)物体とイメージの二項関係はもはや消えている。物体はイメージの一形態であり、イメージは物体の一形態と言ったほうがよい。あるいは物体としての存在様式と、イメージとしての存在様式が二重化しているのがモノであると言ったほうがいいだろう。このようなモノの持つ性質を「超物質性」と呼びたい。それは文明の夜明けから二一世紀初頭までに人類が生産したデータの総量を、数日分あるいは数時間分、やがて数秒分の総データ量が凌駕*（りょうが）する時代に特有の物質観になるだろう。たとえばIoTのように常時データ化されているモノがある。データ化されるだけでなく、それが常時接続されて存在するモノの様態は、もはや物質―非物質という二項的なカテゴリーには収まらない。

超物質性は、モノがある種のプロセスにあることを示している。3Dスキャンされたデータそれ自体はモノではない。それはイメージとしての存在様式であり、それは別のモノを生み出すことができる状態でもある。その意味でモノは多元的な様態をもち、またモノは技術を介して、別のモノとの関係性のうちにある。あるモノが作り出されるためには、道具や技術といった別のモノが必要であり、どのモノも他と無関係に存在しえない。その関係は、ふだんは目に見えず、意識されることもないが、何かのきっかけで複雑な関係性の網の目が浮上する。たとえば故障や事故が起きたとき、わたしたちははじめて、それに気がつく。

アートはこのようなモノの特殊な存在様式を顕（あら）わにすることができる。イメージと物質の関係に介入し、それを別の関係へと変換することによって、問いを立てるのである。その究極の問いは、やはり人間についての問いだろう。人間とは何なのか、なぜイメージを創るのか、生に意味はあるのか、わたしたちはどこへ行くのか……これらの問いは、科学技術がどれほど発展しても、それだけでは答えられないものである。データ化の最大のターゲットは人間である。日々の行動や個人情報から生体情報や遺伝情報まで、徹底的にデータ化される人間は、それでも、もって生まれた身体と感覚をたよりに生きてゆくしかない。このようなデータ化を受け入れて生きる、回線に接続された生活とは、超物質性そのものであり、(6)その意味で人間は二重存在的になるだろう。そしてこの特殊な存在様式が、外から与えられたのではなく、人間の特殊性に由来するものである以上、わたしたちは自分自身で考え、答えを見つけるほかはない。

特に今日、ひときわ痛切な問いは、生の意味である。生命がモノとして、ほぼ無際限に操作され、細胞のレベルで時間の巻き戻しが可能になった現在ほど、生きることの意味が分からなくなってしまった時代はないだろう。生命のメカニズムが明らかになればなるほど、生命は無意味になってゆく。現代の文明は、生命と意味とを完全に切断し、意味の代わりに無意味を据えることで、取り返しのつかない結果をもたらそうとしているのではないだろうか。

（港　千尋「インフラグラム」による）

〔注〕インタラクティヴ――双方向。相互作用。
メタコード――より高いレベルの規則や原理。
ホログラム――三次元の映像を記録した写真。
フォトジェニック・ドローイング――光によって描かれた画像。
ダゲレオタイプ――世界初の写真撮影技法。
IoT――様々なモノがインターネットに接続され、相互に制御する仕組み。

〔問1〕難 (1)わたしにとって「非物質」という言葉の意味を考えるうえで、ひとつの契機となった とは、どういうことか。その説明として最も適切なものを、次のうちから選べ。（4点）

ア、現在の技術からするとゲームにすら届かないレベルの展示物ばかりだったことを思い返すと、技術の進歩の速さに感嘆を覚え、「非物質」なる名称は間違いではないと思われたということ。

イ、展覧会の企画内容の奇抜さだけでなく、薄暗い会場の様子や迷路のような構造が思い出に深く刻まれて、「非物質」という概念を自分なりに検討しなければならないと考えたということ。

ウ、いま展覧会を再現しようとしても機材も作品も作り直さなければならないという事実が、時代の流れや技術的な進歩を象徴しているため、「非物質」を考える良い機会になったということ。

エ、その当時の機材や素材といった物質は既に失われているにも関わらず、思想や言葉といった「非物質」は年月を経ても残っているということが、考えを巡らせる動機となったということ。

〔問2〕難 (2)それまでとは異なる現実が登場しはじめた とは、どういうことか。その説明として最も適切なものを、次のうちから選べ。（4点）

ア、確固たる実在として捉えられていた物質や人間の存在が、科学技術の発展によって曖昧になる時代が始まったということ。

イ、インターネットの出現以後に、物質だけでなく人間の存在や身体性までもが非物質化することを予測していたということ。

ウ、物質や存在が前提であった現実から、世界を構成する全てのモノが非物質に変換される新しい現実に移行したということ。

エ、インターネットの登場によって、人間の身体性までもがネットワーク空間に遍在する非物質のデータになったということ。

〔問3〕難 (3)モノの世界はもはやインフラグラム無しでは成立しない。といえるのは、なぜか。その説明として最も適切なものを、次のうちから選べ。（4点）

ア、写真は光学的な応用範囲を拡張した技術であり、今後とも新しい技術が生み出され、発展することが予想されるため、いずれは写真が世界を支配する時代がやってくるから。

イ、インターネットの普及に見られるように、テキストだけでは伝達できない情報も、映像データで伝えられるため、写真の存在しない社会など想定することすら不可能だから。

ウ、写真は複合的な科学技術によって成立しており、写真だけでなく、写真技術の応用によって日常が形成されているため、写真の介在しない現実など考えられなくなったから。

エ、SNSの流行に見られるように、もはや写真や動画は情報交換の重要な道具になっているため、いずれは3Dデータを持ち運び、別の場所で出力することが一般化するから。

〔問4〕(4)物質性を持ちながら、物質性を超えて増殖し、イメージの惑星を形成するスーパーマガジンである。とは、どういうことか。その説明として最も適切なものを、次のうちから選べ。（4点）

ア、過去の映像を取り込んだり未来の予測をデータ化して可視化する写真技術は、今後も人類の記憶の新たな保管庫として機能し続けていくだろうということ。

イ、写真と他の技術の組み合わせによって新たなイメージ空間が生み出されており、新しい技術が過去や未来を映像化しつつ記憶を作り出し続けるということ。

ウ、衛星技術との連携によって宇宙までも複製する写真技術は、時間の次元を取り込みながら過去や未来に向かって4次元的な増殖を支える基盤だということ。

エ、写真は異なるデータや情報を複合して変形が繰り返されていく物質性を超えた存在であり、記憶や思考にまで影響を与えながら増え続けていくということ。

〔問5〕難 (5)物体とイメージの二項関係はもはや消えている。といえるのは、なぜか。その説明として最も適切なものを、次のうちから選べ。（4点）

ア、写真の映像はデータという非物質であり、すべてが写真化される社会の中では物体は物体としての機能を失った非物質と考えられ、もはやモノや物体はイメージの一形態に過ぎないといえるから。

イ、今日までに生産されたデータの総量を超えるデータが生み出される社会になると、あまりの量の多さに物質と非物質の境界線がわからなくなり、超物質と呼ぶしかないモノで埋もれてしまうから。

ウ、物質として存在しているモノと、写真や映像といったイメージは一対一の対応関係を失い、モノが異なる技術によって異なるモノになりうるデータという中間的で多元的な存在になっているから。

エ、すべての物質は事故や故障といった緊急事態において、はじめて他のモノとの複雑な関係性を意識されるのであり、その時モノは単独で存在するというよりプロセスであることが明確になるから。

〔問6〕この文章の論理展開を説明したものとして、最も適切なものを、次のうちから選べ。（4点）

ア、展覧会の例をあげて現実の不思議さを説明し、次に写真技術の複雑さを説明するために様々な技術を紹介して、最後にモノがプロセスと化す中で、人間社会に対する脅威となることを訴えている。

イ、現実が変容していく端緒として展覧会を紹介し、次に様々な種類の情報を結びつける写真技術の複合性を説明して、最後にモノが超物質性を獲得して複雑になる中で、人間のあり方を問うている。

ウ、展覧会を取り上げて話題を非物質に限定し、次に写真が非物質であることの意義を技術的な側面から補強して、最後に写真がすべての生活の基盤になった社会の危険性について問題提起している。

エ、非物質を取り上げた展覧会の先進性を訴え、次に化学と光学の複合技術である写真が構造の複雑さを増加させていくさまを描いて、最後に今後の人間の生きる道について悲観的な観測をしている。

〔問7〕 難 思考力 (6)その意味で人間は二重存在的になるだろう。とあるが、人間はどうなっていくと考えるか。あなたの考えを、二百字以内にまとめて書け。さらに、あなたの書いた文章にふさわしい題名を書け。なお、、や。や「などのほか、書き出しや改行の際の空欄も一字と数えよ。　(11点)

五 (古文を含む論説文)内容吟味・語句の意味・要旨

次の文章を読んで、あとの各問に答えよ。(［　］で囲った文章は現代語訳である。*印の付いている言葉には、本文のあとに〔注〕がある。)　(計20点)

『*伊勢物語』に書き記された東下りの文中の諸所は、以後、東海道の「業平名所」として、後世の文芸類を陰に陽に支配していくのであるが、それらを大観すると、*八橋よりも、*宇津の山の方が、いっそう知れ渡っていたようである。

東海道の道行きの詞章の、道行きの詞章というよりは名所尽しの詞章といった方がいっそう適切だと思われる、例の「鉄道唱歌」(明治三十三年五月)にも、

駿州一の大都会　静岡出でて阿部川を
わたればここぞ宇津の谷の　山きりぬきし洞の道

と、宇津の山は後の呼称、宇津の谷峠の名をもって、かろうじて出てくるが、八橋の方は唱われていない。

もっとも、トンネルを「ほらのみち」とは、いかにも明治式翻訳和文調でおかしいが、ともかく「ここぞ宇津の谷」と、みなさん先刻御承知のと、ばかに力をこめている。

これは、明治時代の人々にとっては、『伊勢物語』直接の知識というよりは、間に歌舞伎芝居があって、古い知識を中継して、印象を新しく呼びさましていたかもしれない。

すなわち、幕末、安政三年(一八五六)初演の『*蔦紅葉宇都谷峠』で、しばしば上演されていたから、(1)「宇津の谷峠」の名は、それによって、いっそう、耳に親しいものとなっていたと思われる。

「鉄道唱歌」のようなものも、新時代の道行き詞章として、わたしは類別している。その道行きの、一つの典型的なものといわれる、例の、「落下の雪に踏み迷ふ……」(桜吹雪にどこに道があるかと踏み迷う)の、*俊基朝臣の海道下りでも、(2)八橋は語らずに通りすぎてしまう。そして、宇津の山では、

*嶋田、*藤枝にかかりて、
*岡辺の真葛うら枯れて、
もの悲しき夕暮れに、
宇都の山辺を越え行けば、
蔦楓いと茂りて道もなし。
昔、業平の中将の住み所を求むとて、東の方に下るとて、
「夢にも人に逢はぬなりけり」とよみたりしも、
かくやと思ひ知られたり。

［嶋田、藤枝を通りかかり、
岡辺の真葛が原の葛の枝先や葉先が秋の霜に枯れて、
なんとなくもの悲しい夕暮れ時に、
宇都の山路を越えて行くと、
蔦や楓がたいそう生い茂って道もわからぬありさまである。
昔、在原業平中将が住むところを求めるということで、東国へ下っていくというので、
「宇津の名の現にも、夢の中でさえも恋しいあなたにお会いできなかったことだ」という歌を詠んだのも、
まことにもっともなことだと思われた。］

と、相当に筆を費している。この『*太平記』の道行きが、明らかに先行文芸として扱っている、『平家物語』の*重衡の中将の海道下りでは、ちゃんと両方にじんぎを立てて、

いかに*鳴海の塩干潟、涙に袖は萎れつつ、
彼の在原のなにがしの、*唐衣きつつなれにしとながめけん、
三河の国八橋にもなりぬれば、
蜘蛛手にものをと、あはれなり。
……
宇都の山辺の蔦の道、
心細くも打ち越えて、

［わが身はどうなることかと思いつつ鳴海の塩干潟を過ぎ、袖を涙でぬらしながら行くうちに、
あの在原のなにがし(＝業平のこと)が「着慣れた唐衣のように慣れ親しんだ……」と、物思いに沈んだ顔で歌に詠んだという、
三河の国の八橋にも着くと、
「唐衣」の歌にもあるように、八方に広がる蜘蛛の足のようにあれこれと物思いすることだと感慨深い。
……
宇都の山の辺の蔦の生え茂った道を、
心細く思いながら越えて、］

と、唱い語っている。『平家物語』では、宇津の山はひどく簡単となり、後の『太平記』は、同じ道行きの詞章であるところから、十分に『平家物語』を意識して、宇津の山に厚く、その語りの筆を費したものと思われる。

八橋の場合、「蜘蛛手にものを」というのが、『伊勢物語』本文のエッセンスとなっていて、きまり文句として引用されているが、それでは、宇津の山の場合はどうだったか。

いそがしや足袋売りに逢ふ宇津の山

江戸の*宝井其角が歳暮押し詰まって、西に向って東海道をのぼろうとしている友人を送り、その*餞に作った句である。

足袋は、その工夫について、さまざまな伝説があるが、江戸の初期には、江戸では、製造販売されておらず、木綿の生産が増加するにつれて、製品は次第に普及してきたが、それでも製造はもっぱら関西であって、それが、人力によって、江戸に運ばれた。その「足袋売り」の東下りの群れは、東海道の季節の景物であった。だからその時季に西に向えば、どこでも、その姿をみかけ、箱根八里の山中でも、越すに越されぬ大井川でも、どこででも逢ったはずであった。それをなぜ其角は、特にその場所を選んで宇津の山としたか。(3)「動く・動かざる」の弁のやかましい俳諧で、読者が、宇津の山という其角の選択に、適切さを感じて納得したのはなぜか。

それは、文芸の上の約束ごととして、宇津の山は、「人に逢うところ」であったからである。

ここでは、筆の運びが、逆に、近代から近世へとさかのぼってきたが、「宇津の山」一つに集中して、その地誌の記述を蒐集していってみると、日本文学における「旅の記」というものが、どういう性質のものであるかということがよくわかる。(4)それは、「日本の旅人」の旅の特色をよく示すであろう。

すなわち、日本の旅人が、旅中で経験することは、あることがらは、すでに旅行への出発前からきまっていた、ということだ。「旅の記」が、記述にとどめるために選択する場所についても、旅行以前からきまっており、そこでのできごとも、そこの光景も、その旅人の出発前から約束されていた。宇津の山は、道が細く、暗く、従って心細く、季節のいつを問わず、蔦が茂り、楓が繁り、そして旅行者は、できればかつて見知っていた人に、そうでなくとも、誰か人に、逢うことになっていた。日本の旅人の「道」は、だから、日本の旅人に、対立して、向うにあるのではなく、旅人の側に、前々から用意されていた道であった。

そして宇津の山の場合は、明らかに、『伊勢物語』の知識が、現実の宇津の山の旅行者の経験を支配しているのである。こう考えると、日本の旅人としての業平の経験は、かりに宇津の山に関してだけいっても、はなはだ貴重なものであったといえるであろう。

(5)文学は、歴史に先行する。

文学は、自然に先行する。

あるいはこうもいえるだろう。

日本の自然は、文学に把握されたもののみがそこに存在する。日本の歴史は、文学の選択と濾過とを経て、はじめてその叙述の形式を得てそこに存在する。

（池田彌三郎「日本の旅人　在原業平」による）

〔注〕『伊勢物語』――平安前期の在原業平らしき男を主人公とした歌物語。
八橋――現在の愛知県東部、知立市にあったとされる場所。
宇津の山――「宇都の山」とも書く。静岡県静岡市と志太郡との境にある山。
道行き――旅して行く道々の光景と旅情を記した韻文体の文章。「海道下り」はその典型的なもの。
『蔦紅葉宇都谷峠』――河竹黙阿弥作。歌舞伎脚本の一つ。
俊基朝臣の海道下り――政変で捕らえられた日野俊基が、京都から鎌倉へと送られる道中を描いた文章。
嶋田・藤枝・岡辺・鳴海――地名。
『太平記』――軍記物語。
重衡の中将の海道下り――平清盛の子である平重衡が戦で敗れ、鎌倉に送られる道中を描いた文章。
唐衣――唐風の美しい衣服。
宝井其角――江戸前期の俳人。芭蕉の門下の一人。
餞――旅立ちや門出に贈る品物や金銭、詩歌のこと。

〔問1〕(1)「宇津の谷峠」を、筆者はどのような場所だと考えているか。その説明として最も適切なものを、次のうちから選べ。（4点）

ア、宇津の谷峠は、夢の中でさえも恋しい人に会えないと感じるような心細く寂しい山道でありながら、人に出会う場所として印象づけられてきた場所。

イ、江戸時代には歌舞伎脚本や俳句にその地名がよみ込まれ、近代では鉄道唱歌にも登場するほど、街道の重要地点として多くの旅人が行き交った場所。

ウ、宇津の谷峠は軍記物語では「海道下り」の場として、捕らわれの身となった者達が涙ながらに越えてゆく、もの寂しい場所として描かれている場所。

エ、道行きの名場面の舞台として人々に古くからその名を知られ、夢の中でさえも会えない人に会うために、その寂しく険しい山道を越えて旅する場所。

〔問2〕(2)八橋は語らずに通りすぎてしまう。とあるが、「八橋」は文学上どのような場所として位置づけられているか。［　　　］で囲まれた現代語訳の中から該当する箇所を「…場所」に続くように十字で抜き出せ。（4点）

〔問3〕(3)「動く・動かざる」の弁と同じ意味で用いられている「弁」を、次のうちから選べ。（4点）

ア、弁論大会に参加する。

イ、旅の費用を自弁する。

ウ、事の善悪を弁別する。

エ、合弁会社を設立する。

〔問4〕(4)それは、「日本の旅人」の旅の特色をよく示すであろう。とはどういうことか。その説明として最も適切なものを、次のうちから選べ。（4点）

ア、旅の記録が描かれた文芸作品を数多く読んでいくと、旅の様子だけでなく、その土地を旅した人々の歴史そのものを描くことが文芸の意味であることが明らかになるということ。

イ、旅の様子を記すということは、文芸上での約束ごとを忠実に再現していくということであり、それが旅をテーマとした文芸作品として評価される大事な要素であったということ。

ウ、旅を記した文芸作品を読むと、日本の旅人にとって、旅は全く未知の世界を訪ねていくことではなくて、既知のことがらをたどるものであるということがよくわかるということ。

エ、旅の記録は、日本を旅する人々やその旅の様子を丁寧に観察し記録したことをありのままに表現することが、文芸作品自体を生み出す源となったことを証明しているということ。

〔問5〕(5)文学は、歴史に先行する。文学は、自然に先行する。とは、どういうことか。その説明として最も適切なものを、次のうちから選べ。（4点）

ア、在原業平の存在が、日本の旅人の典型としてその後の旅の文学の歴史を形成していったのと同様に、『伊勢物語』の中で描かれた自然描写だけが、自然なものとされたということ。

イ、優れた歌人である在原業平の存在が『伊勢物語』を作り、その後の文学作品の歴史を作り出したように、文学に描かれたものの描写が人々にとって自然の様相だったということ。

ウ、日本人にとって、自分たちの文学はこの世界を形作る歴史そのものであり、自然の情景は文学上の約束ごとをもとにして心情と結びつけることによって理解されてきたということ。

エ、日本においては、文学作品に描かれた人やできごとが歴史として人々に受容されてきたように、文学作品の中に描かれ受け継がれて残ってきたものが、自然であるということ。

東京都立 国分寺高等学校

時間	満点	解答	
50分	100点	P16	2月21日実施

出題傾向と対策

●漢字の読み書き、小説文、論説文（課題作文含む）、古文・詩を含む説明文の四題構成。設問はマーク選択式が大半。記述は漢字の読み書きと空所補充、および課題作文。文章・設問レベルは高めである。選択肢問題は本文内容の精密な読解と厳密な消去法が求められている。

●課題文の分量が相当多いので「早くて正確な読解の訓練」が非常に重要。学校等での課題に加え、ある程度の読書習慣を持つことが望ましい。記述も日頃から「主張・理由・具体例・結論」を考え、書く訓練を積んでおきたい。

注意　字数制限がある場合には、、や。や「などもそれぞれ一字と数えなさい。

一 漢字の読み書き （各2点、計16点）

次の各文の――を付けた漢字の読みがなを書き、かたかなの部分に当たる漢字を楷書で書け。

(1)世の中の毀誉を超越して所信を断行する。
(2)予選を勝ち抜いたチームが全国大会で覇を競った。
(3)最後まで諦めないで研究を続けよう。
(4)相手を嘲るような光が彼の目に漂っていた。
(5)災害に備えてキュウゴ班を結成する。
(6)実に的をイた指摘だと感心した。
(7)このボールは合成ヒカクでできているそうだ。
(8)航空機のソウジュウシを目指して努力する。

二 (小説文)内容吟味・文脈把握・表現技法 （計26点）

次の文章を読んで、あとの各問に答えよ。（＊印の付いている言葉には、本文のあとに〔注〕がある。）

風が少しあるらしい。Aやわらかい空気の玉を抱いてわずかにふくらんだ枝葉の隙間から、蒼(あお)い空が見え隠れしている。薄紫に染まった小さな花々が、左右にひろがった枝のなかほどで、清楚(せいそ)な飾りのように輪をなしていた。甘い匂いが鼻先をかすめた。たしか去年も、工事が始まる前におなじ匂いを嗅いだことを思い出す。秋になるとこの木には緑の丸い実がなって、それがだんだん黄色くなり、ほおずきみたいなしわがよる。現場の様子を見に通っていたとき、妻は懐(なつ)かしがって息子といっしょに落ちていた実を拾い集め、新しい家ができたらどこかに飾るんだと、ガラス瓶に入れて大切にしていた。つい昨日のことのようだが、この家に移ってもう二カ月になる。

日曜日の朝になると、長い廊下のような広縁に面したガラス戸を開け放ち、家の空気を入れ替える。深い庇(ひさし)を伸ばしてあるので、多少の雨なら濡(ぬ)れることもない。椅子を出して腰を下ろし、新聞を読んだり、庭の隅にある樹(き)を眺めたりする。地面に近いところで暮らすことが、こんなにも心地よいとは思わなかった。心の足腰が安定して、五感が鋭くなる。なにより、音がよく聞こえるようになった。聴こうとしていなかった音が、自然と耳に入ってくるようになったのだ。

――いい匂い。

振り向くと、妻が立っていた。

――居間まで流れていくのか。

――ここに来たら、匂ってたの。

――そうか。仕事は片づいた？

週明けの会議のための資料を、ダイニングテーブルのパソコンで準備していたのだ。

――いま送ったところ。だから出てきたの。ひと休み。

――あいつは？

――寝ちゃった。

こちらを見ないで、けれど明るい声で妻は答えた。

――朝から学校の友だちと遊んで、疲れたみたい。

――あまり寝かせないでくれよ、夜眠らなくなる。変な癖がつくと困るし。

——じきに起こすから。お昼いっしょにつくる約束してるの。

このところ、息子は料理に興味を持つようになった。料理をしているあいだも、母親といっしょにいたいということなのだろう。妻はこちらに移ってから在宅勤務にしてもらって、週に一度、所属部署の会議に出ていく以外は家にいる。あいにく子どものほうは学校に行っているので、たっぷり甘えられるのは日曜日だけなのだ。

妻はじっと動かず、まっすぐ木のほうを見つめて、なんだか子どもの頃より濃くなった感じがする、とつぶやいた。

——なにが。

——匂いが。あの木の、花の匂い。

——そりゃ、木じたいが大きくなって、花が増えたからだろ。

——かもしれないけど、花の量とは関係ない気がする。むかしは、こんなふうに感じなかったもの。

屋根の軽い勾配に沿って切り取られた二つの大きな*トップライトから、熱だけうまく吸いとられた陽光がリビング・ダイニングをまんべんなく照らしている。キッチンのガスコンロの前に妻と息子が、こちらに背を向けて仲よく並び立っている。

——もう少しで沸騰するよ。

深鍋をのぞきながら、妻が言う。

——そろそろ用意して。

息子は母親の左隣にまわって、調理台に置かれた電子秤でパスタを量る。

——ひとり百グラムだからね、三人で何グラム？

——三百。

——正解！

妻は踏み台に立った小さな助手に次の手をうながす。(1)こちらからは見えない妻と息子だけの作業を、想像のなかで追う。息子は片手で握れる分だけパスタを摑んで、母親に教えられたとおりタオルを絞るみたいにぎゅっと絞ってから、ぱっと手を離す。ときどき割り箸をパスタに見立てて、水を張った鍋におなじ格好で何度も練習しているのを私は知っていた。今日はうまくいって、花のように美しく開いただろうか。それともまっすぐ沈んでしまっただろうか。ともあれ、絞って放すあのしぐさができれば、当人は大いに満足なのだ。オリーヴオイル、*ヴィネガー、黒胡椒で和えた胡瓜とサラダ菜のボウルが置かれたテーブルで、冷えたビールを口にする。以前のマンションの台所は、リビングと振り分けられていたから、こんなふうに料理をしている姿すら見ることができなかった。

——時間、お願い！

妻がこちらに叫ぶ。大鍋の横で煮えている、にんにくの効いたトマトソースの匂いが空き腹を刺激する。三分、五分、七分。壁時計を睨んだまま、引き揚げるべき時を私は伝えた。

ガラス戸の向こうに、緑豊かな木の枝の一部が見える。この家は平屋で、東側にある長辺が広縁になっており、部屋と庭に面した両側がガラスの引き戸による大開口部になっている。晴れた日は、屋内にたっぷりと空気を流すことができる。雨の日には、庭側の戸を閉じて、板敷きの広縁で子どもを遊ばせることができる。

以前住んでいた地上八階の部屋からは、幹線道路を隔てたおなじくらいの高さの建物しか目に入らなかった。二重サッシの窓はほぼ閉めたままで、アスファルトの谷底を走る車の音も外気も入ってこなかった。手狭ながら環状線の内側にあり、皇居近くにある私の職場まで地下鉄で一本、妻の会社へも一度の乗り換えで通うことができるめぐまれた立地と、将来子どもができたときの教育環境も考慮して借りたマンションだった。

妻の職場は外資系のIT企業で、社内に託児所を設けていた。啓太が生まれて産休が終わり、私のほうの育児休暇も使い切ったあとは、安心してそこに預けることができた。幸い、幼稚園も近くの評判のいいところを見つけて、送り迎えには苦労しなかったのだが、その先を考える段になって迷いが生じた。調べれば調べるほど、なにが最良の選択なのかがわからなくなってきたのだ。息子の将来を考えると言いながら、いつのまにか、つまらない世間体に気をとられていたのかもしれない。こだわっていないふりをしながら、心の底ではいつも同僚や友人たちの価値観とたたかって、背伸びをしていたのである。

義母からの電話で、ご近所の、昔から知っている人が、古家つきの土地を売ることにしたらしいと知らされたのは、ちょうどその頃のことだった。いつもの近況報告の電話のなかで、ついでのように出た話だったのだが、妻は売り主の名を聞いてすぐに反応した。

——それって、あの、大きな*センダンの木がある家？

(2)電話を切ったあと、妻は少し興奮気味にその木の話を語りつづけた。センダンとは「*栴檀は双葉より芳し」のセンダンなのか。妻は、おなじかどうか知らないけれど、小学校の通学路の途中にあった家で、秋によく実を拾わせてもらった、枝のひろがり方がとてもきれいな、あの近辺でいちばん好きな木だったと言う。まさかこんな古い記憶から話が進んで、自分たちがその土地を買い、木を残して家を建てることになろうとは、夢にも思っていなかった。

何度も何度も話し合って、私たちは結論を出した。これは人と比べての行動ではない。(3)親が住みたい場所で楽しく暮らす姿を見せたほうが、右左を気にして窮屈なのをごまかしているより、ずっと子どものためになる。それに、妻の実家に近いというのは、小さな子どもを抱えている私たちにとっても、ひとり暮らしの義母にとっても心強いはずだ。

新しい家を建てるに際して、妻は平屋にこだわった。平屋でなければ、あのセンダンの木の姿が生きないとまで言うのである。私のほうは、コンクリート打ちっ放しの、箱形の二階建てで、外からは見えない採光を兼ねた庭が軽やかな光の空間を演出しているという、建築雑誌でよく見かけるほとんど定番のような家に多少の憧れがあった。しかし、つてを頼んで紹介してもらった同年代の建築家は、現地を見るなり、ああ、ここには、平たい家を平たくしない空気がありますねと、即座に妻の案を採用したのだった。

——きれいねえ。なんだか屋形船みたい、と義母が言う。

陽が落ちてから、私たちは庭の木の下にテーブルを出して、義母が買ってきてくれた、妻の好物のみたらし団子を食べながらお茶を飲んでいた。B広縁に面した三つの部屋の、暖色系の明かりをすべて灯し、カーテンも開け放って庭から眺めると、たしかに闇に浮かんでいる船のようで、あるはずのない波の音まで聞こえてくる。酔いのせいなのかそうでないのか、ぼんやりした頭ではもう判断がつかない。

――ほんとにびっくりしたわよ、と義母は笑った。まさかここを、あんたたちが買って、家を建てるなんて。

そのとおりだった。きっかけになったのは頭上に枝を伸ばしているこのセンダンの木だが、お世話になった棟梁によると、ふつうは差し障りがあって庭に植えないものなのだそうだ。おまけに成長が速くて、どんどん伸びてくる。伐りたいと思っても、根を絶やさないかぎりどうしようもない。Cけれど妻は、逆に言えば生命力があるってことだし、葉っぱは虫除けにもなるから、木の家にはむしろいいのだと、まるで問題にしなかった。実際、あの子はまちがいなく、この木から力をもらっていた。以前とは比較にならないほど血色がよくなったし、表情が明るくなった。

それは妻もおなじだった。通勤の疲れがなくなっただけではない。なにか、べつの力が働いているようにさえ感じられるのだ。そう言えば、こちらに移る前は、疲れるといろんなにおいを受け付けなくなると蒼い顔で話していた。いい匂いだなんて言葉を口にすることじたい、ずいぶんひさしぶりだった。妻の横顔に目をやる。母親ではなく、父親似らしい細長い顔が、明かりに照らされてふっくらとやわらかみを増している。食欲もずいぶんあるようだ。ふと、思いあたる。啓太ができたときも、たしかこんな感じだった。義母が遊びに来るとき、今日のように和菓子屋でみたらし団子を買ってきてとめずらしく自分から頼んだりしたのも、おなじ頃だったはずだ。

D――ほんと、きれい。こんなにたくさんガラスの窓にして、よかったわねえ。河に浮かべたいくらい。

義母の言うとおりだった。贅沢だとは思ったが、妻とふたりで決めたことだ。(4)これからは、この平たい船を頼りない日々に浮かべて生きていこう。頭上で甘い匂いを放っている大木の幹に、丈夫なもやい綱*を結ぼう。なにが起きようとも、安易な風にはけっして流されたりしないように。

（堀江敏幸「平たい船のある風景」による）

〔注〕トップライト――光を取り入れるために、屋根に取り付けた窓。
ヴィネガー――西洋料理で使う酢。
センダン――暖かい地方に生える落葉高木。
栴檀は双葉より芳し――（栴檀が双葉のときからよい香りを放つところから）立派になる人は、幼い頃から優れたところがあるものだ。
もやい綱――船を岸につなぎ止める綱。

〔問1〕(1)こちらからは見えない妻と息子だけの作業を、想像のなかで追う。とあるが、このときの「私」の様子を説明したものとして最も適切なのは、次のうちではどれか。（4点）

ア、こちらからは二人の後ろ姿しか見えないが、妻と息子が仲良さそうに料理をしているのだろうと想像して、自分が参加していないつまらなさを感じている様子。

イ、こちらからは二人の後ろ姿しか見えないが、息子が何度も割り箸で練習していた作業がうまくいっただろうかと想像しながら、休日のひとときを過ごしている様子。

ウ、こちらからは二人の後ろ姿しか見えないが、息子が水を張った鍋に向かって何度も練習していた姿を思い浮かべ、今日は是非成功してほしいと期待し心から応援する様子。

エ、こちらからは二人の後ろ姿しか見えないが、母親に教えられたタオルを絞るような動作に息子が緊張して挑戦する姿を想像し、心配そうに息をひそめている様子。

〔問2〕(2)電話を切ったあと、妻は少し興奮気味にその木の話を語りつづけた。とあるが、妻が「少し興奮気味にその木の話を語りつづけた」わけとして最も適切なのは、次のうちではどれか。（4点）

ア、実家近くの大好きだった木のある土地が売りに出されると聞いて、「栴檀は双葉より芳し」のセンダンではないかと気付き、幼時の記憶が一気によみがえったから。

イ、実家近くの大好きだった木のある土地が売りに出されると聞いて、美しく枝の広がった思い出の木が切られてしまうのではないかと心配になってきたから。

ウ、子どもの頃にとても好きだった木のある土地が売りに出されると聞いて、その土地に自分たちが是非住んでみたいものだという強い願望が生まれたから。

エ、子どもの頃にとても好きだった木のある土地が売りに出されると聞いて、思いがけない話に驚き興味を抱くとともに、懐かしい思いが込み上げてきたから。

〔問3〕(3)親が住みたい場所で楽しく暮らす姿を見せたほうが、右左を気にして窮屈なのをごまかしているより、ずっと子どものためになる。とあるが、「右左を気に」する様子が最もよく読み取れる連続する二文の箇所を本文中から探し、その初めの三字を書け。（4点）

〔問4〕(4)これからは、この平たい船を頼りない日々に浮かべて生きていこう。とあるが、このときの「私」の気持ちに最も近いのは、次のうちではどれか。（4点）

ア、美しい船のような住まいに身を置き、自分たちで決めた生き方を大事にしながら、確かには見えない明日に向かって家族とともに生活していこうという覚悟を確かめる気持ち。

イ、分不相応な住まいを持ったことから、将来への不安がぬぐえないでいるが、揺れ動く日常を乗り切ってゆく船に見立てた家での生活を楽しもうと自らに言い聞かせる気持ち。

ウ、転居を機に未来への展望のなかった生き方を見つめ直し、庭の木のもつ神聖な力を頼りに、平たい船のような家ではあるが地に足を着けた生活をしようと決意する気持ち。

エ、船のような住まいを義母も気に入ってくれたので、自分の憧れとは異なる平屋であることは我慢して、あてのないその日その日の暮らしを平穏に続けたいと切望する気持ち。

〔問5〕本文中の表現について述べたものとして適切なものを、次のうちから選べ。（5点）

ア、Aやわらかい空気の玉を抱いてわずかにふくらんだ枝葉の隙間から、蒼い空が見え隠れしている。では、物語の舞台を提示するにあたり、人間以外のものを人になぞらえる擬人法を用いて、転居前に見た空と転居後に見える空の表情の劇的な変化が生き生きと表されている。

イ、B広縁に面した三つの部屋の、暖色系の明かりをすべて灯し、カーテンも開け放って庭から眺めると、たしかに闇に浮かんでいる船のようで、あるはずのない波の音まで聞こえてくる。には、幻を見た体験が詳細に描かれ、非現実の世界への入り口が生々しく表されている。

ウ、Cけれど妻は、逆に言えば生命力があるってことだし、葉っぱは虫除けにもなるから、木の家にはむしろいいのだと、まるで問題にしなかった。には、旧習に縛られず欠点を長所と捉えて木を残そうとしている妻の様子が、その言葉遣いを引用して巧みに表現されている。

エ、D――ほんと、きれい。こんなにたくさんガラスの窓にして、よかったわねえ。河に浮かべたいくらい。では、義母の話の中で、建てたばかりの家をガラス細工の船にたとえて語らせることによって、平たい家のもつはかなげな美しさが強調して表現されている。

〔問6〕本文の内容や登場人物について述べたものとして適切なものを、次のうちから選べ。（5点）

ア、在宅勤務の仕事をして一息ついた妻が、「私」の問いかけに対して、こちらを見ることもなくそっけない返事をするなど、二人の間柄が変化し始めたことを「私」は感じ取って不愉快になった。

イ、母親と一緒にいたい気持ちから息子は料理に興味を持ち、日曜日によく二人で練習していたところ、妻は息子の料理につきあっているうちに感覚が鋭くなり、センダンの木の大きな力を感じ始めた。

ウ、近くに住むことになった義母は、娘たちが建てた家のデザインが斬新で華やかであることにとても驚き、何度もその姿を褒めながらも、若い感覚についていけずにやや居心地の悪い思いをしている。

エ、新しい家を持つ契機となったセンダンの木の不思議な力を感じ取っている「私」は、妻の表情の変化や行動から、子どもを授かったときのことを思い起こし、新たな幸せな出来事のきざしを感じている。

三（論説文）内容吟味・文脈把握・段落吟味・課題作文

次の文章を読んで、あとの各問に答えよ。（1～15は段落番号である。＊印の付いている言葉には、本文のあとに〔注〕がある。）（計35点）

1　自由という概念は、その対立概念である不自由との相互依存性だけでなく、他のもろもろの価値とのバランスと順序付けのなかで考慮されねばならない。言い換えると、自由を独立の概念として論じることには限界があるだけでなく、そこには価値の多元性＊と切り離せない問題が含まれているのだ。単一の明晰な概念と思われている学術用語も、多くの論者が使用するとその意味が曖昧になることは避けられない。この点を反省し、自由の問題に改めて取り組んだのは20世紀最高の思想家の一人、アイザイア・バーリンであった。

2　バーリンの講演「二つの自由概念」は、その後の思想史にひとつの飛躍を与える視点を供するほどに重要な意味を持つものであった。そのなかで、「200以上に及ぶ」と言われる多種多様で錯綜した自由の定義の中から、(1)二つの自由を区別することが重要だとバーリンは指摘し、人間にとって、いくつも存在する価値は多元的であり、複合性と不両立性があることを明らかにしたのである。

3　政治体制的に見ると、バーリンの区別する自由という概念の第一の意味、すなわち「消極的自由」は、次のような問いに対する答えの中に含まれる。「主体が、いかなる他人からの故意の干渉も受けずに自分の欲することをなし、自分のありたいものであることを放任されている、あるいは放任されているべき範囲はどのようなものであるか」。他人によって干渉されない範囲が広がるにつれて、その人の自由も拡大される、そういう自由だ。言い換えれば、私生活の範囲と公権力の範囲のどこに境界線を引くのかという問いとして立ち現れる。人間の自由な行動の範囲は法律によって制限されねばならないが、どうしても侵されてはならない最小限の個人的自由の範囲が存在するはずだ。さもないと、自由を放棄することは、善や正義を追求するという人間本性の一部ないし全部を否定することにつながる。「干渉からの自由」、「権力の強制からの自由」であり、「～からの自由」である「消極的自由」は、英国近代史における自由への戦いのなかで育まれた。少なくとも古代世界では、個人の自由という意識は近代よりはるかに希薄であったのではないか。

4　第二の意味は、「積極的自由」と呼ばれる。それは「ある人が、あれよりもこれをすること、あれよりもこれであることを決定できる統制または干渉の根拠は何であるか、また誰であるのか」という問いへの答えの中に含まれている。それは、独立自尊としての自由、自己決定の自由であって、「～からの自由」ではなく、「何をすることが出来るか」を問うている。敢えて対照的にレッテルを貼れば、Aルソー以来のフランスにおける社会思想の伝統の中で育まれた自由と見ることができよう。

5　リベラリズム＊の思想を探求する社会科学の分野では、バーリンの意味での第一の自由、すなわち「消極的自由」、より具体的には「国家権力による干渉からの自由」をめぐる問題を中心に論じられて来た。

6　たしかにわれわれは、行動が他人によって干渉されない程度に応じて自分は自由であるか否かを判断する。たとえば経済活動を例にとると、できる限り政府の干渉と強制があってはならないと考え、規制は緩和されなければならないという一般論が、正論とみなされるようになった。ひとつには、国家が市場に介入して市場取引の自発性や多様性が作為的にゆがめられれば、経済社会全体が資源の大きなロスを被る、と功利主義的に考えるからだ。市場システムに関するこの「大命題」は、すでに18世紀のヨーロッパ知識人の間では認識されていた。

7　自由市場で成立する価格が、合理的な経済行動にとって必要不可欠な情報を提供しつつ調和と秩序をもたらすという不思議は、古代ギリシアのポリス＊（都市国家）での市場取引を観察する哲学者も気づいていた。しかし功利主義的な視点から、「自由」が社会的な厚生を高めるという考えが、科学的認識として確立するのは18世紀のヨーロッパにおいてであった。

8 (2)国家による干渉と強制が望ましくないと考えられる、もう一つの理由がある。それは、国家という単一理性が与える知識によって人々が考え行動するのではなく、多くの人々が関わる「思想やアイディアの市場」を通したほうが、予測しがたい未来に対して「真理」により近づきやすいという点にある。この考えは古代ギリシア人が発見した、真理への、迂遠ではあるがもっとも確実な接近方法であった。古代ギリシア人はアゴラ（広場）での論争と商取引を類比的にとらえ、市場を「発見のための装置」と考えた。

9 ポリスが、真理だけではなく、美や善に関しても、発見と洗練のための「装置」として働いたと哲学者田島正樹は指摘する。ポリスの社交生活は、洗練されたもの、良きものを選別する力を持っていた。例えば、ファッションは厳しい審美眼によって選別され、淘汰される。見苦しい行動は誰にも真似されなくなる。そして悪徳も少なくとも表面には現れない。隠れて生きることを望まない古代ギリシア人は、ポリスという装置によって、自然に徳の習慣へと導かれたのだという。

10 さまざまな思考実験や生活の多様性は、前人未踏の、あるいは人それぞれの個性にあった「新しい方法」をもたらす重要な契機になる。自由な経済競争が社会を豊かにするという主張の根拠のひとつも、この自由競争のもつ「発見の機能」にある。自由な実験や競争を許さないで、単一理性の提供する知識のみを強制すると、さまざまな可能性の扉を閉ざしてしまうことになるのだ。

11 経済競争も、誰が一番すぐれているか、誰が一番上手にこなすかということを、予め知ることができない場合に用いられるすぐれた「発見のための手続き」（ハイエク）として機能する。競争によってはじめて、最もすぐれた経済生産の方法が発見されるのだ。知識が不完全な経済社会では、現実にどの方法がある条件下で費用最小の生産方法であるかが前もってわかっているケースはない。むしろ競争の過程を通して、はじめて最適な生産技術が徐々に発見されていくのである。

12 しかし競争は、ある具体的なケース（たとえばスポーツなど）に関して、誰が一番よくやったかを示すことはできるが、競争参加者各人が、自分の潜在的能力そのものを100パーセント出し切ったかどうかを判別することはできない。競争は最も効果的に新しい知識や事実を学ばせることはあるが、トップに立つ者は、彼を追いあげる者が近づいた時にしか、水をあけようとしないという点では、潜在的な力の完全なる現実化に寄与しないこともある。いずれにせよ、B競争というのは科学の実験のような性格を帯びたものと言えよう。競争はまずもって「発見のための手続き」なのである。

13 経済問題の根本は、幾億幾千万という人々の頭の中に散らばって存在する知識や技能、あるいはそれらを獲得する機会を、いかに効率よく使用するかという点に存する。社会の中に存在するこれら知識や技能は、単一の主体がその全体を把握・所有しているのではないから、それをどう利用するかが最大の経済問題となる。このような視点に立つと、競争は、人々が知識を獲得し交換するプロセスと捉えることができ、すべての知識がはじめから単一の計画主体（例えば中央経済当局など）に与えられているとみなすことは、社会認識としては事実になじまない。財の質や人々の選好、あるいは効率のよい生産技術は、競争プロセスを通して徐々に発見されていくのである。

14 一般に一元論者が、社会の問題にも「科学的に決定的な」回答を原理的に見出し得るとみなすのとは対照的に、こうした考えは人間行動における無意識的な要素の存在や知識の不完全性を強調するという点で、多元論と名付けられよう。個人の生き方としても、「自分はこう考える」ということを過度に強調すると、他の可能性を排除してしまうだけでなく、過去の知恵への敬意を弱め、他人の考え方を軽視することになる。一人の人間の知恵など、社会全体に蓄積されてきた知恵の総量に比べれば、お粗末なものなのだ。だからこそ、同時代の他者の考えを抑圧せずに、ゆっくり耳を傾けなければならない。死者（過去）の言葉を振りかえらなければならない理由もここにある。C古きをたずねることが大切であり、「自分はこう考える」と軽々に、そして頑固に主張し、己の「独創性」を強調することは愚かな幻想を生みかねない。

15 また、人間というものの存在目的が作為的に狭小化され、大多数の人間がその単純な目的のために働く社会より、人間が趣味と意見を異にし、議論し、攻撃し、拒否しうると同時に、それでもなお「共存する」という知恵を失わない社会を「善し」とする考えがここにはある。こうした姿勢のよって立つところは、人間の知識というものは原則として不完全であること、たえず誤る可能性があり、普遍的に通用するような唯一の真理を現在手にしている人も国民も存在しないという認識だ。だからこそ、われわれの信念というものはいかに強くとも、新しい実験や議論によって常に修正を受ける性質のものであることを肝に銘じなければならない。D知識の扉を閉ざすことは、長く「誤謬」に留まることに等しいのである。

（猪木武徳「自由の思想史」による）

〔注〕 多元――多くの要素があること。
リベラリズム――自由主義。
ポリス――古代ギリシアの城壁をめぐらした都市として構成された小国家。
迂遠――遠回りしているさま。
アゴラ――古代ギリシアの都市国家の公共広場。
類比――くらべること。
審美眼――美を識別する能力。
淘汰――不必要なもの、不適当なものを取り除くこと。
ハイエク――20世紀オーストリアの経済学者。
選好――他よりもあることを好むこと。
一元論――すべての事実や現象をただ一つの原理で説明しようという考え方。
誤謬――まちがえること。

〔問1〕 (1)二つの自由を区別することが重要だとバーリンは指摘し とあるが、「自由」やその「区別」について説明したものとして、本文の内容に合致するものを、次のうちから選べ。（5点）

ア、「消極的自由」と呼ばれる「第一の意味」の自由は、人が外部から干渉されない範囲の自由を意味し、そこでは公権力によって侵されてはならない個人の自由の範囲が問われることになる。

イ、「積極的自由」と呼ばれる「第二の意味」の自由は、何が出来るかという個人の自己決定の自由を意味し、そこでは権力者が干渉できる範囲についての法的根拠が問われることになる。

ウ、「消極的自由」は、主体が他人から干渉されて不自由な生き方を強いられることを意味し、「積極的自由」は、主体が他人から独立して制約なく生きることを意味するものである。

エ、「二つの自由」は、自由の多種多様な定義の中からバーリンが区別したもので、対立概念の「不自由」との相互依存性を考慮しつつも、それぞれ独立の概念として論じるべきものである。

〔問2〕思考力 (2)国家による干渉と強制が望ましくないと考えられる、もう一つの理由がある。とあるが、

①筆者が述べた一つ目の理由にあたることを次の［　］のように説明するとき、［A］・［B］に入る適切な言葉を本文中から探して文を完成させよ。なお、［A］は、適切な五十字以上五十五字以内の箇所を探して初めの五字を書き、［B］は適切な五字の言葉を抜き出して書け。（A3点、B2点）

［A］という［B］な考え。

②筆者が述べた「もう一つの理由」として最も適切なのは、次のうちではどれか。（5点）

ア、自由な実験や競争が国家により制限されると、新たなアイディアが生まれなくなり、美や善を求める芸術や哲学にしか豊かさのより所がなくなって社会は衰退するから。

イ、国家という単一理性の提供する知識のみを用いようとすると、求める真理の発見までに時間がかかり、予測のつきにくい未来への対応が遅れることになるから。

ウ、古代ギリシアでは国家による干渉と強制によって真理に近づき経済活動を発展させたが、自由の概念が浸透してきた近代では通用しない方法であるから。

エ、すぐれた方法は自由な実験や競争によって発見されるのであり、国家による干渉や知識の強制があると、真理の発見への道が遠ざけられてしまうことになるから。

〔問3〕難 本文の段落の構成について説明したものとして適切なものを、次のうちから選べ。（5点）

ア、導入の1・2の段落を受けて、3・4の段落では二つの自由についての概念や成立過程を説明し、5・6の段落では、両者を対比した上でどちらに価値があり有用であるかを結論づけている。

イ、9の段落では、8の段落で示した考え方に反論するために、その根拠となる古代ギリシアにおける具体例を挙げて説明し、10の段落から始まる新たな視点からの論述につなげている。

ウ、10の段落は、人々に発見をもたらす競争に注目して記述されているが、競争について補足的に説明した12の段落を間に挟んで、11・13の段落ではその効果や必要性を述べている。

エ、14の段落と15の段落は、話題を転換して個人の生き方について述べているが、両段落では対照的な見方が述べられており、今後の社会ではどちらが現実的かを読者に問いかけている。

〔問4〕難 本文の内容について述べたものとして適切なものを、次のうちから選べ。（5点）

ア、筆者のいう[A]ルソー以来のフランスにおける社会思想の伝統の中で育まれた自由　と対照的なレッテルとは、「古代世界において近代よりはるかに希薄であった個人の自由」である。

イ、筆者のいう[B]競争というのは科学の実験のような性格を帯びたもの　とは、経済社会で競争の過程を経て最適な生産方法が発見されることが科学の実験と似ていることを表したものである。

ウ、筆者のいう[C]古きをたずねること　とは、長い間社会に蓄積されてきた過去の知恵や言葉を重んじ、そこから逸脱することなく個人の生き方を決めていこうとする考えのことである。

エ、筆者のいう[D]知識の扉を閉ざすこと　とは、公権力が社会秩序を保つために経済活動を始めとして人々への干渉や強制を行った結果、人々の思考力を弱めてしまうことである。

〔問5〕難 思考力 この文章でいう「一元論」と「多元論」の考え方について、あなたはどちらを支持するか。あなたの考えとその理由を、自分自身の体験や見聞を含めて二百字以内で書け。ただし、書き出しの一文で、どちらを支持するかを明記すること。なお、書き出しや改行の際の空欄、や。や「なども、それぞれ一字と数えよ。（10点）

四 （説明文・詩）漢字知識・内容吟味・表現技法

次のAは「平家物語」灌頂巻の「大原御幸」についての文章であり、［　］内の文章は本文中に引用されている「大原御幸」の現代語訳である。また、BはA文中にでてくる「朧月夜」の歌詞である。これらを読んで、あとの各問に答えよ。（＊印の付いている言葉には、本文のあとに〔注〕がある。）（計23点）

A

壇ノ浦でついに平家を滅ぼした源氏。彼らは三種の神器のうち神鏡と神璽は奪還しましたが、宝剣は海に沈んだまま発見できませんでした。これがあとの義経の悲劇にもつながります。

生け捕られた平家側の人間は八十名以上。また＊梶原景時の＊讒言で頼朝と義経が決裂。追われる身となった義経は奥州に下っていき、ここからまた新たな物語が生まれます。能にも『船弁慶』など、義経の悲劇を扱った作品がいくつもあります。

生け捕りにされた平家の人々の中には女性たちもいて、そのひとりが、清盛の娘で安徳天皇の母の建礼門院でした。

彼女は天皇と*二位殿の入水を見て自らも海に身投げするのですが、源氏側に助けられてしまいました。

建礼門院はその後出家し、京都大原の寂光院という尼寺で、平家一門の*菩提を弔う生活を始めていました。そこに後白河法皇が訪ねてくる。その様子を語るのが、灌頂巻の「大原御幸」です。

内容を見る前に、『平家物語』の中の後白河法皇の人物像を確認しておきたいと思います。彼は、平家に翻弄されつつも、実は裏でいろいろと(1)暗躍した人物だと言えます。平家追討の院宣を出したかと思えば、*木曾義仲追討を指示し、最後には子飼いの臣下のように使っていた義経追討をすら命じていて、頼朝からは「日本一の大天狗」と呼ばれたりもしています。こうしていろいろな人を翻弄しながら彼がやりたかったことは、院政の復興だったのではないでしょうか。平家全盛の前までは、譲位したあとの上皇が実権を握る院政の時代でした。平家によってないがしろにされた院政を、後白河法皇はもう一度取り戻したかった。

しかし、平家が滅んでもそれを取り戻すことはできませんでした。平家滅亡後は源頼朝の時代になり、実質的な都は鎌倉。京都は名目上の都でしかありません。法皇にとっても決してハッピーとはならなかったそんな状況の中、お忍びで行われたのが大原御幸でした。

(2)この段で注目したいのが、法皇の一行が寂光院に向かい、そして到着するところの風景描写です。少し長くなりますが引用します。

遠山にかかる白雲は、散りにし花の形見なり。青葉に見ゆる梢には、春の名残ぞ惜しまるる。比は卯月廿日余の事なれば、夏草のしげみが末を分けいらせ給ふに、はじめたる御幸なれば、御覧じなれたるかたもなし。人跡たえたる程も、おぼしめし知られて哀れなり。

西の山のふもとに、一宇の御堂あり。即ち寂光院是なり。(略)庭の若草しげりあひ、青柳糸を乱りつつ、池の蘋浪にただよひ、錦をさらすかとあやまたる。中島の松にかかれる藤なみの、うら紫にさける色、青葉まじりの遅桜、初花よりもめづらしく、岸のやまぶき咲き乱れ、八重たつ雲のたえまより、山郭公の一声も、君の御幸をまちがほなり。

(灌頂巻　大原御幸)

遠山にかかる白雲は、散ってしまった花(花の雲)の形見のようである。青葉がちに見える桜の梢を見ては、もう花も散り青葉になったかと春の名残が惜しまれる。頃は四月二十日過ぎのことなので、夏草の生い茂った草葉の先をかき分けて入って行かれると、はじめての御幸なので、見なれておいでになる所もない。人の往来が全くない様子も、法皇の御心に察せられて、しみじみと感慨深い。

西の山の麓に一棟の御堂がある。すなわちこれが寂光院である。(略)庭の若草がいっせいに茂っており、青柳が風のために糸のような枝をなびかせ乱しており、池の浮草は波に漂い、錦を洗いさらしたのかと間違えられるほどだ。池の中島にある松にからみついた藤の花の紫に咲いた色も美しく、青葉にまじって咲く遅桜の花は、春初めて咲く花よりも珍しく思われる。池の岸の山吹が咲き乱れ、幾重にも重なる雲の絶え間から、鳴いて通る山郭公の声が聞えるが、その一声も法皇の御幸を待ち顔に聞える。

ここで描かれる景色には、心の風景が表現されています。日本語の文章には、景色を描写するだけで心情を表すということがよく見られます。私たちがよく知っている例として、(3)童謡の「朧月夜」を思い出してみましょう。「朧月夜」の歌詞には、一番、二番を通じて感情表現がひとつもありません。しかし私たちは、あの歌を聞いてやさしさや切なさといった何らかの心情を受け取ります。

それと同じように、ここに建礼門院の感情はひとつも書かれていません。しかし、たとえば「夏草のしげみ」というひとことからも、私たちはさまざまな心象を想像することができます。柿本人麻呂は、夏草を「思い萎える」ものとして詠いました。しおれた気持ちの象徴としての「夏草」が茂っています。旧暦の*卯月廿日、初夏の空は明るい。世界は明るいけれど自分の中には空漠たる風景が広がっている。そんな心の内が想像できます。また(4)「池の浮草は波に漂い」からは、心にさざ波が立っているような状態も想像できるでしょう。(5)「八重たつ雲のたえまより」聞こえる「山郭公の一声」は、『古今和歌集』の歌々を思わせ、中空に鳴く郭公の虚ろな響きに、心の空しさを感じさせます。風景は、物語を聴く人に、登場人物の感情を押し付けることをせずに、聴く人のそのときの状況でさまざまな心情をそこに表出させます。

ここに書かれている景色は、建礼門院の心情であり、また法皇の心情でもあり、そしてこの物語を聴いている人の心の風景でもあります。ふたりのような壮絶な体験を実際にはしなくても、私たちはある程度の年齢になって自分の人生を振り返ったときにそんな心の景色が見えることがある。あるいはそのような経験がなくても、この物語を聴いたときに、そのような心情がふと湧きおこってくるときもあるでしょう。建礼門院と後白河法皇と、そしてこの物語を聴く人。(6)そうした三者のコレクティブ(集合的)な無意識は、感情表現ではなく、景色を描くことによって初めて共有されるのです。

かつて栄華を誇った平清盛の娘、そして国母(天皇の生母)でもあった建礼門院が、いまはこんなさびしい寺で不自由に暮らしている。法皇は世の無常を感じ、また建礼門院もこんな姿で法皇に再会することになろうとは……と涙を流します。

(安田登「平家物語」による)

B

「朧月夜」　高野辰之

一、菜の花畠に　入日薄れ
見渡す山の端　霞深し
春風そよ吹く　空を見れば
夕月かかりて　匂い淡し

二、*里わの火影も　森の色も
田中の小道を　辿る人も
蛙の鳴く音も　鐘の音も
さながら霞める　朧月夜

(長田暁二「日本の愛唱歌」による)

〔注〕梶原景時（かじわらかげとき）――平安時代末期から鎌倉時代初期の武将。
讒言（ざんげん）――事実をまげ、いつわって人を悪く言うこと。
二位殿（にいどの）――安徳天皇の祖母。建礼門院の母。
菩提（ぼだい）を弔う――死者の冥福を祈り、供養（くよう）する。
院宣――院庁の役人が上皇や法皇の命令を受けて出す文書。
木曾義仲（きそよしなか）――平安時代末期の武将。
空漠――漠然としてとらえどころがないこと。
匂い淡し――ぼうっとやわらかに映っている。
里わ――里のあたり。

〔問1〕(1)暗躍とあるが、ここで用いられている「暗」と同じ意味の「暗」を含む熟語は、次のうちのどれか。（3点）

ア、暗雲　イ、暗記　ウ、明暗　エ、暗号

〔問2〕(2)この段で注目したいのが、法皇の一行が寂光院に向かい、そして到着するところの風景描写です。少し長くなりますが引用します。とあるが、引用された風景描写に合致しているものを、次のうちから選べ。（4点）

ア、法皇一行が大原にやってくると、遠い山々にはまだ桜が咲いており、まるで白い雲がたなびいているかのように見えた。

イ、法皇にとっては初めての大原御幸ではあるが、辺りの様子から、これまで多くの人が大原の里を訪ねているようだった。

ウ、寂光院の庭には芽生えたばかりの草が生い茂り、池に浮かぶ草は波に揺れて、まるで美しい模様の織物のようだった。

エ、寂光院の建物のすぐ横には藤棚があり、紫色の花が池の面に美しく映って、遅咲きの桜も満開であった。

〔問3〕思考力 (3)童謡の「朧月夜」を思い出してみましょう。とあるが、Bの「朧月夜」の歌詞について述べたものとして適切でないものを、次のうちから選べ。（4点）

ア、八音六音の韻律の繰り返しからなる定型詩で、一番ではア段の音を多用することで明るく静かな雰囲気を漂わせているが、二番では主にエ段の音を用いて寂しい情感を表現している。

イ、一番では上空に向かう視線を取り入れて夕暮れの遠景を描き、二番では地上に広がる視線も取り入れて近景を描くことによって、情緒のある朧月夜を空間の広がりをもって描き出している。

ウ、一番では菜の花・霞・春風、二番では蛙・朧月夜など春を表す言葉を用いて、春の宵の田園に群生する菜の花とぼんやりかすむ月にいろどられた里の夕暮れの景色を美しく表現している。

エ、哀愁を帯びた暮色があたりを包み込んでゆくたそがれどきの春の田園を、一番では視覚表現を中心として、二番では辺りに広がる聴覚表現も含んで情趣豊かに描き出している。

〔問4〕(4)「池の浮草は波に漂い」からは、心にさざ波が立っているような状態も想像できるでしょう。とあるが、ここで「想像できる」心情の例として適切なものを、次のうちから選べ。（4点）

ア、我が子を失った今の状況を自分の運命だと受け入れて安らかに暮らそうとする建礼門院の心情。

イ、平家一門の冥福を祈って仏道修行に励みながらも、穏やかではいられない建礼門院の心情。

ウ、建礼門院と久しぶりの対面をしようと期待に胸を躍らせ興奮している後白河法皇の心情。

エ、院政復興を果たせず、みずからの不幸を思い絶望に沈んでいる後白河法皇の心情。

〔問5〕(5)「八重たつ雲のたえまより」聞こえる「山郭公の一声」は、『古今和歌集』の歌々を思わせ、中空に鳴く郭公の虚（うつ）ろな響きに、心の空（むな）しさを感じさせます。とあるが、次のア～エの『古今和歌集』の和歌の中で、「郭公の虚ろな響きに、心の空しさを感じさせます。」という説明に最もよくあてはまる歌はどれか。なお、【　】内は現代語訳である。（4点）

ア、わがやどの池の藤波咲きにけり山ほととぎすいつか来鳴かむ
【わが家の庭の池の藤波が咲いた。山ほととぎすは、いつになったら来て鳴くのだろうか。】

イ、五月待つ山ほととぎすうちはぶき今も鳴かなむこぞのふる声
【五月を待つ山ほととぎすよ。はばたいて今すぐにでも鳴いてほしい。去年のあの聞き慣れた声で。】

ウ、いつのまに五月来ぬらむあしひきの山ほととぎす今ぞ鳴くなる
【いつの間に五月が来たのだろうか。山ほととぎすが今鳴くのが聞こえる。】

エ、夏山に鳴くほととぎす心あらばもの思ふ我に声なかせそ
【夏山に鳴くほととぎすよ、おまえに心があるならば、もの思いをしている私に声を聞かせるな（よけいつらくなる）。】

（「新版　古今和歌集」による）

〔問6〕思考力 (6)そうした三者のコレクティブ（集合的）な無意識は、感情表現ではなく、景色を描くことによって初めて共有されるのです。を説明したものとして最も適切なのは、次のうちではどれか。（4点）

ア、建礼門院や後白河法皇のそれぞれが心に抱えた深い思いは感情表現として言葉に描き出されてはいないが、聴き手は風景描写を通じて、その心の有り様に思いを致すことができる。

イ、かつての栄華から転落した建礼門院と失意の後白河法皇、それぞれの心情を表すのにふさわしい自然の景物を描き対比させることで、二人の心情の差異が聴き手に伝わってくる。

ウ、風景は、それを見る建礼門院や後白河法皇などの人物に心の奥深くの思いに気付かせるだけでなく、それぞれの思いを聴き手に伝え共感させる手掛かりとして働きかけるものである。

エ、それぞれの風物には日本文学の伝統の中で育まれて固定したイメージがあるため、聴き手はここでの風景描写を通じて建礼門院のみじめな心情や、後白河法皇の不本意な心情を理解できる。

神奈川県

時間 50分　満点 100点　解答 P18　2月14日実施

出題傾向と対策

●国語知識、古文、小説文、論説文、資料を読み解く問題の大問五題構成。記述式は漢字問題と資料を読み解く問題のみ。文章も比較的理解しやすく、難易度はさほど高くない。その分、確実に得点することが求められる。

●漢字の読み書き、文法、短歌の鑑賞、文章読解、複数資料を合わせた読み解きなど、中学で学ぶ内容が多岐に出題されるので、学校で学ぶ基礎基本を着実に身につけたい。また、問題演習などで読解力を高めるとともに、読書で早く確実に文意をつかむ練習をしておく。

注意事項　解答用紙（省略）にマス目がある場合は、句読点などもそれぞれ一字と数え、必ず一マスに一字ずつ書きなさい。なお、行の最後のマス目には、文字と句読点などを一緒に置かず、句読点などは次の行の最初のマス目に書き入れなさい。

一 漢字の読み書き・品詞識別・鑑賞　よく出る　基本

次の問いに答えなさい。（計20点）

(ア)次の1～4の各文中の――線をつけた漢字の読み方を、ひらがなを使って現代仮名遣いで書きなさい。（各2点）

1、彼女はとても勇敢だ。
2、自転車で疾走する。
3、俊敏な身のこなしに感心する。
4、服の綻びを丁寧に繕う。

(イ)次のa～dの各文中の――線をつけたカタカナを漢字に表したとき、その漢字と同じ漢字を含むものを、あとの1～4の中から一つずつ選び、その番号を答えなさい。（各2点）

a　人材確保がキュウムとなっている。
1、カンキュウをつけて読む。
2、キュウカをとって旅行する。
3、強いダキュウを捕る。
4、セイキュウされた金額を確認する。

b　マイゾウされた宝を探す。
1、ドウゾウを建てる。　2、カンゾウをいたわる。
3、内容をゾウホする。　4、野菜をレイゾウする。

c　ダキョウを許さない。
1、ソッキョウで演奏する。
2、新聞社がキョウサンしている。
3、キョウエイの選手をめざす。
4、商品のキョウキュウが追いつかない。

d　目上の人をウヤマう。
1、具体的なセイサクを考える。
2、望遠鏡でエイセイを観察する。
3、警察官がケイレイする。
4、不可能と判断するのはソウケイだ。

(ウ)次の例文中の――線をつけた「が」と同じ意味で用いられている「が」を含む文を、あとの1～4の中から一つ選び、その番号を答えなさい。（2点）

例文　新しい電子辞書が欲しい。

1、彼は足も速いが力も強い。
2、友達を訪ねたが留守だった。
3、授業で我が国の歴史を学ぶ。
4、先月公開された映画が見たい。

(エ)次の短歌を説明したものとして最も適するものを、あとの1～4の中から一つ選び、その番号を答えなさい。（2点）

はなやかに轟（とどろ）くごとき夕焼（ゆふやけ）(ウ)はしばらくすれば遠くなりたり　佐藤（さとう）佐太郎（さたろう）

1、空に赤色が広がるさまをひらがなで表し、夕暮れ時のもの悲しさを忘れて見入った姿を明示することで、静かな喜びを鮮明に描いている。
2、赤く染まった空の美しさを聴覚的に捉え、時間が経過して色あせたさまを自らとの距離として示すことによって、効果的に描いている。
3、街を染める夕焼を擬人的に表し、あっけなく夜が訪れたことへの孤独を暗示することで、あらがうことのできない自然を壮大に描いている。
4、激しい音が響く中で目にした夕焼を直喩で示し、赤色が薄れて闇に包まれた後の静けさと対比させることによって、感傷的に描いている。

二 (古文)内容吟味

次の文章を読んで、あとの問いに答えなさい。（計16点）

ある日、「盗人」は道で「僧」と出会い、祈りの力によって善人にしてほしいと頼んで別れた。その後、「盗人」と「僧」は再び出会った。

盗人、僧の袖を控へ（引きとめて）て、怒つて申しけるは、「われ御辺（あなた）を頼むといへども、その甲斐（かひ）なし。祈誓したまはずや。」と申しければ、僧答へて曰（い）はく、「われその日より片時（へんし）のいとまもなく、御辺のことをこそ祈り候（さうら）へ。」とのたまへ（おっしゃるので）ば、盗人申しけるは、「おことは（あなた）出家の身として、虚言（そらごと）[1]をのたまふものかな。その日より悪念のみこそおこり候へ。」と申しければ、僧の謀（はかりごと）に、「にはかに喉渇きてせんかたな（仕方がない）し。」とのたまへば、盗人申しけるは、「これに井戸の侍（はべ）るぞや。われ上より縄をつけて、その底へ入れ奉る（たてまつ）べし（お入れしましょう）。飽くまで水飲みたまひて、上がりたく思（おぼ）しめし候はば、引き上げ奉らん。」と契約して、件（くだん）[2]の井戸へ押し入れけり。かの僧、水を飲んで、「上げたまへ。」とのたまふとき、盗人力を出（い）だしてえいやと引けども、いささかも上がらず（全く上がらない）。い

かなればとて、さしうつぶして見れば、何しかは上がるべき（どうして上がるはずがあろうか）、かの僧、そばなる石にしがみつきておるほどに、盗人怒つて申しけるは、「さても御辺は愚かなる人かな。その儀にては、3いかが祈祷も験あるべきや。その石放したまへ。やすく引き上げ奉らん。」と言ふ。僧、盗人に申しけるは、「さればこそ、われ御辺の祈念をいたすも、このごとく候ふぞよ。いかに祈りをなすといへども、まづ御身の悪念の石を離れたまはず候ふほどに、御辺のごとく強き悪念は、善人になりがたふ候ふ。」と申されければ、盗人うちうなづゐて、かの僧を引き上げ奉り、足元にひれ臥して、「げにもかな。」（もっともなことであるなあ）とて、それより元結切り（髪を切って出家し）、すなはち僧の弟子となりて、やんごとなき善人とぞなりにけり。

（『伊曾保物語』から。）

(ア)――線1「虚言をのたまふものかな。」とあるが、「盗人」がそのように言った理由として最も適するものを次の中から一つ選び、その番号を答えなさい。（4点）

1、「盗人」の悪念を消し去るために力を尽くしていると「僧」は言うものの、いまだに効果が表れていないから。
2、「盗人」の出家を手助けするために準備していると「僧」は主張するものの、少しも進展が見られないから。
3、改心しようと決めたときから「僧」に教わったように祈りをささげてきたが、悪念は消えることがないから。
4、善人になりたいと思ったときから「僧」に言われたとおり修行に励んできたが、全く心穏やかにならないから。

(イ)――線2「件の井戸へ押し入れけり。」とあるが、「盗人」がそのようにした理由として最も適するものを次の中から一つ選び、その番号を答えなさい。（4点）

1、水が飲みたいという「僧」の願いをかなえれば、悪念は消え去って善人になれると確信したから。
2、「僧」が祈りに専念していなかったことを隠そうとしたため、仕返しをしようと思いついたから。
3、出家したいという願いに耳を貸さず、自身の望みを優先する「僧」の身勝手さに腹が立ったから。
4、喉が渇いたという「僧」の言葉を聞いたので、満足するまで水を飲んでもらおうと思ったから。

(ウ)――線3「いかが祈祷も験あるべきや。」とあるが、それを説明したものとして最も適するものを次の中から一つ選び、その番号を答えなさい。（4点）

1、人を導く立場にもかかわらず、石に執着して修行をおろそかにするような愚かな「僧」の祈りには効果など期待できないということ。
2、自ら石にしがみついておきながら、引き上げてほしいと訴えるような愚かな「僧」の祈りには効果など期待できないということ。
3、重い石を離さずに、引き上げてくれないと文句ばかり口にするような愚かな「僧」の祈りには効果など期待できないということ。
4、水を全く飲むことなく、落ちている石に気をとられてばかりいるような愚かな「僧」の祈りには効果など期待できないということ。

(エ)本文の内容と一致するものを次の中から一つ選び、その番号を答えなさい。（4点）

1、「盗人」は、出家したいという訴えを一度は断られたが、困っていた「僧」の手助けをしたことが高く評価され、弟子になることが認められた。
2、「盗人」は、強い悪念ゆえに改心は難しいと皆から言われていたが、あきらめることなく「僧」が祈り続けたおかげで、善人になることができた。
3、「盗人」は、「僧」が持つ祈りの力ばかりをあてにしていたが、まず自身が悪念を捨てようとしなければならないと説かれ、すっかり心を改めた。
4、「盗人」は、「僧」が持つ祈りの力を信じられず心を閉ざしていたが、修行の大切さを懸命に伝えようとする熱意に心を動かされ、出家を決めた。

三 （小説文）内容吟味・聞く話す・主題

次の文章を読んで、あとの問いに答えなさい。（計24点）

> 「三十次郎」は、オーストラリアへ行った兄「醤生」に代わり、一時期は経営が傾いていた「中島クリーニング」を引き継いだばかりである。父「洋二郎」の代から「中島クリーニング」を支えてきた染み抜き職人「長門（長さん）」と「三十次郎」は、連れだって中華街へ出かけ、飲食店に入った。

近くの円卓で家族連れが和やかに談笑している。小さな兄弟が皿にのった蟹炒めを覗き込んでは、指でつついている。弟が脂ぎったソースを服で拭うと、兄は止めるでもなく笑って同じことをしている。こらこら、そんなことをしたら染みになってしまうのに。ナプキンを使いなさい、ナプキンを。長門は他人事ながらそわそわとし、兄弟のやんちゃな指先を目で追った。両親は楽しげに喋っているだけで、子どもたちの素行には構いもしない。

醤生が弟を叱ったり、そんな真似はやめろと言うのも見たことがなかったな。長門はふいに思い出す。母の牧子も困った顔で言い聞かせはしたが、怒ったりしなかった。洋二郎だけが怒鳴り声を散らし、三十次郎の首ねっこを猫の子みたいにひっつかみ、店からはじき出していた。クリーニング屋のせ(注)がれのくせに、と背中に荒い声を投げつけて。

洋二郎は、醤生の就職先のことを手放しで褒めていた。「すげえな。総合商社ってところはクリーニングもあつかうのか。それも高度な無菌クリーニングだっつうんだから。よくわかんねえけど、たいした仕事じゃねえか、なあ。」だが三十次郎の製紙業に関しては「ふうん、紙屋でノートでもつくんのか。」と仏頂面で的外れな感想を口にしただけだ。

自分に関心のこもった視線などついぞ向けなかった父の跡を、兄の願いをかなえるためとはいえ、継ぐことになったのだ。三十次郎もさぞ戸惑っているのではなかろうか。

しかし目前で、デザートの胡麻団子と杏仁豆腐をどちらにするかさんざん迷っている男からは、不安も気概も伝わってこない。もしかして根っから楽天的な性格なのか。単に何も考えていないだけか。いずれにせよ心配になってくる。三十次郎もつられて家族連れに目をやっている。

「あーあ。あの子ら、あんなに染みつけちゃって。親父だったら雷おとすとこだよなぁ。」

さすがの三十次郎も、少しは気になるらしい。長門は心で大いにうなずく。

そうだ、染みというのはじゃまなものだ。そこにあるかぎり、抜かねばならんものなのだ。

「蟹は手で食うもんだ、と言いながらも、厳重にエプロンはつけさせるでしょうな。」

(注)健啖家だった洋二郎の豪快な食べ方を思い出し、長門もそこは同意した。

醬生とは洋二郎のこと、主に店の引継ぎに関しては仕事中にさまざまな言葉をかわしたものだ。だが三十次郎と洋二郎について語ることなど、いままでになかったなと気づく。

「じつは、これも兄貴から店のことを頼まれるときに聞いた話なんだけどね。親父が昔、おかしなこと言ってたらしいんだよ。」

三十次郎は、円卓ではしゃぐ兄弟に投げていた視線を長門のもとに戻した。

「またお袋のハンカチの話に戻るけどさ。箪笥の引き出しにたくさん入ってたハンカチを俺、一気にごっそり取り出して、いろんな色水で染める実験をしたことあったんだよね。」

一気にとは、ますます救いがたい。長門は嘆息し、運ばれてきた杏仁豆腐を啜った。

「それを兄貴に見つかって。兄貴、また律儀に全部染み抜きしようとして、親父に意気揚々と見せたらしいんだけどさ。親父、言ったんだって。一枚ぐらいそのままにしといてやれ。三十次郎ががんばって染めた、作品みてぇなもんだろって。」

「先代が、洋二郎さんが、そう言われたのですか？」

レンゲを持つ手をふいに止め、長門は訊ねた。三十次郎がうなずく。1その顔がその日初めて、まぶしい陽射しに困惑するみたいな不可思議な色に染まっている。

「あいつは店を継がせるには頼りねえが、なんか違うもんにでもなんだろ。楽しみに見ててやろうじゃねえか、とか。兄貴もうろ覚えらしいけどね、そんなふうなこと言ったって。」

「見てて、やろうと？」

長門の喉を、杏仁豆腐よりもあまくて滑らかなつめたさが、すうと流れ落ちる。

「それ聞いた母さんが、なんでだかとても嬉しそうな顔したらしいんだよ。そうよ、全部は洗わなくていいわって、染まったハンカチを一枚抜き取るもんだから、兄貴、すげえ悔しかったらしくてさ。『せっかく僕がぜんぶ綺麗にしてやるって言ってんのに！』って。それでよく覚えてるらしいんだ。兄貴もへんなとこ、記憶力いいからなぁ。」

「2そう、ですか。そんなことを言いましたか。」

「違うもんどころか、いまだなぁんもなってないけどね、俺。」

へらへら笑う三十次郎は、口にはしない。

父の言葉を伝え聞いたから、ためらっていた店を継ぐ気になったのだ、とは。いつでも言葉が足りないか、発された言葉もあさっての方角に飛んでいってしまう子だった。

「この杏仁豆腐、うまいよねぇ。お土産にもう一個たのもっかな。長さんもどう。」

だがそんなことをつぶやく三十次郎の目じりに、嬉しさが染みている。幼いころ好物だったところてんを盛大に啜ったときみたいに、透明な喜びを噛みしめる顔をしている。

あの夏。日陰の暗さにとりこまれそうだった遠いひと夏。長男だけをあからさまに贔屓していたような洋二郎も、まだ「家族」を見ていたのだ。背を向けては、いなかったのだ。牧子もまたそのことを知って、嬉しかったのだろうか。

まだ、この家は大丈夫だ。そんなほのかな希望を、胸に灯らせたのだろうか。

「どうかした？　長さん。」

レンゲを宙に浮かせたままでいる長門を、三十次郎が不思議そうな顔で覗き込む。

あのとき、中島クリーニングが崩れ落ちるのを食い止めたのは、ひょっとしてこの薄ぼんやりした男のつけた、ハンカチの染みだったのかもしれない。

3長門は泣きたいような笑いたいような気持ちを抑え、ゆっくり首を振った。

「いえ、あまさが歯にしみまして。」

「それにしても、まさかお袋までオーストラリアについていくとは思わなかったよなぁ。結局、残された次男より孫なんだよな。日本食に飢えてる日本人主婦たちを集めて、和食教室をやるなんて張り切ってるらしいけどさ。うまくいくのかなぁ。ホームシックでこの(注)ハンカチで涙を拭く、なぁんてことにならなきゃいいけど。」

三十次郎が袋から出してみせたハンカチを、長門も見やる。

「そんなことにはならんでしょう。お強い方ですから。それより店長、言っておきますが、くれぐれもそのハンカチは白いままで送ってあげてくださいよ。」

「はは、わかってるって。もう色水遊びなんてする歳じゃないんだから。」

「どうだかわかりませんな。」

(注)哀しくたたずむ母親の姿を縫い取るように映し出していたスワトウのハンカチ。

4そこにいまは、レースに縁取られた家族の日々が透けて見える。その端に、遠巻きにたたずんで彼らを見守る自分の姿までもが、淡く縫いこまれている気がした。

長門はゆっくりまばたきをしてから、気を取り直すように咳払いした。

「三十次郎さん、いや店長。念のため、ひとつおうかがいしたいのですが……その、じゃましない染み云々というのは、いまも思っていることでしょうか。」

「うん、思ってるよ。そういう染みはさ、あえて綺麗に抜かなくたっていいんでないの。」

長門はさめたウーロン茶を噴きそうになりながら、亡き先代の言葉を心でたどる。

　クリーニング屋の、店長とも、あろうべき者が。

「長さん食べないなら、この餃子、最後の一個もらってもいい？」

　あ。長門がこたえるより先に、三十次郎がひとつだけ残っていた海老餃子にさっと箸を伸ばした。相手が食べないのを見届けてからおもむろに取ろうと、さっきから長門が虎視眈々とタイミングを狙っていた皿だ。そのとたん、だらりと下がっていた三十次郎の皺だらけのシャツの袖口が、小皿のラー油醤油に浸かった。

　左の袖口と律儀に対になるように、右の袖口にも赤茶の染みが広がる。長門は慌てておしぼりの端をコップの水に浸す。その手を伸ばしたところで「いいよいいよ。」と制された。

「でも唐辛子と油が入っていますから。軽く処理をしておけば、あとで落ちやすくなります。」

「いいのいいの。これはじゃましない染みだから。」

「なんと？」

「長さんと中華街で飯食ったっていう、記念の染みだからさ。」

　三十次郎は首をすくめてみせると、最後の一個の餃子を旨そうに咀嚼する。むろん、もう片方の袖についている醤油染みのことなど、はなから気づいてもおらぬようだ。

　前途多難、という言葉が長門の胸に落ち、曖昧な輪郭の染みとなった。

　帰り際、中国語のネオンがにぎやかに光る通りを先刻くぐりぬけた門を目指し歩いた。横を歩く三十次郎は満足げに、肉まんや腸詰の土産で膨らんだ袋をゆらしている。その袖についた「長門と中華街で飯を食った記念」なる染みも、いまや薄い闇にまぎれている。

　だが染みがそこにあるかぎり、抜かねばならない。長門の気持ちも、宵闇に漂う。

　頼りなさそうに見えても、やはりあなたの息子ですな。妙なところが頑なだ。[5]まぁ、染みのついたシャツの一枚ぐらいは、私も残しておくとしますか。

　いまは何を問うこともできなくなった遠い姿を思い浮かべ、長門は声もなく語りかけた。


（野中　ともそ「洗濯屋三十次郎」から。一部表記を改めたところがある。）

(注)　せがれ＝息子のこと。
健啖家＝大食いの人のこと。

このハンカチ＝「三十次郎」は、「牧子」が好んでいた、中国の都市スワトウで作られたレース地のハンカチを飲食店に入る前に見つけ、プレゼントするために購入している。

スワトウ＝中国の都市。レースや刺繍が有名である。

(ア)──線1「その顔がその日初めて、まぶしい陽射しに困惑するみたいな不可思議な色に染まっている。」とあるが、そのときの「三十次郎」を説明したものとして最も適するものを次の中から一つ選び、その番号を答えなさい。（4点）
1、跡継ぎとして頼りにするような言葉を「洋二郎」が残していたと「醤生」から聞いたことを思い出し、誇らしく思うものの応えられていないことを歯がゆく思っている。
2、ハンカチを色水で染めた作品を褒める言葉を「洋二郎」が残していたと「醤生」から聞いたことを思い起こし、喜びを覚えるものの店長としては未熟な自分を恥じている。
3、自分の将来を楽しみにしているというような言葉を「洋二郎」が残していたと「醤生」から聞いたことを思い起こし、改めて嬉しく思うとともに照れくさくも感じている。
4、家族を和ませるための実験を喜ぶ言葉を「洋二郎」が残していたと「醤生」から聞いたことを思い出し、戻らない過去を寂しく感じるとともになつかしさも覚えている。

(イ)──線2「そう、ですか。そんなことを言いましたか。」とあるが、ここでの「長門」の気持ちをふまえて、この部分を朗読するとき、どのように読むのがよいか。最も適するものを次の中から一つ選び、その番号を答えなさい。（4点）
1、「洋二郎」が「三十次郎」のことも気にかけていたとわかって驚くとともに、新たに知った「洋二郎」の一面を心に描いて感慨にふけっていることがわかるように、ゆっくりと噛みしめながら読む。
2、「洋二郎」が「三十次郎」の無責任さを黙認していたと知って落胆するとともに、以前から抱いていた「三十次郎」への不信感をあらわにしていることが伝わるように、厳しく責める口調で読む。
3、「洋二郎」がハンカチを染めた「三十次郎」のことを許していたと知り、染み抜き職人として「洋二郎」に裏切られたと気づいた怒りを抑えていることがわかるように、声を押し殺しながら読む。
4、「洋二郎」は「三十次郎」を怒鳴りつけてばかりいたが、跡継ぎとして「三十次郎」に期待するがゆえの行動であったことに気づいて納得していることが伝わるように、明るく朗らかな調子で読む。

(ウ)──線3「長門は泣きたいような笑いたいような気持ちを抑え、ゆっくり首を振った。」とあるが、そのときの「長門」を説明したものとして最も適するものを次の中から一つ選び、その番号を答えなさい。（4点）
1、「三十次郎」の話に聞き入っていた自分に気づき、人の心をつかむのが上手な「三十次郎」を見直したものの、気持ちを素直に伝えることは腹立たしく思えてごまかそうとしている。
2、頼りなく見える「三十次郎」に「中島クリーニング」が救われたのではないかと思ったものの、こみ上げてくる思いを伝えることはせず、自分の胸にとどめておこうとしている。
3、楽天的な性格の「三十次郎」に「牧子」まで希望を持っていたことが許せず、染み抜き職人として尽力してきた過去の自分が愚かに感じられ、うそであってほしいと思っている。
4、「三十次郎」のつけた染みが「中島クリーニング」のためには不可欠だったと理解はしたが、染みは抜くべきものだという信念が揺らいだことを、すぐには受け入れられずにいる。

(エ)――線4「そこにいまは、レースに縁取られた家族の日々が透けて見える。」とあるが、そのときの「長門」を説明したものとして最も適するものを次の中から一つ選び、その番号を答えなさい。（4点）

1、スワトウのハンカチを見て、家族のことに思い悩む「牧子」の姿が想起されたが、それぞれを思いやる気持ちで家族はつながっていたとわかり、温かい思い出も確かにあったのだと認識を改めている。

2、スワトウのハンカチを見て、家族の危機にも気丈に振る舞う「牧子」の姿が想起されたが、思いも寄らなかった家族それぞれの哀しみを知り、本当の気持ちを見ようとしていなかったと痛感している。

3、スワトウのハンカチを見て、家族のことに絶望する「牧子」の姿が想起されたが、一つの目標に向かって互いに励まし合ってきた家族の歩みを知り、強いきずなに気づいていなかったと実感している。

4、スワトウのハンカチを見て、家族の危機にも希望を抱き続ける「牧子」の姿が想起されたが、惜しみない努力で家族は結ばれていたとわかり、人知れず涙にくれる日々もあったのだと考え直している。

(オ)――線5「まぁ、染みのついたシャツの一枚ぐらいは、私も残しておくとしますか。」とあるが、そのときの「長門」を説明したものとして最も適するものを次の中から一つ選び、その番号を答えなさい。（4点）

1、染みに対する独特な考え方は受け入れられないが、頑固な「洋二郎」と相反する柔軟さには魅力を感じ、前途多難かもしれないが自分も「三十次郎」とともに成長していこうと心に決めている。

2、染みに対する「三十次郎」の考え方には感激したものの、経験不足からくる店長としての未熟さは無視することができず、いまは亡き「洋二郎」の代わりに自分が育てていきたいと感じている。

3、染みに対する考え方に共感はできないものの、信念を持っているところには「洋二郎」と通じるものを感じ、「三十次郎」に寄り添いながらこれからも見守っていこうと思いを新たにしている。

4、染みに対する考えを押し付けてくる「三十次郎」に腹は立つが、世話になった「洋二郎」の息子である以上は意見することもできず、あきらめて支えていくしかないと自分に言い聞かせている。

(カ) **よく出る** この文章について述べたものとして最も適するものを次の中から一つ選び、その番号を答えなさい。（4点）

1、「洋二郎」との心温まる思い出を「長門」と分かち合ったことで、自覚していなかった魅力に「三十次郎」が気づいていくさまを、染みに関する話や多くの比喩を用いて生き生きと描いている。

2、優秀な職人である「長門」と関わる中で、「洋二郎」に叱られてばかりだった「三十次郎」が店長として大きく成長していくさまを、兄との対比や家族の思い出を交えて感動的に描いている。

3、「洋二郎」とは異なる奔放な振る舞いに隠れた信念に触れたことで、頑固な「長門」が「三十次郎」に深くのめり込むさまを、家族の過去やさまざまな料理の描写を用いて鮮やかに描いている。

4、これまで知り得なかった「洋二郎」の話を聞く中で、「長門」が気づいていなかった「三十次郎」の姿が浮かびあがってくるさまを、回想やハンカチにまつわる話を通して印象的に描いている。

四 (論説文)文脈把握・内容吟味・要旨

次の文章を読んで、あとの問いに答えなさい。（計30点）

玉石混交の科学的知見と称されるものの中でも、現実をよく説明する「適応度の高い仮説」は長い時間の中で批判に耐え、その有用性や再現性故に、後世に残っていくことになる。そして、その仮説の適応度をさらに上げる修正仮説が提出されるサイクルが繰り返される。1それはまるで生態系における生物の「適者生存」のようである。ある意味、科学は「生きて」おり、生物のように変化を生み出し、より適応していたものが生き残り、どんどん成長・進化していく。それが最大の長所である。現在の姿が、いかに素晴らしくとも、そこからまったく変化しないものに発展はない。(注)教条主義に陥らない〝可塑性〟こそが科学の生命線である。

しかし、このことは「科学が教えるところは、すべて修正される可能性がある」ということを論理的必然性をもって導くことになる。科学の進化し成長するという素晴らしい性質は、その中の何物も「不動の真理」ではない、ということに論理的に帰結してしまうのだ。科学の知見が常に不完全ということは、ある意味、2科学という体系が持つ構造的な宿命であり、絶え間ない修正により、少しずつより強靭(きょうじん)で真実の法則に近い仮説ができ上がってくるが、それでもそれらは決して一〇〇％の正しさを保証しない。

より正確に言えば、もし一〇〇％正しいところまで修正されていたとしても、それを完全な一〇〇％、つまり科学として「それで終わり」と判定するような(注)プロセスが体系の中に用意されていない。どんなに正しく見えることでも、それをさらに修正するための努力は、科学の世界では決して否定されない。だから科学的知見には、「正しい」「正しくない」という二つのものがあるのではなく、その仮説がどれくらい確からしいのかという確度の問題が存在するだけなのである。

では、我々はそのような「原理的に不完全な」科学的知見をどう捉えて、どのように使っていけば良いのだろうか？　一体、何が信じるに足るもので、何を頼りに行動すれば良いのだろう？　優等生的な回答をするなら、3より正確な判断のために、対象となる科学的知見の確からしさに対して、正しい認識を持つべきだ、ということになるのだろう。

「科学的な知見」という大雑把なくくりの中には、それが成熟した分野のものか、まだ成長過程にあるような分野なのか、あるいはどんな手法で調べられたものなのかなどによって、確度が大きく異なったものが混在している。ほぼ例外なく現実を説明できる非常に確度の高い法則のようなものから、その事象を説明する多くの仮説のうちの一つに過ぎないような確度の低いものまで、幅広く存在している。

それらの確からしさを正確に把握して峻(注)別していけば、少なくともより良い判断ができるはずである。

　しかし、非専門家でも理解しやすい情報が、どんな科学的知見に対しても公開されている訳ではもちろんないし、科学的な情報の確度というものを単純に調査規模や分析方法といった画一的な視点で判断して良いのか、ということにも、実際は深刻な議論がある。一つの問題に対して専門家の間でも意見が分かれることは非常に多く、そのような問題を非専門家が完全に理解し、それらを統合して専門家たちを上回る判断をすることは、現実的には相当に困難なことである。

▼こういった科学的知見の確度の判定という現実的な困難さに忍び寄って来るのが、いわゆる権威主義である。たとえばノーベル賞を取ったから、『ネイチャー(注)』に載った業績だから、といった4権威の高さと情報の確度を同一視して判断するというやり方だ。この手法の利点は、なんと言っても分かりやすいことで、現在の社会で「科学的な根拠」の確からしさを判断する方法として採用されているのは、この権威主義に基づいたものが主であると言わざるを得ないだろう。

　[A]こういった権威ある賞に選ばれたり、権威ある雑誌に論文が掲載されるためには、多くの専門家の厳しい審査があり、それに耐えてきた知見はそうでないものより強靭さを持っている傾向が一般的に認められることは、間違いのないことである。また、科学に限らず、専門家は非専門家よりもその対象をよく知っている。だから、何事に関しても専門家の意見は参考にすべきである。それも間違いない。多少の不具合はあったとしても、どんな指標も万能ではないし、権威主義による判断も分かりやすくある程度、役に立つなら、それで十分だという考え方もあろうかと思う。

　[B]、この権威主義による言説の確度の判定という手法には、どこか拭い難い危うさが感じられる。それは人の心が持つ弱点と言えばいいのか、人の心理というシステムが持つ弱点と関連した危うさである。端的に言えば、人は権威にすがりつき安心してしまいたい、そんな心理をどこかに持っているのではないかと思うのだ。拠りどころのない「分からない」という不安定な状態でいるよりは、とりあえず何かを信じて、その不安から逃れてしまいたいという指向性が、心のどこかに潜んでいる。権威主義は、そこに忍び込む。

　そして行き過ぎた権威主義は、科学そのものを社会において特別な位置に置くことになる。倒錯した権威主義の最たるものが、科学に従事している研究者の言うことなら正しい、というような誤解であり、また逆に科学に従事する者たちが、非専門家からの批判は無知に由来するものとして、専門用語や科学論文の引用を披露することで、高圧的かつ一方的に封じ込めてしまうようなことも、よく見られる現象である。科学の知見は決して一〇〇%の真実ではないにもかかわらず、である。

「権威が言っているから正しい」というのは、本質的に妄信的な考え方であり、いかに美辞を弄しようと、とどのつまりは何かにしがみついているだけなのだ。▲

　また、もう一つ指摘しておかなければならないことは、5権威主義が〝科学の生命力〟を蝕む性質を持っていることだ。権威は人々の信頼から成り立っており、一度間違えるとそれは失墜し、地に落ちてしまう。この失墜への恐怖感が〝硬直したもの〟を生む。「権威は間違えられない」のだ。また、権威主義者に見られる典型的な特徴が、それを構築する体系から逸脱するものを頑なに認めない、という姿勢である。それは権威主義が本質的に人々の不安に応えるために存在しているという要素があるからであり、権威主義者はその世界観が瓦(注)解し、その体系の中にある自分が信じた価値が崩壊する恐怖に耐えられないのである。

　現代の民主主義国家では、権威主義による強権的な異論の封じ込めはもう起こらないと信じたいが、特定の分野において「権威ある研究者」の間違った学説が、その人が存命の間はまかり通っているというようなことは、今もしばしば見られるようには思う。権威主義に陥ってしまえば、科学の可塑性、その生命力が毒されてしまうことは、その意味で、今も昔も変わらない。科学が「生きた」ものであるためには、その中の何物も「不動の真実」ではなく、それが修正され変わり得る可塑性を持たなければならない。権威主義はそれを蝕んでしまう。

　そして、何より妄信的な権威主義と、自らの理性でこの世界の姿を解き明かそうとする科学は、その精神性において実はまったく正反対のものである。科学を支える理性主義の根底にあるのは、物事を先入観なくあるがままに見て、自らの理性でその意味や仕組みを考えることである。それは何かに頼って安易に「正解」を得ることとは、根本的に真逆の行為だ。

　だから、科学には伽(注)藍ではなく、バザー(注)ルが似合う。権威ではなく、個々の自由な営為の集合体なのだ。〝科学的に生きる〟ことにとっては、〝信頼に足る情報を集め、真摯に考える〟、そのことが唯一大切なことではないかと思う。その考えが正しいか間違っているかは、厳密に言えば答えのない問いのようなものである。それが真摯な営みである限り、様々な個性を持った個々人の指向のまま、生物の遺伝子変異のように、6ランダムな方向を持ったものの集合体で良いのだ。

　そういった様々な方向で進む人々の中から、より適したやり方・仮説が生き残り、次の世界を担っていく。それが生きている「科学」の姿であり、職業的科学者だけでなく、すべての人がその生き様を通して参加できる〝人類の営み〟ではないかと思うのである。

（中屋敷均「科学と非科学」から。一部表記を改めたところがある。）

（注）教条主義＝ある特定の原理や原則に基づいて物事を説明しようとする応用のきかない考え方。
プロセス＝手順。方法。
峻別＝厳しく区別すること。
ネイチャー＝学術雑誌のうちの一つ。
瓦解＝壊れること。
伽藍＝寺の建物の総称。
バザール＝市場のこと。

(ア) **基本** 本文中の[A]・[B]に入れる語の組み合わせとして最も適するものを次の中から一つ選び、その番号を答えなさい。（2点）

1、A　もちろん　B　しかし
2、A　なぜなら　B　そこで
3、A　たとえば　B　もし
4、A　ところで　B　だから

(イ)――線1「それはまるで生態系における生物の『適者生存』のようである。」とあるが、それを説明したものとして最も適するものを次の中から一つ選び、その番号を答えなさい。（4点）
1、科学的知見が評価される際に、科学者が他の仮説を批判することで自説の価値を高めてきたさまは、環境に適さないものを犠牲に繁栄する生物のあり方と似ているということ。
2、ある科学的知見が人々の需要に合わせて修正される中で、他の仮説を排除して不動のものへと進化してきたことは、強い生物だけが生き延びていくさまと似ているということ。
3、様々な科学的知見が選別される過程において、残った仮説がさらに良いものへと進化してきたことは、より環境に順応した生物が生き残っていくさまと似ているということ。
4、多くの科学的知見が存在する中で、科学者が互いの学説を参考にし合って適応度を上げてきたさまは、互いの特長が影響し合って進化する生物のあり方と似ているということ。

(ウ)――線2「科学という体系が持つ構造的な宿命」とあるが、その内容を説明したものとして最も適するものを次の中から一つ選び、その番号を答えなさい。（4点）
1、科学の価値は時代によって変動するため、永遠に有用性を維持することはできないという宿命。
2、科学は変化を前提とするものであるため、絶対的に正しい科学的知見は存在し得ないという宿命。
3、科学の価値は進化し続ける点にあるため、科学者も成長し続ける努力を強いられるという宿命。
4、科学は学説の公平性を最優先するため、科学者は科学的知見の修正から逃れられないという宿命。

(エ)――線3「より正確な判断のために、対象となる科学的知見の確からしさに対して、正しい認識を持つべきだ」とあるが、そのことについて筆者はどのように述べているか。それを説明したものとして最も適するものを次の中から一つ選び、その番号を答えなさい。（4点）
1、様々な科学的知見の確度の違いを見極めていくことが必要となるが、情報の収集や確度の判定には課題も多くあり、専門家でない人々が高度な判断をすることには難しさが伴う。
2、科学的知見についての完全な情報が公開されていないことに加え、専門家と非専門家が同じ条件下で議論をかわすことは無意味なため、確度を正しく認識することは現実的ではない。
3、現在残っている科学的知見は確度の高いものばかりだが、情報公開の程度や調査規模を判断する方法には問題もあり、非専門家が分析して行動の指針とすることには危険が伴う。
4、科学的知見の質や研究手法に対して疑義を唱える専門家がいることに加え、どの分野も画一的な視点によって調査されているため、確度を正確に判別することは専門家でも困難だ。

(オ)――線4「権威の高さと情報の確度を同一視して判断するというやり方」とあるが、そのことについて筆者はどのように述べているか。それを説明した次の文中の［Ⅰ］・［Ⅱ］に入れる語句として最も適するものを、本文中の▼から▲までの中から、［Ⅰ］については六字で、［Ⅱ］については七字でそれぞれ抜き出し、そのまま書きなさい。（完答で4点）

> 権威の高さと情報の確度を同一視する手法は、［Ⅰ］という利点はあるが、行き過ぎてしまえば何かにすがりたいという心理と結びつき、権威あるものは正しいというような［Ⅱ］に陥りかねない。

(カ)――線5「権威主義が〝科学の生命力〟を蝕む」とあるが、その理由として最も適するものを次の中から一つ選び、その番号を答えなさい。（4点）
1、権威主義者は、人々の不安を解消して信頼を勝ち取ることを重視し、揺るぎない真実を世間に広めるという科学の目的を軽視してしまうから。
2、権威主義者は、自分の支持する学説が他の学説より優位であることを示すため、科学の特徴である一貫性を無視して次々と仮説を修正するから。
3、権威主義者は、正しさよりも世間の関心を集める話題性を優先するため、真実を追究して変化するという科学の長所を消し去ってしまうから。
4、権威主義者は、権威を失うことや自分の信じた価値が崩れることを恐れ、科学の本質である修正や変化を受け入れられず現状に固執するから。

(キ)――線6「ランダムな方向を持ったものの集合体で良い」とあるが、その理由として最も適するものを次の中から一つ選び、その番号を答えなさい。（4点）
1、科学で重要なことは、ある学説を先入観なく理解しようとするひたむきな姿勢であり、専門家でない人々が思考したものにこそ意味があるから。
2、科学を支えているのは、過去に提唱された学説に基づいて判断しようとする誠実な態度であり、正しいかどうかを追究することは必要ではないから。
3、科学で大切なのは、ある学説が信頼に足るものかどうかを深い知識を用いて証明することであり、専門家による思考の集積にこそ価値があるから。
4、科学において必要なことは、様々な考えを持つ人々が自ら情報を集めて思考を深化させることであり、一つに集約することは重要ではないから。

(ク) **よく出る** 本文について説明したものとして最も適するものを次の中から一つ選び、その番号を答えなさい。（4点）
1、様々な個性を持つ研究者の中から次代を担う科学者が現れている意義を、生物の遺伝子変異の過程と重ねて説明した上で、「科学」の伝統は守るべきだと論じている。
2、世界の姿を解明するために変化し続けていく科学のあり方を、権威主義との関係にも触れながら説明した上で、誰もが「科学」に携わることができると論じている。

3、自ら情報を集めて真摯に考える職業的科学者の重要性を、「科学」の歴史を根拠に説明した上で、あらゆる分野において専門家の意見に従うのが良いと論じている。

4、再現性の高さ故に信頼を得てきた科学の姿を、人間の心理が持つ弱点と関連付けながら説明した上で、すべての人が「科学」に寄与しなければならないと論じている。

五（対話文）図の読み取り　思考力

中学生のAさん、Bさん、Cさん、Dさんの四人のグループは、「総合的な学習の時間」で水の使用量について調べ、話し合いをしている。次のグラフ、表1、表2と文章は、そのときのものである。これらについてあとの問いに答えなさい。（計10点）

Aさん　私たちは水の使用量について、様々なことを調べてきましたね。近年、家庭用水を含む生活用水の使用量は減少傾向にあり、一人が一日あたりに使用する量も減っているそうです。

Bさん　ここでグラフを見てください。一般家庭において、一人が一日あたりに使用している水量を目的別に分け、年ごとに示したものです。これを見ると［　　］ことがわかります。

Cさん　なるほど。他には、一人が一日あたりに使用する家庭用水の使用量全体が減っていることもわかりますね。

Dさん　水の使用量の変動には、気候や生活スタイルの変化などの影響もあると思いますが、なぜ家庭用水の使用量は減ったのでしょうか。

Cさん　それを考えるために、表1を見てみましょう。便器で使用する一回あたりの水量を発売年ごとにまとめたものです。ここからは大きな変化が読み取れますね。使用者が用途ごとに水量を切り替えられる機能も開発されており、公共施設でもそのような機能が搭載された節水便器を見かけることが多くなってきました。

Bさん　便器以外の水利用機器で言えば、風呂水をくみ上げる機能がついた洗濯機も販売されています。また、手で洗うときの十分の一程度の水量で洗える食器洗い乾燥機もあるそうです。

Aさん　便器や洗濯機などの水利用機器は進歩してきたのですね。新しい技術は私たちの生活を快適にしてくれるだけでなく、限りある資源を有効に使うことにも役立ちそうです。

Dさん　では、これからも新しい水利用機器の開発が進んでいけばよいということですね。

表1

便器の一回あたりの洗浄水量（L）

発売年＼機能	大	小	eco 小
昭和51年	13.0		
平成５年	8.0	6.0	
平成18年	6.0	5.0	4.5
平成19年	5.5	4.5	4.0
平成21年	4.8	4.0	3.8
平成24年	3.8	3.3	3.0
平成29年	3.8	3.3	3.0

一般社団法人日本レストルーム工業会「各社節水便器の変遷」より作成。
表１内の「eco 小」はごく少量の水を流す場合に使用する機能をさす。

グラフ

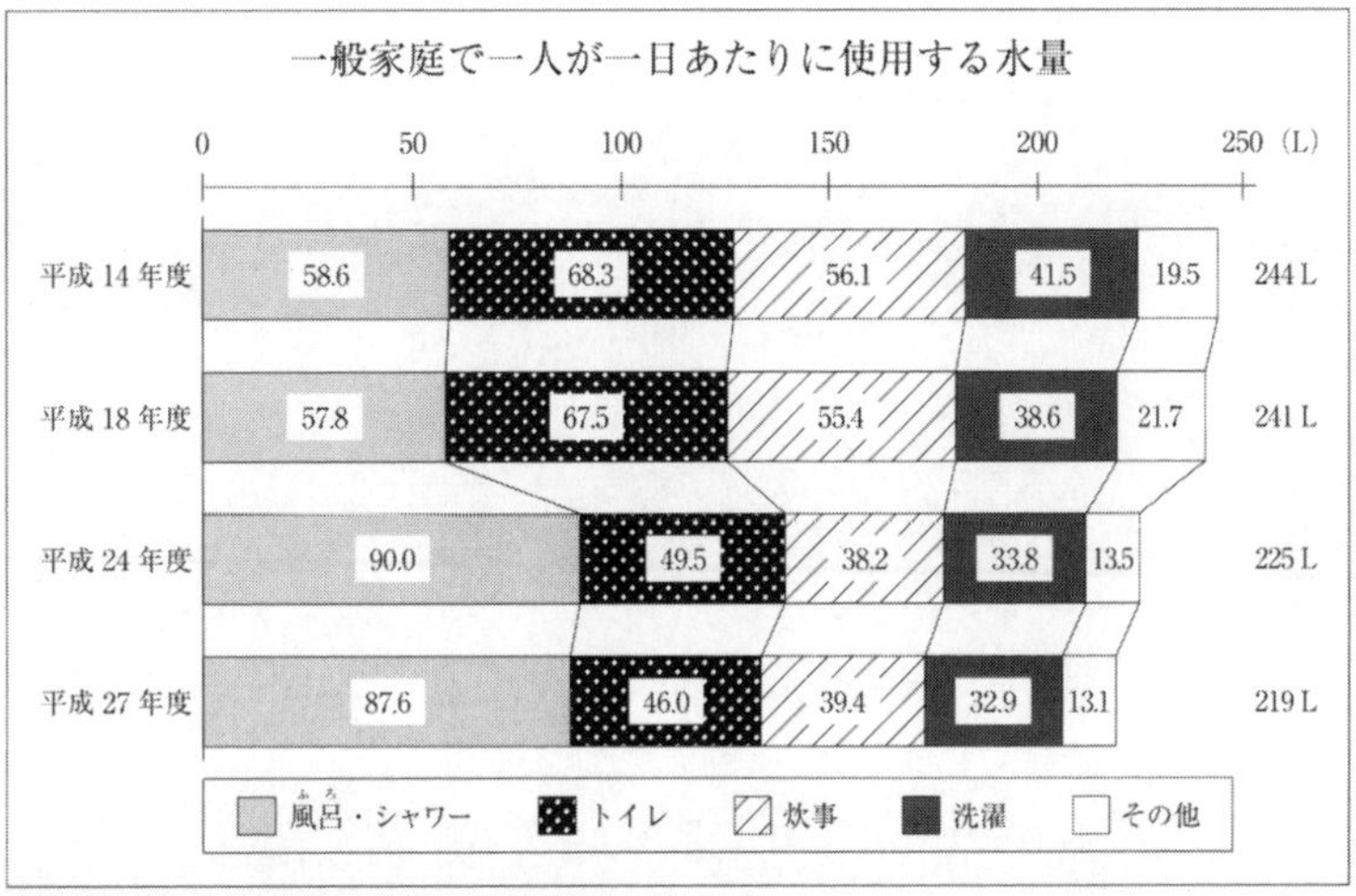

東京都水道局「一般家庭水使用目的別実態調査」より作成。

表2

調査年	水の使い方：豊富に使っている		節水している		特に気にしていない・その他
	節水は考えず豊富に使う	節水は必要だが豊富に使う	ある程度節水している	まめに節水している	
昭和61年	12.3%	27.3%	41.5%	9.7%	9.2%
平成６年	9.5%	25.4%	50.8%	9.1%	5.1%
平成11年	6.0%	21.7%	50.3%	13.9%	8.3%
平成13年	5.1%	24.5%	54.2%	10.7%	5.4%
平成20年	4.0%	21.8%	58.3%	14.0%	1.8%

内閣府「『節水に関する特別世論調査』の概要」より作成。

Bさん　本当にそれだけでよいのでしょうか。表2を見てください。普段の生活でどのような水の使い方をしているか調査した結果を、年ごとにまとめたものです。「節水している」と答えた人は、昭和六十一年では五十パーセント程度でしたが、平成二十年では七十パーセントを超えています。

Cさん　平成二十年の調査で「豊富に使っている」と答えた人の中にも、節水は必要だと考えている人は全体の二十パーセント程度いますから、実践しているかどうかは個人差があるものの、九十パーセントを超える人が節水の必要性を認識していると言えますね。

Dさん　一方、「節水は考えず豊富に使う」と答えた人は、昭和六十一年では十二・三パーセントでしたが、平成二十年では四・〇パーセントとかなり低い割合になっています。節水に対する意識がこれほど変化しているとは知りませんでした。

Aさん　これまでの話を総合すると、表1と表2から読み取った内容から、家庭用水の使用量が減った主な理由は、［　　］からだと考えられます。

Dさん　そうですね。本日の話し合いをきっかけに、改めて限りある水を大切に使っていきたいと思いました。

(ア)本文中の［　　］に入れるものとして最も適するものを次の中から一つ選び、その番号を答えなさい。（4点）

1、平成27年度の家庭用水の使用量の中で、「風呂・シャワー」の使用量は、「トイレ」の使用量の半分以下になっている
2、平成27年度の家庭用水の使用量の中で、「洗濯」の使用量は、「風呂・シャワー」の使用量の三分の一以下になっている
3、平成27年度は平成14年度と比べて、「トイレ」の使用量は三割程度減少しており、「洗濯」の使用量は二割程度減少している
4、平成27年度は平成14年度と比べて、家庭用水の使用量全体に占める「炊事」の使用量の割合が、三分の一以下に減少している

(イ)本文中の［　　］に適する「Aさん」のことばを、次の①～④の条件を満たして書きなさい。（6点）

①書き出しの「家庭用水の使用量が減った主な理由は、」という語句に続けて書き、文末の「からだと考えられます。」という語句につながる一文となるように書くこと。
②書き出しと文末の語句の間の文字数が二十五字以上三十五字以内となるように書くこと。
③表1と表2から読み取った具体的な内容に触れていること。
④「技術」「意識」という二つの語句を、どちらもそのまま用いること。

新潟県

時間 50分　満点 100点　解答 P19　3月5日実施

出題傾向と対策

●漢字の読み書き、韻文とその鑑賞文、古文、論説文の大問四題構成。本文の難度はさほど高くないが、論説文には七十字以内・九十字以内の記述問題がある。文法や熟語の組み立てなど、幅広く出題されている。

●漢字の読み書き、口語文法、国語知識など、基礎基本となるものをきちんと身に付けたい。また、読書等を通じてまとまった分量の文を読むことに慣れておきたい。問題演習を通じて答えを作る力を高めていきたい。作った答えは添削してもらうことで、客観的に見ることができる。

一 漢字の読み書き　よく出る　基本

次の㈠、㈡の問いに答えなさい。（計24点）

㈠次の1～6について、――線をつけた漢字の部分の読みがなを書きなさい。（各2点）

1、優れた作品が展示されている。
2、長い年月を研究に費やす。
3、文章の構想を練る。
4、快挙を成し遂げる。
5、けが人を救護する。
6、料理に卵黄を使う。

㈡次の1～6について、――線をつけたカタカナの部分に当てはまる漢字を書きなさい。（各2点）

1、窓に付いた水滴がタれる。
2、熱いお湯をサまして飲む。
3、朝顔のタネをまく。
4、市役所のチョウシャを見学する。
5、贈り物をきれいにホウソウする。
6、農作物をチョゾウする。

二 （省略）仁平勝「俳句をつくろう」より （計12点）

三 （古文）口語訳・仮名遣い・内容吟味

次のAの文章は、『土佐日記』の一部である。また、Bの文章は、Aの文章について述べたものである。この二つの文章を読んで、㈠～㈤の問いに答えなさい。 （計30点）

A

九日のつとめて（早朝）、大湊（おほみなと）より、(1)奈半の泊（なはのとまり）を追はむとて、漕（こ）ぎ出（い）でけり。

これかれ互ひに、国の(2)さかひのうち（内マデハト）はとて、見送りに来る人あまた（タクサンイル中デ）が中に、藤原（ふじはら）のときざね、橘（たちばな）のすゑひら、長谷部（はせべ）のゆきまさ等（ら）なむ、御館（みたち）より出で給（たう）び（館ヲ出発ナサッタ日カラ）し日より、ここかしこに追ひ来る。この人々ぞ、志（こころざし）ある人なりける。

これより、今は漕ぎ離れて行（ゆ）く。これを見送らむ（見送ロウトシテ）とて(3)この人々の深き志（アチラコチラト）はこの海にも劣らざるべし（劣ラナイダロウ）。ぞ、この人どもは追ひ来ける。かくて漕ぎ行（ゆ）くまにまに、海のほとりにとまれる人も遠くなりぬ。(4)船の人も見えずなりぬ。岸にもいふことあるべし（アルダロウ）。(5)船（船ノ人）にも思ふことあれ（アルガ）ど、かひなし（ドウショウモナイ）。かかれど（コウデハアルケレド）、この歌をひとりごとにして、やみぬ（ヤメニシタ）。

〈Ⅰ〉思ひやる（見送ル人ヲ思ウ）心は海をわたれどもふみしなければ

知らずやあるらむ（気持チハワカラナイダロウ）

（注）九日＝一月九日。
奈半の泊＝奈半の港。
国＝当時の行政上の区画。
藤原のときざね、橘のすゑひら、長谷部のゆきまさ＝いずれも人名。

B

『土佐日記』は、作者の紀貫之（きのつらゆき）が土佐国（現在の高知県）の国司の役目を終えて京へ帰るまでの旅のようすを記した日記です。貫之は、この日記を、ある女性が筆者であるという設定で記しました。

貫之の一行は、十二月二十一日に、住んでいた国司の館を出発し、お世話になった人たちとの別れの儀式を行ったり、挨拶を交わしたりしながら、十二月二十八日、大湊という土地までやって来ました。大湊から先は海岸沿いに船を進め、本格的な帰京の旅を始める予定でした。天候不順が続き、なかなか出航することができずにいましたが、一月九日、ようやく出航しました。

〈Ⅰ〉の和歌には一つの言葉にもう一つの意味が掛けられており、「ふみ」という言葉には、「手紙」を表す「文（ふみ）」という意味と、「踏み渡る（歩いて渡る）」を表す「踏み」という意味が掛けられています。

（注）国司＝地方を治めるために派遣された役人。

㈠ ――線部分(1)の「奈半の泊を追はむ」の意味として最も適当なものを、次のア～エから一つ選び、その符号を書きなさい。 （4点）

ア、奈半の港を思い出そう　イ、奈半の港を目指そう
ウ、奈半の港を歌に詠もう　エ、奈半の港を探そう

㈡ **よく出る** **基本** ――線部分(2)の「さかひ」を現代かなづかいに直し、すべてひらがなで書きなさい。 （2点）

㈢ ――線部分(3)の「この人々の深き志はこの海にも劣らざるべし」について、作者がこのように考えるのはなぜか。その理由として最も適当なものを、次のア～エから一つ選び、その符号を書きなさい。 （6点）

ア、他の人とは違い、館の前で見送りをやめたから。
イ、他の人と同じく、出航までの準備を手伝ったから。
ウ、他の人と同じく、丁寧な別れの儀式を行ったから。
エ、他の人とは違い、国境を越えて見送りに来たから。

㈣ ――線部分(4)の「船の人も見えずなりぬ」とはどういうことか。最も適当なものを、次のア～エから一つ選び、その符号を書きなさい。 （6点）

ア、船が海岸から遠ざかり、見送りに来た人たちからは船の人たちの姿が見えなくなったということ。
イ、船が海岸から遠ざかるにしたがい、見送りに来た人たちの真心がはっきりと分かるようになったということ。
ウ、船が見えなくなると、見送りに来た人たちはどのように帰ったらよいか、分からなくなったということ。
エ、船旅が長くなるにしたがい、船の人には土佐国でのできごとが遠い昔のことのように思われたということ。

㈤ ――線部分(5)の「船にも思ふことあれど、かひなし」とはどういうことか。〈Ⅰ〉の和歌を踏まえ、五十字以内で書きなさい。 （12点）

四 （論説文）内容吟味・文脈把握・要旨

次の文章を読んで、㈠～㈥の問いに答えなさい。 （計34点）

今、私たちは経済的な時間を生きている。そして、自分が自由に使える時間を欲しがっている。しかし、自分の時間とはいったいどういう状態のことをいうのだろう。それをどう過ごしたら、幸せな気分になれるのだろうか。

どこの世界でも、(1)人は時間に追われて生活している。私がゴリラを追って分け入ったアフリカの森でもそうだ。晩に食べる食料を集めに森へ出かけ、明後日に飲む酒を今日仕こむ。昨日農作業を手伝ってもらったので、そのお礼として明日ヤギをつぶす際に肉をとり分けて返そうとする。それは、つきつめて考えれば、人間の使う時間が必ず他者とつながっているからである。時間は自分だけでは使えない。ともに生きている仲間の時間と速度を合わせ、どこかで重ね合わせなければならない。［A］、森の外から流入する物資や人の動きに左右されてしまう。

ゴリラといっしょに暮らしてみて私が教わったことは、(2)互いの存在を認め合っている時間の大切さである。野生のゴリラは長い間人間に追い立てられてきたので、私たちに強い敵意をもっている。しかし、辛抱強く接近すれば、

いつかは敵意を解き、いっしょにいることを許してくれる。それは、ともにいる時間が経過するにしたがい、信頼関係が増すからである。

　ゴリラたち自身も、信頼できる仲間といっしょに暮らすことを好む。食物や繁殖相手をめぐるトラブルによって信頼が断たれ、離れていくゴリラもいるが、やがてまた別の仲間といっしょになって群れをつくる。とくに、子どもゴリラは周囲のゴリラたちを引きつける。子どもが遊びにくれば、大きなオスゴリラでも喜んで背中を貸すし、悲鳴をあげれば、すっ飛んでいって守ろうとする。ゴリラたちには、自分だけの時間がないように見える。

　人間も実はつい最近まで、自分だけの時間にそれほど固執していなかったのではないだろうか。とりわけ、木や紙でつくられた家に住んできた日本人は、隣人の息遣いから完全に隔絶することはできず、常にだれかと分かち合う時間のなかで暮らしてきた。それが原因で、うっとうしくなったり、ストレスを高めたりすることがあったと思う。だからこそ、戦後に高度経済成長をとげた日本人は、他人に邪魔されずに自分だけで使える時間をひたすら追い求めた。そこで、効率化や経済化の観点から時間を定義する必要が生じた。つまり、時間はコストであり、金に換算できるという考え方である。

　しかし、物資の流通や情報技術の高度化を通じて時間を節約した結果、(3)せっかく得た自分だけの時間をも同じように効率化の対象にしてしまった。自分の欲求を最大限満たすために、効率的な過ごし方を考える。映画を見て、スポーツを観戦し、ショッピングを楽しんで、ぜいたくな食事をする。自分で稼いだ金で、どれだけ自分がやりたいことが可能かを考える。でも、それは自分が節約した時間と同じ考え方なので、いつまでたっても満たされることがない。そればかりか、自分の時間が増えれば増えるほど、孤独になって時間をもてあますようになる。

　それは、そもそも人間がひとりで時間を使うようにできていないからである。700万年の進化の過程で、人間は高い[a]力を手に入れた。他者のなかに自分を見るようになり、他者の目で自分を定義するようになった。ひとりでいても、親しい仲間のことを考えるし、隣人たちの喜怒哀楽に大きく影響される。ゴリラ以上に、人間は時間を他者と重ね合わせて生きているのである。仲間に自分の時間をさしだし、仲間からも時間をもらいながら、互酬性にもとづいた暮らしを営んできたのだ。幸福は仲間とともに感じるもので、信頼は金や言葉ではなく、ともに生きた時間によって強められるものだからである。

　世界は今、多くの敵意に満ちており、孤独な人間が増えている。それは経済的な時間概念によってつくりだされたものだ。それを社会的な時間に変えて、(4)いのちをつなぐ時間をとりもどすことが必要ではないだろうか。ゴリラと同じように、敵意はともにいる時間によって解消できると思うからである。

（山極　寿一「ゴリラからの警告「人間社会、ここがおかしい」」による）

（注）固執＝心がとらわれること。
隔絶＝かけ離れていること。
互酬性＝他者から受けたことに見合うことをして返すことで、お互いの関係が保たれること。

(一) よく出る ――線部分(1)について、筆者がこのように考えるのはなぜか。その理由を述べている部分を、文章中から四十字以内の一つの文で抜き出し、そのはじめと終わりの五字をそれぞれ書きなさい。（4点）

(二) 文章中の[A]に最もよく当てはまる言葉を、次のア～エから一つ選び、その符号を書きなさい。（4点）
ア、もし　イ、しかし　ウ、だから　エ、なぜなら

(三) ――線部分(2)について、「互いの存在を認め合っている時間の大切さ」とは具体的にどういうことか。最も適当なものを、次のア～エから一つ選び、その符号を書きなさい。（4点）
ア、ゴリラは、人間に敵意をもっているので、人間が信頼されることはないということ。
イ、いっしょに暮らす時間が経過するにしたがい、ゴリラとの信頼関係が増すということ。
ウ、ゴリラは互いの存在を認め合う時間を好むため、人間を信頼したがる傾向があるということ。
エ、ゴリラは信頼できる仲間といっしょに暮らし、その群れから決して離れることはないということ。

(四) 難 思考力 ――線部分(3)とはどういうことか。七十字以内で書きなさい。（8点）

(五) 文章中の[a]に最もよく当てはまる言葉を、次のア～エから一つ選び、その符号を書きなさい。（4点）
ア、技術　イ、創造　ウ、表現　エ、共感

(六) 思考力 ――線部分(4)とはどういうことか。文章全体を踏まえ、九十字以内で書きなさい。（10点）

富山県

時間 50分　満点 40点　解答 P20　3月5日実施

出題傾向と対策

●漢字の読み書き、論説文、小説文、古文、条件作文という大問五題構成は例年同様。本文は長くなく、基本的内容を問う問題が多い。文法、接続語、四字熟語、歴史的仮名遣いなどの知識問題や、字数を制限しない記述問題が含まれるのも変わっていない。条件作文が俳句を使って、季節の魅力を紹介するという新傾向になった。

●基本的な学力を着実に身につければ、対応可能な問題ばかりで、記述問題も本文を引用して、答えをまとめればよい。条件作文は新傾向でも、資料の読み取りが肝要。

一 漢字の読み書き　基本

――線部ア～ウの漢字の読みをひらがなで書き、――線部エ～カのカタカナを漢字で書きなさい。

生徒会誌に(ア)掲載される。

がんばる姿に(イ)憧れる。

全国大会を(ウ)招致する。

友達に本を(エ)カりる。

気象(オ)エイセイを打ち上げる。

鉄道が国内を(カ)ジュウオウに走る。

二 (論説文)活用・内容吟味・文脈把握

次の文章を読んで、あとの問いに答えなさい。(一部表記を改めたところがある。)

わたしたち人間が①生きるということは、この地球上に命を与えられ、その命を維持していくということを意味している。生まれるということは、命を与えられるということである。与えられるということは受け身である。わたしたちは②自らの誕生を選択することはできないからである。

他方、わたしたちは命をつなぐために、たくさんのことを選択する。「選択する」ということは、「選択肢をもつ」ということ、さらに、「選択することができる」ということも意味している。複数の選択肢のなかから選択することができるということは、③選択の自由をもつということである。選択の自由があればこそ、わたしたちは、複数の選択肢から自らの意思でどれか一つを選ぶことができる。選択の存在こそ人間が自由であることの根幹に位置しているのである。

ただ、選択が望みの結果をもたらすかどうかは、選択の時点で分かっているわけではない。わたしたちは選択を誤ることもある。この場合の「誤る」は、数学の解答を誤るという意味ではない。正しい答えを出せなかったということではない。わたしたちは「正しい選択」というが、これは、数学の答えのような「正しさ」ではない。選択には、④「よりよい選択」と「より悪い選択」、「どちらともつかない選択」がある。よりよい選択とは、わたしたちの願望の実現をもたらす選択、いわば幸福な状況をもたらす選択であり、そうでない選択が誤った選択、不幸をもたらす選択が悪い選択である。

［Ⅰ］、よい選択をしたと思っても、選択の状況が変化するなかで不運が生じることもある。順調に進んでいた仕事が突然の地震で行き詰まってしまうこともある。わたしたちは、こういう状況を運が悪いとか、不運だとかいう。選択を誤ることで、あるいは、不運に見舞われることで、わたしたちは困難な状況に陥る。困難な状況に陥ってしまうことの［Ⅱ］となった選択のことを「選択を間違った」とか、「選択が正しくなかった」、あるいは「選択はよかったが、運が悪かった」というのである。たしかに、「誤った選択」「正しくなかった選択」は回避したい。不運な出来事に出会うことも喜ばしいことではない。が、そういう選択をすること、そのような状況を生きることができることもまた、⑤人間が自由であるということに含まれている。

ここで命のように、「与えられているもの」を「所与(しょよ)」と呼ぶことにしよう。わたしたちは、与えられた命のもとで、すなわち、所与としての人生のうちにあって、選択する自由を与えられている。

所与と選択とが人間が存在するということの根本的な条件である。ただし、人生は、所与と選択だけによって成り立っているわけではない。人生には、所与でもなく、選択でもない広大な領域が広がっている。遭遇という領域である。

わたしたちは、人生のなかで、さまざまな人びとや出来事に出会う。遭遇する。この遭遇もまた「所与としての生きていること」と⑥切っても切れない関係にある。所与をスタートとしてわたしたちの人生は進んでいくのであるが、そのなかでわたしたちはそれぞれにさまざまな人や出来事と出会うからである。しかし遭遇は所与ではない。選択でもない。

遭遇は選択ではないが、さまざまな遭遇は、他方でわたしたちにさまざまな選択肢を用意してくれる。人生の豊かさは、この所与と遭遇によって用意される選択のなかにある。いろいろな人と出会い、いろいろな出来事に出会う。人との遭遇、出来事との遭遇によってさらにさまざまな選択肢が現れてくる。そのなかの選択によって人生は変化してゆく。選択によって出会う⑦さまざまな人や出来事や風景が人生の彩り(いろど)となる。

【桑子敏雄(くわことしお)『何のための「教養」か』より】

1、よく出る　①生きる　と活用の種類が同じ動詞を、次のア～エから一つ選び、記号で答えなさい。

ア、試みる　イ、笑う　ウ、食べる　エ、努力する

2、②自らの誕生を選択することはできないから　とありますが、これは何に対する理由を述べたものですか。次の文の(　)に入る言葉を本文中から抜き出しなさい。

命は(　　　)ものだということ

3、基本　③選択の自由をもつということ　とありますが、選択の自由があることで何ができると述べていますか。本文中から「…ができる。」に続くように、十六字で抜き出しなさい。

4、【基本】④よりよい選択　とありますが、よりよい選択によって何がもたらされると述べていますか。本文中から二つ、それぞれ五字で抜き出しなさい。

5、【よく出る】［Ⅰ］に入る言葉として最も適切なものを、次のア～エから選び、記号で答えなさい。

ア、つまり　イ、だから　ウ、さらに　エ、それとも

6、［Ⅱ］に入る言葉として最も適切なものを、次のア～エから選び、記号で答えなさい。

ア、着眼点　イ、分岐点　ウ、基準点　エ、合流点

7、⑤人間が自由であるということに含まれている　について、次のようにまとめました。（ a ）～（ c ）に入る言葉を、それぞれ本文中から抜き出しなさい。

人間が自由であることに含まれていること
・（ a ）を誤る
・（ a ）はよいが、（ b ）に見舞われる
↓結果
（ c ）を生きること

8、⑥切っても切れない関係にある　とありますが、

(1)「切っても切れない関係」にあるのは、「所与としての生きていること」と何との関係ですか。本文中から抜き出しなさい。

(2)なぜ「切っても切れない関係にある」といえるのですか。本文中の言葉を使って説明しなさい。

9、⑦さまざまな人や出来事や風景が人生の彩り(いろど)となる　とありますが、ここでいう「彩り」は、どのようなことによってもたらされると述べていますか。本文中の言葉を使って説明しなさい。

三（小説文）熟語・内容吟味・文脈把握

次の文章を読んで、あとの問いに答えなさい。（一部表記を改めたところがある。）

> 「あたし」（岡島雨子）は、念願かなって動物園の飼育員になった。四月最初の休園日、全員が集められ、副園長が動物の担当替えの発表をしていた。「あたし」はこれまでの一週間を振り返り、自分の担当が発表されるのを待っていた。

初出勤から一週間。餌作りに餌やり、展示室と寝部屋の掃除、体調管理、日誌と報告、接客など、あたしは蓮見(はすみ)さんに色々なことを教わった。今年の新人はあたしだけで、蓮見さんはほぼ付きっ切りで指導をしてくれた。

動物への対応方法はまさに①千差万別。同じ種でも個体によってこうも違うのかってくらい臨機応変に対応しなくちゃいけなくて、トナカイたちの世話とはまるで違う。あたしは蓮見さんに連れられて、先輩たちの動きを目で追った。もちろん全てを憶(おぼ)えろと言われたわけじゃない。憶えなくちゃいけないのは、忙しく駆け回る先輩方の身の捌(さば)き方というか、いかにして無駄を省くか。効率の良い作業方法を自分で考えるその姿勢。それでいて、動物に対しては無駄を省いちゃいけないという②矛盾。動物は人とは違う。家畜ともペットとも違う。かわいらしく見えても危険だし、危険に見えても繊細で、あらゆる動物は臆病らしい。

「あー。人間に教えるのってホント楽」

カバの寝部屋に消毒液をぶちまけたあたしに、蓮見さんが言った。

それはあたしの気を楽にさせてくれると同時に、とても的を射た一言だった。彼女が若くして危険なカバの担当になっている訳も、③新人の教育を任されてる理由もわかった気がした。

「ヒグマの担当は、どんな方なんですか」

さりげなく聞いたら、蓮見さんは当然のように答えた。

「超ベテランのクマさんと峰さんのコンビだよ。あたしが入ってからずっと変わってないなぁ」

本名は田村さんって名前だけど、クマが似合い過ぎてるからクマさんって呼ばれてるらしい。峰さんは女性飼育員では一番の古株のようだ。これ以上欲は出さないようにしてたけど、やっぱりしんどい。新人のあたしが④あなたの担当になるなんてことは天地が何度逆さまになってもありえなくて、副担当でさえほぼ皆無。あたしは絶望しながらも、まぁ飼育員になれただけでチャンスはあるしって、ここで運を使い果たさない方がいいんだって思い込む。納得したつもりで発表を待ってる。はずなのに、

「安本さんはこれまで通りホッキョクグマとアザラシ。副担当もペンギンで変わりありません」

クマって言葉が出ただけでドキッとする。ホワイトボードがどんどん埋まっていくのにあたしの名前は呼ばれなくて。あなたも呼ばれない。それを嫌でも意識しちゃう。

「田村さんも変わらずヒグマの担当。副担当もアナグマ、シカ、タヌキ、イタチのままでお願いします」

あなたが呼ばれて体が強張(こわば)った。やはり担当は変わらずだったけど、まだ副担当が残ってる。園長の思わせぶりな言葉が蘇(よみがえ)る。あの人はあたしのことを憶えていたんだ。もしかしたらもしかしたら、あたしの必死の願いを汲(く)んでくれるんじゃないかって、脳内で自分が騒いでる。あたしは前に鎮座している園長を見つめながら、⑤手に大粒の汗を握ってた。

「峰さんはアナグマとシカ。副担当はイノシシとヒグマ。これまで通りです」

終わった。

望みはないってわかってたのに。それなのに、あたしは今確実に終わった。目の前が真っ暗になった。あなたとは違う黒。無機質な冷たい黒に覆われた。期待してた自分は強欲な愚か者だ。七つの大罪の中でも最も忌(い)み嫌うべきものにあたしは侵されていた。

「まぁそう気を落とさずに。人も動物も、愛するより愛される方がいいんだよ」

［　　］していたのが蓮見さんにバレたらしい。ってことは、あなたの担当になりたいってこともバレてるんだ。それはまずい。背筋を伸ばして、なんのことですか？　って顔を見せる。

「好きな動物より与えられた動物の方が、案外相性が良かったりするもんなの」

蓮見さんは頼れる先輩を絵に描いたような笑顔を見せてくる。

「植木さん、先田さん、それから岡島雨子さんはこども動物園でお願いします」

唐突に、何故(なぜ)かフルネームで名前を呼ばれた。動物の名前はないし担当と副担当の区別もない。おまけにどよめきもない。新人がこども動物園というのは当然中の当然のようだ。大逆転も番狂わせもない。

咄嗟(とっさ)に手元の資料をめくる。そこには案の定な名前があった。ヤギ、ヒツジ、モルモット。ウサギ、アヒル、最後はゾウガメ。それってもうほぼ家畜とペットだし！　恨むように蓮見さんを見ると、

「おめでとう。大変だけどいい経験になると思うよ」

ポンポンと肩を叩(たた)かれて、その軽やかさに⑥目眩(めまい)がした。

「以上です。呼ばれてない方はいませんよね？」

誰も手を上げないので、思わず上げそうになった。

「では。担当が変わった方はさっそく今日から引き継ぎ作業に入って下さい」

副園長が締めようとしたとき、音もなく園長が立ち上がった。

「一ついいですか」

場が一瞬で静まり返る。

「動物によってお客さんの人気の優劣はありますが、私たちにとって優劣は何一つありません」

周りから緊張の空気が伝わってくる。⑦園長の目が黒豹(ひょう)に見えるのは、あたしだけじゃないのかもしれない。

「人気だとか花形だとか抜擢(ばってき)だとか。そんな言葉は焼却炉に捨ててきてください。今すぐに」

園長はそう言うと、ツカツカと部屋を出て行った。ハイヒールを履いてるはずはないのに、そう聞こえたのは幻聴だろうか。わからないけど、怒っているのは確かだった。

そうなんだ。あたしはべつに、新人だからこども動物園の担当になったわけじゃないんだ。蓮見さんも大変だって言ってたし。ていうか⑧大変じゃない動物なんていないんだ。

気を引き締めて頑張らないと。


【片岡翔(かたおかしょう)『あなたの右手は蜂蜜の香り』より】

1、**よく出る** ①千差万別　とありますが、この四字熟語の本文中の意味に最も近いものを、次のア～エから選び、記号で答えなさい。
ア、右往左往　イ、試行錯誤
ウ、多種多様　エ、千変万化

2、②矛盾　とありますが、どのような点が矛盾していると「あたし」は考えているのですか。これについて説明した次の文の（　）に入る言葉を、本文中から五字以上十字以内で抜き出しなさい。

（　　　　）を見つけようとする一方で動物に対しては手を抜けない点

3、③新人の教育を任されてる理由もわかった気がしたとありますが、そう感じた理由として適切なものを、次のア～エから二つ選び、記号で答えなさい。
ア、動物と接することの難しさを教えてくれたから。
イ、動物の対応方法は全て同じだと教えてくれたから。
ウ、先輩の動きを全て覚えるように言われたから。
エ、失敗した「あたし」の気持ちを楽にしてくれたから。

4、④あなたの担当になる　とありますが、「あなた」とは何を指していますか。本文中から抜き出しなさい。

5、⑤手に大粒の汗を握ってた　とありますが、「あたし」のどのような気持ちを表していますか。「あたし」の願いに触れて説明しなさい。

6、**基本** □に入る言葉として最も適切なものを、次のア～エから選び、記号で答えなさい。
ア、誤解　イ、落胆　ウ、後悔　エ、楽観

7、⑥目眩(めまい)がした　とありますが、それはなぜですか。その理由として適切なものを、次のア～エから一つ選び、記号で答えなさい。
ア、これからの大変さを思って、気が重くなったから。
イ、明るい調子で励まされたので、うれしかったから。
ウ、思いがかなわなかったのに、軽く励まされたから。
エ、家畜とペットの担当だと思うと、嫌になったから。

8、**難** **思考力** ⑦園長の目が黒豹(ひょう)に見える　とありますが、「あたし」の目にそのように見えたのはなぜですか。説明しなさい。

9、⑧大変じゃない動物なんていないんだ　とありますが、このように気付いたことで、どのように気持ちが変化しましたか。変化前の気持ちも含めて説明しなさい。

四 (古文)仮名遣い・内容吟味・動作主・口語訳

次の古文を読んで、あとの問いに答えなさい。（一部表記を改めたところがある。本文の左には部分的に意味を記してある。）

昔、漢の高祖[注1]と楚(そ)の項羽(こうう)と、秦(しん)の世を争ひし時、あまた（多くの）の合戦をいたすと①いへども、つつがなくて（高祖は傷を負うことがなくて）、つひに項羽を亡(ほろ)ぼして、天下をとれりしほどに、黥布(げいふ)といふ小臣（身分の低い家臣）の、心に背くことありけるを、②侮(あなど)りて、みづからせめ給ふ（攻撃なさる）ほどに、流れ矢にあたりて、失(う)せ給ひにけり（お亡くなりになった）。

いづかたにつけても（どのようなことについても）、人を侮るまじきなり。すべて賢人も万慮(ばんりょ)に一失(いっしつ)（万に一つの失敗）あり。愚かなるものも千慮に一徳あり。この□が一の徳をならひて（見習って）、かの万が一の失をのがるべし。

これによりて、「智者は空門(くうもん)を破(は)す」[注2]ともいふ。「聖人(せいじん)[注3]は芻蕘(すうじょう)（身分の低い者）にはかる」といへり。この意は、よき人は人を侮らずして、あやしきものにもものを問ひ、学ぶること（学ぶこと）を恥にせぬなり。

【新編日本古典文学全集『十訓抄(じっきんしょう)』より】

注1　漢の高祖と楚の項羽…漢の国の王である高祖と楚の国の王である項羽
注2　智者は空門を破す…賢い人は形だけの教えにとらわれな

い。

注3　聖人は芻蕘にはかる…聖人は草を刈る人や木こりに相談する。

1、**基本** ①いへども を現代の仮名遣いに改めて、ひらがなで答えなさい。

2、**よく出る** ②侮りて（あなど）について

(1)主語に当たるものとして適切なものを、次のア〜エから一つ選び、記号で答えなさい。

ア、高祖　イ、項羽（こうう）　ウ、黥布（げいふ）　エ、賢人

(2)侮ったのはなぜですか。その理由を説明した次の文の（　）に入る言葉を、本文中から二字で抜き出しなさい。

> 心に背いた者が、（　）という立場だったから。

3、□に入る言葉を、本文中から一字で抜き出しなさい。

4、**よく出る** この文章では失敗しないためにどのようなことが大切だと述べていますか。その内容として適切なものを、次のア〜エから一つ選び、記号で答えなさい。

ア、どのような場合も王に背くことなく、従うこと。
イ、身分の低い者の考えだけに耳を傾け、学ぶこと。
ウ、どのような場合も、賢人の失敗から学ぶこと。
エ、どのような人の考えにも耳を傾け、学ぶこと。

五　条件作文　思考力　新傾向

国語の授業で、自分の学校のALT（外国語指導助手）に、俳句を使って季節の魅力を紹介することになりました。次の①〜④の俳句から一句選び、あとの条件に従って紹介文を書きなさい。（俳句の表記を現代仮名遣いに改めた。俳句の左には部分的に意味を記してある。）

①チューリップ喜びだけを持つてゐる　…春

【編集部注】①の俳句は、編集上の都合により、旧仮名遣いに改題した。

②夏河を越すうれしさよ手に草履（ぞうり）　…夏

③とどまればあたりにふゆる（増える）蜻蛉（とんぼ）かな　…秋

④うまそうな雪がふうわりふわりかな　…冬

【条件】

1、選んだ俳句の番号を書く。
2、二段落構成とし、各段落の内容は次の3、4のとおりとする。
3、第一段落は、選んだ俳句からあなたが読み取った情景を説明する。
4、第二段落は、一段落目の内容を踏まえて、選んだ俳句の季節の魅力を紹介する。
5、原稿用紙（20字詰×11行＝省略）の使い方に従い、百八十字以上、二百二十字以内で書く。

石川県

時間　50分
満点　100点
解答　P21
3月10日実施

出題傾向と対策

●漢字の読み書き、小説文、論説文、古文、条件作文の大問五題構成。文章レベルは標準だが、文章量・設問数・記述量全てが多く、解答時間内でこなすためには訓練が必要。設問内容も思考力・要約力が必要で、知識やテクニックにとどまらない深い国語力が求められている。

●読解力・思考力・および自分の言葉でまとめ直す力（要約力）の向上を意識した、日頃からの予習・復習が何より重要である。記述・条件作文もある程度数をこなしながら、解答までの道筋を身につける訓練を重ねること。

一　漢字の読み書き

次の各問に答えなさい。（計16点）

問1、次の(1)〜(4)について、――線部の漢字の読みがなを書きなさい。（各2点）

(1)目的地までの道順を尋ねる。
(2)怠慢な生活を改める。
(3)五月の半ばに完成する。
(4)国王に拝謁する。

問2、**よく出る** **基本** 次の(1)〜(4)について、――線部の片仮名を漢字で書きなさい。（各2点）

(1)コナユキが降る。
(2)ザッソウが生い茂る。
(3)粘土板に文字をキザむ。
(4)展望台からゼッケイを眺める。

二　（小説文）敬語・表現技法・文脈把握・内容吟味

次の文章を読んで、あとの各問に答えなさい。（計29点）

市立動物園の飼育担当を対象にエンリッチメントコンテストを企画した園長の磯貝は、副園長の森下とホッキョクグマの展示場に向かっていた。


「森下さん。もしかして答えを知っているんですか」

「まさか。どうしてそう思うんですか」

「ずいぶんと楽しそうじゃないですか」

「知らないから楽しみなんです。いずれにせよ、園長にとって、すでに結果は出ているのではありませんか。コンテストは大成功だ」

「ホッキョクグマ担当者たちは、不参加を表明したんですが」

「あれだけ熱心に取り組んできたのに参加を取りやめる時点で、熱心な議論と決断の過程があったということでしょう。園長は、過程を評価する仕組みを作りたい……そう①おっしゃいましたよね。それなら大成功だ」

そうかもしれない。だがせっかくならば、エンリッチメントの難しい動物の筆頭とされるホッキョクグマ担当者には、参加して欲しかった。

園内エンリッチメントコンテストの受け付けは、昨日までだった。

ところが、期待していたホッキョクグマでのエントリーはなかった。朝礼の後、竹崎を呼び止め、なぜ参加しなかったのか訊いた。

「——よかったら、展示場にいらしてください。答えをお見せします」

ホッキョクグマ展示場が見えてきた。

ネーヴェは常同行動をしていなかった。かと言って活発に動き回っているわけでもない。放飼場で腹這いになっている。②人形のように動かない。

「これが、おれたちの出した答えです」

声がした方に顔をひねると、③三人のホッキョクグマ担当が立っていた。

「どういうことですか。なぜネーヴェは動かないんですか」

竹崎はネーヴェを見やる。

「あれはスティルハントと呼ばれる狩りです。いわゆる待ち伏せです」

そこからは品川が引き継いだ。

「ホッキョクグマは氷上に開いた穴から出てくるアザラシを捕らえるために、穴の前で何時間も待ち続けることがあるんです」

続いて麻子が口を開く。

「ネーヴェの前には直径三十センチほどの穴が開いています。穴の下には水を張ったポリバケツが取りつけてあり、餌を閉じ込めた氷を沈めてあります。氷が溶けると、餌が浮かんでくる仕組みです」

二人の後輩を頼もしげに見て、竹崎が言う。

「スティルハントというアイデアを、もっと早くに思い付いてもおかしくなかったんです。だけど、そうはならなかった。お客さんにとっても楽しめる試み、という固定観念が邪魔したんです。動物が本能を発揮するほとんどの場合、動物は活発に動き回るようになります。その結果、お客さんから見ても楽しいものになる。ですが、そうじゃない場合だってあります」

竹崎の手がネーヴェを指し示す。

「人が見れば休んでいるように見えるかもしれませんが、ネーヴェは真剣です。野生では狩りが失敗すれば、生命の危機に繋がるのですから。餌が浮いて来るまでは、ずっとあのままでしょう」

頷きながら話を聞いていた麻子が、真っ直ぐにこちらを見た。

「お客さんにとっては、常同行動をしているほうが、動きがあって楽しいのかもしれません。だけどネーヴェにとっては、餌を待ち続けるこの状況のほうが、何倍も張り合いがあるはずなんです」

「どちらか一方しか選べないのなら、僕らはネーヴェの幸せを選びます」

最後に品川が、力強く宣言した。

決意に満ちた三人の顔を見渡して、磯貝は訊いた。

「それで、コンテストへの参加をやめたというわけですか。常同行動を抑えることはできても、お客さんの満足には繋がらないと判断して」

竹崎が答える。

「それもありますが、本来の目的を見失っていたことに気づいたんです。他人に評価されたいと願えば、どうしても一見してわかりやすい成果を追い求めてしまう。ですがそれでは駄目なんです。人間でも夢中で本を読み耽っているときなど、はた目には動きがなくても、本人は幸せという場合があります。④それと動物の採餌を、同じ次元で語るのは適切でないかもしれませんが……。とにかく、もしもそういう選択肢が思い浮かんだとき、躊躇なく実行できる自分でいたいと思いました。他人がどう評価するかではなく、動物にとってなにが最善かを真っ先に考えて行動できるように」

「たしかにネーヴェがあんな状態で、コンテストで勝てるはずがないですし。だけど、ネーヴェが幸せなら……」

麻子がネーヴェを見ながら、少しだけ残念そうに肩を上下させる。

いっぽうの品川は、清々しい表情だった。

狩りに夢中なネーヴェに微笑を送って、竹崎がこちらを向いた。

「きっかけを与えてくださったことには、感謝しています。ただ、おれたちにとっては、きっかけだけでじゅうぶんだった、ということです」

「話はよくわかりました。これがきみの……きみたちの答えなんですね」

磯貝は訊いた。三人が同時に頷く。⑤隣で森下も満足げに頷いていた。


（佐藤青南「市立ノアの方舟」より。一部省略等がある）

（注）エンリッチメント…ここでは、動物がその動物らしく暮らせるように、生活する環境や餌の与え方等、様々な工夫をしながら飼育すること。
ネーヴェ…市立動物園で飼われているホッキョクグマ。

常同行動…同じ所をうろつくなど、目的もなく繰り返す行動のこと。行動が制限されストレスを感じている動物によく見られる。


問1、よく出る 基本 ①おっしゃいの敬語の種類とし

て、次のア～ウから正しいものを一つ選び、その符号を書きなさい。（2点）

ア、尊敬語　イ、謙譲語　ウ、丁寧語

問2、基本 ②人形のように動かない に使われている表現技法として、次のア～エから最も適切なものを一つ選び、その符号を書きなさい。（3点）

ア、倒置　イ、直喩　ウ、擬人法　エ、体言止め

問3、③三人のホッキョクグマ担当 とありますが、三人の関係を説明した次の文の［A］・［B］に入る人物名を、本文中から抜き出して書きなさい。（3点）

「［A］と麻子の先輩は、［B］である。」

問4、④それと……しれませんが とありますが、竹崎がそう考える理由について説明した次の文の［　］に入る適切な言葉を、本文中から十五字（句読点等を含む）で抜き出して書きなさい。（4点）

「人間の読書は娯楽だが、動物の採餌は［　］ことだから。」

問5、思考力 ⑤隣で……頷いていた とありますが、その理由として考えられることを、磯貝の企画の意図にふれて、五十字以内で書きなさい。（6点）

問6、本文中には、磯貝が思い出した出来事を書いている部分があります。その部分の終わりの五字（句読点等を含む）を書きなさい。（4点）

問7、難 思考力 ホッキョクグマ担当の三人がコンテストへの不参加を決断した理由を、本文の内容をふまえて、七十字以内で書きなさい。（7点）

三（論説文）語句の意味・文脈把握・内容吟味

次の文章を読んで、あとの各問に答えなさい。（計30点）

思考とは、端的に定義するならば「（何かを分かろうとして）情報と知識を加工すること」である（情報と情報、知識と知識の加工でもよい）。

人は色々なことを分かろうとする。目の前にモノが置かれた時には「これは何だろう」と知ろうとするし、風邪をひいた時には「なぜ風邪をひいたのだろう」と分かろうとする。そういう時、目の前のモノの色や形や大きさなどを観察して、①それと似たようなモノに関する自分の知識と照らし合わせて、目の前のモノについての情報と符合する知識が自分の中に見つかれば「それは〇〇だ」と分かるし、情報と知識が全く同じでなくてもだいたい同じであれば「それは〇〇だろう」という②メッセージを得ることになる。このような、情報と知識を照らし合わせたり繋（つな）ぎ合わせたりして何らかのメッセージを得るプロセスが「思考」である。

観察情報と自分の知識とが全く符合しない場合は、「［　］」というメッセージになるが、この場合においても情報と符合する知識を記憶の中で探そうとしているプロセスは思考と言ってもよいであろう。思考してみたが、有効な答えが得られなかったということである。

念のために具体例を使って確認しておこう。

春の休日、自分が歩いている田舎道の両側に広がっている畑に一面の黄色い花が咲いていて、「この花は何だろう」と知りたいと思ったとする。ア季節は春、イ場所は里山近くの田舎道、咲いている状態は畑一面、花の色は黄色、という③情報を知識と照らし合わせてみると、そうした情報の内容に合致した花は「菜の花」だという答えに辿（たど）り着くことができる。

このプロセスからも分かるように、〝良く〟思考するためには、多くの知識を持っている方が有利である。思考とは情報と知識を照らし合わせたり繋ぎ合わせたりして意味合いを探す行為なのであるから、情報が一定でも知識が多い方がより多くの意味合いを抽出できるわけである。

知識ばかり詰め込んでも考える力が無ければ無益であるとよく言われるが、豊富な知識は豊かな思考を行うための材料である。ウ菜の花が咲く季節も、菜の花が多く植えられている環境も、菜の花の色や形も知らなければ、エ目の前に広がる一面の黄色い花が何の花なのかを分かることはできないのだから。

このように「それが何か」を分かる能力、すなわち思考力は、得られた情報に対して照らし合わせるための「知識」と、情報と知識とを照らし合わせたり繋ぎ合わせたりする「情報の加工力」の2つのファクターで構成されているのである。

そして、実は「それが何か」を分かるための手段／能力には、「知識」「情報の加工力」の他にもう1つある。それは「情報収集」である。

面前に広がる一面の黄色い花が何であるのかを分かろうとするプロセスにおいて、今目に見えている情報に加えて、畑の中に入ってその花の花びらの形や枚数、丈や葉の形状を確認するという追加情報を集めることもあるだろう。これが「情報収集」に当たる。

「それが何か」を分かるためには、基本的には〝それ〟に関する情報が多い方が答え／意味合いを導きやすい。自分の持っている知識と照らし合わせるための材料が多い方が、多くの意味合いを得ることができるからである。たとえば先ほどの例で挙げた田舎道の両側に咲いている花に関してであれば、花の色だけではなく、葉の形や丈などの情報も得られていた方が何の花かを分かる上での助けになる。このように、知識と照らし合わせるための情報を増やすために行う④「情報収集」も、「それが何か」を分かるための有力な手段なのである。

思考以外で人が何らかの意味合いを得る手段としては「感じる」ということもあるが、ここでは「分かる」とは区別しておく。「感じる」には情報と知識の意識的な加工プロセスが無い。外界からの刺激や情報に対して、たとえば〝熱い〟とか〝痛い〟という無意識的・受動的に発生するリアクションとしてのメッセージを得ることが「感じる」である。

補足すると、⑤「思考」と「感じる」の中間に位置するのが「思う」である。「思考」と「思う」には同じく「思」という文字が使われているように共通性がある。その共通性は情報と知識・経験とを照らし合わせる・繋ぎ合わせるプロセスを経て、意味合いが浮かんでくるという点である。

一方、「思考」と「思う」の相違点は、意味合いを得ることに対する能動性の度合いである。「思考」の場合は意味合いを得るために、すなわち何かを分かろうとして、情報と知識を能動的に加工しようとするスタンスであるが、

「思う」はそれほど能動的に意味合いを取りに行っているわけではない。意識は向けているが、能動的に情報・知識の加工をしているわけではないというスタンスである。
何かについて思っている時、気がついたら積極的に考えている状態に転化しているという感じになった経験があるであろう。このような「思う」と「思考」のシフトに見られるように、「思う」と「思考」は完全に切り分けられるものではなく、能動性と情報・知識の加工度の程度によってグラデーション的に繋がっていると理解することができる。日本語では「思う」と「思考」は使い分けられているが、英語ではどちらにもthinkという語が使われているのもこの共通性・同類性に因るものであろう。

（波頭亮「論理的思考のコアスキル」より。一部省略等がある）

（注）プロセス…過程。
ファクター…要素・要因。
スタンス…事に当たる姿勢。立場。
シフト…移行・転換。

問1、**よく出る** **基本** 具体 の対義語を、次のア～エから一つ選び、その符号を書きなさい。（3点）
ア、詳細　イ、象徴　ウ、全体　エ、抽象

問2、①それ とは何を指すか、本文中から抜き出して書きなさい。（3点）

問3、②メッセージ とありますが、筆者がこの「メッセージ」と同じ意味で使っている言葉を、本文中から二つ抜き出して書きなさい。（各2点）

問4、本文中の□に入る内容として、次のア～エから最も適切なものを一つ選び、その符号を書きなさい。（3点）
ア、これは○○に間違いない
イ、これは○○かもしれない
ウ、これは何なのか知りたい
エ、これは何だか分からない

問5、③情報を……みる とありますが、本文中の═線部ア～エを、筆者の説明をふまえて「情報」と「知識」に分類し、その符号を書きなさい。（4点）

問6、**思考力** ④「情報収集」も……有力な手段 とありますが、筆者がこのように判断した理由を、ここでの「情報収集」の意味にふれ、『情報収集』とは」に続けて、六十五字以内で書きなさい。（6点）

問7、**難** **思考力** ⑤「思考」と……「思う」である とありますが、それはどういうことか、「思考」「感じる」「思う」の三つについて、筆者の考える共通点と相違点に着目して八十字以内で書きなさい。（7点）

四 （古文）仮名遣い・口語訳・動作主・内容吟味

次の文章を読んで、あとの各問に答えなさい。（計15点）
（……線部の左側は、現代語訳です。）

尾州に、円浄房といふ僧ありけり。世間貧しくして、年齢も五旬に及びけるが、弟子の僧一人に、小法師一人ありける。「年ごろあまりに貧窮なるが悲しければ、貧窮を、今は追はん（追い払おう）と思ふなり」とて、十二月晦日（つごもり）の夜、桃の枝を、我も持ち、弟子にも、小法師にも①持たせて、呪（じゅ）を誦して（呪文を唱えて）、家の内より次第にものを追ふやうに②打ち打ちして、「今は貧窮殿、出ておはせ（出ていかれよ）、出ておはせ」といひて、門まで追ひて、門を立てけり（門を閉めてしまった）。

その後の夢に、やせたる法師一人、古堂にゐて（座って）、「年ごろ候（そうら）ひつれども（お側におりましたが）、追はせ給（たま）へば、罷（まか）り出候ふ（お別れいたします）」とて、雨に降りこめられて（降られてどこにも行けず）、泣きて有りと見て、円浄房語りけるは、「この貧窮、いかに侘（わ）びしかるらん（どんなにつらく思っていようか）」と、泣きけるこそ、情けありて覚ゆれ。

それより後、世間事欠けずして（不自由なく）過ぎけり。

（「沙石集」より。一部省略等がある）

（注）尾州…尾張国。現在の愛知県西部。
世間…暮らし向き。
五旬…五十歳。
晦日…月の最終日。

問1、**よく出る** **基本** ゐて を現代仮名遣いに直し、すべてひらがなで書きなさい。（2点）

問2、**よく出る** ─線部の二つの「年ごろ」に共通する意味として、次のア～エの中から最も適切なものを一つ選び、その符号を書きなさい。（2点）
ア、昔　イ、長年　ウ、若い人　エ、年配の人

問3、**基本** ①持たせて の主語として、次のア～エの中から適切なものを一つ選び、その符号を書きなさい。（2点）
ア、円浄房　イ、小法師　ウ、貧窮殿　エ、筆者

問4、②打ち打ちして とありますが、どのような物を使って行ったのか、本文中から三字で抜き出して書きなさい。（2点）

問5、次の会話は、本文を読んだあとに、佐藤さんと鈴木さんが話し合った内容の一部です。［A］～［C］に入る適切な言葉を書きなさい。ただし、［A］・［B］は本文中から抜き出し、［C］は現代語で書くこと。（AB完答で3点、C4点）

佐藤　円浄房は、大みそかの夜に、貧乏を脱するための儀式を行ったんだね。
鈴木　そうだね。そして、その後の夢に現れた［A］は、もしかすると［B］と同じなのかな。
佐藤　そうだと思うよ。円浄房はこの後、貧乏から脱することができてよかったよね。
鈴木　円浄房が貧乏から脱することができたのは、［C］ほど円浄房がとても優しい人だったからかもしれないね。

五 条件作文 **難** **思考力**

いしかわ市では、市内のいしかわ公園で、来園者を増や

すために、桜の時期に「花見まつり」を行うことになり、四月の第一日曜日の午後にミニコンサートを開催しようと計画中です。

次の【資料Ⅰ】は、いしかわ公園の見取り図で、【資料Ⅱ】は、このミニコンサートに対する、市民の主な意見です。これらを見て、あとの問に答えなさい。（10点）

【資料Ⅰ】いしかわ公園の見取り図

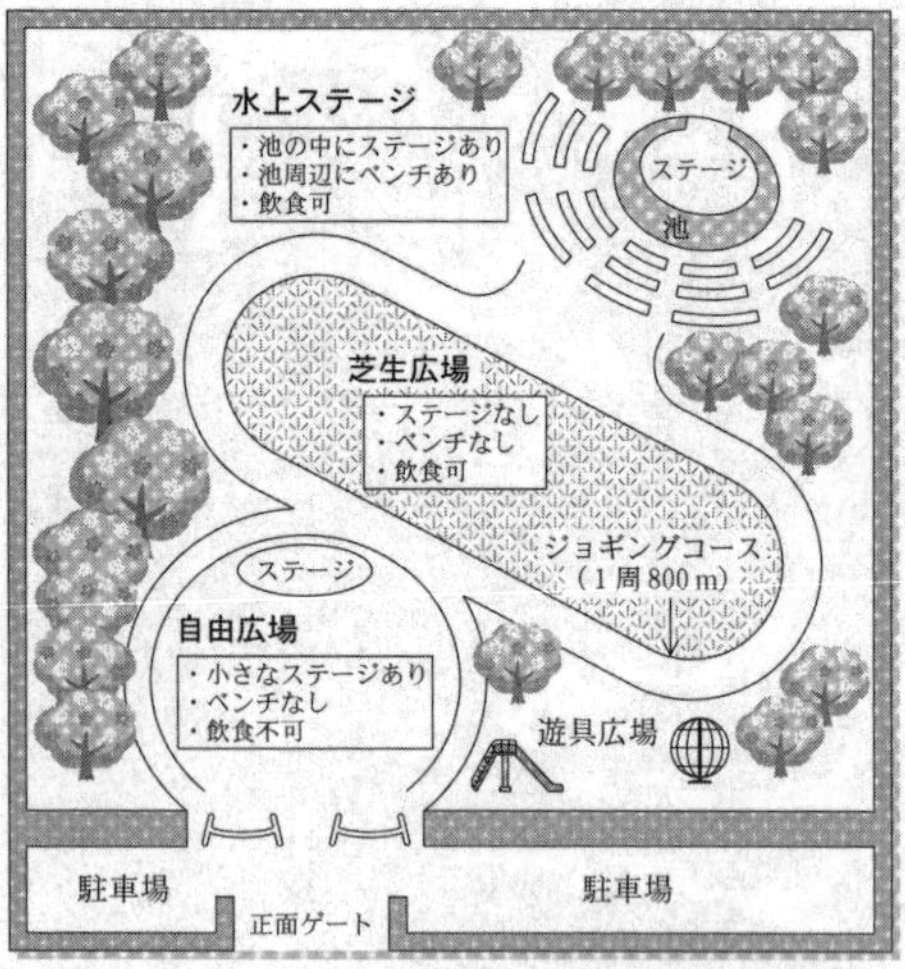

※見取り図内の木はすべて桜の木を示す。

【資料Ⅱ】「花見まつり」ミニコンサートに対する市民の主な意見

Aさん　日曜は勉強するので、長い時間は聴けない。（一〇代）

Bさん　友達とお弁当を食べながら花見ができて、音楽も聴けるなら、楽しそう。（二〇代）

Cさん　日曜は、いしかわ公園に3歳と5歳の子を連れてよく行きます。イベントがあるといいなと思っていました。（三〇代）

Dさん　普段、いしかわ公園に行かないから、そもそも園内の様子がよく分からない。（四〇代）

Eさん　休日の午後は公園内でのジョギングを楽しみにしているので、ジョギングコースに人が多くて走れないと困るなぁ。（五〇代）

Fさん　音楽は、ぜひ座って、ゆっくり聴きたい。（六〇代）

Gさん　音楽を聴きながら散策して、花見を楽しみたい。（七〇代）

Hさん　コンサートは楽しみだけど、足腰が弱いから、広い園内を歩くのは大変だな。（八〇代）

〈問〉　あなたなら、来園者を増やすために、いしかわ公園内のどこでミニコンサートを開くのがよいと考えますか。次の【場所】ア～ウから一つ選びなさい（どれを選んでもかまいません）。

また、その場所を選んだ理由を、あとの条件1と条件2にしたがって書きなさい。

【場所】

ア、公園入口の自由広場

イ、公園中央の芝生広場

ウ、公園奥の水上ステージ

条件1　【資料Ⅰ】から読み取れることと、【資料Ⅱ】の意見を関連づけて書くこと。ただし【資料Ⅱ】については、複数の意見を参考にすること。

条件2　「～だ。～である。」調で、二百字程度で書くこと。

注意　字数が指示されているものについては、句読点や符号も字数に含めて答えなさい。

福井県

時間	60分
満点	100点
解答	P22
3月5日実施	

出題傾向と対策

●昨年同様、論説文、漢字・漢字知識、小説文、古文、条件作文の大問五題構成であった。内容理解を問う設問に重点が置かれており、難易度は標準レベルである。記述問題が多く出題され、最後に二百～二百四十字の条件作文も出題されているため、時間配分に注意が必要だ。

●記述問題への対策をしっかりと行う必要がある。設問の意図を読み取り、条件に合わせて簡潔に内容をまとめる練習をしておきたい。グラフなどの資料をもとにした条件作文の演習にも早めに取り組むとよいだろう。

一（論説文）意味用法の識別・文脈把握・内容吟味・段落吟味

次の文章を読んで、あとの問いに答えよ。（計27点）

日本語教育の世界では、外国人に対して、「日本人は普通そんなことは言いません、日本語では……。」「日本では、普通こんなふうにふるまいます、これが日本文化です。」というような発言がしばしば繰り返されている。しかも、こうした思い込みと常識は、日本語教育の世界だけでなく、私たちの日常生活の中にも満ち溢（あふ）れているといってもいいだろう。

これらの社会通念（社会一般で受け入れられている常識、見解）は、人と人の関係性から離れ、集団の観察者として分析的にのみ対象を見ること、すなわち1「かかわらない言葉」によって解釈せられた（解釈された）結果を人々が鵜呑（うの）み（十分に考えないでそのまま受け入れた）にした結果なのだといえる。

言語や文化の異なることが「壁」ならば、言語や文化が同じであることは本当に安心で心地よい関係なのか、という問いをもう一度、自分に課してみたらどうだろう。むしろ、言語や文化も同じなら、安心で心地よいことだと思い込むことこそ、人と人をつなぐための対話の危機であるということを認識しなければならない。

この言語と文化の問題に関連して、一つの具体例として、ドイツから来たザビーネの例をあげて考えてみよう。

ザビーネは、ドイツの大学でいわゆる「日本学」を学び、日本には日本語の習得をめざして一年間留学してきた学生である。私の勤務していた日本語教育のセンターに登録し、たまたま私[の]担当する当時のクラスに参加していた。彼女が学んできた日本学という分野は、日本の文学や歴史、あるいは経済や社会などを広く学ぶもので、旺盛な好奇心とたいへんな努力家という印象があった。すでにドイツで数年間日本語を勉強してきているので、ある程度のやりとりは可能だったが、知識の量に比べて、日本語でのやりとりになれていないところがあり、「日本人のように話せるようになりたい。」という願望が強かったようだ。私のクラスへの参加動機も、日本人と直接話せる機会が多いからということであった。

当時、私のクラスでは、「わが隣人」というタイトルで、身近な人にインタビューをしようというプロジェクト（研究課題）をつくっていた。そこでは、まず自分の周囲の魅力的な人物をあげ、その人にインタビューする計画を立てる。その際に、なぜその人が魅力的なのか、どのような点がどのように魅力的なのかについてクラスでディスカッション（討論）をするところから、このプロジェクトははじまる。このディスカッションの中で、魅力的な点からテーマが引き出され、そのテーマに基づいて、インタビューが行われるという手順になっていた。彼女のテーマは、「日本人女性の生き方」というようなことであった。ドイツの大学で日本学を学ぶ中で、日本での女性の生き方のようなことに関心を持ったという。このテーマを具体的にするために、彼女は、自分が住んでいる留学生寮の管理人であるRさんをインタビュー相手に選んだ。

もともと「日本人女性の生き方」というテーマそのものが、実際どのようなものなのかは当初からよくわからなかったようなのだが、そのことがインタビューを通じて、徐々に明らかになってくる。[A]、こうしたテーマを立てる段階で、すでに「日本人女性」という社会通念の枠にザビーネはとらわれていたのだ。

留学生寮の管理人であるRさんにインタビューするうちに、このRさんが自分の描いていた「日本人」のイメージとは少し違う人であることにザビーネは気づきはじめる。[B]、物事をはっきり言うタイプだとか、自分の生家を出て日本の各地で生活した経験を持っている、とかである。こうしたRさんの性格や経歴は、2今までザビーネが描いてきた「日本人女性」のイメージとはかなり異なる人物であることがインタビューを通じて明確になってくる。ザビーネはこのことに驚き、自分の立てたテーマと実際のRさんの姿との差異に戸惑ってしまう。そのために、インタビューをどのように進めていったらいいかがわからなくなる。そのような迷いの中で、インタビューそのものに挫折しかけてしまう。

これを救ってくれたのは、Rさん自身だった。何を聞いていいかわからなくなったザビーネに対して、Rさんのほうから積極的に話しかけてくれ、そのRさんの問いにゆっくりと答えているうちに、しだいに、ザビーネは自らの心を開き、なぜそのようなインタビューをしようと思ったのかの心情をRさんに吐露（心の中に思っていることを隠さず話すこと）しはじめる。それに対し、Rさんは自分の境遇を語ることで、ザビーネを理解しようとする。こうしたやりとりに助けられ、やっとインタビューを続けようという意思をザビーネは持つようになる。

このザビーネの変化は、授業活動として行ったインタビューが、しだいに個人としての対話に変わっていくプロセス（過程）として観察することができる。そして、この対話を通じて、ザビーネは、なぜ自分がそのような「日本人」イメージを持っていたのかということに気づくようになる。ドイツの大学で勉強していたときは、日本学という分野の中で、「日本人」とはこのようなもの、というイメージが強化された。しかし、自分のイメージと異なる人に出会うことによって、ザビーネはようやく自分のステレオタイプ（型にはまったイメージ）に気づくことになった。そして、その気づきには、その人との心を開いた対話がとても大きな要素を占めていることがわかる。その発見は、国や民族のような集団の枠組みから解放されたとき、つまり、一人の個人となったとき、はじめて現れるのである。

一人の個人となるということは、対等な関係を結ぶということでもある。対等の意味は、この人ならば話しても大丈夫、この人に私の心を開きたい、そのように思う感覚・感情である。それは、感覚としての身体の声、感情としての心の声に耳を傾けるということであると同時に、きわめて精神的なつながりを意味している。ザビーネの場合、Rさんとの対話を通じて、対等な関係をRさんと精神的に結べたことが、ステレオタイプの気づきへとつながっている。このような自己を表現し、他者を認め、対話を成立させていくための、さまざまな要素の基盤となる対等な関係こそが、自分自身の社会通念を組み替え、そのステレオタイプを乗り越えることにつながっている。

この対話のプロセスにこそ文化があると私は痛切に感じる。この経験は、文化は、たとえば、日本社会のような集団社会とともにあるのではなく、私たち一人ひとりのことばのやりとりの中にあるということを示唆している。

つまり、文化というものを「日本文化」というような集団的な枠組みで捉えるのではなく、一人ひとりのことばのやりとりの中にすでに文化は組み込まれていると捉えることで、その文化は、ことばと別々にあるものではなく、一人ひとりの意識や認識とともにあるものだということになるからだ。そう考えると、そもそも文化とは、モノとして存在するのではなく、私たち一人ひとりの意識・認識であり、それはきわめて動態的（変動している状態）・流動的なものだ。

（細川英雄（ほそかわひでお）「言語・文化・アイデンティティの壁を越えて」の文章による）

問(一)　[　]の部分と同じ用法の「の」を含む文を次のア

～オからすべて選んで、記号で書け。（3点）

ア、幼年時代の思い出がよみがえる。
イ、玄関に飾ってある絵は私のです。
ウ、私の住む町は山に囲まれている。
エ、春は旅立ちの季節だ。
オ、心の優しい人になりたい。

問㈡ よく出る 基本 [　]の部分A・Bに入る語の組み合わせとして最も適当なものを次のア～エから一つ選んで、記号で書け。（3点）

ア、A　つまり　　B　たとえば
イ、A　そして　　B　しかし
ウ、A　なぜなら　B　それとも
エ、A　ところで　B　いわゆる

問㈢傍線の部分1と対照的な意味を表している部分を、本文の1～17行目から十五字以内で抜き出して書け。（4点）

問㈣傍線の部分2は、何と何とによって作り上げられたものか。「ドイツで…」「日本で…」の書き出しに続けて、それぞれ十字以内で書け。ただし、書き出しの言葉は字数に含めない。（各3点）

問㈤ 思考力 筆者は、文化とはどのようなものであると考えているか。次の[　]の中の言葉をすべて用いて、「文化とは、…」の書き出しに続けて八十字以内で説明せよ。ただし、書き出しの言葉は字数に含めない。（8点）

集団的　対等な関係　プロセス

問㈥ 基本 この文章全体の構成・展開を説明した文として最も適当なものを次のア～エから一つ選んで、記号で書け。（3点）

ア、これまでに論じられてきた研究者の意見を例示しながら、筆者独自の主張を展開している。
イ、内容は三つのまとまりに分けられ、問題提起、具体例、筆者の考えの順に論を進めている。
ウ、複数の異なる事例を順に引用することにより、論理的に文章を展開し、結論を導いている。
エ、漢詩と同様に「起承転結」の四つのまとまりで段落が構成され、論理展開に意外性がある。

二 漢字の読み書き・漢字知識

次の問いに答えよ。（計18点）

問㈠ よく出る 次の①～⑧の傍線の部分について、漢字は読みをひらがなで書き、カタカナは漢字で書け。（各2点）

①旗を掲揚する。
②耐震診断を行う。
③甲乙つけがたい勝負。
④切手を貼る。
⑤人工エイセイを打ち上げる。
⑥シュクテキと対決する。
⑦弓の名手が矢をイる。
⑧理路セイゼンと話す。

問㈡生徒会新聞のタイトル「緑樹」をどの書体にするかについて、生徒会のメンバーが次の四つの書体A～Dを見ながら話し合っている。それぞれの書体とその書体について話している内容とが一致するものをあとのア～エから一つ選んで、記号で書け。（2点）

書体A	書体B	書体C	書体D
緑樹	緑樹	緑樹	緑樹

ア、楷書で書かれたAは、「緑」の字と「樹」の字のどちらの点画にも省略があってすっきりしているね。
イ、行書で書かれたBは、筆順や画数はAと同じだけれど、筆脈はAよりもはっきりしているね。
ウ、明朝体のCは、いとへんの「折れ」の書き方がAやBと同じだけれど、始筆と終筆には装飾があるね。
エ、ゴシック体のDは、すべての画がほぼ同じ幅で、見出しやタイトルに使うと目立ちそうだね。

三 (小説文)文・内容吟味・鑑賞

大学の図書館に就職した麦本三歩（むぎもとさんぽ）は先輩二人と働いており、心の中でそれぞれの先輩を「優しい先輩」「怖い先輩」と呼んでいる。ある日の仕事中、三歩は図書館の受付カウンターに呼び出されたという男子学生から声をかけられ、その対応を「優しい先輩」に任せた。以下は、それに続く場面である。この文章を読んで、あとの問いに答えよ。（計22点）

　優しい先輩が笑顔で無愛想な男子学生に「こんにちはー。」と声をかけるのを見届けてから、三歩は事務作業に戻る。怖い先輩から任された業務だ。サボっていたら雷が落ちる。

　とはいえ優しい先輩と男子学生の会話は、カウンターを挟んで行われているわけで、会話の断片は三歩にも届く。もちろん神経はパソコン画面に向けているから傾聴している（注意深く聞くこと）わけではないんだけれど、ちらほらと内容は聞こえてくる。どうやらずっと同じ本を借りっぱなしだった学生に返却催促の電話をかけ続け、結果的に見つからず弁償してもらうことになったと、そういうことらしい。なるほどそれが不本意で彼はむすっとしているわけだ。

　お金を男子学生が差し出し、優しい先輩がそれを受け取って裏に引っ込んでいく。控え室には小額ながらこういった時の為（ため）にお金が用意されているのだ。

　優しい先輩がいない間、1男子学生はカウンターを人差し指と中指で叩（たた）きながら待っていて、三歩がこの子は指相撲の選手なのかなと思い始めた時だった。友人らしき数人の男の子が彼のところに近づいてきた。ここが図書館内だということは彼らには関係がないようで、まるでここは中庭なのかと錯覚するほどの大きな声で話し始める。こういったことはある意味日常茶飯的（ありふれたことのよう）で、怒りを抱くほどのことでは決してないのだけれど、図書館スタッフとして注意はしなくてはならない。運悪く、一番近くにいたのは三歩で、苦手ながら立ち上がって「ちょっと。」と声をかけたのだが、2かすれた三歩の声は彼らの大きな声に叩き落とされて無残に床に転がった。

　三歩も悪かった、あまりに声が消極的すぎた。今度はもっと大きな声でと思ったところで、優しい先輩が帰ってきて「声のトーン（語気、語調）をもう少し落としてくださいね。」と、聖女と見まがう（けがれを知らない女性と見間違えるような）注意をしていた。決して大きな声でなくとも、鋭い言葉でなくとも、ああいった注意の方法もあるのだ。三歩も見習おうと思う。

　優しい先輩が領収書とお釣りを相手にも確認させ、茶封筒に入れて件（くだん）（さきほどの）の男子学生に渡そうとすると、彼は**まるで**奪うようにお金を取ってポケットにねじ込んだ。駄目だよーと片目で見ながら作業していた三歩は思う。しかしその後の彼らの態度はもっと駄目だった。

「図書館からなんの金貰（もら）ってんの（もらっているの）？」

「いや、ぼろっぼろの本なくしたら金払わせられてさ、あんな本程度でだりぃわ（いやになるよ）。」

　それを、わざわざカウンターの前で言ったのだ。三歩はあわあわとする（慌てる）。怒りに変わる前前前段階だ。もしも彼らの目の前にいたのが怖い先輩だったりしたら、怒鳴られててもおかしくないぞよかったな目の前にいるのが優しい先輩で、青年達よ。

　そうやって男子学生達が無事に去ろうとするのを見ていた三歩の目に、一瞬、何か怖いものの幻影が見えた。

「待ちなさい。」

　三歩は思わず多めの瞬（また）きをする。そこにいるのは間違いなく優しい先輩。怖いものなんてどこにもいやしない。けれど、先輩の柔らかい立ち姿に、何かただならぬものを見た気がした。

「なん、すか（なんですか）。」

「これは、本に限らずですが。」

　優しい先輩の胸が膨らむ。

「長い時間をかけていたんできたものには、それを大切に扱ってきたたくさんの人と、それを守ってきた人がいます。新品のものよりも、たくさんの人の愛情が、仕事がそこにかけられているんですよ。世の中には、それをあんな程度と呼び、粗末にし、そのことを反省する気もない大人達がたくさんいます。3そんなことをしていると、いつか、年を取った時に、今度は自分が同じ目に遭うような気がするんです。」

　ゆっくりとしていて聞きやすくて温かい、優しい先輩の台詞（せりふ）。

「そんな気が、しませんか？」

　聞いているうちに三歩にも分かった、先輩は、ゆっくりとしていて聞きやすくて温かい喋（しゃべ）り方をしているのでは、ない。大きな間違いだ。

　先輩がしているのは、じわりと相手の心に巻き付き耳の穴の中に侵入し生きたまま相手に自らの内臓の温度を感じさせるような、そんな喋り方。三歩は、蛇を想像する。

　蛇に睨（にら）まれ、大人しくなった男子学生は静かになって、1一目散に（慌てふためいて）カウンター前を立ち去り、図書館から出て行った。

　あっけにとられていると、蛇、もとい（ではなく）優しい先輩がこちらを振り返り、びくっとする三歩。とても脳内で優しいという呼び名を付けてる人に対する態度ではない。

「困ったさんだったねぇ。」

　そんな可愛（かわい）いお姉さんな（みたいな）ことを言われても、三歩にはもう、さっきまでと同じはずの先輩の笑顔が優しいものには見えなくなっていた。いや、優しいのには違いがないんだけれど、奥に、何かがいる。

　今しがた見たものに対する畏敬（心からおそれ敬う）の感情と、最近の自分の悩みとが完全にリンクした（結びついた）三歩の口から思わず言葉が飛び出した。

「せんぱい、いえ、先生。4教えていただきたいことが。」

「え、何？　その書類は私担当じゃないよー。」

「あ、はい、これはちぎゃう（ちがう）んですが。」

　噛（か）んだ。

「今の注意の仕方、とっても素晴（すば）らしくて、あの最近、そういうの、感情を外に出すのを、上手（うま）くできたらって考えて、私言えなくて、で、あの、よかったら、人への怒り方を教えていただけませんか？」

　三歩の明らかにコミュニケーションが苦手だと分かるお願いにも、優しい先輩は朗らかな笑みを浮かべる。

「えー、それも私の担当じゃないけどなー。その書類と一緒にあの子に頼んだ方がよくない？」

　優しい先輩は同い年である怖い先輩のことを、あの子と呼ぶ。

「や、あの方の怒り方は、ちょっと、難がある。」

「うるせえよ（うるさいよ）、仕事しろ。」

「ひゃい（はい）。」

　いつの間にか後ろに立ってた怖い先輩にほっぺをやわく（やわらかく）摘（つ）まれ、三歩はほっぺが伸びたまま頷（うなず）く。


（住野（すみの）よる『麦本三歩の好きなもの』の文章による）

問㈠　太線の部分が修飾している文節を文章の中から抜き出して書け。（2点）

問㈡　**基本**　傍線の部分1からうかがえる心情として最も適当なものを次のア～エから一つ選んで、記号で書け。（2点）

ア、あせり　イ、いらだち
ウ、はじらい　エ、ためらい

問㈢　傍線の部分2について説明した次の文の空欄に入る適当な言葉を書け。（3点）

> 三歩が勇気を出して注意しようとしたのに、かすれた三歩の声は、男子学生達の大きな声によって無情にも（　　）ということを強調している。

問㈣　**よく出る**　**思考力**　傍線の部分3とはどのようなことか、五十字以内で書け。（5点）

問㈤　傍線の部分4について、三歩が「優しい先輩」に教えてほしいと思ったのはなぜか。理由を説明した次の文の空欄a・bに入る適当な言葉を、指示された字数でそれぞれ書け。ただし、aは文章の中から抜き出すこと。（a3点、b4点）

> 「優しい先輩」が男子学生達を注意する姿を見て、三歩は（　a　五字　）を抱き、コミュニケーションを苦手とする自分の（　b　三十字以内　）という悩みが解決するかもしれないと思ったから。

問㈥この文章の内容や特徴を説明した文として最も適当なものを次のア～エから一つ選んで、記号で書け。（3点）

ア、「そこにいるのは間違いなく優しい先輩。」「ゆっくりとしていて聞きやすくて温かい、優しい先輩の台詞。」などの体言止めが、文章全体を格調高くしている。

イ、「サボっていたら雷が落ちる。」「運悪く、一番近くにいたのは三歩で、」など、主人公の姿が悲劇的に描かれ、読者が主人公の苦しみに共感しやすくなっている。

ウ、「なん、すか。」「そんな気が、しませんか?」など、会話文中に読点を多く入れることにより、登場人物同士のすばやくてリズム感のあるやり取りが展開されている。

エ、「この子は指相撲の選手なのかなと思い始めた時だった。」「怒りに変わる前前前段階だ。」など、主人公の視点に沿った、独特でユーモラスな表現が使われている。

四 (古文)仮名遣い・内容吟味・口語訳

次は、田祖、田達、田音という三人の兄弟にまつわる話である。この文章を読んで、あとの問いに答えよ。（計18点）

むかし、三人ありき。田祖・田達・田音といふ。すなはち（さて）其の祖の家（田一族が代々住む家）に前栽（庭の植え込み）あり。四季（一年中）に花を開く荊三茎（同じ株から生えた三本のばら）ありて、一花は白、一花は赤、一花は紫なり。往代（むかし）より相伝へて財となして、[1]色に随ひ、香に付きて、千万の喜びあまりあり。[2]人々ねがふといへども未だ他所（ほかの場所）にあらず。すなはち父母亡せて後に、此の三人身極めて貧し。相かたらひていはく、「吾が家を売りて他国に移住せむ（移住しよう）。」と。時に隣国の人、三荊（三本のばら）を買ふ。已に之を売りて直（金銭）を得つ（得た）。其の明旦（翌朝）に、三荊花落ち葉枯れたり。三人之を見て嘆ず（なげいた）。未だかくのごとき事をば見ずと。呪して（祈って）いはく、「吾が三荊、別れを惜しむが為に枯れたり。吾等留まるべし（とどまりましょう）。[3]また返りて栄か（花が咲くでしょうか）むや。」と。すなはち（すぐに）直を返す。明くる日に随ひて（翌日になるにつれて）もとのごとく盛りなり。故に去らず。是を以て（こういうわけで）契をば三荊といふなり。

（『注好選』の文章による）

問㈠ **基本** 太線の部分を現代仮名遣いに直して書け。（2点）

問㈡文章の中に「　」の付いていない兄弟の言葉がある。この言葉を抜き出し、はじめと終わりの三字を書け。（2点）

問㈢傍線の部分1の意味として最も適当なものを次のア～エから一つ選んで、記号で書け。（3点）

ア、美しい三色の花の色を見、かぐわしい花の香をかぐにつけても、はかりしれない大きな喜びを得た。

イ、花の色や香りを時代に合わせて変えながら、幾万年もの間咲き続け、周囲に幸福を振りまいてきた。

ウ、きれいな顔立ちや豊かな財力といった、大勢の人々をひきつける魅力と富を持つ人だけが手にできた。

エ、家に住む人の感情に合わせて白、赤、紫と色や香りが変化するため、幾万通りもの楽しみ方があった。

問㈣傍線の部分2について、人々が願ったことは何か、現代語で簡潔に書け。（3点）

問㈤傍線の部分3の意味として最も適当なものを次のア～エから一つ選んで、記号で書け。（2点）

ア、ならびに。および。　イ、そのほかに。別に。

ウ、もう一度。再び。　エ、あるいは。もしくは。

問㈥次は、先生と二人の生徒が、文章の最後の一文にある「契」の解釈が二通り考えられることについて話している場面である。空欄a・bに入る適当な言葉を、指示された字数の現代語でそれぞれ書け。（各3点）

生徒A　私は、「契」とは、三人の兄弟と「三荊」との間に結ばれた縁を表していると思います。なぜなら、田兄弟との（　a　十字以内　）ために「三荊」が枯れたのだと三人は考えて、その後、この土地にとどまるから咲いてほしいと祈った結果、もとのように花が咲いたからです。

先生　ほかの見方もありますよ。実は「三荊」という言葉は、『文選』（中国古代の漢詩文集）にある「予章行」という詩の中にも見られます。「三荊歓同株、四鳥悲異林。（三荊は株を同じくするを歓び、四鳥は林を異にするを悲しむ。）」という句で、「三荊」や「四鳥」（四羽の鳥）が仲の良い兄弟にたとえられ、兄弟がともにいることを喜び、別れることを悲しむという意味なのですよ。

生徒B　なるほど。この句を踏まえると、「契」とは、田兄弟の間で結ばれた縁を表し、また、「三荊」の間で結ばれた縁も表していると考えられますね。なぜなら、本文に出てくる「三荊」は（　b　十字以内　）ので、田兄弟三人の血がつながっていることと共通している点があると思うからです。

生徒A　つまり「契」とは、私の解釈だと人と草花の縁を表すことになりますし、Bさんの解釈だと兄弟同士の縁を表すことになるわけですね。どちらの解釈も離れがたい絆を表している点で、とてもおもしろいですね。

五 条件作文 思考力

次の資料Aは、環境省が二十歳以上の日本人を対象として各種サービスに対する意識調査を行った結果をまとめたものである。また、資料Bは、観光情報を発信するある企業が訪日外国人を対象として二〇一九年に街頭で行ったアンケートの結果から、代表的な回答を挙げたものである。この二つの資料を読んで、日本のサービスはこれからどう

なることが望ましいかについて、あなたの考えをあとの注意に従って書け。（15点）

資料A
各種サービスに対して「過剰である」と回答した場合（複数回答）

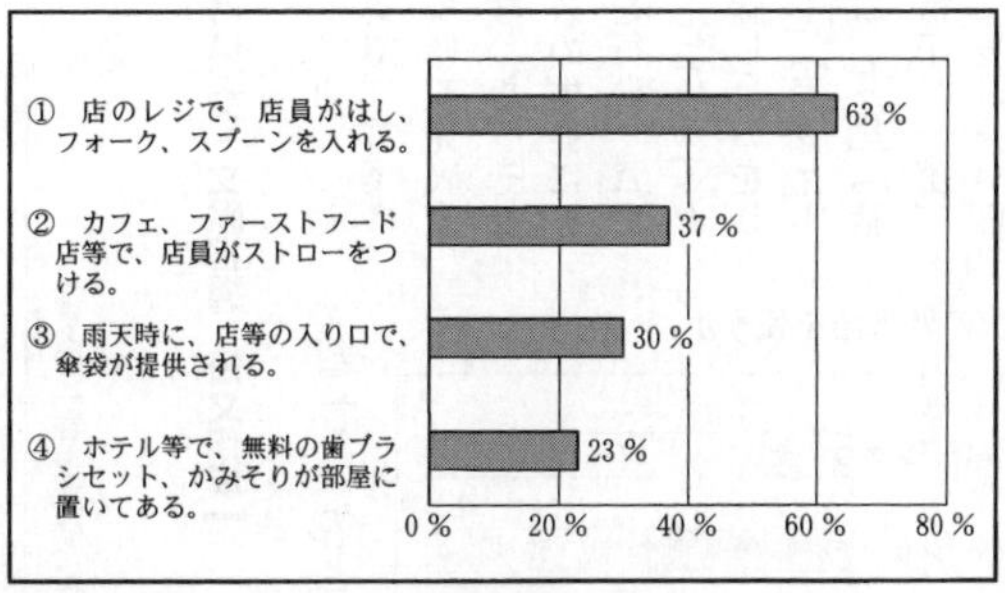

（環境省「プラスチックを取り巻く国内外の状況」（2018年8月）より作成）

資料B
各種サービスに対する、訪日外国人の代表的な回答

① コンビニエンスストアはいろいろなところにあり、何でも売っている上に、店員は笑顔で丁寧に対応してくれるのでよい。
② 店で食べ物を買うと、おしぼりや割りばしを入れてくれるので、便利だ。
③ スーパーマーケットで売られている肉や魚はきちんとパックに入れられているので、清潔感があって安心できる。
④ コンビニエンスストアで買い物をしたとき、店員が飲み物類と食べ物類とで袋を分けたり、温かいものと冷たいものとを分けて入れたりしてくれたが、そこまでしてくれなくてもよい。
⑤ 泊まっているホテルには使い捨ての歯ブラシセットが置いてあるが、自国から使い慣れたものを持ってきているので必要ない。

注意
1、本文は二段落構成にし、二百字以上、二百四十字以内で書くこと。
2、第一段落には、日本のサービスはこれからどうなることが望ましいかについて、資料Aまたは資料Bのいずれかを選び、その資料と関連付けながらあなたの考えを書くこと。
3、第二段落は「たしかに」から書き始め、予想される反論を書くこと。その反論を書いたあとで、さらに、体験したことや見聞きしたことをもとにあなたの考えを書くこと。
4、第一段落、第二段落ともに、資料にあるすべての項目を使う必要はない。
5、題名や氏名は書かないで、直接本文から書き始めること。
6、原稿用紙（20字詰×12行＝省略）の正しい使い方に従い、漢字を適切に使用しながら文字や仮名遣いなどを正しく書くこと。また資料の中の項目や数値を使用する場合は、次の例にならって書くこと。

資料Aの①より　六十三％

山梨県

時間 55分　満点 100点　解答 P23　3月4日実施

出題傾向と対策

●漢字の読み書きと漢文の返り点、対話文による資料分析、論説文、古文、小説文の大問五題構成。小説文の設問には字数指定のある課題作文も含まれる。読解問題のなかにも記述問題が多く含まれているが、昨年までの字数指定なしから十字～四十字等の字数指定ありに変わった。全体として読解重視の設問で、記述は思考力が求められる。

●古文、漢文、漢字、国語知識については日々の授業を通じて基礎力をつけること。課題作文や記述問題の対策も怠りなく。キーワードを押さえてまとめられるように。

一 漢字の読み書き・古典知識

次の一から三までの問いに答えなさい。（計22点）

一、よく出る 基本 次のアからオまでの――線の漢字の読みがなをひらがなで書きなさい。（現代かなづかいで書くこと。）（各2点）

ア、元気よく挨拶をする。
イ、冊子を無料で頒布する。
ウ、著作物の使用について許諾を得る。
エ、雨が草木を潤す。
オ、記憶が鮮やかによみがえる。

二、よく出る 基本 次のアからオまでの――線のひらがなを漢字で書きなさい。（丁寧に漢字だけを書くこと。）（各2点）

ア、卒業をしゅくふくする。
イ、海外からゆうびんが届く。
ウ、馬をほうぼくする。
エ、おさない頃からの夢を実現する。
オ、砂浜で貝殻をひろう。

三、**基本** 次は漢詩の一節の訓読文と書き下し文と現代語訳である。これらを読んで、散(ジテ)入(いツテ)春風(ニ)満(ツ)洛(らく)城(ニ)に返り点を付けなさい。（2点）

訓読文
誰(た)ガ家ノ玉笛ゾ暗ニ飛(バス)レ声ヲ
散(ジテ)入(いツテ)春風(ニ)満(ツ)洛(らく)城(ニ)

書き下し文
誰が家の玉笛ぞ暗に声を飛ばす
散じて春風に入つて洛城に満つ

現代語訳
誰の家で吹いているのか、どこからか美しい笛の音が聞こえてくる。
（その笛の音は）春風に乗って洛陽の町じゅうにひろがっていく。

（李白(りはく)「春夜洛城に笛を聞く」の一節）

四（話し合い）文・文脈把握・短文作成

Aさんのグループは、国語の授業で、言葉の使い方について発表することになった。そこで、クラスの生徒にアンケートを行い、Aさんが司会となってグループで話し合いをした。次の[I]【アンケートの結果】と[II]【話し合いの様子の一部】を読んで、後の一から三までの問いに答えなさい。（計9点）

[I]【アンケートの結果】

1. 次の外来語を使うか。

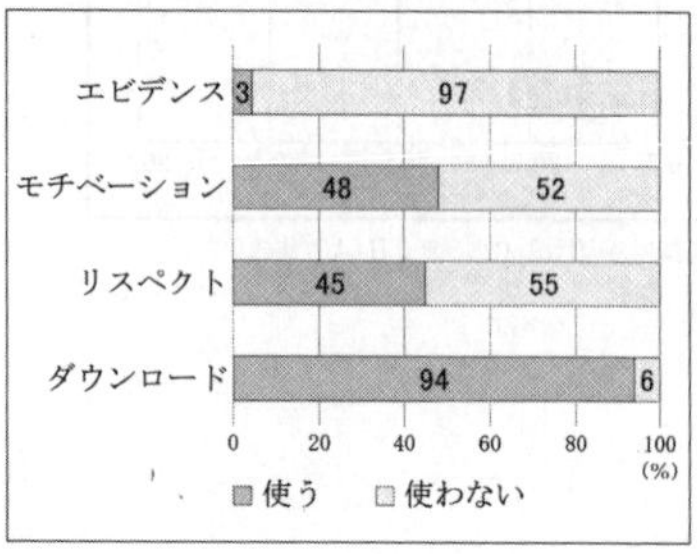

2. 次の外来語の意味を理解しているか。

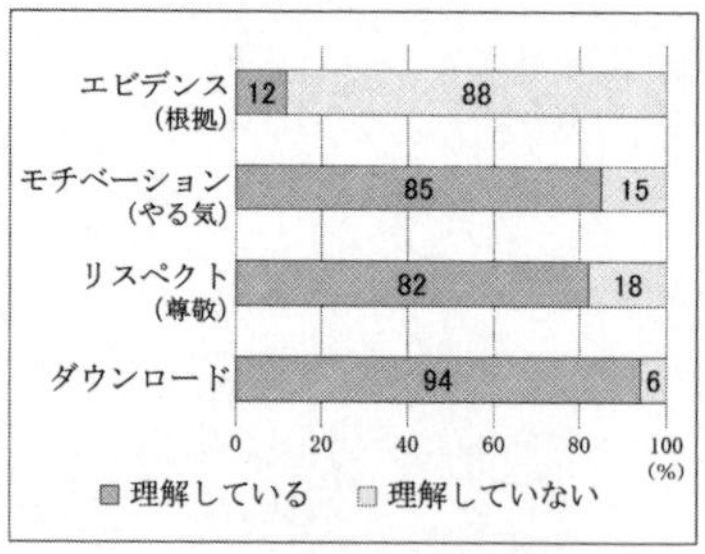

※生徒33人が回答

[II]【話し合いの様子の一部】

司会（Aさん）　今日は、先日行った外来語についてのアンケートの結果をもとに、気づいたことを出し合い、グループの意見をまとめていきましょう。

Bさん　「エビデンス」は、ほとんどの人が使っていませんね。また、意味を理解している人も十二パーセントしかいません。私たち中学生にとって、あまり身近な言葉ではないからでしょうか。

Cさん　そうですね。反対に、「ダウンロード」は、九十パーセント以上の人が使っていて、意味も理解しています。日常生活で使う言葉なので、意味を理解している割合が高いのだと思います。昨日も授業で、インターネットを使ってファイルをダウンロードしましたよね。

Dさん　今のCさんの発言にも、多くの外来語が使っていました。このように、コンピューターなどに関する言葉は、外来語で表すことが多いように思います。これらの言葉は、和語や漢語に置き換えることができるのでしょうか。

Bさん　「ダウンロード」については、辞書に、「ネットワーク上のサーバーから手元のコンピューターにデータを転送すること」と書いてあります。「エビデンス」は「根拠」という言葉に置き換えることができますが、「ダウンロード」は置き換える短い言葉がすぐには思いつきませんね。

Cさん　該当する日本語がなく、そのまま生活のなかに入ってきたのではないでしょうか。「インターネット」など情報に関する言葉は、

司会　なるほど。言葉によって違いがあるということですね。ここまで、[a]。まだ検討していない外来語についてはどうでしょうか。

Dさん　「モチベーション」についてですが、私は「学園祭が近づくにつれてモチベーションが高まってきた」というように使います。しかし、友達や家族と話すときにしか使いません。

Bさん　確かに私も、目上の人や初対面の人に対して使うのは抵抗があります。アンケートの結果を見ても、「モチベーション」の意味を理解している割合は高いですが、使用している割合は半分程度です。「リスペクト」にも同じことが言えます。

Cさん　二人の発言のとおり、私たちは[b]と言えるのではないでしょうか。

司会　そうですね。では、この点を踏まえながら、どのような言葉づかいをしていったらよいか、皆で考えていきましょう。

一、**基本** 多くの外来語が使っていましたとあるが、この部分の主・述の関係が自然なものとなるように、述部のみ書き直しなさい。ただし、述部以外は書かないこと。（2点）

二、司会は、[a]でここまでの話し合いをまとめている。[a]に当てはまる発言はどれか。次のアからエまでの中から最も適当なものを一つ選び、その記号を記入しなさい。（3点）

ア、授業で学習した外来語であるかという点と、和語や漢語に置き換えられるかという点で話が進んでいます

イ、辞書に意味が載っている言葉であるかという点と、

日常生活で使う言葉であるかという点で話が進んでいます

ウ、生活に身近な言葉であるかという点と、他の短い言葉に置き換えることができるかという点で話が進んでいます

エ、外来語の意味を理解して使っているかという点と、情報に関する言葉であるかという点で話が進んでいます

三、思考力 b には、直前のDさんとBさんの発言を受けて、外来語の使い方について話した言葉が入る。あなたがCさんならどのようなことを話すか。b に当てはまるように、二十字以上、二十五字以内で書きなさい。（4点）

三 （論説文）内容吟味・文脈把握・要旨・短文作成

次の文章と【資料】を読んで、後の一から五までの問いに答えなさい。（＊は注を示す。）（計21点）

農学から〝食学〟へ

私が農学部の大学生だった1990年代は、バイオテクノロジーが大ブームでした。医薬品開発で火がついたバイオテクノロジーブームが、農業分野や食品分野にも応用され、講義で「バイテク」の話を聞くたびにワクワクしたものです。

それから20年以上の月日が経つ中で、農学部ではしだいに、「農」よりも「食」の存在がより大きくなっていき、農学に限らず、食産業、食マネジメント、フードマネジメントといった「食」の看板を付けた大学の学部・学科が増えました。食の生産から、加工、流通、販売などをふくめたフードシステム全体を、社会科学、自然科学などの分野から総合的に研究する必要性が高まったためです。

私も今、食を総合的に教育する学部で教員をしていますが、たとえば商品開発を考えるにしても、マーケティング＊から食品の衛生的な問題まで、文理融合のマルチな考え方が必要であると感じます。また、生産の「1次産業」、加工の「2次産業」、販売の「3次産業」を合わせた食の「6次産業化」のように、「川上から川下まで」といわれる食の流れの視点が重要な時代となっています。

食の生産に関する農学は、それを包括するより大きな「食学」の一分野となり、生産された食が私たちの食卓に届くまで、いわゆる「From Farm to Fork（農場から食卓へ）」を多角的に考えなければならない学問となっています。

野菜をデザインし、農業を身近に感じさせる「植物工場」

2009年頃から、温度や湿度を管理した人工的な環境下で野菜を育てる「植物工場」による生産が、天候に左右されず、安定した生産ができる〝未来の農業〟として注目されています。自然環境と切り離された閉鎖的空間において、LEDなどの人工光源、空調設備、養液培養＊による生産を行う、完全制御型の植物工場が増えています。

一般的に植物工場で生産するメリットとしては、露地栽培＊と比較し、安定的に提供できる、水質などをコントロールできるため安全性が高い、栽培スピードを上げることができる、土地を高度利用できる、作業をしやすいなどがあります。一方、現状では、高額の設備投資が必要だったり、栽培できるのが特定の葉物に限られるなどのデメリットもあります。

日光はタダですが、植物工場には電力が必要です。経済的な面で見れば、今は露地ものにかないません。しかし、価格に見合う高機能、高付加価値なものを栽培できるようになれば、植物工場産の野菜の需要はより高まるかもしれません。完全閉鎖系という〝箱庭〟の光、水、空調などの環境を変化させることで、品種改良することなく、野菜特有の成分をある程度コントロールし、青臭さや苦味を抑え甘みを増した[1]〝野菜をデザイン〟することも可能です。

たとえば、LEDの光を制御することで、野菜中のビタミン類の栄養素が変化するため、露地ものと比べてビタミンを多く含んだレタスを作ったり、カリウムを含まない養液を使うことで、腎臓病の方の病院食向けとした「低カリウムのレタス」を作ることもできます。

また、植物工場の大切な機能として、農場と食卓の A 的な距離を縮めてくれる点があります。ビルの一室で育てた野菜を同じビルのレストランで出す〝ビル産ビル消〟を行うところも出てきました。消費者が、作物の育つ〝畑〟を直に目にすることは、農場での生産と食卓での消費との間にあったブラックボックス的な過程を取り除き、生産をより身近なものに感じさせるのにも役立つでしょう。

つまり、植物工場には、農場と食卓の〝 B 的な距離〟を縮めてくれる役割も期待されます。

食をマクロ＊に見ることが試される時代

生産された食べものが、私たちのところに届くまでの環境負荷をわかりやすくあらわしたものに、[2]「フード・マイレージ」があります。その定義は、「食材が産地から食される地に運ばれるまでの、輸送に要する燃料・二酸化炭素の排出量をその距離と重量で数値化した指標」です。生産地と消費地に距離があると、輸送に関わるエネルギーがより多く必要になり、環境負荷は大きくなるため、距離が近い地産地消ほど望ましいとされます。農林水産省の2001年の試算によると、日本のフード・マイレージは、総量では世界中で群を抜いて大きく、国民1人あたりでも世界1位となっています。他国からたくさんの食料を輸入し、輸送距離も他国より著しく長いことが、その原因に挙げられています。

地産地消の観点からは良い評価軸となるフード・マイレージですが、落とし穴もあります。たとえば、生産と消費が同じビル内のような〝超地産地消〟できる植物工場で、電気のエネルギーをたくさん使って野菜を作るのと、少し遠くても露地で栽培した野菜を輸送するのとでは、輸送エネルギーを使ったとしても総合的に後者の方が、エネルギー消費が少なくてすむ場合もあります。

そのためフード・マイレージという考え方に代わる評価として、食品の生産から消費・廃棄物処理に至る過程で必要となる燃料エネルギーの総量を「ライフサイクルアセスメント」として分析する方法があります。その手法で分析すると、たとえば、お米は630キロカロリー／キログラム、パン類は9510キロカロリー／キログラム、麺類は1万5040キロカロリー／キログラムとなり、麺類は

お米の2倍以上、パン類の1・5倍以上のエネルギーが、生産・加工・流通・消費・廃棄のプロセスにおいて必要になるという結果になります。

２０１５年、国連持続可能な開発サミットにおいて「持続可能な開発のための２０３０アジェンダ＊（Sustainable Development Goals：ＳＤＧｓ）」が制定されました。そこには、国際社会の開発目標として、２０３０年を期限とする包括的な17の目標が設定されています。その中には飢餓、エネルギー、資源など食に関わる項目がたくさん含まれています。「誰一人取り残さない」社会の実現を目指して、経済・社会・環境といった広範な課題に、統合的に取り組むことを意識する必要があります。

現代は、「いかに[3]周りのことに思いを巡らしながら食べていくか」ということが、強く求められる時代になっています。つまり、食べることが個人の営みではなく、生産、消費も含めてきわめて多面的、グローバルになっていることを意味しています。

【資料】（ＳＤＧｓの17の目標のうちの一つ）

目標12：つくる責任つかう責任
持続可能な消費と生産のパターンを確保する

経済成長と持続可能な開発を達成するためには、私たちが商品や資源を生産、消費する方法を変えることで、エコロジカル・フットプリント（人間活動が環境に与える負荷を、資源の再生産および廃棄物の浄化に必要な面積として示した数値）を早急に削減することが必要です。全世界で最も多くの水が用いられているのは農業で、灌漑（かんがい）だけで人間が使用する淡水全体の70％近くを占めています。

私たちが共有する天然資源の効率的管理と、有害廃棄物や汚染物の処理方法の改善は、この目標達成に向けた重要な課題です。産業や企業、消費者に廃棄物の発生防止と再利用を促すことも、同じく重要であるほか、開発途上国が2030年までに、より持続可能な消費パターンへと移行できるよう支援する必要もあります。

小売店と消費者による１人当たり食品廃棄量を全世界で半減させることも、より効率的な生産とサプライチェーン（原料の段階から製品やサービスが消費者の手に届くまでの行程）を構築する上で重要です。それは食料の安定確保に役立つだけでなく、より効率的な資源の利用を行う経済への移行も促すからです。

責任ある生産と消費は、持続可能な開発のための2030アジェンダを構成する17のグローバル目標の一つです。複数の目標を同時に達成するためには、包括的なアプローチが必要不可欠です。

（国連開発計画（ＵＮＤＰ）駐日代表事務所ウェブページより。一部省略等がある。）

（石川伸一（いしかわしんいち）『「食べること」の進化史』による。一部省略がある。）

（注）＊マーケティング……消費者が求めるものを調査する、企業の活動。
＊養液培養……肥料分を溶かした養液を、培地や水中の根に供給する栽培方法。
＊露地栽培……屋根のないところで栽培すること。
＊マクロに見る……全体的な視点で捉える。
＊アジェンダ……行動のための計画。

一、[1]〝野菜をデザイン〟すること　とあるが、筆者はどのようなことであると述べているか。次のアからエまでの中から最も適当なものを一つ選び、その記号を記入しなさい。（3点）

ア、人工的に環境を変えて、新たな機能や価値を野菜にもたせること。
イ、使用する電力を調節して、露地ものより低価格の野菜とすること。
ウ、光と養液の量を減らして、安全で健康によい野菜を作ること。
エ、外の世界と完全に切り離して、本来の野菜の味に近づけること。

二、[A]、[B]に入る言葉の組み合わせとして最も適当なものはどれか。次のアからエまでの中から一つ選び、その記号を記入しなさい。（3点）

ア、A―地理　B―経済
イ、A―空間　B―時間
ウ、A―具体　B―抽象
エ、A―物理　B―精神

三、【思考力】[2]「フード・マイレージ」とあるが、次の□は、本文中の「フード・マイレージ」についての記述を整理したものである。[C]、[D]にはそれぞれどのような言葉が入るか。[C]は四字で本文中からさがし、抜き出して書きなさい。[D]は、「輸送距離」と「エネルギー消費」という二つの言葉を使って、二十五字以上、三十字以内で書きなさい。（C3点、D4点）

○食材が生産地から消費地に運ばれるまでの輸送に関わるエネルギーを数値化した指標→[C]が進むほど数値は小さくなる
○日本の数値が大きい原因＝食料の輸入が多く、輸送距離も著しく長い
○[　D　]場合もある
　↓評価軸として注意が必要

四、本文の構成や展開について述べたものとして最も適当なものはどれか。次のアからエまでの中から一つ選び、その記号を記入しなさい。（4点）

ア、農学が「食学」という総合的な学問の一つとなったことが、新しい生産方法や環境負荷の指標の開発につながったということを話題にし、国際社会の目標を実現するために、食学が大きな役割を果たすことを確認している。
イ、農学を「食学」として広く考えるようになったことを話題とし、例として新しい生産方法への期待と環境負荷の指標を取り上げることで、国際社会の目標を実現するために、多角的に食を考える必要があることを説明している。
ウ、農学が「食学」という大きな学問の一分野となったことに加え、新しい生産方法の開発により環境負荷が減少していることを話題にし、国際社会の目標を実現するためには、食のグローバル化が必要であることを主張している。
エ、農学が「食学」の一分野となったことを話題とし、新しい生産方法の開発というよい面と、環境負荷の増大という負の面とを比較することで、国際社会の目標を実現するためには、環境問題を優先するべきであると提案している。

五、【思考力】[3]周りのことに思いを巡らしながら食べていく　とあるが、食についての取り組みとして例えばどのようなものがあるか。【資料】の文章中から、消費者が取り組むことのできる具体的な内容を読み取り、「資源」という言葉を使って、二十字以上、二十五字以内で書き

なさい。（4点）

四 （古文）仮名遣い・口語訳・内容吟味

次の古文を読んで、後の一から四までの問いに答えなさい。（点線部は現代語訳を表す。）（計12点）

さしたる事なくて人のがり行くは、よからぬ事なり。用ありて行きたりとも、その事果てなば、とく帰るべし。久しく居たる、いとむつかし。

人と[1]むかひたれば、詞多く、身も草臥れ、心も閑ならず、万の事障りて時を移す、互ひのため[2]益なし。いとはしげに言はんもわろし。心づきなき事あらん折は、なかなかそのよしをも言ひてん。同じ心にむかはまほしく思はん人の、つれづれにて、「いましばし、今日は心閑に」など言はんは、この限りにはあらざるべし。[3]阮籍が青き眼、誰もあるべきことなり。

そのこととなきに人の来りて、のどかに物語りして帰りぬる、いとよし。又、文も、「久しく聞えさせねば」などばかり言ひおこせたる、いとうれし。

（「徒然草」『新編日本古典文学全集』による。）

一、**基本** [1]むかひたれば を音読するとおりにひらがなで書きなさい。（現代かなづかいで書くこと。）（2点）

二、[2]益なし とあるが、どのようなことか。次のアからエまでの中から最も適当なものを一つ選び、その記号を記入しなさい。（2点）

ア、申し訳ない　イ、無駄である
ウ、望んでいない　エ、不愉快である

三、[3]阮籍が青き眼、誰もあるべきことなり とあるが、これは中国の故事に基づいた文であり、次の［　］は、その故事を引用して筆者が述べたいことについてまとめたものである。［A］、［B］にはそれぞれどのような言葉が入るか。［A］は五字以内で、［B］は十字以上、十五字以内で、それぞれ書きなさい。（A2点、B3点）

> 「阮籍が青き眼」…中国の三国時代の人である阮籍が、客を喜んで迎える時は青い眼（真正面から見る黒いひとみ）をしたという故事による。→【筆者が述べたいこと】［A］の客に対しては［B］と思うことが、誰にでもあってよい。

四、本文の内容の説明として適当なものはどれか。次のアからオまでの中からすべて選び、その記号を記入しなさい。（完答で3点）

ア、用もない訪問や長居はわずらわしいが、誰とでもそうとは限らない。
イ、人と話していると心身が疲れてしまうので、合間に休みを入れるとよい。
ウ、話したくない気持ちであるときは、相手に理由を言ってしまう方がよい。
エ、時間を気にして話すと相手も落ち着かないので、のんびりと話す方がよい。
オ、長文の手紙を書けなかったことを、相手が謝ってくれるとうれしい。

五 （小説文）文脈把握・内容吟味・主題・課題作文

次の文章を読んで、後の一から六までの問いに答えなさい。（＊は注を示す。）（計36点）

> 大学生の「僕」は、水墨画を湖山先生に学んでいる。湖山先生は、友人である千瑛の祖父にあたる。

「さて、じゃあ、今日も見せてもらおうかな」

と、湖山先生はにこやかに話しかけた。僕は一礼してから絵を描き始めた。僕が描ける絵は一つしかないので、それを描くだけだ。

筆に濃墨を含ませて、根元を逆筆で作り、韮の葉っぱのような鋭い線を葉先に向かって作っていく。

真っ白な紙に墨のアーチができる。

真っ白な空間に、ポツンと一枚の葉が浮いている。その鋭く長い一枚に寄り添うように二筆目。さっきの葉っぱの方向とはまるで反対のほうへ線を引いていく。二つのアーチはそれぞれの方向へ向かって伸びて、アーチとアーチが重なる根元には切り込みを入れたような小さな隙間ができている。その場所を切り裂くように三筆目を引く。そこからは夢中だった。とにかく形になっていくように願いながら、葉を画面のなかで構成していった。そして、この前、湖山先生がやっていたのを真似て薄墨で花を描き、最後に点を花の周りに足して一枚を終えたけれど、出来上がったものは、かろうじて花と葉っぱが付いて何とか植物に見える程度の拙い絵だった。

とにかく一枚を描き終えて、恐る恐る湖山先生の前に差し出すと、湖山先生は、

「よくがんばったね」

と言った。何をがんばったのか自分でもよく分からない。ただただ夢中で手を動かしていただけだ。湖山先生は筆を取って、もう一度技術を見せてくれた。湖山先生はいつもの［A］のような素早い筆ではなく、ゆったりと話すような速度で絵を描いた。

僕はその[1]解答編のような技術を、目を皿のようにして記憶にとどめていた。

なぜ、同じようにならないのだろう？

何が違って、こんなにもうまくいかないのだろう？

という想いが、先生の手順のすべてを見逃すまいという気持ちに変わった。一方で湖山先生の解答が、手によって示されることが楽しみでもあった。湖山先生は、僕の表情を見て何だか嬉しそうに笑っていた。

「そんなに心配しなくてもいいよ。君はよくやってる。ちゃんと練習してきていたね」

「は、はい。とにかく描き続けました」

「それでいいんだよ。最初はセンスとか才能とかそんなの

は何も関係ない」

「センスとか才能とかってあまり関係ないのですか？」

「少なくとも最初は、あまり関係がない。できるかどうかは分からない。でもとにかくやってみる。それだけだよ」

「とにかくやってみる……ですか」

　どこかで聞いたような言葉だ。

「才能やセンスなんて、絵を楽しんでいるかどうかに比べればどうということもない」

「絵を楽しんでいるかどうか……」

「水墨画ではそれを気韻というんだよ。気韻生動を尊ぶといってね、気韻というのは、そうだね……＊筆致の雰囲気や絵の性質のことも言うが、もっと端的に言えば楽しんでいるかどうか、だよ」

「芸術性ということですか？」

「いや。それとも少し違うかもしれない。もっと純粋にその人の心がどれくらい清らかで伸びやかで生き生きと描かれているかどうか、ということが水墨画の最大の評価になってくるんだ。見どころと言ってもいいかもしれない。形や技術なんてそれに比べれば枝葉にすぎない。絵にとっていちばんたいせつなのは生き生きと描くことだよ。そのとき、その瞬間をありのままに受け入れて楽しむこと。水墨画では少なくともそうだ。筆っていう心を掬いとる不思議な道具で描くからね」

　話しながらも手はスラスラと進んでいく。

　葉を描く技法の速度やタイミングを僕は目に焼き付けていた。筆が腕の動きを伝って、ゆるやかに弧を描いていく動きは、見ているだけで目が惹きつけられる。ただ単に腕を振り抜く、ということではなく、手と筆がそもそも一つであったかのような［B］のうえに、力が抜けている。とても集中しているのに、何処までも力が抜けている、という奇妙な感覚が、筆を握った手と腕の動きだけでこちらの内側まで伝わってくる。『筆という心を掬いとる不思議な道具』で、こんな感覚をみせられるということは、湖山先生の心の在り方がこんなふうに心地よくできているということなのだろうか。それはどんなに幸せな心持ちなのだろう。

　技術を凝視しているつもりだったのに、湖山先生が描いている空気感そのものに僕は吸い込まれていく。ずっと見ていたい。ずっとこの瞬間の中に浸っていたい。そんな思いが湖山先生のゆったりとした筆致から伝わってきた。

　何なのだろう、これは……。そう考えている間にも、筆は進み、湖山先生は話を続ける。

「難しい話をしても仕方ない。ともかく最初は描くこと。成功を目指しながら、数々の失敗を大胆に繰り返すこと。そして学ぶこと。学ぶことを楽しむこと。失敗からしか学べないことは多いからね」

　湖山先生は、薄墨と濃墨を絶妙なバランスで含ませた筆で、ふわっと花を描いた。周りの葉と比べれば色の薄い小さな花だが湖山先生がそこに筆を置くと、周囲の余白までも柔らかく感じられた。花は三つ描かれ、それぞれの花の周囲に点が打たれると湖山先生は筆を置いた。

「この点は、心字点といって、心という字を書くくらい大事に打ちなさいよ、というような独特の点描だ。ただの点だからっておろそかにしてはいけない。この点を何処にどんなふうに打てばいいのか分かれば、君も一人前だね」

　そう言って、湖山先生は筆を置いた。

　僕の思考は、描かれた手の動きと、言葉を同時に追いかけられず、湖山先生の話している内容の理解までついていかない。僕は一礼しながら黙り込んでしまった。頭が映像を追いかけていて、[2]言葉を発しようとしても何処かでせき止められてしまっていた。こんな感覚になったのも初めてだった。湖山先生はそれでもにこやかに話を続けた。

「細かい技術は、千瑛に習いなさい。千瑛は＊斉藤君譲りの巧みな技を持っているから。技にもとても詳しい。斉藤君自身に技法を訊ねるのもいいだろう。彼以上に地道な訓練をした絵師はそういないからね。だが迷うこともあるだろう。その時には、私か＊西濱君に相談しなさい」

　僕は頷いた。湖山先生から筆を受け取ると、新しい紙を出してまた描き始めた。

　湖山先生は席に戻ると、ぼんやりとお茶を啜っている。しばらくして、僕は湖山先生との沈黙の時間を埋めるように、素朴な疑問をぶつけてみた。

「斉藤さんと西濱さんは、どちらが凄い技術を持っているのですか？」

　そう声を掛けると湖山先生は、斉藤君と西濱君かあ、と、どうでも良さそうにぼんやりと呟いた後、何度か瞬きをして、一人で納得したように話を始めた。

「技術の話で言えば、西濱君は斉藤君には及ばないね。西濱君はそういう点ではてんでだめだね。彼は細かい男ではないから。本人もそれは分かっていると思うけれど」

　僕はびっくりして質問を続けた。

「で、では、斉藤さんは西濱さんよりも上手い絵師さんなのですか？」

　湖山先生は、今度はびっくりしたような顔をして、それから愉快そうに笑った。

「いいや、いいや。斉藤君と西濱君じゃあ勝負にならないね」

「で、では、斉藤さんが上だと？」

　湖山先生は面白そうに首を振った。

「いや、西濱君が遥かに上を行っているよ。水墨では斉藤君は西濱君を仰ぎ見るしかないだろうね。それも斉藤君本人が一番分かっているからね」

「そ、そうですか……」

　技術は明らかに斉藤さんが上で、それなのに画家としては明らかに西濱さんが上、というのは奇妙な発言だが、師匠である湖山先生本人がそう言うので疑いの余地はなかった。それも結局、技術以上の何かがたいせつだという話になるのだろうか。

「必ずしも……」

　湖山先生はまたそこでお茶を飲んだ。僕は言葉を待った。

「[3]拙さが巧みさに劣るわけではないんだよ」

　僕はたぶんまったく分からない、という顔をしていたのだろう。湖山先生は皺皺の顔をさらに皺皺にして、

「君にも必ず分かるときが来るよ」

　とおかしそうに言った。その後、何度か細かい点の手ほどきを受けてその日は終わった。


（砥上裕將『線は、僕を描く』による。）

（注）＊筆致……文章や絵画などの書きぶり。筆づかい。

＊斉藤、西濱……湖山先生の弟子。

一、**基本** [A]、[B] にはそれぞれどのような言葉が入るか。[A] は次のアからエまでの中から、[B] は次のカからケまでの中から、最も適当なものをそれぞれ一つ選び、その記号を記入しなさい。（各２点）

[A]　ア、一触即発　イ、電光石火　ウ、竜頭蛇尾　エ、以心伝心

[B]　カ、志の高さ　キ、格式の高さ　ク、歯切れの良さ　ケ、収まりの良さ

二、[1]解答編のような技術 とあるが、どのような技術を指しているか。次のアからエまでの中から最も適当なものを一つ選び、その記号を記入しなさい。（３点）

ア、先生の信頼を得ようとして、無我夢中で筆を動かしている「僕」に示してくれた「湖山先生」の芸術的な技術。

イ、先生の技法を受け継ぐために、上達しようとあせっている「僕」に示してくれた「湖山先生」の発展的な技術。

ウ、自分の才能に疑問を感じ、手順を始めから覚え直そうとしている「僕」に示してくれた「湖山先生」の体系的な技術。

エ、未熟であることを自覚して、悩みながら練習を繰り返している「僕」に示してくれた「湖山先生」の魅力的な技術。

三、**難** [2]言葉を発しようとしても何処かでせき止められてしまっていた とあるが、次の [ ] は、このような状態になった経緯を説明したものである。[C]、[D] にはそれぞれどのような言葉が入るか。[C] は七字で本文中からさがし、抜き出して書きなさい。[D] は本文中の言葉を使って、二十五字以上、三十字以内で書きなさい。（C２点、D４点）

> 「湖山先生」から学ぼうとしている「僕」は、「湖山先生」の技術だけでなく、描いている時の [C] に引き付けられ、その時間の中にとどまっていたいという思いが強くなる。その間も、「湖山先生」は筆を動かしながら「心字点」などの含蓄のある言葉を次々と投げかけてくる。「僕」は、[D] ので、言葉を発せられずにいた。

四、**難** [3]拙さが巧みさに劣るわけではないんだよ とあるが、「湖山先生」が「僕」に伝えようとしているのはどのようなことか。「技術」と「心」という二つの言葉を使って、三十五字以上、四十字以内で書きなさい。（４点）

五、**思考力** 本文の表現の仕方について述べたものとして最も適当なものはどれか。次のアからエまでの中から一つ選び、その記号を記入しなさい。（４点）

ア、「僕」や「湖山先生」が水墨画を描く様子を周囲の風景と重ねて描写することで、「僕」の創作への意欲が強調されている。

イ、「湖山先生」の言葉に漢語を多用することで、伝統の重みを「僕」に実感させようとする「湖山先生」の熱意が強調されている。

ウ、「僕」の言葉に「……」を用いることで、次の言葉を期待している「僕」の「湖山先生」に対する尊敬の念が強調されている。

エ、「湖山先生」による指導の場面を「僕」の視点から描写することで、先生の言動に揺れ動く「僕」の胸中が強調されている。

六、**思考力** 本文には、登場人物が技術を向上させようとする様子が書かれている。あなたが、向上心をもって取り組んだことは何か。また、そのことからどのようなことを考えたか。あなたの考えを、次の１、２の条件に従って書きなさい。（15点）

> 条件　1　あなたが取り組んだことを具体的に書くこと。
> 　　　2　二百四十字以内で書くこと。

長野県

時間 50分　満点 100点　解答 P24　3月10日実施

出題傾向と対策

●二つの文章を組み合わせた論説文の問題、発表に関する問題、漢字、古文、小説文の大問五題構成。設問は記号式も多く、文章の難易度も高くないが、全体に分量が多めである。論説文では出題に絡めた百字以内の条件作文が、小説文では七十字以内の記述問題が出題された。

●基礎基本をきちんと身につけること。文章を読むことに慣れ、読解力を高めておくことが必要。また、問題演習を通じて解答を自分で作る練習や、記号式問題ではなぜ他の選択肢が違うのか、考えられるようにしておきたい。

注意　字数を指定された解答については、句読点、カギ括弧（かっこ）（「や『）なども それぞれ一字と数え、書きなさい。

一（論説文）漢字の読み書き・文節・内容吟味・文脈把握・条件作文

次の文章Ⅰと文章Ⅱを読んで、各問いに答えなさい。（計32点）

文章Ⅰ

読書が苦手な学生から「本は何のために読むのか？」と質問されることがあります。本質的な、よい問いです。インターネットがこれだけ発達した時代、必要な知識はほとんどのものがネットを通じて手に入れることができる。なのに本を読むことがなぜ大切なのかわからない、という疑問です。

そうしたときの私の回答は「本は自分の内面を豊かにし、生き方や人生を変えてくれるものだから」です。

本好きの皆さんならよくわかると思いますが、本を通じて知らなかったことを知ると喜びを感じ、自分が何を知らないかがわかることで「何を学べばよいか」が明らかにな

ります。自分にとっての学びのプロセスがクリアになっていく点が、読書のすばらしさといってよいのです。

今から二五〇〇年前にギリシャのソクラテスは、自分は何を知らないかを知ることの重要性を「無知の知」という言葉で表しました。

読書とはすでに八割方知っていることの追体験と追認*です。読む本が変われば追認することも変わります。そうした認識もまた読書の楽しみ方ですし、追認であってもさまざまな本を読むことで世界はさらに広がっていきます。

本から学ぶことに関して、ソクラテスの弟子プラトンは、「学ぶとは自分が変わることだ」と説いています。つまり、読書で新しいことを知ったつもりでも、それが自分の人生を変えなければ読まなかったに等しい、と言っているのです。

非常に深い洞察ですが、そう簡単なことではありません。

読書によって知識は増えていきますが、それは例えるならフランス料理という構造の中で新しいレシピが増えているだけに過ぎません。本の学びを活かして自分を変える、もしくは人生が変わるということは、食材を次々と変えて新たなレシピでフランス料理をつくり続けることではありません。その食材でこれまでとはまったく異なる和食の世界をつくり出していく、というところにまでつながってゆくのです。

それまでの自分とはガラリと変わる。本からの学びはそこまでつながってはじめて本物になっていく、と言っていいかもしれません。私にとって、そういう意味で自分を変えてくれた古典がプラトンの『ソクラテスの弁明』(講談社学術文庫)と、「常識を疑え」と説いたデカルトの『方法序説』(ちくま学芸文庫)でした。

自分は何を知らないのかを知る、そして過去の定説や常識とされていることをまずは疑って、自分なりに思考を深めていく。そのきっかけを与えてくれるのが読書であり、そうした読み方を大切にすることで、この先の不確実な時代にも対応する力をつけていくことができるのではないかと思います。

(鎌田浩毅「読まずにすませる読書術　京大・鎌田流「超」理系的技法」)

＊(注)　追認＝過去にさかのぼって事実を認めること

文章Ⅱ

私は大学の講義のほか、一般向けの講演も行なっており、幅広く質問を受ける機会があります。そこで、本質的なものに触れる深い質問ができる人、表面的な部分にとらわれた浅い質問しかできない人がいます。

浅い質問には、「それはこうです」と答えて、はいおしまい。簡単です。そこからさらに話が広がったり内容が深まったりすることはあまりありません。

深い質問の場合は、こちらの頭も回転させなければなりません。質問が刺激となって思考が深まります。その答えによって質問者の考えも深まるし、実りの多い時間となります。

(中略)

では、その浅い・深いはどこから来ているのでしょうか。

それは一言で言えば、教養です。

教養とは、雑学や豆知識のようなものではありません。自分の中に取り込んで統合し、血肉となるような幅広い知識です。

カギとなるのは、物事の「本質」を捉えて理解することです。

バラバラとした知識がたくさんあっても、それを総合的に使いこなすことができないのでは意味がない。単なる「物知り」は「深い人」ではないのです。教養が人格や人生にまで生きている人が「深い人」です。

深い人になるには、読書ほど適したものはありません。本を読むことで知識を深め、思考を深め、人格を深めることができます。

たとえば西郷隆盛は「深い人」です。西郷が生きた幕末・明治時代から人格者として慕われ、ものすごく人望がありました。亡くなってからも多くの人が西郷に惹かれて研究し、時代ごとに評価されてきました。現代も人気は衰えていません。

それでは、生まれたときから人格者で、「深い人」だったのかというと、そういうわけではないでしょう。西郷は多くの本を読んでいました。とくに影響を受けたのは儒学者佐藤一斎の『言志四録』です。流された島でも、これを熟読し、とくに心に残った101の言葉を抜き出し、常に読み返していたと言います。座右の銘としていた「敬天愛人」もそこから生まれたものです。常に本を読み、自らを培っていったのです。

(齋藤孝「読書する人だけがたどり着ける場所」)

(1) **よく出る** **基本** 文章中の……線部のよみがなを、ひらがなで書きなさい。(各1点)

①洞察　②触　③刺激　④統合　⑤衰　⑥影響

(2) **よく出る** **基本** ——線部「世界はさらに広がっていきます」は、いくつの単語でできているか。単語数を書きなさい。(2点)

(3) 文章Ⅰの内容として最も適切なものを、次のア～エから一つ選び、記号を書きなさい。(3点)

ア、読書で想像力や忍耐力という人間の内面を豊かにすることができる。

イ、本を通じて「何を学べばよいか」がわかると、何を知らないのかを知ることができる。

ウ、読書によって知識が増えることは、例えるならフランス料理の食材で和食をつくることである。

エ、本を読むことは、自分なりに思考を深めていくきっかけを与えてくれる。

(4) 文章Ⅱの内容を次のように説明するとき、[A]～[C]に当てはまる最も適切な言葉を、文章Ⅱの本文中からそれぞれ指定された字数で抜き出して書きなさい。(各2点)

[A](二字)とは、血肉となるような幅広い知識である。知識は豊富にあるが、総合的に使いこなせない人は単なる「物知り」である。一方で、「深い人」は、[B](七字)を把握し、[A]が[C](二字)や人生にまで生きている人である。深い人になるには読書が適

している。読書によって知識を深め、思考を深め、[C]を深められるからである。

(5) 授業で文章Ⅰと文章Ⅱとを読み比べ、共通する論の展開の工夫と効果について、次のようにまとめた。あとのⅰ、ⅱに答えなさい。

> 最初に話題提示として、学生や一般の方からの質問を受けたという筆者の[D]を述べることで、読者の興味や注意を引いている。さらに、「フランス料理」や「血肉となる」という[E]を用いたり、歴史上の人物に関わる[F]を根拠として挙げたりすることで、説得力をもたせ、筆者の考えをわかりやすくする効果を生み出している。

ⅰ、[D]に当てはまる適切な言葉を書きなさい。（3点）

ⅱ、[E]、[F]に当てはまる最も適切な言葉を、次のア～カから一つずつ選び、記号を書きなさい。（各2点）

ア、順序　イ、形式　ウ、比喩
エ、反論　オ、具体例　カ、抽象化

(6) 難 思考力 ――線部について、自分の考えを書くことになった。あなたの考えを、次の〈条件1〉～〈条件3〉に従って書きなさい。（8点）

〈条件1〉思考と人生の二つの言葉を使って書くこと。
〈条件2〉あなたの考えの理由を明確にして書くこと。
〈条件3〉八十字以上百字以内で書くこと。

二 (話し合い)聞く話す・文脈把握・内容吟味

園芸委員長の河合さんは、新入生の生徒会説明会で園芸委員会の説明を資料を用いて行うことになった。次は、Ⅰ前日までの新入生の様子、Ⅱ当日に配付した資料、Ⅲ説明と質疑応答の場面である。これらを読んで、あとの各問いに答えなさい。（計14点）

Ⅰ　前日までの新入生の様子

田中　中学校は、いろいろな委員会があるんだね。どんな活動をしているのかな。横沢さんは、どの委員会に入ろうと思っているの。

横沢　私は小学校の時、花づくり委員会で花壇の手入れをがんばったから、園芸委員会に入ろうと思っているけれど、中学校ではその他にも活動をしていることはあるのかな。

Ⅱ　当日に配付した資料

> 園芸委員会
>
> 〈目標〉
> 花で学校を美しくしよう
>
> 〈活動内容〉
> ・花壇の手入れ(春～秋)
> (水やり・草取りなど)
> ・花壇の準備(秋～冬)
> (苗づくり・土づくりなど)
>
> 〈やりがい〉
> ・花壇がきれいな花でいっぱいになるうれしさ
> ・花の成長の実感

Ⅲ　説明と質疑応答の場面

【説明】

河合さん　園芸委員会の活動について説明します。最初に、こちらの写真をご覧ください。（写真をスクリーンに映す）[A] これは、私たちが育てている学校花壇の写真です。園芸という言葉を知っていますか。園芸というのは、庭などで草花を育てることです。私たちは、「花で学校を美しくしよう」という目標を大切にして日々活動しています。

私たちの学校には三つの花壇と多くのプランターがあります。私たち園芸委員会のおもな活動は二つあります。[B]

一つ目は、春から秋にかけての活動です。この時期は花が咲いていますので、毎日水やりをして、草を取ります。他にも、時々肥料をあげたり、枯れてしまった花を取ったりと、花壇に花がきれいに咲くようにがんばっています。[C]

二つ目は、秋から冬の時期の活動です。この苗ポットで（苗ポットを見せる）苗を育てたり、花壇の土を耕したりして、次の季節の花壇の準備をしています。[D]

活動は、大変なこともありますが、花壇がきれいな花でいっぱいになると、うれしい気持ちになります。また、やりがいとして[　　]という点もあります。ぜひ園芸委員会で一緒に活動してみませんか。

【質疑応答】

司会　それでは、園芸委員会の説明に対して、何か質問はありますか。

田中　先ほど、活動で大変なこともあると言っていましたが、具体的にはどんなことが大変ですか。

河合　忘れずに水をやることや、草がどんどん生えてくるので取ることです。また、花が咲く時期に合わせて、苗を育てていくことです。育てた花を、入学式や卒業式の会場で使うので、間に合うように気をつけて準備しています。

田中　わかりました。ありがとうございました。

司会　他に質問のある人は、いますか。

横沢　私は小学校で花づくり委員会に入っていたので、花壇の手入れをしているという活動は同じだと思いました。中学校の園芸委員会では、他に活動していることはありますか。

河合　育てた花を地域のいろいろな場所に配る活動をしています。

(1) 河合さんが説明の中で、Ⅱ当日に配付した資料の〈活動内容〉を見るように指示するとき、どこで指示するとよいか。最も適切なものを、説明の[A]～[D]から一つ選び、記号を書きなさい。（3点）

(2) 説明の中で、[　　]に当てはまる適切な言葉を、Ⅱ当日に配付した資料を踏まえて、十字以上十五字以内で書きなさい。（3点）

(3) よく出る 説明の特徴として適切なものを、次のア～エか

ら二つ選び、記号を書きなさい。（3点）

ア、他の委員会と比較することで、園芸委員会のよさを伝えようと話をしている。
イ、丁寧な言葉遣いをしたり問いかけたりして、親しみがもてるような話し方をしている。
ウ、園芸委員会のよさだけでなく、昨年度の課題を具体的に挙げながら話をしている。
エ、説明することを大まかに伝えた後、具体的な活動を説明している。

(4) 田中さんと横沢さんの質問の意図として、最も適切なものを、次のア～エから一つ選び、記号を書きなさい。（2点）

ア、田中さんは河合さんの説明の誤りを指摘するために質問し、横沢さんは事前にもっていた疑問を解決するために質問している。
イ、田中さんは河合さんの説明の要点を確かめるために質問し、横沢さんは河合さんの説明の内容を確認するために質問している。
ウ、田中さんは説明を聞いて生じた疑問を解決するために質問し、横沢さんは事前にもっていた疑問を解決するために質問している。
エ、田中さんは説明を聞いて生じた疑問を解決するために質問し、横沢さんは河合さんの説明の誤りを指摘するために質問している。

(5) 思考力 横沢さんの質問に対する河合さんの回答を受けて、あなたが河合さんに、さらに詳しく質問をするとしたら、どのような質問をするか。実際に話すように一つ書きなさい。（3点）

三 漢字の読み書き よく出る 基本

次の①～③の――線部の漢字として最も適切なものを、それぞれあとのア～エから一つ選び、記号を書きなさい。（各2点、計6点）

①国民のシジを得る。
ア、時　イ、示　ウ、辞　エ、持

②荷物の運搬に手を力す。
ア、貸　イ、兼　ウ、科　エ、借

③一日センシュウの思いで待つ。
ア、拾　イ、週　ウ、秋　エ、終

四 (古文)仮名遣い・内容吟味

Ⅰは、『浮世物語』の一節「牛を売るとて佐奈田にたとへし事」である。Ⅱは、Ⅰを理解するために、三井さんたちが調べたことをメモ一～メモ五にまとめたものである。ⅠとⅡを読んで、あとの各問いに答えなさい。（計22点）

Ⅰ

今はむかし、①ある人牛を売りけるに、買主いふやう、「この牛は、力も強く病気もなきか」と①いへば、ア売主答へていはく、「中〳〵＊力の強く、しかも息災（丈夫）な。大坂陣ではイ佐奈田ぢやと思へ」といふ。「さらば（それなら）」とて②買い取る。五月になりて、この牛に犂をかけて田をすかするに、一向弱うて田をもすかず、犂は一足（一歩）もひかず。ややもすればウ人を見てはかけ出でて、角にて、かけん〳〵とするほどに、「何の役にも立たぬ牛なり。さて〳〵憎い事をいふて買はせた。大坂陣では佐奈田ぢやと申したほどに、さこそ強からうと思ふたれば、犂は一足もひかず、そのくせに人を見てはかけんとする」と③腹立ちて居る。ある時かの売主に逢ふて、「エ其方はとどかぬ（いい加減な）嘘をついて、人をばかけて、犂をばひかぬ牛を、佐奈田ぢやといふて売りつけられた」といへば、売主答へていはく、「さう②であらう。犂は一足もひくまい。人を見てはかけんとする事は定（本当）であらう。さればこそ佐奈田とは申しつれ。大坂陣で佐奈田は、たび〳〵かけこそしたれ、一足もひいたことはなかつた。その牛もひかぬによりて佐奈田ぢや」といふた。

（本文は「新編 日本古典文学全集」による）

＊（注）〳〵＝同じ漢字または仮名を繰り返して書くときに使う符号

Ⅱ

メモ一
○「大坂陣」
・大阪の陣。江戸時代初期に起こった徳川氏と豊臣氏との戦い。

メモ二
○「佐奈田」
・真田幸村。大阪の陣で豊臣氏側の武将として戦った。

メモ三
○「犂」
・柄が曲がって刃が広いすき。牛馬で引いて田畑を耕す農具。

メモ四
○「かく」
・走る。
・引っかける。
・だます。
・付ける。
・進撃する。

メモ五
○「ひく」
・引っぱる。
・退却する。

(1) よく出る 基本 文章中の══線部の言葉を現代仮名遣いに直して、ひらがなで書きなさい。（各1点）
①いへば　②あらう

(2) よく出る ――線部①「ある人」と同じ人物を、……線部

ア～エからすべて選び、記号を書きなさい。　（3点）
ア、売主　イ、佐奈田　ウ、人　エ、其方

(3) ――線部②「買い取る」とあるが、買主が牛を買い取った理由として、最も適切なものを、次のア～エから一つ選び、記号を書きなさい。　（2点）
ア、売主の言葉を聞いて、力が強く丈夫な牛だと思ったから。
イ、自分の目で、実際に牛が田を耕す姿を見て、力が強く丈夫な牛だと思ったから。
ウ、売主の言葉を聞いて、佐奈田が使った牛だと思ったから。
エ、自分の目で、実際に牛が田を耕す姿を見て、佐奈田が使った牛だと思ったから。

(4) ――線部③「腹立ちて居る」とあるが、次の［　］は、この内容について、三井さんたちがグループ内で話し合った様子である。

三井　どうして買主は、腹を立てているのかな。
吉川　売主が、「大坂陣では佐奈田ぢや」と言って買主に売った牛が、実際は「犂は一足もひかず、そのくせに人を見てはかけんとする」ような［A（七字）］ない牛だったからじゃないかな。
太田　そうだよね。でも売主は、「さればこそ佐奈田とは申しつれ」と言っているよ。これはどういうことなのかな。
山下　売主の言葉の、「佐奈田は、たび〴〵かけこそしたれ、一足もひいたことはなかつた」の意味と、「佐奈田」を「牛」に言い換えたときの意味をそれぞれ考えるとどうだろう。
三井　佐奈田は、たびたび［B（三字）］ても、一歩も［C（三字）］たことはなかった、という意味と、牛は、たびたび角で人を［D（四字）］ようとはしても、一歩も犂を［E（四字）］ことはなかった、という意味になるね。
太田　わかった。売主は佐奈田と牛を説明する「かく」と「ひく」の言葉それぞれに、同じ［F］の別の意味を重ねているんだ。
三井　なるほど。言葉のしゃれと、売主のとんちが、この話のおもしろさなんだね。

i、［A］に当てはまる最も適切な言葉を、Iの本文中から指定された字数で抜き出して書きなさい。　（3点）
ii、［B］～［E］に当てはまる最も適切な言葉を、IIメモ一～メモ五の中の言葉を使って、それぞれ指定された字数で書きなさい。ただし、［　］のあとの言葉につながるように、必要に応じて語形を変えて書くこと。　（BC各2点、DE各3点）
iii、［F］に当てはまる最も適切な言葉を、次のア～エから一つ選び、記号を書きなさい。　（2点）
ア、字数　イ、画数　ウ、発音　エ、音量

五 (小説文)漢字の読み書き・表現技法・内容吟味・文脈把握

次の文章を読んで、あとの各問いに答えなさい。　（計26点）

ヒロシの通う第三小学校では、新入生を歓迎するポスターをつくることになった。キャッチコピーは〈大空にはばたく第三小！〉。これに合わせて、〈きれいな空の絵〉を募集していた。絵の好きなヒロシは、下書きから何日もかけて一番好きなくもり空の絵を描いた。色合いを細かく描き分けた自信作ができあがった。そして、応募しようと先生に提出した。


「まあ、ヒロシくんがどうしてもこの絵を出したいっていうんだったら、もちろんいいわよ」

先生はそう言って、「でも、これだと、ポスターには選ばれないと思うわよ」と続けた。「絵としては確かに上手だけど、みんなの投票の多数決で決めるんだから」

みんなはこの絵を選ばない――。

ほんと――？

先生は画用紙のウラにスタンプをおした。

「とりあえず、これで受け付けにするけど、もしヒロシくんがやっぱり描き直したいと思ったら、いつでも遠慮なく言ってね。提出期限まであと一週間あるんだから」

ヒロシは黙って、首を小さく前に倒した。うなずいたのか、うなだれたのか、自分でもよくわからなかった。
①次の日から、ヒロシは一日に何度も空を見上げた。
晴れた日もあった。くもりの日もあった。雨の日もあった。もうじき終わる冬の名残（なごり）で、雪が舞う日もあった。

朝の空も見た。昼間の空も見た。夕方の空も見たし、夜の空も見た。夜中にトイレで起きたついでに窓のカーテンを開けて眺めた空は、月が出ていたので、想像していたよりずっと明るかった。お母さんに夜明け前に起こしてもらって、朝日が昇る空も見た。

いろいろな空がある。どれも、きれいだった。

でも、やっぱり、一番きれいなのは――。

机の上に広げた真っ白な画用紙を、ヒロシはじっと見つめる。

学校の友だちに「一番きれいな空って、どんな空？」と聞いてみると、ほとんど全員、青空だと答えた。

同じ晴れでも、雲一つない快晴が好きな人もいれば、雲がちょっとあるほうがいいと言う人もいる。ただ、とにかく晴れた空は圧倒的な人気だった。

夕焼けの空と満天の星空を挙げた人も、少ないけれど何人かいた。でも、くもり空はゼロ。先生の言うとおりだった。

勝ち目がないのに、このままでいいんだろうか。みんなが「これにしよう」と言ってくれそうな絵を描いたほうがいいんじゃないか。ポスターに選ばれれば、先生は喜んでくれるはずだし、お父さんやお母さんもほめてくれるだろう。なにより、自分だってやっぱり、絶対に、うれしい。

どうしよう、どうしよう、どうしよう……。
②机の上の画用紙は、まだ真っ白なままだった。
二十点を超えた応募作品がキャスター付きの掲示板に貼

られて、昼休みの渡り廊下に並んだ。

作品を応募した子を除く全校児童が、一人一枚ずつ桜の花のシールを持って絵を見て回り、「これがいい」と思う絵の回りに貼っていく仕組みだった。

昼休みが終わりかけた頃、「コンテストのケッカが出ました」という校内放送があった。

「応募した皆さんは集合してください」

ヒロシは胸をドキドキさせて渡り廊下に向かった。

掲示板に近づくと、何十枚ものシールに囲まれた作品が目に入った。第一位になって、ポスターに使われることになった作品だ。空の色は――予想どおり、青。

第二位の作品も空の色は青だった。第三位も、第四位も……それより下の順位の絵も、すべて青空を描いていた。

くもり空の絵は、ヒロシの作品だけだった。

順位は最下位。

でも、絵の横に、シールが一枚貼ってあった。

いた。くもり空をきれいだと思う人が、ヒロシ以外にもう一人――たった一人でも、いた。

ヒロシは、しょんぼりと落ち込んでいるような、③にんまりと笑っているような、フクザツな表情になった。最下位に終わった悔しさと、シールがゼロではなかったうれしさが胸の中で入り交じる。

でも、たとえゼロだったとしても――。

絵を描き直さなくてよかった。

うん。やっぱり、絶対に、よかった。

そうだよな、と心のなかでつぶやいて、自分が一番きれいだと信じている絵を、あらためて見つめた。

④細かく描き分けた灰色の空の隣で、ピンク色の桜の花がちょっとだけ遠慮がちに、春の訪れを告げていた。

（オスカー・ブルニフィエ「こども哲学　美と芸術って、なに？」
所収　重松清（しげまつきよし）「おまけの話」による
問題作成上ふりがなをはずしたものがある）

(1) よく出る 基本 文章中の……線部を漢字に直して、楷書で書きなさい。（各2点）

①ウラ　②ケッカ

(2) この文章の表現上の特徴として、最も適切なものを、次のア～エから一つ選び、記号を書きなさい。（3点）

ア、擬人法が多く使われており、青空の美しさが印象深く表現されている。

イ、現在と過去の場面を交互に書くことで、物語に深みを出している。

ウ、「……」の使用により、歯切れのよいリズムが生まれ、心情が強調されている。

エ、登場人物の自分自身への語りかけがあり、気持ちがわかりやすく表されている。

(3) よく出る ――線部①「次の日から、ヒロシは一日に何度も空を見上げた」とあるが、その理由として最も適切なものを、次のア～エから一つ選び、記号を書きなさい。（3点）

ア、先生の言葉にプライドが傷つき、その傷ついた気持ちを和ませたかったから。

イ、絵を描き直すことを決心し、描きたい空を見つけたかったから。

ウ、自分が思うきれいな空を、再度自分の目で確認したかったから。

エ、朝日が昇る空の色合いをきれいに描くために、いろいろな時間帯の空と比べたかったから。

(4) ――線部②「机の上の画用紙は、まだ真っ白なままだった」とあるが、このときの「ヒロシ」の気持ちを次の［　　］のようにまとめた。［A］に当てはまる最も適切な言葉を、本文中から指定された字数で抜き出して書きなさい。また、［B］に当てはまる最も適切な言葉を、次のア～エから一つ選び、記号を書きなさい。（各3点）

> 勝ち目がないのに、［A（十六字）］のままの方がいいのか、ポスターに選ばれるような絵に描き直した方がいいのか［B］気持ちを表している。

ア、いら立つ　イ、迷う
ウ、あきらめる　エ、責める

(5) ――線部③「にんまり」とあるが、佐藤さんが国語辞典で意味を調べたところ、「ひとり満足げに声を出さないでほほえむさまを表す語」とあった。この場合「ヒロシ」はどのようなことに満足したのか。前半の「先生」とのやり取りの場面を踏まえて説明しなさい。（4点）

(6) 難 思考力 佐藤さんは、――線部④に着目し、最後の一文に「ヒロシ」の気持ちが反映されていると考えた。あなたは、――線部④の中のどの言葉にどのような「ヒロシ」の気持ちが反映されていると考えるか。次の〈条件1〉～〈条件3〉に従って書きなさい。（6点）

〈条件1〉「ヒロシ」の気持ちが反映されている言葉を「　」で示すこと。

〈条件2〉示した言葉に反映されている気持ちを、話の展開を踏まえて書くこと。

〈条件3〉五十字以上七十字以内で書くこと。

岐阜県

時間 50分　満点 100点　解答 P25　3月10日実施

出題傾向と対策

●漢字の読み書き十問、小説文、論説文、古典（今年は古文、昨年は漢文の書き下し文）、資料（グラフ）にもとづく条件作文、という五題構成は昨年と同じ。読解記述が例年二問出題されているが、文中語句を使ってまとめればよいのでさほど難しくはない。また文中語句を穴埋めしてまとめる問題や文法問題も例年どおりの出題。

●漢字の読み書き、国語の知識問題、文法問題はよく出るので相応の準備を。条件作文は資料を読み取り、それについて考える思考力が要求されるので、対策を怠りなく。

注意　字数を指示した解答については、句読点、かぎ（「」）なども一字に数えなさい。

一 漢字の読み書き　よく出る　基本

次の①～⑩の傍線部について、漢字は平仮名に、片仮名は漢字に改めなさい。（各2点、計20点）

①記念品を贈呈する。
②抑揚をつけて音読する。
③お客様からの注文を承る。
④新たな難問に挑む。
⑤大臣を罷免する。
⑥荷物をアズける。
⑦商品をセンデンする。
⑧争いをチュウサイする。
⑨日程をタンシュクする。
⑩鉄が磁気をオびる。

二（小説文）品詞識別・内容吟味

次の文章は、船大工の家に生まれた満吉（まんきち）が、親方であり父親でもある芳太郎（よしたろう）に、自らが考えた船を造らせてほしいと、思い切って願い出る場面を描いたものである。これを読んで、後の問いに答えなさい。（計25点）

じい（注）は亀萬（かめまん）（注）の先代親方で、いまは仕事に口出ししないが、眼のきく船大工だった。

じいは、芳太郎と満吉の強い性格が、たびたびぶつかりあうことに気をもんでいた。内心では、満吉のひたむきな情熱をかなえてやりたいのだ。だが、現実には、芳太郎のいう亀萬（注）の事情ももっともであるだけに口にでき1ないでいる。

この晩じいは、いつもとちがう満吉の冗談のわざとらしさと、時折り眉をひくつかせる表情のかたさから、風を起こしかねない予感がしていた。

はたして、にわかに真剣な表情で、満吉が父に向かって手をついた。

「親方、お願いがありますだ。おれの船図面で船を造らせてくだせぇ。なあ船の改良型を、おれ、けんめいに考えてきた。だから……、おれ……。」

満吉のていねいなたのみごとなど、百年に一度のことではないか。父であり、親方である芳太郎はしぶい顔をして、むきかけた栗を投げだした。

「突拍子（とっぴょうし）もねえことというな、おめえは間もなく十七歳だが、二十年早え。まかせられるはずがねえ。兄貴でさえ、船図面はかけても、まだまかせちゃおらん。」

満吉の引きしまった顔には、真剣なきらめきがあった。

「早い、おそいでいえば、早いほどいい。嵐に強い船が早くできたら、そのほうがいいだ。それに年は関係ねえ。おれ、いのちにかけてやってみてえ。」

芳太郎の体が前にのめりだした。

「そんじゃおめえ。いままで亀萬で造った船はだめだというのか。」

ひざにおいたこぶしが小刻みにふるえた。2その顔を満吉は正面から見すえていった。

「そのとおり。亀萬だけじゃねえが、改良しなきゃならねえと思っとる。」

「3そいつは慢心だぞ、満吉！」

大声あげた芳太郎の、のど仏がひくひく動いた。

「いいか、満吉。おめえは、まだ修業もしておらねえ見習いの身だ。何もわかっておらんくせに、えらそうな口がきけるか。」

芳太郎のことばは、おさえようにもつい荒だってしまった。横から兄が口をはさんだ。

「改良とは、どこをどう改良するつもりだ。」

満吉は、いままでこの兄に、腹を割って話したことがなかった。どっちみち気が合わないからだ。それでも満吉は、板にかきかけた船図面をもってきた。

「おれの船は、敷（しき）（船底の板）はカシ材、こいつを厚く重くする。重心をもっと下げるためだ。その代わり船の浮きをよくするため、水が入らぬ、空気ももれぬ空気室を前の方につくって衣類、食糧、薪（まき）の戸棚にする。こいつらは（注）シケでもぬらしちゃなんねえ。」

満吉の頭に、遭難船えびす丸がある。転覆したえびす丸では、いのち綱で体を船につないでいたから、漁師は船にもどれた。船も壊れなかった。それなのに、水も、米も、薪も、着物も波にさらわれ、飢えと寒さで全員が犠牲になったのだった。

大きな一本帆柱が重くて、船は嵐にもまれると不安定になる。えびす丸は大事な帆柱をたたき折って再度の転覆をふせいだ。満吉の図面は、えびす丸の悲劇から学んだものだった。

「空気室の上は甲板（かんぱん）になる。帆は中小で二本にするか、三本にするか考えちゅうだ。一本のでっけえ帆より、小さくすりゃ安定がいい。骨組みは肋骨（ろっこつ）を二本から四本にしてえ。ほかにもあるが、おもなもんはこんなところか。」

じいは、はっと船図面に目をこらした。息をするさえ忘れた。

――満吉め、この三年のあいだに、どうしてこれほどのことを考えついたのか。ひとつ、ひとつの細かい技術はまださっぱり身につけておらんが……。

だがしかし、それを兄は、鼻であしらった。

「船図面なんぞ思いつきでかける。だがよ、それだけじゃ船はできねえ。おめえ、どれだけの腕をもっとるんか。え、恥ずかしくねえかよ。腕をみがいて一人前になってからいえることでねえか。それに、えらく金がかかる。船主がそんな余分な金をはらうもんけえ。」

その冷たいひびきに、満吉はむっとして兄をにらみつけた。

じいは、おかしくてならない。満吉と父と兄の顔を、くらべるように見つめた。

父の芳太郎は、表面には出さないが、[4]眼の光のなかにおどろきをかくせないでいる。落ちつきのない指の動きはその内心のあらわれだ。

この構想は、親方自身が腹のなかでは、ほとんど描いていたことだったかもしれない。だが、それを製作にうつせなかった理由がじいにはわかる。景気がよくないのに、船の製作費が高くなっては、船主にそっぽ向かれてしまうのだ。

芳太郎は、いままでの船造りを満吉に否定され、親方としての誇りを傷つけられた。そんな顔ではないか。

丈太郎は兄でありながら、満吉の提案の重さがさっぱりわかっていない。だから、基本設計についてまともな意見がいえず、問題をそらしてしまった。

じいは、このように三人を読みとった。

「ほい！　満吉も丈太郎も、そこまでにしとけ。」

じいは、手で制止しながら、大声で笑いだした。

「は、は、は……こりゃあゆかいだ。ネコみてえにぐうたら寝ておっちゃ、これだけの提案はできねえわ。満吉のバカッちょめ、よう考えただな。だっけん、思いつきだけで船を造ってみい。小さな嵐でもすぐにばらんばらんよ。(注)安房に亀萬ありといわれた船大工の技術はな、血と汗をしたたらせて積みかさねてきたもの。まずは、その技術をきわめ、身につけたうえで、さらに改良するのがおめえらのつとめだて。さて、さて、そのうち、ええ船ができそうで楽しみだな。」

[5]じいの本心は満吉の味方をしたいのだが、逆にたしなめただけになった。

「魔の海に炎たつ」（岡崎ひでたか）による。

（注）じい＝満吉の祖父。
亀萬＝満吉の父である芳太郎が親方として経営する造船所。
亀萬の事情＝亀萬の親方になれるのは一人だけで、芳太郎は満吉の兄である丈太郎を親方にしようと考えている。
シケ＝風雨のため、海が荒れること。
安房＝旧国名。今の千葉県南部。

問一、よく出る 基本 [1]ない と同じ品詞を含むものを、ア～エから選び、符号で書きなさい。（3点）
ア、間違いがない　イ、忘れない
ウ、寒くない　エ、頼りない

問二、[2]その顔を満吉は正面から見すえていった とあるが、このときの満吉の気持ちとして最も適切なものを、ア～エから選び、符号で書きなさい。（5点）
ア、父親が怒るのは理解できるが、せめて自分がけんめいに取り組んだことを褒めてもらいたいと思っている。
イ、父親の荒々しい態度に圧倒されて、やはり自分が考えた船の構想は間違っているかもしれないと思っている。
ウ、父親が言っていることを受け止めて、自分が考えた嵐に強い船のどこがいけないのかを聞こうと思っている。
エ、父親の怒りを買っていることは分かっているが、それでも自分が考えた嵐に強い船を造りたいと思っている。

問三、[3]そいつは慢心だぞ とあるが、芳太郎が「慢心だぞ」と言ったのは、満吉が亀萬の船造りを否定して、船を改良したいと言ったことに対してどのように考えたからか。三十字以上三十五字以内でまとめて書きなさい。ただし、「見習いの身」という言葉を使い、「満吉は」という書き出しで「を言っていると考えたから。」に続くように書くこと。（8点）

問四、[4]眼の光のなかにおどろきをかくせないでいる とあるが、次の［　］内の文は、このときじいが読みとった芳太郎の気持ちについて、本文を踏まえてまとめた一例である。［A］、［B］に入る最も適切な言葉を、それぞれ本文中から抜き出して書きなさい。ただし、字数は［A］、［B］にそれぞれ示した字数とする。（各2点）

> 嵐に強い船の構想は、経済的な事情から［A（十字）］が、おそらく親方である芳太郎自身がこれまで腹のなかでは［B（九字）］ことであり、未熟だと思っていた満吉が同じ構想を考えていたことにおどろいている。

問五、[5]じいの本心は満吉の味方をしたいのだが とあるが、じいは満吉の味方をしたいと考える一方で、今の満吉にはどのようなことが必要だと考えているか。十五字以上二十字以内でまとめて書きなさい。ただし、「今の満吉には、」という書き出しで「ことが必要だと考えている。」に続くように書くこと。（5点）

三（論説文）文脈把握・品詞識別・内容吟味・熟語・要旨

次の文章を読んで、後の問いに答えなさい。（計26点）

新生児が示す行動傾向のなかでも、とくに興味深い一つに「慣れ」現象とよばれるものがある。それは生後間もないときからかなりはっきりとみられる。新生児にある音をくり返し聞かせたり、また、もう少し大きくなった子どもに、ある図形（たとえば(注)蛇の目）を何回も見せると、はじめは音声の方を見たり、図形をじっとみつめたりしてその刺激に注意するが、くり返しているとその刺激への関心が減じてくる。ときどき思い出したようにチラッと見るだけになる。このように、同じ刺激にくり返し接すると、だんだん関心を示さなくなっていくことを慣化現象とよんでいるが、このときに途中で[1]前の図形と区別できる図形を見せると、がぜん注視時間が長くなる。

このことはまた、子どもが新奇なものを好むという現象とも一致している。子どもは見慣れた物よりも、新しい物の方を好むこともよく知られている。日頃から遊び慣れてよく知っているオモチャと、はじめて見る変わったオモチャをならべておいてみると、新しい方をよく見、そちらへ手を出すことが多い。

このように子どもは［Ⅰ］ものには飽きやすく、［Ⅱ］ものに惹かれていくのに、相手が人の場合、これと一見矛盾したようなことがおこる。子どもははじめの頃は、どのような人に対してもきわめて愛想よい時期を送るが、五、六か月頃になると様相が変わってきて、いわゆる人見知りがはじまる。見知らぬはじめての人に会うと、顔をそむけたり、泣きだして母親にしがみつきにいったりする。これは旧いものより新しいものに向かうという物の場合での傾向とは相反するようにみえる。母親はこれまでにいちばんよく接してきている人であるのに、新奇な人より、旧い母親の方をとるのである。物に対しては［Ⅲ］方を、人に対しては［Ⅳ］方をとるのであろうか。いやそうではなくて、子どもにとって、母親は決して旧くならず、いつでも新しいからなのだと私は思う。それでは、なぜ母親はつねに新しく在りうるのか。

その手がかりとして、[2]早くから子どもにみられるひとつの現象に目をむけてみよう。子どもは、自分の活動が外界にどのような変化をもたらすか、つまり自分の活動に随伴して何がおこるかを探ろうとする強い動機を、生まれたときから持ち合わせていることが、最近の多くの研究で明らかになっている。たとえば、足でベッドの柵をたまたま蹴ったとき横のテーブルの人形がゆれるのを見ると、くり返し蹴ろうとする。それは自分が発見した関係をたしかめ、さらにそれを用いて、自分の力で外界をコントロールしようとしているようである。バウアー(注)という人は、これを「随伴関係の探知」とよび、人間の[3]学習を支えるいちばん基本的な動機のひとつと考えている。これはひとつの課題解決の過程ともいえる。この随伴関係の探知場面という角度から「人」をみてみるとどうなるだろうか。

小さい子どもとのかかわりにおいては、人は[4]さまざまな随伴関係を提示することになる。子どもが笑えば、人は目をむいてみせ、また笑えばまた目をむいてやる。子どもが声を出せばお腹をポンと叩いてやり、また声を出せばまた叩いてやる。イナイイナイバーほど子どもがよろこぶ遊びはないが、それはいろいろのヴァリエーションを生み出し、複雑な随伴関係をふくんだ遊びとなってゆく。

大切なことは、物と異なり、人は決して機械的に同じ反応をいつまでもくり返していくのではない。母親はとくに意識的にやっているのではなくとも、その反応のしかたは微妙にそのときそのとき変化している。子どもに飽きが見えてくると、同じ反応のようであっても声音をかえてみたり、叩いてやる身体の場所をかえてやったりする。随伴関係探知ゲームの一部を改造して、また新たな探索欲をひきおこすような新しい課題場面をたくみに操作していくのである。その意味において、[5]母親は「旧いのに好かれる」のでなく、子どもの身近にあって「つねに新しく」在りうるのである。

（「子どもとことば」（岡本夏木）による。）

（注）蛇の目＝ヘビの目をかたどった図形のひとつ。
バウアー＝アメリカの心理学者。

問一、［Ⅰ］～［Ⅳ］のそれぞれに入る最も適切な言葉の組み合わせを、ア～エから選び、符号で書きなさい。（3点）

ア、（Ⅰ 新しい　Ⅱ 旧い　Ⅲ 新しい　Ⅳ 旧い）
イ、（Ⅰ 新しい　Ⅱ 旧い　Ⅲ 旧い　Ⅳ 新しい）
ウ、（Ⅰ 旧い　Ⅱ 新しい　Ⅲ 新しい　Ⅳ 旧い）
エ、（Ⅰ 旧い　Ⅱ 新しい　Ⅲ 旧い　Ⅳ 新しい）

問二、よく出る 基本 [1]前の図形と区別できる図形を見せると、がぜん注視時間が長くなる　の中から、形容詞をそのまま抜き出して書きなさい。（3点）

問三、[2]早くから子どもにみられるひとつの現象　とあるが、次の［　　］内の文は、早くから子どもにみられる現象について、本文を踏まえてまとめた一例である。［A］、［B］に入る最も適切な言葉を、それぞれ本文中から抜き出して書きなさい。ただし、字数は［A］、［B］にそれぞれ示した字数とする。（各2点）

> 子どもは［A（五字）］が外界にどのような変化をもたらすかを探るなかで発見した関係をたしかめ、さらにその発見を用いて、自分の力で［B（十二字）］としていると考えられる。

問四、よく出る 基本 [3]学習　と同じ構成の熟語を、ア～エから選び、符号で書きなさい。（3点）

ア、思考　イ、苦楽　ウ、最高　エ、乗馬

問五、[4]さまざまな随伴関係を提示する　とあるが、大人が小さい子どもに提示する随伴関係として最も適切なものを、ア～エから選び、符号で書きなさい。（5点）

ア、子どものオモチャへの興味の有無にかかわらず、大人がオモチャを大切に扱ってやること。
イ、子どもがよろこぶ様子にあわせて、大人が表情や動作をさまざまに変化させてやること。
ウ、子どもが音や図形に興味を示す様子に対して、大人が関心を示さないようにしてやること。
エ、子どもが寝ているベッドのそばでは、大人が音をたてないようにしてやること。

問六、[5]母親は「旧いのに好かれる」のでなく、子どもの身近にあって「つねに新しく」在りうるのである　とあるが、子どもが母親を「つねに新しく」感じるのは、母親のどのような反応のしかたが、子どもの何を、どのようにすることになるからだと筆者は述べているか。三十字以上三十五字以内でまとめて書きなさい。ただし、「探索欲」という言葉を使い、「母親の」という書き出しで「ことになるから。」に続くように書くこと。（8点）

四 （古文）仮名遣い・内容吟味

次の文章を読んで、後の問いに答えなさい。（計14点）

[1]世間の人の、失（自分の欠点を）を忘れて人の（他人の）失をのみ見て、人を鏡として我が身を照らす事なきこそ愚かなれ（映すことがないことは、愚かなことである）。人をそしりては（非難したならば）、我が身の失をかへりみる、これ人を鏡とする心なり（心構えである）。人の愚かに拙きを見ては（愚かで思慮分別に欠ける姿を見たら）、我れをもまた人のかくのごとく見ん（他人が同じように見るだろうと）

事を思へ。この人すなはち我が鏡なり。

（思いなさい）

「沙石集」による。


問一、よく出る かへりみる を現代仮名遣いに改め、全て平仮名で書きなさい。（5点）

問二、世間の人 とあるが、作者は世間の人のどのようなあり方に問題があると述べているか。最も適切なものを、ア〜エから選び、符号で書きなさい。（2点）

ア、自分の欠点への指摘を恐れて、他人と交わらないこと。
イ、自分が非難されないように、うまく取り繕うこと。
ウ、他人を非難するだけで、自分の欠点を見ないこと。
エ、他人の良いところを、あえて非難しようとすること。

問三、この人すなはち我が鏡なり とあるが、他人の愚かで思慮分別に欠ける姿を見たら、どのように思うことで他人が自分の鏡となると作者は述べているか。現代語で十五字以上二十字以内でまとめて書きなさい。ただし、「姿」という言葉を使い、「他人の愚かで思慮分別に欠ける姿を見たら、」という書き出しで「と思うこと。」に続くように書くこと。（7点）

五 条件作文 基本 思考力

次の二つのグラフは、目的によって、どのメディアを最も多く利用するかを尋ねた結果をもとに作成したものである。これらのグラフを見て、後の問いに答えなさい。ただし、［　］内の《注意》に従うこと。（計15点）

問一、インターネットを最も多く利用する人の割合について、目的Aと目的Bのグラフを比較して分かることを書きなさい。（5点）

問二、世の中のできごとや動きについて信頼できる情報を得るためには、どのメディアを利用するとよいと思うか。あなたの考えを書きなさい。段落構成は二段落構成とし、第一段落ではあなたが利用するとよいと思うメディアを、第二段落ではそのように考えた理由を、具体的な例、あるいはグラフの結果を活用して書きなさい。なお、利用するメディアは複数でもよい。（10点）

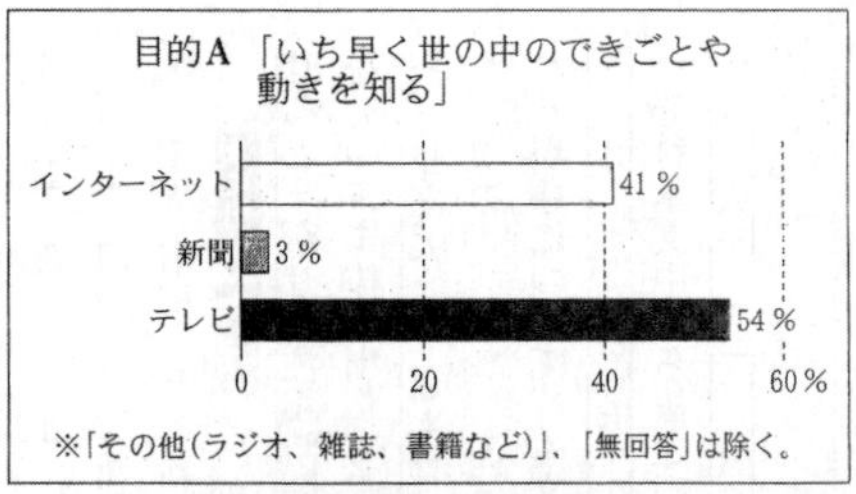

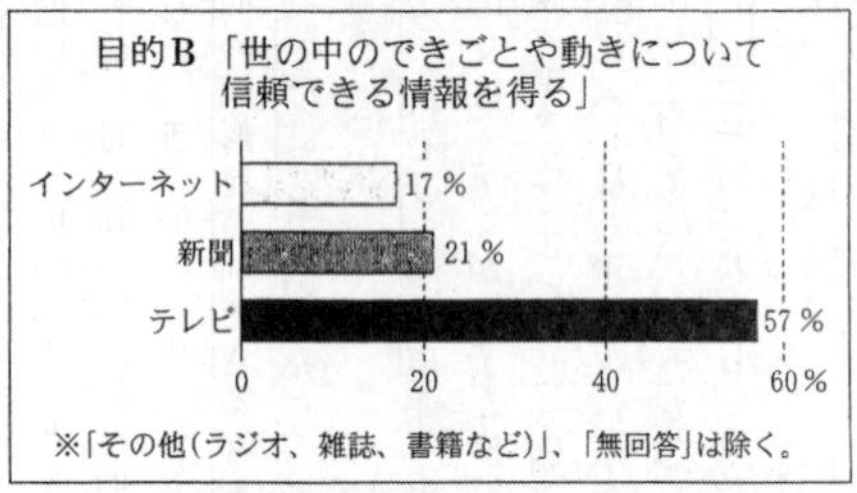

（総務省情報通信政策研究所「平成28年情報通信メディアの利用時間と情報行動に関する調査」より作成）

《注意》

㈠題名や氏名は書かないこと。

㈡書き出しや段落の初めは一字下げること。

㈢問一は二行以上三行以内（20字詰×3行、原稿用紙＝省略）、問二は六行以上九行以内（20字詰×9行、原稿用紙＝省略）で、それぞれ縦書きで書くこと。

㈣目的AをA、目的BをBと書いてもよい。

㈤グラフの数値を記入する場合は、左の例にならうこと。

（例）100％　20％

静岡県

時間 50分　満点 50点　解答 P26　3月4日実施

出題傾向と対策

●小説文、論説文、表現問題、古文、作文の大問五題構成。小説文・論説文の本文は分量も多くなく、平易で読みやすい文章であるが、どちらも四十字・五十字の記述があり、文意を正確に読み取る必要がある。

●漢字・語句の意味など基礎基本を身につける。過去問題演習などを通じて、問題の形式、時間配分に慣れておきたい。特に作文は百五十字から百八十字と字数が少なく、自分の意見をまとめるのに時間がかかると考えられる。日頃から自分はどう思うか考える習慣をつけておきたい。

一 （小説文）漢字の読み書き・慣用句・内容吟味・漢字知識・表現技法

次の文章には、岬にある学校に、船で通学する「少年」の、三日間の出来事が書かれている。この文章を読んで、あとの問いに答えなさい。（計15点）

架橋[注①]には、ちょうど真ん中に操作室があって、大型の船が入り江に入るときに水平可動する仕組みになっていた。その操作室の屋根に風見と風力計が取りつけてある。羽根車が勢いよく回転する日は、白ウサギの(あ)跳躍に似た波が海面を走る。すると、紺野先生の受け持つ生徒のひとりが、必ず学校を休んだ。

少年は、岬の一部をちぎって投げたような、目と鼻の先[1]にある小さな島に住んでいた。しかし、波が荒い日は渡し船が通わず、少年は島から一歩も出ることができないのである。ひと家族しか住んでいない小さな島で、定期船はなく、渡し船は少年の祖父が操舵[注②]する。


「先生、あの卵、あすには孵るかもしれませんね。」

「そうだね、そろそろだから。」

学校の飼育器では、人工孵化をしている注③チャボの卵が、もうすぐ孵るはずだった。祖父の船で島へ帰る間際、2少年はしきりに翌日の天候を気にしていた。暮れなずむ天は、うす紫と注④藍に(い)そまり、たなびく夕もやを突き抜けて火炎の帯が一筋走っている。無線から、快晴だが強風であるとの予報が流れた。春の海風は気まぐれで、風向きは安定しない。少年の祖父も予想がつかないと苦笑いした。

強風ならば、渡し船を出せないだろうとも言い、かたわらの少年は浮かない顔をして帰りの船に乗りこんだ。紺野先生は自分の下宿に少年を泊めてもよいと提案したが、彼の祖父は、孵化の場面に立ち合うのと同じくらい、望みが叶わないことを辛抱する気持ちも大事だと少年を諭した。夕闇のなか、注⑤群青の注⑥水尾をひいて船は島へ向かった。

翌朝、紺野先生は早起きをした。入り江の架橋にある風向計のことが気になった。南西風が吹きつけ、勢いよく回転している。雲ひとつない快晴だったが、海面には白い角のような波が見えた。少年が案じていたとおり、船は渡れそうもない。次に、学校の理科室へ(う)いそいだ紺野先生は、飼育器の卵のようすを観察した。何ともいえないが、紺野先生の勘では今日中に孵化しそうである。その足で高台の気象観測所まで行き、岬の突端にあって見晴らしもよいその場から、少年の住む島を眺めた。

ⓐ つないである船が見える。近くに人影があるように思い、観測所の双眼鏡を借りてのぞいた。やはり、あの少年がいる。鞄を手に、落ちつかないようすで船の付近を行きつ戻りつしている。注⑦舫い杭の近くに取りつけた風力計は、ちぎれて吹き飛ばされそうだった。風が強い。

そこへ少年の祖父も姿を見せて、ふたりで何やら話をしている。じきに並んで家のほうへ歩きだした。

飼育器の卵をずっと見守ってきた親代わりの生徒たちにとって、孵化の場面に立ち合うことは、どんなにか満足を覚えることだろう。あれほどの強度を持った殻を、まだ目もあかないひな鳥が、渾身の力をこめて毀すのである。強風のために入り江の架橋も閉鎖され、遠回りを余儀なくされた生徒たちは、いつもより遅れて登校してきた。

その朝、飼育器の卵から、ひな鳥の鳴く声が聞こえた。皆がほかの授業を受けているときは紺野先生が見守っている。殻にひびが入ったら、知らせに行くと(え)やくそくをした。その紺野先生のところへ、無線機を使った通信が入った。

「先生、注⑧ハッチ・アウトはどうです。始まりましたか。」

島に住む、あの少年である。

「まもなくだよ。」

ちょうど、ひびが入り始めたので、紺野先生は送信機を卵のすぐ近くへ置いて生徒たちを呼びに行った。紺野先生が戻り、ほかの授業をしていた生徒たちが飼育器のまわりに集まったとき、卵の殻にはすでに小さな穴があいていて、ひな鳥のくちばしの先が見えた。無線機の少年が言う。

「先生、もしかしたら、殻の破れる最初の瞬間に立ち合ったのはぼくだけですか。」

「そのようだね。声を聞いたかい。」

3「ええ、もちろん。」明朗な声が答えた。その場にいた生徒たちが羨んだのは言うまでもない。それから、ひな鳥は休みながら少しずつ殻を破り、数十分かけてようやくクシャクシャの全貌をあらわした。やがて、ぬれてしぼんでいた羽がふくらみ、注⑨キャラコの毛糸のようになった。

翌日は風がおさまった。紺野先生は無線機に耳をそばだてていたあの少年に、ひなが残した卵の殻を手渡した。少年は最初のひとかけらに違いない小さな一片を、愛おしげに手のひらにのせている。

（長野まゆみ『夏帽子』による。）

（注）①ここでは、入り江に架けられた橋。
②船を進めるためにかじを操作すること。
③小形の鶏。
④濃い青色。
⑤鮮やかな青色。
⑥船が通ったあとに残る水の筋。
⑦船をつなぎとめるために立てた柱。
⑧孵化。
⑨薄くて光沢のある綿布。

問一、**よく出る** **基本** 二重傍線（═）部(あ)の漢字に読みがなをつけ、(い)、(う)、(え)のひらがなを漢字に直しなさい。（各1点）

問二、**基本** 傍線部1は、どのような意味の慣用句か。その意味を、「少年」が住む島の位置が分かるように、簡単に書きなさい。（2点）

問三、**よく出る** 傍線部2のように「少年」が翌日の天候を気にしているのは、いくつかの状況をふまえてのものである。その状況として適切でないものを、次のア～エの中から一つ選び、記号で答えなさい。（2点）
ア、強い風が吹いて波が高くなること。
イ、飼育器の卵がもうすぐかえりそうだということ。
ウ、祖父が操舵する渡し船が出なくなりそうだということ。
エ、入り江の架橋が閉鎖され遠回りをすること。

問四、太線（━）部の熟語は、上の漢字を訓、下の漢字を音で読む「湯桶読み」とよばれる読み方をする熟語である。次のア～オの中から、「湯桶読み」をするものを二つ選び、記号で答えなさい。（2点）
ア、雨具　イ、番組　ウ、荷物　エ、若者　オ、着陸

問五、次のア～エの中から、本文中のⓐで示した部分の表現の特徴として、最も適切なものを一つ選び、記号で答えなさい。（2点）
ア、文末に体言止めを多用することで、簡潔で引き締まった印象を与えている。
イ、比喩表現を用いることで、「少年」の心情を効果的に表すとともに読者に親近感を与えている。
ウ、短い文を多く用いてその場の状況を語ることで、臨場感を高める効果を持たせている。
エ、回想的な場面を挿入することで、何気ない日常と過去につながりを持たせている。

問六、傍線部3から、「少年」が喜んでいることと、その場にいた生徒たちが羨んでいることが分かる。「少年」が喜び、生徒たちが羨んでいるのは、どのような出来事があったからか。その出来事を、「少年」が喜ぶきっかけとなった紺野先生の行動を含めて、五十字程度で書きなさい。（3点）

二 （論説文）漢字の読み書き・文脈把握・品詞識別・内容吟味・表現技法

次の文章を読んで、あとの問いに答えなさい。（計13点）

経験的に理解できると思うが月が低い位置にある時と、高い位置にある時では大きさが異なって見える。これは「月の錯視」（注①）として古くから知られた現象である。これが(あ)幻であることは理解しているが何度経験しても不思議な風景である。

錯視がなぜ起こるのかには様々な仮説があるが、未（いま）だにその原因は解明されていない。というのも錯視の原因は錯視の数だけあると言われており、一概にその原因を説明することは難しいからである。しかしそれらに共通しているのは、私たちが何かを見る時に、目で捉えた眺めを脳が勝手に補正して認識することである。

こうした錯視の事例が何を教えてくれるのかというと、私たちのまなざしは世界をニュートラル（注②）に知覚するようにできていないという事実である。[　　]程度の差はあるが、私たちが何かを見る時は、自分の都合に合わせるように世界を歪（ゆが）めて見ている。そうやって何かのバイアス（注③）がかかった状態で見ているにもかかわらず、私たちはそれを現実だと信じて疑わないのである。

現実を歪めて捉えてしまう大きな理由に、私たちがものを見る時には、「眼」の働きだけではなく、「心」が働くからである。心理学では、見るプロセス（注④）を「知覚」と「認知」の二つとして捉えている。「知覚」とは眼の場合は視覚であり、主に眼球の働きである。その他の五感においても耳や鼻や舌や肌の働きがあるが、これらの感覚器を通じて外の情報が入ってくるプロセスが知覚と呼ばれるものである。その一方で「認知」とは、主に心や脳がもたらす心理的な働きと考えてもいいだろう。眼や耳で知覚して捉えた情報を、脳の中で処理するプロセスである。この両方のプロセスがないと〝見る〟ということには至らない。

私たちが見るすべては、ひとまず光として眼から入ってくる。それは山や空であろうと、ビルや車であろうとその区別はなく、すべて光としてまとめて眼に飛び込み網膜（注⑤）に像を結ぶ。その像の情報は視神経を伝わって脳へ送られる。その情報が脳の中で記憶や感情とブレンド（注⑥）され、処理されたものを認識した時に、私たちは初めて「見る」ということを経験する。

つまり私たちは何かを見る時に、(い)純粋に眼から入る光を見ているわけではなく、同時に心のフィルター（注⑦）を通して見ているのである。だから視界には入っているが、それが見えていない時というのは、〝心が認知できていない〟状態である。錯視や錯覚とは、眼で捉えたものと、心が捉えたものの間にズレがある場合に起こる。

私たちが見る風景というのは、むしろこの心のフィルターの方が強く影響する。だから全く同じ場所であっても、どのような想像力を込めるのかによって、まるで違った風景に見えることがある。例えば子供の時に見た場所を大人になってからもう一度訪れると、同じ場所であってもまるで異なる風景のように感じる。その場所に対して抱いていたイメージが強い時ほど、実際にそこに立ってみた時に、記憶との落差が意識される。

この心の中の風景というのは、実は視覚以上に本質的であるのかもしれない。なぜなら私たちは眠っている時でも「夢」という風景を見るからである。夢は視覚的な光のインプット（注⑧）は全くなく、心の中の情報だけで見ている風景である。そして夢を見ている時にはそこに広がる風景を、私たちは確かな現実だと思い込んでいる。

目が覚めた時に、今まで見ていた風景が夢であったことに私たちはようやく気づくが、夢から覚めるまではそれが現実かどうかは分からないことが多い。そしてその感覚を延長していくと、夢から覚めた現実でさえも、本当の現実かどうかの確信を持つことは実は難しい。夢か現実かを確かめる方法は、それを抜けだした状態になるまでは、本来は分からないからだ。

つまり私たちは現実の風景を見ていると思っているが、その風景の半分は想像でできている。だから想像が変われば風景も当然変わるのである。この事実は当たり前すぎるため、普段改めて考えることはないのだが、実は人間にとって本質的な問題である。

（ハナムラチカヒロ『まなざしのデザイン』による。）

（注）①視覚における錯覚。
②中立的。
③先入観。
④過程。
⑤眼球の内面を覆う膜。
⑥異なったものを混ぜ合わせること。
⑦物事を選び分ける際に、その判断のもととなる心情や観点。
⑧入力。

問一、よく出る 基本 二重傍線（‖）部あ、いの漢字に読みがなをつけなさい。（各1点）

問二、次のア～エの中から、本文中の[　]の中に補う言葉として、最も適切なものを一つ選び、記号で答えなさい。（2点）
ア、やがて　イ、まるで
ウ、もちろん　エ、たとえ

問三、よく出る 基本 本文中の太線（―）部と、品詞の分類からみて同じものを、次のア～エの太線部の中から一つ選び、記号で答えなさい。（2点）
ア、お互いに面識がない関係。
イ、斜面に置かれた机は安定しない。
ウ、旅立ちの場面で切ない気持ちになる。
エ、人口は増加傾向にはない。

問四、筆者は本文において、夢とはどのようなものだと述べているか。本文中から十五字以内で抜き出しなさい。（2点）

問五、次のア～エの中から、本文の構成について説明したものとして最も適切なものを一つ選び、記号で答えなさい。（2点）
ア、冒頭から同じ主張を繰り返し述べ、最後は読者に問いかける形で話題をさらに広げている。
イ、冒頭で一般に知られている現象を提示し、具体例と説明を加えながら主張を展開している。
ウ、はじめに提起した問題の答えを本文の半ばで述べ、根拠となる文献を引用して主張をまとめている。
エ、前半と後半で対照的な内容を示し、それぞれの比較を通して主張を明確にしている。

問六、筆者は、傍線（――）部について、想像が変われば風景も変わる理由を、本文を通して述べている。その理由を、ものを見る時の二つの過程を含めて、四十字程度で書きなさい。（3点）

三 表現力・意味用法の識別・内容吟味・敬語

あなたのクラスでは、総合的な学習の時間の授業で調べたことを、地域の人に向けて、班ごとに発表することになった。次の文章は、あなたの班の原稿である。あなたはこの原稿を推敲(すいこう)することになった。この文章を読んで、あとの問いに答えなさい。（計9点）

私たちの班は、ユニバーサルデザインについて発表します。皆さんは、ユニバーサルデザインという言葉をお聞きになったことがありますか。この言葉には「すべての人が使いやすいように工夫された設計」という意味があります。

具体的には、建築や設備、製品や情報などの設計があります。あらゆる人が使用しやすいように工夫されたデザインなのです。ユニバーサルデザインの考えが表れたものとして、自動販売機を例に挙げます。[1]これまで、硬貨投入口の形式は硬貨は一枚ずつ入れる形でした。また、商品選択ボタンは、地面から高い位置にありました。ユニバーサルデザインの考えが反映された自動販売機では、受け皿型の硬貨投入口となっています。商品選択ボタンは、誰でも利用しやすいように、低い位置にも設けられています。

もう一つの例としてピクトグラムを紹介します。ピクトグラムとは、何らかの情報や注意を示すための絵文字のことです。皆さんも一度は、非常口のピクトグラムを[2]見たことがあると思います。東京五輪でも、一九六四年大会と二〇二〇年大会のそれぞれに、競技種目を示すピクトグラムが存在します。柔道のピクトグラムを比較してみると、二〇二〇年大会のピクトグラムの工夫点が分かります。

（※）このように、すべての人に内容を直感的に理解してもらう目的で作られたピクトグラムは、ユニバーサルデザインの一つであることが分かります。以上で発表を終わります。

問一、第一段落には、聞き手を意識して工夫した、効果的な表現がある。次のア～エの中から、第一段落にある効果的な表現を説明したものとして、適切でないものを一つ選び、記号で答えなさい。（1点）

ア、問いかけることで、聞き手の注意や関心をひきつける。

イ、はじめに、発表する内容の主題を聞き手に伝える。

ウ、語句の意味を説明することで、聞き手の理解を助ける。

エ、自分の体験を交えて伝え、聞き手の共感を得る。

問二、傍線部1を、助詞だけを一語直すことによって、適切な一文にしたい。傍線部1の中の、直すべき助詞を含む一つの文節を、適切な形に直して書きなさい。（2点）

問三、本文中の、第二段落において、第一段落の内容と重なりがあるために、ある一文を削除したい。その一文の、最初の五字を抜き出しなさい。（2点）

問四、傍線部2を、発表を聞いている人に対する敬意を表す表現にしたい。傍線部2を、敬意を表す表現に改めなさい。（2点）

問五、あなたは、本文中の（※）の部分で、次の図1と図2を聞き手に示し、図2の工夫点が分かる一文を付け加えるとよいと考えた。本文中の（※）の部分に付け加えるのに適切な、図2の工夫点を伝える一文を、「図2には、」の書き出しで書きなさい。なお、説明は一文で書くこと。（2点）

図1　一九六四年大会「柔道」

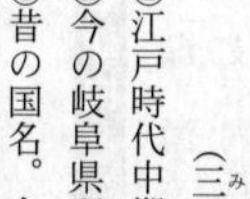

図2　二〇二〇年大会「柔道」

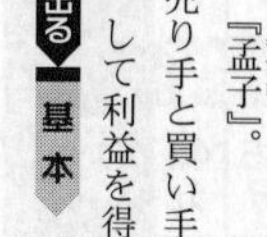

四 (古文)仮名遣い・動作主・内容吟味

次の文章を読んで、あとの問いに答えなさい。（計7点）

注①永田佐吉(ながたさきち)は、注②美濃(みの)の国羽栗(はくり)郡竹ケ鼻の人にして、親につかふることたぐひ無し（つくすことにおいて他に比較するものがないほど優れている）。又、仏を信ず。大かた貧しきを（貧しい人を）ア憐(あわれ)み（気の毒に思い）、なべて（総じて）人に交じるに（人と付き合う時に）誠あれば（真心を持って接するので）、誰となく仏佐吉とイ呼びならしけり（通称として呼んだ）。幼(いと)けなき時（幼い時）、注③尾張(をはり)名古屋、紙屋某(なにがし)といふ家に僕たりしが（召し使われていたが）、暇(いとま)ある時（休暇）は砂にて手習ふことを（文字を習うこと）し、又注④四書を習ひ読む。朋輩(ほうばい)の者（（仕事の）仲間の者）ねたみて、読書にことを（読書のことを口実に）よせ（して）、悪(あ)しき所に遊ぶなどウ讒(ざん)しければ（事実ではない悪口を言ったので）、主(あるじ)も（家の主人）エ疑ひて竹ケ鼻にかへしぬ（帰した）。されども（そうであってもやはり）なほ旧恩を忘れず、道のつい（道中　機会）であれば必ず訪(たづ)ね寄りて安否（無事かどうか）を問ふ。年経(へ)て後、其の家大きに衰へければ、又よりよりに物を贈りけるとかや（たびたび物を贈ったとかいうことである）。主の（主人から）暇を得て後は（解雇された）、綿の注⑤仲買(なかがひ)といふ業(わざ)（仕事）をなせしが、秤(はかり)といふものをオ持たず、買ふ時は買ふ人に（（佐吉が）買う相手）任せ、売る時は売る人に（（佐吉が）売る相手）任す。後には佐吉が直(すぐ)なる（正直なこと）を知りて、売る人は（（佐吉に）売る人）心して（気を配って）重くやり（与え）、買ふ人は（（佐吉から）買う人）心して軽(かろ)くはかりければ（（秤のおもりを）軽くしてはかったので）、いくほどなく豊かに暮らしける。

（三熊花顛(みくまかてん)・伴蒿蹊(ばんこうけい)『続近世畸人伝(ぞくきんせいきじんでん)』による。）

（注）①江戸時代中期の人。
②今の岐阜県羽島市の一部。
③昔の国名。今の愛知県の一部。
④儒教の経典である四つの書物。『大学』『中庸(ちゅうよう)』『論語』『孟子(もうし)』。
⑤売り手と買い手との間に立って、物品の売買の仲介をして利益を得ること。

問一、よく出る 基本 二重傍線（‖）部を、現代かな

づかいで書きなさい。（1点）

問二、よく出る 基本 傍線（——）部ア〜オの中から、その主語に当たるものが同じであるものを二つ選び、記号で答えなさい。（2点）

問三、思考力 太線（——）部は、「仏のような佐吉」という意味である。これについて、次の(1)、(2)の問いに答えなさい。（各2点）

(1)佐吉は、竹ヶ鼻に帰されても、主から受けた恩を忘れることなく、「仏佐吉」にふさわしい行動を取っている。「仏佐吉」にふさわしい、主に対する佐吉の行動を、現代語で二つ書きなさい。

(2)佐吉が「いくほどなく豊かに暮らしける」となったのはなぜか。その理由を、佐吉の人物像を含めて書きなさい。

五 条件作文 難 思考力

あなたのクラスでは、国語の授業で、次の□の中の新聞記事が紹介された。

この記事について感想を述べ合ったところ、「言葉がもつ本来の意味や使い方を大切にするべきだ。」という発言をした人がいた。そこで、この発言について、それぞれが賛成、反対の立場に立って意見を述べることになった。あなたならどちらの立場で、どのような意見を述べるか。そう考える理由も含めて、あなたの意見を書きなさい。ただし、次の条件1、2にしたがうこと。（6点）

条件1　一マス目から書き始め、段落は設けないこと。

条件2　字数は、百五十字以上、百八十字以内とすること。（27字詰×6行＋18字、原稿用紙＝省略）

「なし崩し」理解2割

借金の「なし崩し」や、「げきを飛ばす」の本来の意味を理解している人が2割程度にとどまり、指揮をすることを意味する「采配を振る」を「采配を振るう」と認識している人は5割超を占めることが、文化庁の二〇一七年度国語に関する世論調査で分かった。

慣用句などの意味や使い方
（○が本来正しいとされる使い方・意味）

意味	なし崩し	○少しずつ返していく	19.5%
		なかったことにする	65.6%
	げきを飛ばす	○自分の考えを広く人々に知らせ同意を求める	22.1%
		元気のない者に刺激を与えて活気づける	67.4%
使い方	チームや部署に指図を与え、指揮する	○采配を振る	32.2%
		采配を振るう	56.9%

（二〇一八年九月二十六日付の新聞記事による。）

愛知県

	時間	満点	解答	
Aグループ	45分	22点	P27	3月5日実施
Bグループ	45分	22点	P28	3月9日実施

《Aグループ》

出題傾向と対策

●論説文二題、漢字の読み書きおよび知識問題、漢文の四題構成。文章内容は標準レベル。設問形式は読解を踏まえたマーク形式が大半で、これに抜き出し、知識系問題、記述問題が加わる。いずれも標準的なレベルである。ただ「要約」的な出題に関してはやや注意が必要。

●授業等での基礎的な学習を重視する。特に読解に関わる訓練は日頃から練習を積んでおくのが望ましい。「設問文の読解」も読解であることを忘れずに。古典文は古文・漢文いずれの対策も行い、苦手分野を作らないこと。

一（論説文）文脈把握・内容吟味・要旨

次の文章を読んで、あとの㈠から㈤までの問いに答えなさい。（計7点）

1 私は野原を歩いたり、山を歩いたりしています時に、名前を知らない植物などによく出会います。名前を知らないものの方が多いのですが、そういう時に、取って来ることができる場合には、なるべくその植物の特徴のはっきりしたものを摘むなり、あるいは根から掘って大切に持ち帰りまして、植物図鑑だの、その他の私が持っている書物をたよりに調べてみます。

2 〔 A 〕持ち帰ることのできない場合が往々にしてあるわけです。たとえばそれが大きな木であるとか、掘ることを禁じられている高山植物であるとか、あるいは町を歩いている時に見つけたよその家の庭に生えているものであるとか、〔 B 〕それを持ち帰ることのできないことの方が多いかもしれません。その時は仕方がありませんから、自分の眼で、それをよく見て、覚えて帰るより方法はありません。あまり不思議なものならば、その特徴をノートに書いてくることがあります。ところがそうして特徴をノートに書いてきましても、いざ植物図鑑だの他の書物で調べ出しますと、すぐそれと分かることは実に少ないのでして、大概の時は、何か見落としています。花の花弁だの雌しべ雄しべの数などは大体覚えていられますけれども、どこか一部分に細かい毛があるかないか、それが今年伸びたところか去年のものか、というようなことになりますと、私の観察は実に不完全であって、どっちだったか分からなくなってしまいます。

（中略）

3 私はしばらく前に、ある地方を旅行しました時に、その地方の小学校の生徒たちが、平素観察をしたものの記録が、展覧されているのを見ました。主として理科の勉強に属するものでしたが、そこには本当に驚くようなものがたくさんありました。その中の一例をお話ししてみますと、これは確か小学校の二年の女の子の観察記録だったと思いますが、蟻地獄と俗にいわれている、あの軒下や縁の下のような乾いた土のところに見られる漏斗形の小さい穴。ウスバカゲロウの幼虫がその中にいて、蟻などがすべり落ちてくるとそれを食べて育っている、あの蟻地獄を見ています時に、ふと気がつくと、その中のあるものは穴が浅く、またあるものはそれが深いのです。これをその小学生は不思議に思いまして、一生懸命観察をしました。そしてただ観察するだけではなしに、そこの土を取ってきまして、自分の机の平らな板の上にそれをさらさらとこぼして、蟻地獄とは逆に小さな山を造ってみました。すると、蟻地獄の穴の浅いところの土は盛り上がり方が平たくて、穴の深いところの土は高く盛り上がりました。そこで更にその土をよく見ますと、それは土の粒の粗い細かいによることが分かったというのです。これは何でもないことですが、やはり大きな発見だと思います。こうした子供たちの観察の結果が展覧されているのを見ますと、同じ人間の眼をもって一つの物を見ながら、その注意の向け方で、物はいろいろに見えるばかりでなく、うっかりしているために、私たちはどのくらい貴いものを見損なっているか、また目の前には常に発見されるべきものがたくさんあることを、改めて思わずにはいられないのです。幼い者の眼だからそういうものに気がつくのだという方がいるかもしれませんが、①それは違うと思います。大人はむしろたくさんのものを見慣れてしまっていますし、それよりも、必要であるものしか本気で見ないような、一種の怠け癖のようなものができてしまっているのです。

4 今「必要」ということを申しましたが、私たちの行為すべては、単に眼で物を見たり、耳で聞いたりするそういうことだけに限らず、すべての行為は必要といういわば鞭で叩かれてそれをしているようなところが多分にあります。空の雲の動きなどをよく見ますのは、大体気象観測の仕事をしている人に限られています。普通一般の人たちが雲の様子を気にかけて見る時といえば、気象台から台風が近づいているという警告を受けているとか、その翌日が遠足であるとか、雨に降られては困る仕事がある時とか、そんな場合に限られていまして、空を見る必要がなければわざわざそれを注意深く見ることがありません。そんな具合に、全く理由もないのに、あるいは何かの必要に迫られることもなしに、私たちが何かをすることは、考えてみますと実際に少ないのです。ベルグソンはある時の講演の中で、この必要ということを取り上げまして、普通の人間はみな必要によって何かをしている。そしてこの必要は物を見る時にはそれをよく見るように仕向けるのではなしに、かえってそれが一種のヴェールになって、物をよく見ることをできなくしてしまうということを言っています。そしてその必要から解き放されている人、何の拘束も受けずに物を見ることのできる人が芸術家だというわけです。たとえば、摘み草に行く時に、摘み取る草だけを一心にさがしていますと、その草原にどんな珍しい花が咲いていましても、かえってぼんやりそこを歩いている時よりも気がつかないだろうと思うのです。

5 私たちが何もみな芸術家になった方がいいということではありません。けれども、これは私が前々から望んでいることなのですが、ある場合には私たちも②芸術家の眼をもって物を見ることがあってもよいと思うのです。あってもよいというより、同じ眼を持ちながら、見れば何でもよく見える眼を持ちながら、必要なものと不必要なものとをあっさりと見分けをつけて、見ても仕方のないもの、見たところで一文にもならないものは見ずに済ますことがあたかも賢明であるように思い込んでしまうことは、実は非常に愚かなことなのではないかと思います。一体見ても仕方がないという判断は、それほど的確なものなのでしょうか。第一、そういうふうに、生活の中から、自分で不必要なものと決め込んで、どんどん切り捨て、必要なものだけでいいという態度、それはいかにも味気ないように思われます。その人は、自分の生活をそれによって合理化しているつもりかもしれませんが、おそらく、あくせくと一日一日をすごし、そのことをどこかで嘆いたりこぼしたりしているに違いありません。

6 必要という鎖を自分から解いて窓の外を見れば、建て込んだ屋根の向こうの空にも、通り過ぎる狭い路地の間にも見るべきものはたくさんあると思います。そこに何かを見つけ出して、それがせかせかと追われている毎日の仕事の苦労をさっぱりと忘れさせるに足るものであることが必ずあると思います。

（串田孫一『緑の色鉛筆』所収「見ることについて」による）

（注）○ 1〜6は段落符号である。
○ 往々にして＝たびたび。
○ ベルグソン＝フランスの哲学者。
○ ヴェール＝物を覆って隠すもの。

(一)〔 A 〕、〔 B 〕にあてはまる最も適当なことばを、次のアからカまでの中からそれぞれ選んで、そのかな符号を書きなさい。（完答で1点）
ア、むしろ　イ、しかも　ウ、そして
エ、たとえ　オ、ところが　カ、なぜなら

(二) ①それは違うと思います とあるが、このように筆者が述べる理由として最も適当なものを、次のアからエまでの中から選んで、そのかな符号を書きなさい。（1点）
ア、子供が大人より優れた観察ができるのは、子供だから未知のものに強くひかれるのではなく、大人がさまざまな経験を積む中で好奇心を失ってしまったからだと考えているため。

イ、子供が大人より見過ごされがちな事実を発見できるのは、子供だから優れた観察力があるのではなく、大人が必要なものしか注意深く見ようとしなくなっているからだと考えているため。

ウ、子供が大人より貴重なものを見つけ出せるのは、子供だから物事の真の姿を探し求めようとするのではなく、大人が合理性を優先するあまり探究心を失ってしまったからだと考えているため。

エ、子供が大人より多くのことに気づくのは、子供だから物事を丁寧に見ることができるのではなく、大人が真剣に物を見ない怠慢さを身につけてしまっているからだと考えているため。

(三) ②芸術家の眼の説明として最も適当なものを、次のアからエまでの中から選んで、そのかな符号を書きなさい。(1点)

ア、物を見るときに、見る必要があるかどうかに関係なく、細部まで見落とすことがないように観察しようとする姿勢

イ、物を見るときに、ただ単に細部まで注意深く見るのではなく、目新しいものを見逃さないようにしようとする姿勢

ウ、物を見るときに、目に見える部分だけで満足することなく、隠れて見えない部分まで見つけ出そうとする姿勢

エ、物を見るときに、必要であるかどうかという判断にとらわれることなく、自由に対象を見ようとする姿勢

(四) 次のアからオまでの中から、その内容がこの文章に書かれていることに近いものを二つ選んで、そのかな符号を書きなさい。(完答で2点)

ア、外出先で見たものをノートに書いて持ち帰ることがあるが、その際の記録には足りないものがあることが多い。丁寧に観察したとしても、気づかずに見過ごしていることがある。

イ、研究を行う際には粘り強く実験を行い、確実な根拠を得ることが大切である。一度失敗したとしても、何度も実験を繰り返して大きな発見に至った経験は貴重である。

ウ、観察で気づいたことがきっかけとなって大きな発見に至ることがある。不思議に思ったことを大切にして一生懸命観察したり実験したりする中で、貴重なものを見つけるのである。

エ、自分ではよく見ているつもりでも、見落としがあるなど不完全なことが多い。物を注意深く見る力は、目の前にあるさまざまなものを日常的に記録する習慣を通して養われる。

オ、大人になると、これまでの経験に照らして物事を理解したつもりになってしまうことがある。自然と向き合う時間を確保し、子供の頃の感受性を取り戻すことが必要である。

(五) この文章の内容がどのように展開しているかを説明したものとして最も適当なものを、次のアからエまでの中から選んで、そのかな符号を書きなさい。(2点)

ア、日頃の自然観察の経験と旅先で見た子供たちの自然観察の記録を比較して、そこから得られる教訓を示し、子供の頃の好奇心を維持していくことの必要性を説いている。

イ、筆者の経験から見ることに関する問題を提示し、合理的な判断の限界にも目を向けた上で、何かにとらわれることなく物を見ることは日常に充実感をもたらすと指摘している。

ウ、自然の中での経験が人間の世界観に与える影響に着目し、筆者自身の慌ただしい日常生活と対比しながら、自然をじっくりと観察したり体験したりすることの大切さを説いている。

エ、常識とされていることの誤りを示す事例を複数紹介し、自分の目や耳で確認することには限界があることを明らかにした上で、合理的に思考することの重要性を指摘している。

二 漢字の読み書き・熟語

次の(一)、(二)の問いに答えなさい。(計3点)

(一) よく出る 基本 次の①、②の文中の傍線部について、漢字はその読みをひらがなで書き、カタカナは漢字で書きなさい。(各1点)

①最後の一文に筆者の思いが凝縮されている。

②京都には世界各国から観光客がオトズれる。

(二) 次の文中の〔 ③ 〕にあてはまる最も適当なことばを、あとのアからエまでの中から選んで、そのかな符号を書きなさい。(1点)

妹は、海外に出張している父の帰国を〔 ③ 〕の思いで待っている。

ア、東奔西走　イ、日進月歩

ウ、一日千秋　エ、千載一遇

三 (論説文)慣用句・内容吟味

次の文章を読んで、あとの(一)から(六)までの問いに答えなさい。(計8点)

1 科学と生命は、実はとても似ている。それはどちらも、その存在を現在の姿からさらに発展・展開させていく性質を内包しているという点においてである。その特徴的な性質を生み出す要点は二つあり、一つは過去の蓄積をきちんと記録する仕組みを持っていること、そしてもう一つはそこから変化したバリエーションを生み出す能力が内在していることである。この二つの特徴が漸進的な改変を繰り返すことを可能にし、それを長い時間続けることで、生命も科学も大きく発展してきた。

2 だから、と言って良いのかよく分からないが、科学の歴史をひもとけば、たくさんの間違いが発見され、そして消えていった。科学における最高の栄誉とされるノーベル賞を受賞した業績でも、後に間違いであることが判明した例もある。たとえば一九二六年にデンマークのヨハネス・フィビゲルは、世界で初めてがんを人工的に引き起こすことに成功したという業績で、ノーベル生

理学・医学賞を受賞した。しかし、彼の死後、寄生虫を感染させることによって人工的に誘導したとされたラットのがんは、実際には良性の腫瘍であったことや、腫瘍の誘導そのものも寄生虫が原因ではなく、餌のビタミンA欠乏が主因であったことなどが次々と明らかになった。ノーベル賞を受賞した業績でも、こんなことが起こるのだから、多くの普通の発見であれば、誤りであった事例など、実は［①］。誤り、つまり現実に合わない、現実を説明していない仮説が提出されることは、科学において日常茶飯事であり、二〇一三年の『ネイチャー』には、医学生物学論文の七〇パーセント以上で結果を再現できなかったという衝撃的なレポートも出ている。

3 しかし、そういった玉石混交の科学的知見と称されるものの中でも、現実をよく説明する適応度の高い仮説は長い時間の中で批判に耐え、その有用性や再現性ゆえに、後世に残っていくことになる。そして、その仮説の適応度をさらに上げる修正仮説が提出されるサイクルが繰り返される。それは②まるで生態系における生物の適者生存のようである。ある意味、科学は「生きて」おり、生物のように変化を生み出し、より適応していたものが生き残り、どんどん成長・進化していく。それが最大の長所である。現在の姿が、いかにすばらしくとも、そこからまったく変化しないものに発展はない。可塑性こそが科学の生命線である。

4 しかし、このことは「科学が教えるところは、全て修正される可能性がある」ということを論理的必然性をもって導くことになる。③科学の進化し成長するというすばらしい性質は、その中の何物も不動の真理ではない、ということに論理的に帰結してしまうのだ。たとえば夜空の星や何百年に一回しかやってこない彗星（すいせい）の動きまで正確に予測できたニュートン力学さえも、アインシュタインの一般相対性理論の登場により、一部修正を余儀なくされている。法則中の法則とも言える物理法則でさえ修正されるのである。科学の知見が常に不完全ということは、ある意味、科学という体系が持つ構造的な宿命であり、絶え間ない修正により、少しずつより強靭（きょうじん）で真実の法則に近い仮説ができ上がってくるが、それでもそれらは決して百パーセントの正しさを保証しない。より正確に言えば、もし百パーセント正しいところまで修正されていたとしても、それを完全な百パーセント、つまり科学として「それで終わり」と判定するようなプロセスが体系の中に用意されていない。どんなに正しく見えることでも、それをさらに修正するための努力は、科学の世界では決して否定されない。だから科学的知見には、「正しい」or「正しくない」という二つのものがあるのではなく、その仮説がどれくらい確からしいのかという確度の問題が存在するだけなのである。

5 では、我々はそのような原理的に不完全な科学的知見をどう捉えて、どのように使っていけば良いのだろうか？　一体、何が信じるに足るもので、何を頼りに行動すれば良いのだろう？　優等生的な回答をするなら、より正確な判断のために、対象となる科学的知見の確からしさに対して、正しい認識を持つべきだ、ということになるのだろう。科学的な知見という大雑把なくくりの中には、それが基礎科学なのか、応用科学なのか、成熟した分野のものか、まだ成長過程にあるような分野なのか、あるいはどんな手法で調べられたものなのかなどによって、確度が大きく異なったものが混在している。ほぼ例外なく現実を説明できる非常に確度の高い法則のようなものから、その事象を説明する多くの仮説のうちの一つに過ぎないような確度の低いものまで、幅広く存在している。それらの確からしさを正確に把握して峻別（しゅんべつ）していけば、少なくともより良い判断ができるはずである。

（中略）

6 しかし、一つの問題に対して専門家の間でも意見が分かれることは非常に多く、そのような問題を非専門家が完全に理解し、それらを統合して専門家たちを上回る判断をすることは、現実的には相当に困難なことである。こういった科学的知見の確度の判定という現実的な困難さに忍び寄ってくるのが、いわゆる権威主義である。たとえばノーベル賞を取ったから、『ネイチャー』に載った業績だから、有名大学の教授が言っていることだから、といった権威の高さと情報の確度を同一視して判断するというやり方だ。この手法の利点は、なんと言っても分かりやすいことで、現在の社会で科学的な根拠の確からしさを判断する方法として採用されているのは、この権威主義に基づいたものが主であると言わざるを得ないだろう。（中略）

7 科学が生きたものであるためには、その中の何物も不動の真実ではなく、それが修正され変わり得る可塑性を持たなければならない。そして、何より④権威主義はそれをむしばんでしまう。権威主義と、自らの理性でこの世界の姿を解き明かそうとする科学は、その精神性において実はまったく正反対のものである。科学を支える理性主義の根底にあるのは、物事を先入観なくあるがままに見て、自らの理性でその意味や仕組みを考えることである。それは何かに頼って安易に「正解」を得ることとは、根本的に真逆の行為だ。「科学的に生きる」ことにとっては、「信頼に足る情報を集め、真摯に考える」、そのことが唯一大切なことではないかと思う。

（中屋敷均（なかやしきひとし）『科学と非科学　その正体を探る』による）

（注）○ 1～7は段落符号である。
○ バリエーション＝ここでは、変種。
○ 漸進的な＝段階を追って少しずつ進んでいくさま。
○ ラット＝ここでは、実験用のネズミのこと。
○ 『ネイチャー』＝イギリスの総合学術雑誌。
○ 可塑性＝自在に変化することのできる性質。
○ 強靭（きょうじん）＝しなやかで強いさま。
○ プロセス＝過程。
○ 峻別（しゅんべつ）＝きびしく区別すること。

(一) **基本** ［①］にあてはまる最も適当なことばとそのことばの意味を、それぞれ次のアからエまでの中から選んで、そのかな符号を書きなさい。（完答で1点）

〔ことば〕 ア、らちが明かない　イ、枚挙にいとまがない　ウ、取るに足りない　エ、みじんもない

〔意　味〕 ア、数えたらきりがない

イ、少しもない
ウ、全くないわけがない
エ、仕方がない

(二) ②まるで生態系における生物の適者生存のようであるとあるが、これは科学のどのような点をたとえたものか。その説明として最も適当なものを、次のアからエまでの中から選んで、そのかな符号を書きなさい。（1点）

ア、多くの研究者から支持を集めることができれば、現実への適応度が低い仮説であっても定説として認められていく点
イ、すぐれた仮説と不完全な仮説が入り交じっている中から、修正の必要がない適応度の高い仮説だけが選ばれて生き残っていく点
ウ、現実を説明しきれていない適応度の低い仮説でも、完全に誤りであることが証明されなければそのまま受け入れられていく点
エ、さまざまな仮説の中で適応度の高い仮説が生き残り、さらに適応度を高める修正が繰り返されて発展していく点

(三) **思考力** ③科学の進化し成長するというすばらしい性質とあるが、科学がこのような性質をもつ理由を、科学的知見の特徴を踏まえて要約し、八十字以上九十字以下で書きなさい。ただし、「不完全」、「努力」、「確度」という三つのことばを全て使って、「科学的知見は、……」という書き出しで書くこと。三つのことばはどのような順序で使ってもよろしい。（2点）

（注意）・句読点も一字に数えて、一字分のマスを使うこと。
・文は、一文でも、二文以上でもよい。

(四) ④権威主義 の内容を説明している部分を、第六段落の文章中から二十五字程度で抜き出して、始めの五字を書きなさい。（1点）

(五) この文章中の段落の関係を説明したものとして最も適当なものを、次のアからエまでの中から選んで、そのかな符号を書きなさい。（1点）

ア、第二段落では、第一段落で述べた科学の発展の歴史について具体例を挙げながら整理することにより、問題を提起している。
イ、第三段落では、第二段落で挙げた具体例をもとに科学的知見の不確かさを説明し、科学の在り方に対して疑問を投げかけている。
ウ、第四段落では、第三段落で述べた科学の長所が悪用される可能性を指摘し、科学者が今後解決すべき課題を導き出している。
エ、第五段落では、第四段落で述べた科学の性質についての分析を踏まえ、我々が科学的知見にどう向き合うべきかを考察している。

(六) 次のアからオは、この文章を読んだ生徒五人が、意見を述べ合ったものである。その内容が本文に書かれた筆者の考えに近いものを二つ選んで、そのかな符号を書きなさい。（完答で2点）

ア（Aさん）　ノーベル賞を受賞した業績でも、何十年もたってから誤りが見つかることがあります。また、科学者が栄誉を求めるあまり不完全なままで仮説を発表することも考えられるので、科学の知見に対しては疑いの目をもって接していく必要があると思います。

イ（Bさん）　科学の仮説は、修正が繰り返されることによって正しい仮説へと高められます。現実を例外なく説明できる正しい科学的知見をつくり上げることが科学者の使命であり、そのプロセスに多少の誤りがあっても、私たちは科学者を信頼する必要があると思います。

ウ（Cさん）　科学的知見は百パーセントの正しさが保証されるものではないので、その確からしさを判断することが必要です。それはとても困難なことですが、私たちは信頼できる情報を集め、先入観なく物事を見て、自らの理性で考えようと努めることが大切であると思います。

エ（Dさん）　新たに発見された科学的知見が正しいかどうかを専門家ではない人間が判断することは、現実的には難しいと思います。ですから、『ネイチャー』に論文が載るようなすぐれた研究者の判断に任せる姿勢が大切であると思います。

オ（Eさん）　私たちは教科書や専門書に書かれていることは正しいと信じてしまいがちですが、科学の仮説は長い時間の中で批判に耐え、適応度を上げていくものです。このように、科学の知見は不動の真理でないことを理解した上で、科学に接していく必要があると思います。

四 （漢文）内容吟味・口語訳

次の漢文（書き下し文）を読んで、あとの(一)から(四)までの問いに答えなさい。（本文の……の左側は現代語訳です。）（計4点）

西伯陰に（人知れず）善を行ふ。諸侯（周辺の国の君主が）皆来たつて平らぎを決す（公平な解決をつけてもらった）。是に於いて虞・芮の人、獄有りて決すること能はず（訴訟が起きて裁決がつかなかった）。乃ち周に（そこで周へ）如く（行った）。界（国境）に入るに、耕す者皆畔を譲り、民の俗は皆長に譲る（人々の風習は年長者を尊重するものであった）。虞・芮の人、未だ西伯を見ざるに、①皆慙ぢ相謂ひて曰はく（恥じて互いに言うことには）、「吾が争ふ所は、周人の恥づる所なり。何ぞ往くことを為さんや（どうして（西伯のところへ）行く必要があろうか）、②祇に辱を取らんのみ。」と。遂に還り（そのまま引き返し）倶に［③］去る。諸侯之を聞きて曰はく、「西伯は蓋し受命の君なり（思うに天から使命を受けた君主である）。」と。

（『史記』による）

（注）○西伯＝中国の周王朝の基礎をつくった人物。西方の諸侯の長。
○虞・芮＝ともに、中国古代の国名。
○畔＝田んぼの中の小道。

(一) ①皆慙ぢ（はぢ）とあるが、虞と芮の人がそのような気持ちになった理由として最も適当なものを、次のアからエまでの中から選んで、そのかな符号を書きなさい。（1点）
ア、周の民が君主に頼ることなく自ら訴訟問題を解決したから。
イ、周の民は誰もが相手を重んじ優先する態度を身につけていたから。
ウ、周の民は自分たちの生活に不満をもつことなく暮らしていたから。
エ、周の民が他国から来た自分たちを温かく迎えてくれたから。

(二) ②秖（まこと）に辱（はぢ）を取らんのみ の現代語訳として最も適当なものを、次のアからエまでの中から選んで、そのかな符号を書きなさい。（1点）
ア、絶対に恥だけはかきたくない
イ、まだ恥をかく覚悟ができない
ウ、きっと恥をかかされるはずだ
エ、ただ恥をかくだけであろう

(三) ③ にあてはまる最も適当なことばを、次のアからエまでの中から選んで、そのかな符号を書きなさい。（1点）
ア、譲りて　イ、見て　ウ、争ひて　エ、取りて

(四) 次のアからエまでの中から、その内容がこの文章に書かれていることと一致するものを一つ選んで、そのかな符号を書きなさい。（1点）
ア、人々が互いに尊重する心をもっていれば、国が大きな困難に直面したとしても、一つにまとまって乗り越えることができる。
イ、国と国の争いを収めるためには、第三国が仲介に入り、それぞれの国が譲り合えるよう調整を図ることが必要である。
ウ、国を治める者がふだんから正しく行動することによって、人々は影響を受け、国全体が自然と治まっていくものである。
エ、いつの時代のどこの国においても、年長者を敬うことは、人々が暮らしていく上で大切にしなければならないことである。

《Bグループ》

出題傾向と対策

●論説文二題、漢字の読み書きおよび知識問題、古文の四題構成。文章内容は標準レベル。設問形式は正確な読解を踏まえたマーク形式の問題が大半で、これに抜き出し、知識系問題、記述問題が加わる。いずれも標準的なレベル。「論の進め方」に関する出題が特徴的である。

●授業等での基礎的な学習を重視する。特に傍線や空欄前後の正確な読解にウエイトを置いた設問が多いので、それを意識した読解の訓練が重要である。古典文は古文・漢文いずれの対策も行い、苦手分野を作らないこと。

一 （論説文）内容吟味・文脈把握

次の文章を読んで、あとの(一)から(六)までの問いに答えなさい。（計8点）

1　知り合いや友人、学生、院生の中から、人生に意味や価値があるのかどうかわからない、生きていく意味がわからない、という意見（感じ）を聞くことがある。そうですか、人生は楽しくないですか？　と聞くと、それはそれなりに楽しいし、一生懸命生きてはいるのだけれど、本質的に価値や意味があるとは思えない、ということなのだ。そこで困ったことには、①私には、この感覚がわからない。だから、「そうですよね」と共感して次の話をすることができないのだ。実は、私は、人生は楽しいし、世界は美しくて不思議に満ちているので、それを探究するために、ずっと生きていたいと思っているのだ。もちろん、毎日の仕事では、いやなことも悪いこともたくさんある。これまでの人生は決して順風満帆ではなかった。でも、本質的に人生は生きる価値があるし、楽しいと感じている。だから、先のような相談者には、本心で対応に困ってしまうのである。

2　では、なぜ私が世界は美しくて不思議に満ちていると感じているかといえば、それは、自然が美しくて不思議に満ちているからである。人間世界には、理不尽なことも美しくないことも山ほどあるが、自然は本当に美しい。そして、私がまだ実際にこの目で見て体験したことのない自然が、世界にはまだまだたくさんある。それらを見たいし、探究したい。私にとってはそれだけで、生きる意味は十分にある。生きていなければ、見られないし、探究できないからだ。

3　こんなふうに自然は美しいと感動したのは、まだほんの子どものころだった。三歳か四歳ぐらいのとき、和歌山県の紀伊田辺（きいたなべ）に住んでいたときだ。テトラポッドなど一つもなかった田辺湾の海に生息する貝やイソギンチャク、小さな魚たち。その美しさが私をとらえた。以後、そこから始まって、貝殻や草花や昆虫を集めて図鑑で調べることが無二の喜びとなった。東京に戻ってからも、この興味は尽きることがなかった。小学校の二年から三年にかけての担任の先生（大野（おおの）先生）が、生物学を専攻した方だったことは、おおいに幸いした。彼女は貝類が専門で、ツメタガイという大きな巻き貝は、他の貝類の殻を溶かして中を食べてしまう捕食者だということを教えてくれた。高尾山（たかおさん）に遠足に行ったときには、そのときの校長先生が、ことのほか大きなミミズを捕まえ、「こんな大きなミミズは見たことがない」とおっしゃると、大野先生は、「ああ、これは普通のミミズではありません。オオミミズです」と言って採集瓶の中に入れた。二年生の児童にとって、②それはそれは印象的な出来事であった。つまり、大野先生は、昨今たくさん存在するただの生物学者ではなくて、森羅万象の大筋の全体を知っている、本物の博物学者だったのだ。

4　自然科学とは、さまざまな自然現象を論理的に理解しようとする試みである。それやこれやで、私は、ごく小さいころから自然に興味が湧き、結局は生物学の研究をする学者になった。その間、ニホンザル、チンパンジー、ダマジカ、ソイシープ、クジャク、タニシなどを野生の状態で観察し、そして、これらの動物が食べる植物なども研究のために観察してきた。そうした揚げ句に得た結論は、生物はみな、一生懸命生きている、という

ことだ。何か意味や価値があるから生きているのではない、生きているからこそ、意味や価値が生まれてくるのだ、ということである。社会生活をする動物には、たいてい、社会的な順位がある。順位が高ければ好きなことができるが、低いとそうはできない。上の順位の個体からはいじめられるし、好きなときに好きなことをする自由がない。しかし、彼らは決してあきらめず、自分にできる範囲において、少しでも得になること、心地よいことをしようとする。ときには、大きなけんかも辞さない。つまり、もう生きることを「投げている」ように見える個体は一匹もいないのだ。それは、観察している私が、生きることはすばらしいという価値観を持っているから、すべての生き物が[A]ように見えるだけなのだろうか？　そうではないと思う。それは、客観的な行動の観察に基づくからだ。この行動観察記録を見れば、どんな人生の価値観を持っている人でも、動物たちが[B]ことは否めないと思う。

5 私たちのからだと脳の意識下の部分は、何がなんでもからだを生き続けさせようとして働いている。その働き自体は意識に上らないので自分ではわからないが、呼吸すること、体温を維持すること、痛みを回避すること、栄養とエネルギーを取り込むこと、などなどは、私たちのからだと脳が、それこそ一生懸命になって取り組んでいる、第一の業務である。意識とは、そのてっぺんで、そういう作業全体を認識している部分だが、それは③氷山の一角に過ぎない。ところが、人間の自意識は、その氷山の一角だけの部分であるにもかかわらず、「生きるとは何か？」「生きている意味は何か？」といった「哲学的」疑問を生じさせる。この自意識は、からだと脳が自分を懸命に生き続けさせているからこそ、こんな疑問を（ぜいたくにも）問いかけるゆとりがあるのだという事実を知らない。

6 こんなことのすべてを私がわかるようになったのは、人間以外の動物の生き方を詳細に観察したからである。そして、そのような観察をしたいと思ったそもそもの始まりは、自然界が美しいと子ども心に感じたからであった。それには、まだ三歳だった私が実際に見て触れてすばらしいと感じる自然があったから始まったのだ。今、身近な自然はどんどんなくなっている。それでも、見ようと思えばまだ自然はあるのだが、スマートフォンやインターネットに夢中になる時間が増えて、子どもたちが身近な自然に触れる時間が減っている。ネットで見たことは「現実」ではない。ネットが提供する情報は、文字情報か、二次元的な視覚の情報だけである。現実は三次元であり、匂いも、温度も、動きもある。本当の現実を見るとどれほど多次元的に感動するか、それが、人生の原点なのだと思うのである。

（長谷川眞理子『世界は美しくて不思議に満ちている ―「共感」から考えるヒトの進化』による）

（注）○ 1～6は段落符号である。
○ 院生＝大学院の学生。
○ テトラポッド＝海岸などに積み上げて波の浸食を防ぐコンクリートブロック。
○ 森羅万象＝宇宙に存在する全てのもの。
○ 博物学者＝動物・植物・鉱物などの自然物について研究を行う学者。

(一) ①私には、この感覚がわからない　とあるが、筆者がこのように感じる理由として最も適当なものを、次のアからエまでの中から選んで、そのかな符号を書きなさい。（1点）

ア、幼少期に自然の中で遊ぶ経験があれば、人生の楽しさや意味はおのずと理解されるはずであると思っているから。
イ、人生経験の多少にかかわらず、大学生にもなれば生きることの意味は理解できるようになると考えているから。
ウ、自然現象を科学的に探究していくだけでは、生きることの意味や価値は見えてこないと考えているから。
エ、美しくて不思議に満ちている自然を探究できるだけでも、生きることの価値は十分にあると思っているから。

(二) ②それはそれは印象的な出来事であった　とあるが、どのような点が強く印象に残ったのか。その説明として最も適当なものを、次のアからエまでの中から選んで、そのかな符号を書きなさい。（1点）

ア、大野先生が珍しい生物の名前までよく知っており、校長先生の知らないことまで即座に答えたところから、生物学の奥深さを感じた点
イ、大野先生は生物の名前だけでなく、図鑑に載っていない具体的な生態についても知っており、野外で実物を観察することの大切さに気づかされた点
ウ、大野先生は専門とする貝類についてよく知っているだけでなく、あらゆる自然物に対して関心をもち、知識も豊富であることに驚かされた点
エ、大野先生がいつも採集瓶を持ち歩き、生物を採取しては観察している姿を目にして、先生の自然に対する探究心にはとてもかなわないと思った点

(三) **基本** [A]と[B]には同じことばが入る。その最も適当なことばを、同じ段落からそのまま抜き出して、九字で書きなさい。（1点）

(四) ③氷山の一角に過ぎない　とはどういうことか。その説明として最も適当なものを、次のアからエまでの中から選んで、そのかな符号を書きなさい。（1点）

ア、人間の脳は、意識下の部分でからだを生き続けさせることを第一の業務にしているということ
イ、人間の脳は、生きるために必要な問いが意識に上るように意識下から働きかけているということ
ウ、人間の意識は、生き続けるためのからだと脳の働き全体のほんのわずかな部分であるということ
エ、人間の意識は、からだを生き続けさせようと意識下で働いている脳に支配されているということ

(五) 次のアからオまでの中から、その内容がこの文章に書かれていることと一致するものを二つ選んで、そのかな符号を書きなさい。（完答で2点）

ア、自然界には理不尽なことが存在する一方で、自然のもつ美しさには、日常のいやなことを忘れさせてくれる力がある。
イ、生物学とは、客観的で詳細な観察によって、生物が

生きているという自然現象を論理的に理解しようとする試みである。
ウ、筆者が生物学者を目指したのは、子どもたちが自然を美しいと感じる経験が減っており、人間の将来に危機感をもったからである。
エ、文字情報や二次元の視覚情報ではなく、身近にある自然などの本当の現実に触れた経験こそ、人生の原点となる。
オ、都市部では、子どもが触れることのできる自然がほぼなくなっているため、郊外に残る自然を守っていく必要がある。

(六) **思考力** 次の文章は、ある生徒が本文を読んで書いた感想である。文章中の〔ア〕から〔オ〕までのいずれか二箇所に、あとのX、Yを補って文章を完成させたい。その最も適切な箇所をそれぞれ選んで、そのかな符号を書きなさい。（完答で2点）

> 筆者は、友人や学生の「人生に意味や価値があるのかどうかわからない、生きていく意味がわからない」という意見に対して、「私には、この感覚がわからない」と述べています。私は、この筆者の考えが最初は理解できませんでした。〔ア〕なぜなら、人が生きていく上で迷ったり悩んだりするのは当然だと思うからです。
> また、筆者自身が「決して順風満帆ではなかった」と述べているこれまでの人生の中で、どうして生きる意味や価値を見つけることができたのかも分かりませんでした。〔イ〕
> しかし、文章を読み進めるうちにだんだん分かってきました。〔ウ〕そして、人間の成長にとっては、環境がとても大切な要素であるということに気づきました。〔エ〕
> 私たちのからだと脳は、私たちを懸命に生き続けさせようと働いています。私たちはたいていそのことに気づかないまま、「生きている意味は何か？」などといった疑問を抱きます。〔オ〕
> 私は、これから生きていく中で、スマートフォンやインターネットだけでは得られない経験を大切にして、「私の生きる意味」について考え続けていきたいと思います。

X　こうした哲学的な問いは、実は、生きているからこそ生まれるものであり、筆者は、人間以外の動物たちの行動や生活を詳細に観察したことから、そのことに思い至りました。
Y　それは、子どもの頃に住んでいた土地の豊かな自然や学校の先生とのすばらしい出会いが、筆者にあったからです。

二 漢字の読み書き・熟語

次の(一)、(二)の問いに答えなさい。（計3点）

(一) **よく出る** **基本** 次の①、②の文中の傍線部について、漢字はその読みをひらがなで書き、カタカナは漢字で書きなさい。（各1点）
①自分の至らないところを省みて、明日から努力することを誓う。
②現状をダハするためには、想像力を働かせることが大切である。

(二) 次の文中の〔③〕にあてはまる最も適当なことばを、漢字一字で書きなさい。（1点）
被災地でボランティアを募っていることを知り、〔③〕は急げと応募した。

三 (論説文)文脈把握・内容吟味・要旨

次の文章を読んで、あとの(一)から(五)までの問いに答えなさい。（計7点）

1　私たちをとりかこむ世界は、実にカラフルだ。俗に七色とか虹色とかいう、光のスペクトルに沿って赤から緑をへて紫へと並ぶ色彩のバリエーションは、ほとんどすべて、身のまわりのありきたりの人工物に見つけることができる。

2　バリエーションは、色彩だけではない。私たちは、視覚によって色彩以外の質感や輝きを、さらには聴覚による音、嗅覚による匂い、味覚による味など、さまざまな知覚でバリエーションを享受している。音楽でいえば民族音楽からハードロックまで、生活音でいえばテレビの音から飛行機の爆音まで、各種の音の洪水の中で翻弄されるがごとくだし、一年三百六十五日、毎日ちがった味の晩御飯のメニューを楽しむことだってさほど困難ではない。〔①〕、私たちがこのようにバラエティに富んだ各種の知覚を享受するようになったのは、さほど古いことではないと思われる。たとえば、私がいまこの文字をつづっているパソコンの画面の形や色や質感を、百年前の人が体験できていたとは思えない。このパソコンのキーをまちがえたときに鳴る電子音も、百年前の人には無縁だっただろう。キッチンからただよってくるコーヒーの匂いや洗面所の石けんの香りも、ありふれたものになったのはどれくらい前のことだろうか。歯みがき粉の味も、相当に新しい時代のものにちがいない。

3　〔②〕、色や形、質感や輝き、音、匂い、味などのバリエーションは、現代にむかって時代が進むにつれて多彩になってきた。これらのバラエティの一つ一つを「知覚できるもの」という意味で「知覚資源」と呼ぶと、人類の歴史は、③知覚資源の多彩化と多量化の歩みだということも可能だ。知覚を通じて心を動かす力を広い意味での美とするとらえ方からすれば、知覚資源は美の源泉とも呼びかえられる。人類史は、このような美の源泉を生み出し、革新する歩みだったともいえる。重要なのは、これらの知覚資源がかもし出す美の多くが、経済的価値や人間関係を演出し、社会を複雑に組織化していくのに役立てられたことである。たとえば金（きん）は、その独特の色彩、質感、輝きが、希少さともあいまって、歴史のかなり早い段階から地球上の各地で価値あるものと認識され、それを持ったり見せたりすることが、社会的な立場や権威のありかをしめすのに役立てられてきた。

4 金のように希少な物質ならまだしも、ある色彩を用いることが社会的に限定され、制約を受ける場合さえあった。中国・北京の紫禁城のいらかを彩る濃い黄色は、皇帝の権威の象徴だといわれる。また、自分以外がピンク色で装うことを禁じたという十八世紀のロシア女帝エリザヴェートの逸話なども、どこまでが真実かは別にしても、権力による色彩の利用の端的な例として思い浮かぶ。エリザヴェート女帝の逸話ほど極端でなくとも、特定の色で特定の地位や階層をあらわす制度は、歴史上たびたび登場している。日本古代朝廷の「冠位十二階」で、紫を最高位とするランクづけの色表示がおこなわれたことは、その典型例だ。現代でも、たとえば大相撲の行司の位階が、装束の房の色であらわされている例をはじめ、伝統文化の慣習などの中にその名残を見つけることはたやすい。いっぽう、このような区分けとはちょうど反対に、色はまた、それを共有することによって人びとを一つにまとめる心理的手段としても、しばしば利用されてきた。黄色の頭巾を結束の目印にしたといわれる中国古代後漢末の内乱・黄巾の乱は、事実だとすればそのような例になるだろう。現代でも、サッカーの国際試合で日本チームが身にまとう「サムライ・ブルー」は、スタンドのサポーターのみならず、画面を通じて声援を送る人びとにも共有され、誇示されて、一体となった高揚感を演出する手段となっている。

5 色に比べると、音や匂いや味は、一つ一つに色のような分類名称をつけて特定することが難しく、なおかつ、その場かぎりで消え去っていく知覚であるために、企図して社会的に利用される機会は多くない。社会的な区分けにこれらの知覚資源を用いたり、制度化したりすることは難しかっただろう。ただし、音についていえば、その音波を運ぶ空気でつながっている人びとには、色以上にいやおうなく一様にそれを共有させることができる。視覚は、姿勢や視線によってある程度は取捨選択できるが、聴覚はそれが難しい分、強制性が高いといえるのである。そのことを生かし、一体的な高揚感をかもし出す有効な手段として、儀礼や宗教の場で、音はさかんに利用されてきた。寺院や教会の鐘、読経や聖歌の合唱の声などが、その場の雰囲気をどれほどに盛り上げるかを思い浮かべてみれば、音という知覚資源を利用する効果のほどが容易にうかがわれる。

6 そういう意味では、匂いもまた同様の特性をもっている。しかも匂いは、ヒトがパートナーを選ぶときにも潜在的な役割を演じているという説があるほど、言葉にされることのない暗黙裏のレベルで、私たち人間も含めた④生物の営みの本源と深く結びついた知覚だ。生まれ育った場所に久しぶりに帰ったときのなつかしさの感情が、匂いによって強烈に刺激される体験などは、匂いという知覚のもつこのような性質をよく物語っている。身分や階層の区分けには不向きだが、なつかしさの感情と結びついた帰属意識などを深く呼びおこす知覚資源として、匂いもまた人類社会の歴史の中で大きな役割を果たしてきたと考えられる。

（松木武彦『美の考古学――古代人は何に魅せられてきたか』による）

（注）○ 1～6は段落符号である。
○ スペクトル＝光をプリズム（分光器）で分解したときにできる色の帯。
○ バリエーション＝変化。
○ 希少＝きわめて少なく珍しいこと。
○ いらか＝かわらぶきの屋根。
○ 企図する＝ねらいをもって計画する。
○ いやおうなく＝承知、不承知に関係なく。

(一) ①、②にあてはまる最も適当なことばを、次のアからカまでの中からそれぞれ選んで、そのかな符号を書きなさい。（完答で1点）
ア、または　イ、このように　ウ、さすがに
エ、あるいは　オ、ただし　カ、ついに

(二) ③知覚資源の多彩化と多量化の歩みとあるが、人類の歴史において知覚資源はどのように役立てられてきたか。その説明として最も適当なものを、次のアからエまでの中から選んで、そのかな符号を書きなさい。（1点）
ア、知覚資源は新たな価値の源となり、人々の社会的な地位を向上させることで、国家の政治的・経済的発展に役立てられてきた。
イ、知覚資源は人間の美的感情の源となり、社会で広く利用され制度化されていく中で、儀礼や宗教の発展と継承に役立てられてきた。
ウ、知覚資源はさまざまな美の源となり、生み出された美の多くが価値あるものと認識され、社会の組織化に役立てられてきた。
エ、知覚資源は美の革新の源となり、社会の中に高揚感や一体感をもたらすなど、人々の心を豊かにすることに役立てられてきた。

(三) **思考力** 筆者は第五段落で、音という知覚資源の特性について述べている。それを要約して、七十字以上八十字以下で書きなさい。ただし、「区分け」、「強制性」、「高揚感」という三つのことばを全て使って、「色に比べて音は、……」という書き出しで書くこと。三つのことばはどのような順序で使ってもよろしい。（2点）
（注意）・句読点も一字に数えて、一字分のマスを使うこと。
・文は、一文でも、二文以上でもよい。

(四) ④生物の営みの本源と深く結びついた知覚であると言えるのは、匂いがどのような特性をもっているからか。その内容を説明した次の文の□にあてはまる最も適当なことばを、第六段落の文章中から抜き出して、八字で書きなさい。（1点）

> 匂いは、故郷への帰属意識を呼びおこす□をかき立てるなど、暗黙裏のレベルで人間に刺激を与える特性をもっている知覚である。

(五) この文章の論の進め方の特徴として最も適当なものを、次のアからオまでの中から選んで、そのかな符号を書きなさい。（2点）
ア、はじめに結論を示した後、結論と対立する考え方の問題点を根拠とともに示すことで自分の主張の妥当性を強調している。
イ、一般的に認められている考え方に対して疑問を投げ

かけた後、複数の具体例を根拠として独自の意見を述べている。
ウ、日常生活で感動した体験から話を始め、徐々に抽象的な事柄へと話題を広げることで自分の主張を一般化しようとしている。
エ、身の周りの現象や日常的な事柄の考察から自分の主張を導き、その後に根拠となる具体例を幅広く示すことで説得力を高めている。
オ、根拠となる事例を分かりやすい表現で次々と提示し、それらの共通点を抽出することで自分の意見の正しさを明らかにしている。

四 (古文)動作主・内容吟味・口語訳

次の古文を読んで、あとの(一)から(四)までの問いに答えなさい。(本文の……の左側は現代語訳です。)　(計4点)

仁斎(じんさい)先生存在の時(生きていらっしゃる時)、大高清助(おほだかせいすけ)といふ人、『適従録』を著して大いに先生を誹議(ひぎ)す(先生の学説を非難した)。①門人かの書を持ち来たりて示し、且つ(すぐに)これが弁駁(べんぱく)(反論)を作らん事をア勧む。先生微笑してことばなし。かの門人怒りつぶやきていふ、「もし先生弁ぜずんば(反論をしないのならば)吾(われ)其(そ)の任にイあたらん。」と。先生しづかに言ひていはく、「彼是ならば吾非を改めて彼が是にウしたがふべし。もし吾是に彼非ならば吾が是は即天下の公共なり(知れ渡ることとなる)。②固(もと)より弁をまたず(もともと反論するまでもない)。久しうして彼も又みづからその非をエしらん。③汝(なむぢ)(あなた)只(ただ)みづから修めよ。他をオかへりみる事なかれ。」とぞ。先生の度量、大旨(おほむね)此のたぐひなりと、ある人かたりき。

(『仮名世説(かなせせつ)』による)

(注)　○　仁斎(じんさい)＝伊藤仁斎。江戸時代前期の学者。
○　大高清助(おほだかせいすけ)＝江戸時代前期の学者。

(一) 二重傍線部アからオまでの中から、①門人が主語であるものを全て選んで、そのかな符号を書きなさい。(1点)

(二) ②固(もと)より弁をまたず　とあるが、仁斎先生がこのように述べた理由として最も適当なものを、次のアからエまでの中から選んで、そのかな符号を書きなさい。(1点)
ア、反論することで相手の自尊心に傷がつくことを恐れているから。
イ、相手に対する反論は公的な場で行うべきであると思っているから。
ウ、自分の説が正しければすぐに世に認められると考えているから。
エ、門人が自分の学説に異を唱えたことを残念に思っているから。

(三) ③汝只(なむぢただ)みづから修めよ　の現代語訳として最も適当なものを、次のアからエまでの中から選んで、そのかな符号を書きなさい。(1点)
ア、あなたはひたすら自分自身の修養に努めなさい
イ、あなたはすぐにでも自分の考えを改めなさい
ウ、あなたはとにかく自力で争いを解決しなさい
エ、あなたはじっと彼が誤りに気づくのを待ちなさい

(四) この文章に描かれている仁斎先生の人物像として最も適当なものを、次のアからエまでの中から選んで、そのかな符号を書きなさい。(1点)
ア、誤りを指摘されても、自分の学説を守ることに全力を注ぐ人物
イ、他者からの批判に動じず、学問的な正しさを追究する人物
ウ、意見の相違があれば、対話を重ねて相手を知ろうとする人物
エ、素直に忠告を受け入れ、自分の短所を改めることのできる人物

三重県

時間 45分　満点 50点　解答 P29　3月10日実施

出題傾向と対策

●昨年まであった資料系問題と条件作文が融合し、漢字、小説文、論説文、古典文、条件作文の大問五題構成へと変更された。昨年より作業の負荷は軽減したものの、それでも多くの作業を要求している。また設問分野も知識・文法、読解重視の選択問題など幅広いので注意。
●知識系の問題は学校などでの基礎的な学習を重視し、漏れがないように注意する。演習は過去問・基礎～標準レベルの問題集がベスト。単に解けるかどうかではなく、時間内に解けるかどうかを意識した練習を積んでおく。

一 漢字の読み書き　よく出る　基本

次の①～⑧の文の傍線部分について、漢字は読みをひらがなで書き、ひらがなは漢字に直しなさい。(各1点、計8点)
①本を大切に扱う。
②みかんを搾る。
③愉快な一日を過ごす。
④文章の体裁を整える。
⑤ひたいに汗する。
⑥おさない妹と遊ぶ。
⑦こんざつを避ける。
⑧えんじゅくした演技を観る。

二 (小説文)漢字知識・文脈把握・文節・内容吟味

次の文章を読んで、あとの各問いに答えなさい。(計12点)

小学校三年生のなっちゃんと川野（かわの）さんは同じクラスである。

〔なっちゃんは、視力検査で近視であることがわかり、夏休みの最終日、母親と一緒にメガネ屋に来た。〕

「明日から学校だから」

背中に、声が聞こえた。女の子の声だった。小学生ぐらいの、学年で言えば三年生ぐらいの、どこかで聞いたことのある……。

あれっ？　と振り向くと、川野さんがいた。

川野さんも、あれっ？　という顔をしていた。メガネのおかげではっきりと見える。くっきりと見える。視力は四月のクラス替えの頃から落ちていたのだろうか。顔をしかめ、目を(1)無理に細めて見ていたから、川野さんのメガネ姿がヘンに見えたのだろうか。いま向き合った川野さんは、メガネがとてもよく似合っていて、かわいらしい。「なっちゃん、メガネつくったの？」と笑って訊（き）いてきた。教室ではおとなしくてクラい印象しかなかったのに、いまの川野さんは、元気で、明るくて、友だちになれそうな気もした。メガネちゃん1号とメガネちゃん2号だから、というわけではなくて。

メガネをはずした川野さんは、目をしょぼしょぼさせて、「なっちゃんの顔も、あんまり見えない」と苦笑いを浮かべた。

川野さんのメガネは、いま、超音波をつかった洗浄器でクリーニングされている。洗い終わると、鼻当てのパッドを交換したりネジを締め直したりという調整をしてもらうのだという。

「明日から二学期だから、ほら、(2)ドライブの前にお父さんが車を洗ったり点検したりするのと同じ」

あ、そうか、となっちゃんはうなずいた。べつに「メガネはすごいんだ」と言われたわけではないけど、そういうのって、なんかカッコいいな、と思った。

クリーニングや調整が終わるのを待つ川野さんに付き合って、なっちゃんもお店に残ることにした。お母さんは「いい？　だいじょうぶ？　ちゃんと(3)メガネをかけて帰ってくるのよ」と何度も念を押して、先に帰った。

最初はメガネ姿を川野さんに見られることも嫌だった。とっさにはずそうとして、メガネに手も伸びた。

でも、川野さんは「似合うよ、なっちゃん」と言ってくれた。「いいフレーム選んだんだね」とも言ってくれた。お母さんや店員さんにほめられたときとは違って、「ほんと？　そうかなあ、自分だとよくわかんないけど……」と(4)急に照れくさくなって、もじもじしてしまって、でも、なんとなく、胸がふわっと温（ぬく）もった。

二人でいても、べつに盛り上がったりはしない。顔がくっきり見えたからといって、無口な川野さんが急におしゃべりになるわけではない。

でも、「今度はどんなのにしようかなあ」と、目をしょぼしょぼさせたまま、ほとんど手探りで商品棚のメガネをかける川野さんは、とても楽しそうだった。この子、メガネが好きなんだな、と思う。自分のたいせつなものだから、好きなんだな。

「こういうの、どう？」

川野さんがかけたのは、レンズの部分がまるっこいメガネだった。いつもの四角いメガネより、そっちのほうが似合う。「すごくかわいい」と、なっちゃんは言った。川野さんは「じゃあ、クリスマスプレゼント、これにしてもらおうかな」と笑った。ずいぶん気の早い話だけど、クリスマスプレゼントにかわいいメガネを買ってもらうのっていいな、と思った。ゲームを買ってもらうより、ずっといいな。

クリーニングと調整が終わったメガネを受け取ると、川野さんはまたメガネちゃん1号に戻った。

「これで二学期の準備完了」と言って、旅に出かける前のゲームの主人公みたいに、よし、とうなずいた。なっちゃんも「わたしも準備完了」と笑い返す。メガネちゃん1号と2号、二学期に向かって出発――。

川野さんはカウンターの上の記念品を見つけて、「なっちゃん、なに選んだの？」と訊いてきた。「まだ決めてない」と答えると、「これがいいよ」と液体クリーナーを勧めてくれた。「汚れもよく落ちるし、あと、遊べるの」

「遊べる、って？」

「ちょっと貸して」

川野さんはなっちゃんからメガネを受け取り、レンズの隅のほうに一滴垂らした。店員さんもよく知っているのだろう、あとで拭き取るためのティッシュペーパーを用意してくれている。

「このまま、かけてみて」

「拭かなくていいの？」

「いいのいいの、このままかけて、照明を見て」

言われたとおりにした。天井の照明を見つめると、クリーナーが垂れて、視界がにじんだ。クリーナーのしずくに光があたって、キラキラと虹のように光った。

「きれいでしょ？」

「うん……すごく、きれい……」

「わたし、ときどき、そうやって遊んでるの。メガネって面白いんだよ」

「うん……わかる……」

虹が光る。すごい。メガネは虹をつくることもできる。これで外に出て歩くと危なそうだけど。

なっちゃんはメガネをはずし、店員さんの差し出すティッシュで濡（ぬ）れたレンズを拭いた。

じゃあ行こうか、と川野さんが目で誘う。その誘いも、メガネをかけると、くっきり見える。

「行こう」「うん、行こう」「わたし、宿題まだ終わってないし」「えー、ヤバいじゃん、それ」……。

不思議だ。(5)メガネは目をよくしてくれるだけなのに、しゃべる声までくっきりと聞こえてくる。

自動ドアが開く。外に出る。夏休み最後のまぶしい陽射（ひざ）しが、クリーナーをちょっとだけ拭き残していたレンズの隅に、小さな、小さな、虹をつくった。

（重松（しげまつ）清（きよし）『季節風　夏』（虹色メガネ）による。）

(一) **よく出る** 下の漢字は、傍線部分(1)「無」を行書で書いたものである。この行書で書かれた漢字の◯で囲まれた部分に見られる特徴として最も適当なものを、あとのア～エから一つ選び、その記号を書きなさい。（2点）

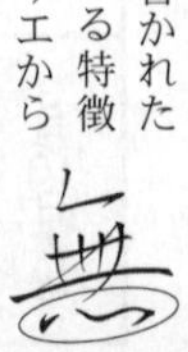

ア、楷書と比べ、筆順が異なっている。

イ、楷書と比べ、点画が省略されている。

ウ、楷書ではらう部分を、はねている。
エ、楷書ではねる部分を、とめている。

(二) 傍線部分(2)「ドライブの前にお父さんが車を洗ったり点検したりするのと同じ」とあるが、川野さんは、メガネのクリーニングや調整を行う目的は何であると言っているか。本文中から六字で抜き出して書きなさい。(2点)

(三) **よく出る** 傍線部分(3)「メガネをかけて帰ってくる」とあるが、この部分は、いくつの単語に分けられるか。次のア～エから最も適当なものを一つ選び、その記号を書きなさい。(2点)

ア、四　イ、五　ウ、六　エ、七

(四) 傍線部分(4)「急に照れくさくなって、もじもじしてしまって、でも、なんとなく、胸がふわっと温もった」とあるが、なっちゃんが、このように感じたのはなぜか。その理由を、なっちゃんが嫌だったことにふれて、本文中の言葉を使って、「……から。」につながるように、三十字以上四十字以内で書きなさい。(句読点も一字に数える。)(3点)

(五) **思考力** 傍線部分(5)「メガネは目をよくしてくれるだけなのに、しゃべる声までくっきりと聞こえてくる」とあるが、この文で表現されている、なっちゃんの心情の説明として最も適当なものを、次のア～エから一つ選び、その記号を書きなさい。(3点)

ア、川野さんが学校以外でもおしゃべりだということを知って、もっと話したいと思っている。
イ、川野さんのメガネを使ってきれいな虹ができたので、親しくなってよかったと感じている。
ウ、川野さんとメガネについての話をしたことにより、明るくて前向きな気持ちになっている。
エ、川野さんに悩みごとを聞いてもらったため、今後は川野さんを大切にしようと決めている。

三 (論説文) 活用・文脈把握・内容吟味・表現技法

次の文章を読んで、あとの各問いに答えなさい。(計12点)

秋に葉っぱが黄色くなるのは、黄色い色素が新しくつくられるのではなく、すでにつくられて①隠れていたものが姿を見せるためです。それを知ると、「黄色い色素は、どこに隠れていたのか」との疑問がおこります。

それは、葉っぱの緑色の下にまぎれていたのです。夏に葉っぱが緑色のときにすでに黄色い色素がつくられており、この色素の黄色は葉っぱの緑色の色素で隠されているのです。葉っぱの緑色の色素は「クロロフィル」、黄色の色素は「カロテノイド」という名前です。緑色のクロロフィルは、光合成に必要な光を吸収する主な色素です。カロテノイドも光を吸収し、その光も光合成に使われます。

クロロフィルは、春からずっと緑色の葉っぱの中で、主役を務めます。葉っぱの緑色が濃いときには、黄色い色素は緑色の陰に隠されて目立ちません。濃い緑色が黄色の色素の色を②隠しているというのが、「ひみつ」のしくみの前半部分なのです。

「ひみつ」のしくみの後半部分は、隠れていた黄色の色素が秋に目立ってくることです。温度がだんだん低くなると、緑色の色素が分解されて葉っぱから消えていきます。そのため、隠れていた黄色い色素がだんだん目立ってきて、葉っぱは黄色くなります。

年によって、温度が低くなる具合は違います。秋の温度の低下が早かったり遅かったりすれば、緑の色素の減り方も早かったり遅かったりします。そのため、イチョウの黄葉は、年ごとに早かったり遅かったりするのです。

しかし、冬が近づき温度が下がれば、緑色の色素は完全になくなります。ですから、隠れていた黄色の色素が目立ってきて、必ず同じような黄色になります。ということは、イチョウの黄葉には、年ごとに、場所ごとに、あまり変化がないということです。

このしくみは、イチョウの葉っぱは、自分の生涯の終わりに際し、春から夏にかけて主役を務めてきた緑の色素に代わり、ずっと陰でその色素の働きを支えてきた黄色の色素に主役を譲るというものです。イチョウの葉っぱが、このように洒落た気配りの「ひみつ」をもっていることに「すごい」と感服せざるを得ません。

「何のために、イチョウの葉っぱが黄色になるのか」と不思議がられます。残念ながら、明確な理由はわかっていません。でも、黄色い色素はカロテノイドです。これには、太陽の光に含まれる紫外線の害を防ぐ働きがあります。ですから、この色素に考えられる役割があります。

イチョウの木のあちこちに、小さな芽があります。これらは、翌年の春には、葉っぱを展開するものです。イチョウの木にとっては、次の世代を背負っていく大切なものです。秋の日差しにはまだ多くの紫外線が含まれていますから、これらの芽は、紫外線から守られなければなりません。

黄葉の葉っぱの色素は、日差しが弱くなる冬までの一時期、紫外線を吸収して、次の年の春に活躍する芽が傷つけられることから守っているのです。冬が近づき、日差しが弱くなると、黄葉は役目を終えて散るのです。

イチョウの黄葉に対して、葉っぱが赤く色づく紅葉は、同じ季節の現象ですが、そのしくみは異なります。紅葉する植物の代表は、カエデやナナカマド(注1)などです。これらの紅葉は、「今年の色づきはきれい」とか「昨年は色づきがよくなかった」など、例年と比較されます。年によって、紅葉の色づきが異なるからです。

あるいは、「あそこのカエデがきれい」とか「あそこのカエデは、色づきがよくない」のように、場所による色づきの違いがいわれます。(1)紅葉の名所といわれるところも、場所によって、色づきに違いがあります。

紅葉は、黄葉とは異なり、年によっても、場所によっても、色づきが異なるのです。「なぜ、そんなに異なっているのだろうか」とのふしぎが感じられます。それは、紅葉には、黄葉とは異なる、色づくための「ひみつ」があるからです。

カエデやナナカマドの葉っぱは、緑色のときに、赤い色素をもっていません。ですから、赤色になるためには、葉っぱの緑色の色素であるクロロフィルがなくなるにつれて、「アントシアニン」という赤い色素が新たにつくられなければなりません。

アントシアニンがきれいにつくられるためには、三つの大切な条件があります。一つ目は、昼が暖かいことです。

二つ目は、夜に冷えることです。三つ目は、紫外線を多く含む太陽の光が強く当たることです。これらの三つの条件がそろったとき、赤い色素であるアントシアニンが葉っぱの中で多くつくられます。

年によって、昼の暖かさと夜の冷えこみ具合は異なります。そのため、年ごとに、色づきが「よい」とか「よくない」ということがおこります。また、場所によっても、昼と夜の寒暖の差は異なります。太陽の光の当たり方は、場所によって異なります。そのため、紫外線の当たり具合も、場所によって違うのです。

さらに、赤い色素をつくりだす反応は、葉っぱがカラカラに乾燥した状態では進みません。ですから、紅葉には、湿度の高い場所が適しています。また、紅葉したあとも、湿度の高いほうが、美しい状態が長く保たれます。

そのため、紅葉の名所というと、高い山の中腹の、太陽の光がよく当たる斜面が多くなります。高い山では、空気が澄んでおり、紫外線が多く当たります。斜面には、昼間は太陽の光がよく当たり、高い山ですから、夜は冷えます。しかも、山の斜面の下には、川が流れており、朝には霧がかかるほど、湿度が高くなります。高い山の斜面には、美しく紅葉する条件がよくそろっているのです。

「何のために、カエデやナナカマドなどが紅色になるのか」と不思議がられます。紅色の色素はアントシアニンです。これは、黄葉の色素である黄色のカロテノイドと同じように、太陽の光に含まれる紫外線の害を防ぐ物質です。ですから、(2)この色素には、イチョウの黄葉と同じ役割が考えられます。

(田中修『植物のひみつ』による。)

＊一部表記を改めたところがある。

(注1) ナナカマド――バラ科の落葉高木。秋に紅葉して赤い実をつける。

(一) **よく出る** **基本** 点線部分①「隠れ」と点線部分②「隠し」について、これらの動詞の活用の種類の組み合わせとして最も適当なものを、次のア～エから一つ選び、その記号を書きなさい。(2点)

ア、① ― 五段活用　② ― 下一段活用
イ、① ― 下一段活用　② ― 上一段活用
ウ、① ― 下一段活用　② ― 五段活用
エ、① ― 上一段活用　② ― 下一段活用

(二) 傍線部分(1)「紅葉の名所といわれるところ」とあるが、次の[　]の中の文は、美しく紅葉する条件について、本文の内容をまとめたものである。[　]に入る最も適当な言葉を、本文中の言葉を使って、五字で書きなさい。(2点)

> 美しく紅葉する条件として、昼が暖かいこと、夜に冷えること、紫外線を多く含む太陽の光が強く当たることに加え、[　]ことがあり、紅葉の名所といわれるところは、これらの条件がよくそろっている、高い山の斜面が多くなる。

(三) **思考力** 傍線部分(2)「この色素には、イチョウの黄葉と同じ役割が考えられます」とあるが、赤い色素であるアントシアニンと黄色の色素であるカロテノイドに共通する役割とはどのようなことか。本文中の言葉を使って、「……こと。」につながるように、二十字以上三十字以内で書きなさい。(句読点も一字に数える。)(3点)

(四) 次の表は、本文に述べられている黄葉と紅葉との違いについてまとめたものである。表の中の[A]～[C]に入る言葉の組み合わせとして最も適当なものを、あとのア～エから一つ選び、その記号を書きなさい。(3点)

	黄葉(例　イチョウ)	紅葉(例　カエデ、ナナカマド)
色素	カロテノイド	アントシアニン
色づくしくみ	緑色の色素が消えていくと、隠れていた黄色の色素がだんだん目立ってくる。	緑色の色素がなくなるにつれて、赤い色素が[A]。
色づきの状態	年や場所によって[B]。	年や場所によって[C]。

ア、A ― だんだん消えていく　B ― あまり変化がない　C ― 異なる
イ、A ― 新たにつくられる　B ― あまり変化がない　C ― 異なる
ウ、A ― だんだん消えていく　B ― 異なる　C ― あまり変化がない
エ、A ― 新たにつくられる　B ― 異なる　C ― あまり変化がない

(五) この文章の表現や構成の特徴として最も適当なものを、次のア～エから一つ選び、その記号を書きなさい。(2点)

ア、植物を擬人化した表現を用いることによって、読者に親しみを持たせている。
イ、文体を常体で統一することによって、研究論文のような印象を持たせている。
ウ、植物に関する実験の結果を示すことで、自分の意見に説得力を持たせている。
エ、前半と後半とで相反する考え方を示すことで、主張に広がりを持たせている。

四 (漢文を含む古文)仮名遣い・口語訳・古典知識・内容吟味

次の文章を読んで、あとの各問いに答えなさい。(計8点)

菅家(菅原道真が)、大宰府(注1)におぼしめしたちける(旅立つことを決心された)ころ、

東風(注2)吹かば①にほひおこせよ梅の花主なしとて②春な忘れそ

とよみおきて、都を出でて、筑紫(注3)に移り給ひてのち、かの紅梅殿(注4)、梅の片枝(一本の枝が)、飛び参りて、生ひ付きにけり(生えついた)。

ある時、この梅に向(むか)ひて、

　ふるさとの花のものいふ世なりせばいかに昔のことを（世であったなら　どうにかして昔のことを）

とはまし（尋ねただろうに）

となが め給ひければ（お詠みになった時）、この木、

③先人於故宅（先人故宅に於(おい)て）（先人の旧宅）

籬廃ル二於旧年一（籬(注5)(まがき)、旧年に廃る）（昨年から荒れはて）

麋鹿猶棲ム所（麋鹿(びろく)、猶(なお)棲(す)む所）（鹿たちの住み家と化し）

無レ主クシテ独リ碧天（主無くして独り碧天(へきてん)）（青空のみが澄みわたる）

と申したりけるこそ（返事をした）、④あさましともあはれとも、心も及ばれね（驚くほどで　想像もつかないことではないか）。

（本文は『新編　日本古典文学全集　十訓抄(じっきんしょう)』による。）

＊一部表記を改めたところがある。

（注1）大宰府――筑前(ちくぜん)の国（今の福岡県）に置かれた官庁。

（注2）東風――東方から吹いてくる風。春風。

（注3）筑紫――九州北部を中心とする地域の古い呼び名。

（注4）紅梅殿――都にあった菅原道真の邸宅。

（注5）籬――柴や竹で間を広くあけて造った垣根。

(一) よく出る 基本 傍線部分①「にほひおこせよ」を現代仮名遣いに改め、すべてひらがなで書きなさい。（2点）

(二) 傍線部分②「春な忘れそ」の、現代語訳として最も適当なものを、次のア～エから一つ選び、その記号を書きなさい。（1点）

ア、春を忘れてはいけない

イ、春を忘れないだろう

ウ、春を忘れてしまってもよい

エ、春を忘れてしまいそうだ

(三) よく出る 基本 傍線部分③「先人於故宅」を、「先人故宅に於て」と読むことができるように返り点をつけたものは、次のア～エのうちどれか。最も適当なものを一つ選び、その記号を書きなさい。（2点）

ア、先人二於故宅一　イ、先人レ於レ故宅

ウ、先人於レ故宅　エ、先人於二故宅一

(四) 傍線部分④「あさましともあはれとも、心も及ばれね」は、筆者の感想である。これはどのようなことに対しての筆者の感想か。次の［　］の中の文の［　］に入る言葉を、十字以上十五字以内の現代語で書きなさい。（3点）

梅の木が、主人の移った土地まで飛んで行き、生えついたうえに、［　　］こと。

五（話し合い）文脈把握・内容吟味・条件作文

次の【話し合いの様子】は、中学校の生徒会長のあやかさんが他の生徒会役員とボランティア活動について話し合ったときの様子の一部であり、【資料1】、【資料2】、【資料3】、【資料4】は、全校生徒に実施したアンケートの結果をまとめたものである。これらを読んで、あとの各問いに答えなさい。（計10点）

【話し合いの様子】

あやかさん　はじめに、全校生徒に実施したアンケートの結果を見てみよう。まず【資料1】で、［　①　］がわかるよね。

はるとさん　【資料2】を見ると、ボランティア活動に参加した理由は、「社会の役に立ちたいから」がいちばん多く、次いで、「自分の成長につながると考えたから」、「知人に誘われたから」の順になっているね。

あやかさん　【資料3】を見ると、ボランティア活動に参加しない理由は、「参加する時間がないから」、「何をすればよいのかわからないから」、「自分にできるかどうか自信がないから」が多いことがわかるね。

さつきさん　でも、ボランティア活動に参加したことがない人で「今後、ボランティア活動に参加してみたい」と答えた人が一九五人もいることが【資料4】でわかるよ。ボランティア活動に参加したことがない人のほとんどが、参加する意思はあるということだよね。

そうたさん　これらの結果から考えると、もしかして、ボランティア活動は［②］と捉えられているのかも。私も、「ボランティア活動」と聞くと、災害救助や被災地の復興支援のように、現地に行って、困っている人を支援するような活動を想像するよ。全校生徒の多くの人がそういうイメージをもっていることによって、【資料1】のような結果になったのではないかな。

さつきさん　そうかもしれないね。ボランティア活動はやっぱり［②］なのかな。

はるとさん　そんなことはないと思うよ。私たちにも参加できて、今まで参加したことがない人も「やってみよう」と思えるようなボランティア活動があるのではないかな。

あやかさん　そうだね。ボランティア活動の参加者を増やすための工夫を考えたいね。

【資料1】

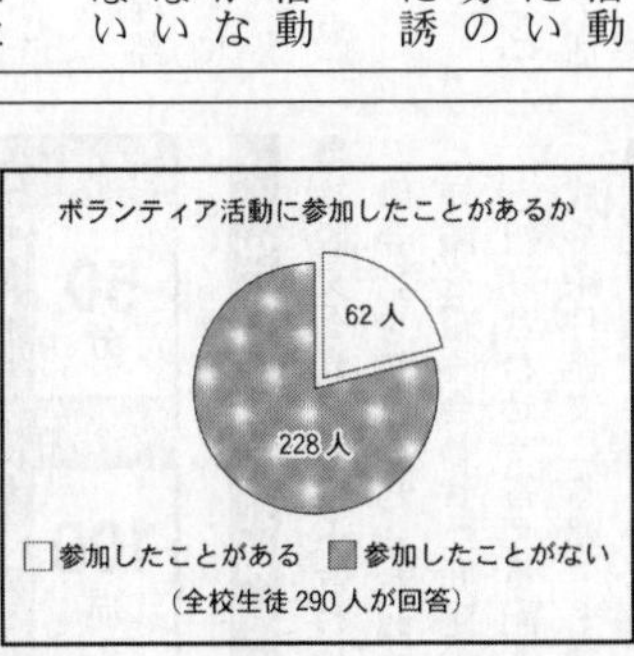

【資料2】

ボランティア活動に参加した理由

社会の役に立ちたいから	19
自分の成長につながると考えたから	16
知人に誘われたから	13
楽しそうだと思ったから	11
その他	3

単位：人

（「ボランティア活動に参加したことがある」と回答した62人が回答）

【資料3】

ボランティア活動に参加しない理由	
参加する時間がないから	94
何をすればよいのかわからないから	69
自分にできるかどうか自信がないから	48
1人で参加するのは不安だから	12
その他	5

単位：人
（「ボランティア活動に参加したことがない」と回答した228人が回答）

【資料4】

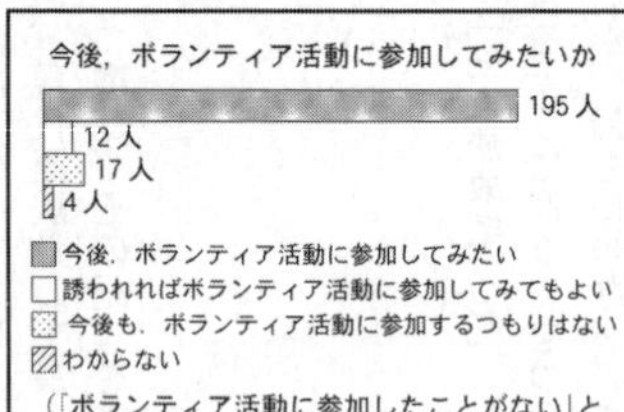

（「ボランティア活動に参加したことがない」と回答した228人が回答）

(一) **基本** 【話し合いの様子】の中の①に入る言葉として最も適当なものを、次のア～エから一つ選び、その記号を書きなさい。（1点）

ア、ボランティア活動に参加したことのある人の数は、全校生徒の大部分にまで増加しているということ
イ、ボランティア活動に参加したことのある人の数は、参加したことのない人の数とほぼ同数ということ
ウ、ボランティア活動に参加したことのない人の数は、参加したことのある人の数より少ないということ
エ、ボランティア活動に参加したことのない人の数は、全校生徒のうち半数以上を占めているということ

(二) 【話し合いの様子】の中の②に入る言葉として最も適当なものを、次のア～エから一つ選び、その記号を書きなさい。（1点）

ア、身近なこと　イ、楽しいこと
ウ、特別なこと　エ、簡単なこと

(三) 【話し合いの様子】の中の、そうたさんの発言は、話し合いの中でどのような役割を果たしているか。次のア～エから最も適当なものを一つ選び、その記号を書きなさい。（2点）

ア、アンケート結果をもとに、全員で話し合うテーマを提示している。
イ、自分の考えを述べ、アンケート結果を分析し理由を推測している。
ウ、全員で出し合った意見について、共通点や相違点を整理している。
エ、他の人の意見をふり返り、自分の考えが正しいかを確認している。

(四) **難** **思考力** 【話し合いの様子】の中の二重傍線部分「ボランティア活動の参加者を増やすための工夫」について、あなたの考えを、次の〔注意〕にしたがって書きなさい。（6点）

〔注意〕
①題名は書かずに本文から書き出しなさい。
②具体的なボランティア活動を一つ取り上げ、【資料2】または【資料3】をふまえて、そのボランティア活動の参加者を増やすための工夫を明確にして書きなさい。
③あなたの考えが的確に伝わるように書きなさい。
④原稿用紙（20字詰×10行＝省略）の使い方にしたがい、全体を百六十字以上二百字以内にまとめなさい。

滋賀県

時間 50分　満点 100点　解答 P30
3月10日実施

出題傾向と対策

●論説文と資料を組み合わせた問題、論説文と資料と生徒の会話を組み合わせた問題（省略）、漢字・漢文の基礎知識を組み合わせた問題の大問三題構成。資料や会話文と組み合わせて答える記述式の設問が複数あり、短文作成や条件作文（省略）も含まれている。
●本文の難度は標準的だが、複数の文章や資料と組み合わせて多面的に考える能力が要求されるので、同様の問題演習を積み重ねておく必要がある。漢字や古典の基礎的な知識は、普段の授業で押さえておくこと。

注意　漢字は楷書、仮名遣いは現代仮名遣いで書きなさい。

一（論説文）内容吟味

次は、プラスチックについて書かれた【本の一部】と【資料の一部】です。これらを読んで、後の1から5までの各問いに答えなさい。（計37点）

【本の一部】
[A]
プラスチックは軽量で耐久性があり、好きな形に成形することができ、かつ安価に生産できるなど、極めて有用で、革命的とさえ言える素材だ。また、プラスチックに添加剤を混ぜることで、私たちの望む特性をもたせることができる。たとえば、ビスフェノールAとフタル酸エステルを添加することで、「水に強く、燃えにくい」プラスチックができる。こうしてプラスチックは「何にでも使える」素材となってきた。
　現在は、環境問題の元凶のように目されているプラスチックだが、実は「環境保護のためにその利用が増えてき

た」経緯もあると聞くと驚くかもしれない。初期の頃、プラスチックが多用されるようになった理由には主に二つあるという。

一つは、野生動物の保護だ。従来、装飾品などの材料として使われていた象牙やウミガメの甲羅をプラスチック材料で代用することで、ゾウやウミガメなどをできるだけ殺さずにすむ、というものだ。もう一つは、どのみち廃棄物になるしかなかった製油所からの副産物をプラスチックペレットとして利用し、経済的な価値に転換するという、廃棄物の有効活用である。

今世紀最大の課題と言われる温暖化の問題に対しても、軽量で耐久性の高いプラスチックは社会・経済活動に伴う温室効果ガスの排出量低減に役立ってきた。たとえば飲料ボトルがガラスからプラスチックに代わることで、軽量化が進み、輸送時のCO_2排出量が削減される。容器包装に高性能プラスチックを使用することで、食品貯蔵寿命を延ばすことができ、食品ロス削減につながる。

このように、プラスチックは多くの分野や製品・用途において、環境負荷低減に役立ってきた。しかし、プラスチックは人間が創り出した人工物であり、自然の中には存在しない。プラスチックをこれほどまでに特別で有用な素材にしているその特性ゆえに、プラスチックは基本的に自然に還る（かえ）ことができないのだ。プラスチックごみの大きな問題の一つは、「完全に分解されることはない」ことだ。より細かく砕かれていっても、消えることはない。たとえ肉眼では見えなくなったとしても、環境中に残り続ける。たとえば発泡スチロール製の容器は、分解するのに数千年もかかり、その間、水や土壌を汚染し続けるという。

プラスチックは基本的に自然に還らないため、これまでに生産されたプラスチックのほぼすべてが――埋め立て場であれ、海の中であれ――今でも存在し続けているのだ。

［B］

私たちの暮らしも経済活動も、地球から資源やエネルギーを取り出すことで営まれている。また、暮らしや経済活動で不要になったものは、廃棄物として地球に戻される。私たちの暮らしや経済活動から見ると、地球は資源やエネルギーの「供給源」であり、廃棄物の「吸収源」でもある。

「供給源」としての地球から供給されるものは、木材、魚、淡水、太陽光や風力といった「再生可能な資源」もあれば、石油・石炭・天然ガスなどの化石燃料や鉱物資源といった「再生不可能な資源」もある。言うまでもなく、再生不可能な資源は使い切ったら、あとは使えなくなる。再生可能な資源は、その資源が再生するペースを超えなければ持続可能に使い続けることができる。

他方、「吸収源」としての地球に吸収してもらう廃棄物も、地球が吸収し、無害化できるペースを超えずに排出していれば、問題ない。しかし、それを超えてCO_2が排出されているために温暖化が生じるように、地球の吸収能力を超えて廃棄物を排出するのは持続可能ではない。また、自然由来ではない人工物のように、そもそも地球には吸収できないものもある。言うまでもなく、そういったものを排出し続けるのは持続可能ではない。

「これは環境問題だ」と言うとき、「供給源としての問題」と「吸収源としての問題」を区別することが肝要だ。ごっちゃになったままでは議論がかみ合わないことがよくあるからだ。

プラスチックの問題で言えば、数十年前に「レジ袋をやめよう」という運動が広がったことがあった。そのときの主な理由は「化石資源は枯渇（こかつ）するから」であった。そこで、業界団体から、「レジ袋は原油を精製する過程で生じるナフサを使って製造しているのだから、レジ袋をやめても化石資源の保全には関係ない」という声が上がり、運動の勢いは失われた。ここでの問題は「供給源としての問題」であった。

昨今の「レジ袋をやめよう」という動向は、「吸収源としての問題」への対処として出てきていることに留意したい。たとえ、資源面で問題がなくても、製造・使用・廃棄されたレジ袋が道ばたや世界中の海に散逸し、もともと自然環境では分解されないプラスチックごみとしてたまり続けていることが問題となっているのである。

（枝廣（えだひろ）淳子（じゅんこ）『プラスチック汚染とは何か』による。）

（注）成形＝形を作ること。
ビスフェノールA、フタル酸エステル＝どちらもプラスチックを加工する際に添加する物質。
元凶＝悪いことのおおもと。
目する＝注意を向ける。
ペレット＝小さな粒の形をしたもの。
温室効果ガス＝地球から熱が逃げないような働きをする気体のこと。
食品ロス＝食べ残しや売れ残りなどで、本来食べられるにも関わらず捨てられてしまう食べ物。
負荷＝負担になること。
枯渇＝つき果てて、なくなること。
ナフサ＝石油を精製する際に得られるガソリンの一種。
散逸＝ばらばらになってどこかへいってしまうこと。

【資料の一部】

【グラフ①】プラスチック世界年間生産量　（2015年）
合計 4億トン

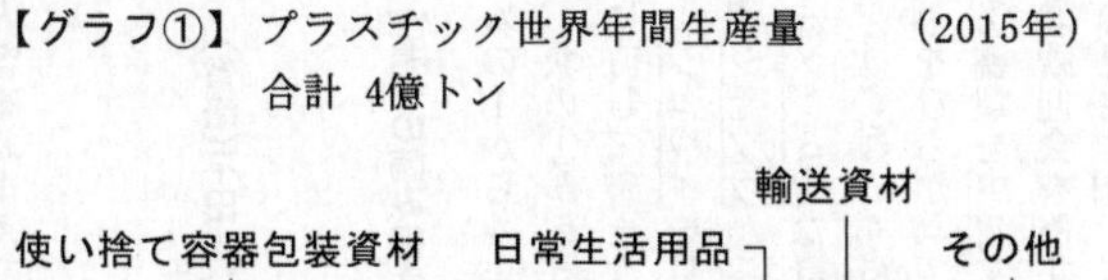

【グラフ②】世界の容器包装プラごみの行方　（2015年）
合計 1億4100万トン

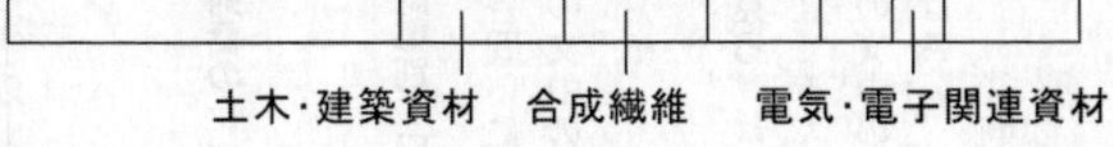

人類がこれまでに生産したプラスチックのうち，約半分は21世紀になってからのものだと算出されています。なかでも驚異的な伸び率を示しているのが，飲料ボトル，ボトルキャップ，食品トレイ，外装フィルム，レジ袋など，容器や包装に使われているプラスチックです。

上の【グラフ①】は，2015年に生産されたプラスチック約4億トンを部門別に分類したもの。最大の36%，全体の3分の1以上を占めるのが容器包装部門です。

これらの容器包装プラスチックは，商品の輸送や保存，衛生管理に役立ち，いまや日々の暮らしの中で目にしない日はありません。しかし，これらは使い捨てであり，生産されたその年のうちに，ごみになってしまうものがほとんどです。生産量が多くなれば，当然，ごみの量も増えます。

同じ2015年に，ごみになったプラスチック約3億トンのうち，容器包装が占めるのは，実に47%に及びます。

しかし本当に問題なのは，これらのごみの行方です。2015年の全世界の容器包装プラごみ（【グラフ②】）のうち，リサイクルされたのは14%に過ぎません。残り86%のうち，埋め立てや焼却に回されたものを除くと，なんと32%が「流出」しているというのです。

容器包装プラごみは，軽量で風に飛ばされやすく，特にレジ袋は風船のように風をはらんで予想外に遠くまで移動します。しかもその寿命は定かではなく，数百年ないし千年たっても分解されないともいわれています。こうして流出したごみのうち，あるものは土壌に堆積し，あるものは海にたどりつきます。

（インフォビジュアル研究所『図解でわかる14歳からのプラスチックと環境問題』による。）

1、【本の一部】の［A］の——線部はプラスチックの特性について述べています。この特性のうち、軽量であるということによるプラスチックの利点について、【本の一部】の［A］の中ではどのように説明されていますか。具体例を含めて書きなさい。（8点）

2、【本の一部】の［A］から読み取れることとして最も適切なものを、次のアからエまでの中から一つ選び、記号で答えなさい。（5点）

ア、プラスチックを利用した生活は、地球環境への負担があまりにも大きいということが最近の研究によって明らかになってきたので、早急に人間の暮らしを見直さなければならない。

イ、もともと環境保護という面も持ち合わせていたプラスチックであるが、人間にとって有用な特性をもつがゆえに生じた弊害が、現在、地球環境に対する大きな問題となっている。

ウ、プラスチックの歴史を振り返ると、その技術開発の中で環境保護を目的とする意外な一面もあったので、今一度初心に戻り、環境に配慮したプラスチックの開発を考えるべきだ。

エ、科学技術の進歩には、人間の意図にかかわらず、必ず功罪が現れてくるものであり、プラスチックも結果的に自然環境に悪い影響を及ぼしてしまったという経緯をたどっている。

3、【本の一部】の［A］と【資料の一部】について、【資料の一部】からのみ得られる情報はどれですか。最も適切なものを、次のアからエまでの中から一つ選び、記号で答えなさい。（5点）

ア、プラスチックは分解に数百年、数千年かかるということ。

イ、プラスチックが食品の保存に役立っているということ。

ウ、プラスチックは人工物で最終的にごみになるということ。

エ、プラスチックのリサイクルが進んでいないということ。

4、【本の一部】の［B］の……線部について、本文から読み取れる理由はどのようなことですか。最も適切なものを、次のアからエまでの中から一つ選び、記号で答えなさい。（5点）

ア、再生可能な資源と再生不可能な資源の両方を使い続けるために、供給源の問題として解決策を議論すべきだから。

イ、環境問題には二つの側面があることを意識し、一側面に着目するのではなく、それぞれの面から考える必要があるから。

ウ、使用した資源の量と排出された廃棄物の量を分けて分析することで、科学的根拠に基づいた経済活動が可能になるから。

エ、環境問題においては二つの側面を同時に解決することはできないので、どちらか一方を優先することが重要だから。

5、〈思考力〉【本の一部】の［B］の——線部について、「レジ袋をやめよう」という動きが起こったのはなぜですか。その理由を、【本の一部】の［B］と【資料の一部】の内容をふまえて、八十字以上、百二十字以内で書きなさい。（14点）

二 （省略）平田オリザ「対話のレッスン」より （計36点）

三 漢字の読み書き・品詞識別・口語訳・古典知識 基本 （計27点）

次の1から4までの各問いに答えなさい。

1、次の①から⑤までの文中の——線部のカタカナを漢字に直して書きなさい。（各2点）

①シュウイを見渡す。　②気力をフルう。
③シャソウから外を見る。　④年月をツイやす。
⑤メンミツな計画を立てる。

2、次の①から⑤までの文中の——線部の漢字の正しい読みをひらがなで書きなさい。（各2点）

①書類を申請する。　②商品を陳列する。
③歓迎会を催す。　④注意を喚起する。
⑤現地に赴く。

3、次の文中の——線部の活用の種類と活用形は何ですか。活用の種類は、後の①のアからオまでの中から一つ選び、記号で答えなさい。活用形は、後の②のaからfまでの中から一つ選び、記号で答えなさい。（各1点）

「ありがとう、友よ。」二人同時に言い、ひしと抱き合い、それからうれし泣きにおいおい声を放って泣いた。

（太宰(だざい)治(おさむ)『走れメロス』による。）

①活用の種類

ア、五段活用　イ、上一段活用
ウ、下一段活用　エ、カ行変格活用
オ、サ行変格活用

②活用形
a、未然形　b、連用形　c、終止形
d、連体形　e、仮定形　f、命令形

4、**思考力** 次は、中国の『韓非子』という本にある話の【A】と、その現代語訳【B】です。これらを読んで、後の①と②の各問いに答えなさい。

【A】

楚人に、盾と矛とをひさぐ者あり。これをほめていはく、「わが盾の堅きこと、よくとほすものなし。」と。またその矛をほめていはく、「わが矛の利きこと、物においてとほさざるなし。」と。ある人いはく、「子の矛をもつて、子の盾をとほさばいかん。」と。その人、こたふることあたはざりき。
（竹内照夫『新釈漢文体系　第12巻　韓非子（下）』による。）

【B】

楚の国の人で、盾と矛とを売る者がいた。その盾を自慢して言うには、「私の盾の堅いことといったら、突き通せるものはないのだ。」と。また、その矛を自慢して言うには、「私の矛の鋭いことといったら、どんなものでも突き通さないものはないのだ。」と。ある人が、「あなたの矛であなたの盾を突いたら、どうなるか。」と尋ねた。その人は答えることができなかった。

①【A】の――線部は、【B】のどの部分と対応していますか。適切な部分を【B】の中から抜き出して書きなさい。（2点）

②【A】の話から生まれた故事成語を漢字で答え、意味を書きなさい。（漢字1点、意味2点）

京都府

時間 40分　満点 40点　解答 P31　3月6日実施

出題傾向と対策

●古文、論説文の大問二題構成。論説文のなかでの漢字の読み書き、口語文法、発表に関する問題など、多岐にわたる問題が出題されている。設問はほぼ記号式で、論述問題はない。本文は平易で読みやすく設問数も比較的少なめであることから、高得点を取ることが求められる。

●基礎基本を大切にし、着実に力をつけておくこと。また、記号式の問題はなぜその選択肢を選んだか、なぜ、ほかの選択肢は違うと言えるかを考えながら解く習慣をつけ、「何となく」ではなく確実に答えられるようにしたい。

解答上の注意　字数制限がある場合は、句読点や符号なども一字に数えなさい。

一 (古文)仮名遣い・内容吟味・動作主

次の文章は、「浮世物語」の一節である。注を参考にしてこれを読み、問い(1)～(5)に答えよ。（計12点）

*唐土　*梁の帝、猟に出で給ふ。白き*鴈ありて田の中に[a]下りゐたり。帝みづから*弓に矢をはげ、これを射んとし給ふに、道行き人ありて、是を知らず白鴈を追ひたて侍べり。帝[b]大いに怒りて、その人をとらへて殺さんとし給ふ所に、*公孫龍といふ臣下、いさめていはく、むかし*衛の*文公の時、天下大いに日照りする事三年なり。これを占はせらるるに、曰く、一人を殺して天に*まつらば雨ふるべしと。文公の曰く、雨を求むるも民のため也。今これ人を殺しなば、不仁の行、いよいよ天の怒りを受けん。この上は、われ死して天に*まつらん、とのたまふ。その心ざし*天理にかなひ、たちまちに雨ふりて、*五穀ゆたかに民*さかへたり。今、君この白鴈を[c]重んじて人を殺し給はば、これまことに*虎狼の[d]たぐひにあらずや[e]と申しければ、帝大いに感じて、公孫龍を*たうとみ給ひけり。
（「新編日本古典文学全集」による）

注
*唐土…昔、日本が中国のことを指して呼んだ名称。
*梁…国名。
*鴈…カモ科の水鳥。
*弓に矢をはげ…矢を弓の弦にかけ。
*公孫龍…梁の帝の家臣。
*衛…国名。
*文公…衛の君主。
*まつらば…差し上げるならば。
*まつらん…差し上げよう。
*天理…天の道理。
*五穀…五種の主要な穀物。また、穀物の総称。
*さかへたり…栄えた。
*虎狼…トラとオオカミ。冷酷無情なもののたとえ。
*たうとみ給ひけり…尊び重んじなさった。

(1) **よく出る** **基本** 本文中の[a]下りゐたり・[d]たぐひは歴史的仮名遣いで書かれている。これらの平仮名の部分をすべて現代仮名遣いに直して、それぞれ平仮名で書け。（各1点）

(2) 本文中の[b]大いに怒りての理由を述べた文として最も適当なものを、次の（ア）～（エ）から一つ選べ。（2点）
（ア）道を通った人が、鴈を射ようとしている人物が梁の帝であることを知らずに、梁の帝を追いたてて道を譲らせようとしたから。
（イ）田んぼの中の鴈を梁の帝が射ようとしていることを知らなかった通りすがりの人が、その鴈を追いたてたから。
（ウ）梁の帝が自ら弓を取り、鴈を射ようとしていたときに、射るのを邪魔しようと鴈を追いたてた人がいたから。
（エ）鴈を誰かが射ないように梁の帝は見張っていたが、道行く人に気づかなかった結果、その人に鴈を追いたてられたから。

(3) よく出る 本文中の c重んじて の主語である人物として最も適当なものを、次の（ア）～（エ）から一つ選べ。（2点）

（ア）衛の文公　（イ）公孫龍
（ウ）道行き人　（エ）梁の帝

(4) 本文からは、本文中の e」に対応して初めを示すかぎ括弧（「）が抜けている。このかぎ括弧（「）が入る箇所の、直後の三字を本文中から抜き出して書け。（2点）

(5) 次の会話文は、舞子さんと良平さんが本文を学習した後、本文について話し合ったものの一部である。これを読み、後の問い㈠・㈡に答えよ。

> 舞子　文公は日照りの対策を占わせたんだね。占いの結果を受けて、文公はどのように考えたのだったかな。
> 良平　文公は、占いで人を一人犠牲にするよう告げられたけれど、その一人を自分以外の人とした場合、これは「A」であり、事態をますます悪化させ、B にはならないと考えた、ということが本文から読み取れるよ。
> 舞子　そうだね。占いはそもそも B にしたことだったわけだからね。本文を読むと、文公の、C が天を動かした、ということがわかるね。

㈠ 会話文中の A ・ B に入る最も適当な表現を、本文中からそれぞれ四字で抜き出して書け。（完答で2点）

㈡ 会話文中の C に入る最も適当な表現を、次の（ア）～（エ）から一つ選べ。（2点）

（ア）自分の思いに固執せず、臣下の忠告に耳を貸しそれを素直に受け入れて考えを改めるという謙虚な態度
（イ）自身が天の怒りを受けることを恐れず、穀物が豊かに実って民が栄えるよう、占いを行った勇気
（ウ）与えられた方策をそのまま採用せず、目的に照らし合わせてその方策の是非を考え、民を重んじる判断をした姿勢
（エ）自身が帝に罰せられることを顧みず、激怒する帝に向かって帝の行動を改めさせようとした覚悟

二 （論説文）内容吟味・文脈把握・品詞識別・漢字の読み書き・語句の意味・意味用法の識別・熟語・段落吟味・国語知識

次の文章は、「貨幣」について書かれたものの一節である。これを読み、問い(1)～(11)に答えよ。（計28点）
（1～5は、各段落の番号を示したものである。）

1 まずは私たちが日常的に使っている貨幣から考えてみよう。私たちはそれらでパンや珈琲（コーヒー）を買う。これを言いなおせば、私たちは自分でパンや珈琲をつくるのではなく、各々の技能に応じてモノやサービスを生産し、その見返りとして貨幣をもらい、その貨幣と交換で他人がつくったパンや珈琲を手に入れるということである。つまりモノとモノとを、貨幣を介して間接的に交換しているわけだ。

2 aここでは貨幣があいだに入ることが決定的に重要である。〈1〉もし貨幣がなかったらと想像してみよう。人類学者である私はお腹（なか）が減ったら、ラーメン屋で「人類学の本と交換にラーメンを食べさせてくれ」と頼まねばならない。bもちろん断られるだろう。虫歯が痛むラーメン屋は歯科医院に行って、ラーメンと引き換えに歯を治療してくれと頼むが、歯医者はラーメンは昼に食べたばかりだからと断るかもしれない。私だって歯医者に「歯を削ってやるから本をくれ」と頼まれても困る。物々交換が成立するには「*2人の人間が互いに相手の欲しい物をもっているという希（まれ）な偶然、すなわち欲求の二重の一致」が必要だが、片思いが両思いに成就（じょうじゅ）するのは容易ではない。〈2〉だから、あいだに入る「交換媒介」としての貨幣が重要なのである。

3 多くの論者が、c貨幣の発生について論じる際に、この媒介機能の重要性に d言及してきた。アダム・スミス*は、*（欲望の二重の一致という）「不便を避けるために、分業が e確立した後、どの時代にも賢明な人はみな、自分の仕事で生産したもの以外に、他人が各自の生産物と交換するのを断らないと思える商品をある程度持っておく方法をとった」と論じている。たとえば日本では米などが、この「他人が断らない商品」にあたる。主食である米は、みながそれなりにもっているので、当座*の交換の見返りとして一番欲しいものではない。〈3〉だが、それでも歯医者はラーメン屋が米をもって来たら、受けとって治療するだろう。なぜなら米はラーメンと違って保存が効くので、いつか食べられるからだ。歯医者が米を受けとる理由として、保存が効くこと以上に大きいのは、米ならきっと人類学者も受けとるだろうという期待である。じっさいに人類学者は米を受けとるだろう。なぜなら、本を読まないラーメン屋も米なら受けとると期待するからである。こうして米は必ずしも各人の一番欲しいモノではないが、他人もきっと受けとるという期待から、交換を断られない商品、すなわち交換媒介＝貨幣として機能するようになる。〈4〉

4 このように物々交換のあいだに入る媒介物としての人気商品に貨幣の起源を見るのが「貨幣商品起源説」である。もちろん過去にさかのぼって貨幣が発生する瞬間を確認できるわけではないので、これは仮説にすぎない。□物々交換のなかから、特定の商品が貨幣の役割を果たすようになったという f報告は数多くある。たとえば経済学者であるリチャード・A・ラドフォードは、自身が第二次世界大戦中に捕虜として囚（とら）われていた gシュウ容所で、パンや缶詰などの物々交換のなかからタバコが貨幣として用いられるようになった事例を報告している。

5 現在、私たちが使っている貨幣はこの「交換媒介」機能を中心として、価値を将来にもち越す「価値保存」、あらゆるモノの価値をあらわす「価値基準」という三つの機能を果たすものとされる。米やタバコなどの商品貨幣はこの三つの機能を果たすものの、まだ不完全である。たとえば米はラーメンよりは保存が効くが、時間がたてば品質が落ちる。そうなると交換を断られてしまうし、価値基準としても不安定である。貨幣のはじまりはこのような不完全な商品だったが、その後、時代が下るにつれて三つの機能をより完全に果たすモノに変わっていっ

た。米や麦からより耐久性の高い貝や石へ、さらに貴金属へ、それをｈ均質的に加工した硬貨へ、そして紙幣へ。容易に持ち運べ、劣化せず、一〇〇円のジュースから一〇〇億円の戦闘機まであらゆるものの価値をあらわせる貨幣へと完成度を高めていったのである。人間を交換する生きものととらえるならば、貨幣は人間の交換生活と歩調をあわせて進化してきたといえるかもしれない。

（深田淳太郎「文化人類学の思考法」による…一部省略がある）

注

＊「2人の～の一致」…アメリカの経済学者グレゴリー・マンキューが論じた内容。

＊アダム・スミス…イギリスの経済学者。

＊欲望の二重の一致…②段落の「欲望の二重の一致」と同意。

＊当座…その場ですぐ。

(1) よく出る 本文中のａここが示す内容として最も適当なものを、次の（ア）～（エ）から一つ選べ。（2点）

（ア）自分が生産したモノを差し出す見返りとして貨幣を手に入れる場面。

（イ）貨幣を使用してモノを買うことで、間接的に相手の貨幣を受け取る場面。

（ウ）各個人の能力や技術によってつくり出されたモノがやりとりされる場面。

（エ）生活に必要で誰もが求めるモノを、貨幣を用いることで入手する場面。

(2) よく出る 本文からは次の一文が抜けている。この一文は本文中の〈1〉～〈4〉のどこに入るか、最も適当な箇所を示す番号を一つ選べ。（2点）

なぜならモノどうしの直接交換は難しいからだ。

(3) 基本 本文中のｂもちろん断られるだろうは、どのような品詞の語で組み立てられているか、用いられている単語の品詞を、次の（ア）～（オ）からすべて選べ。（完答で2点）

（ア）動詞　（イ）副詞　（ウ）連体詞
（エ）助動詞　（オ）助詞

(4) 次の文章は、本文中のｃ貨幣の発生に関して述べたものである。これを読み、後の問い㈠・㈡に答えよ。

貨幣は、［A］に発生したと考えられる。この「貨幣商品起源説」が広く説得力を持つのは、ある種の商品が、［B］と人々にとらえられて商品貨幣となり、実際に多くの場面で機能していたという報告があるからである。

㈠ 文章中の［A］に入る最も適当な表現を、次の（ア）～（エ）から一つ選べ。（2点）

（ア）交換を行う者どうしのあいだで欲求の二重の一致が成立することによって、交換媒介となるモノの必要性が生じたため

（イ）相手が求めるモノとなるように、自分の持っているモノの価値をより高める働きをもつ存在が求められたため

（ウ）物々交換のあいだに入る媒介物が生まれたことで、自身が生産したモノの価値を保存する必要性が生じたため

（エ）互いの欲求を満たすためにモノを交換する際、互いが求めるモノの価値の代用となって働く存在が求められたため

㈡ 文章中の［B］に入る最も適当な表現を、本文中から二十八字で抜き出し、初めと終わりの三字を書け。（2点）

(5) よく出る 基本 本文中のｄ言及の読みを平仮名で書け。（2点）

(6) よく出る 基本 本文中のｅ確立したの意味として最も適当なものを、次のⅠ群（ア）～（エ）から一つ選べ。また、本文中のｈ均質の意味として最も適当なものを、後のⅡ群（カ）～（ケ）から一つ選べ。（各1点）

Ⅰ群
（ア）不動のものとなった
（イ）可能性をみせた
（ウ）成功した
（エ）軌道に乗った

Ⅱ群
（カ）一つの形にまとまっている
（キ）形状が薄く平らである
（ク）成分や密度、性質が一定である
（ケ）高い品質を保っている

(7) 本文中の［　］には、［　］の前に述べられていることと、後に述べられていることとの間で、どのような働きをする語が入るか。最も適当なものを、次のⅠ群（ア）～（エ）から一つ選べ。また、本文中の［　］に入る語として最も適当なものを、後のⅡ群（カ）～（ケ）から一つ選べ。（完答で2点）

Ⅰ群
（ア）前に述べられていることと、後に述べられていることが並列であることを表す働き。
（イ）前に述べられていることが、後に述べられていることの原因であることを表す働き。
（ウ）後に述べられていることが、前に述べられていることの説明やまとめであることを表す働き。
（エ）後に述べられていることが、前に述べられていることとは逆の内容であることを表す働き。

Ⅱ群
（カ）だから　（キ）だが
（ク）つまり　（ケ）同様に

(8) 本文中のｆ報告の熟語の構成を説明したものとして最も適当なものを、次のⅠ群（ア）～（エ）から一つ選べ。また、ｆ報告と同じ構成の熟語を、後のⅡ群（カ）～（ケ）から一つ選べ。（完答で2点）

Ⅰ群
（ア）上の漢字が下の漢字を修飾している。
（イ）上の漢字と下の漢字の意味が対になっている。
（ウ）上の漢字と下の漢字が似た意味を持っている。
（エ）上の漢字と下の漢字が主語・述語の関係

になっている。

Ⅱ群
(カ) 添付　(キ) 脇道
(ク) 日没　(ケ) 緩急

(9) 本文中のgシュウ容の片仮名の部分を漢字に直し、楷書で書け。(2点)

(10) 本文の段落構成を説明した文として最も適当なものを、次の(ア)〜(エ)から一つ選べ。(2点)

(ア) [2]段落では、[1]段落の内容と対照的な状況について具体例を使って示すことで、[1]段落の趣旨を否定している。
(イ) [3]段落では、[2]段落で用いた例を発展させることで、「貨幣商品起源説」について説明している。
(ウ) [4]段落では、[3]段落で述べた内容と異なる論点で根拠を示すことで、貨幣の誕生を説明している。
(エ) [5]段落では、[3]・[4]段落で述べたことを用いて、一般論と自説を比較している。

(11) 思考力 創太さんと芽依さんのクラスでは、本文を学習した後、本文の内容についてポスターセッションをすることになった。次の会話文は、創太さんと芽依さんが本文について話し合ったものの一部である。これを読み、後の問い㊀〜㊂に答えよ。

創太　完成度の高い貨幣ってどのようなもののことだったかな。
芽依　本文の内容から完成度の高い貨幣とは、交換手段としての働きと、[X]を高い水準で備えているもののことだと読み取れるね。本文には、現在の貨幣が昔の貨幣と比べて、完成度が高いということが書かれていたね。
創太　そうだったね。本文最後の一文に書かれていた、「人間を交換する生きものととらえるならば、貨幣は人間の交換生活と歩調をあわせて進化してきた」とはどういうことだったかな。
芽依　その本文最後の一文を、別の表現にすると、[Y]ということだと本文からわかるね。貨幣について調べてみると、アダム・スミスが、人間は物々交換し、取引する性向を備えていることを指摘していたよ。
創太　なるほど。じゃあ、本文の内容を踏まえて1ポスターセッションの主題は「交換生活と人」にするのはどうかな。
芽依　それはいいね。ポスターの本文は縦書きにしようかな。2縦書きを読みやすく書くための要点を教科書で復習しておくね。

㊀ 会話文中の[X]に入る最も適当な表現を、次の(ア)〜(エ)から一つ選べ。(2点)
(ア) 持続性と指標的な作用
(イ) 一過性と客観的な作用
(ウ) 永遠性と創造的な側面
(エ) 規則性と短期的な側面

㊁ 会話文中の[Y]に入る最も適当な表現を、次の(ア)〜(エ)から一つ選べ。(2点)
(ア) 人間が交換する生きものとして段階的に発展してきたことにより、貨幣は廉価なものから高価なものまで価値を示すことができるようになった
(イ) 貨幣が人間を交換する生きものとなるように変化させたことで、硬貨や紙幣が生まれ、人間の社会生活が豊かで安定したものになった
(ウ) 交換することは人間の特性であると考えられ、交換媒介は、社会の進歩に伴い、姿を変化させ、その働きを充実させ、硬貨や紙幣へ発展してきた
(エ) 人間は交換するだけの生きものではないので、人間の生活の発展と、貨幣が交換するものとして進化してきたことは、根幹の部分では関連がない

㊂ 1ポスターセッションに向けてポスターを作成する際の一般的な注意点として適当でないものを、次のⅠ群(ア)〜(エ)から一つ選べ。また、2縦書きを読みやすく書く際の一般的な注意点として適当でないものを、後のⅡ群(カ)〜(ケ)から一つ選べ。(各1点)

Ⅰ群
(ア) 見る側の興味をひくキャッチコピーをつける。
(イ) 用紙の上下左右に余白を設けない。
(ウ) 題名の部分は見出しよりも目立たせて書く。
(エ) 具体的な内容に関する情報の掲載は最小限にする。

Ⅱ群
(カ) 字間と行間をそれぞれそろえて書く。
(キ) 用紙に合った文字の大きさで書く。
(ク) 文字の中心を行の中心にそろえて文字を書く。
(ケ) 平仮名は漢字より大きく書く。

大阪府

時間 50分　満点 90点　解答 P32　3月11日実施

出題傾向と対策

●例年同様、今年もA問題（基礎）、B問題（標準）、C問題（発展）の三種の試験から各校が選択して出題する形式となっている。漢字および文法、現代文二題、古文、条件作文の大問五題構成は各問題ともに共通する。

●まずは自分の志望校がどの問題を採用しているのか確認しておく。そのうえで、求められている力のレベルを把握し、問題演習を重ねることで着実に学力を伸ばしていきたい。条件作文はA・B・Cのどの問題でも出題されているので、しっかり練習しておくこと。

注意　答えの字数が指定されている問題は、句読点や「 」などの符号も一字に数えなさい。

A問題

一 漢字の読み書き・文　基本

次の問いに答えなさい。（計18点）

1、よく出る 次の(1)～(4)の文中の傍線を付けた漢字の読み方を書きなさい。また、(5)～(8)の文中の傍線を付けたカタカナを漢字になおし、書きなさい。ただし、漢字は楷書で、大きくていねいに書くこと。（各2点）

(1)新しい生活に慣れる。
(2)問題を速やかに解決する。
(3)美術館で絵画を鑑賞する。
(4)状況を正確に把握する。
(5)桜の苗木をウえる。
(6)使い終わった食器をアラう。
(7)時計のデンチを交換する。
(8)世界遺産にトウロクされる。

2、次の文中の傍線を付けたことばが修飾している部分をあとから一つ選びなさい。（2点）

昨日、私は放課後に図書館で本を借りた。

ア、図書館で　イ、本を　ウ、借りた

二 （論説文）品詞識別・文・語句の意味・文脈把握

次の文章を読んで、あとの問いに答えなさい。（計23点）

私の生物多様性の発見は、小学校三年生のときに参加した、ある探鳥会がきっかけだ。近所の公園で探鳥会が開かれるという新聞広告を見つけた父が、私を連れていってくれたのだった。私は、子どもの頃から生物が大好きだった。虫捕りや魚釣りのほか、両生類に爬虫類、草花の採集、化石掘りなどして、とにかくなんでも集めてきてはそれを飼ったり、標本にしたりと楽しんでいた。さて探鳥会では、案内役の専門家の先生がいた。その人は、ちょっとした鳥の影や鳴き声でも敏感に気づき、すぐに鳥を見つけて、私に望遠鏡で①見せてくれた。そうして、一つひとつ鳥の名前を教えてくれる。私は、ノートに鳥の名前を書いていった。すぐに一〇も二〇もの鳥の名前が並ぶ。スズメやカラス以外にも鳥がいるであろうことは知っていたが、一度にこれほどまでに見られるのかと感心したし、ノートが鳥の名前で埋まっていくことがとてもうれしく思えた。

そうこうしているうちに、

「ポールリ、ピィー、チチィー」

と、大きくて、澄んだ声がしたかと思うと、一羽の小鳥が私たちの頭上をサーッと飛んで、高い木の枝先に止まった。周りの大人たちが②どよめく様子から、何となくただものではない鳥の出現という予感がした。先生の望遠鏡をのぞかせてもらうと、そこには、これまでにまったく見たことがAない種類の鳥が映っていた。背中が、輝くような濃くて深い青色をしていて、反対にお腹は真っ白な鳥だった。しかも、望遠鏡越しに目と目があって、私ははっと息を飲んだ。その鳥はオオルリだと、先生が教えてくれた。夏に来る渡り鳥で、この公園では数年ぶりに現れた珍客だというようなことも聞いた。

私はそのとき、これは、大変なことになったと思った。自分の身の回りですら、こんな意外なほど美しい鳥がいるならば、世の中にはものすごい生物たちが満ちあふれているに違いない。そう、直感したのだ。驚きをもって生物多様性を発見した瞬間だった。それまでにも、色や形の変わった珍しい鳥やケモノは、図鑑や動物園で見ていた。けれども、それは、どこか遠い大陸や南国の島の生物たちで、自分の住む世界とはかけ離れたものと考えていたように思う。オオルリだって、知らなかったわけではBない。しかし、この鳥を目の当たりにした経験から、私は絶大な影響を受けた。「自分の家の周りに住む生物は、だいたいこんなものだろう」と見当をつけていたものさしが、まったく通用しCないことに気づいたのだった。

それから、私はすっかり鳥たちの多様性に魅了され、そのことで多くのことを学んだ。なんでもないと思っていたスズメでも、［③］ことや、［④］こと、［⑤］ことなどだ。

これらは今日では、順番に遺伝子の多様性、種の多様性、生態系の多様性と呼ばれている。それぞれに重要で、守るべきものであるといわれているが、その当時の私にとっては、むしろ、おもしろくて、すばらしいと思う方が先で、そのことがずっと大切なのだった。

（神松幸弘「オオルリの青」による）

1、よく出る 基本 本文中のA～Cの――を付けた語のうち、一つだけ他と品詞の異なるものがある。その記号を選びなさい。（2点）

2、基本 ①見せてくれた とあるが、次のうち、この動作を行っているものはどれか。最も適しているものを一つ選びなさい。（3点）

ア、専門家の先生　イ、鳥　ウ、私（筆者）

3、②どよめく とあるが、次のうち、このことばの本文中での意味として最も適しているものはどれか。一つ選びなさい。（4点）

ア、てきぱきと動く　イ、ざわざわと騒ぐ
ウ、ひそひそと話す

4、次の（ⅰ）～（ⅲ）は、それぞれ本文中の[③]、[④]、[⑤]のいずれかに入る。[③]、[④]、[⑤]に入れることばの組み合わせとして最も適しているものを、あとのア～カから一つ選びなさい。（4点）

（ⅰ）街や森、あるいは海や山へと違うところへ行けば、それぞれぜんぜん違った鳥の仲間たちに出会える
（ⅱ）スズメには家のそばにいる普通のスズメと森に住むニュウナイスズメという別の種がいる
（ⅲ）一匹ずつ模様が微妙に違っていて、なかには非常に個性的な個体もいる

ア、③（ⅰ）④（ⅱ）⑤（ⅲ）
イ、③（ⅰ）④（ⅲ）⑤（ⅱ）
ウ、③（ⅱ）④（ⅰ）⑤（ⅲ）
エ、③（ⅱ）④（ⅲ）⑤（ⅰ）
オ、③（ⅲ）④（ⅰ）⑤（ⅱ）
カ、③（ⅲ）④（ⅱ）⑤（ⅰ）

5、驚きをもって生物多様性を発見した瞬間だった とあるが、筆者が生物多様性を発見した瞬間について、本文中で述べられている内容を次のようにまとめた。[a]に入る内容を、本文中のことばを使って十字以上、十五字以内で書きなさい。また、[b]に入れるのに最も適しているひとつづきのことばを、本文中から二十三字で抜き出し、初めの五字を書きなさい。（a6点、b4点）

近所の公園で開かれた探鳥会で、[a]経験から、[b]はずだと直感した。

三 （古文）内容吟味・仮名遣い

次の文章を読んで、あとの問いに答えなさい。（計12点）

昔、さるかた（ある人）へ、「いつぞやかしたる碁盤をかへし給（たま）はれ」とかきてやりければ、①先のもの大きに腹をたて、「これは何たる無実をいひかくるぞ、さらに（まったく）おぼえなし」といふ。その文（手紙）をせんさくして見たれば、かなにて「ごばん」とかきたるを、「小判かへせ」とよみたる②ゆゑなり。

1、①先のもの大きに腹をたて とあるが、次のうち、「先のもの」が大いに腹をたてた理由として本文中で述べられているものはどれか。最も適しているものを一つ選びなさい。（4点）
ア、身に覚えがないことを言われたと思ったから。
イ、碁盤を貸してほしいと依頼したが断られたから。
ウ、手紙を送ったのに返事が送られてこなかったから。

2、よく出る 基本 ②ゆゑ を現代かなづかいになおして、すべてひらがなで書きなさい。（4点）

3、次のうち、本文中で述べられていることがらと内容の合うものはどれか。一つ選びなさい。（4点）
ア、手紙を受け取った人は、「こばん」を「ごばん」と書き間違えられていることに気がつかなかった。
イ、手紙を受け取った人は、「こばん」と書かれている所に濁点を付けたし、「ごばん」とした。
ウ、手紙を受け取った人は、「ごばん」と書かれていたのを「こばん」と読み間違えた。

四 （論説文）意味用法の識別・文脈把握・内容吟味

次の文章を読んで、あとの問いに答えなさい。（計25点）

リハーサルで指揮者が自分のイメージする音楽をオーケストラに伝えるとき、指揮者と演奏者の〝共通言語〟になるのが楽譜だ。楽譜は演奏者とのコミュニケーションを図る最大の手段となる。

指揮者はオーケストラの中で唯一、音を鳴らさない音楽家だ。そんな指揮者の指揮に応えて、奏者が弓を動かしたり、息を送ったり、ものを叩（たた）いたり、声を出したりする。それによって空気が振動して、人の鼓膜を震わせ、人の心を揺るがせる。感動が生まれる。

つまり音楽は、言ってみれば、記号でしかない楽譜を、具体的な空気の振動に変えることで、人々に感動を与えることができる芸術である。

①では、指揮者はどんなふうに楽譜を読み解いていくのか。

交響曲のスコアであれば、楽器とパートの種類が多いので、一ページに五線譜が三〇段以上あることもめずらしくない。人間の耳は通常、四種類を超えて異なる音が同時に鳴ると、個別に判断できなくなるという。

三〇段をパッと見たときに、三つか四つのグループに見えるよう整理して頭の中で音を鳴らす。しかし、実際にオーケストラで音を鳴らすまで、あくまでそれは頭の中の想像に過ぎない。

これは基本中の基本で、問題はそこから先の、譜面の解読を深めていく作業にある。複雑に構成された音符や記号を読み解いて、作曲家が楽譜を通して表現したかったものは何なのかを探っていく。

つまり指揮者の第一の役割とは、譜面と向き合って、そこに作曲家が残した〝暗号〟を読み解いて、作曲家が意図した音のイメージに近づくことである。

発見すべきことは山ほどあるし、誰にもまだ発見されていないものもある。作曲家も気づいていなかった新しい音の効果や聴き手の受け止め方を求めて、指揮者は譜面に向かう。

一度の指揮で見つけられなくても、回を重ねるたびに新しい発見が得られることがある。大事な出会いを得たり、大切な人を失ったり、歳（とし）を重ねて経験を積み、心の引き出しが増えたとき、遠くにあった音楽が、ふっと猫のようにそばに寄ってきてくれることもある。

楽譜は建築でいえば設計図のようなものだ。優れた作曲家は、具体的な建物がどんな天候の中で、どんな場所に建ち、どういう人たちが、何を目的にその建物を使うのか。そういうところまで考えて、楽譜という設計図に自分の音のイメージを表現している。

指揮者はその設計図を見て、作曲家のつくり上げた建物を想像し、それを建てるためにどういう職人（[②]）と、どういう材料（音）が必要で、どの職人と職人がどういうふうに力を合わせれば、優れた建築物が建てられるかを考える。

③考えてみれば、不思議なことだ。見知らぬ土地で、しかも二百年も三百年も前につくられた作品が、同じ譜面を手

にしさえすれば、現代のドイツでも日本でも同じ演奏ができるのだから。指揮者は、楽譜という記号を使っていったん〝冷凍保存〟された音楽を、生き生きと今の時代に再現しようと、全身全霊で想像を巡らせる。

作曲家はその音の風景に何を求めたのか。最も単純な和音に人間の生命力を見出したのか。あるいは異なる調性の重なりに現代社会の混沌を表そうとしたのか。

そこからは推理ゲームのように、その作曲家特有の感覚とイメージから音楽に込めたメッセージを探り当てていくのである。

（佐渡裕『棒を振る人生』による）

（注）交響曲＝管弦楽のための大規模な楽曲。
スコア＝合奏曲などのすべてのパートをまとめて記した楽譜。

1、①では　とあるが、次のうち、このことばの本文中でのはたらきを説明したものとして最も適しているものはどれか。一つ選びなさい。（3点）
ア、前に述べた内容をふまえた新たな話題を後に述べることを示している。
イ、前に述べた内容から予想される結果を後に述べることを示している。
ウ、前に述べた内容の原因となる事実を後に述べることを示している。
エ、前に述べた内容とは反対の内容を後に述べることを示している。

2、次のうち、本文中の ② に入れるのに最も適していることばはどれか。一つ選びなさい。（4点）
ア、指揮者　イ、演奏者
ウ、作曲家　エ、聴き手

3、③考えてみれば、不思議なことだ　とあるが、本文中で筆者は、どのようなことを不思議なことだと述べているか。次のうち、最も適しているものを一つ選びなさい。（4点）
ア、音楽と建築は異なる分野のものだが、どちらもつくり上げる工程の中で共通する点が多くあるということ。
イ、有名な作曲家によってつくられた楽譜そのものが、つくられた時の状態を保ったまま、現存しているということ。
ウ、単純な和音や異なる調性の重なりによって、人間の生命力や現代社会の混沌が、作品の中に表現されているということ。
エ、見知らぬ土地で、昔につくられた作品であっても、同じ譜面を手にすれば、現代のドイツでも日本でも同じ演奏ができるということ。

4、Aさんたちは本文の内容をまとめて、授業で発表することになり、「指揮者と楽譜」について話し合いました。次は、発表に向けてAさんたちが行った【話し合いの一部】です。

【話し合いの一部】

Aさん　「指揮者と楽譜」について発表をするために、まずは指揮者にとって楽譜はどのようなものなのかを本文をもとにまとめようか。

Bさん　本文では、指揮者の役割として、譜面と向き合い、作曲家が残した〝暗号〟を読み解くことが挙げられているね。この〝暗号〟は複雑に構成された音符や記号のことを表しているよね。

Cさん　そうだね。指揮者は、その〝暗号〟を読み解くことにより、楽譜を通して a ということを探り、作曲家が意図した音のイメージにどう近づくかを考えるわけだね。

Aさん　つまり、指揮者にとって楽譜は、作曲家が意図した音のイメージに近づくために必要不可欠なものだといえるね。ほかに本文で述べられていることはあるかな？

Cさん　楽譜は指揮者と演奏者の〝共通言語〟だということも本文で述べられているよ。これは、指揮者は楽譜を使って b ということだよね。

Bさん　そう思うよ。指揮者がイメージする音楽を実際の音で鳴らすには、オーケストラにそのイメージを伝えることが必要だからね。

Cさん　なるほど。楽譜は、作曲家が意図した音のイメージに近づくためにも、指揮者がイメージする音楽を形にするためにも必要なんだね。

Aさん　そうだね。ここまでの話し合いから、楽譜は、指揮者と作曲家をつなぐものでもあり、指揮者と演奏者をつなぐものでもあるといえるね。この内容をもとに、どのように発表するかを考えようか。

（以下、話し合いは続く）

(1)【話し合いの一部】中の a に入る内容を、本文中のことばを使って十五字以上、二十字以内で書きなさい。また、 b に入れるのに最も適しているひとつづきのことばを、本文中から十七字で抜き出し、初めの五字を書きなさい。（a6点、b4点）

(2)【話し合いの一部】中において、話し合いを効果的に進めるためにAさんが行ったことを説明したものとして、適切でないものを次から一つ選びなさい。（4点）
ア、話し合った内容をふまえた上で、次の進め方を提案している。
イ、自分と他者の意見の相違点を述べ、話し合いを活発にしている。
ウ、話し合う目的を示し、話し合う内容が明確になるようにしている。
エ、話し合いで出た意見の内容を整理しながら、話し合いを進めている。

五　条件作文　思考力

あなたは、生徒会の活動で、教室を清潔に保つことを全校生徒に呼びかける張り紙を作ることになり、その張り紙にどのようなことばを書くかを話し合いました。次のA～Cは、話し合った結果、張り紙に書くことばとして出た案です。あなたは、どのことばが最も効果的に伝わると考えますか。あとの条件1～3にしたがって、あなたの考えを

原稿用紙（20字詰×9行＝省略）に書きなさい。（12点）

A　教室もあなたの心も美しく

B　いつもていねいに掃除をしよう

C　きれいに使ってくれてありがとう

条件1　A～Cの三つのことばから一つを選ぶこと。
条件2　条件1で選んだことばが、最も効果的に伝わると考える理由を書くこと。
条件3　百八十字以内で書くこと。
※　三つのことばをそれぞれA、B、Cと表してもよい。

B問題

一 漢字の読み書き・品詞識別・古典知識 よく出る

次の問いに答えなさい。（計16点）

1、次の(1)～(4)の文中の傍線を付けた漢字の読み方を書きなさい。また、(5)～(8)の文中の傍線を付けたカタカナを漢字になおし、書きなさい。ただし、漢字は楷書(かいしょ)で、大きくていねいに書くこと。（(1)～(4)各1点、(5)～(8)各2点）

(1)竹でかごを編む。
(2)朗らかな春の日。
(3)綿密に計画を立てる。
(4)秀逸な詩を読む。
(5)ボールが床をコロがる。
(6)夕日で空が赤くソまる。
(7)ベンロン大会に参加する。
(8)人工エイセイを打ち上げる。

2、次の文中の傍線を付けた語の品詞は何か。あとから一つ選びなさい。（2点）

おいしそうな匂いが、部屋いっぱいに広がる。

ア、名詞　イ、動詞　ウ、形容詞　エ、形容動詞

3、「尽日春を尋ねて春を見ず」の読み方になるように、次の文に返り点を付けなさい。（2点）

尽　日　尋(ネテ)　春(ヲ)　不(ず)　見　春(ヲ)

二 （論説文）文脈把握・内容吟味

次の文章を読んで、あとの問いに答えなさい。（計18点）

茶の庭については、有名な利休のエピソードがあります。ある日、師匠に露地の掃除をいいつけられた利休は、庭に出てきれいに掃き清めた後、木の枝をゆすって、わざと二、三枚の葉を散らしたというのです。あとで点検に現れた師匠は、その散らされた二、三枚の落ち葉を見て、利休の風雅を理解する能力に驚きその将来を嘱目したといいます。

意外に多いのですが、庭などを「自然のまま」の姿がいちばんいいと思い込んでいる人がいます。［①］自然のままにしておくと、そこはたちまちにして草ぼうぼうで枝は伸び放題、枯れ葉も落ちたままという雑然としたものになってしまいます。

「森は人の手を加えることで、森らしくなる」とヨーロッパでは古くからいわれています。［②］下枝を打ち、下草を刈って、適度に人が手を入れることで、緑豊かな森になっていくのです。日本でもそれは同じでした。そして庭は、その自然のエッセンスを表そうとするものなのですから、③人の手を加えることで、いかに自然を自然らしく表現するか、という点に心を注いで作られているのです。利休は自然にいろいろと手を加え、自然を庭といういちばん美しい状態に作り上げていった人なのです。

西洋の、たとえばフランス式の庭園は、左右相称で、バランスのとれた見事に数学的な造形感覚の上に成立しています。しかし、利休の作り出した茶庭は均斉を重んじる西洋の美学とはまったく異質な精神で作られています。たいへん狭い地面に、視覚的な変化を考えて植え込まれた木々は、みなそれぞれに個性的な枝ぶりを見せており、適度に苔(こけ)むした飛び石が微妙な曲線の要素を加えています。一見雑然と配置されているように見えながら、実はピンと張りつめた美的感覚によって統一されているのです。

たとえば椿(つばき)の木ひとつとっても、そこに演出があったりします。いくつかの種類の木を配してそれぞれの花の咲く時期をずらしたり、花の色合いの組み合わせを見せたり、客がいろいろな形で楽しめるように計算するのです。巧まざる秩序とでもいうか、自然というものをよく知り、よく読みこんだ上で人工の自然を作り出しているのです。それは自然を人間の作った構図にあてはめるのではなく、自然の力に添って別の自然を表現していこうという美意識だといってもいいでしょう。

いい方をかえれば、西洋の庭は机の上で線で表現できますが、日本の庭は、けっして図面上の線で表すことができないのです。庭師がその感性で、よい石や木や花を見つけてきて配していきます。そこには計算がないようでいて、数字ではとてもできない計算がされているのです。

（勅使河原宏『私の茶道発見　日本の美の原点とは』による）

（注）露地＝茶室の庭園。
嘱目＝期待して見守ること。
エッセンス＝本質。

1、基本　次のうち、本文中の［①］、［②］に入れることばの組み合わせとして最も適しているものはどれか。一つ選びなさい。（4点）

ア、①なぜなら　②つまり
イ、①しかし　②つまり
ウ、①なぜなら　②あるいは
エ、①しかし　②あるいは

2、③人の手を加えることで、いかに自然を自然らしく表現するか　とあるが、本文中には、自然を自然らしく表現した利休の行動が述べられている。その利休の行動を、本文中のことばを使って二十五字以内で書きなさい。（6点）

3、日本の庭について、本文中で筆者が述べている内容を次のようにまとめた。［a］、［b］に入れるのに最も適しているひとつづきのことばを、それぞれ本文中から抜き出しなさい。ただし、［a］は十二字、［b］は二十六字で抜き出し、それぞれ初めの五字を書きなさい。（各4点）

日本の庭は、均斉を重んじて作られた西洋の庭とは異

なり、石や木や花などが[a]ようであるが、実は[b]にもとづいて作られており、そこには数字ではとてもできない計算がされているのである。

三 (古文)仮名遣い・内容吟味

次の文章を読んで、あとの問いに答えなさい。（計14点）

昔もろこし漢の文帝の御代に、一日に千里をかくる名馬を進上しける時、公卿大臣、「めでたき御重宝かな。」と申しあへりければ、文帝あざ笑ひ給ひて仰せけるは、「我此の馬を重宝と思はず、其の仔細は、われたまたま遊山なぐさみにありく時は、一日に①やうやう三十里、また合戦などの時も、多くて五十里に過ぎず。かやうにそろりそろりとありきてこそ、[②]も疲れず、われに続いて忠功をなす。若し又時によつていそぐ事ありと云へども、かねてつかれぬ人馬なれば、我によく続いて忠功をはげます。されば我一人千里をかくる馬に乗りたりとも、数万の人馬、千里をかけずんばあへて益なし。」とて、主のもとへ返し給ふ。

（注）もろこし＝昔、日本で中国を呼んだ名称。
文帝＝前漢の第五代皇帝。
公卿＝朝廷に仕える高官。
遊山＝気晴らしに外出すること。

1、**よく出る** **基本** ①やうやう を現代かなづかいになおして、すべてひらがなで書きなさい。（2点）

2、「くわしい理由」という意味を表すことばとして最も適していることばを、本文中から二字で抜き出しなさい。（2点）

3、次のうち、本文中の[②]に入れるのに最も適していることばはどれか。一つ選びなさい。（4点）
ア、文帝　イ、公卿大臣
ウ、数万の人馬　エ、千里をかくる名馬

4、次のうち、本文中で述べられていることがらと内容の合うものはどれか。一つ選びなさい。（5点）
ア、文帝は、「一日に千里を走る名馬をもらったとしても、それほどの距離を走ることがないので、進上するのであれば、速く走ることのできる馬を用意すべきだ」と言って、主のもとへ馬を返した。
イ、文帝は、「一日に千里を走る名馬を自分以外の人に平等に与えることができず、自分一人が得をするのであれば、数万の人馬も自分にはついてきてはくれないだろう」と言って、主のもとへ馬を返した。
ウ、文帝は、「以前にも一日に千里を走る名馬と呼ばれる馬を進上されたが、実際その馬は千里を走らず、まったく役に立たなかったので、千里を走る名馬を重宝だとは思わない」と言って、主のもとへ馬を返した。
エ、文帝は、「一日に千里を走る名馬に自分一人だけが乗ったとしても、数万の人馬がともに千里を走らなければ役に立つことがないので、千里を走る名馬を重宝だとは思わない」と言って、主のもとへ馬を返した。

四 (論説文)文脈把握・内容吟味

次の文章を読んで、あとの問いに答えなさい。（計24点）

長さ、質量、時間、電流、温度など、量にはそれぞれの個性があります。しかし、単位が生まれるきっかけはどれも同じ、「量を測りたい」というニーズがあったということです。

たとえば長さを測りたいという欲求はとても身近なものです。土地を測量する、服をつくるために身体の寸法や布の長さを測るなど、何かをつくるときに必要になるのが長さという量であり、これを標準化（基準を決めること）しようと考えるのは[①]な流れでしょう。単位という基準があれば、何かをつくってもらうときに、いちいち同じ長さのものを見本として持っていかなくても、「幅は1メートル、高さは50センチメートル」などと伝えることができます。

質量も、時間も、温度もそうでしょう。人とやりとりするものの量を計りたい、育てた家畜の体重を測りたい。どのぐらいの時間が過ぎたのか知りたい。どのぐらいの暑さなのか、熱さなのか知りたい。いずれも量を測りたいという人間の欲求がまずあり、測る決まりごととしての単位が生まれ、標準化されていく。そのような流れをたどって、今私たちが使っているような単位ができてきたわけです。

②電気は比較的新しい量ですが、電気自体はもともと自然界にあるものです。金属などを触ったときに静電気がバチッとくるのは昔も今も変わりませんし、つるつるしたものをこするとホコリが吸い付くことは古代ギリシャ時代から知られていました。18世紀にベンジャミン・フランクリンが雷雨の中で凧を上げて実験したことで、初めて雷の正体が電気だと明らかになりましたが、雷自体ももともと自然界には存在していたものです。

ただ、古代ギリシャの哲学者タレスにしても（琥珀を磨いていたときに、摩擦でホコリが琥珀の表面に付くのを発見しました）、18世紀のフランクリンにしても、当時は電気の性質に驚いたり、雷の強弱などを感じたりすることはあっても、その量を測るという発想はなかったでしょう。感覚的にとらえるという点では、たとえば、私たちが味をとらえているのと似たようなものだったのではないかと思います。

長さも温度も、もともとは感覚からスタートします。味というものも、私たちは〝薄味〟〝しょっぱすぎる〟など、感覚でざっくりととらえています。そして味自体、ある程度測ることはできても、現代でもまだ単位化されておらず、量としては曖昧なままです。これは人間の味に対する理解がそこまで進んでいないということでもあります。

味を測定する装置としては、甘味、苦味、うま味、塩味、酸味という5項目のレーダーチャートで表す「味覚センサー」があります。個別の味を計測する技術は、すでにあるわけですね。いずれ、甘味を出しているのはこの物質であり、この物質の量がこのときに甘味がいくつだという1

対1の対応づけが、より科学的に実現する可能性があります。それができたときに、味という感覚についても、より限定して定量化できるようになるかもしれません。そうなるとそれが業界内で慣習的に広がっていき、さまざまなメーカーが味覚センサーを開発するようになり、それぞれの機器によって測定結果が違うということが起きてくると考えられます。そのとき、各社がどのようなベクトルを使い、どのような軸でどう量を表すかが異なっていれば混乱が生じるはずです。

そのような模索と混乱の過程を経て、あとになってから、実はそれが単位化できるものだったと気づく可能性があります。そうなったとき初めて、味の〝量〟を測れるようになり、③味も統一された単位によって定量化できるようになるかもしれません。

19世紀には、おそらく電気も、そのように感覚的な、どこか謎めいたとらえどころのない量だと認識されていたのではないかと思います。それが次第に、照明が発明され、モールス信号などの通信ができるようになり、モーターを動かせるようになり……と電気を利用する技術が進んできたことで、電気は人間社会にとってとても役に立つということがわかってきます。そうすると、きちんと量を測りたい、測らなくてはいけない、というニーズが出てくるのです。

より明るい照明や、よりスムーズな通信技術をつくるには、電気の量を把握し、コントロールしなくてはなりません。もっとよく照らしたい、よりよい照明をつくって他社に勝ちたい。もっと速く、遠くに離れた家庭にメッセージを伝えたい。単位はこのように、人間がそれを使って何かをしたいという思いを持つことから始まります。人間の意思や必要性からつくられ、制度化されていくのが単位というものなのです。

（安田正美『単位は進化する』による）

（注）ベンジャミン・フランクリン＝アメリカの政治家・文筆家・科学者。
琥珀＝太古の樹脂などが地中に埋没して化石になったもの。
レーダーチャート＝放射状に数値軸を配した多角形のグラフ。
ベクトル＝大きさと向きをもつ量。
モールス信号＝短点と長点の組み合わせで、文字、数字、記号を表現する電信信号。

1、次のうち、本文中の［①］に入れるのに最も適していることばはどれか。一つ選びなさい。（4点）

ア、一時的　イ、逆説的
ウ、受動的　エ、必然的

2、②電気は比較的新しい量です　とあるが、次のうち、電気の量を測ることについて、本文中で述べられていることがらと内容の合うものはどれか。一つ選びなさい。（4点）

ア、古代ギリシャ時代に静電気が発見され、その量を測ろうとしたが、当時はまだ技術がそこまで進んでいなかった。
イ、18世紀にベンジャミン・フランクリンが実験したことで、雷の正体が電気だと明らかになり、そこで初めて電気の量が測られた。
ウ、電気はもともとからその量を測るという発想があったわけではなく、長さや温度と同様に感覚的にとらえることから始まったものである。
エ、電気の量を把握し、コントロールできるようになったことで、それを利用する技術が進み、電気は人間社会に役立つものだとわかってきた。

3、**思考力** ③味も統一された単位によって定量化できるようになるかもしれません　とあるが、本文中で筆者が述べている、味が統一された単位によって定量化できるようになるまでの過程を、次のように表した。［　］に入る内容を、本文中のことばを使って三十字以上、四十字以内で書きなさい。（8点）

> 量として曖昧なままの味は、味を出している物質の量とその味の量を表す数値との［　］ようになる。

⇩

> 各社がどのように量を表すかについての模索と混乱の過程を経たあと、味が単位化できるものだったと気づく。

⇩

> 味が統一された単位によって定量化できるようになる。

4、単位化について、本文中で筆者が述べている内容を次のようにまとめた。［a］、［b］に入れるのに最も適しているひとつづきのことばを、それぞれ本文中から抜き出しなさい。ただし、［a］は九字、［b］は十三字で抜き出すこと。（各4点）

単位化とは、量を測りたい、測らなくてはいけないという［a］から生まれた［b］が、標準化されることである。

五 条件作文 思考力

ある中学校の図書委員会では、生徒の図書室の利用を活発にするためにどのような取り組みを行うかということを【資料】を参考に話し合い、次のA、Bの二つの【取り組み】が提案されました。あなたは、AとBのどちらの取り組みが生徒の図書室の利用を活発にするために効果的だと考えますか。あなたの考えを原稿用紙（20字詰×13行＝省略）に二百六十字以内で書きなさい。ただし、あとの条件1・2にしたがって書くこと。（18点）

【資料】

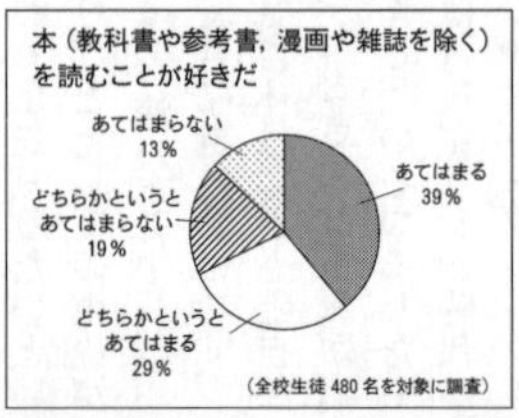

【取り組み】

> A　小説やエッセーをはじめ、図書室には読みたいと思えるような本がたくさんあるということを伝えられる取り組み。

B　学習や生活に役立つ情報を調べるなど、図書室には読書だけでなく他の活用方法があるということを伝えられる取り組み。

条件1　A、Bのどちらか一つを選ぶこと。
条件2　【資料】から読み取れる内容をもとに、条件1で選んだ取り組みが効果的だと考える理由を書くこと。
※　二つの取り組みをそれぞれA、Bと表してもよい。

C問題

一（論説文）文脈把握・内容吟味

次の文章を読んで、あとの問いに答えなさい。（計19点）

ぼくがアート写真を製作する工程は、ほとんど無為の時間の連続だ。撮影場所を探すために車のハンドルを握るだけで、一日はあっという間に過ぎていく。作品にフィットする場所はそうそうないので、収穫のない日は、それこそなにをしていたのか分からないような時間を過ごす。

しかし、通り過ぎる風景のなかに見ていたものや、つらつらと頭のなかに巡らせていた些細なイメージは、とても純粋で静かな時間のつながりの賜物だ。いろいろな情景は目に焼きついているし、整理のつかなかったことに頭のなかでけりがつくこともある。さまざまなことが、普段よりも客観的に感じられ、より純粋な心の状態になる。

また、目的であった場所探しという意味では、すぐには使えない場所ばかりであっても、なにが役に立つかは自分でも分からないものなのだ。まったく別の機会に、通り過ぎた場所のどこかが、ほかの作品の舞台に化けることもいくらでもある。そういった意味では、人に会わず、言葉もしゃべらず、移動するしかなかった数日は、それはそれで〈名もなき大切な日々〉だったということは言えるのだ。

①アートをするというのは、こういった空白の時間を、ありのまま受けとめるということではないかと思う。そのプロセスや行動に意味を求めすぎないこと。ものごとを効率化していろいろなものを詰め込むのではなく、むしろどんな状況も、そのままをよく味わうということだ。それは、自分を純粋な状態に保つことでもある。アートをつくろうと思う人の内面には、自発的で純粋な面が生まれてくる。カタチとしての作品も大切だが、それはある意味では、過ごしている時間の副産物でしかない。役に立つかどうかだけで、人やものごと、時間の価値を決めない生き方を、アートは助けてくれる。無駄なものはないのだ。

一般的な価値基準ではなかなか測れない②アートというものに日々接していると、生活のなかでも、ものの見方に影響がでてくる。たとえば、作品を撮りはじめる際、やるべき工程のすべてをクリアに整理できているわけではなく、完成形がイメージできないまま発進してしまうこともある。どこに向かっているのか自分でもよく分からない。撮っていくうちに、目指すイメージがかすかに見えはじめ、そこから徐々に全体の構成を練りなおし、完成に近づけていく。もちろん、撮影の最中のことなので、すべては瞬間的なスピードで頭のなかで進行していく。撮る風景や被写体の変化にも臨機応変に対応しながら、見えていなかったイメージを徐々に摑んでいくのだ。

こういう創作の方法に慣れていくと、ものごと全般について、最終形がはじめから見えすぎることに、抵抗を感じるようになってくる。むしろ逆に、先が見えない、なにも決まっていないということに真実味を覚え、それがごく当たり前の状態に思えてくる。

しかし、アートの世界にも、はっきりとした目標設定や答えを必要とされることがあり、ぼくはときどき、そのことに疑問を感じる。「作品には、どのようなメッセージがあるのか」を作品とともに言葉で表明するのが、一般的なアートの〈発表〉の流れになる。もちろん見る側が理解を深めやすくなるので、そういった環境を提供する目的もあると思う。ぼくとしても、漠然とながらテーマをもって写真を撮るわけだから、なにかしらは言うことができる。

ただ実際のところ、これらのメッセージは、作品を完成するまではっきりと摑んでいないこともよくあるのである。そして、写真を撮り終わり、プロジェクトとしてまとめあげた後、完全にクリアになっているかといえば、そうとも限らない。このことは、「コンセプトがはっきりしていない」という理由で、減点の対象となることもある。とくに欧米のマーケットはシビアである。

しかし、人間というのは、そんなになにもかも分かっているものだろうか。自分のことだからといって、すべてのことがたしかだと言えるだろうか。写真を撮るのは、撮るものに意味を与えるためではなく、よく分からないものでも、身体的になにかを感じとり、撮るのである。自分のおこなったことすべてに説明をつけていこうという姿勢は、自分が何者かを常に固定して生きなくてはいけない社会の生きづらさにも通じている気がする。人が窮屈になるのは、いつもこういう仕組みから抜け出せないからだ。

なにか不確かなものがあり、自分の心と世の中がフィットしないときこそ、実はアートの出番なのだ。フィットしないことが、そのままテーマになる。はっきりしないことを、必ずしもはっきりさせる必要はないと思いたい。そういったところに目を向けてくと、豊かなイメージの源泉が見つかる。

（長谷良樹「定まらないアート」による）

（注）コンセプト＝全体を貫く統一的な視点や考え方。
マーケット＝市場。
シビア＝きびしいさま。

1、①アートをする　とあるが、本文中で筆者は、アートをするとはどういうことであると述べているか。その内容についてまとめた次の文の［a］、［b］に入れるのに最も適しているひとつづきのことばを、本文中から抜き出しなさい。ただし、［a］は十九字、［b］は十一字で抜き出し、それぞれ初めの六字を書きなさい。（各4点）

アートをするとは、［a］をありのまま受けとめることであり、［b］ことである。

2、思考力　②アートというものに日々接していると、生活のなかでも、ものの見方に影響がでてくる　とあるが、アートに日々接することでものの見方に影響がでてくる具体例として、本文中で筆者が述べている内容を次のよ

うにまとめた。[　]に入る内容を、本文中のことばを使って七十五字以上、九十五字以内で書きなさい。（6点）

作品の完成形がイメージできなかったとしても、[　]と生活のなかでも思うようになる。

3、次のうち、本文中で述べられていることがらと内容の合うものはどれか。一つ選びなさい。（5点）

ア、アートの世界においては、作品を見る側が理解を深められるような環境を提供するという目的で、作品の製作をはじめる段階で、はっきりとした目標や答えを設定しておくことが求められる。

イ、人間は自分の行動すべてに説明をつけようとすることにより窮屈さを感じているが、自分の心と世の中がフィットしないときこそ、アートの出番であり、フィットしないこと自体がアートのテーマとなる。

ウ、アート写真を製作する際、作品のテーマに合っているかどうかすぐには分からなかったとしても、身体的に何かを感じとったものを撮ることで、撮るものに意味を与え、豊かなイメージを見つけることができる。

エ、一般的なアートの〈発表〉では、作品にどのようなメッセージがあるのかを完成した作品とともに言葉で明確に表明したとしても、見る側が求めているコンセプトに合わなければ、作品が評価されないこともある。

二 （古文）口語訳・内容吟味

次の文章を読んで、あとの問いに答えなさい。（計16点）

見る人もなき山ざとの花の色はなかなか（かえって）風ぞをしむべらなる …Ⓐ

もろもろの花は、風を、恨みてのみこそあるに、これは、風の、花を惜しみとめたるは、①思ひかけぬ事なりや。まことに、風の惜しみとめたるにはあらず。ほかの花、みな散りはてぬるに、この山里の花の、まださかりなるは、風の吹かざりけるなりと。風は吹けば、所をもさだめぬ物なるに、これにしも、風吹かざりけるは、風の、惜しみけるなめりと、いへるなめり。

1、①思ひかけぬ事 とあるが、次のうち、このことばの本文中での意味として最も適しているものはどれか。一つ選びなさい。（3点）

ア、おもしろみのないこと
イ、伝統を重んじていること
ウ、考えもしなかったこと
エ、世間で知られていること

2、次のうち、本文中のⒶで示した和歌の内容を説明したものとして最も適しているものはどれか。一つ選びなさい。（4点）

ア、誰も訪れない山里に咲く桜の花を、風が惜しんでいるように感じられるということが詠（よ）まれている。

イ、山里に咲く桜の花を見に来る人がいないことを、風が惜しんでいるように感じられるということが詠まれている。

ウ、風によって人が帰ってしまったことを、山里に咲く桜の花が惜しんでいるように感じられるということが詠まれている。

エ、人の代わりであるかのように山里に訪れていた風を、桜の花が惜しんでいるように感じられるということが詠まれている。

3、思考力 本文中のⒶで示した和歌が詠まれた背景について、筆者が推測している内容を次のようにまとめた。[a]、[b]に入る内容を本文中から読み取って、現代のことばで書きなさい。ただし、[a]は二十五字以内、[b]は十字以内で書きなさい。（a5点、b4点）

[　a　]という状況の違いから、山里には[　b　]ことに気づき、この和歌を詠んだと、筆者は推測している。

三 漢字の読み書き・熟語・漢字知識

次の問いに答えなさい。（計13点）

1、よく出る 次の(1)〜(3)の文中の傍線を付けた漢字の読み方を書きなさい。また、(4)〜(6)の文中の傍線を付けたカタカナを漢字になおし、書きなさい。ただし、漢字は楷書（かいしょ）で、大きくていねいに書くこと。（(1)〜(3)各1点、(4)〜(6)各2点）

(1) 朗らかな春の日。
(2) 太陽光発電で電力を賄う。
(3) 雑草の繁茂を抑制する。
(4) 日が暮れてきたのでイエジを急ぐ。
(5) テンラン会に絵画を出品する。
(6) 人工エイセイを打ち上げる。

2、次のうち、「迫真」と熟語の構成が同じものはどれか。一つ選びなさい。（2点）

ア、僅差
イ、就職
ウ、緩慢
エ、授受

3、難 「遠」は、あるひらがなのもとになった漢字である。次のうち、そのひらがなとして最も適しているものはどれか。一つ選びなさい。（2点）

ア、え　イ、さ
ウ、む　エ、を

四 （省略）谷川俊太郎「詩を書く」より （計22点）

五 条件作文 難 思考力

次の資料A、Bは、「おもむろに」と「檄（げき）を飛ばす」の二つのことばについて、「どちらの意味だと思うか」という質問に対する回答結果を表したものです。これらの資料からわかることをふまえて、あなたがコミュニケーションを図る際に心がけたいと考えることについて、原稿用紙（20字詰×15行＝省略）に三百字以内で書きなさい。ただし、あとの条件にしたがって書くこと。（20点）

資料A

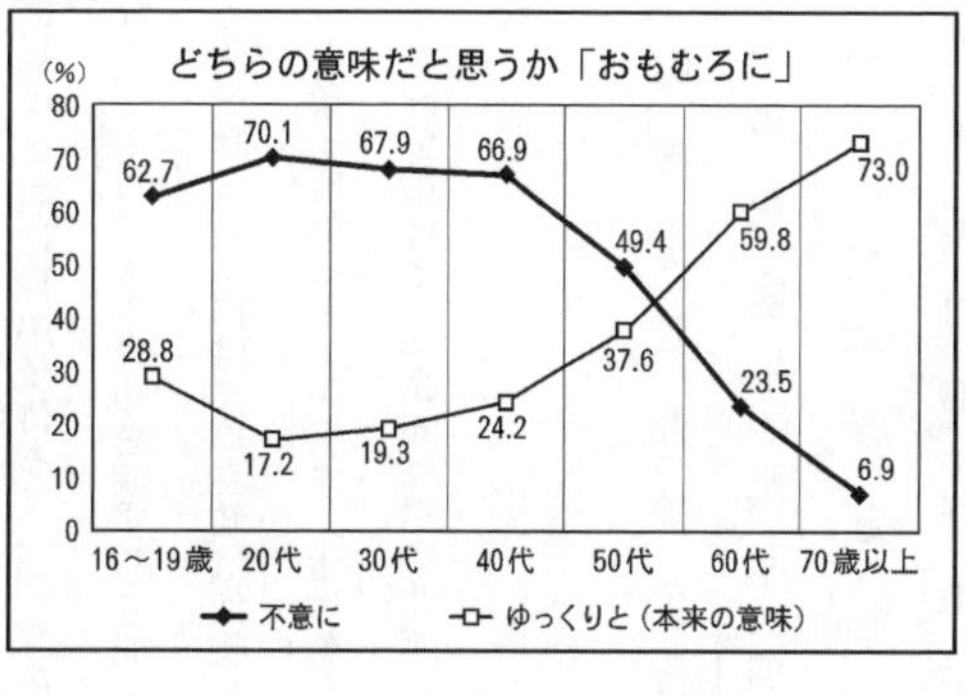

資料B

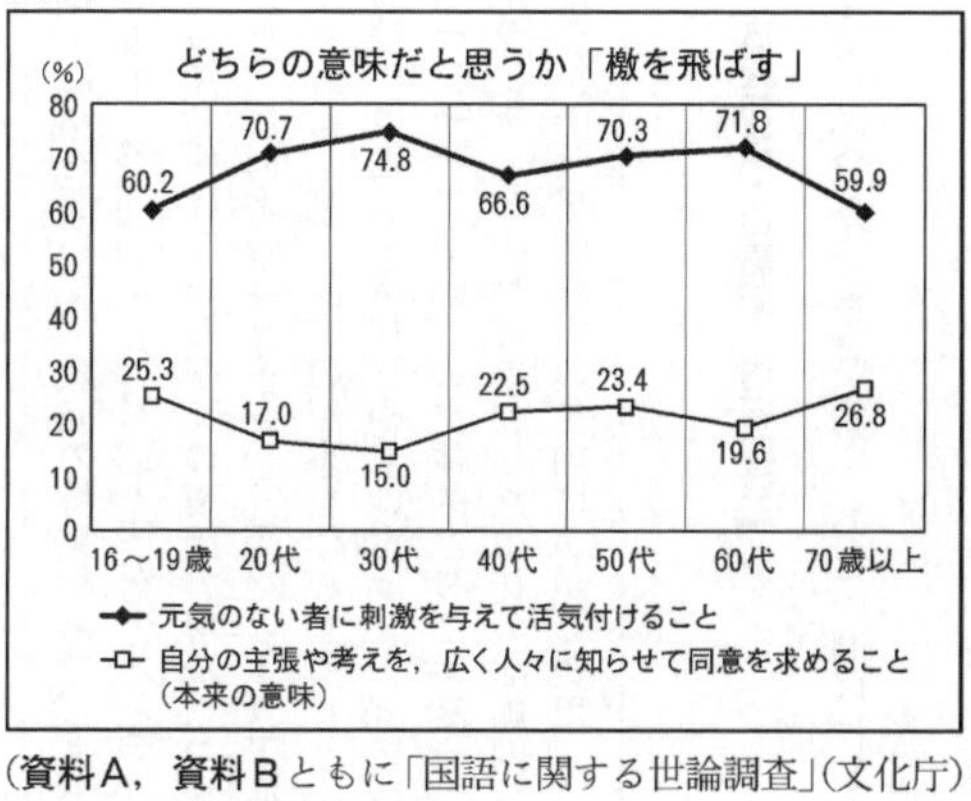

（資料A，資料Bともに「国語に関する世論調査」（文化庁）により作成）

条件　資料A、Bの少なくとも一つについてふれること。ただし、どの資料を参考にしたのかがわかるように書くこと。

兵庫県

時間　50分　満点　100点　解答　P35　3月12日実施

出題傾向と対策

●アンケートと新聞を題材にした読み取り問題、漢文、古文、小説文、論説文の大問五題構成であった。基礎知識と読解力を問う問題が幅広く出題されている。記述問題は少なく、選択問題中心であるが、出題される文章は長めで問題数も多いのが特徴である。

●文法や語句の意味など幅広い知識が出題されるので、基礎をしっかり身につけておく。小説文、論説文は文章が長く、紛らわしい選択肢があるので速く正確に読み取る練習を。古文・漢文は基本的な古語を復習すること。

一（資料の読み取り）慣用句・内容吟味・文脈把握　思考力

○○高等学校新聞部では、ボランティア活動に関する全校生徒を対象としたアンケート調査の結果（次の【アンケート結果】）をもとに、卒業生にインタビューを行い、その内容を特集記事として学校新聞（あとの【新聞】＝161ページ参照）に掲載した。【アンケート結果】を参考にしながら【新聞】を読んで、次の問いに答えなさい。（計15点）

【アンケート結果】

高校入学後のボランティア活動経験の有無

	活動経験あり	活動経験なし
平成26年度	26.2％	73.8％
平成27年度	24.3％	75.7％
平成28年度	26.1％	73.9％
平成29年度	29.7％	70.3％
平成30年度	35.4％	64.6％
令和元年度	38.5％	61.5％

問一、【新聞】の空欄①に入る適切な漢字一字を書きなさい。（3点）

問二、【新聞】の波線部ア～エを「事実」と「意見」とに分けたとき、「意見」に相当するものを一つ選んで、その符号を書きなさい。（3点）

問三、【新聞】の空欄②に入る適切なことばを十五字以内で書き、文を完成させなさい。（3点）

問四、インタビュー後、【アンケート結果】をもとに【新聞】に掲載する《資料》を作成した。この《資料》を作成したときの考え方の説明として適切なものを、次のア～エから全て選んで、その符号を書きなさい。（完答で3点）

ア、Aさんの発言の裏付けとして、ボランティア活動経験者の割合の年度ごとの推移を示すため、《資料》では、令和元年度と平成二十六年度の二つのグラフを用いることとした。

イ、Aさんの話から、ボランティア活動への参加手続きの方法も情報の一つと見なし、《資料》のグラフでは「手続きの方法がわからない」という項目の数値を「十分な情報がない」という項目に含めることとした。

ウ、インタビューでは、「一緒に参加する人がいない」と「特に妨げとなることはない」という二項目には触れなかったので、《資料》のグラフでは「その他」の項目にまとめることとした。

エ、Aさんが触れた経済的負担の問題について、活動経験のある生徒に比べ、経験のない生徒の方が参加を妨げる要因とした割合が高いことを示すため、《資料》では「活動経験なし」のデータを用いることとした。

【アンケート結果】

参加の妨げとなる要因（令和元年度調査）

	参加する時間がない	経済的負担が大きい	十分な情報がない	手続きの方法がわからない	一緒に参加する人がいない	特に妨げとなることはない
全体	42.5％	14.8％	13.7％	11.9％	9.6％	7.5％
活動経験あり	37.2％	14.2％	20.1％	13.7％	7.9％	6.9％
活動経験なし	45.9％	15.1％	9.7％	10.8％	10.6％	7.9％

問五、新聞部では次回の特集に向けて編集会議を行った。その会議の要旨をまとめた次の文章の空欄に入る適切なことばを、【新聞】から十字以内で抜き出して書きなさい。（3点）

> Aさんに話を聞いて、次回の特集記事で、あとの各項目に関する［　　］ことが、生徒のボランティア活動への参加を妨げている多くの要因の解消につながると考えた。この考察を踏まえ、「ボランティア活動について考える　第二回」の記事を作成する。
> ○高校生にとって参加しやすいボランティア活動
> ○ボランティア活動への具体的な参加手続き
> ○ボランティア活動に参加した生徒の活動内容
> ○ボランティア活動への参加にかかる費用

二 （漢文）古典知識・口語訳・内容吟味

次の書き下し文と漢文を読んで、あとの問いに答えなさい。（計15点）

〔書き下し文〕

昔、陽明先生の居に群弟子侍る。一初来の学士（来たばかりの学生）、蓋し（たぶん）愚騃（愚かな）の人なり。乍ち（しばらく）先生の良知を論ずるを聞くも、解せず。卒然として問を起こして曰はく、「良知は何物なりや。黒か、白か。」と。群弟子唖然として失笑す。士は慙ぢて赧らめり。先生徐ろに語げて曰はく、「良知は黒に非ずして白に非ず、其の色赤なり。」と。

〔漢文〕

昔、陽明先生居ニ群弟子侍ル。一初来ノ学士、蓋シ愚騃ノ人也。乍チ①聞ク三先生ノ論ズルヲ二良知ヲ一、不レ解セ。卒然トシテ起コシテレ問ヲ曰ハク、「良知ハ何物ナリヤ。黒耶、白耶。」ト群弟子唖然トシテ②失笑ス。士慙ヂテ而赧ラメリ。先生徐ロニ語ゲテ曰ハク、「良知ハ③非ズシテ黒ニ非ズ白ニ、④其ノ色赤也。」ト

（耿定向『権子』）

問一、よく出る 書き下し文の読み方になるように、傍線部③に返り点をつけなさい。（完答で3点）

問二、傍線部①の説明として最も適切なものを、次のア～エから一つ選んで、その符号を書きなさい。（3点）

ア、来たばかりの学生は、人の持つ知性について先生が説明しているのを聞いても、それがどういうものか全くわからなかった。
イ、先生の知性の素晴らしさについて、弟子たちがあれこれ言い合っているのを聞いても、来たばかりの学生は納得できなかった。
ウ、物事の是非を判断する先生の知性について、弟子たちが議論するのを聞いても、来たばかりの学生の疑問は解消しなかった。
エ、来たばかりの学生は、先生が人物について論じるのを聞いても、その人物の知性のほどが理解できなかった。

問三、傍線部②の説明として最も適切なものを、次のア～エから一つ選んで、その符号を書きなさい。（3点）

ア、小さな問題にとらわれて、本質を見ようとしない愚かさをばかにして笑った。
イ、先生に対する、己の立場をわきまえない非礼な質問にあきれて笑うのをやめた。
ウ、自らの無知をさらけだすような的外れな質問に笑いをこらえられなかった。
エ、ばかにされないように虚勢を張って平静をよそおう様子に、笑いをかみ殺した。

問四、思考力 傍線部④で陽明先生が伝えようとしたことを説明した次の文の空欄a・bに入る適切なことばを書きなさい。ただし、aは三字のことばを書き、bは書き下し文から抜き出したことばを書きなさい。（各3点）

自分の行いを自ら率直に［a］ことができるのは、［b］の表れなのである。

三 （古文）仮名遣い・動作主・口語訳・内容吟味

次の文章を読んで、あとの問いに答えなさい。（計15点）

いにしへの家の風こそうれしけれ①かかることのはちりくと思へば

後冷泉院（後冷泉天皇ご在位のとき）の御時に、十月ばかりに、月のおもしろかりけるに、女房達（天皇が女房たちを）あまた具して（連れて）、南殿に出でさせおはしまして（お出ましになって）、遊ばせ給ひける（月見の宴をなさったとき）に、かへでのもみぢを折らせ給ひて、女房の中に、伊勢大輔が孫のありけるに、②投げつかはして、「この中には、おのれぞせむ」とておほせられければ（おっしゃったところ）、程もなく、③申しける歌なり。これを聞こし召して（お聞きになって）、「歌がら（歌の品格）はさるものにて、疾さこそ、おそろしけれ」とぞ、おほせられける。④されば、なほなほ（いよいよ）、少々の節はおくれたりとも、疾く詠むべしとも覚ゆ。

（源俊頼『俊頼髄脳』）

（注）女房――宮中に仕える女官。
南殿――宮中で公式の儀式を行う所。
伊勢大輔――平安時代の女流歌人。

問一、よく出る 基本 二重傍線部を現代仮名遣いに改めて、全て平仮名で書きなさい。（2点）

問二、よく出る 傍線部②・③の主語として適切なものを、次のア～オからそれぞれ一つ選んで、その符号を書きなさい。（各2点）

ア、後冷泉天皇
イ、伊勢大輔
ウ、伊勢大輔の孫
エ、他の女房
オ、筆者

問三、傍線部④の意味として最も適切なものを、次のア～エから一つ選んで、その符号を書きなさい。（2点）
ア、その場を離れると
イ、そうはいっても
ウ、それを抜きにしても
エ、そういうわけで

問四、傍線部①の表現について説明した次の文の空欄a・bに入る適切なことばを書きなさい。ただし、aは六字以上十字以内のことばを本文中から抜き出して書き、bは十字以上十五字以内のことばを本文中から抜き出して最初と最後の三字を書きなさい。（各2点）
「かかることのは」という表現に、歌の作者は「は」と「ことのは」の二通りの意味を込めている。「は」は〈a〉にあたり、「ことのは」は〈b〉にあたる。

問五、本文の内容の説明として最も適切なものを、次のア～エから一つ選んで、その符号を書きなさい。（3点）
ア、伊勢大輔は、孫の取り柄は歌のうまさだけだと思っていたが、歌を詠む早さをも持ち合わせていると知り、末恐ろしく感じた。
イ、伊勢大輔の孫は、著名な歌人の孫らしくそれなりの歌を詠んだのだが、歌を詠む早さについては特にすぐれた能力を示した。
ウ、後冷泉天皇が女房たちの求めに応じて歌を詠んだところ、そのあまりの出来映えと詠み出す早さに、女房たちはみな舌を巻いた。
エ、筆者は、後冷泉天皇と女房たちの歌を通した風雅なやりとりに感銘を受けるとともに、当時の人たちの歌を詠む早さに驚いている。

四 （小説文）漢字の読み書き・文節・語句の意味・内容吟味

次の文章を読んで、あとの問いに答えなさい。（計23点）

明治の中頃、東京音楽学校に進学した瀧廉太郎（たきれんたろう）は、楽器の専攻を決める時期にさしかかっていた。そのようなとき、欧米に留学し、バイオリンを学んで教授の肩書を得た幸田延（こうだのぶ）が東京音楽学校に戻ってきた。


椅子から立ち上がった延は、預けていたバイオリンを受け取ると、廉太郎にピアノを勧めた。言葉に甘えて廉太郎がピアノの前に座り直し、鍵盤の上に指を伸ばすと、惚（ほ）れ惚れとした①口調で延は続けた。

「いい指をしている。長く力強い。可動域も広い」

「は、はあ」

「早く、弾いてみろ」

促されるがままに廉太郎は指を滑らせた。やはり曲はショパンの『夜想曲（ノクターン）二番』。掌（てのひら）がじっとりと濡（ぬ）れている。唾を呑んで緊張を追い払いながら、曲に合わせて十本の指を鍵盤の上で躍らせる。

冷や汗交じりに弾き終えたその時、延は、手を叩（たた）いた。

「君はなかなか体を動かすのが上手（うま）い」
②何を言われているのか、よく分からなかった。顔を見上げると、延は薄く微笑（ほほえ）んでいた。
「楽器は音楽への理解力で弾きこなすものという誤解があるが、一番必要とされるのは、的確に体を動かし、姿勢を保持し、滑らかに体重を移動させる身体操作に他ならない」

子供の頃から体を動かすことが好きだった。まさか、こんなところで活（い）きてくるとは思わなかった。

「瀧君。君は楽器の専攻は決めたか」

「いえ、実はまだ……」

「教師として言っておく」延は鋭い声を発した。「バイオリンは避けたほうがいい」

「なぜ、ですか」

当然の問いだった。そもそも延自身がバイオリンを専攻している。その人の言とはとても思えなかった。
③延は一瞬だけ暗い顔を浮かべた。その時、教師としての仮面が剝がれ、年齢相応の女性の素顔が覗（のぞ）いた気がした。だが、延はすぐにその表情を追い出し、元の硬い表情を取り戻した。
「君の同世代に途轍（とてつ）もないバイオリニストがいるが、あの子に巻き込まれてしまっては、君の芽が④潰されかねないと思ってな。だから、君には別の道を歩いてほしい」

教師の顔に戻った延は、ケースの中からバイオリンを取り出した。飴色（あめいろ）の胴がつややかに光るバイオリンは、学校に置いてある練習用のそれとは比べ物にならない品格を備えている。しかし、延もそれに負けぬ凛（りん）とした立ち姿をしていた。肩にバイオリンを乗せ、延は続けた。

「今、日本の西洋音楽はよちよち歩きをしているところだ。あまりに人材が足りない上、国の理解も薄い。今、東京音楽学校が高等師範学校付き（注）になっているのは知っているだろう」

大きく頷（うなず）くと、延はなおも続ける。

「師範学校の付属扱いは、国の西洋音楽への冷淡ぶりを如実（にょじつ）に示している。現状を打破するためには、有望な人材に活躍してもらうしかない。——瀧君。君は、音楽は好きか。人生のすべてを懸けることができるほど」

人生のすべて。延の口からその言葉が滑り落ちた時、部屋の中の空気が一段重くなった。その意味を考えれば考えるだけ、空恐ろしくなったからだ。相手は日本の西洋音楽界を牽引（けんいん）するあの幸田延だ。この人を前に、⑤軽々に口にできることなどありはしない。

喉から言葉が出ない廉太郎を見咎（みとが）めるように、⑥延は皮肉げに口角を上げた。

「突然のことだ。致し方あるまい。だが、もし、君が人生すべてを音楽に懸けられると考えるのなら——。わたしが個人的にレッスンをしよう。南千住（みなみせんじゅ）の橋場（はしば）にわたしの家がある。休日は家で過ごしているから、その時に腕を見てやる。わたしの家に楽器は一通り揃（そろ）っている」

その代わり、教えるからにはみっちりとやる。全身から気を立ち上らせながら、延はそう口にした。

「覚悟が決まったら来い」延はバイオリンの弓を弦に沿わせた。「ときに瀧君、一曲、重奏をしよう」
⑦面食らっていると、延は肩をすくめた。どうやら延は長い西洋留学の間に、向こう式の身振り手振りを覚えてきたらしい。
「おいおい、音楽家が重奏を渋ってはならんぞ。音楽の醍醐（だいご）味は調和（ハーモニー）にあるのだからな」

それからは、延のバイオリンとの重奏を繰り返した。ある曲で延のバイオリンは融通無碍(注)な鵺のようだった。ある曲ではぐいぐいと旋律を引っ張り、ある曲では廉太郎のたどたどしい旋律を優しく包み込み、またある曲では廉太郎の連打に挑みかかるようにバイオリンの音色が絡みついてきた。

「楽しかったよ、今日はありがとう」

延が去って一人になったピアノ室の中で、⑧廉太郎は天井を見上げた。圧倒的なまでの実力差を見せつけられたというのに体中に心地いい疲労がのしかかっている。ふと鍵盤を見れば、廉太郎の汗で光っている。懐の手ぬぐいで鍵盤を拭いて、廉太郎は外を眺めた。気づけば、外の上野の景色は夕暮れに染まっていた。

（谷津矢車『廉太郎ノオト』）

（注）高等師範学校――中等教育の教員養成を目的とした官立学校。
融通無碍な鵺――自由でとらえどころのないさまのたとえ。

問一、**よく出る** 傍線部①・④・⑤の漢字の読み方を平仮名で書きなさい。（各2点）

問二、**基本** 二重傍線部にある付属語の数を、数字で書きなさい。（2点）

問三、**基本** 傍線部⑦の本文中の意味として最も適切なものを、次のア～エから一つ選んで、その符号を書きなさい。（2点）

ア、恥を忍んで
イ、恐れおののいて
ウ、我を忘れて
エ、驚きとまどって

問四、傍線部②の理由として最も適切なものを、次のア～エから一つ選んで、その符号を書きなさい。（3点）

ア、演奏に集中し、楽曲の世界に入り込んでいたため、現実世界の延の言葉が耳に入ってこなかったから。
イ、延の言葉は、廉太郎がこれまでつちかってきた音楽や演奏に対するとらえ方に当てはめられないものだったから。
ウ、体を動かすのが得意である廉太郎にとって、延の言葉はあまりに当たり前で、発言の真意が読めなかったから。
エ、演奏前に延に指を褒められ、指の動きに気を配って演奏したのに、延の言葉の中にその点への言及がなかったから。

問五、傍線部③の延の様子の説明として最も適切なものを、次のア～エから一つ選んで、その符号を書きなさい。（3点）

ア、自らの発言に対する廉太郎の問いに答えようとして、「あの子」の存在がもたらす不安が表情に出てしまった。
イ、廉太郎の生真面目な態度に接し、バイオリンへの道を諦めさせようとした己の軽率な考えを反省している。
ウ、廉太郎の気持ちをバイオリン専攻に傾かせてしまったことを感じ、「あの子」を話題にしたことを後悔している。
エ、わかり切ったことを問い返す廉太郎の音楽家としての理解力のなさに失望を覚え、それを顔色に表してしまった。

問六、傍線部⑥の延の様子の説明として最も適切なものを、次のア～エから一つ選んで、その符号を書きなさい。（3点）

ア、同世代のバイオリニストの実力に遠く及ばない廉太郎が、自分の厳しいレッスンに耐え抜くことができるのか危ぶんでいる。
イ、自分の存在に圧倒されて言葉の出ない廉太郎をふがいなく思いつつ、廉太郎の未熟さに配慮しなぐさめようとしている。
ウ、次代をになう素質を持つと期待するだけに、日本の西洋音楽界を背負う覚悟の定まっていない廉太郎をもどかしく思っている。
エ、音楽学校の学生にすぎない廉太郎に対し、音楽に人生を懸けることを求めた自分の性急さを抑制しようとしている。

問七、傍線部⑧の廉太郎の心情の説明として最も適切なものを、次のア～エから一つ選んで、その符号を書きなさい。（4点）

ア、延の演奏と自分の頼りない演奏との厳然とした差を見せつけられたことで、バイオリン専攻にもピアノ専攻にも見切りをつけ、新しい道を模索している。
イ、延との重奏で、自分の持てる力の全てを引きずり出されたことにより、かつてない充実感を覚えるとともに、その充実感をもたらした演奏の余韻に浸っている。
ウ、日本の西洋音楽界の第一人者である延と重奏することができたことで、自分の演奏技術への自信を深め、延と同じく音楽界の発展に尽くす自分の姿を思い描いている。
エ、圧倒的な実力差を感じながらも、延と重奏を繰り返す中で、楽器は音楽への理解力で弾きこなすものだという延の考えが理解できたような気がして、満足している。

五 （論説文）漢字の読み書き・熟語・文脈把握・内容吟味・段落吟味

次の文章を読んで、あとの問いに答えなさい。なお、本文には一部省略したところと表記を改めたところがある。（計32点）

人間が思考するというのは、情報と知識を照らし合わせたり繋ぎ合わせたりして何らかの意味合いを紡ぎ出す行為であるが、そうした情報および知識という思考の材料は「言葉」になっていてこそ思考の材料たり得るのである。

したがって、論理的思考を良く行うためには、考える対象の意味内容を適切に言語化することが必要不可欠となるのである。

①適切な言語化の第一歩は、思考の対象としようとする事象（モノやコトや様子）を正確に表す言葉を探し、選択することである。

たとえば眼前一面に咲いている黄色い花に対して、〝菜の花〟という言葉ではなく〝花〟という言葉を選択して認識してしまったとしても、それは目の前の黄色い花を表す言葉として間違いではない（〝木の実〟とか〝ドーナツ〟とかを選ぶと間違いである）が、〝菜の花〟という言葉と比べると正確性に劣る。〝花〟というだけでは、その植物が食べられるかどうかや、油を搾れるかどうかは分からないし、チョウチョが飛んでくるだろうことは想キ(A)できたとしても、それがアゲハチョウなのかモンシロチョウなのかは分からない。

[②]、空に浮かぶうろこ雲を見て、〝うろこ雲〟という言葉で認識するのと単なる〝雲〟と認識するのとでは、その言葉の持つ意味内容を他の情報や知識と繋げて得られる意味合いは大きく違ってくる。単なる〝雲〟という認識であれば、雨の可能性や曇り空、あるいはどんよりとしたイメージが広がっていくが、〝うろこ雲〟ならむしろ爽やかな秋晴れの空を思い出す。つまり、単なる〝雲〟という言葉から得られる意味合いは「雨が降る前チョウ(B)」かもしれないが、〝うろこ雲〟からは「雨が降らない秋晴れの空」と、真逆の意味合いに繋がるのである。

このように、思考の対象となる事象の実相／実体を過不足なく言い表す言葉を探し出し、選び取ることこそ、正しい思考のための適切な言語化の第一歩なのである。

こう説明すると、正確な言葉探しはそれほど難しいスキルではないように感じるかもしれないが、意外に③厄介な側面もある。自然言語は、多義性を持つからである。

たとえば、「ネコは人懐っこい動物である。」という表現は、人間の膝の上に乗ってきて甘えるネコや、ゴロゴロと喉を鳴らしてすり寄ってくるネコのイメージを想キさせて、多くの人が共感・共有できる意味内容であろう。

しかしその一方で、「ネコは人に懐かない動物である。」という表現も、多くの人が共感をもって納得できると思われる。街でネコを見かけてもサッサと逃げて行くし、飼い猫ですら名前を呼んでも近寄って来なくて当然という面もある。つまり、「ネコは人懐っこい動物であり、人に懐かない動物である」という命題(注)表現が成立することになり、これを数学的に表すと「A＝BかつA≠B(注)である」ということになってしまう。「ネコは人懐っこい動物であり、人に懐かない動物である」という表現は詩的には理解できるものの、論理的思考を行いながら論理を展開していく上で混乱や誤謬(注)をきたす原因となる。

このような混乱や誤謬は、「言葉の多義性」によるものである。ネコという誰でもよく知っている対象ですら、「懐く／懐かない」、「（ライオンと比べると）小さい／（文鳥と比べると）大きい」等々、多様な意味内容やイメージを持っている。したがって、ネコを対象にした論理展開を進めていく際に、様々な意味内容の断片が全然別の方向に繋がって行って、収シュウ(C)のつかない論理展開になってしまう可能性があるのである。

とはいえ、④自然言語の言葉の多義性は思考を行う上で極めて重要な性質である。思考とは、対象の持つ意味内容の要素と、知識として保有している事象の持つ意味内容の共通部分とで意味的なジョイントがなされて、論理および推論を展開していく作業である。つまり、ある一つの思考対象が持つ意味内容を一つだけに限定しないからこそ様々な知識と繋がり得るのであり、言葉の多義性があるからこそ、豊かで広がりを持った論理展開が可能になるのだ。

もし先に挙げたような言葉の多義性から生じる論理矛盾を避けようとすると、A＝BとかC≠Dというように命題の意味内容を一義的に限定する数学的思考しか成立しなくなる。このような思考世界では、論理展開によって真か偽かの命題展開、数式展開は可能であっても、ネコやご飯や思い出といった現実世界の重要な事象や概念を論理的思考の材料とすることができなくなってしまう。⑤論理的に精緻な思考を追求すると、それは正確かもしれないが、厚みも豊かさも実感もリアリティも伴わない[⑥]なものになってしまうのである。

ではどうすれば、豊かな広がりを持ちリアリティのある、[⑦]論理的妥当性の高い思考を行うことができるのかというと、ある思考対象の言葉と照らし合わせて繋げる知識要素のジョイントの部分とそれ以外の部分の意味内容を注意深く把握しながら論理を展開していくことに尽きる。ネコが文鳥と比べて大きな動物だとは言っても、〝大きい〟という意味内容で戦艦大和と繋げて、「ネコは戦艦大和に似ている。」などという論理展開に陥らないようにすることである。

同様に、秋の爽やかなお天気を表す時、「空一面に広がった〝雲〟」という表現ではなく、「空一面に広がった〝うろこ雲〟」という表現を選び取れるようにすることである。

結局、豊かでかつ論理的に妥当性の高い思考を実現するためには、意味的に過不足の無い言葉の選択が全ての基本になる。そして、言葉とその言葉が持つ意味合いに関する知識・経験とセンスによって、⑧注意深く意味を繋いでいくことが求められるのである。

（波頭亮『論理的思考のコアスキル』）

（注）命題――判断の内容を言語で表したもの。
A≠B――「AとBは等しくない」ということを表す。
誤謬――あやまり。まちがい。

問一、**よく出る** 二重傍線部A～Cの漢字と同じ漢字を含むものを、次の各群のア～エからそれぞれ一つ選んで、その符号を書きなさい。（各2点）

A　ア、交通をキ制する。　イ、キ存の権利。　ウ、キ承転結のある話。　エ、部屋を喚キする。

B　ア、チョウ越した能力。　イ、貴チョウな意見。　ウ、協定のチョウ印式。　エ、噴火の予チョウ。

C　ア、医師を招シュウする。　イ、シュウ学旅行に行く。　ウ、シュウ得物を届ける。　エ、シュウ名披露公演。

問二、**基本** 空欄⑥には四字熟語が入る。次の空欄に合うように漢字二字を書き、その語を完成させなさい。（2点）

□□乾燥

問三、**基本** 空欄②・⑦に入ることばの組み合わせとして適切なものを、次のア～エから一つ選んで、その符号を書きなさい。（3点）

ア、②しかし　⑦したがって
イ、②さらに　⑦すなわち
ウ、②つまり　⑦それでいて
エ、②また　⑦しかも

問四、傍線部①の具体的な説明として最も適切なものを、次のア〜エから一つ選んで、その符号を書きなさい。（3点）
ア、目の前で咲いている菜の花を見て、「花」、「黄色い花」といった言葉を思い浮かべること。
イ、目の前で咲いている菜の花を見て、「菜の花」という言葉でそれを認識すること。
ウ、目の前で咲いている菜の花を見て、「この菜の花は食用だ。」と思うこと。
エ、目の前で咲いている菜の花を見て、「この菜の花をおひたしにしたらおいしいだろう。」と考えること。

問五、傍線部③の説明として最も適切なものを、次のア〜エから一つ選んで、その符号を書きなさい。（3点）
ア、正確な言葉を探して選び取ったとしても、論理的思考の展開に支障をきたすことがある点。
イ、正確な言語化を行っても、命題表現として成立させた時点で言葉に多義性が生じてしまう点。
ウ、多くの人が好ましく思っているものごとであっても、それに悪いイメージを抱く人もいる点。
エ、正確性に劣る言葉を選び取ってしまったとしても、必ずしも間違いとはいえないという点。

問六、傍線部④の理由として最も適切なものを、次のア〜エから一つ選んで、その符号を書きなさい。（3点）
ア、さまざまな知識や情報を互いに照らし合わせることで、数学的思考が可能となり、論理的思考を容易に進めることができるから。
イ、思考の対象と知識双方の意味内容の間に多様な結びつきの可能性が生まれ、豊かな意味合いを紡ぎ出していくことができるから。
ウ、言葉を対象として思考を進める際に、多くの人が共感・共有できる意味内容をイメージすることができ、正しい思考ができるから。
エ、論理的思考を展開する際の混乱や誤謬が事前に想定しやすくなるため、初歩的な誤りを避けた上で自由に考えることができるから。

問七、傍線部⑤について説明した次の文中の空欄a・bに入る適切なことばを書きなさい。ただし、aは十四字のことばを本文中から抜き出して最初と最後の三字を書き、bは四字のことばを本文中から抜き出して書きなさい。（各3点）

[a]して論理を展開することにより、思考の過程から[b]を厳密に排除しようとすること。

問八、傍線部⑧とはどういうことか。その説明として最も適切なものを、次のア〜エから一つ選んで、その符号を書きなさい。（3点）
ア、それぞれの言葉の意味内容について、共通部分だけでなくそれ以外の部分をも十分に吟味した上で、言葉を接続させていくこと。
イ、考えるための材料として、意味を複数持たない言葉を厳選した上で、言葉と言葉を知識や経験を生かして結びつけること。
ウ、現実世界の事象が持つ意味内容と、自分の知識や経験が持つ意味内容のジョイント部分に注目して、使う言葉を選んでいくこと。
エ、論理や推論を展開していくために用いる数式が、現実世界の正しい反映となっているのかどうかを、一つずつ丁寧に確認すること。

問九、思考力 本文の展開の説明として最も適切なものを、次のア〜エから一つ選んで、その符号を書きなさい。（3点）
ア、まず論理的思考のあるべき姿を定義し、ついで言葉探しと論理の展開の違いについて考察して、最後に現実的な事象を対象とした論理的思考の望ましいあり方について述べている。
イ、まず論理的思考についての二つの対立した見解を提示し、ついで両者を比較することでそれぞれの特徴を明らかにして、最後に両者の長所を組み合わせた理想的な思考について述べている。
ウ、まず言葉の正確性に関する一般的な見方を批判し、ついで論理的思考の観点から言葉の多義性の問題点を示して、最後に日常生活を営む上での論理的思考の可能性について述べている。
エ、まず論理的思考成立のための条件を挙げ、ついで言葉の多義性がもたらす思考の混乱と純粋な論理的思考の問題点を指摘して、最後に思考を正しく展開させる方法について述べている。

○高新聞　第○○号　　【新聞】

特集 ボランティア活動について考える 第一回

一九九五年一月十七日、阪神・淡路大震災が発生した。各地から駆けつけたボランティアが活躍し、この年は「ボランティア元年」と呼ばれている。あの震災から二十五年を経た本年。この節目の年に改めてボランティア活動について考えたい。今回は、全校生徒対象のアンケート調査の結果（《資料》参照）をもとに、本校の卒業生で精力的に災害ボランティア活動に取り組むAさんに話を聞いた。

―本校生の高校入学後のボランティア活動経験者の割合について、どのように考えますか。

数年前よりも活動経験者の割合が高まっているようで、うれしく思っています。最近、私も高校生と活動する機会が多くなっています。高校生にボランティアの輪が広がることは心強いことです。

―ボランティア活動の意義とは何でしょうか。

私は高校生のときに初めて災害ボランティア活動に参加しました。たとえ少しでも、人の役に立つことができたことにやりがいを感じました。ア被災地の人から「若い世代が来てくれると、元気になる」という言葉をかけていただいたこともあります。人や社会に貢献すると同時に、自分の成長にもつながることが、ボランティア活動を経験する意義だと思います。

―そのように意義ある活動なら、活動経験のない生徒にも参加してほしいと思いますが、そのために必要なことは何だと考えますか。

まず、活動についてよく知ってもらうことです。ボランティアを受け入れる団体にとっても、広報がうまくできていないことが課題となっているようです。高校生では、参加手続きのことなど、よくわからないことも多いでしょう。興味はあるのに、参加方法がわからず、［①］の足を踏んでいる人もいるかも知れません。ですので、学校新聞等で多くの情報を提供することは、とても大切だと思います。

―活動に関する情報はどのようにして集めたらよいのですか。

イ私は、インターネットを使って調べたり、ボランティア団体の方から直接聞いたりして情報を集めています。ボランティア活動の情報は、向こうから転がり込んでくるわけではないので、自分から知ろうとする姿勢が必要です。

―アンケート調査の結果によると、本校生のボランティア活動への参加を妨げている大きな要因は［②］。このことについてどのように考えますか。

高校時代は忙しいですね。私の場合、最初は、休日の過ごし方を見直したり、近隣で、短時間でできる活動の情報を収集したりして参加しました。

―ボランティア活動に参加する際の費用は負担にはなりませんでしたか。

確かに負担でした。そこで私はお金のかからない方法を自分で調べました。ウ日帰りの活動に参加したり、自治体やNPO団体などが準備しているバスを利用して交通費を節約したりしました。

―ボランティア活動に関心がない後輩、参加を難しいと思っている後輩にメッセージをお願いします。

エボランティア活動を「特別な活動」だととらえている人が多いのではないでしょうか。たとえ小さな力であっても、それを必要としている人に届けることができれば、それは立派なボランティア活動です。みなさんも、まずはボランティア活動について知り、自分にできることから一歩を踏み出してみてください。

《資料》

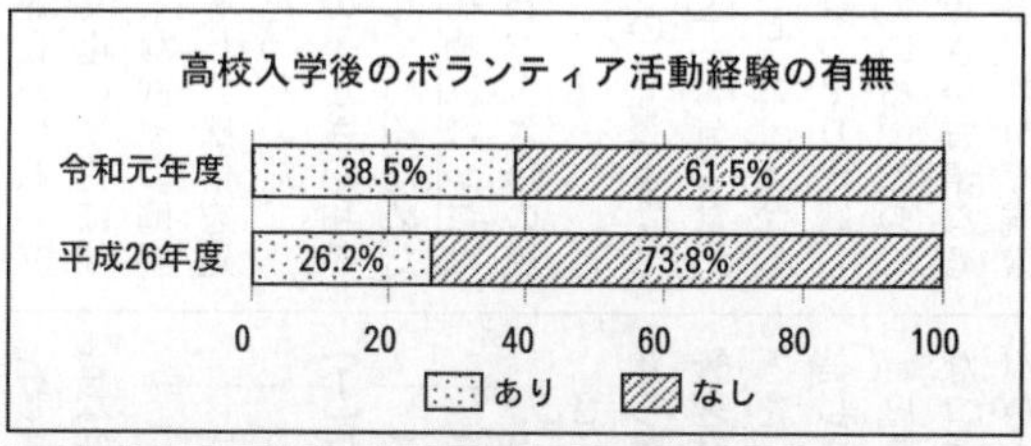

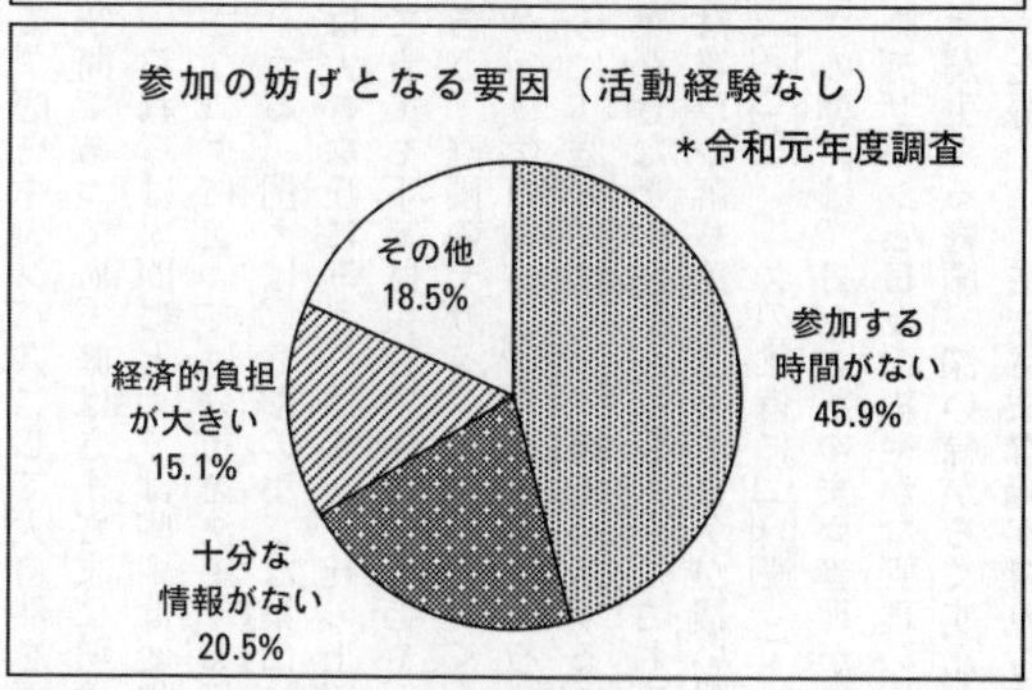

奈良県

時間 50分　満点 50点　解答 P36　3月11日実施

出題傾向と対策

●論説文、随筆文、書写の仕方（今年は大問として独立）、古文、条件作文を含むインタビュー文の大問五題だが、実質四題構成。論説文・随筆文とも短めの文章で読みやすく、記述問題も長くて四十五字と比較的易しい。条件作文も百五十字以内と、他県に比べて少なめの字数である。

●まずは国語基礎知識の対策が不可欠である。特に古典分野では、歴史と伝統に根ざした県民性にふさわしく、和歌の鑑賞まで幅広く学習する必要がある。作文問題では、自分が当事者になったつもりで練習しておくこと。

一（論説文）漢字の読み書き・語句の意味・内容吟味・国語知識・文脈把握　（計17点）

次の文章を読み、各問いに答えよ。

現代の人々にとって、もっともコケを身近に感じるのはいつだろうか。おそらく「日本庭園（＝コケ庭）」を訪れたときではないだろうか。

わび・さびの風情を醸し出す日本庭園においては、コケが主役級の存在感をみせる。しかし今でこそ、庭園になくてはならないコケではあるが、日本庭園ではもともとコケは使われていなかったらしい。苔寺として世界的に有名な西芳寺（京都）でさえ、作庭当初は白砂の広がる庭だったようだ。しかし、室町時代の応仁の乱の後に寺が荒廃し、いつしか庭園が広くコケに覆われるようになったとされる。今では「苔寺」とよばれ、コケが西芳寺の①代名詞にもなっている。

②こうした趣向の変化には、日本文化の変遷が深く関わっている。何にでも流行りすたりがあるように、文化も時代ごとに大きく変化する。この流れを大まかにみると、平安時代の[A]華やかな貴族の文化から、鎌倉時代の素朴で力強い武家の文化。そして室町時代の禅の精神をとりいれた文化へと移り変わっていく。庭園もこうした文化の変化に呼応して豪勢な貴族の庭園から、実用的で質素な武家の庭園、禅のための庭へと流行が変化していった。そして風情を追求した庭園として登場したのが「コケ庭」だったのだ。

庭でコケが大切に扱われているのも、その美しさが和の文化の美意識、「わび・さび」を見事に体現しているためだ。③コケほどわび・さびの風情にぴったりの植物はほかにはない、といってもいい。ではなぜ、コケがわび・さびの風情を醸し出すのだろう？

「わび」「さび」は、本来は別の意味の二つの言葉である。わびは「侘しさ」からきており、[B]テンじて「十分でないもの・不足しているもののなかに見出す美しさ」を表す。その一方、さびは「寂しさ」に由来し、「ひっそりと寂しいもののなかに見出す美しさ」につながっている。この二つが組み合わさった「わび・さび」は、静寂さや質素なもののなかに美しさを見出す美意識、とされる。静かで質素なものがもつ美しさ……これは小さくて花もないために目立たず、しかし透き通るような美しさをもつコケの印象そのものではないだろうか。

さらに、コケは庭園にわび・さびの風情を添えるだけではない。コケのしっとりとした色合いには、間接的に庭園の美しさをひきたてる効果もある。コケの上に、春には桜が、夏には白い沙羅双樹（夏椿）が、秋には深紅の紅葉が舞い落ち、冬には真っ白な雪が覆う。④コケの緑が季節の移ろいを鮮やかにひきたて、庭園の四季をより美しくみせてくれる。

コケが景観をつくっている日本庭園。一見してコケが多そうだが、ではどのくらいの種が生えているのだろうか。庭園の規模などによって多少の差はあるが、大きな庭園では百種以上のコケがみられることも少なくない。一体なぜ、このように多くのコケが庭に生えているのだろうか。その秘密は庭のデザインと管理にある。

庭園では、大自然の風景をミニチュアで表現するデザイン技法、「縮景」が好んで用いられる。例えば、大きな石を置いて山を表したり、池をつくって海を表したりするなどして、庭をキャンバスにして大自然を表す。そのため小さな空間であっても、庭はさまざまに環境が変化する。

【Ⅰ】

これらは人間にとっては些細な変化であっても、小さなコケにとっては分布を決定するほどの要因にもなりうる。例えば、庭園の小さな築山は、コケにとっては大きな丘にみえるはずだ。丘の上では生えることはできても下では生育できないことや、その逆もあるだろう。庭園のデザインによってつくられた多様な環境が、コケの豊かさにつながっているのだ。

さらに、庭園ではその景観を維持するため、草むしりや落ち葉かきなど、細やかな管理がなされている。こうした管理は雑草や落ち葉によってコケが覆い隠されてしまうことを[C]フセぎ、コケの維持に[D]貢献している。庭のコケの美しさの裏には、日々のたゆまぬ管理があるのだ。

庭園デザインと日々の細やかな管理の恩恵をうけ、多様なコケが生える庭園。深い緑からくすんだ緑、黄緑、赤みがかった緑……。さまざまな緑が織りなすコケのじゅうたんは繊細で、美しい。なお、『万葉集』にあるコケの和歌十二首のうち、一首はコケのじゅうたんの美しさを詠んでいる。コケのじゅうたんをめでる感性は、きっと日本文化の美意識の根底に深く関わっているのだろう。

み吉野の青根が峰の蘿蓆誰か織りけむ経緯なしに
（『万葉集』作者不明）

（大石善隆『コケはなぜに美しい』による）

（注）沙羅双樹（夏椿）＝夏に白い花を咲かせる木

（一）よく出る 基本 [　]A、Dの漢字の読みを平仮名で書き、[　]B、Cの片仮名を漢字で書け。（各1点）

（二）基本 ――線①の文脈上の意味として最も適切なものを、次のア～エから一つ選び、その記号を書け。（2点）

ア、指示するもの　イ、代わりとなるもの
ウ、代表するもの　エ、同じたぐいのもの

（三）基本 ――線②を説明したものとして最も適切なものを、次のア～エから一つ選び、その記号を書け。（2点）

ア、現代人にとって、日本庭園がコケを身近に感じることのできる唯一の空間になったこと。
イ、日本庭園においては、もともと使われていなかったコケが不可欠なものになったこと。
ウ、戦乱の後に寺が荒廃していき、日本庭園の多くが広くコケに覆われるようになったこと。
エ、豪勢な貴族の庭園より、実用的で質素な武家の庭園の方が好まれるようになったこと。

(四) ――線③とあるが、そのように言えるコケの印象を表している言葉を、文章中から抜き出して書け。(2点)

(五) ――線④とあるが、コケの緑が季節の移ろいをひきたてるとは、具体的にどのようなことか。「コケの緑が、」に続け、これを含めて三十字以内で書け。(3点)

(六) 文章中の【Ⅰ】の部分を読んで、春香さんはコケの生態に興味をもち、そのことを調べるために地域の図書館に行った。その図書館の本は「日本十進分類法」に従って分類されていた。春香さんは、まず、どの分類の本棚を探せばよいか。次のア～エから一つ選び、その記号を書け。
ア、歴史　イ、自然科学　ウ、芸術　エ、文学　(2点)

(七) **よく出る** 次の□内は、文章中の和歌について述べたものである。X、Yに当てはまる言葉は何か。Xには三字以内の言葉を書き、Yには文章中の言葉を抜き出して書け。(各1点)

> この和歌を現代語訳すると、「吉野の青根が峰の苔の敷物は誰が織ったのであろうか。縦糸横糸の区別もないのに。」となる。ここで詠まれた「蘿蓆」とは、多様なコケが生えている様子を、「敷物」に（　X　）たものであろう。さまざまな緑が織りなす「蘿蓆」の美しさを詠んだ、『万葉集』のこの和歌からは、詠んだ人に「蘿蓆」を（　Y　）が備わっていたことがわかる。

三 (随筆文)敬語・内容吟味・文脈把握・表現技法

次の文章は、筆者が国際的な児童文学賞を受賞した際に、ギリシャのアテネで行ったスピーチの一部である。これを読み、各問いに答えよ。(計14点)

さて、ここで私の思い出の「オノマトペ」をひとつ声に出していってみようと思います。

「どんぶらこっこーう　すっこっこーう
どんぶらこっこーう　すっこっこーう」

みなさん、どんな情景を思い浮かべましたか？

一人一人お答えを①お伺いしたいところですが、時間がかかりますので、私がお答えいたしましょう。これは日本の昔話の冒頭に出てくる言葉です。五歳で母をなくして泣き虫だった私を、父は膝の中に座らせて、体を揺らしながら、このようにお話を語り始めました。

「川上から大きな桃が、『どんぶらこっこーう　すっこっこーう』って流れてきました。この桃を、川で洗濯していたおばあさんがすくいあげ、家に持ち帰り、食べようとすると、中から男のあかちゃんが『オギャーオギャー』と泣きながら生まれてきたのです。」

この「桃太郎」という昔話は日本人であれば、だれでも知っているお話です。この桃が川を流れてくるときの「オノマトペ」は語る人によってさまざまです。私の父はいつも「どんぶらこっこーう　すっこっこーう」と歌うようにいいました。今でも、私のこの耳のあたりに聞こえています。とっても懐(なつ)かしい。

日本の家は、②玄関や窓などの開口部が大きくできています。引き戸になっていて、朝起きて全部開けると、家の中と外の世界は一体になります。家の中も、部屋を仕切る障子や襖(ふすま)(引き戸)を開ければ、他の部屋や廊下とつながるように作られています。現在は多少変わってしまいましたが。ですから私の国では、鳥の鳴き声、風や雨の音、生活の音などが、常に人々の暮らしの中にあり、音を聞いて想像力を働かせ情報を得てきました。こういった中で、「オノマトペ」も自然にたくさん生まれてきました。「オノマトペ」には窮屈なルールはなく、感じたままの表現を許してくれます。③とっても自由なものです。ひとつの「オノマトペ」が、その語感、リズム、音の響きから、どれほど多くのことを伝えてくれることでしょうか。

【Ⅰ】

子どものとき、父は「オノマトペ」や独自の表現を生み出して、子どもたちに語る物語をいっそう楽しいものにしてくれました。私は、それらの言葉に誘われて、物語に入り込み、元気な子どもになったり、主人公と一緒に問題を解決しようとしたり、さまざまな世界へと想像を巡らしました。私の物語との出会いは、ここから出発したのだと思います。

仕事がうまくいかないで、書く手が止まってしまったとき、無意識に「どんぶらこっこーう　すっこっこーう」と口にしていることがあります。すると、幼いときのワクワクした気持ちがよみがえって、原稿を書き進めることができたことが何度もありました。これは私のおまじないの言葉なのです。こんなとき、父へ向けて、またこのような豊かな言葉を持っている日本語に、「ありがとう。」といいたくなります。

こうして、父のおかげで、私は、物語が大好きな子ども、そして、本を読むのが大好きな子どもになりました。それ以来三十年以上、私はとても熱心な「読む人」でした。「書く人」になるなんて、考えたこともありませんでした。

ところが、三十四歳のある日、大学時代の恩師から電話があり、「君はブラジルで二年暮らしてきたのだから、『ブラジルの子ども』について、ノンフィクションを書いてみないか。」といわれたのです。

私は大変驚き、とても無理だと思いました。すぐさま「できません。」と答えました。でも先生は「書きなさい。」というのです。そのときふっと、ブラジルで仲良くなった少年、ルイジンニョのことなら書けるかな？と思ったのです。私は仕方なく書き始めました。本当に仕方なくです。恩師はいくつになっても、尊敬すべき存在ですから。

ブラジルで暮らした二年の間、同じアパートに住む九歳の魅力的な男の子、ルイジンニョと仲良くなり、ポルトガル語を教えてもらいました。九歳の先生と二十四歳の生徒です。彼に言葉を教えてもらいながら、町を歩いた毎日は、発見の連続でした。ルイジンニョの母親はサンバの歌手で、彼は生まれたときから、サンバを聴いて育ったのです。私に教えるときも、歌うように、踊るように、言葉を教えてくれました。よくわからない言葉なのに、心地よいリズムに乗せて語られると、不思議なことに意味が伝わってくるのでした。彼はブラジルの少年らしく、踊るのもとても上手で、一緒に踊れと私を誘うのです。でも日本で育った私は、恥ずかしくて踊れません。すると、彼はこういったのです。

「エイコ、あんたにも心臓（コラソン）があるでしょ、とくとくとくとくと動いているでしょ。それを聞きながら踊れば、踊れる。だって、人間はそんなふうにできているのだから。」

④九歳の少年のこの言葉に、私ははっとしました。そして、小さいとき、私の父がお話を語ってくれたときの、弾むような言葉遣いを思い出しました。父の物語を聞いていたとき、確かに私の胸は、とくとくとくと動いていました。言葉って、たとえ語彙は少なくても、ぴったりのリズムや響きがあれば、不思議なほど相手に伝わる、また忘れられないものになる。それまで言葉の意味ばかり追いかけていた私に、ルイジンニョは、言葉の持つ不思議と奥深さを気づかせてくれたのです。

（角野栄子『「作家」と「魔女」の集まっちゃった思い出』による）

（注）オノマトペ＝擬声語・擬態語
ノンフィクション＝作りごとを交えず、事実を伝えようとする作品

(一) よく出る ——線①とあるが、「伺う」の敬語の種類を、次のア～ウから一つ選び、その記号を書け。（2点）
ア、尊敬語　イ、謙譲語　ウ、丁寧語

(二) 難 ——線②のような家のつくりの影響を受けて、人々は周囲の状況をどのようにして認識してきたか。そのことが述べられている部分を、文章中から抜き出し、その初めの五字を書け。（3点）

(三) 基本 ——線③の文と、その直前の文とを、文脈を変えないように一語の接続詞でつなぎたい。どのような接続詞でつなぐのがよいか。最も適切なものを、次のア～エから一つ選び、その記号を書け。（2点）
ア、しかし　イ、あるいは
ウ、つまり　エ、ところで

(四) 文章中の【I】の部分では、父が語った「オノマトペ」にまつわる話が述べられている。「書く人」としての筆者が、仕事がうまくいかず、父が語った「オノマトペ」を無意識に口にするとき、この言葉は、筆者にとってどのような言葉か。文章中の言葉を用いて、四十五字以内で書け。（3点）

(五) 基本 ——線④とあるが、少年の言葉を聞いて、筆者はどのように考えるようになったか。その説明として最も適切なものを、次のア～エから一つ選び、その記号を書け。（2点）
ア、言葉の意味ばかりにこだわっていたが、言葉というのはぴったりのリズムや響きがあれば伝わるものだと考えるようになった。
イ、弾むような言葉遣いは父にしかできないと考えていたが、ルイジンニョや自分自身にもできることなのだと考えるようになった。
ウ、言葉は心地よいリズムさえあれば相手に伝わるものだと考えていたが、まずは意味を捉えることが重要だと考えるようになった。
エ、言葉の意味を教わることが大切だと考えていたが、リズムに乗せて話すことができれば意味は必要ないと考えるようになった。

(六) よく出る この文章の表現上の工夫とその効果について述べたものとして当てはまらないものを、次のア～エから一つ選び、その記号を書け。（2点）
ア、問いかけることによって、相手の関心を引きつけている。
イ、具体的な体験を交えながら、話の内容を印象づけている。
ウ、直喩を用いながら、場面をイメージしやすくしている。
エ、結論から話し始めることで、考えを明確に伝えている。

三 漢字知識 新傾向

次の□内は、陽一さんが書いた、クラスの目標の【下書き】と【清書】である。陽一さんは【清書】をしたときに、【下書き】をどのように書き直したか。改善点の説明として最も適切なものを、後のア～エから一つ選び、その記号を書け。（2点）

【下書き】思いやりの心を大切に
【清書】思いやりの心を大切に

ア、用紙の大きさに合わせて、文字がすべて同じ大きさになるように書き直した。
イ、書体を統一するとともに、画数の少ない漢字はやや小さくなるように書き直した。
ウ、字間がそれぞれそろうように書き直すとともに、画数の少ない漢字はやや大きくなるように書き直した。
エ、行の中心に文字の中心をそろえ、平仮名は漢字よりやや小さくなるように書き直した。

四 (古文)文法・口語訳・内容吟味

次の文章を読み、各問いに答えよ。（計7点）

「生まれてものおぼゆるころより、老い行くまで、①いささかもおこたらずする事あらば、かならずいかなるわざにも秀(ひい)でぬべし。」といへば、「ただに心もちゆるにあらざれば、いくたびなすとても得(う)べしとは思はず。このめしくひしるすふは、ものおぼえてより、日にみたびは②かくることなけれども、かくせんと思ふこころなければ、めしくふに上手もなく、かへりてくひこぼし、または『いをのほねたてじよ。』などいふもあるべし。されば、かくせんと思ふこころざしのひとつなり。」といひし。

（注）ただに心もちゆる＝ひたすら心がける
得べし＝自分のものとすることができる
めしくひしるすふ＝食事をすること
いをのほねたてしよ＝魚の骨が刺さったよ

（『花月草紙』による）

(一) **よく出る** ——線①の「いささかも」が直接かかる部分はどれか。次のア～エから一つ選び、その記号を書け。（2点）

ア、おこたらず　イ、する
ウ、あらば　エ、秀でぬべし

(二) ——線②の意味として最も適切なものを、次のア～エから一つ選び、その記号を書け。（2点）

ア、駆ける　イ、隠れる
ウ、欠ける　エ、掛ける

(三) この文章で筆者は、食事の例を取り上げて、何かを身につけるためには何が大切であると述べているか。最も適切なものを、次のア～エから一つ選び、その記号を書け。（3点）

ア、真面目に取り組むこと。
イ、何度も繰り返すこと。
ウ、幼少期から始めること。
エ、目的意識をもつこと。

五（インタビュー）熟語・内容吟味・条件作文

陽一さんのクラスでは、総合的な学習の時間に「未来に伝えたい奈良の魅力」をテーマにした学習を行っている。陽一さんのグループでは、「木」を取り上げて、奈良の木について調べるためにインタビューをすることにした。次の□内は、製材所を経営する山田さんへのインタビューの一部である。これを読み、各問いに答えよ。（計10点）

陽一　お忙しい中、私たちのためにお時間をいただき、ありがとうございます。私たちは今、「未来に伝えたい奈良の魅力」をテーマにした学習の中で、「木」を取り上げて調べています。本日は、奈良の木について教えていただきたいと思います。どうぞよろしくお願いします。さて、山田さんの製材所では、奈良県産のスギやヒノキを製材し、住宅の柱や床、壁などの建材として販売されていますが、なぜ、奈良の木を使われるのですか。

山田　地元の木であることも理由ですが、建材にする木として適しているからです。

陽一　どのような点で適しているのですか。

山田　美しさと強さを兼ね備えている点です。さらに、製材したときに無駄になる部分が少ないというよさもあります。製材所を経営する者にとって、とてもありがたい木です。

春香　そうなのですね。奈良の木は、美しさ、強さだけでなく、無駄になる部分が少ないという点でも優れているのですね。では、奈良の木にそのような特徴があるのには、何か秘密があるのでしょうか。

山田　植え方と育て方にその秘密があります。奈良の木は、昔から、他の地域よりも密集して植えられています。そして、木を間引いたり、下枝を切ったりするタイミングを工夫しながら、長い時間をかけてゆっくり丁寧に育てています。そのような植え方や育て方によって、幹の上の部分と下の部分の太さがあまり変わらないまっすぐな木、しかも、年輪の幅が狭くて均一な木が育つのです。良質な木は、植え方や育て方を確立した先人の知恵と、それを受け継いできた人々の手間の結晶です。決して（　　）にできるものではありません。

(一) **基本** ——線部が「時間がかかる」という内容を表すとき、（　）にどのような言葉が入るか。最も適切なものを、次のア～エから一つ選び、その記号を書け。（2点）

ア、一進一退　イ、一長一短
ウ、一喜一憂　エ、一朝一夕

(二) 春香さんは、どのような意図で質問をしたと考えられるか。最も適切なものを、次のア～エから一つ選び、その記号を書け。（2点）

ア、相手の発言内容を確かめ、その具体的な例を聞き出そうとした。
イ、相手の発言内容を整理し、その発言の意図を確かめようとした。
ウ、相手の発言内容を踏まえ、さらに詳しい情報を聞き出そうとした。
エ、相手の発言内容をまとめ、他の考えとの違いを確かめようとした。

(三) **思考力** あなたは、陽一さんたちのように、地域の方にインタビューをすることになった。あなたなら、どのようなことに気をつけてインタビューをするか。次の①、②の条件に従って、あなたの考えを書け。（6点）

条件①　二段落構成で書くこと。第一段落では、インタビューで気をつけたいことを具体的に書き、第二段落では、そのことに気をつける理由を書くこと。

条件②　原稿用紙（25字詰×6行＝省略）の使い方に従って、百字以上百五十字以内で書くこと。ただし、題、自分の名前は書かないこと。

和歌山県

時間 50分　満点 100点　解答 P37　3月10日実施

出題傾向と対策

●漢字の読み書きと同訓異義語と古文、論説文、小説文、条件作文の大問四題構成。毎年出題傾向が変わり、昨年は古典の教訓を条件作文風に紹介する融合問題が出題されたが、今年はそれぞれが単独での出題となり、三年前までの傾向に戻った。作文を含めた全体の記述量は二百字と、昨年までとほぼ同じである。

●漢字などの基礎知識の習得を確実に。記述対策は丁寧に文脈を追いながら、解答の根拠となる部分を的確に押さえ、まとめる練習が不可欠である。

一 漢字の読み書き・漢字知識・語句の意味・内容吟味・動作主

次の〔問1〕～〔問4〕に答えなさい。（計28点）

〔問1〕 基本 次の①～⑧の文の——を付した、カタカナは漢字に直して書き、漢字には読みがなをひらがなで書きなさい。（各2点）

①自分の名前を相手にツげる。
②アサい川を渡る。
③昼夜のカンダンの差が激しい。
④キンベンな学生。
⑤難を逃れる。
⑥店を構える。
⑦渓流で釣りをする。
⑧材料を吟味する。

〔問2〕 基本 次の□で囲まれたA～Dの漢字について、楷書で書いた場合、同じ総画数になる組み合わせを、あとのア～カの中から一つ選び、その記号を書きなさい。（3点）

A 泳　B 紀　C 雪　D 祝

ア、AとB　イ、AとC　ウ、AとD
エ、BとC　オ、BとD　カ、CとD

〔問3〕 よく出る 次の文の うかがう と同じ意味の「うかがう」を用いた文として最も適切なものを、あとのア～エの中から選び、その記号を書きなさい。（3点）

先輩からクラブの活動方針をうかがう。

ア、相手の顔色をうかがう。
イ、先生のお話をうかがう。
ウ、先生のお宅にうかがう。
エ、ひそかに好機をうかがう。

〔問4〕 基本 次の古文を読んで、あとの(1)、(2)に答えなさい。

天下旱して（世の中が日照りに見舞われ、）、池の水も失せ、食物も無くして、飢んとして、つれづれなりける時、蛇、亀をもて使者として、蛙の許へ（蛙のところへ亀を使者に立てて）「時のほどおはしませ（ちょっとおいでください）。見参せん（お目にかかりたい）」と云ふに、蛙、返事に申しけるは、「飢渇にせめらるれば（あなたは飢えに苦しんでいるから、）、仁義を忘れて食をのみ思ふ。情けも好みも世の常の時こそあれ（親しく付き合うのも、普通に暮らしている時のことだ）。Aかかる比なれば、え参らじ」とぞB返事しける。

（『沙石集』から）

(1)文中のAかかる比の内容として最も適切なものを、次のア～エの中から選び、その記号を書きなさい。（3点）

ア、飢えに苦しんでいる時
イ、何もすることがない時
ウ、普通に暮らしている時
エ、ぜひ会いたいと思う時

(2)文中のB返事しけるの主語として最も適切なものを、次のア～エの中から選び、その記号を書きなさい。（3点）

ア、蛇　イ、亀　ウ、蛙　エ、使者

二 （論説文）文脈把握・内容吟味・主題

次の文章を読んで、〔問1〕～〔問6〕に答えなさい。（計29点）
※印には（注）がある。

僕はもともと、人間は間違いなく自然の一部で、生態系に組み込まれた存在、[a]「自然の中」と確信していた。だから、「自然保護」という言葉に違和感を感じてきた。なぜなら、自分も自然の一部なのに、自然を「保護」するというのはおかしいからだ。自分の家庭を守るのに「家庭保護」という言葉を使わないのと同様に、保護という言葉は外部の立場から使う言葉であり、「警察があなたの家庭を保護します」といった文脈で使われるべきだと思っている。「人間が地球の自然を保護します」というのであれば、人間は自然の外にいる何様だろう？　神様に近い存在か、地球外から来た生命体と考えるのが妥当だろう。ところが理科の授業では、今も昔も人間はサルから進化したと教えられている。それが真実なら、人間も間違いなく自然の中の一生物であるはずなのに、いつから外部の存在になったのだろう？

言葉のあやはともかく、少なくとも日本人は、時と場合に応じて、人間が「自然の外」か「自然の中」かを、都合よく使い分けてきたように思う。特別保護地区や外来種の判定では、人間は「自然の外」の存在だが、里山の生態系や、伝統的な野生動物の狩猟を肯定してきた点では、人間は「自然の中」と判断されているように思う。

これには宗教観も大きく影響していると思われ、日本の神道や仏教が、自然を崇めたり、人間と自然は一体であるという価値観をもつのに対して、キリスト教では、「自然は神から人間に与えられたものであり、人間が支配するもの」といった旨が聖書に記されている。日本以上に原生林を開拓し尽くしてしまったヨーロッパや、ゾウやライオンなど貴重な野生動物のハンティングを楽しむ欧米の価値観は、この宗教観によるものも大きいだろう。

そもそも、人間のルーツ※は自然の中なのか外なのか、今の僕は考えが揺らいでいる。たとえば、僕の妻は、「人間は宇宙からやってきた生命体とのハイブリッド（雑種）だよ」と言っている。※ミステリー好きの僕は、妻の話をいろいろ詳しく聞いているうちに、確かにあり得るなと思い始めた。今の科学は、人間がサルから進化したことを実証できていないし、地球上には、サルから進化したばかりの人間には成し得ないような遺跡が数多く存在するのもご存じの通りだ。確率論で考えても地球外に知的生命体、［ b ］"宇宙人"がいるのは間違いないわけで、今も「宇宙人なんているわけない」と信じている学者が人類の起源を研究しているなら、その研究は客観性を欠いていることになる。おそらく百年後の人類は、気軽に宇宙旅行を楽しんでいるだろうし、現代の常識では考えられない※テクノロジーをもっているはずだ。ならば、長い宇宙の歴史の中で、地球より先に文明の進んだ星から、地球にやってきている知的生命体がいても、何ら不思議はないはずだ。

話がちょっと膨らみすぎたが、人と自然の関係を追究するには、そこまで考えることも大事だと思う。A仮に人間が地球外からの生命体に由来するのであれば、「人間が地球の自然を保護します」という表現は、何ら違和感ないのだから。

こうして人間と自然の関係性をいろいろ考えていると、両者の付き合い方には、大きく二つの価値観があることに気づき始めた。「自然を理解し共存する」という考えと、「自然を制御しコントロールする」という考えだ。前者が「自然の中」に身を置き、後者が「自然の外」に身を置く考え方ともいえるだろう。

たとえば、クマやオオカミと人間がうまく共存する術（すべ）を探る手法は前者で、クマやオオカミなど危険生物は排除して、シカやイノシシの個体数は人間が管理する手法は後者である。絶滅したオオカミを再導入する行為は、両者の中間かもしれない。人間がコントロールしながらオオカミを導入し、共存へと導く手法だからである。

個人的には、僕は前者の「自然を理解し共存する」方針に賛同したいが、かといって、大昔の原始生活に戻して、不便で危険や病気と隣り合わせのストレスフルな日常を送りたいとは思わない。誰だって便利さを求めるし、自分の生活空間には危険を減らしたいし、病気とも無縁でありたいものだ。そのためには、まず相手（自然）を理解することが不可欠だろう。相手にはどんな性質があり、どんな長所と短所があり、どう付き合えばよいか。Bリスクのある相手と共存するという意味では、相手を「車」に置き換えると理解しやすいだろう。逆に、相手がカや毒ヘビであれば、特に「長所」は理解しがたいかもしれない。その点では、相手を理解するために科学の力が重要になるだろうし、適度に「制御しコントロールする」技術ももつことが賢明と思われ、それが生物としての人間の進化でもあるのだろう。

反対に、C完全なる制御とコントロールを推し進める社会では、"迷惑生物"の撲滅運動が起きるかもしれない。まず、人間に必要な動物は、ウシ、ブタ、ヒツジなどの家畜とペットだけだから、オオカミやクマはもちろん、シカやイノシシも絶滅させよう。さらに、遺伝子組換えでカを根絶させる試みのように、マムシ、ハブ、スズメバチ、ムカデ、ゴキブリ、ナメクジ、ヒルなど、危険生物や不快生物はとことん絶滅させたらどうか。海の中なら、サメ、有毒クラゲ、ガンガゼ、オコゼ、イモガイあたりはぜひ絶滅させてほしい。植物なら、ウルシ科、イラクサ、シキミ、ドクウツギなどの毒やかぶれ物質をもつ植物をはじめ、手を切りやすいススキや、駆除が難しいクズあたりも、絶滅させる候補に挙がるかもしれない。もちろん、毒キノコや各種病原菌だって絶滅させた方がいいだろう。

これらのありふれた迷惑生物を絶滅させるとどう悪影響があるのか、今の科学では正確に推測できないだろう。しかし、間違いなく生態系の一部が崩れて、何らかの別問題が発生し、そこにまたコントロールの必要性が生じることだろう。

ちなみに、シカがまったくいない森は、シカが多少いる森に比べて、虫の種類がやや少ないという。大型のサメを乱獲したアメリカ東海岸では、ホタテやハマグリが大きく減少して漁業に悪影響が出た。それがなぜか、わかるだろうか？　シカがいなくなると、シカへの防御機構をもつ植物や、シカが作った草地に生える植物が、他の植物との競争に負けて姿を消し、それを食草としていた虫や、シカのフンや死体を食べていた虫もいなくなるのだろう。サメの例では、大型のサメを駆除したことで、［ c ］と推測されている。

図

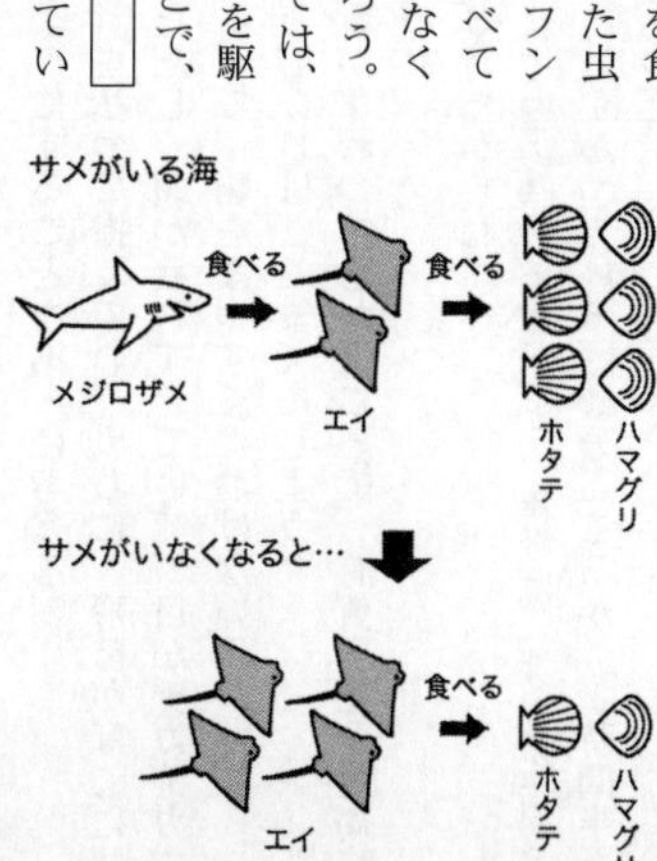

目障（ざわ）りな生物をすべて絶滅させれば、人間にとってユートピア（理想郷）のような世界が訪れる可能性もゼロではないだろうが、生物の多様性は連鎖的に低下し、思わぬ環境変化が起こるリスク、アレルギー（雑菌などが少ない潔癖な生活が一因との説がある）のような新たな現代病に悩まされるリスク、危険や不快感に対する適応力を失ってしまうリスクなどを常に抱え、改変した自然をコントロールし続けることに大きな労力を費やす社会になる可能性が高いだろう。

世界中の先住民たちは、経験的、感覚的に自然を理解し、自然と共存しながら持続可能な自給自足生活を続けてきたはずだ。それが、急激に経済成長を始めた国から順次、自然を制御しコントロールしようとする価値観に急激に転換していった。そして、自然破壊と文明発展が進むと、今度は科学の力で自然への理解を深め、自然をコントロールする技術も高めつつ、再び自然と共存する道を探る段階に来ているように見える。

（林（はやし）将之（まさゆき）著『葉っぱはなぜこんな形なのか？』から……一部省略等がある。）

（注）・ルーツ＝起源。
・ミステリー＝怪奇。神秘。不可思議。
・テクノロジー＝科学技術。

〔問1〕 基本 本文中の［ a ］、［ b ］には同じ言葉が

入ります。[a]、[b]にあてはまる最も適切な言葉を、次のア〜エの中から選び、その記号を書きなさい。(3点)

ア、ならびに　イ、すなわち
ウ、もしくは　エ、ところで

〔問2〕**よく出る** 本文中、A仮に人間が地球外からの生命体に由来するのであれば、「人間が地球の自然を保護します」という表現は、何ら違和感ない　とありますが、なぜ「違和感ない」と筆者は考えていますか。その理由を述べた次の文の[　]にあてはまる表現を、文中から二十字以内でそのまま抜き出して書きなさい。(4点)

[　　　　]であるため、人間が自然の外の存在ということであれば、言葉の使い方として違和感がないから。

〔問3〕**思考力** 本文中、Bリスクのある相手と共存するという意味では、相手を「車」に置き換えると理解しやすいだろう　とありますが、人間は、どのようにして「車」と「共存」しようとしていますか。車のリスクと、共存する方策とがわかるように、あなたの考えを六十字以内で書きなさい。(句読点やその他の符号も一字に数える。)(7点)

〔問4〕**基本** 本文中、C完全なる制御とコントロールを推し進める社会では、"迷惑生物"の撲滅運動が起きるかもしれない　とありますが、「完全なる制御とコントロールを推し進める社会」は、どのようになるだろうと筆者は述べていますか。その内容として最も適切なものを、次のア〜エの中から選び、その記号を書きなさい。(3点)

ア、科学の力を失った日常生活を送らなければならなくなり、科学ではコントロールできない問題が起こるだろう。
イ、生物の多様性が破壊され、先住民たちのように自給自足の生活を続けていかなければならない事態に陥るだろう。
ウ、生態系の一部が崩れて、それによる問題が発生し、その問題を新たにコントロールする必要性が生まれるだろう。
エ、人間に必要のない生物をすべて絶滅させることになり、人間にとってユートピアのような世界が必ず訪れるだろう。

〔問5〕本文中の[c]には、大型のサメを駆除した結果、ホタテやハマグリが大きく減少した理由が入ります。文中の図を踏まえて、[c]にあてはまるように、その理由を五十字以内で書きなさい。(句読点やその他の符号も一字に数える。)(7点)

〔問6〕**よく出る** 本文の内容に合致するものとして最も適切なものを、次のア〜エの中から選び、その記号を書きなさい。(5点)

ア、人間は、自然の外にいるか中にいるかを都合よく使い分けてきたが、人間のルーツは自然の中にあるということを証明するために、自然との共存を実現していく必要があるだろう。
イ、百年後の人類が現代の常識では考えられないテクノロジーをもつために、科学の力の重要性を理解し、自然を制御しコントロールする技術をますます高めていく必要があるだろう。
ウ、様々なリスクを常に抱え、改変した自然をコントロールし続けることに労力を費やす社会とならないよう、自然に対する制御とコントロールをさらに推し進める必要があるだろう。
エ、人間が持続可能な生活を続けていくには、科学の力を用いて自然を理解し、自然を制御しコントロールする技術も高めながら、自然と共存する方策を考えていく必要があるだろう。

三 (小説文)熟語・内容吟味・慣用句

次の文章を読んで、〔問1〕〜〔問6〕に答えなさい。(計28点)
※印には(注)がある。

ぼく(野崎翔太(のざきしょうた))は、小学5年生。公民館で偶然、将棋教※室をのぞいたことから、将棋のおもしろさに引き込まれ、将棋のプロ棋士である有賀(ありが)先生が指導する朝霞(あさか)こども将棋教室に通っている。通いだしてまだ4か月ほどだが、順調に昇級し、ついにアマチュア初段(朝霞こども将棋教室初段)になった。しかし、初段になって初めての対局(対戦)で、小学2年生でアマチュア二段の山沢(やまざわ)君に負けてしまった。悔しくてたまらないぼくは、次に対局するときは絶対に勝とうと闘志を沸き立たせ、さらに将棋の研究に取り組んだ。そして、2週間後、思いがけず再戦することになり、対局が始まった。

序盤から激しい展開で、80手を越えると双方、どこからでも王手※がかかるようになった。しかし、どちらにも決め手がない。ぼくも山沢君もとっくに持ち時間はつかいきり、ますます難しくなっていく局面を一手30秒以内で指し続ける。A壁の時計に目をやる暇などないが、たぶん40分くらい経っているのではないだろうか。持ち時間が10分の将棋は30分あれば終わるから、ぼくはこんなに長い将棋を指したことはなかった。これでは有賀先生との2局目を指す時間がなくなってしまう。

「そのまま、最後まで指しなさい」

有賀先生が言って、そうこなくちゃと、ぼくは気合いが入った。かなり疲れていたが、絶対に負けるわけにはいかない。山沢君だって、そう思っているはずだ。

(勝ちをあせるな。相手玉※を詰ますことよりも、自玉が詰まされないようにすることを第一に考えろ)

細心の注意を払って指していくうちに、形勢がぼくに傾いてきた。ただし、頭が疲れすぎていて、目がチカチカする。指がふるえて、駒をまっすぐにおけない。

「残念だけど、今日はここまでにしよう」

ぼくに手番がまわってきたところで、有賀先生が対局時計を止めた。

「もうすぐ3時だからね」

そう言われて壁の時計を見ると、短針は「3」を指し、長針が「12」にかかっている。40分どころか、1時間半も対局していたのだ。

ぼくは盤面に視線を戻した。ぼくの玉はすでに相手陣に入っていて、詰ませられることはない。山沢君も入玉（にゅうぎょく）※をねらっているが、10手あれば詰ませられそうな気がする。ただし手順がはっきり見えているわけではなかった。

「すごい勝負だったね。ぼくが将棋教室を始めてから一番の熱戦だった」

プロ五段の有賀先生から最高の賛辞をもらったが、ぼくは詰め筋を懸命に探し続けた。

「※馬引きからの7手詰めだよ」

山沢君が悔しそうに言って、ぼくの馬を動かした。

「えっ？」

まさか山沢君が話しかけてくるとは思わなかったので、ぼくはうまく返事ができなかった。

「こうして、こうなって」

詰め将棋をするように、山沢君が盤上の駒を動かしていく。

「ほら、これで詰みだよ」

（なるほど、そのとおりだ）

頭のなかで答えながら、Bぼくはあらためてメガネをかけた小学2年生の実力に感心していた。

「プロ同士の対局では、時間切れ引き分けなんてない。それは研修会※でも、奨励会※でも同じで、将棋の対局はかならず決着がつく。でも、ここは、小中学生むけのこども将棋教室だからね。今日の野崎君と山沢君の対局は引き分けとします」

有賀先生のことばに、ぼくはうなずいた。

「さあ、二人とも礼をして」

「ありがとうございました」

山沢君とぼくは同時に頭をさげた。そして顔をあげたとき、山沢君のうしろにぼくの両親が立っていた。

「えっ、あれっ。ああ、そうか」

ぼくは母が3時前に来る約束になっていたことを思いだしたが、まさか父まで来てくれるとは思ってもみなかった。もうBコース※の生徒たちが部屋に入ってきていたので、ぼくは急いで駒を箱にしまった。

「みなさん、ちょっと注目。これから野崎君に認定書を交付します」

ふつうは教室が始まるときにするのだが、有賀先生はぼくの両親に合わせてくれたのだ。

「野崎翔太殿。あなたを、朝霞こども将棋教室初段に認定します」

みんなの前で賞状をもらうなんて、生まれて初めてだ。

そのあと有賀先生の奥さんが賞状を持ったぼくと有賀先生のツーショット写真を撮ってくれた。両親が入った4人での写真も撮ってくれた。

「野崎さん、ちょっといいですか。翔太君も」

有賀先生に手招きされて、ぼくと両親は廊下に出た。

「もう少し、むこうで話しましょうか」

どんな用件なのかと心配になりながら、ぼくは先生についていった。

「翔太君ですが、成長のスピードが著しいし、とてもまじめです。今日の一局も、じつにすばらしかった」

有賀先生によると、山沢君は小学生低学年の部で埼玉県のベスト4に入るほどの実力者なのだという。来年には研修会に入り、奨励会試験の合格、さらにはプロの棋士になることを目標にしているとのことだった。

「小学5年生の5月でアマチュア初段というのは、正直に言えば、プロを目ざすには遅すぎます。しかし野崎君には伸びしろが相当あると思いますので、親御さんのほうでも、これまで以上に応援してあげてください」

そう言うと、有賀先生は足早に廊下を戻っていった。

Cまさか、ここまで認めてもらっているとは思わなかったので、ぼくは呆然（ぼうぜん）としていた。将棋界のことをなにも知らない父と母は［　　］ような顔をしている。二人とも、すぐに仕事に戻らなければならないというので、詳しいことは今晩話すことにした。

103号室に戻り、カバンを持って出入り口にむかうと、山沢君が立っていた。ぼくより20センチは小さくて、腕も脚もまるきり細いのに、負けん気の強そうな顔でこっちを見ている。

「Dつぎの対局は負けないよ。絶対に勝ってやる」

「うん、また指そう。そして、E一緒に強くなろうよ」

ぼくが言うと、山沢君がメガネの奥の目をつりあげた。

「なに言ってんだよ。将棋では、自分以外はみんな敵なんだ」

小学2年生らしいムキになった態度がおかしかったし、「自分以外はみんな敵だ」と、ぼくだって思っていた。

「たしかに対局中は敵だけど、盤を離れたら、同じ将棋教室に通うライバルでいいんじゃないかな。ぼくは初段になったばかりだから、三段になろうとしているきみをライバルっていうのは、おこがましいけど」

ぼくの心ははずんでいた。個人競技である将棋にチームメイトはいないが、ライバルはきっといくらでもあらわれる。勝ったり負けたりをくりかえしながら、一緒に強くなっていけばいい。

「そういえば、有賀先生のおとうさんが教えた大辻弓彦（おおつじゆみひこ）さんっていうひとが、関西の奨励会でがんばっているんだってね。大辻さんが先にプロになって、きみとぼくもプロになって、いつかプロ同士で対局できたら、すごいよね」

奨励会試験に合格するにはアマ四段の実力が必要とされる。それに試験では奨励会員との対局で五分以上の星をあげなければならない。合格して奨励会に入っても、四段＝プロになれるのは20パーセント以下だという。

それがどれほど困難なことか、正直なところ、ぼくにはよくわかっていなかった。でも、どれほど苦しい道でも、絶対にやりぬいてみせる。

「このあと、となりの図書館で棋譜※をつけるんだ。今日の、引き分けだった対局の」

ぼくが言うと、山沢君の表情がほんの少しやわらかくなった。

「それじゃあ、またね」

三つも年下のライバルに言うと、Fぼくはかけ足で図書館にむかった。

（佐川光晴（さがわみつはる）著『駒音高く』から……一部省略等がある。）

（注）・将棋＝二人で交互に駒を動かし、相手の玉将（ぎょくしょう）（王将）という駒を先に捕獲した方が勝ちとなるゲーム。
・王手＝直接玉将（王将）を攻める手。
・玉を詰ます＝玉将（王将）の逃げ道が完全になくなる状態にすること。玉とは玉将のこと。

・入玉＝玉将（王将）が敵陣内に入ること。
・馬引き＝馬という駒を自陣側に動かすこと。
・研修会＝日本将棋連盟が運営する将棋の研修機関。
・奨励会＝将棋のプロ棋士を目ざす者が所属する日本将棋連盟の研修機関。
・Bコース＝将棋教室の午後の後半のコース。
・棋譜＝将棋の対局の記録。

〔問1〕**基本** 本文中、A壁の時計に目をやる暇などないとありますが、山沢君と対局中の「ぼく」の様子を表す四字熟語として最も適切なものを、次のア～エの中から選び、その記号を書きなさい。（3点）

ア、一心不乱　イ、一念発起
ウ、一致団結　エ、一騎当千

〔問2〕本文中、Bぼくはあらためてメガネをかけた小学2年生の実力に感心していた　とありますが、このとき、「ぼく」が感心した「小学2年生の実力」とは、どのようなことですか。文中の言葉を用いて、簡潔に書きなさい。（5点）

〔問3〕本文中、Cまさか、ここまで認めてもらっているとは思わなかったので、ぼくは呆然としていた　とありますが、「ぼく」は、有賀先生の言葉をどのように受け取りましたか。このときの「ぼく」の心情の説明として最も適切なものを、次のア～エの中から選び、その記号を書きなさい。（3点）

ア、成長のスピードが著しく、厳しいプロの棋士の世界であっても、必ず頂点に立つ逸材であると信じてくれていると感じている。
イ、将棋の才能があるとはとても思えないが、年下に対してもやさしく、まじめで好感がもてる生徒だと受けとめてくれていると感じている。
ウ、プロを目ざす山沢君には及ばないが、これから努力を重ねれば、アマチュア初段になる力は十分にあると評価してくれていると感じている。
エ、年齢的には厳しいかもしれないが、もしかしたら、プロの棋士を目ざせるかもしれないほどの素質があると期待してくれていると感じている。

〔問4〕**基本** 本文中の［　　］には、「思いがけないことが起こって、わけがわからずぼんやりする」という意味の表現が入ります。［　　］にあてはまる最も適切な表現を、次のア～エの中から選び、その記号を書きなさい。（3点）

ア、トラの尾を踏んだ　イ、キツネにつままれた
ウ、ネコの手も借りたい　エ、サルも木から落ちる

〔問5〕本文中、Dつぎの対局は負けないよ。絶対に勝ってやる。Eうん、また指そう。そして、一緒に強くなろうよ　とありますが、このとき、山沢君と「ぼく」は、対局の相手をそれぞれどのように考えていますか。文中の言葉を用いて八十字以内で書きなさい。（句読点やその他の符号も一字に数える。）（8点）

〔問6〕**基本** 本文中、Fぼくはかけ足で図書館にむかった　とありますが、このときの「ぼく」の心情の説明として最も適切なものを、次のア～エの中から選び、その記号を書きなさい。（6点）

ア、前回は全く歯が立たなかった山沢君に勝った喜びを忘れないでいようと決心し、図書館で棋譜をつける作業を早く済ませて、両親が待つ家に帰りたいと思っている。
イ、今日の山沢君との対局で疲れてへとへとになってしまったことを反省し、何時間かかるかわからない対局にも対応できる体力をしっかり身につけたいと思っている。
ウ、プロへの道がどれほど難しく苦しかったとしても絶対にやりぬいてみせると決心し、今日の一戦をふり返るために、早速山沢君との対局の棋譜をつけたいと思っている。
エ、将棋を続けていくことを両親がどのように考えているかはわからないが、今後対局する相手に集中していこうと決心し、山沢君の面影を早く振り払いたいと思っている。

四　条件作文　思考力

ある中学校の生徒会では、ものの見方や考え方を深めることを目的として、全校生徒に参加者を募り、異なる世代の方々と話し合う取り組みをしています。

今回も、前回に引き続き、地域の福祉施設でお年寄りの方々と交流することになりました。参加者を募集するにあたり、より多くの生徒に参加してもらうために、参加を呼びかける文章を生徒会新聞に掲載することにしました。

次のA案は、生徒会長が最初に考えた文章です。B案は、A案をもとに生徒会でさらに話し合って書き改めた文章です。A案とB案を比較し、B案の表現の工夫と、そのような工夫をしたことによる効果について、あなたの考えを書きなさい。

ただし、あとの条件(1)～(4)にしたがうこと。（15点）

A案

> 私たちの学校では、ものの見方や考え方を深めることを目的として、異なる世代の方々と話し合う取り組みをしています。今回も、前回に引き続き、地域の福祉施設を訪問し、お年寄りの方々と交流します。
> 前回は、たいへん多くの生徒が参加してくれました。何を話せばいいのか、考えたり悩んだりする人もいるかもしれません。しかし、お年寄りの方から色々と聞いてくださるので、あまり負担に感じることはないと思います。参加を迷っている人もいると思いますが、この活動に参加することで、私たちの世代とは異なる世代の考え方を知ることができ、視野を大きく広げることにつながると思います。
> 皆さんもぜひ、積極的に参加してください。

B案

> 私たちの学校では、ものの見方や考え方を深めることを目的として、異なる世代の方々と話し合う取り組みをしています。今回も、前回に引き続き、地域の福祉施設を訪問し、お年寄りの方々と交流します。

前回は、全学年から三十六名の生徒が参加してくれました。最初は、私たちも緊張していましたが、昔話を教えてもらったり、最近の流行等を紹介したりすることで話が盛り上がりました。最後は、お年寄りの方から、「色々な話ができて楽しかった。」などの言葉をかけていただきました。私たちも異なる世代の考え方を知ることができ、視野が大きく広がったように感じました。
皆さんもぜひ、積極的に参加してください。

[条件]
(1)原稿用紙（20字詰×10行＝省略）の正しい使い方にしたがって書くこと。ただし、題名や自分の氏名は書かないこと。
(2)二段落構成とし、八行以上、十行以内であること。
(3)第一段落には、A案と比較して、B案がどのように工夫されているかについて書きなさい。
(4)第二段落には、第一段落で述べた工夫によって、どのような効果が期待されるかについて書きなさい。

鳥取県

時間 50分　満点 50点　解答 P37　3月5日実施

出題傾向と対策

●漢字・語句・文法・漢文に関する複合問題、小説文、論説文と古文の融合問題、資料・図表を用いた条件作文を含む大問四題構成。文章レベルは標準だが、設問数が多く、記述量も多めなのが特徴。知識系・文法系の問題や読解を踏まえたマーク形式の問題も幅広く問われている。

●知識の補充・読解力の養成・記述力の養成を三本柱として、幅広い学習をコツコツと重ねて行く必要がある。特に記述については、自己の体験との結びつけや資料の分析のポイントをしっかりと押さえた訓練が重要となる。

解答上の注意　答えに字数制限がある場合には、句読点やその他の符号も字数に数えることとします。

一 漢字の読み書き・漢字知識・熟語・語句の意味・品詞識別・文・古典知識

次の各問いに答えなさい。（計10点）

問一、よく出る 基本 次の（1）～（4）の傍線部について、漢字は読み方をひらがなで、カタカナは漢字に直して楷書で、それぞれ書きなさい。必要があれば送り仮名もつけて答えなさい。（各1点）

（1）将来は教育に携わる仕事をしたい。
（2）抑揚をつけてトランペットを吹く。
（3）失敗をしてもマッタク問題はない。
（4）どんなコンナンも乗り越えていく。

問二、次のア～オの行書で書かれた漢字を、楷書で書いた場合、部首の画数が三画になるものをすべて選び、記号で答えなさい。（1点）

ア、宇　イ、村　ウ、防　エ、迫　オ、熱

問三、基本 次のア～エの熟語のうち、上の漢字が下の漢字を修飾しているものを一つ選び、記号で答えなさい。（1点）

ア、黒板　イ、屈伸　ウ、学習　エ、帰郷

問四、基本 次のア～エの四字熟語のうち、〈漢字〉・〈読み方〉・〈意味〉がいずれも正しいものを一つ選び、記号で答えなさい。（1点）

	〈漢字〉	〈読み方〉	〈意味〉
ア、	言語道断	げんごどうだん	あまりにひどくて何とも言いようがないこと
イ、	無我無中	むがむちゅう	ある物事に熱中して自分を忘れてしまうさま
ウ、	以心伝心	いしんでんしん	言葉にしなくても相手と心が通じ合うこと
エ、	温故知新	おんこちしん	古い考えを捨てて新しい考えを取り入れること

問五、次の文について、あとの問いに答えなさい。

> 今日はとてもよい天気になったので、私の妹は近くの公園へ遊びに行った。

（1）主語と述語を、それぞれ抜き出して書きなさい。（完答で1点）
（2）次のア～エの傍線部のうち、「とても」とは品詞が異なるものを一つ選び、記号で答えなさい。（1点）
ア、いつもより少し明るい夜だ。
イ、部屋の外で大きな声を出す。
ウ、空でカラスがカアカア鳴く。
エ、赤ちゃんがにっこりと笑う。

問六、基本 『孟子』に「以五十歩笑百歩則何如」という一節があります。この一節の書き下し文「五十歩を以（も）つて百歩を笑はば、則ち何如（いかん）。」に従って、返り点を正

しくつけたものを、次のア～エから一つ選び、記号で答えなさい。（1点）

ア、以レ五十歩笑レ百歩、則何如。
イ、以レ五レ十レ歩笑レ百レ歩、則何如。
ウ、以二五十歩一笑レ百レ歩、則何如。
エ、以二五十歩一笑二百歩一、則何如。

二（小説文）内容吟味・語句の意味

次の文章を読んで、あとの問いに答えなさい。（出題の都合上、本文を一部改めた箇所がある）（計12点）

生きている先生と最後に会ったのは、大学の卒業式の日であった。春というには肌寒いその日、私たち学生は卒業証書を手にいつまでも去りがたく、薄闇があたりを覆うまで先生の研究室で語らっていた。

学部全体で見ても、女子学生は十数名しかいなかった。*畢竟、その全員と私は顔見知りであったわけだが、*職業婦人になる者もあれば嫁ぎ先が決まっている者もあり、女でありながら大学を出て、その結果郷里で家業を手伝うしかない者など私ぐらいのものだった。

その年の卒業生で先生の直接の教え子は五人あり、そのうちで女は私一人であった。仲間の男子学生たちはそれぞれ、卒業の喜びと若干の不安に胸震わせ、明日から漕ぎ出していく社会への責任感に顔を輝かせていた。私はつい昨日までの友人であった彼らがふいに遠くへ行ってしまうような、自分だけが取り残される心持ちがして、研究室の中で一人、うつむきがちであった。

「蒔田さんはこれからどうするんだったかな」

先生は至極穏やかに、[1]卒業証書の入った筒を握りしめるばかりの私に話しかけた。

「家業を手伝いますの。兄が家を継いでおりまして、今までずいぶん無理を聞いて私を学校にやってくれましたから」

私は自尊の感情からくる羞恥で息苦しくなりながら、ようよう答えたものだった。

「お家は何をやっておられるの」

「あんこ屋です」

これまで私は、そのことを友人たちの誰にも言ったことはなかった。何を恥ずかしがることがあるものか。家の者は誇りを持って仕事をしているし、これまで私が学問に打ち込むことを嫌な顔一つせずに応援してきてくれたではないか。いくらそう言い聞かせても、高い志を語る友を前にしては、女の身で大学にまで来た私が、医者や外交官や大きな商家の娘ではなく、菓子の材料を作る小さな店の娘であることを言うのは*憚られた。

その部屋にいた学生たちの誰も、私の家の職業を聞いて笑う者などいなかった。先生の下に集う学生たちは皆、心根の涼やかで誠実な人間ばかりだったし、貧しい村から上京し、奨学金を得て苦学する者がいることを私は現に知ってもいたのだ。それなのに私は自分の生まれた家の*生業を恥じた。女の身で勉学など、ましてや文学などなんの腹の足しにもならぬことをしてなんになる。これまで何度となく言われ続けた言葉が、投げかけられ続けた視線が、私の*怯懦と卑屈な心を*煽った。そしてまた、そんな周囲の偏見に挫け、家業を、身につけた学歴を、恥じ続ける自分を恥じた。ここには私を[2]白眼視する人間など誰もいないにもかかわらず、すべてを恥じている。そんな自分を恥じた。

「明日からは餡をこねるのです」

わずかな沈黙さえも耐えがたく思われ、私は早口でしゃべった。

「文学とも、ましてや国の発展とも関係のない毎日で……」

私の言葉は掠れて途切れたが、[3]先生はそれには気づかなかったかのように少し微笑んだ。

「私も国のためになるようなことはしたことがないな」

と先生は言った。「それにね、蒔田さん。文学は確かに、餡をこねること自体には必要ないものかもしれない。だが、餡をこねる貴女自身には、必要という言葉では足らないほどの*豊穣をもたらしてくれるものではないですか」

うつむけていた顔を上げ、思わず先生の姿を正面から見た。粗末な木の椅子に腰かけた先生の、若々しい目には情熱が溢れていた。

「私たちは一緒に*ブロンテ姉妹の作品を読みました。蒔田さんは特に、『嵐が丘』についての熱心な発表をした」

先生を取り囲むようにして集った私たちは、先生の講義に聞き入った時と同じように、先生から迸る文学への愛情にいつしか耳を傾けていたのであった。

「あの作品の舞台は、荒野とそこに建つ二軒の家しかないと言っていいでしょう。だがその世界を狭いと感じる人がいるでしょうか。いや誰もいない。そこにはすべてがあります。愛と憎しみが、策謀と和解が、裏切りと赦しが、その他ありとあらゆる、人間のすべてが嵐が丘にはある」

先生はそう言って、私たちをゆっくりと見回した。

「[4]君たちはそのことを、よく心に留めておかなければいけません」

（三浦しをん『骨片』による）

（*注）畢竟…結局。
職業婦人…就職して働く女性のこと。
憚る…気兼ねしてやめる。遠慮する。
生業…暮らしを立てるための仕事。
怯懦…臆病で意気地のないこと。
煽る…物事に勢いをつける。
豊穣…穀物が豊かに実ること。豊かさ。
ブロンテ姉妹…作家の姉妹。『嵐が丘』はエミリー・ブロンテの作品。

問一、「[1]卒業証書の入った筒を握りしめるばかりの私」について、次の問いに答えなさい。

（1）この時の「私」の心情の説明として最も適切なものを、次のア～エから一つ選び、記号で答えなさい。（2点）

ア、先生や友人との別れをつらく思い、これでもう皆と会う機会はなくなるのだと別れの悲しみにひたっている。
イ、これから社会で活躍しようとしている友人たちに対して引け目を感じ、自分の進路に恥ずかしさを感じている。
ウ、卒業する学生たちの中で女子は自分だけであったので、多くの男子学生の中で肩身のせまい思いをしている。

エ、周囲の学生たちは早々に就職先を決めているのに、自分だけ進路が決まっておらず、とまどい、あせっている。

(2) この時の「私」の心情が、大きく変化することがうかがえる一文を抜き出し、その最初の五字を書きなさい。　(2点)

問二、〈基本〉「[2]白眼視する」の意味として最も適切なものを、次のア～エから一つ選び、記号で答えなさい。　(1点)

ア、哀れみの目で見る　イ、尊敬のまなざしで見る

ウ、冷たい目で見る　エ、怒りをこめて見る

問三、「[3]先生はそれには気づかなかったかのように少し微笑んだ」とありますが、この時の先生の心情の説明として最も適切なものを、次のア～エから一つ選び、記号で答えなさい。　(2点)

ア、これまで私が友人からの偏見に傷ついていたことを見抜き、気づかれないように慰めようと思っている。

イ、家業を恥じるだけではなく文学を学ぶことにも嫌気がさしていたと知り、そんな私を意外に思っている。

ウ、文学に情熱を持っていた私が、国の発展にも貢献したいと考えていたことを知り、感心だと思っている。

エ、自分への羞恥や劣等感でいたたまれなくなった私の心中を察して、さりげなく励ましたいと思っている。

問四、〈思考力〉「[4]君たちはそのことを、よく心に留めておかなければいけません」とありますが、先生は学生たちに、どういうことを伝えたかったと考えられますか。三十字以上四十字以内で書きなさい。　(3点)

問五、〈基本〉本文の内容と表現について説明したものとして、最も適切なものを、次のア～エから一つ選び、記号で答えなさい。　(2点)

ア、回想の場面を入れて現在と過去を対比することで、読者が話の展開に引き込まれやすくなっている。

イ、先生と私の発言を通して、それぞれの考え方の違いを示し、二人の人生観の相違を明確にしている。

ウ、登場人物の心情や会話を「　」を付けて表現し、それぞれの心情を読み取りやすくしている。

エ、私の視点から描写することで、私の内面に抱える苦悩や葛藤がわかりやすく描き出されている。

三 （古文を含む論説文）文脈把握・内容吟味・口語訳・仮名遣い・課題作文

次の文章Ⅰ、あとの文章Ⅱは、古典文学の魅力について述べたものです。文章Ⅰ・文章Ⅱを読んで、あとの各問いに答えなさい。（出題の都合上、本文を一部改めた箇所がある）　(計17点)

文章Ⅰ

つれづれなるままに、日ぐらし、硯（すずり）にむかひて、心にうつりゆくよしなしごとを、そこはかとなく書きつくれば、あやしうこそものぐるほしけれ。

（これといってすることがないのにまかせて、一日中、硯に向かいながら、心に次々と浮かんでくる、とりとめもないことを、あてもなく書きつけていると、不思議にわけのわからない気分になってくる。）

この一文は、日本人にとってきわめてなじみ深いものと言えるでしょう。『徒然草』は古文の教材としてよく取り上げられますので、冒頭のこの文章を教室で習わなかった人はほとんどいないと思います。そして、兼好があまりにも高名なこの一文を創作したことに疑問を持つことは、あまりありません。

［A］、すべてを兼好個人が考えついたものではないのです。

『徒然草』が執筆されたのは、十四世紀前半。その約三百年ほど前、『源氏物語』が執筆されたのと同じ頃に活躍した女流歌人[1]和泉式部（いずみしきぶ）の歌集（宸翰本（しんかんぼん）和泉式部集）に次のような表現があります。和歌の前に記される詞書（ことばがき）の全文です。

つれづれなりし折、よしなしごとにおぼえし事、世の中にあらまほしきこと。

（これといってすることがない時に、とりとめもなく思いついたこと、世の中にあってほしいと思うこと〈を詠（よ）んで〉。）

何をするということもない所在ない様子を表す「つれづれ」、そしてとりとめもないことという意味の「よしなしごと」という語を含むこの文章は、『徒然草』序文のかなりの部分と重なり合っています。

同じ和泉式部の歌集（和泉式部正集）には、次のような詞書もあります。

いとつれづれなる夕暮れに、端（はし）に臥（ふ）して、前なる前栽（せんざい）どもを、唯（ただ）に見るよりはとて、物に書きつけたれば、いとあやしうこそ見ゆれ。さばれ人やは見る（後略）。

（これといってすることがない夕暮れ時に、縁側に横になって目の前にあるいろいろな植え込み〈前栽〉を、ただ眺めているよりはましだと思って、歌に詠んで紙に書きつけてみると、たいそう妙だと感じられる。えい、どうとでもなれ、ほかの人が見たりはしないのだから。）

ここでは、「つれづれ」「書きつく」「あやし」が『徒然草』と共通しています。

和泉式部はすぐれた和歌を数多く詠んでおり、歌人でもあった兼好が、その歌集を読まなかったとは思えません。

［B］、一個人の独創であるかに見える名文にも、このように先行する表現があって、すべてが新見というわけではないのです。

現代だったら、これは盗作として問題になるのかもしれません。盗作とまではいかなくても、似ている語句が多いという理由によって、個性に乏しいとされてしまうかもしれません。

しかし、古典文学ではそんなことはないのです。先人の用いたことばを取り込むことで自己表現が豊かになる。そういう考え方が支配的だったからです。三百年という時間の隔たりはあっても、「ことばを共有する」という意識によって和泉式部と『徒然草』は強く結ばれています。この

ことの意義がどんなに大きいかということを、本書を読み進めながら実感していただきたいと思います。

　そして、この「ことばの共有」は二人の歌人の単線的な関係にとどまりません。

　たとえば、[C]つまり、平安時代にしばしば用いられた*常套的な表現を『徒然草』序文は下敷きにしているのです。繰り返しますがこれはこっそり盗んだとか、そういう話ではないのです。

　かつてしばしば用いられ人々になじみ深いことばを表現の中に取り込むことで、自分自身も歴史的な流れとの一体感を味わい、そして読者もすんなりと文章を読み進めていくことができるという、じつに前向きな姿勢なのだと言えるでしょう。

　（中略）

　文学作品は、過去の作品表現の集積によって成り立っている。

　すぐれた作品はその上に新しい価値を付与したものだ。

　本書では、まず第一にこのことについて考えてみたいのです。

　2『徒然草』序文の場合、新しい価値とは何でしょうか。それは、「ものぐるほしけれ」という部分だと思います。

　（中略）

　「心にうつりゆくよしなしごとを、そこはかとなく書きつ」けていると、それで心の中のもやもやしたものがおさまっていくかと思いきや、そうではなく、ますますなにか異常な感じが高まってしまって、自分ではどうしようもない状況だというのです。

　そのように内省的な態度をどこまでも突き詰めていくこと、それが『徒然草』のオリジナリティーでした。

　『徒然草』では、日常の出来事や四季折々の自然に触発されて、「人生とは何か」「生きるとは何か」という問いかけが、時に正面切って、時に斜に構えながら発動していきます。それこそ兼好が文学的に達した高みであったと思うのです。そして、人生の意味、人間の存在を思念的に考察しようとする姿勢の深まりという、この作品の本質を象徴的に表しているのが「ものぐるほし」なのです。

　（中略）

　『徒然草』の序文は、和泉式部をはじめ平安時代にしばしば用いられた常套的な表現を下敷きとしつつ、そこに自己の内省的態度を示す「ものぐるほし」ということばを付加することによって、常套的表現の持つ共同性を基盤に個性を表出しようとしました。共同性を有することで、読者の共感を増幅させ、かつ個性の部分の差異化もはかられます。個性も際立ってくるのです。詳しくは本論で触れたいのですが、共同性と個性が補完的に紡ぎ出されていくことのなかに古典文学の真髄が見え隠れしていると言ってよいでしょう。

（鈴木健一『知ってる古文の知らない魅力』による）

（*注）常套…ありふれた仕方。

問一、**よく出る** **基本** [A]・[B]にあてはまる接続詞の組み合わせとして最も適切なものを、次のア〜エから一つ選び、記号で答えなさい。（1点）

ア、A しかし　B つまり
イ、A だから　B なぜなら
ウ、A けれども　B そして
エ、A ところで　B また

問二、1「和泉式部の歌集（宸翰本和泉式部集）に次のような表現があります」とありますが、筆者が和泉式部の歌集の表現を引用したのは何のためですか。次の【説明】の（ ① ）〜（ ③ ）にあてはまる語句の組み合わせとして最も適切なものを、あとのア〜エの中から一つ選び、記号で答えなさい。（2点）

【説明】
『徒然草』の序文は（ ① ）ではなく、（ ② ）があるということを（ ③ ）するため。

ア、①兼好の執筆　②共通する表現　③比較
イ、①兼好の独創　②先行する表現　③例示
ウ、①兼好の盗作　②独創的な表現　③強調
エ、①兼好の創作　②盗作的な表現　③否定

問三、[C]には具体例が示されています。その具体例を説明したものとして、最も適切なものを、次のア〜エから一つ選び、記号で答えなさい。（2点）

ア、兼好法師が『徒然草』以降に書いた作品で、『徒然草』の序文と共通する表現が含まれる例
イ、『徒然草』以外の兼好法師の作品で、和泉式部の書いた文章と共通する表現が含まれる例
ウ、平安時代に書かれた和泉式部以外の作品で、『徒然草』の序文と共通する表現が含まれる例
エ、平安時代に書かれた和泉式部の作品で、『徒然草』の序文と共通する表現が多数含まれる例

問四、2「『徒然草』序文の場合、新しい価値とは何でしょうか。それは、『ものぐるほしけれ』という部分だと思います」について、「ものぐるほしけれ」が「新しい価値」といえるのはどうしてですか。本文中の言葉を用いて四十字以内で書きなさい。（3点）

問五、本文の内容と一致するものとして最も適切なものを、次のア〜エから一つ選び、記号で答えなさい。（2点）

ア、『徒然草』は、ことばの共有によって読者の共感を誘いつつ、その上に独自の見方を盛り込むことで個性を際立たせている。
イ、『徒然草』は、過去の作品の表現を積み重ねることによって新しい価値を作り出しており、古典文学の真髄となっている。
ウ、『徒然草』は、古典文学の伝統を保つために、常套的表現の持つ共同性と自己の内省的態度を示す個性をあわせ持っている。
エ、『徒然草』は、使い古された表現を今までとは異なる新しい意味で用いることにより、ことばの持つ可能性を広げている。

文章Ⅱ

ひとり灯火のもとに1文をひろげて、2見ぬ世の人を友とするぞ、こよなう慰むわざなる。（*この上なく心がなごむ、楽しいことだ。）
文は、*文選のあはれなる巻々、*白氏文集、*老子のことば、*南華の篇。

この国の博士[3]どもの書ける物も、いにしへのは、あはれなること多かり。（日本の博士たち）

（『徒然草』による）

（＊注）文選…中国南北朝時代に梁の昭明太子によって編さんされた詩文集。
白氏文集…中国唐代の文学者、白楽天の詩文集。
老子…中国周代の思想家。
南華…『荘子』のこと。中国戦国時代の思想家である荘子の著書。

問六、よく出る 基本 「文[1]」の意味として最も適切なものを、次のア～エから一つ選び、記号で答えなさい。（1点）

ア、手紙　イ、日記　ウ、書物　エ、学問

問七、「見ぬ世の人[2]」の意味として最も適切なものを、次のア～エから一つ選び、記号で答えなさい。（1点）

ア、亡くなった旧友　イ、遠い昔の人
ウ、中国から来た人　エ、未来を生きる人

問八、「この国の博士どもの書ける物も、いにしへのは、あはれなること多かり[3]」について、次の問いに答えなさい。

（1）「いにしへ」を現代仮名遣いに直し、すべてひらがなで書きなさい。（1点）

（2）「この国の博士どもの書ける物も、いにしへのは、あはれなること多かり」とはどういうことを表していますか。最も適切なものを、次のア～エから一つ選び、記号で答えなさい。（1点）

ア、日本の博士たちが書いたものよりも、中国の古典の方がすぐれたものが多いということ。
イ、日本の博士たちが書いたものも、古典はすぐれたものが多いということ。
ウ、日本の博士たちが書いたものは、中国の古典よりもの悲しいものが多いということ。
エ、日本の博士たちが書いたものも中国の古典も、もの悲しいものが多いということ。

問九、難 思考力 文章Ⅰ、文章Ⅱは、古典文学の魅力について述べていますが、あなたは、古典の魅力または古典を学ぶ意義をどのようなものだと考えますか。古典に触れた経験や学習を踏まえ、具体例を挙げて、六十字以上八十字以内で書きなさい。（3点）

四 （スピーチ文）文・敬語・内容吟味・文脈把握・条件作文

ある中学校の鳥取星子さんは、生徒会役員選挙で生徒会長に立候補しました。次は、その演説の【原稿】です。これを読んで、あとの問いに答えなさい。（計11点）

【原稿】

みなさん、こんにちは。このたび、生徒会長に立候補した二年一組の鳥取星子です。吹奏楽部で部長を務めています。

[1]本校生徒会は、楽しさの中にも規律ある学校をめざしていますが、楽しさの中にも規律ある学校を実現するのは簡単ではありませんが、私は必ずやりとげたいと思い立候補しました。

私が生徒会長になったら、自分たちで規律を守れるようにしたり、きれいで心地よい校舎にしたりしたいです。また、委員会活動を見直して、自治的な活動を企画したいです。あと、この学校には地域の方がたくさん来られます[2]。だから、地域から愛される学校をつくりたいです。学校の中だけではなく、地域全体に目を向けていきたいです。

[3]魯迅＊は『故郷』で「もともと地上には道はない。歩く人が多くなれば、それが道になるのだ。」と言っています。私も、新しいことにチャレンジして、新たな伝統を築いていきたいです。

みなさんが笑顔になれるような学校をめざしてがんばります。

（＊注）魯迅…中国の小説家。『故郷』は魯迅の作品。

問一、思考力 「本校生徒会は、楽しさの中にも規律ある学校をめざしていますが、楽しさの中にも規律ある学校を実現するのは簡単ではありませんが、私は必ずやりとげたいと思い立候補しました。」の一文がわかりやすくなるように、次の【条件】に従って書き直しなさい。（2点）

【条件】
・一文を二文に分けること。その際、二文目のはじめに、接続詞を用いること。
・繰り返し使われている言葉を指示語に置き換えること。

問二、よく出る 基本 「来られます[2]」について、「来られる」は尊敬語を含んだ表現ですが、「来られる」を他の尊敬語に言い換えなさい。（1点）

問三、「魯迅は『故郷』で『もともと地上には道はない。歩く人が多くなれば、それが道になるのだ。』と言っています[3]」とありますが、この一文を演説の中で聞き手にとってわかりやすいものとするための工夫を述べているものとして、最も適切なものを、次のア～エから一つ選び、記号で答えなさい。（1点）

ア、「魯迅」や『故郷』を知らない聞き手もいるので、どのような小説家でどのような小説だったのかを詳しく説明する。
イ、「魯迅」や『故郷』を含む文節に対して、文末にある述語がそれぞれ正しく対応していないので、文のねじれを正しく整える。
ウ、「魯迅」の『故郷』から引用した部分が長いため鳥取さんが伝えたい内容がわかりにくくなるので、引用の二文目を省略する。
エ、「魯迅」や『故郷』を、音声で聞くだけだと意味が伝わりにくいので、小説家や小説の題名であることを付け加える。

問四、鳥取星子さんの【原稿】や演説についてのアドバイスとして、あてはまらないものを次のア～エから一つ選び、記号で答えなさい。（1点）

ア、読み間違いをしないように、原稿だけをしっかりと見つめながら演説するとよい。
イ、聴衆全体に自分の声が届いているか確かめながら、声の大きさを調節するとよい。

ウ、目標を列挙するだけではなく、その目標を実現するための手段も説明するとよい。

エ、自分への投票のお願いや、印象に残るような表現で演説を締めくくるとよい。

問五、難 思考力 鳥取星子さんは選挙ポスターを、あとのA・Bから一つ選ぶことにしました。あなたは、鳥取星子さんの選挙ポスターとして、どちらのポスターがよいと思いますか。次の【条件】に従って書きなさい。（6点）

【条件】
①一段落構成とし、内容は次のとおりとする。
・A・Bどちらのポスターを選んだのかを明確に示すこと。
・選んだポスターの特徴とその効果を挙げるとともに、もう一方のポスターの問題点も指摘すること。
・演説の【原稿】の内容を踏まえること。
②八行以上、十行以内でまとめること。
③原稿用紙（20字詰×10行＝省略）の正しい使い方に従うこと。

A

みんなの笑顔のために！
生徒会長立候補者
2年1組
鳥取 星子

B

もともと道はない
私達が道を創る
生徒会長立候補者
二年一組
鳥取星子

島根県

時間 50分　満点 50点　解答 P39　3月5日実施

出題傾向と対策

●大問五題構成は昨年と同様で、今年は漢字の読み書き・知識等、論説文、小説文、漢文、インタビューに関する問題と条件作文が出題された。論説文・小説文中の四十字前後等の記述問題や、資料を踏まえて意見を述べる条件作文では、自分の考えを解答にする総合力が問われている。

●漢字の読み書き、画数、漢文の書き下し文などの基礎知識を確実に身につけておきたい。また、文意を正確に読み取り、類題や過去問で解答を記述する訓練と、百八十字以内の作文の練習も必須である。

注意　解答に句読点、記号が必要な場合は、それも一字として数えなさい。

一 漢字の読み書き・漢字知識・文節

次の問一～問四に答えなさい。（計10点）

問一、基本 次の1～4の傍線部の読みを、それぞれひらがなで書きなさい。（各1点）

1、紛争の解決を図る。
2、ご意見を承る。
3、任務を遂行する。
4、秋の気配を感じとる。

問二、よく出る 次の1～4の傍線部のカタカナの部分を、それぞれ漢字で書きなさい。ただし、楷書（かいしょ）で丁寧に書くこと。（各1点）

1、日光をアびる。
2、担当者が現場にオモムく。
3、お正月は故郷にキセイする。
4、平和思想が社会にシントウする。

問三、基本 次の行書で書いた漢字を楷書で書いたとき、この字と総画数が同じになる漢字を、後のア～エから一つ選び、記号で答えなさい。ただし、ア～エの漢字はすべて楷書で書くものとする。（1点）

ア、組　イ、照　ウ、過　エ、確

問四、次の文を文節で分けたとき、いくつに分かれるか、その数を漢数字で答えなさい。（1点）

この土地が、今日から家族の新しく住む場所になる。

二 （論説文）内容吟味・文脈把握・表現技法・主題

次の（A）・（B）二つの文章を読んで、問一～問五に答えなさい。（計12点）

（A）

ところで、巨大な大木となる「木」と道ばたの雑草のような小さな「草」では、進化の過程では、どちらがより進化をした形だろうか。

幹を作り、枝葉を茂らせる木の方が、より複雑な構造に進化をしているように思うかもしれないが、じつはより進化をしているのは草の方である。

コケのような小さな植物からシダ植物が進化したとき、頑強な茎と仮道管という通水組織を利用して、巨大な木を作り上げた。その後、シダ植物、裸子植物、被子植物の進化を通して、植物はすべて巨木の森を作っていたのである。

そして、①木から草が進化をした。草が誕生したのは、白亜紀の終わりごろであると言われている。

恐竜映画などを見ると、巨大な植物たちが森を作っている。その時代の植物は、とにかくでかかった。恐竜が繁栄した時代は、気温も高く、光合成に必要な二酸化炭素濃度も高かった。そのため、植物も成長が旺盛で、巨大化することができたのである。

ところが、白亜紀の終わりごろ、それまで地球上に一つしかなかった大陸は、マントル対流によって分裂し、移動を始めた。そして、分裂した大陸どうしが衝突すると、ぶつかった歪みが盛り上がって、山脈を作る。すると山脈にぶつかった風は雲となり、雨を降らせる。こうして地殻変動が起こることによって、気候も変動し、不安定になっていったのである。

山に降った雨は、川となり、やがて下流で三角州を築いていく。草が誕生をしたのは、まさにこの三角州であったと考えられている。

三角州の環境は不安定である。いつ大雨が降り、洪水が起こるかわからない。そんな環境ではゆっくりと大木になっている余裕がない。

そこで、短い期間に成長して花を咲かせ、種子を残して世代更新する「草」が発達していったのである。その後、目まぐるしく変化する環境に対応して、草は、爆発的な進化を遂げた。陸上の哺乳類が、再び海に戻ってクジラになったように、環境に適応して、草から再び木に戻ったものもいる。昆虫の少ない環境では、虫媒花から再び、風が花粉を運ぶ風媒花に進化したものもいる。こうして、地球上のあちらこちらで、多様な植物が進化を遂げていったのである。

こうして、植物は、木から草へと進化していった。

しかし、②考えてみると不思議である。

木になる木本性の植物は、何十年も何百年も生きることができる。なかには屋久島の縄文杉のように、樹齢が何千年にも及ぶようなものさえある。一方、草本性の植物の寿命は一年以内か、長くてもせいぜい数年である。

その気になれば、数千年も生きることのできる植物が、わざわざ進化を遂げて、寿命が短くなっているのである。

すべての生物は死にたくないと思ってる。少しでも長生きしたいと思っている。千年、生きられるのであれば、千年、死なずにいたいと誰もが思うことだろう。それなのに、どうして植物は、進化の結果、短い命を選択したのだろうか。

長い距離のマラソンレースを走り抜くことは大変である。さらに障害物レースだったとしたら、どうだろう。四二・一九五キロ先のゴールにたどり着くことは、簡単ではない。

しかし、それが一〇〇メートルだったら、どうだろう。全力で走り抜くことができる。もし、多少の障害が待ち構えていたとしても、全力で障害を乗り越えられるはずだ。

テレビ番組の企画で、マラソン選手と一〇〇メートルずつバトンリレーをする小学生の対決が行われるが、③マラソン選手も、全力疾走する小学生のバトンリレーにはかなわない。

植物も同じである。千年の寿命を生き抜くことは難しい。途中で障害があれば、枯れてしまうかもしれない。これに対して、一年の寿命を生き抜く方が、天命を全うできる可能性が高いだろう。だから、植物は寿命を短くし、一〇〇メートルを走り切ってバトンを渡すように、次々に世代を更新していく方を選んだのである。特に、植物は世代を経ることで変化したり、進化を進めたりすることができる。そのため、世代を進めることで、変化する環境や時代の移り変わりに対応することも可能になるのである。

仏教では「老いること」や「死ぬこと」は苦であるとされている。

すべての生き物が「死にたくない」と思っている。それでも、すべての生き物は、老いさらばえて、最後には必ず死を迎える。それは生きとし生けるものの逆らえない宿命である。

しかし、である。すべての生き物は死ぬことなど望んでいないはずなのに、「老いて死ぬ」という行為自体が、生物が進化の過程で自ら創りだしたものなのである。

④「死」は地球上に生まれた生命が創りだした発明品である。

（B）

踏まれても踏まれても立ち上がる。

これが、多くの人が雑草に対して抱く一般的なイメージだろう。人々は、踏まれても負けずに立ち上がる雑草の生き方に、自らの人生を重ね合わせて、勇気付けられる。

しかし、実際には違う。雑草は踏まれたら立ち上がらない。確かに一度や二度、踏まれたくらいなら、雑草は立ち上がってくるが、何度も踏まれれば、雑草はやがて立ち上がらなくなるのである。

雑草魂というには、あまりにも情けないと思うかもしれないが、そうではない。

そもそも、どうして立ち上がらなければならないのだろうか。

雑草にとって、もっとも重要なことは何だろうか。それは、花を咲かせて種子を残すことにある。そうであるとすれば、踏まれても踏まれても立ち上がるという無駄なことにエネルギーを使うよりも、踏まれながらどうやって種子を残そうかと考える方が、ずっと合理的である。だから、雑草は踏まれながらも、最大限のエネルギーを使って、花を咲かせ、確実に種子を残すのである。まさに「変えてはいけないもの」がわかっているのだろう。努力の方向を間違えることはないのだ。

踏まれても踏まれても立ち上がるという根性論よりも、雑草の生き方はずっとしたたかなのである。

（(A)・(B)ともに稲垣栄洋『植物はなぜ動かないのか』による）

問一、**基本** 傍線部①「木から草が進化をした。」とあるが、その過程として正しいものを、次のア～エから一つ選び、記号で答えなさい。（2点）

ア、地殻の変動→植物の巨大化→三角州の生成→草の発生
イ、地殻の変動→三角州の生成→大陸の移動→草の発生
ウ、地殻の変動→気候の変動→三角州の生成→草の発生
エ、地殻の変動→大陸の移動→植物の巨大化→草の発生

問二、傍線部②「考えてみると不思議である。」とあるが、ここでは筆者は何を不思議と言っているのか。最も適当なものを、次のア～エから一つ選び、記号で答えなさい。（2点）

ア、植物は長く寿命を保つ力があるのに、あえて短く生きるかたちに進化したこと。
イ、植物は数千年も生きることができるものもあれば、一年以内に死ぬものもあること。
ウ、草から木に戻ったものもいる一方で、虫媒花から風媒花に進化したものもいること。
エ、植物は何十年も何百年も生きることができ、中には何千年と生きる木もあること。

問三、**基本** 傍線部③「マラソン選手も、全力疾走する小学生のバトンリレーにはかなわない。」とあるが、「マラソン選手」とバトンリレーをする「小学生」は何の比喩として用いられているか。それぞれ本文中より漢字一字で抜き出して答えなさい。（各1点）

問四、**思考力** 傍線部④「『死』は地球上に生まれた生命が創りだした発明品である。」とあるが、「死」の「発明」によって、植物が手に入れたものは何か。「更新」という言葉を必ず用いて、二十五字以上、三十五字以内で答えなさい。（3点）

問五、**よく出る** (A)・(B)二つの文章の内容について、次の1、2に答えなさい。

1、(A)・(B)から共通して読み取れる、植物の究極の目的とは何か。(B)の文章から七字で抜き出して答えなさい。（1点）

2、(A)・(B)に共通する表現の工夫について説明したものとして最も適当なものを、次のア～エから一つ選び、記号で答えなさい。（2点）

ア、「どうして～選択したのだろうか」「どうして～ならないのだろうか」など、読者に問いかける表現を繰り返し、それには答えず読者にゆだねることで、文章に余韻を持たせている。
イ、「木から草が進化をした」「雑草は踏まれたら立ち上がらない」など、間違っているように見えて実は真理であるという表現を用いることで、読者に強い印象を与えている。
ウ、「生きとし生けるものの逆らえない宿命である」「雑草魂というには、あまりにも情けない」など、文語的で堅苦しい表現をあえて用いることで、文章全体を格調高いものにしている。
エ、「とにかくでかかった」「自らの人生を重ね合わせて、勇気付けられる」など、作者個人の感想を複数織り交ぜることで、読者に親しみを持ってもらおうと工夫している。

三 （小説文）内容吟味・表現技法・慣用句

次の文章を読んで、問一～問六に答えなさい。（計12点）

> 事情により両親と離れ、祖父母と博美（ひろみ）おばちゃん、弟の穂高（ほだか）とともに生活している中学二年生の嘉穂（かほ）は、ある日友人のひとみのピアノレッスンについて行くことになった。ピアノ講師で声楽家でもある後藤先生は、嘉穂が歌を好きなことや、一人でよく歌っていることを人づてに聞いており、「歌に挑戦しないか」と嘉穂を誘った。嘉穂は断り切れないまま、初めて人前で歌ってみることになった。

嘉穂は先生の指に魅入られたように、声をだし続ける。とても気持ちがいい。たくさん声をだしたくなってくる。するとそれがわかるのか、先生は両手で持ちあげるようなしぐさをする。それに勢いづいて声をだす。お腹（なか）に力をこめ、口を大きく開く。びりびりとした声で頭の中がしびれる。小さな声でそっと歌いたくなると、動きも小さくなり、てのひらがすぼまる。

まるで、嘉穂の気持ちがわかるかのようだ。

少し疲れたと思ったとき、上をむいたてのひらが坂をのぼるようにあがっていく。嘉穂はついていった。どこまで声がでるのだろう。

そして驚いた。ひりひりとするような硬質な声がのどの奥から、体の芯からでてゆく。消えゆくような高音の声が部屋に響いた。

先生が指を閉じて、遠くに音を投げるような振りをした。嘉穂はそのまま、音を遠くにあずけた。

フー。体から力と空気が一気に抜けていった。体が汗ばんでいる。両足に力が入っていたのか、おもわずつんのめりそうになった。

先生が嘉穂を見ている。

見返した。

①先生は怒っているとも、驚いているともつかない表情をしている。

突然、ひとみが手をたたいた。

「す、すっごい。嘉穂、上手、きれい、すごい！」

イスから飛びあがって抱きついてくる。

嘉穂は思わずよろめいた。

「うん。レッスンはこんな感じでやる。で、もし、やりたかったら連絡ちょうだい」

土曜日、博美おばちゃんがめずらしくキャンの散歩についてきた。

ぶらぶらと二人で歩くなんて本当にひさしぶりだ。

「もう、秋だね。あっちの山は紅葉がはじまってる。ここ、いいよね。いつまでもこのまんま、放置グラウンドになってるといいね」

「キャンもそう思ってるよ」

リードを放されたキャンはおばちゃんの投げるボールを追いかけ、でも、そのまま持ち去ってしまった。

歩きながら二人で笑った後、おばちゃんが口を開いた。

「ひとみママとお茶してきた」
②突然、嘉穂の頭の中に黄色信号がともった。
「いつ？」

「こないだの木曜日」

「ふーん」

「嘉穂、あんた、歌、習いたい？」

前置きも説明もなく、いきなり核心をついてくる。おばちゃんのやり方には慣れているはずなのに、返事ができなかった。

「ひとみママ、ひどく、燃えてたよ。ひとみちゃんがおおげさに話したみたい」

「ひとみ、おせっかいなんだから。自分に関係ないんだから、ほっといてくれればいいのに」

「そう言いなさんな。娘の友人の一大事だってさ。笑っちゃうね。あたしは全然知らなかったのにね」

おばちゃんの声がくもっていた。

おばちゃんは嘉穂の学校の保護者会には大学の仕事を休んで必ず出席してくれる。中二になったばかりのとき、もうしわけなくて、お知らせのプリントを渡さなかったことがあった。そしたらひとみママから連絡がいった。めずらしく、本気で叱られた。

嘉穂には遠慮がある。おばちゃんは嘉穂や穂高を育てるために結婚もできないでいる、と嘉穂は思っている。だから、なるたけ迷惑をかけないように、知られないように、努力している。

おばちゃんがススキの穂をちぎった。

「心配してんだよ。これでもさ。嘉穂がこのごろ、硬い殻で覆われちゃったみたいでさ。なんて声をかけたらいいのかわかんなくなっちゃった。前はそんなことなかったのにな」

ここはなんとかふざけるしかない。嘉穂は頭の中でとぼしいジョークをさがしはじめた。

「③あたしね、人工衛星になったみたいな気分になってるの。嘉穂のまわりをぐるぐると。なんか言うと素直な言葉とはうらはらに、むっとした顔をするし、手伝おうとすると、いらないって言ってはねのけられる。目だけは離さないでいようと思って、ぐるぐると嘉穂の周りを回ってる……」

（まずい。とにかく、これはまずい）

「④は、反抗期ですから」

声が粘ってしまった。

おばちゃんがススキの穂で頭を叩（たた）いた。

「大きくなっちゃったんだね。頭たたくのに、腕をのばさなくちゃいけなくなっちゃったなんてさ」
⑤おばちゃんが目を細めて嘉穂を見た。
「これだけは言っておくよ。歌、やりたくないんならやれとは言わないけど、やりたかったら是非是非やってほしい。なんにも気にすることなんかないんだよ」

「うん」

「迷ったらやってみる。これ、若さの特権。まだ、あたしにも通用するかなぁ」

嘉穂は笑いだした。おばちゃんらしく、前向きだ。

「迷ってんの？」

首をかしげた。

「じゃ、決まり。やってみなよ。後藤先生だっけ、あたしから連絡とってみるから。ひとみママから聞いてるから」

ひとみママはどこまでもおせっかいだ。その後ろにはひとみがいる。似たもの同士の母と娘だ。

（ひとみに余計なこと言わないでよって、文句いわなくちゃ）

でも、おかげで歌が習える。これはちょっとした出来事だ。おさえつけていた柔らかいボールにおしかえされるように、⑥心が歌にむかっていく。

声を出す。心が空っぽになる。体の中に風が吹き渡る。気持ちがよくって、おなかがすく。そんな時間を過ごすことができる。

（最高！）

「キャン、おいでぇ！」

声がいつになくはずんでいた。

（にしがきようこ『ピアチェーレ　風の歌声』による）


問一、**よく出る** 傍線部①「先生は怒っているとも、驚いているともつかない表情をしている。」とあるが、このときの後藤先生の心情として最も適当なものを、次のア〜エから一つ選び、記号で答えなさい。（1点）
ア、指示どおり正確に歌声を響かせるだけの嘉穂を見て、これ以上の成長は見込めないと才能の限界を感じている。
イ、嘉穂が予想どおり大きな才能を秘めていることがわかり、才能を見いだす自分の力の確かさに自信を深め満足している。
ウ、たまたま歌わせてみただけの嘉穂に、実はかなりの才能が眠っていることに気づき、強く嫉妬している。
エ、初めてにもかかわらず、自分の導くとおりに気持ちよく声を出す嘉穂に、恐ろしいほどの大きな才能を感じている。

問二、**よく出る** 傍線部②「突然、嘉穂の頭の中に黄色信号がともった。」とあるが、このときの嘉穂の心情を説明したものとして最も適当なものを、次のア〜エから一つ選び、記号で答えなさい。（2点）
ア、嘉穂が後藤先生を訪ねたことが、博美おばちゃんにばれているかもしれないと感じ、警戒している。
イ、紅葉の話から、ひとみママとのお茶の話にいきなり話題が変わり、話についていけず、とまどっている。

ウ、二人に共通する楽しい話題で盛り上がっていたのに、急に話を中断する博美おばちゃんに、腹を立てている。

エ、博美おばちゃんには秘密にしてほしかった歌への思いを、ひとみママがばらしたことを知り、不満を感じている。

問三、**思考力** 傍線部③「あたしね、人工衛星になったみたいな気分になってるの。」とあるが、これは博美おばちゃんのどのような心情を言い表しているのか。三十字以上、四十字以内で説明しなさい。（3点）

問四、**基本** 傍線部④『は、反抗期ですから』」とあるが、嘉穂がこのように発言した意図として最も適当なものを、次のア～エから一つ選び、記号で答えなさい。（2点）

ア、何か言われると、口ではいい返事をしながら、心の中では博美おばちゃんに対する反発を感じていたことを、素直に認め許してもらうため。

イ、博美おばちゃんに対して素直な態度を取ることができないのは、反抗期のせいであり、自分でもどうしようもないことなのだと訴えるため。

ウ、最近の自分の態度が、博美おばちゃんに対する気づかいの結果であるということに気づかれないよう、反抗期のせいにしてごまかすため。

エ、自分の振る舞いについてあれこれと説教する博美おばちゃんにいら立ち、冗談にしてしまうことで一刻も早くこの話題を終わらせるため。

問五、**基本** 傍線部⑤「おばちゃんが目を細めて嘉穂を見た。」とあるが、ここに用いられている「目を細めて」の表す意味に最も近いものを、次のア～エから一つ選び、記号で答えなさい。（1点）

ア、にらみつけて　イ、ほほえんで
ウ、悲しんで　エ、あやしんで

問六、**思考力** 傍線部⑥「心が歌にむかっていく。」とあるが、このときの嘉穂の気持ちを、嘉穂の気持ちの変化に触れながら、四十字以上、五十字以内で説明しなさい。（3点）

四 （漢文）古典知識・動作主・内容吟味

次の文章を読んで、後の問一～問四に答えなさい。（6点）

> 古代中国のあるところに、不死の術を知っていると言う者がいた。これを聞いた燕君（えんくん）（当時中国に存在した燕（えん）という国の王）は、「不死の術を急いで聞いてくるように」と使者に命じた。

（本文）

不レ捷シテ而言フ者死ス。
①燕君甚怒ニ其使者一、加ヘントスレ誅ヲ焉。
臣（注）諫メテ曰ハク、
「莫レ過ギタルハ乎生ヨリ一。
②彼自ラ喪フレ生ヲ。
安クンゾ能ク令メンニ君ヲシテ不ラ一レ死セ也ト。」
③乃チ不レ誅セ。

（注）諫…目上の人に不正や欠点を改めるように忠告すること。（『列子』による）

（書き下し文・現代語訳）

捷（せふ）せずして言ふ者死す。
しかし使者が急がずのんびり旅をしているうちに、不死の術を知っていると言っていた者が死んでしまった。

［　①　］、誅（ちゆう）を加（くは）へんとす。
死刑にしようとした。

臣（しん）諫（いさ）めて曰はく、
家臣は王をいさめて次のように言った、

「生（せい）より過（す）ぎたるは莫（な）し。
「人間にとって命以上に大切なものはありません。

彼自（みづか）ら生を喪（うしな）ふ。
彼自身、命を失ってしまったのです。

安（いづ）くんぞ能（よ）く君（きみ）をして死（し）せざらしめんや。」と。
そんな彼が王を死なせないことなどできたはずがありません。」と。

乃（すなは）ち誅せず。
そこで王は使者を死刑にするのをやめたのだった。

問一、**基本** 傍線部①「燕君甚怒ニ其使者一」の書き下し文として、［　①　］に入れるのに最も適当なものを、次のア～エから一つ選び、記号で答えなさい。（1点）

ア、燕君甚（はなは）だ怒りて其（そ）の使者に
イ、燕君其（そ）の使者を怒ること甚（はなは）だしく
ウ、燕君甚（はなは）だ其（そ）の使者を怒り
エ、燕君の怒り其（そ）の使者に甚（はなは）だしくて

問二、**よく出る** 傍線部②「彼」とは誰をさすか。次のア～エから一つ選び、記号で答えなさい。（1点）

ア、燕の王　イ、家臣
ウ、使者　エ、不死の術を知っていると言う者

問三、傍線部③「乃不レ誅セ。」とあるが、王が使者を死刑にするのをやめたのは、どのようなことがわかったからか。それを説明した次の文の（　）に十字以上、二十字以内の適当な語句を入れて、説明文を完成させなさい。（2点）

> 命を失ったということは、つまり「彼」は（　十字以上、二十字以内　）ということであり、自分を死なせないことなどできたはずはない、ということが王にはわかったから。

問四、本文の内容と関連の深い故事成語として最も適当なものを、次のア～エから一つ選び、記号で答えなさい。（2点）

ア、蛇足　イ、矛盾
ウ、四面楚歌　エ、五十歩百歩

五 聞く話す・敬語・条件作文

修学旅行で礼子さんたちのグループが訪れた「A寺通（どお）り商店街」は、通りの両側に食べ物を売る商店が数多く並び、いつも多くの人でにぎわっている有名な観光地です。しかし最近では、観光客による「歩き食べ（ものを食べながら歩くこと）」が迷惑行為であるとして商店街の周辺では問題になっています。礼子さんたちはここでインタビューを行い、それを元に意見文を書くことにしました。次のインタビューでの主な回答と、インタビュー後の礼子さんの感想を読んで、問一～問三に答えなさい。（計10点）

【A寺通り商店街周辺でのインタビューで得られた主な回答】

歩き食べに【反対】

近所の住民

ここで歩き食べをした後、ゴミをポイ捨てする観光客が多くてね。街が汚れて、住んでいる者は困っているよ。

地元の高校生

歩き食べの観光客は前をよく見ていない人が多いから、よくぶつかったり、食べ物がこっちの制服に付いたりするんです。

歩き食べに【賛成】

観光客

歩き食べは、手軽においしいものを食べながら、あちこちのお店やお土産を見てまわることができるので、とても楽しいです。今回の旅行の目的です。

商店街の店主

一時期お客が減っていたこの商店街も、旅行雑誌に歩き食べが取り上げられて、大きく盛り返したから、喜んでいるよ。

【インタビュー後の礼子さんの感想】

商店街での歩き食べに困っている人が多いということは予想以上で、このままではいけないと感じました。改善方法を何か提案したいと思います。ただ、歩き食べに賛成の人も多いこともわかりました。歩き食べに賛成の人のことも考えた改善方法にする必要があると思います。

問一、**よく出る** インタビューの際、インタビューする側（質問者）の態度として適切でないものを、次のア～エから一つ選び、記号で答えなさい。（2点）

ア、回答者の話を、実際に起こった事実とその人の意見とを区別したり整理したりしながら聞く。
イ、回答者が言おうとする意図を正しくつかむため、要点をメモしたり、回答に対して追加の質問をしたりする。
ウ、回答者の時間を無駄にしないようにするため、できるだけたくさんの内容を一気にすばやく質問する。
エ、回答者の表情・うなずきなどの反応を見ながら、必要に応じ質問の言葉を言い換えたり話す速度を変えたりする。

問二、**基本** 次は礼子さんがインタビューで話しかけるときの言葉です。（ 1 ）・（ 2 ）に入れるのに最も適当なものを、後のア～カからそれぞれ一つずつ選び、記号で答えなさい。（各1点）

礼子「こんにちは。私たちは今、A寺通り商店街での歩き食べ問題について、ご意見を（ 1 ）いるところです。あなたの考えを（ 2 ）ください。」

ア、うかがって
イ、おっしゃられて
ウ、申して
エ、お聞かせ
オ、お聞きになって
カ、聞かれて

問三、**思考力** A寺通り商店街での歩き食べについて、あなたが礼子さんならどのような意見文を書きますか。次の①～④の条件に従い文章を完成させなさい。（6点）

①礼子さんの立場に立って、歩き食べに関する問題を改善するための具体的な提案を一つ書くこと。
②インタビュー回答の【反対】と【賛成】からそれぞれ一人の回答を選び、その内容を提案と結びつけて文章中で取り上げること。取り上げる際に誰の回答か示すこと。
③文章は、次の書き出しに続ける形で、具体的な提案の部分から書き始めること。

商店街（A寺通り商店街）での歩き食べ問題を改善するために、
（百五十字以上、百八十字以内）

④百五十字以上、百八十字以内でまとめること。句読点や記号も一字として数える。「～改善するために、」から書き始め、段落を設けないこと。
※読み返して文章の一部を直したいときは、二本線で消したり、余白に書き加えたりしてもよい。

岡山県

時間 45分　満点 70点　解答 P40　3月10日実施

出題傾向と対策

●本年度は、小説文、和歌を含む説明文、論説文、会話文という大問四題構成であった。例年どおり条件作文が出題されており、今年も会話文の発言内容を書く形式で組み込まれた。標準的な難易度で、基礎知識と読解力を問う問題がバランスよく出題されている。

●文法などの基礎的な国語知識をしっかりと身につけ、問題演習によって、文章の主題や要旨をつかむ読解力を養っておく。資料から読み取れることをもとに、論理的な構成で作文を書く練習で、頻出の条件作文対策を。

注意　字数が指定されている設問では、「、」や「。」も一ます使いなさい。

一（小説文）漢字の読み書き・熟語・表現技法・内容吟味

次の文章は、清陰(せいいん)高校バレーボール部主将の「小田」が、校内球技大会の終了後、一年生の「灰島(はいじま)」と会話をする場面である。「小田」は、能力の高い「灰島」をぜひ入部させたいと考えていたが、「灰島」は、中学生のとき他の部員たちとの関係が上手(うま)くいかなかった経験から、「小田」の誘いを拒否していた。これを読んで、①～⑥に答えなさい。

体育館はがらんとしていたが、試合が行われていたステージ側コートにだけネットとポールがまだ残っていた。ⓐまるでネットだけがまだ試合が終わったことを認めまいとしているかのように。コートを包んでいた決勝の熱気も今はもう夕方の空気に冷やされて、急に物寂しく感じられた。

ネットの前に立っている人影があった。目の前のネットと同じくまだ試合を続けたがっているみたいに、身体(からだ)の横におろした両手のテーピングはまだ解いていない。

灰島は顎を持ちあげてまっすぐな眼差(まなざ)しをネットの白帯に向けていた。窓から射(さ)す陽(ひ)も弱まって屋内はだいぶ薄暗くなっていたが、瞳の中には光が見えた。物足りなさを抑えきれないような、灰島自身の内に滾(たぎ)るぎらぎらした光が。

「部の打ちあげ行くぞ、六時半に校門に集合な。三年の奢(おご)りやで安心しろ」

「おれを数に入れないでください」

迷惑そうに言い返された。小田は溜(た)め息をつく。こんなにもわかりやすくバレーがやりたくてたまらないっていう渇望(かつぼう)を放出してるくせに、いったいなにがこいつの中のブレーキになっているのか。基本的に［A］で人の気持ちなど意にも介さなそうな奴(やつ)が、なにかが起こることをあきらかに怖がっている。

「なあ……バレーっちゅうんはほんと人を選ぶスポーツやな。一人じゃボールを運べん競技やで、一人が上手かっても勝てん。体格差に露骨に泣かされるっちゅうんもある。残酷な話やろ、おれみたいな奴がどんなに努力したかって……身長っていう、その一つの要素で、やっぱりでかい奴には勝てん。よりにもよってなんでバレーに嵌(は)まってもたんやろなあ、おれ」

嫌というほど人から浴びせられた言葉を自分で口にした。人に説明したところで今ひとつ共感してもらえず微妙な顔をされるので、最近ではもうその手の話は聞き流すようになっていた。

灰島は答えを悩まなかった。変なことを訊(き)くなこの人はとでもいうように小首をかしげて、言い切った。

「バレーより面白いものなんて、他にないじゃないですか」

ⓑああ……やっぱり。

こいつなら言ってくれるような気がしたんだ。おれたちにとってのごくシンプルな、世の中の真理を。

自分以外の誰かの言葉が欲しかった。おれなんかでも夢中になっていいものなんだって、誰かに肯定してもらいたかった。おれよりもずっと才能があって、そしてもしかしたらおれ以上にバレーが好きなこの男に、そう言ってもらえたら、おれがバレーに捧(ささ)げてきた時間は決して無駄ではなかったと信じられる。

世の中にこれほど面白いものが、熱くなれるものがあるだろうか。スパイクを豪快に放ったときの爽快感を。仲間全員で粘り抜いてラリーをもぎ取ったときの達成感を。集中力が極まって、チームの心が一つになったとき、ボールの軌跡が途切れない一本の線として鮮明に見える、あの、最高の陶酔を——。

喉もとに熱いものがこみあげてきて、ふと泣きたくなる。だが、泣くのは早い。まだなにも成しⓒ遂げていない。

だからかわりに歯を見せて笑った。

「おれなあ、バレーが死ぬほど好きなんや。これだけは誰にも負けん自信あるぞ」

灰島がくそ真面目な顔で、

「おれも負けません」

と対抗してきたのがおかしかった。

「……灰島。おまえに入って欲しいんはおれの都合や。おれはもう三年や。一試合でも多くコートでプレーしたい。一日でも長く……一分でも、一秒でも長く、バレーをしていたいんや。そのためにおまえの力を借りることはできんか？　おまえの、全力を……」

こんな言い方では逆効果だろうか？　いや、大丈夫だ。この言葉は灰島に壁を作らせるものではないはずだ。こいつはどうやら自分に対しても他人に対しても恐ろしくストイックだが、本気でバレーと向きあっている者を拒絶することはない。バレーに本気か本気じゃないか——灰島の線引きはたったそれだけなのだ。

だから踏み込むのをためらう理由はない。ドアの鍵をおれは持っている。

ⓓ本当に右手の中に小さな鍵を握り込んでいるような感触があった。手のひらを開くともちろん実際には鍵は載っていない。けれどそれを見せるように灰島に向かって差しだした。

「おれを信じてくれんか、灰島」

伏し目がちに小田の手を見つめたまま、灰島はしばらく

黙っていた。引き結ばれていた唇がほどけ、

「……春高（はるこう）」

と、ぼそっとした声が漏れた。

「……本気で行く気なんですよね。県内でまともに勝ったこともない弱小チームが、本気で行けると思って目指してるんですよね。二・四三のネットは、そのためなんですよね」

ⓔ目の前のもの全てを刺し貫くような鋭さをもった瞳が、ひたと小田の顔に向けられる。一週間前に小田がちらっとしただけの話が灰島の中にずっと残っていたらしいことに驚いた。が、それだけ強い思いがあることに納得もした。

バカにしているような言い方ではなかった。逆にこっちがほんのちょっとでも茶化（ちゃか）したり、答えをⓕ曖昧にしたら間違いなく即座に手をはたき落とす気だ。

こいつの前ではごまかしも、なまぬるい本気も許されない。

「ああ。これで役者は揃（そろ）った。今年の清陰は必ず全国に行けるチームになるって、おれは本気で思ってる」

ⓖ小田もまた射ぬくような目で灰島の目を見つめ返して答えた。

この手を取ってくれるなら、おれもまた全力で応えねばならないだろう。その覚悟が伝わるようにもう一度力強く繰り返す。難しい理屈は必要ない。きっとこいつの心には、まっすぐな言葉だけが届く。

「おれを信じて欲しい。おまえの全力を、貸してくれ」

（出典　壁井ユカコ「2．43　清陰高校男子バレー部」）

(注)テーピング——けがの予防や治療のために、関節、筋肉などにテープを巻くこと。
努力したかって——「努力したとしても」という意味の方言。
嵌まってもたんやろなあ——「嵌まってしまったのだろうかなあ」という意味の方言。
スパイク——味方がネットぎわに打ち上げたボールを、ジャンプして相手方に強く打ち込む攻撃法。
ラリー——相手方との打ち合いが続く状態。
ストイック——欲望に流されず、厳しく身を律する様子。
春高——全日本バレーボール高等学校選手権大会の愛称。「春高バレー」とも呼ばれる。
二・四三——バレーボール競技のネットの高さ。高等学校男子の全国大会では、二・四三メートルの高さのネットが使用される。地方大会や練習等では、二・四〇メートルが使用される場合もあるが、清陰高校は普段の練習でも二・四三メートルを使用している。

① よく出る　基本　——の部分ⓒ、ⓕの漢字の読みを書きなさい。

② [A] に入れることばとして最も適当なのは、ア～エのうちではどれですか。一つ答えなさい。

ア、公明正大　イ、優柔不断
ウ、傍若無人　エ、温厚篤実

③ 「ⓐまるで……かのように」とあるが、この部分の表現について説明した次の文の [X] に入れる表現技法として最も適当なのは、ア～エのうちではどれですか。一つ答えなさい。また、[Y] に入れるのに適当なことばを、文章中から十四字で抜き出して書きなさい。

この部分には [X] が用いられており、体育館に残されたネットと、その前に立つ灰島の姿が重ねられることによって、灰島の [Y] という気持ちが強調されている。

ア、隠喩法　イ、擬人法
ウ、倒置法　エ、対句法

④ 「ⓑああ……やっぱり」とあるが、ここからわかる「小田」の心情を説明したものとして最も適当なのは、ア～エのうちではどれですか。一つ答えなさい。

ア、灰島の小首をかしげるしぐさにより、自分の気持ちが少しも伝わっていないという事実を突きつけられたことへの怒りと落胆。
イ、灰島が見事に言い当てた世の中の真理により、身長の低い自分がバレーを続けてきた理由に気づかされたことへの驚きと感謝。
ウ、灰島の迷いのないことばにより、バレーが好きですべてをかけて打ち込んできた自分を肯定してもらえたことへの安堵（あんど）と喜び。
エ、灰島が自分と同じ思いを抱いていると知ったことにより、自分の後を託すに足る人物だという確信を得たことへの感動と満足。

⑤ 「ⓓ本当に……感触があった」とあるが、「小田」がこのように思った理由を説明した次の文の [　] に入れるのに適当なことばを、三十五字以内で書きなさい。

バレーのことになると自分自身にも他人にも厳しい灰島に対してだからこそ、[　] という手ごたえを感じているから。

⑥ 「ⓔ目の前の……向けられる」、「ⓖ小田も……答えた」とあるが、このときの「灰島」と「小田」の様子について説明したものとして最も適当なのは、ア～エのうちではどれですか。一つ答えなさい。

ア、灰島は、小田のバレーボールに対する熱意を確認しようとしており、小田は、灰島の生意気な態度に怒りを感じながらもチームのために我慢して説得しようとしている。
イ、灰島は、弱小チームなのに全国大会を目指すと言う小田の考えの甘さに疑問を投げかけ、小田は、自分が本気だということを示そうとして同じことばを繰り返している。
ウ、灰島は、小田に本気で全国を目指す気があるのかを問いただそうとしており、小田は、自分のことばを灰島が覚えていたことに動揺しながらもそれを隠そうとしている。
エ、灰島は、全国大会を目指すために自分のことが必要だと言う小田の覚悟を確かめようとしており、小田は、それに対して一歩もひくことなく強い思いで向き合っている。

二（和歌を含む説明文）仮名遣い・文脈把握・内容吟味

次の文章は、『古今（こきん）和歌集』（『古今集』）の和歌のレトリック（表現技法）について書かれた解説文である。これを読んで、①～③に答えなさい。

「掛詞（かけことば）」と「縁語（えんご）」は、いずれも『古今集』において発達したレトリックである。

「掛詞」は、「同音異義を利用して、一つのことばに複数（通常は二つ）の語を重ねるレトリックである」と定義することができる。具体例を見てみよう。在原業平の歌である。

唐衣着つつなれにしつましあればはるばるきぬる旅をしぞ思ふ

「唐衣」は本来中国風の衣装の意であるが、転じて衣一般の美称となった語で、和歌の中にしばしば用いられる。「なれ」には身になじんだ衣の糊気がとれて柔らかくなる意の「萎れ」と、人と慣れ親しむ意の「馴れ」が掛かる。「つま」には「褄（着物の端の部分）」と「妻」、「はる」には「張る（衣を洗い張りする）」と「遥々」、「きぬる」には「着ぬる」と「来ぬる」が、それぞれ掛かっている。そして掛けられた二語のうち、一方は「唐衣」にまつわる物象のことば――萎れ・褄・張る・着ぬる――もう一方は妻を思う心情表現のことば――馴れ・妻・遥々・来ぬる――であることも見えてくる。

業平の歌の中には、「唐衣・萎れ・褄・張る・着ぬる」という「唐衣」に縁のある語群が、掛詞を介してちりばめられていた。このようなレトリックを縁語という。縁語とは、「一首の歌の中の複数のことばが、文脈上のつながりとは別に、何らかの連想関係によって結びついていること、あるいは、そのような関係にある語群のこと」である。

一首の歌の中に掛詞・縁語によって持ち込まれる「X」は、必ずしも「Y」の比喩や象徴であるとはかぎらない。けれども、この歌の場合は、「唐衣」語群から、都に残してきた妻を思い浮かべてもよいのだろうと思われる。布を染め、裁断し縫い合わせて、季節ごとの衣装を整えるのは、妻の役目であった。業平の旅装も、妻が用意してくれたのであろう。糊気のとれた衣の柔らかさは、妻のやさしさ、懐かしさともつながっていよう。

（出典　鈴木宏子『「古今和歌集」の創造力』）

(注) 美称――物を美化していう言い方。
糊気――着物のしわを伸ばすために使う洗濯用の糊を含んでいる様子。
洗い張り――着物をいったんほどいて水洗いした後、板などに張って糊付けしてしわを伸ばすこと。
物象――物の姿、形。

① **基本** 「思ふ」とあるが、「おもふ」の読みを、現代かなづかいを用いてひらがなで書きなさい。

② X 、 Y にそれぞれ入れることばの組み合わせとして最も適当なのは、ア～エのうちではどれですか。一つ答えなさい。

ア、X 物象　Y 同音異義
イ、X 物象　Y 心情表現
ウ、X 文脈　Y 同音異義
エ、X 文脈　Y 心情表現

③ 解説文を授業で学習した中学生の健助さんは、学習したことを次のようなレポートにまとめた。 Ⅰ ～ Ⅳ に入れるのに適当なことばを、 Ⅰ は一字、 Ⅱ は四字、 Ⅲ は六字で、それぞれ解説文から抜き出して書き、 Ⅳ は解説文のことばを使って十字以内で書きなさい。

【健助さんのレポート】

[在原業平の和歌に用いられている掛詞と縁語]

からころも　きつつ　なれにし　つましあれば
はるばる　きぬる　たびをしぞおもふ

掛詞				
	馴れ	妻	遥々	Ⅰ ぬる
	萎れ	褄	張る	着ぬる

※＝のことばは「唐衣」と Ⅱ によってつながっている語群（縁語）

[和歌の解釈と鑑賞]

「糊気がとれ、柔らかくなって Ⅲ 唐衣のように慣れ親しんだ妻を、都に残してきたので、はるばるとやってきたこの旅がいっそう感慨深く思われることだ」というこの和歌は、たくさんの掛詞と縁語を組み合わせた技巧的な歌です。しかし、これらの表現技法は単なることば遊びではありません。掛詞によって歌に詠み込まれた「萎れ」「褄」「張る」「着ぬる」はすべて「唐衣」の縁語であり、その「唐衣」を着た詠み手が、旅先で Ⅳ ことにつながっていて、和歌に込められた思いに、より深みを与えていると思います。

三 (論説文) 漢字の読み書き・品詞識別・内容吟味

次の文章は、建築家の光嶋裕介が書いた文章である。これを読んで、①～⑥に答えなさい。

何かを生み出す時のスタンスは、なにも建築を設計する時だけのことではなく、ドローイングを描いている時も、同じように思います。僕が今までの人生で見てきたありとあらゆるビジュアル情報が自分の中にストックされていて、そこから無意識的に、選択しながら描かされているように思うことがあるのです。

文章を書いている時も、そう。自分自身で書いているのに、僕が今まで読んできたいろいろな本の影響が入ってきているように感じます。先人たちによって心を揺さぶられた言葉が、自分の中の記憶の奥底に染み込んでいて、それらが変容しながら再度生み出されていくような感覚。逆に言ったら、ⓐまったくのゼロからの創造などありえない、と言っても過言ではありません。

文章や絵は一人で行う孤独な作業。ただ、一人でやる行為であったとしても、それは、自分と対話しているのです。そこから多くの着想が立ち上がり、ドローイングとなって、あるいは文章となって、表れます。一人だからこそ生まれ得るのです。自分の中にあったものが、熟成し、咀嚼されて形を変えてゆっくりⓑ表れるのです。

さまざまな経験を通して、私たちは「自分の地図」を描き続けていると思うのです。

知識として手に入れたものも、体験として感動したことも含めて、自分という人間をつくりあげているありとあらゆるものが、この地図に描き込まれていく。若い時は、自我や人格が不透明で、地図の情報量が少なかったこともあり、ものごとの的確な判断ができなかったり、ことの本質を見抜くことが困難だったりします。

しかし、本を読んで感銘を受けた思想や、美術館で心を鷲掴み（わしづか）にされた美しい絵画との出会い、時間を忘れるようにして聴き込んだ音楽、あるいは友達とのちょっとした会話から得た着想や、日常の何気ない風景など、日々体験したものがぎっしりとこの地図に描かれていくのです。すると、いかに多くの他人によって今の自分があるか、ということに気付かされます。

要するに、ⓒ自分の中に緻密な地図をつくるということは、多くの他人からバトンを受け取っていることの自覚がⓓメ生えるということだと思うのです。必要な情報が必要な情報とリンクして、総体としての自分が見えてくるようになります。

はじめて訪れる街のことを想像してみてください。きっと知らないことばかりでしょう。しかし、地図を持って、その街を歩きながら建物の情報や街の雰囲気を収集していくと、その地図を介して街への理解がグンと深まります。そのとき、地図に書いてあるどの情報が自分にとって大切な情報であるかを嗅ぎ分ける必要があります。地図がその存在意義をもっとも発揮するのは、ある目的をもってその地図を利用するときなのです。

だから、自分の知らない世界に手を伸ばし、新しい扉を開いて、新しい自分を発見し続けるためにも、自分の地図を上書きし続ける必要があります。明確な意志をもって描いていくのです。

いま、僕が建築家としての自分の地図をマッピングしていく中で、大事にしていることのひとつに、「モザイク状である」ということがあります。できる限り客観的な視点から、自分自身を成り立たせているものを、バラバラのモザイク状であることに目を背けないで、そのまま受け入れたいと思っています。

そのまま、ということが大事だと思うのです。自分の中にあるバラバラなものを、自分の理解する範囲だけで整理整頓してしまわないこと。今の自分では意味が回収できないものであっても、ときに矛盾することであっても、自分の地図に描かれていることを総体としてちゃんと自覚して、受け入れる。

人間だれもがそれぞれの生きた時間の分だけ、それぞれの体験が濃縮されたモザイクからできている。そのバラバラのモザイクに秘められた輝きは、唯一無二なもの。個性と言ってもいいでしょう。他人と比較することに意味などまったくありません。

ただ、そのモザイク状のものがいろんな人と接することで、変化していくことが重要だと思うのです。いろんな他者との交流で、多様な光に照らされるからです。コミュニケーションを通して自分が持っているモザイク状の地図が変わっていく。常識や先入観にとらわれていたら、地図はすぐに古くなってしまいます。自分の地図を批判的に疑いながら、更新し続けることです。

ⓔ自分の地図がモザイク状に変化し続けると、相手のモザイクに対しても多様な読み取り方があることを学びます。ものを観察する力と一緒で、それをしないで、自分が絶対だとか、この本にはこう書いてあったと、思い込んでいたらすごく限られた小さいモザイクだけになってしまい、うまくいかなくなってしまいます。

これと同様に、建築をⓕヒョウカする時もできるかぎりモザイク状でありたいと考えています。建築を成り立たせている要素を単純化しないで、総体としての存在であると理解したい。建築を単純化してしまうと、極端な結論に陥りがちです。多くの要素が同居していることこそ、健全な建築のあり方だと思うのです。

（出典　光嶋裕介「建築という対話　僕はこうして家をつくる」）

(注)スタンス——物事に対する立場、態度、姿勢。
ドローイング——ここでは、「建築物の構想を描いた絵」のこと。
ストック——蓄えておくこと。また、蓄えてあるもの。
咀嚼——ここでは、「物事の意味をよく考え、自分なりに理解する」こと。
マッピング——地図を作成すること。
モザイク——様々な色の石やガラスなどの小片を組み合わせてつくった模様や絵。壁や床の装飾に使われる。

① よく出る 基本 ——の部分ⓓ、ⓕを漢字に直して楷書で書きなさい。

② 「ⓑ表れる」の品詞について説明した次の文の Ⅰ 、Ⅱ にそれぞれ入れることばの組み合わせとして最も適当なのは、ア～エのうちではどれですか。一つ答えなさい。

「表れる」は動詞であり、動作の対象を必要と Ⅰ ので、Ⅱ である。

ア　Ⅰ しない　Ⅱ 自動詞
イ　Ⅰ しない　Ⅱ 他動詞
ウ　Ⅰ する　Ⅱ 自動詞
エ　Ⅰ する　Ⅱ 他動詞

③ 「ⓐまったくの……ありえない」とあるが、このように筆者が考える理由を説明したものとして最も適当なのは、ア～エのうちではどれですか。一つ答えなさい。

ア　真の創作と呼べるものは、自己との対話を通して、はじめから心の奥底に存在しているものによって着想を得た作品だけだから。
イ　何かを生み出すということは、先人たちから得てきた情報の蓄積が、無意識のうちに自分の中で再構成され表出することだから。
ウ　自分が意識せずつくり上げたものでも、世の中に多くの作品が存在することで、結果的に似通ったものにならざるを得ないから。
エ　創造という営みは、人生で影響を受けてきたものを記憶の中から意図的に選択して、孤独な作業で形にしていくことであるから。

④ 「ⓒ自分の中に……つくる」とあるが、これがどういうことかを説明した次の文の □ に入れるのに適当なことばを、文章中から八字で抜き出して書きなさい。

芸術や日常の会話などを通して得たさまざまな体験がつながっていくことで、□ に対する理解が深まっていくということ。

⑤ 難 「ⓔ自分の地図が……変化し続ける」とあるが、これがどういうことかを説明した次の文の X 、Y に入れるのに適当なことばを、X は文章中から八字で抜き出して書き、Y は四十字以内で書

きなさい。

今の自分の中では理解できないものや矛盾しているものでも、すべて自分自身を成り立たせているものとして、[X]ていくとともに、常識や先入観にとらわれることなく、[Y]ということ。

⑥この文章の構成と内容の特徴について説明したものとして最も適当なのは、ア～エのうちではどれですか。一つ答えなさい。

ア、冒頭に筆者自身の経験を述べることにより、常に他者と共同作業で作品づくりをすることが重要だという主張に説得力をもたせている。

イ、接続詞を効果的に使用することにより、若い時の自分というものがどれほど不完全な存在であるかという事実を筋道立てて述べている。

ウ、知らない街を訪れる場面を読者に想像させた上で、様々な情報が書かれた地図が街の詳しい把握には役立つという主張を展開している。

エ、自分にとっての「モザイク状の地図」の意義を述べた上で、それは他者や建築を理解する場合にも重要なものであると結論づけている。

四 （話し合い）国語知識・内容吟味・聞く話す・条件作文

四人の中学生が、日本語に関する問題をテーマとするグループ学習で、【資料Ⅰ】～【資料Ⅲ】をもとに話し合いをした。次の【四人の中学生の話し合い】を読んで、①～④に答えなさい。

【四人の中学生の話し合い】

孝一　昨日の新聞記事によると、カタカナ語を使用することについて、16歳以上の人の35％が「どちらかと言うと好ましくないと感じる」と答えているようだね。これはどうしてだろう。

奈緒　カタカナ語というのは、主に外国語、外来語のことだよね。【資料Ⅰ】を見ると、[X]。そこから考えると、カタカナ語だと意味がよくわからないので、カタカナ語の使用を好ましくないと感じる人がいるということなのではないかな。

優太　うちのおじいちゃんも、この間テレビを見ながら、「最近はカタカナ語が多くてさっぱりわからない」と言っていたよ。確かにニュースでも、何のことを言っているのかわからないものが多いよね。

絵理　でも、【資料Ⅱ】を見ると、「リベンジ」を主に使う人の割合は、「雪辱」を主に使う人の割合より40％も多いよね。私も「リベンジ」の方がなじみがあるし、よく使うかな。

孝一　つまり、単純に「カタカナ語だからわかりづらい」ということではないのではないか、ということだね。

絵理　あまり身近でない、わかりにくいカタカナ語もあれば、逆にカタカナ語の方が伝わりやすいこともあるよね。カタカナ語の使用について、私たちが注意すべきことは何かあるかな。

奈緒　【資料Ⅱ】のなかでは、「芸術家」を主に使う人の割合と「アーティスト」を主に使う人の割合とは、あまり差が大きくないように見えるけれど、【資料Ⅲ】を見ると、[Y]ということかな。

①「外来語」とあるが、これに対して、もともと日本で使われていたことばのことを何というか。漢字二字で書きなさい。

②奈緒さんの意見が論理的なものとなるために、[X]に入れるのに最も適当なのは、ア～エのうちではどれですか。一つ答えなさい。

ア、「共同事業体」の意味しかわからないという人の割合が五割を超えているのに対して、「コンソーシアム」の意味しかわからないという人の割合は5％に満たないね

イ、「共同事業体」と「コンソーシアム」のどちらの意味もわかるという人の割合と、どちらも意味がわからないという人の割合はほとんど変わらないことがわかるね

ウ、「指針」と「ガイドライン」のどちらか一方の意味しかわからないという人の割合が約12％であるのに対して、どちらの意味もわかるという人の割合は七割を超えているね

エ、「指針」と「ガイドライン」のどちらも意味がわからないという人の割合よりも、どちらか一方の意味しかわからないという人の割合の方が大きくなっているね

【資料Ⅰ】

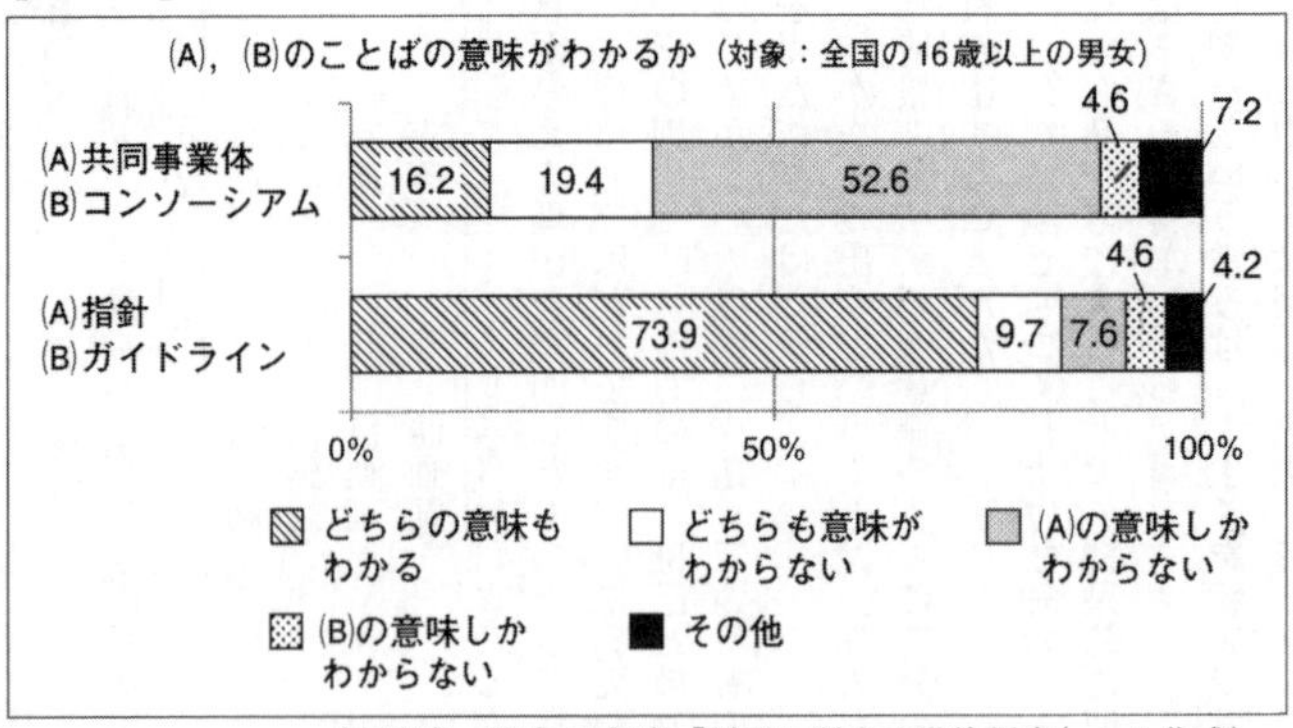

（文化庁　平成29年度「国語に関する世論調査」から作成）

③話し合いにおける四人の発言の特徴について説明したものとして適当なのは、ア～オのうちではどれですか。当てはまるものをすべて答えなさい。
ア、奈緒はことばの定義を確認することで、孝一が提示した話題のわかりづらさを暗に批判している。
イ、優太は自らの経験を具体例として示すことによって、話し合いの方向性を変える発言をしている。
ウ、絵理は資料から読み取った情報をもとに、それまで出ていたものとは異なる見方を提示している。
エ、絵理と優太は質問をすることで、他の人の発言の中でよく理解できなかった部分を確認している。
オ、孝一は絵理の考えを言い換えることによって、優太の考えとの違いがわかるようにまとめている。

【資料Ⅱ】

(A), (B)のどちらのことばを主に使うか（対象：全国の16歳以上の男女）

	(A)を主に使う	(B)を主に使う	どちらも同じくらい使う	どちらも使わない	その他
(A)脚本 (B)シナリオ	54.5	22.3	18.7	4.3	0.2
(A)芸術家 (B)アーティスト	45.3	30.9	21.5	2.1	0.1
(A)雪辱 (B)リベンジ	21.4	61.4	11.6	5.0	0.6

（数字は％）

（文化庁　平成27年度「国語に関する世論調査」から作成）

④ 思考力 奈緒さんの発言の Y に入れるのに適当な内容を、条件に従って六十字以上八十字以内で書きなさい。

条件
1、二文に分けて書き、一文目に、【資料Ⅲ】からわかることを書くこと。
2、二文目に、カタカナ語の使用について注意すべきことを、「だから」に続けて書くこと。

※資料の数値は使わなくてもよいが、数値を使う場合は左の例を参考にして表記すること。

(例) 35.0 ％

【資料Ⅲ】

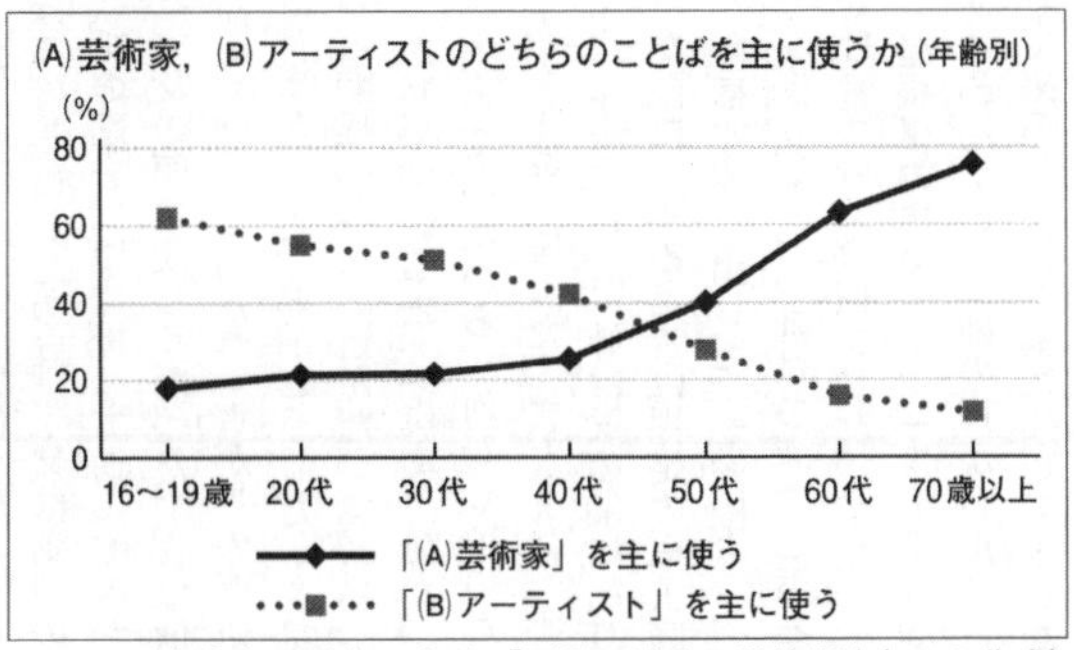

（文化庁　平成27年度「国語に関する世論調査」から作成）

広島県

時間 50分　満点 50点　解答 P40　3月5日実施

出題傾向と対策

●小説文、論説文、古文、条件作文の大問四題構成。昨年は漢文が出題されたが、今年は再び古文が出題された。以前からの傾向どおり、生徒の話し合いやまとめたものを使った問い方が多い。漢字などの基礎知識を問う問題から記述問題まで、幅広く出題されている。

●出題形式に特徴があるので、過去問を解いて演習をしておくこと。記述問題が多いので、さまざまな指定字数で要点をまとめる練習をするとよい。条件作文についても日頃から対策しておきたい。

一 （小説文）漢字の読み書き・内容吟味

次の文章を読んで、あとの問いに答えなさい。（計16点）

吉をどのような人間に仕立てるかということについて、吉の家では晩餐後毎夜のように論議せられた。またその話が始まった。吉は牛にやる雑炊を煮きながら、ひとり柴の切れ目からぶくぶく出る泡を面白そうに眺めていた。「やはり吉を大阪へやる方が好い。十五年も辛抱したなら、注1暖簾が分けてもらえるし、そうすりゃあそこだから直ぐに金も儲かるし。」そう父が言うのに母はこう言った。「大阪は水が悪いというから駄目駄目。幾らお金を儲けても、早く死んだら何もならない。」「百姓させば好い、百姓を。」と兄は言った。「吉は手工が注2甲だから注3信楽へお茶碗造りにやるといいのよ。あの職人さんほどいいお金儲けをする人はないって言うし。」そう口を入れたのはませた姉である。「そうだ、それも好いな。」と父は言った。母だけはいつまでも黙っていた。

その夜である。吉は真っ暗な果てしのない野の中で、口が耳まで裂けた大きな顔に笑われた。その顔は何処か正月に見た獅子舞いの獅子の顔に似ているところもあったが、吉を見て笑う時の頬の肉や殊に鼻のふくらぎまでが、人間のようにびくびくと動いていた。吉は必死に逃げようとするのに足がどちらへでも折れ曲がって、ただ汗が流れるばかりで①ケッキョク身体はもとの道の上から動いていなかった。けれどもその大きな顔は、だんだん吉の方へ近よって来るのは来るが、さて吉をどうしようともせず、何時までたってもただにやりにやりと笑っていた。何を笑っているのか吉にも分からなかった。が、とにかく彼を馬鹿にしたような笑顔であった。

　翌朝、蒲団の上に座って薄暗い壁を見詰めていた吉は、昨夜夢の中で逃げようとしてもがいたときの汗を、まだかいていた。その日、吉は学校で三度教師に叱られた。最初は算術の時間で、仮分数を帯分数に直した分子の数を聞かれた時に黙っていると、「そうれ見よ。お前はさっきから窓ばかり眺めていたのだ。」と教師に睨まれた。二度目の時は習字の時間である。その時の吉の草紙の上には、字が一字も見あたらないで宮の前の（注4）高麗狗の顔にも似ていれば、また人間の顔にも似つかわしい三つの顔が書いてあった。その顔も、1笑いを浮かばせようと骨折った大きな口の曲線が、幾度も書き直されてあるために、真っ黒くなっていた。三度目の時は学校の退けるときで、皆の学童が包を仕上げて礼をしてから出ようとすると、教師は吉を呼び止めた。そして、もう一度礼をし直せと叱った。

　家へ走り帰ると直ぐ吉は、鏡台の引き出しから油紙に包んだ剃刀を取り出して人目につかない小屋の中でそれを研いだ。研ぎ終わると軒へ回って、積み上げてある割木を眺めていた。それからまた庭へ入って、餅搗き用の杵を撫でてみた。が、またぶらぶら流し元まで戻って来るとまな板を裏返してみたが急に彼は井戸傍の（注5）跳ね釣瓶の下へ駆け出した。「これはうまいぞ、うまいぞ。」そう言いながら吉は釣瓶の尻の重りに縛り付けられた欅の丸太を取りはずして、その代わりに石を縛り付けた。暫くして吉は、その丸太を三、四寸も②アツみのある幅広い長方形のものにしてから、それと一緒に鉛筆と剃刀とを持って屋根裏へ昇っていった。次の日もまたその次の日も、そしてそれから2ずっと吉は毎日同じことをした。

　ひと月もたつと四月が来て、吉は学校を卒業した。しかし、少し顔色の青くなった彼は、まだ剃刀を研いでは屋根裏へ通い続けた。そしてその間も時々家の者らは晩飯の後の話のついでに吉の職業を選び合った。が、話は一向にまとまらなかった。ある日、（注6）昼餉を終えると父は顎を撫でながら剃刀を取り出した。吉は湯を飲んでいた。「誰だ、この剃刀をぼろぼろにしたのは。」父は剃刀の刃をすかして見てから、紙の端を二つに折って切ってみた。が、少し引っかかった。父の顔は険しくなった。吉は飲みかけた湯を暫く口へ溜めて黙っていた。「吉がこの間研いでいましたよ。」と姉は言った。「吉、お前どうした。」やはり吉は黙って湯をごくりと咽喉へ落とし込んだ。「うむ、どうした？」吉が何時までも黙っていると、「はあア分かった。吉は屋根裏へばかり上っていたから、何かしていたに決まってる。」と姉は言って庭へ降りた。「いやだい。」と吉は鋭く叫んだ。「いよいよ怪しい。」姉は（注7）梁の端に吊り下がっている梯子を昇りかけた。すると吉は裸足のまま庭へ飛び降りて梯子を下から揺すぶり出した。「恐いよう、これ、吉ってば。」肩を③チヂめている姉はちょっと黙ると、口をとがらせて唾を吐きかける真似をした。「吉ッ！」と父は叱った。暫くして屋根裏の奥の方で、「まアこんなところに仮面が作えてあるわ。」という姉の声がした。吉は姉が仮面を持って降りて来るのを待ち構えていて飛びかかった。姉は吉を突き除けて素早く仮面を父に渡した。父はそれを高く捧げるようにして暫く黙って眺めていたが、「こりゃ好く出来とるな。」またちょっと黙って、「うむ、こりゃ好く出来とる。」と言ってから頭を左へ傾け変えた。仮面は父を見下して馬鹿にしたような顔でにやりと笑っていた。その夜、納戸で父と母とは寝ながら相談をした。「吉を下駄屋にさそう。」最初にそう父が言い出した。母はただ黙ってきいていた。「道路に向いた小屋の壁をとって、そこで店を出さそう。それに村には下駄屋が一軒もないし。」ここまで父が言うと、今まで心配そうに黙っていた母は、「それが好い。あの子は身体が弱いから遠くへやりたくない。」と言った。

※1　間もなく吉は下駄屋になった。吉の作った仮面は、その後、彼の店の（注8）鴨居の上で絶えず笑っていた。無論何を笑っているのか誰も知らなかった。吉は二十五年仮面の下で下駄をいじり続けて貧乏した。無論、父も母も亡くなっていた。ある日、吉は久しぶりでその仮面を仰いで見た。すると仮面は、鴨居の上から馬鹿にしたような顔をしてにやりと笑った。吉は腹が立った。次には悲しくなった。が、また腹が立って来た。「貴様のお蔭で俺は下駄屋になったのだ！」吉は仮面を引きずり降ろすと、鉈を振るってその場で仮面を二つに割った。暫くして、彼は持ち馴れた下駄の台木を眺めるように、割れた仮面を手にとって眺めていた。が、ふと何だかそれで立派な下駄が出来そうな気がして来た。すると間もなく、吉の顔はまたもとのように満足そうにぼんやりと和らぎだした。※2

（横光利一「笑われた子」による。）

（注1）暖簾を分ける＝長年よく勤めた店員などに新しく店を出させ、同じ店名を名乗ることを許す。
（注2）手工が甲＝図画工作の成績が良いこと。
（注3）信楽＝滋賀県の地名。信楽焼という陶器の産地。
（注4）高麗狗＝神社の社殿の前に置いてある獅子に似た獣の像。
（注5）跳ね釣瓶＝竿の先につけた桶を石などの重みで跳ね上げ、井戸の水を汲むようにしたもの。
（注6）昼餉＝昼食。
（注7）梁＝屋根の重みを支えるために柱の上部に架け渡した材木。
（注8）鴨居＝ふすまや障子などをはめ込むために、部屋と部屋の間や出入り口の上部に渡した溝のある横木。

1、**よく出る** **基本** ①～③のカタカナに当たる漢字を書きなさい。（各1点）

2、1笑いを浮かばせようと骨折った大きな口の曲線が、幾度も書き直されてある　とあるが、次の文は、吉がこのような行動をとった理由について述べたものです。空欄Ⅰに当てはまる適切な表現を、十字以内で書きなさい。（2点）

吉は、習字の時間も（　Ⅰ　）のことが気になっていたから。

3、**基本** ²ずっと吉は毎日同じことをした　とあるが、吉は毎日どこで何をしていたのですか。十五字以内で書きなさい。（2点）

4、**思考力** 文章中で、母はどのような母親として描かれていると考えられますか。本文の内容を根拠に挙げ、「……ところや、……ところから、……母親として描かれていると考えられる。」という形式によって、あなたの考えを書きなさい。（3点）

5、**難** **思考力** ※1から※2までの部分について、国語の時間に、生徒が話し合いをしました。次の【生徒の会話】はそのときのものです。これを読んで、あとの(1)・(2)に答えなさい。

【生徒の会話】

大野：吉はある日、久しぶりに仮面を見たら、腹が立ってきて仮面を引きずり降ろして割ったのよね。でも、その後、吉が割れた仮面で立派な下駄が出来そうな気がして、もとのように満足そうに表情が和らいでいるのはなぜなのかな。

長野：確か、吉が引きずり降ろして割った仮面は、吉を下駄屋にするという父の決断の大きなきっかけになっていたよね。

小川：なるほど。だから吉は、「貴様のお蔭で俺は下駄屋になったのだ！」と言っているんだね。ということは、仮面は吉の（　Ⅱ　）を象徴していると考えられない？　吉は自分が下駄屋として生きてきたことに不満があるのかなあ。

大野：吉は二十五年間、下駄屋を続けてきたんだね。でも、ある日、久しぶりに鴨居の上の仮面を見たら、二十五年間、下駄屋を続けてきた自分の人生を、仮面が馬鹿にして笑ったように感じたんだよね。だから、腹が立って、悲しくなって、また腹が立って仮面を引きずり降ろして割ったのだと思うよ。

長野：でも、吉は腹を立てて仮面を割ったけれど、本文の最後では、またもとのように満足そうにぼんやりと表情が和らいでいるよ。腹を立てていたのに、どうして最後に表情が満足そうにぼんやりと和らいだのかなあ。

小川：腹を立てて仮面を割った後、暫くして、持ち馴れた下駄の台木を眺めるように、割れた仮面を手にとって眺めて、ふと何だかそれで立派な下駄が出来そうだと感じているよね。吉は強く意識しているわけではないかもしれないけれど、この吉の行動は、吉が（　Ⅲ　）ということの表れだと思うなあ。だから、腹が立っていたけれど、暫くすると、もとのように満足そうに表情が和らいだんじゃないかな。

大野：そうだね。「ぼんやりと和らぎだした」という表現に、吉の性格も表れているなあと思ったよ。

(1) 空欄Ⅱに当てはまる最も適切な表現を、次のア～エの中から選び、その記号を書きなさい。（2点）

ア、秘められた本心　イ、家族との別離
ウ、定められた運命　エ、報われない努力

(2) 空欄Ⅲに当てはまる適切な表現を「……ことで、……になっている」という形式によって書きなさい。（4点）

二 （論説文）漢字の読み書き・内容吟味・熟語・文脈把握

次の文章を読んで、あとの問いに答えなさい。（計15点）

世界中にある絵画の中で、もしも一枚だけ好きな絵をもらえるとしたら、どのアーティストの作品が欲しい？

アート関係者が集まった酒宴の席で、そんな質問が飛び出した。私は、さっそく自分にとっての「この一枚」は誰の作品だろうか、と思案した。どんなアーティストを選ぶかによって、その人の個性も垣間（かいま）見える。これは心して選ばねばなるまい。ピカソもいいし、マティスも捨てがたい、はたまたセザンヌも……などと迷っていたら、現代アートを専門にしているキュレーター[注1]の友人が、意外な画家の名を挙げた。それは、ジョルジョ・モランディであった。

¹一瞬にして、その場の空気がさっと変わった。全員、一様に、その手があったか！　という表情を見せた。ピカソやマティスを思い描いていた私も、「ああ、モランディ！」と思わず膝を打った。そして、誰もが口々に「いやあ、モランディはいいよね」「ほんとうにいい」と言い合ったのである。

このエピソードは、ジョルジョ・モランディを①巡る象徴的なふたつのことを物語っている。ひとつは、モランディという画家が、ぱっと真っ先に思い出されたり、とかく参照されたりということがあまりない画家、つまり、ピカソやマティスやセザンヌなどとは異なり、いたって地味な画家であるということ。もうひとつは、誰もが「ものすごく好き」というのではないけれど「憎からず」思っている画家なのだということ。つまり、誰にも「あの画家はいい」といわしめる普遍的な「何か」を、モランディは持ち合わせている——といえるのではないか。

事実、私の周辺には、²公言こそしないが、「実はモランディが好きである」という隠れファンがけっこういる。私自身、モランディに対しては、いわくいいがたい魅力を感じているひとりなのである。

私が初めてまとまったかたちでモランディの作品を観（み）たのは、かれこれ十年近くまえのことだろうか。ロンドンを訪問している最中に、テート・モダン[注2]で、偶然、回顧展を開催していたのだ。

モランディはもちろん知っていたし、地味ながらいい仕事をしていることも、なんとなく心惹（ひ）かれる画家であることもわかっていた。その作品が一堂に集められた展示室で、私はすっかり我を忘れてモランディの世界に入り込み、②没頭したのだった。

モランディの作品の多くは、さほどサイズが大きくなく、こぢんまりとしている。かつ、描かれているのは、なんの変哲もない瓶や水差しや花瓶などだ。それらの同じようなモティーフ[注3]が、繰り返し繰り返し、作品の中に登場する。

□、背景が変わったり、視点が変わったりすることもなく、ただただ、坦々（たんたん）と、同じようなものを、固定された視点で、ひたすらに、ひたむきに描いているのだ。

　なんなんだこれは？　と初めて見た人は思うかもしれない。全部同じ静物画じゃないか、何がおもしろいんだ？　と。正直に告白すると、私も最初はそう思わなくはなかった。

　なぜそうまでして、同じものばかりを描き続けたのか。その冷めた情熱はいったいどこからきているのか。そう、モランディの描く絵には、不思議と情熱が感じられるのだ。ただし、その温度が③極めて低い。まるで冬眠しているかのように、静かに呼吸をし、明日へと命をつなごうとするひたむきな意志がある。その凍ったような情熱が、しんしんと観る側に伝わってくる。

　テート・モダンの「モランディ展」の入り口で、この画家に惹かれつつもその力量に対しては懐疑的だった私だが、出口にたどりつく頃には、ほのかに満足していた。満腹感はない。けれど、八分目でじゅうぶんだ。滋味溢（あふ）れるス（注4）ローフードを食べたような、おだやかな満足感。ピカソやマティスやセザンヌにはない3不思議な満足感が、モランディの絵にはあるのだと知った。

注5「ブリオッシュのある静物」
ジョルジョ・モランディ
1920年

（原田マハ「いちまいの絵」による。）

（注1）キュレーター＝博物館や美術館で作品収集や企画立案を行う専門職員。
（注2）テート・モダン＝ロンドンにある国立近現代美術館。
（注3）モティーフ＝創作の動機となる主要な題材・思想。モチーフ。
（注4）スローフード＝質の良い食材で、時間をかけて作った料理。
（注5）ブリオッシュ＝パンの一種。

1、よく出る 基本 ①〜③の漢字の読みを書きなさい。（各1点）

2、1一瞬にして、その場の空気がさっと変わった　とあるが、筆者が、そのように感じたのはなぜですか。その理由について述べた次の文の空欄Ⅰに当てはまる適切な表現を、四十五字以内で書きなさい。（4点）

> 筆者の友人が答えた「ジョルジョ・モランディ」という画家は、（　Ⅰ　）画家であるため、酒宴に参加した人たちが、全員、一様に、その手があったか！　という表情を見せたから。

3、2公言　と熟語の構成が同じものを、次のア〜エの中から選び、その記号を書きなさい。（1点）

ア、常備　イ、読書　ウ、樹木　エ、善悪

4、よく出る □に当てはまる最も適切な語を、次のア〜エの中から選び、その記号を書きなさい。（2点）

ア、ところが　イ、それとも
ウ、むしろ　エ、しかも

5、難 3不思議な満足感　とあるが、ここで筆者が感じている不思議な満足感について、ある生徒が文章にまとめました。次の【ノート】はその生徒が文章にまとめたもので、【資料】は文章にまとめるために準備したものです。これらを読んで、【ノート】の空欄Ⅱに当てはまる適切な表現を、本文の内容と【資料】の内容を踏まえ、「価値」という語を用いて、五十字以内で書きなさい。（5点）

【ノート】

> モランディの絵から「凍ったような情熱」が感じられるのは、モランディが描く側として（　Ⅱ　）からである。この「凍ったような情熱」を鑑賞することができたから、筆者は「不思議な満足感」を得ることが出来たのだろう。

【資料】

> モランディは変わらなかったのではない。みずから職人のように生きることを選択したこの画家は、たしかに変化していたのだが、その振幅が、ピカソや他の現代画家たちほど大きいものではなかったということだ。あからさまに変わるのではなくて、微妙な差異、小さな変化のうちに積極的な価値を見いだすこと。それこそ、モランディが、おそらく自覚的に選択した道である。
> 　モチーフや技法を限定すればするほど、画家がなしうることの範囲は限定されてくるだろう。それゆえにこそむしろ、そのなかで差異を生みだすという行為は、いっそう洗練され研ぎ澄まされたものになるのである。描く側も観る側も、うかうかしてはいられないのだ。差異が小さければ小さい分だけ、それを作りだす側も受けとる側も、感覚を研ぎ澄ましておく必要がある。「何かわからないもの」の声にじっと耳を澄ましていなければならない。反対に、明らかに違うものを見分けるのには、それほど苦労はいらないだろう。
>
> （岡田温司「ジョルジョ・モランディ」による。）

三（古文）内容吟味

次の文章を読んで、あとの問いに答えなさい。（計9点）

そもそも正月七日に、野に出（い）でて、七草を摘みて、みかどへ供御（注1 くご）に供ふるといふなる由来を尋ぬるに、唐土楚国（もろこしそこく）（中国の楚の国の）の傍らに（片隅に）、大しう（注2）といふ者あり。かれは□なり。すでに、はや百歳（ももとせ）に及ぶ父母（ぶも）あり、腰などもかがみ、目などもかすみ、言ふことも聞こえず。さるほどに（そのように）、老いければ、大しうこの朽ちはてたる（すっかり衰えてしまった）御姿を見参らする度に（拝見するたびに）、[1]嘆き悲しむこと限りなし。

大しう思ふやうは、二人の親の御姿をふたたび若くなさまほしく（若返らせてほしいと）思ひて、明け暮れ（一日中）天道（てんたう）（天の神に）に祈りけるは、「わが親の御姿、ふたたび若くなしてたび給へ（たま）（ください）」と、仏神三宝（注3 さんぽう）に[2]訴へ、「これかなはぬものならば、わが姿に転じかへて（入れ替えて）たび給へ。わが身は老（おい）となりて朽ちはつるとも、二人の親を若くなし給へ」と、あたり近き（近くの）とうこう山（せん）（「とうこうせん」という山に）によぢ登りて、三七日（注4）が間、爪先を爪立てて、肝胆を砕き祈りける（心を込めて祈った）。さても、諸天（多くの神仏）諸仏は、これをあはれみ給ひ、三七日満ずる暮れ方に、かたじけなくも（ありがたいことに）帝釈天王（注5 たいしやくてんわう）は天降り（あまくだ）給ひ、大しうに向かってのたまふやうは（おっしゃることには）、「なんぢ、浅からず親をあはれみ、ひとへに（ひたすら）天道に訴ゆること、納受（なふじゅ）を垂れ給ふによつて（願いを聞き入れなさったので）、われ、これまで来るなり。いでいで（さあさあ）、なんぢが親を若くなさん（若くしよう）」とて、薬を与へ給ふぞ（薬の作り方を伝授して下さったのは）ありがたき。

（「御伽草子集」による。）

（注1）供御＝天皇の飲食物。
（注2）大しう＝人の名前。
（注3）三宝＝仏教で信仰の対象となる、仏・法・僧の三つ。
（注4）三七日が間＝仏に祈願をする二十一日間。
（注5）帝釈天王＝仏法を守護する神。

1、よく出る 基本 [　　] に当てはまる最も適切な表現を、次のア～エの中から選び、その記号を書きなさい。（2点）

ア、親に孝ある者　イ、子に頼る者
ウ、親を欺く者　エ、子を案ずる者

2、[1]嘆き悲しむこと限りなし とあるが、大しうは何を嘆き悲しんでいるのですか。現代の言葉を用いて二十字以内で書きなさい。（2点）

3、[2]訴へ の平仮名の部分を、現代仮名遣いで書きなさい。（1点）

4、この文章について、生徒が次のような話し合いをしました。空欄Ⅰに当てはまる最も適切な表現を、あとのア～エの中から選び、その記号を書きなさい。また、空欄Ⅱに当てはまる適切な表現を、現代の言葉を用いて二十字以内で書きなさい。（各2点）

山田：大しうの両親はこの後どうなったのかなあ。この文章の続きが気になるなあ。
大谷：僕もそのことが気になって「御伽草子集」を図書館で借りて続きを現代語訳で読んでみたよ。すると、こんな話だったよ。

【大谷さんが読んだ続きの要約】

> 大しうは、帝釈天王から伝授された通りに、七種類の野草で薬を作り、両親に与えた。すると、両親は二十歳くらいの姿になり、大しうは大変に喜んだ。七草という七種類の野草を正月七日にみかどに差し上げるのは、この出来事がきっかけであるとされている。

山田：大しうの願いがかなっているね。大しうが（　Ⅰ　）から願いがかなったんだね。
田中：この出来事が、みかどに七種類の野草を差し上げるきっかけになったんだね。七種類の野草を差し上げることで、みかどに（　Ⅱ　）という気持ちを伝えるためなのだろうね。
山田：そうだね。そしてこのことが、現在、僕たちが一月七日に「七草がゆ」を食べる行事とも関係しているのかもしれないね。調べてみようよ。

ア、中国の楚の国に何度も行った
イ、神仏に熱心に祈り続けた
ウ、自分の病を治すために薬を作った
エ、努力して健康を保ち続けた

四 条件作文 思考力

小島さんの学級では、国語の時間に、それぞれが書いた作文の題名についてアドバイスをし合う活動をしています。次の【メモ】は、中井さんが作文を書くときに準備したもので、【作文】は中井さんがメモを基に書いた作文です。また、【生徒の会話】はこの活動の過程で小島さんと中井さんが行ったものです。これらを読んで、あとの〔問い〕に答えなさい。（10点）

【メモ】

作文のテーマ　自分の尊敬する人物を例に挙げて、自分の目指す生き方を相手に伝える

自分の目標　自然科学の研究をして、発明家になる

例に挙げる、尊敬する人　エジソン

エジソンは、幼いころから身のまわりの様々なことに「なぜ？」という疑問を持っていた。小学校の授業でも、自分が「なぜ？」と感じたことはすぐに追究しないと気が済まないため、授業内容に関係のない、見当違いな発言や行動が目立ち、小学校を三か月で退学になってしまった。しかし、エジソンは図書館などで独学し、「なぜ？」と感じたことを追究し続けた。さらに、新聞の販売員として働いて得たお金で、自分の実験室を作り、様々な物を発明した。生涯、学び続ける姿勢を大切にし、最終的には、アメリカで千九十三件もの発明に関する特許を得た。

【作文】

私の夢

中井　良子

私は理科の授業が好きだ。特に、実験をした後に考察し、「なぜ？」と思っていた疑問を追究することは本当に楽しい。だから、将来は大学で自然科学に関する研究をし、エジソンのように生活に役立つものを発明したいという夢を持っている。

エジソンは白熱電球や蓄音機などを発明した。私は、

エジソンについて書かれた本に出会うまで、エジソンは発明家になるために大学でいろいろな研究をし、研究の中でひらめいたことを基に発明に至った人物だと思っていた。

　しかし、エジソンに関する本を読み、エジソンは大学での研究の中で発明に至ったわけではないと分かった。エジソンがたくさんのものを発明できたのは、「なぜ水をかけると火は消えるのか」「なぜチョウは飛べるのか」というような、私が「当たり前だ」と思っていることを、小学生の頃から疑問に感じ、疑問に感じたことを自分の実験室でとことん研究していたからだ。日常の中で自分から疑問を持ち、追究し続ける姿勢に感動した。

　私が日々の学習で、疑問を見いだし追究することを楽しいと感じているところは、エジソンと共通していると思う。だから、発明家になるという目標に向かって、これからも「なぜ？」と感じたことを、途中であきらめず、追究する姿勢を大切にしたい。


【生徒の会話】

中井：小島さん、私の書いた作文を読んでみてどうだった？　題名は適切だったかなあ。

小島：そうねえ……。私は、題名をもっと工夫したらいいんじゃないかと思ったわ。授業で、自分が一番伝えたいことの中心となる言葉を考えて題名やタイトルを付けるとよいと学習したよね。だから、中井さんの伝えたいことがもっと明確に伝わるような題名がいいんじゃないかな。今、話したことと、中井さんの作文を基にアドバイスを書いてみるわね。

〔問い〕小島さんは、中井さんが書いた作文の題名についてのアドバイスを書いて伝えることにしました。あなたならどのように書きますか。次の条件1〜3に従って、あなたの考えを書きなさい。


条件1、二段落構成とし、第一段落は、題名の案を挙げて書き、第二段落には、その題名がよいと考えた理由を書くこと。

条件2、【作文】と【生徒の会話】の内容を踏まえて書くこと。

条件3、二百字以内で書くこと。

山口県

時間 50分　満点 50点　解答 P41　3月5日実施

出題傾向と対策

●小説文、論説文、古文、漢文（本文は書き下し文）、漢字の読み書き、資料を読み解く問題の大問六題構成。本文も問題も比較的平易。学校によっては昨年に続き、学校指定教科検査問題が導入され、今年は複数の文章を読み総合して考える問題で、七十字以内の記述も出題された。

●過去問題や予想問題を解くなどして、時間配分のペースをつかんでおく。また、基礎基本を大切に、幅広い知識を確実に身につけておきたい。また、読み取った内容や自分の意見を文章にまとめる練習をしておくこと。

二（小説文）漢字知識・文・品詞識別・内容吟味

「駿馬（しゅま）」は両親の仕事の関係で五歳のときにモンゴルへ移り住み、中学校入学時に帰国し、すおう町へ越してきた。中学二年生の夏、たった一人で小惑星の発見をめざす同級生「すばる」と出会う。次の文章は、「すばる」と一緒に、「駿馬」が生まれて初めて天体望遠鏡で月の観測を行っている場面である。よく読んで、あとの㈠〜㈦に答えなさい。（計12点）

　低いささやき声に引き寄せられるように、ふらふらと望遠鏡に近づいた。

　しゃがんで、アイピース※をのぞきこむ。

　――でけえ。

　圧倒されてしばらく声も出ない。

　なんてロックな眺めなんだろうか。でっかい岩のかたまりって感じ。視野いっぱいに、ちょっとくすんだ銀色の月がみっしりとつまっている。

　まだモンゴルに行く前の幼稚園児だったころ、よく手のひらいっぱいの泥だんごをつくって、表面がツルツルになるまでムキになってこすった。一晩外に置いておくと、砂が白く乾いて、ところどころはがれて、昨日は見えなかったデコボコが見えてくる。それに似ている。

左横から光が当たって、球面の右三分の一ほどが欠けている。その不完全なすがた。きわが真っ黒にニジんでいるせいか、付近の凹凸がより立体的に見える。泥っぽい水たまりみたいに見える大きな影が、左上から、ひとつ、ふたつ、みっつ。そこに、いくつもの線条がひっかき傷みたいに走っている。上部に浮きあがった無数のクレーターが、月の肌を、雨がふって乾いたあとの砂地のように見せていた。

「いま、あんたは月を上下逆さまに見ている。北東……向かって像の左端から、危機の海に、豊かの海、人類がはじめて着陸した静かの海、そして晴れの海。一番大きな影は、本州がすっぽり入る雨の海の、ちょうど半分。今度はクレーターだ。上から、クラビウス、マギヌス、ティコ……特に大きいのがデランドル」

すぐ近くで、穏やかなささやきが聞こえる。聞き逃してしまいそうなほど声が小さいのは、きっと、いま駿馬が見ているものを知っていて、それを邪魔したくないからだ。

この瞬間、手を伸ばして、あのデランドルというクレーターのふちに指先でふれたらどんな感じだろう――。

「何でゆらゆらゆれてんの?」

川底の石を見ているみたいに、月の像がゆれている。

「言っただろ。晴れてても上層に激しい気流があったりすると、星像がゆれて見える。これがさっき言ってた、※シーイングが悪いってことだ」

悪いと言いながら、すばるの声は心なしかはずんでいるような気がする。

「けっこういいだろ。望遠鏡って」

熱い興奮が腹の底からせりあがってきて、こめかみがずきっとした。

いま、この黄色くん※を通して、よくわからないほどすごいものを見ているのではないだろうか。それはただのすおう町の夜空ではなく、草原でいつも見上げていた落っこちてきそうな星空ともまたどこかちがう。同じなのに、ちがって見える。言葉にするなら、これは宇宙の切れっぱし。でもそこには、でっかい泥だんごが浮かんでいるのだ。そのせいだろうか。とんでもなく遠いはずなのに、なぜか、遠いと感じない。

駿馬はぶるっと身震いした。

（黒川裕子「天を掃け」から）

（注）※アイピース＝望遠鏡で、目を付けてのぞきこむ部分。
※シーイング＝天体観測の際に、望遠鏡で見たときの星の像の見え具合。
※黄色くん＝駿馬が父親から譲り受けた天体望遠鏡の愛称。

(一) よく出る 基本 「乾」を楷書で書いたときの総画数は何画か。数字で答えなさい。（1点）

(二) 基本 「視野」の「野」と同じ意味で用いられている「野」を含む熟語を、次の1～4から一つ選び、記号で答えなさい。（1点）
1、原野　2、野鳥　3、野望　4、分野

(三) 基本 「見せていた」とあるが、この述語に対する主語を、文中から一文節で書き抜きなさい。（2点）

(四) 基本 「穏やかな」と同じ品詞であるものを、次の1～4から一つ選び、記号で答えなさい。（1点）
1、校舎を照らした夕日はきれいだった。
2、この時期にしては小春日和で暖かかった。
3、君のような人は信頼されるだろうよ。
4、この本は面白くて時間が経つのを忘れる。

(五) 「それに似ている」とはどういうことか。次の文がその説明となるよう、［　　］に入る適切な表現を、文章中から五字以内で書き抜きなさい。（2点）
月が［　　］に似ているということ。

(六) 「すばるの声は心なしかはずんでいるような気がする」とあるが、このときの「すばる」の気持ちを、文章の内容に即して説明しなさい。（3点）

(七) 「駿馬はぶるっと身震いした」とあるが、このときの「駿馬」の心情を説明したものとして最も適切なものを、次の1～4から選び、記号で答えなさい。（2点）
1、遠く離れたモンゴルと日本が、空間を超えて一つの空でつながっていることを知り、一体感に浸っている。
2、月を眺めているうちに、時間を超えて幼稚園児の頃の記憶が鮮やかによみがえり、懐かしさを覚えている。
3、遥かかなたにある月を、空間を超えて間近にあるもののように感じ、かつてない感覚に心が高ぶっている。
4、時間を超えて存在している月を見て、有限である自分自身の存在のはかなさを実感し、途方に暮れている。

二 (論説文)漢字の読み書き・活用・語句の意味・内容吟味

次の文章を読んで、あとの(一)～(七)に答えなさい。（計14点）

「国際化」について対話することになった場合、一口に「国際化」といっても、その間口はたいへん広いし、その辺の資料を切り貼りして話すだけでいいならば、それほど悩むことはないでしょう。インターネットで検索すれば、それこそ数千、数万という記事が引き出せます。

問題は、「国際化」という切り口で、あなた自身に何が話せるか、なのです。

ということは、たとえ与えられたテーマだと[a]しても、その対話は、「自分でなければ話せないもの」でなければ意味がないことになります。だれにでも話せるような、新鮮味のないものは、あなたが話す必要はないはずです。

そのためには、たとえ話題そのものは一般的なものであっても、あなたにとってどれだけ切実であるか、というところが重要で、ここに相手の心をとらえるものがあることになります。

ですから、対話では、「何が言いたいのか」ということが常に大切であるわけです。

「何が言いたいのかが[b]わからない」対話は、テーマが明らかでないのと同様、「何を話しているのかわからない」ということになりますね。その「テーマ」について「何が言いたいのか」がはっきりと相手に見えなければなりません。

ところが、その「言いたいこと」がなかなか見出せないあなたには、どのような課題があるのでしょうか。

「言いたいこと」を見出すために、あなたは、おそらくまず「情報の収集を」と考えていませんか。情報がなければ、構想がc立てられない、だから、まず情報を、というのがあなたの立場かもしれません。

しかし、この発想をまず疑ってみてください。

情報といえば、まずテレビでしょうか。それから、もちろんのこと、インターネットの存在は、日々の生活や仕事の中で不可欠なものです。インターネットの普及は、情報の概念を大きく変えたといっても過言ではないでしょう。インターネットの力によって、世界中のさまざまな情報が瞬時にして地球上のあらゆるところまで伝わるようになりました。その他、ラジオ、新聞、1ザッシ等を含めた、各種のメディアの力による情報収集の方法を、わたしたちは無視するわけにはいきません。しかも、こうしたメディアが、あなた自身の自覚・無自覚にかかわらず、いつの間にかわたしたちの仕事や生活のための情報源になっているということはもはや否定できない事実でしょう。

しかし、よく考えてみてください。それらの情報の速さと量は、決して情報の質そのものを高めるわけではないのです。たとえば、インターネットが一般化するようになってから、世界のどこかでd起きた一つの事件について、地球上のすべての人々がほぼ同時に知ることが可能になりました。しかし、その情報の質は実にさまざまであり、決して同じではないのです。しかも、その情報をもとにしたそれぞれの人の立場・考え方は、これまた千差万別です。

こう考えると、一つの現象をめぐり、さまざまな情報が蝶（ちょう）のようにあなたの周囲を飛び回っていることがわかるはずです。大切なことは、そうした諸情報をどのようにあなたが自分の目と耳で切り取り、それについて、どのように自分のことばで語ることができるか、ということではないでしょうか。

もし、自分の固有の立場を持たなかったら、さまざまな情報を追い求めることによって、あなたの思考はいつの間にか停止を2余儀なくされるでしょう。言説資料※による、さまざまな情報に振り回されて右往左往する群衆の一人になってしまうということです。

だからこそ、情報あっての自分であり、同時に、自分あっての情報なのです。

（細川英雄（ほそかわひでお）「対話をデザインする――伝わるとはどういうことか」から）

（注）※言説資料＝言葉で説明された資料。

㈠ **よく出る** **基本** 文章中の……部1、2について、片仮名は漢字に改め、漢字は読み仮名を書きなさい。（各1点）

1、ザッシ　2、余儀なく

㈡ **よく出る** **基本** 文章中の‖部a～dのうち、上一段活用の動詞を一つ選び、記号で答えなさい。（1点）

a、し　b、わから　c、立て　d、起き

㈢「切り口」とあるが、ここでの「切り口」と同じ意味をもつ熟語として最も適切なものを、次の1～4から選び、記号で答えなさい。（1点）

1、目印　2、観点　3、技術　4、方式

㈣「相手の心をとらえるもの」とあるが、筆者はこれをどのようなものであると述べているか。最も適切なものを、次の1～4から選び、記号で答えなさい。（1点）

1、与えられたテーマに沿うもの
2、聞き手にとって興味のあるもの
3、話し手にとって切実なもの
4、誰にでもわかる一般的なもの

㈤「この発想」とはどのような発想か。説明しなさい。（2点）

㈥「インターネットの存在は、日々の生活や仕事の中で不可欠なものです」とあるが、なぜ「不可欠」と言えるのか。文章の内容に即して説明しなさい。（2点）

㈦「自分あっての情報」とはどういうことか。次の文がそれを説明したものとなるよう、［Ⅰ］には文章中から二十五字以内の表現を書き抜いて答え、［Ⅱ］には適切な内容を「自分の固有の立場」という言葉を用いて、四十字以内で答えなさい。（Ⅰ2点、Ⅱ3点）

現代社会は、多くの情報であふれているが、情報の質や［Ⅰ］はさまざまであるため、［Ⅱ］ことで、情報を活用することができるということ。

三 （古文）仮名遣い・内容吟味

次の古文を読んで、あとの㈠～㈢に答えなさい。（計5点）

吾※（われ）にしたがひて物まなばむともがら（学問をしようという諸君）も、わが後に、又よきかむがへのいできたらむ（考えが出たとき）には、かならず（決して）わが説になづみ（こだわる）そ（な）。わがあしきゆゑをいひて、よき考へをひろめよ。すべておのが（私が）人をしふるは、道※をあきらかにせむ（しよう）となれば、かにもかくにも（ともかくも）、道をあきらかにせむぞ、吾を用ふる（大切にすること）には有（あり）ける（であるよ）。道を思はで（考えずに）、いたづらに（むだに）われをたふとまん（尊重すること）は、わが心にあらざるぞかし。

（「玉勝間（たまかつま）」から）

（注）※吾＝私。ここでは、筆者。
※道＝真理。

㈠ **よく出る** **基本**「をしふる」を現代仮名遣いで書き直しなさい。（1点）

㈡ **よく出る**「わがあしきゆゑをいひて、よき考へをひろめよ」の解釈として最も適切なものを、次の1～4から選び、記号で答えなさい。（2点）

1、師である私の説をしっかりと理解することで、あなたの考えを深めていきなさい。
2、師である私の説のよさを伝えていくと同時に、あなたの考えも伝えていきなさい。
3、師である私の説を無理に理解しようとせず、あくまでもあなたの考えにこだわりなさい。
4、師である私の説がよくない理由を示し、あなたがよいとする考えを伝えていきなさい。

㈢「わが心にあらざる」とは、「私の本意ではない」という意味であるが、ここでの「私の本意」とは何か。そのことについて述べた部分を、古文中から十字以内で書き抜きなさい。（2点）

四 （漢文）古典知識・内容吟味

次の漢文の書き下し文を読んで、あとの㈠～㈢に答えなさい。（計5点）

※聖人終身治を言ふも（聖人は生涯国の治め方について発言するが、）、用ひる所は其の言に非ざるなり（（人を動かすために）用いるのは、言葉ではないのである）。言ふ所以を用ひるなり（発言のもととなる心を用いるのである）。歌ふ者は詩有り。然れども人をして之を善くせしむる者（人に歌をうまく歌わせるもの）は、其の詩に非ざるなり。※鸚鵡能く言へども、言に長ぜしむべからず（言葉を発することができるが、言葉を上達させることはできない）。是れ何となれば則ち其の言ふ所を得れども（人の発する言葉を身につけられるが）、其の言ふ所以を得ざれば（得られないから）なり。故に跡に循ふ者（先人の足跡をなぞる者）は、能く跡を生ずる者（自分の足跡を残せる人物）に非ざるなり（である）。

（「淮南子」から）

（注）※聖人＝高い学識や人徳をもつ、理想的な人。
※者＝「物」と同じ。もの。
※鸚鵡＝鳥の名前。人の言葉をまねる。

㈠ よく出る 基本 「聖人終身治を言ふも」は、「聖人終身言治」を書き下し文に改めたものである。書き下し文を参考にして、「聖　人　終　身　言　治」に返り点を補いなさい。（1点）

㈡ 「詩」とあるが、「聖人」の例において、この「詩」に対応する語は何か。書き下し文の中から書き抜きなさい。（1点）

㈢ よく出る 次の会話は、「跡に循ふ者は、能く跡を生ずる者に非ざるなり」の解釈に関する、AさんとBさんのやりとりである。[Ⅰ]、[Ⅱ]に入る適切な内容を答えなさい。なお、[Ⅰ]には五字以内の現代語で答え、[Ⅱ]には最も適切なものを、あとの1～4から選び、記号で答えなさい。（Ⅰ2点、Ⅱ1点）

Aさん　「鸚鵡」の例では、鸚鵡は人の言葉の[Ⅰ]ことはできるが、言葉を上達させることはできないということが、書かれていました。
Bさん　そうですね。この鸚鵡の例と対応させて考えてみると、「跡に循ふ者」の例は、ただ単に先人の考えをそのまま受け入れたり、先人の行動をそのまま行ったりするだけで、後世に名前を残すことはできないということになりますね。
Aさん　つまり、後世に自分の名前を残せるような人物は、物事を行うときの[Ⅱ]をもっているということでしょうね。

1、根本となるもの　2、表面に現れているもの
3、規則に沿うもの　4、形式を重視したもの

五 漢字の読み書き よく出る 基本

次の1～5について、――部の漢字は読み仮名を書き、片仮名は漢字に改めなさい。（各1点、計5点）

1、あの山を隔てた向こう側に海がある。
2、作家が辛苦の末に大作を完成させた。
3、休日に、友人とアソびに出かける。
4、吹奏楽部の演奏会にショウタイされた。
5、調理室をいつもセイケツに保つ。

六 （話し合い）内容吟味・課題作文

ある中学校では、食品ロスについて調べ学習をしている。次の会話は、クラスで食品ロスについて話し合いを行ったときのものである。よく読んで、あとの㈠、㈡に答えなさい。（計9点）

司会者　それでは、みなさんがまとめた【資料】をもとに、食品ロスの対策について話し合いましょう。
Aさん　一日当たりの食品ロス発生量は、膨大な量になっていますね。また、表を見ると、事業系廃棄物由来と家庭系廃棄物由来の二つに分かれることや、それらの主な内容についても分かりますね。
司会者　こうしてみると、由来ごとに解決すべき課題がありそうですね。では、食品ロスを減らすためには、どのような対策が必要だと思いますか。
Bさん　中学生にも実行可能なものを考えて、みんなで取り組んでいくとよいと思います。それから、食品ロスの内容のうち、どれかに絞って考えると、効果的な対策が見つかるのではないでしょうか。
Cさん　なるほど。それでは、対策として「[　　]をなくす」というのはどうでしょう。これなら私たちにも取り組めて、両方の由来からの食品ロスを減らすことにもつながります。
Aさん　いいですね。では、そのことを対策として示して、この問題への関心を高めるポスターを作成しましょう。
司会者　食品ロスに限らず、社会をよりよくするためには、私たち一人ひとりの普段の心がけが大切ですね。

【資料】

食品ロスについて

○ 食品ロスとは
・ 本来食べることができるのに捨てられる食品

○ 食品ロスの発生量について
・ 年間643万トン
・ 1日当たりにすると大型（10トン）トラック1,760台分

○ 食品ロスの発生状況について

	主な内容
※事業系廃棄物由来（年間352万トン）	※規格外品　返品 売れ残り　食べ残し
※家庭系廃棄物由来（年間291万トン）	食べ残し　※過剰除去 ※直接廃棄

（注）
※ 事業系廃棄物由来
食品産業から発生する食品廃棄物に由来。
※ 家庭系廃棄物由来
家庭から発生する食品廃棄物に由来。
※ 規格外品
製造過程での印字ミス（賞味期限、消費期限など）や型くずれ等により販売できなくなった食品のこと。
※ 過剰除去
野菜や果物の皮を厚くむきすぎたり、取り除きすぎたりしたもの。
※ 直接廃棄
冷蔵庫に入れたままで消費期限切れになるなど、調理されず、何も手がつけられずに廃棄される食品。

（消費者庁資料などにより作成）

(一) □に入る語句として最も適切なものを、示された【資料】の中から書き抜きなさい。（2点）

(二) 難 思考力 司会者の最後の発言を踏まえて、あなたが「社会をよりよくするために心がけていきたいこと」について、自分の体験に触れながら、次の注意に従って文章を書きなさい。（7点）

注意
○ 氏名は書かずに、1行目から本文を書くこと。
○ 原稿用紙（20字詰×12行＝省略）の使い方に従って、8行以上12行以内で書くこと。
○ 段落は、内容にふさわしく適切に設けること。
○ 読み返して、いくらか付け加えたり削ったりしてもよい。

学校指定教科検査問題（時間15分、配点15点）

【（論説文）熟語・内容吟味】

次の文章一から文章三までを読んで、あとの(一)〜(四)に答えなさい。なお、文章一から文章三までの出典はいずれも同じである。

文章一

和歌における見立ては、「視覚的な印象を中心とする知覚上の類似に基づいて、実在する事物Aを非実在の事物Bと見なすレトリック※である」と定義することができる。

文章二

「見立て」の歌は『古今集』の中に百首あまり見られるが、それらは性格の異なる二つのパターンに大別することができる。

Ⅰ類〈自然と自然の見立て〉
Ⅱ類〈自然と人事の見立て〉

同じ見立てではあるが、この二つにはさまざまな点で相違が認められる。

まず『古今集』に見られるⅠ類〈自然と自然の見立て〉には、次のようなものがある。

雪→花※　花→雪　花→波　波→花　雲→花　雪→月
空→海　菊→星　白菊→波　滝→雲　鶴→波……

Ⅰ類は、「雪・花・波・月・雲」などごく限られた範囲の、白い印象を喚起する景物を中心として行われている。王朝の歌人たちは「白」という色に特別な美を見いだしていたらしい。そして多くの場合「A→B」「B→A」の双方向の見立てが成り立つ、つまりAとBに互換性があるという特徴が見られる。Ⅰ類は、選び抜かれた「白く美しい物」のあいだで閉じている。

Ⅰ類の中で最も歌数が多いのは、雪から花、あるいは花から雪への〈雪と花の見立て〉である。

み吉野の山辺に咲ける桜花雪かとのみぞあやまたれける（春上・六〇・紀友則）

吉野山の辺りに咲いている桜の花は、まるで雪かとばかり見誤られることだ。

文章三

ところで、見立てによって結びつけられるAとBは、本当に似ているのだろうか。たとえば〈桜と雪の見立て〉の場合。「桜」は春に地上で咲く植物であり、一方の「雪」は冬に空から降ってくる天象である。この二つは本来まったく異なるのではないか。本当は似ていない二つの物を、「白さ」という印象深いたった一つの類似性を取り出すことによって、半ば強引に結びつけてしまう、言い換えれば、それ以外の属性はすべて捨象※してしまう。このような潔いほどの取捨選択と誇張とが、「見立て」というレトリックの命である。

実のところ「桜」は「雪」よりも「梅」に似ているが、「桜」を「梅」に見立てたところで、あまり面白くない。本当は似ていない「桜」と「雪」を結びつけることから、二つに共通する「真っ白な美しさ」が、あらためて認識されるのである。「見立てる」ことによって、それまで何気なく見ていたものの中から、思いがけない本質が鮮やかに立ち現われてくる。見立てというレトリックには、和歌の場合のようにAとBとが固定していてもなお、発見的思惟※と驚きが伴っている。

（鈴木宏子「古今和歌集の創造力」から。一部省略がある）

（注）※レトリック＝言葉を美しく巧みに用いて効果的に表現する技法。
※花＝梅、桜などの春の花のこと。
※捨象＝抽象する際に、本質的でない種類の性質を捨て去ること。
※思惟＝思考。

(一) 基本 文章二の「相違」と同じ構成（組み立て）の熟語を、次の1〜5から二つ選び、記号で答えなさい。（2点）

1、意思　2、急増　3、開幕
4、仮定　5、難易

(二) 文章一に「実在する事物Aを非実在の事物Bと見なす」とあるが、文章二の「み吉野の山辺に咲ける桜花雪かとのみぞあやまたれける」の和歌において、「実在する事物A」と「非実在の事物B」に当てはまるものを、和歌の中からそれぞれ書き抜きなさい。なお、「実在する事物A」は二字、「非実在の事物B」は一字で書き抜くこと。（各2点）

(三) 難 思考力 文章三に「思いがけない本質が鮮やかに立ち現われてくる」とあるが、どういうことか。文章の内容に即して、七十字以内で説明しなさい。（5点）

(四)【編集部注】編集上の都合により（省略）

徳島県

時間 55分　満点 100点　解答 P42　3月10日実施

出題傾向と対策

●漢字の読み書き・語句・文法の問題、小説文、論説文、古文、条件作文の五題構成。設問は抜き出し、選択肢判別、記述を基本で、記述の比率が多めだが、本文の的確な読解に基づく記述が大半。条件作文は分析系・感想系のいずれも出題され、今年は短歌の感想がテーマだった。

●国語知識については学校等での予習・復習で基本的な知識を幅広く抑えておく。それ以外の問題については、過去問をはじめ、新傾向対応でなおかつ基本～標準レベルの問題集をきちんとこなして対応力を身につけておく。

一 漢字の読み書き・漢字知識・文節　よく出る　基本

次の(1)～(4)に答えなさい。（計22点）

(1) 次の(a)～(d)の各文の——線部の読み方を、ひらがなで書きなさい。（各2点）

(a) 彼女はチームの要だ。
(b) 心地よい風に気分が和らいだ。
(c) 偉人の言葉に感銘を受ける。
(d) 紙飛行機の軌跡が弧を描く。

(2) 次の(a)～(d)の各文の——線部のカタカナを漢字になおし、楷書(かいしょ)で書きなさい。（各2点）

(a) 予防接種をスませる。
(b) 代表者に判断をユダねる。
(c) 俳優がエンジュクの境地に至る。
(d) シュクガ会を開催する。

(3) 行書の特徴の一つに、点画の省略がある。部首の部分にこの特徴を用いて、下の漢字を行書で書きなさい。（3点）

秋

(4) 次の文の——線部の文節どうしの関係と同じものを、ア～エから一つ選びなさい。（3点）

バスが　ゆっくりと　出発する。

ア、帰りに　ケーキと　花を　買う。
イ、かごの　中で　ネコが　寝て　いる。
ウ、星が　きれいに　光る。
エ、にぎやかな　声が　聞こえる。

二 (小説文)文脈把握・内容吟味

次の文章を読んで、(1)～(4)に答えなさい。（計20点）

サッカーのクラブチームに所属する中学一年生の周斗(しゅうと)は、あるチームメートに「やめてしまえ。」と発言したのを機にサッカーから足が遠のいた。その頃、祖父と以前通った銭湯「楽々湯(らくらくゆ)」を訪れ、ポジティブ思考の社会人、比呂(ひろ)と出会う。ある日、利用客の減少で銭湯の経営が厳しいのではないかと周斗が比呂に言ったのを、銭湯の主人に聞かれてしまう。次は、主人の腰痛が原因で銭湯が閉店することを、周斗が比呂に教えてもらった場面である。

①周斗が湯に体を沈めると、ちゃぷんと音がした。水面に波が静かに広がった。

いつになく、比呂も黙りこんでいた。並んで湯につかっているふたりの間に、淡い湯気が立ち上る。重い沈黙をヴェールで包み込むような柔らかい湯気だ。

比呂が両手で湯をすくって、顔にかけた。周斗は静かにため息をついた。

「俺って、ほんと最低だな。おじさんいたのに、あんなこと言っちゃって……。もう取り返しがつかないよ。」

「周斗、最低って言うな。周斗が楽々湯を愛してるからこそだってことは、親父(おやじ)さん分かってくれるよ。」

比呂に慰められても、ちっとも楽になれない。

「比呂さん、それに俺さ、おじさんにだけじゃなくて、取り返しがつかないこと言っちゃったの、まだあるんだ。こんとこずっと、なんかうまくいかなくて……。」

周斗はつま先に目を落とした。つま先は、湯の中でかげろうみたいに揺れている。

「サッカーのこと？」

比呂が顔の湯をぬぐいながら、周斗の方を向いた。

「ん……。前はキャプテンだったんだけど、よそから移ってきたうまいやつに奪われた。チームの友だちにも信頼されてない……。なんか空回りばっかりでさ。」

惨(みじ)めな気持ちになった出来事が次々と思い出された。楽々湯だけが癒やしの場所だったのに、その楽々湯もなくなってしまう。今は辛(つら)すぎて、そのことは口に出来ない。

肩がずるずる落ちていった。耳たぶが湯につかるくらいまで、沈んだ。

「そっか。いろいろあったんだな。」

比呂は同情するように、目を閉じた。

「別に俺がいなくても、チームはうまく回ってるし、いや、いない方がむしろ、うまく回ってるのかも知れない。俺なんかしょせん、お山の大将を気取ってただけで—。」

周斗の話を、比呂が遮った。

「お山の大将？立派じゃん。」

「え、なんで？」

周斗が横を向くと、比呂は腕組みをしていた。盛り上がった肩の筋肉が、湯から隆々とはみ出ている。

「周斗は、周斗が考える山のなかの、その大将になってたんだろ。それはそれですごいよ。」

「でも、それは……。」

「なぁ、周斗。富士山ってさ、日本では一番高い山だけど、世界で何番目か知ってる？」

壁に描かれた富士山の銭湯絵を比呂が見上げた。話の展開に戸惑いながらも、周斗も目線を上げた。

「うーん。全然見当つかないけど、五十番目くらい？」

「カーン。正確には何番目かを特定することも出来ないらしいけど、五十番どころか五百番以下は確実らしいぞ。」

「えぇ、そうなの。」

日本一の富士山なのに、なんだか残念な感じがした。それを察したように比呂が続けた。

「富士山だって、世界に出ればそんなもん。例えばアスリートだって、いっしょだろ。サッカー日本代表の選手も、世界のトップには、なかなかなれないよな。世界のトップ選手だって、ずっとその位置をキープし続けることは出来ない。いつかはその座を誰かにゆずる。」

「………。」

「人間、ずっと勝ち続けることなんて出来ないんだ。」

「それってあきらめろってこと？　全然ポジティブじゃないじゃん。そこそこで満足しろってことでしょ。ネガティブだよ。」
②周斗は梯子(はしご)をはずされた気がして、息巻いた。
「あきらめるなんて、とんでもない。自分の中のてっぺんを目指すんだよ。」

「自分の、てっぺん？」

「自分が出来ることの最高っていうのかな。そう、自己ベストだな。自分のてっぺんを目指し、そのてっぺんを可能な限り、もっともっと上げていくってことだ。」

比呂はきっぱり言った。

比呂の言っていることは、ポジティブなのか。ネガティブなのか。

よく分からない。頭が混乱してきた。

「仕事だっていいことばっかりあるわけじゃない。キツイこともあるし、やめたくなったことだってある。けど、俺はまだ自分のてっぺんに行ってない。」

比呂はいったん言葉を切って、自分に言い聞かせるようにあごをぐっと引いた。

「こんな俺を支えてくれてる人に、納得するものをまだ与えられてないんだ。」

比呂は真剣な顔をして壁をにらんでいる。ただ話しているだけなのに、③その迫力に周斗は下手な相づちを打てずにいた。比呂はふいに周斗のことを思い出したみたいに横を向くと、照れくさそうに湯をすくって顔をごしごしこすった。

「いやぁ。なんか今日の俺、説教くさいな。あぁ長湯しすぎた。」

比呂は湯をはね散らかして、勢いよく風呂から上がった。


（佐藤(さとう)いつ子(こ)「キャプテンマークと銭湯と」より。一部省略等がある。）

（注）ポジティブ＝積極的なさま。
ヴェール＝物をおおうのに用いる薄い布。

ネガティブ＝消極的なさま。

(1) ——線部①「周斗が湯に体を沈めると、ちゃぷんと音がした。水面に波が静かに広がった」とあるが、この表現はどのような状況を表しているか、答えの末尾が「が続いている状況」に続く形になるように、適切な言葉を本文中から二字で抜き出して書きなさい。（3点）

(2) ——線部②「周斗は梯子をはずされた気がして、息巻いた」とあるが、このときの周斗の様子として、最も適切なものをア〜エから選びなさい。（4点）
ア、前向きな考え方の比呂が期待外れの返答をしたので、あきれている様子。
イ、スケールの大きな話をする比呂に戸惑うだけでなく、落胆している様子。
ウ、当たりさわりのない言葉で励まそうとする比呂に、いらだっている様子。
エ、消極的とも思える比呂の発言に驚きと怒りを感じて、興奮している様子。

(3) ——線部③「その迫力に周斗は下手な相づちを打てずにいた」とあるが、次の文は、ある生徒が、この理由について考えたことをまとめたものである。（ⓐ）・（ⓑ）にあてはまる適切な言葉をそれぞれ本文中の言葉を用いて書きなさい。ただし、（ⓐ）は二十字以上二十五字以内、（ⓑ）は十字以上十五字以内で書くこと。（ⓐ5点、ⓑ4点）

> 仕事において、（ⓐ）ことでたどりつける「自分のてっぺん」にまだ行くことができず、周りの人にも（ⓑ）と言う比呂に圧倒され、周斗は安易に話の流れに合わせることをためらったから。

(4) 本文における比呂の役割として、最も適切なものをア〜エから選びなさい。（4点）
ア、周斗に自分の知識や成功体験を伝えることで成長を促す、よき先輩としての役割。
イ、周斗と同じように悩みを抱えながらも前進していく、身近な大人としての役割。
ウ、周斗の不安を受け止めて解決策を示していく、頼りになる助言者としての役割。
エ、周斗にどんなときも自信に満ちあふれた態度で接する、憧れの人物としての役割。

三 （論説文）内容吟味・文脈把握

次の文章を読んで、(1)〜(3)に答えなさい。（計24点）

対話という行為は、一人ひとりの「私」を通して行われなければならない、つまり「あなたでなければ語れないこと」を話すのだ、ということになります。これが、対話の中で自分のオリジナリティを出すということです。

このことにより、自分のことばで語られた内容は、必ずや相手の心に届きます。これが、話の内容の意味を明確にする、すなわち、わかりやすく話すということにつながるのです。

相手にわかるように話すことと、自分のオリジナリティを追求することは、一見矛盾する反対のことのように感じる人もいるかもしれません。しかし、この二つは、それぞれバラバラに存在するものではないのです。

伝えたいことを相手にわかるように話すことが自分と他者の関係における課題であるのに対し、オリジナリティを出すということは、自己内の思考を整理・調整する課題であるといえます。この二つをどのようにして結ぶかということが、①対話という活動の課題でもあります。

どんなにすぐれたもののつもりでも相手に伝わらなければ、単なる独りよがりに過ぎません。また、「言っていることはわかるが、あなたの考えが見えない」というようなコメントが相手から返ってくるようでは、個人の顔の見えない、中身のないものになってしまいます。一人ひとりのオリジナリティを、どのようにして相手に伝えるか、ということが、ここでの課題となります。

ここで、自分の考えを相手にも受け止めてもらうという活動が必要になります。これをインターアクション（相互作用）と呼びます。インターアクションとは、さまざまな人との相互的なやりとりのことです。自分の内側にある「伝えたいこと」を相手に向けて自らの表現として発信し、その表現の意味を相手と共有し、そこから相手の発信を促すことだと言い換えることもできるでしょう。

テーマを自分の問題としてとらえることで徹底的に自己に即しつつ、これをもう一度相対化して自分をつきはなし、説得力のある意見を導き出すためには、さまざまな人とのインターアクションが不可欠であるといえます。このインターアクションによって、今まで見えなかった自らの中にあるものが次第に姿を現し、それが相手に伝わるものとして、自らに把握されるとき、自分のことばで表現されたあなたのオリジナリティが受け止められ、相手にとっても理解できるものとして把握されたとき、対話は次の段階にすすむと考えることができます。

相手に伝わるということは、それぞれのオリジナリティをさまざまな人との間で認め合える、ということであり、自分の意見が通るということとは、その共有化されたオリジナリティがまた相手に影響を及ぼしつつ、次の新しいオリジナリティとしてあなた自身の中でとらえなおされるということなのです。これこそが対話という活動の意味だということができるでしょう。

そして、あなたの語る内容に相手が賛同してくれるかどうかが、対話での最終的な課題となります。なぜなら、さまざまな人間関係の中で、わたしたちを結びつけているのは、「わかった、わかってもらった」という共通了解の実感だからです。

どんな社会的な問題でも、わたしたちはそれぞれの個をくぐらせて、その問題を見つめています。この「私」と問題とのかかわりが、異なる視点と出会い、対話を通して相互の「個」が理解に至ったとき、「わかった、わかってもらった」という実感が喜びをともなって立ち現れてくるのです。この実感がわたしたちに個人としての存在意義をもたらすものになるのでしょう。そこには、よりよく生きようとするわたしたちの意志とそのためのことばが重なるのです。

対話は、わたしたち一人ひとりの経験の積み重ねを意味します。

知らず知らずのうちにさまざまな人との対話を積み重ねてきた経験を一度振り返り、そのことによって、これからのよりよい生活や仕事、あるいは人生のためにもう一度、新しい経験を築いていこうとすること、これが対話について考えることだと、わたしは思います。

一般に対話というと、「Aという意見とBという意見の対立からCという新たなものを生み出す」というような技術論としてとらえられがちですが、ここでは、対話というものを、もう少し大きく、あなた自身のこれからの生き方の課題として向き合ってみようと提案しています。その方法もそれほど限定せず、自由に考えていいと思います。

そして、この対話をデザインするのは、あなた自身に他なりません。

対話は、何かを順番に覚えたり記憶したりするものではありません。

他者とのやりとりによって自分の考えをもう一度見直し、さらに自分の意見・主張にまとめていく。この過程で、自分と相手との関係を考え、それぞれの差異を知ることで相互理解が可能であることを知ります。

さらに、自分と相手を結ぶ活動の仲間たちがともにいるという認識を持てば、個人と社会との関係を自覚せざるを得ません。そこから、「社会とは何か」という問いが生まれ、その問いは、市民としての社会参加という意識につながります。こうした活動によって、テーマのある対話が展開できるような、そういう社会が構築される可能性も生まれます。

十年後、二十年後の自分の人生はどのようなものだろうか。この迷いの中で、自分にとっての過去・現在・未来を結ぶ、一つの軸を見出すことは、希望進路や職業選択につながっていくプロセスであるばかりでなく、現在の生活や仕事などで抱えている不満や不安、人生のさまざまな局面における危機を乗り越えるためにとても有効でしょう。

さまざまな出会いと②対話によって自己の経験を可視化する作業は、③自分自身の興味・関心に基づいた、生きる目的としてのテーマの発見に必ずやつながるからです。

（細川(ほそかわ)英雄(ひでお)「対話をデザインする
—伝わるとはどういうことか」より。一部省略等がある。）

(1) ——線部①「対話という活動の課題」とは、どういうことか。最も適切なものをア〜エから選びなさい。（3点）

ア、自分しか語れないことを自分のことばで語ることと、わかりやすく伝えることをどのように結びつけるかということ。

イ、自分しか語れないことを自分のことばで語ることと、すぐれたものを示すことをどのように結びつけるかということ。

ウ、自分しか語れないことを自分のことばで語ることと、自分の思考を整理することをどのように結びつけるかということ。

エ、自分しか語れないことを自分のことばで語ることと、オリジナリティを追求することをどのように結びつけるかということ。

(2) 次は、本文中の「インターアクション（相互作用）」、「対話という活動の意味」、「対話での最終的な課題」について、ある生徒がまとめたものである。（あ）〜（う）にあてはまる適切な言葉を書きなさい。ただし、（あ）は五字以上十字以内、（い）は二十五字以上三十字以内でそれぞれ本文中の言葉を用いて書き、（う）は十字で本文中から抜き出して書くこと。（あ3点、い5点、う4点）

インターアクション（相互作用）＝相互的なやりとり

伝えたいことを自分の表現で発信する。
⇩
（　あ　）。
⇩
相手の発信を促す。

対話という活動の意味

共有化されたオリジナリティが相手に影響を及ぼす。

（　い　）。

対話での最終的な課題

語る内容について相手の賛同を得る。

〈理由〉
共通了解の実感により、人と人とが結びつくから。
また、この実感は喜びと共に現れ、（　う　）を生み出す。

(3) 本文の最後の段落では、人生において対話が有効であることの理由について書かれている。次は、中学生のつばささんと高校生のひなたさんとの対話の一部である。(a)・(b)に答えなさい。（ⓐ～ⓕは、つばささんの発言を示す。）

ひなたさん　私は、高校の生徒会活動で学校の広報誌に載せるために町の紹介記事を書いています。そういえば、つばささんもクラスで「ふるさとマップ」を作っていましたね。

ⓐつばささん　はい。町全体の大きな地図を描き、町の歴史や自然、特産物なども調べて、一枚の「ふるさとマップ」にまとめました。ひなたさん、私はあの活動を通して、将来したいことを見つけたように思います。私は、あのマップに「町の輝く瞬間」の写真をいくつか載せました。町には、人々にまだ知られていない美しい場所がたくさんあります。私はそんな美しい場所のあるこの町を、多くの人々に知ってもらいたいのです。

ひなたさん　あの「ふるさとマップ」のすてきな写真は、つばささんが撮ったものだったのですね。その経験から将来したいことを見つけたのですね。

ⓑつばささん　はい。学校の行き帰りに、町の何気ない風景が季節によって輝くような瞬間があることに気づきました。例えば、神社の大きな銀杏（いちょう）の木。銀杏の葉が黄色に色づく頃、太陽の光を浴びて金色に輝くような瞬間があります。それから、川に映る夕焼け。秋には川はもっと赤く染まります。そんな輝く瞬間を見たとき、この町を多くの人々に知ってもらいたいと思いました。

ひなたさん　見過ごしがちな町の一瞬の輝きに気づいたのですね。つばささん、私はこの町のよさは人の温かさにもあると思います。

ⓒつばささん　ああ、確かにそうです。「ふるさとマップ」を作っていたときも、町のみなさんが協力してくれました。「町の輝く瞬間」も、この時期のこの場所はすばらしいって教えてくれました。

ひなたさん　私はね、町の一瞬の輝きはそこに住む人々が守っているからこそあるように思うのですが、あなたはどう思いますか。

ⓓつばささん　一瞬の美しさを見せてくれるのは自然だけれど、その自然を壊すことなく守ってきた人々がいるということですか。

ひなたさん　そうです。温かい人たちがいて、ある時期のある瞬間に精一杯輝く自然がある。この町はそんな町だと思います。

ⓔつばささん　そのとおりですね。私もこの町の人々と共に町を守っていきたいです。

ひなたさん　つばささん、あなたの将来したいことが増えましたね。

ⓕつばささん　はい。今日、ひなたさんと対話をしたことで、将来したいことが深まったように思います。

(a) 本文に――線部②「対話によって自己の経験を可視化する作業」とあるが、対話の一部において、つばささんのこれまでの経験が具体的に可視化されている発言の組み合わせとして、最も適切なものをア～エから選びなさい。（4点）

ア、ⓐ、ⓑ、ⓒ　イ、ⓐ、ⓓ、ⓕ
ウ、ⓑ、ⓒ、ⓔ　エ、ⓓ、ⓔ、ⓕ

(b) 〈思考力〉本文に――線部③「自分自身の興味・関心に基づいた、生きる目的」とあるが、対話の一部において、つばささんの生きる目的としての将来したいこととはどのようなものだといえるか。「自分の町」という言葉を用いて、答えの末尾が「こと」に続く形になるように二十字以上二十五字以内で書きなさい。（5点）

四 （古文）仮名遣い・内容吟味

次の文章は「土佐日記」の一部である。(1)～(4)に答えなさい。（計16点）

昔、阿倍（あべ）の仲麻呂（なかまろ）といひける人は、唐土（もろこし）（中国）に渡りて、帰り（日本に）来（き）ける時に（帰って来ようとする）、船に乗るべき所にて、かの（あちらの）国人（くにびと）、馬のはなむけし（送別の会をして）、別れ惜しみて、かしこ（あちらの）の漢詩（からうた）作りなどしける。飽かずやありけむ（名残がつきないように思ったのだろうか）、月出（い）づるまでぞありける。その月は、海よりぞ出でける。これを見てぞ、仲麻呂の主（仲麻呂さんは）、わが国に、かかる歌（こういう和歌）をなむ、かうやうに（このように）別れ惜しみ、喜びもあり、悲しびもある時にはよむとて、よめりける歌、

青海（あをうな）ばらふりさけ見れば（はるか遠くの空をながめると）春日（かすが）なる三笠（みかさ）の山に出でし月かも

とぞよめりける。かの国人聞き知るまじく（聞いてもわかるまい）、思ほえたれど、言（こと）の心を（和歌の意味）、ここの言葉伝へたる人に（日本の言葉を理解している人）、いひ知らせければ（説明して聞かせたところ）、心をや聞きえたりけむ（理解することができたのだろうか）、いと思ひの外（ほか）になむ賞（め）でける（感心したと）

る。唐土とこの国とは、言異なるものなれど、月の影は同じことなるべければ、人の心も同じことにやあらむ。

（注）阿倍の仲麻呂＝奈良時代の遣唐留学生。

(1) よく出る 基本 ——線部「思ほえたれども」を、現代仮名遣いに改めて、全てひらがなで書きなさい。（3点）

(2) ═══線部「わが国に」から始まる仲麻呂の発言の部分はどこまでか、その発言の部分を本文中から抜き出し、終わりにあたる五字を書きなさい。（3点）

(3) 思考力 本文中の和歌について、(a)・(b)に答えなさい。

(a) 阿倍の仲麻呂が和歌を詠んだのは、どのような情景を見たからか、答えの末尾が「情景を見たから」に続く形になるように五字以上十字以内で書きなさい。（3点）

(b) 次の文は、中国の人が和歌に感心した理由について、ある生徒が本文をもとにまとめたものである。（　）にあてはまる適切な言葉を五字以上十字以内で書きなさい。（4点）

> 中国と日本とでは使う言葉が違うけれども、「奈良の春日にある三笠山に出ていた月と同じ月だなあ」という和歌の内容から、阿倍の仲麻呂の（　　）気持ちに、中国人が共感したから。

(4) 本文の内容と合うものとして、最も適切なものをア～エから選びなさい。（3点）

ア、阿倍の仲麻呂は、感謝の思いを込めて送別の会を催し、世話になった中国の人と月が出るときまで別れを惜しんだ。

イ、阿倍の仲麻呂は、自分を見送ろうとする中国の人に、和歌を詠むときの心のありさまや和歌の形式について教えた。

ウ、阿倍の仲麻呂は、伝わらないとは思いながらも、日本語を習得した中国の人に自分が詠んだ和歌の意味を説明した。

エ、阿倍の仲麻呂は、日本へ帰国しようとする別れのときに、中国の人が船の上で詠んでくれた漢詩の内容を賞賛した。

五 表現技法・条件作文 思考力

ひろとさんのクラスでは、短歌の鑑賞会を開くことになった。次は、ひろとさんの選んだ短歌と、その短歌についての話し合いの一部である。(1)・(2)に答えなさい。（計18点）

短歌

> 不来方のお城の草に寝ころびて
> 空に吸はれし
> 十五の心
> 石川啄木

話し合いの一部

ひろとさん　この短歌は、石川啄木が旧制盛岡中学校の生徒だった頃を回想して詠んだ一首だそうです。三行書きを用いています。

むつきさん　短歌の表し方としては、めずらしいですね。ところで、「不来方」は「こずかた」と読むのですね。地名ですか。

ひろとさん　はい、現在の岩手県盛岡市を表すそうです。実は「不来方」という地名には、二度と来ないという意味もあるそうです。

むつきさん　言葉に、地名と作者の思いとの二つの意味を重ねることもできそうですね。「空に吸はれし」はどう解釈しますか。

ひろとさん　「空に吸い込まれていくようであった」と解釈するようです。

むつきさん　表現の工夫がされていますね。作者のどういう気持ちが空に吸われていくように思えたのか知りたいですね。

ひろとさん　そうですね。他にも表現技法が使われていますよ。わかりますか。

むつきさん　「十五の心」の部分に、□という表現技法が使われていますね。

(1) 話し合いの一部の□にあてはまる表現技法について、最も適切なものをア～エから選びなさい。（3点）
ア、対句　イ、擬人法　ウ、反復　エ、体言止め

(2) ひろとさんの選んだ短歌についてあなたが感じたことを、話し合いの一部を参考にして次の〈条件〉(A)～(D)に従って書きなさい。（15点）

〈条件〉
(A) 題名などは書かないで、本文を一行目から書き始めること。
(B) 二段落構成とし、前の段落では、短歌の中からあなたの心に残った言葉とその理由を書くこと。後の段落では、前の段落を踏まえて、あなたの考えをあなた自身のことと結びつけて書くこと。
(C) 全体が筋の通った文章になるようにすること。
(D) 漢字を適切に使い、原稿用紙（20字詰×13行＝省略）の正しい使い方に従って、十～十三行の範囲におさめること。

香川県

時間 50分
満点 50点
解答 P44
3月10日実施

出題傾向と対策

●昨年どおり、小説文、古文、論説文、条件作文の大問四題構成。素材となる文章や設問は基本的なものが多いが、文章量が多く、設問数も多い。選択問題だけでなく、六十字程度の記述問題も複数出題される。二百五十字程度の条件作文も出題されるので時間配分に注意したい。

●漢字の読み書き、品詞、仮名遣いなどの基礎知識を確実にしておこう。小説文、論説文は文章量が多いので、すばやく正確に読み取れるようにし、要点を簡潔にまとめる練習をすること。条件作文の対策も早めに行いたい。

一 (小説文)漢字の読み書き・内容吟味・品詞識別

次の文章は、今は定職に就いていない二十二歳の翔太(しょうた)が、自分が買ったミニバン(乗用車の一種)のローン(貸付金)を父親に返済してもらうかわりに、米作りの名人である祖父の喜一(じじい)のもとで一年間米作りを習うという約束を父親とかわしたが、約束の一年を終えた翌年の米作りもなりゆきで手伝うことになり、田植えの終わった頃のある晩、喜一と家で語り合う場面に続くものである。これを読んで、あとの㈠〜㈧の問いに答えなさい。(計15点)

「じゃあ、じじいはなんで農薬を使わねえんだよ」

喜一が即答した。

「選択肢を減らすためだな」

「はっ、なんだそりゃ？」

「農薬を使うという選択肢が入れば、余計な雑念が浮かぶ。雑草が生えたり、稲が病気になると農薬を使いたくなる。そしてそれは間違った選択じゃない」

「間違ってねえんだろ。じゃあ使えばいいじゃねえか」

「だがそれによって考える力は失われる。何か問題が起きたら、何も考えず農薬を使うようになる。人間とはそういうものだ。必ず楽な方に楽な方に流れたがる」

それには覚えがある。去年田んぼが雑草まみれになったとき、除草剤をぶちまけたい[a]衝動に駆られ、それをおさえるのに難儀した。

「だが、農薬を絶対に使わないと心に決めて逃げ道を断てばどうだ。

どうすれば無農薬でうまい米を作れるか。雑草を生やさずにいられるか。病気にならない丈夫な稲を育てられるか。懸命に考えるようになる。農薬に頼れないんだ。自分の頭と手を使うしか方法がない。そうすれば新しい知恵や工夫が生まれる。それが考える力ってことだ」
①「なるほどなあ」と翔太は膝を叩(たた)いた。
②あえて選択肢を減らすことで、自身の覚悟と思考を強める。聞いたことのない考えだった。
「じゃあよ。どうしてじじいは有機(化学肥料や農薬の使用をひかえる有機農業のこと)をやり始めたんだ」

「……質問が多いな」と喜一がぼそりと言い、顎を右にふった。そこには将棋盤があった。「それ以上答えて欲しけりゃやることがあるだろう？」

翔太はにやりと笑った。

「じゃあ、コテンパンに負かして答えてもらうか」

二人で将棋をうち始める。

乾いた駒音と虫の音が溶け合い、現実感が薄れていく。何もかも忘れて将棋に没頭する。久しぶりの感覚だった。

体調を考慮して手加減してやるか。そう考えていたのだが、思ったよりも喜一が強い。以前よりも数段実力が増している。

このじじい、特訓してやがったな……

とたんに焦(あせ)りを覚えた。序盤、中盤の攻防で負けている。ねばり強さが俺の真骨頂だ、と敵陣に王将を進めるが、喜一は手をゆるめない。結局、翔太の負けとなった。

してやられた気分だ。どうやら自分を打ち負かす機会を狙っていたらしい。もうひと勝負[b]挑みたかったが、それも野暮だ。負けておいてやる。

「質問はどうして有機やり始めたかだったな？」

「答えてくれんのかよ」

「今は気分がいいからな」

喜一が右斜め上を指さした。

「希美子(きみこ)がきっかけだな」

鴨居(かもい)の上だ。ばあさんの遺影が飾られている。

「希美子って……ばあさんか」

「そうだ。希美子は病弱だったからな。農薬を使わない安全な米を食べさせてやろうと思っただけだ。昔は今ほど農薬が安全じゃなかったからな。ただそれだけのつまらん理由だ」

じじいも親父(おやじ)もばあさんが好きだったんだな……

ばあさんは自分が生まれる前に亡(な)くなっている。一度でいいから会ってみたかったな、と翔太はふと思った。

「じゃあじじいはなんで農家になったんだ？」
③過去を振り返るように、喜一が体を沈ませた。それから小さく息を吐いた。
「……理由なんてない。これしかなかったからだ。家族を養うためには、俺が米を作って生計を立てるしか道がなかった。俺の世代の人間はみんなそうだ」

ただ、それはあきらめ混じりの息ではない。なるべくしてそうなった。そんな実感が込められていた。

翔太が背中のうしろで両手をついた。

「そうかあ。俺みてえに何がしたいのかわかんねえってのは贅沢(ぜいたく)な悩みなんだなあ」

「今の若い奴(やつ)らは選択肢が多すぎる。だから迷うんだ」
④翔太は同意の笑みを浮かべる。「ほんとだな。米と同じだな」
喜一がだしぬけに訊(き)いた。

「……翔太、おまえ仕事と生業(なりわい)の違いがわかるか？」

「なんだそりゃ。どっちも同じだろうが？」

「今の連中はそう思ってるがな。本来は[c]若干意味が異なるもんだ」

「何がどう違うんだよ？」

「生業ってのはすぐに金になる仕事だ。農家で例えるなら田植えをしたり、稲刈りをしたりするのが生業だ。これはすぐに金になるのはわかるな?」

翔太はうなずいた。

「けれど仕事ってのはそうじゃない。荒地を耕して新しい田んぼを作るための準備をすることだ。これはすぐには金にならない。つまり目先ではなく、先を[d]見据えて働いている。これが仕事だ」

「ふーん」と翔太は話をまとめる。「じゃあ今すぐじゃなくても将来金になるために働くことが仕事なのか?」

「……いや、それだけじゃないな」

喜一が一旦言葉を切った。自分で言っておいて、しっくりいかない様子だ。そして、こう言い換えた。

「金にならないかもしれない。なんの意味もないかもしれない。ただ、いつか巡り巡って自分や他の人間に返ってくる。

そう信じて働くこと——それが、⑤本当の意味での仕事だ」

「そう信じて、ね……」

一応理解はできたが、どうもぴんとこない。

「翔太、おまえは今、自分がなんのために米作っているのかわからないだろう?」

「まあな」

翔太はおかしくなった。なりゆきでとしか言いようがない。もうミニバンのローンも関係なくなっている。

「だがな。それが本来の意味での仕事かもしれん。今はわけがわからなくても、いつかわかる日がくる。おまえは一年以上かけて本当の仕事をしてきたんだ。俺が保証してやる」

ふいに胸が熱くなり、翔太は狼狽(ろうばい)(あわてふためくこと)した。経験したことのない感情だった。

(浜口倫太郎の文章による。一部省略等がある。)

㈠ よく出る a～dの＝＝のついている漢字のよみがなを書け。(各1点)

㈡ ①に「なるほどなあ」と翔太は膝を叩いた とあるが、なぜ翔太は喜一の考えを聞いて膝を叩いたと考えられるか。次の1～4から最も適当なものを一つ選んで、その番号を書け。(1点)

1、便利な方法を捨てることで考え方が整理でき、より効率的な方法を生み出せるということを発見したから
2、逃げ場をなくすことで固い意志を持つことができ、必死に考え新たな発想が得られることに感心したから
3、遠回りで困難な手段をとればとるほど、それに見合った大きな利益が手に入るということを理解したから
4、昔ながらの不便なやり方にこだわりつつ、今どきのやり方や考え方を取り入れていることに共感したから

㈢ ②の あえて の品詞は何か。次の1～4から最も適当なものを一つ選んで、その番号を書け。(1点)

1、動詞　2、連体詞　3、副詞　4、接続詞

㈣ ③に 過去を振り返るように、喜一が体を沈ませた。それから小さく息を吐いた とあるが、このとき喜一はこれまでのどのような人生を振り返ってこのような行動をとったと考えられるか。次の1～4から最も適当なものを一つ選んで、その番号を書け。(1点)

1、米を作ることを家族のために仕方なく選んだものの、心の奥にある別の生き方への未練を断ち切れなかった人生
2、農薬を使えない厳しい制約の中で、自分なりに知恵をしぼり工夫を重ねて生き生きと米作りにはげんできた人生
3、有機農業を始めるきっかけでもあり、米作りへの情熱を理解してくれた今は亡き妻と歩んできたこれまでの人生
4、家族を養うためには農家として生きるほかなく、それを当然のことだと受け止めて米作りに打ち込んできた人生

㈤ ④に 翔太は同意の笑みを浮かべる とあるが、このとき翔太が喜一の言葉に同意して笑みを浮かべたのは、自分のどのようなところが、米作りのどのようなところと同じだと感じたからだと考えられるか。「自分の、」という書き出しに続けて、「…ところと同じだと感じたから」に続くように本文中の言葉を用いて六十字以内で書け。

㈥ ⑤に 本当の意味での仕事だ とあるが、喜一は、本当の意味での仕事とはどのようなことであると考えているのか。それを説明しようとした次の文のア、イの[　]内にあてはまる最も適当な言葉を、本文中からそのまま抜き出して、アは十字以内、イは十五字以内で書け。(2点)

生業が[ア]のことであるのに対して、本当の意味での仕事は目先の利益を追うのではなく、その結果がいつか、じかにではなくとも[イ]ということを疑わずに働くことであると喜一は考えている

㈦ 本文中には、静けさの中、集中力が高まっていく翔太の様子が幻想的に表されている一文がある。その一文として最も適当なものを見つけて、初めの五字を抜き出して書け。(2点)

㈧ 難 本文中の翔太の気持ちを述べたものとして最も適当なものはどれか。本文全体の内容をふまえて、次の1～4から一つ選んで、その番号を書け。(2点)

1、喜一との対話を通し、働くことについて思いを巡らせる中、思いがけず自分を高く評価する喜一の言葉を聞いて前向きな感情を抱き始めている
2、有機農業に一心に取り組む喜一の話を聞き、その生き方に共感を覚えて、自分も家族のためにさらに仕事に励みたいと気持ちを新たにしている
3、様々な困難を乗り越えて農業に取り組んできた喜一と、定職に就かず今も親に頼っている自分を比較して、これではいけないと焦り始めている
4、苦労を重ね農業に精を出してきた喜一と語り合う中で、祖父として自分を温かく見つめる喜一のやさしさに気づき、その愛情をかみしめている

二 (古文)仮名遣い・内容吟味・口語訳

次の文章は、丹後(たんご)(現在の京都府北部)の国司である藤原保昌(ふじわらのやすまさ)が任国(国司として任命された国)へ向かう途中で

起きた出来事について書かれたものである。なお、保昌は武人としても名高い人物であった。これを読んで、あとの(一)〜(五)の問いに答えなさい。(計8点)

丹後守保昌、任国に下向(注1)の時、与謝の山にて、白髪の武士一騎①あひたりけり。木の下に少しうち入りて、笠をかたぶけて立ちたりけるを、国司の郎等(注2)いはく、「この老翁、なんぞ馬より下りざるや。とがめ下ろすべし」といふ。ここに国司のいはく、「一人当千の馬の立てやうなり。ただものにあらず。あるべからず」と②制止して、うち過ぐるあひだ、三町(注3)ばかりさがりて、大矢右衛門尉致経あひたり。国司に会釈のあひだ、致経いはく、ここに老翁や一人、あひ奉りて候ひつらむ。あれは父平五大夫(注4)にて候ふ。堅固の田舎人にて、子細(注5)を知らず。さだめて(注6)無礼をあらはし候ふらむといひけり。致経過ぎてのち、国司、「③さればこそ。致頼にてありけり」といひけり。保昌、かれが振舞を見知りて、さらに侮らず。郎等をいさめて、無為(注7)なりけり。④いみじき高名なり。

(注1) 下向＝都から地方へ行くこと。
(注2) 郎等＝家来。
(注3) 三町ばかりさがりて＝三町ほど遅れて。町は距離の単位。一町は約一〇九メートル。
(注4) 平五大夫＝致経の父である平致頼。武人として名高い。
(注5) 子細＝詳しい事情。
(注6) さだめて＝きっと。
(注7) 無為＝無事。

(一) **基本** ①の あひたり は、現代かなづかいでは、どう書くか。ひらがなを用いて書きなおせ。(1点)

(二) ②に 制止して とあるが、保昌が家来を制止したのはなぜか。それを説明しようとした次の文の□内にあてはまる言葉を、本文中からそのまま抜き出して、五字以内で書け。(1点)

老翁の振る舞いを見て、□ではないと感じたため

(三) **よく出る** ③に さればこそ。致頼にてありけり とあるが、これはどういう意味か。次の1〜4から最も適当なものを一つ選んで、その番号を書け。(2点)

1、やはりそうだった。あれは致頼だったのだ
2、なぜそう思うのか。致頼であるはずがない
3、そうだろう。致頼に似ていると思ったのだ
4、そうだったのか。致頼だとは思わなかった

(四) 本文中には、「　」で示した会話の部分以外に、もう一箇所会話の部分がある。その会話の言葉はどこからどこまでか。初めと終わりの四字をそれぞれ抜き出して書け。(2点)

(五) ④に いみじき高名なり とあるが、保昌は人々からどのようなところを評価されたと考えられるか。次の1〜4から最も適当なものを一つ選んで、その番号を書け。(2点)

1、老翁の態度に誰よりも腹立たしさを感じたが、表には出さずに家来たちの行き過ぎた行動をくい止め、その場をやり過ごしたところ
2、老翁の様子から勇猛な人物ではないかと気づき、決して見くびることなく適切に状況を判断し、何事もなくその場をおさめたところ
3、老翁の言動に家来たちの身の危険を感じ取り、彼らを守るためにあえて弱者を演じることにより、うまくその場を切り抜けたところ
4、老翁の雰囲気から手ごわい人物だと判断し、相手を見下したような家来の言動を厳しく罰して、何とかその場の危機を逃れたところ

三 (論説文)漢字の読み書き・内容吟味・意味用法の識別・語句の意味・文脈把握

次の文章を読んで、あとの(一)〜(十)の問いに答えなさい。(計19点)
なお、1〜11は段落につけた番号です。

1 われわれはときどき、「科学か哲学か」という形で、問題を考えようとします。現代は科学の時代であるから、哲学というようなものはもはや存在理由をもたないとか、あるいは科学というものは事象を単に外面的にしか見ないものであり、哲学こそ事象の真相をとらえるものであるとかいうような考えは、いずれも、「科学か哲学か」という形で問題を考え、その問題に対してなんらかの解答を与えようとするものといえるでしょう。

2 しかしわたくしは、①このような考えは根本的に誤っているのではないかと考えます。「科学か哲学か」という問題提出そのものが間違っているのです。誤って立てられたこの問題に対して、どういう解答を与えようとも、その解答の正しいはずはありません。哲学と科学はけっして相対立するものではありません。むしろ両者は相補うべきものといわねばなりません。

3 哲学と科学が対立するものと考えられるのは、ただ哲学がその本来の領域を越えようとし、また科学が自分を万能と考えようとするときです。

4 哲学が価値判断という問題を取り扱うにとどまらず、事実の問題にまで、口をさしはさもうとすると、そこには当然科学との衝突が生じてきます。なぜなら、②科学は事実についての知識を得ようとするものですから、もしも哲学が事実について科学とは異なった知識をもつことができると主張するならば、科学が正しいか哲学が正しいか、という問題が生じてくるからです。

5 近世になってから、自然科学をはじめとして多くの科学が哲学から独立していったが、それはそれ以前の哲学にあっては、価値の問題と事実の問題とが意識的に分けられていず、そのため哲学は事実の問題についても発言する権利があると考えていたからではなかったかと思うのです。

6 このことは、たとえばその当時の哲学が、「自然の奥には神の力がある」というような主張をしていたことを見てもわかると思われます。「自然の奥に神の力がある」ということは、それ自身としては事実に関する判断です。なぜなら、それは自然の奥に事実神の力があるということを述べているからです。しかし同時にそれは、神の力というような価値的な概念を考えることによって、価値判断という意味をもっていることはaヒテイできません。その奥に神の力が存するなら、自然というものもまた価値高いものであるという見方が、そこに含まれることになるからです。このように価値の問題と事実の問題が区別されていなかったため、哲学は事実についても判

断を下しうると考えられていたわけです。こうして哲学は科学と対立したのです。

7　しかし、事実についての判断に関しては、哲学は科学に譲らねばなりませんでした。なぜなら、人間は事実について知ろうとするとき、単に事実がいかにあるかということを知ることができるのみであり、この人間の知識の本質的性格をはっきり自覚したのが科学であったからです。③単に事実がいかにあるかということにとどまらず、事実の奥にある本質をとらえようとした当時の哲学は、この点でまったく誤っていたといわねばなりません。科学は[b]セイコウし、そして哲学に対して不信の目を向けて、続々と哲学から独立してゆきました。

8　だが、このことはけっして哲学にとって悲しむべきことではなかったのではないかと思わ④れます。なぜなら、このことによって、価値と事実の問題がまったく異なるものであるということを、われわれは十分に知ることができたからです。われわれは哲学の領域は価値判断であるということをはっきり意識すべきです。そうすれば、哲学が科学と対立するというような誤解はまったく氷解してしまうでしょう。

9　同様にまた、われわれが、科学が事実についての知識であるということを忘れて、⑤いっさいの問題は科学によって解決されると考えるとき、科学は哲学と対立するにいたります。

10　科学が驚くべき発展をとげている現在、われわれはともすると、このような誤りに陥りがちです。しかし、科学というものが事実についての知識であるということさえ、しっかり頭においておけば、われわれはこの種の誤りから免（まぬか）れることができるでしょう。われわれが人間として生きてゆくかぎり、われわれは[c]ツネに価値判断を行わねばなりません。価値判断を行わないでは、自分の行為を選ぶことができないからです。そしてこの価値判断の問題は、事実についての知識である科学の領域外の問題です。⑥われわれは、どんな目的のためにも科学的知識を利用することができるのです。

11　もしもわれわれがこの点を忘れ、科学によっていっさいを⑦割り切ろうとすると、われわれは人間みずからのつくりだした科学によって、かえって[d]シハイされてしまうという結果になってしまうのではないでしょうか。科学は人類にとってかえって害悪をもたらすものとなるのではないでしょうか。科学をつくりだした人間はあくまでも科学を自由に用いる、科学の主人としてとどまらねばなりません。そして、このためには、われわれは科学によっては解決できない価値の問題が存するということ、そしてまた哲学というものが必要であるということを、十分に理解しなければならないと思うのです。

（岩崎武雄の文章による。一部省略等がある。）

(一) **よく出る** a～dの――のついているかたかなの部分にあたる漢字を楷書で書け。（各1点）

(二) ①に このような考え とあるが、これはわれわれが科学と哲学をどのように考えようとすることをいっているのか。それを説明しようとした次の文のア、イの□内にあてはまる最も適当な言葉を、本文中からそのまま抜き出して、それぞれ十字以内で書け。（2点）

われわれが科学と哲学を対立するものとみなして、科学の時代である現代において、哲学は今となっては［ア］ものだと考えようとしたり、哲学が事柄の真実のすがたをとらえるものであるのに対して、科学は事柄をただ［イ］ものであると考えようとしたりすること

(三) ②に 科学は事実についての知識を得ようとするもの とあるが、これはどのようなことをいっているのか。次の1～4から最も適当なものを一つ選んで、その番号を書け。（2点）

1、科学は、科学自身が適切な価値判断を行うために、客観的な事実を見つけ出そうとするものであるということ

2、科学は、人間生活をより豊かにするために、事実についての価値判断を試みようとするものであるということ

3、科学は、価値判断を伴わずに、事実がどのようなものであるかを明らかにしようとするものであるということ

4、科学は、事実についての価値判断を避けることで、より多くの知識を獲得しようとするものであるということ

(四) ③に 単に事実がいかにあるかということにとどまらず、事実の奥にある本質をとらえようとした当時の哲学 とあるが、当時の哲学は何と何を混同して、何ができると考えていたところに問題があったと筆者はいっているのか。「当時の哲学は」という書き出しに続けて、「…と考えていたところに問題があった」に続くように本文中の言葉を用いて三十字以内で書け。（2点）

(五) **よく出る** ④の れ は、次の1～4のうちの、どのれと同じ使われ方をしているか。同じ使われ方をしているものを一つ選んで、その番号を書け。（1点）

1、校長先生が全校集会で話されます

2、遠く離れた故郷がしのばれた

3、雨に降られて試合は延期になった

4、友人に紹介されて挨拶をした

(六) **基本** ⑤に いっさいの問題は科学によって解決される と考える とあるが、これは、科学はどのようなものであると考えることか。それを説明しようとした次の文の□内にあてはまる最も適当な言葉を、第1段落～第4段落からそのまま抜き出して、漢字二字で書け。（1点）

科学は□であると考えること

(七) ⑥に われわれは、どんな目的のためにも科学的知識を利用することができるのです とあるが、科学的知識を利用するにあたって、われわれにはどのような存在でいることが求められ、哲学を用いてどのように生きてゆく必要があると筆者はいっているのか。「われわれには」という書き出しに続けて、「…生きてゆく必要がある」という書き出しに続くように五十五字以内で書け。（2点）

(八) ⑦に 割り切ろう とあるが、「割り切る」の意味として最も適当なものを、次の1～4から一つ選んで、その番号を書け。（1点）

1、他人の心中を推し量る

2、思い切って受け入れる
3、きっぱりと結論を出す
4、困難なことを排除する

(九) 次の〔　〕内の文は、第[5]段落〜第[11]段落のいずれかの段落の最後に続く文である。それはどの段落か。最も適当な段落の番号を書け。(2点)

〔しかし、このこともまた、科学が自己の領域を越えた越権行為をしようとすることに外なりません。〕

(十) 本文を通して筆者が特に述べようとしていることは何か。次の1〜4から最も適当なものを一つ選んで、その番号を書け。(2点)

1、科学が驚異的に発展している現在、自然の奥には神の力が存するという考え方は意味をなさないので、しっかりと事実を見つめることが大切である
2、われわれは時として科学と哲学は互いに対立関係にあると考えるが、元来科学は哲学から派生していったもので、科学と哲学は不可分なものである
3、科学は現在では人類の脅威となる可能性があるので、科学の持つ価値をしっかりと見極めたうえで、科学的知識を利用するように努めねばならない
4、われわれが科学を賢明に駆使して生きるには、哲学によって価値の問題にしっかりと向き合うことが必要だということを、十分に認識すべきである

四 条件作文　難　思考力

あなたの学校の図書委員会では、読書に親しんでもらうために、スローガン(標語)を考えることになりました。その結果、次のA、Bの二つのスローガンが提案され、この中から一つを採用することになりました。あなたなら、どちらを読書に親しんでもらうためのスローガンとして選びますか。AとBの違いと、どちらのスローガンを採用するのがよいかについて、あなたの意見を、あとの条件1〜条件3と〔注意〕に従って、書きなさい。(8点)

A 「出会おう　まだ見ぬ多くの本に」

B 「見つけよう　心にずっと残る一冊を」

条件1　二段落構成で書くこと。
条件2　第一段落にはAとBの違いについて書き、第二段落にはどちらのスローガンを採用するのがよいかについてのあなたの意見を、その理由がよくわかるように、身近な生活における体験などを示しながら、具体的に書くこと。
条件3　原稿用紙(25字詰×11行=省略)の正しい使い方に従って、二百五十字程度で書くこと。ただし、百五十字以上書くこと。

〔注意〕
一、部分的な書き直しや書き加えなどをするときは、必ずしも「ますめ」にとらわれなくてよい。
二、題名や氏名は書かないで、本文から書き始めること。また、本文の中にも氏名や在学(出身)校名は書かないこと。

愛媛県

時間 45分　満点 50点　解答 P45　3月11日実施

出題傾向と対策

●論説文、漢字の読み書き二題、小説文、古文、条件作文の六題構成で昨年どおりである。論説文、小説文ともに問題は標準的だが、国語の基礎知識が幅広く問われている。資料を読み取ったうえでの条件作文は三百〜四百字と長いので、作文作成に時間を要する。
●基礎的な問題が多いので、ここで落とさないように幅広い国語常識を身につけておく。最後の記述は長文なので、点差がつくと思われる。資料の読み取り練習や四百字での作文練習を積み重ねておきたい。

一 (論説文)漢字知識・文・活用・文脈把握・内容吟味

次の文章を読んで、1〜8の問いに答えなさい。([1]〜[11]は、それぞれ段落を示す番号である。)

[1] 万学の祖(注1)と言われる科学者であったアリストテレス(注2)は、天文学や生物学と並び、社会的生活を営む存在である人間の研究である倫理学(注3)、政治学、さらに、詩学や弁論術といった言語についての研究など、今でいう理系と文系の学問の①創始者であり、同時に、理系と文系をつなぐ学問の原理の研究を第一哲学とする哲学者でもあった。

[2] ②わたしの関心は、自然に対する研究が生み出した近代の科学技術が、どうして人間の行為によって自然の破壊をもたらすのかということに向かっていたから、アリストテレスの思考の中で、自然に対する研究と人間社会に対する研究とがどのようにつながっているかをテーマに研究を進めた。

[3] わたしが学んだ最も重要な思想の一つは、人間には二種類の知的な能力が備わっているということである。

それは、自然の必然的な法則性を認識する能力、すなわち真理を認識する能力と、③人間が自らの行為を選択することのできる能力、すなわち善を目指し、よりよい行為を選択することを可能にする能力の二つである。

[4] 人間が自らの行為を選択することのできる能力、「フロネーシス」を、わたしは「思慮深さ」と訳した。思慮深い人は、自分の目の前にある選択肢を思慮深く選択することができる。思慮深く選択できるということは、選択することによって実現できることを積み上げ、目標とする願望の対象を達成することができるということである。

[5] 行為を選択できる存在であり、その選択を行う能力を持つ存在こそが人間であるということの意味は、人間のふるまいは、自然の必然的な法則によって決まっているのではなく、複数の選択肢から自らの意思に基づいて一つを選択できるということを意味している。このことは、選択の自由を持っているということである。④人間には自由があるということ、そのことをアリストテレスは、人間は選択する存在であり、思慮深さを持つ存在であると表現したのである。

[6] さて、人間が自然の必然的な法則を認識する能力を持つだけでなく、自然を利用したり、支配したり、あるいは破壊したりする自然に対する行為を選択することのできる存在であるならば、自然に対する行為の選択は、人間が持っている思慮深さにかかっていることになる。人間が行う行為の中には、自然に対する思慮深い行為もあるし、自然に対する思慮を欠いた行為も存在する。

[7] わたしは、人間にとって⑤大切なことは、その選択であり、選択を支える思慮深さであるということを学び、選択する人間を自分の哲学の根幹に据えようと考えた。

[8] 思慮深さがあることと、迷い、また後悔することとは切っても切れない関係にある。誰もが与えられた人生の中で、迷うことなく選択することなどありえない。ただ、思慮深い人は、複数の中から賢くよりよい選択肢を見抜くのである。

[9] 人間は、選択すべき対象を知っていて選択するのか、という問いは、ソクラテス(注4)のパラドクスと言われる論争を引き起こした。⑥人間は悪いことだと知っていて選択することがあるだろうか。この問いにソクラテスは、人間が誤った選択をするのは無知だからだと主張した。人間はよいことだと知っていれば、そのよいことを行い、悪いことだと知っていれば、そのようなことはしないものだ。なぜなら、そのようなことをするのは無知だからだ、というのである。ソクラテスの考えでは、よい行為をするようになるためには、善とは何か、悪とは何かを知らなければならない。それを教えるのが教育だというのである。

[10] アリストテレスは、ソクラテスに反論して、人間は悪いと知っていても、悪いことを選択することがあると主張した。悪と知りながら悪を行うのは、知を負かしてしまうほどの欲望があるからだというのである。無知が人間の判断を誤らせるというより、人間には意志の弱さというものがあり、だからこそ、後悔したり反省したりする。後悔することや反省することが人間が成長するための契機になるというのである。

[11] ⑦わたしたち人類の人生は、惑星上で営まれる迷う人生である。いわば惑星的人生こそがわたしたちの人生なのである。その迷いの道筋の上に、地球の将来がかかっている。地球と人間の将来に向けて、どのような選択を行うかがわたしたちに託されている。どのような選択肢があるのかを見抜いて、しっかり迷い考えることが大切である。

（桑子敏雄『何のための「教養」か』による。）

（注1）万学＝多くの学問。
（注2）アリストテレス＝古代ギリシャの科学者、哲学者。
（注3）倫理学＝道徳の本質や善悪の基準などについて研究する学問。
（注4）ソクラテス＝古代ギリシャの哲学者。

1、[1]段落の――線①「創」とあるが、行書で書かれた次のア～エの漢字のうち、楷書で書いた場合の総画数が、楷書で書かれた「創」の総画数と同じになるものを一つ選び、その記号を書け。

ア、稿　イ、補　ウ、詰　エ、漁

2、**基本** [2]段落の――線②「わたしの関心は」の述部に当たる二文節を、文中からそのまま抜き出して書け。

3、**よく出る** **基本** [7]段落の――線⑤「大切な」の品詞名を漢字で書け。また、――線⑤「大切な」の活用形として適当なものを、次のア～エの中から一つ選び、その記号を書け。

ア、未然形　イ、連用形　ウ、終止形　エ、連体形

4、[3]段落の――線③「人間が自らの行為を選択することのできる能力」とあるが、「人間が自らの行為を選択すること」について、本文の趣旨に添って説明した次の文の［a］、［b］、［c］に当てはまる最も適当な言葉を書け。ただし、［a］は六字で、［b］は四字で、［c］は十七字で、それぞれ[4]～[7]段落の文中からそのまま抜き出して書くこと。

> 人間の行為の中には、自然を破壊するという、自然に対する［a］行為も存在するが、よりよい行為を選択するためには、［b］を持つことが重要であり、よりよい行為を選択し、実現できることを積み重ねることによって、［c］ができる。

5、**思考力** [5]段落の――線④「人間には自由がある」とあるが、「自由」の内容について、本文の趣旨に添って説明した次の文の［　］に当てはまる適当な言葉を、――線④より前の文中の言葉を使って、四十字以上五十字以内で書け。

> 人間は、自らの行為について、［　］自由があるということ。

6、[9]段落の――線⑥「人間は悪いことだと知っていて選択することがあるだろうか。」とあるが、次の表は、この問いに対するソクラテスとアリストテレスの考えをまとめたものである。表の［a］、［b］、［c］に

当てはまる最も適当な言葉を、[a]は二字で、[b]は十四字で、[c]は五字で、それぞれ[9]・[10]段落の文中からそのまま抜き出して書け。

ソクラテス	人間は悪いことだと知っていて、悪いことを選択することはない。悪いことを選択するのは[a]によるものであるから、善悪を教える教育が必要だ。
アリストテレス	人間は悪いことだと知っていても、[b]のせいで悪いことを選択することがある。[c]によって誤った選択を行った後悔や反省を契機に、人間は成長する。

7、[11]段落の——線⑦「わたしたち人類の人生は、惑星上で営まれる迷う人生である。」とあるが、文中には、わたしたち人類の人生が迷う人生であることを述べている一文がある。その一文として最も適当な一文を、——線⑦より前の文中から抜き出し、その最初の三字を書け。

8、本文に述べられていることと最もよく合っているものを、次のア〜エの中から一つ選び、その記号を書け。

ア、物事の事実関係を見極めつつ、より多くの選択肢を設定して賢明な選択をする必要がある。
イ、選択する人間を理解するためには、文系の学問より理系の学問を重点的に学ぶべきである。
ウ、地球の将来はわたしたちの選択にかかっており、よりよい選択肢を見抜く力が求められる。
エ、人間がもたらした深刻な自然の破壊は、便利さを追求する近代科学技術の負の遺産である。

二 漢字の読み書き よく出る 基本

次の1〜4の各文の——線の部分の読み方を平仮名で書きなさい。

1、郷愁にかられる。
2、明るい旋律の曲が流れる。
3、弟を伴ってプールに行く。
4、言葉を濁す。

三 漢字の読み書き よく出る 基本

次の1〜4の各文の——線の部分を漢字で書きなさい。ただし、必要なものには送り仮名を付けること。

1、屋根の上にかんばんを立てる。
2、市長がしゅくじを述べる。
3、鳥がかごの中であばれる。
4、返事にこまる。

四 (小説文)文脈把握・慣用句・内容吟味

次の文章は、「東京會舘（かいかん）」の製菓部長である「勝目（かつめ）」が、事業部長の「田中（たなか）」から、土産用として箱売りできるクッキーの開発を依頼されて試作品を作り、それを「社長」らが試食している場面を描いたものである。これを読んで、1〜6の問いに答えなさい。

「おいしい。」と全員の声がそろった時、勝目は当然であろうと思ったが、それでも安堵（あんど）を感じている自分もどこかにいた。どうやら一抹の不安を抱えていたのだということを、安堵して初めて自覚する。

「このクッキーは柔らかいな。こんなものは食べたことがない。これが本当に箱売りできれば人気になるぞ。」

「ありがとうございます。」

田中(注1)への宣言の通り、このガトー(注2)の開発に際して勝目は一切の妥協をしなかった。會舘(注3)で食べる通りのさっくりとした食感にすること。この柔らかさと口当たりを損なうものには絶対にしないこと。そのため、崩れやすいことを承知の上で、粉に対してのフレッシュバターの配分は変えないこと、などを心掛けた。これらの工程は、全て手作りだ。

「このクッキーの口当たりは本当にいいな。口に入れた瞬間にまるでほろっと溶けるようだ。すばらしいよ、勝目さん。」

社長の絶賛はなおも続き、試作品の二つ目に手が伸びる。その姿を前にしながら、勝目は礼を言う。

「ありがとうございます。」

「この柔らかさが箱売りには向かないと前に言っていたと思うが、崩れにくくする工夫は何か思いついたのか。」

「いいえ。」と勝目が答えると、社長がクッキーを食べる手を止めて、驚いたように勝目を見た。

「この口当たりを守るためには、材料の分量は変えられません。クッキーは相変わらず柔らかく崩れやすいままです。」

「では、土産用には……。」

「なので、ロスが出ることは仕方ないものと覚悟してください。」

勝目のきっぱりとした口調に①社長が目を見開いた。しかし、勝目のこの決断に迷いはない。[A]した口調で言い切る。

「ガトーは、この厚さであることに意味があります。ガトーの厚さはガトーの命。この厚さでなければならない以上、合理的であるよりもおいしさを守り続けることを第一に考えたいと思います。ロスが出ることも考えのうちに入れながら、なるべくそれを出さないように、一つ一つを大事に扱う。手作りで、注意を払って作り続けていけば、商品化は不可能ではありません。」

「しかし、無駄が出ることを最初から……。」

「私のレシピ(注4)は。」

社長が渋い顔をするのを見て、勝目は自分の目つきが鋭くなるのを止めることができなかった。勝手なことばかり言って、と相手をにらみそうになる。

「たくさん作るためのレシピではないんです。それは、この先、他のクッキーやケーキを作ったところで自然とそうなります。保存料も使いませんし、手作りのまま、おいしさを持ち帰っていただかなくては意味がありません。」

「しかし、こちらとしては人気商品となってもらいたいわけだから……。」

社長がなおも渋り、試作品のクッキーと勝目とを交互にちらちらと見る。

勝目は[B]。職人の苦労を知らない側の勝手な言い分に、なぜ、②自分の信条を曲げてまで付き合わなくてはならないのか。

頑固だと言われようと構わない。これが勝目にできるクッキーだ。

ならば勝手にすればいい、もう結構、と勝目が話を終わらせてしまおうとした、その時、それまで自分たち二人の様子を見守っていた田中が「社長。」と、声を上げた。

「いいじゃありませんか。勝目さんはつまり、この東京會舘で、ベストセラーではなくて③ロングセラーを作り続けましょう、と言っているんですよ。」

それは場違いなほど明るい声だった。

その場にいた誰もがそれまでの険悪なムードを一瞬忘れてぽかんとしたほどだ。勝目もそうだった。④[C]子抜けして、え？ とこの若い事業部長の方を見る。田中は微(ほほ)笑(え)んでいた。

「そうですよね、勝目さん。」と勝目を見る。

「一時の人気で量産するよりも、勝目さんのレシピを丁寧に守ることで、長く続けられるお菓子の在り方を考案してくれた、ということなんだと思います。私がお願いしたかったお菓子というのはそういうものです。丁寧で、何より、おいしくなくては意味がありません。」

田中が社長に向き直る。

「私からもお願いします。合理性よりおいしさを。それが東京會舘らしさなのだと思います。」

田中の言葉に社長はしばらく、動かなかった。けれど、その場の皆が自分の方をじっと見つめていることを察して、ややあってから、ゆっくりとうなずいた。手にしていたクッキーは、長時間彼の指につままれていたために、既にかなり崩れている。中のクリームが、人差し指の腹についていた。

社長が言った。

「わかった。――やってみてくれ。」

言うなり、手にしていたソフトクッキーの残りを口に入れる。

（辻村深月『東京會舘とわたし』による。）

（注1）田中への宣言＝勝目はクッキーの開発を引き受けたとき、田中に対して自分の思いを伝えていた。
（注2）ガトー＝洋菓子。
（注3）會舘＝「東京會舘」。大正時代に国際的な社交場として創業した、レストラン、ウエディングホールを有する複合施設。
（注4）レシピ＝料理、菓子などの調理法。

1、本文中の[A]、[B]にそれぞれ当てはまる言葉の組み合わせとして最も適当なものを、次のア～エの中から一つ選び、その記号を書け。

ア、（A　淡々と　　B　悩んでいた）
イ、（A　ぼそぼそと　B　おびえていた）
ウ、（A　堂々と　　B　怒っていた）
エ、（A　はきはきと　B　戸惑っていた）

2、**基本** ――線④「[C]子抜け」が、「緊張が緩み、気が抜けること」という意味の言葉になるように、[C]に当てはまる最も適当な漢字一字を書け。

3、――線①「社長が目を見開いた。」とあるが、このときの社長について説明したものとして最も適当なものを、次のア～エの中から一つ選び、その記号を書け。

ア、勝目から示された内容が、自分の思惑と一致していたことに満足している。
イ、勝目から示された内容が、予想外のものであったことに驚きを強めている。
ウ、勝目から示された内容を、到底許せないことだと怒りをあらわにしている。
エ、勝目から示された内容を、不本意ではあるが受け入れる覚悟を決めている。

4、――線②「自分の信条」とあるが、勝目は、今回のクッキーの開発において、社長の方針よりも自分の信条を優先させたいということを、どのような言葉で表現しているか。その言葉を、――線②より前の文中から二十五字以上三十字以内でそのまま抜き出して書け。

5、**思考力** ――線③「ロングセラーを作り続けましょう、と言っているんですよ。」とあるが、田中は、勝目の提案を、長く売れ続けるお菓子を作ることと捉えている。田中は、今回の依頼で勝目に作ってもらいたかった、長く売れ続けるお菓子とは、どのように作った、どのようなお菓子であると具体的に言っているか。文中の言葉を使って十五字以上二十字以内で書け。

6、本文についての説明として最も適当なものを、次のア～エの中から一つ選び、その記号を書け。

ア、利益を優先して厳しい態度をとる社長に対し、自分の経験や技術を示しながら説得に当たる勝目と田中の苦しい状況が重々しく描かれている。
イ、職人としての考えを重視するあまり社長と対立してしまう勝目に同情し、手助けしようとする田中の懸命な姿が社長の視点から描かれている。
ウ、勝目と田中がそれぞれの立場で持ち味を存分に発揮して、社長の承諾を得るための計画を着実に実行している様子がありありと描かれている。
エ、勝目の菓子に対する思い入れと田中の東京會舘に対する思いとを実感して、迷いながらも提案を承諾する社長の様子が写実的に描かれている。

五 （古文）古典知識・内容吟味

次の文章を読んで、1～4の問いに答えなさい。

この頃関先民(せきせんみん)(注1)の宅を問ひし時、いたく古びたる巻軸の、紙も所々破(や)れたる画(ゑ)を見せたり。白き鷹(たか)の図なり。名もなければ「誰(た)がかきし。」と問ひしに、「こは先(せん)に由(よし)ある人の得させていと正しきものなるが、大猷院(たいいうゐん)(注2)様の遊ば(注3)されしなり。」と①言ふ。この君の御画かく(注4)までめでたく遊ばされんとは、思ひかけねば、めづらかにてしばしまもりゐたるに、先民また言ふ、「この君は鷹の御画にはわけて(注5)巧みにいらせられしと聞きしなり。されども後にはたえて(注6)画を遊ばされず。その子細は、ある時御近臣を召(め)して、世の人鷹の画と言へばきそうきそうと言ふなるが、きそうとはいづくいかなる人ぞと②問ひ給ひしに、『これは宋(そう)(注7)の世の徽(き)宗(そう)皇帝と申す天子に(注8)おはします。』と御答へ申せしかば、『予は今日よりして鷹の画かくことをやめぬべし、世の人きそうきそうと呼び捨てぬればいやしき人とこそ思ひつれ、予がかきつる画も後の世にはかかる(注9)たぐひにやなりなん。』とのたまひて、これより後はたえて御画を遊ばされざりし。」とぞ。いと③たふとき御こころざしなりけり。

(『みみと川』による。)

(注1) 関先民＝人名。
(注2) 大猷院＝江戸幕府第三将軍である徳川家光(とくがわいえみつ)のこと。
(注3) 遊ばされしなり＝おかきになったのである。
(注4) かくまでめでたく＝これほどまですばらしく。
(注5) わけて＝とりわけ。
(注6) たえて＝まったく。
(注7) 宋＝中国の王朝名。
(注8) おはします＝いらっしゃる。
(注9) かかる＝このような。

1、――線③「たふとき」を現代仮名遣いに直し、全て平仮名で書け。

2、――線①「言ふ」とあるが、このとき言ったのは誰か。最も適当なものを、次のア～エの中から一つ選び、その記号を書け。

ア、関先民　イ、大猷院　ウ、近臣　エ、筆者

3、――線②「問ひ給ひしに」とあるが、このとき大猷院が言った言葉を文中からそのまま全て抜き出し、その最初と最後のそれぞれ三字を書け。

4、次の会話は、この文章を読んだ健太(けんた)さんと美咲(みさき)さんが、先生と一緒に、大猷院の考えについて話し合った内容の一部である。会話の中の[a]、[b]、[c]に当てはまる適当な言葉を書け。ただし、[a]は六字で、[c]は三字で、最も適当な言葉をそれぞれ文中からそのまま抜き出して書くこと。また、[b]は、七字以上十字以内の現代語で書くこと。

健太さん「大猷院は、得意とする鷹の絵をどうしてかかなくなったのでしょうか。」

美咲さん「筆者が思わず見入ってしまうほどの鷹の絵をかくことができていたのにね。きっかけは、[a]という世間の人たちの言葉ですね。」

先生「そうですね。[a]というふうに、世間の人たちから[b]徽宗皇帝の名前が、ことに気づいて、大猷院は、鷹の絵をかくことをやめる決意をしていましたね。」

健太さん「大猷院は、このまま鷹の絵をかき続けていくと、いずれは自分も[c]の人たちから同じような扱いを受けてしまうと考えたのでしょうね。」

美咲さん「高貴で、鷹の絵が得意だった徽宗皇帝に関する話題を、大猷院は自分自身に置き換えて捉えたのでしょうね。」

作文　条件作文　思考力

あなたは、あなた自身がチームやグループで活動するときに、どのようなことを大切にしたいと考えるか。後の資料を参考にしながら、そう考える理由を含めて、次の注意に従って述べなさい。

〈注意〉
1、資料を見て気づいたことを交えて書くこと。
2、あなたが体験したことや見聞したことを交えて書いてもよい。
3、段落は、内容に応じて設けること。
4、文章の長さは、三百字以上、四百字以内とする。
5、資料の中の数値を使う場合は、次の例に示したどちらの書き方でもよいこととする。

例　二〇・一％または二十・一％
　　四七・〇％または四十七％

なお、「％」は、「パーセント」と書いてもよい。
6、文題は書かないこと。

資料

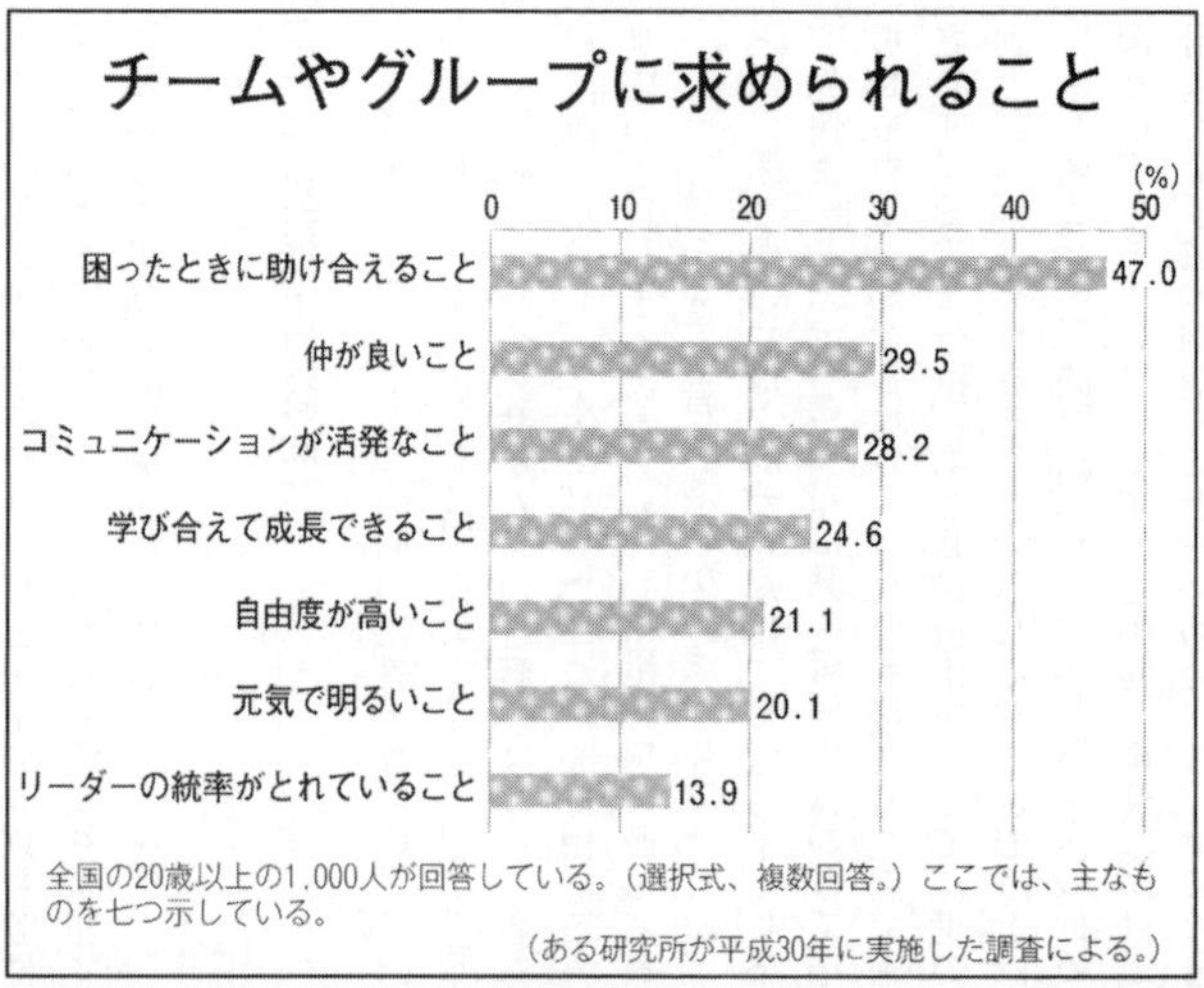

高知県

時間 50分　満点 50点　解答 P46　3月4日実施

出題傾向と対策

●一総合問題（漢字の読み書き、漢字知識、四字熟語、短歌の鑑賞、発表原稿の吟味）、二三論説文、四古文の大問四題構成は例年どおり。論説文では、五十字～七十字で内容を説明する記述問題や、百字～百二十字の条件作文が出題された。古文では、基本的な問題のほか、大意の理解が求められる問題が出題された。

●どの種類の文章においても、段落ごとの要旨・主旨をまとめる練習が必要。また、選択肢を丁寧に吟味し、文章の内容に合っているか判断する力を身につけておこう。

一 漢字の読み書き・漢字知識・熟語・単語・文脈把握・表現技法・段落吟味

次の㈠～㈥の問いに答えなさい。（計22点）

㈠ よく出る 基本 次の1・2の文の——線部の漢字の読みがなを、それぞれ書け。（各1点）

1、真偽を確認する。

2、朗らかに返事をする。

㈡ よく出る 基本 次の1・2の文の——線部のカタカナを、それぞれ適切な漢字に直して書け。（各2点）

1、エンゲキを鑑賞する。

2、身をコにして尽くす。

㈢ 基本 次の行書で書かれた漢字の部首の名称を、ひらがなで書け。（2点）

㈣ よく出る 基本 「言動がでたらめで根拠のないこと」という意味をもつ四字熟語を、次のア～エから一つ選び、その記号を書け。（2点）

ア、竜頭蛇尾　イ、深謀遠慮
ウ、虚々実々　エ、荒唐無稽

㈤ 次の短歌とその鑑賞文を読み、後の1～3の問いに答えよ。

一輪とよぶべく立てる鶴にして夕闇の中に莟（つぼみ）のごとし
佐佐木幸綱（ささきゆきつな）『金色の獅子（こんじきのしし）』

鶴の細い足は、植物の茎に似ています。真っ白な羽のうつくしい身体を花として捉え、「[a]」とした見立てには説得力があります。鶴のことを思い浮かべながら、夕闇の中に一輪の白い花が咲いているような情景を味わうことができるでしょう。

そして結句で「莟のごとし」という[b]が描かれています。鶴が羽をたたんでたたずんでいる様子は、花になぞらえるにしても莟がふさわしい、と。ふたたびきれいに羽をひろげ、美しい花となる、その前の休憩時間として莟にもどって新しい一日に備えている、そんな物語も想像させます。

（東直子（ひがしなおこ）『短歌の不思議』による）

1、鑑賞文中の——線部の「植物の茎に似ています」を、単語に区切ったときの単語の数を、数字で書け。（2点）

2、鑑賞文中の[a]に当てはまる言葉として適切なものを、短歌の中から七字でそのまま抜き出して書け。（2点）

3、鑑賞文中の[b]には表現技法の名称が入る。[b]に当てはまる表現技法として適切なものを、次のア～エから一つ選び、その記号を書け。（2点）

ア、隠喩　イ、直喩　ウ、倒置　エ、擬人法

㈥ ひかるさんの学級では、修学旅行の研修で、伝統工芸の体験学習と史跡訪問のどちらを選択するかを決めることになり、ひかるさんは、史跡訪問をしたい人たちの代表として、発表することになった。次の文章は、ひかるさんの発表原稿である。この【発表原稿】を読んで、後の1～3の問いに答えよ。ただし、[1]～[3]は段落の番号を示している。

【発表原稿】

[1] 私は、修学旅行ではぜひ史跡訪問をしたいと思います。その理由は、本物を自分の目で確かめたいという思いがあるからです。私たちはさまざまなメディアを通して、たくさんの史跡を見ることができます。けれども、それはその史跡のほんの一部分を見ているに過ぎません。[　]、教科書に載っている歴史的建造物は、その多くが正面から写されたものです。私は、あの建物の後ろや内側に関心があります。また、写真では画面の中心にその建物が写っていることがほとんどですが、その建物が建っている周囲の風景も含めて眺めてみると、歴史を肌で感じることができるような気がします。

[2] 確かに、伝統工芸の体験学習は、地元の方たちとの触れ合いもあって楽しそうです。しかし、史跡訪問は、授業で学んだ知識を本物の歴史に変える貴重な機会になるはずです。実際にその場所に立ち、昔の出来事を想像したり、現代との違いを感じたりすることで、歴史の面白さに気づく人もきっと多いと思います。

[3] だから、私は、修学旅行では史跡訪問をして、みんなで歴史を感じてみたいです。みなさん、教科書にも載っている史跡を一緒に訪ねて、歴史好きになりましょう。

1、【発表原稿】中の[　]に当てはまる言葉として最も適切なものを、次のア～エから一つ選び、その記号を書け。（2点）

ア、例えば　イ、ところが
ウ、そのため　エ、要するに

2、ひかるさんは、聞いている人たちを引きつけるために、【発表原稿】中の——線部の「私は、あの建物の後ろや内側に関心があります。」という文を、聞き手に対する問いかけを含む二つの文で表現しようと考えた。次のような二文に書き改めるとき、[　]に当てはまる適切な言葉を書け。（2点）

みなさんは、[　　]。私はそれがとても見たいです。

3、【発表原稿】中の②の段落は、この発表原稿の中でどのような働きをしているか。その説明として最も適切なものを、次のア〜エから一つ選び、その記号を書け。（2点）

ア、自分とは対立する意見をもつ人に発言を促し、みんなで考える雰囲気をつくる。

イ、自分の意見とは対立する意見を批判することで、自分の意見を通しやすくする。

ウ、自分とは対立する意見をもつ人に共感を示し、迷っている気持ちを表明する。

エ、自分の意見とは対立する意見を一度認めたうえで、自分の意見を強く訴える。

二（論説文）文脈把握・内容吟味・要旨

次の文章を読み、後の㈠〜㈣の問いに答えなさい。（計12点）

よく考えると当たり前だけど、服は農産物・畜産物であり石油である。もちろん原材料がということだが、ふだん意識することはほとんどない。

それに気づかされる事件があった。数年前、インドやパキスタンで洪水が起き、中国でも干ばつがあったのを覚えている人もいるだろう。[ア]ニュースはしばらくその災害の映像を流していたが、外国のことだからみんなすぐに忘れてしまった。しかしその後、生地屋さんから困った声で電話がかかってきた。「日本に糸が入ってこない！」と。

これらの国は綿の世界的な産地だ。この被害で収穫が減り、人口の多い自分の国の消費で精いっぱい。輸出を制限してしまい、日本に入る綿が激減して、糸の値段が一時高騰した。あの時僕らが着ているシャツや下着は、綿花の実からとれた農産物であり、ウールやシルクは、羊や蚕を育てて作る畜産物なんだと、あらためて痛感した。[イ]デザインされた服はトレンドや美しいイメージで彩（いろど）られ、おしゃれなお店に並んでいるから、ファッションと農業なんて全く関係がないと思ってしまうけれど……。

「食料危機」が危惧されて久しい。二〇五〇年には世界人口は九〇億を突破すると言われている。[ウ]もし「食」が足りなくなるなら、「衣」もやはり危機だろう。「衣料危機」なんてまだ誰も言っていないが、それは食と同じレベルで人類の問題だ。人は服なしでは、生存できないのだから。

ところで日本の食料自給率は、なんとか六五％（二〇一七年生産額）を保っている。それに対して衣服の自給率をご存知だろうか？　なんと二・八％（二〇一六年）である。[エ]つまり九七・二％は外国製なのだ。それはまだ製品の話で、綿や麻やウールなど原材料の自給率は、なんとほぼ〇％である。

つまり日本は「衣食住」という大切な生活の三つの基礎のうち、衣服を自分たちでまかなう力をもはや全く持っていないのである。なぜかメディアもほとんど報道しないが、これは驚くべきことではないだろうか？　最初に書いた「綿が洪水で激減した話」は、一般の人にはほとんど知られていないけれど、1日本の立ち位置の危うさを如実（にょじつ）に示している。

先日知り合いのクリーニング屋さんからびっくりする話を聞いた。中年の女性がファストファッションで買ったダウンジャケットをもって来て、「クリーニング代はいくら？」と聞いてきたそうだ。価格を聞くと「あら、買った時よりも高いじゃないの！　じゃあ、もういいわ、また新しいの買うから」といって去ってしまった。クリーニング屋さんは、呆然（ぼうぜん）としてしまったそうだ。クリーニング代のほうが買値（かいね）よりも高いから、まだ着られる服を捨ててしまうような、2現代の消費型ファッション。しかしこんな異常な時代が長く続くはずはない。近い将来、根本的に見直さなければならない時が来るだろう。

私は時々、古い布を扱う骨董（こっとう）屋さんに遊びにいく。あまった絣糸（かすりいと）から手織りされた残糸織（ざんしおり）の布や、継ぎ接（は）ぎのボロを手にとる。かつて人々が貴重な布をどれだけ大切に使ってきたか、じっと見ていると強く胸に迫ってくるものがある。彼らは自分たちで麻を育て、蚕を飼って糸を紡（つむ）いだ。そして自分で織って、縫製したのである。穴が開いてボロボロになっても、布を裂いてよこ糸にして織ったり、雑巾にしたりして、最後まで無駄にすることがなかった。

こんなふうに最後まで大切に使い切る人を昔は「始末がいい」といった。このほめ言葉は、今はほとんど死語になっている。「始末」とは、文字通り「始まり」と「終わり」のことである。それは物の始まりと終わりに、自分が生活の中で責任をもつことだ。

人は服なしで生きることはできない。だとしたら単なる流行を超えて、一生愛され、まとえる服を作ることが、これからのデザイナーの真価だと思う。

（堀畑裕之（ほりはたひろゆき）『言葉の服　おしゃれと気づきの哲学』による）

（注）如実…現実のとおりであること。
ファストファッション…流行を取り入れた低価格の衣料品を大量生産し、短いサイクルで販売するブランドやその業態のこと。
絣糸…所々かすったような文様を織るために、まだらに染めた糸。
残糸織…織物を織る工程から出た残り糸を使って織った織物。

㈠文章中から次の一文を抜いてあるが、文章中の[ア]〜[エ]のうち、どこに入れるのが最も適切か、記号で書け。（2点）

温暖化による気候変動や石油枯渇がそれに拍車をかける。

㈡文章中の——線部1に「日本の立ち位置の危うさ」とあるが、これはどういうことか。その内容として最も適切なものを、次のア〜エから一つ選び、その記号を書け。（3点）

ア、日本は、食料と衣服とを直接的な関係のないものとして扱っているが、実は密接に関係しているものであり、それらを別のものとして考えることはとても危険だということ。

イ、日本は、食料の多くを外国に頼っている上に、衣服やその原材料のほとんどを外国に依存しており、輸入できなくなれば生活が成り立たなくなる危険な立場にあるということ。
ウ、日本は、食料自給率を上げないばかりか、衣服の原材料は自給することもあきらめているのに、これ以上の災害が起きてしまうと、物資を輸入できない状況に陥るということ。
エ、日本は、食料以上に衣服のほぼすべてを外国に依存しているが、その状況を理解せずに大量生産と大量消費を続けていくと、世界の中で孤立する危険性があるということ。

㈢ 文章中の――線部2に「現代の消費型ファッション」とあるが、筆者は、現代のファッションについて、これとは対照的なあり方と対比させて、どういうことを述べているか。その内容を、「かつて」「現代」の二つの言葉を必ず使い、五十字以上七十字以内で書け。ただし、句読点その他の符号も字数に数えるものとする。（4点）

㈣ 難 この文章の内容と構成を説明したものとして最も適切なものを、次のア～エから一つ選び、その記号を書け。（3点）
ア、初めにファッションと食料のそれぞれの歴史について触れ、次にこの二つのものに共通する危機的状態について世界的な視点に立って述べた後、さらに具体例を用いて資源について詳しく説明し、最後にこれからのデザイナーに求められる姿勢を提言している。
イ、初めに私たちの服と世界の国々とのつながりの強さを確認し、次に原材料を自給できないのに安易に安い商品を買い求める現代日本の課題を提示した後、かつての日本人の姿を取り戻すことを主張し、最後にこれからのデザイナーに求められる姿勢を提言している。
ウ、初めに服と農業や資源との普段意識されないようなつながりの強さを語り、次にその事柄について具体的な数字を示して問題を強く印象付けた後、エピソードを交えながら二つの価値観について述べ、最後にこれからのデザイナーに求められる姿勢を提言している。
エ、初めによく考えると当たり前だが気づかない農業や資源と災害との関係に目を向け、次にそれらと私たちの服とのつながりを説明した後、現代とかつての日本の違いを数字を根拠として示して論じ、最後にこれからのデザイナーに求められる姿勢を提言している。

三 （論説文）内容吟味・条件作文

次の文章を読み、後の㈠・㈡の問いに答えなさい。（計8点）

通常の科学の研究では、ばらばらでしか（あるいは部分的にしか）手に入らない事実を組み合わせ、足りない部分はさまざまに推理して、現実に生じていると思われる現象の説明や謎の解明を行っています。それに加え、現実に生じている事柄の解釈や説明だけでなく、将来どうなるかについて予測しなければなりません。予言力が求められるわけです。つまり、現象（結果）を前にしてその理由（原因）を探り、その理由の説明とともに、将来にどのようなことが予言できるかを提示し、理由と予言が実際に正しいと認められなければならないのです。その間の思考の流れをコントロールしているのが、「科学的な考え方」なのです。

実は、この「科学的な考え方」は科学の研究だけでなく、私たちの日常生活におけるさまざまな事柄にも適用できることであり、現に、みんなそれなりに科学的に考えています。実際に、私たちは意識しているかどうかは別として、何か事があるたびに、
①なぜそうなったのだろうと考え、
②筋道が立った推論（推理・推測によって立てた論理）を客観的にたどり、
③もっとも合理的と思われる考えを最終的な結論とする、
という思考過程を探っているのは事実ですから。人は誰でも、そのような思考法を自然のうちに身につけているのです。

ところが、誰もがそのような「科学的な考え方」をするなら、みんな似たような結論に到達するはずなのに、ぜんぜん違った結論になってしまうことがたびたびあります。なぜでしょうか？　それは各個人の思考の中の、①から③の間のどこかで「科学的」ではなくなっていて、本来あるべき筋道から外れているからです。そこで、どんな場合に筋道から外れて「科学的」でなくなるかを考え、「科学的」であるためにはいかなる思考が大事であるかを探ることにしましょう。

「科学的」思考とは、誰にでも共通する前提と事実を組み合わせて、そこで何事が起こったかを推測し、考え得る範囲を絞り込んでいく作業のことですが、最初に言っておきたいことは、その過程に個人の感情を交えてはいけないということです。

私たちが物事を考えるときには、①の段階で、つい「こうあって欲しい」とか、「こうあるはず」とか、「こうあるべきだ」とかの、個人的な願いや意見や私情を交えたくなります。しかし、このような個人の意見や願望や私情が入り込むと、論点が発散して焦点がぼけ、何を問題にしていたかがわからなくなってしまいます。というのは、各個人の勝手な見解が幅を利かせるため、各人の主張がバラバラに提示され、まとまりがなくなってしまうためです。その結果、何が事実であり、何が個人的で勝手な意見なのかの区別がつかなくなってしまいます。特に、②の客観的な事実を積み上げながら筋道をたどる段階では、このような主観的な意見を交えるのは混乱を招くだけになることは明らかでしょう。

あるいは、③の何らかの結論が見えてきても、自分の「気に食わないから」とか、「嫌いだから」とか、「主義に合わないから」というような、個人的感情で結論を受け入れないのも「科学的」とは言えません。その客観的な理由を明確に示さず、ただ自分のわがままを言っているに過ぎないからです。結論に反対して受け入れられない場合には、「事実に反するから」とか、「論理が飛躍しているから」とか、「筋道に混乱があるから」と理由をあげて、具体的に事実や論理や筋道について納得できない点を明示すべきです。というより、明示できねばならないのです。ここには、一切私情が入る余地はありません。

時々、個人の勝手な意見や主張を押しつけようとする行動が目立つ人にお目にかかります。いかにも熱心に自分の熱い思いを述べ立てているように見えますが、単に混乱を持ち込むだけで、真の解決を曖昧にしてしまう人がいるの

で要注意です。本人はひたすら自己の主張を「正しく」述べているつもりなのですが、それが身勝手な振る舞いであることに気がついていないことが多くあります。客観的な事実と個人の主観的な願望をきちんと区別することが「科学的思考」の第一歩なのです。

（池内了(いけうちさとる)『なぜ科学を学ぶのか』による。一部省略等がある）

(一) **難** **思考力** 文章中の――線部に「『科学的』であるためにはいかなる思考が大事であるか」とあるが、筆者はこのことについてどのように述べているか。その内容を、次の条件1～3にしたがって書け。ただし、句読点その他の符号も字数に数えるものとする。（4点）

条件1　全体を五十字以上七十字以内にまとめること。
条件2　「科学的」ではないあり方と対比させながら述べること。
条件3　文末は「……が大事である。」で終わること。

(二) **難** **思考力** 文章中の――線部に「実は、この『科学的な考え方』は科学の研究だけでなく、私たちの日常生活におけるさまざまな事柄にも適用できることであり、現に、みんなそれなりに科学的に考えています」とあるが、筆者が述べる「科学的な考え方」の具体的な例としてどのようなものが考えられるか。また、そのように科学的に考えることに対してあなたはどのように考えるか。次の条件1・2にしたがって書け。ただし、句読点その他の符号も字数に数えるものとする。（4点）

条件1　全体を百字以上百二十字以内にまとめること。
条件2　最初に、自分で考えた日常生活における具体的な事柄について、科学的に考える例を述べ、次に、そのように科学的に考えることに対しての自分の考えを書くこと。

四 (古文)仮名遣い・動作主・内容吟味

次の文章を読み、後の(一)～(四)の問いに答えなさい。（計8点）

師頼(もろより)、多年、沈淪(ちんりん)して、籠居(ろうきょ)せられたりけるが、中納言(ちゅうなごん)に拝任ののち、はじめて釈奠(せきてん)の上卿(じゃうけい)をつとめけるが、作法進退のあひだ、ことにおいて不審をなして、あらあら人に問ひけり。その時、成通卿(なりみちきゃう)、参議にて列座していはく、「年ごろ、御籠居のあひだ、公事(くじ)、御忘却か。うひうひしく思(おぼ)しめさるる条、もつとも道理なり」といふ。師頼卿、返事をいはず、顧眄(こべん)して、ひとりごちて1いはく、

入二大廟一毎レ事問云々　大廟(たいべう)に入りて事(こと)毎に問ふ云々(うんぬん)　論語

成通卿閉口す。後日に人に語りて2いはく、「思ひ分(わ)くかたなく、不慮の言を出(いだ)し、後悔千廻(せんくわい)云々」。

このこころは、孔子、大廟に入りて、まつりごとにしたがふ時、毎事、かの令長(れいちゃう)に問はずといふことなし。人これを見て、「孔子、礼を知らず」と難じければ、「問ふは礼なり」とぞ答へ給(たま)ひける。

かの人の御身には、さぞくやしくおぼえ給ひけむか。「これ、慎みの至れるなり」といへり。

（『十訓抄(じっきんしょう)』による）

（注）沈淪して…出世ができず。
籠居…家に閉じこもること。
釈奠の上卿…孔子とその弟子たちを祭る儀式を執り行う首席者。
作法進退のあひだ…儀式の進め方と立ち居振る舞いについて。
参議…官職名。
年ごろ…長年。
公事…朝廷の儀式や政務。
顧眄して…振り返って見て。
大廟…君主の祖先の霊を祭った建物。
云々…以下を省略するときに用いる語。
思ひ分くかたなく、不慮の言を出し…軽率に、考えの足りないことを言ってしまい。
令長…長官。

(一) **基本** 文章中の……線部の「問はずといふことなし」を現代仮名遣いに直して、……線部全部をひらがなで書け。（1点）

(二) **基本** 文章中の――線部1と2の「いはく」の行為を行った者は、それぞれ誰か。その組み合わせとして適切なものを、次のア～エから一つ選び、その記号を書け。（2点）

ア、1―師頼卿　2―成通卿
イ、1―孔子　2―師頼卿
ウ、1―成通卿　2―師頼卿
エ、1―孔子　2―成通卿

(三) 文章中の＝＝線部に「あらあら人に問ひけり」とあるが、なぜこのような行動をしたのか。その理由にあたる考えが述べられている部分を、文章中から六字でそのまま抜き出して書け。（2点）

(四) この文章で述べられている内容と合っているものを、次のア～エから一つ選び、その記号を書け。（3点）

ア、成通卿は、長年引きこもっていた師頼卿には補佐をする者が必要だと考えて声をかけたが、彼の学識の豊かさに触れ、自分の思い上がった行動を後悔した。
イ、成通卿は、長年引きこもっていた師頼卿の働きぶりに対して不用意な発言をしてしまったが、彼の意図するところを知り、自分の軽はずみな言葉を後悔した。
ウ、成通卿は、長年引きこもっていた師頼卿が重責を負い戸惑う様子に同情したが、彼の論語を口ずさむ余裕のある態度を見て、余計な心配をしたことを後悔した。
エ、成通卿は、長年引きこもっていた師頼卿が職務を遂行できるか疑問視していたが、彼の不安そうな様子などから、やはり別の人に任せるべきだったと後悔した。

福岡県

時間 50分　満点 60点　解答 P47　3月10日実施

出題傾向と対策

●漢字知識、論説文、小説文、漢文、条件作文の大問五題構成。設問は内容理解を問う抜き出し問題と記述問題が中心。記述量は多めである。また漢字や熟語、文法などに関する基礎知識も重視されている。条件作文は発想力や思考力を重視。指示も細かいので要注意である。

●解答時間に比べて文章量、設問数、記述量ともに多めなので、早く正確な読解と、簡潔な記述の訓練は必須である。また条件作文の資料分析の仕方や記述の仕方についても過去問などで訓練を行い、慣れていたほうが有利。

一　漢字の読み書き・内容吟味・漢字知識

次は、花子さんが【新聞記事の一部】を見て、祖父と話をしている場面である。これらを読んで、後の各問に答えよ。（計9点）

問一、基本 たえない に適切な漢字をあて、楷書で書け。なお、送り仮名は平仮名で正しく送ること。（2点）

問二、基本 雰囲気 の漢字の読みを、平仮名で書け。（1点）

問三、基本 配慮 の類義語を、【新聞記事の一部】から三字でそのまま抜き出して書け。（2点）

問四、祖父が話した 価値あるものとして大切にすること の内容と同じ意味を表す語句を、漢字二字で楷書で書け。（2点）

問五、よく出る 難 五輪 の「輪」を楷書で書いた場合の総画数と、次の1～4の行書の漢字を楷書で書いた場合の総画数が同じものを一つ選び、その番号を書け。（2点）

1、

2、

3、

4、

【新聞記事の一部】

エスカレーター　歩かないやさしさ

思いやりのある乗り方を

今、エスカレーターの乗り方に関心が集まっている。急いでいない人は片側に立ち止まり、急ぐ人は反対側を歩くのが日常風景のエスカレーター。「立ち止まって、手すりにつかまって乗ろう。」と鉄道事業者や障がいのある人が呼び掛けている。エスカレーターを歩く人がいることにより、転倒などの事故がたえないうえに、障がいのある人にとっては、危険を感じさせるからだ。誰もが安全に利用できるような心遣いが必要である。

東京五輪・パラリンピックに向け見直しの気運が高まっている。

（西日本新聞による。一部改変）

祖父：この記事は、五輪・パラリンピックに向けて、「変わろう、変えよう」という雰囲気ができつつあるという一つの表れだね。

花子さん：障がいのある人や外国から来た人など、いろいろな人に配慮して、誰もが安心して利用できる状況に変えたいな。

祖父：そうだね。多様性への理解と対応が求められているね。そのためには、いろいろな人の存在を価値あるものとして大切にすることが大事だよ。

二　（論説文）文脈把握・内容吟味

次の文章を読んで、後の各問に答えよ。句読点等は字数として数えること。（計12点）

人類の発展の土台となるのは、血縁のない個体間での分業です。分業が可能となる前提は人と人との協力関係にあります。服を専門に作る人が暮らしていくためには、服を提供する代わりに、食料やその他の必需品を別の人が分けてくれるという前提があります。よっぽど他の人を信頼していないと分業は成立しません。

ヒトはどうして血縁のない他人を信頼できるのでしょうか？　この点を考えてみたいと思います。

血縁関係がない個体どうしが協力できるのは、どうも①ヒトに備わる稀有な性質のようです。例えば、チンパンジーはヒトと遺伝子にしてわずか1・2％しか違わず、知能もヒトの幼児よりも高いくらいで、そのふるまいも人間じみています。しかし、人間であれば当たり前にすることをチンパンジーは決してしません。交換と助け合いです。

チンパンジーは食物の交換をしません。たとえ自分が食べきれないほどたくさんの食べ物を持っていて、もっとおいしいものとの交換を持ちかけられたとしても応じません。チンパンジーは、一瞬であっても今持っている食べ物を失うことを嫌うのです。

ところが、ヒトはそうではありません。人間の社会は交換にあふれています。ものを買うときは必ず商品とお金を交換します。ほとんどの人はちょろまかすようなことはしませんし、交換することになんの抵抗も感じません。このヒトがなんの苦もなく行っている交換を、チンパンジーはできないのです。

チンパンジーは助け合いもしないことが知られています。ただ、他のチンパンジーを助けることはあります。他のチンパンジーのために檻を開けてあげたり、人間を助けるようなふるまいも観察されています。まれにではありますが、食物を他のチンパンジーに分け与えることもあるようです。

しかし、チンパンジーが他の個体を助けた場合、助けられたほうのふるまいは人間の場合とは大きく異なります。チンパンジーはたとえ助けてもらってもお返しをしないのです。助けたほうもお返しを期待しないようです。つまり、「助ける」という行為はあっても、それは「助け合い」にまで発展しないのです。

これに対して、ヒトは助け合います。ヒトが大昔から行っていた助け合いの習慣は、現在も主に狩猟採集生活を送っている民族を見るとよくわかります。②ナミビアのサン民族やアラスカ・カナダのイヌイットです。

サン民族は、1から20の家族からなる50から100人程度の集団で狩猟採集生活をして暮らしています。男たちが狩猟で得た肉は一族全体で分かち合います。実際に獲物を仕留めた者でも、獲物を仕留めそこなった者でも取り分は平等です。平等主義の原則を達成するためにサン民族は並々ならぬ努力をしています。

例えばルールとして獲物の所有権は仕留めた者ではなく、矢など狩猟具を作った者に与えられます。狩猟具は共有品です。誰でも矢を作ることはできるので、狩りの上手い下手にかかわらず平等に獲物を手に入れることができるしくみになっています。イヌイットも同様で、漁でとれた獲物は他の家族とも分け合います。食料の分かち合いは狩猟生活社会に見られる共通の特徴のひとつです。

このような助け合いの精神は現在でもそこら中に見られます。困っている人を見かけたら、たいていの人は助けようとするでしょう。そして、助けられた人はお礼をしようとするでしょう。チンパンジーとは違ってヒトは進んで助け合う生き物です。もちろん個人差はあるでしょうが、どんな冷淡な人でもチンパンジーに比べればよっぽど親切なはずです。

こうした他人を信頼して思いやって助け合うというヒトの稀有な性質が、血縁のない個体間での協力を可能にしたと考えられています。（A）

このような信頼と助け合いの精神は、ヒトの持つ特殊な心のおかげだと考えられています。もっと具体的にいえば、ヒトの持つ高い共感能力によります。相手がうれしければ自分もうれしくなり、相手が悲しければ自分も悲しくなり、笑いかけられれば、ついこちらも笑ってしまうという能力です。共感とは相手の感情が自分の感情になるということです。（B）

さらに、ヒトは相手の気持ちを想像することができます。相手の気持ちが想像できるようになると、相手を助ければ相手が自分に感謝することを予想できるようになります。そうなれば相手からの助けも期待することができます。そうすれば私があなたを助け、あなたが私を助けるという助け合いの関係が生まれます。助け合いが続けば相手との信頼関係が生まれます。自分が協力すれば、きっと相手も協力してくれることが信じられるようになるのです。（C）

信頼関係が築かれたことによって、初めて物と物を交換することが可能になります。交換は信頼できる相手としかできません。信頼できない相手は、偽物(にせもの)を渡してくるかもしれませんし、受け取るだけ受け取って逃げてしまうかもしれないからです。（D）

交換ができるようになって初めて分業が可能になります。交換ができるのであれば、生活必需品をすべて自分で作る必要はなくなり、それよりも人が欲しがるような素晴らしい物を作ればよくなります。専門家が誕生し、技術が発達していくことになります。かくして③ヒトは生物史上例のない巨大で発展した社会を作り上げたのです。（E）

（市橋伯一『協力と裏切りの生命進化史』による。一部改変）

問一、本文中の①ヒトに備わる稀有(けう)な性質が指し示す具体的な内容を、本文中から十字でそのまま抜き出して書け。（2点）

問二、本文中の②ナミビアのサン民族やアラスカ・カナダのイヌイットについて説明したものとして最も適当なものを、次の1～4のうちから一つ選び、その番号を書け。（2点）

1、狩猟具を作った者が集団の中で一番多く獲物を手に入れる権利をもつことで、集団の規律を維持している。
2、助け合いの習慣が集団を構成する人々に身に付いており、仕留めた獲物は集団の中で平等に分かち合う。
3、狩りや漁で得た食料を他の家族と分け合うというやり方を守った者が、集団の中での地位を高めていく。
4、人を助けるときはお返しを期待すべきでないという考えを、集団に属する人々が生活の中で共有している。

問三、本文において、チンパンジーとヒトとを比較する効果を説明したものとして最も適当なものを、次の1～4のうちから一つ選び、その番号を書け。（2点）

1、血縁のない個体と協力するチンパンジーの存在に言及することで、チンパンジーとヒトの共通点を示すことができる。
2、自分が獲得した食物に執着するチンパンジーの気質を示すことで、人間社会の改善すべき課題を見い出すことができる。
3、ヒトの行動をまねしようとするチンパンジーの特性を考察することで、ヒトの進化の道筋を明らかにすることができる。
4、遺伝子がほぼ同じチンパンジーとヒトとのふるまいの違いに着目することで、人間社会の特徴を説明することができる。

問四、本文中にヒトはどうして血縁のない他人を信頼できるのでしょうかとあるが、そのことについての書き手の考えが書かれているのはどこまでか。最も適当なものを、本文中の（A）～（E）のうちから一つ選び、その記号を書け。（3点）

問五、**思考力** 本文中に③ヒトは生物史上例のない巨大で発展した社会を作り上げたのですとあるが、その社会を作り上げるまでの過程を説明した次の□中の文の［　　］に入る内容を、三十字以上、四十字以内でまとめて書け。（3点）

> 共感能力によって［　　　　　　］ことになり、ヒトは巨大で発展した社会を作り上げた。

三（小説文）内容吟味

次の文章を読んで、後の各問に答えよ。句読点等は字数として数えること。（計12点）

【ここまでのあらすじ】己之吉(みのきち)・お園(その)夫婦の営む料理店「川瀬」をひいきにしてくれていた歌舞伎役者市川海老蔵(えびぞう)が、お咎(とが)めを受け江戸追放になった。早いご赦免(しゃめん)を願い、己之吉は大好きな酒を断ち、お園は波除(なみよけ)神社に参り、お百度を踏んだ。八年後、お咎めが解け海老蔵は江戸へ戻った。己之吉は海老蔵がいつ店を訪れてもいいように、もてなす準備をしていた。だが、海老蔵はまだ訪れない。己之吉は不安になってきた。

「そうさ、からかっていたのさ」

からかわれていたとも知らず、海老蔵に特別扱いされた、と己惚(うぬぼ)れていた自分が恥ずかしい。ぜいたくに馴(な)れた舌には、水の吟味こそ一番のもてなしと、①毎日毎日目黒村くんだりまで、水汲(く)みに行ったのも、ばかげた独りよがりだった。

「水の味なんか、分るわけがねえ」

損料払って小舟を雇い、桶も新しく拵えて、お不動様にはお供え物、取り寄せた材料はずいぶん沢山、無駄にした。二十日余りに遣った金は、三両を超えている。

三両といえば、仲働きをしていたお園の一年分の給金である。多くても一朱二朱の勘定しか取らない料理店で、三両の仕込み代金は法外だ。だが、それも、「お蔭様で、ここまでやれるようになりました」という気持のうちの一つと思い、損得抜きでやってきた。
②「安手な男だなァ、俺は」
手間も暇も、かかった入費も惜しくはない。惜しくはないが、情ない。ぜいたくが、骨の髄まで染みこんでいる大立者と、海老蔵を見込んだ自分が情ない。

「あら、あんなことを」

お園は軽くかわし、翌日もその翌日も、渋る己之吉をなだめすかして、目黒へ水を汲みに行かせた。

お園の方も、満願で止めたお百度を、またこの日から踏み始めた。

「ふん、お百度の通じる相手じゃねえや」

己之吉は邪険にいったが、お園は笑ってとり合わない。

そして、また、五、六日たった。

その日の川瀬はたてこんでいた。二階の座敷にも、七人もの客がいた。

四つ（十時）近くだったか、客も大方帰り、そろそろ火を落とそうという刻限に、格子戸が、からりと開いて、新規の客が入ってきた。海老蔵だった。連れが一人。顔見知りの狂言作者である。

「さてと、ぬたは、まだありますかね」

つい昨日も立寄った、といった風情で小上がりに座を占めると、海老蔵は気軽にいった。

「へえ」

一瞬ぼんやりとして、ただ突っ立っていた己之吉は、大きく一呼吸してから、手早く「ぬた」を拵えて海老蔵の前に供した。


「お不動様のご利益」

お園が、己之吉の脇をすり抜けながら耳元に囁いて行った。

「波除け様だろう」

口の中で、己之吉は呟く。


小半刻。海老蔵が立ち上がった。己之吉は、片だすきをはずしながら傍に寄り、改めて帰郷の祝いを述べた。

「ありがとうございます」

海老蔵は丁寧に礼を述べてから、自分より上背のある己之吉を見上げていった。

「それにしてもご亭主、いい料理人になんなすったねえ」

名題の大目玉が、己之吉を真っ正面から見据えている。

「恐れ入ります」

上ずった声で受ける己之吉に、海老蔵は追い討ちをかけた。

「ところでお前さん、料理に使う水を、一体どこまで汲みに行きなすった」

「あっ」
③己之吉は棒立ちになった。
「親方……」

己之吉は、ぼそぼそと目黒不動の水を使ったこと、親方に喜んでもらう気でいたが、逆にこっちが誉められ、今有頂天になっていること、などを告げた。海老蔵は大きく一つ頷いてから、いった。

「今日ほどぜいたくな思いをしたことはありません。お心尽し、有難く頂戴いたしました。まったくもって役者冥利につきます」

深々と頭をさげる海老蔵を、己之吉は、夢のように見つめていた。④後に控えているお園の嗚咽が、耳に届く。


（竹田真砂子『七代目』による。一部改変）

（注）お咎め…ここでは、天保の改革で歌舞伎が弾圧の対象となり、海老蔵が捕まったことを指す。
ご赦免…罪を許し、刑罰を免除すること。

お百度…願いごとを叶えるため、社寺に参り境内を百回往復して拝むこと。願いが叶うことを「満願」という。

目黒村…今の東京都目黒区。東部の下目黒には滝泉寺（通称…目黒不動）がある。ここには、不動明王が祀られている。己之吉の店から、約10キロメートル離れたところにある。

損料…衣服・器物などを借りて、その損ずる代償として支払う金銭。借用料。

給金…給料として渡される金銭。

入費…あることをするのにかかる費用。

ぬた…料理の一種。細かく切った魚肉、野菜などを酢味噌であえたもの。

小半刻…現在の三十分に相当する。

名題の大目玉…ここでは市川海老蔵のこと。


問一、本文中に①毎日毎日目黒村くんだりまで、水汲みに行った とあるが、己之吉が海老蔵をどのような人物ととらえていたことが分かるか。最も適当な語句を、本文中から二十一字でそのまま抜き出し、その初めの七字を書け。（2点）

問二、本文中に②「安手な男だなァ、俺は」とあるが、ここからうかがえる己之吉の心情として最も適当なものを、次の1～4のうちから一つ選び、その番号を書け。（2点）
1、ひいきにしてくれていた海老蔵がまだ来ないのは、ぬたの味が変わったからだと気付けなかった自分に対する情けなさ。
2、ひいきにしてくれていた海老蔵を迎えるため、お園が稼いだ三両を仕込み代金として使い込んだ自分に対する情けなさ。
3、ひいきにしてくれていた海老蔵であれば、ご赦免後、必ず店に来てくれるはずだと己惚れていた自分に対する情けなさ。
4、ひいきにしてくれていた海老蔵が江戸を追放されていたのに、お園と暮らす日々を満喫していた自分に対する情けなさ。

問三、難 次の□中の文章は、本文中の「お不動様のご利益」～己之吉は呟く。から、己之吉とお園の二人の関係を通して読み取れるお園の人物設定についてまとめたものである。［ア］、［イ］に入る最も適当な語句を、［ア］は五字以内で、［イ］は二字で、それぞれ考えて書け。（ア2点、イ1点）

【お園の人物設定】妻として己之吉を［ア］人物として設定されている。

＊根拠Ⅰ「お不動様のご利益」と己之吉に囁くことで、今日を迎えることができたのは、己之吉の労によるものであると伝えていることが分かるから。

＊根拠Ⅱ お園の言葉に対して「波除け様だろう」と呟くことで、今日を迎えることができたのは、自分ではなく、お園によるものだとして、己之吉がお園に［イ］の思いを抱いていることが分かるから。

問四、難 思考力 本文中に ③己之吉は棒立ちになった とあるが、この瞬間の己之吉の気持ちを、五十字以上、六十字以内で考えて書け。ただし、最高のもてなし、努力 という二つの語句を必ず使うこと。（3点）

問五、思考力 本文中に ④後に控えているお園の嗚咽が、耳に届く とあるが、この一文があることによってもたらされる効果について説明したものとして最も適当なものを、次の1～4のうちから一つ選び、その番号を書け。（2点）

1、己之吉が心を奪われた状態であることや、夫婦間の情愛の深さを印象付ける効果がある。
2、己之吉が恥じ入っている状態であることや、夫婦間の激しい嫉妬を印象付ける効果がある。
3、己之吉が戸惑っている様子であることや、夫婦間の緊張の高まりを印象付ける効果がある。
4、己之吉が誇らしげな様子であることや、夫婦間における敬いの心を印象付ける効果がある。

四 （漢文）仮名遣い・内容吟味・動作主

次は、中国の『戦国策』という本にある話【A】と、その現代語訳【B】である。これらを読んで、後の各問に答えよ。句読点等は字数として数えること。（計12点）

【A】

斉、魏を伐たんと欲す。淳于髠、斉王にいひていはく、「①韓子盧なる者は、天下の疾犬なり。東郭逡なる者は、海内の狡兎なり。韓子盧、東郭逡を逐ひ、山を環る者三たび、山に騰る者五たび、兎、前に極れ、犬、後に廢れ、犬兎倶に罷れて、各〻其の處に死す。田父之を見、労勌の苦無くして、其の功を擅にせり。今、斉・魏久しく相持して、以て其の兵を頓らし、其の衆を敝らさんとす。臣、強秦・大楚の其の後を承けて、田父の功有らんことを②恐る。」と。③斉王懼れて、将を謝し士を休す。

（林秀一『新釈漢文大系 第47巻 戦国策（上）』による。一部改変）

（注）斉、魏…中国古代の国の名。
淳于髠…斉王の家来。
秦、楚…中国古代の国の名。

【B】

斉が、魏を伐とうとした。（そのことについて、）淳于髠が斉王に向かって言うには、「韓子盧というのは、天下まれに見る足の速い犬（の名前）です。東郭逡というのは、国内まれに見るすばしこい兎（の名前）です。韓子盧が東郭逡を追いかけ、山の周囲を駆け巡ること三たび、山の頂に駆け登ること五たびしていると、兎は前方で力尽き、犬は後方でくたくたになり、犬も兎もともに疲れ果てて、それぞれその場で死んでしまいました。農夫はこれを見て、何の苦労もなく手柄を独占したのです。今、斉と魏とが久しく対立することで、兵力を鈍らせ、民衆を疲れさせようとしています。私は、強力な秦や広大な楚が、斉や魏の疲弊衰弱につけ込んで、あの農夫のように手柄を得るのではないかと心配しております。」と。斉王は恐れて、将軍を解任し、兵士を帰らせ休ませた。

問一、よく出る 基本 【A】の いひていはく の読み方を、全て現代仮名遣いに直し、平仮名で書け。（1点）

問二、【A】の 功 の意味を、【B】の中からそのまま抜き出して書け。（1点）

問三、【A】の ①韓子盧 は、何をたとえたものか。最も適当な語句を、【A】から漢字一字でそのまま抜き出して書け。（2点）

問四、【A】に ②恐る とあるが、その主語として最も適当なものを、次の1～4のうちから一つ選び、その番号を書け。（3点）

1、淳于髠　2、斉王　3、犬兎　4、田父

問五、思考力 次の□中の文は、③斉王懼れて、将を謝し士を休す について説明したものである。［ア］に入る語句を、十字以上、二十字以内の現代語で考えて書け。ただし、国土 という語句を必ず使うこと。また、［イ］に入る語句を、八字以内の現代語で考えて書け。（ア3点、イ2点）

斉王は、斉と魏の二国が疲弊衰弱している間に［ア］ことを恐れ、魏に対する［イ］ということ。

五 条件作文 思考力

田辺さんの中学校では、毎年五月に行われる体育大会に、地域の方々を招待している。田辺さんの学級は、学習指導のボランティアの方々への案内を担当することになり、相手に伝えるときに大切にしたいことや、伝える手段などについて話合いが行われた。次は、話合いを記録したメモ、【資料1】は「相手に伝えるときに大切にしたいこと」に

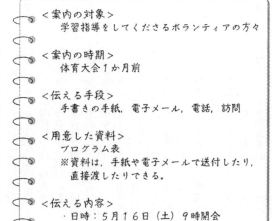

ついての意見、【資料2】は学級で考えた伝える手段の特徴である。これらを読んで、後の問に答えよ。（15点）

話合いを記録したメモ

＜案内の対象＞
学習指導をしてくださるボランティアの方々

＜案内の時期＞
体育大会1か月前

＜伝える手段＞
手書きの手紙，電子メール，電話，訪問

＜用意した資料＞
プログラム表
※資料は，手紙や電子メールで送付したり，直接渡したりできる。

＜伝える内容＞
・日時：5月16日（土）9時開会
・見所：応援合戦 11時から

【資料1】「相手に伝えるときに大切にしたいこと」についての意見

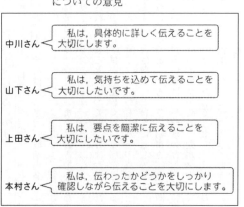

中川さん：私は，具体的に詳しく伝えることを大切にします。

山下さん：私は，気持ちを込めて伝えることを大切にしたいです。

上田さん：私は，要点を簡潔に伝えることを大切にしたいです。

本村さん：私は，伝わったかどうかをしっかり確認しながら伝えることを大切にします。

【資料2】学級で考えた伝える手段の特徴

	手書きの手紙	電子メール	電話	訪問
情報のやりとり	返信があれば、必要な情報をやりとりできる。	返信があれば、必要な情報を素早くやりとりできる。	その場で、会話を通して、必要な情報をやりとりできる。	その場で、表情を見ながら、必要な情報をやりとりできる。
相手の状況	相手の都合のよいときに見ることができるが、見たかどうかの確認ができない。	相手の都合のよいときに見ることができるが、見たことの確認ができない場合もある。	相手の都合に合わせる必要があるが、確実に伝えることができる。	事前に相手の都合を確認する必要があるが、確実に伝えることができる。

問、田辺さんは、相手に伝えるときに大切にしたいことや、伝えたいことを効果的に伝える手段について考えている。あなたなら、どのように考えるか。次の条件1から条件4に従い、作文せよ。

条件1　文章は、二段落構成とすること。
条件2　第一段落には、あなたが相手に伝える際に最も大切にしたいことを、【資料1】から一つ選び、その理由を書くこと。
条件3　第二段落には、第一段落を踏まえ、あなたの伝えたいことを最も効果的に伝えることができる手段を、【資料2】から一つ選び、その理由を書くこと。
条件4　題名と氏名は書かず、原稿用紙（＝省略）の正しい使い方に従い、十行以上、十二行以内で書くこと。

佐賀県

時間 50分　満点 50点　解答 P48　3月4日実施

出題傾向と対策

●資料問題（省略）、論説文、小説文、古文の大問四題構成であった。資料問題では、百二十字以内の条件作文も出されている。論説文や小説文の本文の量は標準。記号問題が多く出題され、選択肢の文章がやや長いのが特徴である。記述式問題も出題されるが、字数は比較的短い。
●漢字、文法、歴史的仮名遣い、文章の読み取りと幅広く出題されるので、基礎基本をしっかりと身につけたい。論説文、小説文、古文とも本文の正確な読み取りが前提になるので、問題演習を繰り返しておくとよいだろう。

一（省略）公益社団法人セーブ・ザ・チルドレン・ジャパンの2018年の広告／JICAのホームページ「『生きる力』を育む国際理解教育実践資料集」より（計8点）

二（論説文）漢字の読み書き・内容吟味・段落吟味

次の文章を読んで、あとの問いに答えなさい。（計15点）

コンセンサスという言葉があります。日本語では、意見の一致、とか、合意、と訳されます。政治では、よく「国民の合意をとりつけた」とかいう言い方がされますが、いろいろな考えの人がいて、たくさんの政党があることからもわかるように、政治的なことについて完全に国民の合意を得られることなどほとんどありえません。

政治的なことについて、完全に合意がなされる、あるいは、なされたと政府によって解釈される、というのは、むしろ恐ろしい状況です。第二次世界大戦前の日本や、※ナチスが台頭した時代のドイツのことを考えてみればわかるように、言論弾圧や戦争などといった恐ろしいことの引き金になる可能性が十分にあるのです。

それに対して、①科学というのは、コンセンサスを得やすい分野です。それは、科学は、政治信条のような「好き嫌い」ではなくて、「真実」をあつかうからです。「」付きの真実という、少しあいまいな書き方をしたのには理由があります。※トンデモ説ほどひどくはなくとも、いま正しいとされていることであっても、ひょっとしたら、研究が進むにつれて、将来、正しくないと判定されることは十分にありえるのです。すなわち、本当の真実かどうかを完全に断定することは難しいということなのです。

こういったことまで考えて、物事を完全に断定的に言い切らないことが多いのは、科学者のひとつの特徴です。科学者が真実を尊いと思うが故の行動パターンですから、科学者の良心という言い方もできます。けれども、こういう言葉遣いは、慎重すぎてちょっとうっとうしいと思われるかもしれません。

一つの例として※地動説を考えてみましょう。現在では、地動説というのはコンセンサスになっています。しかし、※ガリレオや※コペルニクスの時代以前は、地動説ではなくて※天動説がコンセンサスだったのです。科学におけるコンセンサス――あるいは、この場合は常識と言ってもいいかもしれません――は、必ずしも正しいとは限らないということが、この例だけからもわかるでしょう。

このように多くの人が共有している科学的な知的枠組を、難しいけれどちょっとかっこいい言葉で「パラダイム」と言います。太陽が昇る、という観測事実は、はるか昔から皆が知っていたわけです。その事実は、昔は天動説のパラダイムで説明されていたのが、次に述べるように、科学的な観測が蓄積した結果としてa破綻し、地動説のパラダイムへと転換したという訳です。

天動説を信じていたなんて、昔の人は頭が悪かったんだなぁと思うかもしれませんが、それは違います。その時代の最高に知性的な人だって天動説を信じていたのです。パラダイムというのは、②それほど強力に時代を覆い尽くしているものなのです。

では、③どのようにして天動説から地動説へとパラダイムが転換していったのでしょう。まったく知識がなかったら、天動説と地動説だと、天動説の方が信じやすいと思いませんか？　だって、地面がすごいスピードで動いているなんて、普段生活していてもまったく感じないのですから。だから、昔は、なんとなく天動説が圧倒的にbユウセイだったのです。

しかし、技術が進み、いろいろなことが観測されるようになって、おかしいぞということが少しずつでてきました。たとえば、地球がじっとしていると考えると、惑星の動きを説明するのに、相当にcフクザツな考えを持ち出さないといけないことがわかってきました。16世紀になって、コペルニクスは、『天球の回転について』という本に、太陽が中心にあって、地球も惑星もその周りを回っていると考えた方が合理的だと書きました。

この考えは、地球が宇宙の中心であるという※聖書の考えにあわないために、反発をくらい、なかなか受け入れられませんでした。ちなみに、コペルニクスは、この本を死ぬ前年に発表しています。教会からクレームがつくのがわかっていたので、出版をそこまで遅らせたのではないかとも言われています。

しかし、その考えの方が正しいのではないかという研究成果――すなわち天動説に対する反証ですね――が徐々に蓄積していきます。そんな時代の中に登場したのがガリレオです。ガリレオは、望遠鏡による観測で、木星の周りに四つの衛星があること、すなわち、木星もその周囲を回る星を持っている、ということを発見しました。これによって、地球が宇宙の中心であるという天動説に決定的なダメージを与えたのです。

最終的にはもちろん地動説が認められたわけですが、一発ですんなりいったわけではないのです。コペルニクスとガリレオでは90歳くらい歳が違いますから、コペルニクスの考えが出されてからパラダイムが入れ替わるまで、かなりの年数がかかったことがわかります。パラダイムというのは、非常に強固なものなので、少々の反論があっても、d都合のいい言い訳を編み出してパラダイムを守るため、その反論を跳ね返してしまいます。しかし、さらに反論がどんどん積み重なっていくと、いよいよもたなくなって、最終的にその説が破綻し、初めてみんなの考えが変わるのです。

科学哲学という分野があって、科学とは何か、とか、科学の方法とかを考える哲学です。その分野で有名なひとりに※トーマス・クーンという人がいます。そのクーンが、ここで簡単に紹介したように、科学というのは、あるパラダイムが次のパラダイムへと転換する「パラダイムシフト」によって進歩するのだという考え方をとりいれました。この考えは『科学革命の構造』という本に書かれているのですが、学説が破綻して次の学説に進むというのは、確かに、社会における革命に少し似たところがありますね。

みんなが信じ込んでいるパラダイムであっても、間違えている可能性があるということはわかってもらえたでしょうか。ある意味では、科学は、みんなが当たり前に思っていることに対して疑いを持つということによって進歩してきた、という言い方もできるのです。だから、④科学では、みんなが信じている考えだからといって鵜呑み（うの）にしない、ということが大事なのです。

（仲野徹（なかのとおる）『科学者の考え方――生命科学からの私見』による）

（注）※ナチス…第一次世界大戦後に成立したドイツの国家社会主義ドイツ労働者党の通称。
※トンデモ説…「とんでもない」から派生した語で、現実や事実から逸脱した趣旨・内容を含む説。
※地動説…地球は自転しながら、太陽の周りを公転しているとする考え方。
※ガリレオ…ガリレオ・ガリレイ。イタリアの物理学者、天文学者。一五六四〜一六四二年。
※コペルニクス…ニコラウス・コペルニクス。ポーランドの天文学者。一四七三〜一五四三年。
※天動説…地球は宇宙の中心に静止し、他の天体がその周りを回っているとする考え方。
※聖書…ここでは、キリスト教の教典のこと。
※トーマス・クーン…アメリカの哲学者、科学者。一九二二〜一九九六年。

問1、よく出る　a破綻、bユウセイ、cフクザツ、d都合　に

ついて、カタカナは漢字に直し、漢字は読みをひらがなで書きなさい。（各1点）

問2、①科学というのは、コンセンサスを得やすい分野です　とあるが、これはどういうことか。その説明として最も適当なものを、次のア～エの中から一つ選び、記号を書きなさい。（2点）

ア、科学は、多くの科学者が合意することによって確定した真実を科学者が何よりも尊ぶので、誰もが信じ込みやすい学問であるということ。

イ、科学は、好き嫌いのような感情を否定するとともに、曖昧な真実も否定するので、科学者の意見が一致しやすい学問であるということ。

ウ、科学は、将来誤りと判定される可能性はあるものの、今は正しいとされる真実をあつかうので、合意形成しやすい学問であるということ。

エ、科学は、新たな真実の発見が積み重ねられることによって徐々に発展していくので、人々に夢や希望を与えやすい学問であるということ。

問3、②それほど強力に時代を覆い尽くしている　とあるが、これはどういうことか。その説明として最も適当なものを、次のア～エの中から一つ選び、記号を書きなさい。（2点）

ア、その時代の知識人でさえも信じ込むほどの強さで、多くの人々の考え方を支配しているということ。

イ、最高の知性を備えた者も支配するほどの絶大な権力で、人々の思考の自由を奪っているということ。

ウ、その時代の数多くの科学者が魅了されるほどの完璧な不変の真理として、広まっているということ。

エ、最高の知性を備えた者しか抵抗できないほどの常識として、強く人々を縛りつけているということ。

問4、③どのようにして天動説から地動説へとパラダイムが転換していったのでしょう　とあるが、この転換の説明として最も適当なものを、次のア～エの中から一つ選び、記号を書きなさい。（2点）

ア、宗教が尊重された時代は多くの人が天動説を信じていたが、教育の普及により科学への理解が深まり、地動説の支持者が増えていった。

イ、人々は生活経験や宗教的考えに支えられた天動説を信じていたが、科学的な研究成果の蓄積により次第に地動説の考えに変わっていった。

ウ、天動説は日常生活の中で把握できる星の動きの観測を重視してきたが、地動説は星の動きを説明するための理論の構築を重視していった。

エ、天動説は当時の宗教と結びついたため、絶対的なものとして信じられていたが、宗教が廃れた途端に地動説が信じられるようになった。

問5、**思考力** ④科学では、みんなが信じている考えだからといって鵜呑みにしない、ということが大事なのです　とあるが、筆者がこのように考えるのはなぜか。その理由を五十五字以内で書きなさい。（3点）

問6、**思考力** 本文に見られる表現または構成の特徴として最も適当なものを、次のア～エの中から一つ選び、記号を書きなさい。（2点）

ア、「地動説」や「天動説」などの具体例を多く用いることで、科学のもたらした成果と過ちについて筆者の考えを丁寧に説明している。

イ、「地動説」と「天動説」を対比させて述べることで、地動説が妥当な考え方であるという筆者の考えを読み手に強く印象付けている。

ウ、「コンセンサス」の話から論を始め、最後に科学の「パラダイム」に対する筆者の考えで結論付ける尾括型の構成となっている。

エ、「コンセンサス」について冒頭で辞書的意味を踏まえた筆者の考えを示し、末尾で再度考えをまとめる双括型の構成となっている。

三（小説文）文節・内容吟味

次の文章を読んで、あとの問いに答えなさい。（計15点）

小学五年生の少年（トシユキ）は、南小学校から遠く離れたS市の小学校に転校した親友の三上くん（ケイジ）と手紙でやりとりをするなかで、夏休みに会うことを約束していた。夏休みになり、少年は約束通り三上くんの自宅を訪れた。

正午を回った頃、やっと三上くんが帰ってきた。居間でテレビを観ていた少年に、「おーっ、ひさしぶりぃ！」と笑顔で声をかける。息が荒い。顔が汗びっしょりになっている。自転車をとばして帰ってきた——早く会うために帰ってきてくれた、のだろうか。

①一瞬ふわっとゆるんだ少年の頬は、三上くんと言葉を交わす間もなく、しぼんだ。

三上くんはおばさんに「お昼ごはん、なんでもいいから、早く食べれるものにして」と言ったのだ。「一時から五組と試合することになったから」

おばさんは台所から顔を出して、「ケイジ、なに言ってるの」と怒った。「トシくんと遊ぶんでしょ、今日は」

三上くんは、あっ、という顔になった。あわてて「わかってるって、そんなのわかってるって」と繰り返したが、あせった目があちこちに動いた。

けろっと忘れていたのだろう。ソフトボールの練習中に急に「試合しよう」という話になって、「じゃあ、俺も行く」と安請け合いしてしまったのだろう、どうせ。

「ケイジ、あんたねえ、せっかくトシくんがわざわざ遊びに来てくれたのに、迎えもお母さんに行かせて、ずーっと待ってもらって……もうちょっと考えなさい」

しょんぼりと肩を落として「はーい……」と応える三上くんよりも、少年のほうがうつむく角度は深かった。おばさんが味方についてくれたのが、うれしくて、悔しくて、恥ずかしくて、悲しい。

「どうせジンくんたちでしょ？　さっさと電話して、行けなくなったって言っときなさい」

おばさんは三上くんをにらんで、「せっかくハンバーグつくってるんだからね」と、また台所に戻った。ジンくん——少年の知らない、三上くんの新しい友だちだろう。

三上くんは、まいっちゃったなあ、と顔をしかめ、少年に遠慮がちに声をかけた。

「トシもソフトやらない？　一緒に行こうよ、学校まですぐだし、グローブも貸してやるから」

なっ、なっ、と両手で拝まれた。

　少年は黙ってうなずいた。おばさんと三人でごはんを食べるのも気詰まりだったし、三上くんのほんとうの安請け合いは、ソフトボールの試合のことではなく、手紙に〈遊びに来るのを楽しみにしています〉と書いたことなのかもしれない、と思ったから。

「俺らの学校にトシがいて、五年二組だったら、絶対にレギュラーだよ」

　三上くんは「ほんとだぜ、ほんとだ」と念を押して、にっこり笑った。四カ月ぶりに見る笑顔は、そんなに変わらない。②でも、三上くんの「俺らの学校」は、もう、南小ではない。

　知らない友だちに囲まれている三上くんは、とても楽しそうだった。「こいつ、トシユキっていって、俺の前の学校の友だち」――少年を紹介すると、友だちは、同じ名前の子を思いだしたのだろう、みんなで顔を見合わせて笑った。この学校でのトシユキは、どうやらクラスでみそっかす※扱いされているようだ。

　でも、トシユキがどんな子なのか、誰も教えてくれない。みんなは少年を放っておいて、少年の知らない話ばかりして、笑ったり小突き合ったりしている。

「あ、それで……」

　三上くんは少年を振り向き、気まずそうに言った。

「いま、俺ら九人いるから……トシ、ピンチヒッターでいい？　途中で、絶対に出番つくってやるから」
③泣きたくなった。来るんじゃなかった、と思った。
「……やっぱり、帰るから」

　少年は言った。校門前のバス停から駅行きのバスが出ているのは、さっき確かめておいた。

「ええーっ？　なんで？」と驚く三上くんに「バイバイ」と言って、最後にがんばって笑って、ダッシュで校門に向かった。

　三上くんは追いかけてこなかった。


　次のバスは五分後だった。ベンチに座って、ぼんやりと足元を見つめていると、グラウンドのほうから歓声が聞こえてきて、また目に涙がにじみそうになった。

　予定よりもずっと早い列車で帰ることになる。まだ明るいうちに家に帰り着けるだろう。急いで出かければ、南小のグラウンドで遊んでいる友だちにも会えるかもしれない。早く帰りたい。みんなと遊びたい。もう「三上、元気かなあ……」なんて言わない。これからは、ずっと。

　そろそろだな、と膝に載せていたリュックサックを背負って立ち上がったら、「トシ！」と校門から三上くんが駆けてきた。

「悪い悪い、ごめんなあ……ほんと、ごめん、守備のときは抜けられないから」

　一回表の五組の攻撃が終わると、全力疾走してきたのだという。少しでも時間がとれるよう、ふだんは三番の打順も九番に下げてもらった。

「トシのこと忘れてたわけじゃないんだけど、やっぱり、こっちもこっちでいろいろあるから」

「……わかってるから、いいって」

「バスが来るまで一緒にいるから」

「いいよ、そんなの悪いから」

「でも……せっかく来てくれたんだし」

　三上くんはグローブを二つ持ってきていた。ボールもあった。④「ちょっとだけでも、キャッチボールしよう」と笑って、自分が使っていたグローブを少年に差し出した。

　少年が黙って受け取ると、三上くんは照れくさそうに笑った。少年も目を伏せて笑い返す。

　小走りに距離をとった三上くんが、山なりのボールを放った。それを軽くキャッチしたときに、気づいた。

〈南小4年1組フォーエバー！〉

　グローブの甲に、サインペンで書いてあった。転校したての頃に書いたのだろう、黒い文字は薄れかかっていた。

　へへっ、と少年は笑う。うれしいのか悲しいのかよくわからなかったが、自然と笑みが浮かんだ。

「なに？」とけげんそうに訊く三上くんにはなにも答えず、ボールを投げ返した。


　三上くんが「バス、来たぞ」と言った。振り向くと、道路の先のほうにバスの車体が小さく見えた。

「ラスト一球」――さっきより少し強いボールを、少年は右手をグローブに添えて捕った。
⑤〈南小4年1組フォーエバー！〉の文字の上を右手の親指でなぞると、うっすらと積もっていた砂埃が拭い取られて、少しだけ、文字が鮮やかになった。
（重松　清『南小、フォーエバー』による）

（注）※みそっかす…仲間として対等に扱ってもらえない存在。

問1、**よく出る** **基本** 予定よりもずっと早い列車で帰ることになる。とあるが、この一文はいくつの文節から成っているか。文節の数を書きなさい。（1点）

問2、①一瞬ふわっとゆるんだ少年の頬は、三上くんと言葉を交わす間もなく、しぼんだ　とあるが、この時の「少年」の説明として最も適当なものを、次のア～エの中から一つ選び、記号を書きなさい。（2点）
ア、三上くんが帰ってきて一緒に楽しく食事をしていたが、母親に叱られて肩を落とした三上くんの様子を見て寂しい気持ちになっている。
イ、三上くんが帰ってくるまでのんびりテレビを見てくつろいでいたが、遊ぶために急いで昼ご飯を食べようと促されたので困惑している。
ウ、三上くんが自分に会うために急いで帰ってきたのではないかと喜んだが、午後からの試合のためであったことがわかりがっかりしている。
エ、三上くんがうれしそうな顔で帰ってきたので安心したが、苦手なソフトボールの練習に誘われそうになったため嫌な気持ちになっている。

問3、②でも、三上くんの「俺らの学校」は、もう、南小ではない　とあるが、ここでの「少年」の心情として最も適当なものを、次のア～エの中から一つ選び、記号を書きなさい。（3点）
ア、久しぶりに再会した三上くんの自分に対する態度がよそよそしいものに変わっていたことから、三上くんに対して不信感を抱いている。
イ、転校先の新たな友人のことしか考えていない三上くんの言葉から、自分の存在は完全に忘れ去られてしまったのだと驚きあきれている。

ウ、三上くんが転校先になじんでいることを喜ぶ反面、自分を試合に誘ったことから、仲の良い友人がいないのではないかと心配している。

エ、転校先での学校生活にすっかりなじんでいるような三上くんの言動から、お互いの生きる世界が同じではなくなったのだと感じている。

問4、③泣きたくなった　とあるが、この時の「少年」の心情として最も適当なものを、次のア〜エの中から一つ選び、記号を書きなさい。（3点）

ア、三上くんの友だちに笑われたことでつらく感じているのに、ピンチヒッターを自分に押しつけようとする三上くんのわがままな態度に怒りを感じている。

イ、三上くんの頼みで試合に来たのに、仲間と楽しそうな様子の三上くんに対して自分は孤立し、三上くんにもぞんざいに扱われ、みじめな思いになっている。

ウ、転校先の友だちにからかわれている自分を三上くんがかばってくれたことに感謝しつつも、無理矢理に試合に連れてこられたことを恨めしく思っている。

エ、三上くんが新しい友だちに自分を紹介する時に、自分をおとしめるような話ばかりして、仲間の輪から外そうとする意図を敏感に察し、嘆き悲しんでいる。

問5、よく出る　④「ちょっとだけでも、キャッチボールしよう」とあるが、三上くんがキャッチボールをしようと誘ったのはなぜか。その理由を四十字以内で書きなさい。（3点）

問6、⑤〈南小4年1組フォーエバー!〉の文字の上を右手の親指でなぞると、うっすらと積もっていた砂埃が拭い取られて、少しだけ、文字が鮮やかになった　とあるが、これはどのようなことを象徴しているか。その説明として最も適当なものを、次のア〜エの中から一つ選び、記号を書きなさい。（3点）

ア、少年の後を追いかけてきてくれた三上くんに対する信頼が、一段と強まったということ。

イ、急に少年が帰ったことでひびの入った三上くんとの関係が、さらに悪化したということ。

ウ、三上くんを友だちと思う気持ちは消えたのだと、少しずつ思い直しているということ。

エ、少年の中で切れたと思った三上くんとのつながりを、わずかに取り戻したということ。

四 （古文）仮名遣い・内容吟味

次の文章を読んで、あとの問いに答えなさい。（計12点）

※河内国安宿郡の部内（地域）に、※信天原の山寺有り。※妙見菩薩に燃灯を献ずる処と為す（ろうそくの火をお供えしていた）。※畿内年毎に、燃灯を奉る。帝（女帝）姫※阿部の天皇のみ代に、知識縁例に依り（信者たちは機会があって）、燃灯を菩薩に献じ、並に室主（山寺の僧）に銭・財物を施しき。其の布施の銭の中五※貫を、師の弟子（山寺の僧の弟子）、①窃に盗みて隠せり。後、銭を取らむが為に、往きて見れば銭無し。但鹿、矢を負ひて倒れ死せら（死んでいる）くのみ（だけだった）。すなはち鹿を荷はむが為に、河内の市の辺の井上寺の里（河内の市場の近くの井上寺の実家）に返りて（実家に帰って）、②人等を率て至り見れば（連れて来て見ると）、鹿には非ず。唯銭五貫なり。因りて（こんなわけで）盗人を顕しき。定めて（まさしく）知る、是れ、実の鹿に非ず。菩薩の示せる所なることを。是れ奇異しき（不思議なこと）事なり（である）。

（『日本霊異記』による）

（注）※河内国安宿郡…現在の大阪府羽曳野市や藤井寺市の東部。
※信天原の山寺…未詳。現在の大阪府太子町にある妙見寺と思われる。
※妙見菩薩…北極星を神格化した菩薩。
※畿内…都の近隣の国。
※阿倍の天皇…称徳天皇。
※貫…銭貨の単位。

問1、基本　荷はむ　をすべてひらがなの現代仮名遣いで書きなさい。（2点）

問2、よく出る　①窃に盗みて隠せり　とあるが、何を盗んだのか。それを表す本文中の漢字一字を抜き出して書きなさい。（1点）

問3、②人等を率て　とあるが、そのような行動をとったのはなぜか。その理由として最も適当なものを、次のア〜エの中から一つ選び、記号を書きなさい。（3点）

ア、妙見菩薩に鹿を納めるため。

イ、鹿を別の場所に運ぶため。

ウ、しとめた鹿を自慢するため。

エ、鹿で盗人を捕まえるため。

問4、次に示すのはこの文章についての先生とAさんの【対話】である。　X　に当てはまる言葉を十字以内で書きなさい。また、　Y　に当てはまるものとして最も適当なものを、あとのア〜エの中から一つ選び、記号を書きなさい。（各3点）

【対話】

（先　生）本文の最後の行に「因りて盗人を顕しき」とありますが、どうして弟子が盗人だとわかったのでしょうか。

（Aさん）それは、　X　場所に弟子が盗んだものがあったからだと思います。

（先　生）そうですね。それで弟子の行いが人々に知られてしまったわけですね。昔から鹿は菩薩の化身と言われていたんですよ。

（Aさん）なるほど。だから最後の「是れ、奇異しき事なり」とは、　Y　ということを指しているんですね。

ア、菩薩が鹿に姿を変えて、弟子の罪をあばいた

イ、鹿が菩薩に姿を変えて、盗まれたものを返した

ウ、菩薩が鹿に姿を変えて、弟子を改心させた

エ、鹿が菩薩に姿を変えて、真犯人に罰を与えた

長崎県

時間	満点	解答	
50分	100点	P49	3月10日実施

出題傾向と対策

●小説文、古文、論説文、話し合いとチラシの考察の大問四題構成。本文は比較的読みやすく、提示された文章の空所補充の出題も例年どおりだが、四がボランティア活動の内容と当日の連絡事項に変わり、字数も増え資料を的確にまとめる力が求められる。慣用句、歴史的仮名遣いなどの国語知識も、必ず問われる。

●漢字の読み書き、文法問題、歴史的仮名遣いなどの基礎知識を確実に身につけておきたい。また、本文の表現を用いて、指定字数で記述する練習が不可欠である。

一 (小説文)漢字の読み書き・文脈把握・内容吟味・鑑賞・表現技法

次の文章を読んで、あとの問いに答えなさい。(計34点)

前顧問の棚橋(たなはし)先生に代わって、新しく弓道部の顧問になった吉村先生が「斜面(弓の引き方の一つ)」を部員に指導した。調子が上がりだした部員がいる一方、これまでの引き方にこだわっていた篠崎凜(しのざきりん)は不調が続いていた。そんな中、吉村先生が練習後に今度の試合のオーダー(メンバー)を発表した。

「Aチーム。注(1)大前(おおまえ)、本多陽子(ようこ)。二の立ち、前川美晴(みはる)。大後(おち)、篠崎凜」

えっ、と周囲からも、凜自身の口からも声がa漏れた。最近調子のいい人たちはたくさんいるし、凜の調子がずっと悪いことはみんな分かっていたはずだからだ。そろそろ決めなければならないことは分かっていたけれど、今日の成績だけでオーダーを決めるなどとは先生も言っていなかったし誰も思ってもいないことだった。

不満を感じたものはいたのかもしれないが、もちろん表立って[　　]ことはない。

女子Dチームまでのメンバーが発表された。注(2)綾乃(あやの)は残念ながら出場出来なかったようだが、ちらりと様子を窺(うかが)うとおどけたように肩をすくめてみせた。I最近頑張っていたのに、またやる気をなくさなければいいけれど。

凜が何となく①釈然としない思いを抱えているのを見抜いたのか、みんなが着替えに向かう中、ぼーっと立ちすくんでいたところに吉村先生が珍しく近寄り、話しかけた。

「びっくりしてるみたいだね」

「II……はい」

先生が人混みを避けるように注(3)射位(しゃい)に向かい、端から足を下ろして的を見ながら坐(すわ)ったので、凜もそのやや斜め後ろに正座した。

「篠崎さんは、いずれ調子を取り戻すって、信じてたよ。あなたはb素直で、注(4)射形もきれいだもん。IIIそう言ったよね、最初の時に」

それではあれは、ただのお世辞ではなかったのだ。

「――確かに今日は少し調子が戻りましたけど、別に何か摑(つか)んだって感じでもないんです。あれこれ悩んでも仕方ないって、吹っ切れただけで」

「それでいいんだよ。それでいい。――悩む必要がないってことじゃないからね。悩んで、考えて、考えて、考えて、どこかで吹っ切って、結局練習する。それの繰り返し」

「……先生にも、スランプありましたか」

おずおずとそう聞くと、吉村先生はぶはっ、と豪快に笑った。

「あった、あった。当たり前じゃん。泣きそうになった――てか泣いたことあるよ。悔しくて、自分が情けなくて。これからはもう泣かないなんて自信もないし」

気力と自信に満ちあふれた様子の今の先生からはとてもそんな姿は想像できなかったが、多分本当のことなのだろう。

少し本音が聞けた気がして、②凜はずっと訊(き)きたかったことを思い切って訊いてみることにした。

「――先生は、わたしたちは……高校生は、試合に勝てばいいって考えられてるんですか。中(あ)たりがあればいいって」

ちらりとこちらを見て微笑(ほほえ)むと、再び前を向く。

「あー、そうだね。そんなふうに見えたんだね。ある意味では、イエス……かな。中たらないと、面白くないでしょう、弓って」

「それはそうですけど……」

「あなたは、弓道に向いてるのかもしれない。真面目(まじめ)で、素直で、根性がある。中たりがなかなか出なくても、ぐっとこらえて教本通りの練習を続けられる。――でもね、学校の部活でやってる人たち、みんながみんなそうじゃないの。基本的にはみんな、今三年間、もしくは大学であと数年。それだけだよ。長いように感じるかもしれないけど、あっという間。チームスポーツも大体そうだろうけど、一人でもできるはずの弓も、学校出ちゃったらなかなかやる人はいない。誰でも行ける弓道場もそんなに沢山はないしね。それが現実。あなたは多分、高校だけでやめようなんて、思ってないんだよね」

「はい」

「弓は一生出来るものだし、できたらみんな続けてくれたらいいなとは思ってる。わたし自身だって、たまたまこの学校に来られたから指導と称して続けられてるけど、もしそうじゃなかったらどうなってたか自信ないよ。結婚したり出産したりしてやめちゃう人も沢山いる。女は特にね。――で、多分この三年間……実質二年半？　でやめていく人たちと、あなたみたいにずっと続けていこうと思ってる人を同じように指導することなんかできないんだ。もしそんなことしたら、きっとみんなには、『弓道って辛(つら)かったな』『つまんなかったな』っていう記憶しか残らないかもしれないんだよ？　そんなのより、なるべく多くのみんなに中たりが出たときの気持ちよさとか、試合に勝ったときの喜びとか、そういう想い出を持たせて卒業させてあげたい。そしたら、社会人になって弓を持ちたくなったとしても、大人になって余裕ができたとき、もしかしたらまたふと、弓引いてみようかな、って思うかもしれない。他のスポーツと違って、そういうことができるんだよね、弓って」

③凜は、文字通り目を開かされる思いだった。そんな視点から弓道を見たことがなかったし、たとえ高校の部活だろ

うとその指導は一番一所懸命頑張っている人間に合わせて当然とさえ思っているところがあった。

　確かに、綾乃がそうであったように、同じ部員でも弓に対する温度差は結構ある。そして、凜や部長に比べれば熱意の薄い部員に対し、いくら歯がゆく思ったところで、「同じ熱意を持て」というのがそもそも無理な話だというのも分かってはいた。チームスポーツでない以上、ポジション争いとかもない。そしてまた、試合当日のコンディションや運の要素が強すぎて、熱心な人間ならいい結果が出せるという保証などまるでないところもまた、強いモチベーション注(5)を維持しにくい理由かもしれない。

「――だからね。あなたは、あなた自身の理想に向かって努力すればいいの。正射必中注(6)、大いに結構。でも他の人もみんなそうでなきゃダメだなんて思わないで。早気注(7)(はやけ)Ⅳがもしれないし照ってる（弓が反り気味になる）かもしれない。着装(ちゃくそう)も体配注(8)(たいはい)もひどいかもしれない。――あんまりひどかったら、わたしだって注意するよ。でも、みんなに少しは勝つ楽しさも味わわせてあげたい。それは、中たりがあってこそでしょ」

　棚橋先生は、とにかく礼を、射品注(9)をうるさく言う先生だった。すべてにᶜキビしかったかもしれない。吉村先生はその点まるで違う。しかし、彼女の言うことはよく聞いてみればいたってもっともで、そして棚橋先生の教えとも少しも矛盾してはいないように思えた。

　わたしはわたしの射を目指す。それで何の問題があるだろうか。

「――今度の試合が終わったら……」

　凜は言った。

「なに？」

「④試合が終わったら、もうちょっと真面目に斜面の練習してみます。今はちょっと怖いので」

「うん。そうだね。色々試してみて、悪いことはないと思うよ」

　吉村先生は振り向いて、にっこりと笑った。

（我孫子(あびこ)武丸(たけまる)『凜(りん)の弦音(つるね)』）

注(1)　大前…弓道の団体戦で、最初に矢を射る人。「二の立ち」「大後」が後に続く。
注(2)　綾乃…凜の友人。
注(3)　射位…道場内の矢を射る位置。
注(4)　射形…矢を射る一連の動作・姿勢。
注(5)　モチベーション…意欲。
注(6)　正射必中…「正しい作法で矢を射ると矢は必ず的に中たる」という弓道の理念。
注(7)　早気…弓道の良くない癖の一つ。
注(8)　体配…弓道全般における振る舞い方。
注(9)　射品…矢を射る際の品格。

問一、**基本** ――線部a～cについて、漢字は読みをひらがなで書き、カタカナは漢字に直せ。（各2点）

問二、**よく出る** 本文の□にあてはまる表現として最も適当なものを次から一つ選び、その記号を書け。（2点）

ア、異を唱える　イ、言葉を濁す
ウ、話をそらす　エ、理屈を並べる

問三、**基本** ――線部①の意味として最も適当なものを次から一つ選び、その記号を書け。（2点）

ア、疎外感を感じていたたまれないさま。
イ、思い通りにならず意欲が湧かないさま。
ウ、疑念が晴れずにすっきりしないさま。
エ、心配のあまり何も手につかないさま。

問四、――線部②について、このときの「凜」の心情の説明として最も適当なものを次から一つ選び、その記号を書け。（4点）

ア、情けない一面を見せた吉村先生を意外に思い、本当に自分に本心を語ってくれるのか、先生を試そうと思っている。
イ、自身の弱さを率直に話してくれた吉村先生に親近感を覚え、踏み込んだ質問をしても答えてくれそうだと思っている。
ウ、普段と違う一面を見せた吉村先生に自分への真剣な思いを感じとり、自分も弱さを見せなければならないと思っている。
エ、吉村先生の話から、先生が自分の弱い部分を隠していたことを知り、今なら先生をやり込められそうだと思っている。

問五、**思考力** ――線部③について、「凜」が「目を開かされ」たのは、「吉村先生」のどのような考えを聞いたからか。空欄に合う形で六十五字以内で書け。（8点）

「弓は一生出来るもの」であるから、□という考え。

問六、――線部④について、このように発言した「凜」の説明として最も適当なものを次から一つ選び、その記号を書け。（4点）

ア、今は射形が崩れるから試したくないが、他の部員の気持ちを理解するためにも斜面に挑戦しようと思っている。
イ、弓道の捉え方が広がり、斜面にも挑戦して色々試す中で自分なりの理想の射を作りあげようと思っている。
ウ、これまでの反抗的な態度を改め、吉村先生の指導に従って斜面を練習して試合で勝つ射を目指そうと思っている。
エ、吉村先生の考えは完全には理解できないが、斜面の練習をして「勝つ楽しさ」だけは理解したいと思っている。

問七、**基本** 本文において「吉村先生」はどのような人物として描かれているか。その説明として最も適当なものを次から一つ選び、その記号を書け。（4点）

ア、独りよがりな言動をとり部員との深い関わりを避ける人物。
イ、礼儀作法にはうるさいが熱意を持って部員を指導する人物。
ウ、普段の豪快さに反して部員には優柔不断な態度をとる人物。
エ、経験に基づく信念を持って各部員に応じた指導をする人物。

問八、**よく出る** ……線部Ⅰ～Ⅳの表現について説明したものとして最も適当なものを次のア～エから一つ選び、その記号を書け。（4点）

ア、Ⅰは、会話文以外の文章に凜の視点からの語りを挿入することで、凜の心情を読者に直接的に伝えている。
イ、Ⅱは、「……」を用いることで、凜が本当は言いたくないことを無理に言おうとする様子を表現している。
ウ、Ⅲは、倒置法を用いることで、対決姿勢をあらわにし緊張感を高める二人の様子を表現している。
エ、Ⅳは、専門用語を多用することで、他の競技にはない弓道の価値の高さを読者に印象づけている。

二 (古文)動作主・口語訳・仮名遣い・内容吟味

次の文章を読んで、あとの問いに答えなさい。（計18点）

注(1)博雅三位（はくがさんみ）の家に、盗人入りたりけり（入った）。三品（三位は）、板敷の下に逃げかくれにけり（隠れた）。盗人帰り、さて後（その後）、はい出て家の中をみるに、のこりたる物なく（残された）、みなとりてけり（みな盗み出してしまっていた）。ひちりき一つを注(2)置物厨子（ずし）にのこしたりけるを（残していたのを）、三位とりてふかれたりけるを（お吹きになっていたのを）、①出でてさりぬる盗人、はるかに（遠くで）これを聞きて（その音色を聞き）、感情おさへがたくして（感情がおさえられなくなって）、帰りきたりていふやう（語ることには）、「只今（ただいま）（たった今の）の御ひちりきの音をうけたまはるに（お聴きすると）、あはれに（趣深く）たふとく候ひて（高貴な音色でありまして）、悪心みなあらたまりぬ（悪い心がすっかり改まりました）。とる所の（盗んだ）物どもことごとくに（全て）かへしたてまつるべし（お返しいたしましょう）」といひて、②みな（全て）置きて出でにけり（出て行った）。③むかしの盗人は、又かく（このように）いうなる心も有りけり。（『古今著聞集（ここんちょもんじゅう）』）

注(1)　博雅三位…平安時代中期の貴族。ひちりき（笛）の名手であった。
注(2)　置物厨子…棚。

問一、**よく出る** ……線部「みる」の主語を本文から抜き出して書け。（3点）

問二、――線部①の意味として最も適当なものを次から一つ選び、その記号を書け。（3点）
ア、三位の家を出て行った盗人
イ、三位の家に残っていた盗人
ウ、三位の家に戻って来た盗人
エ、三位の家を出ようとした盗人

問三、**基本** ＝線部を現代かなづかいに直して書け。（2点）

問四、――線部②とあるが、「盗人」はなぜそのようにしたのか。三十字以内で書け。（6点）

問五、――線部③は、この文章に書かれた出来事に対する筆者の感想を述べた部分である。「いうなる心」とはどのような心か、最も適当なものを次から一つ選び、その記号を書け。（4点）
ア、弱者を憐（あわ）れむ心　イ、自然を愛する心
ウ、風流を理解する心　エ、物を大切にする心

三 (論説文)漢字の読み書き・熟語・文脈把握・内容吟味・意味用法の識別・主題・段落吟味

次の文章を読んで、あとの問いに答えなさい。なお、設問の都合上、各形式段落に1～10の番号を付している。（計33点）

1 「フェールセーフ」という言葉をご存じだろうか。これは、工学における設計思想の一つであり、「機械は必ず壊れる」「誤操作は必ず起こる」ことを前提として、万が一そうなった場合に安全側に制御する手法あるいは原則のことである。

2 この「安全側」という表現は聞き[a]ナれないものと思う。たとえば、自動車であれば、コントロール系に障害が発生したときに、自動車が暴走するのではなく、停止するように作動させる設計が、フェールセーフだ。暴走も停止も、走行に対する「障害」であることでは同じだが、「暴走」は危険側であり、「停止」は安全側である、という見方をする。これが工学の基本である。

3 青と赤の二灯の信号機がある。青が進め、赤が停まれだ。何故二つのランプが①必要なのだろうか。常に電気を消費する。たとえば、赤のランプだけにして、これが光っていれば停まれ、消えていれば進め、というシステムにすれば、電力が半分になって省エネ注(1)になる。信号機も簡素になって[b]セイゾウ費も節約できるだろう。一灯で充分な機能の信号機になるのではないか。

4 現実に、そういった信号機はない。もしランプが切れた場合に、停まらなければならないときにその指示ができず、進めと勘違いされるからだ。これは［Ⅰ］側である。では、青のランプ一灯にすれば良いのだろうか。ランプが切れた場合に、停まれになるから、［Ⅱ］側である。けれども、青のランプが光っていないときに、停止の指示なのか、停電や機械の不具合によって信号機が点灯していないのかが、判別できない。もし、信号機にトラブルが発生しているなら、できるだけ早く察知する必要があるだろう。二灯の信号機の場合、両方が消えていれば、機械の不具合がすぐにわかる分、［Ⅲ］側に設計されているといえる。

5 ②フェールセーフ以外にも、安全を確保する設計思想がある。障害が発生した場合、それが[c]致命的な結果を招かないように、補助をする装置を用意しておく。その補助装置に障害があった場合も想定し、さらに別の装置を用意する。安全を確保するために、二重三重に「バックアップ」を用意して備える、という考え方である。この場合も、「障害は発生するものだ」という立場で備えることに変わりはない。

6 人々は自然[A]［の］中で生きているが、実際のところ、衣食住など、身の回りにあるもののほとんどは人工の生産品であり、それらの品々すべてが、安全を意識して作られている。だからこそ、今[B]［の］安全な社会が成り立っている。もちろん、まだまだ不備は多々あり、ときどき事故が起こっているけれど、問題が見つかるごとに反省し、議論し、改善されてきた。昔に比べれば、格段に住みやすくなっていることは確実であり、こうした安全な社会の基本となっているものが、万が一[C]［の］ことを想定して考えられたシステムである。そして、このような安全を維持していくことで「信頼性」というものが生まれてくる。信頼できるから、安心できるのだ。ひとたびトラブルが起こり、安全が脅（おびや）かされると、信頼性が失われるこ

とになり、大勢が不安を抱く結果となる。安全を連続的に実現するという積み重ねによってしか、信頼は生まれない。③安心というのは、なかなか得難（えがた）いものだといえる。

7 さて、ここまで述べてきたように、人間の賢さというDのは、悪い事態になったときのことを想定する能力であり、いうなれば、「悲観力」のようなものに支えられているのが、現代社会だといっても過言ではない。

8 機械のトラブルだけではない。人間自身が間違いを犯すことも非常に多い。機械以上に人間は間違えるものである。というよりも、人間が間違いばかりするから、機械が発明され、人間をカバーしているのが本当のところだ。

9 社会は、人間の意思によって動いているわけだから、人間が間違えば、つまり社会、あるいは国家が間違いを犯す。戦争をしたり、搾取（さくしゅ）をしたり、あるいは虐待・差別をしたり、といった悪い事態は、歴史を遡（さかのぼ）ればいくらでも見つけることができる。④同じ過ち（あやま）を繰り返すことも少なくなかった。機械の設計のようなフェールセーフが、人間の社会には不足していたのかもしれない。こういった反省から、民主主義や立憲政治などが生まれたともいえるだろう。

10 「これは戦争につながるものではないか」と疑う、「こういったことは差別を助長しかねない」と心配する。マスコミ注(2)などは、そういった兆候を見逃さず、「警鐘を鳴らす」ことが使命といえる。「ちょっと心配のしすぎではないのか」と思えることも多いけれど、しかし、基本的に「悲観」することが、重大な過ちを繰り返さないための歯止めとなる、という考えに基づいているのだろう。

（森（もり）博嗣（ひろし）『悲観する力』）

注(1) 省エネ…「省エネルギー」の略。エネルギーを効率良く使うこと。

注(2) マスコミ…「マスコミュニケーション」の略。ここでは大衆への情報伝達を行う機関を指す。

問一、**基本** ――線部a～cについて、漢字は読みをひらがなで書き、カタカナは漢字に直せ。（各2点）

問二、**よく出る** ――線部①と構成が同じ熟語として最も適当なものを次から一つ選び、その記号を書け。（3点）

ア、読書　イ、独立　ウ、絵画　エ、勝負

問三、**基本** Ⅰ～Ⅲにあてはまる語の組み合わせとして最も適当なものを次のア～エから一つ選び、その記号を書け。（3点）

ア、Ⅰ 安全　Ⅱ 危険　Ⅲ 危険
イ、Ⅰ 危険　Ⅱ 危険　Ⅲ 安全
ウ、Ⅰ 安全　Ⅱ 安全　Ⅲ 危険
エ、Ⅰ 危険　Ⅱ 安全　Ⅲ 安全

問四、――線部②について、「フェールセーフ以外」の「安全を確保する設計思想」に基づいた例として最も適当なものを次から一つ選び、その記号を書け。（3点）

ア、転倒すると自動的に電源が切れる電気ストーブ。
イ、一定速度を超えて降下すると緊急停止するエレベーター。
ウ、停電すると蓄電池と自家発電で電源を確保する病院。
エ、吹きこぼれて火が消えるとガスが止まるガスコンロ。

問五、**よく出る** A～Dのののうち、働きが異なるものを一つ選び、その記号を書け。（2点）

問六、――線部③について、「安心」が「得難い」のはなぜか。次に合う形で、「安全」「信頼」という語を用いて四十字以内で書け。（6点）

安心は、□から。

問七、――線部④について、人間の社会が「同じ過ちを繰り返」さないために、「マスコミ」はどのような役割を果たすべきだと筆者は考えているか。次に合う形で四十字以内で書け。（6点）

マスコミは、□という役割を果たすべきだ。

問八、**よく出る** 本文の構成について説明したものとして適当でないものを次から一つ選び、その記号を書け。（4点）

ア、2は、1の内容を具体例を挙げてわかりやすく説明している。
イ、4は、3で提起された疑問について具体的な考察をしている。
ウ、7は、6までの内容をまとめた上で新たな話題を提示している。
エ、9は、8の指摘に対して歴史的根拠を挙げつつ反論している。

四 （話し合い）資料の読み取り・内容吟味・条件作文

次の【話し合い】は、中学生のAさん、Bさん、Cさん、Dさんがグループで参加するボランティア活動について、協議をしている場面である。【話し合い】と【チラシ】をふまえて、あとの問いに答えなさい。（計15点）

【話し合い】

A 現在募集中のボランティア活動の【チラシ】をもらってきたよ。どれにしようか。Dさんは今日はいないけれど、どれに参加するかは私たちに任せると言っていたよ。

B どれも面白そうだね。

C 私たちは平日は学校があるし、放課後は部活動に入っている人もいるから、ボランティア活動に参加できない日もありそうだね。特に技能も資格も持っていないけれど、何がやれるかな。

A 図を使ってそれぞれのボランティア活動を比べて、どれに参加するかを決めてはどうかな。①縦軸は私たちの「興味・関心の度合い」を、横軸は「参加しやすさ」を表していて、縦軸は上にいくほど興味・関心の度合いが高く、横軸は右へいくほど参加しやすいということになる図だよ。

C それはいいね。興味・関心と言えば、以前から、人との触れ合いができるものがいいと皆で話していたよね。

A そうだね。「興味・関心の度合い」はその視点で考えよう。

B では、さっそく(い)から順に考えていこう。私たちの町は観光地で、外国人旅行者も多いからいろいろな人と触れ合えそうだね。

A うん。でも、もう少し英会話が上達してからじゃないと参加できないかな。ろはどうかな。犬の散歩、楽しそう。

C　でも、ろは[1]、参加しやすいとは言えないね。人との触れ合いも多いとは言えないかな。はは、一人暮らしのお年寄りも増えていると聞くし、お年寄りと触れ合いながら私たちが貢献できることもたくさんありそうだね。

A　それじゃあまとめると、はに参加するってことでいいかな。

B　そうだね、さっそく申し込みをしよう。いつ参加しようか。

C　来週土曜日の九時から十二時までにしよう。当日は受付場所に集まろうか。

B　了解。Dさんに連絡しないといけないけれど、どう伝えたらいいかな。

C　「私たちのグループは、[2]。」と伝えたらいいんじゃないかな。私がDさんに電話をかけておくね。

【チラシ】

（い）

外国人観光客
案内ボランティア
大募集！！

活動内容	外国人観光客への道案内 オリジナルはっぴを着て活動します！
活動時間	9：00～18：00 時間帯・活動回数は応相談！
申し込み	観光客お助け隊 (team-otasuke@○○○○.jp)
備考	活動場所までの交通費は自己負担

◎こんな人を募集します
☆語学力を試したい方
☆国際交流に関心がある方
☆英会話に自信のある方を優先します
（英検２級以上の有資格者等）

（ろ）

犬好きのあなたを求めています！！
おさんぽボランティア募集

忙しい飼い主さんに代わって、
かわいいワンちゃんと
お散歩しませんか？

場所：東公園周辺
時間：平日１０時または１６時から６０分程度
回数：週３回
年齢：大型犬もいますので、中学生以上から
※現在飼い主さんとワンちゃんの登録も受付中です。

お電話ください　☎○○○－○○○○　わんわん愛好会

（は）

ボランティア募集

お年寄りの生活をお手伝いしよう！

高齢者には、買いものや掃除など日常生活でのちょっとしたことに困っている方が多くいます。
誰でもできるボランティア活動です。

○平日・土日・祝日いつでも歓迎！
○9：00～12：00もしくは13：00～17：00
（短時間でも可）

○開始時間の３０分前に集合してください
○受付場所：南公民館

問一、【新傾向】次のア～エは、――線部①の図に【チラシ】い～はのボランティア活動を配置したものである。【話し合い】と【チラシ】の内容をふまえて最も適当なものを一つ選び、その記号を書け。（4点）

ア
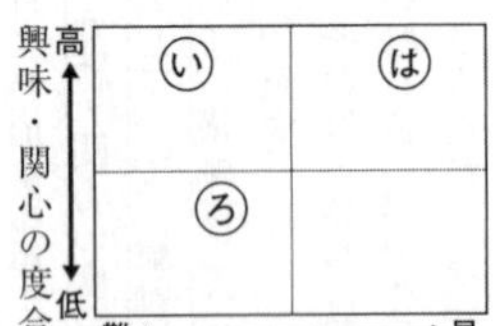

イ
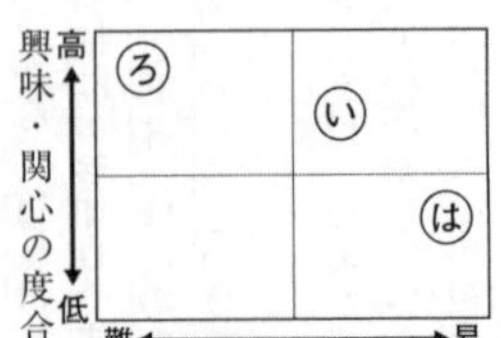

ウ
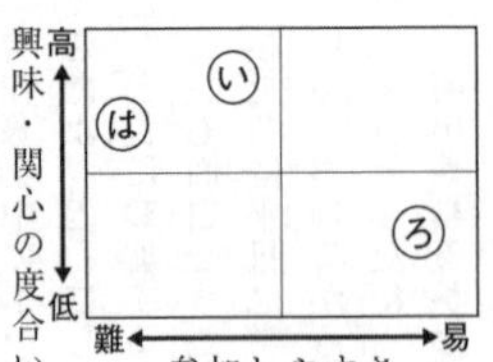

エ
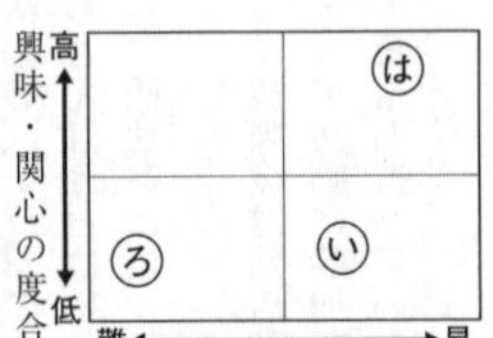

問二、【基本】空欄[1]にあてはまるものとして最も適当なものを次から一つ選び、その記号を書け。（3点）

ア、大型犬ばかりだから
イ、時間や回数が指定されているから
ウ、登録者数が少ないから
エ、散歩は飼い主の義務だから

問三、【思考力】空欄[2]には、Dさんに伝えるべきボランティア活動の内容と、活動当日の集合に関する連絡事項が入る。【話し合い】と【チラシ】の内容をふまえて次に合う形で七十字以内で書け。ただし、一文または二文で書くこと。（8点）

「私たちのグループは、[2]。」と伝えたらいいんじゃないかな。

熊本県

時間 50分　満点 50点　解答 P50　3月10日実施

出題傾向と対策

●漢字や国語知識、スピーチ文、論説文（省略）、小説文、古文の大問五題構成。幅広い分野から満遍なく出題されている。本文量は論説文は標準的、小説文は若干長めだが、設問は比較的易しい。ただし、問い方にひねりのある設問が多く、問題を注意深く読む必要がある。

●漢字の読み書き、書体、熟語の組み立て、口語文法、慣用句、歴史的仮名遣いと知識があれば解ける問題も多いので、学校での授業を大切にし、基礎基本をきちんと身につけること。演習を通じて問題に慣れておく。

一 漢字の読み書き・漢字知識・慣用句・文節・熟語・活用　基本

次の文章を読んで、あとの問いに答えなさい。（計9点）

年齢は五十代の①半ばくらいなのだろうか。か弱かった声にいくらか力がこもった。芥川（あくたがわ）の話になると、

「A芥川の作品ではなにが一番お好きですか」

純粋な本好きらしいとア判断してB遠慮なく聞いてみた。

秋田にイ来てから、C小説を読む友など一人もいなかった。

東京で過ごした中学、高校の間に、文庫本で手に入る芥川の作品はすべてウ読んでいた。もっぱらストーリーのおもしろさにひかれた子供っぽい読書体験ではあったが、それでもほんの少しだけ、小説を書くという②行為の楽しさと恐ろしさを教わった。

「いつまでも芥川ばかり読んでいるのは幼稚だっていう人たちがいるけれど、『秋』なんていいよね。大人の小説だよね。みんなが思ってエいる以上に芥川の作品て奥が深いような気がするんだよね」

主人は座敷の上がり口に置いてあったポットのお湯を注いで茶をいれてくれた。

猪口（ちょこ）(注)に似た小ぶりな湯飲みに、丸く小さな急須(注)でD最後の一滴まで注いでオくれた茶はさわやかな甘みを含んだ玉露(注)だった。出された木製の丸椅子に坐（すわ）り、ガラスケース越しに主人と③ムき合ってしばし芥川談議に④ムチュウになった。

（南木佳士（なぎけいし）著「急須」による。）

(注) 猪口＝小形のさかずき。
急須＝お茶を注ぐ道具の一種。
玉露＝最高級の緑茶。

1、**よく出る** 傍線①～④の部分の、漢字にはよみがなをつけ、かたかなは漢字に改めなさい。（各1点）

2、二重傍線Aの部分に「芥川の作品」とあるが、小説家芥川龍之介（りゅうのすけ）の作品「鼻」を読んで印象に残った表現を、書写の時間に書くことになった。次は、ある生徒が、【行書】で書いた下書きを【楷書】で書き直したものである。【行書】の波線部分を、楷書で正しく書きなさい。（1点）

【行書】傍観者の利己主義
⇩
【楷書】傍観者の□己主義

3、二重傍線Bの部分「遠慮」を使った四字熟語に、「深く思いを巡らし、□」という意味の「深謀遠慮」がある。□の部分に入れるのに適当な「遠慮」の意味を、次の【国語辞典の一部】のア～エから一つ選び、記号で答えなさい。（1点）

【国語辞典の一部】

えんりょ【遠慮】
ア、他人に気をつかって、自分のしたいことや、言いたいことをひかえめにすること。
イ、辞退すること。
ウ、遠い先々まで考えること。
エ、公の秩序を考えて出勤や祝い事などをさしひかえること。

4、**よく出る** 二重傍線Cの部分「小説を読む友など一人もいなかった」を文節に分ける場合、いくつに分けられるか。数字で答えなさい。（1点）

5、**よく出る** 二重傍線Dの部分「最後」と同じ組み立てになっている熟語として、最も適当なものを次のア～オから選び、記号で答えなさい。（1点）
ア、親友　イ、土地　ウ、縦横
エ、開幕　オ、日没

6、点線ア～オの動詞の説明として適当でないものを次のア～オから一つ選び、記号で答えなさい。（1点）
ア、点線ア「判断し」は、サ行変格活用の動詞「判断する」の連用形である。
イ、点線イ「来」は、カ行変格活用の動詞「来る」の連用形である。
ウ、点線ウ「読ん」は、五段活用の動詞「読む」の連用形である。
エ、点線エ「いる」は、上一段活用の動詞「いる」の連体形である。
オ、点線オ「くれ」は、下一段活用の動詞「くれる」の連体形である。

二 （スピーチ文）短文作成・文脈把握・要旨・段落吟味

春田（はるた）さんのクラスでは、保健体育の授業で、「スポーツを見ること」についてスピーチをすることになり、春田さんと小山（おやま）さんが班員の前でリハーサルを行った。次は、【春田さんの原稿】と【小山さんの原稿】、リハーサル後に班員が書いた〈春田さんへの助言の一部〉と〈小山さんへの助言の一部〉である。あとの問いに答えなさい。文章中の1～4は、段落につけた番号である。（計7点）

【春田さんの原稿】

1皆さんはスポーツを競技場で見たことがありますか。私自身、以前は「スポーツを見るならテレビが一番」と思っていましたが、競技場での観戦を通し、その魅力に気がつきました。

2去年、①高校生の姉は、私を誘って熊本で行われた全国高等学校総合体育大会のハンドボール競技を見に行きました。代表校同士の試合はすさまじい迫力で、私は

初めて我を忘れるという体験をしました。これをきっかけに、十二月に熊本で行われた女子ハンドボールの世界選手権には、私から姉を誘って行きました。世界レベルのスピードと力強さはさらに圧倒的な迫力で、自分の視野が大きく広がった気がします。

3競技場には、自分で見どころを決める自由もあります。私は先日、一九六四年のオリンピックで競泳を観戦した小説家の随筆を読みました。建物の様子、選手たちの一つ一つの動作、観客が思わず漏らすつぶやきと叫び声。まるで自分の目をカメラにして映画を撮ったような文章でした。次に競技場に行くときは、私も自分だけの見どころを探したいと思います。

4自分だけの感動や見どころを見つけられるのは、競技場ならではです。皆さんにもぜひ、全身でスポーツを感じるという体験をしてほしいと思います。物は試し。まずは競技場に出かけてみませんか。

【小山さんの原稿】

1私は冬休みに、家族とテレビで箱根駅伝を見ました。箱根駅伝は、熊本県出身の金栗四三(かなくりしそう)さんの呼びかけで始まったレースで、東京と箱根を結ぶ往復二一七・一キロの道のりを、二日に渡って十人でタスキをつなぐ競技です。テレビからは選手のエピソードや自然豊かなコースの映像などが絶え間なく流れ、話に花が咲きました。

2競技場でスポーツを見ることは楽しいことですが、私はテレビ観戦にもっと大きな魅力を感じます。②テレビ観戦は、天候や交通手段に左右されないので子どもから高齢の方まで気軽に観戦を楽しめ、感動を分かち合えるからです。また、録画機能を使えば見るタイミングが自由になります。さらに、詳しい解説を聞くことができるので、競技への興味や関心が高まります。

3箱根駅伝のテレビ中継について調べると、険しい山道が続く箱根では電波を飛ばすことが難しく、生中継は不可能とされていたことがわかりました。しかし中継スタッフは、箱根駅伝のすべてを全国に伝えたいという一心で努力を重ね、今では、「正月の風物詩」と呼ばれるまでになったのです。

4今年はオリンピックやパラリンピックが東京で開催され、テレビ中継もたくさん予定されています。日頃スポーツを見ないという人も、いろいろな競技を見てください。きっと、スポーツの新しい魅力に気づくことができますよ。

〈春田さんへの助言の一部〉

春田　さんへの助言

		項目	評価
内容	ア	テーマにそった話題であったか	◎
	イ	構成や順序は適切であったか	◎
	ウ	話の始め方に工夫はされていたか	◎
	エ	主張に対する根拠が明確であったか	○

良かった点
2段落の「[A]」という慣用句から，[B]様子が浮かびました。

アドバイス
「高校生の姉は，私を誘って」の部分は，春田さんを主語にしたほうがあとの文とのつながりが自然になると思います。

〈小山さんへの助言の一部〉

小山　さんへの助言

		項目	評価
内容	ア	テーマにそった話題であったか	
	イ	構成や順序は適切であったか	
	ウ	話の始め方に工夫はされていたか	
	エ	主張に対する根拠が明確であったか	

良かった点
1段落の「話に花が咲きました」という慣用句から，会話が弾んでいる様子が浮かびました。

アドバイス
C最初と最後に意見を話す構成にすると，小山さんの言いたいことがもっとよく聞き手に伝わると思います。

1、【春田さんの原稿】の傍線①の部分「高校生の姉は、私を誘って」を、〈春田さんへの助言の一部〉の「アドバイス」を生かして、意味を変えずに書き換えなさい。（1点）

2、〈春田さんへの助言の一部〉の[A]と[B]の部分に入れるのに適当な言葉を、〈小山さんへの助言の一部〉の「良かった点」を参考にして書きなさい。（2点）

3、春田さんは、話題を転換するために、ある段落の冒頭に、次の一文を入れることにした。この一文を入れるのに最も適当な段落を、【春田さんの原稿】の2段落～4段落から選び、数字で答えなさい。（1点）

> 試合の迫力を感じることだけが競技場の魅力ではありません。

4、【小山さんの原稿】の傍線②の部分「テレビ観戦は、天候や交通手段に左右されないので子どもから高齢の方まで気軽に観戦を楽しめ、感動を分かち合えるからです」は、どの項目で評価したらよいか。最も適当なものを、〈小山さんへの助言の一部〉のア～エから選び、記号で答えなさい。（1点）

5、〈小山さんへの助言の一部〉の波線Cの部分「最初と最後に意見を話す構成にする」ために、小山さんは、【小山さんの原稿】の1段落～4段落の順番を直すことにした。〈小山さんへの助言の一部〉の「アドバイス」を生かした構成として最も適当なものを次のア～オから選び、記号で答えなさい。（2点）

ア、1→3→2→4　　イ、1→3→4→2
ウ、2→1→3→4　　エ、2→3→4→1
オ、4→2→3→1

三 (省略)本川達雄「生きものとは何か　世界と自分を知るための生物学」より（計15点）

四 (小説文)内容吟味・語句の意味

次の文章を読んで、あとの問いに答えなさい。（計10点）

「圭祐は(注)九分を意識したことがあるのか？」

ある。それを正也に話すのは……。いや、今がそのタイミングなのかもしれない。

「①三〇〇〇メートル走の目標タイムだ」

僕は中学生のあいだずっと、その時間を意識し続けていた。

だけど、三〇〇〇メートルを九分以内で走れたことは、一度もない。

僕のベストタイムは九分一七秒だ。

中学一年、陸上部に入って最初に計測したときの記録は一〇分二三秒。この記録で顧問の村岡先生に長距離部門の選手になることをすすめられ、以降、目指せ九分台、が最初の目標となった。

初めて九分台を出せたのが、一年生の秋の大会で、九分五五秒。次の目標は県大会の標準記録となる、九分四〇秒になった。地区大会で運よく三位までに入賞することができても、公式記録でこのタイムを突破できていなければ、出場できないという大会もある。

それを突破できたのが、二年生の春の大会で、九分三八秒。そこからは、一秒でも多く削って、自己新記録を更新することが目標となった。

それと同時に、(注)良太が九分を切ることを、僕を含め、陸上部の皆が期待していた。僕の母さんも応援していたから、他にももっと多くの人たちが、良太の記録に注目していたはずだ。

入部時から標準記録を余裕で突破していた良太の、中学卒業時のベストタイムは、九分〇五秒だ。

二年生の夏の県大会で四位入賞を果たしたその記録は、膝の故障によって、中学のあいだに更新されることはなかったけれど、膝が完治し、青海学院の陸上部員となれば、時間の問題だろう。

そして、あの事故がなければ、僕は良太の背中を追いながら、自分も九分を切ることを目標にしていたに違いない。

九分以内とは、良太にとっては、さほど高いハードルではない、過去の目標タイム。そして、僕にとっては……。

もう、目指すことのできない数字だ。

一〇分なら、これからも意識することはあるはずだ。いや、しなければならない。英語の授業では、毎回一〇分間テストがあり、五割できなければ、放課後の補習を受けなければならないらしい、と同じクラスのヤツが言っていた。

他にも一〇分はたくさんありそうだ。

だけど、九分以内、という数字を意識することは、二度とないと思っていた。

「②圭祐、すごいよそれ」

時間についてぼんやりと考えていた僕を、正也が目をばっちりと開いて見ている。正直なところ、まだ、何が正也の③琴線にひっかかるのか、摑めない。

「何が？」

「九分っていう中途半端な時間が、おまえの体には刻みこまれてるってことだろ」

「走るペースとしてはね。でも、それがドラマと関係あるの？」

「大アリだよ。三〇〇〇メートルを九分で走るための、呼吸とか、ペース配分とか、スパートをかけるタイミングとか。全体の流れやリズム。トップクラスの選手のものなら、一つの分野として、研究を重ねて完成されたものだろうから、きっと、他の分野でも充分に生かせると、俺は思う」

力説しすぎたせいか、正也がふうと大きく息をついた。おかげで、僕のため息がかき消される。

「トップクラスが必要なら、良太に教えてもらえばいいよ」

「教えてもらって理解できるものじゃないんだ。それに、圭祐だってトップクラスじゃないか。中学駅伝、県大会準優勝チームの主要メンバーで、地区大会では、区間賞だって獲ってる」

「なんで、そんなこと？」

僕は目も口も開けたまま、正也を見返すことしかできない。

「本当は愛の告白をする前に、相手のことをよく調べなきゃならないんだろうけど、ひと目ぼれの場合は、告白したあとでもいいだろ。三崎中のホームページで、去年の部活動の表彰記録を見たら、ちゃんと圭祐の名前が載ってたよ」

中学校のホームページがあったことすら知らなかった。というか……。

「だから、」

④言いかけたところで、正也は大きく息を吸った。まだ、話の途中だったようだ。

「圭祐がすごい選手だったことを知って、ケガの具合とかよく知らないのに、無神経に文化部に誘ってしまってよかったのかな、って後悔したんだ。謝ろうかな、とも思った。でも、そういうことされる方が嫌だろうなって思って、⑤昨日と同じ(注)テンションのままでいることにしたんだ。って、こういう言い方も気に入らないかもしれないけど」

「いや……」

「だから、陸上のことを言われて驚いた。おまけに、九分がすぐに三〇〇〇メートルと結びついて、やっぱりすごいヤツなんだって感動したんだ」

「ありがとう」

ちゃんと声になって口から出ていたのかどうか、自信がない。愛の告白って言い方だけは勘弁してくれ、と言ってやろうと思っていたのに、そこは、今はもういい。

気を遣われて当然、だけど、あからさまに気を遣われるとムカつく。僕はそういう態度でいたはずだ。

高校生活に対しては、希望や期待を中学時代に置いたまま、時間だけが無意味に過ぎていくような三年間を送ることしか想像できなかった。

それなのに、僕の事情をわかった上で、新しい世界を覗いてみようと誘ってくれているヤツがいる。興味が持てるかどうかは自信がないけれど、それを考えるのはあとでもいい。

今、返さなければならない言葉が最優先だ。

（湊かなえ著「ブロードキャスト」による。）

（注）九分＝ここでは、放送コンテストのドラマ部門で規定されている上映時間の上限のこと。圭祐は正也に誘われ、放送部の見学に来ている。

良太＝圭祐が陸上選手として目標にしていた中学入学時からの友人。駅伝で全国大会に出場するという目標を一緒に達成しようと圭祐を誘い、陸上競技の名門校、青海学院に入学した。

テンション＝ここでは、気分の盛り上がり方のこと。

1、次は、ある生徒が登場人物の設定を理解するために、傍線①の部分「三〇〇〇メートル走」の記録を中心にまとめたものである。［Ⅰ］と［Ⅱ］の部分に入れるのに最も適当な時間を、文章中からそれぞれ抜き出しなさい。（1点）

	圭祐	良太
中学一年入部時	一〇分二三秒	標準記録を突破
秋	九分五五秒 ←	
中学二年　春	［Ⅰ］ ←	
ベストタイム	九分一七秒 ←	九分〇五秒
	目標 ［Ⅱ］ 以内	
高校一年入学時	正也に誘われ放送部を見学	陸上部に入部予定

2、傍線②の部分に「圭祐、すごいよそれ」とあるが、正也は、どんなことを「すごい」と考えているか。二十五字以上、三十五字以内で書きなさい。（1点）

3、基本 傍線③の部分「琴線」の文章中での意味として最も適当なものを次のア～オから選び、記号で答えなさい。（1点）

ア、物事に感動し共鳴する心情
イ、物事に過敏に反応する感性
ウ、物事の本質に対する好奇心
エ、物事を大げさに捉える気質
オ、物事を正確に判断する価値観

4、傍線④の部分に「言いかけたところで、正也は大きく息を吸った」とあるが、圭祐が正也の息づかいに注目するのは、「圭祐が培ってきたものは、［　］」と主張する正也の話に耳を傾けてみようと思ったからである。［　］の部分に入れるのに最も適当な言葉を、文章中から十七字で抜き出しなさい。（2点）

5、傍線⑤の部分に「昨日と同じテンションのままでいることにした」とあるが、正也は、どんな言動が圭祐を不快にさせると判断して、「昨日と同じテンションのままでいることにした」のか。最も適当なものを次のア～オから選び、記号で答えなさい。（2点）

ア、圭祐の気持ちを考えることなく自分の意見を押しつけていたことを謝って、普段どおりの態度で接すること。
イ、圭祐が抱える事情に配慮することなく放送部の見学に誘い出したことを謝って、現状への気遣いを見せること。
ウ、圭祐が置かれた状況に気づかないふりをして放送部に勧誘したことを謝って、その場を取り繕おうとすること。
エ、圭祐が引け目に感じている陸上部での記録を話題に出したことを謝って、卑屈になることはないと励ますこと。
オ、圭祐の陸上部での活躍ぶりを勝手に調べたことを謝って、反省の色を示すために後ろめたそうに振る舞うこと。

6、思考力 この文章は、正也とのやりとりを通して変化していく圭祐の心情を、圭祐自身が語ることで場面が展開している。正也とのやりとりを通して、圭祐の心情はどう変化したか。「高校生活」という語を用いて、三十五字以上、四十五字以内で書きなさい。（3点）

五 （古文）仮名遣い・動作主・内容吟味

次の文章を読んで、あとの問いに答えなさい。（計9点）

錦織唐麿(にしきおりからまろ)、幼(いと)けなき時、ある山里をアとほりけり。夏の初めなれば、時鳥(ほととぎす)(注)の初音(注)を聞きて、

家づと(注)にならぬばかりぞ恨みなる親も待たれし初時鳥

と詠(よ)みけり。さて家に帰りてたらちね(注)の前に出(い)でて、「①けふ時鳥の初音イ聞くほどに、『家づとになるべきものならば、たらちねの喜びたまふものを』とウ思ひたれど、②かひなく(注)て、ただかかる歌のみ詠みて帰りぬ」とエ申しければ、たらちね聞きて、「時鳥の初音オ聞くよりは汝(なんぢ)(注)が詠みつる歌を聞くこそ③うれしき心地するなれ」とぞ言はれける。折から、空に時鳥の鳴きければ、たらちねとともに「あれ、鳴きしは」と言ひければ、唐麿、

家づとになりしことこそうれしけれ

と④上の句を直しけるとなり。

（「猿著聞集(さるちょもんじゅう)」による。一部省略等がある。）

(注) 時鳥＝鳥の一種。初夏に渡来し、夏を知らせる鳥として親しまれる。
初音＝その季節に初めて聞く鳴き声。
家づと＝みやげ。
たらちね＝母親。
かひなくて＝「どうしようもなくて」の意味。
汝＝おまえ。

1、よく出る 基本 傍線①の部分「けふ」を現代かなづかいに直して、ひらがなで書きなさい。（1点）

2、点線ア～オのうち、主語が他の四つと異なるものを一つ選び、記号で答えなさい。（2点）

3、よく出る 傍線②の部分に「かひなくて、ただかかる歌のみ詠みて帰りぬ」とあるが、この時の唐麿の気持ちを説明したものとして最も適当なものを次のア～オから選び、記号で答えなさい。（2点）

ア、みやげの代わりとなる歌を詠むことができてほっとしている。
イ、詠んだ歌をうまく推敲(すいこう)できないことをもどかしく思っている。
ウ、とっさに初夏らしい歌を詠むことができて得意になっている。
エ、歌を詠むことしかできずに帰ったことを残念に思っている。
オ、山里で見た景色を歌に詠むことができずに悔しがっている。

4、次は、この文章を読んだ塚原(つかはら)さんと上田(うえだ)さんが、傍線③の部分「うれしき心地するなれ」について話し合って

いる場面の一部である。［　　］の部分に入れるのに適当な言葉を、現代語で書きなさい。（2点）

> 塚原「親思う心に勝る親心」という言葉を思い出したよ。
> 上田「母に［　　］」と願いながら果たせなかった唐麿の母を思う心と、その心をくみ取って「おまえの歌を聞くことの方がうれしい」と返す母の親心が、この言葉にぴったりだね。

5、傍線④の部分「上の句を直しける」の「上の句」は、和歌の初めの五・七・五の三句のことである。唐麿が直したあとの和歌を完成しなさい。（2点）

大分県

時間	満点	解答	
50分	60点	P51	3月10日実施

出題傾向と対策

●漢字・手紙の書き方や敬語に関する複合問題、小説文、論説文、古典文、条件作文を含む総合問題の大問五題構成。問題文は比較的読みやすく、いずれも基本を重視した作問で、丁寧な読解と該当箇所を的確にまとめる力が求められる。二は例年、小説文を読んでの意見交換や話し合いの設問形式が定着している。

●漢字の読み書き、文法問題などの基礎知識を幅広く身につけておきたい。また、本文の言葉を使用して、指定字数で記述する練習と、五の過去問演習は不可欠である。

一 漢字の読み書き・文・漢字知識

次の問一、問二に答えなさい。（計10点）

問一、基本 次の(1)～(5)の――線について、カタカナの部分を漢字に書きなおし、漢字の部分の読みをひらがなで書きなさい。（各1点）

(1)帰省を一週間先にノばす。
(2)ネギの夕バを店頭に並べる。
(3)海外とのボウエキが盛んだ。
(4)作業が滞ることなく進んだ。
(5)資料を無料で頒布する。

問二、よく出る 中学生の太郎さんは、「総合的な学習の時間」で、大分県の方言について調査している。次の(1)、(2)に答えなさい。

(1)太郎さんは、母校のM小学校の花田先生に方言に関する資料を送ってもらうため、依頼の手紙を出すことにした。太郎さんが書いた【手紙の下書き】を読んで、後の①～④に答えなさい。

【手紙の下書き】

> 拝啓
> 空もようやく秋色を帯びてまいりました。花田先生におかれましては、いかがお過ごしでしょうか。私は充実した中学校生活を送っています。
> さて、私は今、「総合的な学習の時間」で大分県の方言について調べています。このテーマにした理由は、小学生の時に、花田先生が方言について話してくださり、とても面白いと思ったことが理由です。その後、調査を進めていく中で、先生が大分県南部の方言について資料を作成されていることを知りました。なので(X)、突然の依頼で申し訳ありませんが、調査の参考にするために、その資料を一部送っていただけないでしょうか。後日、こちらからお電話いたしますので、ご検討ください。
> 季節の変わり目です。お体を大切にいたしてください(Y)。
> 草々
> 令和元年九月二十七日
> 鈴木　太郎
> 花田洋一郎先生

①太郎さんは、【手紙の下書き】に主語と述語の対応が適切でない一文があることに気づいた。その一文の初めの三字を書きなさい。（1点）

②――線Xの語の使い方が適切でないと考えた太郎さんは、他の接続語を用いることにした。ここで用いる語として最も適当なものを、次のア～エのうちから一つ選び、その記号を書きなさい。（1点）

ア、また　イ、では　ウ、そこで　エ、つまり

③――線Yの敬語の使い方が適切でないと友達から指摘された太郎さんは、次の文のように書きなおすことにした。［　　］に当てはまる言葉として最も適当なものを、ひらがな四字で書きなさい。（1点）

> お体を大切に［　　］ください。

④太郎さんの【手紙の下書き】には、手紙の書き方として適切でない部分がある。このことを指摘したものとして最も適当なものを、次のア～エのうちから一つ選び、その記号を書きなさい。（1点）

ア、前文には、手紙の趣旨を書き、どのような用件の手紙であるのかを相手にわかるようにする必要がある。

イ、末文には、健康を気遣う言葉だけでなく、別れの挨拶を書かなければならない。

ウ、後付けの日付・署名・宛名の順序が誤っているので、正しい順序になおさなければならない。

エ、頭語と結語の組み合わせは決まっているので、正しい組み合わせになるようになおす必要がある。

(2)太郎さんは、書写の授業で学習した行書を用いて、毛筆で封筒の表書きを書いた。次の【宛名】はその一部である。楷書で書いた場合と比べ、書かれた漢字に見られる特徴として適当でないものを、後のア～エのうちから一つ選び、その記号を書きなさい。（1点）

【宛名】

ア、「花」には筆順の変化が見られる。

イ、「田」には点画に丸みが見られる。

ウ、「洋」には点画の連続が見られる。

エ、「郎」には点画の省略が見られる。

三（小説文）内容吟味・文脈把握・鑑賞

次の文章は、バスケットボール部のキャプテンで、両親の都合によりイギリスのロンドンに転校することになった「滝桐吾（たきとうご）」が、卓球部に所属している「東山亜李寿（ひがしやまありす）」と話をしている場面から始まる。本文を読んで、後の問一、問二に答えなさい。なお、答えに字数制限がある場合は、句読点や「」などの記号も一字と数えなさい。（計15点）

「転校するんだって？」

こいつの耳にまで届いていたのか。

「行きたくないんだけど。」

「いいじゃん、ロンドン。」

「おまえなら喜んで行くのかよ？」

強い口調で言ってしまった。ケンカ腰だと思われただろうか。

「わかんない。」

「ⓐえ。」

「けど、わたしも『うちの学校に来ないか。』っていう誘いはある。」

オレたちが通うこの学校は中高一貫だ。中学を卒業して、別の高校へ行くやつはほとんどいない。

「卓球の強い高校？」

「うん。行きたくないって、思ってた。今の卓球部の仲間が好きで、ずっといっしょにやりたい、って。」

「うん。」

「でも、叔母ちゃんが……わたしの卓球の先生なんだけど、こう言うの。『今と同じ程度の努力しかしなかったら、今と同じ程度でしかいられないんだよ。』って。」

「ⓑえ？」

「他の人だって努力するわけだからね。自分がもっと成長したかったら、今までよりももっともっと努力する必要があるんだって。環境を変えたり、練習スタイルを研究したり。『今のままでいい、っていうのは、新しい扉を開けようとしない〝怠慢〟じゃないの？』って。そう言われて迷ってる。」

東山の叔母さんに会ったことはないが、自分が言われたみたいに、「新しい扉を開けようとしない」という言葉が刺さってくる。ロンドンを頭からはねつけるあんたは怠慢だよ！　と。

ぼそっと東山が付け足した。

「わたしにくらべると、剣（けん）はすごいと思う。たぶん、剣は、新しい扉を開きたいんだ。」

「剣って、宮本（みやもと）剣のこと？」

東山はこくっとうなずいた。

翌日は、もうみんな、オレの転校話に飽きたみたいで、誰もまったく突っ込んでこなかった。

それはそれで物足りない。自分がいなくなっても、こいつらの学校生活は何一つ変わらないんだな、きっと。

昼休み、三分で弁当をかきこむと、オレは廊下に出た。今日も、どこか人目を気にしないでいいところで、ゆっくり休憩したい気分だ。

一階に降りて、下駄箱（げたばこ）とは逆方向に向かってみた。校長室の先に「通用口」と書かれた扉がある。そこを押してみると、レンガの道が続いていて、上履きのまま歩けそうだ。道は大きくカーブして、校舎の裏側に続いていた。小さな花壇があって、その前にベンチが二つ置かれている。こんな場所があるとは知らなかった。

オレはベンチにごろんと横になった。このまま気持ちよく昼寝してしまいそうだ。五時間目までずっと。それもいいかもしれない……。

意識が遠のきかけた頃、人の気配を感じて、オレはハッと体を起こした。

隣のベンチに宮本剣がいて、松葉杖（まつばづえ）を横に置いて弁当を開いている。

頭のなかをいろんな考えがめぐる。こいつはオレを追いかけてきたのかな。それはないか。じゃあ、いつもここで食べているのかな。もう一度目を閉じて、知らん顔をしようか。いや、今がいいチャンスではないか？

「あのさ。」

突然声をかけると、宮本ははしを持つ手を一瞬びくっと震わせた。

「はい？」

オレのほうを数秒見てから、宮本はまた弁当箱に目を戻した。

「バスケ部、見学に来てるだろ？　あれって、マジで興味あるわけ？」

宮本は答えない。

「バレー部の部長に聞いたけど、おまえ、バレーでパラリンピック目指そうとしたんだろ？　で、断られて今度はバスケを見にきて。正直、なんでもいいのかよ、ってオレは思ってた。」

　また答えないで、宮本はミートボールを口へ放り込む。

「でも昨日、東山としゃべったんだ。いとこなんだろ？」

「あ、はい……。」

「東山は、別のことを言った。おまえはきっと新しい扉を開きたいんだ、って。『剣は病気になったからこそ、新しい世界に出会えた、という経験をしたいんだと思う。』って。」

「えっ。」

「うーん……たぶん違うと思います。」

「それって本当にバスケなのか？」

　花壇の花が、風に吹かれて揺れている。紫色の花びら。地面に「クレマチス*」という立て札が差してある。

　もし歩きながら話していたら、オレはズッコけて転んだかもしれない。

　覚悟していたのだ。「バスケをやりたいです！」と言われたら、車椅子バスケがどんなものか調べたり、部員たちに相談したり、いろいろやらなきゃな、と。

「ぼく……小四まで元気で、卓球やりまくってて。」

「うん。」

「それが急に病気になって、納得できなかった。膝（ひざ）に人工関節入れたけど、ぼくは運動神経いいし、スポーツ、やり続けられるって思ったんですよ。逆にスポーツ続けなきゃ、って思いこんでいるようなとこもあった。」

　少しわかる。ロンドンでクリケット*やラグビーをやったらどうだと言われても、納得できなかった。バスケを続けたい気持ち、整理できていない。

「だからバレーを考えて、次にバスケもありかなって。」

「うん。」

「でも、本当はもっと気になることを見つけてて。」

「え？」

「それはスポーツじゃないから、なんか意地張っちゃって。まだ決心が。」

「何部のこと言ってんのかよくわかんねーけど。」

「まだ秘密。」

「でも、その選択、きっといいんじゃないか？」

　宮本はけへへ、と笑った。

「知らないのに、いいんじゃないかって言っちゃいます？」

「オレも、そうだから。」

「ⓒえ？」

「新しい扉がそこにあるのに、なかなか開ける気になれなくてさ。つまり、転校するのがイヤでイヤで。」

「転校するんですか？」

「うん、十月に。ありえねーって思ってた。でも行けば、きっと新しい景色が見えるんだよな？　昨日、東山と話したときに、ヒントもらった。東山の叔母ちゃんってのが、すげー強烈な人らしくて、新しいことに挑戦しないのは『怠慢』なんだってさ。」

　宮本がくすくすと笑いだした。歯にノリがくっついている。

「あの、先輩。その東山の叔母ちゃんって、ぼくのお母さんですよ。」

「えっ、そうなのか！　おまえ、めちゃくちゃ大変だろうな。」

　顔を見合わせて、爆笑してしまった。


（吉野万理子（よしのまりこ）「部長会議はじまります」から）

（注）＊クレマチス――白や紫の花色をしたツル性植物。
＊クリケットやラグビー――イギリス古来の国民的な球技。

問一、Aさんたちは、授業中のグループ活動で――線ⓐ～ⓒの表現に着目して、登場人物の心情について意見を交わした。次はその一部である。これを読んで、後の(1)～(4)に答えなさい。

Aさん　「この場面では「え」という表現が多く使われていますね。

Bさん　そうですね。ⓐの「え。」という表現からは、「滝」の戸惑いが感じられます。「東山」の「わかんない。」という言葉は、［①］言い方だったのでしょう。「滝」は、「東山」がてっきり強い口調で言い返してくると思ったので、意外だったのですね。

Cさん　確かに、「東山」も、「滝」と同じように悩んでいたことがわかりますね。［②］と考えていた二人にとって、「東山の叔母さん」の考え方は、示唆に富むものだったのだと思います。「滝」は、最初、その意味がわからず、ⓑのように「え？」と聞き返しますが、その後、「自分が言われたみたい。」と感じています。

Aさん　その翌日、「滝」は、偶然「宮本」に会います。「宮本」は、本文中の＝＝線にあるように、決心がつかないながらも、前に進もうとしています。そんな「宮本」に、「滝」は共感を覚えていますね。

Cさん　「宮本」は、「滝」が自分と同じように悩んでいたことを知らなかったので、ⓒのように「え？」と驚きの言葉を発しています。

Bさん　つまり、三人とも、同じような悩みを抱えているんですね。そして、悩む中で、③成長したいという気持ちが、三人に芽生えてきたことがわかります。

(1)　［①］に当てはまる言葉として最も適当なものを、次のア～エのうちから一つ選び、その記号を書きなさい。（2点）
ア、「滝」と話すのが恥ずかしいという気持ちの表れた、小さくて消え入りそうな
イ、自分も迷っているからこそ「滝」の気持ちに共感した、なんとなく不安そうな
ウ、「滝」の相談に応じる気持ちが少しも感じられないような、冷たく突き放した
エ、落ち込んでいる「滝」を勇気づけたいという気持ちに満ちた、明るくおどけた

(2)　［②］に当てはまる言葉として最も適当なものを、本文中から七字以上十字以内で抜き出して書きなさい。（3点）

(3)――線について、「宮本」の決心がつかない理由を次のようにまとめた。□に当てはまる言葉を、本文中の言葉を使って、二十六字以上三十字以内で書きなさい。（4点）

> スポーツ以外にやりたいことが見つかったが、□という考えを捨てきれずにいるから。

(4)会話中の――線③について、三人に影響を与えた考え方を次のようにまとめた。□に当てはまる言葉を、本文中の言葉を使って、二十六字以上三十字以内で書きなさい。（4点）

> □が大切であるという考え方。

問二、**よく出る** ……線について、この箇所が物語の展開に果たす役割の説明として最も適当なものを、次のア～エのうちから一つ選び、その記号を書きなさい。（2点）

ア、時間の流れを逆行させ回想場面の始まりを示す役割。
イ、登場人物の気持ちの変容につながる場面への転換を図る役割。
ウ、未知の登場人物の出現を読者に想像させる役割。
エ、現実世界から不思議な世界へと場面を変える役割。

三 （論説文）内容吟味・文脈把握・段落吟味・表現技法

次の文章を読んで、後の問一～問五に答えなさい。なお、答えに字数制限がある場合は、句読点や「」などの記号も一字と数えなさい。（計15点）

連作が可能な田んぼ

日本では、毎年、当たり前のように田植えをしてイネを育てる。

*これも世界の農業から見れば、極めて珍しいことである。

農作物を栽培するときには、毎年、同じ作物を連続して作ると、うまく育たなかったり、枯れてしまったりすることがある。この現象は「連作障害」と呼ばれている。そのため、作物を育てる場所を替えていかなければならないのである。

ところが、田んぼは毎年、同じ場所でイネばかりを作っている。それなのに、どうして連作障害が起こらないのだろうか。

連作障害の原因には、作物の種類によって土の中の栄養分を偏って吸収するために、土の中の栄養分のバランスが崩れてしまうことや、作物の根から出る物質によって自家中毒を起こしてしまうことがある。あるいは、同じ作物を栽培することで、土壌中にその作物を害する病原菌が増えてしまうということがある。

ところが、田んぼは水を流している。このことによって、余った栄養分は洗い流され、新しい栄養分が供給される。また、生育を抑制する有害物質も洗い流してくれる。さらには、水を入れたり乾かしたりする田んぼでは、同じ病原菌が増加することも少ない。

そのため、①田んぼでは連作障害が起こらないのである。

イネは何千年もの昔から、ずっと同じ場所で作られ続けてきた。これは、世界の農業から見れば、まさに奇跡である。

一方、イネと同じイネ科の作物であっても、ヨーロッパの畑で作られるムギでは、連作障害が問題となる。

そのため、かつてヨーロッパではムギを刈った後に家畜を放牧してローテーションをしながら休閑する*三圃式（さんぽしき）農業が行われていた。こうして三年に一度は休ませないと、地力を維持することができなかったのである。このように、コムギは三年に一度しか作ることができなかったのだ。

現在でも、ムギ栽培と家畜飼育を組み合わせた混合農業が行われている。こうして連作障害を防ぎながら、地力を回復させなければならないのである。環境を保全しながら持続的にムギを栽培しようとすれば、ムギが収穫できるのは数年に一度ということになる。

これに対して、日本の田んぼは毎年、イネを育てることができる。イネのように毎年、栽培することができるというのは、じつは特別にすごいことなのだ。

それどころか、かつて日本の田んぼでは、イネを作った後に冬作としてムギを栽培する二毛作が行われていた。連作できるどころか、一年のうちにイネとムギを収穫することさえ可能だったのだから、ヨーロッパのムギ畑からすれば、考えられないほど高い生産力を誇っていたのである。

ごちゃごちゃした日本の風景

最近ではヨーロッパの鉄道旅を紹介するようなテレビ番組は多い。

ヨーロッパを旅すると、車窓に広がる牧歌的な風景の美しさにはため息が出る。

そんな風景に見慣れてから、日本に帰国すると、本当にガッカリさせられる。飛行機から見る風景も、車窓から見える風景も、とにかく日本はごちゃごちゃしていて猥雑（わいざつ）なのだ。

しかし……と私は思う。

②これこそが、日本の田んぼのすごさを物語っているように思えるのである。

ヨーロッパの農村風景を見ると、広々とした畑が広がり、その遠くに家々が見える。

しかし、この風景の成立した背景を考えてみると、昔は、この小さな村の人たちが食べていくために、これだけ広大な農地が必要だったということでもある。

一方、日本では田畑の面積が小さく、そこら中に農村集落がある。つまり、少ない農地でたくさんの人たちが食べていくための食糧を得ることが可能であったということに他ならない。

ヨーロッパは土地がやせていて、土地の生産力が小さい。

しかも、ヨーロッパの中でもムギを作ることができたのは恵まれた土地である。

やせた土地では、ムギを作ることはできなかった。そのため、牧草を育てて、家畜を育てたのである。

生産性の高いイネ

さらには、土地の生産力の違いに加えて、ムギとイネという植物の違いもある。イネはムギに比べて、収穫量の多い作物なのである。

また、収量の多い③イネは生産効率も良かった。

ヨーロッパでは主にコムギやオオムギなどのムギ類が栽

培されるが、一五世紀のヨーロッパでは、まいた種子の量に対して、三～五倍程度の収量しか得ることができなかった。一方、日本ではイネが栽培されるが、同じ一五世紀の室町時代の日本では、イネはまいた種子の量に対して二〇～三〇倍もの収量が得られたのである。

化学肥料が発達した現在で比較しても、コムギはまいた種子の二〇倍前後の収量であるのに対して、イネは一一〇～一四〇倍もの収量がある。イネは生産力がずば抜けて高いのである。

イネとムギ類とは栽培されている環境や土地も異なるし、栽培技術も異なるから、単純な比較はできないが、イネが多くの食糧を生み出してきたことは間違いがない。

実際に、現在でも、世界の人口密度が高い地域は、稲作地帯と一致する。イネを作ることは多くの人口を養うことを可能にするのである。

④田んぼで展開される稲作は、世界がうらやむような農業だったのである。

（稲垣栄洋「イネという不思議な植物」から……一部表記を改めている。）

（注）＊これも――筆者は本文に先立つ部分でも、田んぼのすごさについて述べている。

＊三圃式農業――村落の全農地を三つに区分し、その一つに小麦などの冬の作物を、他の一つに大麦などの夏の作物を栽培し、残りの一つは休耕地として放牧し、年々この割当てを交替させてゆく経営方式。

問一、**基本** ――線①について、その理由を次のように【ノート】にまとめた。［A］に当てはまる言葉として最も適当なものを、本文中から十六字以上二十字以内で抜き出して書きなさい。また、［B］に当てはまる言葉として最も適当なものを、本文中から十一字以上十五字以内で抜き出して書きなさい。（各2点）

【ノート】

○田んぼの水が、余った栄養分を洗い流し、新しい栄養分を供給してくれることで、［A］ことを防いでくれるから。
○田んぼの水が、作物の根から出て自家中毒の原因となる［B］を洗い流してくれるから。
○田んぼでは、水を入れたり乾かしたりすることで、特定の病原菌の増加を防ぐことができるから。

問二、――線②について、筆者がすごいと考えているのは、日本の田んぼのどのような点か。次の文の［　］に当てはまる言葉を、本文中の言葉を使って、六字以上十字以内で書きなさい。（2点）

日本の田んぼの、［　］点。

問三、**基本** ――線③について、生産効率は何によって判断されるか。次の文の［　］に当てはまる言葉を、本文中の言葉を使って、十一字以上十五字以内で書きなさい。（3点）

［　］によって判断される。

問四、――線④について、稲作にさらに興味を持った中学生の太郎さんは、インターネットで次の【記事】を見つけ、本文とその【記事】から得られた情報を整理することにした。本文と【記事】に共通する情報として最も適当なものを、後のア～エのうちから一つ選び、記号を書きなさい。（3点）

【記事】

ネリカはアフリカイネのグラベリマ種とアジアイネのサティバ種という二つの陸稲を交配させてつくったイネの品種。イネには本来、水田で栽培する「水稲」と、畑で栽培する「陸稲」がある。アジアに比べて降雨量が少なく乾燥しているアフリカでは、水稲より陸稲のほうが栽培しやすい。だが、陸稲は水稲に比べて単位面積当たりの収量が少なく、地力の低下も起こしやすい。そこで、乾燥や病害虫に強いアフリカ在来種のグラベリマ種に、面積当たりの収量が多いサティバ種を掛け合わせた。それがネリカなのである。ネリカはこうしてつくられた品種の総称であり、改良が重ねられて、現在は水稲が六十種、陸稲は十八種が登録されている。ただ、おもに利用されているのは陸稲種だ。

ネリカは栽培が簡単で生育日数が短いのも特徴だ。しかも、畑に植えるのでトウモロコシやコーヒーなど他の作物の間で栽培することもできる。なにより、一番のメリットは単位面積当たりの収量ポテンシャルが高いことだ。ネリカは従来の陸稲より穂が大きく、たくさんの籾をつける。

ネリカはアフリカの農業事業にぴったりなスーパーライスなのだ。

（「natgeo.nikkeibp.co.jp」の文章を基に作成）

ア、通常、水稲は陸稲に比べて収量が多い。
イ、畑での連作は地力の低下を引き起こす。
ウ、農村風景から農業の特徴が見えてくる。
エ、イネはムギに比べて収量の多い作物である。

問五、**よく出る** 本文の構成や表現の特徴について適当でないものを、次のア～エのうちから一つ選び、その記号を書きなさい。（3点）

ア、「これに対して」や「しかし」、「一方」等の語句を用いて日本とヨーロッパを比較し、日本の稲作の特徴を明確に提示している。
イ、イネとムギの収量を客観的な数値をもとに比較することで、ムギに比べてイネの生産力が高いことを分かりやすく提示している。
ウ、「奇跡」、「すごさを物語っている」、「世界がうらやむような」等の主観的表現を用いて、日本の稲作の優れた点を強調している。
エ、日本のイネの優れた点について、内容のまとまりごとに小見出しを付け、起承転結という構成をもとに順序立てて提示している。

四 （古文・漢文）古典知識・内容吟味・口語訳・文法

次の［Ⅰ］（漢文の書き下し文）と［Ⅱ］（古文）を読んで、後の問一、問二に答えなさい。なお、答えに字数制限があ

る場合は、句読点や「」などの記号も一字と数えなさい。　（計10点）

Ⅰ　子曰はく、「由、女に之を知るを誨へんか。（お前に知るということを教えようか）之を知るを之を知ると為し、知らざるを知らずと為す。是れ知るなり。」と。

（「論語」から）

（注）　＊子――先生。ここでは孔子を指す。
＊由――孔子の弟子である子路の名。
＊之――Ⅰで用いられている「之」について、ここでは現代語訳する必要はない。

Ⅱ　故少納言入道、人にあひて、「敦親はゆゆしき（すばらしい）博士かな。物をとへば知らず知らずといふ。」といはれけり。其れを問ひたる人、「知らずといはんは何のいみじからんぞ（何がすばらしいのか）。」といひければ、「身に才智あるものは知らずといふ事を恥ぢぬなり。実才なきものの、よろづ（全て）の事を知りがほにするなり。すべて（総じて）学問をしては、皆の事を知りあきらむる（明らかにする）事と人の知れるは僻事（間違い）なり。大小事をわきまふる（大事と小事を見極める）までするを、学問のきはめとはいふなり。それを知りぬれば、難議を問はれて知らずといふを恥とせぬなり。」とぞいはれける。

（「続古事談」から……一部表記を改めている。）

（注）　＊少納言入道――藤原通憲。平安時代の学者。
＊敦親――藤原敦親。学問や諸道に広く通じていた。
＊難議――難しい事柄や言葉の意味。

問一、**基本**　――線の書き下し文の読み方になるように、次の漢文に返り点をつけなさい。　（1点）

知（ルヲ）之（ヲ）為（シ）知（ルト）之（ヲ）、

問二、**よく出る**　AさんとBさんは、Ⅰ、Ⅱの内容について授業中に意見を交わした。次はその一部である。これを読んで、後の(1)～(4)に答えなさい。

Aさん――Ⅰは、知らないことに対して知ったふりをする弟子の子路を、孔子が戒めた話とされているようです。孔子の言葉には［①］が効果的に用いられています。

Bさん――Ⅱも、Ⅰの内容と通じるところがありますね。Ⅱでは、少納言入道が敦親を高く評価しています。それは「［②］」をしなかった敦親を、少納言入道が「身に才智ある」人物とみなしていたからでしょう。

Aさん――なるほど。ところで、なぜ敦親は、知らないことを恥ずかしいと思わなかったのでしょうか。

Bさん――敦親は学問の本質をわかっていたからだと思います。Ⅱでは、学問の本質とは［③］ことではなく、［④］ことであると述べられています。

Aさん――知らないことを恥ずかしく思う必要はないのですね。私たちの学習においても同じことが言えるかもしれません。

(1)　［①］に当てはまる表現技法として最も適当なものを、次のア～エのうちから一つ選び、その記号を書きなさい。　（2点）

ア、対句　イ、比喩　ウ、省略　エ、押韻

(2)　［②］に当てはまる言葉として最も適当なものを、Ⅱの古文の中から五字以内で抜き出して書きなさい。　（2点）

(3)　［③］に当てはまる最も適当な言葉を、十一字以上十五字以内の現代語で書きなさい。　（2点）

(4)　［④］に当てはまる言葉として最も適当なものを、次のア～エのうちから一つ選び、その記号を書きなさい。　（3点）

ア、わからないことを素直に認め、わからないことに対して謙虚な姿勢で学び続けようとする
イ、自分にどのくらいの能力があり、何ができて何ができないのかを理解した上で学ぼうとする
ウ、何が重要で何が重要でないかを判断できるようになるまで、ものごとを追究しようとする
エ、難しい事柄や言葉の意味などの表面的な部分に惑わされずに、自分らしく生きようとする

五　文脈把握・文・ポスターの読み取り・条件作文　思考力

M中学校の生徒会執行部では、三つの目標を定め、【ポスター】を作成し、全校生徒に提示することにした。【意識調査結果】は目標を設定する際に利用したものである。これらを読んで、後の問一～問三に答えなさい。なお、答えに字数制限がある場合は、句読点や「」などの記号も一字と数えなさい。　（計10点）

【ポスター】

【意識調査結果】

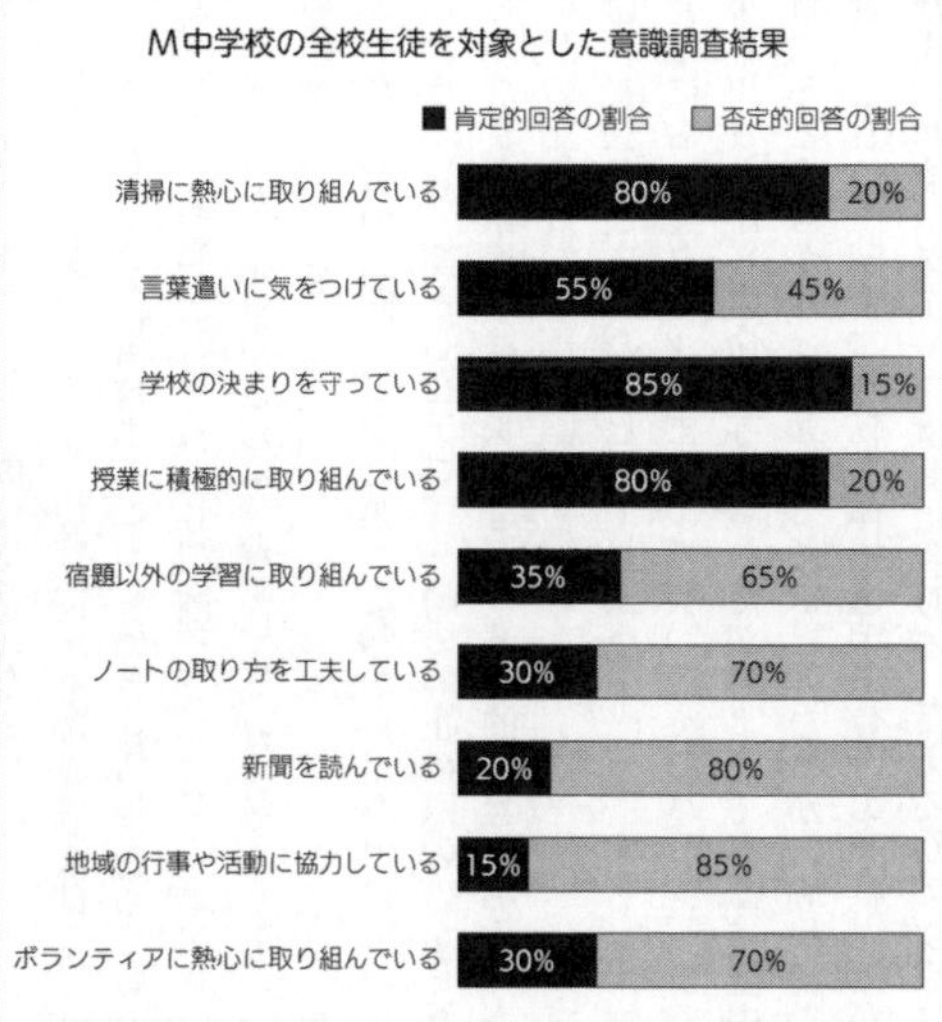

問一、今年度、三つの目標を設定することについて、全校生徒に説明したい。次の【説明内容のメモ】の言葉を使って、【説明原稿】の□に入る言葉を、十六字以上二十字以内で書きなさい。（2点）

【説明内容のメモ】

目標の設定について

○前年度までの問題点
・目標の数……多かった
・目標の内容……生徒の実態が反映されていなかった
・目標の達成状況……確認できていなかった

○今年度の改善点
・目標の数……三つに焦点化する
・目標の内容……意識調査を活用して生徒の実態を反映する
・目標の達成状況……確認する

○意識調査のメリット……数値によって状況を確認できる

【説明原稿】

生徒会執行部では、よりよいM中学校にするために、M中学校生徒会の目標を設定しました。

今までの生徒会目標は、私たちの実態がしっかりと反映されていませんでした。また、目標が達成できたかも確認できていませんでした。

そこで今年度は、全校生徒に意識調査を行い、その結果をもとに、実態に合った目標を設定しました。ただし、目標を多く設定し過ぎると中途半端（ちゅうとはんぱ）になってしまうので、今回は三つにしぼっています。また、年度末に、同じ項目で意識調査を行うことで、□ができるようにしています。

よりよいM中学校にするために、皆さんのご協力をお願いします。

問二、【ポスター】における表現の工夫と効果について説明したものとして適当でないものを、次のア～エのうちから一つ選び、その記号を書きなさい。（2点）

ア、各目標を、文だけでなく、目標をイメージしたシンプルな図も併せて示すことで、読み手の興味関心を喚起する効果。

イ、各目標を、文だけでなく、文を短く書き換えた言葉も併せて示すことで、読み手が常に目標を想起できるようにする効果。

ウ、各目標の文末を動詞の終止形で言い切ることで、目標達成に向けた生徒会の強い決意を読み手に感じさせる効果。

エ、各目標の文を、具体例を交えて示すことで、目標に対して一人一人がどのように取り組めばよいかを理解させる効果。

問三、目標の1～3について、【意識調査結果】を踏まえて、設定した理由と達成するための具体的な取り組みを、生徒総会で説明したい。あなたが生徒会執行部の一員であるならば、どのように説明するか。目標の1～3の中から一つを取り上げ、次の条件に従って書きなさい。（6点）

条件

・説明する目標の番号（1～3）を記入すること。
・「目標の□を設定したのは、」に続けて、一行目の一マス目（原稿用紙＝省略）から書き始め、行は改めないこと。
・全体を三文で構成すること。
・一文目には、設定した理由を【意識調査結果】の数値を用いて書くこと。
・二文目には、取り上げた【意識調査結果】の項目と目標のつながりを示すこと。
・三文目には、目標を達成するための具体的な取り組みを、自由に設定して書くこと。
・敬体（「です・ます」）で、八十一字以上百二十字以内で書くこと。
・数値については、(例)にならって書くこと。

(例) 65%

宮崎県

時間 50分　満点 100点　解答 P52　3月4日実施

出題傾向と対策

●小説文、論説文、資料を含む説明文・対話文、古漢融合問題の大問四題構成。文章レベルは標準的。設問は知識問題、選択問題、記述問題など幅広い。記述問題は単なる情報の切り貼りではなく、論理力・思考力を用いた整理やまとめ直しを要求するもので注意が必要である。

●国語知識については基本的な知識を幅広く押さえておくことが重要。資料を含む説明文は、資料間の関係を考える訓練を事前に行っておくこと。記述も手に入れたヒントのまとめ方を、事前に経験を積んで把握しておく。

一（小説文）漢字の読み書き・慣用句・聞く話す・内容吟味

次の文章を読んで、後の問いに答えなさい。

「わたし」が部長をつとめる浅川(あさかわ)高校吹奏楽部（浅高吹部）は、マーチングの大会に出場することになり、練習に励んでいた。夕刻、「わたし」は、ひとりで練習をしている※小早川(こばやかわ)さんを見かけた。小早川さんは、薄暗い中、ひたすらバトンの練習をしていた。

ぶれない腰の位置、ピンと張った胸から足もとまでのきれいなライン、凛(りん)としたアゴ。一瞬の静止の際の、からだからみなぎる緊迫感はバレエなどの基礎的な素養からくるものなのだろう。

思わず立ちどまり、見とれてしまう。

背中に沿ってクルッとまわって戻ってくるバトン。まるで小早川さんから生命を与えられたかのようである。空中を跳ねるときはかかとが頭につくほど伸びやかに両足がひらき、ときに一回転二回転と体操選手顔負けの柔軟さでからだをまわす。ステップは曲に彩(いろど)りをⓐ添えるかのように軽やかだ。

あっ。

思わず息を［　　］。

小早川さんがバトンを落としてしまった。引き込まれていたため、こちらも胸を突かれてしまう。

少し前の動作に戻り、スピードを落としておさらいをする小早川さん。やはり同じところでバトンを落とす。なんども繰り返したあと、深くうなだれ、その場に座り込んでしまう。

その姿はとても落ち込んでいるように見えた。

思わずからだが動く。

気がつくと小早川さんのもとにかけていた。

「①すごい。ホントにすごいわ。振りつけはひとりで考えたの？　めちゃくちゃカッコイイよ。予選のときと大きく変えるんだね。あとひと息じゃん」

とにもかくにも自分の感動を伝えたかった。

ぽかんとしたままの小早川さん。ようやく口を開く。

「見てたんですか？」

「うん、見てた。小早川さんって本当にからだが柔らかいんだね。頭のてっぺんからつま先まで全部きれい。バトンさばきもずば抜けてるし、※嘉門(かもん)先生が※ドラムメジャーに選んだ理由がわかったの。あなたしかできないもん。しかもひとり隠れてこんなに練習してたなんて、すごいよ」

小早川さんは心底驚いた様子でまじまじとわたしの顔を見つめた。

そして、一度視線を落としたあと、②ふたたび真っ直(す)ぐにわたしの目を見つめ、「怖いんです」

と口走る。

「えっ？」

「怖いんです。いろいろ……。バトンを落としちゃったらどうしようとか、リズム間違えたらどうしようとか」

意外な返事に言葉を失う。

「吹部のマーチングはやればやるほどバラバラになってます。全部わたしのせいなんです」

「そんなこと……」

「先輩たちからはカウントが聞こえにくいとか、テンポが速すぎるとかいろいろ言われてます。一生懸命やってるんですけど……」

小早川さんの目から一筋の涙が落ちた。

「あなたのせいじゃないわ」

「わかってるんです。わたし、三年の先輩たちから嫌われてるって。※恵那(えな)からも言い方がキツすぎるって怒られるんですけど、なかなか自分の気持ちがうまく伝えられない。やればやるほど空まわり。わたしには無理だったんです。ドラムメジャーなんて無理だったんです。多くのひとをまとめていくなんて無理なんです」

こんなに思い詰めているとは思ってもみなかった。

こんなにもつらい思いを抱いていたとは知らなかった。

もっと早く気づくべきだった。

わたしが※ミタセンに部長を押しつけられ、部のⓑウンエイに悪戦苦闘していた去年のことを思い出す。

木管と金管が衝突し、いったんはバラバラになった浅高吹部。途方に暮れていたわたしを支えてくれたのは先輩たちだった。

いつも笑顔で受けとめてくれた先輩たちがいなかったら、いまのわたしはいない。

そして、今度はわたしが先輩たちから受け継いだものを後輩たちに手渡す立場になった。なんとしてもこの後輩をもり立てていかなくてはならない。絶対にⓒキズつけないようにしなきゃなんない。

いままでは部長という肩書きにこだわりすぎていた。みんなの前に立って引っ張っていくことだけが部長の仕事ではないはず。誰も見ていないところで支える部長がいたって、役に立つならそれでいい。できることを精一杯やればいい。

いまこの部活でやらなくてはならないこと、本当にやりたいことがハッキリと見えてくる。

③わたしはわたしのからだの奥のほうからふたたび力が湧いてくるのを感じた。

小早川さんの肩を両手でつかむ。

「大丈夫よ。あなたは絶対に大丈夫。気づいてあげるのが遅くなってごめんなさい。でも、浅高吹部のドラムメジャーはあなたしかいないの。あなたの代わりはいないの。だから自信を持って。三年生のことならまかせてね。嫌われてるわけじゃないから安心して。ただ単に誤解が積み重なってるだけ。浅川高校のマーチングを引っ張っているのはあなたなんだから、必ず言うことをきかせてみせるわ。自分たちにとって恥ずかしくないマーチングを一緒に作りましょう」

「ありがとうございます。おねがいします」

小早川さんが大きく目を見開いて両手を差し出してきたので、しっかりと握りしめる。

（赤澤竜也「まぁちんぐ！　吹部！ #2」による）

※小早川さん…二年生でマーチングバンドを先頭で指揮する重要な役に選ばれる。
※嘉門先生…吹奏楽部の副顧問。
※ドラムメジャー…マーチングバンドの指揮者の呼称。
※恵那…二年生の吹奏楽部員。小早川さんの親友。
※ミタセン…吹奏楽部の顧問である三田村先生の愛称。

問一、**よく出る** 文章中の══線ⓐ～ⓒについて、漢字の部分はその読みをひらがなで書き、カタカナの部分は漢字に直しなさい。

問二、**よく出る** 文章中の□に最もよく当てはまる言葉を、次のア～エから一つ選び、記号で答えなさい。
ア、弾ませる　イ、凝らす
ウ、呑む　エ、吐く

問三、文章中の──線①について、「わたし」の気持ちを想像して朗読するとき、その読み方として最も適当なものを、次のア～エから一つ選び、記号で答えなさい。
ア、興奮した口調で、落ち込む小早川さんを励ますように読む。
イ、静かな口調で、弱気な小早川さんに自省を促すように読む。
ウ、重い口調で、悲しむ小早川さんに自信を与えるように読む。
エ、軽い口調で、いらだつ小早川さんの機嫌を伺うように読む。

問四、**難** **思考力** 文章中に──線②「ふたたび真っ直ぐにわたしの目を見つめ」とあるが、このときの小早川さんの気持ちを、そのような気持ちになった理由も含めて、五十字以内で説明しなさい。

問五、文章中に──線③「わたしはわたしのからだの奥のほうからふたたび力が湧いてくるのを感じた。」とあるが、そのときの「わたし」の心情の説明として最も適当なものを、次のア～エから一つ選び、記号で答えなさい。
ア、小早川さんを部員に認めさせるため、やはり自分が先頭に立って部を引っ張らねばと決意している。
イ、小早川さんでは皆をまとめられないので、自分が代わりに部員を説得しなければと気負っている。
ウ、自分にだって何か後輩にしてやれることがあるはずだと、先輩への対抗意識が芽生え始めている。
エ、先輩にしてもらったように、今度は自分が小早川さんを陰で支えたいという思いが強くなっている。

問六、本文の構成や表現の特徴について説明したものとして、最も適当なものを、次のア～エから一つ選び、記号で答えなさい。
ア、短文の連続で物語全体にリズムが生じることで、戸惑いを深めていく主人公の心情が表現されている。
イ、回想場面が挿入されることで、主人公の心情が整理されて物語が展開する契機になっている。
ウ、立場の異なる人物の会話をくり返すことで、考え方の違いが浮き彫りになり緊張感が高まっている。
エ、断定的な表現を避けて「……」を用いることで、優柔不断な登場人物の性格が表されている。

二 （論説文）漢字の読み書き・段落吟味・内容吟味・文脈把握

次のⅠ・Ⅱの文章を読んで、後の問いに答えなさい。

Ⅰ

論理的思考は、情報を知識・経験と照らし合わせて加工し、論理的ⓐ妥当性に則って客観的に妥当なメッセージを紡ぎ出していく情報処理作業である。

思考テーマに関連する情報や、既存の知識・経験の数が少ないのであれば、このような処理を頭の中だけで行っても大きな問題は起こらないであろう。しかし取り扱う情報・知識・経験の量が膨大になる複雑なテーマではそうはいかない。なぜならば、脳内だけで完結できる情報処理の※キャパシティはかなり小さいからである。

脳が扱える情報量に限りがあるという事実は、古くは1956年にアメリカの認知心理学者ジョージ・ミラーが打ち出した①「マジカルナンバー7」として示されている。マジカルナンバー7とは、人間の脳で同時に扱える情報が最大7個までであるということを意味する。また、同じく認知心理学者のネルソン・コーワンは、2001年に②「マジカルナンバー4」、すなわち人間が同時に扱える情報の※チャンクは7個ではなく4個であると発表した。

脳の情報処理のキャパシティの小ささは、2桁×2桁の掛け算を暗算で行うことが難しいという事実からもうかがい知れよう。紙に書けば小学校低学年の児童でも簡単にできる計算であっても、頭の中だけでの暗算でやろうとすると突然困難になるし、間違うことも少なくない。2桁×2桁の掛け算にしても、マジカルナンバーにしても、〝人間が同時に取り扱える情報量はごく僅か〟なのである。

私たちが何らかのテーマについて思考しようとする場合、多くは4個（あるいは7個）以上の情報を同時に扱うことになるので、脳内だけで情報処理、すなわち思考を完結させることは難しい。また脳内だけでやろうとすると、正確な情報処理が行えず、とても〝論理的〟とは言えない思考になってしまいがちである。

それでは、どのようにすれば人間は複雑な情報処理や正確な論理的思考を行うことができるのかというと、〝脳の手助け〟、すなわち文字通り「脳を手で助けること」が有効である。具体的には、紙に書き出しながら考えることによって、つまり情報や知識を紙面上に載せて、これらを繋げたり分類したり、一時的に※ホールドしておいたりすることによって、脳の処理容量を超えた情報を扱うことが可能になるのだ。

（波頭亮「論理的思考のコアスキル」による）

※キャパシティ…収容容量。
※チャンク…人間が情報を知覚する際の情報のまとまり。
※ホールド……保持。

Ⅱ

書き出したら、あまり、立ち止まらないで、どんどん先を急ぐ。こまかい表現上のことなどでいちいちこだわり、書き損じを出したりしていると、勢いが失われてしまう。全速力で走っている自転車は、すこしくらいの障害をものともしないで直進できる。ところがノロノロの自転車だと、石ころひとつで横転しかねない。速度が大きいほど※ジャイロスコープの指向性※はしっかりする。

いかに論文だからとは言え、書いては消し、消しては書くといったことをしていれば、何を言おうとしているかわからなくなる。一瀉千里に書く。[　　]。そこで全体を読みかえしてみる。こうなればもう、訂正、修正がゆっくりできる。推敲する。部分的な改修ではなく、構造的変更、つまり、まん中の部分を冒頭へ、あるいは、最後部を最初へもってくる、という大手術を加える必要もあろう。ただ、一応、終りまで行っているという安心感があるから、ゆとりをもって、工夫をこらすことができる。

第一稿が※満身創痍になったら、第二稿を作る。これもただ第一稿の訂正のあとを写しとるというのではつまらない。新しい考えをなるべく多くとり入れるようにⓑツトめながら、第二稿を作りあげる。これもまた推敲する。それで目立って改善されたようだったら、第三稿を作る。もうこれ以上は手を加える余地がないというところに至ってはじめて、※定稿にする。書きなおしの労力を惜しんではならない。書くことによって、すこしずつ思考の整理が進むからである。何度も何度も書きなおしをしているうちに、思考の昇華の方法もおのずから体得される。

書いてみることのほかに、聴き上手な相手を選んで、考えていることをきいてもらうのも、頭の整理に役立つ。ときには、めったなことを話してはいけないということもある。それと矛盾するようだが、整理のためにはとにかく表現してみるのがよい。

原稿に書いたものを推敲する場合でも、黙って読まないで音読すると、考えの乱れているところは、読みつかえるからすぐわかる。声も思考の整理にたいへん役立つのである。

『平家物語』はもともと語られた。くりかえしくりかえし語られている間に、③表現が純化されたのであろう。たいへんこみ入った筋であるにもかかわらず、整然として頭に入ってくる。作者はいかにも頭脳明晰であるという印象を与えるが、これはひとりの作者の手柄ではなく、長く語ってきた琵琶法師の集団的ⓒコウセキともいうべきものであろう。

思考は、なるべく多くのチャンネルをくぐらせた方が、整理が進む。頭の中で考えているだけではうまくまとまらないことが、書いてみると、はっきりしてくる。書きなおすとさらに純化する。ひとに話してみるのもよい。書いたものを声を出して読めば、いっそうよろしい。

（外山滋比古「思考の整理学」による）

※ジャイロスコープ…物体の向きや回転の速さを検出する計測器。
※指向性…決まった方向に向かう性質。
※満身創痍…ひどく非難されて痛めつけられた状態。
※定稿…推敲が済んで完成した原稿。

問一、よく出る 文章中の——線ⓐ～ⓒについて、漢字の部分はその読みをひらがなで書き、カタカナの部分は漢字に直しなさい。

問二、難 Ⅰの文章を、論の展開から三つのまとまりに分けるとすれば、第三のまとまりはどの段落から始まるか。段落冒頭の四字を抜き出して書きなさい。

問三、文章中の——線①「『マジカルナンバー7』」、——線②「『マジカルナンバー4』」は、どのようなことを示すための事例か。その説明として最も適当なものを、次のア～エから一つ選び、記号で答えなさい。

ア、脳内だけで完結する情報処理方法は、心理学者が開発した。
イ、人間が脳内で同時に取り扱える情報量は、非常に少量である。
ウ、脳が取り扱うのは、膨大な情報・経験の中でも数だけである。
エ、脳の情報処理の方法は、認知心理学者同士でも解釈が違う。

問四、文章中の[　　]に最もよく当てはまる言葉を、次のア～エから一つ選び、記号で答えなさい。

ア、とにかく終りまで行ってしまう
イ、頭の中で書いたり消したりする
ウ、ひとまず途中まで書いてしまう
エ、工夫した表現をじっくり考える

問五、文章中に——線③「表現が純化された」とあるが、どういうことか。その説明として最も適当なものを、次のア～エから一つ選び、記号で答えなさい。

ア、琵琶法師たちの語りを通して作者が思考の整理を行って、言いたいことが聞き手に整然と伝わる表現になったこと。
イ、琵琶法師たちの語りを通して表現上の技法が多様になり、言いたいことが聞き手に淡々と伝わる表現になったこと。
ウ、琵琶法師たちの語りを通して作者が考えの乱れを修正し、言いたいことが聞き手に強烈に伝わる表現になったこと。
エ、琵琶法師たちの語りを通して複数の視点から推敲が進み、言いたいことが聞き手に明確に伝わる表現になったこと。

問六、難 思考力 ⅠとⅡの文章によると、複雑なテーマの論文を書く場合には、どうすればよいか。「書く」ことによる効能が分かるように、七十字以内で説明しなさい。

三 （説明文・対話文）慣用句・品詞識別・文脈把握・内容吟味・条件作文

次の文章を読んで、後の問いに答えなさい。

裕真さんのクラスでは、国語の授業で「世界から選ばれる『観光みやざき』のためにできること」という課題について、県の観光関係者の方へ、グループごとに具体的な取り組みを決めて提案する学習を行っています。次は、先生から配付された資料と、裕真さんのグループの〈話し合いの様子〉および話し合いに持ち寄った資料1～資料4です。

先生から配付された資料

異文化コミュニケーションの中の一つの概念として、①「受信者責任型文化」と「発信者責任型文化」という考え方があります。

「受信者責任型文化」とは、言葉や文字で発信された情報を受け取る人が、その場の状況や雰囲気なども含めながら、その情報の意味を解読して、行間に隠れたニュアンスもくみ取りながら理解する文化のことです。発信者が具体的な内容を②説明しなかったとしても、受信者はそれを推し量って理解することができます。内容が伝わらなかったら、それは受け取る人の責任になります。

それに対して「発信者責任型文化」とは、発信者がその情報の伝達に責任を持つ文化です。内容が伝わらないのは情報不足、説明不足であり、発信する人の責任になります。

もちろん個人差はありますが、日本人は受信者責任型が強い傾向があるため、発信者責任型文化も存在することを理解していないと、様々な齟齬（※そご）が発生することになります。

（中略）

このような話があります。ある外国人が多くの日本人とともに接待で料亭に連れられてきました。同行の日本人が玄関で靴を脱いでいるところを見ているので大丈夫だろうと、日本人の通訳の人が特に注意をしなかったところ、その外国人は靴を履いたまま料亭に上がってしまいました。これも「受信者責任型文化」であれば周囲の状況から情報を読み取り、それに従うことができますが、「発信者責任型文化」であれば、はっきりと言葉で情報を伝えなければ従わない場合があることを示す事例です。

（文化庁「文化財の多言語化ハンドブック」による）

※齟齬…考えや事柄が食い違うこと。

〈話し合いの様子〉

裕真　昨日は、先生から配付された資料を読んで、私たちのグループの課題を「訪日外国人に宮崎県で安心して快適に観光を楽しんでもらうために必要なこと」に決めました。今日は、この課題に沿って具体的な取り組みを提案としてまとめます。まず、持ち寄った資料1から資料3の資料から分かることを、発表してください。

志穂（しほ）　資料1によると、［　　］が役に立ったという回答が最も多く、五十％近くになっています。

貴史（たかし）　資料2からは、宮崎県に宿泊する訪日外国人の数が、年々増加していることが分かります。

香菜（かな）　資料3からは、宮崎県には、ユネスコエコパークや世界農業遺産など、国際的にも高く評価された地域資源に関するブランドが多く存在することが分かります。また、その大体の場所が宮崎県のどのあたりにあるのかも分かります。

裕真　発表ありがとうございました。それでは、取り組みを考えた人は発表してください。

知子（ともこ）　年々増加する訪日外国人客に、最も役に立ったとされる情報を発信するとよいと思います。例えば、資料3にこの情報を付け加えた案内書を、先生から配付された資料の「発信者責任型文化」の考え方を生かして作るのはどうでしょうか。

裕真　皆さん、知子さんの意見についてどう思いますか。

香菜　私は、資料3に最も役立つ情報を付け加えることに、賛成です。

志穂　私も賛成ですが、「発信者責任型文化」の考え方をもっと表記に生かしたいです。資料3は、私たちが、県内の位置関係、観光情報を知っていて、記号が意味する共通のイメージもあるから分かりますが、外国の方には、日本語や記号だけでは伝わりにくいからです。

貴史　私も知子さんや志穂さんの意見に賛成です。私が以前、外国に行ったときに、その国の言葉でしか案内板が書かれておらず、全然意味が分かりませんでした。その経験があったから、私は資料4を作って持ってきました。読んで分かるためには、文字情報が複数の言語で発信されていると、情報を受け取る側は安心すると思います。

裕真　では、話し合い全体を踏まえて、グループの提案を考えていきましょう。

資料1

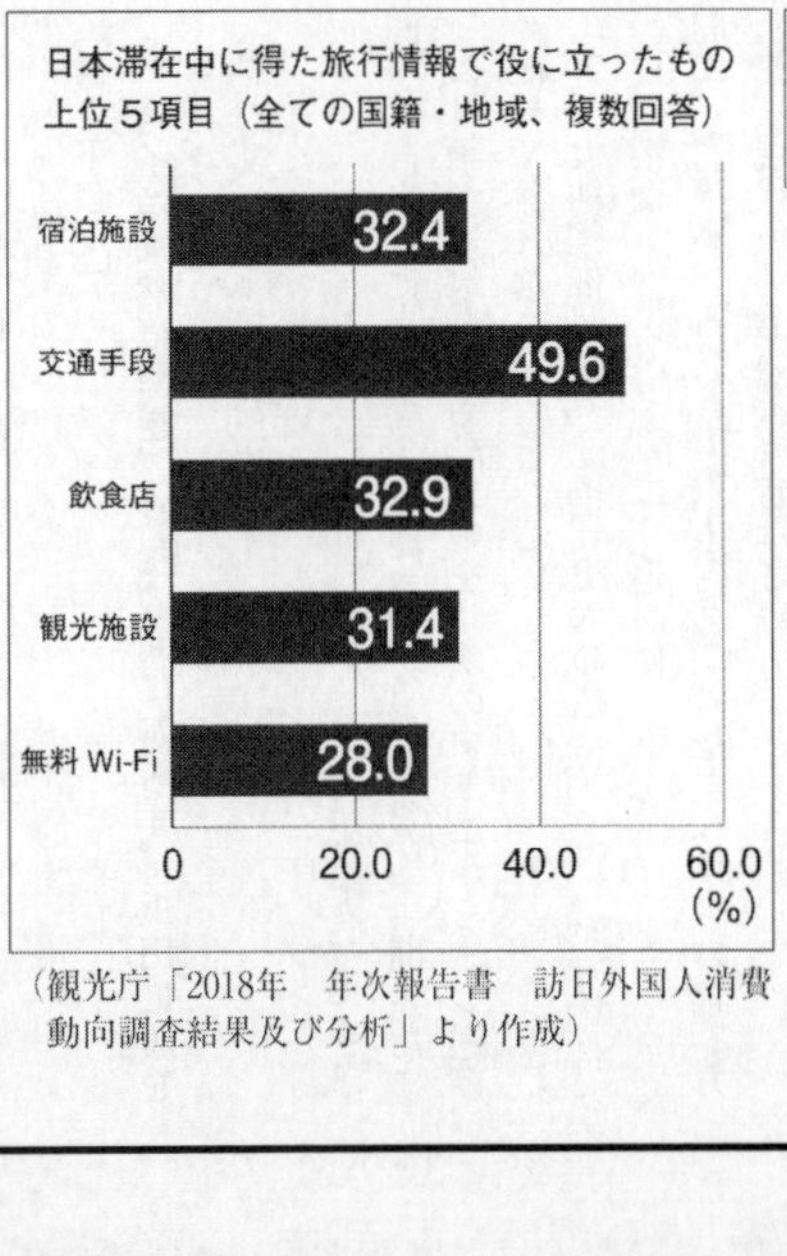

（観光庁「2018年　年次報告書　訪日外国人消費動向調査結果及び分析」より作成）

資料2

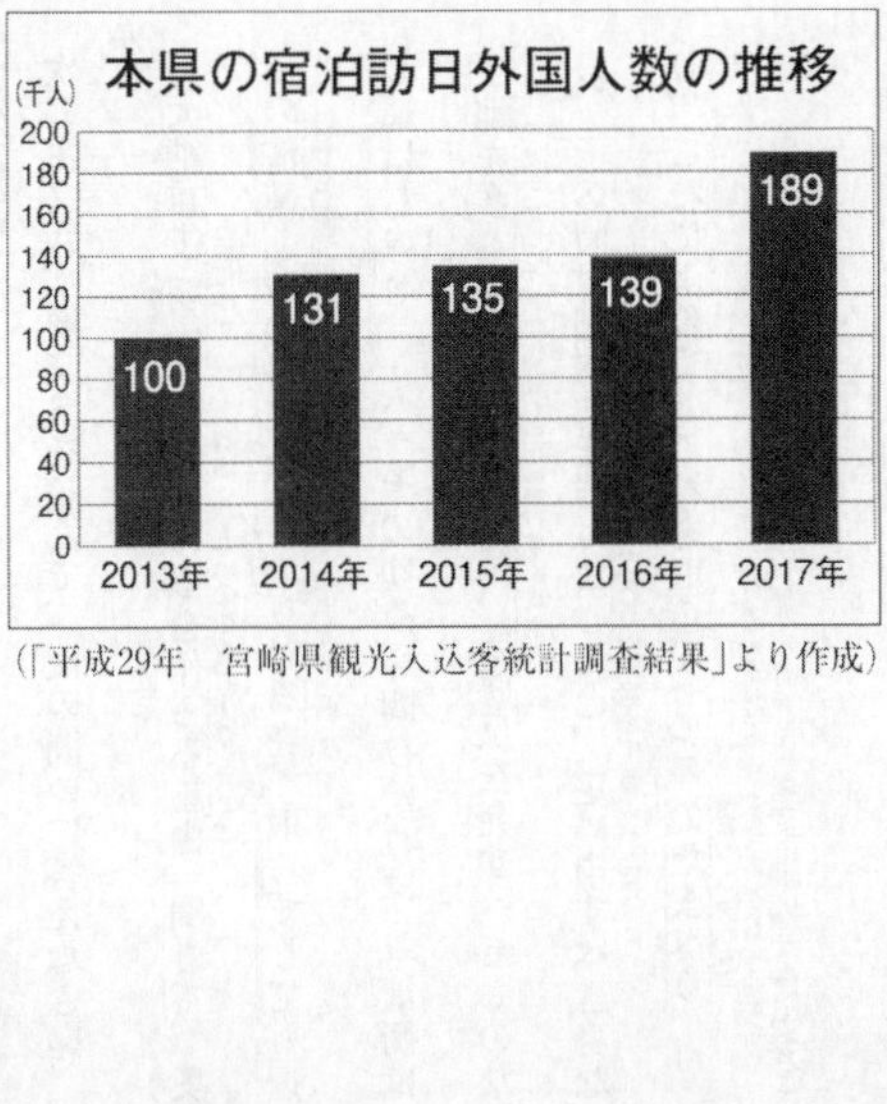

（「平成29年　宮崎県観光入込客統計調査結果」より作成）

資料4

宮崎ブーゲンビリア空港からのアクセス
Access guidance from Miyazaki bougainvillea airport

	バスのりば Bus Stops 버스 정류장 公交车站	行先 Destinations 행선지 目的地	所要時間 Required time 소요시간 所需时间
①	市街地 City Area 시가지 市区	宮崎駅 Miyazaki Sta. 미야자키역 宮崎站	35 minutes 35분간 35分钟
	(省略)		
⑦	日南方面 Nichinan District 니치난 방면	鵜戸神宮 Udo Shrine 日南駅 Nichinan Sta. 飫肥城 Obi Castle	60 minutes 95 minutes 115 minutes

(「宮崎県ホームページ資料」他より作成)

資料3

(「宮崎地域資源ブランドホームページ」より)

問一、**よく出る** 先生から配付された資料の——線①『受信者責任型文化』の内容に関連の深い四字熟語として、最も適当なものを、次のア～エから一つ選び、記号で答えなさい。

ア、以心伝心　イ、心機一転
ウ、一心不乱　エ、誠心誠意

問二、先生から配付された資料の——線②「説明し」の品詞を、次のア～エから一つ選び、記号で答えなさい。

ア、名詞　イ、動詞　ウ、形容詞　エ、形容動詞

問三、〈話し合いの様子〉の□に入る適当な言葉を、十字以内で書きなさい。

問四、〈話し合いの様子〉の、知子さんの発言の意図を説明したものとして、最も適当なものを、次のア～エから一つ選び、記号で答えなさい。

ア、資料を分類して検討することで、資料を統合する必要性を伝える意図。
イ、資料の共通点を検討することで、情報を整理して結論を導き出す意図。
ウ、資料を関連させ検討することで、課題の解決に向けた展開に導く意図。
エ、資料の信頼性を検討することで、自分の意見の独自性を強調する意図。

問五、**難** **思考力** 〈話し合いの様子〉全体を踏まえて、「訪日外国人に宮崎県で安心して快適に観光を楽しんでもらうために必要なこと」について、グループの提案を作成します。〈グループの提案〉の□に入る適当な表現を、後の条件に従って、九十字以内で書きなさい。

〈グループの提案〉

> 訪日外国人に宮崎県で安心して快適に観光を楽しんでもらうための取り組みを提案します。資料3に情報を付け加えた案内書を作るのはいかがでしょうか。
> その際に必要なことは、□です。

〈条件〉
・一文めには、資料3に付け加えるとよい具体的な情報と、文字情報の表記方法を、それぞれ書くこと。
・二文めには、それらが必要な理由を、「発信者責任型文化」の考え方で説明すること。
・改行せずに続けて書き、資料名は挙げなくてよい。

四 （古文・漢文）動作主・仮名遣い・古典知識・内容吟味・漢字知識

次の古文A、漢文Bを読んで、後の問いに答えなさい。

A

大納言俊明卿（源俊明）丈六の仏（約四・八五mの仏をお作りになる）を作らるる由①聞きて、奥州の清衡（藤原清衡）、薄の料（金箔のために）に金を奉りける（献上したが）を、取らずして、返し遣はしけり。人、そのゆゑを問ひければ、「清衡は王地を多く押領して（王土をあちこち不当に占領して）、ただいま（今すぐにも）謀反を発すべきものなり。その時は追討使を遣はさむこと（朝廷の敵を追討する使者の派遣をするようなこと）、定め申すべき身なり。これによりて、これを取らず」と②のたまへり（おっしゃった）。

（『十訓抄』による）

B

③君子防未然、不レ処ニ嫌疑ノ間ニ。瓜田ニ不レ納レ履ヲ、李下ニ不レ正サ冠ヲ。

【書き下し文】
君子（すぐれた人）は未然に防ぎ、嫌疑（疑い）の間に処らず（いない）。瓜田（瓜のはたけ）に履を納れず（はき直さず）、李下（すももの木の下）に冠を正さず。

（『古楽府』による）

問一、古文Aに——線①「聞きて」とあるが、「聞いた」のは誰か。最も適当なものを、次のア～エから一つ選び、記号で答えなさい。

ア、大納言俊明卿　イ、丈六の仏
ウ、清衡　エ、追討使

問二、**基本** 古文Aの——線②「のたまへり」の読み方を、現代仮名遣いで書きなさい。

問三、**基本** 漢文Bの——線③「君子防未然」について、

【書き下し文】の読み方になるように返り点をつけなさい。送り仮名はつけなくてよい。

問四、古文Aに══線「取らずして、返し遣はしけり。」とあるが、なぜか。次の□は、その理由をまとめたものである。（　）に入る適当な言葉を書きなさい。ただし、（１）は古文Aの内容を参考にして十五字以内で書き、（２）は漢文Bの本文から二字で抜き出して書きなさい。

俊明は（　１　）であり、金を受け取って、謀反に関係する者という（　２　）をかけられたくないから。

問五、思考力 古文A、漢文Bの説明として、最も適当なものを、次のア～エから一つ選び、記号で答えなさい。

ア、古文Aは複数の話から書き手が言動を評価していて、漢文Bは考えと例示を対比して説明している。
イ、古文Aは書き手が出来事を紹介していて、漢文Bは考えを提示した後に例示を並べ挙げている。
ウ、古文Aは出来事と書き手の感想を明記していて、漢文Bは冒頭から例示を重ねて展開している。
エ、古文Aは書き手が話の後に評価を提示していて、漢文Bは冒頭で提示した話題を例示で深めている。

問六、次の行書で書かれた漢字を正しく楷書で書いた場合、「定」の部首の画数と同じ画数の部首で構成されるものを、ア～エから一つ選び、記号で答えなさい。

ア、空　イ、祈　ウ、点　エ、寺

鹿児島県

時間 50分　満点 90点　解答 P53　3月5日実施

出題傾向と対策

●漢字、論説文、古文、小説文、条件作文の大問五題構成は昨年と同じ。現代文、古文ともに文章は読みやすく、空欄補充や選択問題はいずれも比較的容易である。したがって、論説文と小説文に一問ずつある六十五字以内の記述問題と、条件作文の完成度が鍵を握る。

●漢字、四字熟語、品詞識別などの基礎的問題は、日々の学習の積み重ねで対応できる。記述問題と条件作文は、自分で解答したあとに解答例を参照し、再度書き直してみるなどの方法で練習を重ね、自信をつけておきたい。

一 漢字の読み書き・漢字知識

次の１・２の問いに答えなさい。（計14点）

1、よく出る 基本 次の──線部①～⑥のカタカナは漢字に直し、漢字は仮名に直して書け。（各2点）

今日は、先輩たちの中学校生活最後の試合だ。会場には、先輩たちの①イサましい姿を見届けようと、多くの②観衆がつめかけている。

私たちは、先輩たちの勝利を③祈って、応援席に横断④マクを掲げた。

チームをヒキいる主将は、それを見て、「どんな状況でも⑤レイセイさを失わず、みんなでがんばります。」と勝利を⑥誓った。

2、基本 次は、１の文章中の══線部の漢字を行書で書いたものである。これを楷書で書いたときの総画数を答えよ。（2点）

率

二 （論説文）文脈把握・品詞識別・内容吟味

次の文章を読んで、あとの１～５の問いに答えなさい。（計26点）

相手にわかるように話すことと、自分の[注]オリジナリティを追求することは、一見矛盾する反対のことのように感じる人もいるかもしれません。［ a ］、この二つは、それぞれバラバラに存在するものではないのです。

伝えたいことを相手にわかるように話すことが自分と他者の関係における課題であるのに対し、オリジナリティを出すということは、自己内の思考を整理・調整する課題であるといえます。①この二つをどのようにして結ぶかということが、対話という活動の課題でもあります。

どんなにすぐれたもののつもりでも相手に伝わらなければ、[ア]単なる独りよがりに過ぎません。また、「言っていることはわかるが、あなたの考えが見えない」というようなコメントが相手から返ってくるようでは、個人の顔の見えない、中身のないものになってしまいます。一人ひとりのオリジナリティを、どのようにして相手に伝えるか、ということが、ここでの課題となります。

ここで、自分の考えを相手にも受け止めてもらうという活動が必要になります。これをインターアクション（相互作用）と呼びます。インターアクションとは、さまざまな人との相互的なやりとりのことです。自分の内側にある「伝えたいこと」を相手に向けて自らの表現として発信し、[イ]そこから相手の発信を促すことだと言い換えることもできるでしょう。

[注]テーマを自分の問題としてとらえることで徹底的に自己に即しつつ、これをもう一度相対化して自分をつきはなし、説得力の[ウ]ある意見を導き出すためには、さまざまな人とのインターアクションが不可欠であるといえます。今まで見えなかった自らの中にあるものが[エ]次第に姿を現し、それが相手に伝わるものとして、自らに把握されるとき、自分のことばで表現されたあなたのオリジナリティが受け止められ、相手にとっても理解できるものとして把握されたとき、対話は次

の段階にすすむと考えることができます。

相手に伝わるということは、それぞれのオリジナリティをさまざまな人との間で認め合える、ということであり、自分の意見が通るということとは、その共有化されたオリジナリティがまた相手に影響を及ぼしつつ、次の新しいオリジナリティとしてあなた自身の中でとらえなおされるということなのです。これこそが対話という活動の意味だということができるでしょう。

そして、あなたの語る内容に相手が賛同してくれるかどうかが、対話での最終的な課題となります。[b]、さまざまな人間関係の中で、わたしたちを結びつけているのは、「わかった、わかってもらった」という共通了解の実感だからです。

どんな社会的な問題でも、わたしたちはそれぞれの個をくぐらせて、その問題を見つめています。この「私」と問題とのかかわりが、異なる視点と出会い、対話を通して相互の「個」が理解に至ったとき、「わかった、わかってもらった」という実感が喜びをともなって立ち現れてくるのです。この実感がわたしたちに②個人としての存在意義をもたらすものになるのでしょう。そこには、よりよく生きようとするわたしたちの意志とそのためのことばが重なるのです。

対話は、わたしたち一人ひとりの経験の積み重ねを意味します。

知らず知らずのうちにさまざまな人との対話を積み重ねてきた経験を一度振り返り、そのことによって、これからのよりよい生活や仕事、あるいは人生のためにもう一度、新しい経験を築いていこうとすること、これが対話について考えることだと、わたしは思います。

一般に対話というと、「Aという意見とBという意見の対立からCという新たなものを生み出す」というような技術論としてとらえられがちですが、ここでは、対話というものを、もう少し大きく、あなた自身のこれからの生き方の課題として向き合ってみようと提案しています。その方法もそれほど限定せず、自由に考えていいと思います。

そして、この③対話をデザインするのは、あなた自身に他なりません。

対話は、何かを順番に覚えたり記憶したりするものではありません。

他者とのやりとりによって自分の考えをもう一度見直し、さらに自分の意見・主張にまとめていく。この過程で、自分と相手との関係を考え、それぞれの差異を知ることで相互理解が可能であることを知ります。

さらに、自分と相手を結ぶ活動の仲間たちがともにいるという認識を持てば、個人と社会との関係を自覚せざるを得ません。そこから、「社会とは何か」という問いが生まれ、その問いは、市民としての社会参加という意識につながります。こうした活動によって、テーマのある対話が展開できるような、そういう社会が構築される可能性も生まれます。

一〇年後、二〇年後の自分の人生はどのようなものだろうか。この迷いの中で、自分にとっての過去・現在・未来を結ぶ、一つの軸を見出す（みいだ）ことは、希望進路や職業選択につながっていくプロセスであるばかりでなく、現在の生活や仕事などで抱えている不満や不安、人生のさまざまな局面における危機を乗り越えるためにとても有効でしょう。さまざまな出会いと対話によって自己の経験を可視化する作業は、自分自身の興味・関心に基づいた、生きる目的としてのテーマの発見に必ずやつながるからです。

（細川英雄「対話をデザインする―伝わるとはどういうことか」による）

(注)オリジナリティ＝ここでは、他からの借り物でない、自分のことば。または、それによって表される考え。

テーマ＝ここでは、様々な日常の話題の中で、相手と一歩踏み込んで話し合うために必要なもの。

1、**よく出る** **基本** 本文中の[a]・[b]にあてはまる語の組み合わせとして、最も適当なものを次から選び、記号で答えよ。（2点）

ア、（a ところが　b たとえば）
イ、（a しかし　b なぜなら）
ウ、（a そして　b しかも）
エ、（a つまり　b したがって）

2、**基本** ――線部①と同じ品詞のものを、本文中の＝＝線部ア～エの中から一つ選び、記号で答えよ。（3点）

3、――線部②とあるが、「個人としての存在意義」はどのようなときにもたらされるか。この段落までの内容を読んで、六十五字以内で説明せよ。（8点）

4、次の文章は、――線部③によって期待できることについて説明したものである。[I]・[II]に入る最も適当な十二字の言葉を、それぞれ本文中から抜き出して書け。（各4点）

> わたしたちが、対話によって自他の関係を考え、差異を知り、相互理解が可能であることを知って、[I]することは、市民としての社会参加という意識をもつことにつながり、対話が充実した社会を構築する助けとなる可能性がある。そして、対話を積み重ね、自己の経験を見つめることで、[II]を発見することができるので、人生の危機を乗り越えるためにも有効である。

5、本文の内容について説明したものとして、最も適当なものを次から選び、記号で答えよ。（5点）

ア、相手にわかるように話すことと、自分のオリジナリティを追求することという矛盾した課題を解決するためには、他者の思考を整理・調整することが必要である。
イ、自分の語る内容を相手に伝え、影響力のあるものとして理解してもらうためには、対話の前後で変化することのない自分の意見を強く主張することが必要である。
ウ、あらゆる社会的な問題を自分の問題としてとらえて、相対化したうえで説得力のある意見を導き出すためには、さまざまな人との相互的なやりとりが必要である。
エ、よりよい対話のためには、自己の意見と他者の意見との相違点をもとにして、新たな意見にまとめていくことのできる対話の技術を向上させることが必要である。

三 (古文)仮名遣い・動作主・内容吟味

次の文章を読んで、あとの1～4の問いに答えなさい。(計18点)

昔、(注)汝南の人、田の中に網を設けて、(網を張って)(注)麏を捕らんとす。やがて麏かかりけれど、その網の主いまだ来らざりしに、①道行く人のあるが麏をば盗みてけり。さりとも人の取り得たらんものをあやなく(理由もなく)取りなんも罪深しと思ひて、その麏の代はりに、②携へ持ちし(注)鮑魚一つを網の中に入れて行き去りたる程に、アかの網の主来りて、鮑魚の網の中にあるを見て、このものここにあるべしとも覚えず、いかさまにも(どう考えても)(注)現神のあらはれさせたまふにこそあめれ(現れなさいましたのであろう)と③おほいにあやしむ(不思議に思った)。村の者ども皆寄り集まりて、やがて(注)祠を建て入れまゐらせ、イ鮑君と名づけまゐらせけり。村の者ども病さまざま癒ゆることあれば、ウこの御神の恵みによりしところなりとて斎き祭るほどに、御社おほきに作り出して、(注)賽の神楽の音絶ゆることなし。まことにめでたき御神にぞありける。七、八年ほど経て、エかの鮑魚の主この御社のほとり過ぎて、「いかなる御神のかくはあらはれさせたまふらむ」といふに、己が留め置きし鮑魚なりける。「あなあさまし(ああ驚きあきれたことだ)、それは自らが留め置きしものを」といひければ、かの霊験の事どもたちまち止みにける。

(「鬼神論」による)

(注)汝南＝地名。中国の河南省の県名。
麏＝シカ科の小動物。

鮑魚＝魚の干物。または、あわび。

現神＝霊験(御利益)のある神。

祠＝神を祭るための小さな社。

賽の神楽＝神から受けた福に報いるために奏する舞楽。

1、**よく出る** **基本** ――線部③「おほいに」を現代仮名遣いに直して書け。(2点)

2、**基本** ――線部①「道行く人」と同じものを表すのはどれか。＝＝線部ア～エの中から一つ選び、記号で答えよ。(3点)
ア、かの網の主　イ、鮑君
ウ、この御神　エ、かの鮑魚の主

3、――線部②「携へ持ちし鮑魚一つを網の中に入れて行き去りたる」とあるが、その理由を説明したものとして、最も適当なものを次から選び、記号で答えよ。(3点)
ア、麏と鮑魚を交換するというきまりを守ろうと考えたから。
イ、罪のない動物をむやみに取るのはよくないと考えたから。
ウ、他人の獲物を無断で取ることは悪いことだと考えたから。
エ、網の中に食べ物がないと麏がかわいそうだと考えたから。

4、次は、本文をもとにした話し合いの場面である。[Ⅰ]～[Ⅲ]に適当な言葉を補って会話を完成させよ。ただし、[Ⅰ]には本文中から最も適当な十字の言葉を抜き出して書き、[Ⅱ]・[Ⅲ]にはそれぞれ十字以内でふさわしい内容を考えて現代語で答えること。(ⅠⅢ各3点、Ⅱ4点)

先生「この話は、人々の信仰心が御利益を生むことの例として取り上げられたものです。では、どういう話か、みなさんでまとめてみましょう。」
生徒A「人々は何を信仰し、どんな御利益があったのかな。」
生徒B「鮑魚を神と信じ鮑君として祭ったら、『[Ⅰ]』があって、それを人々は御利益と感じたんだね。」
生徒C「その後、御利益が鮑君のおかげだとして、本文に『御社おほきに作り出して、賽の神楽の音絶ゆることなし』とあるように、人々が鮑君を[Ⅱ]ことがわかるよね。」
生徒B「でも、最後にはその正体がわかり、先生が初めにおっしゃったことから考えると、人々が[Ⅲ]ことで、御利益もなくなってしまったんだね。」
生徒A「なるほど。これは中国の話だけど、他の国にも似たような話がないか調べてみようよ。」

四 (小説文)内容吟味・熟語

次の文章を読んで、あとの1～5の問いに答えなさい。(計23点)

> 小学5年生のぼく(野崎翔太)は、有賀先生の将棋教室で出会った小学2年生の山沢君との将棋の対戦(対局)に負けた悔しさから研究を重ねてきた。二週間が経ち、山沢君と再戦する機会を得た。

「前回と同じ対局になってしまうけど、それでもいいかな? 先手は野崎君で」

「はい」

ぼくは①自分を奮い立たせるように答えたが、山沢君はつまらなそうだった。

(よし。目にもの見せてやる)

ぼくは椅子にすわり、盤に駒を並べていった。

「おねがいします」

二人が同時に礼をした。序盤から(注)大駒を切り合う激しい展開で、80手を越えると双方の(注)玉が露出して、どこからでも王手がかかるようになった。しかし、どちらにも決め手がない。ぼくも山沢君もとっくに持ち時間はつかいきり、ますます難しくなっていく局面を一手30秒以内で指し続ける。壁の時計に目をやる暇などないが、たぶん40分くらい経っているのではないだろうか。持ち時間が10分の将棋は30分あれば終わるから、ぼくはこんなに長い将棋を指したことはなかった。

「そのまま、最後まで指しなさい」

　有賀先生が言って、そうこなくちゃと、ぼくは気合いが入った。かなり疲れていたが、絶対に負けるわけにはいかない。山沢君だって、そう思っているはずだ。

（勝ちをあせるな。相手玉を㊟詰ますことよりも、自玉が詰まされないようにすることを第一に考えろ）

　細心の注意を払って指していくうちに、形勢がぼくに傾いてきた。ただし、頭が疲れすぎていて、目がチカチカする。指がふるえて、駒をまっすぐにおけない。

「残念だけど、今日はここまでにしよう」

　ぼくに手番がまわってきたところで、有賀先生が対局時計を止めた。

「もうすぐ3時だからね」

　そう言われて壁の時計を見ると、短針は「3」を指し、長針が「12」にかかっている。40分どころか、1時間半も対局していたのだ。

　ぼくは盤面に視線を戻した。ぼくの玉はすでに相手陣に入っていて、詰まされることはない。山沢君も㊟入玉(にゅうぎょく)をねらっているが、10手あれば詰ませられそうな気がする。ただし手順がはっきり見えているわけではなかった。

「すごい勝負だったね。ぼくが将棋教室を始めてから一番の熱戦だった」

　プロ五段の有賀先生から最高の賛辞をもらったが、ぼくは㊟詰み筋を懸命に探し続けた。

「㊟馬引きからの7手詰めだよ」

　山沢君が悔しそうに言って、ぼくの馬を動かした。

「えっ？」

　まさか山沢君が話しかけてくるとは思わなかったので、②ぼくはうまく返事ができなかった。

「こうして、こうなって」

　㊟詰め将棋をするように、山沢君が盤上の駒を動かしていく。

「ほら、これで詰みだよ」

（なるほど、そのとおりだ）

　頭のなかで答えながら、ぼくはあらためてメガネをかけた小学2年生の実力に感心していた。


「プロ同士の対局では、時間切れ引き分けなんてない。それは㊟研修会でも、奨励会でも同じで、将棋の対局はかならず決着がつく。でも、ここは、小中学生むけのこども将棋教室だからね。今日の野崎君と山沢君の対局は引き分けとします」

　有賀先生のことばに、③ぼくはうなずいた。

「さあ、二人とも礼をして」

「ありがとうございました」

　山沢君とぼくは同時に頭をさげた。そして顔をあげたとき、山沢君のうしろにぼくの両親が立っていた。

「野崎さん、ちょっといいですか。翔太君も」

　どんな用件なのかと心配になりながら、ぼくは先生についていった。

「翔太君ですが、成長のスピードが著しいし、とてもまじめです。今日の一局も、じつにすばらしかった」

　有賀先生によると、山沢君は小学生低学年の部で埼玉県のベスト4に入るほどの実力者なのだという。来年には研修会に入り、奨励会試験の合格、さらにはプロの棋士になることを目標にしているとのことだった。

「小学5年生の5月でアマチュア初段というのは、正直に言えば、プロを目ざすには遅すぎます。しかし野崎君には伸びしろが相当あると思いますので、親御さんのほうでも、これまで以上に応援してあげてください」

　まさか、ここまで認めてもらっているとは思わなかったので、ぼくは呆然(ぼうぜん)としていた。

　103号室に戻り、カバンを持って出入り口にむかうと、山沢君が立っていた。ぼくより20センチは小さくて、腕も脚もまるきり細いのに、負けん気の強そうな顔でこっちを見ている。

「つぎの対局は負けないよ。絶対に勝ってやる」

「うん、また指そう。そして、一緒に強くなろうよ」

　ぼくが言うと、山沢君がメガネの奥の目をつりあげた。

「なに言ってんだよ。将棋では、自分以外はみんな敵なんだ」

　小学2年生らしいムキになった態度がおかしかったし、「自分以外はみんな敵だ」と、ぼくだって思っていた。


「たしかに対局中は敵だけど、盤を離れたら、同じ将棋教室に通うライバルでいいんじゃないかな。ぼくは初段になったばかりだから、三段になろうとしているきみをライバルっていうのは、おこがましいけど」

　ぼくの心ははずんでいた。個人競技である将棋にチームメイトはいないが、ライバルはきっといくらでもあらわれる。④勝ったり負けたりをくりかえしながら、一緒に強くなっていけばいい。

「そういえば、有賀先生のおとうさんが教えた大辻弓彦(おおつじゆみひこ)さんっていうひとが、関西の奨励会でがんばっているんだってね。大辻さんが先にプロになって、きみとぼくもプロになって、いつかプロ同士で対局できたら、すごいよね」

　奨励会試験に合格するにはアマ四段の実力が必要とされる。それに試験では奨励会員との対局で五分(ごぶ)以上の㊟星をあげなければならない。合格して奨励会に入っても、四段＝プロになれるのは20パーセント以下だという。

　それがどれほど困難なことか、正直なところ、ぼくにはよくわかっていなかった。でも、どれほど苦しい道でも、絶対にやりぬいてみせる。

「このあと、となりの図書館で㊟棋譜をつけるんだ。今日の、引き分けだった対局の」

　ぼくが言うと、山沢君の表情がほんの少しやわらかくなった。

「それじゃあ、またね」

　三つも年下のライバルに言うと、⑤ぼくはかけ足で図書館にむかった。


（佐川光晴「駒音高く」による）


㊟大駒、入玉、馬引き＝いずれも将棋の用語。なお、馬は将棋の駒の一つ。

玉＝将棋で大将に相当する最も大切な駒。

詰ます＝相手がどう動いても次に自分が玉を取り、勝つことができる状態のこと。

詰み筋＝将棋で決着までの手順のこと。

詰め将棋をする＝王手の連続で玉を詰ませる将棋の問題を解くこと。

研修会＝ここでは、奨励会（プロ棋士養成機関）入りを目指す者の対局の場。

星をあげ（る）＝勝負に勝つこと。
棋譜＝将棋の対局の記録。

1、——線部①は、ぼくのどのような様子を表しているか。最も適当なものを次から選び、記号で答えよ。（3点）
ア、絶対に勝つと気合いを入れている様子。
イ、負けることへの恐怖を隠している様子。
ウ、大事な勝負に臨んで動揺している様子。
エ、勝利を確信して自信に満ちている様子。

2、次の文は、——線部②の理由を説明したものである。[Ⅰ]には、本文中から最も適当な九字の言葉を抜き出して書き、[Ⅱ]には、十五字以内の言葉を考えて補い、文を完成させよ。（Ⅰ3点、Ⅱ4点）

最初、山沢君は、ぼくと対戦するのが[Ⅰ]のに、対戦後、詰み筋を探していたぼくに[Ⅱ]ことが意外だったから。

3、——線部③におけるぼくの気持ちの説明として、最も適当なものを次から選び、記号で答えよ。（3点）
ア、形勢は有利だったが、先生に引き分けの判定をされ、納得できないまましぶしぶ受け入れている。
イ、形勢は有利だったが、自分よりはるかに実力が上である山沢君にはかなわないとあきらめている。
ウ、形勢は有利だったが、詰み筋を見極めきれなかったぼくは、引き分けという判定に納得している。
エ、形勢は有利だったが、詰み筋を読み切れず、また山沢君に負けてしまった悔しさをこらえている。

4、**基本** 次の文は、——線部④に表れた、ぼくの望む、ライバルとの関係について説明したものである。空欄に入る最も適当な四字熟語を次から選び、記号で答えよ。（3点）

[　　]しながら強くなっていける関係。

ア、大器晩成（たいきばんせい）　イ、呉越同舟（ごえつどうしゅう）
ウ、試行錯誤（しこうさくご）　エ、切磋琢磨（せっさたくま）

5、——線部⑤におけるぼくの気持ちを六十五字以内で説明せよ。（7点）

五 条件作文 思考力

資料1は、「古典をマンガで読むこと」についての議論をするにあたって、山田さんが考えたことを事前にまとめたメモである。また資料2は、実際に議論をしたときの記録の一部である。資料2の空欄に入るように、後の条件に従って文章を書きなさい。（9点）

条件
(1) 一段落で構成し、六行以上八行以下で書くこと。
(2) 原稿用紙（20字詰×8行＝省略）の正しい使い方に従って、文字、仮名遣いも正確に書くこと。
(3) 書き出しは、「二点目は」とすること。

資料1

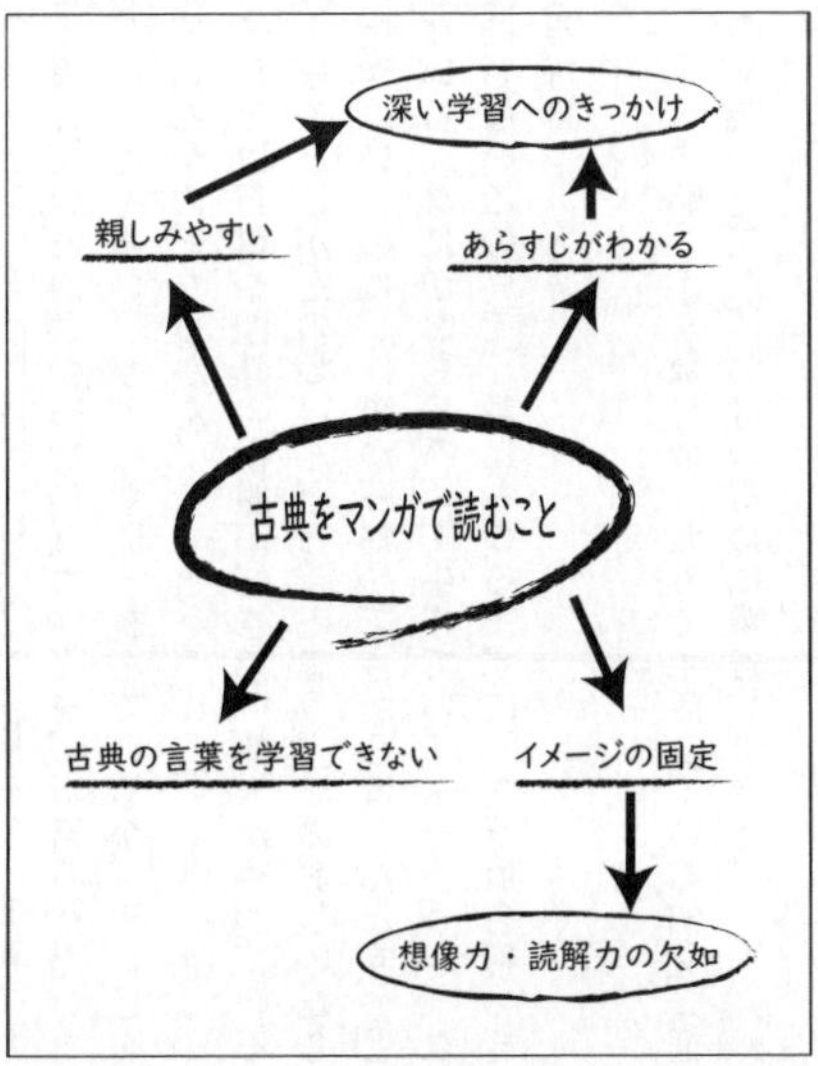

資料2

鈴木さん「私は、『古典をマンガで読むこと』を推奨したいと思います。古典というと『難しい』とか『読みにくい』と思い込んで、読むことをためらってしまいます。しかし、マンガならどうでしょうか。言葉も現代語で書かれていて親しみやすく、軽い気持ちで読み始める気になります。これがきっかけで、興味をもち始め、発展的な学習につながるのではないでしょうか。」

山田さん「鈴木さんの言うことはよくわかります。そのような長所があることには、私も賛成です。しかし、私は、『古典をマンガで読むこと』はあまり良くないと思っています。その理由は二点あります。一点目は、絵のイメージが強くて、マンガ作家のイメージを押し付けられる気がするからです。このことは、私たちから想像の楽しみを奪い、読解力の欠如につながってしまうと思います。

[　　　　]

理由を二点述べましたが、特に二点目について、伝統的な文化を伝えていくことは重要なことだと思います。」

鈴木さん「マンガに描かれる古典の世界が、伝統的な文化を表していないと決めつけるのは良くないと思います。古典マンガは、かなり研究して正確に描かれていますよ。だから、興味をもった人は、発展的な学習につなげていくことができると思います。」

沖縄県

時間 50分　満点 60点　解答 P54　3月4日実施

出題傾向と対策

●小説文、論説文と資料を組み合わせた問題（省略）、古文、漢文、話し合いと資料を組み合わせた問題の大問五題構成。問題や出題内容は標準的だが、資料を見て書かせる問題が毎年出題されている。

●漢字、文法、読解、古典の基礎知識、記述など、幅広く出題されるので、基礎的な事項を押さえたうえで読解力をつけておくことが大切。記述式の問題は、情報を収集する力や多面的な思考力が必要になる。資料を読み取り、意見を書く練習を積んでおきたい。

一（小説文）漢字の読み書き・品詞識別・語句の意味・文脈把握・内容吟味

次の文章を読んで後の問いに答えなさい。（計13点）

> 征人（ゆきと）は、天徳島（てんとくじま）に住む14歳の少年で、この小さな島を早く出たいと思いながらも、父親に自分の気持ちを話せずにいた。同時に、父親に島を出たいと思ったことがないのか、聞いてみたいと思っていた。

父ちゃんはサバニ※1の漁師だ。今はエンジン付きが^a^シュリュウだけど、昔は櫂※2（かい）一本で荒波に挑んでいたという。波を切り開いてゆくサバニ。エンジン付きとはいえ、小さな船に乗って広大な海に一人で繰（く）り出してゆく父ちゃんは、たくましい海の男だ。自分にはとても真似できない。

毎日、夜明けまでずいぶんとある、まだ暗い時間に家を出る。もとから口数が少ない人だけど、最近はさらに話すことが減った。小さい頃だって、遊んでくれた思い出はあまりない。小学生のとき、クラブ活動でバドミントンをやりはじめた頃に、何度か一緒に練習してくれたのが、数少ない思い出のうちのひとつだ。打ち負かそうと強く打ち込んだり、左右を^b^狙ったりすると、決まって父ちゃんは、

「相手の打ちやすいところに返せ」

と言った。

「それじゃ、負けるさー」

と言うと、^c^おれの目をしずかに見て、それきりもう何も言わないのだった。

父ちゃんとは生活の時間帯も違うし、自分も友達と遊ぶことに忙しくて、［　Ⅰ　］話すことはない。寡黙※3（かもく）でなにを考えているかわからない父ちゃんを、近寄りがたいと感じることも多い。家では新聞を読んでいるか、テレビを見ているかのどちらかだ。

テレビは将棋や囲碁の番組が好きで、他人がやっているのをみてどこがたのしいんだろうと思う。島のおじいたちと指せばいいのに、仕事から帰ってきたらほとんどずっと家にいる。なにがおもしろくて生きているんだろうか。なんにもないこの島で、誰ともつるまずに、ただ魚を獲（と）ってくる毎日。

― 中略 ―

数日後、県外で生活している伯父（征人の父親の兄）が、お盆のために帰省してきた。

花火のあと、疲れたのか、由真※4（ゆま）は早々に寝てしまった。父ちゃんと伯父さんは昨日と同じように飲んでいる。父ちゃんは普段飲まないけれど、実は強いほうだと思う。たまに飲んでも、酔ったところを見たことがない。伯父さんは、ほろ酔い加減で少し饒舌※5（じょうぜつ）になっている。

「征人と酒飲める日が待ち遠しいなあ、政直（まさなお）」

伯父さんが父ちゃんに言い、そうだなあ、と父ちゃんが^d^目を細めた。

「征人が高校生になったら、さみしくなるな」

高校は本島にしかないから、高校生になったら寮生活となる。

「征人は賢いから、医者にでもなるか？　それか、弁護士先生か」

たのしそうに伯父さんが言う。

「そんな頭、あるわけないさー」

母ちゃんが口を出し、おれはまたちょっとムッとした。

「父ちゃん」

「ん？」

「おれ、東京行きたい。東京の大学に行きたいさ」

なんの前ぶれもなく、おれの口から言葉が勝手に出ていた。みんなが一斉にこっちを見る。言った自分が、今いちばん驚いている。

「おお、そうか。東京の大学か。いいじゃないか。なあ、政直。末は大臣だぞ」

父ちゃんはなにも言わないで、お酒を口に含む。

「また、おだてんでくださいよ。大学なんて行ったって、たかが知れてる」

母ちゃんがまた口を挟んだ。

「おれ、いっぱい勉強して国立大学を目指す。だからいいでしょ。東京に行っても」

「征人は将来、なんになりたいのか」

伯父さんの問いにすぐには答えられなかった。なにになりたいかなんて、わからない。将来の夢なんてまだなにもない。今のおれの夢は、東京に行くことだ。

黙ってしまったおれに、

「目的もないくせに、東京に行きたいなんて」

と、母ちゃんが不満げに言う。

「……おれ、東京に行きたいさ」

もう一度そう言ったら、なんだか胸がいっぱいになってしまった。これ以上言葉を口にしたら、①涙があふれてしまいそうだった。

「征人が行きたいところに行けばいい。先のことは、行ってから考えればいいさ」

これまで黙っていた父ちゃんが口を開いた。おれは父ちゃんの顔を見た。やさしい顔をしていた。うれしいはずなのに、その顔を見たら、どういうわけかもっと泣きたくなってしまった。

「……あ、ありがと」

それだけ言うのが精一杯だった。目の前がふいにぼやける。おれは慌てて立ち上がって、後ろ手にふすまを閉めた。隣の部屋に入ったとたん、こらえきれずにぶわっと涙が

出た。涙はあとからあとからどんどん出てきた。Tシャツの肩部分だけでは足りなくて、お腹の生地をめくって涙をぬぐった。

父ちゃんが、②望み通りの言葉を言ってくれたというのに、なにかに負けたような気分だった。父ちゃんを傷つけたと思った。

ごめんなさい、ごめんなさい。③おれは心のなかで、何度も何度も謝ったのだった。

（椰月美智子『14歳の水平線』設問の都合上一部改変してある。）

（注）※1 サバニ…沖縄地方で古くから使われている小型漁船の名称。
※2 櫂…船をこぐ道具。
※3 寡黙…言葉数が少ないこと。
※4 由真…征人の妹。
※5 饒舌…口数が多いこと。

問1、よく出る 基本 二重傍線部aのカタカナは漢字に直し、bの漢字は読みをひらがなで書きなさい。（丁寧に書くこと。）（各1点）
aシュリュウ　b狙ったり

問2、基本 二重傍線部c「おれの目をしずかに見て、それきりもう何も言わないのだった」の中に、動詞はいくつあるか。数字で答えなさい。（1点）

問3、基本 二重傍線部d「目を細めた」の文中での意味として、最も適当なものを、次のア～エのうちから一つ選び記号で答えなさい。（1点）
ア、照れた　イ、まぶしそうにした
ウ、うつむいた　エ、ほほえんだ

問4、基本 空欄［Ⅰ］に当てはまる語として最も適当なものを、次のア～エのうちから一つ選び記号で答えなさい。（1点）
ア、まさか　イ、どうか
ウ、ほとんど　エ、おそらく

問5、傍線部①「涙があふれてしまいそうだった」のはなぜか。その理由として最も適当なものを、次のア～エのうちから一つ選び記号で答えなさい。（2点）
ア、胸の奥にしまい込んでいた思いを、父に対して初めて言葉にして、感情が高ぶってきたから。
イ、伯父に気持ちを認めてもらいたいが、同じ言葉を繰り返すことしかできずに、悔しかったから。
ウ、自分のことを否定する母親に対して、納得する返答ができずに、自信を無くしたから。
エ、覚悟を決めて自分の気持ちを正直に打ち明けたが、周りの反応に戸惑ってしまったから。

問6、傍線部②「望み通りの言葉」と対照的な会話文として最も適当なものを本文中より抜き出し、はじめの五字を答えなさい。（かぎかっこは字数に含めない。）（2点）

問7、傍線部③「おれは心のなかで、何度も何度も謝った」のはなぜか。その理由として最も適当なものを、次のア～エのうちから一つ選び記号で答えなさい。（2点）
ア、何でも受け入れるやさしい父親が、今回も無理をして自分を応援していることに気付いたから。
イ、島の外の生活を求めることが、はからずも父親の生き方を否定することになると気付いたから。
ウ、自分の浅はかな発言が、島の伝統を受け継いできた漁師たちを馬鹿にすることだと気付いたから。
エ、自分一人だけ東京に行くことが、家族の絆を失わせてしまうことになると気付いたから。

問8、本文の内容を説明しているものとして、最も適当なものを、次のア～エのうちから一つ選び記号で答えなさい。（2点）
ア、島で生きることを選んだ父親とは違い、島を出ることを選んだ伯父になら、夢を支えてもらえるかもしれないという征人の希望が描かれている。
イ、父親の生き方を尊敬している母親に、言葉をさえぎられたことを疎ましく思いながらも、母親と分かり合いたい征人の内面が描かれている。
ウ、父親を理解できず隔たりを感じていたが、父の気持ちの一端に触れ思いを理解し、愛情の深さと自立の狭間で揺れ動く征人の姿が描かれている。
エ、島の人達との付き合いは少ないが、島の芸能を守り続ける父親を尊敬しながらも、自分の夢も追い求めたいという征人の葛藤が描かれている。

四 （省略）平田オリザ「わかりあえないことから　コミュニケーション能力とは何か」より （計17点）

五 （古文）仮名遣い・内容吟味・文法

次の文章を読んで後の問いに答えなさい。（計7点）

> ある日、一人の老女が、けがをして動けずにいた雀（すずめ）を助け介抱（かいほう）した。老女のおかげで元気になった雀は、やがて飛び立っていったが、二十日ほどして再び老女の前に姿を現した。そして口から小さな瓢（ひさご）※1の種を落とし、去っていった。不思議に思った老女がその種を植えると、秋にはたくさんの実（み）が実った。老女が村中に瓢（ひさご）を分け与えた後も実は更に生（な）り続けた。そこで老女は、格別に大きないくつかの瓢（ひさご）の中身を取り除き、ぶらさげて乾燥させ、水や酒を入れるための容器にすることにした。
>
> （注）※1 瓢（ひさご）…ウリ科の植物。現在では瓢箪（ひょうたん）と呼ばれることが多い。

さて月比（つきごろ）へて［それから幾月かして］、「今はよくなりぬらん」［「（瓢は乾燥して）もうよい具合になっただろう」］とて見れば、よくなりにけり。取りおろして口あけんとするに［（瓢の）口を開けようとすると、］、少し重し。①あやしけれども切りあけて見れば、物一（ひと）はた入りたり［何やらいっぱい］。「何（なに）にかあるらん」［「何だろう」］とて移して見れば、白米の入りたるなり。思ひかけずあさましと思ひて［思いもかけずこれは驚いたと思って］、大（おほ）きなる物に皆を移したるに［大きな入れ物に全部の米を移してみたが、］、同（おな）じやうに入れてあれば［白米が入っているので］、「ただ事にはあらざりけり。雀のしたるにこそ」と、あさましくうれしければ［驚き］、物に入れて隠し置きて［（その瓢を別の）物に入れて大切にしまっておいて、］、残りの瓢（ひさご）どもを見れば、同じやう［（最初の瓢と）］に入れてあり［みな白米が入っている。］。これを移し移し使へば、せん方（かた）なく多かり［（入れ物に）移し移し使ってみるが、食べきれないほど沢山ある。］。さてまことに②頼もしき人［金持ちに］に［ぞ］なりにける。隣里（となりざと）の人も見あさみ［見てびっくりし、］、いみじきことに［たいしたものだと］③羨（うらや）みけり。

(日本の古典をよむ15『宇治拾遺物語・十訓抄』巻三ノ一六話より　設問の都合上、改変してある。)

問1、**よく出る** **基本** 太線部「同じやうに」を、現代仮名遣いに直し、すべてひらがなで書きなさい。(1点)

問2、**基本** 傍線部①「あやしけれども」とあるが、老女はどうしてそう思ったのか。その理由として最も適当なものを、次のア～エのうちから一つ選び記号で答えなさい。(2点)

ア、瓢がまだ十分に乾燥していなかったから。
イ、乾燥しているはずの瓢が少し重かったから。
ウ、瓢の中に何かがたくさん入っていたから。
エ、瓢の中の白米は雀の贈り物だと気づいたから。

問3、**基本** 傍線部②「頼もしき人に[ぞ]なりにける」について、文中の「ぞ」はどのようなことを強調しているか。その説明として最も適当なものを、次のア～エのうちから一つ選び記号で答えなさい。(2点)

ア、雀が不思議な種を持ってきたこと。
イ、瓢の中の白米が増え続けること。
ウ、老女が非常に裕福になったこと。
エ、周囲の人が老女の様子に驚いたこと。

問4、**基本** 傍線部③「羨みけり」は、(1)誰が、(2)何について思ったことを表しているか。その組み合わせとして最も適当なものを、次のア～エのうちから一つ選び記号で答えなさい。(2点)

ア、(1)老女　(2)雀の予想外の恩返しについて
イ、(1)老女　(2)自分の寛大な行為について
ウ、(1)隣里の人　(2)老女の親切さについて
エ、(1)隣里の人　(2)老女の境遇の変化について

四 (漢文)古典知識・内容吟味

次の漢詩を読んで後の問いに答えなさい。(計6点)

春日憶(おもフ)ニ李白ヲ一　杜甫
白也詩ニ無レ敵シ
※1飄然トシテ①思不レ群ナラ
清新ナルハ※2庾開府
俊逸ナルハ※3鮑参軍
※4渭北春天ノ樹
※5江東日暮ノ雲
何レノ時カ一樽ノ酒
重ネテ与ニ細カニ論ゼン文ヲ

(書き下し文)
春日　李白を憶ふ　杜甫
白や　詩に敵無し
飄然として①（　　　　）
清新なるは庾開府
俊逸なるは鮑参軍
渭北　春天の樹
江東　日暮の雲
何れの時か一樽の酒
重ねて与に細やかに文を論ぜん

(現代語訳)
春の日、李白のことを思う　杜甫
李白よ　君の詩にかなうものはない
飄然とした発想は　ほかに並ぶものがない
その詩の新鮮さはかの開府の庾信のようである
その才能の非凡さはかの参軍の鮑照のようである
渭水の北で春の木々を見る私
江東の地で日暮れの雲を見る君
いつの日か　酒樽を前に
二人で　また詩について語ることができるだろうか

(注)※1　飄然…風があらゆるものを吹きぬけるように、平凡な発想を飛躍すること。
※2　庾開府…中国の高名な詩人、庾信。開府は中国の官位。
※3　鮑参軍…中国の高名な詩人、鮑照。参軍は中国の官位。
※4　渭北…黄河の支流である渭水の北側。
※5　江東…長江の下流にある地方。

(『新編　中国名詩選【中】』より　設問の都合上、一部改変してある。)

問1、**よく出る** **基本** 傍線部①「思不レ群ナラ」を書き下し文に直しなさい。(2点)

問2、**基本** この漢詩の形式を、次のア～エのうちから一つ選び記号で答えなさい。(1点)

ア、五言絶句　イ、五言律詩
ウ、七言絶句　エ、七言律詩

問3、**新傾向** 次の文章は、古典の授業でこの漢詩について鑑賞文を書いた時の、健太さんと明子さんのやりとりです。この文章を読んで次の問いに答えなさい。

[健太]「杜甫と李白は唐を代表する詩人だけど、杜甫が李白の詩を『敵無し』と言うほど評価していたとは知らなかったなあ。」
[明子]「そうね。特に、三句目と四句目の『清新なるは～』、『俊逸なるは～』が印象的ね。比喩と、形の似ている二つの句を並べた[A]という表現方法によって、[B]がより強調されているように感じるね。この表現からも、李白の詩に対する杜甫の思いを知ることが出来るね。」

(1) 空欄[A]に当てはまる語句を漢字二字で答えなさい。(1点)
(2) 空欄[B]に当てはまる語句として最も適当なも

のを、次のア～エのうちから一つ選び記号で答えなさい。（2点）

ア、李白の生き方への憧れ（あこが）
イ、李白との別離の悲しさ
ウ、李白の詩のすばらしさ
エ、二人で詩を論じた思い出

五 （話し合い）内容吟味・文脈把握・国語知識・条件作文

中学二年生のみゆきさん達は、文化祭実行委員として九月に実施する文化祭について、成功させるにはどのような工夫が必要かを話し合っています。次に示す文章は、みゆきさん達の話し合いの一部です。これを読んで後の問いに答えなさい。（計17点）

みゆき　今日の実行委員会では、今年の九月に行う文化祭を成功させるには、どうすればいいかを話し合いたいと思います。意見のある人は挙手してください。
わたる　はい、まずは、各クラスの発表や展示の完成度を上げることが最重要課題だと思います。
悟　そうだよね。でも、各クラスが自分たちの発表や展示を充実させるのはもちろん大切だけど、来場者に楽しんでもらうということを強く意識した文化祭にするのはどうでしょうか。
わたる　なるほどね。それでは、スタンプラリーをしながらクラスの出し物を見ていただき、ゲーム感覚で楽しんでもらうのはどうかな。
夕子　それいいね。ただ、スタンプラリーで全てのクラスを見るのは時間がかかるね。それに、うちのおばあちゃんとかは大変かもしれないわ。
悟　それでは、各フロアに休める場所も設置する必要があるね。それと、今年の文化祭の来場記念におみやげを配るのはどうですか。
みゆき　おみやげとは、どのようなものですか。
悟　例えば、手作りのキーホルダーなど、自分たちで準備できる物です。
わたる　おみやげを配るのもいいね。
みゆき　スタンプラリー、休める場所、おみやげなどの意見が出ました。他にも何かありますか。
夕子　はい、来場者に喜んでもらうことも大切だけど、まずは自分たちが楽しむことが重要だと思います。
わたる　そうだね。自分たちの文化祭なので、自分たちが楽しんでいないと、他の人も楽しくないよね。
悟　たしかにそうかもしれないね。ただ、自分たちが楽しんでいる姿も文化祭の一つだと考えると、同じような楽しさを来場者にも感じてもらいたいですね。だから、来場者を中心に考えてもいいのかと思います。
みゆき　分かりました。それでは、来場者のおもてなしを中心にもう一度考えてみましょう。ところで、どのような人たちが来場者として考えられますか。
悟　はい、自分達の家族の他に、地域の人達なども考えられます。
みゆき　地域の人達とは具体的にどのような人達ですか。
わたる　例えば、介護施設のお年寄りや保育園の子どもたちなどかな。
みゆき　それでは、それぞれの人達を対象とした工夫について、もう一度考えてみましょう。
わたる　スタンプラリーをするなら、小さな子ども達でも分かるような教室の地図が必要だね。
悟　僕も賛成です。それと、お年寄りの方に付き添う案内係を各クラスから出すのはどうでしょう。
夕子　案内係もいいね。ただ、初めて会う人に対して、どのように接していいのか分からなくて不安な生徒もいると思います。
先生　夕子さん、沖縄県には、国内外からの観光客を温かく迎え入れる「ウェルカムんちゅ」という考え方があります。それは、観光客にとって沖縄の全ての人が沖縄の印象になるということを前提におもてなしをすることです。だから、温かい沖縄の人々とのふれあいを通して、観光客はもっと沖縄を好きになり、また来たいと思ってくれるようになるのです。この考えをもとに、文化祭でのおもてなしを考えてみてはどうですか。
夕子　なるほど、つまり、［ Ⅰ ］。そのためには真心を込めて来場者のおもてなしをすることが必要ですね。
みゆき　それでは、このおもてなしの心を、目に見える具体的な行動として考えてみたいと思います。皆さん、何か意見はありませんか。
わたる　はい、各クラスの出し物を大きなポスターにして校舎の入り口に貼り出すのはどうですか。絵を使うことで子どもでも理解しやすいと思います。
悟　同じポスターを教室の入り口にも貼るとさらに分かりやすいね。地図が読めなくても同じポスターを探せばいいからね。
夕子　はい、案内係も必要な人だけではなく、各フロアに配置すれば、困っている人にすぐに対応できると思います。
みゆき　いいですね。さらに、案内係が積極的にあいさつをすれば、来場者との温かなふれあいも自然と増えますね。

問1、傍線部のみゆきさんの発言にはどのような効果があるか。その説明として最も適当なものを次のア～エのうちから一つ選び記号で答えなさい。（2点）

ア、議論を中断し、テーマの再確認をする効果。
イ、発言内容を整理し、議論を進展させる効果。
ウ、互いの質問を促し、議論を深める効果。
エ、議論の流れを修正し、時間を管理する効果。

問2、先生の助言を参考に、空欄［ Ⅰ ］に当てはまる内容として、最も適当なものを次のア～エのうちから一つ選び記号で答えなさい。（2点）

ア、私たち一人一人が学校の印象につながるという意識を持つことが大切なのですね
イ、私たち生徒が一致団結して、様々な来場者へ即座に対応することが大切なのですね
ウ、私たちの文化祭を、観光客の人たちへも広く伝えていくことが大切なのですね

エ、私たち生徒が、来場者の方と同じように文化祭を楽しむという姿勢が大切なのですね

問3、**新傾向** 【資料A】は、話し合った内容をまとめたものです。空欄 Ⅱ に当てはまるものとして最も適当な語句を、本文中より九字で抜き出しなさい。（2点）

【資料A】話し合った内容のまとめ

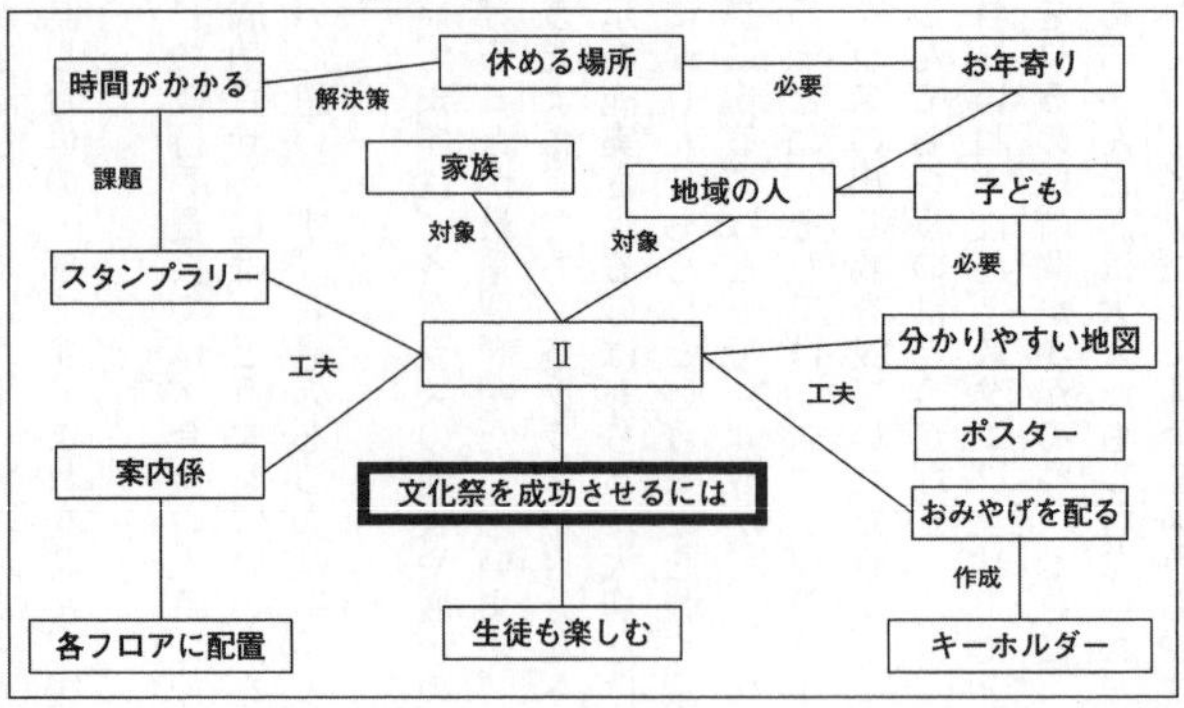

問4、**基本** 【資料B】は、近隣の保育園へ出した招待状です。空欄 Ⅲ に当てはまるものとして最も適当な語句を、次のア～エのうちから一つ選び記号で答えなさい。（1点）

ア、以上　イ、草々　ウ、前略　エ、敬具

【資料B】近隣の保育園へ出した招待状

拝啓

暑さが日毎に増し夏本番を迎えました。海の子保育園の皆様、いかがお過ごしでしょうか。

さて、本校では来る九月十九日（土）に、令和二年度おきなわ中学校文化祭を行うことになりました。現在、生徒一丸となって当日の成功に向けて準備を進めています。当日は、子どもから大人まで楽しめる催し物を企画しています。学習成果の発表を行うと同時に、地域との絆をより一層強めたいと思います。お忙しい折ですが、皆様のご来場を心よりお待ちしています。

夏の暑さで体力を奪われがちですが、皆様お体を大切になさってください。

Ⅲ

令和二年七月十七日

おきなわ中学校　文化祭実行委員一同

海の子保育園御中

問5、**思考力** 文化祭の終了後に「次年度の文化祭をより良くするために必要なこと」についてレポートを書くことになりました。【資料C】は、来場者アンケートの一部です。【資料D】は、文化祭実行委員を対象にした事後アンケートの一部です。二つの資料を踏まえて、後の問いに答えなさい。

Ⅰ　二つの資料を関連させて読み取れることを六〇字以上八〇字以内で書きなさい。※左の注意点を参考にして答えること。（4点）

Ⅱ　Ⅰで読み取ったことを踏まえて、「次年度の文化祭をより良くするために必要なこと」というテーマで、次の〈条件〉に従って文章を書きなさい。（6点）

〈条件〉

（1）次年度の文化祭をより良くするために①必要だと思うこと、②理由、③具体的な方法の三点について書くこと。

（2）一四〇字以上一六〇字以内の文章にすること。

（3）題名や氏名は書かずに書き始めること。

注意点　解答する際、次のことに注意すること。

・一マス目から書き始め、改行はせずに書くこと。
・漢字や仮名遣い、句読点や記号などは適切に用いること。
・数字や記号を使う場合は、次のように書いてもよい。

（例）令和3年度　9月　20パーセント　20%

【資料C】来場者アンケート（複数回答可）

「文化祭の取り組みで特に評価できることは何ですか」

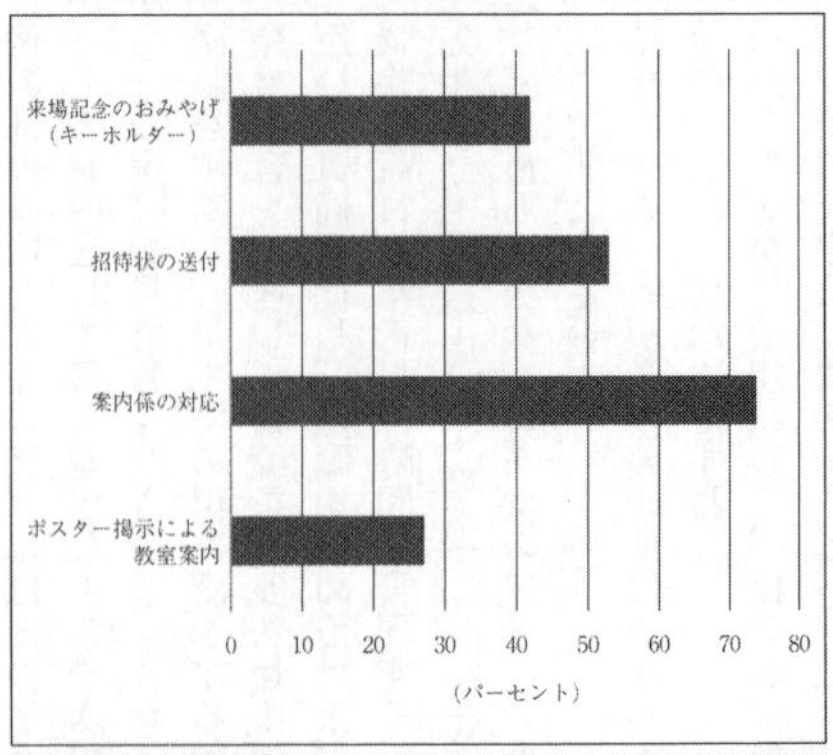

自由記述（特に多かった意見）

・案内係に声をかけるとすぐに対応してくれた
・招待状があったので開催日が事前に分かった
・ポスターを見ても教室の場所が分からなかった

【資料D】文化祭実行委員　事後アンケート（複数回答可）

「特に時間をかけて工夫したことは何ですか」

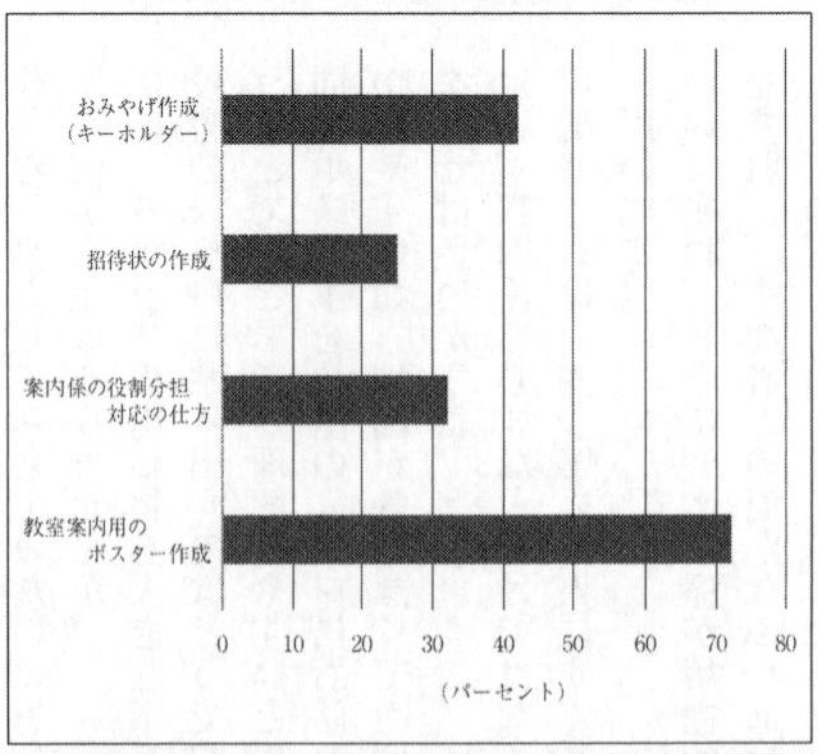

自由記述（特に多かった意見）

・ポスターを大量に作成できた
・案内係なのに積極的に声をかけられなかった
・招待状にプログラムを添付するべきだった

国立大学附属高等学校・高等専門学校

東京学芸大学附属高等学校

時間 50分　満点 100点　解答 P55　2月13日実施

出題傾向と対策

●論説文、小説文（省略）、古文の大問三題構成は昨年同様。漢字の書き取り、古文の語句書き抜き以外は全てマークシートを使った選択問題。語句の意味、呼応の副詞などの基礎力から内容読解まで幅広く出題され、長い選択肢と本文とを正確に対照して考える力が要求される。

●現代文、古文（年によっては漢文の書き下し文）とも高度な読解力を身につけておくこと。古文は、古文特有の単語の意味も覚えておくこと。本文の内容と選択肢を正確に比較検討する学習を心がけることも必須。

一（論説文）漢字の読み書き・内容吟味・文脈把握・要旨

次の文章は、筆者が全盲の木下路徳（きのしたみちのり）氏と行動を共にした経験から書かれたものの一節である。これを読んで、後の問いに答えなさい。（計35点）

見えない人が「見て」いる空間と、見える人が目でとらえている空間。それがどのように違うのかは、一緒に時間を過ごす中で、ふとした瞬間に明らかになるものです。

たとえば、先ほども登場していただいた木下路徳さんと一緒に歩いているとき。その日、私と木下さんは私の勤務先である東京工業大学大岡山キャンパスの私の研究室でインタビューを行うことになっていました。

私と木下さんはまず大岡山駅のⓐカイサツで待ち合わせて、交差点をわたってすぐの大学正門を抜け、私の研究室がある西9号館に向かって歩きはじめました。その途中、一五メートルほどの緩やかな坂道を下っていたときです。木下さんが言いました。「大岡山はやっぱり山で、いまその斜面をおりているんですね」。

A私はそれを聞いて、かなりびっくりしてしまいました。なぜなら木下さんが、そこを「山の斜面」だと言ったからです。毎日のようにそこを行き来していましたが、私にとってはそれはただの「坂道」でしかありませんでした。

つまり私にとってそれは、大岡山駅という「出発点」と、西9号館という「目的地」をつなぐ道順の一部でしかなく、曲がってしまえばもう忘れてしまうような、空間的にも意味的にも他の空間や道から分節化*された「部分」でしかなかった。それに対して木下さんが口にしたのは、もっと俯瞰（ふかん）的で空間全体をとらえるイメージでした。

確かに言われてみれば、木下さんの言う通り、大岡山の南半分は駅のカイサツを「頂上」とする、お椀（わん）をふせたような地形をしており、西9号館はその「ふもと」に位置しています。その頂上からふもとに向かう斜面を、私たちは下っていました。

けれども、B見える人にとって、そのような俯瞰的で三次元的なイメージを持つことはきわめて難しいことです。坂道の両側には、サークル勧誘の立て看板が立ち並んでいます。学校だから、知った顔とすれ違うかもしれません。前方には混雑した学食*の入り口が見えます。目に飛び込んでくるさまざまな情報が、見える人の意識を奪っていくのです。あるいはそれらをすべてシャットアウトしてスマホ*の画面に視線を落とすか。そこを通る通行人には、自分がどんな地形のどのあたりを歩いているかなんて、想像する余裕はありません。

そう、私たちはまさに「通行人」なのだとそのとき思いました。「通るべき場所」として定められ、方向性を持つ「道」に、いわばベルトコンベアのように運ばれている存在。それに比べて、まるでスキーヤーのように広い平面の上に自分で線を引く木下さんのイメージは、より開放的なものに思えます。

物理的には同じ場所に立っていたのだとしても、その場所に与える意味次第では全く異なる経験をしていることになる。それが、木下さんの一言が私に与えた驚きでした。人は、物理的な空間を歩きながら、実は脳内に作り上げたイメージの中を歩いている。私と木下さんは、同じ坂を並んで下りながら、実は全く違う世界を歩いていたわけです。

C彼らは「道」から自由だと言えるのかもしれません。道は、人が進むべき方向を示します。もちろん視覚障害者だって、個人差はあるとしても、音の反響や白杖（はくじょう）の感触を利用して道幅や向きを把握しています。しかし、目が道のずっと先まで一瞬にして見通すことができるのに対し、音や感触で把握できる範囲は限定されている。道から自由であるとは、予測が立ちにくいという意味では特殊なⓑシンチョウさを要しますが、だからこそ、道だけを特別視しない俯瞰的なビジョン*を持つことができたのでしょう。

全盲の木下さんがそのとき手にしていた「情報」は、私に比べればきわめて少ないものでした。少ないどころか、たぶん二つの情報しかなかったはずです。つまり「大岡山という地名」と「足で感じる傾き」の二つです。しかし情報が少ないからこそ、それを解釈することによって、見える人では持ち得ないような空間が、頭の中に作り出されました。

木下さんはそのことについてこう語っています。「たぶん脳の中にはスペースがありますよね。見える人だと、そこがスーパーや通る人だとかで埋まっているんだけど、ぼくらの場合はそこが空いていて、見える人のようには使っていない。でもそのスペースを何とか使おうとして、情報と情報を結びつけていくので、そういったイメージができてくるんでしょうね。さっきなら、足で感じる『斜面を下っている』という情報しかないので、これはどういうことだ？　と考えていくわけです。だから、見えない人はある意味で余裕があるのかもしれないね。見えると、坂だ、ということで気が奪われちゃうんでしょうね。きっと、まわりの風景、空が青いだとか、スカイツリーが見えるとか、そういうので忙しいわけだよね」。

まさに情報の少なさがⓒトクユウの意味を生み出している実例です。都市で生活していると、目がとらえる情報の多くは、人工的なものです。大型スクリーンに映し出されるアイドルの顔、新商品を宣伝する看板、電車の中吊り広告……。見られるために設えられたもの、本当は自分にはあまり関係のない＝「意味」を持たないかもしれない、純粋な「情報」もたくさんあふれています。視覚的な注意をさらっていくめまぐるしい情報の洪水。確かに見える人の頭の中には、木下さんの言う「脳の中のスペース」がほとんどありません。

それに比べて見えない人は、こうした洪水とは無縁です。もちろん音や匂いも都市には氾濫していますが、それでも木下さんに言わせれば「脳の中に余裕がある」。さきほど、見えない人は道から自由なのではないか、と述べました。この「道」は、［X］な道、つまりコンクリートや土を固めて作られた文字通りの道であると同時に、［Y］な道でもあります。つまり、「こっちにおいで」と人の進むべき方向を示すもの、という意味です。

人は自分の行動を一〇〇パーセント自発的に、自分の意志で行っているわけではありません。知らず知らずのうちにまわりの環境に影響されながら行動していることがⓓアンガイ多いものです。「寄りかかって休む」という行為ひとつとっても、たいていは寄りかかろうと思って壁を探すのではなくて、そこに壁があるから寄っかかってしまう。子どもの場合は特にその割合が高くなります。「いたずら」とはたいていそうしたものです。ボタンがあるから押したくなるし、台があるからよじ登ってしまう。環境に埋め込まれたさまざまなスイッチがトリガー＊になって、子どもたちの行動が誘発されていきます。

いわば、D人は多かれ少なかれ環境に振り付けられながら行動している、と言えるのではないでしょうか。あるトリガーから別のトリガーへとめまぐるしく注意を奪われながら、人は環境の中を動かされていきます。人の進むべき方向を示す「道」とは、「こっちに来なさい、こっちに来てこうしなさい」と、行為を次々と導いていく環境の中に引かれた導線です。

たとえば京都の桂離宮＊に行くと、その場所でどこを見るべきかというまなざしの行方までもが計算されていることに気づきます。人の行動をいざなう「道」が随所に仕掛けられているわけです。実際にⓔオトズれてみて、桂離宮というのはまるで舞踏譜＊のようだなとしきりに感心しました。

桂離宮ではひとつの道が明瞭に引かれていますが、都市においては無数の道が縦横無尽に引かれています。しかもその多くは、人の欲望に強く訴えてくる。真夏のかんかん照りの道にコーラの看板があれば飲みたくなってしまうし、「本日三割引き」ののぼりを見ればついスーパーに入って余計な買い物をしてしまう。その欲望がもともと私の中にあったかどうかは問題ではありません。視覚的な刺激によって人の中に欲望がつくられていき、気がつけば「そのような欲望を抱えた人」になっています。

資本主義システムが過剰な視覚刺激を原動力にして回っていることは言うまでもないでしょう。それを否定するのは簡単ではないしするつもりはありませんが、都市において、私たちがこの振り付け装置に踊らされがちなのは事実です。最近ではむしろ、パソコンのデスクトップやスマートフォンの画面上に、こうしたトリガーは増殖しているかもしれません。仕事をするつもりでパソコンを開いたら買い物をしていた……よくあることです。E私たちは日々、軽い記憶喪失に見舞われています。いったい、私が情報を使っているのか、情報が私を使っているのか分かりません。

（伊藤亜紗『目の見えない人は世界をどう見ているのか』による）

（注）＊分節化＝区切ること。
＊学食＝学生食堂の略。
＊スマホ＝スマートフォンの略。
＊ビジョン＝展望。見通し。
＊トリガー＝出来事や人の行為を引き起こすきっかけ。
＊桂離宮＝広大な日本庭園およびその中にある伝統的建築物からなる施設。巡り歩くに従ってさまざまな風景が眺められるよう作られている。
＊舞踏譜＝踊りの動きを紙面に記号で書き表したもの。

〔問1〕**よく出る** **基本** 二重傍線部ⓐ～ⓔのカタカナを漢字に書き改めなさい。（一点一画を正確に書くこと。）（各1点）

〔問2〕傍線部A「私はそれを聞いて、かなりびっくりしてしまいました。」とあるが、ここで「私」はどのようなことに驚いているのか。その説明として最も適切なものを、次の①～⑤のうちから一つ選んで答えなさい。（5点）

①アスファルトで舗装された都会の道路を歩いているのに、視覚情報が入って来ない木下さんは、自然豊かな「山の斜面」にいるのだという思いもよらない誤解をしていたこと。

②私にとっての単なる「坂道」を木下さんは「山の斜面」だととらえており、同じ場所でともに行動しているにもかかわらず、二人の抱く空間のイメージが大きく異なっていたこと。

③目の見えない木下さんの方が「山の斜面」を降りていることを認識しており、道が傾いていたり曲がっていたりする空間情報は、視覚よりも身体全体でとらえる方が正確だということ。

④大学構内の一五メートルほどの坂道に対して「山の斜面」を下っているのだととらえる木下さんの発言が、私にはとても思いつかない、まるでスキーヤーのよう

な独自の表現だったこと。

⑤大岡山の南半分は駅を「頂上」とするお椀をふせたような地形をしており、二人はその「ふもと」に向かって歩いているということを、初めてここに来た木下さんが瞬時に把握したこと。

〔問3〕傍線部B「見える人にとって、そのような俯瞰的で三次元的なイメージを持つことはきわめて難しいことです。」とあるが、これはなぜか。その理由として最も適切なものを、次の①～⑤のうちから一つ選んで答えなさい。（4点）

①見える人は、インターネットが普及した結果、スマートフォンの画面のような二次元的な情報に頼るようになったから。

②見える人は、多くの人が行き交う都市空間において、知人にあいさつをするなどの周囲への気配りが要求されているから。

③見える人は、個人をターゲットとする過剰な情報に踊らされがちであり、社会全体に対する視点を持つことが難しいから。

④見える人は、目の前に次々と現れる多くの視覚情報に意識を奪われてしまい、空間の部分的な認識にとどまりがちだから。

⑤見える人は、視覚から入ってくる情報のみで判断しがちであり、聴覚や嗅覚をも包含した総合的な世界像を持ちにくいから。

〔問4〕傍線部C「彼らは『道』から自由だ」とはどういうことか。その説明として最も適切なものを、次の①～⑤のうちから一つ選んで答えなさい。（4点）

①見えない人は、音の反響や白杖の感触を利用して「道」を用心深く歩くからこそ、正確な空間把握が可能になるということ。

②見えない人は、「道」の持つ方向性のみに縛られることなく、より大局的な立場から空間をとらえることができるということ。

③見えない人は、実際に存在する「道」に沿って歩くのではなく、勝手に想像したイメージの中を歩くことができるということ。

④見えない人は、視覚的な「道」だけに縛られることなく、音や匂いの入り混じった空間全体を自在にとらえられるということ。

⑤見えない人は、「道」だけを特別視する固定観念にとらわれながらも、想像力によって環境を意味づけることができるということ。

〔問5〕**思考力** 空欄 X ・ Y に当てはまる語の組み合わせとして最も適切なものを、次の①～⑤のうちから一つ選んで答えなさい。（2点）

① 〔X 物理的　Y 比喩的〕
② 〔X 一般的　Y 個人的〕
③ 〔X 空間的　Y 時間的〕
④ 〔X 視覚的　Y 触覚的〕
⑤ 〔X 自発的　Y 強制的〕

〔問6〕傍線部D「人は多かれ少なかれ環境に振り付けられながら行動している」とあるが、「環境に振り付けられ」るとはどういうことか。その説明として最も適切なものを、次の①～⑤のうちから一つ選んで答えなさい。（5点）

①人が、周りの自然や建築物のあり方から、おのずと行動範囲を限定されてしまうこと。

②人が、周りの価値観に影響され、無意識のうちに社会が期待する行動を取ろうとすること。

③人が、周りの事物に欲望を刺激されて、はからずも何らかの行動を取らされてしまうこと。

④人が、周りとの関係性のなかを生きているがために、他者と同調して行動せざるを得ないこと。

⑤人が、周りの情報を瞬時に把握することで、次に取るべき適切な行動を選択しようと努めること。

〔問7〕**難** 傍線部E「私たちは日々、軽い記憶喪失に見舞われています。」とはどういうことか。その説明として最も適切なものを、次の①～⑤のうちから一つ選んで答えなさい。（5点）

①私たちは、新しいものを求める社会の風潮に影響されていて、過去の歴史や伝統の大切さがわからなくなっているということ。

②私たちは、常にインターネットの情報に操られていて、魅力的な商品を目にすると我を忘れてそれを買ってしまうということ。

③私たちは、欲望を喚起する振り付け装置に踊らされているので、少し前まで覚えていた役に立つ情報をふと忘れてしまうということ。

④私たちは、次々と現れる視覚情報に行動が誘発されていくので、もともと自分がどんな意志を持っていたかを見失いがちだということ。

⑤私たちは、めまぐるしく更新されるインターネットの情報に囲まれているので、何が本当に必要な情報なのかを判別できないということ。

〔問8〕**難** 本文の内容と合致するものを、次の①～⑤のうちから一つ選んで答えなさい。（5点）

①見えない人が「見て」いる空間と、見える人が目でとらえている空間とは、たとえ同じ場所で一緒に過ごしていたとしても大きく異なっており、互いに理解し合うことは難しい。

②私たちは偶然そのルートを通っている「通行人」に過ぎないため、周囲の地形や建物がそのようになっていることの必然性について、普段はほとんど考えない。

③都市で生活していると、大型スクリーンや看板などの情報が過剰に私たちの視覚に訴えかけてきて、人間が本来持っているはずの豊かな感受性が希薄になりがちである。

④そもそも人間の行動は周りの環境に誘発されることが多く、子どもは大人よりも環境に影響されやすいのだから、子どもの「いたずら」は抑制されるべきものではない。

⑤資本主義システムはさまざまな視覚刺激で人の欲望をかき立てて商品を買わせようとするものなので、現代社会では情報の影響を受けて行動する度合いが高まっている。

二 （省略）岩城けい「さようなら、オレンジ」より （計35点）

三 （古文）口語訳・内容吟味 （計30点）

次のⅠ・Ⅱの文章はともに『徒然草』の中の章段である。これを読んで、後の問いに答えなさい。

Ⅰ ある人の言はく、年五十になるまで上手に至らざらむ芸をば捨つべきなり。励み習ふべき＊行末もなし。老人のことをば、人もえ笑はず。衆に交はりたるも、A あいなく見ぐるし。大方、万のしわざはやめて、暇あるこそ、目やすくあらまほしけれ。世俗の事に携はりて生涯を暮らすは、＊下愚の人なり。ゆかしく a 覚えむことは、学び聞くとも、B その趣を知りなば、おぼつかなからずしてやむべし。もとより望むことなく、羨まざらむは、第一なり。（一五一段）

Ⅱ くらき人の、人を測りて、その智を知れりと思はむ、C さらに当たるべからず。

b 拙き人の、碁打つことばかりに聡く巧みなるが、賢き人の、この芸に愚かなるを見て、己が智に及ばずと定めて、万の道の匠、我が道を人の知らざるを見て、己すぐれたりと思はむこと、大きなる誤りなるべし。＊文字の法師、＊暗証の禅師、互ひに測りて、D 己にしかずと思へる、ともに当たらず。

己が境界にあらざるものをば、争ふべからず、E 是非すべからず。（一九三段）

（注）＊行末もなし。＝将来もない。
＊下愚の人＝最も愚かな人。
＊文字の法師＝仏教の教えを研究するが実践を伴わない僧侶。
＊暗証の禅師＝座禅の実践はするが仏教の教えに暗い僧侶。

〔問1〕点線部a「覚えむ」・b「拙き人」の意味として最も適切なものを、次の各群の①～⑤のうちからそれぞれ一つずつ選んで答えなさい。（各3点）

a 覚えむ
①期待するような
②疑われるような
③思われるような
④記憶しているような
⑤悟ろうとするような

b 拙き人
①俊敏な人
②手堅い人
③下手な人
④悪賢い人
⑤愚かな人

〔問2〕難 傍線部A「あいなく見ぐるし。」は「うとましく、みっともない。」という意味である。これと対比されている表現を、Ⅰの本文中から十五字以内で抜き出しなさい（句読点を含む）。（3点）

〔問3〕難 傍線部B「その趣を知りなば、おぼつかなからずしてやむべし。」の解釈として最も適切なものを、次の①～⑤のうちから一つ選んで答えなさい。（5点）
①おおよその趣旨を理解したならば、たとえ身につかなかったとしてもあきらめるのが望ましい。
②だいたいの様子がわかったならば、一通り不審な点がなくなったという程度でやめるのがよい。
③風流を感じることができたならば、あいまいなままにしてはっきりさせないことが奥ゆかしい。
④その意図を理解することができたならば、全く覚えられなかったとしても不都合なことはない。
⑤その本質を伝え聞くことができたならば、仮に全体像が把握できなくても気にやむことはない。

〔問4〕難 傍線部C「さらに当たるべからず。」は「まったく筋道にあわない。」ということだが、それはなぜか。その説明として最も適切なものを、次の①～⑤のうちから一つ選んで答えなさい。（5点）
①ものの道理にくらいのに、自己だけを基準として他人の能力をおしはかっているから。
②世間の人と交わらず自分の殻に閉じこもるあまり、客観的な自己評価ができないから。
③自分の優秀さは他の分野の者には評価できないという、先入観にとらわれているから。
④愚かな人は他人の評価をそのまま受け入れて満足し、自分で判断しようとしないから。
⑤分野が異なるのに能力の有無を特定の専門家の判断に任せていて、客観性がないから。

〔問5〕傍線部D「己にしかず」の意味として最も適切なものを、次の①～⑤のうちから一つ選んで答えなさい。（3点）
①自分には足りない　②自分には及ばない
③自分ほど鈍くはない　④自分ほど悪くはない
⑤自分ほど下手ではない

〔問6〕傍線部E「是非すべからず。」の説明として最も適切なものを、次の①～⑤のうちから一つ選んで答えなさい。（3点）
①成否の判断をしてはいけない、ということ。
②どうあってもしてはいけない、ということ。
③あれこれと迷ってはいけない、ということ。
④決して言い訳してはいけない、ということ。
⑤よしあしを論じてはいけない、ということ。

〔問7〕難 思考力 Ⅰ・Ⅱの章段に共通することの説明として最も適切なものを、次の①～⑤のうちから一つ選んで答えなさい。（5点）
①充実した人生を送るためには何事も控えめに行うべきだ、ということ。
②他人と比較することなく自分の得意分野に専念すべきだ、ということ。
③愚かな人ほど物事に執着するあまり他者への配慮がない、ということ。
④自分が究めていない領域にむやみに関わってはいけない、ということ。
⑤不都合な事であっても現実を受け入れなければならない、ということ。

お茶の水女子大学附属高等学校

時間 50分　満点 100点　解答 P56　2月13日実施

出題傾向と対策

●論説文、小説文、古文各一題の三題構成。論説文、小説文の内容は標準レベルだが、設問は高い思考力を求めるものが多く、記述式の問題では本文の根拠から自分の言葉にまとめ直す高度な作業が求められる。古文は文法、語意、読解を幅広く問うもので、総合力が求められる。

●解答時間に比べて作業量が多いので、選択問題・記述問題を問わず時間を意識した演習が必要。知識の補充は必須であるが、思考力を問う設問、記述の設問に対する事前の訓練を過去問等でしっかり積んでおくことが重要。

注意　字数制限のある問いについては、特に指示がない限り、句読点・記号も一字として数えなさい。

一（論説文）漢字の読み書き・文脈把握・内容吟味

次の文章を読んで、あとの問いに答えなさい。

戦争について考えたことがあるだろうか。おそらく、いつかの機会に、何かを考えたことがある人は多いと思う。むしろ、戦争について今まで一度も考えたことがないという人はいないのではないだろうか。とはいえ、朝から晩まで【　1　】、戦争について考えている人はほとんどいないだろう。そんなことをしていたら勉強や仕事ができなくなってしまう。まず、ここで私たちが話の出発点にしたいのが、「私たちは戦争について考えたことがある」ということだ。「戦争は嫌だ」と思うことも、広い意味では「戦争について考えた」といえる。

「戦争について考える」ことは、戦争を肯定することではない。「戦争がなければいい」、「戦争がなくなればいい」、「戦争の被害がなかったり、少なかったりしたらいい」と思うからこそ、私たちは戦争についてきちんと考える必要がある。

戦争をなくすには、戦争について考えることが最も重要だと著者は考える。戦争について考えることなしに、戦争をなくすことはできない。戦争をなくしたいからこそ、戦争について考えるのだ。

戦争について考える前に、まずは「考える」とはどういうことかについて見ていこう。

「考える」ということはどのようなことだろうか。「考える」と似た言葉に、「思う」や「感じる」という言葉がある。私たちは普段それらの言葉を特に区別することなく、何気なく使っていることが多いだろう。確かに、「戦争は嫌だと思う」、「戦争は嫌だと感じる」、「戦争は嫌だと考える」との間にはそれほどの差はないように見えるかもしれない。

しかし、①「思う」「感じる」と、「考える」との間には違いがある。ある人が「自分は思う、感じる」といった場合、「なぜ、どうして、そう思う、感じるのか」についてそう思った、感じた理由を他の人に対して必ずしも説明する必要はないだろう。もし他の人が「いや、自分はそう思わない、感じない」と言ったとしても、極端な言い方をすると、「君はそうかもしれないけれど自分はそう思う、感じるのだから」で話を終えることができる。相手も、そう思った、そう感じた人の思ったことや感じたことに余程の興味があるか、余程のおせっかいではない限り、それ以上は追及しないだろう。

「思う」「感じる」とは[a]タイショウ的に、「考える」は、「どうして、そう考えるのか」について、そのように考えた人がその理由を説明しなければならない。これはどういうことだろうか。

ある人が「自分はそう考える」と言った場合、その人はそのように考えた理由を持っているはずである。もし他の人が「いや、自分はそう考えない」と言ったとしたら、「君はそうかもしれないけれど、自分はこう考えるから」では済まなくなる。もし前向きな、【　2　】な意見交換や話し合いを行うことを望むのであれば、「そう考える」と言った人と「いや、自分はそう考えない」と言った人の双方に、「なぜ、どうしてそう考えたのか」を説明する責任が生じる。つまり、「考える」ということは、少なくとも自分の考えに責任を持つこと、そして、他の人の考えに対しても、まずは「聞く」という意味で責任を持つことを意味する。

もう少し「考える」について見てみよう。「考える」には段階がある。「考える」ことの第1段階は、さしあたり「自分自身で考える」ことである。通常、この意味で私たちは「考える」ということを理解している場合が多いのではないだろうか。

しかし、もし自分自身で考えているとしても、他の人には、本当に考えているのか、何を考えているのかは分からない。【　3　】という言葉があるが、ひょっとしたら心は言葉にしなくても相手に伝わることがあるかもしれない、しかし、「考え」は言葉にして初めて相手に伝わる。すると、第1段階の「考える」とは、［　A　］というのが、より真実に近いのである。

それでは、第2段階以降の「考える」とはどういうことだろうか。それは一言でいうと、「自分自身で考え、みんなで考え、みんなと考える」ことである。第2段階の「考える」は、その考えを言葉として相手に伝えることである。言葉になって初めて、考えがきちんと相手にしっかりと伝わる。また、その際、相手が言葉をしっかり受け止める姿勢を持っていることが前提である。そうではないと伝わったことにはならない。それは、考えを言葉として伝えたい相手が聞く耳を持っていない、つまり一緒に考えるつもりがないということである。もし残念なことにそのようになってしまったら、相手と一緒に「考える」ことはできないことになってしまう。

では、［B］だけで、みんなと、みんなで考えたことになるのかというと、そうではない。それだけではまだ十分ではない。第3段階は、相手の考えに耳を傾ける、つまり、相手の考えを言葉として受け止める姿勢を持つことである。相手が自分の考えを受け止めてくれたように、自分も相手の考えを受け止めることが求められる。相手の考えを聞かないのであれば、それは本当の意味での「考え」ではなく、独り善がりの「思い込み」や「妄信」でしかない。

［ C ］ことで、自分ひとりでは考えもつかなかったことを知る機会を得ることができる。自分が考えつかなかったことを知るということは、一言でいうと、「自分の世界」が広がるということである。今まで見えなかったものが見えてくる。今まで知らなかったことを知ることができる。何と素晴らしいことではないか。

さて、第3段階までで、自分と相手の考えが言葉を介して理解する土俵が整った。第4段階は、その同じ土俵の上で、お互いと、お互いで、つまり、「みんなと、みんなで考える」ことである。私たちは自分の考えを相手に伝えることによって、そこから相手の考えに何らかの影響を与えることがある。また、同じように、相手の考えを聞くことによって、私たち自身の考えが影響を受けることもある。例えば、相手の考えを知ることによって、私たちは自らの考えの間違いを正したり、不足を補ったりすることができる。また、自分の考えを知った相手が、自身の考えの誤りに気づくことがあるだろう。

このように、自身で、お互いと、お互いで、考えの間違いを修正し、より間違っていない、より正しい考えに近づいていくことが、第4段階の［ D ］ことである。言い換えれば、第4段階の「考える」ということは、「みんながみんなで、より正しい考えに向かって、建設的な対話に積極的に参加し、関わり続けること」である。

ここで重要なことは、第1段階から第4段階までは、【 4 】に進む1回限りのものではないということである。「考える」ということは、連続的な行為である。何度も考えることによって、初めの考えに誤りを見つければそれを修正することができる。それによってより正しい考えを持つことができる。そのためには、自分自身で考え、言葉として相手に伝え、相手の考えを聞き、また自分の考えを振り返り、さらに一緒に考えるという、第1段階と第4段階の間を【 5 】に何度も行き来するような一連の動的な繰り返し作業を行う必要がある。この営みこそが「考える」ということなのだ。

考えることとは必ずしも一回だけの、一瞬の行為であるとは限らない。むしろ、私たちは何度も考え、必要に応じて考えを修正し、さらに考えるということを時間軸の中で b ダンゾク的または連続的に行っている。

「どうせ戦争はなくならないのだから考えても仕方ない」と思う人もいるかもしれない。悟りきったというか、c タッカンしたというか、[注1]厭世的な感じがしないでもないが、ひょっとしたら「どうせ戦争はなくならない」はある程度の事実を捉えているのかもしれない。しかし、それだけでは何も解決しないことこそが、まさに事実である。

戦争は今日明日にはなくならないとしても、「いかにして戦争を起こさないようにするか」、「いかにして起こる戦争の数を減らすか」、「いかにして起こってしまった戦争による d サッショウや破壊をなくしたり少なくしたりするか」について考えることには意味がある。

それはなぜだろうか。大きな理由がある。【 6 】な言い方になるが、「戦争を考えないと戦争はずっとなくならない」ということである。一方で、ある戦争がいったん起こったとしても、遅かれ早かれいつかは終わる。他方で、その間にも他の地域や場所で他の戦争が起こっている。そこには、②戦争が起こるさまざまな「負の連鎖」があるかもしれない。「それは何であるのか」「なぜそれが戦争を起こすのか」という事実を分析すること、そしてその背景として「負の連鎖は戦争の原因となる悪いものであるから、なくすべきである」と私たちが考えることが、戦争を減らし、なくなる方向付けを行う e イチジョになるからである。

（眞嶋俊造『平和のために戦争を考える』による。本文を改めたところがある）

［注1］厭世…世の中をいやなものと思うこと。

問一、**よく出る** 二重傍線部a・b・c・d・eのカタカナを漢字に改めなさい。

問二、【　】1・2・3・4・5・6に入れるのに最も適切な語を次の中から選び、それぞれ記号で答えなさい。ただし、同じ記号を二度以上選んではいけません。

ア、逆説的　イ、建設的　ウ、直線的
エ、以心伝心　オ、縦横無尽　カ、四六時中

問三、**思考力** 傍線部①「『思う』『感じる』と、『考える』との間には違いがある」とありますが、どのような違いですか。八〇字以内で答えなさい。

問四、**難** ［　］A・B・C・Dには、「考える」ことの第1段階から第4段階を端的に説明する語句が入ります。その語句を考え、一五字以内でそれぞれ答えなさい。

問五、**難** **思考力** 傍線部②「戦争が起こるさまざまな『負の連鎖』」とありますが、具体例としてどのようなことが考えられますか。あなたの考えを書きなさい。

問六、**思考力** 点線部「戦争をなくすには、戦争について考えることが最も重要だ」とありますが、それはなぜですか。本文全体を踏まえて、六〇字以内で答えなさい。

二（小説文）語句の意味・敬語・内容吟味

次の文章を読んで、あとの問いに答えなさい。

祖父の三回忌の法事のある前の晩、信太郎は寝床で小説を読んで居ると、並んで寝て居る祖母が、

「明日坊さんの i おいでなさるのは八時半ですぞ」と云った。

暫くした。すると眠っていると思った祖母が又同じ事を云った。彼は①今度は返事をしなかった。

「それ迄にすっかり支度をして置くのだから、今晩はもう寝たらいいでしょう」

「ii わかってます」

間もなく祖母は眠って了った。

どれだけか経った。信太郎も眠くなった。時計を見た。一時過ぎて居た。彼はランプを消して、寝返りをして、そして夜着の[注1]襟に顔を埋めた。

翌朝（明治四十一年正月十三日）信太郎は祖母の声で眼を覚した。

「六時過ぎましたぞ」驚かすまいと耳のわきで静かに云って居る。

「今起きます」と彼は答えた。

「直ぐですぞ」そう云って祖母は部屋を出て行った。彼は帰るように又眠って了った。

又、祖母の声で眼が覚めた。

「直ぐ起きます」彼は②気休めに、唸りながら夜着から二の腕まで出して、のびをして見せた。

「このお写真にもお供えするのだから直ぐ起きてお呉れ」

お写真と云うのはその部屋の床の間に掛けてある[注2]擦筆画の肖像で、信太郎が中学の頃習った画学の教師に祖父の亡くなった時、描いて貰ったものである。

黙っている彼を「さあ、直ぐ」と祖母は促した。

「大丈夫、直ぐ起きます。――彼方へ行ってて下さい。直ぐ起きるから」そう云って彼は今にも起きそうな様子をして見せた。

祖母は再び出て行った。彼は又眠りに沈んで行った。

「さあさあ。どうしたんだっさ」今度はA角のある声だ。信太郎は折角沈んで行く、未だその底にたっしない所を急に呼び返される不愉快から腹を立てた。

「起きると云えば起きますよ」今度は彼も度胸を据えて起きると云う様子もしなかった。

「本当に早くしてお呉れ。もうお膳も皆出てますぞ」

「わきへ来てそうぐずぐず云うから、尚起きられなくなるんだ」

「[注3]あまのじゃく！」祖母は怒って出て行った。信太郎ももう眠くはなくなった。起きてもいいのだが余り起きろ起きろと云われたので実際起きにくくなって居た。彼はボンヤリと床の間の肖像を見ながら、それでももう起しに来るか来るかという不安を感じて居た。起きてやろうかなと思う。然しもう少しと思う。もう少しこうして居て起しに来なかったら、それに免じて起きてやろう、そう思っている。彼は大きな眼を開いて③未だ横になって居た。

いつも彼に負けない寝坊の信三が、今日は早起きをして、隣の部屋で妹の芳子と騒いで居る。

「お手玉、[注4]南京玉、大玉、小玉」とそんな事を一緒に叫んで居る。そして一段声を張り上げて、

「その内大きいのは芳子ちゃんの眼玉」と一人が云うと、一人が「信三さんのあたま」と怒鳴った。二人は何遍も同じ事を繰り返して居た。

又、祖母が入って来た。信太郎は又起きられなくなった。

「もう七時になりましたよ」祖母はこわい顔をして反って叮嚀に云った。信太郎は七時の筈はないと思った。彼は枕の下に滑り込んで居る[注5]懐中時計を出した。そして、

「未だ二十分ある」と云った。

「どうしてこう[注6]やくざだか……」祖母は溜息をついた。

「一時に寝て、六時半に起きれば五時間半だ。やくざでなくても五時間半じゃあ眠いでしょう」

「宵に何度寝ろと云っても諾きもしないで……」

信太郎は黙って居た。

「直ぐお起き。[注7]おっつけ[注8]福吉町からも誰か来るだろうし、坊さんももうお出でなさる頃だ」

祖母はこんな事を言いながら、自身の寝床をたたみ始めた。祖母は七十三だ。よせばいいのにと信太郎は思っている。

祖母は腰の所に敷く羊の皮をたたんでから、大きい敷蒲団をたたもうとして息をはずませて居る。祖母は信太郎が起きて手伝うだろうと思って居る。ところが信太郎はBその手を食わずに故意に冷やかな顔をして横になったまま見ていた。とうとう祖母は怒り出した。

「不孝者」と云った。

「年寄の云いなり放題になるのが孝行なら、そんな孝行は真っ平だ」彼も負けずと云った。彼はもっと毒々しい事が云いたかったが、失策った。文句も長過ぎた。然し祖母をかっとさすにはそれで十二分だった。祖母はたたみかけを其処へほうり出すと、涙を拭きながら、烈しく[注9]唐紙をあけたてして出て行った。

彼もむっとした。④然しもう起しに来まいと思うと楽々と起きる気になれた。

彼は毎朝のように自身の寝床をたたみ出した。大夜着から中の夜着、それから小夜着をたたもうとする時、彼は不意に「ええ」と思って、今祖母が其処にほうったように自分もその小夜着をほうった。

彼は枕元に揃えてあった着物に着かえた。

あしたから一つ旅行をしてやろうかしら。[注10]諏訪へ氷滑りに行ってやろうかしら。諏訪なら、この間三人学生が落ちて死んだ。祖母は新聞で聴いている筈だから、自分が行っている間少くも心配するだろう。

押入れの前で帯を締めながらこんな事を考えて居ると、又祖母が入って来た。祖母はなるべく此方を見ないようにして乱雑にしてある夜具のまわりを廻って押入れを開けに来た。彼は少しどいてやった。そして夜具の山に腰を下して足袋を穿いて居た。

祖母は押入れの中の[注11]用箪笥から小さい筆を二本出した。五六年前信太郎が[注12]伊香保から買って来た自然木のやくざな筆である。

「これでどうだろう」祖母は今迄の事を忘れたような顔を故意として云った。

「何にするんです」信太郎の方は故意と未だ少しむっとしている。

「坊さんに[注13]お塔婆をⅲ書いて頂くのっさ」

「駄目さ。そんな細いんで書けるもんですか。お父さんの方に立派なのがありますよ」

「お祖父さんのも洗ってあったっけが、何処へ入って了ったか……」そう云いながら祖母はその細い筆を持って部屋を出て行こうとした。

「そんなのを持って行ったって駄目ですよ」彼は云った。

「そうか」祖母は素直にもどって来た。そして叮嚀にそれを又元の所に仕舞って出て行った。

信太郎は急に可笑しくなった。旅行もやめだと思った。彼は笑いながら、其処に苦茶々々にしてあった小夜着を取り上げてたたんだ。敷布団も。それから祖母のもたたんでいると彼には可笑しい中に何だか泣きたいような気持が起って来た。涙が自然に出て来た。物が見えなくなった。それがポロポロ頬へ落ちて来た。彼は見えない儘に押入れを開けて祖母のも自分のも無闇に押し込んだ。間もなく涙は止った。彼は胸のすがすがしさを感じた。

彼は部屋を出た。上の妹と二番目の妹の芳子とが隣の部屋の炬燵にあたって居た。信三だけ[注14]炬燵櫓の上に突っ立って威張って居た。信三は彼を見ると急に首根を堅くして天井の一方を見上げて、

「銅像だ」と力んで見せた。上の妹が、

「そう云えば信三は頭が大きいから本当に[注15]西郷さんのようだわ」と云った。信三は得意になって、

「偉いな」と臂を張って髭をひねる真似をした。和いだ、然し少し淋しい笑顔をして立って居た信太郎が、「西郷隆盛に髭はないよ」と云った。妹二人が、「わーい」とはやした。信三は、「しまった！」といやに C ませた口をきいて、櫓を飛び下りると、いきなり一つでんぐり返しをして、おどけた顔を故意と皆の方へ向けて見せた。

（志賀直哉「或る朝」による。本文を改めたところがある）

[注1] 夜着…寝るときに用いる寝具のひとつ。
[注2] 擦筆画…鉛筆、コンテ、木炭、チョーク、パステルで描いたうえに、擦筆でぼかしをつけた画。擦筆は、吸い取り紙やなめし革を巻いて筆状にしたもの。
[注3] あまのじゃく…何事も人の意に逆らうもののこと。
[注4] 南京玉…陶製やガラス製の小さな玉。
[注5] 懐中時計…ひもや鎖で帯やバンドに結びつけて、ふところやポケットに入れて携帯する小型の時計。
[注6] やくざ…不良。
[注7] おっつけ…間もなく。じきに。
[注8] 福吉町…現在の東京都港区赤坂二丁目。
[注9] 唐紙をあけたてして…襖を開け閉めして。
[注10] 諏訪…長野県の諏訪湖。
[注11] 用箪笥…身の回りの物を入れておく小形の箪笥。
[注12] 伊香保…群馬県渋川市の温泉地。
[注13] お塔婆…卒塔婆。死者の供養のため、墓石の後ろに立てる細長い板。
[注14] 首根を堅くして…首筋に力を入れて。
[注15] 西郷さん…明治維新の政治家、西郷隆盛（一八二七〜一八七七）のことだが、ここでは上野公園に立つその銅像をさす。

問一、難 点線部A「角のある」・B「その手を食わずに」・C「ませた口」のここでの意味として最も適切なものを次の中から選び、それぞれ記号で答えなさい。

A「角のある」
ア、嫌味な　イ、きんきんした
ウ、とげとげしい　エ、はっきりした
オ、抑揚のある

B「その手を食わずに」
ア、穏やかではいられずに　イ、思惑に乗らずに
ウ、関係ないふりをして　エ、失敗を恐れないで
オ、手出しをせずに

C「ませた口」
ア、大きな声　イ、おどけた口調
ウ、大人びた口調　エ、沈んだ声
オ、反省した口調

問二、よく出る 太線部i「おいでなさる」・ii「わかってます」・iii「書いて頂く」に含まれる敬語の種類を次の中から選び、それぞれ記号で答えなさい。
ア、尊敬　イ、謙譲　ウ、丁寧

問三、傍線部①「今度は返事をしなかった」とありますが、それはなぜですか。二〇字以内で答えなさい。

問四、傍線部②「気休めに」とありますが、ここではどのような気持ちを表していますか。三〇字以内で答えなさい。

問五、傍線部③「未だ横になって居た」とありますが、この時、信太郎はどのように考えていますか。最も適切なものを次の中から選び、記号で答えなさい。
ア、いつも自分より遅く起きる信三の気配を感じ、信三が起こしにくるまで起きまいと考えている。
イ、祖母に起こされて起きるのはしゃくなので、時間だから自発的に起きる体裁を取りたいと考えている。
ウ、祖母に怒られてしまったので、意地になって今日は何があっても絶対に起きるものかと考えている。
エ、祖母を怒らせてしまったので、顔を伏せて反省をして祖母への謝罪の言葉を考えている。
オ、そろそろ起きる時間だと思っていたので、祖母の言葉をきっかけに起きるぞと考えている。

問六、傍線部④「然しもう起しに来まいと思うと楽々と起きる気になれた」とありますが、それはなぜですか。最も適切なものを次の中から選び、記号で答えなさい。
ア、嫌いな祖母がその場からいなくなったので、起きて気ままに過ごせるから。
イ、すっかり目覚めていたため、いつでも起きられる状態になっていたから。
ウ、祖母と張り合う必要がなくなって、自分ひとりだけで決めれば事が運ぶから。
エ、祖母への反発心が起きることの障害になっていたが、祖母と和解したから。
オ、祖母を泣かせてしまったので、早く謝りに行こうと気づかっていたから。

問七、難 挿入されている信太郎の弟や妹の話にはどのような効果がありますか。最も適切なものを次の中から選び、記号で答えなさい。
ア、言うことを聞かない信太郎に対する祖母の気持ちを少しでもなごませようと努めていることを感じさせる効果。
イ、怒られている信太郎のために祖母の注意を自分たちにそらそうと必死な様子を示す効果。
ウ、家族それぞれが勝手なことをしているためにまとまりがないことを感じさせる効果。
エ、祖母と信太郎のいさかいをユーモラスに包み込んで家族の絆の強さを感じさせる効果。
オ、へんくつな信太郎に比べて弟や妹たちはユーモアに富んだ社交的な子どもであることを示す効果。

問八、難 思考力 この小説には主人公のどのような心境の変化が描かれていますか。七〇字以内で答えなさい。

三 （古文）仮名遣い・動作主・口語訳・内容吟味

次の文章を読んで、あとの問いに答えなさい。

[注1]相模守[注2]時頼の母は、[注3]松下禅尼とぞ申しける。[注4]守を入れ申さるる事ありけるに、[注5]すすけたる[注6]明り障子の破ればかりを、禅尼①手づから小刀して切りまはしつつ張られければ、[注7]兄の城介義景、その日の[注8]けいめいして[注9]候ひけるが、

A「②たまはりて、[注10]なにがし男に[注11]張らせ候はん。③さやうのことに心得たる者に候ふ。」

と申されければ、

B「その男、尼が細工に④よもまさりはべらじ。」とて[注12]i なほ[注13]一間づつ張られけるを、義景、

「みなを張りかへ候はんは、はるかにたやすく候ふべし。まだらに候ふも見苦しくや。」

と重ねて申されければ、

C「尼も後は[注14]さはさはと張りかへんと思へども、ii けふばかりはわざとかくてあるべきなり。物は破れたる所ばかりを[注15]修理して用ゐることぞと、若き人に見ならはせて、[注16]心つけんためなり。」

と申される。いと⑤ありがたかりけり。世を治むる道、倹約を本とす。女性なれども聖人の心に⑥通へり。天下を保つほどの人を子にて持たれける。まことに⑦ただ人にはあらざりけるとぞ。

（『徒然草』による。本文を改めたところがある）

[注1] 相模守…相模国（現在の神奈川県）の長官。
[注2] 時頼…鎌倉中期の幕府第五代執権、北条時頼（一二二七～一二六三）。
[注3] 松下禅尼…安達景盛の娘で、北条時氏の妻。「禅尼」は仏門に入った女性。
[注4] 守…ここでは、相模守時頼のこと。
[注5] 入れ申さるる…（自分の家に）招き入れなさる。
[注6] 明り障子…明かりが入るように薄い紙を張った障子。
[注7] 兄の城介義景…禅尼の兄、安達義景（一二一〇～一二五三）。「城介」は、城を管理する職。
[注8] けいめいして…準備をして。
[注9] 候ひける…（その家に）控えていた。
[注10] なにがし男…身分の低い者を、名前をぼかした言い方。
[注11] 張らせ候はん…張らせましょう。
[注12] なほ…やはり。
[注13] 一間…障子の一こま。
[注14] さはさはと…さっぱりと。
[注15] 修理して…つくろって。
[注16] 心つけんため…気をつけさせようとするため。

問一、よく出る 二重傍線部i「なほ」・ii「けふ」の読み方を現代仮名遣いで答えなさい。

問二、A・B・Cはそれぞれ誰の発言ですか。最も適切なものを次の中から選び、それぞれ記号で答えなさい。ただし、同じ記号を何度選んでも構いません。

ア、時頼　イ、松下禅尼
ウ、城介義景　エ、なにがし男

問三、よく出る 傍線部①「手づから」・⑤「ありがたかりけり」・⑥「通へり」のここでの意味として最も適切なものを次の中から選び、それぞれ記号で答えなさい。

①「手づから」
ア、器用に　イ、自然に　ウ、自分で
エ、手づかみで　オ、前もって

⑤「ありがたかりけり」
ア、愛情深いことであった
イ、感謝したことであった
ウ、教育熱心であった
エ、珍しいことであった
オ、有名な話であった

⑥「通へり」
ア、劣っている　イ、似ている
ウ、秀でている　エ、見習っている
オ、理解が及ばない

問四、難 傍線部②「たまはりて」・④「よもまさりはべらじ」・⑦「ただ人にはあらざりける」の解釈として最も適切なものを次の中から選び、それぞれ記号で答えなさい。

②「たまはりて」
ア、その仕事にお金をお与えになって
イ、その仕事に人を遣わして
ウ、その仕事の話をよくうかがって
エ、その仕事はこちらにいただいて
オ、その仕事は知り合いに頼んで

④「よもまさりはべらじ」
ア、きっと手を加えないでしょう
イ、決してかなわないでしょう
ウ、全く似ていないでしょう
エ、世の中では通用しないでしょう
オ、口出しはできないでしょう

⑦「ただ人にはあらざりける」
ア、一般的なことではなかったのだ
イ、格別なことではなかったのだ
ウ、常識のない人だったのだ
エ、徳の高い人になれたのだった
オ、並の人ではなかったのだ

問五、傍線部③「さやうのこと」がさす内容を答えなさい。

問六、思考力 点線部「わざとかくてあるべきなり」について、次の1・2の各問いに答えなさい。

1、「かくて」がさす内容を、本文中から一〇字以内で抜き出して答えなさい。

2、なぜそのようにしたのですか。答えなさい。

筑波大学附属高等学校

時間 50分　満点 60点　解答 P58　2月13日実施

出題傾向と対策

●例年どおり現代文の大問二題構成ではあるが、今年は論説文ではなく随筆文の出題であった。本文はどちらも読みやすいが、設問の難度は低くない。記述問題は、昨年から指定字数なしの問題が中心になっている。枠は一行で約14センチである。選択問題も、慎重な吟味が必要なものが多い。漢字などの基本的知識も出題された。

●記述問題を数多くこなし、自分の言葉でまとめる力を身につける。また、本文を丁寧に読み、選択肢の吟味をする練習も必要。慣れてきたら時間をはかって行おう。

字数制限のある設問は、句読点やその他の記号も一字として数えます。

一 （随筆文）内容吟味・文脈把握・短文作成・漢字の読み書き

次の文章を読んで、後の問いに答えなさい。

あまり知られていないが、aイッセツによれば、古代ギリシャにおいて、音読は奴隷の仕事だったそうだ。文字を扱うのは精神的な営みであり、したがって自由人の特権だと思われがちだ。だが、そうではなかったのだ。

前提として、西洋社会において黙読が発明されたのは、遅く見積もって紀元前五世紀とされている。それまではス*ペースなしで文字が続けて書かれていたため、語の切れ目を把握するためには、声に出して読む必要があった。つまり書かれた文字から意味を取り出すためには、音読が必須だったのである。

たとえば旅人の一団が、荒れ果てた土地の一角に古い墓を見出(いだ)したとしよう。その碑には、何やら碑*文が彫ってある。主人の命を受けた奴隷が前に進み出でて土埃(つちぼこり)を払い、その碑文を読み上げる。一団に聞こえるように大きな声で――「私はグラウコスの墓である。」

音読とは、何よりもまず、①自分の声を他者に貸す行為である。つまり、己の身体の自由を失うことである。

碑文を読む者は、自分ではしゃべることのできない墓に成り代わって、声を発している。しかも、現代ならば「これはグラウコスの墓である」と無生物主語で記すところ、当時は「私は」と一人称で記すのが普通だった。そこに居合わせた人々は、それを奴隷の声ではなく、②「アテレコ*」された墓の声として聞いていたに違いない。

私はこの説が大好きである。専門家ではないので、この説の学問的な正しさを客観的に判断することはできないが、少なくとも③個人的な実感として、音読が奴隷的な行為である、というのは非常に納得がいく。やっぱりね！　音読に苦しんできた身としては、bツウカイこの上ない。

私は子供のころから吃音(*きつおん)があった。大人になったいまでは症状は軽く、日常生活にcシショウはないが、それでも音読の機会があれば可能なかぎり避けたいと思う。

音読が苦しい理由は二つある。一つは、「言い換え」ができないこと。吃音のある人の多くが、つっかえそうな言葉に出会うと、同じ意味の別の言葉に言い換えて言う、という工夫をしている。たとえば「いのち」と言いたいけれど言えなそうだと感じたら、直前で「［A］」という語に変えて言うのだ。

音読の場合、当然ながら言い換えという手段は使えない。教室での音読では、全員が教科書という正解を持っている以上、書かれているのと違う言葉を発したらおかしなことになってしまう（が、私は小学校の頃にはあまりに苦しくて、音読でさえも言い換えをしていた。みんな不思議に思っていたことだろう）。

もう一つの理由は、より根本的なもので、「思ってもいないことを言う」つらさだ。心のなかは刻一刻と変化していて、さまざまな感情を抱いたり、考えがめぐったりする。音読をするためには、そういう自分のなかで起こっているうごめきを押し殺して、決められた言葉を体から出す、ということをしなければならない。まるで、*手枷(てかせ)や*足枷(あしかせ)をはめられているような気分だったのだ。

私以外の吃音当事者と話しても、音読が苦痛だったという人は多い。どうやって地獄を切り抜けたかという話は、吃音当事者定番の「あるあるネタ」である。わざと漢字が読めない振りをして、言いにくい単語を代わりに先生に発音してもらった、なんていうツワモノもいる。

だが一方で、さらに話を聞いてみると、④音読がむしろ快感だった、という吃音当事者もいるのである。

彼らにとっては、音読はむしろ「自分の体の思い通りにならなさ」を忘れられるユートピアのような瞬間だった。他者の言葉に身を任せ、言うべき音を機械的に体から出していけばいい。私には信じがたいが、自分の体を明け渡すことが、解放になることもあるのだ。別の人格になりきって演技するように読むと、吃音が出ないという人もいる。

確かに、体のコントロールを手放すことによってうまくいく、ということは吃音にはしばしば見られる現象である。たとえば歌。吃音の出方や捉え方は人によって実にさまざまだが、どんな症状の人でも、歌を歌っていると吃音が出ない、という一点においては一致する。歌がなくとも、単純な拍子だけでも効果は出る。いずれにせよ何らかのパターンやリズムがあると、ふだんはひどく吃音が出ている人であっても、それに乗せてしゃべればよいので、スムーズに言葉が出てくるのである。

あるいは、全員が教科書を持っていることが、むしろ安心につながるという当事者もいて驚いた。彼にとっては、音読の目的は「書かれているとおりに読むこと」ではなく、「［B］」なのである。だから、少しくらい自分の発音がまずくても、書いてあるのだから大丈夫だろう、と思える。おそらく、⑤字幕付きでしゃべっているような感覚なのだろう。

同じ吃音という苦労を抱えている人であったとしても、言葉と体の関係は人によってずいぶんと違っていて面白い。ひとくちに「音読」と言っても、言葉を体から出すために彼らがやっている行為そのものは、かなり違っている。

程度の差こそあれ、吃音でない人の多くにとっても、言葉と体の関係は一筋縄ではいかないはずだ。私は、さいきん出版した本の帯に、「⑥しゃべれるほうが、変。」というちょっと思い切った言葉を掲げた。この言葉に対しては驚くほどたくさんの反響をいただいたが、その多くは、吃音でない人たちからだった。

音読には、文の意味が生き生きと感じられる等メリットもあり、営みそのものを批判するつもりはない（もちろん、要望に応じて吃音のある生徒に配慮することは必要だが）。だが同時に、言葉と体の関係は一筋縄ではいかないことを、安心して話せる場が学校の中にあったら、どんなにか良かったろうと思う。言葉は言語活動であると同時に、それをあやつる体の問題でもあるのだから。

（伊藤亜紗（いとうあさ）「まならない体と言葉」による。一部改）

[注]
＊スペース……空白。
＊碑文……石碑に刻んだ文。
＊アテレコ……アニメーション制作や外国映画の吹き替えの時、先に撮った映像に合わせて、後からセリフを録音すること。
＊吃音……言葉が滑らかに話せないこと。
＊手枷……刑罰のために手にはめて自由を奪う道具。
＊足枷……刑罰のために足にはめて自由を奪う道具。
＊帯……本の表紙の下方に巻く、内容の紹介や広告文を記した紙。

問一、傍線部①「自分の声を他者に貸す」とは具体的にはどうすることか。簡潔に説明しなさい。

問二、傍線部②「『アテレコ』された墓の声として聞いていた」とはどういうことか。その説明として最も適切なものを次の中から一つ選び、記号で答えなさい。
ア、まるで奴隷がグラウコス本人のしゃべる様子を再現しているかのように聞いていたということ。
イ、まるでグラウコスの魂が奴隷にのりうつってしゃべっているかのように聞いていたということ。
ウ、まるでグラウコスの墓そのものがしゃべっているかのように聞いていたということ。
エ、まるで墓石の下からグラウコスがよみがえったかのように聞いていたということ。

問三、傍線部③「個人的な実感として、音読が奴隷的な行為である、というのは非常に納得がいく」とあるが、筆者にとっては音読のどのような点が「奴隷的」なのか。二点にわけて説明しなさい。

問四、空欄 A に当てはまる二字の語を、自分で考えて答えなさい。

問五、傍線部④「音読がむしろ快感だった」とあるが、その理由として最も適切なものを次の中から一つ選び、記号で答えなさい。
ア、他者の言葉は意味を正しく理解することが難しいものだが、自分で声に出して読むことでその意味が自然に頭の中に入り、黙読よりもすんなりと内容を読み取れるため。
イ、他者の言葉をそのまま発声する方が、自分の考えた言葉を口に出していくことよりもスムーズにできて、一時的であっても自分が吃音であることを感じなくてすむため。
ウ、自分の言葉で話そうとするとリズムよく話せないが、他者の言葉には自分の言葉にはないリズムがあり、それに乗って話すことで詰まることなく話せて楽しくなるため。
エ、自分で言葉をつないで発していくよりも、他者の構成した言葉を声に出す方が、間違えてもかまわないと割り切ってしまえるので、多少の吃音も気にならなくなるため。

問六、**思考力** 空欄 B に当てはまる一〇字以内の表現を、自分で考えて答えなさい。

問七、傍線部⑤「字幕付きでしゃべっているような感覚」とあるが、ここでは何が字幕のような役割を果たしているか。本文中から五字以内で抜き出して答えなさい。

問八、傍線部⑥「しゃべれるほうが、変。」とあるが、この言葉に込められている意味として最も適切なものを次の中から一つ選び、記号で答えなさい。
ア、言葉を発することは、心の中に起こるさまざまな感情や考えを他者に伝える行為であり、すらすらと話せる方がものごとを深く捉えていないとも言えるのだということ。
イ、言葉を発することは、身体をうまく操ることで為（な）し得る営みであり、それを誰もが思い通りによどみなくできるのが当たり前だとする前提はおかしいのだということ。
ウ、言葉を発することは、吃音のない人からすると何の苦もなく行えることだが、吃音のある人にとっては、工夫や努力が必要な、困難を伴う辛い営みなのだということ。
エ、言葉を発することは、本来、自分の思っていることを自分の言葉で表現することであり、滑らかに話せるかどうかだけにとらわれてはいけないのだということ。

問九、**思考力** 点線部「西洋社会において黙読が発明されたのは」とあるが、日本語においては、何によって黙読がしやすくなっていると考えられるか。本文を踏まえつつ、自分で考えて答えなさい。ただし、スペースおよび句読点等の記号以外の例を考えること。

問十、**よく出る** **基本** 二重傍線部a～cのカタカナを適切な漢字に改めなさい。

二（小説文）語句の意味・内容吟味

次の文章を読んで、後の問いに答えなさい。

（中学生の広海は、瀬戸内海のとある島のホテルで接客係のアルバイトをしている。そのホテルには、松平ナミエという老女が宿泊していた。松平はその島を出てから五十年ぶりに戻ってきたという噂だったが、ホテルではなぜかいつも不機嫌な様子を見せていた。ある日、アルバイトの帰り道に同級生の真帆と会い、自転車で一緒に家に向かっていた広海は、車道わきにうずくまる松平を発見する。広海と真帆とでホテルに送り届けることになるが、その間、松平はホテルのことを意地悪くけなし続けるのだった。）

「それだけの値打ちがあるんでしょう」

広海が言うと、松平はぱっと振り向いた。まるで広海の存在にはじめて気づいたかのように、しげしげと顔をのぞきこんでくる。

「値打ち？」

松平がゆっくりと繰り返した。声はさっきほどとがっていないけれど、からかうような試すような響きを聞きとって、広海の体はこわばった。

「あんたはそう思うんだ？　あそこで*荷物を運んでやってるお客はみんな、値打ちがわかって来てるって思うんだね？」

口もとがゆがんでいる。笑っているのだと広海が気づくのに、少しかかった。

松平が自分を覚えていたらしいことにも、驚いた。到着してロビーへ入ってきたときに一瞬すれ違っただけなのに、どうして覚えられているのだろう。ひょっとして*主任が言っていたように、無愛想すぎて目立っていたのか。それはまずい。かなりまずい。

「*美術館だかなんだか知らないけど、ホテルなんて基本的に安心して眠れればそれでいいと思うけどね」

なにもかも見透かされている気がして、広海はますますたじろぐ。優等生ぶるな、と暗に戒められた感もある。やっぱり松平は*魔女なのか。他人の心が読めるのか。

「まあ、お客はしかたないか。そうやってあおってるほうが問題だね。いりもしないものをごてごてくっつけて、あんなとんでもない値段をふっかけて」

言いたいことだけ言い終えると、言葉に詰まっている広海には目もくれず、松平は前に向き直ってすたすたと歩きはじめた。

動揺しながらも、いやでも矛盾(むじゅん)してるだろう、と広海はかろうじて胸の中で反論する。あざといと自らこきおろしているそのホテルで、松平は最高級のスイートルームにひとりで泊まり、シャンパンを注文している。文句があるなら、三つもベッドルームがある*オーシャンビューの部屋なんかではなくて、そのへんの民宿に泊まればいい。いっそ親戚の家を訪ねてもいい。指摘してやりたいところだが、下手にはむかってまたやりこめられそうな気がして、とりあえず黙って後を追いかける。

「お客さんが満足してるんだから、いいじゃないですか？　何度も繰り返し来てくれるひとも多いみたいだし」

言い返したのは、真帆だった。右半分だけ見える横顔の、①頬が紅潮しているのは夕日のせいだけではないだろう。好みというのは遺伝するのか、それとも育てかたのせいなのか、ａむこうみずとも言える勢いでここへ移住してしまった両親の娘だけあって、真帆は本当に島のことが好きなのだった。

「それに、島に活気が出たのはホテルのおかげだってみんな言ってます。わたしたち、感謝してるんです。たくさんのひとに、ここがこんなにいいところだって知ってもらえたんだから」

ただし今回は相手が悪い。松平にとってこの島が「いいところ」だったとは思えない。もう帰ろう、と広海は念じる。こんなやつと話していてもいやな気持ちになるだけだ。別につきあう義理もない。

足をとめたのは、しかし真帆ではなく松平だった。腕を組み、真帆をじっと見据(みす)えている。どんなに辛辣(しんらつ)な返答をよこすのか、広海ははらはらして見守った。

「ちょっと疲れた。休みたい」

松平が一方的に宣言した。

ちょうど通り過ぎようとしていたバス停のベンチに近づいて、ぺたりと腰を下ろす。むきになりかけていた真帆もｂ毒気を抜かれたようで、おとなしく隣に座った。

「じゃあ、少しだけ」

つくづく自分勝手なばあさんだ。②広海は舌打ちをこらえ、自転車を停めた。年寄りのくせに、意地になって歩くからだ。このまま走り去ってしまえれば爽快だろうが、真帆の自転車でそんなことはできない。そもそも真帆を置き去りにはできない。

「そうかもしれない」

松平がぽつりとつぶやいた。

それがさっきの話の続きだとは、広海も真帆もとっさにわからなかった。顔を見あわせているふたりにはおかまいなしに、松平はひとりごとのように続ける。

「感謝したほうがいい。運がよかったんだ。他に島なんかいくらでもあるのに」

ホテルは、とある大企業からの出資を受けて建てられた。瀬戸内海に浮かぶ小島は無数にあるのに、なぜ他でもないこの島に白羽の矢が立ったのか、広海は正確なところを知らない。なにか明確な理由があったなら、主任あたりが嬉々(きき)として教えてくれそうなものだから、松平の言うとおり、単に運がよかっただけなのかもしれない。

「あれは別に島が作ったものじゃない。ただ、外からきたものをまるごと受け入れただけで」

松平の声はぞっとするほど冷ややかだった。

ホテルやそこを訪れる人々をあれこれと批判しながらも、松平が本当に敵視しているものがなんなのか、広海はようやくはっきりと理解する。要するに松平は、見下しているのだ。この島と、ここで暮らしている人々を。

「わたしは、そうなりたくなかった」

口調をがらりとあらためて、松平が言う。これまで聞いた中では一番の、言い換えればはじめてといってもいい、明るい声音(こわね)だった。

「絶対にそうなりたくなかった」

広海と真帆を交互に見る。楽しげともいえる微笑(ほほえ)みを浮かべている。

「運とか好意とか、そういう不確かなものにばっかり頼ってないで、自分だけでうまくやりたかった」

③広海は松平から目をそらした。夕日に照らされたホテルが、視界の隅で輝いている。

「他人の力を借りて、自分で成功した気になって、調子に乗るなんてみっともない。それなら失敗したほうがまだいい」

なんだよそれ、と思う。なんなんだよ。危うく口にも出しそうになって、それは思いとどまった。なにを言っても、松平は気を悪くするどころか、笑みを深めそうな気がする。それにしても、どうしてこんなにいらいらするのか、自分でもわからない。広い外の世界に出て誰の力も借りずに勝負したいというのは、まさに広海の願いでもあるのに。

「*ホテルを経営してるんでしたっけ？」

真帆が我に返ったように聞いた。松平の声が表面上は穏やかなせいか、言葉遣いが抽象的で真意が伝わりづらかったのか、さっきのように腹を立てている様子はない。

「経営していた」

　松平が浅くうなずいた。

　先月、社長の座を後任に譲ってから、ひたすら時間が余るようになったという。たいくつそうな元社長を見かねた部下たちに、せっかくだからのんびり旅行でもしてきたらどうかとすすめられ、その気になった。ひとりだから身軽なものだ。海外にしようか国内にしようかと思案しているうちに、故郷の島のことをふっと思い出した。

「もう何十年も、完全に忘れてたのにね」

　肩をすくめる。

「ひまつぶしにはちょうどいいかと思って、来ることにした」

「どうですか、帰ってきてみた感想は？」

　真帆が足をぶらぶら前後に揺らしてたずねた。好意的な反応が期待できないのは明らかなのに、勇気があるというかこりないというか、広海はもはや感心してしまう。

　現実は、ドラマのようにはいかないのだ。これがドラマなら、ひねくれた老女は心優しい島の少年少女に感銘を受け、ひさびさになつかしいふるさとを訪れた喜びを素直に独白する。そして、少年たちに感謝しつつ、ほろ苦くもあたたかな郷愁（きょうしゅう）を胸に、すがすがしい気分で帰っていく。あるいはもっとわかりやすく、島に戻って余生を過ごそうと決意する、というのはやりすぎだろうか。

「別に、なにも」

　案の定、松平は鼻を鳴らした。

「なにも？」

　不服そうな声を上げた真帆に、すましてうなずいている。ホテルにチェックインしたときの苦しげな表情とはうってかわって、泰然（たいぜん）と落ち着きはらっている。

「じゃあ、なんで」

　広海は思わずさえぎった。目の前にいる松平ではなく、ロビーをつかつかと横切っていくはりねずみみたいに神経をとがらせた老女を、頭の中に再生する。

「なんで、ぴりぴりしてるんですか？」

　松平の口もとがこわばった。手ごたえを感じ、広海はさらにたたみかけた。

「結局はこだわってるんじゃないですか」
　④まるでお面を脱ぐように、松平の顔から柔和な表情が消えた。にらみつけてくる視線も、もうおそろしくはなかった。どちらかといえば快い。
「子どもが、えらそうに」

　松平が吐き出すように言って、ぷいとそっぽを向いた。勝った、と広海は思った。晴れやかな気分で松平を見下ろす。白い髪がぺたんと頭にはりつき、骨ばった首筋にしみが浮いている。

　びくつくことなんかなかった。ただの老人だ。魔法なんて使えない。確かめるように、自分に言い聞かせるように考えた。しかし考えれば考えるほど、どういうわけか、⑤ふくらんだ気持ちはするするとしぼんだ。ばつが悪くなってきて、広海は顔をそむけた。いつのまにか、空を染めていたピンク色は水で薄めたように淡くぼやけていた。天頂に細かい星が散らばっている。


（瀧羽麻子（たきわあさこ）「瀬戸内海の魔女」による）

［注］
＊荷物を運んで……広海はホテルで旅客の手荷物を運ぶ仕事をしている。
＊主任……ホテルでの広海の上司。
＊美術館……広海の勤めるホテルは美術館を併設している。
＊魔女……本文の前に、松平の表情や服装が広海に魔女を連想させたという主旨の記述がある。
＊オーシャンビュー……海の眺めが良いこと。
＊ホテル……いま松平が宿泊しているホテルではなく、かつて別の場所で経営していたホテルのこと。

問一、**よく出る** **基本** 二重傍線部a「むこうみず」、b「毒気を抜かれた」の本文中での意味として最も適切なものを、それぞれ後の中から一つずつ選び、記号で答えなさい。
a「むこうみず」
ア、後先を考えないこと
イ、反対を押し切ること
ウ、勇気をもって動くこと
エ、危険に気づかないこと
b「毒気を抜かれた」
ア、安心して気分が軽くなった
イ、怒りが沈んで落ち着いた
ウ、拍子抜けして落胆した
エ、驚いて呆然（ぼうぜん）となった

問二、傍線部①「頬が紅潮しているのは夕日のせいだけではないだろう」とあるが、何のせいだというのか。その説明として最も適切なものを次の中から一つ選び、記号で答えなさい。
ア、松平の意地の悪さに思わずカッとなってしまったせいだということ。
イ、島をかばって反論したい気持ちが表情にあらわれたせいだということ。
ウ、年配の人に対して反論するためにひどく緊張しているせいだということ。
エ、ホテルの功績を丁寧に説明しようとする熱意が顔に出たせいだということ。

問三、**難** **思考力** 傍線部②「広海は舌打ちをこらえ」とあるが、このときの広海の心情はどのようなものか。五〇字以上六〇字以内で説明しなさい。

問四、傍線部③「広海は松平から目をそらした」とあるが、それはなぜか。その説明として最も適切なものを次の中から一つ選び、記号で答えなさい。
ア、自分たち島民を見下す松平の楽しげな様子を見ているのが不快だったから。
イ、自分の考えが見抜かれてしまった動揺を松平に気づかれたくなかったから。
ウ、松平と自分とが同じ考えを持っていることがわかり、それが嫌だったから。
エ、松平の意見に反論したくなり、その言葉を落ち着いて考えようとしたから。

問五、傍線部④「まるでお面を脱ぐように、松平の顔から柔和な表情が消えた」とあるが、このときの松平の心情はどのようなものか。その説明として最も適切なものを次の中から一つ選び、記号で答えなさい。
ア、しつこい問いかけにどう答えればよいのか言葉を失い、困惑した。
イ、核心を突く質問に余裕を失って、返事をする気力がなくなった。
ウ、子ども扱いしていた相手が急に歯向かってきたので、驚いた。
エ、自分の本心を見透かされたことに戸惑い、警戒心を強めた。

問六、傍線部⑤「ふくらんだ気持ちはするするとしぼんだ」とあるが、どのような気持ちがどうなったというのか。具体的に説明しなさい。

問七、本文の特徴についての説明として適切でないものを次の中から一つ選び、記号で答えなさい。
ア、主人公の広海の視点から登場人物の心の動きを細かに描き出すことで、会話の運びに緊張感を持たせている。
イ、松平に対して真帆が物怖じしない態度をとることで場面が展開し、それに伴って主人公の心情も変化している。
ウ、松平の不可解な言動を含めた様子を「魔女」と表現するなどして、彼女の存在を強く意識させるようになっている。
エ、簡単に予測できる安易なドラマ性を広海が心中で否定することにより、読者に問題の深刻さを伝えようとしている。

東京工業大学附属科学技術高等学校

時間 50分　満点 100点　解答 P59　2月13日実施

出題傾向と対策

●現代文の大問二題構成は前年と変わらず、今年は随筆文と小説文が出題された。百字の記述問題も例年同様。選択、記述、抜き出しなど、さまざまな形式で出題された。小説文は長く、難解なため、かなり読解に苦労する。

●記述は問い方も難しいので、出題意図を読み取って解答を作る練習をしておきたい。百字記述も過去問、類題で練習して慣れておくこと。また、抜き出しなども条件が指定されているので慎重に解くことが必要。その他の問題も設問の指示を見落とさない注意を。

一 （随筆文）漢字の読み書き・内容吟味・慣用句・文脈把握

次の文章を読んで、後の問いに答えなさい（設問の都合で一部省略した箇所がある）。

70年代に初めて体験した未知なる国、フランス

古い話ですが、１９７０（昭和45）年に僕がフランスへ初めて行った時に感じた①“違い”の話から始めた方が良いかもしれません。日本を発つ前は、「フランスのお菓子は(a)崇高なもの。味もデザインも(b)セン練されているだろう」と思っていました。でも、実際、パリで売られていたお菓子を見れば、ソースは下へ流れ落ちているし、パイも凸凹であまり美しくない。人々が普段食べているお菓子は、土地の香り、民族の香り、生活の香りがするような②地に足がついたものでした。僕ら日本人は、勝手にフランス菓子を美化していたんです。

そして、食べてみた感想は「うぁ、甘すぎる」。でも、それは後になって、まだ体が土地に馴染んでいない証拠だと気づきました。例えば、フランスに着いた直後は妙に頭にフケが出て、３～４カ月も経つと徐々に収まってきたんです。それとともに、甘すぎると感じたお菓子の味もちょうど良いと感じるようになっていました。つまり、湿気が多い日本に馴染んだ体質のまま乾燥したパリへ行けばフケが出るように、味覚も急には合いません。逆に、何年か経ってから帰国し、日本のお菓子を食べたら、やたら水分が多く、味も素っ気ないと感じましたが、それがまた数カ月もすると「日本のお菓子もなかなか美味いな」と思うように。味覚は食習慣や気候など、土地に根差しているものなんですね。

しかし、なぜそんなにお菓子が甘いのかを考えてみれば、フランス料理はいくら脂分が多くて濃厚でも、砂糖を使用した料理などありません。甘みがあるとしても、フルーツの果糖くらいです。だから、食後には甘いものが欲しくなります。日本の場合は、お芋の煮っ転がしも魚の煮付けも、牛丼も、何でも砂糖を使いますよね。お肉を砂糖で煮詰めてしまうなんて国、世界を見渡しても他になかなか見当たりません。その食習慣があるため、デザートはそこまで甘くない方が良いのです。

それを以前、社内で調査してみたことがあります。現地の味そのままのお菓子から砂糖を3％、5％と減らし、食べ比べしてみたのです。そうしたら、③多くの人は8～10％くらい砂糖を減らすとちょうど良いと感じることがわかりました。西洋と日本は、そのくらい味覚にズレがあるんですね。

他に、フランスのパティスリー[*1]で働いてみて、(c)圧倒的に違う点がありました。④それは「早起き」です。普段は朝5時から、土日祭日はオーダーが多いため朝の3時が始業時間。仕事が始まると早々に、こっちではシューを焼き、こっちではカスタードクリーム作って、こっちではクロワッサン仕込んで一次(d)発酵、成型して二次発酵とか、そりゃもう目が回る忙しさです。開店時に最低20種類は店に並べないとならず、お菓子の他にパンも焼くから大変。店の開店時間は朝7時でしたが、イチゴのタルトもチョコレートのお菓子も、朝からよく売れました。フランス人の朝食は、パンやお菓子で軽く済ませるのが普通なのです。

フランス菓子の美味しさの秘密には、「その日に作った

ものをすぐに食べる」ということもあると思います。日本だと、前日に仕込んでおいたものを翌日に売り、お客さんも買ってから冷(e)ゾウ庫にしばらく保管したりして、食べるときには相当な時間が経っていることも多いでしょう。しかし、日本人にとっての炊きたてご飯のように、フランスでは作りたてのお菓子を食べる習慣が日々のご馳走(ちそう)なのです。

「日本のケーキ」は日本の文化

帰国後の1973(昭和48)年、僕は渋谷にお店を出しました。当時はまだ、海外旅行に行けるのはごく限られた人だけという時代で、街のケーキ屋さんを見渡せばショートケーキ、シュークリーム、プリンやババロアなどを売っている店ばかり。そんな中で、フランスで作っていたお菓子をそのまま店で出したんです。それが世間には鮮明に映ったようで、「本物だ」ともてはやされました(甘すぎる、パサパサしているなどの指摘は、日本人に合うように徐々に微調整していきましたが…)。その後すぐに、他にもフランス帰りの人が手掛ける店ができましたが、⑤誰も彼もが「本物」と言われていましたね。

一方、ショートケーキなどの街のケーキ屋さんでお馴染みのケーキは、日本ならではの文化だと言えます。お菓子と出合った人たちが、それを土台に日本人の嗜好(しこう)に合うよう、作り変えていったお菓子だからです。

日本のケーキは、まず「しっとり」がポイント。日本は湿度が高いため、しっとりとした(f)シツ感が好まれ、パサついているとあまり美味しく感じられないようです。日本人が好きなのは「しっとり、ふんわり、クリーミー」の3拍子。そして、ショートケーキ、カスタードプリン、シュークリームが御三家で、そこにモンブランを加えると日本の「洋菓子の四天王」と呼ばれています。

ショートケーキは、アメリカのストロベリーショートケイクというお菓子が原型。厚めのビスケット生地に生クリームとイチゴをサンドしたそのお菓子を、アメリカ視察旅行中に見た不二家の藤井林右衛門さんが「このビスケット生地をスポンジケーキにした方が日本人に合うんじゃないか」と思って置き換えたようです。

カスタードプリンは、もともとイギリスに多種類ある「プディング」の中の1つ。しかしカラメルを底に沈め、小さな容器に入れたまま流通させるとは、日本人の発想力はすごいですね。シュークリームはフランス生まれですが、現地でシュー菓子と言えば、中にアイスクリームを入れたり、エクレール*2に仕立てたり少し手が込んでいるものが一般的。シューの中にクリームだけ詰めて、(g)フン糖をふりかけただけで食べることはあまりありませんが、余計なことはせず、このままの方が美味しいと日本人は思ったんでしょう。モンブランは、フランスではメジャーなお菓子ではなく、パリの「アンジェリーナ」でしかほぼ見かけませんね。日本では1軒の店が作り出したモンブランから人気に火が点(つ)いて、全国に広がりました。このように、日本人は海外のお菓子をヒントに、独自のケーキ文化を築いてきたのです。

フランスのお菓子の特徴

一方、フランスのお菓子は、まず日本とは材料の使い方が違います。例えば、アーモンドの使い方。イチゴのタルトレット*3を作る時、「日本のケーキ」として作れば、ビスケット生地でお皿を作り、その上にカスタードクリームを絞ってイチゴを載せれば完成ですが、フランスではビスケットのお皿の上に、アーモンドクリームを薄く刷り込むように絞ってから焼き上げます。他の工程は同じですが、口に入れた時に鼻からすっと抜けるアーモンドの香りがひと味違います。他にもアーモンドは、生のまま使ったり、スライスしたり、ダイス*4、パウダー、クリームなど、様々な形で活用しますが、⑥ちょっとした材料の使い方に趣向が凝らされているのがフランスのお菓子なのです。

また、お酒の使い方も違いますね。昔、日本ではお菓子に入れるお酒=ラム酒で、あらゆるケーキに使っていました。しかし現地では、ベリー類のお菓子にはさくらんぼで(h)ツクったお酒・キルシュ、レーズンにはラム酒、柑橘(かんきつ)類にはグランマルニエなどのオレンジリキュール*5を使うという組み合わせのセオリーがあり、それに従って作られたお菓子は口の中でまろやかなハーモニーを醸(かも)し出します。日本にいた頃は、お酒でお菓子の味わいに奥行きを持たせることができるとは知りませんでした。

「本物」から「個性」の時代へ

僕らの後の世代の人たちは海外へ修業に行きやすくなり、かつて「本物」と騒がれた本場のお菓子が次々と日本へ入ってくるようになりました。いつしか、日本は「本物」を吸収する時代が終わり、ようやく本場と同じ(i)土俵に立てるように。そして、今は正しく基本を知った上で、作り手たちがパーソナリティを出していく時代になりました。

⑦フランスは「伝統の国」と言われていますが、むしろ、それは逆だと思います。フランス人は、僕らには「素材同士のコンビネーションには、伝統的なセオリーがある」と教えながら、自分たちは勝手なことをしていたりするんです。「これとこれは合うのか」と聞けば、「確かにセオリーではそうかもしれないけど、これは俺が作った新しい味なんだ」なんて平気で言います。彼らが言うには、枠から出るのは自由で、判断を下すのは消費者。評価が得られなければ消えていくだけで、残されたものだけがまた次の世代に(j)継承されていく。そうやって、常に革新し続けてきたのがフランスという国なのです。

日本人は真面目だから、現地へ修業に行って1軒、2軒、経験しただけで「自分が学んだフランス菓子はこれ!」と⑧金科玉条のごとく教えを守りがちなところがあると思います。でも、変えてはいけない部分さえわきまえておけば、後は自分が本当に美味しいと思えるものだけを作れば良いのです。もともと日本人はよその文化を独自の形に作りかえるのが得意ですから、自由な発想の作り手がもっと増えれば、日本の洋菓子界は個性が際(きわ)立ち、さらに面白くなっていくと思います。

(吉田菊次郎「本場の洋菓子と日本のケーキどうちがう?」MetRO min. VOL.181 DEC. 2017より)

【注】

*1 パティスリー……主に小麦粉を使った洋菓子を売る店のこと。

＊2　エクレール……洋菓子のエクレアのこと。
＊3　タルトレット……一人用に小さく作った洋菓子のタルトのこと。
＊4　ダイス……サイコロのこと。料理のレシピにおいては、「四角く切る」、「小さい角切りにする」の意味で用いる。
＊5　リキュール……アルコールに砂糖、香料などを混ぜて作ったお酒のこと。

問一、**よく出る** **基本** 傍線部(b)、(e)、(f)、(g)、(h)のカタカナの部分と同じ漢字が使われているものを次の選択肢の中からそれぞれ一つずつ選び、記号で答えなさい。

(b)セン練
ア、詮議　イ、洗剤　ウ、遷都
エ、煎茶　オ、潜水

(e)冷ゾウ
ア、倉庫　イ、象牙　ウ、蔵元
エ、想像　オ、増減

(f)シツ感
ア、人質　イ、叱責　ウ、失言
エ、現地　オ、緻密

(g)フン糖
ア、紛争　イ、湖畔　ウ、分解
エ、粉雪　オ、奮闘

(h)ツクった
ア、増減　イ、所蔵　ウ、作法
エ、刀創　オ、造花

問二、**よく出る** **基本** 傍線部(a)、(c)、(d)、(i)、(j)の漢字の読みをひらがなでそれぞれ答えなさい。

問三、傍線部①「〝違い〟」とあるが、筆者はフランスに行く前に彼の地のお菓子についてどのように考えていたのか。次の選択肢の中から最も適当なものを一つ選び、記号で答えなさい。
ア、フランスのお菓子は地方ごとの特色を生かすべく作られた、個性の強いものであると考えていた。
イ、フランスのお菓子は最新流行を取り入れた、おしゃれで手の込んだものであると考えていた。
ウ、フランスのお菓子は日本人にとっては敷居が高く、手が届きにくいものであると考えていた。
エ、フランスのお菓子は手に入りにくい高級素材で作られた、高価なものであると考えていた。
オ、フランスのお菓子は気品にあふれ、味も形も美しく磨き上げられているものであると考えていた。

問四、傍線部②「地に足がついた」とあるが、これは「地に足がつく」という慣用句を用いた表現である。次の選択肢の中からこの慣用句を正しく用いている文を一つ選び、記号で答えなさい。
ア、元々地に足がついた性格をしていたからなのだろうか、彼はすぐに賭け事にのめり込んでいった。
イ、体操競技において、きれいに地に足がついた状態で一つの技を終了することが高得点につながる。
ウ、彼女があまりにも速いスピードで駆け抜けたので、周囲には地に足がついたままのように見えた。
エ、その日暮らしに慣れきってしまったため、いまさら地に足がついた生き方ができるはずはない。
オ、天才とは、地に足がついたかのように一つの事柄から多くの発想を生み出す人のことをいうのだ。

問五、傍線部③「多くの人は8～10%くらい砂糖を減らすとちょうど良いと感じることがわかりました。」とあるが、なぜ西洋と日本の味覚にはこのような違いが生じるのか。その理由を述べた一文を本文中から探し出し、最初と最後の五文字を抜き出しなさい（句読点不要）。

問六、傍線部④「それは『早起き』です。」とあるが、「早起き」に「」がついているのはなぜか。その説明として次の選択肢の中から最も適当なものを一つ選び、記号で答えなさい。
ア、フランスではパティスリーが午前中はパン屋を兼ねることになっており、「早起き」してお菓子の前にパンを大量に焼かなくてはならなかったため。
イ、日本では仕込みが丁寧で時間がかかるので、フランスにいた時よりも「早起き」をして仕事にかからなくてはならなかったため。
ウ、フランスではパティスリーでパンだけでなくお菓子も早朝から提供するので、日本にいたときよりも「早起き」をして準備をする必要があったため。
エ、日本ではフランスと違って人々がパティスリーで朝食を摂る習慣があり、「早起き」をしてそれに対応しなければならなかったため。
オ、フランスではお菓子は作りたてをすぐに食べるのではなく熟成させる習慣があるので、日本にいたときのように「早起き」しなくても良かったため。

問七、傍線部⑤「誰も彼もが『本物』と言われていましたね。」とあるが、どのような人たちが世間の人たちから「本物」と言われたのか。次の空欄にあてはまる語を本文中から探し、二十五文字以内で抜き出して答えなさい。
フランスで修業し、［二十五文字以内］人たち。

問八、傍線部⑥「ちょっとした材料の使い方に趣向が凝らされているのがフランスのお菓子なのです。」とあるが、次の文の空欄［A］、［B］、［C］にあてはまる言葉を、提示された文字数で本文から探して補い、アーモンドとお酒の工夫の仕方について書かれた次の文を完成させなさい。
アーモンドは、生のまま使ったり、スライスしたり、ダイス、パウダー、クリームなど［A（四文字）］で活用することで趣向を凝らす。それに対してお酒は、使う材料によってお酒の［B（二文字）］を変え、その［C（五文字）］で味に奥行きを持たせる。

問九、**難** **思考力** 傍線部⑦「フランスは『伝統の国』と言われていますが、むしろ、それは逆だと思います。」と筆者が思うのはなぜか。その理由を簡潔に説明しなさい。

問十、傍線部⑧「金科玉条のごとく教えを守りがちなところがある」とあるが、具体的にはどのような行動を想定してそのように述べているのか。次の選択肢の中から最も適当なものを一つ選び、記号で答えなさい。
ア、日本の店にフランス人の菓子職人を雇ってその人達にお菓子を作らせること。
イ、材料をそろえるのもお菓子を作るのもフランスで学んだとおりに行うこと。

ウ、フランスまで実際に行って現地で使った材料を全てそろえてお菓子を作ること。

エ、フランス流の製法を最高のものとしてそれ以外の製法を一切認めないこと。

オ、フランス菓子を作るために生活様式から服装までフランス人になりきること。

二（小説文）内容吟味・文脈把握

本文は、江戸幕府の「御城碁[*1]」に関わる碁（囲碁）打ちの一人である渋川春海[*2]という人物が、老中酒井忠清[*3]に、対局を通して碁を指導している場面である。次の文章を読んで、後の問いに答えなさい（設問の都合で一部省略した箇所がある）。

（これまでのあらすじ）

酒井には、なぜか春海に特別な待遇を与えてくる節があった。また、碁の指導についても、春海自身思い当たる理由がないのによく酒井の個人指名を受ける。人間関係などに比較的鈍感な春海にもそうした不審点が意識され始めていたところに、その日も酒井から指名を受けた、という事情がこの場面の背景にはある。いつも通り淡々と定石（最善とされる、決まった碁の打ち方）を繰り返す酒井の真意を測りかね、春海は囲碁に集中できずに考えをめぐらせてしまっている。

結局、ただ定石通りの指導碁[*4]に終始するほかない春海に、ふと酒井の方から、

「お主、そろばん[*5]が達者であるそうだな」

などと言ってきた。本当はまったく興味を持っていないかのような淡々とした調子である。（中略）

「は……いまだ未熟でありますが」

「碁盤の上で算盤[*6]を広げるほど、算術に熱心だそうだな」

「は……、それは……」

これが御城の恐ろしいところだ。（中略）老中に知られずにいられるものなど城中では皆無なのかと思わされる。

（中略）

それにしても、と早速、混乱に襲われた。いったいなぜ自分などの言動を酒井が知りたがるのか。むろん酒井には、①その疑問に答えてやろうとする様子はまるでなく、

「塵劫は読むか？」

と重ねて訊かれた。

「……は、そのつど新たに出たものを嗜んでおります」

塵劫とは算術書を指す。と同時に、もともとは一冊の書の名だった。

かなり前に、吉田光由という算術家が、『塵劫記』という書を著した。これが大変な人気を博し、塵劫と言えば、算術書全般を意味するようにすらなったのである。

吉田は、かの朱印船貿易で財を築いた豪商、角倉了以の親族である。『塵劫記』も、商売の上で、避けて通れぬ様々な計算を列挙していた。文も仮名交じりで、しかも解説のために分かりやすい絵をつけるなど、町人たちが欲するたぐいのものとなっている。

果たして酒井は、そのような〝町人向け〟の書を読んでいる春海を、好ましいと思ったのかどうか、②まるで判別がつかぬまま、さらに質問が来た。

「竪亥は？」

「は……難解でございますが、一応、読んでおります」

答えながら、酒井が何を言わんとしているか、うすうす察せられた。

また別の算術家、今村知商という者が著した書に、『竪亥録』というのがある。全て漢文、高度な数理術式の書であった。今村は多くの弟子を持ち、そのほとんどが武士で、彼らが強く請うたため、今村は、己の術理を一冊の書にまとめたのだという。ほとんど中国の数学を独自に学んで発展させたもので、詳しい解説などなく、生活に関わるようなものとはほど遠い理論の羅列であるため、内容を理解するのにかなり骨を折らされる。

『竪亥録』を発展させ、また解説したのが、（中略）磯村吉徳が書いた『算法闕疑抄』だった。『竪亥録』でまったく説明されていなかった術理を、図解入りで解き明かしてくれていたのである。

つまり酒井が訊いているのは、［　Ⅰ　］の両方を、春海が網羅しているかどうかということだった。

しかし、いったいなんのために、という疑問は解けない。

もしかすると酒井様は、実は大の算術好きなのかも知れない、などとも思ってみた。同じ趣味の人間を欲して、春海に算術書について訊いてきているのである。

が、そもそも、そのような感性の働く人であるかどうか疑わしい。何が楽しいとか、面白いとか、そうした話題を口にするところが、なんとも想像しにくい人物であった。

「よく学んでいるな」

どうでも良いことのように酒井は言う。だがなおも質問はやめない。

「お主、割算の起源は知っておるか？」

「は……毛利殿の学書に、その由縁が記されております」

と春海は即答した。

先の、吉田光由、今村知商、二人の算術家の師を、毛利〝勘兵衛[*7]〟重能と言った。

池田輝政に仕え、浪人して京都二条京極で塾を開いた。その名も『天下一割算指南塾』。名に違わず、各地から大勢が学びに来て、世に算術そろばんを広く普及させた塾となった。

その毛利が、塾で教科書として用いた『算用記』に、自ら記した序文がある。

そしてその中で、割算の起源を、このように説明していた。

『〝寿天屋辺連〟という所に、知恵と徳とをもたらす木があって、その木には含霊なる果実がなっている。その果実の一つを、人類の始祖である夫婦が、二つに分けて食べたことが、割算というものの始まりとなった』

とのことである。〝寿天屋辺連〟とはユダヤのベツレヘム[*8]を意味する。明らかに旧約聖書のアダムとイヴの楽園追放のくだりと、新約聖書のベツレヘムのくだりを、ごっちゃにしている。

「お主、切支丹の教えに詳しいか？」

「は……いえ……。恐れながら、不勉強にて、まったく分かりませぬ……」

春海は恐縮しているが、もし頑張って勉強していたら大変なことになる。昨今では、海外貿易の統制とともに禁教[*9]

令が厳しく適用され、切支丹と疑われれば投獄は免れない。先の毛利にも切支丹ではないかという疑いがあったことを春海は知らない。そもそも寿天屋辺連というのは、きっと*10天竺のどこかにある麗しい桃源郷に違いないと勝手に想像しているくらいである。また③毛利自身もそんな風に思っていたらしい。

そんな春海に、酒井は、観察者のような視線を注いでいる。

さすがの春海だって、ここまで来れば、酒井がはっきりと何かの意図をふくんで質問をしていることくらい分かる。なんだか知らないが、春海の趣味嗜好のみならず、その思想や信仰の詳細にいたるまで、事細かに把握しようとしているらしかった。

そんなことをする理由は、一つしかない。

酒井が、［　Ⅱ　］のだ。

そして酒井はその〝何か〟のために手を回して、碁打ちの春海に*11二刀を与えるなどという、不可解なことを行ったのだと、このときはっきり春海は確信した。

（中略）直接、春海に訊かざるを得なかった〝何か〟——それが、刻々と近づいてきていることを感じた。酒井の立て続けの質問は、むしろ酒井の方から、春海に、これは何かあると察知させるためのものに違いなかった。

この江戸城で、かなりの権利を有する酒井が、それでも真意を隠さねば果たせず、しかも春海に薄々それを察知させ、行わせねばならないような〝何か〟がある。

いつの間にか、春海も酒井も、手を止めていた。盤上には互いに進んだ*12布石がある。

酒井は、つとその石の形に目を向けた。と思うと、そう言えば忘れていた、とでも言うようなぞんざいさで石を置いた。素振りはぞんざいでも、盤上の意味合いは違った。序盤の布石が形をまっとうする前に、春海に対し、切り結んでいた。布石を延々と敷くばかりであった酒井が、いきなり戦いを仕掛けてきたのである。春海が絶句するほどの、立場、態度、構えの、急変であった。

「お主、お勧めで打つ御城碁は、好みか？」

酒井の口調は相変わらず淡泊である。だがいったい何がどうなっているのか、その言葉が鋭く春海の内部へ迫った。咄嗟に自分がどう答えようとするのか、まったく分からない。

まるで、春海の性格志向をあらかた理解したので、今度はさらに深く、本性とでも言うべきものに迫ろうとしているようだった。いや、④まさにそうなのだという漠然とした思いがあった。

盤面を見た。逃げても取られる。定石で来るとばかり思っていたこちらの隙を突いて切りに来た。取った石をアゲハマというが、それが最低三つ、酒井の*13碁笥の蓋に置かれるさまが克明に想像できた。

「嫌いではありません」

春海は言った。直後にぴしりと石を置いている。たかが石三つ、くれてやる。だがそれで勝てるなどと思うな。日頃の春海からは、かなりかけ離れた、挑戦的な思考が湧いた。あるいは酒井の態度急変によって、いともたやすく湧かせられ、

「しかし、退屈です」

秘めていたはずの想いが、よりにもよって老中の前で口をついて出た。

*14若輩の春海に、将軍様の前で自由に打てる碁などない。上覧碁と言って、過去の棋譜を暗記したものを対局者と合意の上で打ち進める。将軍様が感嘆し、疑問を口にすれば、的確に応答する。これこれこの手はこれゆえに優れ、ここにあの定石が生きている。そういう解説ができる碁を打たねばならない。

真剣勝負で、そんな真似がいちいちできるわけがない。上覧碁は、若手の修練であり、儀礼であり、職分である。御城碁などという非常な緊張に満ちたお勧めで、自由に打とうとすれば誰でも惑乱して悪手の連発となる。それを防ぎ、経験を積むための碁だった。

将軍様だって実を言うと、その方が分かりやすいし楽しめる。

空白の碁所の座を巡る白熱の勝負などは、結果こそ見物だが、その過程たる複雑な*15応手は理解できない。そのような勝負が許されるのは*16算知や道悦といった立場の者だけである。その彼らですら滅多なことでは真剣勝負の御城碁など打たない。どれほど腕を磨こうと将軍様が理解できない勝負など家禄の足しにならない。寺社などの碁会でも同じである。

だから結局、上覧碁こそ、城における碁打ちの安泰たる勧めであった。

だが、それが五年続いたらどうか。十年続いたら。あるいは一生、続いたら。

*17道策はあの歳で飢えた。本当の、真剣の勝負を欲してたまらなくなっている。⑤自身の発揮の場、それがいつか与えられると信じることで、やっと己を支えている。

春海はどうか。

安井算哲としての自分は、もちろん〝真剣勝負〟を思うと胸が高鳴る。

亡父に恥じぬ戦いをまっとうした上で、父を超えて、その名を真に己のものとしたいという、若者であれば自然と抱くであろう感情を、きわめて強くかき立てられる。

では⑥渋川春海としてはどうか。

まだ誰にも告げたことはないが、実は、その名の由来は、とある歌によった。

雁鳴きて　菊の花咲く　秋はあれど
春の海べに　*18すみよしの浜

という、『伊勢物語』の歌から、春海という名が生まれた。他にも、助左衛門などとも称したことがあるが、春海の名は別格だった。真実、己が顕れていた。

雁が鳴き、菊の花が咲き誇る優雅な秋はあれども、自分だけの春の海辺に、〝住み吉〟たる浜が欲しい。それは単に居場所というだけではない。己にしかなせない行いがあって初めて成り立つ、人生の浜辺である。

父から受け継ぎ、義兄に援けてもらっている全ては、秋だった。豊穣たる秋である。全て生まれる前から決まっていた、安泰と、さらなる地位向上のための居場所であった。

そしてこの場合、〝秋〟は明らかに、もう一つの意味を

示している。

「憚りながら、退屈な勝負には、いささか飽き申しました」

その本音こそ、〝春海〟の名の本性だった。

勝負と口にしたが、実のところ、碁を打つ己への飽きだった。

碁をもって出仕となった安井家を継ぐ、己への飽きだった。

自己への幻滅だった。碁以外に発揮を求める、強烈な自己獲得への意志だった。

かろうじて碁そのものを否定しなかったのは、それに人生を賭ける義兄や道策のような者たちがいるからだった。だが上覧碁を否定したことはごまかせない。うっかり本音を喋ったせいで激しい動揺を覚えた。いや、喋らされた。いつの間にか酒井に誘導されたのだ。それくらいは分かる。こうなると、なぜそんなことを酒井がしたかよりも、どう判断されたかがよっぽど気になった。城にふさわしくない碁打ちと見なされれば、今の生活を失う。空恐ろしい思いに押し潰される前に、心がふわりと逃げた。どう判断されようと構うものか。もしかすると一生、口にすることがなかったかもしれない言葉を、老中様を相手に、こんなにも堂々と発せたことを喜ぶべきではないか。そんな、若者らしい、奇妙に虚脱した満足感があった。

酒井は、感銘を受けた様子も、不埒な言葉と受けとった様子も、まったく見せない。

「退屈ではない勝負が望みか」

と、最後まで、どうでもいいことのような口調で訊いてきた。

「はい」

淀みなく答えた。⑦毒を食らわば皿までといった心境である。

老中酒井は、今度こそ本当に、なんにも言わなかった。どこかその辺の宙を見ながら、無言で小さくうなずいた。

（冲方丁『天地明察』角川書店　二〇〇九年）

【注】

＊1　御城碁……江戸時代に、主に将軍や、その代行（老中など）者の前で行われる対局、またはそれに関連する碁。将軍家や役人らの指導を行うのと並び、この御城碁に携わり、場合によっては技量を披露することが、幕府から家禄（給与）を受ける家元四家（安井家・本因坊家を含む）の主要な業務の一つであった。なお、御城碁の運営や全国の碁打ちの統括などを担当した幕府設置の役職を「碁所」と言い、その定員は一名で、就任するには相応の技量が示されなければならなかった。

＊2　渋川春海……碁打ちとしての名は安井算哲で、その名は父親から襲名（名前を受け継ぐこと）している。モデルとなった実在人物（一六三九―一七一五）も同様で、父親と区別するために「二世安井算哲」とも呼ばれる。史上初めて日本独自の暦法（貞享暦）を完成させた人物（この功績は「渋川春海」として成した）であり、近世以降発達することになる日本の暦法や天文学に大きな契機を与えた（春海は「しゅんかい」とも「はるみ」とも読む）。

＊3　老中……江戸幕府で、複数の主要な役職や部局を監督・統轄するなど主要な政務に関わる役職。作品中の酒井忠清のモデルとなった同名の実在人物（一六二四―一六八一）は、その後大老（将軍を補佐し、重要政策の決定に関与する臨時職）も務めた。

＊4　指導碁……勝負にこだわらず、教わる者を導くような定石に沿った囲碁の打ち方。

＊5　そろばん……日本や中国で、伝統的に用いられた計算のための道具。計算や数学的思考一般を比喩的に指すこともあり、ここではその意味と考えられる。

＊6　算盤……そろばんまたは、東洋数学に用いられた器具の一部（この場合は「さんばん」と読む）。作品中では後者の意味。

＊7　池田輝政……（一五六五―一六一三）安土桃山～江戸時代の武将で、政治や建築土木にも才覚を持った人物とされ、姫路城を現在見られる形に大規模改修したことでも知られる。なお、孫の光政（一六〇九―一六八二）は酒井忠清と親交があったとされる。

＊8　ベツレヘム……パレスチナの都市。新約聖書ではキリストの生誕地として描かれ、星に導かれてそこを訪れた賢者たち（「東方の三博士」と呼ばれる）によるはからいで幼いキリストと母マリアが難を逃れるエピソードも伝えられている。

＊9　禁教令……ここでは、江戸幕府が敷いていたキリスト教禁止等の法令政策のこと。基本的には棄教を迫るもので、時期によっては拷問や厳しい刑罰があった。

＊10　天竺……インドのこと。仏教発祥の聖地という含みを持つ呼び方と言える。

＊11　二刀を与える……二本の刀を携えることを許す。武士に準じた立場や相応の扱いを受けられるようにするという示唆がある。

＊12　布石……囲碁対局の序盤の、作戦上の準備や土台作りの手。

＊13　碁笥の蓋……碁笥は碁石を入れる丸型の木箱。その蓋には、対局中、自身の使う以外の色の石を置く（碁笥は「ごす」とも読む）。

＊14　上覧……将軍など身分の高い人がご覧になること、またはご覧になるもののこと。

＊15　応手……碁や将棋で、相手の手に応じて打つ手のこと。

＊16　算知や道悦……モデルの実在人物として、一世安井算哲の没後安井家を継いだ養子の算知（一六一七―一七〇三）と、彼の好敵手と言われた本因坊道悦（一六三六―一七二七）が挙げられる。算知は二世算哲の義兄で安井家の二代目家元ということになる。

＊17　道策……道悦の弟子。実在のモデルも同様で、後に「史上最強」とも称される人物（一六四五―一七〇二）。作中では春海をライバル視し、真面目に碁に向き合わない春海を叱咤することもある。

＊18　すみよしの浜……現在の大阪府にあった浜辺で、平安初期の歌物語『伊勢物語』で、作中の和歌のように情景を称えられている。

問一、傍線部①「その疑問」とは何についての疑問か。その内容の説明として本文に最も合うものを次の選択肢の中から一つ選び、記号で答えなさい。

ア、酒井が春海同様算術を愛好しているかどうか。

イ、酒井が春海程度の人物に関心を持つ理由。
ウ、春海という人物が本当にそろばんを得意としているのかどうか。
エ、春海という人物がそろばんを得意としている程度。

問二、傍線部②「まるで判別がつかぬ」とあるが、それは何の判別か。その内容の説明として本文に最も合うものを次の選択肢の中から一つ選び、記号で答えなさい。
ア、町人向けの書を愛読することが、武士として相応(ふさわ)しい趣味なのかどうか。
イ、町人向けの書を読んでいる人物との付き合いが、武士として相応しいかどうか。
ウ、春海の趣味に町人向けの側面が強いのが、良いことと思われているかどうか。
エ、春海の趣味に町人向けの側面が強いことが、評価に値するかどうか。

問三、傍線部③「毛利自身もそんな風に思っていたらしい」という部分はどういうことを示す部分だと言えるか。この部分の本文中での意味の説明として本文に最も合うものを次の選択肢の中から一つ選び、記号で答えなさい。
ア、毛利重能が単なる算術への興味から知り、著した情報に、宗教に関わる意図が薄かったことを示唆する部分と言える。
イ、毛利重能という人物自身が、春海や酒井らと同じような発想を持った者の一人だということを示唆する部分と言える。
ウ、毛利重能が、算術への興味の延長上に、漠然と外国や世界を志向した発想を持つ者の一人だということを示唆する部分と言える。
エ、毛利重能の算術への関心・理解や知識量が、春海や酒井らに劣るものではないということを示唆する部分と言える。

問四、**難** **思考力** 傍線部④「まさにそうなのだ」とあるが、「そうなのだ」とは、春海が酒井のある意図を特定・断定したことを表す言葉だと言える。その場合、酒井の意図は満たされたか、満たされなかったか。「満たされた」と考える場合には「1」と、「満たされなかった」と考える場合には「2」と答えなさい。また、その内容とそう考えた理由を、「〜ということから、…という意図が満たされた（満たされなかった）ことが読み取れる。」という形で、百字以内で説明しなさい（句読点・記号も字数に含む）。

問五、傍線部⑤「自身の発揮」とは、ここではどういうことか。それを説明している次の文（※）の空欄を本文の言葉を用いて十五文字以内で補いなさい。
（※）対局者同士が、互いに決められた手に沿って打っていく碁ではなく、［十五文字以内］こと。

問六、傍線部⑥「渋川春海としてはどうか」について、この問いに関して、「渋川春海として」抱いている思いがどういうものかを端的に表現した部分を、本文中から二十二字で抜き出しなさい（句読点・記号も字数に含む）。

問七、傍線部⑦「毒を食らわば皿までといった心境」とは、ここではどういう心境か。本文に最も合うものを次の選択肢の中から一つ選び、記号で答えなさい。
ア、御城碁について、既に「退屈」と表現してしまったことは取り返せないことなので、無駄な取り繕いや隠し立てももはや必要なかろうと、ある意味開放されたような気持ち。
イ、御城碁について、既に「飽きた」ことまで述べてしまっていて、そこで心情の告白を打ち切っても不利な立場に終わるだけなので、酒井に対しある種の反撃をしておきたいという気持ち。
ウ、「退屈」という間接的な表現を使ってごまかしはしたが、それが自身の不平の表明と解釈されることは明白なので、むしろ酒井もある種の共犯者に引き込んでしまおうという気持ち。
エ、「飽きた」という表現にとどめて真意を伝えきらないことで、結果的に誤解を招く恐れがあるので、ある意味で事態の逆転を期して覚悟を固めようという気持ち。

問八、本文では、慣例的な「上覧碁」の意義を説明した部分が何カ所かあるが、碁の対局者ではなく、対局を見る側の視点に絞って表現している部分を、本文中から十一字で抜き出しなさい。

問九、本文から、酒井と春海が対局している「碁」で勝利に近づくのは、石の獲得か、それとも石の排出か。「石の獲得」と考える場合には「1」と、「石の排出」と考える場合には「2」と答えなさい。

問十、空欄［Ⅰ］・［Ⅱ］にはどのような表現が当てはまるか。本文に最も合うものをそれぞれ選択肢の中から一つずつ選び、記号で答えなさい。
［Ⅰ］
ア、商才を結実させた〝塵劫〟と、趣味の昇華とも言える〝竪亥〟
イ、町人の生活算術たる〝塵劫〟と、武士の理論算術である〝竪亥〟
ウ、商才を発揮するための〝塵劫〟と、趣味にとどまるのみの〝竪亥〟
エ、町人の遊戯の延長たる〝塵劫〟と、武士の専門領域である〝竪亥〟
［Ⅱ］
ア、春海の狙いが〝何か〟を読み取ろうとしている
イ、春海に〝何か〟の揺さぶりをかけてきている
ウ、春海を動かすものは〝何か〟と思案している
エ、春海に〝何か〟の勧めをさせたがっている

大阪教育大学附属高等学校　池田校舎

時間 60分　満点 100点　解答 P59　2月10日実施

出題傾向と対策

●小説文、論説文の大問二題構成は例年どおり。論説文中の条件作文も引き続き出題された。小説文はここ数年、歴史・時代小説の出題が続いている。それにあわせて、古典に関する出題もある。記述問題は出題数も字数も多く、解答時間を考えると、全体的に難度が高いと言える。漢字や文法、語句の意味などの基本的知識の出題もある。

●とにかく時間を意識して演習する。記述問題は必要な語句を探しまとめる練習と、自分の言葉で言い換える練習を。条件作文もさまざまなテーマで練習しておくべき。

(字数制限のある問いは、句読点や記号も字数に含めて答えなさい。)

一 (小説文)品詞識別・活用・文脈把握・語句の意味・内容吟味

次の文章をよく読んで、後の問いに答えなさい。

おあいは、江戸時代の浮世草子作者井原西鶴の娘である。

三月に仕上げた原稿は本人の自信に反して、なかなか板元が決まらなかった。不義理をしてつきあいが薄くなったせいもあるが、森田屋や岡田屋など何軒かは父が文を出してすぐに訪れたのである。ところが原稿を読み終えた途端、

(　A　)。

『世間胸算用』だすか……なんか辛気臭い話だすなあ。貧乏人が右往左往してるだけやおまへんか。……何だす、掛取り相手に横車を押す男の言いようは。私は金に憎まれて、どういうわけか金が近寄りません……先生、これは売れ①ませんで。『日本永代蔵』みたいに、どどんと景気のええ話を書いてくれはらんと」

「いや、辛気臭いだけやないやろう。皆、滑稽なほど懸命に生きてるやろ。読んでるうちに、どことのう可愛げが出てくるやろう」

それは父が推敲のために通しで読み上げるのを聞いていて、おあいが口にしたことだった。

『世間胸算用』には、世の中の底で生きるⓐ貧乏人の身過ぎ世過ぎが描かれていた。場末の大晦日に聞こえるのは夫婦喧嘩に洗濯、壁下地の修繕の音ばかり。正月を迎えるのに餅一つ、ごまめ一匹もなく、しかし質草の心当てがある者は少しも憂き世を嘆く様子がない。

父はこの裏店に住む連中のさまざまを、いろんな人物の悲喜こもごもに託していた。団水やお玉の片鱗も感じられる。

皆、愚かで惨めで、けれど父は彼らを非難していない。ただひたすら、(i)掛け値なしのまなざしを向けていた。

ああ、これぞお父はんの真骨頂や。

おあいは無性にそう思った。だから最後の本屋が板行を断ってきた時、おあいは買物に出た足で松屋町を訪ねたのである。八つになったおつるに土産の菓子をやり、少し遊んでやった。人見知りの激しかったおつるはすっかり、口の達者な大坂の子になっていた。

そしておあいは、団水とお玉夫婦に頭を下げた。

「こんな躰やなかったら自分で頼んで回るんやけど、そんなことしたらすぐに本屋の間で噂になる。ⓑお父はんに知られるのだけは困るのや。この通りです、お父はんの本の出板をしてくれるとこ、探してくれませんか」

「嬢さんがわしらに頼みごとしてくれはるやなんて、初めてどすなあ」

団水は情のこもった声で「わかりました」と受けてくれた。お玉は黙っていたけれど、帰り道の途中までおつるをつれて送ってくれた。

道すがら、お玉はこんなことを言った。

「嬢さんはとうとう嫁ぎもせんと子も持たんと、二十五になってしまわはった。旦那さんも便利に使うて②酷なことしはるて思うてたけど、今日、そんな捉えようは見当違いなんやて思うたわ。ああ、ⓒこないな生きようもあるんやなあて」

長い間、お玉との間を隔てていたものが少しだけ動いて、風が通ったような気がした。おあいは微笑んで、お玉とおつるに別れを告げた。

「なあ、痩せてきたんと違う。料るばかりやのうて、嬢さん自身もちゃんと食べなあかんで」

背後からお玉がそう言った。母親らしい、落ち着いた物言いだった。

※そして七日ほど経って、おとなしい声の客があった。梶木町の本屋、伊丹屋だと名乗り、本屋仲間の噂で父の新しい原稿が③あると耳にして訪ねてきたと言った。団水の紹介だとは一言も口にしなかった。

そして原稿を読み終えると、「板元にならせてもらえますか」と膝を進める気配を立てた。

「ああ、なったらええがな。かまへん、かまへん」

父は鷹揚に受け入れた。そして副題がつけられ、『世間胸算用　大晦日は一日千金』は年明けの正月に板行されることが決まったのだ。伊丹屋は京と江戸の本屋にも声を掛けてみると請け合ってくれた。

そして父は初めて、原稿の末尾に「難波西鶴」と筆名を入れたのである。公儀の鶴の字法度はまだ解かれていなかったけれど、ⓓ父はげろりと咽喉を鳴らしたものだ。

「御公儀が何じゃい、何するものぞ」

おあいは父の蛙のごとき笑い声に耳を澄ませながら、目尻を慌てて拭った。

あの日、おあいは台所の板ノ間で、弟の一太郎に文を書いた。

――おらんださいかく、つつがなし。

一行だけ書いて、書いた字がどんなことになっているのか、一太郎がちゃんと読めるものになっているのかどうかも心許なかったが、宛名書きと飛脚使いは父に内緒で団水に頼んだ。※

やがて掛取りの連中が引き揚げて行き、近所でそうっと様子を窺いに戸を引く音がする。一軒、二軒、そして隣りからも出てくる。

「おあい、そろそろ良さそうやな」

「うん、ええみたいやね」

父が掻巻を撥ねのけ、(　B　)。

「ああ、肩凝った」

「万懸帳埒明けず屋はん、肩、揉ませてもらいましょか」

「おや、親切なその声はおなごの按摩はんやないかえ。一つ、頼もうか」

　父も節をつけて返してくる。おあいは父の背後に回り、肩に手を置いた。と、ふいに手首を摑まれた。

「おあい、何や、えらい痩せて」

　父の掌に力が籠もり、(ⅱ)剣呑な声になった。

「ちょっと、見せてみぃ」

　父の肩が斜めに傾いで、気がつけば後ろに回られていた。今度は自分の肩に父の掌が置かれている。

「お父はんの手、ぬくいなあ」

「……お前、ほんまにえらい痩せてる。ⓔ何でや、いつからや」

「大丈夫やて。全然しんどないもん。さ、皆、外で酒盛り始めるよ。私らも混ぜてもらおう」

　おあいは右腕の肘を上げ、父の手に手を重ねた。

「く、薬や。いや、医者を呼ばんとあかん」

「やめて。皆に喋り散らさんといてよ。もうじき、お正月になるんやから」

「わかってるけど。けどお前……」

「大丈夫、お父はんより先に死んだりせぇへんから。そない親不孝、ないのやろ」

　おあいは戯れ言めかして父を宥め、背中を押した。

　手前勝手でえ格好しぃで、自慢たれの阿蘭陀西鶴。都合が悪うなったら開き直って、④しぶとうなる。洒落臭いことが好きで、人が好きで、そして書くことが好きだ。

　お父はん。

　おあいは胸の中で呼びかけた。

　お父はんのお蔭で、私はすこぶる面白かった。

　たぶん私は親不孝な娘になってしまうのやろうけど、その時、きっとお父はんにこう言える。

　おおきに。さよなら。

　おあいは大きく息を吸って、賑やかな路地に出た。が、除夜の鐘が鳴り響いた途端、皆、一斉に口をつぐんだ。ⓕ静まり返った夜風はもう春の匂いがした。


（朝井まかて『阿蘭陀西鶴』より）

＊板元…書籍などを出版する所。出版元。
＊掛取り…掛売り（後払いの約束で品物を先に売ること）の代金を集金する人のこと。
＊壁下地…壁土を塗りつけるための骨組みとしたもの。
＊質草…お金を借りるために質屋に預け入れる物品。
＊裏店…裏通りに建てられた粗末な家。
＊板行…書籍や文書などを印刷し、発行すること。
＊公儀…ここでは、幕府のこと。
＊掻巻…綿の入った着物状の、袖つき寝具のこと。
＊万懸帳埒明けず屋…掛取りへの支払いが悪い人のこと。ここでは、西鶴のことを言う。
＊阿蘭陀西鶴…西鶴の通称。ここでの「阿蘭陀」は、「異端」や「新風」という意味。

問一、**基本** 太線部①から④の各語について、品詞をⅠ群から、文中での活用形をⅡ群から一つずつ選び、記号で答えなさい。
Ⅰ　ア、動詞　イ、形容詞　ウ、形容動詞　エ、助動詞
Ⅱ　ア、未然形　イ、連用形　ウ、終止形　エ、連体形　オ、仮定形　カ、命令形

問二、空欄（Ａ）・（Ｂ）に入れるのに最も適切な語句を次からそれぞれ一つずつ選び、記号で答えなさい。
Ａ　ア、声を荒らげた　イ、声が上ずった　ウ、声を震わせた　エ、声が渋くなった
Ｂ　ア、息を詰まらせた　イ、思わず息をのんだ　ウ、大きな息を吐いた　エ、息もつかせず言った

問三、点線部（ⅰ）「掛け値なし」および（ⅱ）「剣呑な声」の意味として最も適切なものを次からそれぞれ一つずつ選び、記号で答えなさい。
（ⅰ）ア、感情を含んでいない　イ、値段がつけられない　ウ、大げさに表現しない　エ、置き換えようがない
（ⅱ）ア、機嫌を損ねた声　イ、不安そうな声　ウ、力がみなぎった声　エ、痛々しげな声

問四、**思考力** 次の選択肢はすべて『世間胸算用』からの引用である。傍線部ⓐ「貧乏人の身過ぎ世過ぎ」に合致しないものを次から一つ選び、記号で答えなさい。
ア、福人は極楽、貧者は地獄、釜の下へ焚くもの（燃料にする木）さへあらず。さても悲しき年の暮れや。
イ、毎朝修行に出でしに（家々を回り布施米をもらう仏道修行に出たが）、一町にて二所づつの手の中（手に入れる米）、二十所を集めて、漸う一合有り。五十町駆け回らねば、米五合はなし。
ウ、鮹の足は日本国が八本に極まりたるものを、一本づつ切りて足七本にして売れども、誰かこれに気のつかぬ事にて売りける。
エ、三十貫目（三万文目（約百kg））の銀を、たしかに六にして預けて（確実な所に月0.6％の利息で）、毎月百八十文目づつおさまれば（入ってくるので）、これで四人の口過ぎはゆるり。

問五、傍線部ⓑ「お父はんに知られるのだけは困る」とあるが、その理由を二十字以内で答えなさい。

問六、**難** 傍線部ⓒ「こないな生きよう」とはどのような生き方か。二十五字以内で答えなさい。

問七、傍線部ⓓ「父はげろりと咽喉を鳴らした」からは西鶴のどのような気持ちを読み取ることができるか。三十五字以内で答えなさい。

問八、傍線部ⓔ「何でや、いつからや」からは西鶴の落ち着きを失った様子がうかがえる。西鶴がこのようになった理由を、四十五字以内で説明しなさい。

問九、傍線部ⓕ「静まり返った夜風はもう春の匂いがした」とあるが、これは誰のどのような思いを表しているか。最も適切なものを次から一つ選び、記号で答えなさい。
ア、路地にいる人々の、おあいが倒れたことを心配する思い。
イ、路地にいる人々の、西鶴の新作を心待ちにする思い。
ウ、おあいの、自分はもう長くはないと改めて悟る思い。
エ、おあいの、新年に父の未来が開けそうだと期待する

思い。

オ、西鶴の、娘の体調が回復することを予感する思い。

カ、西鶴の、自分たち父娘が今後どうなるのか案ずる思い。

問十、文中には、おあいが目の不自由な女性であるとわかる表現がある。文中の図に挟まれた部分から、それがよくわかる箇所を二つ探して、その箇所を含む一文を、それぞれ最初の五字で示しなさい。

三（論説文）漢字の読み書き・内容吟味・文脈把握・課題作文

次の文章をよく読んで、後の問いに答えなさい。

ヨーガの流行のあおりを受けて、近年、ⓐ瞑想と脳の関係を科学的に追究しようという機運が高まっています。その①クチビを切ったのは、2004年にアメリカのマサチューセッツ州で行われた『精神を探究する』と題された学際会議です。ダライ・ラマをはじめとした仏教僧と一流の脳研究者が②集い、神経科学の視点から瞑想を理解しようという大規模なプロジェクトが開始されました。

瞑想の達人である仏教の修行僧と私たち一般人では、どう脳の働き方が違うのでしょうか。まず、ウィスコンシン大学のデヴィドソン博士らが、チベット仏教の修行僧8人の脳波を記録しました。

瞑想を始めるとすぐに、はっきりとした変化が脳波に現れました。ガンマ波と呼ばれる脳波が記録されたのです。修行期間の長い高僧ほど強いガンマ波が生じます。

[A]、素人は瞑想してもガンマ波を出すことはできません。この事実は、修行を積めば自分の意志で脳波を操作できるようになることを意味しています。これは脳の新しい活用、つまり「可塑性」という観点から、脳科学的にも興味深いものです。

ガンマ波は注意力や集中力に関係します。ということは、ガンマ波を自在に③操ることのできる瞑想の達人は、注意力が高いのでしょうか。デヴィドソン博士らはさらに研究を進めます。「集中力」を生み出すとされる脳④リョウイキの活動をMRIで測定したのです。

意外な結果が得られました。たしかに素人よりも修行僧のほうが、集中力に必要な脳部位が、瞑想によって強く活性化しました。しかし、それは修行時間がまだ総計2万時間ほどの若造の場合であって、4万4000時間を超えるようなベテラン僧では、逆に、凡人並にしか活性化しなかったのです。にもかかわらずガンマ波を強く生み出すことができるのです。

[B]、若造は集中して瞑想するのですが、高僧は「集中しよう」と強く念じることなく、スムーズに瞑想状態に入ることができるというわけです。力まずに自分をコントロールする。邪念なく自然体――これが達人の瞑想なのでしょう。

ちなみに私は、集中力とは、本来、動物にとって不自然なものだと考えています。集中するということは、周囲に乱されることなく、一点に意識を高めることを意味しています。野生の動物を想像してみてください。たとえば、シマウマが地面の草を食べることに集中することは、よいことでしょうか。

そんなことをしたら、肉食獣の格好の餌食でしょう。野生の動物たちは、一点集中を避け、むしろ、意識を周囲に分散させながら外敵に注意する「分散力」を必要とします。だから、集中しないようにする〝非集中力〟を発達させてきたわけですし、その能力に長けた動物たちが生き残ってきているわけです。

しかし、その末裔であるヒトの世界では、とくに現代社会では、勉強でも仕事でも、とかく「集中力」が礼賛されます。なんとも不思議な傾向だと感じていたところに、先のデヴィドソン博士らの研究が発表されました。真のベテランは、ⓑ集中などという奇妙な過程を経ずに、目的を達するという発見は面白いと思いました。

（中略）

瞑想の話題ついでに、想像力についてもお話ししましょう。最近、ⓒ意外な発見がありました。

夢、願い、期待――ヒトは未来に思いを馳せます。将来を思い描く能力は、希望に胸を膨らませてワクワクとするためだけでなく、来たるべき場面を想定して用意周到に計画したり、長いスパンで人生を設計したりするために大切な能力です。

「子どもには過去も未来もない、だから現在を楽しむ」と言ったのはフランスの⑤チョジュツカ、ラ・ブリュイエールです。彼はこう続けます。「それは大人にはむずかしいことだ」

私たちは大人になる過程で、知らず知らずのうちに未来に向けて準備する心を獲得してゆきます。適切な予測能力は行動や決断を素早くするのに欠かせないものです。

未来を想像するという能力について、ワシントン大学のシュピュナー博士らが重要な発見をしました。シュピュナー博士らは、21人の実験参加者に未来と過去を思い描いてもらい、脳の活動を記録しました。

[C]「次の誕生日にはどんな企画をするか」や「前回の誕生日には何をしたか」などです。すると、未来を想像する時にだけ活発に活動する脳部位がいくつか見つかりました。特に顕著だった部位が「前運動野」、つまり身体の運動をプログラムする大脳⑥ヒシツでした。体の動きが未来イメージと関係があるとは、意外な発見です。

[D]、改めて考えてみれば、机のペンに手を伸ばす時も、「このように手や腕の関節を駆動させれば取れるはずだ」と、距離や位置関係を（無意識に）予測しながら動かしています。つまり、手足の動きをプログラムすることは、行動の結果を予測することに⑦モトづいています。身体運動用に設計された神経回路を、日常的な未来計画にも使い回すとは、なかなか気の利いた進化上の発明です。

「観念運動」という現象があります。何かを強く思い浮かべると、自然と体が動くという現象です。テレビでボクシングの試合に熱中していたら思わず拳が動いてしまったり、車の助手席に座っていたら思わず足がブレーキを踏む動作をしてしまったりするように、念じただけの行為が実際の体の動きと直接に連動することは、私たちも経験するところです。

スポーツ選手のイメージトレーニングは、ⓓそうした効果を狙った訓練ですし、より大雑把に言えば、「夢が叶った」というのも、自分の将来像を具体的に描くことによって、身体や脳が自然に目標に向かって準備した結果だと解釈することもできます。

（池谷裕二『脳には妙なクセがある』より）

＊可塑性…自在に変化することのできる性質。

問一、**よく出る** **基本** 二重傍線部①から⑦のカタカナ部分を漢字に直し、漢字部分には読みがなをつけなさい。漢字も読みがなも、楷書（かいしょ）ではっきりと大きく書くこと。

問二、傍線部ⓐ「瞑想と脳の関係を科学的に追究しようという機運が高まっています」とあるが、デヴィドソン博士らの研究によってどのようなことがわかってきたのか。二点にまとめて、一点目は四十字以内、二点目は七十字以内で答えなさい。

問三、**難** **思考力** 傍線部ⓑ「集中などという奇妙な過程」について、筆者はなぜ「集中」を「奇妙な過程」というのか。その理由を八十字以内で説明しなさい。

問四、傍線部ⓒ「意外な発見」とあるが、どのような点が「意外」なのか。次の文の空欄を埋めるのに適切な部分を文中から二十字以内で抜き出し、最初の五字で示しなさい。

（　　　　　　　　）という点。

問五、傍線部ⓓ「そうした効果」とはどのような効果か。文中から二十六字で抜き出し、その最初の五字で示しなさい。

問六、**よく出る** **基本** 文中の空欄［A］から［D］に入れるのに最も適切な言葉の組み合わせを次から一つ選び、記号で答えなさい。

ア、A 一方　B つまり　C たとえば　D しかし
イ、A しかし　B つまり　C 一方　D たとえば
ウ、A つまり　B しかし　C たとえば　D 一方
エ、A しかし　B たとえば　C つまり　D 一方

問七、**よく出る** **思考力** 本文の内容を踏まえ、「想像力と（　　　）」という題であなたの考えを述べなさい。ただし、以下の条件を満たすこと。

・（　　　）に語または語句を入れて題をつけること。
・本文の内容に触れること。
・三百字以内で書くこと。

大阪教育大学附属高等学校　平野校舎

時間 60分　満点 100点　解答 P60　2月12日実施

出題傾向と対策

●論説文、小説文、古文の三題構成は昨年同様。論説文の課題作文は今年も出題された。論説文、小説文の内容は標準だが設問レベルは高く、知識力、思考力、記述力をバランスよく要求している。古文は内容・設問とも標準レベル。知識と読解力がバランスよく問われている。

●設問形式が一定しているので過去問の演習は大いに有効。また現代文、古文ともに単語知識や文法知識の補充は怠らない。課題作文は文字数が多いので、早くから「テーマ型演習」を行って慣れておくことが重要である。

一　（論説文）漢字の読み書き・文脈把握・内容吟味・品詞識別・語句の意味・課題作文

次の文章を読んで、後の問いに答えよ。

インターネットに象徴される情報化社会の高度化で、「個性」の価値はかつてなく高まっている。個性のない、[a]キンイツ社会の調和しか考えない人間だけが集まった国をつくっても、国際競争に勝てない時代がすでに到来している。「ビートルズ」という強烈な個性を持ったロック・バンドが登場したことによって、英国がどれだけの恩恵を得たか。マイクロソフトのビル・ゲイツや、アップル・コンピュータのスティーヴ・ジョブズのような個性的な創業者が出現していなかったら、アメリカの経済はどうなっていたか。戦後民主主義の中で個性が行きすぎたなどとする言説は間違っている。

[1]個性は他人とのやりとりの中で磨かれる。日本の中に、個性を磨くために必要なコミュニケーションが不足しているわけではあるまい。［　A　］、濃厚すぎるくらいだろう。問題なのは、コミュニケーションの[b]ナイジツである。コミュニケーションにおける力学の働き方によっては、個性

を大切にするアメリカのような国も、没個性をよしとする風潮が見られぬでもなかった一時期の日本のような国もできあがる。力学をどう[c]セッケイするかが、コミュニケーションの作用を決するのである。

　他者とのコミュニケーションには、お互いを同質化する契機があることも事実である。［　Ｂ　］、ティーンエージャーのときには、「ピア・プレッシャー」と呼ばれる、人と異なる見かけや振る舞いを排除しようとする傾向が顕著となる。中学生の頃、ちょっと変わったことをやってからかわれたり、また、自分もからかう側に立った経験がある人も多いだろう。同化作用は、コミュニケーションの中に程度の差こそあれ必ずある。それは、大人になっても本質的に変わらないし、社会全体としても明確な傾向として存在し続ける。

　その一方で、コミュニケーションには、お互いの個性を際だたせる効果もある。同化作用のことを考えると逆説的①にも思われるが、他者との濃密な関係性を持つことが、個性を際だたせるために必要なダイナミクス②を提供するのである。そのことは、作曲家としてのモーツァルトの個性が、当時のウィーンを中心とする濃密な音楽サークルがなければ成り立たなかったことを考えても明らかであろう。歴史上、文化の領域においてユニークな個性の峰々が立つときには、その背後には必ずといっていいほど濃密な行き交いを内包するコミュニティがあった。

　コミュニケーションの持つそのような働きを「個性化作用」と呼ぶことにするとすれば、「同化作用」と「個性化作用」の分水嶺③(ぶんすいれい)はどこに[2]あるのだろうか。日本人のコミュニケーションの現状が、不幸にして「個性化作用」よりも「同化作用」が勝るものであるとするならば、[3]そのような形勢を逆転するための「賢者の石④」はどこにあるのだろうか。

　人格形成において、他人とのやりとりが重大な意味を持つことは経験に照らしても明らかであろう。コミュニケーションのダイナミクスが「同化作用」をもたらすか、それとも「個性化作用」をもたらすかの分水嶺は、お互いに他人を承認ないしは否認する価値の構造の中にある。

社会の中のやりとりにおいて、他人と同じような振る舞いをしたり、[4]最大公約数的な意見を表明した結果、周囲からポジティヴ⑤なフィードバックを得ると、そのような「同化」のベクトル⑥が強化されることになる。逆に、社会の風潮と異なる振る舞いや考え方が賞賛されれば、「個性化」のベクトルが強化される。「同化」も「個性化」も、同じくコミュニケーションの現場において成立する。［　Ｃ　］コミュニケーションがなければ、「同化」も「個性化」も起こりえない。

　たとえば、文化的な領域において、個性的な作品が輝き、多くの人に賞賛されるのは、それを理解することができてこそである。モーツァルトの音楽は、当時サリエリ⑦などの流行作曲家に比べると、難しいという評判だった。それでもモーツァルトの音楽を同時代の人が[d]ジュヨウしたのは、リズムやメロディー、構成など、人々の間で共有されていた音楽の文法を身につけていたからこそである。

　ここに、コミュニケーションを通して人々が個性を磨く際のきわめて重要な問題が[e]テイキされる。［　Ｄ　］、人間の「個性」とは、他人とのやりとりを通して獲得される共通の基盤の上に構成されるものだということである。この「共通の基盤」の核として、言語があることはいうまでもない。「個性」が社会の中で流通して、消費されるとき、そこには必ず社会全体で共有されている了解事項があるのである。

　他者との共通基盤があってこそ、「個性」は輝く。このパラドックスの中にこそ、コミュニケーションに支えられて今、ここにある私たち人間の本質を考えるための大切なヒントがある。

（茂木健一郎(もぎけんいちろう)『思考の補助線』による。
ただし、問題作成の都合で省略した部分がある。）

（注）①逆説的—真理に反するようで、よく考えれば真理であるさま。「逆説」を英語では「パラドックス」という。
②ダイナミクス—力学。原動力。
③分水嶺—分かれ目。
④賢者の石—物質を金に変えたり、病気を治したりする力を持つとされるもの。
⑤ポジティヴなフィードバック—肯定的な反応。
⑥ベクトル—物事の向かう方向と勢い。
⑦サリエリ—イタリアの作曲家。ウィーンの宮廷楽長。（一七五〇—一八二五）

問1、**よく出る** **基本** 二重傍線部a〜eのカタカナをそれぞれ漢字に改めよ。

問2、**難** この文章には、次の一文が抜けている。文章中に入れるとすれば、どこに入れるのが最も適当か。直後の五字を抜き出して答えよ。（句読点等も字数に含める。）

　ところで、「個性」といっても、それは他者との絶対的な差異を意味するのではない。

問3、**よく出る** 空欄［　Ａ　］〜［　Ｄ　］に入れるべき語を、それぞれ次から選び記号で答えよ。ただし、同じ記号を二度以上答えてはならない。

ア、あるいは　　イ、すなわち　　ウ、そもそも
エ、とりわけ　　オ、むしろ

問4、傍線部1「個性は他人とのやりとりの中で磨かれる」とあるが、他人とのやりとりの中で個性が磨かれるためには、どのようなことが必要だというのか。「〜こと」につながる形で、本文中から二か所抜き出して答えよ。

問5、**難** 傍線部2「あるのだろうか」を例にならって品詞に分け、その品詞名を答えよ。

【例】

名詞	助詞	動詞
風	が	吹く

問6、**難** **思考力** 傍線部3「そのような形勢を逆転するための『賢者の石』はどこにあるのだろうか」とあるが、筆者は「形勢を逆転するために」どのようにするのがよいと考えているか。五十字以上、六十字以内で記せ。（句読点等も字数に含める。）

問7、傍線部4「最大公約数的な意見」とはどのような意見か。簡潔に記せ。

問8、次に示すのは、この文章に関する生徒たちの発言である。本文の内容と合致することを述べている生徒を一人選べ。

生徒A―ビートルズもビル・ゲイツやスティーヴ・ジョブズも、経済的に成功を収めたので世界的にその「個性」が認められたに違いない。
生徒B―個性の強い人が登場するのは欧米に限られていて、個性の尊重が叫ばれても、今後も日本ではそのような人は出て来ないだろう。
生徒C―コミュニケーションにおいては、子どものうちは「同化作用」が強く、成長するにつれて「個性化作用」が強くなるようだ。
生徒D―モーツァルトの「個性」は、その音楽の中に誰もが理解できる古典的な要素が存在していたからこそ成立したと考えられる。
生徒E―「個性を磨く」のに、個人の「個性」とは逆の社会の「共通性」が求められるというところが、「パラドックス」なのだと思う。

問9、**難** **思考力** 「個性を磨く」ということについてのあなたの考えを、二百五十字以上、三百字以内で書け。(本文を参考にする必要はない。句読点等も字数に含め、原稿用紙の使い方に従って書くこと。なお、本文は一行目から書き始めるものとする。)

二 (小説文)語句の意味・慣用句・内容吟味

次の文章は、鷺沢萠の小説の一節である。珠美の父は売れないイラストレーターであり、家族の生活は、仕事が成功して今では事務所も持つ妻が支えている。これを読んで、後の問いに答えよ。

姉の直美は珠美とは逆に、痩せっぽちで身体の小さなところだけを父から受け継いだようである。身長は一五二センチで止まったまま脳味噌だけ一途な発育を遂げ、去年大学院を出て今は研究員として母校に勤めている。姉は恐らく、嫌っていたとまでは言わないまでも、父を苦々しい思いで見ていたのではないかと珠美は思う。父が何か問題を起こしたとき――たとえば酔っぱらい運転でトラ箱①に入ったりしたとき――家族の対応は三人三様だった。全く冷静に振る舞う母、ただただ心配してうろたえる珠美、そして怒りまくる姉の直美。――まったくもう、利之サンは。直美はそんなふうに、父を名まえで呼んだ。

1その父が、二週間前にいなくなった。突然家出をしてしまった。置き手紙などというA陳腐なものを残して。これを思うとさすがの珠美も腹立たしくなるのだが、女のひとと一緒だったらしい。

父がいなくなっても、家の中には何の変化も起きなかった。母は相変わらず仕事に忙しいし、直美は本を読んでいるか机にかじりついているかのどちらかである。学校はとっくに休みになっている珠美はというと、卒業式に備えてクリーニングに出しておいた制服が戻ってくるとあとはもうすることもなく、毎日毎日テレビを観たり雑誌をめくったりしていた。

姉の直美はそんな珠美をときどき叱りつける。
「あんた卒業したらどうするつもりなの」
「別に……。短大はエスカレーターだし」
「あんたね、目標ってものはないの」
「……ない」

すると直美は苛々した調子でまくしたてる。目標がないということは人間を駄目にする。どんなことでもいいから目標を持ちなさい。

姉は一度、語学関係の専門学校や留学コースのパンフレットをどっさり家に持ち帰ったことがあった。ずっと以前に、珠美がぼんやりと「あたし同時通訳っていうのになりたいなあ……」と呟いたのを覚えていたらしい。それはただ単に、そのときちょうどテレビに出ていた同時通訳の女性がキレイでカッコよかったから、というだけのことだったのだが。

しかし直美は言う。
「キッカケはどんなことでもいいんです。あんな花嫁学校②に[Ⅰ]の生えたような短大に行くくらいなら、何年間か外国で暮らしてみなさい」

珠美は心の中で「耳に[Ⅱ]ができてその上にまた[Ⅱ]ができた……」と呟きながら、不機嫌な顔で自分の部屋に引きあげる。自分の進路のことなどよりも、父がいなくなったというのにどうして母も姉もあんなに平然としているんだろうと考える。

父の失踪に関しては、珠美には2特別に腹立ちをおぼえるひとつの理由があった。

父は年が明けてまもなく、スーツを新調したのである。光沢のあるグリーンの生地は、成金趣味とも言えるようなものであったが、いかにも父らしいと思って珠美はなんとなく愉快だった。父自身もまた、そのスーツをえらく気に入っていて、にこにこしながら「いつ着ようか」と言っていた。

母や姉はそんな父を呆れ顔で見ていたが、父は子どものようにはしゃいでいて、なんだか可愛かった。だから珠美は言ったのだ。
――パパ、それあたしの卒業式のときに着て来てよ。
父は一瞬、驚いた顔で珠美を見て、そして言った。
――いいの?
――え?
――いいの? こんな派手なので行っても……。
珠美が笑って頷くと、父も嬉しそうな顔になって言ったのである。
――じゃあ、そうしようか。

それなのに父は、珠美の卒業式を待たずに「家出」してしまった。せっかく新調したスーツも持たずに。それは珠美に対する裏切りのように思える。家出は仕方がないこととしても、二週間くらい待ってくれても良いではないかという気がする。

所詮、父にとってはこの家も珠美も、大したものではなかったのかもしれない。そう考えるとひどく淋しい。

翌朝起きて階下へ降りていく途中、ふと、父が帰って来ているのではないかという気がした。いつもの笑顔で「ごめんね、ごめんね」と言いながら、食卓についているのではないか。そして父は言うのだ。
――卒業式、今日だったよね。

しかしダイニングに入ったとたん、その空想ははかなく消えた。コートを着て出かける用意をした母が立ったままでコーヒーを飲んでおり、まだガウンを着ている直美はテーブルに新聞を広げていた。

「ごめん珠美、今日行けそうもないの」

母が出かけ際に慌しく言った。

「うん、いいよ別に」

小学校も中学校も、卒業式に母は来られなかった。その母の多忙のおかげで珠美たちは生活ができるのだから、文句を言える筋合いではない。

卒業式はつつがなく終わった。何人かの同級生は泣いていたが、クラスのほぼ全員は持ちあがりの短大に進むわけで別れを惜しむということもない。珠美は白けていた。

講堂から退場するとき、父兄席の脇の通路を並んで歩きながら、ぼんやりと周囲を見渡した珠美は、3ハッと息を呑んだ。

ダークグレーや黒い色が大半を占める父兄席の中に、ひときわ目立つ明るいグリーンを見つけたのだ。

――やっぱり来てくれたんだ。

笑顔をつくりかけてそちらの方をよく見たとき、珠美はもういちど驚いた。

グリーンのスーツを着ているのは父ではなかった。だぶだぶの上着の袖をまくり、ズボンの裾も折り曲げてそのスーツを着ている人は直美だった。

金ぶちの眼鏡をかけ、B仏頂面とさえ言えるような表情で投げやりな拍手をしている直美の方に、珠美の視線は釘づけになった。半ば口を開いたままで退場する珠美を、直美は苦々しい表情になって見つめ、身ぶり手ぶりで「口を閉じて前を向け」と知らせた。

講堂から出ると、たまらない可笑しさがこみあげ、珠美は思わずプッと吹き出した。泣き顔のクラスメートが驚いて珠美の方を振り返った。珠美はあわてて笑いを呑みこみ、③チャップリンを彷彿させるような姉の背広姿をもういちど胸に描いた。

――がんばって同時通訳になろうか……。

今度心の中で呟いたことばには、数年前テレビを観ながらぼんやりと呟いた同じことばよりは4重みがあるようだった。


（鷺沢萠『海の鳥・空の魚』による）

(注) ①トラ箱―泥酔者を保護するための警察署内の施設。
②花嫁学校―結婚前の若い女性が料理や裁縫などを習いに通う学校の俗称。
③チャップリンを彷彿させる―チャップリンを思い浮かばせる。チャップリン（一八八九―一九七七）はイギリスの映画俳優で、だぶだぶの衣装がトレードマークだった。

問1、**よく出る** 点線部A「陳腐なもの」B「仏頂面」の意味として最も適当なものを、それぞれ次から選び記号で答えよ。
A「陳腐なもの」
ア、不思議なもの　イ、みっともないもの
ウ、ありふれたもの　エ、珍しいもの
オ、似つかわしくないもの
B「仏頂面」
ア、全てを悟った顔　イ、泣き出しそうな顔
ウ、尊くて厳かな顔　エ、不機嫌な顔
オ、けだるげな顔
問2、空欄［Ⅰ］・［Ⅱ］に入れるべき語を答えよ。

問3、傍線部1「その父が、二週間前にいなくなった」とあるが、そのことについて、珠美が他の家族に違和感を覚えていることがうかがわれる一文を探し、その初めの二文節を答えよ。

問4、**思考力** 傍線部2「特別に腹立ちをおぼえるひとつの理由」とあるが、その内容を二十字以上、三十字以内で答えよ。（句読点等も字数に含める。）

問5、傍線部3「ハッと息を呑んだ」とあるが、それはなぜか。その理由として最も適当なものを、次から選び記号で答えよ。
ア、きっと父が来てくれるだろうという思いが的中したから。
イ、姉が似合わないスーツを身にまとって座っていたから。
ウ、式場に現れるはずのない父が現れたと思ったから。
エ、自分の知っている人に白けているところを見られたと思ったから。
オ、父が新調したスーツと同じものを着て座っている人がいると思ったから。
問6、**難** 傍線部4「重みがあるようだった」とあるが、ここに表れた珠美の心情として最も適当なものを、次から選び記号で答えよ。
ア、父の「家出」を気にかけていないように見えていた姉が、実は父のスーツをまとって式場に来るくらい気にしていたことが分かり、そんな姉の心優しさを見習って自分も世の中の役に立ちたいと思い出している。
イ、普段は真面目なのに、自分のために似合わない父のスーツをわざわざ着て式場に来てくれた姉の優しさと思いやりに応えるためにも、しっかりと目標をもっていかなければいけないと思い始めている。
ウ、姉の期待に応えてしっかりとした仕事に就くことが、父思いの自分を喜ばせようと振る舞ってくれた姉への恩返しになると思い、仮にも一度決めた進路をがんばって実現させようとし始めている。
エ、「家出」してしまった父の代わりになろうという覚悟を、父のスーツを着て参列することで自分に示した姉の強い思いに感激し、姉のようにカッコいい生き方を目指そうと考えている。
オ、父がいなくなった今、現実に白けている場合ではなくて、周囲に流されずに自分の将来に関することは自分で責任をもって解決していかなければならないと実感し始めている。

三 (古文)動作主・内容吟味・古典知識

次の文章を読んで、後の問いに答えよ。

むかし、男ありけり。①人のむすめのかしづく、いかでこの男にものいはむと思ひけり。②うちいでむことかたくやありけむ、1もの病みになりて、死ぬべき時に、「かくこそ思ひしか」とAいひけるを、親、聞きつけて、2泣く泣く告げたりければ、まどひ来たりけれど、死にければ、つれづれとBこもりをりけり。時は六月のつごもり、いと暑きころほひに、宵は遊びをりて、夜ふけて、やや涼しき風吹きけり。蛍たかく飛びあがる。この男、見ふせりて、

ゆくほたる雲の上までいぬべくは③［　Ｉ　］風吹くと
④雁に告げこせ
暮れがたき［　Ⅱ　］のひぐらしながむればそのこと
となくものぞ悲しき

（『伊勢物語』による）

（注）①人のむすめのかしづく―大事にされていたある人の娘が
②うちいでむことかたくやありけむ―口に出すことができなかったのだろうか
③いぬべくは―飛んでいけるものなら
④雁―渡り鳥。この世とあの世を行き来する鳥とも言われる。

問1、点線部Ａ「いひける」、Ｂ「こもりをりけり」の主語を、それぞれ本文中から抜き出して答えよ。

問2、傍線部1「もの病みになりて」とあるが、その理由として最も適当なものを、次から選び記号で答えよ。
ア、男に恋する気持ちを心の中にため込んでしまったから。
イ、男にどのように相談するべきか悩んでいたから。
ウ、親の強い束縛のため男と結婚できないと思ったから。
エ、外出することができないほど病弱だったから。
オ、大切に育てられすぎて家に引きこもってしまったから。

問3、**思考力** 傍線部2「泣く泣く告げたりければ」とあるが、誰が誰にどのようなことを告げたのか。二十字以上、三十字以内で記せ。（句読点等も字数に含める。）

問4、**難**「ゆくほたる」の歌はどのようなことを詠んだ歌か。その説明として最も適当なものを、次から選び記号で答えよ。
ア、過ぎ行く季節をなごり惜しく思う気持ち。
イ、死んでいく蛍が天に上る幻想的な風景。
ウ、雁のように空高く舞う蛍の美しさ。
エ、嵐の前ぶれを察知した不安な気持ち。
オ、むすめの想いを聞きたいと願う気持ち。

問5、空欄［　Ｉ　］［　Ⅱ　］に入れるべき季節を、それぞれ漢字一字で答えよ。

広島大学附属高等学校

時間 50分　満点 100点　解答 P62　2月4日実施

出題傾向と対策

●論説文、小説文、古文の大問三題構成は昨年と同じ。論説文は、長くはないが哲学的な内容なので読みづらさがある。小説文は本文の語句が難しく、記述問題がやや難。古文は、文章は短いが禅問答が話の中心となっているため、一読して難しく感じる受験生もいるだろう。

●漢字知識などの基礎学力を養うことは必須。また選択問題や空欄補充問題の難度はそれほど高くはないため、記述問題が鍵となる。一度記述したのち、解答を確かめ、再度記述してみるなどの対策が有効である。

注意　字数制限のある問題では、句読点や記号も一字として数えること。

一（論説文）漢字の読み書き・内容吟味・文脈把握

次の文章を読んで、あとの問いに答えよ。なお、設問の都合上、一部表記を改めた部分がある。

学生との飲み会の席で、こんなゲームに引っかかった。「先生、ピザ・ピザ・ピザ……と、十回繰り返して言ってください」――「ピザ・ピザ・ピザ・ピザ・ピザ・ピザ・ピザ・ピザ・ピザ・ピザ」。「では、ここは？（腕を九十度に曲げた部分を指しながら）」――「『ひじ』だろ。引っかからないよ。『ひざ』と言わせたいのだろうけど」。この遊びは、やったことがあった。「①ですよね、では次のゲームはどうですか」。

「これから僕が言うとおりに繰り返して言ってください」と学生は続けた。「ヒマラヤ」――「ヒマラヤ」。「ラマヤヒ」――「ラマヤヒ」。「マラヒヤ」――「マラヒヤ」。「ヤラマヒ」――「ヤラマヒ」。「ヤヒマラ」――「ヤヒマラ」。「ラマヒヤ」――「ラマヒヤ」。そんな風に、しばらく学生の言うとおりに私は繰り返した。口先が少し疲れてきた。そのあと、「世界一高い山は何ですか？」と学生が言う。「エベレスト」と私は答えた。「先生、引っかかりましたね。」(a)イッシュン、何で引っかかったのか分からなかった。「世界一高い山は何ですか？」と繰り返して言うことが、正解だった。「オウム返しに繰り返せ」というのが、このゲームのルールだったのだから。

応答の可能性は、次の四つの段階に分かれるだろう。

（1）〈　　Ａ　　〉
（2）〈　　Ｂ　　〉
（3）〈　　Ｃ　　〉
（4）〈　　Ｄ　　〉

このように見直してみると、なかなか意味深長なゲームである。まず、「欺されはしない」「正しく言えるぞ」という「真理への志向」が、無意識のうちに働いていることが分かる。②それが、このゲームを駆動している。（1）の段階は、「ヒマラヤ」という正しい音を志向していながらも、変な音を繰り返し言わされたために、躓いている。（2）の段階は、その躓きはクリアして、正しい音に(b)トウタツする。しかし、その「正しさ（真理）」を目指しているからこそ、逆に躓いてしまう。世界一高い山は、ヒマラヤではないのだから。（3）の段階は、相手の「欺こうとする意図」を察知し、それを乗り越えるかのように、正しい知識（真理）を志向する。「相手は『ヒマラヤ』と答えさせようとしているのだろうが、そうはいかない。私は、正しく知っているのだ。世界一高い山は、エベレストであることを」という具合に。しかし、そのように「真理」を目指すこと自体が、相手の思うつぼなのである。「真理への志向」自体が躓きをもたらし、このゲームに固有の（4）の段階の「真理」から遠ざけてしまう。ただオウム返しに繰り返すという最後の応答こそが、このゲームの中での「至高の真理」なのである。

（1）の段階から（4）の段階までを辿ることは、まるで*1「〈さとり〉をめぐるゲーム」の極々小さなミニチュア版のようであり、知の*2階梯を昇っていくことが小賢しい知を解除することへと通じている。上位の「真理」は、下位の「真理」への囚(とら)われから解放されることによって見えてくる。③そう考えると、(4)の段階が文字通りの「オウム返し」であることが、とても興味深い。(4)の段階は、このゲームの中での「至高の真理」であるけれども、ルールなど知らずに単純にお母さんの口まねをするだけの幼児の段階によく似ている。お母さんの口まねをしながらことばを覚えつつある幼児だったら、ルールなどお構いなしに、ただ素直にやり取りに巻き込まれて、「ヒマラヤ」――「ヒマラヤ」、「ラマヤヒ」――「ラマヤヒ」、「マラヒヤ」――「マラヒヤ」、「世界一高い山は何ですか?」――「世界一高い山は何ですか?」という、単なる繰り返しになっても不思議ではない。幼児は、ゲームの階梯など昇っていないのに、「至高の真理」を体現してしまう。そこでは、ゲーム内の「至高の真理」としての「世界一高い山は何ですか?」と、そもそもまだゲームに入っていない「世界一高い山は何ですか?」との区別がない。いわば、「至高の真理」の段階と「真理以前」の段階とが、一致してしまうのである。「さとり」*3と「おおぼけ」の場合と同様に。

しかし、よく考えてみると、(1)の段階のさらに「前」の段階――(0)の段階――があることに気づかされる。

(0)(学生の説明後すぐに)「これから僕が言うとおりに繰り返して言ってください」とオウム返しに言う。

④これは、恐るべき応答ではないだろうか。「これから僕が言うとおりに繰り返して言ってください」――「これから僕が言うとおりに繰り返して言ってください」。ゲームのルールについての説明の段階で、すでにゲームが始まってしまっているのである。あるいは、ゲームのルールを語ることと、そのルールにしたがってゲームをすること自体が癒着(ゆちゃく)してしまっていて、ゲームの外と内の区別が(c)ホウ壊している!

この「ヒマラヤ・ゲーム」が始まろうとしていたとき、われわれは「ゲームのルールについて説明すること」と「そのルールにしたがってゲームを実践すること」を、無意識のうちに区別していた。学生の「これから僕が言うとおりに繰り返して言ってください」は、ゲームの外に位置するルール説明であって、その次からがゲームの実践(ゲームの内)である、という具合に。ゲームの外と内は、截然(せつぜん)*4と区別されていたのである。この「根源的な区別」に基づいてゲームは(ゲームとして)始まり、「真理への志向」に導かれてゲームは先へと進んでいった。

[i]、ゲームの行き着く先で、はじめの「根源的な区別」は危うくなる。ゲームの行き着く先とは、(4)の段階だろうか? そうではない。(1)から(4)までの段階を経由してほんとうに「行き着く先」とは、(0)の段階である。ゲームの階梯を昇っているかのように見えた(1)から(4)は、ほんとうは(0)の段階へと降りていく過程だったのである。上昇は下降であり、下降は上昇である(エッシャー*5の「上昇と下降」のように)。「至高の真理」としてのオウム返しが、「真理以前」としてのオウム返しと一致してしまう地点において、(4)の段階は(0)の段階へと接続する。「至高の真理」=「真理以前」としてのオウム返しの力は、ゲームの外/内という「根源的な区別」をも(d)シン食して、(0)の段階へと至る。「これから僕が言うとおりに繰り返して言ってください」――「これから僕が言うとおりに繰り返して言ってください」。もう、ゲームへの言及(外)とゲームの実践(内)という区別はない。あるいは、いきなりゲームは始まってしまっている。さらに、「ゲームはもう終わりですよ」――「ゲームはもう終わりですよ」。「いや、ほんとうに終わりなのです」――「いや、ほんとうに終わりなのです」。始まってしまったゲームに終わりはない。ゲームへと巻き込まれ、その階梯を辿り直すことによって見えてくる「真理」とは、実は当のゲームの成立自体を危うくする「真理」であり、「真理」であることをやめるような「真理」だったのである。

[ii]、これは破壊的な状況でも、特別な状況でもない。[iii]、ごく普通に、われわれはそういう「真理」を生きていると言うべきである。「ゲームの外と内の区別などない」「いきなりゲームは始まってしまっている」「始まってしまったゲームに終わりはない」という状況とは、⑤われわれが「ことばを使って生きている」という、まさにこの状況(このゲーム)に他ならない。この状況(このゲーム)のルールを語るために、ゲームをすることをいったんやめて、その外に立つことなど、けっしてできはしないのだから。

(入不二基義(いりふじもとよし)『足の裏に影はあるか? ないか? 哲学随想(てつがくずいそう)』による)

(注)
*1 「〈さとり〉をめぐるゲーム」…本文の前に「『さとり』と『おおぼけ』は紙一重」という章があり、そこで述べたことを受けている。
*2 階梯…階段。
*3 「さとり」と「おおぼけ」…*1におなじ。
*4 截然…物事の区別がはっきりしているさま。
*5 エッシャーの「上昇と下降」…エッシャーはオランダの画家。「上昇と下降」は彼が描いた絵の題名。

問1、**よく出る** **基本** ……部(a)~(d)のカタカナを楷書で漢字に改めよ。

問2、――部①の「ですよね」に込められた学生の思いを表す言葉を本文中より四字で抜き出せ。

問3、空欄[i]~[iii]に入る適切な言葉を、次のア~エからそれぞれ一つずつ選び、記号で答えよ。
ア、とはいえ　イ、それゆえ
ウ、むしろ　エ、にもかかわらず

問4、〈A〉~〈D〉に当てはまる内容として適切なものを次のア~エからそれぞれ一つずつ選び、記号で答えよ。
ア、(オウム返しに正しく!)「世界一高い山は何ですか?」と繰り返す。
イ、(単純に引っかかって、正確に!)「ヒマラヤ」と答えてしまう。
ウ、(「ヒマラヤ」と言おうとするが、誤って!)「ヒラヤマ」とか「ヒマヤラ」とか言ってしまう。
エ、(私のように、地理的に正しい! 知識だと思って)「エベレスト」と答えてしまう。

問5、――部②「それが、このゲームを駆動している」とはどういうことか。最も適切なものを次のア~エから選び、記号で答えよ。
ア、無意識のうちに正しい答えを出そうとすることが、このゲームをゲームとして成立させているということ。
イ、言い間違えないようにオウム返しに繰り返し続けることが、このゲームをより面白くしているということ。
ウ、知識がある人ほど引っかかりやすいことが、このゲームに勝ちたいという気持ちを強めているということ。
エ、あれこれとあまり深く考えず無意識に答えることが、このゲームを至高の真理まで導いているということ。

問6、——部③とあるが、なぜ「オウム返し」であることがとても興味深いと筆者は考えるのか。最も適切なものを次のア〜エから選び、記号で答えよ。
ア、あれこれ頭を悩ませて考えることが結局無駄になるほど単純だから。
イ、ことばを覚えつつある幼児から大人まで誰でも楽しめるゲームだから。
ウ、引っかかるまいとすればするほど引っかかりやすいルールだから。
エ、よくよく考え抜いた答えと素直にやりとりした答えが一致するから。

問7、——部④とあるが、筆者はどのような点を「恐るべき応答」と考えているのか。次のア〜エから誤っているものを一つ選び、記号で答えよ。
ア、ゲームの説明がすでにゲームになっている点。
イ、ゲームの外と内の区別がなくなる点。
ウ、ゲームのルールを無意識に区別させられる点。
エ、ゲームの成立自体が危うくなる点。

問8、【難】——部⑤とあるが、「われわれが『ことばを使って生きている』」ことと、「この状況（このゲーム）」との共通点は何か、六十字以内で説明せよ。

二（小説文）漢字の読み書き・漢字知識・内容吟味

次の文章を読んで、あとの問いに答えよ。なお、設問の都合上、一部表記を改めた部分がある。

妻は草原を知らなかった。

遠く離れた都会の公園の、檻の中で生まれたからである。妻の父母がふるさとの話を語り聞かせなかったのは、一生を晒し物として過ごすほかはない娘を、不憫に思ったからなのだろう。

だから妻は、草原を知らないどころか、草原の話すら聞いてはいなかったのだ。

父母の心にまで思い至らなかった私は、幼い日々の記憶を寝物語に聞かせてしまった。そのときの妻の驚きようは忘れがたい。彼女は私たち種族が、みな檻の中で生まれて檻の中で死んでゆくものと思いこんでいたのだった。いや私たちばかりではなく、公園の周囲の檻や、声ばかり聞こえて見えざる岩山にある獣たちのすべてが、そういうものだと信じていた。

驚くのも当たり前だ。獣たちの本来あるべき場所は、遥かな草原や深い森の中だなどと、どうして彼女に信じられよう。空を行く鳥のように、大地を自由に駆け回っていたなどと。

妻は夜ごと私に草原の話をせがんだ。しかし私とて、幼い日の記憶がそれほど豊かではなかった。同じような話をくり返し、ときには見もせぬものを見たように語った。

いったい彼女は、どうしてあれほど執拗に、帰らざるふるさとの話を欲したのだろう。今さら聞いたところで詮方*1ない話を。

妻が私の話を聞くことで、みずからの運命を嘆き、瞋りの感情を抱くのではないかと私は怖れた。だが、彼女はけっして瞋らなかった。おそらく私の父の訓えと同様に、妻もまた都会の公園の檻の中で、父母からその心得を授けられていたのだろう。

妻は夜ごと私の話を聞きながら、私の腕の中で眠った。

子らを授かったとき、妻は私に(a)懇願した。草原の話を聞かせてあげて、と。

酷い話かもしれないと思いもしたが、私は妻の願いを掬*2して、いまだ目も開かぬ子供らにふるさとの話を聞かせた。よしや帰らざるふるさとであろうと、父祖の生きたところ、おのれのあるべきところは知らねばならぬと思ったからである。

妻の親は娘を不憫に思って語らなかったが、妻はその親心ゆえに無知であった自分自身を、不憫に思ったにちがいなかった。

涸れ尽きていたはずの記憶は、子供らに語るうちに掘り起こされた。

草原の風の匂い。乾いた大地と、たくましく根を張る灌*3木。水場に群らがる獣たち。それらは弱気に見えて、身を守る術をそれぞれに知っており、けっして人間たちが投げ入れる肉のように、たやすい餌ではないこと。

伝説でもいい、と私は思った。たとえ檻の中とは無縁の話でも、おのれが本来かくあるべきと知れば、晒し物でも見世物でもない矜持*4を、きっと持つことができるから。

いくらか大きくなったころ、聡明な子が訊ねた。「狩りのとき、一番大切なものは」、と。

私は、一生狩りなどするはずのない子らに向かって答えた。

「瞋らぬことだ。瞋れば命を失う」

草原の父は言葉少なだったが、檻の中の私は多弁でなければならなかった。なぜなら、私たちの住まう場所は人間の世の一部であり、①自然の摂理に反しているからだ。

「人間に従順たれという意味ではない。一塊の肉を得んがために媚*5び諂ってはならぬ。どこであれいつであれ、瞋れる者は命を失う。瞋れる順に種族は滅びる」

そもそも瞋りという感情を知らぬ子らには、まったく理解できまい。だが、子らがいつか我慢のならぬ(b)理不尽を感じたとき、この訓えを思い出してくれればよいと私は思った。

百獣の王たる獅子の掟である。

幸福な時間は長く続かなかった。

乳離れをするとほどなく、子供らがどこかへ連れ去られてしまったのだ。妻は吼え続け、声が嗄れると倒れこむように眠り、目覚めてはまた吼えた。

憔悴*6する妻に向かって私は、これは貴い獣の宿命なのだ、おまえが親と引き離されて幸福を得たように、子らもきっと見知らぬ土地で幸福になるのだ、と諭した。

これが幸福でしょうか、と妻は言った。そのとき私は、草原の話を妻や子らに聞かせたことを悔やんだ。それを知りさえしなければ、妻も子もこの別れを檻に棲む者の宿命と信じて、さほどに悲しまぬはずだった。しかし本来は草原にあると知っている妻子は、別れを人間のもたらした理不尽と考えて嘆いたのだ。②妻の父母は思慮深かった。

雪の来た日に妻は死んだ。肉も食わぬまま痩せ衰え、氷の張った池のほとりで。

陽が翳って寒くなったから、そろそろ洞に入れよと言っても、妻は水場に身を横たえたまま動かなかった。じきに*7山巓から、落葉を巻き上げて初雪が下りてきた。

私の体に降りかかる雪はたちまち溶けるのに、なすがまま白くまみれてゆく妻が哀れでならなかった。叶うことなら妻の魂が、海山を遥かに越えてふるさとの草原へと帰ることを祈った。

妻の死は予感していた。だから私は、悲しみこそすれ驚きはしなかった。来たるべきときが来ただけだった。

本当ならば子らと別れていくらも経たぬ夏のうちに、妻は嘆きのあまり死んでいたはずだった。その命をしばらく支えたのは、私ではない。瞋りを知らぬ妻は、私がまるで不幸の元凶であるかのように、心を鎖してしまったのだった。

かわりに妻を慰め続けたのは、③若い飼育係だった。彼は日ごと夜ごと檻を訪れ、心から妻を慰め、細かく挽いた肉を手ずからその口に与えた。彼の苦心がなければ、妻は日を経ずに死んでいたはずだった。

だから山々が赤く染まる秋の終わりに、その若者がありったけの肉を抱えて檻を訪れ、兵隊にゆくからもう会えないと告げたとき、私は妻の命の尽きることを知った。

翌る日からは二度の食事が一度になった。それもやがて腐れた肉に草や雑穀を混ぜた、ひどい(c)代物に変わった。どうかすると、鼠の死骸がバケツに入っていることもあった。

妻が口をつけようとしなかったのは、それらがまずかったからではなく、獅子の矜りゆえでもなかった。そんな理由が空腹を*8超克するはずはない。妻は生きるよすがをなくしたおのれが飢え死ぬことで、私を生き延びさせようとした。

飢えたくなければ瞋るなと父は言った。

だが妻は、瞋りもせずに飢えて死んだ。

雪に埋もれてゆく妻の体を見つめながら、私は考え続けた。あれからずっと、長い冬が終わり春が巡り、ふたたび暗鬱な*9霖雨の季節となっても、④考え続けている。

（浅田次郎『獅子吼』による）

(注)
*1 詮方ない…どうしようもない。
*2 掬して…くみとって。
*3 灌木…枝がむらがり生える樹木。低木。
*4 矜持…誇り。自負。プライド。
*5 媚び諂う…人の気に入るように機嫌をとる。
*6 傷悴…ひどく悲しみやつれること。
*7 山巓…山の頂上。山頂。
*8 超克…困難をのりこえ、うちかつこと。
*9 霖雨…幾日も降り続く雨。長雨。

問1、**よく出る** **基本** ——部(a)〜(c)の漢字の読み方を答えよ。

問2、……部「瞋り」は本文中繰り返される重要な言葉である。

(1)この字の読み方を調べるために漢和辞典を使った。「総画数で引く」以外にどのように引くか、手順を示せ。

(2)調べると次のように載っていた。

> 【瞋】シン　意味　(形声。音符眞シ、のばす意→伸シ)
> ①いからす。いかって目をむく。
> ②いかる　(怒)

次の漢字の中で「形声文字」をすべて選び、記号で答えよ。

ア、草　イ、岩　ウ、森　エ、鳥　オ、海

問3、——部①「自然の摂理」を説明している部分を本文から抜き出し、最初と最後の七字を答えよ。

問4、**基本** ——部②「妻の父母は思慮深かった」とあるが、妻の父母の何が思慮深いと言えるのか。最も適切なものを次のア〜エから選び、記号で答えよ。

ア、娘が獅子としてのほこりを失わないように、人間の世の一部に住まうことができるのは貴い獣だけであると諭したこと。

イ、娘が将来自分の命や子どもを失うことがないように、人間のやることが理不尽だと感じても決して瞋るなと教えたこと。

ウ、娘が本来あるべき場所を知ってしまうと嘆き悲しむことを見通し、知らない方がいいと判断して何も語らなかったこと。

エ、娘が自然の摂理の中では飢えてしまうかもしれないが、人間に飼われていれば飢えることはないと娘を引き離したこと。

問5、——部③「若い飼育係」の境遇を「妻」に重ねるとどのような共通点が見いだせるか、二点挙げよ。

問6、**難** **思考力** ——部④とあるが「私」は何を考え続けているのか、あなたの考えを述べよ。その際に、あなたがそう考える根拠を本文中に求めて、次の文の空欄に合うように書くこと。

本文に［　　　　］とあるから［　　　　］と考え続けている、と考える。

三 (古文)仮名遣い・動作主・古典知識・口語訳・内容吟味

次の古文を読んで、あとの問いに答えよ。なお、設問の都合上、一部表記を改めた部分がある。

*1赤松円心は*2禅法を聞き得て（禅の修行をして会得して）、自慢せられしに、ある時さる*3禅院へ立ちより、*4東堂の心を見んと（長老の和尚に悟りの境地を確かめてみようと）、門外まで参りしに、十一二なる*5喝食土あそびして居られければ、赤松、喝食に問ひけるは、「此寺の名は何と申ぞ」といへば、「なんぢはなにといふ人ぞ。」「我は赤松円心なり」といへば、「此

寺は別法寺(べつぽうじ)と申なり」と①答へければ、円心(a)思ふやうは、歳(とし)にもたらぬこびし人(小僧)かな、一問置かばやと思ひて(禅問答をしてやれと思って)、「法に別法なし、いかなるか是(これ)別法寺」(「仏の法(真理)に他の法はないが、なぜ、この寺は別法寺というのか」)と問はれぬるに、喝食(b)答へていはく、「②松に古今(こきん)の色なし(松は昔から今まで年中色が変わらない)。なんぢは是赤松」と答へければ、円心舌をふるひ(びっくりして)、③東堂にあふまでもなしとて、門外より帰られしと也(なり)。

(『百物語』による)

(注)
＊1 赤松円心…南北朝時代の武将。
＊2 禅法…禅の修行。
＊3 禅院…禅宗の寺院。
＊4 東堂…長老の和尚。
＊5 喝食…食事を知らせる若い僧。

問1、よく出る 基本 ══部(a)「思ふやう」、(b)「答へていはく」を現代仮名遣いに直せ。

問2、よく出る 基本 ──部①の主語を次のア〜エから一つ選び、記号で答えよ。
ア、赤松円心　イ、東堂　ウ、喝食　エ、作者

問3、──部②「松に古今の色なし。なんぢは是赤松」について、次の各問いに答えよ。
(1)「松に古今の色なし」という言葉は、鎌倉・南北朝の禅僧、夢窓疎石(むそうそせき)の語録にある「竹有上下節、松無古今色」(竹に上下の節有り、松に古今の色無し)の引用である。書き下し文に従って「松無古今色」に返り点と送り仮名をつけよ。
(2)「松に古今の色なし」の意味を踏まえて、「なんぢは是赤松」を現代語に訳せ。
(3)──部②と答えた時の喝食の心情として、最も適切なものを次のア〜エから選び、記号で答えよ。
ア、寺の名前にケチをつけられた。
イ、私を試そうとしているのだな。
ウ、お客さんだからていねいに答えよう。
エ、ひまだから相手してやろう。

問4、思考力 ──部③「東堂にあふまでもなし」とあるが、「円心」がそう思ったのはなぜか。その説明として、次の空欄に六十字以内の言葉を入れて、文を完成せよ。
円心は東堂の悟りの境地を確かめようと思い寺まで訪ねてきたが、[　　　　]から。

国立工業高等専門学校
国立商船高等専門学校
国立高等専門学校

時間 50分　満点 100点　解答 P63　2月16日実施

出題傾向と対策

●漢字の読み書き、論説文二題、小説文一題の大問四題構成。記述式の設問はなく、すべてマーク式の選択問題。例年どおりで、本文内容の理解度が問われる設問が多い。論説文・小説文の内容は標準的なレベルだが、設問は一部難しいものもある。解答時間を意識した対策が必要である。また、知識に関する設問も幅広く出題されている。
●過去問やマーク式中心の問題集をこなす。長めの課題文を早く正確に読む訓練が最も重要。特に内容吟味の問題のアプローチに慣れておく。また知識の補充も怠らずに。

一 漢字の読み書き よく出る 基本

次の(1)から(6)までの傍線部の漢字表記として適当なものを、それぞれアからエまでの中から一つずつ選べ。(各2点、計12点)

(1)同窓会のカン事を務める。
ア、管　イ、幹　ウ、官　エ、勧
(2)将軍に対する武士の忠セイ心。
ア、精　イ、聖　ウ、誓　エ、誠
(3)仏前に花をソナえる。
ア、備　イ、具　ウ、供　エ、据
(4)コウ鉄で造られた船。
ア、鋼　イ、厚　ウ、鉱　エ、剛
(5)人口の分プを調査する。
ア、府　イ、負　ウ、布　エ、符
(6)世間の風チョウに流される。
ア、潮　イ、調　ウ、徴　エ、兆

二（論説文）文学史・口語訳・品詞識別・内容吟味・表現技法

次の文章を読んで、後の問いに答えよ。（計27点）

平安時代も十一世紀になると、(1)宮廷の女房たちが優雅な生活を楽しむようになり、じゅうぶんな文化の享受者として、かずかずのことばの花を咲かせるようになった。秋を述べた名文も多い。とりわけ人びとに親しまれ、暗誦する人も多いと思われるものは、『(注1)紫式部日記』のつぎの部分であろう。

秋のけはひたつままに、土御門殿のありさま、(2)言はむ方なくをかし。池のわたりの梢ども、(注2)遣水のほとりの叢、おのがじし色づきわたりつつ、おほかたの空も艶なるにもてはやされて、(注3)不断の御読経の声々あはれまさりけり。やうやう涼しき風のけしきにも、例の、絶えせぬ水のおとなむ、夜もすがら聞きまがはさる。

筆者・紫式部は『源氏物語』の作者であり、さすがという他は(a)ない。とくに、ここは冒頭の部分、いちだんと入念な筆づかいだったはずである。

土御門殿とは中宮彰子の父、藤原道長の邸で、いましも彰子は出産のために里の邸に下っている。出産の予定は九月、いまは秋七月の立秋のけはいも実感できる初秋のころと思われる。

さて、(3)この文章が名文といえる理由はどこにあるのだろう。

まず、この描写の中には何一つ、きわ立った秋の景物が(b)ない。梢だって叢だって、いつも見える。遣水も、平凡な庭のしつらえにすぎ(c)ない。

特段にどこの何が秋めくというのでもなく、それでいて秋のけはいがたつという季節の体感こそが、じつはこの国の秋の感触なのだろう。

空もおおかたの様子が艶だといい、秋のけはいとともに感じるものは、これまた風のけしきだという。

とくに涼気が漂ってきた、天地宇宙の全体が緊張へと向かっていく、そんな季節の移行が秋なのであろう。

また、きわめて直覚的な季節の認識が、それぞれの景物の中で連動して感じられているのも、この文章の特徴であろう。おおかたの空が艶なる様子だということを中心として、梢や叢の色づきつづける姿とも、読経の声々とも、それぞれに空は連動している。

そしてまた、風の様子と遣水の音もばらばらではなく、しかも遣水の夜もすがらの音は読経の声とも聞きまちがえられるというほどに、区別しがたい。

こうした作者の目や耳に、あれこれの景物が一つの生命体をなして感じられることこそ、自然の季節を深めゆく営みとの、いちばん深い対面なのであろう。

この文章が、名文をもって聞こえる理由も、そこにあるにちがい(d)ない。

自然は人事を包含してしまうものだということを、この文章を見ながら、わたしはつくづくと思う。

ところで、古典文学について秋をいうのなら、とうぜん三夕の歌にふれなければならない。

三夕とは『新古今集』巻四、秋の歌の上に並べられた三首の夕ぐれの歌のことだ。作者はまさに『新古今集』の中でも、いずれ劣らぬ名手。その作を同じ主題のままに並べたのは、もちろん意図的な配列である。

さびしさはその色としもなかりけり　槇立つ山の秋の夕暮　(注4)寂蓮法師

心なき身にもあはれは知られけり　鴫立つ沢の秋の夕暮　西行法師

見わたせば花も紅葉もなかりけり　(注5)浦の苫屋の秋の夕暮　藤原定家

『新古今集』はよく知られているように、編集をくり返した歌集である。だからこの三首も、現在のこの形について配列の意図を考えることになるが、さて配列は、(4)まことにみごとだ。

まず三者三様、山、沢、浦と場所をかえて、秋の夕ぐれという同じ季節の同じ時刻を歌う形をとる。日本列島の中で、それぞれの地勢に応じて、秋の夕ぐれはこのようですよと、いってもいい。

それでは山はどうか。槇という土地に直立する木々におおわれた山は、どことといって変哲もないのだが、さて秋の夕ぐれの槇山は寂寥にみちる。

旅人はあわてる。いったいなぜか、と。しかし見まわしてみても、何がどう寂しさを見せるというのでもない。それが日本の秋の山路の夕景だといわれると、どう思うだろう。

なまじ真っ赤に紅葉した木でもあれば、寂寥はよほど軽くなる。しかし「その色としもない」風景こそが、典型的な山路の夕ぐれの秋なのである。

ついで沢では、渡り鳥の鴫が飛び立つことで秋のあわれが身にせまるという。西行は『新古今集』一番の歌人だし、生得（生まれつき）の歌人とさえいわれているが、「自分は心なき身だ。」と、抒情に溺れることをいったん拒否する。

この「心なき身」とは僧であることをいうのだろう。その上で「あわれ」と受容することで、「あわれ」はいっそう深まる。

彼をそうさせたものは鴫だという。鳥の上に流浪の旅の自画像を重ねていることはいうまでもない。

そして最後が浦である。これは『源氏物語』の中に入りこんだ歌だといわれるが、それを切り離してみると、やはり通常のはなやぎをみせる花、紅葉を否定するところに新しい発見がある。前の二首の山の槇、沢の鴫に対するものが浦の苫屋である。苫屋など、およそ古来わびしいものと相場がきまっていた。

(5)こうしたものが象徴的な点景としてとり上げられているのも、中世的な秋といってよい。いずれも春、夏、冬にはそぐわない点景のように思えるが、いかがであろう。

また三首に共通することば遣いは、「なかりけり」「なかりけり」「なき」という否定である。秋の風景は否定の言い方と、心の深奥の部分で、無意識的に結びついているのにちがいない。

（中西進『ことばのこころ』による）

（注1）『紫式部日記』＝紫式部が中宮彰子に仕えた時の見聞や感想を記したもの。

（注2）遣水＝庭に水を引き入れて流れるようにした水路。

（注3）不断の御読経＝一定の期間、昼夜絶え間なくお経を読むこと。

（注4）寂蓮法師＝平安末期から鎌倉初期の歌人。西行法師、

藤原定家も同じ。

（注5）浦の苫屋＝海辺にある粗末な小屋。

問1、よく出る 基本 本文中に、(1)宮廷の女房たちが優雅な生活を楽しむようになり、じゅうぶんな文化の享受者として、かずかずのことばの花を咲かせるようになった。とあるが、その具体例となる文学作品を、次のアからエまでの中から一つ選べ。（3点）

ア、土佐日記　イ、枕草子

ウ、方丈記　エ、徒然草

問2、よく出る 『紫式部日記』の本文中に、(2)言はむ方なくをかし。とあるが、その現代語訳として最も適当なものを、次のアからエまでの中から一つ選べ。（4点）

ア、言いようもないくらい奇妙である。

イ、言うまでもなく笑えて仕方がない。

ウ、言う人がいないのは不思議である。

エ、言い表しようもないくらい趣深い。

問3、よく出る 本文中の(a)から(d)の「ない」のうち、他と異なるものを、次のアからエまでの中から一つ選べ。（3点）

ア、さすがという他は(a)ない。

イ、秋の景物が(b)ない。

ウ、しつらえにすぎ(c)ない。

エ、そこにあるにちがい(d)ない。

問4、本文中に、(3)この文章が名文といえる理由はどこにあるのだろう。とあるが、「この文章が名文といえる理由」はどのような点にあるか。その説明として最も適当なものを、次のアからエまでの中から一つ選べ。（4点）

ア、秋には限定されないさまざまな景物を取り上げながら、全体が一つの生命体として感じられるように秋のけはいを描いている点。

イ、季節や年月などによって変化しないものだけを描くことで、かえって移ろいゆく秋のはかなさを体感させるような文章である点。

ウ、空と風に焦点をしぼりながら、天地宇宙の全体が秋の涼気とともに緊張へと向かう様子を直覚的な認識にもとづき描いている点。

エ、秋という季節にふさわしい景物を次々に描いていくことによって、この国の秋のけはいが十分に感じ取れるような文章である点。

問5、本文中に、(4)まことにみごとだ。とあるが、そう言えるのはなぜか。その説明として最も適当なものを、次のアからエまでの中から一つ選べ。（4点）

ア、『新古今集』を代表する、寂蓮法師、西行法師、藤原定家という三人の名手の和歌を隣り合うように並べているから。

イ、「秋の夕暮」という同じ季節や時刻を歌いながらも、山、沢、浦など地勢に応じた様々な趣の和歌を並べているから。

ウ、直立する「槇」、飛び立つ「鴫」と、静から動へ題材を配列した後、「浦の苫屋」という静のものを並べているから。

エ、否定の言い方を用いた三首を取り上げて、「なかりけり」、「なき」、「なかりけり」と変化を持たせて並べているから。

問6、思考力 本文中に、(5)こうしたものが象徴的な点景としてとり上げられているのも、中世的な秋といってよい。とあるが、「象徴的な点景」とは言えないものを、次のアからオまでの中から二つ選べ。（各3点）

ア、紅葉した木がない秋の夕ぐれの山路

イ、沢から今まさに飛び立とうとする鴫

ウ、鴫に流浪の自画像を重ねる旅の僧侶

エ、古典に多く用いられている花や紅葉

オ、古来わびしいものとされる浦の苫屋

問7、よく出る 本文中の三夕の歌に共通して用いられている修辞技巧は何か。その組み合わせとして最も適当なものを、次のアからエまでの中から一つ選べ。（3点）

ア、体言止め・倒置法　イ、擬人法・体言止め

ウ、掛詞・擬人法　エ、倒置法・掛詞

三（論説文）慣用句・語句の意味・文脈把握・内容吟味

次の文章を読んで、後の問いに答えよ。（計31点）

科学と生命は、実はとても似ている。それはどちらも、その存在を現在の姿からさらに発展・展開させていく性質を内包しているという点においてである。その特徴的な性質を生み出す要点は二つあり、一つは過去の蓄積をきちんと記録する仕組みを持っていること、そしてもう一つはそこから変化したバリエーションを生み出す能力が内在していることである。この二つの特徴が(注1)漸進的な改変を繰り返すことを可能にし、それを長い時間続けることで、生命も科学も大きく発展してきた。

だから、と言って良いのかよく分からないが、科学の歴史を紐解けば、たくさんの間違いが発見され、そして消えていった。科学における最高の栄誉とされるノーベル賞を受賞した業績でも、後に間違いであることが判明した例もある。たとえば1926年にデンマークのヨハネス・フィビゲルは、世界で初めて「がん」を人工的に引き起こす事に成功したという業績で、ノーベル生理学・医学賞を受賞した。しかし、彼の死後、寄生虫を感染させることによって人工的に誘導したとされたラットの「がん」は、実際には良性の腫瘍であったことや、腫瘍の誘導そのものも寄生虫が原因ではなく、餌のビタミンA欠乏が主因であったことなどが次々と明らかになった。

ノーベル賞を受賞した業績でも、こんなことが起こるのだから、多くの「普通の発見」であれば、誤りであった事例など、実は枚挙に[A]がない。誤り、つまり現実に合わない、現実を説明していない仮説が提出されることは、科学において日常茶飯事であり、2013年の『ネイチャー』(注2)誌には、医学生物学論文の70％以上で結果を再現できなかったという(1)衝撃的なレポートも出ている。

しかし、そういった(B)玉石混交の科学的知見と称されるものの中でも、現実をよく説明する「適応度の高い仮説」は長い時間の中で批判に耐え、その有用性や再現性故に、後世に残っていくことになる。そして、その仮説の適応度をさらに上げる修正仮説が提出されるサイクルが繰り返される。(2)それはまるで生態系における生物の「適者生存」のようである。ある意味、科学は「生きて」おり、生物のように変化を生み出し、より適応していたものが生き残り、

どんどん成長・進化していく。それが最大の長所である。現在の姿が、いかに素晴らしくとも、そこからまったく変化しないものに発展はない。(注3)教条主義に陥らない"可塑性"こそが科学の生命線である。

しかし、このことは「科学が教えるところは、すべて修正される可能性がある」ということを論理的必然性をもって導くことになる。科学の進化し成長するという素晴らしい性質は、その中の何物も「不動の真理」ではない、ということに論理的に帰結してしまうのだ。たとえば夜空の星や何百年に1回しかやってこない彗星の動きまで正確に予測できたニュートン力学さえも、アインシュタインの一般相対性理論の登場により、一部修正を余儀なくされている。法則中の法則とも言える物理法則でさえ修正されるのである。科学の知見が常に不完全ということは、ある意味、科学という体系が持つ構造的な宿命であり、絶え間ない修正により、少しずつより強靭で真実の法則に近い仮説ができ上がってくるが、それでもそれらは決して100%の正しさを保証しない。

より正確に言えば、もし100%正しいところまで修正されていたとしても、それを完全な100%、つまり科学として「それで終わり」と判定するようなプロセスが体系の中に用意されていない。どんなに正しく見えることでも、それをさらに修正するための努力は、科学の世界では決して否定されない。だから科学的知見には、「正しい」or「正しくない」という二つのものがあるのではなく、その仮説がどれくらい確からしいのかという確度の問題が存在するだけなのである。

では、我々はそのような(3)「原理的に不完全な」科学的知見をどう捉えて、どのように使っていけば良いのだろうか？　一体、何が信じるに足るもので、何を頼りに行動すれば良いのだろう？　優等生的な回答をするなら、より正確な判断のために、対象となる科学的知見の確からしさに対して、正しい認識を持つべきだ、ということになるのだろう。

「科学的な知見」という大雑把なくくりの中には、それが基礎科学なのか、応用科学なのか、成熟した分野のものか、まだ成長過程にあるような分野なのか、あるいはどんな手法で調べられたものなのかなどによって、確度が大きく異なったものが混在している。ほぼ例外なく現実を説明できる非常に確度の高い法則のようなものから、その事象を説明する多くの仮説のうちの一つに過ぎないような確度の低いものまで、幅広く存在している。それらの確からしさを正確に把握して(注5)峻別していけば、少なくともより良い判断ができるはずである。

[a]、近年、医学の世界で提唱されているevidence-based medicine（EBM）という考え方では、そういった科学的知見の確度の違いを分かりやすく指標化しようとする試みが行われている。これは医学的な知見（エビデンス）を、調査の規模や方法、また分析手法などによって、階層化して順位付けし、臨床判断の参考にできるように整備することを一つの目標としている。同じ科学的な知見と言っても、より信頼できるデータはどれなのかを判断する基準を提供しようとする、意欲的な試みと言えるだろう。

[b]、こういった非専門家でも理解しやすい情報が、どんな科学的知見に対しても公開されている訳ではもちろんないし、科学的な情報の確度というものを単純に調査規模や分析方法といった画一的な視点で判断して良いのか、ということにも、実際は深刻な議論がある。一つの問題に対して専門家の間でも意見が分かれることは非常に多く、そのような問題を非専門家が完全に理解し、それらを統合して専門家たちを上回る判断をすることは、現実的には相当に困難なことである。

こういった科学的知見の確度の判定という現実的な困難さに忍び寄って来るのが、いわゆる権威主義である。たとえばノーベル賞を取ったから、『ネイチャー』に載った業績だから、有名大学の教授が言っていることだから、といった権威の高さと情報の確度を同一視して判断するというやり方だ。この手法の利点は、なんと言っても分かりやすいことで、現在の社会で「科学的な根拠」の確からしさを判断する方法として採用されているのは、この権威主義に基づいたものが主であると言わざるを得ないだろう。

[c]こういった権威ある賞に選ばれたり、権威ある雑誌に論文が掲載されるためには、多くの専門家の厳しい審査があり、それに耐えてきた知見はそうでないものより強靭さを持っている傾向が一般的に認められることは、間違いのないことである。また、科学に限らず、音楽家であろうが、(注6)塗師であろうが、ヒヨコ鑑定士であろうが、専門家は非専門家よりもその対象をよく知っている。だから、何事に関しても専門家の意見は参考にすべきである。それも間違いない。多少の不具合はあったとしても、どんな指標も万能ではないし、権威主義による判断も分かりやすくある程度、役に立つなら、それで十分だという考え方もあろうかと思う。

しかし、なんと言えばよいのだろう。かつてアインシュタインは「何も考えずに権威を敬うことは、真実に対する最大の敵である」と述べたが、この権威主義による言説の確度の判定という手法には、どこか拭い難い危うさが感じられる。それは人の心が持つ弱さと言えばいいのか、人の心理というシステムが持つ(注7)バグ、あるいは(注8)セキュリティーホールとでも言うべき弱点と関連した危うさである。端的に言えば、人は権威にすがりつき安心してしまいたい、そんな心理をどこかに持っているのではないかと思うのだ。拠りどころのない「分からない」という不安定な状態でいるよりは、とりあえず何かを信じて、その不安から逃れてしまいたいという指向性が、心のどこかに潜んでいる。権威主義は、そこに忍び込む。

そして行き過ぎた権威主義は、科学そのものを社会において特別な位置に置くことになる。(4)「神託を担う科学」である。倒錯した権威主義の最たるものが、科学に従事している研究者の言うことなら正しい、というような誤解であり、また逆に科学に従事する者たちが、非専門家からの批判は無知に由来するものとして、聖典の(注9)寓言のような専門用語や科学論文の引用を披露することで、高圧的かつ一方的に封じ込めてしまうようなことも、「科学と社会の接点」ではよく見られる現象である。

こういった人の不安と権威という構図は、宗教によく見られるものであり、「科学こそが、最も新しく、最も攻撃的で、最も教条的な宗教的制度」というポール・カール・

ファイヤアーベントの言は、示唆に富んでいる。「権威が言っているから正しい」というのは、本質的に妄信的な考え方であり、いかに美辞を弄しようと、とどのつまりは何かにしがみついているだけなのだ。

（中屋敷均『科学と非科学』による）

(注1) 漸進＝段階を追って少しずつ進むこと。
(注2)『ネイチャー』誌＝英国の科学雑誌。
(注3) 教条主義＝特定の考え方を絶対的なものとして機械的に適用しようとする立場。
(注4) 可塑性＝自在に変化することのできる性質。
(注5) 峻別＝厳しく区別すること。
(注6) 塗師＝漆器などの製造に従事する職人。塗り師。
(注7) バグ＝コンピュータのプログラムなどにある欠陥。
(注8) セキュリティーホール＝システムの安全機能上の欠陥。
(注9) 寓言＝教訓を述べるためのたとえ話。

問1、**よく出る** 空欄［A］に入る語として適当なものを、次のアからオまでの中から一つ選べ。（2点）
ア、ひま　イ、いとま　ウ、かぎり
エ、きり　オ、はてし

問2、**よく出る** 本文中の、(B)玉石混交の意味として最も適当なものを、次のアからエまでの中から一つ選べ。（3点）
ア、固いものと柔らかいものが入り混じった状態
イ、良いものと悪いものが入り混じった状態
ウ、新しいものと古いものとの区別がつかない状態
エ、本物とにせ物との区別がつかない状態

問3、空欄［a］、［b］、［c］に入る語として適当なものを、それぞれ次のアからエまでの中から選べ。ただし、同じ語は二回入らない。（各2点）
ア、もちろん　イ、すなわち
ウ、たとえば　エ、しかし

問4、本文中に、(1)衝撃的なレポートとあるが、なぜ「衝撃的」なのか。その理由として最も適当なものを、次のアからエまでの中から一つ選べ。（4点）
ア、科学界最高の栄誉であるノーベル賞を受賞した医学生物学の業績の中にも、誤った仮説が存在すると証明されたから。
イ、修正が許されない医学生物学の業績にさえ、信用できないものが数多く含まれているということが明確になったから。
ウ、ノーベル賞だけでなく『ネイチャー』誌に掲載された医学生物学論文までもが、有用でないことが裏づけられたから。
エ、現実を正しく説明していると考えられていた医学生物学論文の多くに、誤りが含まれている可能性が高くなったから。

問5、本文中に、(2)それはまるで生態系における生物の「適者生存」のようである。とあるが、どういうことか。その説明として最も適当なものを、次のアからエまでの中から一つ選べ。（4点）
ア、過去の業績をすべて蓄積して活用する科学の姿勢は、長い時間にわたって遺伝子を保存する生物進化のプロセスに似ているということ。
イ、科学が絶え間なく仮説を修正して確度を高めるサイクルは、変化を生み出して適応できた生物が生き残るあり方に似ているということ。
ウ、過去の蓄積を記録して改良を加える科学のサイクルは、生物が環境に適応するために自らを改変していくあり方に似ているということ。
エ、科学的な知見は必ず修正されるべきだという考え方は、生物の多くの種が進化の途中で絶滅していったプロセスに似ているということ。

問6、本文中に、(3)「原理的に不完全な」科学的知見とあるが、科学的知見が「原理的に不完全」であるとはどういうことか。その説明として最も適当なものを、次のアからエまでの中から一つ選べ。（4点）
ア、確度を高めるために仮説を修正し続ける科学は、科学的知見が完全な真理に達したことを判定する仕組みを持たないということ。
イ、現実の世界に絶対の真理は存在しないことが論理的に認められたため、科学的知見は常に修正され続ける宿命にあるということ。
ウ、科学は不動の真理を目指していないので、どんなに修正を続けても科学的知見が完全な正しさに到達することはないということ。
エ、仮説は修正され続ける運命にあり、真理を求める科学的知見であっても確度の低いものが混じっている可能性は高いということ。

問7、本文中に、(4)「神託を担う科学」とあるが、それは科学者の立場からするとどういう態度か。その説明として最も適当なものを、次のアからエまでの中から一つ選べ。（4点）
ア、科学の専門家たちが社会との接点で権威者の言葉を神のお告げのように広め、自分たちが有利になるように社会を変えようとする態度。
イ、科学の専門家たちが論文中の専門用語を神のお告げのように利用して、一般の人々の不安をことごとく取り除こうとする宗教的な態度。
ウ、科学の専門家たちが専門用語や科学論文の言葉を神のお告げのように扱い、科学的知見を人々に押しつけて批判を許そうとしない態度。
エ、科学の専門家たちが科学論文を神のお告げのように披露し、科学的知見がすべて正しいと非専門家に信じさせようとする教条的な態度。

問8、この文章の内容に合致するものを、次のアからエまでの中から一つ選べ。（4点）
ア、多くの「普通の発見」だけでなくノーベル賞を受賞した業績にも誤りがあるという事実は、科学に進歩はないということを象徴している。
イ、権威主義に陥ることなく修正を続けて「科学的な根拠」を得た強靭な仮説だけが、現実を説明する「不動の真理」として認められている。
ウ、人間には「分からない」状態から逃れてしまいたいという指向性があり、非専門家は科学の権威にすがって安心しようと思いがちである。
エ、基礎科学か応用科学かの違いによって「科学的な知見」の適応度は異なるため、非専門家は権威者の言説を参考にして判断すべきである。

四 (小説文)語句の意味・内容吟味 (計30点)

次の文章を読んで、後の問いに答えよ。

> 父の車で家に帰る途中、後部座席の「わたし」と助手席の姉はけんかをはじめた。二人は泣きわめき、最初は黙っていた父も、ついに「けんかするなら二人とも降りなさい。」と言った。姉は泣きやもうとしたが、一人だけけんかをやめようとする姉にもっと腹が立った「わたし」はかんしゃくを起こし、黄信号の急ブレーキで前につんのめった拍子に、自分でも驚くほど大きな金切り声を上げてしまった。

スーパーのなかは明るかった。

夕食の材料や一週間分のお菓子でいっぱいになったピンク色のカートが、ちょうどわたしの目の高さで通路を行き交っていた。

車から飛びだしたときにはなにも考えられなかったけれど、家族連れでにぎわう店内を一人で歩いているうちに、なにかとても勇気ある、ほかの子どもにはなかなか真似(まね)のできない、立派なことをしたような気持ちになってきた。でもたいしたことじゃない。これは家出なんかじゃない。わたしはひとりで、歩いて家に帰ることを決めただけ。そういいきかせて、胸を張って歩いた。

お菓子売り場で、家の近くのスーパーには売っていないチョコレートのお菓子をみつけた。パッケージの写真には、チョコと一緒にきらきら光る赤や黄色のペンダントが写っていて、必ずどれか一つがなかに入っているらしい。ビニールのがま口が入ったポシェットは後部座席に置いてきた。お金があれば買えたのにと思うと悔しかったけれど、わたしはまだ、ひとりで買い物をしたことがなかった。月に一度、町の本屋に漫画雑誌を買いにいくときは、必ず姉か友だちが一緒だった。

お菓子の箱を戻して、しばらく店内を歩きまわった。通路を走って転んだり、カートにしがみついている小さな子どもたちがたくさんいた。(1)まだ赤ちゃんなんだ、と思った。わたしはひとりでずんずんと売り場の通路を進んでいった。ふしぎとすこしもこころぼそくなかった。端から端まで歩いたらここを出て家に帰ろう、お父さんたちには絶対にみつからないように、ひとりで歩いて家に帰ろう、道はわかってるんだから。からだじゅうに力がみなぎっていた。なにも買えなくたって、このスーパーに売っているもののすべては自分のものだという気さえした。

そのときふと、店内に流れていた音楽が止まった。「迷子のお知らせをいたします。M町からお越しの……」これから帰ろうとしている、ねぎ畑だらけの町の名前だった。続けて呼ばれた名前もわたしの名前だった。年齢もおなじ。「白っぽい上着に、濃い色のズボン……」それだけがちがう。その日わたしが着ていたのは、淡いピンク色のセーターに紺色のスカートだった。

お父さんもお姉ちゃんも、わたしのことをちっともみていないんだ！　その日父が何を着ていたか、姉がなに色の靴をはいていたか、わたしはちゃんとみていたし、はっきり覚えていた。姉はえんじ色のワンピース、父は黒いセーターに(a)おろしたばかりのまだ生地の固いジーンズだ。「右の頬に、ハート形のほくろがあります……」思わず頬に手をやった。わたしのほくろはハート形なんかじゃなくて、ただの三角形だった。お父さんもお姉ちゃんも、ほんとうになんにもみていない！

すこし離れたところから、細長い卵のパックを手に持った女のひとが、じっとこちらをみていた。そばで小さな男の子が、「お母さん、お母さん。」と花柄のスカートの裾をひっぱっていた。

だれにもみつからないように、わたしは走って店を出た。広い駐車場のどこかには、わたしを探す父の車が停(と)まっているはずだった。でもその車のまえでふたりを待ちぶせて、(b)しおらしく許しを乞(こ)う気はしなかった。バイパス道路とぶつかる大きな交差点の信号は青だった。駆けだすと同時に、横断歩道の青信号が点滅しはじめる。まえかがみになって全速力で走った。渡りきる直前に、信号は赤に変わった。

(2)二車線の道路の、左側の歩道を歩いた。道の左側にはパチンコ店とお好み焼き屋が並んでいて、右側にはガラス張りのマクドナルドがある。もうすこし歩けば、広い市民運動場がみえてくる。まだあたりは明るかった。このまま歩きつづけて、そのうち日が暮れて、夜になってしまってもかまわないと思った。

横の車道ではひっきりなしに、車がわたしを追いこしていった。そのうちの一台が速度をゆるめて助手席の窓を開け、なかにいる父が姉と声を合わせてわたしの名前を呼ぶところを想像した。そうなれば、しばらく振りかえらずにいるつもりだった。そしてたっぷり時間を置いたあと、「ひとりで帰れるから、放っておいて。」と叫んでもいいし、なにもいわずにずっと無視していてもいい。

また一台、車が脇を通りこしていった。父の車だった。

はっとして立ちどまった。

遠ざかっていくその車は、みあやまりようもない、わたしがいつまでもすきになれないあの深緑色の、わたしの誕生日に近い数字がナンバープレートに並ぶ、父の車だった。一瞬だったけれども、後部座席の左側にだれかが座っているのがみえた。顔はこちらを向いていた。スピードをゆるめることなく、車は道の先のカーブに消えていった。

奇妙な感覚に囚(とら)われたまま、わたしはしばらくそこに立ちつくしていた。(3)周りの景色はぼやけ、お腹(なか)の底が冷たくなった。

お父さんもお姉ちゃんも、どうしてわたしに気づかなかったんだろう？　歩いているわたしが、家や車のなかにいるわたしとぜんぜんちがうふうに見えたから？　そしてあの子、助手席のうしろに座っていたあの子は……？　ぼんやりしている頭のなかに、徐々にその誰かの輪郭が引かれていった。それは白い上着に濃い色のズボンを穿(は)き、頬にハート形のほくろのあるだれかだった。そのだれかがスーパーでみつけられ、父と姉と一緒にあの車に乗り、わたしのふりをして家に帰るのだ。そして待っていた母に「おかえり」といわれ、食卓のわたしの席に座り、わたしのベッドで眠るのだ。

いつのまにか、すっかり日は暮れていた。対向車のヘッドライトがまぶしい。スーパーのなかではからだじゅうに満ちあふれていた力が、もうどこにもなかった。気づけば目から、涙がぽろぽろあふれていた。

じっとしているうちに、セーター一枚では寒さがこらえがたくなってきた。首をすぼめ、セーターの袖に手をひっこめて、わたしはとぼとぼ歩きはじめた。あれだけ確信していた道のりも、もう定かではなくなっている。もっとまえに右か左に曲がるべきだったかもしれないし、目のまえに見えているカーブの先にはどう道が続いているのか、いつものようにはっきりとは思い出せない。

空の高いところでは星が輝きだしていた。わたしは再び立ちどまり、夏休みにプラネタリウムで覚えた北極星を探そうとした。夜じゅうずっとおなじ場所で光っていて、大むかしの砂漠の旅人たちに帰り道を教えたという星……家の庭から何度も姉とみたことのある星なのに、いまはどんなに目をこらしてもみつけられない。

もしもう一度――歩き出したとき、わたしはこころに誓った。もしもう一度あの車に乗って、家族みんなでおばあちゃんちに行ったり、バッティングセンターでボールを打ったり、デパートに行って食品フロアを歩いたりすることができるのなら、もう二度と車のなかで泣きわめいたりはしない。二度とお姉ちゃんをぶったりしないし、黙っているお父さんをずるだとも思わない。

道はようやく、ゆるいカーブに差しかかりはじめていた。カーブの先には左に折れる道があり、角にはその年できたばかりのコンビニエンスストアが青白く光っていた。そしてその駐車場の一番端に、みなれた深緑色の車が停まっていた。

「なにしてるの？」

ちょうど明るい店内から出てきた姉が、わたしの顔をみておどろいた。

「お父さん、来て。」

姉は半開きになった店のドアの向こうに叫んだ。出てきた父も、わたしをみておなじように目を丸くする。

「歩いてきたの？」

わたしはうなずいた。姉はえーっと大声を出して、持っていた白いビニール袋を振りまわした。

「今日はお母さんと留守番してるはずだったんじゃないの？　ここまで家からひとりで歩いてきたの？　なんで？」

「(4)家からじゃないよ、さっきのあの……」

いいかけて、わたしは姉の格好に気づいた。姉はワンピースを着ていたけれど、その色は覚えていたえんじ色ではなく、青に近いむらさき色だった。うしろに立つ父は、灰色のセーターによれよれのジーンズを穿いていた。ふたりとも、わたしが覚えていた格好とはすこしだけちがっていた。

「お母さんには、ちゃんといってきたのか？」

父が近づいてきて、からだをかがめる。その朝きれいに剃(そ)ったばかりのひげが、鼻のしたにうっすら生えている。

「ここまで歩いてきたのは立派だけど、こんな時間にひとりで出歩いちゃだめだぞ。お父さんたちとここで会えなかったらどうするつもりだったんだ？」

父はわたしの背中を押して、車に向かわせた。12の18。ナンバープレートに並ぶ数字は、わたしの誕生日の日付そのままだった。でも、最後の一桁は7だったはずだ。父がはじめてこの車に乗って家に帰ってきた日、わたしは何度も、「どうしてあと一つちがう番号をもらえなかったの？」と、しつこく文句をいったはずだ。

「お父さん、いつ車の番号変えたの？」

父はわらって、「変えてないよ。」とこたえた。

姉は助手席のドアを開けず、向こうがわに回って後部座席に乗り込んだ。そこにはだれも座っていなかった。置き去りにしてきたはずのポシェットも見当たらなかった。父は車を発進させた。街灯のしたを過ぎていく風景は、ふだんとなにも変わらなかった。住宅街と畑と学校が、覚えている通りの順番に現れる。それはわたしがよく知っている道、完璧に記憶に刷りこんであるいつもの道だった。

カーステレオからは、低いヴォリュームで父のお気にいりのフォークソングが流れていた。姉とわたしはでたらめな歌詞をつけて、大声で一緒に歌った。途中、北極星がみつからないというと、姉はすぐ窓におでこをくっつけて、その小さな白い星を指差してくれた。(5)家に着くまで、わたしは窓越しにずっとその星をみつめつづけた。かぼそい光を強く目に焼きつけた。これから先、またひとりぼっちになることがあっても、二度とその光を見失わないように……。

それから三十年の時間が経って、先月、長らく患(わずら)っていた年上のいとこが亡くなった。葬儀の日、喪服(もふく)すがたでそれぞれの住まいから駅に到着した姉とわたしを、父がロータリーで拾った。父はいま、白いプリウスに乗っている。去年買い替えたばかりだというけれど、シートにはすでに煙草(たばこ)の匂いが染(し)みついている。助手席には母が座り、母のうしろにはわたしが座り、わたしの隣に姉が座る。むかしから変わらない、おなじ位置だった。

葬儀の帰りに思うところあって、わたしは助手席のうしろからあの忘れがたい、不可思議な午後の記憶を三人に話して聞かせた。だれも信じてくれなかった。「夢だろう。」と父はいい、「こわい話ね。」と母はいった。姉は後部座席で半分目をつむりながら、げらげらわらっていた。

わたしの頬のほくろは時を経るにつれすこしずつかたちを変えて、いまではすっかりハート形になっている。

（青山七恵(あおやまななえ)「わかれ道」による）

問1、**よく出る** 本文中の、(a)おろしたばかり、(b)しおらしくの意味として最も適当なものを、それぞれ次のアからエまでの中から選べ。（各3点）

(a)ア、合わせただけ　イ、洗い立て
ウ、使い始めてすぐ　エ、ちょうど良いくらい

(b)ア、あっさりと　イ、あつかましく
ウ、こっそりと　エ、おとなしく

問2、本文中に、(1)まだ赤ちゃんなんだ、と思った。とあるが、「わたし」の気持ちとして最も適当なものを、次のアからエまでの中から一つ選べ。（4点）

ア、決めたとおりに行動できる自分のことを誇らしく思い、無邪気にふるまう子どもたちを幼く感じている。

イ、子どもたちの行動が昔の自分のようで懐かしく思い、店では騒がない自分のことを大人だと思っている。

ウ、人の迷惑を考えない子どもたちを苦々しく思い、お菓子を買うのを我慢した自分の成長を実感している。

エ、ひとりで歩いている自分を頼もしく思い、お菓子を

手にしてはしゃぐ子どもたちを冷ややかに見ている。

問3、思考力 本文中に、(2)二車線の道路の、左側の歩道を歩いた。とあるが、なぜか。その理由として最も適当なものを、次のアからエまでの中から一つ選べ。（4点）

ア、車にはねられないように、明るい店が並び運転手からよく見える左側を歩きたいと思ったから。

イ、父と姉が車から自分を見つけ、声をかけてくれることを待ち受けるような気持ちがあったから。

ウ、父が自分に気づいてくれるか心配で、自分が先に父の車を見つけて合図をしようと考えたから。

エ、ちっとも自分を見てくれていない父と姉に絶対見つからないよう、暗い方を歩きたかったから。

問4、本文中に、(3)周りの景色はぼやけ、お腹の底が冷たくなった。とあるが、このときの「わたし」についての説明として最も適当なものを、次のアからエまでの中から一つ選べ。（4点）

ア、予想外の事態におびえ、すっかり日が暮れたことにも気づいて、寒さと空腹とで急に目がかすみお腹が痛くなっている。

イ、見捨てられるはずはないと思っていたのに、父が自分を完全に無視したとわかり、あまりのショックにあ然としている。

ウ、自分が意地を張ってさえいれば、家族のほうから折れてくれるという見通しが外れ、反省しながらも途方に暮れている。

エ、家族の車が通り過ぎてしまい、そのうえ自分ではない誰かが乗っていたことに衝撃を受け、悲しみと恐れを感じている。

問5、思考力 本文中に、(4)家からじゃないよ、さっきのあの……　とあるが、「わたし」がいいかけてやめたのはなぜか。その説明として最も適当なものを、次のアからエまでの中から一つ選べ。（4点）

ア、父と姉の言うことに逆らうのはまずいと思ったが、二人の態度がさっきと違って優しいことに何かのたくらみを感じたから。

イ、父と姉の言うことがおかしいと思って訂正しようとしたが、二人の姿が自分の記憶と違うことに気づき戸惑いを覚えたから。

ウ、父と姉の言うことを修正しようとしたが、自分の知らないうちに二人が服を着替えていたとわかって返事をためらったから。

エ、父と姉の言うことには納得がいかないと思ったが、自分の記憶が次々と否定されていくため急に自信が持てなくなったから。

問6、難 本文中に、(5)家に着くまで、わたしは窓越しにずっとその星をみつめつづけた。とあるが、このときの「わたし」についての説明として最も適当なものを、次のアからエまでの中から一つ選べ。（4点）

ア、家族のもとに自分を導いてくれる北極星を目に焼きつけ、今後一人になっても、家族がいることのありがたさを決して忘れまいと心に刻んだ。

イ、家族に心配させたことを後悔して、今後は迷わず一人で家に帰れるように、夜空に輝く北極星を決して消えない目印として覚えこもうとした。

ウ、北極星を見つめながら様々なことが起きた一日を振り返って、自分の態度を改めて反省し、悲しいときには今日の星空を思い出そうと決めた。

エ、家への道順をもう一度記憶し直すとともに、家族と一緒に過ごす安心感に浸り、これから先はけんかをせずに仲良くしようと北極星に誓った。

問7、難 この小説の表現の特徴を説明したものとして最も適当なものを、次のアからエまでの中から一つ選べ。（4点）

ア、時間の経過に応じて、鮮やかな色彩と光の描写がちりばめられ、その多彩さが家族と「わたし」の揺れ動く関係を表現している。

イ、明るい場面に暗い内心を、暗い場面には星の光を取り合わせ、その明暗のコントラストが「わたし」の心の矛盾を表現している。

ウ、少女の複雑な内面を一人称視点で描き出し、華やかな色彩と光の描写によって、繊細な「わたし」にひそむ不安を表現している。

エ、場面の変化に伴い周囲の光の描写が変化し、その推移が「わたし」の心情と重なって、主人公の気分の浮き沈みを表現している。

東京都立産業技術高等専門学校

時間 50分　満点 100点　解答 P64　2月14日実施

出題傾向と対策

●漢字の読み書き、国語知識、小説文、論説文（省略）の四題構成。漢字の読み書きと国語知識は基本～標準レベルが大半だが、出題範囲が幅広いのが特徴。小説文と論説文のレベルも標準だが、記述問題が少ないためか、課題文はいずれも長く、設問も全体的にやや難しめである。

●漢字と国語知識は取りこぼしがないように、日ごろから授業だけでなく問題集などにもあたっておくこと。小説文と論説文は、長文を読み切るための「読解体力」を養うために過去問および長文の問題をこなしておくこと。

注意　答えは、特別の指示のあるもののほかは、各問のア・イ・ウ・エのうちから、最も適切なものをそれぞれ一つずつ選んで、その記号を記入しなさい。また、答えに字数制限がある場合には、、や。や「なども それぞれ一字と数えなさい。

一 漢字の読み書き　よく出る　基本

次の各文の――を付けたかたかなの部分に当たる漢字を楷書で書きなさい。

(1) もうすぐ桜のキセツがやって来る。
(2) 問題はスミやかに解決された。
(3) 専門家のチュウコクに耳を傾ける。
(4) 長年のコウロウに報いる。
(5) コントローラーを巧みにアヤツる。
(6) 交渉にあたってフクアンを用意しておく。
(7) 話のスジを追いながら長文を読解する。
(8) 迷惑をかけた方に心からシャザイした。
(9) 自らを厳しくリッする。
(10) 辞書をザユウに備えている。

二 漢字知識・漢字の読み書き・文・品詞識別・敬語・古典知識　よく出る

次の各問に答えなさい。

〔問1〕次の漢字を楷書で書いたとき、総画数の最も多いものはどれか。

ア、辺　イ、両　ウ、吸　エ、卵

〔問2〕基本　次の各文の――を付けた部分を全て（　）の中にひらがなで書いたとき、適切でないのはどれか。

ア、仕事が滞っている。（とどこうって）
イ、両手で顔を覆っている。（おおって）
ウ、宿題を放って遊びに行く。（ほうって）
エ、水道管が凍って水が出ない。（こおって）

〔問3〕「雨が降ってきましたが、試合を続行します。」の「雨が降ってきましたが」を単語に区切ったとき、適切なのは次のうちではどれか。

ア、雨／が／降って／きま／した／が
イ、雨／が／降っ／て／きま／した／が
ウ、雨／が／降って／き／まし／た／が
エ、雨／が／降っ／て／き／まし／た／が

〔問4〕次の各文の――を付けた語のうち、「誰もが安全に暮らせるまちづくりを推進する。」の「安全に」と品詞が同じなのは次のうちではどれか。

ア、食後はいつも眠くなる。
イ、彼の様子が少し変だった。
ウ、急がずにゆっくり歩いていこう。
エ、祖父の言葉に大きな影響を受けた。

〔問5〕基本　次の場面における敬語の使い方として、最も適切なのは次のうちではどれか。

場面　運動会でお世話になった地域の人の家を訪ねた生徒会会長が、校長先生からの伝言を伝えるとき。

ア、明日には、校長も御礼に伺いたいと申しておりました。
イ、明日には、校長も御礼に参りたいとおっしゃっておられました。
ウ、明日には、校長も御礼にいらっしゃりたいと承っておられました。
エ、明日には、校長も御礼にお越しになりたいとお話しになっておりました。

〔問6〕「東風吹イテレ雨ヲ過グ二青山ヲ一。」の書き下し文として正しいものはどれか。

ア、青山を東風吹いて雨を過ぐ。
イ、青山を過ぐ東風雨を吹いて。
ウ、東風雨を吹いて青山を過ぐ。
エ、東風吹いて雨を過ぐ青山を。

三 （小説文）漢字の読み書き・内容吟味

次の文章を読んで、あとの各問に答えなさい。（＊印の付いている言葉には、本文のあとに〔注〕があります。）

六年生の武市陽太（たけいちようた）は、「一緒に折り紙しよう」という看板に印刷された折り紙のドラゴンの写真に心をひかれ、近所の大学に行った。大学生対象と言われ陽太は歓迎されなかったが、小さい頃折ったくす玉を思い出し、家で作り始める。数日後、陽太はこの前会場にいたもじゃもじゃ頭の大学生に出会い、「小学生も大歓迎」と書かれた「折り紙探検隊」のチラシを手渡された。陽太は通りかかった同級生の宝田（たからだ）ほのかと一緒に土曜日に行く約束をし、作りかけのくす玉を夢中になって仕上げた。

久しぶりの折り紙に熱中したよろこびがまだ指先に残っていて、陽太はもっとたくさん作りたいと心から思った。

翌日は、チラシに載っていたドラゴンを見よう見まねで折ってみようと思いついた。折り目を観察してから、まだ余っている新聞チラシの中から少し大きめの正方形を切り出した。そうして、ドラゴンのかたちを想像しながら、折ってみる。とっかかりとして、ばあちゃんに教えてもらった折り鶴を思い出し、そこからどのように足を作り出すのか、考える。

角は？　羽は？　尻尾（しっぽ）は？

実物の写真と見比べながら、試し試しに折ったり、戻したり。だけど、展開図を知らないから、どうしてもうまいかたちに折り出せない。くしゃくしゃのチラシ折り紙は、ところどころ破けてしまう。結局、ドラゴンにはほど遠い、へんてこな三角形もどきしかできない。

　ああ、どうやったら、これが作れるのだろう！

　折り方を知りたい！

　くす玉作りのおかげで、心の中に折り紙エンジンがかかったようだった。折りたくて折りたくてたまらない。こんなに何かをやりたいと思ったのは、生まれて初めてかもしれない。

　それから土曜日まで、陽太はいつも折り紙のことを考えて過ごした。もじゃもじゃ頭にもらった、折り紙探検隊のチラシを、陽太はことあるごとに広げて見た。ドラゴンの写真は陽太の気持ちを明るくした。*アリーの物語を思い出す。アリーとドラゴンは分かり合えたのだろうか。いつもなら続きを知りたくて図書館に行くのだが、折り紙をしたいので、最近は学校から家にまっすぐ帰っていた。

　学校で、余っている計算用紙をもらって、それも正方形に切り出して、折ってみた。いつか、ドラゴンを作りたい。陽太は、できればチラシの中のドラゴンを、裏側からも、真上からも、真下からも、探りたかった。どんなふうにして、このかたちが成り立つのだろう。(1)紙だけで、こんなに複雑でかっこいいものを作れると思うと、陽太はわくわくしながらも、どこか神秘的な気持ちになった。

　いよいよ土曜日がやってきた。

　陽太は手提げバッグに作ったばかりのくす玉をそーっと入れて、百円玉を片手の中にぎゅうと握り、約束していた時間に大学に向かった。
　(2)先に待っていたほのかを見つけるなり、
「これ」

と言って、陽太は手提げからくす玉を出し、見せた。折り紙探検隊の教室まで行くのが待ちきれなかったのだ。

　はたしてほのかは、

「うっそー！　すごいじゃん！　武市が作ったの？」

　母さん並(な)みに、驚いてくれた。うれしくて、陽太の心はむずむずし、はやくドラゴンを作って、それを見せて母さんやほのかをもっともっと驚かせたいと、心をふくらませるようにして思った。

「これ、自由工作に、出そうかな……」

　つぶやくように言ってみたら、ほのかの顔が輝いた。

「ゼッタイ出すべき！　藤岡先生も、びっくりするよ。また、職員玄関の前に(a)飾られるね。だって、超上手だし、こんなの誰も作れないもん」

「宝田さんも、作れる」

「え？　ほんと？　じゃあ作りたい」

「作れる」

「どうやって作ればいいの。教えて」

「これ、三十四枚、折り紙を使う」

「折り紙ならたくさん持ってきたよ」

　ほのかが自分のバッグから折り紙を見せた。「教育おりがみ」とかいてある束を見て、陽太は目を丸くする。

「それだけあれば、作れる。けど、部品を糸で、糸でつなぐところが、少し難しい。そこだけ。針が紙を破くから、そこは、気をつけたら」

　複雑な説明だったけど、なんとか伝えられたことで、陽太はほっとした。

「じゃあ、糸でつなぐところだけ、武市がやってくれる？」

　ほのかに頼まれて、陽太は「わかった」と頷(うなず)く。

「ありがとう。でも、うちにできるかな。武市みたいに、上手じゃないし」

　歩きながらほのかが声のトーンを落とした。

　陽太は、ほのかが自信のなさそうなことに(b)戸惑った。ほのかはクラスの誰よりも頭が良く、授業で誰よりもたくさん発言するし、自分の意見をいつでもしっかり言葉にできるのだ。それは陽太にとって、眩(まぶ)しく清らかな姿だった。

「宝田さんなら、なんでもできる」

「ええー、そんなことないよ。うち、バカだし」

「宝田さんは、なんでもできる」
　(3)心をこめて言うと、目の前にいる少女の瞳(ひとみ)の奥に何かが過(よぎ)った。うずまきのように素早い、かすかな光だった。奇跡のような、尊いものを見た気がして、陽太は一瞬、息をのむ。それは、彼女の瞬(まばた)きの中に溶けてゆく。
「じゃあ、やってみる」

　光を得たような、少し濡(ぬ)れた目をしてほのかは言った。

「武市、ありがとう」

　その言葉を聞いて、陽太は、今日はとってもいい日だと思った。

　折り紙探検隊は、夏休みに来た時と、まるで様変わりしていた。

　児童館や公民館などにチラシを貼り出していたらしい。たくさんのちびっこや、付き添いのお母さんで賑(にぎ)わっている。

　陽太にチラシをくれたもじゃもじゃ頭は、クリスマスパーティのようなぴかぴかした素材の赤い三角帽をかぶっていて、「折り紙のお兄さん」と呼ばれ、子どもたちに慕われていた。もじゃもじゃ頭だけでなく、このあいだいた、背の高い銀縁眼鏡のお兄さんも、ぽっちゃりしたお兄さんも、同じく赤い三角帽をかぶっていて、子どもたちに囲まれている。

　ぽっちゃり兄さんは、陽太を見ると、

「おーい、君、この前の子どもだよね」

　遠くから手招きしてくれた。近づくと、

「あの時は、なんかショボい企画になっちゃったから、ごめんな。今日は、ネズミを作るコースと、ゾウを作るコースがあるけど、どっちがいい？」

と、この間の不機嫌とは打って変わった明るい口ぶりで訊(き)いてくれる。

「ドラゴン」陽太は言った。「この、チラシの。これを、作りたい」

「えっ、まさかのドラゴン指名。いやあ、これはちょっとまだ無理かもしれませんねえ」

　近くにいた銀縁眼鏡が、笑いながら言った。

「なんで無理なんですか⁉」

　怒ったように、ほのかが口を(c)挟む。銀縁眼鏡は、

「これはですねえ、見ての通り難易度がけっこう高いんですよ。二百以上の工程かけて作るわけです。イグアナを五体作った私でも、このドラゴンの頭部の仕上げはなかなか手こずりましたから。(4)まあ、作ったは作りましたし、展

示会にも出しましたけど、いまいち納得のいっていない出来映えでした」

早口だったし、内容も暗号のように謎めいて聞こえたが、とにかく今の自分の実力では作れないと言われていることだけは分かった。

「じゃあ、この写真のドラゴンはあなたが作ったんですか」

ほのかが、銀縁眼鏡に訊ねると、

「いや、これは私ではないです。私はこんなに仕上げが上手ではなかったので、この作品は、あそこの、彼です」

銀縁眼鏡は、遠くで幼稚園児たちに折り紙を教えているもじゃもじゃ頭を顎で指した。

あの人が、ドラゴンを作ったのか！

陽太の目に、もじゃもじゃ頭が、急に、眩しく輝いて見えた。

「おれ、いつになったら、作れますか」

陽太は銀縁眼鏡に訊いた。

「いつといいますと、まあ、べつに、小学生でも作れないことはないんですが、仕上げとかは、やはりある程度の経験値が必要だと思います」

「はあ……」

陽太はうなだれた。

「折り紙というのは、折り上げる技術と同じくらいに仕上げが大切だというのが私の考えです」

「てゆうかさ、君は何か複雑系*、作ったこととかあるの」

ぽっちゃり兄さんが訊いてくる。

ほのかが、

「あれ、出しなよ」

と陽太を肘でつついた。

「あれって……？」
(5)陽太がまだぼんやりしていると、たまりかねたと見えてほのかが陽太の手提げバッグをひっぱり、そのひっぱり方とはうらはらに、繊細な手つきで、そうっと、陽太が作製したくす玉を取り出した。
「おおー！」

銀縁眼鏡が、大きな声を出し、周りもみんな陽太たちを見た。すぐそばで、他の子どもの相手をしていたぽっちゃり兄さんも聞きつけて、陽太のくす玉を見た。

銀縁眼鏡がくす玉を、ほのかと同じく優しい手つきで触り、細部を確認するようにじろじろと見ている。ぽっちゃりが、横から、

「へえ、やるじゃん。このくす玉なかなか難しいやつだ。紐までつけたのか。本格的だな。君、幾何*のセンスがあるかもね。それに、ユニット*ひとつひとつがすごく丁寧に仕上げられてる。これ、全部、ひとりでやったの？」

と言い、

「小学生でここまでやれるって、なかなかの才能ですな」

銀縁眼鏡も認めてくれた。

いつの間にか、もじゃもじゃ頭もそばにいて、

「複雑系折り紙に興味ある？」

と陽太に訊いてくれた。

「ある！」
(6)陽太は自分でも驚くくらい大きな返事をしていた。

（朝比奈あすか「いつか、ドラゴン」による）

〔注〕アリーの物語――陽太が図書館で読んでいる少年アリーとドラゴンの交流を描いたファンタジー小説。
複雑系――紙だけを用いて複雑で立体的な形を造型する折り紙のこと。
幾何――図形の性質などに関する数学の一分野。
ユニット――ある組織を構成する基本的な一まとまり。

〔問1〕よく出る 基本　本文中の――を付けた(a)〜(c)の漢字の読みを書きなさい。
(a)飾られる　(b)戸惑った　(c)挟む

〔問2〕(1)紙だけで、こんなに複雑でかっこいいものを作れると思うと、陽太はわくわくしながらも、どこか神秘的な気持ちになった。とあるが、「陽太」が「わくわくしながらも、どこか神秘的な気持ちになった」わけとして最も適切なのは、次のうちではどれか。
ア、紙だけを何度も折り続ければやがてドラゴンになると思うと、自分でも心がときめいてくる一方で、最後まで紙が破れないでほしいと祈るような気持ちになってきたから。
イ、紙だけを使って憧れのドラゴンが作れると思うと、自分にもできるかもしれないと胸が高鳴る一方で、紙を折っただけとは信じられないようなドラゴンの姿に魅了されたから。
ウ、紙だけで複雑なドラゴンを折ることができたかと思うと、自分を信じる気持ちが湧き上がってくる一方で、偶然に仕上がったのは運にも恵まれたからだと感じられてきたから。
エ、紙だけで展開図など知らなくてもドラゴンが作れたと思うと、自分の手柄のような気がして満足感に浸る一方で、いろいろな折り方ができる折り紙の奥深さに厳かな印象をもったから。

〔問3〕(2)先に待っていたほのかを見つけるなり、「これ」と言って、陽太は手提げからくす玉を出し、見せた。とあるが、この表現から読み取れる「陽太」の様子として最も適切なのは、次のうちではどれか。
ア、くす玉を一人で作ったと言ってもほのかは信じないかもしれないと思って、恐る恐る取り出している様子。
イ、くす玉の形が崩れないうちに見てもらわなければ価値がないと思って、気持ちばかりが先走っている様子。
ウ、くす玉程度の作品は折り紙探検隊の教室では自慢できないと思って、今ここで見せようと急いでいる様子。
エ、くす玉を目にすればほのかはきっと感激してくれるだろうと思って、早く見せたいと意気込んでいる様子。

〔問4〕思考力　(3)心をこめて言うと、目の前にいる少女の瞳の奥に何かが過った。うずまきのように素早い、かすかな光だった。奇跡のような、尊いものを見た気がして、陽太は一瞬、息をのむ。それは、彼女の瞬きの中に溶けてゆく。とあるが、この表現について述べたものとして最も適切なのは、次のうちではどれか。
ア、陽太の指摘にたじろいだ瞬間のほのかの心の動揺を瞳の中に徐々に広がっていくかのように表現することで、感受性が豊かなほのかの性格が描かれている。
イ、陽太の優しさに慰められた瞬間のほのかの心の安らぎを瞳の中に確かめるかのように表現することで、相手の身になって考えることの大切さが描かれている。

ウ、陽太の思いが届いた瞬間のほのかの心の動きを瞳の中に映し出されているかのように表現することで、互いの気持ちが通じ合おうとしている場面が描かれている。

エ、陽太の助言を受け入れた瞬間のほのかの心の成長を瞳の中に探し出そうとするかのように表現することで、二人の結びつきが一層強まっていく気配が描かれている。

〔問5〕(4)まあ、作ったは作りましたし、展示会にも出しましたけど、いまいち納得のいっていない出来映えでしたとあるが、ここでいう「作ったは作りました」の意味に最も近いのは、次のうちではどれか。

ア、思いがけなく、制作に時間がかかったということ。
イ、くじけることなく、何度も挑戦してきたということ。
ウ、いろいろ苦心して、なんとか形にしたということ。
エ、趣向を凝らして、自分の方法で完成させたということ。

〔問6〕**思考力** (5)陽太がまだぼんやりしていると、たまりかねたと見えてほのかが陽太の手提げバッグをひっぱり、そのひっぱり方とはうらはらに、繊細な手つきで、そうっと、陽太が作製したくす玉を取り出した。とあるが、この表現から読み取れる「ほのか」の様子として最も適切なのは、次のうちではどれか。

ア、くす玉のことをなかなか思い付かない陽太を待ちきれず、すぐにみんなに見せたいと急ぎながらも、くす玉を大切に扱おうと慎重になっている様子。

イ、気弱な陽太には任せておくことができないので、自分が作ったことにしてしまおうと考え、気付かれないうちにくす玉をこっそり差し出している様子。

ウ、陽太がもったいぶってなかなかくす玉を出そうとしないことにいら立ち、みんなが注目するなか陽太に代わり、得意げにくす玉を持ち出している様子。

エ、いつまでもくす玉に自信をもてない陽太とは対照的に、みんなが触りたがるに違いないと確信していたので、くす玉を壊されないよう用心している様子。

〔問7〕(6)陽太は自分でも驚くくらい大きな返事をしていた。とあるが、このときの「陽太」の気持ちに最も近いのは、次のうちではどれか。

ア、折り紙の技量を見下していた大学生たちを見返してやったばかりか、もじゃもじゃ頭と競い合うことになったので、ドラゴン作りで鼻を明かしてやろうと気合いが入っている。

イ、くす玉の出来によって大学生たちに技量が認められたことに加えて、尊敬するもじゃもじゃ頭にも声を掛けられ、いよいよドラゴンが作れるかもしれないと気負い立っている。

ウ、狙い通りくす玉に話題を集中させることができたので、なるべく目立つようにもじゃもじゃ頭に返事をして、ドラゴンを作るチャンスを確実にしようと気力を振り絞っている。

エ、もう少し経験を積んでから複雑系を折ってみたいと思い始めた矢先に、もじゃもじゃ頭から挑発され、作れるはずもないドラゴンに挑むことになってしまい気が動転している。

四

(省略)本川達雄「生きものとは何か　世界と自分を知るための生物学」より

私立高等学校

愛光高等学校

時間 60分　満点 100点　解答 P65　1月18日実施

出題傾向と対策

●現代文二題、古文一題の大問三題構成は例年どおり。漢字の書き取り、熟語や慣用句などの知識問題と、選択肢による読解問題、字数指定のない記述問題も同様。記述は、字数指定がない分、ポイントを的確に捉える必要がある。古文は本文が平易になった反面、設問が難化した。

●要旨や主題、心情を簡潔にまとめる学習と、語彙力アップは不可欠。論説文は「筆者の主張」を的確に理解し、キーワードを用いてまとめていく練習はもちろん、字数指定のない記述問題への慣れが肝要。

一 (論説文)漢字の読み書き・内容吟味・語句の意味・主題

次の文章を読んで、後の問いに答えなさい。

ここまで私たちは、事実として述べられた主張と考えとして述べられた主張（推測と意見）を区別してきた。だが、読者の中には、事実と考えがそんなに明確に区別できるのだろうかという疑問を抱いた人がいるかもしれない。そして私はその疑問は正しいと言いたい。とはいえ、前節で述べてきたことを[a]てっかいするというわけではない。事実として主張されているのか考えとして主張されているのかは区別しなければいけない。しかし、そこにはもっと[b]しんこくな問題が潜んでいる。

実は、こうした区別のだいじさを教えることはいまやまったく目新しいものではない。平成二十年の指導要領でも、小学五年生と六年生で事実と意見の区別を教えることとされている。おそらく①そうした流れの嚆矢（こうし）となったのは、一九八一年に出版され、現在も読まれ続けている木下是雄『理科系の作文技術』（中公新書）ではないだろうか。その本の第七章は、「事実と意見」と題されており、その冒頭でこんな話が紹介されている。――アメリカで小学生用に編集された言語技術の本があり、あるときその一冊を開いてみた。小学五年生用である。そこに、次のような例文が挙げられていた。

ジョージ・ワシントンは米国の最も偉大な大統領であった。

ジョージ・ワシントンは米国の初代の大統領であった。

これに関してどちらが事実を記述したものか、事実と意見はどう違うか、といった質問が出されている。「偉大な」というのは意見であって事実ではない、というわけである。木下氏はこれを読んで衝撃を受けたという。これにかぎらず、この教科書のシリーズではさまざまな箇所で事実と意見に関する区別が教えられていた。そしてこのことを受けて、木下氏は事実と意見を区別することの重要性を説くのである。

私も事実と意見を区別することの重要性には同意する。すでに述べたように、自分の意見にすぎないことを事実として主張するのは、[c]さぎである。しかし、『理科系の作文技術』が自然科学の論文作法を教える本だということを忘れてはならない。自然科学であれば、事実を述べようとする主張と意見を述べる主張はかなり明確に区別できるだろう。だが、②自然科学以外では必ずしもそうはいかない。

ここで、木下氏がアメリカの教科書を引き合いに出していたのに対抗するというわけではないが、日本の中学二年生用の教科書『新編新しい国語2』（東京書籍）に掲載されている香西（こうざい）秀信「『正しい』言葉は信じられるか」を紹介してみたい。単純に「事実と意見を区別せよ」と[d]さとすのではなく、むしろ「事実」とは何なのだろうと考えさせる文章である。

香西氏は次の二つの新聞報道を提示し、比較するように求める。

［A新聞］　○○大臣を取り囲んだ市民から、多くの質問や疑問の声があがったが、大臣はそれを平然と無視した。

［B新聞］　○○大臣を取り囲んだ群衆から、多くの罵声が浴びせられたが、大臣は冷静さを失わなかった。

そしてこの二つの書き方について香西氏は「どちらが事実か、と問うことは意味がない」と述べる。どちらもまちがいではない。しかし、③与える印象は正反対と言ってもよい。

香西氏の示したような事例はけっして珍しいものではない。例えば、辺野古（へのこ）への基地移設問題について最高裁が結論を下した。それに対して、読売新聞は「辺野古訴訟　国勝訴確定へ」と一面に大きく見出しを掲げ、毎日新聞は「辺野古訴訟　沖縄県の敗訴確定へ」と掲げた。もちろん、それは「国の勝訴」であり、同時に「沖縄の敗訴」である。しかし、新聞社はどちらかを選ばねばならない。読者は、そこに④新聞社のまなざしも読み取るべきだろう。

このような事態を前にすると、単純に「事実と意見を区別すべし」と言って済ますことはできなくなる。どんな事実描写も必ず特定の見方のもとにある。自然科学では基本的な考え方が共有されているために、特定の見方のもとで事実を捉えていることはあまり問題になってこないかもしれない。しかし、私たちの生活に関わるさまざまな事実、人物や社会についての、あるいは[e]ごらくや芸術についての多くの事実は、単一の見方のもとで安定しているわけではない。そこには複数の見方があり、事実は多面的なものである。

として現れるのである。

私たちはそれを「ものは言いよう」という言葉で言い習わしてもきた。あるいは、「よく言えば……、悪く言えば……」のような言い方もする。例えば、「トビオはよく言えばマイペースだが、悪く言えば空気がよめないやつだ」のように。

では、⑤私たちは「よくも悪くもない」中立な描写以外は事実描写として認めてはならないのだろうか。私はそうは思わない。自然科学であればそれでよいかもしれない。しかし、私たちの生活に関わる多くのことがらは一面的な記述にとどまるものではない。どんな事実描写もなんらかの「言いよう」のもとにあり、複数の「言いよう」のもとにある。ただ一つの客観的事実とそれをめぐる複数の主観的意見があるというのではない。私たちはむしろ事実そのものの多面性を認めねばならない。そして、事実の多面性を認めた上で、その危険性についても十分に理解しておく必要がある。

自分の見方を絶対視して一面的に決めつけてしまうのではなく、他の見方はないか、事実の多面性に対する感受性を鋭敏にしなければならない。⑥そのためにも、一つのものごとをさまざまに表現する国語力が要求される。

（野矢茂樹『増補版　大人のための国語ゼミ』　※本文を改めた部分があります。）

問一、**よく出る** **基本** 二重傍線部a「てっかい」、b「しんこく」、c「さぎ」、d「さとす」、e「ごらく」を漢字に直しなさい。送りがなの必要なものはそれも書きなさい。

問二、傍線部①「そうした流れの嚆矢」とありますが、ここではどういうことを言っていますか。その説明として最も適切なものを、次の中から一つ選び、記号で答えなさい。

ア、事実と意見との違いは、小学生であっても理解できると考える人が増えるようになっていくいきさつ。
イ、事実と意見とを明確に区別することなどできるのだろうかと、人々が疑問を持つようになっていく原因。
ウ、事実を述べる時に、それが推測なのか、個人の主張なのかの区別を大切にするようになっていく出発点。
エ、事実と意見との区別をしながら、述べられた主張に接していくことを人々が重視するようになっていくきっかけ。
オ、事実と意見を区別することの重要性を、大人はともかく子供に対してだけでも教えるようになっていく前触れ。

問三、**基本** 傍線部②「自然科学以外では必ずしもそうはいかない」とありますが、ここではどういうことを言っていますか。その説明として最も適切なものを、次の中から一つ選び、記号で答えなさい。

ア、自然科学以外の分野では、時として事実と意見との区別を重要視しないことがあるということ。
イ、自然科学以外の分野では、常に事実と意見との境界線がぼんやりとしか存在しないということ。
ウ、自然科学以外の分野では、いつも事実と意見とをはっきりと区別できるとは限らないということ。
エ、自然科学以外の分野では、必ず事実と意見とを明確に分けて考えなければならないということ。
オ、自然科学以外の分野では、決して事実と意見とを明確に区別することはできないということ。

問四、傍線部③「与える印象は正反対」とありますが、それぞれの新聞から人々が受ける印象として、最も適切なものを、次の中から一つ選び、記号で答えなさい。

ア、A新聞では人々の意見を聞き入れない様子が描かれることで、大臣が冷淡な人間であるという印象を受けるのに対し、B新聞では人々の罵声にも毅然と対処する様子が描かれることで、大臣が落ち着いた人間であるという印象を受ける。
イ、A新聞では人々の意見を上手に受け流している様子が描かれることで、大臣が世渡りに慣れた人間だという印象を受けるのに対し、B新聞では人々からの罵声を浴び続ける様子が描かれることで、大臣が頼りない人間だという印象を受ける。
ウ、A新聞では市民から上がる声に堂々とした態度で対応をする様子が描かれることで、大臣に余裕があるという印象を受けるのに対し、B新聞では罵声にも冷静さを保つ様子が描かれることで、大臣が人の話を聞かない人間であるという印象を受ける。
エ、A新聞では大臣に声を上げる市民の様子が描かれることで、人々がまとまって行動しているという印象を受けるのに対し、B新聞では大臣に罵声を浴びせる群衆の野蛮な様子が描かれることで、人々が無秩序に行動しているという印象を受ける。
オ、A新聞では大臣にあまり激しい意見を言わない様子が描かれることで、人々が冷静に行動しているという印象を受けるのに対し、B新聞では罵声を浴びせるほどに激しく意見を言う様子が描かれることで、人々が怒りに我を忘れているという印象を受ける。

問五、**思考力** 傍線部④「新聞社のまなざしも読み取るべきだろう」とありますが、ここではどういうことを言っていますか。説明しなさい。

問六、**思考力** 傍線部⑤「私たちは『よくも悪くもない』中立な描写以外は事実描写として認めてはならないのだろうか。私はそうは思わない」とありますが、筆者がこのように言うのは、私たちの生活に関わる事実がどのようなものだと考えているからですか。説明しなさい。

問七、**よく出る** 傍線部⑥「そのためにも、一つのものごとをさまざまに表現する国語力が要求される」とありますが、筆者は、どういうことが言いたいのですか。その説明として最も適切なものを、次の中から一つ選び、記号で答えなさい。

ア、一つのものごとには様々な見方があり相手がそれについてどう考えているかはわからないので、自分の見方をしっかりと相手に伝えられるようになるためにも、相手の考えを尊重しながらものごとを表現する力を身に付けていくべきである。
イ、表現された事実は人々のいろいろな見方を含んでいるので、あるものごとについて自分が今見ている以外の見方がないか常に注意を払えるようにするためにも、自身も同じ一つのことを多様なことばを用いて表現する力を身に付けていくべきである。

ウ、事実には絶対的な一つの表し方というものはそもそも存在しえないので、自分が何かを言い表すときには多くの人が納得できるようなものにするためにも、常に中立の立場に立ってものごとを表現できる力を身に付けていくべきである。

エ、事実とは複数の見方が重なり合うことで構成されているものであるので、その本質にある客観的事実を見出すことのできる国語力を育んでいくためにも、ものごとを筋道立てて考えるための論理的思考力を身に付けていくべきである。

オ、一つの客観的事実に対して人はそれぞれの意見や見解を持つようになるものなので、その一つ一つについてどのような見方で捉えているかを知るためにも、一つのものごとをそれぞれの場面に応じて言い表す力を身に付けていくべきである。

二 (小説文) 熟語・語句の意味・内容吟味

次の文章を読んで、後の問いに答えなさい。

> 肺炎を患う妹の薬代を工面するため、兄弟は父の言いつけで包みを持って父の馴染みの酒場へと赴いたが、包みに入った米は金には換えられない代物だと酒場の亭主から包みを突き返され、兄弟は金を受け取ることができなかった。しぶしぶ帰る道すがら、どこからか木犀の甘い香りが漂ってきた。兄は弟に木犀の花を持ち帰ろうと提案し、包みを置いて二人で木犀のありかを懸命に探したが、見つからない。

「ここはどこだろう」

兄の a語尾がふるえていた。あたりの家並はまったく見おぼえがない。月の光をあびて黒々としずまりかえっている家は、うずくまった獣のかたちに似ていた。弟は夜の光が露わにしたこの異様な世界のたたずまいに酔った。

「え？」

「いや、何でもない」

と弟は b口ごもった。目のまえに出現した夜景の珍しさを再び兄に語ろうとしかけて、そのとき自分の見ている物を兄もまた必ずしも見ているとは限らない、ととっさに理解したのである。彼は、え？ と応じた兄の口調に不安といらだちしか感じとることができなかった。

兄弟は同時に軒下の暗がりをうかがった。あらあらしい息づかいがそこからきこえてきた。目が闇になれると、数匹の野犬が何かを喰いちぎっているのが見えた。うち一匹が頭をあげて光る目を兄弟にむけた。二人は犬の目をみつめながらそろそろと後ずさり、何気ないふうを装ってまわれ右をし、背が鋭い牙で裂かれるような感覚をおぼえた瞬間、cいっさんに走りだした。

曲り角をどう曲ったものかおぼえていない。五、六匹の獰猛な野犬が牙をむきだして背後に迫っていると思われた。夢ではいつもこうして何か兇暴なものに襲われ、ひたすら逃げているのを弟は思いだした。夢ならば空中を飛ぶこともできる。しかしこの重い躰。彼は今が夢でなく、現実に〝何か兇暴なもの〟が襲いかかろうとしていることを痛切に思い知った。もう駄目だ、息がつけなくなって弟はそこに倒れ、手にふれた石をつかんで身がまえた。うしろの犬は思ったよりみすぼらしい痩せ犬で、しかも一匹だけである。

彼が立ちあがって石をふりあげると、犬は尾をたれ、あわれっぽく鼻をならして弟の足をかいだ。

そこはさっき二人が包みをおいた所だった。

「無い」

兄が悲鳴をあげた。それは防火用水槽のかげから消えている。

「別の場所だったかもしれない」

家々の軒下に一個はある水タンクのかげを二人は残らずさがした。それはなかった。

「帰ろう」

弟は兄をうながした。結局こうなるよりほかはなかったのだ。弟は木犀がふたたび闇の奥で搏動をうつように強く匂うのを感じた。月の光が木犀の匂いのために冷たく凝結したようにでなく、さざなみだった水のように見える。兄がふるえながらつぶやいた。

「まっすぐ帰ればよかったんだが」

目のまえに母が現れた。弟が母を認めるまえに兄は母にとりすがってすすり泣きはじめた。そうして酒場での dてんまつを報告した。

母は慰めるように兄の背をさすり、うなずいている。

①弟はなかばあっけにとられ、泣きだしたい感情がみるみる失せていくのをおぼえた。母を街角に見出したせつな、彼も兄と同じく母に躰を投げかけて泣きたいという衝動にかられたのだが、兄はわずかに早く弟をぬいていたのだった。

弟はちょうど出征の日、父の壮行の挨拶が終るのを巧みに見はからって兄がだれよりも早く、万歳、とさけんだときのことを思いだした。あのときも彼は兄に先をこされてひるんだのだった。

落胆がしかし今は何か別のものに少しずつ変質してゆく。兄とともに母に抱かれていたら、店でのはずかしめも木犀のもたらした昂奮も犬におそわれた恐怖も包みを盗まれた失望も、そのすべてを母の暖いふところで優しくいやされただろう。

兄がにわかに顔をあげ母につげるのをきいた。

「女の人が桃を出してくれたけどね、食べなかったよ」

そのとき弟の内部で落胆は怒りに変った。

——は、と兄は弟の名前をいった。

「手を出して取ろうとしたけれどぼくはやめさせたんだ」

「②嘘だ、食べたんだ、食べてやったんだ」

弟はさけんだ。

その瞬間、あれほど食べたいと思っていた桃、店を出てからも彼を無念がらせた一個の白桃が、きゅうに彼のきらいな青臭いリンゴに変ったようだった。彼は激しい解放感をおぼえた。それと同時に怒りがますます強く彼の内でふくれあがった。彼は荒れ狂う怒りの発作にかられて足踏みした。

「食べたとも、兄さんの知らないうちに食べてやったんだ。ふん何だ。あんなもの」

③兄はけげんそうに弟を見た。

「嘘をつけ」

「食べてやったんだよ」

このいうにいわれぬ快感は嘘をつくこと以外から来るとは思えない。ふと父の姿がうかんだ。わが家の暗い電燈に新聞をかざして父は今も〝マックめの占領政策〟にぶつぶついっているだろうか。

そこまで考えたとき、弟の怒りはしだいにひえびえとしたものに変るのを意識した。店での一部始終は自分がよく知っている。兄よりも詳しく見ていたのだから、弟はそう考えた。なぜかそう確信できた。

だとすれば父に報告するのは母ではいけなくて、④まして兄ではなおさら駄目であり、自分でなければならない。父は失望するであろうが、兄や母がつげるより自分の報告が父の失望をかるくすると信じられた。

父は木犀をさがしてうろついたことも許してくれるだろう。許さないとしてもそれを理解し、叱ることはよもやないだろう。よし、叱られるとしても自分は男らしく罰をうけよう……。兄のすすり泣きはまだ終ることのないようにつづいていた。⑤しらじらしいものを聞く思いで弟は兄の声を耳にしていた。

弟はすでに父が、出征の日、万歳、といわなかった自分を初めから憎んでなどいなかったと考え、母たちを後に家へ走りはじめた。黒い眼帯をかけたような家々の壁に、木の影が網目模様を織った。それはまた道路をまだらにいろどって縞馬の腹のように見せていた。今、彼のまえにひろがっているのは、さっき彼を酔わせた月の光によって変貌した街だった。

彼はなぜ昼の風景と似ても似つかぬ夜の世界が、自分をこれほどまで有頂天にさせるのか理解できかねた。しかし、この異質の美しさを兄に説明しかけてやめたのは正しかったとしても、父が自分の話をきいて自分の感じたように夜の世界を素晴しいと見るかどうかはあやしいものだった。

⑥はたと少年は走るのをやめた。そこはもう母たちからもそしてまだ家からも十分に遠かった。

（野呂邦暢『白桃』※本文を改めた部分があります。）

問一、**よく出る** 次のそれぞれの問いに答えなさい。

1　二重傍線部a「語尾がふるえていた」・b「口ごもった」・c「いっさんに走りだした」のここでの様子の説明として最も適切なものを、次の中から一つずつ選び、それぞれ記号で答えなさい。

a「語尾がふるえていた」
ア、道に迷った事実を何とかして弟に隠そうと、意地を張っている様子。
イ、弟の前で兄としての面目を失って、暗闇の中途方に暮れている様子。
ウ、暗い中見知らぬ場所に迷い込んだ不安から、落ち着かない様子。
エ、自分を頼ってばかりで気が回らない弟に対して、苛立っている様子。
オ、辺りも暗くなったのに、未だ木犀が見つからない焦りを堪えている様子。

b「口ごもった」
ア、兄よりも自分の方が優れていることに気づいたが、言うのをやめる様子。
イ、兄の不安や苛立ちを察して、何とか気持ちをなだめようとしている様子。
ウ、自分の思いをどうにかして兄に伝えようとしたものの、あきらめている様子。
エ、自分の気持ちを兄に理解されない悲しみから、言葉を失っている様子。
オ、自分の感じたことを兄に思わず話しかけようとして、ためらっている様子。

c「いっさんに走りだした」
ア、野犬に追いつかれないように、全て投げ出して逃げていく様子。
イ、野犬の出現に動揺するあまり、無意識に走り出している様子。
ウ、野犬に襲われる恐怖を感じ、わき目もふらず必死に逃げ出す様子。
エ、野犬に気づかれないよう、その場からそっと離れていく様子。
オ、野犬を威嚇しようとして大きな声をあげながら、逃げ去る様子。

2　二重傍線部d「てんまつ」と同じ意味の言葉を、本文中のここより後から五字以内で探して抜き出しなさい。

問二、傍線部①「弟はなかばあっけにとられ、泣きだしたい感情がみるみる失せていくのをおぼえた」とありますが、このときの弟について説明しなさい。

問三、**基本** 傍線部②「嘘だ、食べたんだ、食べてやったんだ」とありますが、このように弟が嘘をついた理由の説明として最も適切なものを、次の中から一つ選び、記号で答えなさい。
ア、自分一人だけで母の愛情を占領しようとする兄を、あわてさせてやろうと考えたから。
イ、兄よりも自分の方が強い存在であることを誇示して、うまく体裁を繕おうとしたから。
ウ、兄の言うことだけを盲目的に信じて疑わない母を、落胆させてやろうと思ったから。
エ、弟である自分を利用して母の歓心を買おうとしている兄を、許しておけなかったから。
オ、何もわからない子供だと思って自分を軽くあしらう兄に対し、腹を立てたから。

問四、傍線部③「兄はけげんそうに弟を見た」とありますが、このときの兄の様子を説明したものとして最も適切なものを、次の中から一つ選び、記号で答えなさい。
ア、女の人が出してくれた桃を食べてやったのだという嘘をついて、兄である自分に恥をかかせようとする弟の策略にはまることのないように、弟の出方を慎重にうかがっている様子。
イ、女の人が出してくれた桃をあの時食べたのだという弟の発言を聞いて、自分が記憶している内容と弟の話す内容の違いに戸惑い、母はどちらを信じてくれるのかと不安になっている様子。
ウ、女の人が出してくれた桃はあの時食べたのだと弟が言い張ることで、自分が嘘をついていることが明らかになり、さらに母の信用を失ってしまうのではないかと恐れている様子。
エ、女の人が出してくれた桃はあの時食べてやったのだと弟が母の前で自慢げに話すことで、母が自分よりも弟に関心を示してしまうのではないかと思い、弟をうとんじている様子。

オ、女の人が出してくれた桃をあの時食べているはずがないにもかかわらず、食べたという嘘をついて兄である自分の発言を頑なに否定する弟の意図が分からず、不審がっている様子。

問五、傍線部④「まして兄ではなおさら駄目であり、自分でなければならない」とありますが、弟がこのように考えたのはなぜですか。その理由を説明しなさい。

問六、**基本** 傍線部⑤「しらじらしいものを聞く思いで弟は兄の声を耳にしていた」とありますが、このときの弟について説明したものとして最も適切なものを、次の中から一つ選び、記号で答えなさい。

ア、涙を流して母の庇護を求めようとするだけで、潔さのない兄を冷たく見放している。
イ、罰を恐れて泣いているだけで、男らしい態度をとることのできない兄を軽蔑している。
ウ、嘘がばれていることには全く気付かず、母に甘え続けている兄を哀れんでいる。
エ、弟に罪をなすりつけて、自分一人だけが許されようとしている兄を嫌悪している。
オ、母の前で涙を見せ、素直に甘えることのできる純朴な兄をうらやましく感じている。

問七、**よく出る** 傍線部⑥「はたと少年は走るのをやめた。そこはもう母たちからもそしてまだ家からも十分に遠かった」とありますが、ここではどのような弟の姿を描いていると言えますか。その説明として最も適切なものを、次の中から一つ選び、記号で答えなさい。

ア、昼の世界とは異なる夜の世界に心惹かれる理由に気づいた途端、父や母や兄のいる日常の世界がみすぼらしいものに感じられ、困惑している弟の姿を描いている。
イ、母や兄はもちろん父でさえも、自分の感じている夜の世界の異様な美しさをそのまま理解してくれるとは限らないということに気づき、一人たたずむ弟の姿を描いている。
ウ、自分のよき理解者である父親だけは兄よりも自分の言うことを信じてくれると思っていたが、時間が経つにつれ、不安な気持ちが湧き起こっている弟の姿を描いている。
エ、いくら兄に腹を立てたからとはいえ、こんな夜に兄や母を置き去りにして一人家に帰れば父の怒りを買うに違いないと、軽はずみに行動したことを悔やむ弟の姿を描いている。
オ、父や母や兄との煩わしい人間関係に悩むあまり、月の光によって変貌した幻想的な世界の中に身を投じ、現実から逃避しようとしている弟の姿を描いている。

三 （古文）文法・内容吟味・動作主・口語訳

次の文章を読んで、後の問いに答えなさい。

*修行者法師、二人道に行き連れ（旅の途中で道連れになって）、相語らひて、修行しけるに、ある里に泊りて、ア二人の修行者、夜更けて、秘かに家主に云ひけるは、「イこれに候ふ法師は、由緒ありて（正当な理由があって）召し仕ふa【べし】もので候へども、時に、売り候ふべし。いくいくらに買はせ給ふべし」と約束して、既に値を定めつ。

ウこの一人の法師、①この事を、壁を隔ててb【聞く】けり。「不思議の事なり。我を、この法師、売る事よ」と思ひて、暁、エこの法師が寝入りたるひまを窺ひて、内に入りて、「夜べ申し候ひし値、給はり候はん。②いそがしく候ふ。この法師はこれに寝て候ふなり」とて、値を取りてつい出て（そそくさと出て）去りぬ（行った）。

この法師、目覚めて見れば、オ一人の法師なし。さて、③支度相違して、かへりて売られて、責め使はれけり。由なく人を*誑惑せんとして、④我が身を煩はす。因果の道理違はずこそ。古人云はく、「人を謗りては、己が失を思ひ、人を危ぶめては、己が落ちん事を思へ」と云へり。⑤実なるをや（真実だなあ）。

（『沙石集』）

［注］*修行者法師……修行者である法師。
*誑惑……人をたぶらかし惑わすこと。

問一、**難** a【べし】・b【聞く】を、本文に合うように適切な形に直しなさい。

問二、**よく出る** 点線部ア「二人の修行者」と同じ人物を指すものを、点線部イ～オから一つ選び、記号で答えなさい。

問三、**基本** 傍線部①「この事」とはどういうことですか。その内容を簡潔にまとめなさい。

問四、**思考力** 傍線部②「いそがしく候ふ」とありますが、このように言う理由を説明しなさい。

問五、傍線部③「支度相違して」を言い換えたものとして最も適切なものを、次の中から一つ選び、記号で答えなさい。

ア、残された法師は努力が無駄になって
イ、残された法師は準備が遅れて
ウ、残された法師は思惑が外れて
エ、残された法師は行き違いになって
オ、残された法師は注意を怠って

問六、傍線部④「我が身を煩はす」とありますが、この話ではどういうことに当たりますか。本文中から十五字以内で書き抜きなさい。（句読点があれば、一字に数えます。）

問七、傍線部⑤「実なるをや」とありますが、ここには筆者のどのような思いがこめられていますか。その説明として最も適切なものを、次の中から一つ選び、記号で答えなさい。

ア、人を信用するということは、たとえどんなことが起こっても相手を許す覚悟が必要なのだなあということ。
イ、自分にも災いが降りかかるから、人をひどい目に合わせるようなことをしてはいけないのだなあということ。
ウ、いつ裏切られるかわからないから、人と取引をするときは用心しなければならないのだなあということ。
エ、人を自分の思い通りにしようと思ったら、常に先手を打たなければならないのだなあということ。
オ、人が危ない目にあっているときは、自分にも危険が迫っていることを忘れてはいけないのだなあということ。

市川高等学校

時間 50分　満点 100点　解答 P66　1月17日実施

出題傾向と対策

●論説文、小説文（省略）、古文、漢字という大問四題構成は昨年同様。ただし、今回は漢字問題が最後に置かれ、書き取り以外に、同じ漢字を使う語句を判別させる問題が加わった。また、古文はかなりの長文である。字数指定記述は、論説文、小説文ともに各一問となった。選択問題は、選択肢が長いものがあり、判別に時間がかかる。
●現代文、古文ともに問題文を短時間に正確に読み取る力を養っておく必要があり、問題演習などで着実に身につけておくこと。漢字は書き取り含めて基礎準備を怠らない。

【注意事項】解答の際には、句読点や記号は1字と数えること。

一 （論説文）文脈把握・内容吟味

次の文章は、郡司（ぐんじ）ペギオ幸夫（ゆきお）『天然知能』の一部である。これを読んで、後の問いに答えなさい。なお、出題に際して、本文には表記を一部変えたところがある。

金子（かねこ）みすゞの詩に、テレビCMでも有名な「雀（すずめ）のかあさん」という表題の次のような詩があります。

子供が
子雀
つかまえた。
その子の
かあさん
笑ってた。
雀のかあさん
それみてた。
お屋根で
鳴かずに
それ見てた。

人間にしてみれば他愛のないことに見える風景も、当事者の雀にしてみれば、その絶望は察するに余りあるものでしょう。雀の悲しみの深さは、鳴くことさえできない沈黙で、より鑑賞者に迫ってくるものとなります。

しかし、1人工知能はそう思わない。詩に現れた文言だけを知覚し、その意味を解釈することになります。その限りで、我が子が拉致（らち）されているというのに、それを黙認する親雀は冷酷なものだ、さすがに畜生だ、ということになる。さらには、こういった詩を作る金子みすゞもまた、冷酷な人間だ、ということになるでしょう。

人工知能を構築する科学者は、認知科学や心理学に基づき、絶えず人工知能を改良してきました。2雀のかあさんの心情を理解しない人工知能には、他人の心を理解する仕組みを植え付けようとするでしょう。それは、第一に「人の心」のモデルであり、第二に、自分の立場を他人の立場に変換する装置という、二つの原則から構成されることになります。①

外から見て、心があると思われる反応を作るのは簡単でしょう。例えば、悲しいという心情において、悲しみの程度に応じて、「うなだれる」「泣く」「嗚咽（おえつ）する」といった振る舞いの集まりを対応させれば、「悲しい」という条件のもとでの人の心的反応が概（おおむ）ねカバーできるでしょう。あとは、自分ではなく、相手の立場に立って心的反応を推定すれば、他人の気持ちはわかる、ということになります。この場合、雀のかあさんの悲しみも、簡単に理解できることが期待されます。

悲しい条件など、心的状態に対する心的反応のリストを用意すること。これが心のモデルということになり、これを参照して推定することが、人の心を考えることになるという按配（あんばい）です。

この理解の仕方は、一人称的知性から、三人称的知性への転回に他なりません。※雑居ビルから脱出すべく地図を作ったことと、対比してみます。心のモデルを持たない一人称的知性は、参照すべき白地図を持たずに地図を作る、人工知能に対比されます。その都度得られたデータだけから相手の心を推定するのですから、「うなだれる」でも「嗚咽する」でもない雀のかあさんは冷酷だ、ということになる。この時、三人称的知性が有していた白地図が、他者の心を推定する場合の心のモデルに対応することがわかります。つまり白地図に相当する心のモデルを実装することで、一人称的知性は三人称的知性となり、他者の心を理解できる、というわけです。

しかし、心的条件と心的反応の対応リストとして、そもそも心のモデルなんて書き下せるものでしょうか。いかに膨大なリストであろうと、心的条件・反応の関係は網羅できない。リストという形式で限定しながらも、リスト外部の可能性に開かれることの構えを持つ、それこそが、他者の心を理解するということではないのでしょうか。②

先にあげた心のモデルでは、「極めて悲しい場合、絶句して呆然とする」を、悲しみのモデルのリストに加えれば、雀のかあさんの心情が理解できると思うかもしれません。しかし、雀のかあさんの絶望は、さらに想像している以上に深いもので、だから逆に心的状態は乾き切っているかもしれません。絶句したり、呆然としたりする以上に、悲しい。それもまたあり得ることでしょう。③

ある貧しい国の母親が、子供が手術しないと助からない、手術には五十万円かかると言われ、「わかりました。諦めます」と、機械的に、即答したとします。そこには絶望のあまりの絶句や呆然とした態度すらありません。しかしその母親は冷淡でしょうか。むしろ、圧倒的な絶望を、当たり前のものとして受け入れざるを得ない状況を、私たちが知らなかった、ことを改めて知るべきでしょう。④

一人称的知性に足りない「心のモデル」を付け加えれば、三人称的知性が実現でき、他者の心を理解できるだろう、という見込みは大きく外れることになります。私たちは、他者とのやりとりにあって、そんなことなどしていない。私たちはただ、一・五人称的知性として、他者の心を慮るだけです。それは、「他に何かあるんじゃないか」という感覚で、外部を待ち構えるだけのことです。「お屋根で鳴かずにそれ見てた」親すずめに対し「何かある」と思い、「わかりました。諦めます」と即答する母親に対し「何かある」と感じる。こうすることでのみ、私たちは「わたし」の外部に、受動的であるがゆえに能動的に入り込むことができ、他者の心にその都度触れると感じるのでしょう。まだ知覚さえできていない外部を余白、糊代として感受する態度こそが、一・五人称なのです。

芥川龍之介の小説に「手巾」という小編があります。これもまた、雀のかあさんと同じ状況です。[3]我が子を亡くしたばかりの婦人が、その子の指導教員だった教授を訪ね、子供のことを淡々と話す。その様子を訝しく思った教授が、しかしテーブルの下に目をやると、ハンカチを握りしめた手が震えていた、といったものです。⑤

ハンカチを見なかったとします。亡くなったばかりの我が子のことを淡々と話す母親は、子供の死を理解できない冷淡な、心ない人間なのでしょうか。知覚できた事象だけで推論するならそうなるでしょう。しかし、我が子の死に際し、何もないと思うことは普通できず、悲しみに耐え、敢えて平静を装っている。通常、そのように考えるのではないでしょうか。

「通常、そう考える」という発想は、「私たち」という共通の場を開き、思いやりの場を開くように思えます。しかし共通の場を指定することは、特定の解釈を断定し強制することになりますから、一人称的知性に他ならないのです。知覚された情報だけから「この母親は冷淡だ」と考える「わたし」の描像や、「逆に辛さに耐えているのだ」と考える「私たち」の描像も、一人称的知性に過ぎない。そうではなく知覚に対する解釈＝性質を列挙すること、に自信が持てず、そこに「何だろう」が伴い続けること。これが、糊代をもたらす一・五人称的知性の核心なのです。

一・五人称は、他者や他人の心に具体的イメージを強いることがありません。ただ、「何だろう」と思うだけです。この「何だろう」が、想定できない外部に対する準備をする。それが、知覚できない外部の存在を受け容れる、ということです。一・五人称は、「何だろう」だけです。亡くなったばかりの我が子のことを淡々と話す母親、という「わたし」の知覚に自信が持てず、訝しく思う。それが一・五人称的知性なのです。

もう一つ例をあげましょう。あなたは、どこか、避暑地のあまり利用されていない家屋を借りて、一週間ほど生活することになったと想像してください。水回りとガスレンジを備えた台所には、調理器具などほとんど何もなく、小さな鍋と食器、キッチンバサミが棚に置かれているだけです。あなたは、とりあえず、スープでも作ろうと、野菜とベーコンぐらいを買ってきましたが、使えるものは鍋とハサミだけという有様です。

ハサミで野菜やベーコンを切り、鍋に入れてハサミでかき混ぜるあなたは、一人称的知性を有した人でしょう。見える部分だけが情報のすべてなのです。とりあえず、シンクの下や小さな引き出しを開けてみるあなたは、見えていない、知覚していない外部を気にしていた。その結果、「何だろう」と思って開けてみたのです。もちろん、十分常識的な一人称的知性もまた、自らの経験から見えない部分を探すでしょう。しかしその場合は、見ていなかっただけで、最初から想定されていたのです。

一人称的知性と一・五人称的知性は、初めての経験において大きな差を作り出します。いままで、「わたし」が経験も想像もしてこなかった台所の状況、例えば、冷凍庫の中に置かれていた包丁は、一・五人称的知性によってのみ発見されるでしょう。シンク下の引き出しに入っていた程度の包丁は、一人称的知性が有する、台所の記憶情報リストに残されているでしょう。だから見えていなくても、引き出しの包丁は知覚されていた。冷凍庫の包丁は、これに対して、リストには入っていなかったはずです。

わたしが経験しておらず、想定さえしていなかったような他者の悲しみは、想定される心のリスト（心のモデル）に収まっているはずもない。[4]そのような他者の悲しみは、一・五人称的知性によってのみ、接近可能なのです。

※雑居ビルから脱出すべく地図を作ったこと…これより前の文章で、地図の作り方を例にあげて一人称的知性や三人称的知性の説明を行っている。

問1、本文中からは次の一文が抜けている。これを補うのに最も適当な箇所を本文中の①～⑤の中から選び、記号で答えなさい。

> つまり、「極めて悲しい場合、絶句して呆然とする」程度の心のモデルでは、社会・経済事情の全く異なる他者の心を理解することなど、全くできないのです。

問2、――線1「人工知能はそう思わない」とあるが、「雀のかあさん」という詩における親雀の心情について、人工知能はどのように解釈するのか。その説明として最も適当なものを次の中から選び、記号で答えなさい。

ア、鳴き声をあげたくなるほどの恐怖や絶望を親雀が抱いているとは思わず、詩の文言だけを知覚して、鳴くことすらせず我が子を助けるそぶりもみせないとは残酷だと解釈する。

イ、人間から目を離せないほどの恐怖や不安を親雀が抱いているとは思わず、詩の文言だけを知覚して、我が子がつかまったことを理解できないとは愚かだと解釈する。

ウ、鳴き声をあげられないほどの悲しみや絶望を親雀が抱いているとは思わず、詩の文言だけを知覚して、我が子をあえて差し出すことで助かろうとするとは冷淡だと解釈する。

エ、人間の前から動けないほどの恐怖や不安を親雀が抱いているとは思わず、詩の文言だけを知覚して、鳴かずに我が子を助けられる状況を待っているとは冷酷だと解釈する。

オ、鳴くことさえできないほどの悲しみや絶望を親雀が抱いているとは思わず、詩の文言だけを知覚して、鳴くことすらせず我が子の危機を受け入れるとは冷酷だと解釈する。

問3、――線2「雀のかあさんの心情を理解しない人工知能」とあるが、ここで科学者は人工知能にどのような改良を加えようとするのか。その説明として最も適当なものを次の中から選び、記号で答えなさい。

ア、科学者は、人工知能が心情をくみ取ることができるように様々な人間の立場を提示し、それをふまえて相手の立場を理解できる仕組みを人工知能に導入する。

イ、科学者は、様々な感情の種類やその程度に対応する反応のリストを用意し、それをもとにして相手の心情を推定するという仕組みを人工知能に導入する。

ウ、科学者は、様々な心情の生まれる条件を提示し、それを分析して心的反応のリストを作るという仕組みを人工知能に導入する。

エ、科学者は、人間の感情に対する反応のリストを作成し、それを模倣することで人間と同じ感情があると相手に思わせる仕組みを人工知能に導入する。

オ、科学者は、様々な他者の感情や反応のリストを準備し、それを参考にしてこれまでになかった心的反応のリストを作成していくという仕組みを人工知能に導入する。

問4、――線3「我が子を亡くしたばかりの婦人が、その子の指導教員だった教授を訪ね、子供のことを淡々と話す」とあるが、婦人の様子に対する解釈について、筆者はどのように考えているか。その説明として最も適当なものを次の中から選び、記号で答えなさい。

ア、婦人のことを、亡くなった我が子のことを淡々と話す様子から「冷淡な、心ない人間」と解釈するにせよ、ハンカチを握りしめた婦人の手を見て「敢えて平静を装っている」と解釈するにせよ、小編に書かれている情報だけから分析して得た解釈を強制しているという点で、その両者に大きな違いはない。

イ、我が子の死を受けとめきれない婦人が「敢えて平静を装っている」という解釈は、我が子を失った親の反応としては十分あり得るものであるため、亡くなった我が子のことを淡々と話す婦人は「冷淡な、心ない人間」だという一般的ではない解釈よりも優れている。

ウ、婦人のことを、亡くなった我が子のことを淡々と話す様子から「冷淡な、心ない人間」と解釈するにせよ、我が子の死を平然と受けとめることはできまいという判断から「敢えて平静を装っている」と解釈するにせよ、自身の経験や想定に基づく解釈を押しつけているという点で、その両者に大きな違いはない。

エ、我が子の死を受けとめきれない婦人が「敢えて平静を装っている」という解釈は、我が子を失った婦人にしかわからない内面を考慮に入れているため、亡くなった我が子のことを淡々と話す婦人は「冷淡な、心ない人間」だという表面的な解釈よりも優れている。

オ、婦人のことを、亡くなった我が子のことを淡々と話す様子から「冷淡な、心ない人間」と解釈するにせよ、我が子の死を平然と受けとめることはできまいという判断から「敢えて平静を装っている」と解釈するにせよ、実際の婦人の心情からはかけ離れた解釈をしているという点で、その両者に大きな違いはない。

問5、**思考力** ――線4「そのような他者の悲しみは、一・五人称的知性によってのみ、接近可能なのです」とあるが、それはどういうことか。70字以内で説明しなさい。

二 (省略)菊池寛「蘭学事始」より

三 (古文)内容吟味・動作主・口語訳

次の文章は、源俊頼(みなもとのとしより)『俊頼髄脳(としよりずいのう)』の一部で、平安時代の歌人源俊頼が、故事にまつわる和歌について述べた部分である。これを読んで、後の問いに答えなさい。なお、出題に際して、本文には表記を一部変えたところがある。

みるたびにかがみのかげのつらきかな [1]かからざりせばかからましやは　懐円(くわいゑん)

[2]なげきこし道の露にもまさりけりなれにしさとをこふる涙は　赤染衛門(あかぞめゑもん)

この歌、懐円と赤染とが、王昭君(わうせうくん)を詠める歌なり。もろこしには、※みかどの、人のむすめ召しつつ御覧じて、宮のうちに、※すゑなめさせ給ひて、四五百とゐなみて、いたづらにあれど、ここ※には、あまり多くつもりにければ、御覧ずる事もなくてぞ候ひける。それに、えびす※のやうなるものの、外の国より、都に参りたる事のありけるに、いかがすべきと、人々に、さだめさせ給ひけるに、「この宮のうちに、いたづらに多く侍る人の、3いとしもなからむを、一人給ぶべきなり。それにまさる4心ざしはあらじ」と、さだめ申しければ、5さもと思し召して、みづから御覧じて、その人をさだめさせ給ふべけれど、人々の多さに、思し召しわづらひて、絵師を召して、「この人々のかた、絵に画きうつして参れ」と、仰せられければ、次第に画きけるに、この人々、えびすの具※にならむ事を嘆き思ひて、われもわれもと思うて、おのおの、こがねをとらせ、それならぬものをもとらせければ、いとしもなき容姿をも、よく画きなして、持てきたりけるに、王昭君といふ人の、容姿のまことにすぐれて、めでたかりけるをたのみて、絵師に、物をも、心ざさずして、うちまかせて画かせければ、本のかたちのやうには画かで、いとあやしげに、画きて持て参りければ、この人を給ぶべきに6さだめられぬ。その程になりて、召して御覧じけるに、まことに玉のひかりて、えもいはざりければ、みかど、おどろき思し召して、これを、えびすに給ばむ事を、思し召しわづらひて、嘆かせ給ひて、日頃ふる程に、えびす、その人をぞ賜はるべきと聞きて、参りにければ、あらためさだめらるる事もなくて、つひに賜ひにければ、馬にのせて、はるかにゐていにけり。王昭君、嘆き悲しむ事かぎりなし。みかど、恋しさに、思し召しわづらひて、かの王昭君が居たりける所を、御覧じければ、春は柳、風になびき、うぐひす、つれづれにて、秋は、木の葉につもりて、軒※のしのぶ、隙なくて、いとど、もの哀なる事かぎりなし。この心を詠める歌なり。かからざりせば、と詠めるは、悪からましかばたのまざらまし、と詠めるなり。ふるさとを恋ふる涙は、道の露にまさるなど詠むも、王昭君が思ふらむ心のうち、おしはかりて詠むなり。

※もろこし…唐土。現在の中国のことで、この時は前漢という王朝の元帝の時代。

※すゑなめさせ給ひて…並べて座らせなさって。

※ここ…元帝の後宮。後宮とは、后たちの住む宮殿のこと。

※えびすのやうなるもの…前漢と緊張状態にあった、中国北方の遊牧騎馬民族の王。

※具…ここでは「妻」の意。

※軒のしのぶ…ウラボシ科のシダ植物。

問1、――線1「かからざりせばかからましやは」とあるが、この部分を筆者はどのように解釈しているか。その説明として最も適当なものを次の中から選び、記号で答えなさい。

ア、もし王昭君が、元帝の後宮に入っていなかったら、騎馬民族の王の妻となって苦しむことなどなかっただろう。

イ、もし王昭君が、唐土一の美女でなかったら、騎馬民族の王から求婚されて思い悩むことなどなかっただろう。

ウ、もし王昭君が、醜い容姿であったら、自らの美貌を頼りにすることでつらい目に遭うことなどなかっただろう。

エ、もし王昭君が、謙虚で素直な性格であったら、後宮から追放されて路頭に迷うことなどなかっただろう。

オ、もし王昭君が、自らの容姿に自信を持っていたら、不安を感じて絵師に金品を渡す必要などなかっただろう。

問2、――線2「なげきこし」とあるが、これは誰がどこへやって来たことを表しているか。その説明として最も適当なものを次の中から選び、記号で答えなさい。

ア、王昭君が、生まれ故郷から上京して来たということ。

イ、騎馬民族の王が、唐土※の都へ攻め込んで来たということ。

ウ、王昭君が、都から騎馬民族の国へやって来たということ。

エ、騎馬民族の王が、王昭君を都まで迎えに来たということ。

オ、多くの女性たちが、元帝の妻として後宮にやって来たということ。

問3、――線3・4の本文中の意味として最も適当なものを後のア～オから選び、それぞれ記号で答えなさい。

3「いとしもなからむ」

ア、裕福な家庭で育った女性

イ、もう会うことのない女性

ウ、たいして美しくない女性

エ、愛情の冷めてしまった女性

オ、上京してきたばかりの女性

4「心ざし」

ア、贈りもの

イ、高価なもの

ウ、心のこもったもの

エ、みすぼらしいもの

オ、無駄なもの

問4、**思考力** ――線5「さもと思し召して」から――線6「さだめられぬ」までの経緯の説明として最も適当なものを次の中から選び、記号で答えなさい。

ア、后が多く、誰を騎馬民族の王に差し出すか悩んだ元帝が、絵師に后たちの肖像画を描いて持ってくるよう命じたところ、元帝に愛想をつかした后たちは、絵師に金品を与え、元帝が騎馬民族の王に差し出したくなるよう醜く描いてもらった。その結果、最も多額の金品を与えた王昭君が他の后たちより醜く描かれ、騎馬民族の王に差し出されることとなった。

イ、后が多く、誰を騎馬民族の王に差し出すか悩んだ元帝が、絵師に后たちの肖像画を描いて持ってくるよう命じたところ、絵師は希望通りの容姿で描くことと引き換えに多額の金品を要求してきたが、王昭君だけはその要求に応じなかったためにひどく醜く描かれた。その結果、肖像画を見た元帝によって、王昭君は騎馬民族の王の妻に選ばれてしまった。

ウ、后が多く、後宮の人数を減らしたいと考えた元帝が、誰が不要であるかを決めるために絵師に后たちの肖像画を描いて持ってくるよう命じたところ、王昭君に嫉妬していた后たちは、騎馬民族の妻として王昭君を推薦させようと絵師に多額の金品を与えた。その結果、元帝は、絵師の推薦も考慮に入れ、王昭君を騎馬民族の王の妻とすることに決めた。

エ、后が多く、誰を騎馬民族の王に差し出すか悩んだ元帝が、絵師に后たちの肖像画を描いて持ってくるよう命じたところ、王昭君以外の后たちは、絵師に多額の金品を与え、実際よりも美しく描かせることで身の安全を図ったが、王昭君は何も与えなかったためにひどく醜く描かれた。その結果、元帝は、王昭君を騎馬民族の王の妻とすることに決めた。

オ、后が多く、後宮の人数を減らしたいと考えた元帝が、誰が不要であるかを決めるために絵師に后たちの肖像画を描いて持ってくるよう命じたところ、騎馬民族のもとに行きたくない后たちは、王昭君を自分たちよりも醜く描かせようと絵師に多額の金品を与えた。その結果、王昭君は誰よりも醜く描かれ、騎馬民族の王の妻に選ばれてしまった。

四 漢字の読み書き

次の漢字の問題に答えなさい。

問1、次の各文の――線のカタカナを漢字に直しなさい。

1、過酷な生存キョウソウ。

2、ホウフな資源を活用する。

3、テッコウ石の採掘。

問2、**よく出る** 次の各文の――線と同じ漢字を使うものを、後のア～オから選び、それぞれ記号で答えなさい。

1、科学技術のヒヤク的な進歩。

ア、ゲンエキの野球選手。

イ、費用のウチワケ。

ウ、再会をヤクソクした二人。

エ、病院でもらったクスリが効いた。

オ、祭りの音を聞いて心がオドる。

2、彼はチョチクが趣味というわけではない。

ア、友人とタケウマで遊ぶ。

イ、災害に備えて巨大な堤防をキズく。

ウ、チクサン農家として働く。

エ、作業の様子をチクイチ報告する。

オ、動物たちが冬に向けて脂肪をタクワえる。

3、医師は人命を救う使命をオびている。

ア、ネッタイの動物が生息するエリア。

イ、タイダな人間だと言われた。

ウ、最新のタイネツ素材を取り入れた建造物。

エ、いつのまにかダイジュウタイに巻き込まれた。

オ、自分の出番までタイキする。

大阪星光学院高等学校

時間	満点	解答	
60分	120点	P67	2月10日実施

出題傾向と対策

●小説文と論説文（省略）の大問二題からなる。百字でまとめる記述問題がどちらの問題でも出題されている。論説文は二つの文章を読み比べる新傾向の問題。漢字や語句の意味、接続詞の挿入問題なども含まれる。

●現代文のみの出題だが、問題文がやや長い。選択形式の問題は標準的なので、得点は記述問題で差がつく。短い時間で長文の内容を把握する練習や、記述問題に慣れておくことが必須である。難度の高い漢字も出題されるので、学習を怠らないようにしておきたい。

一 （小説文）漢字の読み書き・語句の意味・内容吟味

次の文章を読んで、後の問いに答えなさい。（計62点）

> 「奈緒子（なおこ）」は東京の旅行代理店で働いていたが、忙しさから体を壊し早期退職してしまう。退職後長野の高原に移住し、自然の中で落ち着いた生活を送り、体の調子も次第に回復してきた。そんな時に、ふと目についたケーキショップでアルバイトをすることになる。本文はそれに続く場面である。

唐沢穂（からさわみのる）のケーキショップで働くようになってから、奈緒子はしだいに体が軽くなってゆくのを感じた。通勤とも言えない距離はたいした運動にもならないが、笑いを取り戻したし、少しでも決まった収入のあることが、やはり心のゆとりにつながった。しかも働くことが愉（たの）しい。

店主の唐沢はフランスで菓子作りを学んだあと東京のホテルに長く勤めた人で、やはり疲れ、五十歳を目処（めど）に独立して暮らすために高原の村へ移住したという。二年前まで彼には妻がいたが、心臓病で先立たれた。おいしいケーキを作り、売って、夫婦で晩年を愉しく暮らすつもりでいので、彼はしばらく落ち込んだが、自分で自分を立て直した。生き甲斐を思い出させてくれたのは変わらぬ客たちで、高原の菓子職人として生きることを愉しんでいた自分に改めて気づいた。

「もし私が先に死んでいても家内はここに住み続けただろうと思ってね」

「私は始めからひとりです」

「最後はみんなひとりになるが、そのことを意識して暮らすのもどうかと思う、①人間は結構したたかだから」

客のいないとき、二人は厨房と売り場を仕切る窓越しに話した。互いの生活や思考が少しずつ見えてくると、冗談も出る。ア笑えないときは笑えないことに笑ったりする。唐沢は要領よく指示するが、aロウシの関係はあってないようなものであった。

彼の作るケーキは小ぶりだが、形とbイロドリがよく、芸術的なものさえあった。イ味見をしなくても分かる男はやはり職人で、客に説明できるように奈緒子に試作品を食べさせて、どこがどう美味いかと訊くのであった。

「表面がビターで下にゆくほど甘く、一口目は大人の味がします」

「それだけ」

「それから中にバナナが隠れています」

「ウ二十点の表現だね、フランス人の客なら買わない」

「エ日本の高原なら一日十個は売れます、私がひとつ買うし」

彼女は明るく言い返した。すると唐沢も目を丸くして笑うのであった。

昼どき、二人は客の絶えるのを見計らって食事をする。せいぜい十五分の食事は忙しないが、時間給のうちなので奈緒子は不満にも思わない。たいていは唐沢の作るフランス風のサンドイッチとスープで済ませるが、たまに奈緒子が二人分の弁当を作ってゆくと、美味いなあ、と彼は気に入った。あり合わせのものを詰めただけの弁当も、彼には特別な味に変わるらしかった。食後のお茶をすすりながら、奈緒子が星を見に暗い庭へ出て転んだ話をすると、

「君は見た感じより明るいね、しっかりしているようで、そそっかしいところもある」

彼は言い、オ昆虫でも観察するような目で彼女を眺めた。奈緒子は見つめられても嫌ではなかったし、気取らない男には気を遣わなくてよいので自然に振る舞えた。東京の*布施が電話をかけてくるとき、どこかで身構えるのと違って、些細なことでも笑い合えるのがよかった。ひとりじゃ笑えないからなあ、と唐沢も似たようなことを言った。

勤めはじめてから半年が過ぎたころ、季節は冬であったが、仙台から初めて弟の徹夫が訪ねてきた。その前の電話で父が認知症らしいと聞いていた奈緒子は、その相談だろうと思った。高齢の父は母の死後も埼玉でひとり暮らしをしている。弟に父と一緒に暮らす考えのないことは分かっていたから、父に適当な施設へ移ってもらうか、奈緒子に引き取れという話になるに違いなかった。

夕方、雪の駅へ出迎えると、

「仙台より寒いね、蔵王かと思った」

徹夫はそう言って車に乗り込んだ。長男といっても奈緒子には年下の身勝手な坊やでしかない。②彼も奈緒子を頼りない姉と見ているはずであった。

雪原の小さな家は徹夫を驚かせて、なんのためにこんなところで暮らすのか理解できないと言わせた。外は狐でも出てきそうな暗さで、家の中は北欧風の家具がなんとなく生活をcニオわすきりであった。結婚して子供もいる彼は姉の趣味の調度を眺めながら、父親が住めるかどうか値踏みしていた。彼自身は近くにデパートや娯楽施設がなければ暮らせない人間で、気晴らしの旅行先も都会しか選ばない。

「姉さんは勤めも辞めてしまったし、ここが気に入っているようだけど、正直に言って冬を暮らす場所ではないね、もう埼玉へ帰る気はないの」

夕食のとき、徹夫は遠くから訪ねてきた目的を切り出した。

「父さんもひとりで暮らせる時期は過ぎたと思う、といって僕の方で引き取ることもできない、子供たちはこれから受験だからね」

「あなたはいつもそう、姉弟は二人しかいないのに自分の都合でしか行動しない、今の私はひとりで暮らしていても身軽とは言えないわ、自分で自分の始末をつけているのは誰でもない、私よ」

「じきに父さんはそれもできなくなる」

「一度会ってくるわ、電話のようすではそれほど認知症が進んでいるとも思えないし」

奈緒子は話しながら、なんの負担も引き受けようとしない弟に暗い怒りを覚えた。長男が親の老後の面倒をみるという時代でもないのだろうが、子供のひとりとしての責任まで忘れてもらっては困る。親の問題はどこの家でも兄弟の誰かひとりに押しつけられて、あとの人は知らん顔というケースが多いとも聞く。そのくせdイサン相続になると出てきて、兄弟の決別で終わるのが落ちだという。

「どこかの施設に入るための費用は埼玉にあるだろう、今のうちに本人にそのことを話してくれないか」

結論を引き出すために彼はそう言った。

「もし嫌だと言ったら」

「それは姉さんと暮らしたいという意思表示だろうな、父さんと僕はA反りが合わない」

奈緒子は仮に父と暮らすとしても、女ひとりで介護はできないだろうと思った。父の望みを聞くのが先だが、そう遠くない将来に備えなければならない。③その意味では徹夫の言うことにも理がある。彼女は弟に期待できないことは分かっていたので、彼にも分け合うべき責任のあることを話す一方で、自分がなんとかするしかないと思った。そうして人に期待されない人こそ楽なのであった。

久しぶりに姉弟が会っているのに夕食は愉しいものではなくなり、話題を変えても会話は弾まなかった。徹夫が仙台へ帰って妻子の前でどういう顔をするのか、彼女は見てみたい気がした。なんとか話をつけたとでも言うなら、彼もいつか自分の子供によって同じ目にあうに違いない。

次の朝、彼はBそそくさと帰っていった。姉に一切を押しつけることが目的の、つまらない一泊二日の旅であったろう。わざわざ遠くからやってきたという事実がなにがしかの弁明になるのだろうか。十一時から午後三時まで働いて三千円を手にする姉は買い置きのクッキーを持たせた。

いつもより早く仙台土産の蒲鉾を持ってケーキショップへゆくと、唐沢はケーキ作りの最中であった。目で挨拶をしてレジを見ると四、五人の客があったとみえる。冬の間も朝からケーキを作る男は売れても売れなくても淡々としている。奈緒子はショーケースの中を確かめ、店の窓を拭き、減っている^eカゴのクッキーを整えた。毎日の決まった動作で、すべきことを改めて考えることはない。一日を送るためのリズムの中に調和があって、彼女もその何分の一かを享受している。

しばらくして厨房から出てきた男に蒲鉾を渡すと、

「ほう仙台名物か、ありがとう、今夜はこれで一杯だな」

案外な喜びようであった。

昼食のとき、彼女は二、三日の休みがほしいと話し、ついでに父のことも話した。唐沢は食事をしながら聞いていたが、しばらくして言った。

「施設云々は検査結果にもよるだろうが、とにかく認知症の人をひとりにしておくのはよくない、早急に何かできるか考えないといけないね」

「弟がそんなふうですから、私が父と暮らすしかないのかもしれません」

「いいのかどうか欧米では高齢の親と暮らす人は少ない、自分たちの生活があるからね」

唐沢の口から聞く言葉とは思っていなかったので、奈緒子は意外な気がした。

「日本では薄情に思えてしまうのはなぜでしょう」

「うまく言えないが、成人した子供すら突き放せない親が多いように、いつまでもつながっていたい民族なのかもしれない、いわゆる人情の部分でつながろうとするから、却ってややこしいことになる、ある意味では人間が成熟していないとも言えるし、病に対して社会が出遅れているとも言えるだろうな、いずれにしても選択肢は少ないよ」

彼はそう言いながら、一日も早く父親に会ってくることをすすめた。その結果、まだ軽いようなら進行を遅らせる方法もあるだろうし、重大な事態なら改めて相談に乗ろうとも言った。④奈緒子の中で唐沢の存在が大きく変化した瞬間であった。彼女は高原の菓子職人を心のどこかでそれしかない人に見ていた分だけ、男らしい分別をありがたく思った。そのときになって、どこでも生きてゆける男の沈着さや底の深さにも気づいた。

（乙川優三郎『まるで砂糖菓子』より）

＊東京の布施…「奈緒子」のかつての会社の同僚。

問1、よく出る　══線部a～eのカタカナを漢字に直しなさい。

問2、よく出る　──線部A・Bの本文中における意味として最も適当なものをそれぞれ次の中から選び、記号で答えなさい。

A　反りが合わない
ア、反発し合って話にならない
イ、顔を合わせることがない
ウ、普段の生活環境が違う
エ、生きてきた境遇が違う
オ、性格や考え方が異なる

B　そそくさと
ア、いかにも不服だといった様子で
イ、慌ただしく忙しいといった様子で
ウ、落ち着かずうろたえた様子で
エ、いつになく焦った様子で
オ、少し申し訳なさそうな様子で

問3、難　──線部①「人間は結構したたかだから」とありますが、「唐沢」は「奈緒子」にどのようなことを言おうとしているのですか。その説明として最も適当なものを次の中から選び、記号で答えなさい。

ア、一人でいる寂しさを強がってごまかすことはできるが、結局それは自分を欺いているに過ぎず、人のぬくもりを求めてしまうものだということ。
イ、死ぬときは必ず一人だという事実をくつがえすことはできないが、最後は誰かと一緒にいたくなるという現実も心得ておく必要があるということ。
ウ、今後どうなるかもわからないうちに将来のことを決めることはできないが、人と人との縁を大切にしながら楽しく生きていくこともできるということ。
エ、人間は結局のところ孤独な存在だとわりきることもできるが、その時々の状況に合わせて柔軟に生きていくこともできるということ。
オ、人間は自分の都合ばかり考えて生きている弱い存在ではあるが、少しずつ自分の考えを改めていくことで、満足のいく人生を送ることができるということ。

問4、……線部ア～オの表現に関する説明として適当なものを一つ選び、記号で答えなさい。

ア、「笑えないときは笑えないことに笑ったりする」という表現から、唐沢と奈緒子がぎこちなくはあるが少しずつ関係を深めていっている様子がうかがえる。
イ、「味見をしなくても分かる男」とあるように唐沢のことを「男」と表現することで、奈緒子が唐沢のことをとっつきにくい存在として見ていることがうかがえる。
ウ、「二十点の表現だね、フランス人の客なら買わない」という発言から、菓子の味をうまく表現できない奈緒子に対していらだっている神経質な唐沢の様子がうかがえる。
エ、「日本の高原なら一日十個は売れます、私がひとつ買うし」という発言から、唐沢の手厳しい言葉も気にせず、思ったことを自由に言う奈緒子の意志の強さがうかがえる。
オ、「昆虫でも観察するような目で彼女を眺めた」という表現から、唐沢が奈緒子を見る目がどことなくぎこちなく、女性に接することに慣れていない様子がうかがえる。

問5、難　思考力　──線部②「彼も奈緒子を頼りない姉と見ているはずであった」とありますが、「奈緒子」がそのように推測するのはなぜですか。七十字以内で説明しなさい（句読点も一字に数えます）。

問6、──線部③「その意味では徹夫の言うことにも理がある」とはどういうことですか。その説明として最も適当なものを次の中から選び、記号で答えなさい。

ア、父が弟と一緒に暮らしたいと言うことは考えにくく、結局自分が父親の面倒を見なければならないのならば、今からどうやってこの地で一緒に暮らすことができるかについて考えておいても遅くはないということ。

イ、徹夫や私が父親の介護をすることを計画したとしても、父親の頑固な性格からして子供に面倒をかけまいと受け入れず難色を示すことはわかりきっているので、今の段階から少しずつ説得していくべきだということ。

ウ、自分の今の生活を考えてみると自分一人の生活を送ることだけで精一杯でとても父親の面倒を見る余裕がなく、今の段階で長野の高原を引き上げ、埼玉に戻って安定した職を探した方がよいということ。

エ、子供が受験を控えている徹夫は結局のところ父親の面倒を見る余裕がないことはわかりきっているので、特に差し迫った仕事を抱えている訳ではない姉の私が、父親の介護をしなければならないことは自明の理であるということ。

オ、自分が父親の面倒を見るとしても、女ひとりで介護することは難しく、結局どこかの施設の世話にならなければならないことは目にみえており、少しでも早く父親と今後のことについて話し合っておいた方がよいということ。

問7、【思考力】——線部④「奈緒子の中で唐沢の存在が大きく変化した瞬間であった」とありますが、どのように変化したかについて百字以内で説明しなさい（句読点も一字に数えます）。

三（省略）熊谷晋一郎「依存先の分散としての自立」（『技術　身体を取り囲む人工環境』所載）より　（計58点）

開成高等学校

時間 50分　満点 100点　解答 P68　2月10日実施

出題傾向と対策

●論説文、小説文、古文の大問三題構成は例年同様。選択問題や漢字の読み書き以外、大半が記述設問形式。論説文、小説文ともレベルが高く、読解力・思考力・記述力を要する。古文も記述に関しては同様。記述量が非常に多いので、時間配分を考える必要がある。

●まず、過去問の演習をきちんとやりこむことを勧める。記述は最初は時間を気にせずに設問の要求を言葉にするまでの思考形式をしっかり身につけ、慣れたらペースを上げて、その後記述中心の問題集へと移行すること。

一（論説文）漢字の読み書き・内容吟味

次の文章は、「悟り世代」と呼ばれる現代の若者を念頭に書かれたものである。これを読み、後の問に答えよ。

ほどほどで十分だ。そして、不要な[a]カットウや苦しみ抜きに、その「ほどほど」を約束してくれる輪の中の世界こそが最高だ。わたしは、いまの波風のない平和な暮らしに十分満足している。だから、愚か者たちよ、余計な真似をしてわたしたちの平安を乱さないでくれ。じたばたと見苦しく、うっとうしい奴らはいらない。奴らは、足ることを知り、不要な摩擦や混乱を回避することを知る賢明なわたしたちの仲間となる資格のない連中だ——。

こんなふうに、①「現状の居心地のよさ」に立てこもることで「中間の優位」を正当化する。あるいは、例外者の切り捨てといわば背中あわせの仕方で自分たちなりの肯定の論理を構築する。そういった悟り世代に特徴的な態度それ自体を批判することは、意外に難しいことであるかもしれない。実際のところ、「いま・ここの居心地のよさ」を放棄して、「出る杭」と「お荷物」だらけの社会に暮らしたいと願う人間はいないだろう。だとするならば、悟り世代の依拠する素朴な現状肯定と居直りの論理を自分たちもまた共有するその限りにおいて、彼ら／彼女らの示す中間への自閉的自足に向けた批判はそのまま自分に跳ね返ってくる。そう考えざるをえないだろうからである。

また、この問題については、ここでもう一点付け加えておく必要があるようにも思われる。いまの日本社会のあり様が、そういった中間層への居直りを可能にし、支え、ときには積極的に[b]スイショウしさえする方向に作用している、というのがそれである。

②幸か不幸か、いまの日本で暮らすことは非常に快適だ。ファースト・フード店に入れば五百円玉一つで空腹を満たすことができ、夜中の二時だろうが三時だろうが、コンビニにふらりと立ち寄ればおでんとビールでささやかな一人宴会を始めることができる。退屈しそうなときには、漫画からレンタルDVDから各種ゲームから、さほど出費を気にすることなく充実したエンターテイメントの世界を楽しむことが可能だ。また、ときに孤独を感じそうな瞬間が訪れたとしても、指先ひとつでスマートフォンのスリープを解除しさえすればよい。その先には、ソーシャル・メディア*1を通じた、気の合う仲間たちだけから成り立つ居心地のよい社交の空間が広がっている。

その他、ファストファッションからデパ地下のスイーツから流行りのラーメン屋まで、いまの日本を彩る消費文化の快適さと清潔さ、そしてコストパフォーマンスの高さは、どれをとっても驚くべき——というか間違いなく世界最高の——水準にある。

なるほど、[c]コウガイ型アウトレットモールにせよ格安居酒屋にせよローコストキャリア*2にせよ、「デフレ時代の消費者アイテム」を代表する商品リストを見渡すとき、そこに大型高級車やブランド品や豪華レストランでの食事がもつ華やかさや贅沢さといった要素を見出すことは難しいのかもしれない。しかし、それでも、これら現代日本のお買い得アイテムたちが、一昔前に見られた「安かろう／まずかろう／お金の無駄遣いだろう」のへっぽこ商品とは次元の違う品質をもち、中間者たちの日常における「生活の質」を格段に引き上げてくれるレベルにあるのは間違いのないところだと思う。

何万円というお金をかけなくても十分においしい焼き肉を食べることができる。何十万円、何週間とかけて世界の秘境まで旅をしなくても、ウユニ塩湖もギアナ高地もアンコール・ワットも、ネット上でクオリティ*3の高い写真と現地レポートを見れば充分に楽しめる。生まれたときからそんな夢のような環境で育ってきたことを思えば、デフレ時代の申し子たちが、安上がりにして快適な中間者の王国にしがみつき、「『ここではないどこかへ』という気持ちとは無縁のままで人生を終えてしまうのであってかまわない」。そう考えることにも十分な理由を見出すことができるのかもしれない。

とはいえ、やはり、とここでまた話は折り返される。デフレ時代の若者たちが「快適な中間者の国」の住人であることに見出す自己肯定感に対しては、どうしてもどこか引っかかりを感じずにはいられないのである。

隔靴掻痒（かっかそうよう）、どうしても錯綜（さくそう）を含んだものの言い方とならざるをえないのだけれど、わたしが感じている引っかかりはおよそ以下のように説明しておくことができる。

まず、この問題についてわたしがとくに興味深く思うのは、「悟り世代」という言葉に含まれる「悟り」という言い回しの用いられ方である。あるいは、「悟り」という言葉が、自嘲や[d]ジギャクといったマイナスのニュアンスを抜きに、自分たちは「合理的」で「賢く」、「どう振る舞えばよいかを知っている」、といった肯定的な意味で用いられている点である。

何度も述べてきた通り、「悟り世代」と呼ばれる集団に属する若者たちの示す「安定志向」や「波風を立てない合理性」に対して、わたし自身は、批判と同情との入り混じった、ある種の混乱を含んだ印象を抱いている。そして、一面においては、「足ることを知り、泥臭いごたごたに巻き込まれることなく人生を乗り切る知恵」を有した「悟り世代」の若者たちが、自分たちの賢明な生き様に自尊心と誇りを見出すことには十分な根拠が認められる、ともわたし自身は考えている。

しかし、これも繰り返しになるが、彼ら／彼女らの肯定的な自己評価を可能にしているその「賢さ」が、「中間者であることへの安住」のいわば不可避の裏面として、「自分が少数者や例外者ではないこと」を特権化する意識へと結びつくとき、わたしはどうしても彼ら／彼女らの自尊心を支える正当化の論理にいくばくかの危うさを見出さずにはいられなくなるのである。

「――いや、「意識の高い」人たちって偉いなあって、もちろん思いますよ。「上を見る」人ってたしかに魅力的だと思うし、努力する人ってやっぱり偉いじゃないですか。ただ、正直、ぼくにはそんな能力もエネルギーもないし、ほどほどで十分だと思ってるんで、（そんなみっともないことは）やらないですけど（と一言つけたすことで自分のプライドは守る）」。

こういった形で立てられる、いわば尊大な中間優越主義とも呼ぶべき正当化の論理に対して、わたしはどうしても③それを肯定的に評価するための理由を見出すことができないのである。

こんな言い方ができるだろうか。

不要な争いを避けることを知る彼らの「知恵」は、自分たちの仲間となるには足りない「例外者たち」を見下すことでみずからの相対的な地位を上昇させる。言い換えるなら、自分たちが多数者の側に属していること、厄介なもめごとはまず起こらないであろうこと、そして、みずからの安全が揺るぎないものであることを確認したうえで、輪の中に入る資格をもたない部外者たちに対し――おそらくは、彼ら／彼女らが排除の対象となっていることを知らせることなく――「沈黙の中の排除」という攻撃の刃を向ける。

このように、賢明な彼らの戦略は、排除の対象が土俵に上がり、戦いを挑む可能性をあらかじめ封じ込め、みずからが敗北する危険性を最初から消去しておくことを通じて、快適な中間者の王国へと自閉する。そして、反論やいさかいの可能性をあらかじめ封じ込めたそのうえで、あらためて、見苦しく、痛々しいものどもを笑い飛ばす。この意味において、「決して負けることのない」戦略の上に確保される彼ら／彼女らの自尊心のあり方は、きわめて狡猾（こうかつ）な性格を有したものである。

また、このように狡猾な性格を有した彼ら／彼女らに特有の自尊心のあり方は、同時に尊大な性格を有したものでもある。彼ら／彼女らの示す生活習慣は、ある根本的な点において、他者を見下し、貶（おとし）めることを通じてみずからの自己肯定感を確保する、という仕組みの上に成り立つものだからである。

そして、わたしが何よりも不安を感じるのは、彼らのその尊大にして狡猾な自尊心が、ある種の[e]コウミョウに偽装された臆病さともいうべきものを、その裏側に見え隠れさせている点である。あるいは、その臆病さを、「中間でなくなることへの恐れ」と言い換えてもよい。彼ら／彼女らの自尊心を支えている、「ああ、ぼくふつうでよかった」という安堵（あんど）の感覚は、その裏側で、「でも、ふつうじゃなくなったらどうしよう？　みんなと同じバスに乗れなくなったらどうしよう？」という臆病な猜疑心（さいぎしん）を常に見え隠れさせてはいないだろうか。

（三谷尚澄『哲学してもいいですか？』より）

＊1「ソーシャル・メディア」インターネット上で個人同士が相互に情報を発信・受信するサービスの総称。

＊2「ローコストキャリア」格安航空会社（LCC）のこと。

＊3「クオリティ」品質。

問一、よく出る ――a～eのカタカナを漢字に直せ。一画ずつ丁寧に書くこと。

問二、難 思考力 ――①「『現状の居心地のよさ』に立てこもることで『中間の優位』を正当化する」とあるが、どういうことか。説明せよ。

問三、思考力 ――②「幸か不幸か、いまの日本で暮らすことは非常に快適だ」とあるが、筆者はどのような点を「不幸」だと考えているのか。説明せよ。

問四、思考力 ――③「それを肯定的に評価するための理由を見出すことができない」とあるが、筆者がそのように感じるのは、「中間優越主義」がどのようなものだからか。説明せよ。

三（小説文）内容吟味

次の文章は、宮沢賢治をモデルにした小説の一部である。これを読み、後の問に答えよ。

気がつくと、日が暮れている。

机の上には、三百枚の塔が打ち立てられている。賢治はそれを見おろし、側面をざらりと撫でおろしつつ、いまの自分そのものが、

（絵空事）

そんなふうにしか思われなかった。

自分のしわざとは信じられなかった。けれども、そこにあるのは、たしかに見なれた自分の字である。ほとんどが走り書きだったし、ぐしゃぐしゃと上から消した箇所も多いが、質的にもこれまでで最高だった。何十本かの短篇のひとつ、たとえば『風野又三郎』*1の冒頭、

どっどどどどうど　どどうど　どどう、
ああまいざくろも吹きとばせ
すっぱいざくろもふきとばせ
どっどどどどうど　どどうど　どどう

の囃し文句など、風の神様の子供が人間に対しておこなう無邪気ないたずらを詩にしたものとして日本一としか思われなかった。賢治は満足しなかった。紙の上に定着し得たイメージより、し得ぬまま霧消したイメージのほうが圧倒的に大きかったのだ。いまの自分は休火山である。ひといき入れて万年筆をとり、ふたたび走り書きをはじめれば、ふたたび噴火がはじまるにちがいなかった。

「なしてが」

口に、出してみた。

（なして、書けたか）

人間あんまり空腹になると頭がかえって冴えるものだとか、ふだん鉄筆でがりがりと他人の文章をうつしてばかりだったぶん創作の欲求が鬱積していたのだろうとか、その程度では何の説明にもならない。もっとふかい理由がある。そう思いつつ、しかしそのふかい理由が何なのかは、賢治には、自分のことにもかかわらず想像のいとぐちすらも見つけることができなかった。

ひっきょう*2は、

（書けたから、書いた）

しかし①結果として書いたものが、なぜ、

（童話だったか）

つまり、なぜ大人むけの小説や論文、漢詩などではなかったか。あるいは長年こころみてきた、世間にもっとも通りのいい和歌ではなかったか。その疑問なら、答がはっきりしたようだった。

ひとつには、長い縁ということがある。小学校のころ担任の八木先生がエクトール・マロ*3『家なき子』を六か月かけて朗読してくれたこと。トシに、

――書いたら。

と勧められたこと。それにくわえて、性格的に、むかしから自分は大人がだめだった。

大人どうしの厳しい関係に耐えられなかった。ふつうの会話ができないのだ。質屋の帳場に何度すわっても客との談判ができず、世間ばなしはなおできず、ろくな仕事にならなかったのは、ほかでもない、客が大人だったからなのである。

何しろ大人は怒る。どなりちらす。嘘をつく。ごまかす。あらゆる詭弁を平気で弄する。子供はそれをしないわけではないにしろ、大人とくらべれば他愛ない。話し相手として安心である。

だから童話なら安心して書けるのである。自分がこの土壇場でこの文学形式をえらんだのは、一面では、大人の世界からの、

（逃避だった）

そのことは、厳粛な事実なのだ。

が、しかし。

より根本的なのは、それとはべつの理由だった。

「お父さん」

賢治はなおも原稿用紙の塔を見おろしつつ、おのずから、つぶやきが口に出た。

「……おらは、お父さんになりたかったのす」

②そのことが、いまは素直にみとめられた。

ふりかえれば、政次郎ほど大きな存在はなかった。自分の命の恩人であり、保護者であり、教師であり、金主であり、上司であり、抑圧者であり、好敵手であり、貢献者であり、それらすべてであることにおいて政次郎は手を抜くことをしなかった。

ほとんど絶対者である。いまこうして四百キロをへだてて暮らしていても、その存在感の鉛錘はずっしりと両肩をおさえつけて小ゆるぎもしない。尊敬とか、感謝とか、好きとか嫌いとか、忠とか孝とか、愛とか、怒りとか、そんな語ではとても言いあらわすことのできない巨大で複雑な感情の対象、それが宮沢政次郎という人なのだ。

しかも自分は、もう二十六歳。

おなじ年ごろの政次郎はすでに賢治とトシの二児の父だった。質屋兼古着屋を順調にいとなんだばかりか、例の大沢温泉での夏期講習会もはじめている。文句のつけようのない大人ぶりである。自分は父のようになりたいが、今後もなれる見込みは、

（ない）

みじんもない。それが賢治の結論だった。自分は質屋の才がなく、世わたりの才がなく、強い性格がなく、健康な体がなく、おそらく長い寿命がない。ことに寿命については親戚じゅうの知るところだから嫁の来手がない。あってもきちんと暮らせない。

すなわち、子供を生むことができない。

自分は父になれないというのは情況的な比喩であると同時に、物理的に確定した事実だった。それでも父になりたいなら、自分には、もはやひとつしか方法がない。その方法こそが、

（子供のかわりに、童話を生む）

このことだった。原稿用紙をひろげ、万年筆をとり、脳内のイメージを追いかけているときだけは自分は父親なのである。ときに厳しい、ときに大甘な、政次郎のような父親なのである。物語のなかの風のそよぎも、干した無花果も、トルコからの旅人も、銀色の彗星も、タングステンの電球も、すきとおった地平線も、すべてが自分の子供な

のだ。

（門井慶喜『銀河鉄道の父』より）

＊１『風野又三郎』　宮沢賢治の童話『風の又三郎』の初期の原稿。これを元に賢治は改作を重ねたと考えられている。
＊２「ひっきょう」　結局のところ。
＊３「トシ」　賢治の妹。

問一、思考力 ——①「結果として書いたものが、なぜ、／（童話だったか）」とあるが、この疑問に対する答は何か。本文に書かれている内容を整理して説明せよ。

問二、思考力 ——②「そのことが、いまは素直にみとめられた」とあるが、それはなぜか。説明せよ。

三（古文）内容吟味

次の文章は、松尾芭蕉の紀行文『鹿島詣』の一節である。これを読み、後の問に答えよ。なお、文章中の「（＝　）」はその直前の部分の現代語訳である。

日すでに暮れかかるほどに、利根川のほとり、布佐といふ所につく。この川にて鮭の網代といふものをたくみて（＝しかけて）、武江[＊1]の市にひさぐものあり。宵のほど、その漁家に入りてやすらふ。よるのやどなまぐさし。月くまなくはれけるままに、夜舟さしくだして鹿島にいたる。

昼より雨しきりに降りて、①月見るべくもあらず。ふもとに根本寺[＊2]のさきの和尚、今は世をのがれて、この所におはしけるといふを聞きて、尋ね入りてふしぬ。すこぶる「人をして深省を発せしむ」[＊3]と吟じけむ、しばらく清浄の心を得るに似たり。あかつきの空、いささかはれけるを、和尚起こし驚かし侍れば、人々起き出でぬ。月のひかり、雨の音、ただあはれなるけしきのみ胸に満ちて、いふべき言の葉もなし。②はるばると月見に来たるかひなきこそ本意なきわざなれ。かの何がしの女[＊4]すら、ほととぎすの歌、えよまで（＝詠むことができないで）かへりわづらひしも（＝帰るに帰れなかったのも）、③我がためにはよき荷担の人ならむかし（＝よい味方であろう）。

月はやし梢は雨を持ちながら

＊１「武江」　武蔵国江戸。
＊２「根本寺」　鹿島神宮の西にある寺。
＊３「人をして深省を発せしむ」　杜甫の漢詩の一節、「人に深い反省の思いを抱かせる」という意味。
＊４「かの何がしの女」　『枕草子』の作者・清少納言のこと。

問一、——①「月見るべくもあらず」の意味として最も適切なものを、次の中から選び、記号で答えよ。
ア、月を見ている場合ではない。
イ、月を見る気持ちにもなれない。
ウ、今夜は月を見られそうもない。
エ、今夜は月見をする人もいない。
オ、今夜の月は見てもしかたがない。

問二、——②「はるばると月見に来たるかひなきこそ本意なきわざなれ」とあるが、芭蕉が不本意だと思ったのはなぜか。次の中から最も適切なものを選び、記号で答えよ。
ア、明け方に起こされたのに、雨により結局月が見られなかったから。
イ、かろうじて月は見られたが、雨の中できれいに見られなかったから。
ウ、静かに月を見ていたい気持ちを、和尚にかき乱されてしまったから。
エ、月があまりに美しすぎて、すぐに句を詠むことができなかったから。
オ、せっかく月が見られたのに、かえってもの悲しくなってしまったから。

問三、思考力 ——③「我がためにはよき荷担の人ならむかし」とあるが、芭蕉が清少納言を「よき荷担の人」と感じているのはなぜか。説明せよ。

問四、難 思考力 「月はやし梢は雨を持ちながら」の「はやし」は雲の流れの速さを言っている。この句に描かれている情景を、本文の内容を踏まえて説明せよ。

関西学院高等部

時間 60分　満点 100点　解答 P69　2月10日実施

出題傾向と対策

●論説文二題（一題省略）、古文一題の大問三題構成。論説文はほぼ全ての問題が記述式だが、問題文も比較的平易で分量も少なく、また解答欄も最大二行程度なので、さほど難しくない。落ち着いて読めば解けるだろう。
●着実に解ける読解力を養うためにも、常日頃からさまざまな文章に触れておきたい。また、短い文章でよいので、自分の考えをまとめる練習を重ねておくとよい。漢字の書き取りも多く出題されているので、基礎基本を丁寧に身につけることで、得点力アップを目指したい。

一（論説文）漢字の読み書き・内容吟味

次の文章を読んで問に答えなさい。ただし、出題の都合上、一部改変しているところがあります。

「趣味」という言葉は、英語ではhobbyであり、日本でも「ホビィ」を使っている人や商売は多い。しかし、この言葉に対する意識が、諸外国とはずいぶん違っている、と筆者はよく感じている。日本人にとって、趣味とは、あくまでも「娯楽」と同じものだ。同じではないにしても、かぎりなく近い。それは、仕事の合間、休日や休み時間の「息抜き」のことであり、仕事に集中するための準備時間だったりする。「遊び」という言葉も、それを象徴している。遊ぶのは子供であって、大人は基本的に遊んではいられない。Aただ、仕事の合間に、ちょっとした「遊び」があった方が、仕事がはかどると考えられている。機械類のわずかな「がたつき」のことを「遊び」という。自動車のハンドルに遊びがあるとは、歯車の間の隙間のことだ。あまりにきっちりとはまりすぎていると、かえって使い勝手が悪くなる。だから、多少の「遊び」がなければならない。ただ、「遊び」が大きくなりすぎると、性能的に①シショウが出る。人間も、遊びが増えて仕事が疎かになっては本末転倒だ、という考えがある。今も、日本の社会ではそういう空気が支配しているだろう。したがって、日本人にとっては、趣味もやはり遊びなのである。息抜き程度であり、あるいは仕事の潤滑剤*1としての役目でしかない。仕事仲間と飲みにいったり、仕事関係でゴルフをしたりする。それが趣味だ、と日本人の多くが認識している。

　Bイギリスでは、このホビィの認識が少し違っている。アメリカのことはよく知らないが、おそらく同じだろう（言葉が同じだから）。もともと、紳士のたしなみとして、hobbyはあった。それは、仕事よりも重視される存在で、人間の品位を形成する要素の一つと認められている。同じく、sportやleisureは、また別のたしなみだそうだ。結局、大人になれば、仕事、趣味、レジャ、スポーツでそれぞれ一人前になることが理想だと考えられている。筆者は、それはちょっと忙しすぎるのではないかと思うのだが、おそらく古くからある文化なので、資産家や貴族などの立場での話ではないかと思われる。貴族であれば、仕事は大して忙しくない（むしろ忙しさは、貧しさの象徴でもある）。仕事以外に持っている②シシツに、人間としての価値が問われたのだろう。ここで重要な点は、レジャやスポーツは趣味に含まれない、ということである。おそらく日本人の多くが、趣味と考えているはずだ。家族旅行やキャンプに出かけるのも趣味ではない。また、ゴルフもダイビングも趣味ではない、ということになる。

　では、趣味とは何か。一つは、カルチャ的な分野がこれに当たる。たとえば、絵を描くとか、音楽を演奏する、といったものだ。あるいは、なにかを蒐集するのも、趣味といえる。筆者が子供のときに、この「コレクション（蒐集）」が流行った。このコレクションというのは、日本人にも③フキュウした趣味の一つだが、しかし、ここでも少し本家とは意味合いが違っている。日本人のコレクションに対する認識は、ただ集めることだけに夢中になっていて、たとえば、集められる品をコンプリート*2することが目標となっているように見える。これは、たとえば「切手」というジャンルにこだわっている状態だ。あえていえば、その名称がつくものにこだわっている。好きな切手を集めるのではなく、切手ならば、すべて手に入れたい、となる。そもそも、「こだわり」という言葉が、今の日本ではプラスの印象を抱かせる形容になった。こだわることは良いことだ、と思っている人がとても多い。筆者は、まったくこの逆である。ときどき座右の銘を尋ねられるが、「なにものにもこだわらない」が自分の方針だ、と答えている。「こだわる」という日本語は、本来そういうマイナスの意味である。日本のコレクタは、ただ（悪い意味での）こだわりを持っている人に見えてしまう場合が多い。もちろん、自分の好きなことをすれば良い。自由であり、非難するつもりは毛頭ない。しかし、コレクタに対して眉をひそめる人たちが、かつては存在していた。それが社会の常識的な視点のようにもいわれた。つまり、呆れて見ていたわけである。

　イギリス人の友人には、それぞれなにかをコレクションしている人が多い。日本人よりもその割合が多いようだ。彼らの蒐集品を見せてもらう機会も何度かあった。彼らに、どれだけの数を集めたのか、ときくと、首を傾げる。C「さあ……、数えたことはないし、量なんかに意味はない」と言う。彼らのコレクションは、もちろん趣味であるが、集めることが目的ではない。なにかの趣味がさきにあって、そのために集めているだけなのだ。これは、ある分野の研究を行うために資料を集めることと同じ行為である。彼らは、知りたいことがあり、意識は探究したい対象に向かっていて、そのために、必要なものを手許に集め、いつでも見られるようにしているのである。コレクションは、目的ではなく、手段なのだ。たとえば、図書館などももともとはそうだった。研究のために集められた書籍が収められていた。研究者の書斎には、④ボウダイな量の書籍が棚に並んでいるが、それは本を蒐集しているのではない。そして、もっと重要なことは、蒐集することが目指すゴールなのではなく、蒐集することで、探究をスタートさせることができる、という感覚である。つまり、「趣味（hobby）」とは、そういう行為であり、だからこそ、大人のたしなみとして重要視される文化がある、と理解できる。

　そうしてみると、「hobby」を「趣味」という日本語に訳したことが間違っているように感じる。日本語の「趣味」には、本職ではなく、単なる楽しみで行うものとの意味が含まれている。それはそれで正しいのだが、日本人は、「本職でなければ、つまり一流ではない」との認識を持っている。素晴らしい才能や技能があれば、それが仕事になる、という固定観念に支配されているからだ。D人間を職業で評価するのも、日本社会の傾向として顕著である。「職業に貴賤はない」といいながら、まったくそうは考えていない人がほとんどだろう。ヨーロッパなどの貴族文化が長く続いた国では、そうではない。仕事をしていることは、貧しさの証であり、生活のためにしかたなくしている行為と見なされる。金儲けの手段によって人の価値を見ることは少ない。ビジネスで海外に出て、そこで外国人と接することがある人は、おおむねこのことを感じていると思われる。日本人は仕事の話しかしない、といわれたりする。ビジネスの打合わせであれば、それは当然だが、親睦のためのパーティなどで、何を語れるかが、人を評価する基準であり、そのとき、趣味が前面に出てくる。そういうもので、人の深みを測るのが、西洋の感覚といえる。「hobby」は、「個人研究」と訳すのが適当だろう、と筆者は考えている。言葉をこのように改めるだけで、認識が変わってくるはずだ（それ自体が、言葉に支配されている証拠でもあるが）。

　ここで、「研究」とはどんな行為なのか、ということを述べておく。一般の方は、この言葉を曖昧なまま使っているように観察される。もちろん、研究をしたことがないのだから当然かもしれない。E多くの方は、「研究」を「勉強」あるいは「学習」だと勘違いしているようだ。たとえば、小学校などでも、「自由研究」という言葉が使われていた。夏休みなどに、自分で課題を見つけて、それについて調べる、というものだったはず。まず、この「自分で課題を見つける」というところに、大きなポイントがある。つまり、「問題を与えられない」状況の自由さである。もともと、研究には、この自由さが含まれているので、わざわざ「自由研究」とするのは⑤チョウフクしているように筆者は感じる。さらに、研究という行為は、「学ぶ」ことでも「調べる」ことでもない。だから、問題を自分で見つけたあと、図書館で調べる、人にきいて回る、ということで解決できるものは、研究ではない。

そういった既往の研究成果の有無を知ることは重要であるけれど、そのうえで問題が明確になる、というだけだ。学習や調査で解決してしまう問題だったら、それは「研究」ではなく、「調査」になる。研究とは、一言で表現すれば、自分が最初に知ることだ。世界の誰も知らないことを自分が突き止める、という行為を「研究」と呼ぶ。既に社会には沢山の研究者がいるが、例外なくそういった探究をしている人たちである。したがって、資料を集めることは、研究ができるかどうかを知る意味で、スタート地点に立つために必要な行為といえる。コレクションは、リサーチ（研究）のスタートラインを決めるものだ。

（森　博嗣『ジャイロモノレール』）

＊1、潤滑剤　摩擦が少なく、機械などをなめらかに動かす液体

＊2、コンプリートする　すべてを集めて手に入れる

問一、**よく出る** **基本** ――線部①～⑤のカタカナを漢字になおしなさい。

問二、傍線部Aのように考えられている理由を文中の言葉を使って説明しなさい。

問三、傍線部Bについて、日本とイギリスとの「ホビィ」に対する認識の違いを説明しなさい。

問四、**よく出る** 傍線部Cについて、イギリスの友人たちはコレクションの数について「数えたことはないし、量なんかに意味はない」と言っているが、では彼らは、どのようなことに意味があると考えているかを説明しなさい。

問五、**思考力** 傍線部D「人間を職業で評価するのも、日本社会の傾向として顕著である」とあるが、では西洋社会においてはどのように人間を評価しているか。文中の言葉を使って説明しなさい。

問六、**思考力** 傍線部Eについて、「研究」と、「勉強」や「学習」との違いを文章の内容に沿って説明しなさい。

二 （省略）池谷裕二「脳には妙なクセがある」より

三 （古文）内容吟味

次の文章を読んで問に答えなさい。

近ごろ、ある僧の家に、大きなる橘(たちばな)の木ありけり。実の多くなるのみにあらず、その味も心殊(こと)なりければ、あるじの僧またたぐひなきものになむ思へりける。かの家の隣に、年高き尼ひとり住みけり。重病をうけて、床にふして、日ごろ物も食はず、湯水なんども、はかばかしく飲み入れぬほどになれりけるが、この橘を見て、「かれを食はばや」といひければ、すなはち、隣へ人をやりて、「Aかくなむ」といはせたりけれど、情(なさけ)なくかたく惜しみて、一つもおこせず。この病人のいはく、「①いとやすからず。心憂(う)きことかな。病すでに責めて、命、今日明日にあり。たとひよく食ふとも、二つ三つにや過ぐべき。それほどの物を惜しみて、わが願ひを叶(かな)はせぬは、口惜しきわざなり。われ、極楽に生まれんことを願ひつれど、今にいたりては、かの橘をはみつくす虫にならんと。そのいきどほりを遂げずは、浄土に生まるることを得じ」といひて死ぬ。

隣の僧、このことを知らずして日ごろ過ぎけるほどに、この橘の落ちたるを取りて食はんとて、皮をむきて見るに、橘の袋ごとに、白き虫の五六分(ぶ)[*1]ばかりなるあり。驚きて、「②いづれもかかるなんめりや」と思ひて、見れば、そこらの橘、さながら同じやうになむありける。③年をおひてかくのみありければ、「何にかはせむ」とて、果てにはその木を切り捨ててげり。

『発心集』

＊1　五六分　一分は約三ミリ

問一、**よく出る** **基本** 傍線部①～③の現代語訳として最も適当なものをそれぞれ次の中から選び記号で答えなさい。

①
ア、大変不安である
イ、大変高価なものだ
ウ、非常に安心した
エ、非常に腹立たしいことだ

②
ア、どの虫もこのように白いのか
イ、どの皮をむいたら良いのだろうか
ウ、どの実にも虫がついているのか
エ、どの橘の木が一番虫が多いか

③
ア、毎年つねにこのようなことになったので
イ、老年になってこのようなことが起こったので
ウ、何年も大事に育ててきた橘であったので
エ、一年おきにだけこのようなことが起こったので

問二、点線部Aについて、どのようなことを言わせたのか、説明しなさい。

問三、尼は死ぬとき、どのようなことを具体的に決意したのか、その内容を説明しなさい。

共立女子第二高等学校

時間 50分　満点 100点　解答 P70　2月10日実施

出題傾向と対策

●論説文、小説文、古文の大問三題構成は例年どおり。空欄補充、選択肢、抜き出し、記述など、出題形式は多岐にわたる。論説文と古文に関しては、基礎的な読解力があれば対応できるが、小説文については、難度の高い問題も出題される。記述の解答には深読み力が必要。

●漢字の読み書き、語句の意味、接続詞の用法、歴史的仮名遣い、文学史の知識など、基礎的な国語力の養成に努めるとともに、小説文に関しては人間関係や心情の推移を丹念にたどりながら読み進める読解力の涵養が必須。

一 (論説文)漢字の読み書き・文脈把握・内容吟味・段落吟味

次の文章を読んで、後の問いに答えなさい。(本文には一部改めたところがある)

イヌは群れで行動する習性をもつ。それに対してネコは基本的に単独行動をする。たくさんのネコがいるところでも、たまたまその場所の居心地がよいか、エサにありつくため集まっているにすぎない。リーダーが群れを引き連れて歩くわけでもない(幼い子ネコは別だが)し、そもそも固定したリーダーがいるわけでもない。

こうしてみると、①ネコはチームワークに向かないように思える。しかし少なくとも人間の場合は、②「ネコ型」がチームワークに向かないとはいえない。

かつての自動車工場や家電工場のような少品種大量生産の時代には、イヌぞりのようにみんな並んで一緒に作業するのがふつうだった。［A］、そのような仕事の大部分は機械やコンピューターに取って代わられた。銀行の店内でも、多くの行員が顔を並べてお金の計算をしたり、伝票を整理したりする姿はみられなくなった。

そしていま、集団で仕事をする場合には、多様な専門の人たちからなる※プロジェクトチームが主流になりつつある。それは製品開発、商品企画、マーケティング、戦略策定、問題解決、イベントの企画・運営、雑誌の編集、映画や番組の制作など、さまざまな分野に及んでいる。業種によっては通常業務がすべてプロジェクトチームでおこなわれている企業もあり、今後はいっそうプロジェクトベースの仕事が増えてくると予想される。

そこに参加するのは異質な知識、能力、視点をもったメンバーであり、チームは命令‐服従といったタテの関係ではなく、対等なヨコの関係で活動する。そして一つのプロジェクトが終了したらチームは解散し、仕事内容に応じた新たなメンバーでチームがつくられる。つまり自分の意思と判断で主体的に行動できる、「ネコ型」の人間でなければチームに貢献できないのである。

自律的・主体的に行動できる人たちからなる組織は、いまの時代に合っているといえよう。

組織の(a)セイスイは、環境にどれだけ適応できるかにかかっている。どのような組織も環境に適応しないと生き残れない。その環境は業種によって異なるし、時代によっても違う。

一般に、変化が少ない安定した環境のもとでは、③権限がトップに集中し、命令‐服従の関係で動く機械的な組織が有効である。逆に変化が激しく不安定な環境のもとでは、④権限が分散し、水平方向のコミュニケーションで動く有機的な組織が有効とされている(Burns and Stalker, 1961)。

今日のように、業種を問わず企業を取り巻く環境の変化が激しく、不安定になると、上下関係が(b)ゲンカクで命令‐服従の関係で動くピラミッド型の組織はますます非効率になってくる。現場から離れたトップが常に、現場の状況を把握できているとはかぎらないし、現場から情報が届くのを待って判断を下していたらとても間に合わない。

現場、すなわち顧客や取引先などに近いところにいる人が自分たちで判断し、即座に対応するほうが効率的だし、顧客の多様なニーズにも的確に応えられる。また、みんなが一緒に顔を合わせていなくても、ノートパソコンやスマートフォンなどのツールを使えば必要なコミュニケーションはとれる。

［B］組織そのものが、前述したプロジェクトチームに近いようなスタイルになってくるわけである。そして、多様で個性的なメンバーからなる組織は⑤危機にも強い。

そのことを例証する昆虫の世界の話(二〇一〇)は興味深い。

アリやハチの集団のなかには、巣のなかの温度やエサの糖度など、特定の刺激に対する感度が異なる個体が混じっているという。そのため危機に陥ったとき効率的に対処できる。たとえば、ちょっとした温度の変化なら、その変化に敏感な少数のハチが出てきて対処すればよいし、火事のような一大危機のときは温度の変化に鈍感なハチも反応するので、全員で対処できるわけである。

人間の組織でも、多様な個性をもつメンバーがいると、危機の種類や度合いに応じて効率的に対処できる。また多様化する顧客のニーズにも対応することが可能だ。たとえば衣料品店なら、流行を気にする客、価格を重視する客などに、それぞれ(c)クワシイ店員が応対すればよい。

近年、企業社会でもダイバーシティー&インクルージョン(多様性の受容)がうたわれている。それによって組織・集団のなかに新たな視点や刺激が入り、創造・革新を生み出す効果があると考えられている。さらに内部の風通しをよくするとともに、組織の危機管理能力や、顧客の多様なニーズへの対応能力を高める効果も期待できるのである。

「ネコ型」人間には、もう一つ見逃せない貢献がある。ネコが逆に、飼い主すなわち人間の社会でいえば親や上司、あるいはリーダーを育てるということである。【Ⅰ】

イヌは主に服従する本能があるので、それを利用して人が思うように育てることができる。エサを前にしているときも「待て」といえばがまんするし、「お手」「伏せ」などもしつけられる。ところがネコは、飼い主の思うようには動かない。【Ⅱ】

常に自分の意思や直感で行動するネコと暮らすには、相手が自分の思うようには動かないという前提でつき合う必要がある。コントロールされるのを極度に嫌うネコだが、

一方で信頼できる人にはすり寄ってきて頭をこすりつけたり、なめたりして愛情を伝えようとする。【Ⅲ】

つまり、イヌは権力だけで育てられるが、ネコを育てるには相手の意思を尊重しなければならない。相手のすべてを包み込むような懐の深さ、人間的な器の大きさが必要になるのである。だからこそ人はネコを育てながら自分自身が成長する。

谷崎潤一郎、大佛次郎、ヘミングウェイなど文豪に愛猫家が多いことは知られているが、人間そのものを受け入れられるようでなければ、優れた小説も書けないからではなかろうか。【Ⅳ】

相手の主体性を尊重しながらよい関係をつくるという姿勢は、私たちが仕事や日常生活を送るうえで必要なだけでなく、組織のリーダーにとっても大切だ。とくにこれからの時代は、自立して主体的に行動できる「ネコ型」の人間でなければ通用しない。しかも命令や強制によって引き出せる力はたかがしれている。今日のように優れたアイデアや独創性が勝負を決めるような時代には、⑥「イヌ扱い」しかできないリーダーは出番がなくなるだろう。

仕事やスポーツなどさまざまな領域で、かつてに比べて必要な能力と意欲の次元が上がったと理解したほうがよいかもしれない。

「直感」力や「遊び」感覚の高度なモチベーションを引き出すためには、別次元のリーダーシップが求められているわけである。高校野球や大学駅伝の名監督も、相手の主体性を尊重する関わりかたを学んで選手の心をつかみ、彼らの(d)センザイ能力を一〇〇パーセント引き出すことに成功した。

このようなリーダーの相手に対する接しかたは、いまはやりのリーダーシップ用語を用いるなら「サーバント・リーダーシップ」に近い。ただサーバント・リーダーシップはその名称から、リーダーがフォロワーに仕えるという上下関係の逆転を連想させる。しかし、そもそも「ネコ型」人間は主人に仕えるという意識が弱いだけでなく、［⑦］ことも望んでいない。つまり、上下ではなく対等な関係を求めているのである。

（太田肇『「ネコ型」人間の時代』による）

※プロジェクトチーム＝特定のプロジェクト（企画や計画）を遂行するために臨時的に編成したグループ。

問一、よく出る 基本 二重傍線部(a)「セイスイ」、(b)「ゲンカク」、(c)「クワシイ」、(d)「センザイ」のカタカナを漢字にしなさい。ただし、必要に応じて送り仮名も付すこと。

問二、よく出る 基本 空欄［A］・［B］にあてはまる語を次から選び、それぞれ記号で答えなさい。

ア、ただし　イ、しかし　ウ、要するに
エ、なぜなら　オ、たとえば

問三、基本 傍線部①「ネコはチームワークに向かないように思える」とあるが、それはなぜか。理由を説明した次の文の空欄〔1〕・〔2〕にあてはまる言葉を本文中からそれぞれ五字以内で抜き出して答えなさい。

> ネコは〔 1 〕をする上、群れを引き連れるような〔 2 〕もいないから。

問四、傍線部②「『ネコ型』がチームワークに向かないとはいえない」とあるが、「ネコ型」人間とは、どのような人間のことか。「〜人間」につながるように、本文中から十五字以上二十字以内で抜き出して答えなさい。

問五、傍線部③「権限がトップに集中し、命令‐服従の関係で動く機械的な組織」とあるが、このような組織の問題点は何か。それが書かれた一文を本文中から抜き出し、その最初の五字を答えなさい。

問六、傍線部④「権限が分散し、水平方向のコミュニケーションで動く有機的な組織」とあるが、このような組織が有効とされているのはなぜか。理由として最も適当なものを次から選び、記号で答えなさい。

ア、現場にいる人たちで自由に企画・運営ができる上、逆に上司のいる本部にも様々な業務を依頼できるから。
イ、上司から届く指示内容を現場の人たちで分担できる上、緊急時にも様々なツールで上司に報告できるから。
ウ、上司からの命令で仕事をする必要がなくなる上、様々なツールを使えば上司と会わずに連絡もとれるから。
エ、現場にいる人たちで判断して即座に対応できる上、顧客の様々な要求にも的確に応じることができるから。

問七、傍線部⑤「危機にも強い」とあるが、それはなぜか。人間の組織の場合における理由を「〜から」につながるように、本文中から二十五字以内で抜き出し、その最初と最後の五字を答えなさい。

問八、難 傍線部⑥「『イヌ扱い』しかできないリーダーは出番がなくなるだろう」とあるが、これからの時代のリーダーに求められるのはどのような力か。本文中の言葉を使って具体的に説明しなさい。

問九、空欄［⑦］にあてはまる内容を十字以内で考えて答えなさい。

問十、次の一文は本文中に入るべきものである。最も適当な箇所を【Ⅰ】〜【Ⅳ】の中から選び、記号で答えなさい。

> その証拠に警察犬や盲導犬はいても、警察猫や盲導猫は聞いたことがない。

二 （小説文）漢字の読み書き・慣用句・文脈把握・内容吟味・主題

次の文章を読んで、後の問いに答えなさい。（本文には一部改めたところがある）

光来（みつき）はその後もリキの散歩を真面目に続けた。えさやりもうんちの始末も、自然と光来の役目になり、ばあちゃんも光一も出る幕がない。朝に登校する前や就寝前にもリキをなでに行っているようで、「お前はお利口で、近所のどの犬よりもかわいいねー」と話しかけているのが聞こえたりする。お陰で、リキが来てからは、光来の深夜帰宅がほとんどなくなった。一度、リキの散歩をサボって深夜に帰宅したことがあるのだが、翌朝にばあちゃんが「リキは光来ちゃんがいないのを心配して、ときどき悲しそうな声で鳴いていたよ」と話すと、それ以後は本当に毎日、夕方に帰宅するようになってしまった。もちろん、ばあちゃんの作り話である。

ある夜、光一がトイレから出ると、洗面所で光来が誰かとスマホで話をしているようだったので、何となく聞き耳を立ててみると、「だって、しょうがないでしょ、おばあちゃんの具合が悪くなって、私が病院について行ってあげたり、おばあちゃんが飼ってた犬の面倒までみなきゃいけなくなったんだから。私だっていろいろやることあるっつーの」と少し苛立った口調でしゃべっていた。光来なりの方法で、悪いグループとのつき合いから、距離を取ろうとしているらしかった。そのためにうそを使うところなどは、［①］から遺伝子を引き継いでいるせいかもしれない。光来がずっと苛々しているような、刺々しい態度だったのは、もしかしたら家の中で居場所がないと感じていたからじゃないかと、光一はふと思った。リキの面倒をみるという役目は、光来にとっては実は重大な意味があったのではないか。ばあちゃんが②そこまで考えてリキを連れて来たかどうかは知らないけれど……。

〔中略〕

「ちょっと。勝手にリキを連れ出さないでよ。どこかに逃げたかと思ったじゃないの」

「今日は散歩に行ってないんだろ。だから俺が行ってやったんだろうが。何文句言ってんだよ」

「そんなことしてくれなくても、ちゃんと行くってのに」

「うるせえな。お前の持ちもんじゃねえだろうが。偉そうに言うな」

光一は光来の横をすり抜けて、リキのリードを犬小屋につないだ。犬小屋の柱に打ち込まれてある金属フックにリードの輪をかければいいようになっている。

リキは犬小屋に入り、頭を出して光一を見上げた。何となく、今日は散歩ありがとう、と言いたげな顔をしているように思えたので、両手で首の周りを撫でて回してやった。光来が近づいて来たようだったので振り返った。

「友達は帰ったのか」

「うん、さっき帰った。③あの子ね、おばあちゃんの料理食べて、感激したみたいで、途中で泣き出したんだよ」

「はあ？」

泣くって、どういうことよ。しかも、光来がこんな話をしてくるとは、どういう風の吹き回しなんだ。

「あの子、親が離婚して、最初は母親のところにいたんだけど、新しい父親からがみがみ言われるのが嫌になって、実の父親のところに移ったんだ」

さきほど聞いて知っていたが「へえ」と答えておいた。

「お母さんのところにいたときに、ひどい八つ当たりをしちゃったって言ってたよ。作ってもらったお弁当をわざと食べないで、代わりにパン買ってたんだって。何ていうの？　お母さんが再婚して、自分のことを構ってくれなくなりそうで、家の中に［④］がなくなりそうな気がして、不安が大きくなって、そういうことしたんじゃないかって思うんだ。本人は、はっきりそうだとは言ってなかったけど」

「ふーん」

「どうして食べないのかってお母さんから聞かれても、A喧嘩［　］で、こんなまずい弁当食べられるか、みたいなこと言ったらしいよ。次の日もその次の日も、お弁当は用意されてたけど、食べないでそのまま突き返してたから、十日目になくなったんだって、お弁当」

「そりゃそうだろ。せっかく作ったのに食べないで返してたんだから。そんなことされたら誰だってキレるって」

光来は舌打ちをした。

「言われなくても判ってるよ、そんなの。あの子だって判ってたんだ。でも、判っててもやらないではいられないってこと、あるじゃん。甘えたかったんだよ、きっと。それでさっき、ばあちゃんの料理食べて、こらえきれなくなったんだよ。泣きながら、美味しい、美味しい、作る人の心が入ってるって言って食べてたよ。私、余計な言葉かけない方がいいと思って、黙って聞いてた」

「その子は母親と一緒に住まなくなって、もう手作り弁当を食べる機会がなくなったことを実感して、後悔してる、本当は謝りたいってことか」

「当たり前でしょ。いちいち言葉にするなっての。それよか、さっきからリキのなで方、なってないし」

「へっ？」

「ちょっとどいて」

片手で押されて仕方なくどくと、光一がいた場所にしゃがみこんだ光来が、リキの胸辺りをごしごし強くこすった。確かにリキはB［　］を細めて気持ちよさそうにしていた。

「お前、高校はどうするんだ」

「県立で入れそうなところを受ける」

「入れそうなところっていったって、ちゃんと勉強しとかないと、やばいぞ」

「判ってるよ。今までサボってきたけど、これからちゃんとやるし。さっき来てた子とも誓い合ったんだ。私ら、このままじゃ駄目だよね、何か頑張れることを見つけようって」

「………」

母ちゃんは、たちの悪い子だと思っているようだが、光来の友達は、案外ちゃんとしてそうだ。

「まだ将来の夢とか、何も浮かばないけど、おばあちゃんみたいに、こつこつ何かを積み重ねていけば、いつか誰かの役に立てるんだって判ったしね」光来はそう言ってから光一を見上げて、「というか、浪人生から心配される覚えとかないんだけど」とつけ加えた。

確かに。光一は少しだけ苦笑した。

「⑤お父さんのこともあるから、県立には絶対に入らないとね」

少し気まずい間ができた。見ると、光来は顔をこちらに向けないでリキをなで続けている。

「……知ってたのか」

「同じ家に生活してるんだから、様子が変だってことぐらい判るよ。ここんところ顔色悪いし、そのくせ妙に明るく振る舞おうとするっていうか、ここ一、二か月は朝ご飯のときに、しょうもない(a)駄洒落を言ったり、新聞広げながら、市内で火事があったとか交通事故があったとか、何だか勝手にしゃべってるし。無理してしゃべってるの、バレバレだし」

父ちゃんは、役者には向いていないらしい。事情を悟られまいとしてやっていたことが、かえって不自然で、娘にもばれてる。

「だからお母さんに聞いたんだ」と光来は続けた。「最初は、何でもない、とか、ちょっと寝不足なんじゃないか、みたいにはぐらかしてたけど、そんなうそばれてるよって言ったらやっと話してくれたんだ。おばあちゃんには教えるなっていう条件で」

「そうか……」

「そうなると大学進学、やばいかもね」

「まあ、これからはあまり学歴が重視されなくなるって言われてるから。いい大学入って有名企業に就職したって、会社が潰れたりリストラされたり、吸収(b)合併されて関連会社に飛ばされたりする時代だ。仮にそれを(c)免れても、残業、残業で、過労死だ。大学進学が人生で成功する条件じゃない」

「強がり言ってる」

「放っとけ」

「私の高校進学も、なしっていう可能性を考えといた方がいいかもね」

「そこまでの心配はしなくていいって。高校ぐらい、何とかなる。多少は(d)貯えもあるし、ばあちゃんと母ちゃんが組んで始めた惣菜屋は、規模は小さくても確実に利益を出してるみたいだから」

「だね。いよいよのときは、家族みんなでそれをやればいいかもね。評判をよくしていったら、取引先を二軒、三軒と増やせるかもしれないし。あ、そうだ。真空パックにして通販とかしたらよくない？」

⑥光一はつい、噴き出してしまった。光来が「何だよ」と口を尖らせたので、「いや、お前って案外ポジティブだなと思って」と言っておいた。

深刻な話をしていたはずなのに、何だか未来が開けてる、みたいになってたのが何だかおかしかった。これも、ばあちゃんマジックによるものか。

会話が途切れた。久しぶりに妹と話ができたのはよかったけれど、間ができてしまうと何だか居心地が悪い。

光一が「さて、風呂に入るか」と言い残して玄関に向かおうとすると、光来が「こら、うんちの始末」と、大人が子供に注意するような言い方をした。そういえば、うんちキャッチャーを犬小屋の横に立てかけておいたままだった。

光一は歩み寄ってそれを拾い上げた。

玄関ドアを開ける前に振り返ると、⑦光来は、何か憑き物でも落とそうとするかのように、リキの胸をこすっていた。

（山本甲士『ひかりの魔女』による）

問一、よく出る 基本 二重傍線部(a)「駄洒落」、(b)「合併」、(c)「免（れて）」、(d)「貯（え）」の漢字の読みをひらがなで書きなさい。

問二、基本 点線部A「喧嘩□」、B「□を細めて」の□にあてはまる体の一部を表す漢字一字をそれぞれ答えなさい。

問三、空欄[①]にあてはまる言葉を本文中から一語で抜き出して答えなさい。

問四、難 傍線部②「そこ」とはどういうことか。本文中の語句を用いて、説明しなさい。

問五、傍線部③「あの子ね、おばあちゃんの料理食べて、感激したみたいで、途中で泣き出したんだよ」とあるが、なぜ「あの子」は「泣き出した」と考えられるか。その理由として適当でないものを次から選び、記号で答えなさい。

ア、母親の作ったお弁当をわざと食べないで突き返したことを後悔し、謝りたくなったから。
イ、光来のおばあちゃんの手作り料理を食べて、母親の作ったお弁当の味を思い出したから。
ウ、母親からの愛情を失いそうだという不安からとった行動が、母親との別居を招いたから。
エ、実の父親のところに移った今、母親の手作り弁当を食べる機会がないことが悲しいから。

問六、空欄[④]にあてはまる言葉を本文中から一語で抜き出して答えなさい。

問七、思考力 傍線部⑤「お父さんのこと」とは具体的にどういうことだと考えられるか。本文中から読み取れることとして最も適当なものを次から選び、記号で答えなさい。

ア、お父さんにこれまで通りの稼ぎがなくなるということ。
イ、お父さんの会社の経営が厳しく減給されるということ。
ウ、お父さんが勤め先の会社をリストラされるということ。
エ、お父さんが重い病気のために働けなくなるということ。

問八、傍線部⑥「光一はつい、噴き出してしまった」とあるが、この時の光一の心情として最も適当なものを次から選び、記号で答えなさい。

ア、妹と久しぶりに話ができてうれしかったから。
イ、妹の提案があまりにも現実離れしていたから。
ウ、妹が思っていたよりポジティブだったから。
エ、暗い話が急に前向きな色を帯びてきたから。

問九、難 思考力 傍線部⑦「光来は、何か憑き物でも落とそうとするかのように、リキの胸をこすっていた」とあるが、光来のこの行為は彼女が何をしようとしていることを象徴していると考えられるか。本文中の語句を用いて、説明しなさい。

問十、本文の表現や内容について述べたものとして適当でないものを次から選び、記号で答えなさい。

ア、リキをなでる場面を適宜差し挟むことで、思春期の兄妹をリキが橋渡ししていることが描かれている。
イ、主人公が語り手でもある一人称小説であることで、光一の細やかな心情がわかりやすく描かれている。
ウ、会話文をたたみかけることで、光一と光来がまるでそこにいるかのような臨場感をかもし出している。
エ、光一のセリフに「……」が多用されることで、言葉にならない光一の思いが伝わりやすくなっている。

三 （古文）古典知識・口語訳・仮名遣い

次の古文を読んで、後の問いに答えなさい。

①弥生※3も末※1の七日、明けぼのの空朧々※2として、月はあり明にて光をさまれるものから、富士の峯かすかにみえて、上野谷中の花の梢②またいつかはと心ぼそし。むつましきかぎりは③よひよりつどひて、舟に乗りて送る。千住といふ

所にて舟をあがれば、前途三千里のおもひ胸にふさがりて、※4幻のちまたに離別の泪をそそぐ。

　行く春や鳥啼き魚の目は泪

これを※5矢立のはじめとして、行く道④なほすすまず。人々は途中に立ちならびて、後ろかげの見ゆるまではと見送るなるべし。

〔注〕※1、末の七日＝二十七日。
※2、朧々として＝ぼんやりかすんで。
※3、光をさまれるものから＝（月の）光はもう消え失せているけれども。
※4、幻のちまた＝幻のようにはかない世。具体的には今別れて行く道。
※5、矢立のはじめとして＝（この句を）旅の記録の書きはじめとして。

問一、**基本** 傍線部①「弥生」とは何月のことをいうのか。漢数字で答えなさい。

問二、傍線部②「またいつかは」の本文中での解釈として最も適当なものを次から選び、記号で答えなさい。
ア、またいつの日にか必ず見よう。
イ、いつまでも今のままではない。
ウ、きっといつか見られるだろう。
エ、こんどはいつ見られることか。

問三、**よく出る** **基本** 傍線部③「よひよりつどひて」、④「なほすすまず」の読みをひらがな（現代仮名遣い）で答えなさい。

問四、**基本** 本文中の「行く春や鳥啼き魚の目は泪」と同じ季節を描いた句を次から選び、記号で答えなさい。
ア、名月や池をめぐりて夜もすがら
イ、旅に病んで夢は枯野をかけ廻る
ウ、山路来て何やらゆかしすみれ草
エ、閑かさや岩にしみ入るせみの声

問五、**よく出る** **基本** 本文は江戸時代の俳人松尾芭蕉の作品である。江戸から東北地方、さらには日本海に沿って北陸まで周遊し、大垣に至るまでの旅の紀行を記したものであるが、この作品は何か。答えなさい。

久留米大学附設高等学校

時間	満点	解答	
60分	100点	P71	1月26日実施

出題傾向と対策

●論説文、小説文（省略）、漢文の三題構成。昨年は古文、一昨年は随筆文の出題があり、構成内容・構成順ともに一定しない。設問はいずれも知識・論理・読解力・思考力を幅広く問うもので、課題文の内容理解だけでなく、解き手の側の言語力・思考力との「足し算」が求められる。

●構成の内容が一定しないので、日頃から現・古・漢・小論文についてのかたよりのない学習を心がける。また論理的に分かりやすく伝える記述が重視されているので、過去問演習できちんと訓練しておくことが重要である。

注意　設問で、字数を指定している場合は、句読点などを含んだ字数である。

一 （論説文）内容吟味・漢字の読み書き

次の文章を読んで、後の問いに答えよ。

コピペが非難されるとき、ふつう「オリジナル」と「コピー」の対立が前提されています。①教師が「君のレポートはコピペだね」と言うとき、その意味は「君のオリジナルではない」と言いたいのです。

こうしたオリジナルとコピーの対立に注目すると、おそらく二つの関係が取り出せるでしょう。一つは、オリジナルからコピーが生じることであり、もう一つは、オリジナルの方がコピーより価値が高いことです。ここではひとまず、前者を発生論的関係と呼び、後者を②価値論的関係と呼んでおきましょう。言葉にすると難しそうに見えますが、内容的には誰でも知っていることです。

コピー機をイメージすれば、分かりやすいかもしれません。具体的な例として、③図書館から借りた本をコピーする、と仮定しましょう。このとき、オリジナルは図書館の本であって、その本からコピーが発生するのは明らかです。言うまでもなく、コピーを手に入れるためには、オリジナルがなくてはなりません。発生論的関係としては、「オリジナルがコピーに先立つ」わけです。こんなことは、当たり前すぎて、わざわざ言うほどでもないと叱られそうです。だって、オリジナルとは「原物」であって、コピーはその「複製」だからです。

また、オリジナルがコピーに先立つならば、価値をくらべたとき、コピーよりオリジナルの方にaグンバイが上がるでしょう。コピーは、オリジナルから派生するかぎり、オリジナルより格下なのです。一言でいえば、「コピーはオリジナルより価値が低い」わけです。たとえば、「ほんもの」の「モナリザ」は高価なのに、そのコピー（模写）は「ニセ物」として価値が低いでしょう。オリジナルはbトウトばれるのに、そのコピー（模倣）には価値がほとんど認められません。

しかし、オリジナルとコピーの対立は、どこまで維持できるのでしょうか。というのも、コピーされる元の本じたいが、そもそも印刷物であって、コピーされたものと言えるからです。とすれば、図書館の本をコピーするのは、コピー（本）をコピーしているのではないでしょうか。同じことは、コピペの場合にも言えるでしょう。グーグルで検索して、情報をコピーするとき、その情報じたいがオリジナルかどうかは分かりません。その情報が別の情報からのコピペだ、という可能性はじっさいよくあります。コピペはオリジナルのコピーというより、コピーのコピーと言った方が適切かもしれません。

ここで明らかになったことを、確認しておきましょう。常識的には、オリジナルからコピーが生じるのに、「オリジナル」という考えそのものが怪しくなったのです。話を分かりやすくするために、もう一度シェークスピアを引き合いに出してみましょう。

すでに述べたように、シェークスピアの作品には、ほとんど種本があって、それを書き変えてつくられました。たとえば、④『ロミオとジュリエット』には、アーサー・ブルックの『ロミウスとジュリエットの悲劇物語』がありました。その意味では、ブルックの『悲劇物語』が、『ロミオとジュリエット』のオリジナルと言いたくなります。ところが、ブルックの『悲劇物語』にも種本があって、マッテオ・バンデッロの散文物語を書きなおしたものなのです。しかし、話はそれだけでは終わりません。じつは、この散文物語にも種本があって、それをオリジナルと見なすことができないのです。

たしかに、オリジナルとコピーを一組だけで考えるならば、発生論・価値論的関係が成り立つように見えます。けれど、オリジナルそのものだって、じっさいには他のオリジナルのコピーだとすれば、どうでしょうか。

図式化した方が、ハッキリすると思います。コピー①に対してはオリジナル①があります。ところが、それ（オリジナル①）じたいはオリジナル②から発生したコピー②なのです（コピー①←オリジナル①〈＝コピー②〉←オリジナル②〈＝コピー③〉←オリジナル③）。ここから分かるのは、コピーの要素を含まないオリジナルなど、まったくないことです。

これと同じようなことを、フランスのロラン・バルトは「⑤作者の死」という言葉で表現しています。バルトは、バルザックの小説を題材にしながら、作品が「作者」のオリジナルな創造物である、という常識を根底からひっくり返しました。ふつう、文学作品を読解するには、「作者」が心に描いた意図などを理解すべきだ、と見なされています。ここには、「作者」だけが作品の秘密を知っているという仮定が前提されています。ところが、バルトはこの考えに異を唱えたのです。

テキストとは、さまざまの、オリジナルではない、書かれたものが混じり合い、ぶつかり合う多次元空間であって、〔…〕文化の数知れない分野からとられた引用を織ってできた織物である。（バルト『物語の構造分析』）

作者が他の人とは違ったオリジナルな思いを表現したもの――これが作品だと信じられてきました。ところが、バルトによれば、「作者」のオリジナルと見なされた「作品」は、じっさいには他の人たちからの「引用」を織り合わせてつくられているのです。それを表現する言葉が「テキスト」です。これは、ラテン語の「織られたもの」を意味する言葉に由来し、まさに「引用によって織り合わせたもの」を示しています。

そこで、あらためて問い直すべきは、コピーや模倣がはたして価値が低いのか、ということです。子どものころから、「オリジナルはよく、コピーは悪い」と絶えず教えられてきました。これを、「オリジナル信仰」と呼んでおきましょう。「個性を大切にしよう！」というのは、子どもたちにもしっかりと根づいているようです。しかし、コピーや模倣って、そんなに悪いことなのでしょうか。

注意するまでもありませんが、言葉を学ぶことから始まって、私たちは自分ひとりで知識をつくることはできません。意識的に模倣する場合もありますが、たいていは無意識的な仕方で他からの情報を受け入れています。自分独自の考えだと思っても、げんみつに分析すれば、そのオリジナルは自分の外にあります。したがって、コピーを否定してしまえば、自分の考えもなくなってしまうのです。これは、何を意味しているのでしょうか。

子どもが言葉を学ぶことでも分かるように、私たちはまず「模倣」することから始めなくてはなりません。⑥日本語の「まなぶ」と「まねぶ」が、同じ語源であることはよく知られています。こうした模倣を通してはじめて、自分独自のものが生まれるのです。自分の思いを表現するためには、他人から習得した言葉を使わなくてはなりません。小林秀雄は『モオツァルト』のなかで、きっぱりと言い切っています。

模倣は独創の母である。唯一人のほんたうの母親である。二人を引離して了（しま）つたのは、ほんの近代のｃシュミに過ぎない。模倣してみないで、どうして模倣出来ぬものに出会へようか。（小林秀雄『モオツァルト』）

こうしたことは、文学作品だけでなく、生活のあらゆる領域にまで及んでいます。日常生活をふり返ってみましょう。たとえば、朝起きれば、家族に「おはよう！」とｄアイサツし、顔を洗います。朝食を食べたあとで歯を磨き、ｅミジタクを整えるでしょう。それから、「行ってきます！」と声をかけて、学校に向かいます。ごくふつうの言動なので、どこにも不可思議さはないのですが、この一連のふるまいは「まねる」ことを基本にしています。

日常生活では、それぞれの場面で言動はだいたい決まっており、いわば「見えない台本」ともいうものが存在します。私たちはまず、この台本のセリフを覚え、その役柄を意識しなくとも演じられるように「まなぶ＝まねぶ」わけです。とすれば、「オリジナルからコピーが生まれる」という文を、まったくひっくり返すべきではないでしょうか。つまり、⑦コピーからオリジナルが生まれるのです。したがって、コピーだからといって、オリジナルより劣っているわけではありません。

（岡本裕一朗『12歳からの現代思想』より）

（注）コピペ＝「コピー・アンド・ペースト」の略語。パソコンなどで、文書などのデータを複製（コピー）し、貼り付ける（ペースト）という一連の操作のこと。

問一、**思考力** 傍線部①「教師が『君のレポートはコピペだね』と言うとき、その意味は『君のオリジナルではない』と言いたいのです」とあるが、「教師」はどういうことを伝えようとしているのか。それを説明した次の文中の空欄Ⅰ・Ⅱを、それぞれ自分の言葉で埋めよ。

君のレポートは［Ⅰ］ゆえに、［Ⅱ］ということ。

問二、傍線部②「価値論的関係」とあるが、どういうことか。傍線部③「図書館から借りた本をコピーする」場合を例に「…こと。」に続くように、説明せよ。

問三、傍線部④「『ロミオとジュリエット』」とあるが、この「作品」を例に出すことで、筆者はどういうことを示そうとしていると考えられるか。本文より三十字以内で抜き出し、最初と最後の五字を答えよ。

問四、傍線部⑤「作者の死」とはどういうことを意味しているのか。その説明として最も適当なものを次のア～オから一つ選び、記号で答えよ。
ア、作品が多数の読者に読まれることで、作者の意図は無視されてきたということ。
イ、作品を創る作者の主観的な思いこそが、作品を価値あるものにするということ。
ウ、ある作品において、それを創った作者の意図は重要ではないということ。
エ、作品に込められた作者の意図は、容易には読者に伝わらないということ。
オ、作者の意図は多様な視点での解釈が可能で、一つには決まらないということ。

問五、難 思考力 傍線部⑥「日本語の『まなぶ』と『まねぶ』が、同じ語源であることはよく知られています」とあるが、次の漢文の書き下し文の内容を参考にして、(1)これらと対比的に用いられている語を一つあげ、(2)その意味を自分の言葉で説明せよ。

子曰はく、「学びて時にこれを習ふ、また説ばしからずや。朋遠方より来たるあり、また楽しからずや。人知らずして慍みず、また君子ならずや。」

問六、思考力 傍線部⑦「コピーからオリジナルが生まれる」とあるが、どういうことか。芸術作品を例に、本文全体を踏まえて、「…こと。」に続くように、説明せよ。

問七、点線部a～eのカタカナを漢字に直せ。
a、グンバイ　b、トウトばれる　c、シュミ　d、アイサツ　e、ミジタク

二 (省略)谷津矢車「廉太郎ノオト」より

三 (漢文)内容吟味・文法・口語訳

次の文章は漢文を書き下し文に改めたものである。よく読んで、後の問いに答えよ。

一人(ある人)極めて静を好むも、居る所は銅鉄匠(銅職人と鉄職人)の間に介す(はさまれている)。朝夕耳に聒しく(うるさくて)、甚だ①之を苦しみて、常に曰はく、「此の両家に若し遷居の日有らば、我願はくは東と作りて款謝せ(ご馳走をして感謝を述べよう)ん。」と。一日(ある日)、二匠忽ち並び至りて曰はく、「我等且に遷らんとす、足下の素より東と作るを許せば(あなたが前から我々にご馳走すると言っておられたので)、特に来りて叩領せん(お受けします)。」と。其の期を問ふに曰はく、「②只だ明日に在り。」と。其の人、大いに喜び、遂に盛んに③之を款す(もてなす)。酒後問ひて曰はく、「汝が二家④何処にか遷る。」と。二匠曰はく、「⑤我は遷りて他の屋裏に在り、他は遷りて我が屋裏に在り。」と。

⑥何ぞ自ら遷りて、他の好ましきを弄し得ざる。

(『笑府』より)

問一、傍線部①「之」とあるが、その指示内容を現代語で答えよ。

問二、傍線部②「只だ明日に在り」とあるが、この部分の原文に返り点を施せ。送り仮名は不要。
只 在 明 日

問三、傍線部③「之」とあるが、その指示内容を、本文中から漢字二字で抜き出せ。

問四、傍線部④「何処にか遷る」を現代語に訳せ。

問五、傍線部⑤「我は遷りて他の屋裏に在り、他は遷りて我が屋裏に在り」とあるが、どういうことか。「…こと。」に続くように、簡潔に答えよ。

問六、難 思考力 傍線部⑥「何ぞ自ら遷りて、他の好ましきを弄し得ざる」とあるが、この部分はそれまでの内容についての作者のコメントである。それを説明した次の文中の空欄を二十五字以内の適切な言葉で埋めよ。

どうして「ある人」は[　　　]ことをしなかったのか、そうすればよかったのに。

慶應義塾高等学校

時間 60分　満点 100点　解答 P71　2月10日実施

出題傾向と対策

●例年現代文二題が基本だが、昨年のように他の大問がある年もある。今年は、詩とその解説文が出題されるなど、本文の種類も年によって異なっている。小問は、出題の形式や難易度がバランスよくそろっており、接続詞や、漢字の読み書き、語句の意味など、基本的な問題も多い。
●まずは基本を固め、時間をかけずに答えられるようにする。次に文脈を意識し、抜き出しや脱語脱文補充問題を鍛えていく。長めの記述の練習も繰り返し行う。さまざまな文章に対応するために、多くの問題を解いておく。

注意　字数制限のある設問については、句読点・記号等すべて1字に数えます。

一 (論説文)内容吟味・文脈把握・漢字の読み書き

次の問題文Ⅰ、Ⅱを読み、後の問いに答えなさい。

問題文Ⅰ

二十世紀の後半になって、多くの思想は、「世界はひとつ」から、「世界は多元的」へと考え方を変えた。①世界はひとつの方向にむかって発展しているのであり、社会の違いは発展1トジョウの過程で現れたものである、という考え方から、世界にはさまざまな文化と歴史をもつ等価値の社会があり、この多元的な社会を基礎にして世界はつくられている、という考え方へと変わったのである。

それは、欧米社会を、発展した社会のモデルとみる視点を変更させるうえで、大きな役割をはたしたけれど、私にはそれだけでは物足りない。なぜなら、世界は多元性とともに、②多層性をもっているように、私には感じられるからである。

たとえば、ヨーロッパの川で釣りをするときには、面倒な思いをすることがあった。船が2コウコウできない河川は個人が所有していると考える昔の習慣が、法律とは別に存在している地域が結構あって、「河川所有者」の許可なしには、事実上釣りができないことがよくあるからである。法律は法律、③地域の習慣は習慣として、どちらもが機能している。

このような国の法律と地域の習慣との関係は、日本でも、農山村にいけばいたる所にあるといってもよいだろう。たとえばかつての日本では、森の所有権は生きている立木（たちき）にしか及ばない、とほとんどの農山村の人々が考えていた。この習慣はいまでも私の暮らす群馬県上野村では残っていて、だから誰でも山菜や茸を3サイシュしたり、薪として枯れ木や落枝を集めることができる。法律のうえでは、それらのものもすべて森の所有者のものであっても、この問題では地域の習慣が優先する。

このような様子をみていると、社会はけっしてひとつのシステムだけではつくられていない、という気がしてくる。暮らしや労働の文化に独自のものがある以上、人々は自分たちの文化を守るために、法律に優先する自分たちの習慣をつくる必要があった。自分たちの暮らす地域の習慣だけではなく、農民も、商人も、職人や芸人も、仕事に裏付けられた自分たちの習慣や取り決め、【 1 】をもっていた。

ここでは、「信用」を重んじる精神が大きな役割をはたしていた。信用される人間になる、信用をえながら暮らすことは、人々にとっては何よりも大事なものであり、だからこそ自分の属する社会を守るための習慣や取り決め、【 1 】を守りながら、人々は自分に対する信用を大事にしてきた。

④この習慣や取り決めの通用する世界は、それほど大きな世界ではない。人間たちが直接かかわれる大きさであり、それは不特定多数の世界ではない。そして、地域であれ、職能集団であれ、そのなかでの信用を重んじる精神を人々はもち、そのことが習慣や取り決めを守らせたのである。

私はこんなあり方のなかに、多層的な世界の存在をみている。ひとつの国家の内部にも、さまざまな社会が存在する。そのさまざまな社会は、それぞれの暮らしや労働の文化をもち、それを維持するための習慣をもっている。そこでは、法律と習慣がくい違うこともある。人々は法律の世界と習慣の世界との多層的な世界に暮らしながら、この両者を調整する知恵をもっていた。

二十世紀は、社会の統一を求めた時代だったのだと思う。しかし今日の私たちは、社会は一元的に統一される必要はないと考え、この視点から、国家や世界の新しいあり方を4モサクしている。

問題文Ⅱ

日本では、もともと村とか集落といった言葉は、人間の社会をさすものではなく、自然と人間が暮らす共同の空間をさす言葉であった。「わが村」とは、「わが人間たちの村」を意味しているのではなく、「わが自然と人間の村」のことであった。村や集落の半分は自然によって構成されていた。

その自然は、日本では、大きな地域差をもっている。北から南へと延びる日本列島にはさまざまな気候があり、多様な地形と川や森がある。だから、その自然とかかわりながら形成されてきた各地の村々には、その村が育んできた農業のかたちや、生活の習慣、自然利用の形態がある。この自然と人間の時間とが5チクセキされるようにしてつくられたさまざまな【 2 】土。共同体とは、この【 2 】土とともに生まれたものである。

とすると、⑤「日本の農村共同体とは」という言い方が、そもそも、不適当だということにならないだろうか。日本の共同体は、その地域の自然がそれぞれ異なる以上、ひとつひとつの差異が大きかったのではないか。つまり、日本には同じ構造をもつ共同体が各地にあったのではなく、さまざまな共同体が各地に展開していた、と考えたほうがよいのではないのか。

もちろん、稲作などからくる共通性があったとしても、近代化による変質をとげていない共同体は、自然と人間の村や集落として、それぞれの地域にローカルな社会としてつくられていたのだと、私は考えている。

（内山節『「里」という思想』新潮選書より。出題のために一部を省略し、表記を改めた箇所がある。）

問一、——①とは、言いかえると世界がどのような方向に向かっていくことですか。「方向。」に続くように、問題文Ⅰから十字以内で抜き出しなさい。

問二、難　思考力　——②について、日本の村落がそうなった理由を、筆者はどのように考えていますか。問題文Ⅱの内容に即して、六十字以上七十字以内で答えなさい。

問三、——③は、何のために作られたのですか。問題文Ⅰの語句を用いて、二十字以上三十字以内で答えなさい。

問四、——④は、問題文Ⅱでは何と呼ばれていますか。一語で答えなさい。

問五、問題文Ⅰで述べられている多層的な世界を、次のようにまとめるとき、空欄①～③に入る語句を、問題文Ⅰからそれぞれ二字で抜き出しなさい。

ひとつの【 ① 】の内部に、地域によって異なる【 ② 】と【 ③ 】を両立させる、さまざまな社会が存在する様。

問六、問題文Ⅰにおいて、次の文章が入る部分の直前の五字を抜き出しなさい。

それは森をもたない弱い立場の人を守る習慣でもあり、森が村の生活にとって重要であった時代には、村から脱落者を出さないように配慮する仕組みとして、機能していた。だから、いまでも、村らしさの基盤として残っている。もっとも今日では、この習慣があるがゆえに、都市の人々が山菜や茸を乱獲し、村人は困ってもいるのだが。

問七、【 1 】にあてはまるものを次のア～オから一つ選び、記号で答えなさい。

ア、絆　イ、掟　ウ、法　エ、型　オ、組

問八、【 2 】にあてはまるものを次のア～オから一つ選び、記号で答えなさい。

ア、浄　イ、領　ウ、原　エ、風　オ、捲

問九、——⑤「不適当」と言える理由として、筆者の考えに最も近いものを次のア～オから一つ選び、記号で答えなさい。

ア、日本だけでなく、海外においても同様の社会は存在するから。
イ、日本に限らず、近代化による変質は地域によって異なるから。
ウ、日本だけでなく海外においても、地域の営みは多様だから。
エ、日本の中でも、地域によって異なる社会が形づくられていたから。
オ、日本の中でも、近代化による変質をとげていない社会があるから。

問十、よく出る 基本 ═1～5のカタカナを漢字に改めなさい（楷書でていねいに書くこと）。

二 （詩を含む説明文）表現技法・内容吟味・語句の意味・文脈把握・漢字の読み書き

次の詩と文章を読み、後の問いに答えなさい。

生命は

生命は
自分自身だけでは完結できないように
つくられているらしい
花も
めしべとおしべが揃っているだけでは
不充分で
①虫や風が訪れて
めしべとおしべを仲立ちする
生命は
その中に［　　　］
それを他者から満たしてもらうのだ

［イ］
世界は多分
他者の 1ソウワ
しかし
互いに
欠如を満たすなどとは
知りもせず
知らされもせず
ばらまかれている者同士
無関［A］でいられる間柄
ときに
うとましく思うことさえも許されている間柄

［ロ］
花が咲いている
すぐ近くまで
虻（あぶ）の姿をした他者が
光をまとって飛んできている

［ハ］
私も　あるとき
②誰かのための虻だったろう
あなたも　あるとき
私のための風だったかもしれない

［ニ］

▼はじめに

ここにご披露した「生命は」が私の代表作かどうか、全くわかりません。なにしろ、ごく最近出した詩集『北入曽（きたいりそ）』に、書き下ろしのような形で収録したばかりのものですから、名作になれるかどうかは、これからのオタノシミといったところです。

▼この作品を書くことになったキッカケ

夏の日盛り、大輪の白い芙蓉（ふよう）の花を眺めていたとき、不意に「他者」という言葉が私の脳裡をかすめました。それがキッカケです。

▼なぜ、「他者」だったのか

芙蓉の花を眺めていて、なぜ、「他者」という言葉を思い浮かべたのか、それを辿（たど）ってみます。

花の目的は、めしべが受粉し実を結び種子をつくることです。そして、受粉が容易に行なわれるためには、めしべとおしべの背丈が一つ花の中で揃っているほうがいいわけですが、芙蓉の花の場合は、めしべが大層長いのに、おしべはひどく矮小（わいしょう）です。めしべの下半分をとりまいて疎ら（まばら）に生えていますが、その背丈はめしべの半分にも足りません。一つの花の中の、長いめしべと短いおしべ――この姿は、めしべが同じ花の中のおしべの花粉を心待ちしている姿とは、どうも見えません。芙蓉の花は五弁の花びらが合わさって深い鉢型をなしており、やや横向きに咲きます。めしべは花の基部から長く外へ突き出て、その先端が天を向いてぐいと曲っており、受粉の意志を強く感じさせますが、その 2シコウは、あきらかに外部に対して表示されています。それが、同じ花のおしべからの受粉を望んでいない姿であるとすれば、残されているのは、外部への期待だけです。芙蓉の花を眺めていて「他者」を、そして「他者」の必要を直観的に感じたのは、芙蓉の花の、③そのような姿のせいだったと思われます。

他者は、具体的に言えば、虫 3バイ花、鳥 3バイ花、風 3バイ花、水 3バイ花における、虫、鳥、風、水だったわけですが、その個々ではなく全体の観念表象でした。

あとで、受粉に自花受粉と他花受粉のあることを知りました。自花受粉は同一の遺伝形質を受け継ぐため種の退化をきたすことが多いので、花は一般的に自花受粉を避ける傾向があるそうです。芙蓉の花の、めしべとおしべの長短も、自花受粉回避の形だといえます。（ちなみに、他者という言葉を思いついたとき、芙蓉に蜂や虻はいませんでした。不在がイメージ喚起の条件になったのでしょう。もし蜂や虻が花に来ていたら、他者が目に見えていたことで、【 1 】他者という観念を取り逃がしたかもしれません。）

さて、他者という言葉を思い浮かべたとき、私は、花が自己を完結させるために自己以外の力を借りるということに、【 2 】新鮮さを感じ、ある種の驚きを覚えていました。もちろん、自然界には雌雄同体で自己交接をとげる動物もおり、花にも自花受粉をいとなむものもありますが、全体としての進化の方向は、他者依存の形をとっているようです。これは生物の生殖過程が安易に進行することを避けようとする自然界の配慮でしょう。ここには④他者抜きでの自己完結を避けようとする生命の意志が感じられないでしょうか。

思うに生命というものは、自己に同意し、自己の思い通りに振舞っている末には、ついに衰滅するような性質のものなのではないか、その自己完結、自己同意を破る力として、外部から[a]殊更、他者を介入させるのが、生命の世界の維持原理なのではないでしょうか。この原理の中で、おそらくすべての生命が他者とのかかわりあいをもつように運命づけられているのではないでしょうか。

もしも、このような感じ方が見当ちがいでないならば、生命体はすべてその内部に、それ自身だけでは完結できない「欠如」を抱いており、それを他者によって埋めるように運命づけられていると言えるでしょう。実を言えば、「欠如を抱いている生命」という観念は、「他者」がひらめいたとき、同時に感じられていたものでした。

「欠如を抱いている」という言い方は、日本語にあまり馴染まない言い方で、【 3 】ホンヤクくさい匂いがあるのですが、他に言い替えをしたくないという気持が強いのです。他者なしでは完結することの不可能な生命、そして、お互いがお互いにとって必要な他者である関係は、[b]大仰に言えば私の感じとった世界像のようなものだったからです。

【 4 】私は、ここで、花と虫、花と風、花と水の関係だけを見ているのではありません。そのままが人間同士の関係です。つまり、私は、ある時ある人にとっての蜂や虻や風であり、ある人の幸福や恋や、時には不幸の実るのを、知らずに助けているのであり、又、私の見知らぬ誰かが、私の幸・不幸の結実を助けてくれる蜂や虻や風である筈（はず）です。

この「他者同士」の関係は、お互いがお互いのための虻や風であることを意識していない関係です。ここが良い。他者に一々、礼を言わなくてもいい、Bに着たり、又、Bに着せたり、恨みに思ったり思われたりという関係がありません。

世界をこのようにつくった配慮は実に巧妙で粋なものだと、つくづく思います。一つの生命が自分だけで完結できるなどと、万が一にも自惚（うぬぼ）れることのないよう、すべてのものに欠如を与え、欠如の充足を他者に[4]ユダねた自然の摂理の妙を思わずにはいられません。

私は今日、どこかの誰かが実るための虻だったかなと想像することは、⑤僭越ではない楽しさだと思うのですが、いかがですか。

▼この作品に至るまでの若干の経過

この体験は、最初、ある俳句同人誌に散文で書き、次に三回、詩で書き、その都度、詩の雑誌に発表しましたが不出来でした。そして四回目に書き改めたものが、ここにご披露した最終作品（五回目）の原型になりました。その四回目のものというのは、最終作品の第一連のあとに次の五行を加えた形です。

〈私は今日／どこかの花のための／虻だったかもしれない／そして明日は誰かが／私という花のための虻であるかもしれない〉

この短いほうの作品が、なぜ、最終の形に改められたのかと言えば、⑥「他者」についての私の偏見をはっきり表現する必要を感じたからなのです。

四回目の作品では、「他者」が単になつかしい存在としてとらえられていますが、私は必ずしも他者を好ましく思っているわけではなく、むしろ煩わしくさえ感じています。人間は本質的に自己中心的に生きるものであって、他者よりは本能的に自己を守る生物です。他者のことは、本来はどうでもいいのであり、うとましく思うことのほうが自然なのです。

しかし、それにも拘（かか）わらず、私たちは、そのような「他者」によって自己の欠如を埋めてもらうのであり、人間の世界は「他者」によって構成されています。私も「他者」です。そこで、単になつかしいだけでなく、うとましくもある他者、うとましいだけでなく、なつかしくもある他者――そういう視点をすべりこませたわけです。

▼改作の意図は達せられたか

自分ではわかりません。四回目のものと最終のものとの二つを読む機会のあった友人たちのうち、何人かは四回目のものを、何人かは最終のものを支持してくれまして、目下、[5]ケイセイ二分です。

▼自己評価

読み返して一番いい気分になれるところは次の二行。私は【 5 】寛大ではなかった!!

〈ときに／うとましく思うことさえも許されている間柄〉

また、不幸の結実にも、お互いが関与しあうという視点をもう少し強く出してもよかったと思っています。全体にアマイ。

（吉野弘『詩のすすめ　詩と言葉の通路』思潮社より。出題のために一部を省略し、表記を改めた箇所がある。）

基本

問一、――①で用いられている修辞法を漢字で書きなさい。

問二、――②はどのような存在ですか。「誰かの～存在。」という形になるように、文章中から十五字以内で抜き出して答えなさい。

問三、――③はどのような姿ですか。「姿。」に続くように、十字以上十五字以内で答えなさい。

問四、――④について、花が「他者抜きでの自己完結を避けようとする」のはなぜですか。その理由を次のようにまとめるとき、空欄にあてはまる表現を、文章中のこれより前の部分から十字以内で抜き出しなさい。

〔　　〕ことを避けるため。

問五、――⑤の意味として最も適当なものを、次のア～エから一つ選び、記号で答えなさい。

ア、立場を越えて出過ぎたことをすること。
イ、恥知らずで見苦しいこと。
ウ、おごりたかぶって人を見下すこと。

エ、礼儀や作用にはずれたふるまいをすること。

問六、――⑥はどのような偏見ですか。「他者は～という偏見。」という形になるように、文章中の語句を用いて、三十五字以上四十字以内で答えなさい。

問七、次の三行が入る箇所を、詩中のイ～ニから選び、記号で答えなさい。

そのように／世界がゆるやかに構成されているのは／なぜ？

問八、[　　]にあてはまる五字を文章中の語句を用いて答えなさい。

問九、**基本**【1】～【5】にあてはまる最も適当なものを、次のア～オからそれぞれ一つずつ選び、記号で答えなさい。

ア、どこか　イ、やっぱり　ウ、いうまでもなく
エ、ひどく　オ、かえって

問十、A・Bにあてはまる漢字一字をそれぞれ書きなさい。

問十一、**よく出る** **基本** ――a・bの漢字の読みをひらがなで書きなさい。

問十二、**よく出る** **基本** ――1～5のカタカナを漢字に改めなさい（楷書でていねいに書くこと）。

慶應義塾志木高等学校

時間	満点	解答	
60分	100点	P72	2月6日実施

出題傾向と対策

● 論説文（省略）、小説文の大問二題構成は昨年同様。言語知識、文法知識、文学史、読解力、記述力等を幅広く総合的に確認するような設問構成になっており、解答時間とのバランスで考えれば作業量・思考量ともにかなり多い。

● 「文章を正確に読み、記憶する」「設問を正確に理解する」「相手にわかるように正確に説明する」ということを日頃から意識して国語に取り組むことが、他の高校と比べても際立って重要である。過去問に取り組むことはもちろん、類似した問題の演習で経験を積むことが必要。

注意　字数指定のある設問においては、すべて句読点を一字分と数えること。

一 （省略）天野貞祐「学生と音楽」より

二 （小説文）文脈把握・内容吟味

次の文章を読んで、後の問に答えなさい。

> 太平洋戦争のさなか、「孝次郎」は「初代」と結婚したが、その妻を残して中国に出兵していた。そして、戦争は終わりを迎えた。

いよいよ夢に考えていた終戦となった。[A]いつの日にかは祖国へ送られる日が来る……。だが、まだ、故国へ着くまでには遠い山河があるのだ。孝次郎は自分の両手を眺めて、よし、もう一息だと言いきかせた。いまは廃墟と化しているという祖国へ、泳いでもかえりつかなければならないのだ。[I]みんな虚栄心ばかりで生きているような人たちに対して、孝次郎は哀しいものを感じた。――早くかえって何よりも花のような美しい絵を描きたい。美しいものを見ないではいられない、うまいものを食べないでは生きられない、女を愛さずにはいられない、これが人間の生き方なのだ。[II]どんなにもがいたって、人間はたった五十年しか生存できないとすれば、人間のいままでの発明は、あまりに人間を惨めに落しすぎるものばかりではないだろうかと、孝次郎は、こうした異常な生活をくりかえしている人間の浅はかな生活をおかしく思わないではいられない。[III]呟くように、孝次郎は自分がいつの間にか二十九歳になったことを何度も心に反芻していた。[IV]原隊にいる時、毎日筏を組んで死ぬ訓練をさせられていたある日、一人の上官は、なまけている兵隊を叱って、「死ぬことを思えば何だってできるはずだっ」と言っていたのを孝次郎はいつまでもおぼえていた。生きようと思うからこそ何でもできるのであって、死ぬと思えば、いまそこで舌を噛んで死んだほうが至極簡単だよと、叱られていた兵隊が蔭で言っていたけれども、孝次郎も同感だった。死ぬる苦しみと人々は言うけれど、死ぬる苦しみと言うことは孝次郎には漠としてとらえどころがない。生きる苦しみと考えた方が孝次郎のような男には実感があった。

一月×日朝、まだ夜のしらじら明けに佐世保へ上陸して、孝次郎は土に落ちている[B]煙草の空箱をひらった。※1 パラピン紙に包まれた箱には駱駝の絵が描いてあった。黄いろい沙漠と、黄いろいピラミッドと、三本の椰子の木の模様はいかにもアメリカの煙草の箱らしく垢抜けのしたものだった。CAMELという白い文字もすっきりしている。祖国へ着いてこれが最初の色彩だった。

残務整理で、どうしても佐世保へ一泊しなければならなかったので、孝次郎は、変り果てた祖国の姿を見て沁みるような淋しさを感じた。子供のように涙があふれてくるのをせきとめることができなかった。一緒にかえって来た兵隊もみな泣き出したいような表情をしていた。こんな不運にはいったい誰がしたのだ。……こんなになるまで、どう

してみんな黙って我慢をしていたのか孝次郎には不思議でならない。白々とした廃墟の姿は日本人の本当の告白を表現しているようでもある。[C]この景色は厳粛でさえあった。港に兵隊が上陸したせいか、いろいろな姿をした人たちが彷徨うていた。小雨が降っていた。[D]孝次郎たちは寒いも暑いも感じないほど季節には鈍感になっていた。――兵隊は、何となく、何も彼もに少しずつ嫌悪の心を深めていっている。人生に対するさまざまな哀しみがこれほど一度に兵隊たちの心におそいかかって来たことはあるまい。家がないだろうと案じている者、肉親が生存しているだろうかと案じている者、これから職業がみつかるだろうかと不安になっている者、[E]戦場での空想は、祖国へ上陸してみれば、いまはみんな儚いうたかたのようなものであった。

　三日目の夜、孝次郎は松代に着いて駅に出迎えている父親に逢った。逢うなり、孝次郎は父親にひっぱられるようにして暗い畑道の方へ出て行った。孝次郎は雪道を歩きながら泣いていた。何かものを言えばすぐ涙になるのだ。

「お前が生きとったんでびっくりした」

「一生懸命、自分は、生きてかえりたいと思ったんです」

「お前は死んだことになっとったんだぞ。お前の隊の者は、おおかた南の海で戦死したと言うことだし、役場の知らせもあってな」

「いつのことです？」

「去年の春だよ」

「戦死したことになっているんですか？」

　昏い山々はひしめきあって風を呼びあうかのように、どこからともなくごおうとすさまじい音をたてている。頬を凍らすような霙混じりの寒い風が吹いた。今夜は吹雪になるのかも知れない。父親は町の方へ歩いて行った。孝次郎は不思議だと思いながら、父親の後から荷物を背負ってついて行った。

「家へは行かないんですか？」

「ああまあ、支度がしてあるので、一杯飲もう」

　小さい旅館のような家へ父親は入って行った。割合広い梯子段を上って、奥まった部屋へ入って行くと、炬燵の上に※2広蓋が乗っていて、その上には徳利や盃が置いてあった。薄暗い灯火の下で父親は※3インバネスをぬいだ。

「それでも、よく生きていたぞ。夢のようだぞ。痩せもせずにようかえってくれた……」

「自分はねえ、どんなことがあっても生きていたいと思いましたよ。生きて、お父さんやお母さんに逢いたいと思いました」

　父の作太郎はちょっと眼をしばたたいた。二年逢わないうちに、父もだいぶ年をとっていた。

「辛かったろうなあ……」

　父がふっとそう言った。孝次郎は急にハンカチを出して顔に当てるとくっくっと声を出して泣いた。生きてかえったことが嬉しくてたまらなかった。[F]不安な臆測が何となく影のように心の中を去来していたが、そんなことも父の言葉ですっと消えてしまった。ただ嬉しくて嬉し涙がふつふつとたぎって来る。

「お母さん丈夫ですか？」

「ああ丈夫だとも、皆、うちのものは元気だ……」

「そうですか……そればかり案じていました」

「さあ、寒かったろう、一杯どうだ」

　ぬるくなった徳利を持ちあげて作太郎が盃を差した。大きい盃に酒はなみなみとつがれた。父は息子につがして、自分も盃を二三杯いそいであけた。しばらく妙な沈黙がつづいた。孝次郎は少しばかりまた不安になってきている。

「実は、あの電報をおふくろさんが受け取ってわしに見せたんだが……わしはあの電報を見てな、毎日考えあぐねていたのさ……戦争が済んですぐな、初代は総三郎の嫁にしてしまったんだよ、――お前にどうして申し訳したらよいかと心配してなあ……」

　孝次郎はああそうだったのかと、しばらく黙って膳の上をみつめていた。※4小女が鰊と昆布の煮た皿を運んで来た。障子がひとところびりびりと風に鳴っている。

　総三郎は孝次郎の次の弟で、日華事変※5で二年ばかり兵隊に行ってかえると、家にいて百姓を手伝っていた。実直者で、孝次郎は一番好きな弟だった。自分が戦死したとなれば、どうしても総三郎が家を継がなければならなかった。

「初代は元気ですか？」

「ああよく働く女で、総三郎と二人で馬車馬みたいに働いとるでなあ……」

　作太郎はこうした因縁になったことを正直に委しく話してくれた。――孝次郎は二人が不憫であった。初代は総三郎よりたしか二つ年が上のはずだったが、兄の女房を押しつけられて馬車馬のように働いていると言うことを聞くと、孝次郎は誰も憎めなかったのだ。戦地で、毎日空想していた子供のような数々の思いからすっと虚脱したような空白な心になっていた。作太郎が便所へ立って行った。障子を二三寸開けたままで出て行ったので、そこから肩をさすような寒気がすうっと吹き込んで来る。孝次郎は畳の上にごろりと寝転んで眼を閉じた。[G]瞼の中に大きい駱駝の絵が浮かんだ。白々と酒の酔いも醒めたようだった。父から委しいことを聞いて、かえっていまでは清々した気持ちでさえある。初代のおもかげも何となく霧の中に消えてとらえどころがない。体が疲れているせいか、肉体的な苦しみもなく、すべては何も彼もいまは藻抜けの殻になっている感じだった。

（林芙美子「雨」より）

※1　ひらった　「ひろった」と同義。
※2　広蓋　料理などを載せる台。
※3　インバネス　袖のない男性用のコート。
※4　小女　料理屋などで働く若い女性。
※5　日華事変　日中戦争のこと。

問一、傍線部Aについて、「祖国」・「故国」とはそれぞれ何を指すか。次から一つずつ選び、記号で答えなさい。

ア、アメリカ　イ、佐世保　ウ、戦地　エ、中国
オ、日本　カ、松代　キ、旅館

問二、**難** 空欄 Ⅰ ～ Ⅳ にあてはまる文を、次から一つずつ選び、記号で答えなさい。ただし、同じ記号は一度しか使ってはならない。

ア、戦場に放浪していたこの月日が惜しまれてならない。
イ、行って来いよ。御奉公頼むと言った人たちに、孝次郎は腹を立てていた。
ウ、短い寿命を、いい生き方で埋めきれない人間生活の運命を不思議に考えるのである。

エ、孝次郎は、動物たちが山谷の自然にたわむれて無心に生きてゆく生活を羨ましく空想していた。

問三、傍線部Bと対照的に描写されているものの象徴的な表現を、次の「残務整理」で始まる段落から十字以内で抜き出して答えなさい。

問四、傍線部Cについて、次はその解説文である。空欄[a]〜[e]にあてはまる語句を後のア〜コから一つずつ選び、記号で答えなさい。ただし、同じ記号は一度しか使ってはならない。

> [a]が[b]となったことは、「どうしてみんな我慢していたのか」という[c]の[d]を、初めて[e]で告白しているように思えるから。

ア、神の前　イ、変わり果てた姿
ウ、故国　エ、砂漠の中
オ、沁みるような淋しさ　カ、祖国
キ、日本人　ク、兵隊
ケ、本当の思い　コ、予期せぬ不運

問五、傍線部Dについて、この三文はどのように構成されているか。その説明として最も適切なものを次から選び、記号で答えなさい。

ア、天候の不順と季節の推移が、孝次郎をはじめとする兵隊たちに少しずつ虚無感を抱かせて、兵隊たちはこれからの人生に対する絶望感を深めている。

イ、港町での冬の雨の冷たさが、今の季節に対する違和感を孝次郎たちに抱かせて、兵隊たちは出兵前との断絶感にさいなまれていると推測している。

ウ、孝次郎など一人ひとりの心に、漠然とした不安な気持ちが思い浮かんで、兵隊たちの心にはこれから起こるであろう我が身の不幸が推測されている。

エ、孝次郎たち個々人の身体感覚が、兵隊の漠然とした心情の説明となり、それが多くの兵隊たちに通底するより一般的な心情の推測として深められている。

オ、身体感覚に過敏になっている孝次郎たちの気持ちの変化が、兵隊の投げやりな心情として表現され、さらに兵隊たちに共有されたものとして表現されている。

問六、傍線部Eについて、「戦場での空想」を具体的に語っている部分を冒頭の段落から連続する二文で抜き出し、その最後の十字を答えなさい。ただし、句読点も字数に含めること。

問七、**思考力** 傍線部Fについて、それはどういうことか。七十字以内でわかりやすく説明しなさい。ただし、「不安な臆測」と「父の言葉」とが孝次郎にとってどのようなものであるのかを明らかにして説明すること。

問八、**難** 傍線部Gについて、「大きい駱駝の絵」は孝次郎にとってどのようなものか。次はその解説文である。空欄[f]〜[h]に入る最も適切な語を、それぞれ五文字以内で本文から抜き出して答えなさい。

> 帰国して[f]として孝次郎の脳裏に焼きつき、今の孝次郎の[g]のような精神状態と[h]のような身体とをかえって実感させるもの。

慶應義塾女子高等学校

時間 60分　満点 非公表　解答 P73　2月10日実施

出題傾向と対策

●昨年と異なり、短歌を含む論説文と論説文の二題構成。本文は読みやすく要旨もとらえやすい。選択問題は少なく、記述問題数がかなり多い。また、漢字の読み書き、国語知識、和歌の技法、古典文学史、文法など、知識を幅広く問う設問が多いことも本校の特徴である。

●記述問題の多くは本文の内容に沿ってまとめる形なので、本文を正確に読解することが重要。短時間で文章を仕上げる記述力も要求される。例年出題される品詞分解など、文法、知識問題への備えも十分に行っておくこと。

一 (短歌を含む論説文)漢字の読み書き・古典知識・文脈把握・内容吟味・国語知識

次の文章を読んで、あとの設問に答えなさい。

若菜摘む　野辺の霞ぞあはれなる　昔を遠くへだつと思へば

西行・山家集

西行（一一一八—九〇）もまた、若菜の一首を詠む。A野原で若菜を摘む人を見て自分の青春の日々を思い出したのであろう。

B人日は人間の始まりの日である。この日に若菜を食べると、一年の邪気をはらうことができる。アダムとイブの恋がエデンの園の林檎（りんご）から始まったが、和歌と漢詩の恋は春の山野の若菜から始まる。

春先の風物である若菜は、花の色や鶯（うぐいす）の囀（さえず）りよりもいち早く春の到来を知らせる。若菜から春が始まり、四季が始まる。この大自然の営みに1コオウするかのように、人も春になれば陽気になり、心が弾む。そこで詩人と歌人は、春とともに芽生える若菜を借りて、恋する心の躍動を表現する。

「巻耳を採りても採りても　筐に盈たず　ああ　我れ　人を懐いて　彼の周行に置く」（詩経・周南・巻耳）。旅に出かけた恋人がなかなか帰ってこない。恋人を思いつつ女は巻耳を採る。いくら採っても籠を満たさない。恋に満たされない気持ちをうたう。巻耳は春の七草繁縷のことである。

「彼の南山に陟り　言に其の蕨を採る　未だ君子を見ず　憂心惙惙たり」（詩経・召南・草蟲）。春の南山に登り蕨を採る女も、恋人に会えない寂しさを憂う。もしいま、ここで彼に会い、彼に寄り添うことができればどんなに嬉しいことか、と訴える。

[C]春の始まりを象徴する若菜は、恋の象徴となり、詩歌に盛んに取り入れられるようになる。

若菜が恋の象徴になりえたのは、春夏秋冬の自然風物に心情を託すという詩歌の伝統手法があるからである。

袖ひちて　むすびし水のこほれるを　春立つけふの風やとくらむ

紀貫之・古今集二

春夏秋冬は日中の文学につねに登場する。

清少納言の『枕草子』は「春はあけぼの。夏は［ア］。秋は［イ］。冬は［ウ］」で始まる。金国、宋国、蒙古の狭間で波瀾に満ちた生涯を送った元の劇作家白樸（一二二六―一三〇六）は、海棠の花から、春夏秋冬の風物を順にとりあげて描写し、歳月の流伝が夢の如く、春花秋月を思う存分に楽しもうと感歎する（白樸・喬木査）。

そして、詩歌の世界を見てみると、まず春夏秋冬の順で歌を配列する『古今集』が浮上する。いま挙げた一首は二番目の歌である。

夏に手で掬った山の泉水は冬に[2]凍りついた。凍りついた泉水を、今日の春風は解かす。

わずか三十一文字の中に、春夏秋冬の四季が盛り込まれている。

下句の「春立つけふの風やとくらむ」は『礼記・月令』の「孟春の月、東風凍を解く」に基づく。孟春とは春の初め。「東風凍を解く」とは、初春の暖かい風が氷を解かすことをいう。この語は七十二候の一つである。

日本も中国も農耕社会である。古代社会において農業は天候頼みの要素が強い。ゆえに人々は自然現象をよく観察し、季節の変化に敏感に反応した。一年を立春や立秋など二十四等分にして二十四節気とし、[D]さらに各節気を三つに細分して七十二候とした。

「東風凍を解く」はすなわち立春という節気の、「東風凍を解く　蟄虫始て振く　魚氷に上る」という三候のうちの一候である。春が立つと、風が軒に垂れ下がる氷柱を解かしはじめ、地中の虫はうごめきはじめ、魚も氷の上に登りはじめる。それぞれは早春折々の自然現象にちなむ名前である。農耕生活の体験から生み出された二十四節気や七十二候は、動植物や気象の変化を具体的にしめし、最適の耕作時期を人々に知らせる。これらの暦は今もなお中国と日本で生き続けている。

『古今集』冒頭の歌に七十二候が詠み込まれたことは、文学に現れた農耕生活の影響と言えよう。

日中の詩人は春夏秋冬を好んで詠む。だが、[E]春夏秋冬そのものだけが目的ではない。詠みたいのは人の心である。

（中　略）

若菜が恋の象徴になりえたのは、春花秋月に心情を託す手法とともに、[F]興という表現技法にもよる。

「興」はおこすということ。詩人はある景物を眼にする。その景物は詩人にある種の感動を与える。そこで、詩人はその景物を描写することによって、おのれの感動をうたい出す。つまり、まず他物を語る。他物から真に語りたいもの、本物を引き興す。これが興である。最もよく見られるのは、自然の景物から人間の心情を引き出すことである。

詩人の胸中にさまざまな気持ちが[3]キョライする。どのようにして、どこを切り口にして、それをうたいだすかが難しい。そこで、目にした景物から入れば入りやすい。それがすなわち興である。

興は『詩経』に起源する。

「関雎」の書き出しは、「関関たる雎鳩　河の洲に在り　参差たる荇菜これを左右の流れにもとむ」である。河の中洲でかんかんと鳴きあうみさごも、川の中にながれるあさざも、君子淑女と何の関係もない。だが、双双たるみさごの姿に触発され、作者は君子淑女の恋を思う。新緑の若菜から、清清しい淑女の姿を思う。作者が語りたいのは鳥のみさごでもなく、草の若菜でもない。作者が語りたいのは君子淑女の恋である。みさごと若菜という外的な景物を通して、心に[4]潜む情感を引き出す。自然風物と人情とは、詩歌の中で渾然一体になる。

和歌にも興がある。

紀淑望は『古今集』の真名序にて、和歌には六種の風体があり、そのうちのひとつは興であるという。日本古典文学全集は、「興」を「比喩されるものを表面に示さない、いわゆる暗喩」と注釈するが、暗喩は比喩の一種であり、興ではないと私は考える。興には比喩の要素があることは確かであり、「比」と「興」を並べて「比興」と言われることが多い。しかし興は比喩そのものではない。興はおこす。他物から本物を引き起こすことをいう。

「花の色は　移りにけりな　いたづらに　わが身よに[G]ふる　ながめせしまに」（小野小町・古今集一一三）。「ふる」は「経る」と「降る」の意味にかかり、色褪せて古びゆくさまをあらわす。花の色の変化から老いの悲しみを引き起こす。

「[H]あしひきの　山鳥の尾のしだり尾の　ながながし夜をひとりかも寝む」（柿本人麻呂・拾遺集七七八）。山鳥の長い尾からひとり寝る長夜のさびしさを引き起こす。

片思いの恋をする少女は、庭に飛ぶ蛍を捕まえ、かざみの袖に包み、「つつめども　かくれぬものは夏虫の　身よりあまれる思ひなりけり」（大和物語）と詠む。袖に包んでも隠しきれない。袖から漏れて来る蛍の光よ、まるであの人への私のあふれる思いのようなものだ。隠そう隠そうとしてもつい顕われてしまうのだ。少女は興の技法で、［X］からおのれの［Y］を引き出して詠んだのである。

和歌も漢詩も、興を用いない作品はほとんどない。興は[I]含蓄という詩歌の魅力を創り出す。最初から何もかも露骨に言ってしまえば、趣がない。悲しいときは悲しいという言葉を使わない。秋の落ち葉で悲しみを引き起こす。嬉しいときは嬉しいと言わない。春の花爛漫（らんまん）で心の喜びを引き起こす。引き起こすという過程があるからこそ、かぎりなく味わいが生まれる。

（彭丹『いにしえの恋歌』より）

問一、よく出る 基本 点線部1～4のカタカナを漢字で、漢字の読みをひらがなで書きなさい。
問二、基本 ア～ウにあてはまる語を現代仮名遣いのひらがなで記しなさい。
問三、X・Yに最もよくあてはまることばを記しなさい。
問四、難 本文に登場する次の人物を時代順に並べ替え、番号で答えなさい。
1、西行　2、紀貫之　3、清少納言
4、小野小町　5、柿本人麻呂
問五、難 傍線部Aについて、なぜ筆者は西行が「若菜を摘む人を見て自分の青春の日々を思い出した」と考えるのですか、説明しなさい。
問六、基本 傍線部Bについて、
(1)漢字の読みをひらがなで書きなさい。
(2)「人日」は五節句の一つですが、現在も一月七日に行う「人日」の風習について説明しなさい。
問七、傍線部Cについて、なぜ若菜は恋の象徴となるのですか、説明しなさい。
問八、傍線部Dについて、これはなぜですか、説明しなさい。
問九、傍線部Eとは、どういうことですか、説明しなさい。
問十、傍線部Fについて、
(1)どのような技法ですか、筆者の考え方を「技法」に続くように、二〇字以内で説明しなさい。
(2)なぜこの技法が生まれたのですか、説明しなさい。
問十一、よく出る 基本 傍線部GとHについて、この部分に用いられている和歌の表現技法をそれぞれ漢字二字で記しなさい。
問十二、傍線部Iについて、どのようなものですか、説明しなさい。
問十三、思考力 筆者の考える「興」の技法を用いた歌を次の中から二つ選び、番号で答えなさい。
1、春すぎて夏来にけらし白妙の衣ほすてふ天の香具山
2、吹くからに秋の草木のしをるればむべ山風を嵐といふらむ
3、かくとだにえやはいぶきのさしも草さしも知らじな燃ゆる思ひを
4、いにしへの奈良の都の八重桜けふ九重ににほひぬるかな
5、花さそふ嵐の庭の雪ならでふりゆくものはわが身なりけり
6、風そよぐならの小川の夕ぐれはみそぎぞ夏のしるしなりける

二 （論説文）漢字の読み書き・文脈把握・内容吟味・品詞識別・活用

次の文章を読んで、あとの設問に答えなさい。

幼少期の脳に対する刺激は非常に大切です。環境や経験によって刺激を受けると、神経回路が急速に増えたり、組み換えが起こったりと、脳は活発に変化していきます。ところが、A幼少期に適切な刺激を受けないでいると、その後の能力獲得に大きな差が発生してくるのです。

幼少期の脳に対する刺激の重要性を示す最も有名な事例として、アメリカのジーニーという少女の話があります。ジーニーは一歳から父親によって部屋の中に監禁されたまま育ちました。一三歳の時に保護されたのですが、外界からずっと隔離されながら生活していたので、幼少期から他人と話す経験をしてこなかったのです。結局、ジーニーは言葉を話すことはできず、ごくわずかな単語しか理解できませんでした。

大脳の前頭葉にはブローカ野、側頭葉にはウェルニッケ野という言語に関係する1中枢領域があることが知られています。ジーニーのように、幼少期に他人との接触を断たれ、言語的な刺激を受けなかった人は、言語中枢の神経回路を整備することができなくなった可能性があるのです。もしかしたら、その回路に刺激がまったくこなかったために、言語中枢の神経細胞自体が縮退したのかもしれません。B同じようなケースでも、五歳で発見された子は、言葉を話すことができるようになったそうです。このことから、言語に関する神経回路は、言語的な刺激を受けて特定の時期までに集中的につくられていることがわかります。

この神経回路がつくり終わるまでの期間は、「臨界期（りんかいき）」と呼ばれています。発達過程において臨界期を過ぎてしまうと、ある行動の学習が成立しなくなるのです。言語の臨界期は七～八歳くらいまでと考えられています。この時期に第一言語、つまり母語としての言葉を覚えていくと言われています。

アメリカの哲学者で言語学者でもあるノーム・チョムスキーは、生成文法という言語学の理論を打ち出しました。これは「人間は白紙で生まれてくるわけではなく、最初から言語を習得できるようプログラムされている」という考えです。ヒトには言語を習得するシステムが備わっているので、必要な時期に必要な刺激を受けていれば、ほとんどの人はマスターできます。だから、子どもを臨界期までに日本語と英語を使う環境に入れておけば、両方の言語をネイティブとして話すことのできるバイリンガルに育てることも可能でしょう。

ただし、ネイティブのバイリンガルになることと、言語をCうまく使いこなすことは、また別の問題です。ヒトの大脳の能力には限界があります。それは言語中枢にも言えることで、ヒトは限られた領域の中に言語の情報を入れて活用しているのです。

環境によっては母語として二つの言語を言語中枢の中に入れることもできるのですが、そうすると今度はどちらも中途半端になってしまう可能性が出てきます。そう考えると、より深くその言語を追究するためには、二つの言語を母語として言語中枢に入れるよりも一つに絞ったほうがいいのかもしれません。第二言語は、母語とは別の領域を活用する。ネイティブと同じようにしゃべることはできませんが、要は話が通じればいいのですから、それで十分ではないでしょうか。

臨界期のこともあり、以前は早い時期に英語教育を始め

たほうがいいと言われてきましたが、最近の日本ではこの考えが見直されてきています。現在は、まず母語である日本語をしっかりと根づかせてから第二言語として英語を学んだほうがいいという意見が増えてきたのです。

　先ほども話しましたが、限られた言語中枢の領域で二つの言語を母語にしてしまうと、結局はどっちつかずになり、どちらの言葉もうまく使いこなせなくなってしまう可能性があります。また、母語を獲得する幼少期に接する言語表現は、どうしても幼くなりがちです。だから、母語として獲得できたとしても、その後の人生の中で言語表現を磨いていかなければ社会では通用しません。

　まずは日本語でしっかりと考えたり、表現したりすることのできる基礎的な能力を向上させる。そうすることで日本語の基礎力が支えとなり、英語などの第二言語をより深く学ぶことができるのです。

　さらに興味深い例として、「D日本の科学技術が発達したのは、科学を日本語で考える土壌があったからだ」という話もあります。江戸末期から明治期にかけて、日本は西洋からたくさんのものを輸入しました。それと同時に、これまで日本語にはなかった様々な概念が、海外から一緒に入ってきたのです。

　日本人は西洋文明を咀嚼（そしゃく）して、積極的に新しい日本語をつくってきました。その時、中心となって活躍したのが西周（にしあまね）という人物です。

（中　略）

　科学をはじめ、哲学、技術、概念、帰納、定義、知識、理想、意識など、この時代に翻訳してつくられた日本語を挙げれば切りがありませんが、西周はその多くに関与したと言われています。これらの日本語は現在、私たちが普通に使っているものばかりです。

　明治の初期にこのような言葉がたくさんつくられたからこそ、日本人は西洋文明をベースにした学問を日本語で学ぶことができたのです。やはり、学問を学ぶには母国語で学んだほうが理解も進みます。だから、日本は庶民でも知識のレベルが高くなったと言われているのです。

　多くの国では、科学を基本的に英語で学んでいます。しかし、日本では科学を母国語で学ぶことができ、専門用語も日本語でつくられていることが多い。そのため、一つの言葉からたくさんのイメージを受け取ることができるのです。例えば「陽子」という言葉からは、「電気的に陽性（プラス）の2リュウシ」であることを感じ取ることができるでしょう。しかし、英語の「プロトン」と言われても、日本人からしたら電気的な性質についてはピンとこないかもしれません。生物の「細胞」も、その言葉と漢字の意味合いから「小さく細分化されたものの一区画」ということが直感的にわかると思います。

　日本は英語以外で科学について考えられる数少ない国の一つです。そのお陰で、世界を驚かすような発見をいくつもしてきたと言っても3カゴンではありません。二〇〇八年にノーベル物理学賞を受賞した益川敏英（ますかわとしひで）博士は、ノーベル賞の受賞講演を日本語で行いました。英語が得意でなくとも世界トップレベルの発見ができるのは、日本語がしっかりとしているからなのです。

　ただ、これは日本人が英語を話すことができないことと［X］です。ごく一般的な日本人は、英語を使わなくとも生活ができるので、英語を身につけようという意欲は低くなります。もっとも、最近は科学に限らず、会話能力を重視し、読み書きの能力を軽視する風潮があるので、日本人の言語リテラシーがこのまま4イジされるかわからない状況になってきました。

（池田清彦『進化論の最前線』より）

問一、**よく出る** **基本** 点線部1〜4のカタカナを漢字で、漢字の読みをひらがなで書きなさい。

問二、［X］に最もよくあてはまる語を次の中から選び、番号で答えなさい。

1、一長一短　2、言行一致
3、二律背反　4、表裏一体

問三、傍線部Aについて、これはなぜですか、説明しなさい。

問四、傍線部Bとは、どのような状況ですか、本文の主旨に沿って説明しなさい。

問五、傍線部Cとは、どのようなことですか、文中から句読点を含み二十字程度で抜き出しなさい。

問六、傍線部Dについて、科学を日本語で考える土壌があることが、なぜ日本の科学技術を発達させたのですか、説明しなさい。

問七、本文の内容に合致するものを次の中からすべて選び、番号で答えなさい。

1、英語などの第二言語を使いこなすためには、臨界期までに日本語と英語を使う環境にいなければならない。
2、江戸末期から明治にかけて輸入された様々な概念は、既存の日本語を翻訳語としてうまく当てはめたことで人々に容易に理解された。
3、会話能力を偏重することで、日本人が母語であるはずの日本語ですら使いこなす能力を失ってしまうおそれが出てくる。
4、環境や経験による刺激が受けられなかった結果、ジーニーの脳は適切な発達がなされず言語中枢が縮退していた可能性もある。
5、西周がいなければ、西洋の思想を咀嚼して翻訳語を生み出す作業は滞り、日本語で科学を考える土壌が生まれることはなかった。
6、臨界期を過ぎてしまうと脳の発達は止まってしまうため、幼児期に作られた脳の領域がその後の思考力も決定づけることになる。

問八、**よく出る** **基本** 本文中の＝＝の部分を、例にならって品詞分解し、それぞれの品詞名を答えなさい。ただし、活用のあるものは文中での活用形も答えなさい。

(例)	これ	は	今年	の	試験問題	です
	名詞	助詞	名詞	助詞	名詞	助動詞 終止形

國學院高等学校

時間 50分　満点 100点　解答 P74　2月10日実施

出題傾向と対策

●随筆文、小説文、古文、漢字の大問四題構成。小説文、古文は平易だが、随筆文は深い読解力が要求され、選択肢にも紛らわしいものが含まれる。漢字や語句の意味などの知識問題も毎年出題される。

●例年一の現代文（随筆文、論説文）に難問が多いので、レベルの高い論説文を読み慣れておくこと。特に抽象的な表現に注意して、その意味を考えるようにしたい。また、例年漢字や文学史、慣用句、接続詞の補充等が出題されるので、幅広い基礎知識を身につけておくこと。

注意事項　字数制限がある問題の解答については、句読点・記号も一字とする。

一（随筆文）文脈把握・内容吟味

次の文章を読んで、後の問いに答えなさい。

小説家とは何か、と質問されたとき、僕はだいたいいつもこう答えることにしている。「小説家とは、多くを観察し、わずかしか判断を下さないことを生業とする人間です」と。

なぜ小説家は多くを観察しなくてはならないのか？　多くの正しい観察のないところに多くの正しい描写はありえないからだ――［Ｉ］(1)奄美（あまみ）の黒兎の観察を通してボウリング・ボールの描写をすることになるとしても。なぜ小説家はわずかしか判断を下さないのか？　①最終的な判断を下すのは常に読者であって、作者ではないからだ。小説家の役割は、下すべき判断をもっとも魅惑的なかたちにして読者にそっと（べつに暴力的にでもいいのだけど）手渡すことにある。

おそらくご存じだとは思うけれど、小説家が（面倒がって、あるいは単に自己［Ｘ］のために）その権利を読者に委ねることなく、自分であれこれものごとの判断を下し始めると、小説はまずつまらなくなる。深みがなくなり、言葉が自然な輝きを失い、物語がうまく動かなくなる。

良き物語を作るために小説家がなすべきことは、ごく簡単に言ってしまえば、結論を用意することではなく、仮説をただ丹念に積み重ねていくことだ。我々はそれらの仮説を、まるで眠っている猫を手にとるときのように、そっと持ち上げて運び（僕は「仮説」という言葉を使うたびに、いつもぐっすり眠り込んでいる猫たちの姿を思い浮かべる。温かく柔らかく湿った、意識のない猫）、物語というささやかな広場の真ん中に、ひとつまたひとつと積み上げていく。どれくらい有効に正しく猫＝仮説を選びとり、どれくらい自然に巧みにそれを積み上げていけるか、それが小説家の力量になる。

読者はその仮説の集積を――もちろんその物語を気に入ればということだが――自分の中にとりあえず(2)インテイクし、自分の(3)オーダーに従ってもう一度個人的にわかりやすいかたちに並べ替える。その作業はほとんどの場合、自動的に、ほぼ無意識のうちにおこなわれる。僕が言う「判断」とは、つまりその個人的な並べ替え作業のことだ。それは別の言い方をするなら、精神の組成パターンの組み替えのサンプルでもある。そしてそのサンプリング作業を通じて、読者は生きるという行為に含まれる動性＝(4)ダイナミズムを、我がことのようにリアルに「体験」することになる。どうしてわざわざそんなことをしなくてはならないのか？　「精神の組成パターン」を実際に組み替えることなんて、人生の中で何度もできることではないからだ。［Ⅱ］我々は(5)フィクションを通して、まず試験的に仮想的に、そのようなサンプリングをおこなう必要がある。

つまり小説というものは、使用されている(6)マテリアルをひとつひとつ取り上げれば、虚構＝疑似であるけれど、それが従う個人的オーダーと、並べ替えの作業(7)プロセスについていえば、紛れもなく実際的なものである（べきである）。我々小説家がどこまでも虚構にこだわるのは、多くの局面において、おそらくは虚構の中でしか、仮説を有効に(8)コンパクトに積み上げることができないと知っているからだ。フィクションという装置に精通することによってのみ、我々は②猫たちをぐっすりと深く眠らせておくことができる。

ときどき年若い読者から長い手紙をもらう。彼らの多くは真剣に僕に向かって質問する。「③どうしてあなたに、私の考えていることがそんなにありありと正確に理解できるのですか？　こんなに年齢も離れているし、これまで生きてきた体験もぜんぜん違うはずなのに」と。

僕は答える。「それは、僕があなたの考えていることを正確に理解しているからではありません。僕はあなたのことを知りませんし、ですから当然ながら、あなたが何を考えているかだってわかりません。［Ⅲ］自分の気持ちを理解してもらえたと感じたとしたら、それはあなたが僕の物語を、自分の中に有効に取り入れることができたからです」と。

仮説の行方（ゆくえ）を決めるのは読者であり、作者ではない。物語とは風なのだ。④揺らされるものがあって、初めて風は目に見えるものになる。

「自分とは何か？」という問いかけは、小説家にとっては――というか少なくとも僕にとっては――⑤ほとんど意味を持たない。それは小説家にとってあまりにも［Ｙ］な問いかけだからだ。我々はその「自分とは何か？」という問いかけを、別の総合的なかたちに（つまり物語のかたちに）置き換えていくことを日常の仕事にしている。作業はきわめて自然に、本能的になされるので、問いそのものについてあえて考える必要もないし、考えてもほとんど何の役にも立たない→むしろ邪魔になる。もし「自分とは何か？」と長期間にわたって真剣に考え込む作家がいたとしたら、彼／彼女は本来的な作家ではない。あるいは彼／彼女は何冊かの優れた小説を書くかもしれない。しかし本来的な意味での小説家ではない。僕はそう考える。

しばらく前にインターネットのメールで、次のような読者からの質問を受け取った。正確な文章は思い出せないのでで、おおまかな筋を書く。

先日就職試験を受けたのですが、そこで『原稿用紙四枚以内（村上註：だったと思う）で、自分自身について説明しなさい』という問題が出ました。僕はとても原稿用紙四枚で自分自身を説明することなんてできませんでした。そんなことできっこないですよね。もしそんな問題を出されたら、村上さんはどうしますか？　プロの作家にはそういうこともできるのでしょうか？

それについての僕の答えはこういうものだ。

こんにちは。原稿用紙四枚以内で自分自身を説明するのはほとんど不可能に近いですね。おっしゃるとおりです。それはどちらかというと意味のない設問のように僕には思えます。［Ⅳ］、自分自身について書くのは不可能であっても、たとえば牡蠣（かき）フライについて原稿用紙四枚以内で書くことは可能ですよね。だったら牡蠣フライについて書かれてみてはいかがでしょう。あなたが牡蠣フライについて書くことで、そこにはあなたと牡蠣フライとのあいだの［Z］関係や距離感が、自動的に表現されることになります。それはすなわち、突き詰めていけば、あなた自身について書くことでもあります。それが僕のいわゆる「牡蠣フライ理論」です。今度自分自身について書けと言われたら、ためしに牡蠣フライについて書いてみてください。もちろん牡蠣フライじゃなくてもいいんです。メンチカツでも、海老コロッケでもかまいません。(9)トヨタ・カローラでも(10)青山通りでも(11)レオナルド・ディカプリオでも、なんでもいいんです。とりあえず、僕が牡蠣フライが好きなので、そうしただけです。健闘を祈ります。

そう、小説家とは世界中の牡蠣フライについて、どこまでも詳細に書きつづける人間のことである。自分とは何ぞや？　そう思うまもなく（そんなことを考えている暇もなく）、僕らは牡蠣フライやメンチカツや海老コロッケについて文章を書き続ける。そしてそれらの事象・事物と自分自身とのあいだに存在する距離や方向を、データとして積み重ねていく。多くを観察し、わずかしか判断を下さない。それが僕の言う「仮説」のおおよその意味だ。そしてそれらの仮説が――積み重ねられた猫たちが――発熱して、そうすることで物語というヴィークル（乗り物）が自然に動き始めるわけだ。

（村上春樹（むらかみはるき）『村上春樹　雑文集』による）

〔注〕(1)奄美の黒兎…奄美大島、徳之島に生息するウサギの種。絶滅危惧種。
(2)インテイク…摂取、取り込むこと。
(3)オーダー…順序、秩序、命令、指示。
(4)ダイナミズム…力強さ、迫力。
(5)フィクション…作り事、虚構、創作された架空の物語。
(6)マテリアル…材料、原料、素材。
(7)プロセス…過程、経過、手順。
(8)コンパクト…小型で中身が充実しているさま。
(9)トヨタ・カローラ…トヨタ自動車が製造・販売している乗用車のブランド、およびその車名。
(10)青山通り…国道246号のうち、東京都千代田区から同渋谷区までの区間の通称。
(11)レオナルド・ディカプリオ…アメリカ合衆国の俳優。

問一、よく出る　基本　空欄［Ⅰ］～［Ⅳ］に補うのに最もふさわしい語の組み合わせを、次の選択肢の中から選び、記号で答えなさい。
ア、Ⅰ　だから　Ⅱ　そこで　Ⅲ　ただ　Ⅳ　つまり
イ、Ⅰ　たとえ　Ⅱ　だから　Ⅲ　もし　Ⅳ　ただ
ウ、Ⅰ　あるいは　Ⅱ　しかし　Ⅲ　あるいは　Ⅳ　そして
エ、Ⅰ　たとえば　Ⅱ　そして　Ⅲ　たとえ　Ⅳ　しかし
オ、Ⅰ　もし　Ⅱ　なぜなら　Ⅲ　また　Ⅳ　ところが

問二、空欄［X］～［Z］に補うのに最もふさわしい語の組み合わせを、次の選択肢の中から選び、記号で答えなさい。
ア、X　欺瞞（ぎまん）　Y　鮮明　Z　信頼
イ、X　批判　Y　克明　Z　従属
ウ、X　顕示　Y　自明　Z　相関
エ、X　暗示　Y　明快　Z　因果
オ、X　嫌悪　Y　著名　Z　主客
カ、X　肯定　Y　難解　Z　友好

問三、難　傍線部①「最終的な判断を下すのは常に読者」とあるが、この「判断」を通して「読者」の身に起こることはどういうことか。その説明として最もふさわしいものを、次の選択肢の中から選び、記号で答えなさい。
ア、生きるという行為に含まれる動性＝ダイナミズムをリアルに体験すること。
イ、仮説をインテイクし、作者のオーダーに従って個人的なかたちに並べ替えること。
ウ、魅惑的なかたちにされた判断を、そっと、または暴力的に委ねられること。
エ、フィクションを通して、小説家が行なっている物語の創作活動を追体験すること。
オ、小説を読むことで、作者に自分の気持ちを理解してもらえたと実感すること。

問四、傍線部③「どうしてあなたに、私の考えていることがそんなにありありと正確に理解できるのですか？」に対して、筆者はどう述べているか。その説明として最もふさわしいものを、次の選択肢の中から選び、記号で答えなさい。
ア、それは筆者の用意した物語の中で質問者が取り上げた仮説の並べ替え方が、筆者の想定した並び方と一致したということである。
イ、それは筆者が用意した物語から、質問者が仮説を効果的に取り上げ、個人的な並べ替えを行なうことができたということである。
ウ、それは筆者が用意した物語の中の仮説を、質問者が

個人的オーダーに従って、別物に作り変えてしまったということである。
エ、それは筆者の観察が生み出した、多くの人々に共通する「精神の組成パターン」を、質問者が正確に読み取ったということである。
オ、それは筆者が物語の中に用意した「自分とは何か?」という問いに、質問者が有効に答えることができたということである。

問五、**思考力** 傍線部④「揺らされるものがあって、初めて風は目に見えるものになる」とは、どういうことか。その説明として最もふさわしいものを、次の選択肢の中から選び、記号で答えなさい。
ア、読者が物語を読むことを通じて、初めて作者の仮説が積み上げられ始め、姿を現すようになるということ。
イ、作者の書いた物語の中の仮説の行方は、読者に読まれることによって、初めて定まってくるということ。
ウ、読者が物語を自分の中に上手に取り込めるかどうかで、作者が用意した仮説の正誤が決定するということ。
エ、作者が考える仮説の行方と、読者が読み取った仮説の行方は、それぞれ異なる姿を現すことがあるということ。
オ、作者の用意した物語の結末は、それを読者がどのように読むのかということに委ねられているということ。

問六、傍線部⑤「ほとんど意味を持たない」とはどういうことか。その説明として最もふさわしいものを、次の選択肢の中から選び、記号で答えなさい。
ア、「自分とは何か」という問いは、小説家にとって日々自問してみたとしても、答えを出すことがむずかしい問いだということ。
イ、「自分とは何か」という問いは、小説家にとってすぐに答えをだせるようなものではなく、時間をかけて熟考すべき問いだということ。
ウ、「自分とは何か」という問いは、小説家にとって本来的に答えを求めるべきではない、創作において危険な問いであるということ。
エ、「自分とは何か」という問いは、小説家にとっては日常的に物語に置き換えているものであって、あえて考える必要はないということ。
オ、「自分とは何か」という問いは、小説家にとって自ら答えを出すものではなく、読者によって解き明かされるべきものだということ。

問七、**思考力** 本文において「牡蠣フライ」のたとえを用いて述べられていることはどのようなことか。その説明として最もふさわしいものを、次の選択肢の中から選び、記号で答えなさい。
ア、自分自身を説明するのは不可能だが、他の事象や事物の中に自身を表現するのは、すぐれた小説家にとってはたやすいということ。
イ、自分自身を説明するのは困難だが、他の事象や事物と自分との間の関係や距離を書くことで、「物語」が動き始めるということ。
ウ、自分自身を説明するのは可能だが、他の事象や事物について書く方が、自分とは何かを理解するためには有効であるということ。
エ、自分自身を説明するのはたやすいが、あまり意味のない行為であるため、他の事象や事物について書く方が有益であるということ。
オ、自分自身を説明するのは難しいが、他の事象や事物について書くことで、それらと自分との間の距離や方向を表現できるということ。

問八、本文の内容に合致するものを、次の選択肢の中から一つ選び、記号で答えなさい。
ア、筆者が考える本来的な小説家とは、正しい描写を求めて多くを観察し、多くを判断することを日常的な生業とする人である。
イ、自分が何者であるのかと長期にわたって真剣に考え抜いた作家こそが、優れた物語を生み出す力量を手にすることができる。
ウ、小説家が面倒に思って、自分の作り出す物語の行方に判断を与えることをやめてしまうと、小説はつまらなくなってしまう。
エ、フィクションの中に眠っている「猫」、すなわち「読者」を上手に目覚めさせられるかどうかは、小説家の力量にかかっている。
オ、小説家が虚構にこだわるのは、現実では果たしがたい「精神の組成パターン」の組み替えの疑似体験を可能とするためである。

問九、傍線部②「猫たちをぐっすりと深く眠らせておくこと」とは、どのようなことのたとえか。その答えとしてふさわしい箇所を、本文中から三十一字で抜き出し、初めの五字を答えなさい。(句読点や記号も一字に数えること)。

二 (小説文)文脈把握・内容吟味

次の文章を読んで、後の問いに答えなさい。

これは私が小学三四年のころの話である。

私の家からその小学校へ通う道筋にあたって、常泉寺(じょうせんじ)という、かなり大きな、古い寺があった。非常に奥ゆきの深い寺で、その正門から奥の門まで約(1)三四町ほどの間、石甃(いしだたみ)が長々と続いていた。そしてその石甃の両側には、それに沿うて、かなり広い空地が、往来から茨垣に仕切られながら、細長く横たわっていた。その空地は子供たちの好(よ)い遊び場になっていた。そしてその空地で遊んでいる分には、誰にも叱られなかったが、若(も)し私たちがその奥の門から更に寺の境内に侵入して、其処(そこ)のいつも箒目(ほうきめ)の見えるほど綺麗(きれい)に掃除されている松の木の周りや、鐘楼の中、墓地の間などを荒し廻っているところを寺の爺(じい)にでも見つかろうものなら、私たちはたちまち追い出されてしまうのだった。(2)疳癖(かんぺき)らしかった爺の一人なんぞは、手にしていた竹箒を私たちに投げつけることさえあった。だが、そうなると一層その寺の境内や墓地を荒すことが面白いことのように思われ、私たちは爺に見つかるのを恐れながら、それでも決してその中へ侵入することを止(や)めなかった。その寺には爺が二人いた。一人は正門の横で線香や(3)樒(しきみ)などを売って居(お)り、もう一人はよく竹箒を手にして境内や墓地の中を掃除していた。私たちは彼等(ら)を顔色から「赤鬼」「青鬼」と呼んでいた。

たしか秋の学期のはじまった最初の日だったと思う。学校の帰り途、五六人でその夏の思い出話などをしながら一しょに来ると、そのうちの一人が数日前に常泉寺の裏を抜ける、まだ誰も知らなかった抜け道をみつけたといって得意そうに話した。①そこで私たちはすぐそのまま、一人の異議もなく、その抜け道を通ってみることにした。

そのころ常泉寺の裏手にあたって、小さな尼寺があった。円通庵とか云った。丁度その尼寺の筋向うに、ちょっと通り抜けられそうもない路地があったが、その中へ私たちの小案内者が、[A]得意そうに入って行くので、私たちもさも面白いことでもするようにその汚い路地の中へ入って行った。最初のうちは何んだかゴミゴミした汚らしい小家の台所の前などを右へ折れたり左へ折れたりしていたが、そのうち半ばこわれかかった一つの(4)柴折戸のあるのを先頭のものがそっと押して中へはいって行った。と、いままで何か言いあっていたものたちが、そのとき急に[B]話しやめた。不意に意外な場所に出たものと見える。やっと自分の番になって、その中へはいって見ると、私たちの目の前には、いまにも崩れそうな小さな溝を隔てて、目のあらい竹垣の向うに、まだ見たこともないような怪奇な庭が横たわっていた。そこには無気味に感じられる恰好の巌石がそば立ち、緑青いろをした古い池があり、その池の端には松の木ばかりが何本も煙のように這いまわっていた。そしてそれが常泉寺の奥の院の庭であるのを知った時、私たちは一層驚かずにはいられなかった。……それから②私たちは急にひっそりとなって、その崩れ落ちそうな溝づたいに一列にならんで歩き出したが、その道のもう一方の側はどうなっていたのか今はっきり思い出せない。そこまで来てしまうと、どっちを向いてももう殆んどさっきの人家らしいものが目に入らなかったようだが、ことによると私たちのまわりには私たちよりも丈高く雑草が生い茂っていたのか知れぬ。そう云えばそこいらが一面の薄だったような気もする。

私たちは何時の間にかとんでもない場所へ来てしまったような不安な気持になって、お互に無言のまま、おっかなびっくりそんな場所を歩き続けて行ったが、そのうち再び驚かされたのは、そんな寺の裏なんぞの、恐らく四方から墓ばかりに取り囲まれているであろうようなところに、一軒ぽつんと小さな家が見え始めたことだった。さっきの雑草もその小家のあたりだけは綺麗に取除かれ、その代りそこら一面に、その小家を殆んど埋めるくらいにして、黄や白だのの見知らぬ花が美しく咲きみだれていた。その見なれない小家の前を私たちが[C]通り抜けようとしたとき、その家のなかの様子は少しも見えなかったけれど、私はふとその閉め切った障子の奥に誰かが居るような気配を感じ、その瞬間私にはその人が何んだか私の母をもうすこし若くしたくらいの年恰好の美しい婦人であるように思われてならないのだった。(が、今考えてみると、そういうようなすべては、その小家を埋めるようにしていた、それらの黄だの白だのの見知らぬ花々の微妙な影響に過ぎなかったのかも知れない。……)

その小家のあたりから、道は両側とも竹垣に挟まれながら、真直に寺の(5)庫裡の方に通じているらしかった。その竹垣の一方はまださっきから見え隠れしている庭の続きであったが、もう一方はいつのまにか大小さまざまな墓の立ち並んだ墓地になっていた。私たちはその墓地の方へ抜け出ようとして、その竹垣を乗り越すのにいろいろな苦心をした。

私たちがそんな寺の裏の、いかにも秘密に充ちたような抜け道(?)をたった一遍きりしか通ったことのないのは、その時まだその竹垣をみんなで乗り越してしまわないうちに、寺の爺たちに見つかって、[X]からだ。その時くらい爺たちが私たちに向って腹を立てたことは今までにもなかった。爺やたちは二人がかりで、何処までも私たちを追いかけて来た。――そのときは私たちも何んだか興奮して、墓と墓の間をまるで栗鼠のように逃げ廻りながら、口々に叫んでいた。

「赤鬼やあい……青鬼やあい……」

（堀辰雄『墓畔の家』による）

〔注〕(1)三四町…一町は約109メートル。
(2)疳癖…激しやすく、怒りっぽい性質。
(3)樒…白い花を咲かせる常緑樹で、仏事のお供え物などとして使われる。
(4)柴折戸…折った木や竹の小枝を組んで作った簡素な押し開き戸。
(5)庫裡…住職やその家族などの住むところ。

問一、空欄[A]～[C]に補うのに最もふさわしい語を、次の選択肢の中から選び、それぞれ記号で答えなさい。

ア、ずんずん　イ、ばたばた　ウ、ばったりと
エ、しっかりと　オ、こっそり

問二、空欄[X]に補うのに最もふさわしい語句を、次の選択肢の中から選び、記号で答えなさい。

ア、顔に泥を塗られた　イ、肩の荷が下りた
ウ、心配をかけた　エ、散々な目に遭った
オ、後ろ髪を引かれた

問三、傍線部①「そこで私たちはすぐそのまま、一人の異議もなく、その抜け道を通ってみることにした」とあるが、これはなぜか。その理由として最もふさわしいものを、次の選択肢の中から選び、記号で答えなさい。

ア、爺たちが奥行きの深い寺である常泉寺の裏の抜け道を誇りに思っていたことを知った子どもたちは、敵である爺を出し抜く良い機会だと思ったから。
イ、普段から寺の境内に侵入して爺に追いかけられることを恐れながらも面白がっていた子どもたちにとって、より一層好奇心をくすぐられる事柄に思えたから。
ウ、子どもたちは空き地での遊びに飽き、爺との追いかけっこにもうんざりして、更なるスリルを求めてより危ない遊びをしようと決心したから。
エ、学校から一緒に帰っていた子どもたちの一人が、あまりにも得意げに常泉寺の裏庭の美しさを語るので、それを聞いた皆が感化されてしまったから。
オ、秋の学期のはじまった最初の日で、子どもたちは夏の思い出話に夢中になって気持ちが大きくなり、普段は恐れている爺を怒らせてみようと思ったから。

問四、傍線部②「私たちは急にひっそりとなって」とあるが、この箇所の子どもたちの様子を説明したものとして、最もふさわしいものを、次の選択肢の中から選び、記号

で答えなさい。

ア、墓に取り囲まれていた一軒の小さな家を発見し、超自然の存在を感じとって驚いている様子。

イ、無気味で怪奇な庭が目の前に現れたが、その庭が常泉寺の奥の院の庭だったことに安心している様子。

ウ、どうして先に入った者たちが突然黙ったのか理由がわからず、得体のしれない恐怖を感じている様子。

エ、目の前の無気味で怪奇な庭に驚き、思いがけない場所へ来てしまったことに不安を感じている様子。

オ、気味の悪い庭が目の前に広がったことで、爺たちとの苦い記憶を思い出し、焦りを感じている様子。

問五、**思考力** 本文について、次の問いに答えなさい。

A　本文の表現の特徴として最もふさわしいものを、次の選択肢の中から選び、記号で答えなさい。

ア、「私」の視点から周囲の子どもたちや景色が客観的に描かれており、子どもたちの興奮とその様子を見守る「私」の冷静な心境が明確に対比されている。

イ、「小学三四年のころ」「五六人」や「～だったような気もする」などの曖昧な表現を多用することで、子どもたちが見た怪しげで無気味な景色の衝撃の大きさが強調されている。

ウ、「私」の少年時代の体験を回想する文章の中で、「不意に意外な場所に出たものと見える」という箇所は、当時の「私」の視点から表現されることで、臨場感が与えられている。

エ、登場人物たちの心情描写を抑えて「黄や白だのの見知らぬ花が美しく咲きみだれていた」といった情景描写を多用することで、常泉寺周辺の景色の美しさが鮮やかに描写されている。

B　「私」の少年時代の心の動きの説明として、最もふさわしいものを、次の選択肢の中から選び、記号で答えなさい。

ア、「私」の家から学校に向かう道筋にある常泉寺で遊ぶ場面では、寺の境内を荒らしまわって爺に怒られて反省はしたが、その後に爺に報復しようという荒(すさ)んだ心境になっている。

イ、誰も知らない抜け道を通る場面ではまだ見ぬ世界に恐怖を感じていたが、徐々にその景色に慣れていって気持ちが大きくなり、好奇心に満ち溢れた心境になっている。

ウ、墓に囲まれている小さな家を見た時に「美しい婦人」がいるように思った場面では、怪しげな庭に対する不安を抱いていたが、その後その小屋の周囲の美しい花に影響され、亡くなった母を思い出し感傷的な心境になっている。

エ、興味本位で怪しげな路地に入っていったが、墓地へ抜け出ようとしている場面では、竹垣を乗り越えながら無鉄砲な行動を後悔する心境になっている。

オ、不安を感じながら見通しのつかない道を歩いていたが、「赤鬼やあい……」と叫ぶ場面では、爺たちに追いかけられるという日常に戻り、その不安から解放されて興奮した心境になっている。

三　(古文)仮名遣い・口語訳・動作主・内容吟味

次の文章を読んで、後の問いに答えなさい。

一休和尚は（一休和尚は、）、いとけなき時より（幼い時から、）、常の人には①かはり給(たま)ひて（普通の人とは違っておられ、）、利根発明なりけるとかや（であったとか。）。師の坊をば養叟和尚と申(もうし)ける（師匠の坊さんは養叟和尚と言われた。）。こびたる(1)旦那(だんな)ありて（学識のある旦那がいて、）、常に来りて、和尚に(2)参学など し侍(はべ)りては（養叟和尚に参禅などなさいましては、）、一休の（小僧一休の）②発明なるを（であることを）心地よく思ひて、③折々はたはぶれをいひて、問答などしけり。或時かの檀(だん)那(な)（いつもの旦那が）、[X]来りけるを、一休門外にてちらと見、内へはしり入りて、④(3)へぎに書付立られけるは（へぎに何やら書き付けて立てられたことには、）、

此寺の内へかわのたぐひ（この寺の内に皮の類）、かたくきんぜいなり。若(もし)かわの物入る時は、其身に（その身に）かならずばちあたるべし

とかきて置れける。かの旦那是(これ)を見て（その旦那はこれを見て、）、「皮のたぐひにばちあたるならば、⑤此お寺の太鼓は何とし給ふぞ」と申ける（このお寺の唐太鼓は何となさいましょうか」と申された。）。一休聞給ひ（一休はお聞きになられて、）、「さればとよ（「だからですね、）、夜昼三度づつばちあたる間、其方へも（あなたへも）太鼓のばちをあて申さん、皮のはかまきられけるほどに」と⑥おどけられけり（とおどけなさった。）。

（『一休ばなし』による）

〔注〕 (1)旦那…ここでは檀家の意。「檀那」も同じ人物を指す。
(2)参学…ここでは禅の教えを学ぶこと。
(3)へぎ…杉やひのきを薄く削って作られた板。

問一、**基本** 傍線部①「かはり」は現代仮名づかいでは「かわり」となる。これにならって次の各文の傍線部を、現代仮名づかいに改めなさい。

1、わざはひをも招くは、ただこの慢心なり。
2、やうやうしろくなりゆく、山ぎはすこしあかりて、

問二、傍線部②「発明」の本文中での意味として最もふさわしいものを、次の選択肢の中から選び、記号で答えなさい。

ア、なんでも作り出すこと
イ、仏道に精通していること
ウ、元気であかるいこと
エ、けなげなこと
オ、かしこいこと

問三、傍線部③「折々はたはぶれをいひ」とあるが、この動作の主語として最もふさわしいものを、次の選択肢の中から選び、記号で答えなさい。

ア、一休　　イ、常の人
ウ、養叟和尚　　エ、旦那

問四、空欄[X]に当てはまる表現として最もふさわしいものを、次の選択肢の中から選び、記号で答えなさい。

ア、太鼓を抱へて　　イ、かはばかまを着て
ウ、さい銭を携へ　　エ、太鼓のばちをもちて
オ、衣を身にまとひ

問五、傍線部④「へぎに書付立られける」とあるが、一休はなぜこのような行動をとったのか。その理由として最

もふさわしいものを、次の選択肢の中から選び、記号で答えなさい。
ア、いつもの調子で旦那に問答をしかけて、旦那がどのような対応をするか見てみようと思ったから。
イ、和尚のもとに禅を学びにきているというのに、皮のはかまというみすぼらしい格好が和尚に失礼だと思ったから。
ウ、常日ごろ仲良くしている旦那が、皮のはかまで寺に来ることで仏の罰があたることを心配したから。
エ、皮のはかまを身につけてやってきた憎い旦那を困らせ、どのような反応をするか様子を見ようと思ったから。
オ、頻繁に寺に来ては学識をひけらかす旦那に対し嫌気がさしており、寺に来てほしくなかったから。

問六、傍線部⑤「此お寺の太鼓は何とし給ふぞ」とあるが、一休はこれに対してどのような対応をしたか。その説明として最もふさわしいものを、次の選択肢の中から選び、記号で答えなさい。
ア、寺の太鼓の難点を鋭く指摘され、返す言葉もなくなってしまい、太鼓のばちで旦那をたたいてしまった。
イ、寺の太鼓は仏の許しを得て使用しているものだが、旦那は仏の許しを得ていないため罰が当たると答えた。
ウ、「ばちがあたる」とは書いたが「罰が当たる」とは書いていないといって旦那のこともばちでたたこうとした。
エ、寺では夜に昼に太鼓をたたいて死んだ動物たちを供養するのだから、旦那にも同じように供養してほしいと答えた。
オ、太鼓はいつもばちを当てられているので、皮のはかまを着たあなたにもばちをあてましょうと答えた。

問七、傍線部⑥「おどけられけり」とあるが、ここには一休のどのような人物像が表れているか。その説明として最もふさわしいものを、次の選択肢の中から選び、記号で答えなさい。
ア、豊かな知恵と、くじけない勇気をあわせ持った人物。
イ、矛盾を指摘されてもなお、怒ることがない心の広い人物。
ウ、利口なだけではなく、ユーモアを兼ね備えた人物。
エ、不利な状況になると、おどけてごまかすような人物。
オ、悪事に対して嫌悪を抱く、強い正義感をもった人物。

四　漢字の読み書き　よく出る　基本

次の傍線部の漢字の読みをひらがなで答え、カタカナを漢字に改めなさい（楷書できちんと書くこと）。
(1) 波止場から船を眺める。
(2) 神社の境内を散策する。
(3) ミスが頻発する可能性がある。
(4) 一方に偏重するのは避けたい。
(5) キヅカいのし過ぎは、かえって失礼だ。
(6) 千載一グウのチャンスだ。
(7) キセイ概念にとらわれていけない。
(8) コヨミのうえではもう春となった。

渋谷教育学園幕張高等学校

時間 60分　満点 100点　解答 P76　1月19日実施

出題傾向と対策

●論説文、小説文（省略）、古文の三題構成。論説文、小説文は文章量・質ともにやや難レベル。古文は文章量こそ少ないが内容はやや難。設問は丁寧な読解を必須とし、記述式の問題では自分の言葉にまとめ直す高度な作業が求められる。知識問題は「教養」レベルの難度である。

●過去問の丁寧な演習は必須である。読解の際の線引きやメモ書きを徹底し、読解の正確さと効率性を両立する訓練を行うこと。また設問の正確な理解に基づいて記述を行う訓練も徹底しておく。知識は日頃の積み重ねを。

一　（論説文）漢字の読み書き・語句の意味・内容吟味・文学史

次の文章を読んで、後の問いに答えなさい。

太平洋戦争が始まったとき、私はその知らせを北海道で聞いた。その時とっさに、日本は滅びると思った。そうして戦時中はずっと研究の中に、つまり理性の世界に閉じこもって暮した。

ところが、戦争がすんでみると、負けたけれども国は滅びなかった。その代わり、これまで死なばもろともと誓い合っていた日本人どうしが、われがちにと食糧の奪い合いを始め、人の心はすさみ果てた。私にはこれがどうしても見ていられなくなり、自分の研究に閉じこもるという(a)トウヒの仕方ができなくなって救いを求めるようになった。生きるに生きられず、死ぬに死ねないという気持だった。これが宗教の門に入った動機であった。

戦争中を生き抜くためには理性だけで十分だったけれども、戦後を生き抜くためにはこれだけでは足りず、ぜひ宗教が必要だった。①その状態はいまもなお続いている。宗教はある、ないの問題ではなく、いる、いらないの問題だと思う。

宗教と理性とは世界が異っている。簡単にいうと、人の悲しみがわかるというところに留まって活動しておれば理性の世界だが、人が悲しんでいるから自分も悲しいという道をどんどん先へ進むと宗教の世界へ入ってしまう。そんなふうなものではないかと思う。いいかえれば、人の人たる道をどんどん踏みこんでゆけば宗教に到達せざるを得ないということであろう。

大学生のころ、宗教に熱心だった叔母から、ある洋服屋さんが「世の中にはなぜこうも悲しい人や悲しい事が多いのだろう。それを思うと自分はまことに悲しい」といったという話を聞いて「この洋服屋さんは実に宗教的な素質がある。自分などはとてもこんな感じ方はできない」と思った経験があるが、人の悲しみがわかること、そして自分もまた悲しいと感じることが宗教の本質なのではなかろうか。キリストが「愛」といっているのもこのことだと思う。

芥川龍之介は「きりしとほろ上人伝」の中で、キリストを背負って嵐の吹き荒れる河を渡りながら上人が「お前はなぜこんなに重いのか」とたずねたとき「自分は世界の苦しみを身に荷うているのだ」とキリストに答えさせている。芥川は的確に②キリストの本質をついていると思う。前へ進むのに謙虚さでいく人と理想追求でいく人とあるとすれば、芥川は後者で、謙虚さよりも理想が勝っていたが、人物評論は随分よくできる人だった。また、彼は釈迦（しゃか）についても「沙羅（さら）のみづ枝（え）に花さけば悲しき人の目ぞ見ゆる」といっている。（中略）

宗教と宗教でないものとの違いは、孔子と釈迦やキリストをくらべればはっきりする。孔子は「天、道を我に生ず」といっているが、この「天」は「四時運行し万物生ず」といった大自然の行政機構のことである。また「仁」については説けず、ただ理想として語り得たにすぎない。孔子の述べたものは道義であって、宗教ではなかったといえるだろう。

またキリスト教の人たちでも、たとえば安部磯雄（あべいそお）（＊1）、賀川豊彦（かがわとよひこ）（＊2）といった人が世の悲しみをなくすためにいろいろな活動をした。それはもちろん立派なことに違いないが、それ自体は理性的な生き方であって宗教的な生き方とはいえないのではないか。こうした奉仕的な活動は、おおらかに天地に呼吸できるという満足感を与えるけれども、それは理性の世界に属することだと思う。いまも普通は宗教的な形式を指して宗教と呼んでいるようだが、これは③分類法が悪いのだという気がする。

理性的な世界は自他の対立している世界で、これに対して宗教的な世界は自他対立のない世界といえる。自他対立の世界では、生きるに生きられず死ぬに死ねないといった悲しみはどうしてもなくならない。自と他が同一になったところで初めて悲しみが解消するのである。

人の世の底知れぬさびしさも自他対立自体から来るらしい。その辺のところを芥川はよく知っている。「④秋深き隣は何をする人ぞ」の句をとらえて彼は「茫々（ぼうぼう）たる三百年、この荘重の調べをとらへ得たものは独り芭蕉あるのみ」と評している。この考えをふえんして自分で創作を書いたのが『秋』の一編である。ここには芭蕉ほどの荘重の趣きはないが、その代わりシャボン玉に光の屈折するような五彩のいろどりが出ている。そうして人の世のはかないあわれさが非常にきれいに描かれている。自覚してそれを描いたという部分が特によい。芥川もこれに非常な自信をもっていたことが書簡集を読んでみるとよくわかる。とりわけ、(b)ゲンコウがまだ活字になる前に何度も編集者の滝田樗陰（＊3）に手紙を送って訂正しているが、その訂正のしかたが実におもしろい。

漱石も人の世のあじきなさを描こうとしたのに違いない。漱石の意図がどこにあったにせよ、『［ X ］』にはそれがよく出ている。人の世のさびしさ、あじきなさを何かのきっかけで自覚すると、自他対立の理性的世界であることと自体からそのさびしさが来ていることがわかり、ここから救われるためにみな宗教の世界へ来ている。

宗教の世界には自他の対立はなく、安息が得られる。しかしまた自他対立のない世界は向上もなく理想もない。人はなぜ向上しなければならないか、と開き直って問われると、いまの私には「いったん向上の道にいそしむ味を覚えれば、それなしには何としても物足りないから」としか答えられないが、向上なく理想もない世界には住めない。だから私は純理性の世界だけでも、また宗教的世界だけでもやっていけず、⑤両方をかね備えた世界で生存し続けるのであろう。

（岡潔「宗教について」）

《註》＊1　安部磯雄……同志社出身で、洗礼を受け、アメリカ、ベルリンに留学。キリスト教的人道主義の立場から社会主義を唱えた。（一八六五～一九四九）

＊2　賀川豊彦……キリスト教伝道者にして、社会運動家。貧民救済、無産者の解放などに取り組んだ。（一八八八～一九六〇）

＊3　滝田樗陰……東京帝国大学在学中から雑誌「中央公論」の編集にたずさわり、漱石、藤村らの傑作を掲載。芥川や谷崎といった新人も発掘して、名編集者とうたわれた。（一八八二～一九二五）

問一、**よく出る**　――部(a)・(b)のカタカナを漢字に直しなさい。

問二、**難**　……部「四時」とは何か。漢字四字で答えなさい。

問三、――部①「その状態はいまもなお続いている」とあるが、宗教を必要とする状態が続いているのはなぜだと考えられるか。その説明として最も適当なものを選びなさい。

ア、人々が理性的な世界に閉じこもった結果、戦前の日本にはあった、人間同士の絆が消失してしまっているという現状を見るにつけ、かつての自己を否定したくなるから。

イ、人間同士が強い絆で結ばれていた戦前の日本のあり方は未だに回復しておらず、そのような社会を回復するには、理性ではなく宗教的な連帯が必要だと感じられるから。

ウ、宗教的な社会では、かえって理性が救いになりうるように、理性的な社会では、かえって宗教が救いになりうるという逆説があり、戦後日本の社会は後者であり続けたから。

エ、他者と対立してでも生きようとする戦後の日本人の生き方が、現在も主流をなしているのを見るにつけ、人の道を踏みこみ、宗教に到達した上で死んだ方がましだと思うから。
オ、自他の同一がなされず、対立が今なお解消されていない現在の日本においては、理性のみでは生の救いが見いだせず、宗教があってこそ救いが見いだせるから。

問四、――部②「キリストの本質」とは何か。その説明として最も適当なものを選びなさい。
ア、人の悲しみをわがこととして感じるという意味での、人の人たる道を極限まで進むとともに、全人類の悲しみを、独りで抱えこんでしまった存在であること。
イ、前へ進むのに、理想追求ではなく謙虚さをもっていくがゆえに、あらゆる人間の悲しみを背負いこみ、その重みで、前へ進むことを断念してしまった存在であること。
ウ、あらゆる人間の悲しみを背負い、その重みで、一歩も前に進めなくなっているが、謙虚な性格であるがゆえに、他者の協力が得られ、前に進める存在であること。
エ、「愛」を知っているために、その重圧に押しつぶされそうになってはいるが、「愛」を放棄することをよしとせず、常に前に進んでいこうとする存在であること。
オ、人の悲しみの重さを知り、理性的な世界にとどまらず、宗教的な世界へと到達することができたために、もはや、前へ進む必要もなくなった存在であること。

問五、〔思考力〕――部③「分類法」とあるが、これはどういう分類法か。その説明として適当なものを二つ選びなさい。
ア、理性中心主義的な分類法。
イ、「愛」の有無という観点を欠いた分類法。
ウ、宗教の本質をあえて無視した形式的分類法。
エ、理性と宗教の差異を理解していない分類法。
オ、自他を対立したものとみなす分類法。

問六、〔難〕〔思考力〕――部④「秋深き隣は何をする人ぞ」とあるが、この句は何を表現したものだと考えられるか。本文の論旨をふまえ、句自体の意味も分かるような形で、具体的に説明しなさい。

問七、〔難〕〔思考力〕――部⑤「両方をかね備えた世界で生存し続ける」とあるが、戦後の筆者は、どのような形で生きてきたのか。本文全体の内容をふまえ、そのような生き方を求めた理由も分かるように、説明しなさい。

問八、[X]には、夏目漱石の絶筆となった、未完の小説の名前が入る。その名前を答えなさい。

二 (省略)永井荷風「松葉巴」より

三 (古文)内容吟味・動作主・古典知識

次の文章を読んで、後の問いに答えなさい。

今は昔、一条摂政(＊1)とは東三条殿(＊2)の兄におはします。御かたちより始め、心用ひ(＊3)などめでたく、才、有様、まことしくおはしまし、また色めかしく、女をも多く御覧じ興ぜさせ給ひけるが、少し軽々(きやうきやう)(＊4)に覚えさせ給ひければ、御名を隠させ給ひて、大蔵(おほくら)の丞豊蔭(じようとよかげ)と名のりて、上ならぬ女のがりは御文(ふみ)も遣はしける。懸想(けさう)せさせ給ひ、逢はせ給ひもしけるに、①皆人さ心得て知り参らせたり。

やんごとなくよき人の姫君のもとへおはしまし初めにけり。乳母(めのと)、母などを語らひて、父には知らせさせ給はぬ程に、聞きつけて、いみじく腹立ちて、母をせため、爪弾き(つまはじき)をして、いたくのたまひければ、「さる事なし」と②あらがひて、「まだしき由(よし)の文書きて給(た)べ」と、母君のわび申したりければ(＊5)、

人知れず身はいそげども年を経てなど越えがたき③逢坂(あふさか)の関

とて遣はしたりければ、父に見すれば、「④さては空言(そらごと)なりけり」と思ひて、返し、父のしける。

あづま路(ぢ)に行きかふ人にあらぬ身はいつかは越えん逢坂の関

と詠みけるを見て、ほほゑまれけんかしと、御集(＊6)にあり。⑤をかしく。

(『宇治拾遺物語』より)

《注》＊1 一条摂政……藤原伊尹(これただ)。
＊2 東三条殿……藤原兼家。
＊3 心用ひ……他人に対する心づかい
＊4 軽々に覚えさせ給ひければ……軽々しい振る舞いだと自覚なさったので。「させ給ふ」「せ給ふ」は尊敬表現。
＊5 わび申したりければ……困って申し上げたので
＊6 御集……一条摂政個人の和歌を集めたものである『一条摂政御集』のこと。

問一、――部①「皆人さ心得て知り参らせたり」とあるが、どういうことか。その説明として最も適当なものを次の中から選びなさい。
ア、一条摂政は容姿もよく女好きではあるが、才能にあふれ、思いやりもある男であり、結婚相手として不足はないと、人々は考えていたということ。
イ、一条摂政が女好きで、身分の高くない女には偽名を使って手紙を送り、関係を持っていたという事情を、人々は理解していたということ。
ウ、一条摂政は、女好きではあるが、東三条殿の弟でもあり、出自は申し分ないので、是非娘の結婚相手にしたいと、人々は考えていたということ。
エ、一条摂政が、身分に関わらず多くの女性と関係を持っており、時に偽名を使うほどの悪人であるということを、人々は理解していたということ。
オ、女好きの一条摂政が、偽名を使って手紙を送ってきた時には、娘が狙われているということなので、注意しなければならないと、人々は考えていたということ。

問二、〔よく出る〕――部②「あらがひて」とあるが、誰が誰に対して「あらが」ったのか。説明しなさい。

問三、〔難〕――部③「逢坂の関」とは、ある国とある国の国境付近にあった関所である。その二つの国を旧国名で答えなさい。

問四、〔難〕――部④「さては空言なりけり」とあるが、どういうことか。その説明として最も適当なものを次の

中から選びなさい。

ア、一条摂政が、「姫君と逢いたいと気が急くけれども、逢うのは難関でありあきらめよう」という趣旨の和歌をよこしたので、姫君の父は、一条摂政が奥ゆかしい男であり、世間の噂はあてにならないと考えたということ。

イ、一条摂政が、「人知れず私は年をとっていったけれども、何とかあなたに逢えてよかった」という趣旨の和歌をよこしたが、姫君の父は、その言葉が嘘であり、実際はまだ、姫君と逢ってはいないと考えたということ。

ウ、一条摂政が、「姫君と逢いたいと気が急くけれども、どうして逢うことができないのか」という趣旨の和歌をよこしたので、姫君の父は、一条摂政が、すぐに女に手を出すという世間の噂は嘘だったのかと思ったということ。

エ、一条摂政が、「人知れず私は年老いていくけれども、たとえ困難でもいつかは逢ってみせよう」という趣旨の和歌をよこしたので、一条摂政はすぐに女と関係を持つという世間の話は嘘だったのではないかと思ったということ。

オ、一条摂政が、「人知れず歳月は流れていったけれども、何とかあなたに逢えてよかった」という趣旨の和歌をよこしたが、姫君の父は、娘を信じたい気持ちがあったので、おそらく一条摂政の歌は嘘であろうと考えたということ。

問五、〈思考力〉——部⑤「をかしく」とあるが、どういうことか。その解釈として適当なものを次の中から二つ選びなさい。

ア、一条摂政が姫君と既に関係を持っているのに、それを信じない父親の姿はかわいそうであり、親の気持ちをふみにじる一条摂政の振る舞いはおかしいということ。

イ、一条摂政が、姫君と関係を持っていないことに気づいた上で、娘の代わりに、一条摂政に対してよい返事をした父親の賢明さには、心ひかれるものがあるということ。

ウ、一条摂政の和歌にだまされただけでなく、娘の代わりに和歌を詠んで、娘を窮地(きゅうち)に追いやってしまった父親の振るまいは、愚かで滑稽であるということ。

エ、姫君の母と一条摂政にだまされた父は滑稽でもあるが、娘を思い、断りの和歌を代筆までした親心は、おかしくも心ひかれる部分があるということ。

オ、好人物ではあるが滑稽な父親と、したたかで、ややずるい母親という対照的な夫婦の姿もそうだが、父が結局は一条摂政をやりこめてしまったという、予想外な結末も面白いということ。

カ、姫君の母や乳母を味方にした上、見事な歌で父をだましたというだけでなく、父のおかしくも哀しい親心に共感を寄せる一条摂政の姿は心ひかれる部分があるということ。

キ、娘を思う気持ちが強すぎて、最終的に混乱状態に陥り、一条摂政に対して、自分が娘の代わりに結婚するという和歌を贈った父親の姿は、あまりにも滑稽だということ。

問六、〈難〉『宇治拾遺物語』よりも成立年代が古い作品を、次の中から全て選びなさい。

ア、『古今和歌集』　イ、『更級日記』
ウ、『徒然草』　エ、『源氏物語』
オ、『太平記』　カ、『細雪』

十文字高等学校

時間 50分　満点 100点　解答 P77　2月10日実施

出題傾向と対策

●例年どおり、漢字の読み書き、論説文、古文の大問三題構成。漢字の問題は標準的で、論説文の文章は長いが、比較的難しくなく読み進められる。選択問題だけでなく、記述問題も出題される。古文では、活用形や係り結びなど古典文法の知識、古語の意味も問われている。

●論説文では同程度の文章を読み、要点を把握する練習をし、記述問題にも慣れておこう。古文では、用言の活用、係り結びなどの基礎的な文法事項も押さえておくこと。同時に、重要古語単語も復習しておきたい。

◎文中からそのまま抜き出して答える場合、句読点や記号は一字とすること。また、ふりがなのある漢字は、ふりがなをつけなくてよい。

一 漢字の読み書き 〈よく出る〉〈基本〉

次の①～⑩の——線部について、カタカナは漢字に直し、漢字はその読みを平仮名で記せ。(各2点、計20点)

①罪をツグナう。
②鏡をミガく。
③ツヤのよい顔色。
④腰をスえる。
⑤火災発生をキグする。
⑥豆を煎る。
⑦汎用のエンジン。
⑧資金を捻出する。
⑨国家の官吏として働く。
⑩何隻もの船が停泊している。

二 (論説文)文脈把握・内容吟味・語句の意味・熟語

次の文章を読んで、後の問いに答えよ。　(計49点)

われわれがどうして言葉を覚えるようになったのか。まだ、これがよくわかっていないらしい。それでも、とにかくすべての子供がきわめて短期間のうちに母国語を身につける。

この学習は普通の意味での習得とはすこし意味合いが違うように思われる。というのもまったくほかに何も知らないで、[A]、いっさいの手段をもたないで新しい体系を獲得していくからである。それは[B]発見、創造と呼んだ方がふさわしい。

言葉を知らない幼児が毎日のように犬を見ているとする。モノは見ていて知っているが、名前、イヌという語は知らない。犬のあらわれるたびにまわりのものがイヌという言葉を発するから、犬というモノと関係があるだろうと察しをつける。[C]、イヌがかならず犬のことであるという保証を幼児はもっていない。

くりかえしイヌという語が特定の小動物に対して用いられていると、両者の関係は疑う[1]のないものになる。その犬があらわれるとイヌという語が自然に出る。イヌという語をきくといつも見ている犬を思い浮かべる。モノとコトバとの間に一対一の対応が成立するようになる。ひとつの語がひとつの対象を指示するのであるから、これは固有名詞のようなものである。いつも見ている白い犬にしか適用できないように思っている。

ところが、そこへ黒犬があらわれたとする。イヌという語は知っていても、それは白犬のことである。黒犬を呼ぶ名はまだ知らない。しかるに、まわりの人たちは、何と、これもイヌと呼ぶ。いったいどうしたことか、などとは幼児は考えないだろうが、①ある心理的葛藤は経験するに違いあるまい。

その子供にはまだイヌは白犬ということになっている。これを②黒犬に転用するのはいわば比喩的使用である。この転用に成功すれば、あとはいかなる犬もイヌという語で呼ぶことができるようになる。はじめ固有名詞的であったものが、普通名詞に変わるのである。もし変わることができなければ、犬の種類、数だけの違った語が必要になってしまう。ごく限られた数の言葉でわれわれの世界にあるすべてのことをⓐ曲がりなりにも表現できるのは、③この固有名詞から普通名詞への転換が行われているからである。

世の中にまったく同じ犬は二ひきはいないのに、それらを同じイヌという語であらわす。複数という考え方が可能なのは、言葉を比喩的に使っているからである。

白犬だけかと思ったら黒犬もイヌ、赤犬もイヌであると知った子供は、比喩に大胆になって、豚を見て大きなイヌと呼ぶかもしれない。しかし、これはただちに訂正されるから、比喩的転用が無制限にできるものではないことを思い知る。こういう試[ア]錯[イ]をくりかえしているうちに言語感覚は身につくのであろう。

いずれにしても、言葉の習得のもっとも早い時期において、ひとつの事柄をあらわすための表現、あるいは、そういう表現と思っているものを、類似、同類のものへ応用、転用することがきわめて活発に行われているらしいのは注目に値いする。比喩らしくない比喩がさかんに用いられていることになる。

比喩というのは、どうも、言葉をあまりよく知らないときの方法のようだ。豚という語を知っていれば苦労しない。知らないから、知っているイヌで間に合わせようとして、大きくて肥(ふと)ったイヌという比喩を使おうとする。豚という語があるから、この比喩は承認されないで誤りになる。

(中略)

④幼児にとって比喩は既知から未知へ飛躍する翼のようなものである。子供が大人に比べておもしろい詩的表現にすぐれているのも、言葉を知らないからやむなく、あり合わせの語を使って言いあらわそうとする、それがⓑたくまずして、詩的比喩に近いものになるのだ。

綽名(あだな)をつけるのも比喩作用によることが多い。だれでもはじめから綽名があるのではない。新しい命名をしようとしてまず発動するのが比喩本能である。黒ブチの眼鏡をかけているから、トンボだというのは、外形的比喩ともいうべきものである。見た目の印象が基本になっている。それに対して、⑤無形の比喩ともいうべきものがあって、[2]。たとえば、ナフタリン(注1)。ナフタリンは虫が好かない。したがって、いやな奴(やつ)をナフタリンと呼ぶというようなのがそれである。

おもしろい綽名はかなり創造性を秘めているように思われる。さらに注意すべきは、⑥その命名にかなり普遍性のあることである。偶然についた綽名であっても、いかにもうまくつけたと感心することがすくなくない。あまりうれしくない綽名を頂戴(ちょうだい)した先生が転勤して、こんどはもうすこしましなものにしてほしいと思っていても、ⓒいざつけられてみると、前のとほとんど同じだということがよくあるという。綽名命名の基礎には相当はっきりした共通要素があるに違いない。

綽名など問題にならないと考えられやすいが、綽名もつけられないような頭では、新しい発見などおぼつかないということもできる。子供は綽名をつける名人だが、それだけ創造性が豊かだということになるかもしれない。大人にはスペードをスペードと呼ぶ散文的言語の使用が多い。詩人は子供の心を失わずに、ものごとを新しい綽名で呼ぶ能力にめぐまれた精神の持ち主だと考えることもできる。

子供のときに活発におこる比喩的言語の使用は、人類歴史の幼児期においても見られるはずである。個体発生と系統発生のパラレリズム(注2)はここでもⓓ妥当するように思われる。⑦どこの国の言語でも古い時代には比喩的表現が多い。ひとつの事物をひとつの比喩語で表現するといった小規模なものではなくて、説話(注3)全体が比喩的性格のものであることもすくなくない。寓(ぐう)話とかアレゴリー(注4)といわれるジャンルがそれである。神話には、文字通りに解することができない多くの物語が含まれているものだ。

やはり、言語表現の手段が限られており、分析の方法が未発達である段階では広義の比喩が、認識と表現の第一原理にならなくてはならないことを物語っている。言語が整備されて、"あるがまま"を表現するリアリズムが尊重されるようになると、直観的で雑駁(注5)(ざっぱく)なところをもっている比喩が敬遠されるようになる。子供のとき詩的な表現をしていたのが、大人になると、なまじ細かい表現を知っているために、感動もなく言葉を使う散文しか書けなくなってしまうのに通じる。

〝時の流れ〟という言葉の〝流れ〟は、ⓔやかましくいえば、比喩であるが、いまこれを比喩と感じる人はあるまい。〝年上〟、〝年下〟、もやはり、より多く年をとっているかどうかを空間の上下関係であらわそうとしたもので、りっぱに比喩である。だいたい、年齢といった抽象的なことをあらわすのはかなり困難だから、何らかの比喩を用いるほかはない。年長、年少というのも同じく比喩的である。

（外山滋比古『知的創造のヒント』）

（注1）ナフタリン……防虫・防臭用の薬剤。
（注2）パラレリズム……二つのことが同時に平行して起ること。
（注3）寓話……教訓や風刺を含めたたとえ話。
（注4）アレゴリー……寓意。ある意味を、直接には表さず、別の物事に託して表すこと。
（注5）雑駁……雑然としていて統一がないこと。

問一、よく出る 基本 [A]～[C]に入る語の組み合わせとして最も適当なものを次の中から選び、記号で答えよ。（2点）
ア、[A]つまり　[B]つまり　[C]しかし
イ、[A]むしろ　[B]しかし　[C]つまり
ウ、[A]しかし　[B]つまり　[C]むしろ
エ、[A]つまり　[B]むしろ　[C]しかし

問二、[1]に入る語として最も適当なものを次の中から選び、記号で答えよ。（2点）
ア、箇所　イ、範囲　ウ、余地　エ、程度

問三、――線①「ある心理的葛藤」とあるが、どのようなものか、最も適当なものを次の中から選び、記号で答えよ。（3点）
ア、新しい使い方を知ったことに対する感激。
イ、今までとは違う使い方に対するとまどい。
ウ、初めて違う使い方をしたことに対する驚き。
エ、別の使い方を求められることに対するためらい。

問四、――線②「黒犬に転用するのはいわば比喩的使用である」とあるが、この説明として最も適当なものを次の中から選び、記号で答えよ。（3点）
ア、白犬だけに使われていた「イヌ」という語を、他の同類のものにも応用して使用するようになるということ。
イ、白犬だけに使われていた「イヌ」という語は、黒犬を指す語であると訂正して使用するようになるということ。
ウ、白犬だけに使われていた「イヌ」という語は、四足歩行の動物だけに使用することができるようになるということ。
エ、白犬だけに使われていた「イヌ」という語が指し示すものの範囲を無限に広げて使用されるようになるということ。

問五、……線ⓐ「曲がりなりにも」とあるが、ここと同じ意味で用いられているものを次の中から選び、記号で答えよ。（2点）
ア、春が到来して山の雪が曲がりなりにも融(と)けた。
イ、計算は得意なので曲がりなりにも全問正解した。
ウ、緊張して曲がりなりにも発表を失敗してしまった。
エ、母のまねをして曲がりなりにもお弁当をこしらえた。

問六、難 思考力 ――線③「この固有名詞から普通名詞への転換が行われている」とは、どのようなことか。次の【A】に当てはまる言葉を本文中から二十字以内で抜き出し、【B】には後の選択肢の中から最も適当なものを選んで、説明文を完成せよ。（各3点）
【　A　】ことから【　B　】に変わっていくということ。
ア、いかなる物にも使用できる語
イ、あらゆる転用が可能な語
ウ、複数の同類の物を指す語
エ、複数の表現形式を持つ語

問七、基本 ――線「試[ア]錯[イ]」の[ア]・[イ]にそれぞれ適語を入れて、「何回もやってみて、失敗を重ねながら目的に迫っていくという仕方」という意味の四字熟語を完成せよ。（3点）

問八、よく出る ――線④「幼児にとって比喩は既知から未知へ飛躍する翼のようなものである」とあるが、「既知から未知へ飛躍する翼」とは何か、これより後の部分から三字で探し、抜き出して答えよ。（3点）

問九、……線ⓑ「たくまずして」・ⓒ「いざ」・ⓓ「妥当する」・ⓔ「やかましくいえば」の意味として最も適当なものをそれぞれ後の中から選び、記号で答えよ。（各2点）
ⓑ「たくまずして」　ア、計画的に　イ、自然のままに　ウ、人為的に　エ、無理強いせずに
ⓒ「いざ」　ア、かりに　イ、かんたんに　ウ、さて改まって　エ、やっと何とか
ⓓ「妥当する」　ア、ぴたりと一致する　イ、慎重に用いられる　ウ、軽く受け流される　エ、おのずから当てはまる
ⓔ「やかましくいえば」　ア、はっきりいうと　イ、たとえていうと　ウ、大きくいうと　エ、細かくいうと

問十、――線⑤「無形の比喩ともいうべきもの」とあるが、それがどのようなものであるかの説明が本文中の[2]に入る。最も適当なものを次の中から選び、記号で答えよ。（3点）
ア、関係の類似による命名を行う
イ、類似したもの言葉から命名を行う
ウ、外形に合わせて想像して命名を行う
エ、見た目の印象と似たものによる命名を行う

問十一、――線⑥「その命名にかなり普遍性のあることである」とあるが、「かなり普遍性のあること」とはどのようなことか、「…ということ」に続くように本文中から十五字以内で探し、最初と最後の三字を抜き出して答

えよ。（4点）

問十二、――線⑦「どこの国の言語でも古い時代には比喩的表現が多い」とあるが、それはなぜか。その理由が述べられている一文を本文中から探し、最初と最後の五字を抜き出して答えよ。（4点）

問十三、次の中から本文の内容と一致するものを二つ選び、記号で答えよ。（各3点）

ア、幼児は言葉の習得の早い段階で比喩的転用という方法を教わる。その経験によって使用できる言語の数は格段に増える。

イ、綽名はだれもがはじめから持っているのでなく、だれかが新たに命名したものである。その綽名を付ける際には多くの比喩を使用する。

ウ、大人は子供とは違って、ものごとを新しい綽名で呼ぶ能力にめぐまれた精神を持っている。特に詩人は常に何らかの新しい発見をしている。

エ、まだ言葉をあまりよく知らない段階の幼児が言葉を習得する際に、詩的比喩に近いものを使用する。そのような行為によってしだいに言語感覚が身につくのである。

オ、いっさいの手段を持たないで体系を獲得していくという点で、言葉を身につけることは、普通の意味での習得とは異なるといえる。その体系は発見・創造と呼ぶべきものである。

三 （古文）文法・口語訳・内容吟味・仮名遣い

次の古文を読み、後の問いに答えなさい。（計31点）

すべてゐなかには、いにしへの言のこれること多し。殊に遠き国人のいふ言の中には、1おもしろきことどもぞまじれる。おのれⅠとしごろ心をつけて、遠き国人の、とぶらひきたるには、必ずその国の詞をとひききもし、その人のいふ言をも、心2とどめてききもするを、なほ国々の詞どもを、①あまねく聞きあつめなば、いかにおもしろきことおほからん。ちかきころ、(注1)肥後の国人のきたるが、いふことをきけば、世に見える聞こえるなどいふたぐひを、見ゆる聞こゆるなどぞいふなる。こは今の世にはⅡたえて聞こえぬ、雅びたることばづかひなるを、その国にては、(注2)なべてかくいふにやとひければ、ひたぶるの(注3)賤山がつは皆、見ゆる・聞こゆる・さゆる・たゆる、など3やうにいふを、すこしことばをもつくろふほどの者は、多くは見える聞こえるとやうにいふなり、とぞ語り X 。そは中々今の世の俗しきいひざまなるを、なべて国々の人のいふから、そをよきことと(注4)心得たるなめり。いづれの国にても、賤山がつのいふ言は、よこなまりながらも、多く昔の言をいひつたへたるを、②人しげくにぎはしき里などは、③他国人も入りまじり、都の人なども、ことにふれてきかよひなどするほどに、おのづからここかしこの詞をききならひては、おのれもことえりして、Ⅲなまさかしき今やうにうつりやすくて、昔ざまに遠く中々にいやしくなんなりもてゆくめる。まことや同じ肥後の国の、又の人のいへる、かの国にて、ひきがへるといふ物を、たんがくといふなるは、古のたにぐくの訛りなるべくおぼゆ、と語りしは、④まことに然なるべし。此のたぐひのこと、国々になほ聞けること多かるを、今はふと思ひ出でたることをいふなり。なほ思ひ出でんままに、又もいふべし。

（本居宣長『玉勝間』）

（注1）肥後の国……現在の熊本県。

（注2）なべて……すべて。一般に。

（注3）賤山がつ……賤は、いやしい者。山がつは、山に住むきこりや炭焼きの人々。

（注4）心得たるなめり……考えているもののようである、ということ。

問一、**よく出る** ――線1「おもしろき」・2「とどめ」の終止形をそれぞれ答えよ。（各2点）

問二、――線Ⅰ「としごろ」・Ⅱ「たえて」・Ⅲ「なまさかしき」の意味をそれぞれの次の中から選び、記号で答えよ。（各2点）

Ⅰ「としごろ」
ア、長年
イ、将来
ウ、年頃
エ、今年

Ⅱ「たえて」
ア、おおよそ
イ、たぶん
ウ、すべて
エ、全く

Ⅲ「なまさかしき」
ア、なまなましい
イ、中途半端な
ウ、最も優れた
エ、こざかしい

問三、――線①「あまねく聞きあつめなば」・②「人しげくにぎはしき里」・④「まことに然なるべし」の解釈として最も適当なものをそれぞれ次の中から選び、記号で答えよ。（各3点）

①「あまねく聞きあつめなば」
ア、あのように多くの人々を招き集めたから
イ、もし広く全国から聞き取り集めたならば
ウ、聞き取って集めることがむずかしいので
エ、すべてのことを聞き取り集めないならば

②「人しげくにぎはしき里」
ア、人が激しく言い争う所
イ、人がたくさんいて大騒ぎしている所
ウ、多くの人々が行き交い華やかな所
エ、人も多く集まって物資が豊富な所

④「まことに然なるべし」
ア、まったく「タンガク」は昔の「タニグク」のなまりであるにちがいない。
イ、もとより「タンガク」も「タニグク」も「ひきがへる」のことを指すのだろう。
ウ、そもそも「ひきがへる」がなまって「タンガク」になったものにちがいない。
エ、ほんとうに「ひきがへる」が方言によって「タニグク」となまったのであろう。

問四、**基本** ――線3の読みを現代仮名遣いで答えよ。（2点）

問五、**基本** X に入る語として最も適当なものを次の中から選び、記号で答えよ。（2点）

ア、けら　イ、けり　ウ、ける　エ、けれ

問六、【基本】……線(1)「俗(いや)しき」とは反対の意味の表現を本文中から四字で探し、抜き出して答えよ。（2点）

問七、——線③「他国人も入りまじり、都の人なども、ことにふれてきかよひなどするほどに」とあるが、その結果、どうなると筆者はいっているのか。最も適当なものを次の中から選び、記号で答えよ。（3点）

ア、昔風の田舎びた言葉がしだいになくなってゆき、今風のしゃれた言葉がどんどん増加していってしまう。
イ、古風で優雅・上品な言葉が消えてゆき、しだいに今風のいやしく下品な言葉に移り変わっていってしまう。
ウ、古風で落ち着いた言葉はだんだんと減少してゆくが、一部分は現代風の言葉につぎつぎと置き換わってしまう。
エ、昔風の狭い意味内容しか表さなかった言葉が、以前より広い意味で使われる今風の言葉に変化してしまう。

問八、次の中から本文の内容と合わないものを一つ選び、記号で答えよ。（3点）

ア、肥後の国の人がやって来て、その人の話している言葉を聞いていると、今の時代ではまったく聞くことのできない言葉遣いであった。
イ、「賤(しづ)山がつ」と言われている人々の話す言葉は、都の言葉に比べるとなまっているが、そこに昔の言い方が伝わっているのである。
ウ、同じ「ゐなか」でも特に山深いところには古い言葉がたくさん残っていて、他国の人からすれば、興味を引かれる言葉が多くある。
エ、都の人々は、「ゐなか」で使われている昔風の言葉を聞いて、古式ゆかしい言葉遣いであると気づき、習い覚えようとしていた。

城北埼玉高等学校

時間	満点	解答	
50分	100点	P78	1月22日実施

出題傾向と対策

●例年、漢字のみだった大問が、その他の基本的知識も含む出題になった。小説文、論説文の出題は例年どおりだが、大問の順番が年によって異なる。記述問題は昨年同様五十字程度で、今年は三問あった。その他、選択問題と抜き出し問題がバランスよく出題されている。丁寧な吟味が必要な長い選択肢もあるが、基本的な問題も多い。

●まずは、基本的な知識の確認を確実にしておこう。論説文、小説文ともに問題演習を繰り返して、長めの文章、長めの選択肢、記述問題に慣れておいた方がよい。

○文字は楷書(かいしょ)で丁寧に書くこと。
○特に漢字の書き取りは、トメ・ハネにも注意すること。
○字数に制限がある問いに対しては、句読点や記号等を含めること。

一 (小説文)内容吟味・熟語・慣用句・文脈把握

次の文章を読んで後の問いに答えなさい。（計35点）

中学三年の秋、ぼくは両親と冷戦状態に陥った。

進学に関しての意見の食い違いだ。

ぼくが志望届を出した高校について、父さんはこう言った。

「サラリーマンの息子が商業高校に行ってどうする」

じつは「商業」はどうでもよかったのだ。大切なのは「野球」。その高校は甲子園の常連の強豪校だった。

「奏太(そうた)の好きなように生きなさい」といつも言っている母さんも難【 1 】を示した。「わざわざ偏差値がずっと下のところへ行かなくてもいいと思うの」

その時の野球部の顧問だった英語教師は勉強にもきびしい人で、「成績が下がったやつは試合に出さない」と宣言していた。だからぼくら野球部員は練習の合間に必死で勉強した。おかげでぼくの成績はどんどん上がって、三年生になった時には、偏差値ってのがクラスでもトップクラスになってしまったんだ。まったく①一生の不覚だよ。

じいちゃんだけはわかってくれると信じて、思いをぶちまけたのは、じいちゃんが寝ている仏間でだった。この頃には、じいちゃんは野球の練習どころか、庭にもめったに出なくなっていた。いちじくの枝も伸び放題だ。

じいちゃんなら賛成してくれると思った。でも、じいちゃんの言葉はいつになく【 2 】切れが悪かった。ぼくが野球馬鹿になってしまったのは、じいちゃんのせい。家族にそう見なされて【 3 】身が狭かったからだろうか。もう字もちゃんと読めないのに『高齢者起業セミナー』なんてところに参加申し込みをしたのが父さんにバレて、自分も猛反対されたばかりだったからか。

「あのな、奏太、好きなことと、うまくいくことは、別なんだ」

「なにそれ」いまさらなに言ってるのさ。

「野球の話じゃない」

「なんの話さ」

「人生の話だ」

あの日も俺は、パイナップル畑に出ていた。

昭和二十年の五月だった。台湾じゃパイナップルの収穫時期だ。

そこに突然空襲警報が鳴り響いたんだ。空襲警報のことは前に話したな。「来る来る」と言うが実際には来ない。いつも騙(だま)されるから、俺たちは縮めて「空報」って馬鹿にしていた。

なにしろその日も空は青かった。台湾の夏の空の色はそりゃあもう、宝石を溶かして塗ったみたいに青いんだ。雲は白く、そして土は赤かった。こんなところで殺し合いなんて起きるわけがない。他の連中は逃げたが、俺はパイナップルをもぎ続けていた。

だが、今度の空襲警報は本物だった。

市街地の方角に煙が上がっているのが見えた。炎も上がった。イナゴの群れかと思うほどの数の爆撃機が飛んでいた。

　そのうちの一機がこっちへ向かってきた。

　爆撃機じゃなくて、護衛の戦闘機だ。戦闘機は始末に悪い。あいつらは建物を爆撃するんじゃない。機銃で地上にいる人間を狙い撃つんだ。兵隊かどうかなんて関係ない。空からは人間なんて蟻にしか見えないだろうからな。目についたそばから踏み潰すだけだ。

　俺はパイナップル畑の中を走った。背の低いパイナップルの葉に体が隠れるように腰をかがめて。工場に戻ったらかえって危ないことはわかっていた。パイナップル畑の先にある森に逃げるつもりだった。

　戦闘機は本当に撃ってきた。脱穀機みたいな音が背後に迫ってきた。俺はさらに腰を低くした。草履を履いた足や手や顔をパイナップルのぎざぎざの葉が打ち据えて切り刻んだ。きっと、いつも頭をもいでいる人間への仕返しだろう。パイナップルの熟れた生首が次々に撃たれて、一面に甘酸っぱい匂いが漂った。

　それでも空は青かった。

　人間を笑ってるみたいに青かった。

　森まであと少しの時、気づいたんだ。②逃げおくれてパイナップルの蔭に隠れているもう一人に。

　俺はその体の上に覆いかぶさった。俺より年下に見える女の子だったからだ。助けるのが男ってもんだろ。頭に赤い布を巻いた娘だった。俺は語り話のパイナップルの精ではないかと疑った。だが、違った。驚いてこっちに首を振り向かせたのは、李桃みたいに素晴らしく大きな目をした娘だった。

「それが、ばあちゃん？」

　写真の中のばあちゃんの目は、すもももというより小豆だけど。

　じいちゃんは立ち上がって、仏壇の扉を閉めた。

「違う」

　俺たちはずっと抱き合っていた。娘は震えていた。体は温かかった。あんな時なのに、あんな時だったからか、俺は鼻がくっつきそうなほど近くのその子の顔を見つめ続けていた。娘は何か呟いていたが、最初は何を言っているのかわからなかった。収穫の手伝いに来ていたタイヤル族の娘だったんだ。

　戦闘機が去ってからも俺たちは【　４　】みたいに抱き合っていた。それからいきなり【　４　】の極がさかさまだったことに気づいたように、一瞬で離れた。

　俺は野球部のチームメイトから習ったタイヤル語で「ロカㇵ・ス」と聞いた。後で知ったが、それは「お元気ですか」という意味だった。娘は学校には行っていたようで「だいじょうぶ」と日本語で答えた。

　戦闘機がまた戻ってくるかもしれない。俺たちはそのまま森に身を隠すことにした。死にかけたっていうのに、俺はその子に夢中で話しかけ続けた。

「好きになったんだね」

　じいちゃんとこんな話をするなんて。ぼくも成長したもんだ。

「まあ、なんていうかな」

　じいちゃんは、甘酸っぱいものをほおばっているような顔で口をつぐんでしまった。しばらく経ってから、突然言った。

「キャッチボールでもするか」

「だいじょうぶなの？」

「まだまだお前には負けない。そうだろ」

　ぼくはじいちゃんのすっかり痩せた体を支えて答えた。

「もちろん」

　緑地公園になった河川敷は野球禁止だし、どっちにしろじいちゃんの足では遠くには行けそうもない。キャッチボールは家の前の道でやることにした。十メートルも離れていない場所に別れて。じいちゃんとぼくが最初にキャッチボールをした時ぐらいの距離だ。

　ボールはちゃんと円滑に行き来した。この九年でぼくは、じいちゃんのかまえている場所にボールを投げるコントロールを身につけていたし、じいちゃんが投げるとんでもない荒れ球もたいていはキャッチできたからだ。そして途中からは、じいちゃんに気づかれないように少しずつ距離を縮めていった。おかげで昔みたいに会話のできる距離になった。

　日本は戦争に負けたが、俺は台湾に残りたかった。その頃にはタイヤル族の娘と俺は、なんちゅうか、まぁ、いい仲になっていたから。むこうもそれを望んでいた。

　日本と台湾の立場は逆になったが、台湾の人たちは優しかった。治安も悪くなかったから、しばらくのあいだは国からも引揚げの話は出てこなかったしな。

　でも翌年になるとそうもいかなくなった。日本人がいつまでも台湾に残っていられる情勢じゃなくなってきたんだ。戦争が終わったのに、今度は台湾の中で内輪揉めが始まったんだ。俺一人で娘の暮らす村に隠れ住もうとまで思いつめていた時に、父親が死んだ。

　勝手なことは言っていられなくなった。母親は病気がちだったし、二人の弟と三人の妹もいた。

　日本に帰る日、俺は引揚げ船が出るまでずっとパインと一緒にいた。パインっていうのは、わかるか、そうだ。俺がつけたその娘のあだ名だ。

　出港間ぎわ、どうしても船に乗らなくてはならなくなった時、パインが紙包みを俺に寄こしてきた。「お別れの贈りもの」そう言って。

「お別れじゃない。必ず迎えに来る」俺は結局嘘になる言葉を口にした。

　俺の言葉が嘘になることを俺よりわかっていたはずなのに、パインは笑って頷いた。

　船の中で開いた紙包みの中身は、パイナップルでつくった焼き菓子だった。パイ？　そんなしゃれたものじゃない。村で祝い事がある時に食べるという、あの子の手づくりの菓子だ。

　俺はそれをずっと肌身離さず持っていた。船が日本に着くまで。身を寄せる親類の家までの道のりでも。パイナップルの匂いがずっと俺を包んでいた。腐らないうちにと思っても食えなかった。食ってしまったら、あの子との日々も消えてしまう。」

じいちゃんはキャッチボールを始めた時から息切れをしていたから、こんなに長く喋(しゃべ)ったはずはなく、この話にはぼくの想像がつけ加えられているに違いない。でも、相手の女の子をパインと呼んでいたことも、二人が交わしたせりふの一言一句も、じいちゃんの言葉のままだ。この時のじいちゃんは正直だった。③懺悔(ざんげ)するみたいに。驚くほどロマンチックだった。

考えてみれば当たり前だ。じいちゃんも生まれつきじいちゃんだったわけじゃないし、ロマンチックに齢(とし)は関係ないのだから。

「菓子が石みたいに硬くなって、匂いもしなくなってから、ようやく食った」

あるいは入れ歯の具合のせいかもしれないが、本当に口の中で噛(か)みしめるようにじいちゃんは口をもごもごさせた。

「あんなにうまくて、あんなに④食いたくないものを食ったのは、後にも先にも初めてだった」

その言葉を最後にじいちゃんは黙りこんだ。もう話は終わり。少し喋り過ぎたって感じで。

だからぼくは話を振り出しに戻すことにした。

「で、ジージ、俺はどうしたらいい」

「俺が言いたかったのは、好きなことが、うまくいくとはかぎらないってことだ。間違ってしまうこともある。失敗もある。それともうひとつ――」

そこでじいちゃんは咳(せ)き込んだ。ぼくが背中をさすると、寝ぼけた大型犬みたいに唸(うな)ってから言葉を続けた。

「もうひとつ。自分のことは自分で決めろ。そうすれば、失敗はしても【 5 】はしない」

じいちゃんがまた咳き込んだ。立っているのもつらそうだった。

それがじいちゃんとぼくの⑤最後のキャッチボールになった。

（荻原(おぎわら)　浩(ひろし)著「人生はパイナップル」による。）

問1、①一生の不覚　とありますが、「ぼく」はどういうことを一生の不覚だと考えていますか。次の空欄にあてはまる内容を、途中に「～が、」「～のに」などの逆接の接続語を用いながら四十五字以上、五十字以内で書きなさい。（6点）

「ぼく」は、［　　　　　　　　］ことを一生の不覚だと考えている。

問2、②逃げおくれてパイナップルの蔭に隠れているもう一人　とありますが、この人と「俺」のその後の経過はどのようなものでしたか。最も適切なものを、次のア～エの中から一つ選び、その記号を書きなさい。（4点）

ア、頭に赤い布を巻いた娘はとても大きい目をしていた。二人は戦闘機の機銃掃射の間じゅう抱き合っていた。「俺」と娘はやがて結婚したが、間もなく別れなければならなかった。

イ、「俺」をかばってくれた女の子はパイナップルの精のようだった。二人は戦闘機が去ってからも抱き合っていたが、「俺」はその子が好きになり夢中で話しかけた。

ウ、「俺」が覆いかぶさったのは、収穫の手伝いに来ていたタイヤル族の娘だった。顔見知りだった二人はすぐに仲良くなり、終戦後も「俺」は台湾に残って娘と結婚しようと思った。

エ、娘を助けた後、「俺」は娘にパインというあだ名をつけた。娘と仲良くなったので、終戦後も台湾に残りたかったが家庭の事情により日本の引揚げ船で帰国することになった。

問3、**難**　③懺悔するみたいに。とありますが、それはなぜですか。次の空欄にあてはまる内容を、四十五字以上、五十字以内で書きなさい。（6点）

「俺」は、［　　　　　　　　］

問4、④食いたくない　とありますが、その理由が表現されている文を本文中から探し、その最初の五字を書き抜きなさい。（4点）

問5、⑤最後のキャッチボール　とありますが、その時のぼくの心情はどのようなものでしたか。最も適切なものを、次のア～エの中から一つ選び、その記号を書きなさい。（5点）

ア、進路相談をしたかったのにキャッチボールをしようと言われて面倒くさかったが、じいちゃんのかまえている場所にボールを投げるコントロールと、じいちゃんが投げるとんでもない荒れ球もたいていはキャッチできるところを見せるいい機会だと思い直して言われるままに家の前の道に出た。

イ、じいちゃんのロマンチックな話をもっとたくさん聞きたいと思ったけれども、面と向かって聞くのが照れ臭くなって「キャッチボールでもするか」とじいちゃんを誘った。じいちゃんは昔に比べてすっかり体が痩せ衰えていたので何度も咳き込んで、最後には立っているのもつらそうになった。

ウ、じいちゃんだけはわかってくれると信じて、じいちゃんが寝ている仏間で思いをぶちまけた。ところが、字もちゃんと読めないのに『高齢者起業セミナー』なんてところに参加申し込みをしたのが父さんにバレて、自分も猛反対されていた直後だったために、逆に「好きなことがうまくいくとは限らない」と反対されてしまった。

エ、じいちゃんに進学の相談をしたかったのに、思いがけずじいちゃんの若い時の話を聞くことになったが、じいちゃんとロマンチックな話ができるようになったことがうれしかった。じいちゃんは照れ隠しにキャッチボールでもしようと言ったが、じいちゃんのすっかり痩せた体が心配だった。

問6、**基本**　空欄1に適当な漢字一字を、自分で考えて書きなさい。（2点）

難【 1 】を示した（賛成できないという顔つきをした）

問7、**基本**　空欄2、3に適当な「人間の体の一部」を表す漢字一字を、それぞれ自分で考えて書きなさい。（各2点）

【 2 】切れが悪かった（発言やしゃべり方の調子が悪かった）
【 3 】身が狭かった（世間などに対する面目が立たなかった）

問8、空欄4に適当な二字の熟語を、自分で考えて書きなさい。（2点）

問9、空欄5に適当な二字の熟語を、本文中にある漢字を組み合わせて作り、書きなさい。（2点）

二 漢字の読み書き・品詞識別・敬語・文学史・慣用句・ことわざ

次の各問いに答えなさい。（計30点）

問1、よく出る 基本 次の――部の漢字には読みがなをつけ、かたかなは漢字に改めなさい。（各2点）

(1)革新勢力の台頭が著しい。
(2)健闘も空しく惜敗した。
(3)体裁を取り繕う。
(4)フウトウに切手を張る。
(5)彼には何かしらのイトがあるはずだ。
(6)学校からのレンラクを待つ。

問2、基本 次の(1)(2)の説明にあてはまる単語を、ア～カの中からそれぞれ一つずつ選び、その記号を書きなさい。（各2点）

(1)自立語のうち活用がなく連用修飾語になるもの
(2)付属語のうち活用があるもの

> ところが、ア ある日、イ 静かに道をウ ゆっくり歩いているエ と、オ 白くて大きな犬と遭遇しカ た。

問3、基本 新傾向 次の――部を正しい敬語表現に改めなさい。（各2点）

(1)（車内放送で）落とし物、お忘れ物、いたしませんようにご注意下さい。
(2)（校内放送で）山田先生、おりましたら保健室までご連絡下さい。

問4、基本 新傾向 次の文学史に関する説明の空欄Ⅰ、空欄Ⅱにあてはまる内容として最も適切なものを、あとのア～エの中から一つ選び、その記号を書きなさい。また、空欄Ⅲにあてはまる作者名を漢字で書きなさい。（各2点）

> 明治の文豪には、旧日本陸軍の軍医で「高瀬舟」「山椒大夫」などの作者の（ Ⅰ ）などがいます。また、『吾輩は猫である』『（ Ⅱ ）』などを書いた（ Ⅲ ）も有名です。

Ⅰ　ア、志賀直哉　イ、樋口一葉　ウ、森鷗外　エ、有島武郎
Ⅱ　ア、坊っちゃん　イ、小説神髄　ウ、金色夜叉　エ、走れメロス

問5、基本 次の慣用句やことわざに関する会話の空欄Ⅰにあてはまる内容として最も適切なものを、あとのア～エの中から一つ選び、その記号を書きなさい。また、空欄Ⅱにあてはまることばをひらがな三字で書きなさい。（各2点）

> Aさん 『動物』を使った慣用句やことわざにはどのようなものがあるでしょうか。」
> Bさん 「慣用句には『くるくると変わりやすい』という意味を表すときに使う『（ Ⅰ ）の目のように』などが、ことわざには『馬の耳に念仏』などがあります。」
> Aさん 『馬の耳に念仏』は、『何の張り合いも手応えもない』という意味の『（ Ⅱ ）に腕押し』と似た意味を持つことわざですね。

ア、鳩　イ、猫　ウ、魚　エ、鷹（たか）

三（論説文）内容吟味・文脈把握

次の文章を読んで、あとの問いに答えなさい。（計35点）

今、言葉を大切にしようと多くの人が言う。言葉を愛しましょう、言葉を守りましょうと多くの人が言う。その場合、根本の問題は、その大事な素晴らしい言葉というのは、実はそのへんにごろごろ転がっているあたりまえの日常の言葉なんだということに対する徹した認識があるかないかということだろう。そのへんに転がっている言葉以外に、素晴らしい言葉なるものはないんだということに気がついてくると、私たちの口をついて出てくる一語一語の大切さが、しんからわかってくるということにもなる。どこか別の場所に、万人が一せいに認めるような、誰が見ても素晴らしいという特別な言葉があって、それを崇（あが）め奉（たてまつ）っているのが言葉を愛することであり、言葉を大事にすることであるならば、こんな簡単な話はない。よく、「詩を書こうと思っても、語彙（い）が貧弱で……」と言う人がいる。私はつねづねそういうことがありうるものかどうか疑わしく思っている。自分以外のどこかに「語彙」の宝庫があるかのように聞こえるからだ。①問題は紛糾していないのに野望が紛糾している一例ではないかと思う。

②日常用いているありふれた言葉が、その組合わせ方や、発せられる時と場合によって、とつぜん凄（すご）い力をもった言葉に変貌する。そこにこそ、「言葉の力」の変幻ただならぬあらわれがあり、そこにこそ言葉というものを用いることの不思議さ、恐ろしささえあるということだ。なぜそういうことが生じるのだろうか。結局のところ、事柄は次の一点に帰着するだろう。つまり、われわれが使っている言葉は氷山の一角だということである。氷山の海面下に沈んでいる部分はなにか。それは、その言葉を発した人の心にほかならず、またその心が、同じく言葉の海面下の部分で伝わり合う他人の心にほかならない。私たちが用いている言葉は、心のそういう深部をほんのちょっぴりのぞかせる窓のようなものであって、私たちはそれをのぞきこみながら相手の奥まで理解しようとたえず努めているのである。

現代の作品を読む場合でも、自分が非常に感動したある作品を、他人が、なんだこれは、つまらない、と言い捨てるのは、その人には、たまたま言葉の氷山の下側の部分の面白さが感じとれなかったからである。

（中　略）

二百年近く以前のドイツの詩人ノヴァーリスが――この人は二十代で夭折（ようせつ）※したが――書き遺した本に『断章』※がある。その中には、自然科学や哲学や魔術その他、百科全書

的な分類のもとでの思索の断片がおびただしく連ねられているが、そのなかに私をびっくりさせた言葉がある。「見えるものは見えないものにさわっている。聞える(きこ)ものは聞えないものにさわっている。それならば、③考えられるものは考えられないものにさわっているはずだ。」これは詩人の直観がとらえた大変に深い洞察をあらわしている言葉である。つまりわれわれが考えることのできるものの世界は、限られていてささやかである。しかし、その考えられるものが考えられないものにじかにさわっていることは、言いかえれば、有限なるもの、ささやかなものがじかに無限なるものにさわっているということだ。いかにも詩人の直観的な表現だが、ある神秘な拡がりを秘めている。

　哲学者がこれを読めば、そこに哲学的瞑想(めいそう)への貴重なきっかけを得られるかもしれないし、またたとえば画家がこういう考えに打たれたなら、ひょっとして一生の転期になるような美術観の変化というものが生じるかもしれない。見えるものにさわっているという見えないものを、どうやって画面に描くか。音楽家にとっても、聴える(きこ)ものにさわっているという聴えないものを、どうやって音楽の世界のものにするか。すべて、難問である。しかし、創造的な刺戟(げき)を秘めた難問である。そして、ここであらためて気づいて驚かざるを得ないのは、ノヴァーリスがこの奥行きのある思想を語るのに、まことにささやかな言葉しか用いていないということである。彼はあたりまえの言葉を使って簡潔に書いている。しかしそこで語られている思想は、豊かな展開の可能性を秘めている。

　このように見てくると、私たちがしばしば用いて語るコミュニケーションという言葉についても、若干(じゃっかん)ふれておきたくなる。私は、日常生活においてはもちろん、文章の中でも、よほど必要にせまられた場合でないと「コミュニケーション」という英語を用いて語りたくないという、やや偏見的な態度を持っている人間である。思うに、④人の心と心のふれ合いということを語るためには、コミュニケーションという外来語はあまり役に立たない。また、コミュニケーションという言葉を用いて事が論じられる領域では、大前提として、人の意思は伝わらないより伝わる方がよい、しかもより早く、広く伝わる方がよいという善意の考え方があると思われるが、私は人間というものにもう少し別の暗闇があることの方を大切に思っているので、コミュニケーションというピカピカした言葉になじめない。コミュニケーションは訳せば「伝達」とか「通信」という意味だが、人間の気持というものはそんなに簡単に伝わるものではないという、われわれが体験的に知っている事実は、なかなか大切な問題を示しているのではないだろうか。最も相手に伝えたい気持は、最も言葉にしにくい微妙な複合体なので、大事なことほど簡単に伝わりにくいものだということが一般に言える。［1］これを押して言えば、そんなに簡単に人に気持を伝えようとしないほうがいいとさえ言えるのではないか。誤解の余地が常にあることの方が、人間であるという条件に対しては忠実な生き方だという気がする。そこから生じる悲しみや憤りをも含めて、そういう気がする。

　ある思いを簡単に伝えるということは、［A］という観点からすれば無条件によしとされることであるだろうが、人間は［A］のみによって生きるわけではない。［A］の奴隷(どれい)として生きることが人間の幸福であるわけではない。人と人との間をつなぐ最も重要な通路に言葉というものがあって、それが「コミュニケーション」をも生むものだが、言葉にはよくわからない部分があっていいのだ、というのが私の考え方である。言葉の通路には薄くらがりがあちらこちらにある方がいいのだ。なぜなら、人間というものは、そんなに薄っぺらなものではないと思うからである。もちろん私は、コミュニケーションの理論やその広範な応用について頭から反対しているわけではない。ただ、人間は「コミュニケーション」を拒否することにおいて人間そのものである場合もある、という事実に関心を寄せずにはいられないだけである。

　ある人間、ある事象に対してかたくなに拒絶的な態度をとることによって、［2］鮮烈に考えや気持を伝えることができることもある。そういう点から眺めると、人間の心には、無数の扉があって、ある扉はたえず開かれたり閉じたりしているのに、一生に一度か二度しか開かない開かずの扉もまたあるという風に思われてならない。その開かずの扉を開くか開かないかということは、その人にとっては大事件なのである。その開かずの扉が何らかのきっかけで開くときに生じる他者との全く新しい関係、それこそが、かけがえのない「コミュニケーション」の姿のようにも思われる。それは、ある心と別の心との間に、とつぜん新しい橋がかかることにほかならない。それが人を幸福にするかしないかは一概に言えない問題だが、少なくともその瞬間、人は自分自身について、あるいは相手について、新しい発見をする。暗い部分に光がさしこむ。［3］、ノヴァーリスの言葉にもどっていえば、「見えるもの」にさわっている「見えないもの」が見えてくる。私たちは日常おびただしい「コミュニケーション」の網目(あみめ)の中で生きながら、心の底ではたえずそういう瞬間、この「もう一つのコミュニケーション」を渇き求めているのではないだろうか。

（「『世界』主要論文選」大岡　信(まこと)著「言葉の力」による。一部省略がある。）

（注）※夭折……年若くして死ぬこと。
※百科全書……あらゆる知識を一定の体系のもとに解説し何冊にも分けて収めた本。

問1、難　思考力　①問題は紛糾していないのに野望が紛糾しているとはどういうことを譬(たと)えたものですか。次の空欄にあてはまる内容を、特別な言葉、素晴らしい言葉、あたりまえの日常の三つの言葉を使って、四十字以上、五十字以内で書きなさい。ただし、三つの言葉を使う順序は問いません。（6点）

［　　　　］と人が思っていること。

問2、②日常用いているありふれた言葉が、その組合わせ方や、発せられる時と場合によって、とつぜん凄(すご)い力をもった言葉に変貌する。とありますが、そういうことが生じる理由が比喩的に述べられている一文を本文中から三十五字以内で探し、その最初の五字を書き抜きなさい。（4点）

問3、③考えられるものは考えられないものにさわっている とはどういうことを言っていると筆者は考えていますか。本文中から三十字以上、四十字以内で書き抜きなさい。（6点）

［　　　　　］を言っていると筆者は考えている。

問4、④人の心と心のふれ合いということを語るためには、コミュニケーションという外来語はあまり役に立たない。の理由として最も適切なものを、次のア～エの中から一つ選び、その記号を書きなさい。（4点）

ア、コミュニケーションという英単語には「ふれ合い」という意味はないから。
イ、人の心と心のふれ合いには正確な言葉を使うことが求められるから。
ウ、コミュニケーションのとり方は「ふれ合い」以外にも数多くあるから。
エ、人間の気持ちというのは、言葉では簡単に伝わるものではないから。

問5、よく出る　基本　空欄1～3に入る語として最も適切なものを、次のア～エの中から一つずつ選び、その記号を書きなさい。（各2点）

ア、つまり　イ、さらに
ウ、かえって　エ、しかし

問6、空欄Aに共通して入る語として最も適切なものを、次のア～エの中から一つ選び、その記号を書きなさい。（4点）

ア、損得　イ、現実　ウ、能率　エ、理想

問7、本文に書かれている内容と合致しないものを、次のア～エの中から一つ選び、その記号を書きなさい。（5点）

ア、ドイツの詩人ノヴァーリスの言葉は、ささやかな、あたりまえの言葉しか用いていないが、その思想は豊かな展開の可能性を秘めた奥行きのあるものである。
イ、「コミュニケーション」という言葉の中には「伝達」「通信」以外に「人の心と心のふれ合い」という意味も含まれているので、相手の気持ちを理解することも大切だ。
ウ、最も相手に伝えたい気持ちは、最も言葉にしにくいものなので、人の心と心のふれ合いを語るときには「コミュニケーション」という言葉はなじまないものである。
エ、われわれは言葉を通して、その言葉の下に沈んでいる見えない部分をのぞき込みながら、相手の心を理解しようとたえず努めている。

昭和学院秀英高等学校

時間 50分　満点 100点　解答 P79　1月18日実施

出題傾向と対策

●昨年同様、論説文、小説文、古文の三題構成。論説文、小説文ともに難易度は高め。また、論説文、小説文とも記述問題が二問ずつあり、それぞれ文章の内容を的確に押さえ、論理的かつ丁寧に記述する必要がある。古文は標準レベルだが、正確な単語や文法の知識が必要。

●試験時間に比し問題量が多いので、選択問題、記述問題を問わず時間を意識した演習が肝要。その際、設問の意図を正確に押さえたうえで、傍線部や空欄の前後の内容を「広く、早く、正確に」読み取る力の涵養に努める。

＊字数制限のある場合は、句読点なども字数に含めます。
＊設問の関係上、一部原文を改変しています。

一　（論説文）漢字の読み書き・文脈把握・内容吟味

次の文章を読んで後の問いに答えなさい。（計46点）

ある問題に直面したとき、自分自身の能力でその解決が不可能なら、その能力に長(た)けた人をインターネットで探してきて事態に対処する。自分に足りないピースがあったとき、わざわざ時間と手間をかけてそのピースを自分で作り出すよりは、そのピースを外部から探してきてさっと手早く埋め合わせてしまう。現在の若者たちは、そんな能力に長けています。そして、社会が平坦(へいたん)化している現在だからこそ、このような人的交流も可能になっているのだとすれば、それはまさに1高原期の時代にふさわしい努力のかたちともいえます。

（　1　）努力とは何でしょうか。昨今の若者たちが考えるように、努力できるか否かも生得的※な属性の一部なのでしょうか。生まれついた資質や才能に差があることを否定はしませんが、しかし本来は、その能力の足りない部分を補う営みこそ、努力という言葉の意味するところだったはずです。だとすれば、個人の能力不足を自己完結的に補うのではなく、他者とのつながりによって補おうとする営みも、また努力の一つのかたちといえるのかもしれません。このように考え方を改めてみると、そして現在の若者たちのふるまい方を見てみれば、けっして努力への信頼感が失われているわけではないのかもしれません。

しかし、それでもなお、いま努力への信頼感に削(そ)がれている面があるとすれば、それは今日の社会の高原化によって、かつてのように超越的な目標を胸に抱きにくくなったからだと考えられます。だとしたら、内実のよく分からない異次元の目標のためになどではなく、その営みの[A]カテイそれ自体を楽しむことで、努力を続けられるようにしてみるのも一つの手ではないでしょうか。それは、なにか別の目標を実現するための人間関係ではなく、関係そのものを楽しむ自己充足的な人間関係を紡いでいくことでもあるはずです。そう考えれば、それはもうすでに多くの若者たちが営んでいるものだともいえます。

現在の若者たちは、シェアの世代ともいわれます。たとえば、クルマが必要になったらお金を[B]カセいで買うのではなく、いま使っていない人から借りればよいと考えます。もちろん、ギブ&テイクですから、いま自分に使う必要のないものは、逆に誰かに貸してあげればよいと考えます。そうやって世界を広げ、分断壁を軽々と乗り越えていける力を持っているのも現在の若者たちです。彼らは、自分の能力不足に自身の内部を改良することで対応するのではなく、人間関係を新たに構築することで対応することのできる世代なのです。

今日のように流動性の増した社会で、一つのものごとに対してあまりにも強くこだわりすぎると、せっかく新しいチャンスが到来しているかもしれないときに、その兆しを見逃してしまうこともありえます。インターネットを活用し、全世界から絶えず新しい情報を[C]セッシュしている若者たちは、そのリスクをよく心得ています。そのため、なにか特定のことに[D]ボットウすることは、むしろ積極的に[E]カイヒしようとします。だとすれば、ひたすら一つのことに集中することではなく、もっと［　　］に人間関係を構築していけるように工夫を重ねることこそ、今日の努力のあり方なのだと考えを改めねばならないのかもしれません。それが、高原期の社会に見合った努力のかたちなのかもしれません。

このように既成の概念を疑ってみることの意義は、本書で論じた宿命論的人生観についても同様に当てはまるものです。今日のそれが前近代的なそれと根本的に異なっているのは、理不尽な身分制度によって抑圧され、やむなく希望を諦めているわけではないという点にあります。しかし、前近代的な身分制度を理不尽だと考えるのは、そもそも私たちが近代人だからです。その時代を生きた人びとにはそれこそが自明の現実であって、たとえば農民も努力次第で武士になれるなどとは夢にも思わなかったはずです。そして、現在の時代精神の落とし穴もじつはここにあります。

今日、生まれ持っていると考えられている素質や才能の多くも、じつは与えられた社会環境のなかで、かつての身分制度と同じくらい格差をともないながら、再生産されてきたものです。たとえば、いくら天才的なピアニストであろうと、そもそも日常的にピアノに触れさせてくれ、定期的にレッスンに通わせてくれるような恵まれた成育環境になければ、その才能に目覚めることは難しかったはずです。その点から見れば、それらの素質や才能もけっして生得的属性とはいいきれません。もちろん、生まれ落ちる環境を自分では選べませんから、その点については個人にとっての宿命であり、生得的属性であるかのように感じられます。しかしその環境も、社会制度の設計いかんでいかようにも変えていけるものです。そう考えれば、社会的に見るとそれも宿命などではありません。

このことは、現在の若者たちに見られる人間関係のマネ※ジメント力の高さにも当てはまります。それは、彼らに生まれ備わった能力というよりも、（　2　）この高原地帯を歩むなかで育まれてきたものです。生得的な素質などではなく、社会化による産物なのです。もちろん、彼らがこの時代に生まれ落ちたのは、自己選択の結果ではありません。したがって、その部分については宿命論が成り立つようにも見えます。しかし、ここでも[2]ピアニストの例と同じことがいえます。この高原期の社会をどのようなかたちにしていくかは、まさに私たちの自由選択に託されているからです。社会的に見れば、それもまた環境の産物なのです。

このように見てくると、今日の宿命論的人生観も、じつは前近代的なそれと本質的には違っていないといえます。作られた素質にもとづく社会的な境遇の違いを、あたかも生来的なものと思い込んでいるだけなのです。このように、本来は社会構造的な背景から生まれた格差でありながら、それをあたかも個人的な理由にもとづいたものであるかのように錯覚している状態を、イギリスの社会学者、アンディ・ファーロングとフレッド・カートメルは認識論的誤謬(びゅう)と呼んでいます。

私たちの生活満足度は、自分の置かれている環境をどのように判断するかによって異なってきます。ここで視野が狭いと、その環境を客観的に見つめることが難しくなります。その結果、（　3　）劣悪な環境にあったとしても、その状況に対して不満を抱かなくなります。それは、疎外された状況に置かれているという認識それ自体からも疎外されていることを意味します。今日の若者たちの幸福感の強さは、社会的に排除されていることの認識からも排除された結果といえるのです。いわば二重化された社会的排除の産物なのです。

宿命論的人生観の下では、排除されていることを当事者に意識させないような排除が、したがって剥奪(はくだつ)感さえ抱かせないような排除が、人知れず進行していきます。反発や絶望を覚えることもなく、「それが自分の宿命なのだ」と、納得をもって淡々と迎え入れていってしまいます。だから今日の若年層では、深刻な社会的格差があるにもかかわらず、生活満足度も上昇しつづけているのです。だとしたら、それは[3]けっして望ましい現象とはいえません。それもまた認識論的誤謬の一側面にほかならないからです。

しかし、今日の宿命論的人生観が認識論的誤謬の一つであるなら、努力の意味を組み換えられるのと同様に、その意味を組み換えることもまた可能なはずです。自分の置かれた社会環境の劣悪さや、自身の能力不足などを、個人の自助努力によって補おうとするのではなく、新しい人間関係の構築によって補おうとするのは、まさに高原期の日本に生まれ育った世代の心性です。だとすれば、彼らがその心性をさらに伸ばしていきやすいように、できるだけ格差の少ない社会環境を整えることこそ、私たち大人に託された使命といえるのではないでしょうか。

このように考えるなら、4いま若者たちが宿命と考えているものも、新たにシェアの対象とできるのかもしれません。ただし、ここには注意も必要です。災害ユートピアという言葉もあるように、宿命を共有する感覚は人びとのつながりを一気に強化しますが、それはなかなか長続きしません。情熱的な感情に支えられたつながりは、しばしばその視野を狭めてしまう危うさを併せ持っているからです。これまで歴史のなかで私たちが獲得してきたその教訓を忘れてはなりません。私たちは緩やかに、そしてしなやかに、つながりつづけることが大切です。つねに外部へと開かれたそんなつながりのなかで、視野を広げていくことこそが何にも増して重要なのです。

（土井隆義『「宿命」を生きる若者たち』より）

・属性……物事の本質的な性質。
・マネジメント力……管理力。

1、よく出る 基本 傍線部A～Eのカタカナを漢字に直しなさい。（各2点）

2、よく出る 基本 （１）～（３）に入る語の組み合わせとして最も適当なものを次の中から選び、記号で答えなさい。（2点）
ア、1 そもそも　2 むしろ　3 たとえ
イ、1 さて　2 かえって　3 むしろ
ウ、1 はたして　2 いっそ　3 いくら
エ、1 いったい　2 あるいは　3 もし
オ、1 しかし　2 おそらく　3 かりに

3、空欄□に入る四字熟語として最も適当なものを次の中から選び、記号で答えなさい。（2点）
ア、千差万別　イ、臨機応変　ウ、当意即妙
エ、公明正大　オ、自由奔放

4、難 思考力 傍線部1「高原期の時代にふさわしい努力のかたち」について、筆者は、高度経済成長期が終了して以来続く現在の状況を「高原期」と呼んでいる。これについて、以下の問いⅠ・Ⅱに答えなさい。
Ⅰ「高原期」の社会の特徴について、本文の内容に合致するものを次の中から二つ選び、記号で答えなさい。（各2点）
ア、社会全体に共通する理想を見出しにくい
イ、仕事の内容や住む場所が変動しない
ウ、生得的資質や能力が向上している
エ、人種、民族、性別などで差別されない
オ、物を所有することの価値が低下している
カ、大量の情報に左右されない
Ⅱ「高原期」より前と現在とで、「努力」の概念がどのように変質したと筆者は考えているか。60字以内で説明しなさい。（6点）

5、傍線部2「ピアニストの例と同じことがいえます」とあるが、「同じこと」に該当する内容として適当なものを次の中から二つ選び、記号で答えなさい。（各3点）
ア、才能や素質は、それを十分に発揮できるか否かは環境によって影響されるが、その環境は構造的に変えることが可能である。
イ、才能や素質は、生まれつき決まったものだとは言い切れないが、それを磨く努力をできるかどうかは才能によって決まる。
ウ、才能や素質は、発揮できる環境に生まれて初めて開花するものであって、活躍や成功が先天的に保証されているわけではない。
エ、人間関係のマネジメント力が高いのは、現代の若者には自然なことだが、社会の変容次第で若者でもマネジメント力が低下する。
オ、人間関係のマネジメント力は社会環境の影響を受けるはずだが、社交性が先天的に低い若者の場合、その影響を受けない。
カ、人間関係のマネジメント力が要求されない時代に生まれた年長者が、どんなに努力しても、すでに備わっている若者に及ばない。

6、傍線部3「けっして望ましい現象とはいえません」とあるが、それはなぜか。その理由として最も適当なものを次の中から選び、記号で答えなさい。（4点）
ア、排除されているという現状を当事者である若者が改革できないような社会であるため、本来なら社会全体で解決すべき問題も、個人的な錯覚にすぎない問題として理解されているから。
イ、排除されているという現状を当事者である若者が拒絶してしまうような社会であるため、本来なら社会全体で理解すべき問題が、能力の優劣によって生じる個人的な問題に変質しているから。
ウ、排除されているという現状に当事者である若者が満足してしまうような社会であるため、本来なら社会全体で解消すべき問題も、何も起こらなかったかのように隠蔽されてしまっているから。
エ、排除されているという現状に当事者である若者が反発できないような社会であるため、本来なら社会全体で共有すべき問題が、個人の努力によって改善できる問題として受容されているから。
オ、排除されているという現状を当事者である若者が自覚できないような社会であるため、本来なら社会全体で改善すべき問題が、個人が受け入れなければならない問題に還元されているから。

7、難 傍線部4「いま若者たちが宿命と考えているものも、新たにシェアの対象とできる」とあるが、その例として適当ではないものを次の中から一つ選び、記号で答えなさい。（4点）
ア、銃使用が認められているアメリカで、ある高校の校内で乱射事件が起きた後、別の学校の高校生がもっと厳しい銃規制を求めてデモを行い、多くの参加者を集め、国際社会でも賛同の声が広がった。
イ、記録的な降雨に見舞われた地域に住む高校生が、市長にツイッターで「高校生でもできることはないですか」とメッセージを送ったところ、市長が「手伝いに

来てほしい」と返信したことで、多数の十代のボランティアが復旧活動に従事した。

ウ、オリンピックを控え日本語がわからない来日外国人客が増えることを予想した高校生が、スマートフォンの画面で駅の番号を映し出せば行きたい駅までの経路が図示されるというアプリを開発し、企業がその実用化を検討した。

エ、女性であることが理由で差別待遇を受けた経験を、ある二十代女性が「ME TOO」というタグをつけてツイッターで発信したところ、多くの事例が発覚、拡散し、被害者の女性が声を上げられるようになった。

オ、史上最高温度を記録した北欧で、高校生が「未来のために、環境問題を看過することは若者として許せない」と、学校ストライキを呼びかけ、他国の学校でも実施されるなど、国際的な広がりを見せた。

8、**難** **思考力** 二重傍線部「現在の時代精神の落とし穴」とあるが、筆者はこれをどのようなことだと述べているか。65字以内で説明しなさい。（8点）

二（小説文）語句の意味・文脈把握・内容吟味

次の文章は宮下奈都の小説「スコーレNo.4」の一節で、主人公の「私（麻子）」は十二歳、中学一年生である。よく読んで、後の問いに答えなさい。（計36点）

広くなったり細くなったりしながら緩やかに流れてきた川が、東に大きく西に小さく寄り道した挙げ句、風に煽(おだ)てられて機嫌よくハミングする辺りに私の町がある。父の父の父の代あたりまでは、川上で氾濫してよく堤防を決壊させたと聞くけれど、そんな話が冗談に聞こえるほど、いつも穏やかな童謡のように流れていく川と、そこに寄り添うような町。私はここで生まれ育った。田舎だと言われたらちょっとむっとするけれど、都会かと言われれば自ら否定しそうな、A物腰のやわらかな町だ。

「田舎のわけないだろ」

父は言う。うちみたいな商売は田舎じゃ成り立たないよ。それが父の自負だ。田舎かどうかというのは、都心に出るのにかかる時間や、ブランドショップの数や、駅前の土地の値段なんかとは関係がないらしい。1田舎か、都会か、うちが食べていけるかどうかにかかっているというのがおかしい。でも、もしも田舎だとしたら私たちはここで暮らしていけないんだな、というのが子供の頃から胸にあった。この町に食べさせてもらっているのだ。

「町は店で決まる」

それも父得意の言い分だった。娘の目からも父がそんなに熱心に商売をしているようには見えなかったけれど、それでもうちの店があることがこの町の一端を表しているのだとすれば、やっぱりうれしい。父が町に認められるようでうれしい。

B店の名前はマルツ商会という。※津川の津を丸で囲んでマルツと読ませる。情緒も何もない、そのまんまの店名だ。名前を聞いただけでは何の店だかわからない。聞いてもわからない、と子供の頃はよく友達に言われた。

フルドーグヤ。父はそう言った。友達はフルに納得がいかない。真由も未知花ちゃんも顔を見あわせて、なんでシンじゃないの、と訊(き)いた。フルでも売れるの？ 幼かった私は一緒になって首を傾(かし)げた。たしかに、他の店には新品しか置いていない。読み古した新聞だとか、食べかけの林檎(りんご)だとか、醬油(しょうゆ)の染みのついたブラウスだとか、そんなものはどこにも売っていない。うちの店にある品は、古ければ古いほど大きな顔をしているみたいだった。祖母は亡き夫が始めた店をフルドーグヤとは言わず、コットーヒンテンと呼ぶ。コットーヒンってなに？ 友達が訊いても私に説明はできない。古道具も骨董品(こっとうひん)も私の手にはあまりあった。

店にはフルが揃(そろ)っている。皿だとか椀(わん)だとか、由緒正しい掛け軸だとか。お客さんはI唸(うな)る。長いこと見入っていて、それから小声でなにやら父と話しはじめる。それでまた長いこと見入る。うんうんうなずきながら眺めたりもする。C一見(いちげん)さんは少なく、たいてい見知った顔だ。D対する商品も、知った顔が多い。どんどん出ていったり入ってきたりすることがない。そこも他の店とは違うところだ。

簡単に手を伸ばしたり、触れたり、ちょっとしにくいようなものが並ぶ。アンティークと呼ばれるような、若い人にうけるお洒落(しゃれ)な品物はない。そのあたりを飛ばして、いきなり生活の塊がごろごろするコーナーが現れる。町の人たちから預かった品々だ。それらは一か所に集められ、それでもきちんと正座してお客を待っているような顔をしている。でも私は、この委託品の一角が好きになれなくて、無論父の好みでもないはずで、だから、あるとき訊いたのだ。

「どうして2ああいうものを置くの」

父はやっぱり口の端を上げて私を見た。

「うん、面白いだろ」

持ち込む人は、その品物に価値があると信じている人がほとんどだ。どんないわくがあるか、その品に込められた思いや、それを自分がどんなに大事にしてきたか、II滔々(とうとう)と語っていくのだそうだ。その話が話し手に近ければ近いほど面白い。逆にただの品物自慢だと面白くない。自慢するような品なら店の中にいくらでもあるのだ。

E亡くなったご主人が大切にしていたという壺(つぼ)を、年配の婦人が持ち込んだ。

「いわれは特に聞いてませんから」

最初はつまらなさそうにさっさと置いて出ていこうとした婦人は、父の出したお茶を飲みながら、やがて［III］語りはじめたのだという。まだ結婚したばかりの夜、地震があった。婦人は咄嗟(とっさ)に、隣に寝ているはずのご主人に手を伸ばした。ご主人はすでにいなかった。飛び起きて、棚に飾ってあった壺を抱えていたのだそうだ。何年か経ったある日には、子供たちが遊んでいて壺に触れそうになり、ご主人が血相を変えて怒鳴った。そんなに怒るくらいなら大事にしまっておけばいいじゃありませんか、と婦人はあらためて憤ったように話したという。

それがね、と父はおかしそうに言う。壺にまつわるご主人との思い出を二時間も話すうち、婦人は壺を大事そうに撫(な)ではじめた。いったんは店に置いて帰ったものの、三日も経たずに引き取りにきたらしい。

「そうするとさ、壺だけじゃなく、毎日自分たちが使っている物や、店にある他の品物に対する目も変わってくるんだな」

「どう変わるの」

「うん」父は私を見て、じわりと笑った。

「そうだな、麻子の考えてるとおりだよ、だから『3ああいうもの』も置いてるんだ」

私は店が好きだ。

朝、誰もいない店に入り、澱んだ空気に身を浸すのが好きだ。窓を開けて風を通す前の埃っぽい匂いを嗅ぐと、全身の毛穴が閉じて余分なものが何ひとつ出ていかない、落ち着いた気持ちになれる。

Fサンダルを履いて、店の中をぐるっとひとまわりする間に、足は勝手に何度も止まる。ここに唐代の水瓶、あの棚に※根来塗りの盆、こっちには※アケビの籠。床や棚にいつもの顔を見つけてほっとする。売れないことに安心していいんだろうか、とちょっとだけ思う。いいんだよ、と父なら言うだろう。好きなものが売れないことを父はたぶん本気でよろこんでいる。※備前の皿、香炉、※伊万里の※猪口。そこにそれらがあって、目が合うだけで、[IV]よろこびが湧き上がる。順々に眺めながら、ゆっくり足を進める。視線を移す。

※常滑の壷も、4素性のよくわからない肌の美しい甕も、私を待っている。私に話しかけようと、じっと機会を窺っているように見える。気安く声をかけてくる陽気なのも、気難しそうにむっつりしているのも、性質はいろいろだけど、みな、眺められ、話しかけられるのを待っている。ときどき、なんと声をかけていいのかわからないのも並んでいる。そういうときは向こうから話しかけてくるのを待って、Gじっと耳を澄ますばかりだ。

伊万里の赤絵皿の前で立ち止まっていたときに、急に後ろから父に声をかけられたことがあった。足音にも気配にも気づかず皿を眺めていた私は小さく声を上げるほど驚いた。父は振り向いた私の肩に自分の両手を載せ、私が今まで見ていたものを見た。

へえ、麻子はそれが好きなのか、と父は言った。ごく軽い調子だったけど、その声に込められたものを私は探ろうとし、すぐさま中止した。なにかくすぐったいような、ほんのちょっとだけ誇らしいような響きを私の耳が嗅ぎ分けたから。父が私の目を値踏みした。そうして、たぶん高い値を付けたのだ。それは、怖ろしいことでもあった。

私は父が何かを値踏みするときの一瞬すうっと細くなる目が苦手だ。5あの目を見たくないといつも思う。特にそれが人間に向けられたときの冷ややかさを想像するとぞっとする。もちろん父が家族にそんな目を向けることなどないのだけど、ときどき母が、凡庸な絵付けの皿をとても気に入ったときになんか、父があの細くした目で母を見るんじゃないかとひやひやしてしまう。(中略)

父は気が向いたときに――いいものが入ったときに――講釈を聞かせてくれた。娘たちを呼び、品物の前にすわらせる。私と※七葉は並んで聞いた。※紗英はまだ小さかった。

いつ頃からか、父は七葉を呼ばなくなった。呼んでも来なくなったからだ。私に審美眼があるかどうかは別として、三姉妹のうち私だけが興味を示した。それだけが父の基準だったと思う。私の目のよさを見抜き、信頼して、と言いたいところだけど、ほんとうのところ、父はそれほど期待していなかったのかもしれない。

ものを見る目は育つんだよ。持って生まれたものなんてたかが知れている。あとはどれだけたくさんいいものを見るかにかかってるんだ。だから、そもそも[V]じゃなくちゃいけない。[V]じゃなかったら、いいものをたくさん、一生かけて見続けるなんてこと、できないだろう?

H品物の講釈をするのはいつも温和な、やさしい声だった。ときどき熱が入って、講釈が長くなることもあったけれど、私はそれが楽しかった。好きだと聞かされる前に、父はこれが好きなんだ、とわかってしまう。ぬるいお風呂に浸かっているところに熱いお湯をどんどん足していくみたいに、父からの熱がじかに私の肌に伝わってくる。私ははっとして父の顔を見る。父は私の顔なんて見ていなくて、手もとの品物だけを見ている。私も品物に目を戻す。すると、父に今素晴らしさを語られている品物に光があたっているような気がするのだ。なんてことないように見えていた文様の一刷けも、いびつなくらいの輪郭も、急に輝きを帯びてくる。遠い昔に生まれ、人の手を伝ってここまでたどりつき、やっとめぐりあえた品物が、ほんの一瞬、私に向かって心を開く。

そこにすべてがある、と思う。今、私のまわりで現実に起こっているすべてのことを合わせてもかなわない。一枚の皿がどんなにどきどきさせてくれることか。6閉じ込められていたはずのものが、蓋を開け、ゆるりと正体を現し、目の前で立ち上がる、そんな瞬間をたしかに感じるのだ。

・津川……主人公私(麻子)の名字。
・根来塗り……黒塗の上に朱漆を塗り放しにした漆器。
・アケビ……植物の名。蔓を編んで籠などを作る。
・伊万里……伊万里焼。有田焼とも。焼き物(磁器)の名。
・備前……備前焼。焼き物(陶器)の名。
・猪口……小形のさかずき。
・常滑……常滑焼。焼き物(陶磁器)の名。
・七葉……私(麻子)の妹。小学校六年生。
・紗英……私(麻子)の妹。小学校一年生。

1、**よく出る** **基本** 点線部I「唸る」・II「滔々と」の本文中の意味として最も適当なものをそれぞれ次の中から選び、記号で答えなさい。(各2点)

I 唸る
ア、自分の審美眼の確かさを自慢する
イ、優れた出来映えに感嘆する
ウ、高価で手が届かないと残念がる
エ、いくらで買うかと思案する
オ、声を低くして品物を鑑定する

II 滔々と
ア、こまごまと具体的に
イ、見ているようにありありと
ウ、ながながと誇らしげに
エ、しみじみと思い出すように
オ、滞ることなくすらすらと

2、**よく出る** **基本** 空欄[III]・[IV]にはどのような語を入れればよいか。それぞれ次の中から最も適当なものを選び、記号で答えなさい。(各2点)

ア、ざわざわと　イ、おずおずと
ウ、もやもやと　エ、ふくふくと
オ、しぶしぶと　カ、しゃあしゃあと
キ、きらりきらりと　ク、ひょうひょうと
ケ、うつらうつらと　コ、ぽつんぽつんと

3、傍線部1「田舎か、都会か、うちが食べていけるかどうかにかかっているというのがおかしい」と「私」が思ったのはどうしてか。その理由として最も適当なものを次の中から選び、記号で答えなさい。（4点）
ア、穏やかに流れる川に寄り添うように広がっている町を、田舎なのか都会なのかと決めかねていたが、古道具屋という商売が成り立つか否かでそれを判断すればよいという父の意見が目新しくて面白かったから。
イ、都心に出るのにどれほど時間がかかろうが、古道具屋という商売が成り立つ以上田舎ではないとする父の理屈には、自分が住んでいる町が田舎であることを認めたがらない父の自負が感じられて面白かったから。
ウ、私たちが住む町はブランドショップも少なく、都心に出るのにも時間がかかる田舎なのに、古道具屋という商売が成り立てばどこであっても都会だという父の理屈が不思議な説得力を持っていて面白かったから。
エ、都会か田舎かを判断するとき、普通ならば土地の値段といった公的な基準が優先されるのだが、父の理屈には古道具屋が商売として成り立つか否かという私的な事情による基準が優先されていて面白かったから。
オ、古道具屋を営んでいくためには、たとえ都心から離れている町であっても古道具に対する需要や審美眼を持った客が必要であり、そうした需要や客があればそこは田舎ではないとする父の発想が面白かったから。

4、難 思考力 傍線部2「ああいうもの」・3「ああいうもの」とあるが、「ああいうもの」に対して「私」と「父」はそれぞれどのような思いを抱いているか。「私」と「父」の違いがわかるように60字以内で具体的に説明しなさい。（4点）

5、傍線部4「素性のよくわからない」と反対の意味で用いられている語句を、ここより前の叙述から5字で抜き出しなさい。（2点）

6、難 傍線部5「あの目を見たくないといつも思う」というのはどうしてか。その理由として最も適当なものを次の中から選び、記号で答えなさい。（4点）
ア、一瞬すうっと細くなる目をして父が何かを値踏みするときの顔は、温和でやさしいいつもの父の顔とは違って、私の中のあらゆる欠点を探し出してとがめようとする冷酷さが感じられるから。
イ、何かを値踏みするときに細くなる父の目は、物に秘められた真の美しさを見つけようとする目であり、そうした目を見ていると私の審美眼のつたなさが責められているように感じられるから。
ウ、父がすうっと細くなる目をして何かを値踏みしているとき、その目は物を値踏みしているだけではなく、人の心の中まで冷徹に値踏みしているような気がしていたたまれない感じがするから。
エ、いつもは温和でやさしい父が、一瞬すうっと細くした目を他人に向けるときの冷ややかさの中に、いつもの父とは異なる、物事に対する厳しく容赦のない一面を見てしまうように感じるから。
オ、父が細い目をして私を見るときは、古道具を正確に値踏みしようとする非情さを私に向けているような気がすると同時に、私という存在にも値をつけているような嫌な感じがしてしまうから。

7、空欄 V にはどのような語を入れればよいか。文中の語で答えなさい。（2点）

8、難 思考力 傍線部6「閉じ込められていたはずのものが、蓋を開け、ゆるりと正体を現し、目の前で立ち上がる、そんな瞬間をたしかに感じる」とはどういうことをいうのか。80字以内で説明しなさい。（8点）

9、難 この文章の表現と内容に関する説明として適当なものを次の中から二つ選び、記号で答えなさい。（完答で4点）
ア、冒頭から点線部Aまでの叙述は、「風に煽てられて機嫌よくハミングする」「童謡のように」「物腰のやわらかな」といった分かりやすい比喩を用いて、主人公の住む町やそこを流れる川の様子を具体的にいきいきと描き出している。
イ、点線部Bから主人公の父が経営する「店」の紹介がはじまるが、「フルドーグヤ」「コットーヒンテン」といったカタカナ表記を使うことで、「店」が何を商売にしているのか見当もつかない主人公の幼さと戸惑いを効果的に表している。
ウ、点線部CとDは「客」と「商品」の様子を対句的表現によって描写している箇所であり、点線部Dにある「どんどん出ていったり入ってきたりすることがない」の主語は、「商品」であり「客」でもあるという二重の構成になっている。
エ、点線部E「亡くなったご主人」以降の回想部分では、「壷」にまつわる「ご主人」の思い出を憎らしげに語っていた「婦人」の、話をしているうちに「ご主人」に対する愛情を次第に取り戻していく様子が、ほほえましく描かれている。
オ、点線部FからGまでの叙述は、「唐代の水瓶」「根来塗りの盆」「備前の皿」といったように、「店」に並べられている品物が具体的に描写されることで、主人公の骨董品に対する知識の豊富さが感じ取れるような手法がとられている。
カ、点線部H「品物の講釈をするのは」以降の叙述では、気に入った品物に見入ったまま講釈する「父」の様子と、「父」の話にこたえて感動を深めていく主人公の様子とが、「父」に対する畏敬の念とともにみずみずしく表現されている。

三 （古文）口語訳・仮名遣い・内容吟味

次の文章を読んで後の問いに答えなさい。（計18点）

民部卿藤原忠文という人が宇治に住んでいた。当時は、飼い慣らした鷹を飛ばして、鳥やけものをその鷹に捕らえさせる鷹狩という狩猟が行われていた。忠文はこの狩りに使うための鷹をたいそう好み、飼育していた。式部卿の重明親王という人もまた鷹を好んでいて、「民部卿忠文のところによい鷹がいる」という噂を聞きつけ、鷹をもらおうと思って、忠文のところへ出向くことにした。

忠文驚き騒ぎて、いそぎ出で会ひて、「こは何ごとによりて思ひかけず渡り※たまへるぞ」と問ひければ、親王、「鷹①あまた持ちたまへる由を聞きて、それ一つ給はらむと思ひて参りたるなり」とのたまひければ、忠文、「人などを以て仰せたまふべきことを、かくわざと渡らせたまへれば、何でか奉らぬ様は侍らむ」といひて、1鷹を与へむとするに、鷹あまた持たる中に、第一にして持たりける鷹なむ、世に並びなく賢かりける鷹にて、雉にあはするに必ず五十丈※が内を過ぐさずして取りける鷹なれば、aそれをば惜しみて、次なりける鷹を取り出でて与へてけり。［それ］もよき鷹にてはありけれども、かの第一の鷹には当るべくもあらず。

さて親王、b鷹を得て喜び、自ら居ゑて京に返りたまひけるに、道に雉の野に臥したりけるを見て、親王、この得たる鷹を合はせたりけるに、2その鷹つたなくて鳥をえ取らざりければ、親王、「かくつたなき鷹を得させたりける」と腹立ちて、忠文の家に返り行きて、この鷹をば返してければ、忠文鷹を得ていはく、「cこれはよき鷹と思ひてこそ奉りつれ。さらば異鷹を奉らむ」といひて、「かくわざとおはしたるに」と思ひて、この第一の鷹を与へてけり。親王、またその鷹を居ゑて返りけるに、木幡の辺にて試みむと思ひて、野に狗を入れて雉を狩らせけるに、雉の立ちたりけるに、dかの鷹を合はせたりければ、その鷹また鳥を取らずして飛びて雲に入りて失せにけり。さればその度は親王、何にものたまはずして京に返りたまひにけり。

これを思ふに、3その鷹、忠文の許にてはならびなく賢かりけれども、親王の手にてかくつたなくて失せにけるは、鷹も主を知りてあるなりけり。されば、智なき鳥獣なれども、本の主を知れる事かくのごとし。②いはむや心あらむ人は、故を思ひ、専らに親しからむ人の為にはよかるべきなりとなむ、語り伝へたるとや。

（「今昔物語集」より）

・渡る……移動する、行く、来る。
・五十丈……「丈」は当時の長さの単位で、五十丈は約一五〇メートル。

1、**基本** 二重傍線部①「あまた」の意味を5字以内で答えなさい。（2点）

2、**よく出る** **基本** 二重傍線部②「いはむや」の読み方を現代仮名遣いのひらがなで答えなさい。（2点）

3、傍線部1「鷹を与へむとするに」とあるが、忠文がそう考えた理由として最も適当なものを次の中から選び、記号で答えなさい。（3点）

ア、重明親王が鷹をこよなく愛好していると聞き、献上した鷹も大切にしてくれそうだと考えたから。
イ、ちょうど自分が飼育している鷹の中に賢い鷹がいて、親友の重明親王にぜひ献上したいと考えていたから。
ウ、鷹をもらい受けるなどということは人に頼めば済みそうな内容なのに、重明親王自ら出向いてきてくれたから。
エ、重明親王は腹を立てやすい性格で、よい鷹を献上しないと次から次へと代わりの鷹を要求してきそうだから。

4、文字囲部［それ］が示している鷹と同じ鷹を、点線部a～dからすべて選び、記号で答えなさい。（完答で2点）

5、傍線部2「その鷹つたなくて鳥をえ取らざりければ」の現代語訳として最も適当なものを次の中から選び、記号で答えなさい。（3点）

ア、この鷹は臆病で、鳥をなかなか捕まえようとしなかったので
イ、この鷹は下手で、鳥を捕まえることができなかったので
ウ、この鷹は弱々しくて、鳥を捕まえることなど思いもよらなかったので
エ、この鷹は小さくて、鳥をたくさん捕まえそうになかったので

6、傍線部3「その鷹、忠文の許にてはならびなく賢かりけれども」とあるが、鷹の賢さが具体的に示されている部分を25字～30字で抜き出し、その部分の最初の3字を答えなさい。（3点）

7、この話について説明している以下の文で、正しいものを次の中から一つ選び、記号で答えなさい。（3点）

ア、鷹でさえどのような相手であっても態度を変えずに仕えようとする。ましてや人間ともなれば相手と親しいかどうかにかかわらず、常に誠実な態度をとるべきである。
イ、鷹でさえ身分の高い低いではなく恩義を感じている人のために働こうとする。ましてや人間ともなれば自分にとって親しい人に恩を必ず返すべきである。
ウ、何度も交換を要求するような打算的な人間は鷹でさえ見分けがつく。ましてや人間ともなれば物事をよく理解できている人のためには私利私欲なく働くべきである。
エ、鷹でさえ誰が本当の飼い主であるかを理解し、その人のために働こうとする。ましてや人間ともなれば自分のことを知ってくれる人のためにはしっかりと力を尽くすべきである。
オ、いくら人をだまそうとしても知恵がない鷹でさえその魂胆に気づく。ましてや人間ともなれば心があるのだから親しい人をだまそうなどと考えるべきではない。

巣鴨高等学校

時間 50分　満点 100点　解答 P80　2月10日実施

出題傾向と対策

●論説文・随筆文（省略）・古文の大問三題構成。比較的平易で文意が読み取りやすく、本文も長すぎない分、正確に文意を読み取り、それを解答に反映させる力が求められる。論説文・随筆文では記述問題も出題されている。

●常日頃からさまざまな文章に触れて、短時間で要旨をつかめるようにしておきたい。また、問題演習を通じて、指定された字数で解答を作る練習をする必要がある。漢字や歴史的仮名遣いなど、基礎的な問題も出題されているので、基本的学習をおろそかにしないこと。

注意事項　字数指定のある問題は、句読点やかぎかっこなどの記号も字数に含めます。

一（論説文）漢字の読み書き・内容吟味

次の文章を読んで、後の問いに答えよ。

哲学には哲学の問いというのがある。伝統的に哲学の中で論じられてきた問いである――真理、存在、認識、善悪、正義、美、他者、空間、時間、等々。一般的に言って、哲学の問いは、自分の問いにはなりにくい。

もっとも世の中には、①哲学の問いを自分の問いにできる人がいる。何かのきっかけで哲学書を読んで、その種の問いに目覚める人もいれば、もともとそういう疑問をもっていて、あれこれ悩んでいるうちに、どうやらこれは哲学というものらしいと気づくパターンもあるようだ。その種の人は、いわゆる哲学好きになり、場合によっては大学で哲学の研究を志すに至る。

けれども、普通の人が、いきなりこういう疑問を抱くことはまれである。専門家ですら、こうした問いを明けても暮れてもずっと考えているわけではない。誰しも、物事を突き詰めていったり、深く悩んだり傷ついたりすると、いわゆる哲学の問いにぶつかることはあるが、私たちは普段、そんなに深く考えたり悩んだりしない。どこかでそんなことをうっすら考えていても、面倒くさいか、恐ろしいかで、問わないままにしている。それが私たちの日常だ。

いわゆる専門的な哲学の問題は、結局のところ、誰にとってもほとんどの場合、実生活には関係がないのである。哲学じたいが浮世離れしているからというより、哲学の問題が現実の具体的な文脈から隔たっているのである。

これは哲学の特徴ではなく、専門化された知識によくあることだ。医学がaサイブン化したために、患者の体や生活の全体を見られなくなるのと似ている。体や生活と同様、現実には哲学の問いのような区分はない。

実生活の問いは、もっと具体的で複合的で錯綜（さくそう）しており、いくつもの問いが絡（から）み合っている。哲学であれば、他者、空間、時間、認識、善悪、美は、時に相互に関連づけられることはあっても、たいていは別々の問題として論じられる。哲学者自身も、一般には何か特定の問題の専門家である。

ところが実生活の中では、たとえば「他者」とは友だちであり、親であり、夫であり妻であり、会社の同僚であり上司であり、得意先の人であり、あるいは、たまたま道で行き合って言葉をbカわした人、ただすれ違うだけの人、目の前にさえいない赤の他人、不特定多数の人である。②「他者なるもの」という一般的で抽象的な存在と出会うわけではない。そのつど具体的な何者かと特定の空間と時間を共有する。週末に自宅で家族とのんびり過ごす。一人暮らしの部屋でテレビの中の他人を見ながらお菓子をほおばる。学校の教室で、隣のクラスメートが内職をしているのを横目に見て、cスイマと闘いながら退屈な授業を受ける。会社で同僚と打ち合わせをして、得意先にメールを送り、資料の整理など、いろんな仕事にdボウサツされ、夜遅く満員電車に揺られて疲れ果てて帰宅する。

そうやって私たちは家族や友人のことを気づかい、目の前のことに一喜一憂し、過去のことを振り返って後悔し、将来のことを心配する。今やるべきことは何か、時間をどう使うか、どこに行くべきか、何が正しく、何が間違っているか、といったことを考える。

こうした問題を突き詰めていくと、部分的には他者のみならず、知覚、空間、時間、善悪や正義といったいわゆる哲学の問題につながっていく。だが、全体としては、いろんな問題が複雑に絡み合い、哲学の問題として考えられることをはるかに超えている。

その中にはもちろん哲学的でない問題も含まれている。たとえば、今日は何を食べるのか？　食事の材料をどこで買うか？　テレビは何を見るか？　どの授業が退屈か？　誰にメールを送るか？　等々。

だが、そこで立ち止まらずに、③哲学的な次元へ入っていくこともできる――なぜ私たちは何かを食べるのか？　なぜただ食べるだけではなく、おいしいものを食べるのか？　食事は人間の生活の中でどのような意味をもつのか？　テレビで見ることと直接目で見るのは何が違うのか？　映像はどのような意味で現実か？　なぜ授業を受けるのか？　授業を受けることと学ぶことはどのように関係しているのか？　等々。

これらの問いは、通常「哲学の問題」と言われるものではないが、じゅうぶん哲学的であろう。逆に、哲学の問いだから、それを考えることがつねに哲学的というわけではない。哲学の問題といえども、たとえば誰がどんなことを言ったのかというeジテン的・哲学史的な事柄や、どこにどんなことが書いてあるかというような文献学的なことは、かならずしも哲学的とは言えない。哲学全体がそうであるように、内容的に哲学だったら、問いや議論が哲学的なわけではないのだ。

思うに、元来は〝哲学の問題〟があるというよりも、物事の〝哲学的な問い方〟があるだけなのだ。私たちはそれぞれ、自分の現実生活の中でさまざまな問いと出会う。自分から疑問に思うこともあれば、他の人から問いかけられることもある。どんな問いであれ、④自分にとって身近な問い、自分が直面した問いから出発しても、哲学的な問いへと進んでいくことができる。

哲学の問題が、現実の文脈から切り離され、個別のテーマに分かれていることは、学問として純粋で専門的に高度であるためには必要だろう。けれども、他方でそのことは、個々のテーマに関して、仮に何か重要な結論や洞察が歴史上の哲学者によって提示されていたとしても、個々人の現実生活には大きく影響しない、ということにもつながる。
　もちろん、哲学研究の目的はそんなことではなく、思想上のさまざまな問題を明らかにすることであり、現実の生活に生かせるかどうかなど、どうでもいいという考え方もある。私自身、そういう考え方にも共感する。
　だが、哲学の問題にせよ、それ以外の哲学的な問いにせよ、現実の生活に関する疑問から出発すれば、そこで問い、考えたこと、そこで得られた洞察は、ふたたび現実のコンテクスト（注・状況や文脈）に戻しやすく、その人の生活にとって、大きな意味をもちうる。だから、いわゆる哲学の問題を考えることよりも、自分自身の問いをもつことのほうが重要なのである。

（梶谷真司『考えるとはどういうことか　0歳から100歳までの哲学入門』による）

問1、**よく出る** **基本** 点線部a～eのカタカナを、それぞれ漢字に改めよ。

問2、傍線部①「哲学の問いを自分の問いにできる人」について、次の(1)・(2)の問いに答えよ。

(1)「哲学の問い」とは本文によればどういった問いか。その説明としてふさわしいものを、次のア～エから一つ選び、記号で答えよ。

ア、普通の人であれば、物事を突き詰めたり悩み傷ついたりしないと気がつかないほど深い、思考と洞察を必要とする問い。

イ、普通の人が現実生活で物事を突き詰めても考えつかないほど、哲学の中で伝統的に論じられてきた専門的に高度な問い。

ウ、普通の人の生活には必要ないが、悩み傷ついて冷静な判断ができない時に、正しく生きるための指針となる道徳的な問い。

エ、普通の人もつねにうっすらとは考えているくらい広く知られているため、大学において深く論じられるようになった問い。

(2)「哲学の問いを自分の問いにできる人」とあるが、哲学を自分の問いにする人とは、どのような人か。その説明としてふさわしいものを、次のア～エから一つ選び、記号で答えよ。

ア、自分で新たな問いを考え、哲学の世界で認められる人。

イ、偶然読んだ哲学書中の問いを、一読して把握できる人。

ウ、実生活からかけ離れた問いを自問して、悩んでいる人。

エ、日常の中で浮かぶ疑問をそのつど処理し、生活する人。

問3、傍線部②「『他者なるもの』」とは、どのようなものか。その説明としてふさわしいものを、次のア～エから一つ選び、記号で答えよ。

ア、親交のある人などとは違って、既に世を去り、特定の空間と時間を共有していない有名な歴史的人物。

イ、芸能人のような、特定の空間と時間にテレビで見たことがある程度の、ただ顔を知っているだけの人。

ウ、生活しているなかではほぼ接点がないが、特定の空間と時間を共有している、不特定多数の赤の他人。

エ、特定の空間と時間を超えて、自分以外の人間全般に共通する、自分ではないという属性を持った存在。

問4、傍線部③「哲学的な次元へ入っていく」とは、どうすることか。その具体例としてふさわしくないものを、次のア～エから一つ選び記号で答えよ。

ア、おいしいものを食べたいのは当たり前だと感じることに疑問をもち、なぜ食べるだけで満足しないのかと問うこと。

イ、当たり前のように受けている授業が、いつから国内で実施されているのか知らないことに気づき、調べてみること。

ウ、家族と食卓を囲むことは当たり前なのかを省みて、日々経験しながら自覚せずにいる食事の意味を探ってみること。

エ、テレビで見ることと直接目で見ることは違うのではと思いつき、映像が現実と感じられることの意味を考えること。

問5、傍線部④「自分にとって身近な問い、自分が直面した問いから出発しても、哲学的な問いへと進んでいくことができる」について、次の(1)～(3)の問いに答えよ。

(1)「自分にとって身近な問い、自分が直面した問い」とあるが、我々は、実生活ではどのような問いに直面していると筆者は述べているか。その問いについて具体的に述べた段落（形式段落）を本文中から探し、初めの五字を抜き出して答えよ。

(2)「自分にとって身近な問い、自分が直面した問い」を「哲学的な問い」へと進める上で困難となる点があるとすれば、「自分にとって身近な問い、自分が直面した問い」がどういった問いであるという点か。その説明となる箇所を、「点。」に続ける形で、本文中から五十字以内で探し、その初めと終わりの五字ずつを抜き出して答えよ。

(3) **よく出る** **思考力** 「自分にとって身近な問い、自分が直面した問い」から「哲学的な問い」へと出発することには、どのような意義があるか。「『自分にとって身近な問い、自分が直面した問い』から出発すると、」を書き出しとし、「という意義。」に続ける形で、本文中の言葉を使って、四十字以内で説明せよ。

二 (省略)沢木耕太郎「キャラヴァンは進む」より

三 (古文)口語訳・内容吟味・仮名遣い・動作主・古典知識

　次の文章を読んで、後の問いに答えよ。

　嵯峨に、能説房と云ふ説経師有りけり。随分弁説の僧なりけり。隣りに沽酒家(注1)の徳人の尼ありけり。①能説房、きはめたる愛酒にて、布施物を以て、一向に酒を買ひて飲みけり。ある時はおきのり(注2)て、布施出くれればやりけり。

この尼公、仏事する事有りけるに、能説房を導師(注3)に請じければ、近き辺りの者、是を聞きて、能説房に申しけるは、「この尼公の、酒を売り候ふ一の難には、水を入れて候ふ程に、②思ふほどもなし。今日の御説法のついでに、酒に水入れて売るが、罪なる事、こまやかに仰せられ候へ。我々がためも然るべく候ふ」と云ふ。

能説房申しけるは、「各々仰せられぬ先に、③法師も打ち存じて候ふぞ。今日、日ごろの本意開くべし」とて、仏経の釈はただ大方ばかりにて、酒に水入るる罪障を勧進(注4)して、④少々は無き事までこまやかに云ひけり。

さて説法⑤をはりて、尼公、その辺りの聴衆を皆呼びて、大なる桶に、たぶらか(注5)に酒を入れて、とり出て勧めけり。能説房、上座して、盃とりあげて呑みけり。この尼公、「⑥あさましく候ひけるかな。酒に水入るるは罪にて候ひけるも知らで」と云ひければ、「水の少し入りたるだにもよし、今日はいかにめでたからん」と思ふ程に、能説房、「あつ」と云ひければ、「いかによかるらん」と、感ずる音かと聞くほどに、「日ごろはちと水くさき酒にてこそ候ひしに、是は、ちと酒くさき水にて候ふは、いかに」と云ひければ、「さも候ふらん。[ア]に[イ]入るるは罪と仰せられ候ひつる間、是は[ウ]に[エ]を入れて候ふ」とて、大なる桶に[オ]を入れて、[カ]を一ひさげ(注6)ばかり、入れたりける。この尼公、興懐(注7)にしたりけるにや、また、実に心得たりけるにや。

（『沙石集』による）

（注）
1 沽酒家の徳人の尼……酒屋の金持ちの尼
2 おきのりて……付けで買って
3 導師に請じければ……講師として招いたところ
4 勧進して……考えまとめ上げて
5 たぶらかに……なみなみと
6 ひさげ……水や酒などを入れるなべのような小さな容器
7 興懐に……面白さを感じる心持ちで

問1、傍線部①「能説房、きはめたる愛酒にて、布施物を以て、一向に酒を買ひて飲みけり」の解釈としてふさわしいものを、次のア～エから一つ選び、記号で答えよ。

ア、能説房は愛情あふれる人で、お布施はもらわずに人々に酒をふるまっていた。
イ、能説房は大変な酒のみで、もらったお布施は全て酒代に使ってしまっていた。
ウ、能説房は利き酒の名人で、酒の良し悪しを判定してはお布施をもらっていた。
エ、能説房は酒が大好きだったので、修行もそこそこに酒を飲んで暮らしていた。

問2、傍線部②「思ふほどもなし」とは、思ったほどでもなく、酒がどうだと言っているのか。六字以内で答えよ。

問3、傍線部③「法師も打ち存じて候ふぞ」とは、「私もそう気がついておりました」という意味だが、気がついていたこととは、どういうことか。その答えとしてふさわしいものを、次のア～エから一つ選び、記号で答えよ。

ア、金持ちの尼が酒屋を営んでいるということ。
イ、尼が酒と称して水を売っているということ。
ウ、皆が法師に頼みたいことがあるということ。
エ、尼が酒の中身をごまかしているということ。

問4、傍線部④「少々は無き事までこまやかに云ひけり」とは、能説房がどうしたというのか。その答えとしてふさわしいものを、次のア～エから一つ選び、記号で答えよ。

ア、果ては根拠の無いことまで持ち出して、以後は止めるように説得した。
イ、民衆が少なからず不満を持っているという嘘を、まことしやかに伝えた。
ウ、酒が足りなくて困っていることを、多少遠慮がちでもあるが力説した。
エ、自分としてはそこまではないと思いつつも、できるだけのことはした。

問5、よく出る 基本 傍線部⑤「をはりて」の読み方を、現代仮名遣いのひらがなに改めて答えよ。

問6、傍線部⑥「あさましく候ひけるかな」は、誰が、誰のことを、思慮が足りなかったと評しているのか。その答えとしてふさわしいものを、次のア～エから一つ選び、記号で答えよ。

ア、能説房が、尼のことを
イ、尼が、能説房のことを
ウ、尼が、人々のことを
エ、尼が、自分のことを

問7、空欄[ア]～[カ]には、漢字が一字ずつ入る。その中で「水」が入る空欄をすべて選び、記号で答えよ。

問8、よく出る 『沙石集』は鎌倉時代の作品である。これと同じ時代のものを、次のア～エから一つ選び、記号で答えよ。

ア、今昔物語集　イ、万葉集
ウ、新古今和歌集　エ、若菜集

高田高等学校

時間 40分　満点 50点　解答 P81　1月26日実施

出題傾向と対策

●漢字を含む国語の知識、論説文（省略）、小説文、古文の大問三題からなる。現代文でも古文でも、漢字の読みや意味、慣用句の意味を問う基本的な知識とともに文章の大意や表現を問う設問が出題される。

●漢字の読みや意味、古文の単語や係り結びを問う設問など、基本的な知識については着実に学習しておくこと。論説文や小説文における文意や表現を問う設問などは、ふだんからさまざまな種類の文章に慣れ親しみ、文章を読み解く力を身につけておくことが大切である。

一　（省略）外山滋比古「思考の整理学」より

二　（小説文）文脈把握・内容吟味

次の文章を読んで、あとの問いに答えなさい。

> 東京に旅立つ加代子（かよこ）は、交際している佐々木（ささき）くんと、出発の日の朝に駅で会う約束をしている。次の文章は出発前日の場面から始まる。

本当にあっという間だった。上京の日の、一つ前の日付を記した夕刊が届いた。あとほんの一晩で、私はここを出ていく。まだ信じられない。おかしい。

その日も昼は佐々木くんに会いにいって、明日の約束をしていた。私は例によって朝イチの電車に乗ることになっている。佐々木くんの駅は通り道で、三分くらい停車時間があるので、佐々木くんはホームで見送ってくれると言った。けれど、明日のことなのにまるで想像がつかない。

家の中も、いつもと変わらなかった。五時過ぎにせわしなく帰ってきたお母さんが、［　Ⅰ　］夕食の準備を始め、間もなく煮干のダシをとるにおいが漂ってきた。最後の家族ディナーだというのに、みそ汁か。

台所に入っていって、「ごはん何」と言うと、①お母さんは何かを切り刻みながら「ほっけと、煮物よ」と簡潔に答えた。私の好物でも何でもなかった。「何かおいしいもの食べさせてよ」と言おうとしたら、その前にお母さんの小言が始まった。

「あーあ、一人暮らしの前にいろいろお料理教えておこうと思ったのに、あんたってば毎日遊び歩いて！　まったく、そんなので暮らしていけるのかしら。母さん心配でしょうがないよ」

手伝えと言われそうだったので、私は［　Ⅱ　］後ずさりして「忘れ物ないか、確認しなくっちゃ～」と説明的に言った。するとお母さんは振り返った。

「そうよ、誰も忘れ物届けてあげられないんだからね。ほんと、ついてってあげたいんだけどねえ」

「こなくていい、こなくて。兄さんがいるんだから、十分だって」

私はそういい残して、［　Ⅲ　］二階に上がった。

お母さんは東京までついてきたがったのだけれど、たまたま土曜日に仕事が入ってしまったのだ。お父さんはもともと土曜も仕事がある。私としては、そんなに②大仰に「娘の上京」を演出されてはたまらないから、お母さんが来ないことになってラッキー、くらいに思っている。

佐々木くんだけじゃない、両親とも、離れるという実感が全然ないのだ。もともとべったりした家族ではないし、どうせ長期休みごとに帰るわけだし、まだまだここも「ウチ」という感じ。

そんなことを考えながら階段を上りきると、ふと兄の部屋のドアが目に留まった。四年前に兄が出ていったきり、使われていない部屋だ。

――兄さんが出ていった時って、どうだっけ。

兄はあんな性格だから、もとより家族の中でも浮き気味で、離れる時も特に感慨はなかった気がする。そうだ。家の前で兄を見送った時、私は「寒いな」とそればっかり思っていた。時期は今思うと早くて、三月の頭くらいだった。まだ朝はキンキンに冷えて、足元は凍っていた。私はパジャマ一枚の上にコートを羽織っただけの格好で、寒いし眠いしで仕方なかった。早く行ってしまえばいいのに、お母さんが何度も話しかけて引き止めるから、兄はなかなか歩き出さなかった。やっと歩き出したと思ったら、振り返って私に手を振ったのでびっくりした。兄はそういうことをしない人だと思っていたから。③兄は家を仰ぎ見て、ふと微笑（ほほえ）んでからまた歩き出した。変なの、と思ったのをおぼえている。

私はそっと兄の部屋のドアを開けてみた。北向きの部屋はもう暗く、電気をつけないと何も見えなかった。中に入って、手探りで蛍光灯のひもを引く瞬間、④妙な感じに襲われた。

――これ、前にもあった。私、ずっと前にこんなことした。

灯（あか）りがつくと、勉強机だけが残された部屋がぱっと浮き上がった。私は瞬時に、自分が四年前に同じことをしたのを思い出し、その時とまったく同じ気持ちを抱いていた。

兄さんがいない。本当に、いない。

出ていく兄にしたら、やっぱりここは「ウチ」のままだったのかもしれない。けれど、残された私は、兄さんはいなくなったんだなあと思った。すごく遠くにいってしまったんだと思った。

私が出ていったら、お母さんもお父さんも、兄さんを送り出した後の私と同じように思うのだろう。加代子がいない、と。

それに気付いて、初めて不安になった。ようやく、［　⑤　］という実感が湧（わ）いた。空気が冷えて、沈んだ埃（ほこり）のにおいがする兄の部屋で。

家族三人の夕食はいつも通り済んで、洗いもの係の私は一人で食器を洗った。居間で話す両親の声が聞こえていたけれど、別に変わったことを話すでもなく、テレビを見ながら笑ったり突っ込んだりしているだけだった。

明日の朝にそなえて、早めにベッドに入った。暗闇に目が慣れるまで天井を見つめていたら、急にいろんなことを思い出した。このベッドに入って、眠る前に考えていたさまざまのこと。

仲良しの康子(やすこ)ちゃんと大喧嘩(おおげんか)して泣かせてしまって、どうやって謝ろうかと悩んだ。兄さんのゲームソフトを勝手に拝借して男友達に貸したら、壊されてしまって、どう弁解したらいいのか考えていた。吹奏楽の大会の前日に、舞台に立つところをイメージしながら、頑張って自分を落ち着かせようとしていた。好きな男の子と高校入試の勉強をした時期には、明日も会えるんだなあと思うと嬉しくて、いつも何を話そうか考えていた。

⑥このベッドの上で思っていた、たくさん、たくさんの「明日」が、一気にあふれてきた。そうして最後に、明日佐々木くんに会うことを考えた時、カチャンとドアノブが回る音がした。廊下から漏れた光の筋が一本、天井に映った。それはまたすぐに細くなって、ドアノブの音とともに消えてしまった。

ドアの向こうにかすかな気配がある。お母さんとお父さんに違いない。

「子どもって、いなくなるためにいるのかしら」

「やだなお前、そんなこと言うなよ……」

ひそめた二人分の声が言った。それを聞いたら⑦勝手にぽろんと涙がこぼれた。

次の朝、私は小さなかばん一つで家を出た。お母さんは、兄の時ほど往生際が悪くなく、「きっぷ持った？」と「お財布持った？」くらいで私を送り出した。兄の真似をして家を振り返ってみようかとも思ったけれど、泣くのが怖くてしなかった。⑧意識して首を上げ、人気のない朝の道を、駅に向かってずんずん歩いた。よく晴れて東の空はだいぶ明るく、淡く水色に光っていた。

高校が春休みだから、早朝の電車はガラガラだった。端っこのほうに、県境を越えてきた旅行者ふうの人が、うつらうつら居眠りをしているだけで、他に同じ車両に人影はない。停まる駅でも、乗客はなかなか増えていかない。無人駅では、ドアの開閉ボタンにランプが点(つ)いても、まったく何の音もないまま発車することもあった。しんとした車内で、私は景色をじっと目でなぞっていた。今まで何度も眺めた通学電車の窓に映る景色。真っ白だった山は、ところどころ土が見えて、［　⑨　］になっていた。

いつも降りる駅で、私は席を立った。ここはわりと大きな駅なので、ボタンを押さなくともドアが自動で開く。ホームに降り立つと、私を見つけた佐々木くんが、こっちに向かって歩いてきた。

「おはよう」

学校で会っていた時みたいに、佐々木くんが言った。私も「おはよう」と返した。

佐々木くんは、コートのポケットに手を突っ込んで、しばらく何も言わずに突っ立っていた。電車を見たり、ホームの向こうの街並みを見たり、いくらか首をめぐらせた後で、私の目を見て笑った。

「何言ったらいいか、わかんね」

「私も」

⑩笑ったけど、息はもう白くなかった。陽(ひ)が射して、街は既に明るかった。私たちの後ろを、高校生くらいの女の子が二人、連れ立って歩いていく。電車に乗り込む。二人で東京に遊びに行くのかもしれない。それを横目に見ながら、佐々木くんが「俺さあ」と口を開いた。

（豊島ミホ『檸檬(れもん)のころ』より）

問一、**よく出る** **基本** 空欄Ⅰ・Ⅱ・Ⅲに入る語句の組み合わせとして、最も適当なものを次のア～オから選びなさい。

ア、Ⅰ—そろそろと　Ⅱ—ばたばたと　Ⅲ—そそくさと
イ、Ⅰ—そろそろと　Ⅱ—そそくさと　Ⅲ—ばたばたと
ウ、Ⅰ—ばたばたと　Ⅱ—そそくさと　Ⅲ—そろそろと
エ、Ⅰ—ばたばたと　Ⅱ—そろそろと　Ⅲ—そそくさと
オ、Ⅰ—そそくさと　Ⅱ—ばたばたと　Ⅲ—そろそろと

問二、傍線部①「お母さんは何かを切り刻みながら『ほっけと、煮物よ』と簡潔に答えた」とありますが、なぜですか。最も適当なものを次のア～オから選びなさい。

ア、娘の上京前日という特別な日であるからこそ、いつもと変わらないようにつとめて冷静に振る舞おうとしているから。
イ、上京時は家族だけで見送ろうと思っていたのに、恋人と会う約束を優先させている娘の身勝手さにあきれているから。
ウ、上京前日にもかかわらず娘があまりに普通に過ごしているので、娘がこの家を離れていくという実感が湧かないから。
エ、あわただしく過ごす上京前日という非日常だからこそ、娘が好きな普通の食事を食べさせてあげたいと思っているから。
オ、せわしなく夕食の準備をする母が、娘の上京に合わせて特別なことをする時間がとれなかったことを隠そうとしたから。

問三、**よく出る** **基本** 傍線部②「大仰に」とありますが、この語句の意味として、最も適当なものを次のア～オから選びなさい。

ア、ひたすらに　イ、ひっそりと　ウ、ていねいに
エ、こだわって　オ、おおげさに

問四、傍線部③「兄は家を仰ぎ見て、ふと微笑んでからまた歩き出した」とありますが、なぜですか。最も適当なものを次のア～オから選びなさい。

ア、母が普段とは違うふるまいをするので、自分もほとんどしない感謝を行動で表したくなったから。
イ、家族の中で浮いている存在だったが、窮屈な家を離れる時になって突然悔しさがこみ上げたから。
ウ、ずっと暮らしていた家を離れる時になって、今までここで生活してきたことを思い返したから。
エ、自分がいなくなっても加代子が残っていると気づき、家族と離れる気まずさがやわらいだから。
オ、言葉で表すことは照れくさいが、今後もこの家で過ごしていく家族を励ましたいと思ったから。

問五、傍線部④「妙な感じに襲われた」とありますが、妙な感じに襲われた「私」の様子について説明しているものとして、最も適当なものを次のア～オから選びなさい。

ア、蛍光灯のひもを引くという行為に誰かがいなくなるという共通点を見出し、家族が家を出ていく寂しさを

想像している。

イ、蛍光灯のひもを引くという行為はありふれているので、どこかで同じことをしていた記憶が次々とよみがえっている。

ウ、蛍光灯のひもを引くという行為から兄が出ていった時のことが思い出され、兄が家にいないことを改めて実感している。

エ、蛍光灯のひもを引くという行為で兄がいないことを再び認識し、自分も家を出ていくことが全然信じられないでいる。

オ、蛍光灯のひもを引くという行為から兄のいた日々を思い出し、自分は家を出る決心ができていないことを自覚している。

問六、空欄⑤に入ることばとして、最も適当なものを次のア～オから選びなさい。

ア、家族と離ればなれになるのだ
イ、新しい自分に生まれ変わるのだ
ウ、兄と同じ気持ちを味わうのだ
エ、両親はここに残されるのだ
オ、自分がここからいなくなるのだ

問七、傍線部⑥「このベッドの上で思っていた、たくさん、たくさんの『明日』が、一気にあふれてきた」とありますが、どういうことですか。最も適当なものを次のア～オから選びなさい。

ア、眠る前に考えていたことを思い出すと、経験したことなどない明日も思い出として美化していたことに気づいたということ。

イ、眠る前に考えていたさまざまのことを思い出し、もうこのベッドで過ごす明日は来ないと絶望的な気分になったということ。

ウ、今日で使うのが最後のベッドに寝転ぶと、今まで経験してきた苦しいことではなく楽しいことばかり思い出したということ。

エ、今まで眠る前に考えていたさまざまのことが、明日からは使わないベッドの上で思い出としてよみがえってきたということ。

オ、ベッドに寝転んで今までの思い出を振り返ると、上京後にも続くかもしれない明日に思いをはせることができたということ。

問八、傍線部⑦「勝手にぽろんと涙がこぼれた」とありますが、なぜですか。最も適当なものを次のア～オから選びなさい。

ア、両親は普段通りに行動しようとしてくれていたが、自分が家を離れることを実は寂しく思っていることに気づいたから。

イ、自分が冷たい態度をとってしまったので、面と向かってお別れを言うことを我慢していた両親のつらさに気づいたから。

ウ、両親が自分との思い出を語っているのを耳にして、自分も家を離れることを悲しいと思っていたのだと気づいたから。

エ、子どもが出ていくことを嘆く両親の会話を聞き、出ていく自分よりも残される両親の方が不安なのだと気づいたから。

オ、ひそめた両親の声から残される寂しさを察知し、勝手に自分の思い出ばかりにひたる自分のあさましさに気づいたから。

問九、傍線部⑧「意識して首を上げ、人気のない朝の道を、駅に向かってずんずん歩いた」とありますが、なぜですか。最も適当なものを次のア～オから選びなさい。

ア、家族との別れを済ませた今、自分の向かう先がよく晴れた空のように希望に満ちあふれていると思ったから。

イ、駅に一刻も早く向かわないと泣いてしまいそうで、なぐさめてくれる佐々木くんと早く会いたいと思ったから。

ウ、兄の時ほど引き留められなかったが、泣いてしまいそうになるのがいやで、堂々としていようと思ったから。

エ、お母さんから早く離れないと、追いつかれてしめっぽい別れになり、自分も寂しくなってしまうと思ったから。

オ、ひっそりとした朝は普段とは違って不安になり、日常的な光景が見られる駅に早く到着したいと思ったから。

問十、空欄⑨に入ることばとして、最も適当なものを次のア～オから選びなさい。

ア、夏模様　イ、雨模様　ウ、水玉模様
エ、しま模様　オ、まだら模様

問十一、〔思考力〕傍線部⑩「笑ったけど、息はもう白くなかった。陽が射して、街は既に明るかった。私たちの後ろを、高校生くらいの女の子が二人、連れ立って歩いていく。電車に乗り込む。二人で東京に遊びに行くのかもしれない」とありますが、この描写からわかることとして、最も適当なものを次のア～オから選びなさい。

ア、高校生くらいの女の子たちは、私と佐々木くんに対して無関心を装っているということ。

イ、早朝の時間帯を過ぎてしまい、私と佐々木くんの別れが刻々と近づいているということ。

ウ、普段と違う状況に笑うことしかできず、私も佐々木くんも暇を持て余しているということ。

エ、佐々木くんはどうしたらいいかわからず、見送りが早く済むことを願っているということ。

オ、高校生くらいの女の子たちのどこにでも行ける自由さを、私はうらやんでいるということ。

三 (古文)内容吟味・文法

次の文章を読んで、あとの問いに答えなさい。

すべて、人の振舞(ふるまひ)は、おもらかに(重々しく)言葉すくなにて、人を(他人を)も馴(な)らさず(軽く思わず)、人にも馴らされず、ゑを笑はず(おろかしいことを笑わないで)、戯(たはぶ)れ好まず(ふざけることを好まず)、とどろかに(おおらかに)おとなしく(おとなびて)、振舞ひてゐたれば、心の中は知らず、①よきものかなと見えて、人にも恥ぢられ(敬われ)、②所をも置かるるなり(置かれるのである)。③かかれど、これはなつかしく(心引かれて)、思はしき(好ましいという)かたにはあらず(わけではない)。ただ(ひたすら)乱るべきところには乱れ、折にした(その時に従って)

がひて、戯れをもし、をかしき（おもしろいこと）ことも笑ひ、人の名残（人と（別れる時）の名残）をも惜しみ（を惜しんで、）、友にしたがふ心ありて、わりなく思はれぬるには（この上なく（すばらしいと）思われた時に、）、徳多かりと④ぞ、古き人、多く定められける。

（『十訓抄』より）

問一、傍線部①「よきもの」とありますが、ここでの意味として、最も適当なものを次のア～オから選びなさい。
ア、立派な人　イ、自由な人
ウ、健康な人　エ、わがままな人
オ、影響を受ける人

問二、傍線部②「所」とありますが、ここでの意味として、最も適当なものを次のア～オから選びなさい。
ア、時間　イ、置物　ウ、みやげ
エ、距離　オ、住居

問三、傍線部③「かかれど」とありますが、この語の意味として、最も適当なものを次のア～オから選びなさい。
ア、だから　イ、あるいは　ウ、そのうえ
エ、ところが　オ、ただし

問四、よく出る 基本 傍線部④「ぞ」とありますが、この「係り」の働きを持つ語の「結び」として、最も適当なものを次のア～オから選びなさい。
ア、古き　イ、人　ウ、多く
エ、定め　オ、ける

問五、思考力 本文の中で「好ましい」とされている人柄を表す語句として、最も適当なものを次のア～オから選びなさい。
ア、実直さ　イ、繊細さ　ウ、柔軟さ
エ、慎重さ　オ、重厚さ

拓殖大学第一高等学校

時間 50分　満点 100点　解答 P82　2月10日実施

出題傾向と対策

●一の漢字の問題は例年の読み書きに加え、漢字の字義の問題が出された。二論説文、三古文は例年どおり。設問は、選択肢・書き抜き・記述と多岐にわたるが、記述の比重が現代文、古文とも例年より低下。論説文の内容についての生徒の対話文の語句補充問題は昨年からの傾向。また、古文の関連する二文章を読ませる問いは今年の特徴。

●長めの論説文を速く正確に読めるようにしておく。漢字の問題も十問と多いので語彙力をしっかりつけておくこと。古文は文学史の知識を身につけておくことも必須。

注意事項　本文からの抜き出し問題および記述問題については、句読点やかっこもそれぞれ一字に数えます。

一 漢字の読み書き・漢字知識

次の各問いに答えよ。

問一、よく出る 基本 次の傍線部と同じ漢字を含むものを一つ選び、それぞれ記号で答えよ。
①オゴソかに執り行う。
ア、セイジャク　イ、ゲンシュク
ウ、ゼツミョウ　エ、ソンケイ
②タズサえる。
ア、家庭ホウモン　イ、ケイタイ電話
ウ、師弟カンケイ　エ、レンゾク小説
③ジュウオウムジンな活躍。
ア、道路がジュウタイする。
イ、ジュウセキを担う。
ウ、機械をソウジュウする。
エ、欠員をホジュウする。

問二、よく出る 基本 次の傍線部の読みを答えよ。
④早合点してミスする。
⑤表象としての日本文化。
⑥人との出会いはまさに一期一会だ。
⑦震災からの復興。
⑧下手投げで負けた。

問三、基本 例を参考に、次の傍線部の言葉と同じ意味を含む熟語を一つ選び、それぞれ記号で答えよ。
例　アシ跡をつける。
ア、不ソク　イ、満ゾク
ウ、補ソク　エ、蛇ソク
→「あし」という意味を持つのは「蛇足」なので解答はエ
⑨ショウ女から大人になる。
ア、ショウ量を使う。　イ、ショウ佐
ウ、多ショウなりとも　エ、年ショウ者
⑩カ度な負担がかかる。
ア、カ労　イ、看カ　ウ、通カ儀礼　エ、カ失

二 〈論説文〉文脈把握・内容吟味・語句の意味・要旨

次の文章を読んで、後の問いに答えよ。

①大切な何かを失ったあと、一般的に「立ち直る」ことがよしとされ、まわりの人も早く立ち直ってもらいたいと願う。

では、「立ち直る」とはいったい何を意味しているのであろうか。

『日本国語大辞典』第二版では、①倒れたり倒れそうになったりしているものが、もとどおりしっかりと立つ、②悪い状態になった物事が、もとのよい状態になる、等々と記されている。［a］失恋のショックから「立ち直る」といえば、失恋によって落ち込んだ状態から脱し、普段の精神状態に戻ることだと考えられる。［b］実際には、時間が逆戻りし、大切な何かを失ったという出来事そのものをなかったことにして、②喪失以前と同じ状態に戻るわけではない。

死別の場合、亡き人が生き返らない限り、死別以前とまったく同一の状態に戻ることはない。遺族にとっては、いくら時が過ぎようとも、亡き人の面影や思い出がすべて消え去ることもない。悲しみから離れられる時間は増えていくが、日常のなにげないきっかけで亡き人のことが思い出され、涙が思いがけずあふれてくることもある。

[c]、大切な人の死によって取り巻く状況は変わり、そして遺族自身も変化している。失恋であれば、相手と復縁する可能性はあるが、復縁したとしても失恋したという事実が消えるわけではない。私たちは重大な喪失によって何らかの影響を受けており、喪失前の自分とまったく同じ自分にはなりえない。

「立ち直る」ということは、あたかも風邪が治り、本来の健康状態を取り戻すかのような印象があるが、何事もなかったかのごとく喪失体験を消し去ることはできない。私たちができるのは、喪失から回復し、以前の状態に戻ることではなく、大切な何かを失った状況のなかで生きることである。

「適応」という考え方は本来、生物学の概念であり、生物が生活環境に応じて、生存に適するように形態や習性を変化させていく過程であるとされる。心理学では、環境からの要請と個人の欲求がともに満たされ、環境と個人との間に調和した関係が保たれている状態を指し、学校への適応、職場への適応、海外生活への適応などとも表現される。

喪失への適応を旅にたとえるならば、目的地は喪失前と同じ場所ではない。一人ひとりが異なる風景を見ながら、決して平坦ではない道のりにおいて、自分のペースで旅を続け、やがて以前とは違う新しい場所にたどり着くのである。

喪失に適応するためには、失った事実を受けとめ、自分の気持ちや直面している困難と折り合いをつけていくことが必要である。拭いきれぬ思いをいかに消し去るのかが大事なのではなく、その思いを抱えつつも、自分なりにどのように生きるのかが重要である。

一方で、喪失への適応は、当事者本人の問題と矮小化されるべきではない。当事者を取り巻く人々や環境によって、適応が促されることもあれば、阻害されることもある。たとえば、中途障害者の場合には、利用しにくい設備や制度、慣習や偏見など思いもよらぬ社会的障壁によって、生きづらさを感じることがあるかもしれない。喪失とともに生きる人の困難を増幅させない社会の姿勢も問われている。

（中略）

重大な喪失を経験した者同士がそれぞれの体験や気持ちを語り、分かち合うことを通して、「自分だけがこんなに悲しいのではない」ということをしばしば実感できる。「分かち合えば喜びは2倍になり、悲しみは半分になる」という海外のことわざがあるが、分かち合うことで、悲しみだけでなく、喪失にともなう複雑な感情が解かれ、やり場のない気持ちが少しでも軽くなるかもしれない。

このような機会を提供する場として、「セルフヘルプ・グループ」とよばれる活動がある。セルフヘルプ・グループとは当事者組織であり、同じ悩みや障害のある人たちによって作られた小グループのことをいう。その目的は自分が抱えている問題を仲間のサポートを受けながら、自分で解決あるいは受容していくことにある。病気や障害のある人たち、アルコール依存や薬物依存などの嗜癖のある人たち、犯罪や虐待などの被害者たち、不登校や引きこもりの人たちなど、多様なグループがあり、当事者だけでなく、その家族のためのグループもある。死別体験者のセルフヘルプ・グループの活動は１９６０年代に英国や米国で始まり、日本で本格化し始めたのは１９９０年前後であるといわれる。

こうしたグループには「グループで話されたことはグループ内にとどめる」「求められない限りアドバイスは与えない」などの基本ルールがあり、ファシリテーターと呼ばれる担当者が司会進行役となって対話を進めていく。普段の生活では話せないことも安心して話せる場であることが重視されており、「この会に来て、③初めて泣けた」という人も多い。「自分と同じような体験をした人の話を聞いてみたい」「自分の話をきいてもらいたい」という人は、ホームページを開設している団体も多いので自分で探してみてもいいし、各自治体の精神保健福祉センターや保健所などに問い合わせてみるのもいいだろう。

１９９９年に設立された「小さないのち」は、子どもを亡くした父母と家族のセルフヘルプ・グループであり、子どもの「いのち」について語り合いながら、この先の人生に意味を見出すことを会の目的としている。会の代表である坂下裕子氏は、活動の一環として、参加者とともに死別による④グリーフを図に描いてみるという試みを続けている。経験は千差万別だが、参加者同士で「そうそう」「あるある」と共通する部分も多く、図にすることで体験を共有しやすくなると坂下氏は考えている。

私は大学の講義で、坂下氏をゲストスピーカーとして毎年招いている。そのなかで、インフルエンザ脳症で1歳の娘さんを亡くしたご自身の体験とともに、会の参加者によって描かれたグリーフの図について話してくださった。その図を坂下氏の解説とともにいくつか紹介したい（便宜上、実際の図をもとに描きなおしたものを掲載）。

・図1「悲しみは消えてなくなることはない」

死別後の胸中を、水の入った⑤コップにたとえている。左のコップは濁った水（激しいグリーフ）で満たされている。真ん中のコップは、時間の経過にともなってグリーフは沈澱し、透んだ水に変化したことが示されている。このとき、自分が回復したことを感じる。ところが、何かのきっかけによって、コップは揺さぶられ、一気に濁った水に戻る様子を右のコップは示している。この図を描いた遺族は、「悲しみは底に沈んでいるだけ。消えてなくなることはない」と話したという。これが、多くの遺族の実感なのかもしれない。

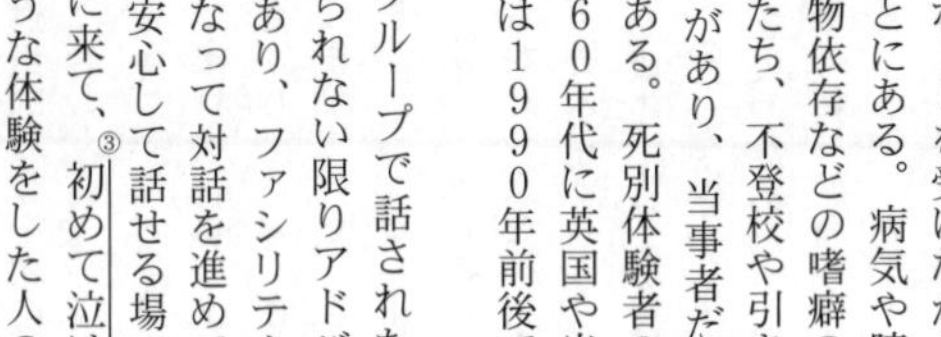

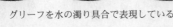

図1　グリーフを水の濁り具合で表現している

・図2 「はずだった」道ばかり見つめた [X] この図を描いた遺族は、本当の道はこちらの道だと考えられるようになり、実際に歩いている道を見つめるようになったその時期が、死を受けとめたときだったのかもしれないと語っている。

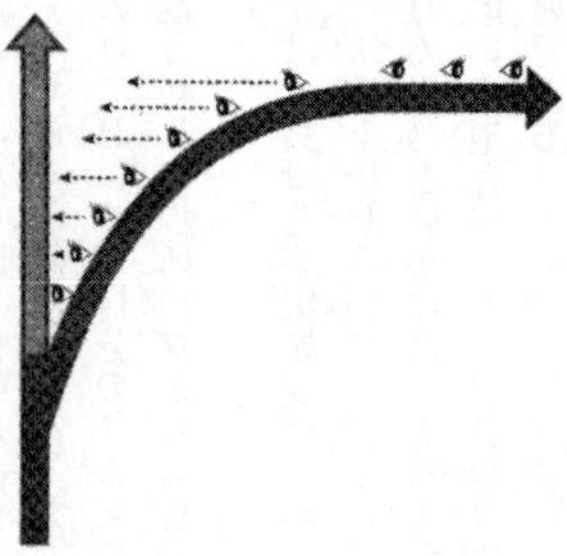

図2 亡き子が生きていたはずの「もう一つの道」の表現

・図3 傷の比率が変わる
お子さんを亡くした父親が自分自身を⑥ボールにたとえた図である。左端は独身だった頃のボールの大きさで、結婚して一回り膨らみ、子どもが生まれてもう一回り膨らんだ。2人目の子どもが生まれると、さらに膨らんだ。ところがその子が亡くなり、自分も心が大怪我をして、自分の半分をもぎ取られたように感じた。数年後、心の怪我の炎症は治まったものの、もぎ取られた傷口はふさがることなく、そのままであった。ただ、体が半分もぎ取られたままでは生きていけないので、仕事に打ち込んだり、やりがいのあることを見出したり、家族を幸せにしたり、誰かの役に立ったりなど、色々な方法で本体のほうを大きくする努力が必要だったという。この図を描いた遺族は、そうして器を大きくすれば傷口の比率は小さくなっていき、生きやすくなると語られた。

坂下氏によると、人によって描く図は本当にさまざまで、同じ人の絵も変わっていくことがあるという。つまり、当事者の思いは一様ではなく、同じ人のなかでも、その様相は変化していくものであることが示唆される。こうしたみずからの喪失体験を図で表現することや、それをもとに体験を共有することは、自分と向き合い、気持ちを整理する機会となりうるだろう。

（坂口幸弘『喪失学』光文社）

問一、よく出る 基本 空欄[a]～[c]に入る接続詞の組み合わせとして、最も適当なものを次の中から選び、記号で答えよ。
ア、a だから　b しかし　c たとえば
イ、a だから　b つまり　c また
ウ、a つまり　b だから　c さらには
エ、a たとえば　b つまり　c さらには
オ、a たとえば　b しかし　c また

問二、よく出る 文中において、次の一文がある段落の末尾から削除されている。削除された一文を挿入するべき箇所の直前の十字を抜き出して答えよ。
すなわち、喪失から「立ち直る」、あるいは喪失からの「回復」ではなく、喪失への「適応」が求められる。

問三、傍線部①「大切な何かを失ったあと」、筆者はどうすべきだと考えているか。最も適当なものを次の中から選び、記号で答えよ。
ア、周囲からの期待に応えるためにも、時間をかけて喪失から「立ち直る」べきである。
イ、喪失前の生活への回帰を目標として、現実への「適応」を模索していくべきである。
ウ、何事もなかったように喪失体験を消去し、本来の状態へ切り替えていくべきである。
エ、喪失の事実を受け止め、喪失とともに生きていくことを受け入れていくべきである。
オ、喪失状態からいち早く抜け出し、もとのよい状態への「回復」を目指すべきである。

問四、傍線部②「喪失以前と同じ状態に戻る」と対義的な内容を述べている箇所を文中から十七字で抜き出し、最初と最後の五字を答えよ。

問五、傍線部③「初めて泣けた」人が多かったのはなぜか。最も適当なものを次の中から選び、記号で答えよ。
ア、今までやり場のない気持ちを抱えて生活してきたが、仲間からの支援を感じることで場への信頼感が生まれ、抑圧された感情を解放することができたから。
イ、これまで喪失体験に長らく悩まされてきたが、重大な喪失を解決することができたという達成感から、感動が涙となってしまうことが多かったから。
ウ、これまで楽観的に物事をとらえるようにしてきたが、場の雰囲気によって悲哀の念が誘導され、人生で初めての感覚を体験することができたから。
エ、今まで感情を表現することがうまくできていなかったが、仲間に体験を打ち明けることで辛い過去から解放され、喜びのあまり感情が溢れたから。
オ、これまで人の話に耳を傾けることがなかったが、自分と同じ体験をした人の話を聞くことで、その時の体験が思い出され感情的になったから。

問六、傍線部④「グリーフ」の言葉の意味として最も適当なものを次の中から選び、記号で答えよ。
ア、体験　イ、図解　ウ、怒気
エ、喪失　オ、悲嘆

問七、傍線部⑤「コップにたとえている」とあるが、このように図示することの効果を説明したものとして最も適当なものを次の中から選び、記号で答えよ。
ア、グリーフを共有することで、喪失状態に陥ったときの実感を知らせることができる。
イ、グリーフを表現することで、喪失状態が解消され、気持ちを整理することができる。
ウ、グリーフを共有することで、多角的な解釈を獲得し、事実と向き合うことができる。
エ、グリーフを解放していくことで、一時的に喪失状態の回復を感じることができる。
オ、グリーフを説明することで、自らの喪失体験を客観視し、受容することができる。

問八、よく出る 空欄[X]に当てはまるように次の選択肢を並び替え、一番目から順に記号で答えよ。
ア、その後、残された親は、今歩いている道は見ずに、「はずだった道」を見つめ続ける。
イ、「本当なら今頃は〇〇なのに」などと考え続ける。
ウ、亡き子と一緒に生きていく「はずだった道」は、死別を境に絶たれて、右に大きくカーブする道に追いやられた。
エ、けれども年数とともに、だんだん見通しがきかなく

なり、「本当なら」という言葉も減っていく。

問九、傍線部⑥「ボールにたとえた図」を簡易化したものとして最も適当なものを次の中から選び、記号で答えよ。

ア　イ　ウ　エ　オ

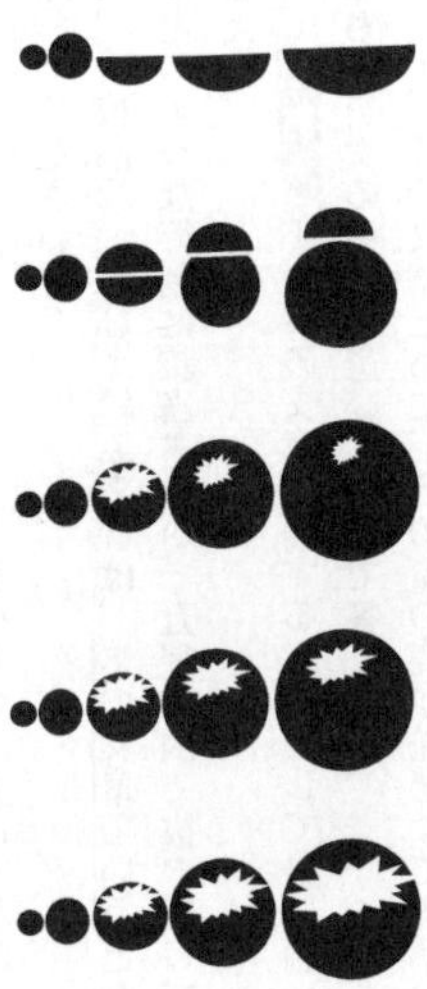

問十、次の選択肢の説明が筆者の考えと合致する場合は○で、合致しない場合は×で答えよ。
1、喪失に適応するためには、その辛い思いをいかにして拭い去るかが大切である。
2、喪失に適応するためには、個人だけでなく社会の在り方も問われている。
3、喪失体験を図示することで、相手の気持ちと向き合うことにつながる。

問十一、**思考力** **新傾向** 次の会話文は、拓大一高の先生と生徒たちが本文の内容について振り返りを行ったものである。後の問いに答えよ。
(1) 空欄［a］、［b］に当てはまる部分をそれぞれ指定の字数で文中から抜き出し、最初と最後の五字を答えよ。
(2) 空欄［c］に当てはまる説明を指定の字数で考えよ。ただし、「喪失」と「感情」の二語を必ず用いること。

先生　「人はどのようにして『喪失』を受け入れていくのか」という問いに対して、筆者はどのように説明しているでしょうか。
生徒　筆者は、「適応」という概念を使って説明しています。
先生　その通りです。さらに、筆者はその「適応」に至るまでの条件を挙げていますね。「適応」するためには、当事者が［a（四十字以内）］ことと…？
生徒　当事者を取り巻く社会が［b（二十字以内）］ことが必要だと述べています。
先生　そうですね。これで前半の流れがうまくまとまりました。後半はどんな内容でしたか。
生徒　「適応」に至るまでの条件を整える一例として、「セルフヘルプ・グループ」に着目しています。
先生　そうですね。「セルフヘルプ・グループ」とは、どのような活動を行っていますか。
生徒　［c（四十字以内）］ことを促しています。
先生　すばらしい。授業も同じですよ。こうやって教室空間で情報を共有しあうことで、課題を整理することにつながります。

三 （古文）内容吟味・動作主・仮名遣い・古典知識

次のⅠ、Ⅱの文章を読んで、後の問いに答えよ。

Ⅰ

昔大和の国に、男・女あひすみて、年来(ねんらい)になりにけれど、昼とどまりて見ることなかりければ、女の怨(うら)みて、「年来の仲なれど、いまだ容姿を見る事なし」と①うらみければ、男、「うらむる所道理(ことわり)なり。ただし、わが容姿見ては、さだめて怖ぢ恐れむがいかに」と言ひければ、「このなからひ、年を数へむはいくそばくぞ。たとひ、その容姿見悪(みにく)しとふとも、ただ見え給(たま)へ」とA言へば、「しかなり。さらば、その御匣(注1)(みくしげ)の中にをらむ。ひとり開き給へ」と言ひて帰りぬ。いつしか開けて見れば、蛇(くちなは)、わだかまりて(注2)見ゆ。驚き思ひて、ふたをおほひて、のきぬ。その夜、また来たりて、「我を見て、驚き思へり。まことに道理なり。我もまた、来たらむこと恥なきにあらず」とB言ひ、契(ちぎ)りて、泣く泣くわかれ去りぬ。女、②うとましながら、恋しからむ事を、嘆き思ひて、麻の、巻き集めたるをば、綜麻(注3)(へそ)といへり。その綜麻に針をつけて、その針を、狩衣(注4)のしりにさしつ。夜明けぬれば、その麻をしるべにて、尋ねゆきて見れば、三輪の明神(注5)の御神庫(注6)(おんほくら)のうちに入れり。その麻の残りの、みわけ残りたれば、三輪の山とはいふなりといへり。

（『俊頼髄脳』より）

（注1）御匣…櫛（くし）などの化粧道具を入れる箱。
（注2）わだかまりて…とぐろを巻いて。
（注3）綜麻…紡いだ糸をつないで、環状に幾重にも巻いたもの。
（注4）狩衣…平安時代の貴族の常用略服。
（注5）三輪の明神…我が国最古の神社大神神社の祭神。
（注6）御神庫…神宝を収める倉、また神社そのものもいう。

Ⅱ

明けぬれば男帰り給ひぬ。其の後、女櫛の箱開けて油(あぶら)壺(つぼ)の中を見給ふに、壺の内に動く者あり。「何の動くぞ」と思ひて持ち上げて見給へば、極めて小さき蛇(へみ)わだかまりて有り。油壺の内に有らむ蛇の程を思ひやるべし。女これを見給ふままに、さこそ、「おびえじ」とC契(注7)りしかども、大きにおびえて声を挙げて棄てて逃げ去りぬ。

其の宵(よひ)、男来れり。③例にあらず気色(けしき)いと悪(あ)しくて、女に(注8)□事無し。女、「怪(あや)し」と思ひて寄り給へるに、男の宣(のたま)はく、「④さばかり申しし事を用ゐ給はずして⑤おびえ給ふ事、極めて情無(なさけな)き事なり。されば我、今は参り来じ」とて、いみじくはしたなげなる気色にてD帰り給ふを、女、「さばかりの事によりて来じと有るこそ口惜(くちを)しけれ」とて、引きかへ給ふ(注9)時に、女の前に箸をつき立てて、女即(すなは)ち死に給ひぬれば、天皇・后(きさき)嘆き給ふと云(い)へども、更に甲斐(かひ)無くて止みにけり。

（『今昔物語集』より）

（注7）契り…約束し。
（注8）□…欠字。種類・該当語ともに未詳。
（注9）引きかへ給ふ…手をとって引きとめなさる。

問一、傍線部①「うらみければ」の理由として最も適当なものを次の中から選び、記号で答えよ。
ア、何年も共に過ごしながら昼の姿を見せない男に対して男の愛情を疑う気持ちが募ったから。
イ、醜い容姿を見たら心変わりしてしまう程度の愛情であると思われているのが心外だったから。
ウ、男の正体に薄々勘付いており、男からの告白が自身への信頼の証であると考えていたから。
エ、昼の所在が分からない男に他の女性の存在を疑い、自身と男の間に愛情の差を感じたから。

問二、よく出る 基本 傍線部A「言へ」、B「言ひ」、C「契り」、D「帰り給ふ」の主語の組み合わせとして最も適当なものを次の中から選び、記号で答えよ。
ア、A 男　B 男　C 女　D 男
イ、A 女　B 女　C 男　D 女
ウ、A 女　B 男　C 女　D 男
エ、A 男　B 男　C 女　D 女

問三、傍線部②「うとましながら、恋しからむ事」に見られる女の心情として最も適当なものを次の中から選び、記号で答えよ。
ア、正体を現さない男への不信感とこれまで共に過ごした時間で培った愛情とが入り混じった心情。
イ、一時の感情で男を拒絶して男を傷つけてしまったことを後悔し、何とか男を取り戻そうとする心情。
ウ、男の本体が蛇であったことへの気味の悪さと年来愛し合ったゆえの愛着との間で揺れ動く心情。
エ、長年連れ添った男の正体が蛇であったことに失望し、恋しく思う気持ちが失われてしまった心情。

問四、傍線部③「例にあらず気色いと悪しくて」とあるがなぜか。その理由を三十字以内で答えよ。

問五、傍線部④「さばかり申しし事（そのように申し上げたこと）」を次のようにまとめた。空欄にあてはまる男の言葉をIの文章から探して二十字前後で抜き出し、最初と最後の三字を答えよ。

［　　　　］。それでも、決しておびえないでください。

問六、傍線部⑤「おびえ給ふ事」は、Iの文章でいうと女のどのような行動に該当するか。五字以内で抜き出して答えよ。

問七、難 IとIIの文章に関する説明として最も適当なものを次の中から選び、記号で答えよ。
ア、I、IIの文章ともに、男の仮の姿が蛇として描かれ、話の末尾で男の正体がIでは神であったこと、IIでは天皇であったことが明かされ、人ならざると思われたものが実際には高貴な存在であったという典型的な説話となっている。
イ、Iでは女の驚きを当然のこととして受け止め、自ら身を引く男の姿が描かれているが、IIでは女の裏切りに対して激しい怒りと拒絶を示す男の様子が対照的に表現されている。
ウ、Iでは女が男に対して一貫して恋しく思う気持ちを持ち続ける様子が描かれているが、IIでは男の怒りの理不尽さに不満を覚え、男をなじる女の姿が対照的に表現されている。
エ、I、IIの文章ともに、男が女の元に通う当時の婚姻形態が描かれ、女が男に対して、Iでは居場所を突き止めようとし、IIでは引き止めようと積極的な行動を起こすことが結果として不幸につながるという教訓的な説話となっている。

問八、よく出る 基本 二重傍線部「用ゐ給はずして」を全て現代仮名遣いの平仮名に直せ。

問九、よく出る 基本 『今昔物語集』は平安時代末期に成立した説話集である。異なる時代に成立した作品を次の中から選び、記号で答えよ。
ア、奥の細道　イ、枕草子
ウ、竹取物語　エ、古今和歌集

多摩大学目黒高等学校

時間 50分　満点 100点　解答 P83　2月10日実施

出題傾向と対策

●漢字の読み書き、図表を読み取る問題、古文、論説文、小説文（省略）の大問五題構成。本文の分量は小説文が多めであるものの、一般的な量であり、設問も記号問題が中心で、記述式は二十字程度のものが数題にとどまっている。難易度が高くない分、高得点が求められる。
●漢字の読み書き、接続語の補充、古語の意味など、基礎的な問題が多いので、取りこぼすことのないよう基礎学力をきちんと身につけたい。また、読書や問題演習を通じて、文意を正確に読み取る練習もしておきたい。

注意　句読点、「」も一字と数えます。

一　漢字の読み書き　よく出る 基本

次の①～⑩の——線部について、漢字をひらがなに、ひらがなを漢字に改めなさい。（各1点、計10点）
①他のついずいを許さない。
②肩がこる。
③ネット依存社会へけいしょうを鳴らす。
④人権をようごする。
⑤観光客をゆうちする。
⑥鼻孔をくすぐる香り。
⑦ハイジャックは未遂に終わった。
⑧完全に掌握する。
⑨江戸にあった奉行所。
⑩零細企業。

二 (話し合い)文脈把握・内容吟味

次にあげた資料はいずれも「PISA2015年　生徒の学習到達度調査・読解力」の結果の一部です。この資料をもとに、高校一年生のAさん、Bさん、Cさんの生徒三人が、先生を交えて会話をしています。資料と会話の内容を読んで、後の問いに答えなさい。　(計10点)

先生：これらの資料を見た感想を聞かせてください。
A：日本の読解力の平均得点を見ると、十位以内に入っていない年もあって驚きました。
B：私もです。教科の中で国語が好きなので、私が受けていたら、この読解力の結果が一番良かったんじゃないかと思います。
C：日本の順位が前回の調査と比べて最も上がったのは［①］ですね。どうしてだろう。
先生：読解力はすぐに身につくものではないですよね。
A：ぼくは学校の教科書以外、あまり活字を読んでいない気がします。
B：私も本を読むのは好きだけれど、小学生の時ほど読んでいないかもしれません。
C：高校生になって、勉強も部活動も忙しくなったしね。
先生：理由はそれだけかな。
A：スマートフォンを見ている時間が多いです……。
C：私も……。あと、ぱっと読んで、「わかった」って思っているかも……。
B：この調査はどんな内容なんですか。
先生：いろいろなグラフやメモから、データや内容をしっかり読み取れるかどうかを問うものです。
C：私はそういうの苦手かも……。
A：日本の得点が前回の調査と比べて最も上がったのは［②］ですね。
B：毎回必ず十位以内に入っているのは北欧の［③］です。
先生：アジアの国だとどうですか。
A：［④］です。
B：毎回ってすごいですね。
C：私もBさんが勧めてくれた本を読んでみようかな。

(資料1)「読解力」

	2000年調査	2003年調査	2006年調査	2009年調査	2012年調査	2015年調査
日本の得点	522点	498点	498点	520点	538点	516点
OECD平均	500点	494点	492点	493点	496点	493点
OECD加盟国中の順位	8位／28か国	12位／30か国	12位／30か国	5位／34か国	1位／34か国	6位／35か国
OECD加盟国中の順位の範囲	2～15位	10～18位	9～16位	3～6位	1～2位	3～8位
全参加国中の順位	8位／32か国	14位／41か国	15位／57か国	8位／65か国	4位／65か国	8位／72か国
全参加国中の順位の範囲	3～10位	12～22位	11～21位	5～9位	2～5位	5～10位

(資料2)「PISA調査における読解力の平均得点の国際比較より」

	2000年	平均得点	2003年	平均得点	2006年	平均得点	2009年	平均得点	2012年	平均得点	2015年	平均得点
1	フィンランド	546	フィンランド	543	韓国	556	上海	556	上海	570	シンガポール	535
2	カナダ	534	韓国	534	フィンランド	547	韓国	539	香港	545	香港	527
3	ニュージーランド	529	カナダ	528	香港	536	フィンランド	536	シンガポール	542	カナダ	527
4	オーストラリア	528	オーストラリア	525	カナダ	527	香港	533	日本	538	フィンランド	526
5	アイルランド	527	リヒテンシュタイン	525	ニュージーランド	521	シンガポール	526	韓国	536	アイルランド	521
6	韓国	525	ニュージーランド	522	アイルランド	517	カナダ	524	フィンランド	524	エストニア	519
7	イギリス	523	アイルランド	515	オーストラリア	513	ニュージーランド	521	アイルランド	523	韓国	517
8	日本	522	スウェーデン	514	リヒテンシュタイン	510	日本	520	台湾	523	日本	516
9	スウェーデン	516	オランダ	513	ポーランド	508	オーストラリア	515	カナダ	523	ノルウェー	513
10	オーストリア	507	香港	510	スウェーデン	507	オランダ	508	ポーランド	518	ニュージーランド	509
11	ベルギー	507	ベルギー	507	オランダ	507	ベルギー	506	エストニア	516	ドイツ	509
12	アイスランド	507	ノルウェー	500	ベルギー	501	ノルウェー	503	リヒテンシュタイン	516	マカオ	509
13	ノルウェー	505	スイス	499	エストニア	501	エストニア	501	ニュージーランド	512	ポーランド	506
14	フランス	505	日本	498	スイス	499	スイス	501	オーストラリア	512	スロベニア	505
15	アメリカ	504	マカオ	498	日本	498	ポーランド	500	オランダ	511	オランダ	503
16	デンマーク	497	ポーランド	497	台湾	496	アイスランド	500	ベルギー	509	オーストラリア	503
17	スイス	494	フランス	496	イギリス	495	アメリカ	500	スイス	509	スウェーデン	500
18	スペイン	493	アメリカ	495	ドイツ	495	リヒテンシュタイン	499	マカオ	509	デンマーク	500
19	チェコ	492	デンマーク	492	デンマーク	494	スウェーデン	497	ベトナム	508	フランス	499
20	イタリア	487	アイスランド	492	スロベニア	494	ドイツ	497	ドイツ	508	ベルギー	499

問一　よく出る　［①］、［②］に入れるのに最も適当な言葉をそれぞれ次の1～5から選び、番号で答えなさい。　(各2点)
1、二〇〇〇年から二〇〇三年
2、二〇〇三年から二〇〇六年
3、二〇〇六年から二〇〇九年
4、二〇〇九年から二〇一二年
5、二〇一二年から二〇一五年

問二　よく出る　［③］、［④］に入れるのに最も適当な言葉をそれぞれ次の1～7から選び、番号で答えなさい。　(各2点)
1、カナダ　2、アメリカ
3、オーストラリア　4、フィンランド
5、シンガポール　6、韓国
7、日本

問三　思考力　資料から読み取れることとして適当なものを、次の1～5から二つ選び、番号で答えなさい。　(各1点)

1、読解力の日本の得点は、二〇〇三年に下がったが、それ以降は毎回上がっている。
2、日本の得点と、OECD平均の差が最も大きくなったのは二〇一二年である。
3、ニュージーランドは二〇〇〇年から二〇一五年のすべての調査で十位以内になっている。
4、ドイツは二〇〇〇年から二〇一五年のすべての調査で二十位以内になっている。
5、二〇〇〇年から二〇一二年の調査では、毎回スイスよりベルギーが上位である。

三 (古文)口語訳・内容吟味・文法・古典知識

次の文章を読んで後の問いに答えなさい。　(計20点)

あるらうにんのいはく、備前をかやまにありしとき、山家へ行きてあそぶ。そこなる人のかたりしは、殺生のために、あるとき太山へわけ入りしに、①としのほど廿ばかりの女ばう、まみ麗にして世にたぐふべきもなし。色㋐めづらしき小袖に、黒髪の尋常にほやかなるありさま、またあるべき人とも見えず。かかるたづきもしらぬ山中に、㋑おぼつかなくも思ひければ、てつぱうとりなをし、真正中をうつに、右のてにこれをとり、ふかみ草のくちびるに②爾乎とゑめるありさま、なをすさまじくぞあり X 。さてふたつ玉にて薬こみ、手まへはやくはなつに、これも左のてについとりて、さらぬていに笑ふ。このときに、「はや手はつくしぬ。いかがあらん」と③おそろしく、いそぎてかへるに、追つかけもせずかへりしなり。そののち、としたけたる人にかたりしに、「それは山びめといふものならん。気にいれば宝などくるるといひふれり」とかたる。よしや宝は貰はずもあらなん。

(『御伽草子』より)

注　○らうにん…士官していない武士。
○備前…旧国名。
○太山…奥深い山。
○ばう…人の様子を表す語につけて、そのような人であることを表す。

問一、よく出る 基本 ……㋐「めづらしき」、……㋑「おぼつかなく」の単語の意味として最も適当なものを、それぞれ1～5から選び、番号で答えなさい。(各3点)
㋐「めづらしき」
1、そぼくな　2、はではでしい　3、あたらしい　4、すばらしい　5、ふるい
㋑「おぼつかなく」
1、不安に　2、おもしろく　3、待ち遠しく　4、悲しく　5、あいまいに

問二、――①「としのほど廿ばかりの女ばう」とあるが、この「女」の正体は何だったか。本文中から五字以内で抜き出しなさい。(3点)

問三、難 ――②「爾乎」はどのように読むか。最も適当なものを次の1～5から選び、番号で答えなさい。(3点)
1、どき　2、にこ　3、びく　4、むか　5、ほろ

問四、よく出る 基本 X に入れるのに最も適当な言葉を次の1～5から選び、番号で答えなさい。(3点)
1、けり　2、ける　3、けれ　4、たり　5、る

問五、――③「おそろしく」とあるが、何が「おそろしく」なのか。最も適当なものを次の1～5から選び、番号で答えなさい。(3点)
1、山の中で出会ったこの世の人とは思えない女性が、とつぜん自分にむかっててっぽうをうってきたから。
2、誰も住んでいないような山の中にいた女性が、今まで見たこともないほどに美しい人だったから。
3、狩りに出かけた先の山の中で、とつぜん現れた女性を動物とまちがえてうちころしてしまったから。
4、てっぽうなど使うことができないはずの女性が、自分よりもうまくてっぽうを使ってみせたから。
5、山中に現れた普通の人とは思えない女性が、てっぽうの弾を手で受けとめても、けがひとつしなかったから。

問六、「御伽草子」は鎌倉時代から室町時代に書かれた短編小説の総称である。鎌倉時代から室町時代に書かれた作品ではないものを次の1～5から一つ選び、番号で答えなさい。(2点)
1、徒然草　2、宇治拾遺物語　3、方丈記　4、おらが春　5、新古今和歌集

四 (論説文)文脈把握・内容吟味

次の文章を読んで後の問いに答えなさい。　(計30点)

『更級日記』にこんな話が書いてある。作者と姉とが迷いこんできた猫を大切に飼っている。あるとき姉の夢まくらにこの猫がきて、自分はじつは侍従の大納言どのの息女なのだが、さる因縁があってしばらくここにきている。このごろは気品のない人たちのなかにおかれて、わびしいといって泣く。それから姉妹はこの猫をいよいよ大切に扱ってかしずくのである。

ひとりの時などこの猫をなでて、「侍従大納言どのの姫君なのね、大納言どのにお知らせしましょうね」などと言いかけると、この猫にだけは心がつうじているように思われたりする。

猫はもちろんふつうの猫にきまっているのだが、『更級日記』の作者にとって、現実のなにごともないできごとの一つ一つが、さまざまな夢によって意味づけられ彩りをおびる。

夢といえば、フロイトのいき方はこれと正反対である。フロイトの「分析」にとって、シャンデリアや噴水や美しい飛行の夢も、宝石箱や運河や螺旋階段の夢も、現実の人間世界の心的機制や身体の部分を示すものとして処理されてしまう。フロイトは夢を、この変哲もない現実の日常性の延長として分析し、解明してみせる。 イ 『更級日記』では逆に、この日常の現実が夢の延長として語られる。フロイトは現実によって夢を解釈し、『更級日記』は夢によって現実を解釈する。

この二つの対照的な精神態度を、ここではかりに、〈彩色の精神〉と〈①脱色の精神〉というふうに名づけたい。

われわれのまわりには、こういうタイプの人間がいる。世の中にたいていのことはクダラナイ、ツマラナイ、オレハチットモ面白クナイ、という顔をしていて、いつも冷静で、理性的で、たえず分析し、還元し、君たちは面白がっているけれどこんなものショセン××ニスギナイノダといった調子で、世界を脱色してしまう。そのような人たちにとって、世界と人生はつまるところは退屈で無意味な灰色の荒野にすぎない。

［ロ］反対に、こういうタイプの人間もいる。なんにでも旺盛な興味を示し、すぐに面白がり、人間や思想や事物に惚れっぽく、まわりの人がなんでもないと思っている物事の一つ一つに独創的な意味を見出し、どんなつまらぬ材料からでも豊饒な夢をくりひろげていく。そのような人たちにとって、世界と人生は目もあやな彩りにみちた幻想のうずまく饗宴である。

（　X　）な〈脱色の精神〉は近代の科学と産業を生みだしてきた。［ハ］フロイトはわれわれの「心」の深奥に近代科学のメスを入れようと試みたパイオニアである。そして科学と産業の勝利的前進とともに、この〈脱色の精神〉は全世界の人びとの心をとらえ、その生きる世界を脱色していった。

※

森の妖精や木霊のむれは進撃するブルドーザーのひびきのまえに姿を没し、谷川や木石にひそむ魑魅魍魎は、スモッグや有機水銀の廃水にむせて影をひそめた。すみずみまで科学によって照明され、技術によって開発しつくされたこの世界の中で、現代人はさてそのかげりのなさに退屈し、「なにか面白いことないか」といったうそ寒いあいさつを交わす。

②世界の諸事物の帯電する固有の意味の一つ一つは剥奪され解体されて、相互に交換可能な価値として抽象され計量化される。

個々の行為や関係のうちに（a）在する意味への感覚の喪失として特色づけられるこれらの過程は、日常的な実践への埋没によって虚無から逃れでるのでないならば、生のたしかさの（b）的な支えとしての、なんらかの〈人生の目的〉を必要とする。

それが近代の実践理性の要請としての「神」（プロテスタンティズム！）であれ、その不全なる等価としての「天皇」（立身出世主義！）であれ、またはむきだしの富や権力や名声（各種アニマル！）であれ、心まずしき近代人の生の意味への感覚を（c）部から支えようとするこれらいっさいの価値体系は、精神が明晰であればあるほど、それ自体の根拠への問いにさらされざるをえず、しかも③この問いが合理主義自体によっては答えられぬというジレンマに直面せずにはいないから、このような価値体系は、主体が明晰であればあるほど、根源的に不吉な④ニヒリズムの影におびやかされざるをえない。

ここにはいっさいの幻想を排するがゆえに、逆に幻想なくしては存立しえず、［ニ］このみずからを存立せしめる幻想を、みずから解体してゆかざるをえない、近代合理主義の逆説をみることができる。

われわれはこの荒廃から、幻想のための幻想といった自己欺瞞に後退するのでなしに、どこに出口を見出すことができるだろうか。

（真木悠介「彩色の精神と脱色の精神」より）

注　○更級日記…平安時代に書かれた日記文学。
○フロイト…オーストリアの精神科医。
○饗宴…酒食の席を設けて客をもてなすこと。はなやかなもよおし。

問一、よく出る ［イ］～［ニ］に入れるのに最も適当な言葉をそれぞれ次の1～4から選び、番号で答えなさい。ただし同じものを二度以上用いてはいけません。（各2点）

1、たとえば
2、また
3、しかも
4、ところが

問二、——①「脱色の精神」によって生み出されるものを、本文の※以降の箇所から五字で抜き出しなさい。（4点）

問三、（　X　）に入れるのに最も適当な言葉を次の1～5から選び、番号で答えなさい。（3点）

1、冷静で理知的
2、空虚で抽象的
3、豊饒で独創的
4、横暴で攻撃的
5、深刻で反社会的

問四、——②「世界の諸事物～計量化される。」とあるが、どういうことか。最も適当なものを次の1～5から選び、番号で答えなさい。（3点）

1、世界の様々な物事を分解して考えることにより、その部分一つ一つの持つ意味が明らかになってくるということ。
2、世界の諸事物を分解して考えてみると、分解された個々の「部分」を入れ替えてみたとしても、その諸事物の性質は変わらないということ。
3、世界の諸事物を分解することで、個々の部分に価値が生じ、それによって諸事物の価値の大小を比較することが可能になるということ。
4、世界の諸事物は結果として抽象化されることになり、数々の諸事物は結局は同じものとして見なすことができるということ。
5、世界の諸事物は客観的な観察や考察の対象となるため、これまで以上に価値の上での比較ができるということ。

問五、（a）～（c）に入れる言葉の組み合わせとして、最も適当なものを次の1～5から選び、番号で答えなさい。（3点）

1、a 外　b 外　c 内
2、a 外　b 内　c 内
3、a 内　b 外　c 外
4、a 内　b 内　c 外
5、a 内　b 外　c 内

問六、思考力 ——③「この問い」とはなにを指しているか。本文中の言葉を用いて十五字以上二十字以内で説明しなさい。（5点）

問七、——④「ニヒリズム」は次の形で日本語訳されている。空欄に入る言葉を本文中から二字で抜き出しなさい。

〈　二字　〉主義　（4点）

五　（省略）住野よる「か「く「し「ご「と」より　（計30点）

中央大学杉並高等学校

時間 50分　満点 100点　解答 P84　2月10日実施

出題傾向と対策

●漢字の読み書き、資料の読み取り、古文、課題文要約、論説文の大問五題構成。出題は多岐にわたり、幅広い学力が求められる。論説文は比較的長めだが、ほとんどが記号問題なので、落ち着けば時間内に解けるであろう。

●課題文要約に時間を割くためには、その他の問題を短時間で確実に得点につなげる必要がある。過去問題などを時間を計って解くことを繰り返しペースを見つけたい。漢字の読み書きは文脈もヒントとなる。ただ字を覚えるのではなく、どういう意味かも考えながら学習しよう。

一　漢字の読み書き　よく出る　基本

1～7の文中の――線部(a)～(h)について、漢字はひらがなで読み方を示し、カタカナは漢字に改めなさい。

1、日本国民は、正当に選挙された国会における代表者を通じて行動し、われらとわれらの子孫のために、諸国民との協和による成果と、わが国全土にわたつて自由のもたらす恵沢を確保し、政府の行為によつて再び戦争の(a)サン力が起ることのないやうにすることを決意し、ここに主権が国民に存することを宣言し、この憲法を確定する。

（日本国憲法　前文による）

2、そのかみの学校一のなまけ者
今は(b)マジメに
はたらきて居り

（石川啄木『一握の砂』による）

3、親(c)ユズりの無鉄砲で小供の時から(d)ソンばかりしている。小学校に居る時分学校の二階から飛び降りて一週間ほど腰を抜かした事がある。なぜそんな無闇をしたと聞く人があるかも知れぬ。別段深い理由でもない。

（夏目漱石『坊っちゃん』による）

4、「けれどもほんとうのさいわいは一体何だろう。」ジョバンニが云(い)いました。
「僕わからない。」カムパネルラがぼんやり云いました。
「僕たちしっかりやろうねえ。」ジョバンニが胸いっぱい新しい力が(e)ワくようにふうと息をしながら云いました。

（宮澤賢治『銀河鉄道の夜』による）

5、昔話には、社会の(f)リフジンさや生きることの切なさとともに、それを乗り越えていく人間の強さが込められている。そして語りの場では、語り部自身の歩んできた人生がそれに重ね合わされて再解釈がなされ、さらにリアルに語られていくのだ。

（六車由美『驚きの介護民俗学』による）

6、日本人が「馬車」の類を使ったのは、平安時代の牛車だけで、どういうわけか日本人は、あんまり乗用に「車輪」を使わなかったのです。牛車が(g)廃れた後に車輪が使われたのは荷物運び用で、しかも、これを引いたのは人間です。

（橋本治『日本の行く道』による）

7、新元号「令和」の出典は、『万葉集』にある「初春の令月にして、気淑(きよ)く風(h)和らぐ」だが、この句は中国の書家王羲之(おうぎし)の「蘭亭序(らんていじょ)」や張衡(ちょうこう)「帰田賦(きでんのふ)」からの影響が指摘されている。

（新聞記事による）

二　グラフの読み取り・資料の読み取り　思考力　新傾向

次の問1～2の各設問に答えなさい。

問1、次の文を読み、男子高校生の競技別加盟人数の上位十五位までの内訳を表すグラフとして、最も適当なものを選び、記号で答えなさい。

> 男子高校生の競技別加盟人数の上位十五位のうち、23パーセントは球技以外の競技である。球技以外の競技のうち、もっとも加盟人数の多いのが陸上競技で、およそ39パーセントを占める。

ア
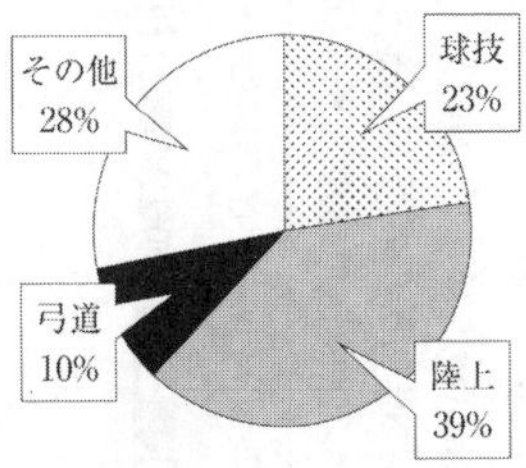

イ
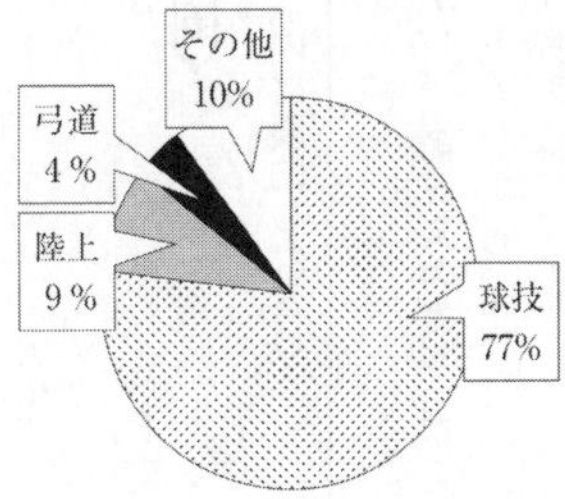

ウ
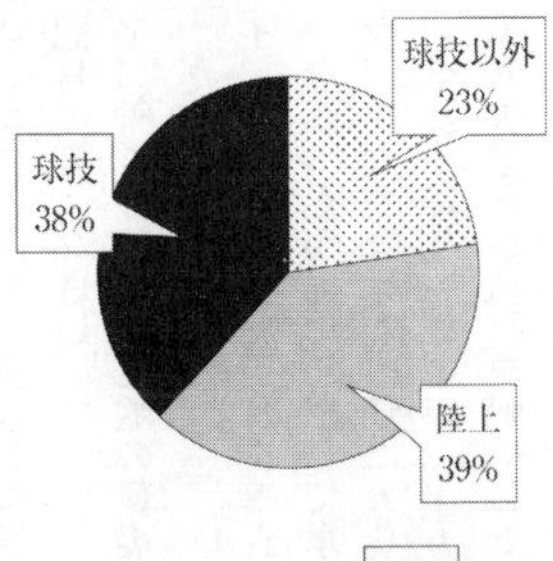

エ
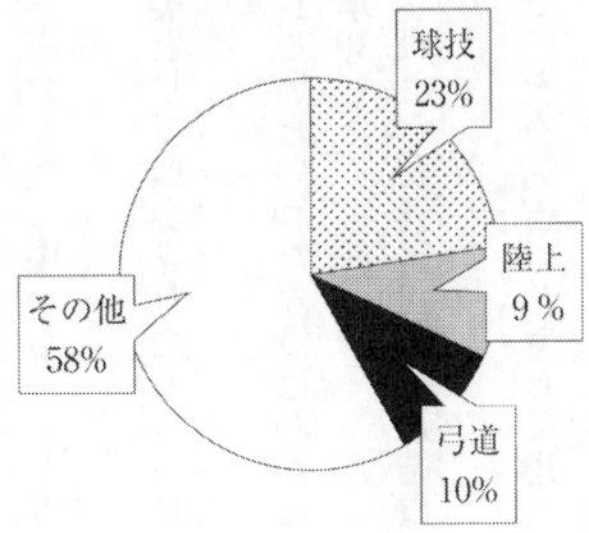

オ
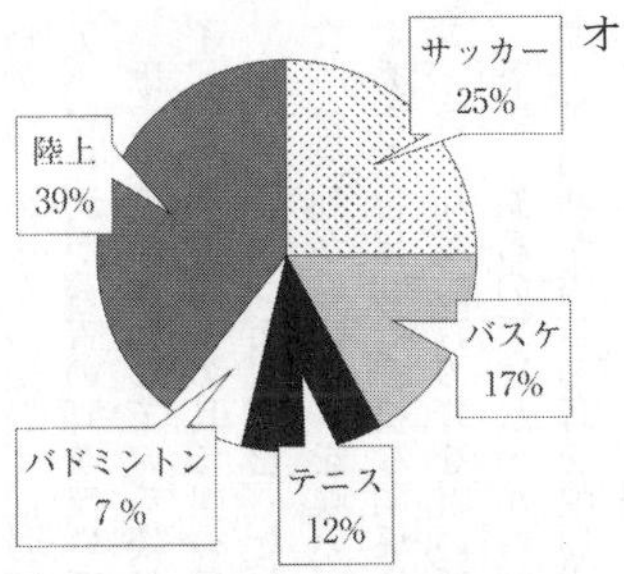

問2、二〇一九年九月の新聞記事で、あるコンビニチェーンでの支払いの計算方法が変わったことが報じられた。次の領収書を見て、これに合致する説明を後から選び、記号で答えなさい。

従来の領収書

領収書	
お茶	100
おにぎり	100
あめ	100
合計	300
(内消費税	21)

9月以降の領収書

領収書	
お茶	93
おにぎり	93
あめ	93
小計	279
消費税	22
合計	301

ア、従来の領収書では、各商品の税抜き価格が示され消費税の額が明確であったが、九月以降の領収書ではそれが不透明になった。

イ、税込み価格で計算すると三〇〇円の支払いで済んでいたが、税抜き価格で計算すると、前より一円多く支払わなければならなくなった。

ウ、各商品を税抜き価格で合計し、それに対する消費税を計算すると、消費税は二十一円だが、税込み価格で合計すると消費税が二十二円になった。

エ、八月以前の領収書と九月以降の領収書を比較すると、計算方法が変わったことにより、食料品の値段が相対的に下げられることになった。

オ、複数の商品を買う場合、税込み価格が表示されている方が最終的に支払う値段が分かりやすいという消費者の要望が通った結果、計算方法が変わった。

三（古文）内容吟味・動作主

次の文章を読んで後の設問に答えなさい。

ある時ご寵(ちょう)愛の松の樹枯れたりしを、秀吉公心よからず思(おぼ)し召しつるを、曽呂(そろ)利伺ひ見て祝しけるは、

　御秘蔵の常盤(ときは)の松は枯れにけり
　　己(おの)が齢(よはひ)を君にゆづりて

(1)秀吉公御感ありてよくよくぞ祝し申したれ、曽呂利に黄金とらせよと仰せありければ、曽呂利謹んで額を下げ、『有り難きしあわせ　A　、とかう申すも畏れあれども、ただいま御金を拝領仕(つかまつ)るよりは、日ごとに君の御耳を嗅がせ給(たま)はらば御金に勝り、有り難からん　B　と申し上げければ、殿下可笑(をか)しく思し召し、汝(なんぢ)が望みに任する間、心のままに嗅ぐべし　C　と仰せけるに、曽呂利甚だ悦(よろこ)び深く恩を謝したりける。それより後、諸国の大名小名登城して、御目見の時は必ずこの曽呂利、秀吉公の御側(そば)にあって(2)御耳を嗅ぎけるを、国々の大小名さては我が身のことを囁(ささや)き申し上ぐるや　D　と、心もとなく思ひつつ内証より若干の金銀を曽呂利に送り、御前のとりなしよろしく頼み存ずる旨、日ごとに贈り物山のごとく、俄(には)かに徳付き福有(ふくいう)の身となりけるとぞ。殿下これを聞こしめし、例の曽呂利が横着こそをかしけれとて笑ひ給ひぬ。

（『絵本太閤記』より）

寵愛…特別に愛すること
常盤の松…葉の色が変わらない松
御金を拝領仕る…金をいただく
小名…大名のうち、領地・石高の少ないもの
横着…ずうずうしいこと

問1、――線部(1)「秀吉公御感ありて」とありますが、秀吉はなぜ曽呂利の歌に感心したのですか。説明として最も適当なものを次の中から選び、記号で答えなさい。

ア、松の持つ昔ながらのイメージを技巧的に詠み込んだから

イ、松の最期を見届けられたという珍しい経験を歌に詠んだから

ウ、枯れた松の代わりに曽呂利の寿命を秀吉に差し出すことを約束したから

エ、松が枯れるという不吉なことを機転を利かせてめでたいことに変えたから

オ、松と同い年の秀吉の年齢を忘れずにその長寿をお祝いする気持ちを表したから

問2、よく出る『で始まる会話はどこで終わりますか。A～Dより一つ選び、記号で答えなさい。

問3、――線部(2)「御耳を嗅ぎける」とありますが、その姿を見た諸大名の反応を説明した文章として最も適当なものを次の中から選び、記号で答えなさい。

ア、曽呂利が秀吉の耳を嗅いでいる様子を見た諸大名は、歌で状況を説明している姿に感心した。
イ、曽呂利が秀吉の耳を嗅いでいる様子を見た諸大名は、耳の遠くなった秀吉をいたわる姿に感動した。
ウ、曽呂利が秀吉の耳を嗅いでいる様子を見た諸大名は、秀吉と曽呂利の密接な関係に嫉妬した。
エ、曽呂利が秀吉の耳を嗅いでいる様子を見た諸大名は、秀吉が怒るのではないかと肝を冷やした。
オ、曽呂利が秀吉の耳を嗅いでいる様子を見た諸大名は、自分についてあれこれ報告していると勘違いした。

問4、本文の内容と合致しないものを次の中から一つ選び、記号で答えなさい。

ア、秀吉は曽呂利に歌の褒美として黄金を与えるつもりだった。
イ、秀吉は曽呂利が耳を嗅ぎたいといった真意はわからなかったが面白く感じて承知した。
ウ、諸大名は秀吉に気に入られようと曽呂利に金銀を貢ぐようになった。
エ、曽呂利が私腹を肥やしたことを秀吉は苦々しく思ったが笑うしかなかった。
オ、曽呂利はねらいどおりに日に日に裕福になっていった。

四 (論説文)要旨　難　思考力

次の文章を八十字以上百字以内に要約しなさい。

①三文で要約すること
②第二文の書き出しを「しかし」、第三文の書き出しを「つまり」で始めること
（……。しかし……。つまり……。）
③解答欄（20字詰×5行、原稿用紙＝省略）の一マス目から書き始め、句読点も一字に数えること

夏目漱石『三四郎』の中で、熊本から上京する主人公の三四郎に対して、広田先生という人物が次のように語るシーンがある。熊本より東京は広い。東京より日本は広い。日本より頭の中の方が広い、と。

ままならぬ現実の中で生きる私たちは、それでも自分の頭の中は自由で、思うまま想像の翼を広げることができる。私たちは何でも自由に考えることができると信じている。そのように考えて、日々の生活を生きている。しかし私たちの心は本当に自由なのだろうか。

たとえば、食べ物のことを考えてみよう。食べ物は本来、男性向け、女性向け、そのようなものではないはずである。しかしラーメン屋の行列は圧倒的に男性が多く、ケーキバイキングは女性客がその大半を占めている。彼ら、彼女たちは、誰かにラーメン屋、あるいはケーキバイキングに行け、と命じられたわけではない。自分の心のおもむくままに、そのような行動を取ったに過ぎない。にもかかわらず、まるで誰かに命じられたかのように、男性はラーメン屋に列をなし、女性はケーキバイキングにでかけるといった行動をとってしまうのである。

このようなことはぬいぐるみについても言える。子どもの時、私たちの多くはぬいぐるみと遊んでいたはずだ。しかしいつしか私たちは、自然とぬいぐるみとの日々から遠ざかってしまう。ただこれはすべての社会に当てはまることではない。ある調査によると、イギリスの成人男性のうち、三人に一人が大人になってもぬいぐるみとともに暮らしているという。考えてみれば、大人になったらぬいぐるみと別れなければならない、という理由はどこにもないはずである。にもかかわらず、私たちの多くは、無意識のうちにぬいぐるみと別れるべきであると思い込み、そのように行動してしまっている。私たちの心は決して自由ではない。

このように、知らず知らずのうちに、私たちの心や行動を方向付けてしまうものが文化である。食べ物についても、ぬいぐるみについても、私たちは根拠のない思い込みに縛られている。実は文化がこういった私たちの思い込み、私たちの心の形をあらかじめ決めてしまっているのである。

ここ数年、日本の社会ではすぐに役に立つ研究が求められ、それ以外の学問を軽んじる傾向が強くなってきている。いわゆる文化研究もその一つだ。しかし文化が心の形を決めてしまうとするのならば、文化研究は私たちの心の限界を知る学問だ。そして文化を研究し、心の限界を知ることこそが、自由になることへの第一歩になるのである。『三四郎』の広田先生は、先の引用に続けて次のように述べる。「囚(とら)われちゃ駄目だ」と。私たちはこの広田先生の言葉を忘れてはならないのである。

（本文は本校で作成した）

五 (論説文)内容吟味・文脈把握・主題

次の文章を読んで後の設問に答えなさい。

イギリスの社会学者アンソニー・ギデンズは、著書『親密性の変容』で、これからの人間関係、とりわけ親密な関係は、「(1)純粋な関係性（pure relationship）」になると述べています。ここでの純粋は、心が汚れていないという意味ではなく、「ほかに理由がない」という意味です。

この定義で見ると、パートナーと利益目当てで付き合っていたり、籍を入れたから仕方なく夫婦でいたりするのは不純な関係性であり、「お互いがお互いであること以外に関係性を保つ理由がない」のが純粋な関係性です。職場の同僚は会社が同じという条件に支えられているので不純となりますが、会社を辞めても友人としての付き合いが続くなら、それこそが純粋な関係性ということですね。

そうなると、「私たちは家族である」とお互いが決めたこと以外に家族であることの理由や条件がないので、お互いがそれぞれの人生設計や生活圏を持つなかで、(2)家族というプロジェクトを協働して担っていくしかないのです。

僕はあと15年もすれば、そんな関係性が標準的なスタイルになると考えています。

ただし、それは「のび太くん家」(注)がなくなってしまうことではありません。のび太くん家にあった関係性が、僕らの時代に合ったものに変わるということです。

なぜなら、戦後に築かれてきた愛によって結ばれた核家族もまた、「民主的」な家族として広まってきたからです。戦前の家父長制では、家長である父の絶対的権威を頂点にしたピラミッドのなかで家族が営まれました。そして、このような古い家族はもうやめようという意識から現れたのが戦後の民主的な核家族でした。

結婚は親が決めるのではなく、夫婦の愛によって成立する。結婚式のスタイルは神前結婚式ではなく、結婚することだけを理由にした人前結婚式を挙げる。披露宴には友人や会社の同僚を呼び、社会にその夫婦を認めてもらう。このように戦前の権威を否定して生まれたのが、戦後の民主的な核家族だったのです。

その延長線上に生きている僕たちは、いま家族の条件としてなにを残すのか――。

それは、「一緒に住んでいること」とか「子育てをしていること」といったどこかの誰かが決めた定義ではなく、お互いが「家族になろう」と思って作ったという、その純粋な理由だけを残していくという話だと思うのです。

その意味で、(3)いま作られている家族は、戦後民主主義の延長線上にある民主化された家族のひとつの形態として見ることができます。別にどんな言葉を使ってもいいのですが、夫婦間で「よろしくお願いします」なんて僕は素敵だと思います。

そんな家族の形態がもっと広がれば、高齢世帯でも離れて住む息子夫婦とLINEグループでつねにつながっていたり、オンラインでコミュニケーションしたりして、いつでも「家族」であれるわけです。これまで核家族で切れていた3世代がオンラインでつながって、孫にとって遠かったおじいちゃん、おばあちゃんが、自分のすぐ身近にいる高齢の家族として存在することもあり得ます。

そのようにして核家族をまたいだ関係性が広がることには、とても(4)ポジティブな意味があると思います。

ここまで、かつて標準とされた「子育て中の核家族」のようなイメージの家族が、新しく民主化されていくポジティブな側面を見てきました。

しかし、ここで大きな問題が残ります。

そんな家族を作ることができない人や、急増する高齢単身世帯のようなこれまでのモデルにない人たちをどう考えるのか？

こうした問題には、「家族を支える制度」を考える視点を欠かすことができません。そこで、そんな人たちをサポートするために社会福祉制度があります。福祉で家族をサポートするということは、言い換えると、「家族の営み」をある程度外部化する前提に立つことです。

実際に、教育については、学校や学習塾や習い事などでほとんど外部化されており、高齢者介護も外部化が進みつつあります。最近では、共働き世帯を中心に家事代行サービスの需要も高まっています。つまり、家事や生活を営む作業は、その多くが外部との関わりで可能になるものなのです。それをすべて市場（お金）で買うかどうかはともかく、家族以外の誰かが担えるものになりつつあります。

こうしたサポートのうち、お金での購入が前提となるサービスを「商品化」されたものと呼び、福祉のように権利として保障されているものを「脱商品化」されていると呼びます。そのうえで、デンマーク出身の社会学者イエスタ・エスピン＝アンデルセンは、福祉の「脱商品化」の度合いは国や社会によって異なることを明らかにしました。

たとえば、アメリカでは商品化の度合いがすごく高い。なんでもお金で買えるということです。そして、脱商品化されている国でも、北欧諸国のように行政が提供する仕組みが整っている国もあれば、南欧諸国のように商品化の度合いも低く福祉も不十分で、親族ネットワークに依存するような国もあります。日本では市場で買ったり、行政が提供したりと様々ですが、たとえば医療サービスであれば行政からサポートを受けるというパターンになっています。

もちろん、単純に国や地域で分けづらい面もありますが、いずれにせよ、様々な方法で家族以外の人がサポートを提供していることが世界的に見られるわけです。

すると、ほとんどのサポートを外部化できると考えるなら、家族の形態が多様化しても、市場のサービスで代替したり、福祉として提供したりして対処できるかもしれません。

たとえば、子どもと一緒に住んでいない高齢世帯が増えても、ヘルパーが定期的にどこかへ連れて行ってくれたり、入浴サービスをしてくれたりする形で外部化できるなら、ある程度は対処できます。ただ、福祉予算が縮小され、かつ市場でそれを買うのも高いとなると、家族を形成すること自体から人びとは退却していくでしょう。親の介護もありながら子どもを育てることは、よろこびよりもコストのほうが高いものとなってしまうのです。

だからこそ、家族を社会の基本的な単位と考えるなら、それを維持するためにこそ(5)外部で補えるような仕組みを増やす対策が必要になります。市場から調達するほか、サードプレイスによるサポートや、高齢者になったときに自分を尊重してくれる人たちのネットワークがあること。あるいは、趣味縁のなかでウィークタイズがあること。もちろん、福祉行政が子育てのサービスや高齢者福祉を拡充していくこと。

そうしたことが、家族を守っていくうえで今後ますます重要になっていきます。

そして、ここに至って最後の大きな問題が立ち現れます。「家族」が持つ(6)本質的な機能を、すべて外部化できるのか？

近年、進化心理学という、生物学的な人間の進化や人間の性質を進化論的な観点から解明する研究において、家族などの「親密な関係」には、外部化したり代替したりすることのできない本質的な機能があることがあきらかになりつつあります。

つまり、家族のような関係性は、人間の生物学的なレベルで組み込まれている機能であるということです。

たとえば、病気になったとき、親密な相手からのケアがあるかどうかが快復に影響することが指摘されています。『脳が壊れた』の著者である鈴木大介氏は、自身の高次脳機能障害について書いた記事で、感情のコントロールが利かなくなりパニックになったとき、妻に手を握ってもらったり、抱きしめてもらったりすると落ち着いていくという、印象的なエピソードを記しています。

　僕は読んだとき、「これってけっこう重要な問題だよな」と思いました。支えられる人が限られる環境においても、やはり代替不可能な存在というものがあるのです。

　病気などに直面したとき、機能として医療や介護を外部から提供することはできます。しかし、大切な人に見守ってもらったり、ずっと手を握ってもらったりするような、人間のなかにある本質的な部分に応えることは、おそらく外部化できないものなのです。

　福祉は、家族の機能は外部化できるという前提に立ち、それらを個別のサービスとして提供してきた面があります。しかし、家族が持つ本質的な「親密性」は、お金や労働力のように集めたり分配したり、代替したりすることは難しいのです。恋人がいない人に恋人をどこかから調達して分配したり、家族の愛に飢えている人に別の誰かの家族の愛を分け与えたりはできません。「親密性」の有無が人生の質（ＱＯＬ）を左右するにもかかわらず、それを再分配することはもとより、強制的に提供することもできないのです。

　今後の社会では、こうした(7)「親密性格差」の問題から目を背けることができなくなっていくことでしょう。

　ある程度までは、先に述べたようにサポートを市場化したり、サードプレイスのような形でネットワーク化したりできる。でも、親密な関係を持つ人と持たない人で決定的な違いが生じるなら、それがない人たちはどのように生きていけばいいのか――。

　家族という「親密な関係性」には、最後の大きな問題が潜んでいるのです。

（鈴木謙介『未来を生きるスキル』より
作問のため本文を改めた箇所がある）

注「のび太くん家」…藤子・F・不二雄の漫画『ドラえもん』の登場人物の一人である「のび太」の家族のこと。筆者は別の箇所で「「のび太くん家」のような「愛によって結ばれた夫婦」が、「自分たちの経済力のみで子育てをする」家族」と述べている。

問1、**よく出る** ――線部(1)「純粋な関係性」とありますが、これを説明したものとして最も適当なものを次の中から選び、記号で答えなさい。

ア、計算高くあることによって、相互に利益と安定をもたらすような関係性
イ、存在を相互に認め合うことが、共にいる唯一の動機となるような関係性
ウ、制度や形式に則して、それぞれが社会的な位置を取得するような関係性
エ、純朴で汚れのないことが、連帯するただ一つの根拠となるような関係性
オ、偶然結ばれた者達が、きずなを必然的なものに育てていくような関係性

問2、――線部(2)「家族というプロジェクトを協働して担っていくしかない」とありますが、なぜですか。その理由として最も適当なものを次の中から選び、記号で答えなさい。

ア、家族は自分で選んだ関係ではないが、守るべきものだから
イ、それぞれに都合があっても、家族は維持しなければならないものだから
ウ、共にいることが当然であるはずの家族ですら、自分たちで選んだ関係になるから
エ、協力し助け合わねばならないはずの家族を疎んじることは、無責任なことだから
オ、たとえ家族であっても、相互に保障されるべき個人の自由を犯してはならないから

問3、**よく出る** ――線部(3)「いま作られている家族は、戦後民主主義の延長線上にある民主化された家族のひとつの形態として見ることができます」とありますが、それについて次のように説明しました。空欄に当てはまる語句を、本文中からそれぞれ抜き出しなさい。

「のび太くん家」のような家族は、家父長制などの戦前の［①5字］を否定することによって生まれてきた。したがって、現代の「純粋な関係性」を結ぶ家族も、友人や同僚を呼んで社会的に結婚を認めてもらうような、戦後の［②7字］の系譜に連なっていると言える。

問4、――線部(4)「ポジティブな意味がある」とありますが、どのようなところが「ポジティブ」なのですか。最も適当なものを次の中から選び、記号で答えなさい。

ア、オンラインでのつながりが、核家族の信頼を強めるところ
イ、オンラインでのつながりが、家族関係に民主化をもたらすところ
ウ、オンラインでつながることで、戦前の家父長制が見直されるようになったところ
エ、オンラインでつながることで、離れていた3世代が再びつながることができるところ
オ、オンラインでつながることで、戦後民主主義の新たな可能性が見出されるようになったところ

問5、**よく出る** ――線部(5)「外部で補えるような仕組み」とありますが、それについて次のように説明しました。空欄に当てはまる語句を、本文中からそれぞれ抜き出しなさい。

「外部で補えるような仕組み」とは、お金で買える［①3字］されたもののことばかりをいうのではない。人々が家族を形成しようと思うようにするためには、むしろコストのかからない［②4字］された福祉や、その他の社会的つながりが必要なのである。

問6、――線部(6)「本質的な機能」とありますが、それに該当しないものを次の中から一つ選び、記号で答えなさい。

ア、市場化できるという前提に立った家族の役割
イ、生物学的レベルで人間に組み込まれている一つの能力
ウ、進化心理学的観点から解明された「親密な関係」の働き
エ、「親密な関係」によって結ばれた家族関係が人間に与える効能
オ、外部化したり代替したりすることのできない「親密

な関係」のもたらす作用

問7、――線部(7)「「親密性格差」の問題から目を背けることができなくなっていく」とありますが、どういうことですか。その説明として最も適当なものを次の中から選び、記号で答えなさい。

ア、家族の愛に飢えている人の数を今よりも減らす努力が求められるようになる、ということ

イ、「親密な関係」を持たない人とそれを支える人とのきずなを強められるようにする、ということ

ウ、「親密な関係」を持つ人と持たない人の間にある落差を埋めていく必要が生じる、ということ

エ、「親密な関係」を持たない人が今よりも増えていく情況に対処する必要に迫られる、ということ

オ、外部化された家族では満たされない人にどのような代替措置が可能かを考えなければならない、ということ

問8、本文の内容と合致しないものを次の中から一つ選び、記号で答えなさい。

ア、今後の家族のあり方は、戦前の家父長制の欠点を修正してできた「純粋な関係」になっていくと思われる。

イ、「子育て中の核家族」というモデルが、時代に合わせて変化していく過程にはポジティブな側面がある。

ウ、「純粋な関係」には、一度は分断された親族がそれぞれの意志で再びつながり合うというような積極的な意味がある。

エ、家族を持ち得ない人たちに対してどのようなケアをしていくべきかという問題については、とりあえず家族の果たすべき機能を外部化することで対応しようとしてきた。

オ、「親密な関係」は代替不可能であり、決して外部化できないものなのである。

東海高等学校

時間 50分　満点 100点　解答 P85　2月4日実施

出題傾向と対策

●論説文と小説文（省略）の大問二題構成は例年どおり。論説文は、文章はやや硬めだが主旨は分かりやすい。論説文、小説文ともにポイントとなる箇所を鋭く突いてくる良問が多い。選択問題も、根拠が明確なので丁寧な読解ができていればそれほど迷わずに解答できる。

●評論用語を多用している、やや難度の高い論説文を数多く読みこなし、速く正確に読めるようにしておくこと。論説文、小説文ともに、記述問題で差が開くと考えられるので記述問題対策を怠りなく行うこと。

【注意】字数が指定されている場合は、句読点やカッコなども一字として数える。

一（論説文）漢字の読み書き・内容吟味

次の文章は斎藤幸平「気候危機と世界の左翼」の一節である。これを読んで、後の問いに答えなさい。

ノーベル化学賞を受賞したパウル・クルッツェン[注1]は、人類が地球全体に及ぼす影響力の大きさを強調するために、地質学上の新しい時代として「人新世」という概念をテイショウ[A]した。人類が一つの「重大な地質学的な威力」になって、その活動が地球のあり方を変えているというのである。

そして、この人類を駆り立てているのが、資本主義システムであることは間違いない。実際、①「人新世」は「資本新世」と呼んでもよいほどである。無限の致富衝動、絶えざる競争、グローバル化が、より多く、より早く、より遠くを目指すことで、地球環境を不可逆的に変えてしまったのだ。であるとすれば、環境危機を論じる際には、資本主義そのものを批判することが必要であるという認識が欧米では広く共有されるようになっているのは当然のことであり、エコロジーを論じない左翼は左翼ではない、という状況になっているのも納得がいく。

現代資本主義が突き進んでいる先にあるのは、気候変動による破局である。気候変動は、今年千葉や福島に深刻な被害をもたらした台風の大型化に関連しているだけではない。アマゾン、カリフォルニア、オーストラリアの山火事、北極圏の氷の融解、プエルトリコやバハマを襲ったハリケーン、ベネチアの高潮など、すべてはつながっている。これらの出来事は、産業革命以前と比較して「わずか」1度の気温上昇によって引き起こされた。ところが、この間にも化石燃料の消費量は増え続けており、このままのペースでいくと、2030年には1・5度をこえるといわれている。

だが、科学者たちがぎりぎりの安全のリミットと見なすのは、2100年までの気温上昇を1・5度以内に収めることである。パリ協定[注2]が目指す2・0度でさえも、もはやかなり危険と見なさざるを得ない状況になっているのだ（実際には、パリ協定を守ったとしても、最大3・7度も上がってしまうのだが）。そして、もし本当に気温上昇を1・5度以内に収めようとするのであれば、2030年までに二酸化炭素排出量を半減させ、2050年までに純排出をゼロにしなくてはならない。今後わずか10年でそれほど大きな変化を起こさなくてはならないにもかかわらず、石炭火力発電所を地元横須賀で建設している小泉進次郎環境大臣からは、なんら危機感をもった対策は聞こえてこない。

それ以上に、科学者たちが求める要求を満たすには、プラスチックストローやレジ袋の廃止、あるいは、ホテルにタイザイ[B]した時にタオルを換える頻度(ひんど)を2日に一回にするなどという個人消費者レベルの対策ではまったく意味がないことに気が付かなければならない。社会全体、産業レベルでの大転換が求められているのだ。

ただし、社会的対策といっても、排出権取引や、企業が進んで受け入れるような軽い炭素税でも不十分である。も

は、自由市場を前提とした段階的な移行では間に合わないところまで来てしまっているからだ。また、産業に技術イノベーション[注3]が期待されているといっても、より性能の高い電気自動車が開発されて、みなが快適な自動運転の電気自動車に乗るようになることで、環境問題を解決できるわけではない。

もちろん、こうしたグリーン・ユートピアを思い描く人も存在する。だが、人々がiPhoneを2年に一度買い替えて、みながテスラ[注4]に乗るような社会を実現するために、十分なリチウムはどうやら地球に存在しないようだ。あるいは、バイオマス[注5]を生産するにしても、そのために、これ以上アマゾンの森林を伐採するのであれば、②本末転倒になってしまう。

事実、現在の大量生産・大量消費のライフスタイルを維持したままで、先進国がすぐにでも大量の発電所や電気自動車を作り、バイオマスに切り替えようとするなら、どうなるだろうか。原料への需要が大幅に増大することから生じる価格上昇は、チリや中国、ブラジルといった資源国での採掘や森林伐採をこれまで以上に劇化させることになるに違いない。そうなれば、労働者の生活と自然環境を同時に破壊するとともに、採掘や農業に伴う水の大量消費や汚染は、その他の広範な現地住民の生活にも壊滅的影響を与えることになる。

それゆえ、ここでも求められている変化は、③資本主義的なロジックからの決別である。テスラのSUVや太陽光パネルのついた一軒家を買うというのではなく、公共交通機関を充実させ、エネルギー効率のいい公営の集合住宅を建て、スポーツや芸術といったより社交的な休日の時間をすごすための場所を充実させるべきではないか。そしてなにより、労働時間を削減し、無駄な生産活動と消費を減らさなくてはならない。ここでもはやりマルクス[注6]の「自由の国」というコミュニズム[注7]のビジョンが持つ基本的洞察(どうさつ)は生きている。

そうはいっても、冷戦崩壊後に、いまさら「マルクスとエコロジー」なのかと思う人もいるかもしれない。そして、環境経済学のような学問領域が発展している今、19世紀のマルクスの思想に立ち返って環境問題を論じることに何の意味があるのか、と感じる人もいるだろう。マルクス主義者が新しい生き残りのネタを見つけただけなのだろうか。

他方で、マルクスの資本主義批判にインスパイア[注8]された「エコ社会主義」の理念は、マルクス主義の枠を超えて、広がりつつある。例えば、世界的に著名なジャーナリストであるナオミ・クライン[注9]はグリーン・ニューディール[注10]を擁(よう)護するための最新刊『*On Fire*』のなかで、次のように述べている。

「［ソ連やベネズエラが深刻な環境破壊を引き起こしたという］事実を認めよう。他方で、強固な民主主義的社会主義の伝統をもつ国々――デンマーク、スウェーデン、ウルグアイ――が、世界でもっともCセンケンの明がある環境政策を採用していることも指摘しておく必要がある。以上のことから結論できるのは、社会主義は必ずしもエコロジカルではないものの、新しい形態の民主主義的エコ社会主義――それは将来世代への義務やあらゆる生命のつながり合いについての先住民の教えから学ぼうとする謙虚な姿勢をともなっていなくてはならない――が、人類の集団的生存にとっての最良の企てであるように思われるということだ。」

ここで注意しなくてはならないのは、Dバッポン的な気候変動対策というのは、排出量をどれくらいのペースで、どれだけ減らすか、そのための財源はどうするかといった技術的な問題に還元されるものではないということだ。気候変動が突き付けているのは、近代の「自然の支配」のための道具としてのテクノロジー観や「無限の経済成長」を前提とする成長概念を根源的に反省することである。つまり、資本主義という社会システムを根底に据える私たちの生活様式そのもの――それは、常に人種差別、女性差別、植民地主義、環境破壊などと結びついてきたのであり、ウルリッヒ・ブラント[注11]とマルクス・ヴィッセンが「帝国的生活様式」と呼ぶもの――を、その歴史的起源に遡(さかのぼ)って[注12]批判的に捉える必要がある。その上で、資本主義がヨハン・ロックストロームらのいう「地球の限界(プラネタリー・バウンダリー)」と相容れないのであれば、不可逆的な変化を引き起こさないために、現在のシステムをラディカル[注13]に変えねばならない。将来の世代へ地球を残すのは現在の世代の責任なのである。④人類にとって、プランBの惑星は存在しないのだから。

現在の放埒(ほうらつ)な生活のツケを将来世代に押し付けないためには、私たちはどういった形で自然との関係を再構築し、どのような生活をより望ましいものと見なすべきなのか。こういった問いに答えるのは思想、とりわけ批判理論の役割であると同時に、こうした問い自体が、資本主義を自明視する理論的枠組みからは出てこない性格のものである。資本主義を自明視した結果、気候危機の政治的・⑤規範的次元が矮小化され、自由市場を前提とした上での、単なる技術的問題に還元されてしまうのだ。

ところが、技術的に可能な方法だけを一部の専門家だけの決定によって、それが気候変動対策として「必要だから」という理由だけで国家が政治的に押し付けようとするなら、それは「気候リバイアサン」[注14]の世界である。それは当然のように、既存の「帝国的生活様式」を維持し、強化するような結果となるだろう。マルクスは後先を顧みない資本家のモットーを「大洪水よ、我が亡きあとに来たれ！」と表現した。だが、もはや大洪水が来るのが避けられなくなれば、「大洪水よ、我が横を流れよ！」となるのである。

だからこそ、誰も取り残されないような民主主義的な移行、⑥「公正な移行」(just transition) はどのようにして可能であるかという問いが、これまで以上に重要である。そして、一部の人間だけが生き残るために、多くの人々が犠牲になるということがないようにするには、マルクス・ガブリエル[注15]が『未来への大分岐』でもEクり返し強調するように、自然科学の客観性を重視しながらも、自然科学こそがすべてを解決するという「自然主義」に陥ることなく、普遍的な倫理を哲学は展開し、擁護する必要がある。

【注】

1　パウル・クルッツェン＝オランダ人の化学者。

2　パリ協定＝2015年に採択された、気候変動抑制に関する多国間協定。

3　技術イノベーション＝技術革新。新しい技術の発明。

4　テスラ（のSUV）＝電気自動車メーカー（が作った多

目的に使用可能な車)。

5　バイオマス＝動植物等の生物から作り出される有機性のエネルギー資源。環境に優しいとされ、石油に替わるエネルギー資源として期待される。

6　マルクス＝カール・マルクス。一九世紀のドイツの哲学者、経済学者。

7　コミュニズム＝共産主義。マルクスは、資本主義から社会の合理的な規制の下で必要なものだけを生産する共産主義に移行することで、労働時間は減り、人々が人間性を発達させるための余暇の時間が増える（＝自由の国）と考えた。

8　インスパイアされた＝思想や感情に触発されて、新しい活動や思考が生まれること。

9　ナオミ・クライン＝カナダのジャーナリスト、作家。

10　グリーン・ニューディール＝地球温暖化、世界金融危機、石油資源枯渇に対してどう対応すべきかの提案が書かれたアメリカの報告書。２００８年発表。

11　ウルリッヒ・ブラント、マルクス・ヴィッセン＝共にドイツの政治学者。

12　ヨハン・ロックストローム＝スウェーデンの環境学者。

13　ラディカル＝徹底的、根源的。

14　リバイアサン＝旧約聖書に出てくる海に住む巨大な怪獣を指すが、絶対的な権力を持った国家の比喩としても用いられ、ここでは弱者の犠牲を顧みずに強権的に気候変動対策を行う国家を「気候リバイアサン」と言っている。

15　マルクス・ガブリエル＝ドイツの哲学者。

問1　**よく出る** **基本**　二重傍線部A～Eのカタカナを漢字に改めなさい。

問2、傍線部①「「人新世」は「資本新世」と呼んでもよいほどである」とあるが、筆者がそう考えるのはなぜか。その説明として適切なものを一つ選び、番号で答えなさい。

1、無限の致富衝動や絶えざる競争、グローバル化が資本主義のシステムの本質であるから。

2、人類の生活のあり方を不可逆的に変化させたのが資本主義のシステムであるから。

3、資本主義のシステムが、地球全体に影響を及ぼす人間活動の原動力となっているから。

4、人類の活動が「重大な地質学的な威力」となって地球環境を危機的な状況に追い込んだから。

5、資本主義のシステムが、地球全体に良い影響を及ぼして人々の生活を一変させたから。

問3、傍線部②「本末転倒になってしまう」とあるが、バイオマスの例はどういう点が「本末転倒」なのか。三五字以内で分かりやすく説明しなさい。

問4　**思考力**　傍線部③「資本主義的なロジック」について、それに適合する例を一つ選び、番号で答えなさい。なお、「ロジック」とは「論理」を意味する語である。

1、白熱球から電気消費量の少ないＬＥＤ電球に交換する。

2、家族が同じ部屋で団欒（だんらん）し、空調と照明の利用を減らす。

3、古くなったハンドタオルを雑巾として利用する。

4、自家用車を持たずにカーシェアリングを利用する。

5、家庭で出た生ゴミを堆肥として家庭菜園で利用する。

問5、傍線部④「人類にとって、プランＢの惑星は存在しない」とあるが、それはどういうことか。その説明として適切なものを一つ選び、番号で答えなさい。

1、地球以外に人類が居住可能な星は存在しない以上、何をしようが人類の滅亡は避けられないということ。

2、人類は、地球環境が破壊されて生活できなくなった時に備えて新たに居住可能な惑星を探す必要があるということ。

3、資本主義のシステムを改良していかなければ、やがて人類は地球に住めなくなるということ。

4、資本主義のシステムからは、新たに人類が居住可能な星を探すというアイデアは生まれてこないということ。

5、人類は、地球をかけがえのない星と考えてその環境を守る努力をしていかなければならないということ。

問6、傍線部⑤「規範的次元が矮小（わいしょう）化され」とあるが、それはどうなることか。その説明として適切なものを一つ選び、番号で答えなさい。

1、気候変動は人類の存続を考えるうえで深刻な問題にはならないと見なされてしまうこと。

2、人類の自然との関係や生活のあり方はどうあるべきかといった問題が軽視されること。

3、自分さえ良ければ構わないという資本主義的発想の問題点が無視されてしまうこと。

4、気候変動に対していかなる技術革新が必要なのかという問いが無意味だと考えられること。

5、人類の生活を物質的により豊かなものにするにはどうするべきかという発想が軽視されること。

問7、**難**　傍線部⑥「「公正な移行」(just transition)」とあるが、それはどういうことか。五〇字以内で説明しなさい。

問8、次の選択肢から本文の内容に合致するものを一つ選びなさい。

1、筆者は、各国が努力を重ねてパリ協定を守ることができれば、気候変動の問題に十分歯止めがかかると考えている。

2、筆者は、自由市場を前提として、競争から生まれてくる技術イノベーションに頼った段階的な社会対策が肝要であると考えている。

3、筆者は、19世紀になされた資本主義批判は現代の問題を批判的に分析するにあたり、最早何ら有効性を持たないと考えている。

4、筆者は、気候変動対策を考える上で最も重要なことは、科学技術的な問題ではなく財源的な問題であると考えている。

5、筆者は、これからの人類の生活のあり方がどうあるべきかを誰もが納得できるように示していく必要が哲学にはあると考えている。

二　(省略)川越宗一「熱源」より

同志社高等学校

時間	満点	解答	
50分	100点	P85	2月10日実施

出題傾向と対策

●論説文と小説文の大問二題構成は例年どおり。論説文は内容が難しく読解に時間を要する。小説文も心理の機微が描かれており、やや読みにくい。選択問題が多いが、本文を正確に深く読み取ることを求める難問も見られる。空欄補充、語句の意味など基礎的な設問もある。

●選択問題は、選択肢を読む前にあらかじめ答えをイメージしておくことが大切。そのためには、難解な文章であっても、細部まで正確に読み取る確かな読解力が必要である。漢字の練習も日々怠りなく行っておくこと。

一 (論説文)文脈把握・内容吟味・段落吟味・漢字の読み書き

次の文章を読んで後の問いに答えなさい。なお、1～9は段落の番号である。

1マグリットは日本でも人気のある代表的なシュルレアリストで、筆遣い自体は非常にオーソドックスだけれど、その主題はまさに「超現実的」で、妄想のようでいて、その一方で理性的な計算を感じさせる変な絵をたくさん描いた人ですね。[A]、彼の作品の中に「これはパイプではない」という絵(?)があります。何のことはないパイプの絵の下に、ご**テイネイ**に「これはパイプではない」と説明(?)が書かれています。これはいったい何を意味しているのか? パイプのように見えるけれども、パイプではない何か――例えば、パイプの形を模したライター――を描いているのでしょうか? たぶん違いますね。

2ちょっと考えてみてください。たしかにいわれてみれば、「パイプの絵」はあくまでも「絵」であって、「パイプ」ではありません。ひょっとしたらマグリットは、それをいいたいのかもしれません。[B]、この絵は「パイプ」を描いたのではなく、それどころか「パイプの絵」を描いたのかもしれないし、あるいはそれをさらに通り越して「パイプの絵とは何か?」を描いたのかもしれない。いやここまでくると、果たしてここでは①何かが「描かれて」いるのかどうか、そもそもこれを「絵画」と呼んでよいのかどうかさえも疑わしくなってくる。

3ここで話を文学の方にも広げていきます。パイプの絵がパイプではないのと同様に、人物画は人物ではないし、食器や果物を描いた静物画も当然、食器でも果物でもない。[C]小説だって、物語を語り、事件とか人の気持ちを描いていても、事件とか人の気持ちそのものではない。当たり前のことです。更に小説を映画やまんがにしたり、逆もまた可能である、ということについて考えてみましょう。これは同じ物語をいろいろなやり方で、つまり小説で展開したりまんがにしたり、**ジッシャ**映画でも、あるいはまたアニメーションでも展開できるということですね。小説にしても、同じ物語を違った語り口、文体で描くことができる。まんがや映画でも同様です。

4つまり文学においても、そこでの②「主題」――描かれている出来事の連鎖――と、それを語る「物語」とは、パイプとパイプの絵が違うように、互いに別物なわけですね。更にやっかいなことに、同じ一つの物語を多様な仕方で小説にすることができるでしょうし、小説以外にも物語を表現できる形式はまんがだの映画だのといろいろある。このへんについて確認しておきましょう。

5そうするとわれわれが考える普通の、③標準的な小説というものは、決して自然で素朴なものではなく、近代リアリズム絵画がそうであったように、特別なものであることが分かります。こういう標準的な小説もまた「リアリズム」と呼ばれるわけですが、伝統的なリアリズム小説とかリアリズム絵画というのは「何か」を表現するわけです。そして「何か」を描いている以上、小説や絵画それ自体は、その「何か」ではない。伝統的なリアリズムの絵画や小説は、あくまでもある主題を描き、何かを表現しているわけだけれど、表現される対象と、表現している芸術作品とは別のものなんですね。[D]、鑑賞者はそんなことを気にしない。つまり小説や絵画それ自体ではなく、それが描く主題を鑑賞している――少なくともそのつもりになっている。作り手の方でも、主題をこそ鑑賞者に意識させたくて、それを表現するための媒体としての絵や文章自体は、その手段としてできるだけ中立的に、透明にしようと努力する――少しおおげさにいうとこのような感じです。

6広い意味でのモダニズム芸術とは何かを考えてみると、このような主題と表現、あるいは表現の内容と表現の形式との関係についての考察がヒントになります。従来の芸術(ことに絵画や文芸)は多くの場合、「何か」を描いてきた。リアリズムはその一つの**センレン**された形式であるといえる。しかし「何かを描く」ということは果たして、芸術にとって必須の条件なのでしょうか? たとえばデュシャンの「泉」はそもそも何かを描いているのか、何かを表現しているのか、ということです。[E]、何か具体的な物事を描く、表現するということは芸術の伝統的なありようだったわけですが、あくまでも芸術の一つのやり方にすぎない。

7まずは描く対象にしても、それは別に目に見える、現実に存在する対象でなくてもいいわけですよね。そもそも近代リアリズム小説においては、「現実に起こっても不思議ではないが、現実に起こってはいない出来事」が主題となることが普通でしょう。小説においてもまた絵画においても、架空の話でも想像上の生き物でも、描こうと思えば描くことができます。仮に芸術が対象を描くことだったとしても、その描きうる対象の範囲は**イチジル**しく広く、自由です。そこから更にもう一歩進んでみましょう。そもそも芸術とは、何かを表現しなければいけないものなのか? 音楽の場合には直観的に分かるけれど、絵画や文芸の場合にも、「何を描いているのかさっぱり分からないけれど美しい・おもしろい」というものはありえないのか?

8絵にせよ小説にせよ、そもそも本当に何かを表現しなければいけないのか? ものとしての絵、つまり二次元的な紙なりカンヴァスの上に絵の具を**ヌ**りたくった「もの」を用いて、人物なり風景なり、「もの」としての絵そのものとは別の何かを表現するということが絵画芸術なのか、絵という「もの」そのものは、その主題を描くための手段、道具にすぎないのか？　二〇世紀はじめあたりから、④このような問題意識が熟してきたのではないでしょうか。もちろんそれ以前から、似たような考え方は出てきていたのでしょう。たとえば「唯美主義」「芸術至上主義」とでもいうべきスタンスについて考えてみましょう。とくに文学・小説には、何か有意義な教訓とか、人間とか社会についての深い洞察、鋭い問題提起があるのが立派な文学、よい小説だ、というイメージがありませんか？　でも、そういう意味では⑤まったく空虚だけど、とにかくただ単に美しい、楽しい、おもしろいというだけではだめなのかという考え方が、一九世紀後半くらいにははっきり出てきている。

9更にその考え方が突き詰められると、こんなふうになります――⑥芸術における美とは、美しい主題を描いているから美しいのか、そうではなく、作品自体が美しいのか？　美しい花を描いているから美しいのか、そうではなく、美しいのは花を描いた絵という「もの」それ自体ではないのか？

（稲葉振一郎『社会学入門〈多元化する時代〉をどう捉えるか』）

問一、よく出る　空欄A～Eに入る接続の語として最も適切なものを次より選び、それぞれ記号で答えなさい。（一語一回）
ア、しかし　イ、とすれば　ウ、もちろん
エ、そして　オ、さて

問二、傍線部①とあるが、「何か」の内容として適切でないものを次より一つ選び、記号で答えなさい。
ア、「パイプ」　イ、「パイプの絵」
ウ、「パイプの絵とは何か？」　エ、「絵画」
オ、「主題」

問三、難　傍線部②と同じ内容を示す箇所を5段落以降から抜き出して答えなさい。

問四、傍線部③とあるが、「標準的な小説」はどのような点で「特別」なのか。その説明として最も適切なものを次より選び、記号で答えなさい。
ア、主題と表現媒体である文章は別物だと考える書き手に対し、鑑賞者はそれらを同じものと考える点。
イ、主題と作品を異なるものにしようと努める書き手に対して、鑑賞者は全くその区別を意識しない点。
ウ、鑑賞者が主題を読み取ることを必須の条件と考えず、文章がその媒体となるよう書き手が努める点。
エ、主題を鑑賞者に意識させるために、書き手が表現の仕方や形式を目立たないものにしようとする点。
オ、主題を解明しようとする鑑賞者の障害とならないように、作者自身の存在を作品上から消し去る点。

問五、傍線部④とあるが、その説明として最も適切なものを次より選び、記号で答えなさい。
ア、有意義な教訓や人間、社会への深い洞察、鋭い問題提起を求めるべきではないか。
イ、現実離れした架空の話や想像上の生き物を表現の対象としてもよいのではないか。
ウ、対象を描くことだけではなく、主題を表現することさえも必要ないのではないか。
エ、「もの」それ自体を用いて、絵そのものとは別の何かを表現できるのではないか。
オ、表現こそが芸術の一つのやり方であるという立場に立つのが正しいのではないか。

問六、傍線部⑤とあるが、その意味を具体的に示している箇所を問題文中より二〇字以内で抜き出しなさい。

問七、難　思考力　傍線部⑥とあるが、筆者はモダニズム芸術における美についてどのように考えているか。最も適切なものを次より選び、記号で答えなさい。
ア、絵という「もの」が主題を描くための手段、道具でなくなる時に表れるもので、社会的価値とは無縁である。
イ、作者の意図から離れた「何か」を描くものであり、作品が「もの」となる時にその効果を最大限に発揮する。
ウ、リアリズム絵画の否定から生まれたものであって、「唯美主義」や「芸術至上主義」とは一線を画している。
エ、作者からも鑑賞者からも切り離されたもので、リアリズム芸術以前の既成概念では説明できないものである。
オ、それまでの絵画鑑賞に欠かせなかった考え方と性質が異なるものであり、鑑賞者の直観に重きを置いている。

問八、問題文を四つのまとまりに分けたものとして最も適切なものを次より選び、記号で答えなさい。
ア、(1 2 3 4)―(5 6)―(7 8)―(9)
イ、(1 2)―(3 4 5)―(6 7)―(8 9)
ウ、(1 2 3 4 5)―(6 7)―(8)―(9)
エ、(1 2)―(3 4 5)―(6 7 8)―(9)
オ、(1)―(2 3 4 5)―(6 7 8)―(9)

問九、よく出る　基本　問題文中のカタカナ部分を漢字にあらためなさい。
テイネイ　ジッシャ　センレン
イチジル　ヌ

二 （小説文）内容吟味・文脈把握・語句の意味・漢字の読み書き

次の文章を読んで後の問いに答えなさい。

その家には、僕の兄がいたのである。

兄が、将官の襟章をむしりとったおやじの上等な軍服をきて、一日じゅう、弱りきった蠅（はえ）か何かのように、じっと廊下のまんなかに立ちつくしたり、またのろのろと歩き出したりする。

僕はその姿をぼんやり眺めていることがあった。そして、なんとはなしに、おふくろがいつもいう「かわいそうなお兄さん」という言葉の意味を考えたりするのだった。兄は、おふくろが古いトランクの尾錠でこしらえた奇妙なベルトをしていた。

僕とおなじ年頃の連中は、誰もその家に寄りつかなかった。おふくろも僕もそれをのぞんでいた。しかし、彼等（ら）の目からは逃がれられても、耳をあざむくことは出来なかったのである。夕暮れ、この兄のうったえるような泣き声が、みんなで遊んでいる路地から路地へと洩（も）れてくると、①僕はいきなり駆（か）け出して仲間からはなれ、その声が届かないところまで行ってしまいたいと思った。……

そんな中で、一人だけ、ときどき僕の部屋へ来て遊んで行く近所の少女がいたのである。彼女だけは僕の兄をこわがりもしなければ、泣き声が気にもならないというふうだった。

　兄が、ある日、二人のいるところへ躍りこんできて、僕の顔を打ち、猿のように長い腕をふるって僕の勉強机を押し**タオ**した時も、その少女はちっともあわてたりはしなかった。僕は恥ずかしさで息がつまり、兄をとりおさえることも忘れて、ぼんやり突っ立っていた。机は抽出し(ひき)が二つともとび出してしまい、彼女のようなお嬢さんから見たら［A］むさくるしい僕の持ち物を、すっかり畳の上にまきちらしていた。

　彼女は、畳にきちんと坐(すわ)り直して、散らばった物を拾いあつめ、一つ一つまた元通りに僕の抽出しに入れていた。

　そんなことがあっても、彼女は僕のところへ来るのをやめなかった。なぜだろう、と考える前に、僕のほうでも彼女を忘れられなくなったのである。

　新らしい年がきて、正月のある晩だった。僕は近所の高校生たち数人と、少女の家にお招(よ)ばれに行った。

　そんなふうに大勢の友達を自分の家にあつめることなど考えたこともない僕の目には、こんなパーティのすべてがものめずらしく、何か妬ましかった。僕はみょうに(a)卑屈になり、不機嫌になっている自分に気がついていた。また、そういう僕を遠くからじっと見守っている少女の視線にも。

　僕はどこへ行っても、［B］自分の家のことを思い出すと、もうたのしくはなかったのだ。なぜなら、僕がわれを忘れて楽しんでいる**シュンカン**というと、きまって家の方角から、あの長い泣き声が聞えてきたから。

　その日は一年に一度だけ、子供たちが夜どおし起きていていい日なのだった。大人達はもう先に寝てしまっていた。

　真夜中を過ぎたころ、雪が降ってきたという誰かの声に、みんなで**カンセイ**をあげて庭へ出た。少女の部屋でさわいでいた僕らは、雪のけはいに気がつかなかったのである。

　粉雪はもう庭の地面や木立をうっすらと白くしていた。僕らはめいめい好きな方角へ散らばって、足踏みをしてまわった。

　僕は一人で門のほうへ行った。すると、そこの植込みの蔭(かげ)に、あの少女が立っていた。彼女はゆっくり僕に近づいてきて、こっそりガムを手渡すふりをして僕の手を握りしめた。そして、僕の腕を抱きこむようにして、いっしょに歩こうといった。

　腕と指をからませたまま、僕らは庭の暗がりをみんなのいない方へ歩いた。②みだれ舞う雪の中で、僕はぶるぶるふるえていた。

　だがそういう日ばかりでもなかったのである。その年頃の少女らしく、彼女はいくぶん僕を(b)翻弄してたのしむようなこともしたのだ。ある日、それまで他の男の子と同じように彼女を「……ちゃん」と幼な名で呼んでいた僕が、それこそ一大勇気をふるって「きみ」とよんだとき、彼女は僕のその変化をすばやくつかまえた。そして、すかさず、「だって、そうじゃない？　きみ。」と僕の口真似をしてみせた。僕は赤面した。そして傷ついた。それでも彼女は自分の思いつきに酔ったようになって、僕の口真似を連発するのだった。

　そうした小さな事件の一つ一つが、どの晩も僕をなかなか眠らせなかったのである。いまならそのわけが分る。僕は少女の好意に憐憫(れんびん)をかぎつけていたのだ。憐憫を受け入れた自分に満足するよりは、［C］それを拒むべきだと考えたのにちがいない。

　僕が③たった一人の味方であるその少女を失うのに、大して時間はかからなかった。

　おたがいに学校のほうが忙しくなり、もうあの正月の晩のようにみんなで集まることもなくなった。それでも最後に一度だけ、チャンスはあった。

　やはり冬のさむい晩だった。非常におそい時間だった。僕が、海へ行く路地に面した自分の部屋にいると、こつこつと指先で雨戸をたたく音がした。

「……ちゃん、……ちゃん」と僕の名前を呼んでいるのはあの少女の声だと、しばらくしてから気がついた。

　おそらく雨戸の隙間に唇を押しあてるようにして、声をころしてさっきから呼んでいたのであろう。

　なぜこんなところへ来たりするんだ。とっさに僕はそう思った。そして、まるで覗(のぞ)き見でもされたように取り乱して、立ち上っていた。［D］ぜったいにあの兄の姿を彼女に見られたくなかった。日に日に荒れはててゆく僕の家。……軍人だったおやじは追放されて職がなく、僕らは着るものもなく**ウ**えている。おやじが自分まで狂ったようになって不幸な息子を打ち、おふくろがそれをかばって泣く。そんなところを彼女にだけは見せたくない。もう沢山だ。……

　僕は怒ったみたいに自分の部屋のドアを跳ねあけ、玄関の鍵を外してポーチに出て行った。そうして、僕の部屋のすぐ脇のヒマラヤ杉の下の暗がりに、サンダルを両手にもって立っている少女に、

「何か用？」
④と、自分でもそれと分る冷ややかな声でいった。
　少女は僕の剣幕に〔　Ⅰ　〕していたが、〔　Ⅱ　〕ように答えた。

「ううん。別に用じゃないけど、ちょっと来てみたの。」

　薄い毛糸のものをはおっただけなので、彼女は寒気に身をすくめていた。⑤暗くてよく分らなかったが、彼女は恥をかかされて真っ赤になっていたにちがいない。きまり悪そうに、こそこそと手にしていたサンダルをはいた。

　少女はあきらめたように帰りかけていた。彼女が、寝しずまった路地のむこうを見すかし、僕をふりかえって、

「送ってくれる？」

　といった時、僕は泣きたいような気持だった。彼女の一家がもうすぐあの家を引きはらって東京へ移ることを聞かされていたから。

　僕はだまって少女の家の前までついて行った。星がするどく光る晩で、海鳴りがとても近くに聞えた。

　僕は道のまんなかであわただしくさよならをいって、**イチモクサン**に走って帰った。


（阿部昭「鵠沼西海岸」）

問一、傍線部①とあるが、その理由として最も適切なものを次より選び、記号で答えなさい。
ア、「かわいそうなお兄さん」の泣き声に聞き耳を立て

る仲間たちへ強い憤りを覚えたから。
イ、少女にだけは秘密にしておきたかった兄の存在が明らかになることで深く傷ついたから。
ウ、自分と仲間たちの良好な関係を壊そうとする兄の悪意に対し、失望と嫌悪を感じたから。
エ、隠そうと努めて来た兄の存在が明らかになり、仲間たちに対してきまりが悪かったから。
オ、兄を心配してくれる仲間たちのやさしさに触れ、申し訳ない気持ちで一杯になったから。

問二、**よく出る** **基本** 空欄A～Dに入る語として最も適切なものを次より選び、それぞれ記号で答えなさい。（一語一回）
ア、ふと　イ、きっぱりと　ウ、もう　エ、さぞ

問三、**基本** 二重傍線部（a）・（b）の意味として最も適切なものを次より選び、それぞれ記号で答えなさい。
（a）卑屈
ア、きどっている様子
イ、とぼけている様子
ウ、おびえている様子
エ、ふざけている様子
オ、いじけている様子
（b）翻弄
ア、あざむくこと
イ、みくびること
ウ、おだてること
エ、からかうこと
オ、みくだすこと

問四、傍線部②とあるが、その理由として最も適切なものを次より選び、記号で答えなさい。
ア、自分たちに向けられているかもしれない視線が気になり、一刻も早くそれが届かない場所へ移動しようとあせったから。
イ、積極的に自分を誘う少女の気持ちをはかりかねるとともに、好意とは性質の異なる感情があることに不安を覚えたから。
ウ、それまで何となく感じていた少女の僕に対するやさしさを異性に対する好意として実感し、期待と戸惑いを感じたから。
エ、粗末な服しか身に着けていない自分にとって降りしきる雪は身体のみならず、心までをも凍えさせるものであったから。
オ、自分から進んで相手と腕を組んで歩くという大胆な行動に驚きながらも、彼女の拒絶で傷つくことに恐れを抱いたから。

問五、**思考力** 傍線部③とあるが、どういう意味か。「少女が」の書き出しに続け、「ということ。」の文末に続くように、問題文中の語句を用いて四〇字以内で説明しなさい。

問六、傍線部④とあるが、「僕」がこのような態度をとった理由として最も適切なものを次より選び、記号で答えなさい。
ア、それまで以上に私生活を隠そうとする気持ちが強まっていたのに、少女が外から様子を見ていたことに強い不信と憤りを感じたから。
イ、少女の存在がもう既に輝きを失っているにもかかわらず、以前と同じようになれなれしい態度で接することにいら立ちを覚えたから。
ウ、唯一の理解者である少女と言葉を交わせば自分の弱さを認めることになってしまうと予感して、距離を置く必要があると考えたから。
エ、自分を取り巻く現実とこれ以上かかわることで少女を不幸に陥れてしまうことだけは決してしたくないという強い意志が働いたから。
オ、荒廃した家庭に絶望していたところへ、最もそれを見せたくない少女が来たことに困惑すると共に激しい拒絶の感情に襲われたから。

問七、空欄［Ⅰ］・［Ⅱ］に入る語句として最も適切なものを次より選び、記号で答えなさい。
ア、［Ⅰ］きょとんと　―　［Ⅱ］あわてた
イ、［Ⅰ］ぼんやりと　―　［Ⅱ］あきれた
ウ、［Ⅰ］もんもんと　―　［Ⅱ］おびえた
エ、［Ⅰ］しょぼんと　―　［Ⅱ］おこった
オ、［Ⅰ］どぎまぎと　―　［Ⅱ］しらけた

問八、傍線部⑤とあるが、「僕」は少女の気持ちをどのように想像したのか。最も適切なものを次より選び、記号で答えなさい。
ア、冷たい態度をとられたことで、かつて「僕」の口真似でどれほど相手を傷つけたかを知り、自分の浅はかさに気づいたことだろう。
イ、「僕」を心配して様子を見に行ったのに、その気遣いが無用であるかのように扱われ、身の置き場がないように感じたことだろう。
ウ、冬の遅い時間にわざわざ「僕」への想いを伝えに来たが、邪険な態度で追い返されたことに自尊心を深く傷つけられたことだろう。
エ、雨戸の隙間から見えた家族の様子に衝撃を受けただけでなく、それをとがめるような「僕」の反応に胸の痛みを感じたことだろう。
オ、怒ったような態度をとる「僕」に対し、互いに相手のことを特別だと思ってきたのは思い違いだったと気づき戸惑ったことだろう。

問九、**よく出る** **基本** 問題文中のカタカナ部分を漢字にあらためなさい。
タオ　**シュンカン**　**カンセイ**
ウ　**イチモクサン**

東大寺学園高等学校

時間 60分　満点 100点　解答 P86　2月6日実施

出題傾向と対策

●論説文、小説文（省略）、古文の大問三題構成は例年同様だが、論説文に「グラフ分析」が新設された。設問形式は選択式と記述式の混合で、記述量は解答時間を考慮すればやや多め。設問内容は知識・内容・心情・理由把握など、総合的に幅広く「国語力」を問うものとなっている。

●「記述問題」および「グラフ分析」において「時間との闘い」が大きな課題になる。分析力・思考力・記述力に関して日頃から手際よく対処するための訓練を行い、時間を意識しつつ解答をまとめられるようにしておく。

注意　字数制限のある問題については、句読点や符号も一字に数えること。

一　（論説文）漢字の読み書き・内容吟味・文脈把握・グラフの読み取り

次の文章を読んで、後の問いに答えよ。

以前、興味深い話を聞きました。鉄筋コンクリート造（づくり）の団地で生まれ育った小学生がはじめて田舎にある旧来の日本家屋に行ったときの話です。瓦屋根の下、縁側に寝そべり、庭や遠くの山並（やまな）みを見ながら彼はこう言ったそうです。

〝懐かしいね〟と。彼にとってみれば未知の新しい場所なのですが、すでに体験したことのある場所のように感じているかのようです。それはDNAに刷りこまれた風景なのか、あるいは幼少期に見聞きした日本昔話の絵本の画（え）がずっと頭にあったからなのかわかりませんが、いずれにせよ（A）キンセンに触れる、情感溢（あふ）れた実体的な場所に出会うことで記憶の回路がつながったのではないでしょうか。

ポルトガルに旅行したことがあります。はじめて行く国、はじめて行く場所だったのですが、そこで見た風景や人の営為はとても〝懐かしい〟と感じたのです。これも自分の中に潜在的にあった記憶の断片のようなものがつながったからでしょう。かつて自分の身の周りにあったけれどもいまは失われてしまった風景や人の営為がポルトガルにはまだある、という切ない（B）ソウシツ感もともなっていたように思いますが、しかしそれ以上にこの場所に出会えてよかったと思う喜びの感情がはるかに大きかったように記憶しています。そんな懐かしさの感情を抱くことができれば、その新しい場所は慣れ親しんだ馴染（なじ）みのある場所になります。するとそこに安心感と寛容さを感じることができます。

そんな団地の小学生の話やポルトガルでの体験は、①複合的で抽象的な懐かしさということで共通しています。場所や空間における〝新しさ〟と〝懐かしさ〟は隣り合わせであるということや、人の記憶の回路をつなぎ合わせることができる伝統、慣習が根付いた実体的な空間、場所の尊さと力強さを感じさせます。そしてまだ自分が訪れたことのない世界にも懐かしい場所は存在していて、それを発見できるということの喜びと可能性も感じさせてくれます。

一方、何十年かぶりに故郷に帰って食べる料理や、顔を合わせる家族、親戚や友人、そしてあらためて眺める風景に、直接的で具体的な懐かしさを感じる場合も多いでしょう。しかし久しぶりに出会う懐かしいものは以前出会ったものとは、正確にいえば異なっています。物理的な経年変化があるからではありません。それは自分自身が時間や経験を積み重ね、大きく変化したということなのです。例えば、当時は母の味や郷土料理、故郷の風景が好きではなかったのに、その後の時間の中で経験してきたことを客観的に相対的に重ね合わせてゆくと、実はこんなにも美しく、美味（おい）しく、尊いものだったのだということに気づいた経験は誰にもあるのではないでしょうか。それは自分の感情や視点がいまと昔では大きく変化したことで、久しぶりに出会うものや人の〝質〟や〝価値〟さえも自身が変えたということなのだと思います。②〝平凡〟を〝非凡〟に変えたといってもいいでしょう。そしてその進化した感情、視点によって、伝統や慣習の中にある、人、営為、原風景を〝誇り〟に思うことができるようになっているのです。懐かしいという感情によって人生の中で新たな価値を見出（みいだ）したのです。それは懐かしさという感情の素晴らしい働きです。さらにこの〝誇り〟という感情はとても重要です。なぜなら人は、誇りに感じるものは自然と大切にしようとするからです。

人は記憶を頼りに生きてゆく動物と言われています。言い方を換えれば、懐かしさのような記憶に関わる情緒抜きでは人は生きてゆけないということです。懐かしさは、視覚だけでなく触覚、聴覚、嗅覚、味覚といった五感をともなった記憶が呼び起こされ、それと向き合うことでいまの自分の肉体、存在、歴史、居場所を肯定することができ、気持ちが未来にひらかれてゆく前向きで大切な感情と言われています。それが証拠に、人は負の感情を抱くものに出会ったときには決して懐かしいとは感じません。懐かしいものや人に出会ったときに、人は自然と笑みを浮かべていることが多いでしょう。懐かしさとは人の〝正〟の、そして〝生〟の感情なのです。

しかし、どうも私たちは懐かしさに対して認識を誤ってしまうことが多いように思います。〝懐かしの昭和〟〝郷愁誘う町〟〝懐かしのおばあちゃんの味〟。それらの言葉からは〝昔はよかった〟という懐古的な眼差（まなざ）ししか感じられず、前向きな姿勢や未来への可能性のようなものはあまり伝わってきません。過去は過去のものとして缶詰（かんづめ）に閉じ込めたような、［　③　］のような扱いにされてしまっています。また町づくりや建築においても懐かしさや郷愁のイメージをわざと誘うようなものも見受けられます。それら固定的な〝懐古の商品化〟や〝郷愁のパッケージ化〟は、かえって人のイマジネーションを閉ざしてしまう危険をはらんでいます。

④次のグラフ（【グラフⅠ】）は日本の人口推移を表したものです。まるでジェットコースターに乗っているかのようです。私たちが生きている時代は歴史的にも過渡期にあり、これまでの急上昇から、一気に急降下してゆくことが高い確率で予想されます。これは人口のグラフですが、同時に建築、道路、土木といった人工物の数、あるいはエネルギー

使用量、そして失った自然の量も比例しているでしょう。

【グラフⅠ】　日本の人口推移

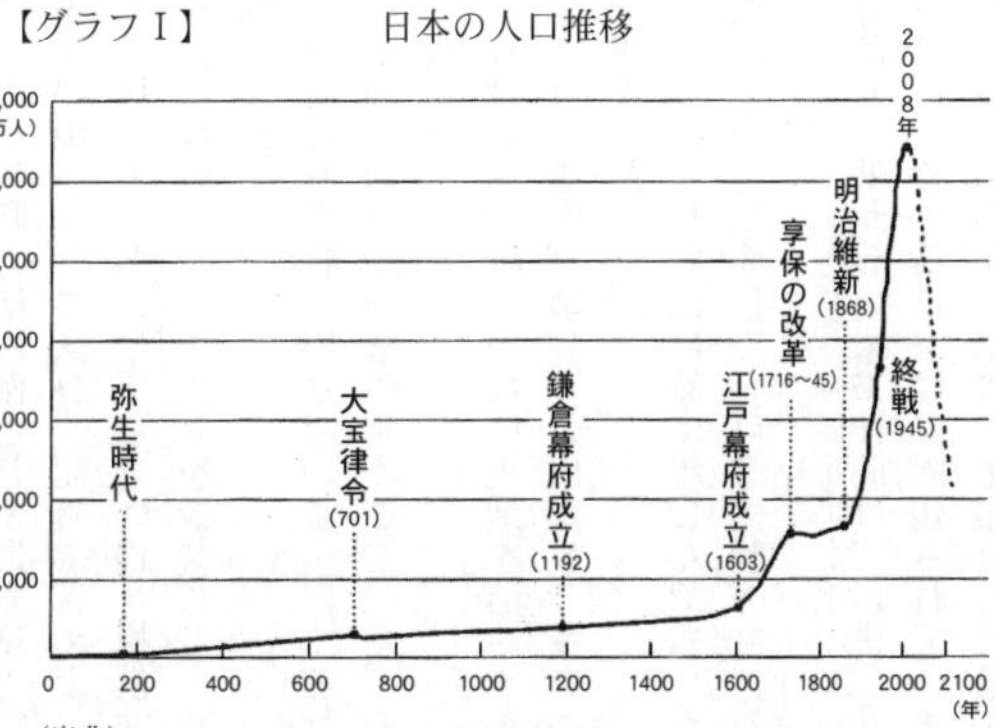

（出典）
『図説　人口で見る日本史』（鬼頭宏著、PHP研究所、2007年）、「我が国人口の長期的な推移」（「国土交通白書」所収、2013年）のデータをもとに作成

⑤しかしこの先、人工物は人口の減少と連動して激減してゆくとは限りません。近い将来、人口が終戦後と同じレベルになっても、建築や道路の量が同じように減ることはないでしょう。ゆえに急上昇した時代に生み出された正の遺産はこれからの時代もしっかりと活かし、負の遺産は知恵によって正の遺産に変換してゆくことが必要です。産業遺構を観光地として蘇らせたり、車の通行がなくなった道路を人のCイコいの場所に直してゆくようなことがますます重要になってくるでしょう。しかしそれでも活かせない人工物は積極的に取り壊してゆかなければなりません。そうしなければ国全体がゴーストタウンになってしまいます。急進的にいかないまでもDゼンシン的に人工物を減らすことを心がけてゆくことが求められています。いずれにせよ、これ以上計画性のない人工物の増設や自然破壊は控えることを基本としなければなりません。

このような時代に住宅を新しく建てるときには、建設に関わる誰もがいままで以上に慎重に過去をふまえて未来のことを考えなければならないように思います。量より質の時代になったことは一目瞭然です。これからのベーシックハウスには歴史を見つめた質と持久力が備わっていなければならないのです。

一方で、これからの時代は人工物の減少と連動させて失った自然をかつての姿に戻してゆけるチャンスと捉えることができないものでしょうか。自然を元の姿に戻すということが、生活の質の向上のためにも、町づくりのEミリョクのためにも、あるいは観光のためにも有意義になってくるのではないかと思います。それと経済効果が結びつく仕組みと実績をつくることができれば、風景と自然を元に戻すことは現実味を帯びてくるのではないでしょうか。人口が急増する以前の日本の風景は息をのむほど美しかったといいます。急増した人口の受け皿としてつくった人工物によって止むを得ず破壊した森や河川や海。それらが元の姿になったら、住宅もそれらとともにある情感豊かな姿に自然に戻ってゆくことができるかもしれません。それは豊かな人の記憶を育み、誇りある原風景を形成してゆくでしょう。

⑥〝蛙は自分が棲んでいる池の水を決して飲み干すことはしない〟

懐かしい未来に向けていま、私たちが考えられること、できることはまだ残されています。

（堀部安嗣『住まいの基本を考える』による）

(一)二重傍線部A～Eのカタカナ部分を漢字に書き改めよ。

(二)傍線部①「複合的で抽象的な懐かしさ」とあるが、これはどういうことか。その説明として最も適当なものを、次のア～エの中から一つ選び、記号で答えよ。

ア、自分の中に分散した状態で存在していた記憶の断片が、新しく目にした風景や人の営為のイメージと結びつき、はじめて訪れる場所であっても、なんとも言えない安心感と寛容さをおぼえること。

イ、すっかり忘れたつもりになっていたが、思いがけず自分の中に残っていた断片的な記憶が重なり合って、はじめて訪れる場所であっても、慣れ親しんだ場所のようにありありと感じられること。

ウ、自分の中で埋もれてしまっていた記憶が、かつて見たものとよく似た風景に触発されて鮮明なものとなり、はじめて訪れる場所であっても、自分がよく知る場所と何ら変わりがないように思われること。

エ、明確に認識することはできないが、自分の中のどこかに存在していた部分的な記憶が連鎖的によみがえり、はじめて訪れる場所であっても、なんとなく以前に来たことがあるような気分になること。

(三)**思考力** 傍線部②「〝平凡〟を〝非凡〟に変えた」とあるが、これはどういうことか。一〇〇字以内で説明せよ。

(四)空欄③にあてはまる言葉として最も適当なものを、次のア～エの中から一つ選び、記号で答えよ。

ア、古書店の書庫の中にしまった古文書

イ、博物館のケースの中に入れた展示品

ウ、宝石店のケースの中に入れた新商品

エ、史料館の倉庫の中にしまった文化財

(五)**新傾向** 傍線部④「次のグラフ」とあるが、この【グラフⅠ】と、これに関連して次に示す【グラフⅡ】から読み取れることについて述べたものとして最も適当なものを、後のア～エの中から一つ選び、記号で答えよ。

【グラフⅡ】　居住地域・無居住地域の推移
（1㎢ごとの地点でみた人口規模別）

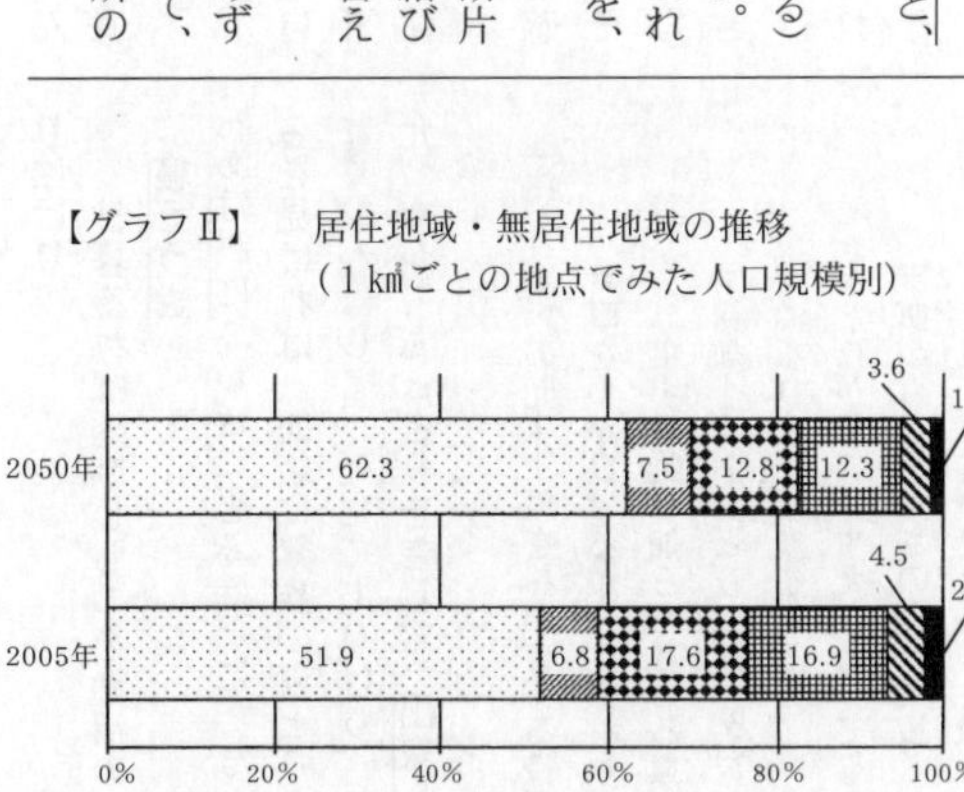

（出典）
「国土の長期展望」中間とりまとめ（国土交通省、2011年）のデータをもとに作成

ア、2008年にピークを迎えた日本の人口は、その後急激に減少し、2005年の時点で人が居住している地点のうち約二割が、2050年には無居住化すると推計される。

イ、2008年にピークを迎えた日本の人口は、その後急激に減少するが、2005年の時点で1㎢ごとの人口が1～9人の地点では、2050年にはわずかに人口が増加すると推計される。

ウ、2008年にピークを迎えた日本の人口は、その後急激に減少するが、1㎢ごとの人口が1000人以上の地点の数は、2005年から2050年にかけてちょうど二割の減少にとどまると推計される。

エ、2008年にピークを迎えた日本の人口は、その後急激に減少し、2005年と2050年とを比較したときに、1㎢あたりの人口が増加する地点は存在しないと推計される。

(六) 傍線部⑤「しかしこの先、人工物は人口の減少と連動して激減してゆくとは限りません」とあるが、筆者の主張に沿った人工物の活用例として最も適当なものを、次のア～エの中から一つ選び、記号で答えよ。

ア、地域の人たちにやすらぎの場を提供するために、誰も住まなくなった古民家を改装して、新しくカフェを開店した。

イ、余計な廃棄物を出さないようにするために、閉園した遊園地の施設を解体することなく、そのままの状態で残した。

ウ、有効活用されていない土地を活かすために、閉店した百貨店を取り壊し、耐用年数の長い高層マンションを建設した。

エ、多くの人たちに自然に親しんでもらうために、過疎地の里山を整地して、自然体験のできるキャンプ場をつくった。

(七) 傍線部⑥「懐かしい未来に向けていま、私たちが考えられること、できることはまだ残されています」とあるが、ここからうかがえる筆者の主張として最も適当なものを、次のア～エの中から一つ選び、記号で答えよ。

ア、人口が急増する以前のような、自然の中に溶け込んだ美しい町並みに戻す努力をすることで、人々は記憶を呼び起こして昔の情感豊かな風景を懐古しながら、真摯な姿勢で未来を切り開いていくことができる。

イ、生活の質を向上させるために、失われてしまった自然を再び元の姿に戻す努力をすることで、人々は無計画に自然を破壊した過去の反省の上に立ちながら、慎重な姿勢で未来を切り開いていくことができる。

ウ、かつて見られたような、建物と自然の調和した情感あふれる風景を取り戻す努力をすることで、人々はその風景を大切にすべき原風景としてとらえるようになり、積極的な姿勢で未来を切り開いていくことができる。

エ、豊かな記憶を育むために、人工物によって破壊された美しい風景を取り戻す努力をすることで、人々はその取り組みが経済効果と結びつく仕組みをつくり出し、挑戦的な姿勢で未来を切り開いていくことができる。

二 (省略)瀬尾まいこ「傑作はまだ」より

三 (古文)古典知識・口語訳・内容吟味

次の文章を読んで、後の問いに答えよ。

陸奥国田村の郷の住人、*馬の允なにがしとかやいふをのこ、*鷹をつかひけるが、鳥を得ずしてむなしくかへりけるに、赤沼といふ所に、①*鴛鴦の一つがひゐたりけるを、*くるりをもちて射たりければ、あやまたず雄鳥にあたりてけり。その鴛鴦を(a)やがてそこにて*とりかひて、*餌がらをば餌袋に入れて家にかへりぬ。そのつぎの夜の夢に、いとなまめきたる女のちひさやかなる、枕にきてさめざめと泣きゐたり。②あやしくて、「なに人のかくは泣くぞ」と問ひければ、「きのふ赤沼にて、(b)させるあやまりも侍らぬに、としごろのをとこを殺し給へるかなしみにたへずして、参りてうれへ申すなり。この思ひによりてわが身もながらへ侍るまじきなり」とて、一首の歌をとなへて、泣く泣くさりにけり。

日暮るれば誘ひしものを赤沼の*真菰がくれの③ひとり寝ぞうき

(c)あはれにふしぎに思ふほどに、なか一日ありて後、餌がらを見ければ、餌袋に鴛鴦の妻どりの、*はしをおのがはしにくひかはして、死にてありけり。これを見て、かの馬の允、やがて*もとどりをきりて④出家してけり。

(『古今著聞集』による)

〔注〕
*馬の允――馬を養い育てる役所の職名。
*鷹をつかひけるが――鷹狩り(飼い慣らした鷹を放って小動物を捕らえさせる猟)をしていたが。
*鴛鴦――おしどり(鳥の名)の古名。
*くるり――水鳥を射る矢。
*とりかひて――えさとして与えて。
*餌がら――えさの食い残し。
*真菰――沼や沢などに生えるイネ科の植物。
*はし――くちばし。
*もとどり――髪を頭上で束ねたところ。また、その髪。

(一) よく出る 傍線部①「鴛鴦」とあるが、次に示したのは、平安時代の漢和辞典に見られるこの語の説明である。二重傍線部「人其の一を得れば」を漢文で表記すると「人得其一」となるが、これに返り点を付けよ。(送り仮名は不要)。

雌雄いまだかつて相離れず。人其の一を得れば、則ち其の一は思ひて死す。

(二) よく出る 点線部(a)「やがて」・(b)「させる」・(c)「あはれに」の本文中における意味として最も適当なものを、次のア～エの中からそれぞれ一つずつ選び、記号で答えよ。

(a) やがて　ア、しばらくして　イ、すぐに　ウ、まるごと　エ、迷わず

(b) させる　ア、理不尽な　イ、とんでもない　ウ、これといった　エ、非常識な

(c)あはれに
ア、しみじみと
イ、むやみに
ウ、ひしひしと
エ、さすがに

(三)傍線部②「あやしくて、『なに人のかくは泣くぞ』と問ひければ」の解釈として最も適当なものを、次のア～エの中から一つ選び、記号で答えよ。
ア、馬の允は妙なことだ思って、「どんないきさつのある者でも、こんなに泣くだろうか」と女に聞きただしたところ
イ、女の姿がみすぼらしいので、「どんな理由がある者でも、このように泣く道理はないぞ」と馬の允が問い詰めたところ
ウ、馬の允はおかしなことだと思って、「どんな事情のある人が、このように泣くというのか」と女に尋ねたところ
エ、女の様子が普通ではないので、「どんな人でも、こんなに泣くには何か訳があるのだろう」と馬の允が自問していたところ

(四)傍線部③「ひとり寝ぞうき」とあるが、ここで表されている心情の説明として最も適当なものを、次のア～エの中から一つ選び、記号で答えよ。
ア、夕方になるとこの沼できまって夫と落ち合っていたものだが、今は夫に先立たれ一人で寝るのを怖がっている。
イ、日が沈むと夫とともに夜を過ごしてきたのに、今は夫に死なれ一人で生きていくのがつらいと嘆いている。
ウ、これまでは日が暮れるまで夫と語らっていたが、今は夫の訪れもすっかりなくなってしまって悲しく思っている。
エ、夕暮れになるとこの沼で夫と一緒に過ごしてきたのに、今は夫の行方もわからずどうしていいか当惑している。

(五)**思考力** 傍線部④「出家してけり」とあるが、馬の允はなぜ出家したのか。六十字以内で説明せよ。

桐朋高等学校

時間 50分　満点 100点　解答 P87　2月10日実施

出題傾向と対策

●小説文と随筆文（省略）の現代文二題。本文の難易度は高くなく、分量も一般的。字数指定のない記述問題や、別の文章を読んだ上で記述する新傾向の問題も出題され、適切に文意を読み取り、考えをまとめる力が求められる。

●過去問題や予想問題などを繰り返し解くことで、記述問題の解答をまとめる力を養いたい。また、漢字の書き取り、語義の問題、語彙を豊富に持っていることで有利になる出題もあるので、基礎・基本を着実に身につけるとともに、多くの文章を読み知識を増やすことが必要。

一（小説文）内容吟味・語句の意味・文脈把握

次の文章を読み、後の問に答えなさい。（＊のついた語句は後に注があります）

一浪して京都の大学に入学した女子学生の奈央（なお）は、高校の友人だった伊藤の仲介で、伊藤の師事する「先生」と知り合った。「先生」といっても、留年を繰り返して大学に長く在籍している年長の男子学生である。「先生」は四回生（四年生）の時にある地方文学賞を受賞し、一昨年には初めての短編集も出版された小説家でもある。奈央も高校の文芸部で小説を書いていたが、受験期以降、小説は書いていない。奈央は伊藤の勧めるままに「先生」の弟子ということにされたが、小説の弟子というわけではなく、何の師弟関係なのか不明なまま、「先生」の下宿に出入りし「先生」やその周辺の人物と接する日々を送っていた。ある日、「先生」の「先生」であるという諏訪野先生が若くしてバイク事故で亡くなった。「先生」の部屋の写真で見た諏訪野先生は、ライダース・ジャケットを格好良く着こなした女性で、大学入学間もない頃と思われる「先生」と一緒に写っていた。通夜の席で奈央は歴代の「先生」たちに会い、「先生」というものが代々弟子のうちの一人に引き継がれてきた存在であることを知った。通夜の後、「先生」は元気のない日々を過ごしているようだった。しばらくして、高校の文芸部の顧問が秘かに応募していた奈央の小説が岡山の新聞社の主催する文学賞を受賞したという連絡が奈央に入った。そのことを「先生」に報告すると、「先生」は祝福し、その晩ごちそうしてくれた。帰り道、新しい、履き慣れない靴に疲れた奈央の申し出で、二人は鴨川（かもがわ）のほとりのベンチで休むことになった。


「お寿司、ごちそうさまでした。美味しかったです」と奈央が先に口を開いた。

「なに、弟子の祝いだ。あれぐらい」

「そういえば先生が賞をもらったときってどんな感じだったんですか？」

「そりゃ嬉（うれ）しかったよ」

「デビューのプレッシャーみたいなものはなかったですか？」

「何だかヒーローインタビューみたいだな。まあ私の場合も賞はもらったがすぐ本が出せるという話ではなかったからね。現実感はなかなかわかない。ただ＊先生はとうとう弟子の中から小説家が出たかと喜んでいた」先生が先生の先生の話をするのは珍しい。心なしか口ぶりもだいぶ愉快そうである。～中略～「それで受賞が決まって先生はすぐ農学部の食堂を借り切って祝賀会を開いてくれたんだ。しかし先生は珍しく飲みすぎてつぶれてね。私は会の主賓（しゅひん）なのに後のことをすべて＊辻田に任せ、先生をタクシーに乗せて下宿まで送るはめになった。無論タクシー代は私が払った」

先生はまた腹を立てているらしく、口ぶりがさっきまでとは違っている。

「放っておいたら喉（のど）に吐瀉物（としゃぶつ）を詰まらせて死にそうだったから、私は先生の容体が落ち着くまで傍（そば）で見ていることにした。ただ私も祝賀会で気が張っていたんだろう。灯りを消してじっとしていると急に眠たくなってきた。しかし私がうとうとしだすと決まって先生は肩をゆすってくる。師

より先に眠る弟子があるかと言うんだ。そうして先生は吐くものを吐いてしまうと妙に元気になって、いつまで経っても眠りにつく気配はない。しまいに先生は『ネッスン・ドルマ*』を歌い出した。しかもそれがすごくいい声なんだ」

「『ネッスン・ドルマ』？」

「知らないのか。プッチーニの『トゥーランドット』のアリアだよ」

奈央はプッチーニも『トゥーランドット』も知らない。しかし先生はずいぶん気持ちよく話しているのでそれ以上話を聞くのは憚(はばか)られた。

「私はそのまま眠ってしまい、朝起きたときには風邪をひいていた。先生はすっかり回復していた」

そう言いながら先生はもう笑っている。奈央も笑ってみたが、丸帽*の庇(ひさし)の下の先生の①遠い目にはどれほどその笑みが映じているのかはわからない。

「それで今度は先生が見舞いに来てくれたんだが、あんなわがままな見舞客はなかったね。眠りたいのに話しかけてくるし、優しいものが食べたいと言ったのにこれしかつくれないからと言ってカレーをつくるし。しかもカレーに入れるのに霜降り肉を買ってくる始末さ。体力が落ちてるからいいもの食べて栄養をつけろと言うんだ」

先生のことばは怒っている。しかし顔はやはり笑っている。そうして語調は感傷に転じている。結構酔っているらしい。

「先生はこれからも私が倒れたら必ず見舞いにかけつけてやると一方的に約束もしてくれた。そうして実際先生は私が倒れるたびに見舞いに来た。弟子の面倒を見るのが師の役目だと言うのが先生の言い分なんだが、だいたい来て一、二時間もすれば飽きてしまう。それでチェスの相手をさせられたり、人を呼んで麻雀(マージャン)を始めたり、一人で庭で花火をしたり……どっちが面倒を見てるかわかりゃしない」

これを愚痴や批判ととらえて積極的に賛意を示すほど奈央は②素朴ではない。しかし要約や批評を試みるほど③軽率でもない。だから彼女は黙っている。すると先生は、

「しかしあんな見舞いでももう来ないとなると妙に懐かしい」と総括し、「人間というのは不思議なものだ」と突飛(とっぴ)な一般化さえしてしまった。いつもの先生からすると一つ目の発言はあまりに④無防備で、二つ目の発言はあまりに⑤軽薄である。

「そういえば蔵島*先生もおっしゃってましたけど」と奈央は話題を変えた。「引き継ぎはいつやるつもりなんですか？」

「私は今年で卒業するつもりだし、おそらく来年になるだろう」

「なるほどそうなんですか」奈央は自分で聞いておきながらあまり興味がないので返事が適当になっている。

「まあ蔵島先生にも言ったが、まだ君と伊藤のどちらにするかは決めてない。しかしもし君を選んだとして、引き受けてくれるか？」

そう言われても奈央にはそもそもまだ『先生』は何をするものなのかよくわかっていない。「弟子を集めたりするのはたぶん伊藤の方が得意ですよ」

「弟子は集めるものじゃない。集[A]ものだ」

また警句が飛び出した。例によって語感はいいが何を言っているのかははっきりしない。奈央は膝(ひざ)の上の花束を抱きしめて、

「正直に言うと、私はまだ心の準備ができてないんです」と言った。コスモスの先からほのかに甘い匂いが漂ってくる。「引き継ぎの話や、正直言えば今回の受賞だってそうでした。高校の文芸部の顧問が勝手に送っただけで私の[B]じゃないんです」

「[B]ではなく[C]が行く道を選ぶ」先生は黒い流れが注いでいく先を見つめながら言った。「そういうことがあると思うんだ」

「また何かの引用ですか」

先生は驚いたように奈央を見た。「よくわかったね」

「半年近く弟子をやってたらわかるようにもなりますよ」

先生は笑った。今日の先生は珍しく声を出してよく笑う。しかし騒がしい感じはまるでしない。むしろこの笑い声が響いた後はあたりがより一層静まり返った心持ちがする。そうして川の音がいつまでも、どこまでも続いている。

「君はもともとその顧問の先生に文章を教わっていたんだよね？」

「特に何か指導された記憶はないですけどね。書いたものは必ず見せるようにはしていましたが」

しかし顧問があの読書会で奈央に言った言葉だけは、奈央はなぜだか今でもはっきり覚えている――悲しいことを悲しそうに書いてはいけない。君は何か秘密を抱えていてそれをありのままに書くことはどうしてもできなかった。そうしてその秘密は君以外誰も知らない。教えてはならない。物語というものはそのようにして書かれねばならないんだ。

「ああ、それは『のだめカンタービレ』のセリフだね」と先生は即座に言った。

「のだめ？」

「知らないのか。二ノ宮知子の漫画だよ。『アルバトロス*』には……置いてなかったかな。『天才ファミリー・カンパニー*』はあるんだけど」

「そうだったんですか」今度は奈央が驚いて先生を見た。「漫画の引用だったんですね」

「引用はいけない？」

「いけなかあないですが、てっきりその先生自身のことばだと思っていたので」

「確かに引用は他者のことばかもしれない。しかし、では逆に『我々自身のことば』とは何なのだろう？」その問いは奈央にでもなく自分自身にでもなく架空の聞き手に投げかけられているらしい。先生の瞳は再び奈央からそれて虚空をとらえている。酔いが回ったのか[D]の兆候が出始めたと見える。「そもそも『我々自身のことば』なるものは本当に存在するのだろうか？」

「昔自分のことばを作ろうとしたことならありますけどね。『指輪物語』のエルフ語にあこがれて」

「実際のところ、我々のことばは始まりのことばではないし、締めくくりのことばではない」先生はすっかり講義調になって続ける。「であれば我々がどんなことばを用いてもそのことばには必ず前後がある。文脈がある。我々は物語の途中から参加し、我々が退場した後も物語は続いていく。無論その気になれば死人に口なしとばかりに⑥始祖を

騙ることも不可能じゃない。しかし死者への敬意を持たぬものは必ずどこかでその代償を払わされることになる。だからこそ我々は口を開くより先に耳を澄ませなければならない」

奈央には先生が何を言ってるのかよくわからない。そもそもせっかくいい気分に酔いがまわっているのにここでお談義をされてはたまらない。

「まあまた『アルバトロス』で『のだめカンタービレ』読んでみますよ」

「『アルバトロス』に置いてあるのは『天才ファミリー・カンパニー』だよ。まああれも面白いから読んでみなさい。それより君新しい作品はまだ書かないのかね？」

「先生風に言えば大いなる助走*の最中です」

「僕もそうだが、君の滑走路もずいぶん長いね」

「先生が助走だとすると、実際私は地面を這いつくばってるぐらいのものですよ」

「今はそれで構わないさ。ゴキブリだって普段は地面を這いつくばってるがいざというときにはちゃんと飛び立つ」

先生はこれでフォローをしたつもりでいるらしい。⑦奈央は腹が立つより可笑しくなって笑ってしまった。

「何かおかしなことでも？」

「いいえ」と奈央は笑ったまま言った。

先生は、

「そうか」と言うと、さっき口から出たゴキブリということばが実際に羽を持って宙に飛び立っていき、その様子を目で追ったかのように空を見上げた。奈央も先生の視線を追うように見上げて、

「綺麗な空ですね」と言った。星々は深い藍の底で磨き上げられたように瞬いている。「前もこうやって星を見たことがありましたね」

「うん、寒くなってくると空気が澄んでもっと綺麗になるよ」

先生はすらりとした人差し指を天に向けて、あれがやぎ座だとかみずがめ座だとか言い出した。けれども奈央はいくら説明されても図柄が全く見えてこない。やぎ座はただの三角形に見えるし、みずがめ座は理科の教科書に載っていたミジンコぐらいしか浮かんでこない。「メソポタミア*の羊飼いは何を考えてたんですかね」

「想像力が豊かだったのかもしれないね」と先生は⑧双方に穏当な答え方をした。

「恐ろしく暇だったんですかね？」

「まあ星座や名前がわからなくとも、それで星々の輝きが消えるわけじゃないさ」と先生は話をまとめてしまった。

「世界は人間なしに始まったし、人間なしに終わるものだ」

先生に哲学が再発しそうになったのを察知して、

「違う星から来て故郷が懐かしくなっていたのかもしれないですね」と奈央が軽薄に復そうとすると、

「あるいは恋でもしていたか」と先生は意外にも⑨その上をいった。

「先生も恋をして星を見つめたことがあるんですか？」

「まさか」先生は笑った。笑い方は今までとまるで変わらない。⑩鷹揚で、抑制がきいていて、それでいてどこか寂しそうな笑い方である。先生はしばらく星を見つめていたが、ふいに奈央に視線を戻して、

「もう足は休まったか？」と訊いた。

奈央が頷くと、先生は立ち上がって、

「じゃあそろそろ行こうか」と言った。「今度君の書いたものを読んでみるよ」

それで二人はそれぞれの帰路についた。別れ際に先生は奈央の新しい靴を褒めてくれた。

（畠山丑雄『先生と私』による）

先生…先日亡くなった、奈央の「先生」の「先生」である諏訪野先生のこと。
辻田…諏訪野先生に一緒に師事していた、「先生」の弟弟子。
ネッスン・ドルマ…イタリアの歌劇『トゥーランドット』の中で歌われる独唱曲（アリア）。歌い出しの歌詞から「誰も寝てはならぬ」と和訳される。
丸帽…「先生」を引き継ぐ際に代々渡されてきた、「先生」であることを表す、上部が円形の学生帽。
蔵島先生…歴代の「先生」の一人。九十歳を超えている。
アルバトロス…大学の近所にある定食屋。さまざまな本や漫画が置いてある。
『天才ファミリー・カンパニー』…二ノ宮知子の漫画。
大いなる助走…奈央が「先生」と知り合った日、いつまでも学部を卒業せずにいる「先生」の鷹揚さを説明する際に伊藤が紹介した、「先生」の座右の銘「より高いところを飛ぶものは、より長い助走を必要とする」による。
メソポタミアの羊飼い…以前にも、奈央は鴨川のほとりで偶然「先生」に会い、ベンチに座って一緒に星空を眺めたことがあったが、その時に「先生」は星座を最初に考えついたのはメソポタミアの羊飼いであると奈央に話した。

問一、**思考力** ——線部①について。「先生」の「遠い目」とはどのような気持ちの表れた目か。くわしく説明しなさい。

問二、**よく出る** **基本** ——線部②「素朴」、③「軽率」、④「無防備」、⑤「軽薄」の意味することとして最もふさわしいものをそれぞれ次の中から選び、記号で答えなさい。

ア、相手の機微に配慮することなしに、自身の見解を述べようとしてしまうこと。
イ、心のひだに踏み込もうとしないで、ありふれた捉え方でまとめてしまうこと。
ウ、相手との関係性を勘違いして、思いや考えをぶつけ合おうとしてしまうこと。
エ、背後にある心情に気付かず、相手の言葉を文字通りに受け取ってしまうこと。
オ、相手に構うことなく、己の胸中の核心的な部分を率直に吐露してしまうこと。

問三、［A］を補うのにふさわしいひらがな二字を答えなさい。

問四、［B］・［C］を補うことばの組み合わせとして最もふさわしいものを次の中から選び、記号で答えなさい。

ア、B　実力　　C　評価
イ、B　成果　　C　過程
ウ、B　本意　　C　覚悟
エ、B　意志　　C　才能

問五、――線部⑥の意味することとして最もふさわしいものを次の中から選び、記号で答えなさい。
ア、先人のことばの内容を都合のいいように解釈して、自説の根拠とすること。
イ、先人のことばに学ぼうとせず、自身の考えに固執し正しさを主張すること。
ウ、先人のことばを自身のことばであるかのように装って、他者に誇示すること。
エ、先人のことばを、意味もわかっていないくせにもっともらしく引用すること。

問六、難 [D] を補うのにふさわしい漢字二字のことばを、本文中のここより後の部分から抜き出して答えなさい。

問七、思考力 ――線部⑦について。この時の奈央の心情についてわかりやすく説明しなさい。

問八、――線部⑧「双方」の指すものとして最もふさわしいものを次の中から選び、記号で答えなさい。
ア、奈央と先生
イ、奈央とメソポタミアの羊飼い
ウ、やぎ座とみずがめ座
エ、星座とメソポタミアの羊飼い

問九、――線部⑨「その上をいった」とはどういうことか。次の中から最もふさわしいものを選び、記号で答えなさい。
ア、奈央以上にふざけているようでしかしユニークなことを言ってきたということ。
イ、奈央以上に詩的な、やはり小説家だと感じさせることを言ってきたということ。
ウ、奈央以上に非現実的な、見当違いな推測に基づくことを言ってきたということ。
エ、奈央以上に理屈っぽさを離れた、ロマンチックなことを言ってきたということ。

問十、――線部⑩「鷹揚（おうよう）」の意味として最もふさわしいものを次の中から選び、記号で答えなさい。
ア、ゆったりと落ち着いていること。
イ、いちずで目標が高いこと。
ウ、気品があって控えめであること。
エ、冷静で論理的であること。

二 （省略）多和田葉子「ベルリン通信」（「朝日新聞」19年7月30日付所載）より

豊島岡女子学園高等学校

時間	満点	解答
50分	100点	P88

2月11日実施

出題傾向と対策

●論説文二題構成の年が多いが、**一**（省略）は対談文と論説文を組み合わせた新聞記事で、正確な文章読解と論理的思考力が問われる新傾向問題。来年度導入の大学入学共通テストを意識したものだろう。**二**は例年と同様の論説文。**一二**とも中学生にはかなり難解。設問は選択肢・書き抜き形式が多いが、記述問題は昨年の一問から三問に。

●文章が難解で、選択肢も紛らわしいものが多いので、要点・要旨を的確に読み取れる読解力や選択肢の内容を正確に比較検討できる力と、記述力の養成に努める。

一 （省略）「AI時代の生き残り術」（「日本経済新聞」19年6月17日付所載）より

二 （論説文）内容吟味・文脈把握・語句の意味・要旨

次の文章を読んで、後の一〜九の各問いに答えなさい。（ただし、字数指定のある問いはすべて句読点・記号も一字とする。）

とんびは信濃（しなの）の鉦（かね）*1たたき
一日たたいて米三合*2

はれた秋空をとんびがゆうゆうと大きな弧をえがいてまうている。それがときどきピーヒョロロとなく。見あげる子供たちがこういってはやす。とんびはもとは多い鳥であった。そしてその悠々たる姿とすきとおるようななき声が高い秋空をふるわせると、人々は思わず空をあおいだし、また何となない明るさをおぼえて野の仕事にはげんだものだが、①子供たちにとってもそれはなつかしい自然の友であった。こうしたことから子供たちはこの鳥にしたしみをおぼえていったのである。

カラスなどももともと作物をあらす鳥として決して農民に喜ばれはしなかったが、人間とは深い交渉をもっていて時に追われもしたが時にまた迎えられる鳥でもあった。鎌倉、室町時代の絵巻物を見ると、カラスはきまったように人の死体をついばんでいるか、*3乞食小屋の屋根に群れている。人間からは憎悪の眼で見られているように思われるが、そればかりではなかった。東北地方をあるくと、今日もなお正月十一日にカラスの餅なげということをおこなっているところがすくなくない。土地によっては雪の積む野に出て、シナイ、シナイとか、あるいはロウ、ロウなどと大声でよびつづけると、どこからかカラスが出て来て、近くの木の梢にとまる。そこで餅を空に向ってなげあげると、カラスはたくみにこれを空中でうけとめて、山の方へもっていくという。そしてそれをうけとめて持っていくような年は豊年だということである。

土地によっては餅を*4苞に入れて木の枝にかけておくこともある。やはりカラスが来て餅をもっていく。先年秋田地方をあるいたとき、高い木の枝に苞がかかっているので、何のまじないであろうかと思ってきいて見るとカラスにそなえた餅の苞だとのことであったが、苞を木の枝にかけたときはそこが手のとどくほどのところであった。それが雪がとけてしまうと、そこが大へん〔Ａ〕ところに見え、どうしてそんなところへかけたかと思われる。さて村の人たちは、そのかけた場所が雪がとけた後に地上から見あげて、〔Ａ〕か〔Ｂ〕かで豊凶をうらなうという。〔Ａ〕年は豊作、〔Ｂ〕年は不作だというのである。〔Ａ〕年は雪の深い年であり、そういう年は豊作だとは今日もひろく言いつたえられている。人はカラスへ餅をそなえることによって、そうした観察もおこなったのである。しかもカラスに餅をそなえることはかつて広く各地に見られ広島県の宮島などではそれが一つの神事にさえなっている。

カラスという鳥はもと実に多かった。それが夕方など群になって夕焼空をうずまいてとんでいた。いわゆるねぐらがあって、そこへかえっていくのだが、朝、方々へわかれわかれにとんでいっていたものが、夕方になるとまた戻って来て一つの群になり、ねぐらへかえるのである。そのさまは壮観であり、また子供たちの眼にもとまって童謡の対象にもなっている。

こうして小さいときからこの鳥とのたえざる交渉と注目から、この鳥のなき方一つによって吉凶をさえ知ろうとするようになった。カラス啼きのよしあしは全国に言われるところであり、カラス啼きがわるければ死人があるか否かは別としても、こまやかな配慮と注意から、その啼き声や動作の中に自然に関連する何ものかをかぎわけるようになったと思われる。瀬戸内海の小さな島での話だが村の後の丘の大きな松の上へカラスが来て明るい声でなくと、きまったようにその日はイワシが豊漁だとのことで、これを漁ガラスと言っていたが、事実私がここを訪れた日も漁ガラスがないたので村はわきたち、船をこぎ出していって豊漁を得た。

こうしてカラスは一方ではきらわれつつ、他方ではまた大へんしたしまれもし、人間の愛情の中におかれ、一種の②くされ縁のようなものを持っていたということは、人間とその人生をともにする面が多かったためである。

カラスだけではない。昔話などに出て来る鳥の数は多い。スズメ、ツバメ、キジ、ホトトギス、キツツキ、カッコウ、モズ、ミミズク、フクロウ、ハト、ヒバリ、ウズラ、ジウイチ、水恋鳥、ワシ、ヨシキリ、ミソサザイ、カリなどがそれであるが、子供たちは周囲にいる小鳥を人間の世界につながるロマンスを通じて親しみの眼をもって見つつ次第に交渉をふかめていったのである。

そしてそれはひとり鳥のみに限らず、獣や昆虫や、あるいは植物などについても同様であった。つまりその初は単に科学的な観察によって生物の世界を理解していったのではなく、人間につながるものとして理解したのである。そして対象への観察をふかめていったのであるが、かつてはこうした動物の数は実におびただしかった。それがここ三四十年来急速にへっていった。そのへり方は物すごい。一つは農作物に被害を与える害鳥、害虫として駆除され、一つは人間の勢力がつよくなってそうしたものの住む世界をうばっていったためである。

カラスなど撃たれていなくなるよりも人間社会が拡大したり、餌が得られなくなったことから減少したと見られる場合がすくなくないが、それにしても減り方が急速で、もう夕焼空にうずまく壮観は何ほども見られなくなった。

ことに戦後農薬の発達からツバメのように駆除しようとしなかった鳥さえ、年々著しい減少を見せはじめている。そういう意味で自然は急にさびしくなって来たばかりでなく生物に対する話題もいちじるしく減って来たのである。

元来科学的ということはただひややかに対象を見つめ、その中から客観的な事実をひき出し、その中から法則や構造を見出すだけではなかった。むしろそういうことは非科学的である場合さえあった。農民の考え方や慣習や行動の調査をする場合に、ただ学問的に機械的におこなった場合と、できるだけ農民にとけ込み親しくしておこなった場合、結果はまるで逆になってあらわれたことがあるが、そうしたとき、テストする対象も、方法も一つでありつつ、どうしてそうなったかということが問題になるが、一たいどちらが科学的な態度だということになるだろうか。

ちかごろ、自分と立場を異にするものをつめたく冷やかに見、その欠点をあげつらうことを批判と心得、批判精神が旺盛だと心得ている人が多いのだが、対象の中へとけこみその本質的なものにふれることなくして本当の批判というものがあり得るだろうかと思って見る。そういうことになると対象を見る見方が大へん大切になって来るのだが、今日はたしてそういうものが日常生活や社会生活の中でどんなになっているのだろうか。

現実の問題として自然が年々さびしくなっていき、③自然が生きた世界としてでなく、死んだ世界としてとりあつかわれようとしていることが一たい民衆の生活を心ゆたかにするものであろうかどうか。

とにかく、現状の中で④人間として貴重な何ものかが科学的という名のもとに失われていきつつあるのではなかろうか。文化がすすむにつれて、われわれはいろいろのことを教えられ、気づいて来、ひろい世界のことをも知るようになって来た。しかしそれは自分の努力によって、あるいは愛情のからみあいによって得たものがどれほどあるだろうか。その多くはテレビやラジオや書物によって容易に身につけたものが大半であるといっていい。そこには愛情による対象とのつながりも、またそれによる努力も、努力によってつくり出される創造性も大へん稀薄だといえるのではなかろうか。アンリ・ファーブル＊5が炎天の下のほこりっぽい道におとされた馬糞(ばふん)の掃除屋の糞虫(ふんちゅう)を何日も何日もかけて見つめた努力、その中から得た糞虫(ふんちゅう)の生活の実態とその英知といったようなものそれは、その多くの努力のむくいられるほどの感激を彼に与えたのであるが、そうした素地はまず人と自然のあたたかなつながりの中にあるのではなかろうか。

それにはどうしても自然そのものに、できるだけ多くふれる機会を持たなければならない。古くは人間はいやおうなしに自然の中に居(お)らされたのである。そしてその自然のきびしさや気まぐれもいやというほど思い知らされつつ、時にはあまやかされもした。

戦争がすんで間もないころのことであった。沖縄からやって来た人の話に、戦(たたかい)にやぶれ、そこに永年つみかさねて来た文化のほとんどを失ってしまい、昔の自然のままの姿にかえった生活は大へんわびしいものであったという。どこへいくにもみんな徒歩、それも履物さえ乏しくなってはだしが多く、着るものも新しいものはなくて、もう櫃(ひつ)＊6の底にしまってあったようなものを出して着、食うものもイモやソテツの実が主で、夜ともなれば電灯もともらず、ランプもなく、日がくれると明るいうちに夕はんをすます。子供たちは昼の光をおしんで、くらくなるまで外ではしゃぎまわるが、大人は家の中にポツネンと居て、すっかりくれてしまうと、それからすこしばかり炉薪をたいて明りとするが、それも薪のとぼしさから間もなく寝につく。夜はまったく寝るよりほかに方法のない暗い闇がふかく静寂にすべてのものの上をつつむ。闇夜には村の道をあるく者すらない。そしてそれは夜のあけるまでつづくという。

人住まぬ山中ならともかくとして人の住む世界に全然明りがなかったとしたならば、その中に生きる者の感ずる自然の威圧はまた一しおつよいものであるだろう。自然がこうまで深刻なものであったとは沖縄のようなところに永年住んでいてさえ気付かなかったという述懐はつよく私の心をうったのであるが、ひとり沖縄ばかりでなく電灯を持たず、ランプを持たなかったころの日本もそういうものであっただろう。その闇の中できいてこそ秋虫の声も大地の声のようにききとれたし、また時のうつろいをその中に感じることができたのであろう。古い時代の人が自然を感じとったのはこうした環境の中であり、それはそのまま自然と深い接触を持たざるを得ないものがあった。

この自然の重さの中で、時にはこれをはらいのけようとし、時にはこれにしたしみ、もつれあいにくしみあいつつ私たちは自然の本質というものをすこしずつ見きわめて来たのである。それだけに自然を見る眼はこまかであり切実であったともいえる。迷信も科学もこうした中で芽吹き育って来た。

（『伝書鳩(でんしょばと)のように』宮本(みやもと)常一(つねかず)）

〔注〕＊1　鉦(かね)＝合図などのために鳴らす楽器。
＊2　合＝容積を表す単位。約〇・一八リットル。
＊3　乞食(こじき)小屋＝ここでは「粗末な小屋」の意。原文の表記をそのまま用いた。
＊4　苞(つと)＝藁(わら)などを束ねて両端を縛り、物をくるむもの。
＊5　アンリ・ファーブル＝一八二三～一九一五。フランスの博物学者、昆虫研究家。
＊6　櫃(ひつ)＝ふたが上に開く大型の箱。

問一、難　筆者は、冒頭の「とんびは信濃(しなの)の鉦(かね)たたき／一日たたいて米三合」を、後述で「鳥追歌」と記しています。それを踏まえると、村のどのような様子がうかがえますか。その説明として最も適当なものを次のア～オの中から一つ選び、記号で答えなさい。

ア、とんびの声が、田んぼを荒らす小鳥を追い払っている。
イ、村人が、田んぼに集まり寄るとんびを追い払っている。
ウ、とんびの声が、信濃(しなの)地方の勤勉な米作りを讃えている。
エ、大人は、農作物に被害を与えるとんびを忌み嫌っている。
オ、村人は、信濃(しなの)の秋空に響くとんびの声に聞き入っている。

問二、難　――線①「子供たちにとってもそれはなつかしい自然の友であった」とはどういうことですか。その説明として最も適当なものを次のア～オの中から一つ選び、記号で答えなさい。

ア、子供たちは生物の鳴き声を実によく知っていて、遊びの最中でもふとした瞬間に、季節の到来を感じていたということ。
イ、子供たちの鋭い観察眼は生物の生態を見分けることができ、それが子供たちの日ごろの遊びにつながっていたということ。
ウ、自然の中で遊ぶ子供たちにとって、悠々と秋の空を飛ぶ生物の姿は、見ていて気持ちのよいものであったということ。
エ、生物が自然環境の中で生きている様子が、好奇心旺盛な子供たちの遊びの中で懐かしさを呼び起こしていたということ。
オ、自然の中に生きる生物が、自ずと自分たちの暮らしに関わるものとして子供の遊びの中に取り入れられていたということ。

問三、空欄〔　A　〕・〔　B　〕に入れるのに最も適当な形容詞を考え、それぞれ答えなさい。

問四、――線②「くされ縁」の本文中での意味として最も適当なものを次のア～オの中から一つ選び、記号で答えなさい。

ア、離れられないで、ただだらだらと続いている関係。
イ、様々なことに関(かか)わる、切っても切れない関係。
ウ、好ましくない状態だが、親愛を抱かざるを得ない関係。
エ、長い関(かか)わりの中で、自然と離れていく関係。
オ、持ちつ持たれつの、お互いに長く支え合う関係。

問五、難　――線③「自然が生きた世界としてでなく、死んだ世界としてとりあつかわれようとしている」とありますが、それは近年の科学的な見方においてどのようなことを意味していますか。その説明として最も適当なものを次のア～オの中から一つ選び、記号で答えなさい。

ア、対象そのものの中にとけこむことをせずに、むしろ対象とその周辺とのつながりに注目して批判をし、科学的な法則や構造を見出そうとしているということ。

イ、対象そのものが少なくなって実際に触れる機会が減っても、残された対象を日常的に見つめ批判することによって、法則や構造を見出そうとしているということ。

ウ、対象そのものが減る中でかつての人間との関わりも減少し、対象の本質的なものにふれることなく批判をし、科学的な法則や構造を見出そうとしているということ。

エ、減りゆく対象を危惧するものの、その改善を試みることなく、その中から客観的な事実をのみ引き出すことで、科学的な法則や構造を見出そうとしているということ。

オ、人間が対象といかなる深い接触があろうとも、二者は相容れない存在であるという立場をとり、ひややかに科学的な法則や構造を見出そうとしているということ。

問六、――線④「人間として貴重な何ものかが科学的という名のもとに失われていきつつある」とありますが、「失われていきつつある」ものとは具体的に何ですか。それが含まれている一文を本文中から探し、最初の五字を抜き出しなさい。

問七、難 本文の内容と合致するものとして最も適当なものを次のア～オの中から一つ選び、記号で答えなさい。

ア、かつての人々は、日常的に、生物に対する細やかな交情を持つことを通して自然にとけこむことができ、科学の芽を育てて来た。

イ、かつての人々は、生物への科学的観察を深めることでそれを取り巻く自然の驚異を意識するようになり、自然の管理を目指すようになった。

ウ、かつての人々は、生物に対して細やかな配慮と注意を払い、日常的に自然の尊厳を感じることを通して、科学に依らない生活をしていた。

エ、かつての人々は、自然の本質を見きわめようと努力を重ねた結果、生物と人間の関わりにおける科学的な法則や構造を見出した。

オ、かつての人々は、厳しい自然の威力に耐えながらも、身近な生物に対して畏敬の念を持つことによって、科学的な観察眼を身につけた。

問八、本文の表現に関する説明として最も適当なものを次のア～オの中から一つ選び、記号で答えなさい。

ア、この文章は、筆者の体験をもとに筆者の視点で語られているが、必要に応じて村人たちの視点も取り入れられて語られるので、昔の日本人が自然をどのように捉えていたのかがわかりやすく述べられている。

イ、文章中の「ピーヒョロロ」「シナイ、シナイとかあるいはロウ、ロウ」などの擬声語は、場面の臨場感を生み、子供たちが自然の中で大声を出しながら生き生きと遊んでいる様子が述べられている。

ウ、この文章は、筆者が日本各地を歩いて、そこに生きる生物と人間との関わりを丹念に調べ、特に鳥の鳴き声が村人の営みに深く関わっている事実を突き止め、その具体的事例をわかりやすく述べている。

エ、文章中の「だろうか」「であろうかどうか」「のではなかろうか」「のだろうか」などの、読者への投げかけを多用している部分では、近年の科学的な見方に関しての問題点を明確にし、自己の見解を述べている。

オ、この文章では、筆者が歩いた日本各地の村人の生活が軸として展開しており、それとは対比的な、科学の発達によって自然を見る眼を失ってしまった傲慢な人間の姿を客観的に述べている。

問九、難 思考力 自然が年々さびしくなっている現代において、人間の生活を心ゆたかにするために何が必要だと筆者は考えていますか。五十字以内で答えなさい。

灘高等学校

時間 70分　満点 100点　解答 P88　2月11日実施

出題傾向と対策

●現代文（論説文）二題と古文一題の大問三題構成は例年どおり。現代文の本文は、随筆の年もある。文章は難解ではないが、奥深い理解を求められる。小問は、内容説明がほとんどで、「自分の言葉で」という指示も見られた。記述問題は、解答用紙が東大と同じように行数のみの指定になっている。模範解答は一行十五字程度で作成した。

●現古とも難しめの問題を多く解いて、詳しく説明したり、簡潔にまとめたりする記述の解答のトレーニングを続けよう。漢字や古文単語などの基礎知識も確実に習得を。

◎解答に字数制限のある場合、句読点などの記号も字数に数える。

一（論説文）漢字の読み書き・語句の意味・内容吟味

次の文章を読んで、後の問いに答えよ。

あるひとたちは、AIの普及が管理社会を生み出すとか、個人のプライバシーがなくなってしまうとか、人間が機械に支配されるようになるとか、人間の仕事が奪われるとかいって、盛んに[a]ケイショウを鳴らしている。

それは間違ってはいないと思うのだが、もっと大きな問題がある。それは、ひとびと*の、さきに挙げたような不安を、AIは解消してくれそうにもないということである。

たとえば、わたしが失業しそうになって「うつ」の症状が出ているとして、もしAIが普及していたなら、その判断はどのようなものになるであろうか。転職の条件や状況について、あるいはどんな薬を服用すればいいかについては、[1]正しい判断を与えてくれるだろう。だが、がんばれないわたしが、資本主義の根本的問題や社会保障政策の問題点などを考察しながら、自分の将来の目標を合理的に決定せず、したがってその適切な手段を実行しようとしないなら、――「愚行権」といってもいいが――、それに対しては、どんなアドバイスをしてくれるだろうか。

　ＡＩは、「成りゆきまかせ」や「いちかばちか」や「横並び」や「放置する」や「なし崩しにする」や「破滅してもいい」といったタイプの動機に対して、どんなアドバイスをしてくれるだろうか。

　まして、ひたすら親との X確執に苦しんでいるひとや、（中略）他人を支配しようとすることばかりに注力しているひとなど、他人の判断をまったく受け容れる姿勢のないひとたちの抱えている問題に対しては、そもそもどんなアドバイスがあり得るだろうか。

　ＡＩは、マザー・コンピュータではない。つまり、母親のようには、あなたを気にかけてはくれない。ＡＩには、人類の未来や個人の将来を心配し、社会的諸条件と一人ひとりの意識を bチョウテイしようとする性質が原理的にない。そのことの方が、もっと問題である。

　ＡＩは判断を cソウシュツしているのではなく、ひとびとのあらゆる判断を、ひとが感覚できないものまでのさまざまなデータを含め、――急ぐことでは「エッジ・コンピューティング」として自前のメモリで対応するが――、ネット上のクラウドを介して繋がりあって、ひとが記憶できないほどの大量のデータ（ビッグデータ）を用いてシミュレートするだけである。

　正しい判断をするのではなく、正しいとされた判断をさらにデータとしてインプットして、2正しいとされる判断の確率を上げていくだけだ。ＡＩスマートロボットがギャグをいうにしても、それは世界中のひとたちの笑いの反応をクラウドを通じてフィードバックしているからであって、3それらにとってはちっともおかしなことではないのである。

　ＡＩにとって、人間は光学センサーの眼のまえにいるのではなく、クラウド（群集）という靄のなかにいて、クラウド上のデータのなかから dチュウシュツされる統計的存在者でしかない。正しさを判断するのはどこまでいっても人間であり、そもそも「正しさ」は人間にとってのものでしかない。機械にとっての正しさは、精確に作動すること、バグがないことでしかないのだ。誤りも、ただ訂正すべきデータにすぎず、それらにとっては、恥ずべきことなのではない。

　したがって、もしＡＩにありとあらゆる判断を任せてしまうとしたら、それは確かに何らかの判断を示すだろうし、その判断は、いずれにせよ多くのひとが納得する妥当な判断ではあるだろうが、しかしそこに「未来」はない。

　未来とは、現在よりもよい状態になっているはずの、これから先のある時点のことである。単に時間の未来ということであれば、いつの時代にも未来はあるが、それはひとが期待して、それに向かって努力しようとする「未来」ではない。ＡＩの説く未来は、現在の延長でしかない。

　4ＡＩの前提する未来においては、ただ時だけが刻一刻と経ち、eコヨミがその数を積み上げていく。それは、時間測定法における未来であって、われわれの「未来」ではない。そこに夢や希望はない。未来という語が夢や希望という語と相重なっていた時代が終わり、未来という語で、せいぜい似たような要素がくり返し姿を現わす退屈な現在か、あるいはいたるところ、現在の廃墟としての、破滅と fヒサンとが組み込まれた疑似過去が待ち受けるばかりとなる。

　ＡＩの判断は外挿法的シミュレーションであり、過去に起こったことを未来に引き伸ばして予想する、その推測を詳細に gテッテイしたものである。ルールがあって条件の変化しないものに対しては最強であるが、あり得ないことに hチョウセンするとか、いつもと違ったことをやってみるという判断は、そこにはない。ところが、そうした異例のことをなそうとする判断の向こうにこそ、人間の考える「未来」がある。

　Yルーティン化した業務における判断に対し、その判断の iキケツから生じる悲劇についての感性こそが、人間の判断を賦活して、いつもとは異なった判断へとひとを差し向ける。夢や希望という名のもとに、明確なイメージがないとしても、ひとはそれぞれに「未来」に向けて判断しており、その場の「課題の解決」だけを考えているわけではないのである。

　ＡＩが普及するということは、社会におけるさまざまな業務の運営が自動化され、人間からするとすべてが成りゆきまかせで何とかなるようになるということである。そこには、判断に意味を与えてきた「未来」を考える人間がいなくなってしまう。

　だから、5わたしがＡＩに心配するのは、ＡＩが人類を未来の消失から救ってくれそうもないということなのだ。むしろ、それに加担する装置なのではないかということだ。

（船木亨『現代思想講義――人間の終焉と近未来社会のゆくえ』による）

注　＊ひとびとの、さきに挙げたような不安――本文より前の部分で示された、国際情勢、老後、親の介護など、ひとびとの将来を脅かすものへの不安。

問一、よく出る　基本　点線部ａ～ｉのカタカナを漢字に改めよ。

問二、二重傍線部Ｘ・Ｙの意味として、最も適当なものを次のア～オからそれぞれ選び、記号で答えよ。

Ｘ「確執」
ア、相手の一方的なこだわりを押しつけられること
イ、他の意見を聞き入れず、自分の考えにこだわり続けること
ウ、結果を確かなものにするために手を貸すこと
エ、互いに自説を曲げず、それがもとで争っていること
オ、要求されたことを間違いなく実行すること

Ｙ「ルーティン化した」
ア、決まりを守らずだらしなくした
イ、常に同じことをおこなうよう定まった
ウ、作業従事者の年齢が下がった
エ、機械が自動的におこなうようになった
オ、道徳的に常に正しくなされた

問三、思考力　傍線部1「正しい判断を与えてくれるだろう」とあるが、ＡＩが「正しい判断」を与えてくれるような質問として、最も適当なものを次のア～オから選び、記号で答えよ。

ア、明日提出すべき大量にある宿題のことを忘れていて、全てを仕上げるのは無理だと気づいたとき、提出に厳しい先生の宿題をするべきか、提出にうるさくないが、大好きで嫌われたくない先生の宿題をするべきか。

イ、今まで一度も行ったことのない場所に出張で行かなければならないとき、飛行機で近隣県に入り、そこからバスを利用した方が早く着くか、新幹線を乗り継ぎ在来線に乗り換えて行った方が早く着くか。

ウ、親に突然結婚を強く勧められたとき、親の言う通りに親が話を持ってきた裕福な家庭で育った女性と結婚するのが幸せか、長い間付き合ってきた、お互いをよく理解し愛し合っている幼なじみの彼女と結婚した方が幸せか。

エ、職場で上司につらい言葉を浴びせられ続けて体調を崩してしまい出勤できなくなっているとき、家賃を払い続けられる給料が出る今の職場に復帰する努力をするべきか、家賃の支払いがどうなるか分からないが自ら起業するべきか。

オ、とてもかわいがっている猫と暮らしていたが、職場が今の家から二時間の場所に移ったとき、今の家から二時間かけて通勤するべきか、猫を手放して一つだけ空きのあったペット飼育禁止のマンションに引っ越すべきか。

問四、傍線部2「正しいとされる判断」とあるが、どのような判断か。問題文中から十五字以内で抜き出して答えよ。

問五、傍線部3「それらにとってはちっともおかしなことではない」とあるが、それはなぜか。理由を説明せよ。

問六、傍線部4「AIの前提する未来」とはどのようなものか、答えよ。

問七、難 思考力 傍線部5「わたしがAIに心配するのは、AIが人類を未来の消失から救ってくれそうもないということなのだ。むしろ、それに加担する装置なのではないかということだ」とあるが、「わたし」はAIが普及することにどのような心配を抱いているのか。「判断」ということばを使って答えよ。

二 〈論説文〉内容吟味

次の文章を読んで、後の問いに答えよ。

エチオピアでの経験から話を始めよう。最初にエチオピアを訪れたのは、もう二十年近く前のことだ。ほとんど海外に出たこともなかった二十歳そこそこのころ。十カ月あまりの滞在期間の大半をエチオピア人に囲まれて過ごした。

それまで、自分はあまり感情的にならない人間だと思っていた。人とぶつかることもそれほどなく、どちらかといえば冷めた少年だった。それが、[1]エチオピアにいるときは、まるで違っていた。

なにをやるにしても、物事がすんなり運ばない。タクシーに乗るにも、物を買うにも、値段の交渉から始まる。町を歩けば、子どもたちにおちょくられ、大人からは質問攻めにあう。調査のために役所を訪れると、「今日は人がいないから明日来い。」と何日も引き延ばされる。「ここじゃない、あっちの窓口だ。」と、たらいまわしにされる。話がうまくいったと思ったら最後に賄賂を要求される……。

言葉の通じにくさもあって、懸命に身振り手振りを交えて話したり、大声を出して激高してしまったりする自分がいた。

村で過ごしているあいだも、生活のすべてがつねに他人との関わりのなかにあって、ひとりのプライベートな時間など、ほとんどない。いい意味でも、悪い意味でも、つねにある種の刺激にさらされ続けていた。食事のときは、いつもみんなでひとつの大きな皿を囲み、「もっと食べろ。」と声をかけあい、互いに気遣いながら食べていた。

村にはまだ電気がなかった。食後はランプの灯(あか)りのもとで、おじいさんの話に耳を傾け、息子たちと腹を抱えて笑い転げたり、真顔で驚いたりと、にぎやかで心温まる時間があった。

村のなかにひとり「外国人」がいることで、いろんないざこざが起きて、なぜこんなにうまくいかないんだと、涙が止まらない日もあった。

毎朝、木陰にテーブルを出して、前日の日記をつけるのが日課だった。ふと見上げると、抜けるような青空から木漏れ日がさし、小鳥のさえずりだけが聞こえる。さわやかな風に梢(こずえ)が揺れる。おばあさんが炒(い)るコーヒーのいい香りが漂ってくる。自分はなんて幸せなんだろうと、心からうっとりした。

腹の底から笑ったり、激しく憤慨したり、幸福感に浸ったり、毎日が喜怒哀楽に満ちた時間だった。顔の筋肉も休まることなく、つねにいろんな表情を浮かべていた気がする。

そんな生活を終えて、日本に戻ったとき、不思議な感覚に陥った。関西国際空港に着くと、すべてがすんなり進んでいく。なんの不自由も、憤りや戸惑いも感じる必要がない。バスのチケットは自動券売機ですぐに買えて、数秒も違わず定刻ぴったりに出発する。動き出したバスに向かって深々とお辞儀する女性従業員の姿に、びっくりして振り返ってしまった。

人との関わりのなかで生じる厄介で面倒なことが注意深く取り除かれ、できるだけストレスを感じないで済むシステムがつくられていた。

おそらく、[2]お辞儀する女性は感情を交えて関わり合う「人」ではなく、券売機の「ご利用ありがとうございます」という機械音と同じ「記号」だった。

つねに心に波風が立たず、一定の振幅におさまるように保たれている。その洗練された仕組みの数々に、逆カルチャーショックを受けた。

そのうち、自分がもとの感情の起伏に乏しい「自分」に戻っていることに気づいた。顔の表情筋の動きも、すっかり緩慢になった。顔つきまで変わっていたかもしれない。

いったい、エチオピアにいたときの「自分」は「だれ」だったのだろうか？　そんなことも考えた。

でも日本での生活で、まったく感情が生じないわけではなかった。テレビでは、新商品を宣伝するために過剰なくらい趣向を凝らしたCMが繰り返し流され、物欲をかき立てていた。それまで疑問もなく観(み)ていたお笑い番組も、無理に笑うという「反応」を強いられているように思えた。

そんなとき、ひとりテレビを観ながら浮かぶ「笑い」は、「感情」と呼ぶにはほど遠い、薄っぺらで、すぐに跡形もなく消えてしまう軽いものだった。

多くの感情のなかで、特定の感情／欲求のみが喚起され、多くは抑制されているような感覚。エチオピアにいるときにくらべ、自分のなかに生じる感情の動きに、ある種の「いびつさ」を感じた。どこか意図的に操作されているようにも思えた。

日本は、感情をコントロールしている社会なのかもしれない。

[3]最初にエチオピアから帰国したときにもった違和感を、いまもときどき思い出すことがある。たぶん急に学生のひとり暮らしに戻ったことも関係していたと思う。

二十年以上を過ごしてきた日本の環境に、わずか十カ月のエチオピア滞在から戻って感じた「ずれ」は、いったいなにを意味しているのだろうか？

エチオピアのほうが「よい」と言っているのではない。いまもエチオピアの田舎に行くと、たまには誰とも会わず、ひとり快適な都会のホテルにこもって映画でも観ていたいと思う。町ゆく一人ひとりと顔を見合わせながら、毎回、握手したり、あいさつの言葉を交わしたりするのは、とても面倒くさい。

（中略）

エチオピアにいると、日本とは違う感情の生じ方を経験する。そこから、日本社会の感情をめぐる環境の特殊さに気づくこともできるし、それまで疑問をもたなかった「感情とはなにか？」という根本的な問いにも自覚的になれる。

[4]人類学者が向き合う問いの多くは、最初から自分のなかにあるものではない。「ホーム」と「フィールド」を往き来するなかで、あるとき到来するものなのだ。

感情とは、たんなる神経系の反応なのだろうか。ある人の心の固有な表現とはいえないのではないか。それは他者との関わり方に起因しているのではないか？

最初にエチオピアから日本に帰国したときに感じた「ずれ」を振り返ると、そう思える。

そもそも、ぼくらは感情をどう感じているだろうか？

涙がこぼれるとき、そこに「悲しみ」があるのは、わかりきったことかもしれない。でも、涙は悲しいときだけ流れるわけではない。目にゴミが入ったときも、あくびをしたときも涙は出る。そんなとき、自分が悲しんでいるとは思わない。

「悲しみ」は「涙」という印だけから、そこにあると理解されるわけではない。では、なぜ自分のなかの感情が「悲しみ」や「怒り」だとわかるのか？

（中略）

[5]母親が赤ん坊をあやしながら、ふくれっ面をする。ぼくらは、母親がほんとうに怒っているわけではないことをわかっている。「涙」や「顔の表情」といった外的に表示される印は、周囲の文脈のなかで理解される。

店員とのモノのやりとりではなにも感じないのに、家族のあいだの同じようなモノのやりとりには感情がこもっているように思える。

感情を引き起こす刺激には、人とモノの配置やそれらの関係といった文脈全体が含まれている。そこでは、行為する人やそれを見ている人が、どのようにその文脈と関わっているのかが重要になる。

「悲しい」という感情を「わかる」ために、鏡で自分の顔を確認したり、心のなかに生起する反応をそのつど脳波モニターで確認したりする必要はない。それらはいずれも文脈を問わない理解の仕方だ。

ある映画をじっと観ている。ストーリーの展開、雰囲気のある音楽、すっと流れ出る涙。こうした人とモノの配置から、ぼくらは自分のなかに生じる「なにか」が「悲しみ」だと疑いなく感じとる。[6]このとき脳内でどういう反応が起きているかは関係ない。

だとしたら、とたんに外的な「刺激」と内的な「反応」という線引き自体があやしくなる。人と対象との関わり方自体が、刺激や反応の意味を決めているからだ。

そして、感情が社会的な文脈で生じるのであれば、それは自分だけの「こころ」の表現とはいえない。悲しみや怒りは、ある特定の人やモノの配置にそって意味が確定され、「涙」や「顔の表情」がひとつのリアルな「感情」として理解可能になる。

（松村圭一郎『うしろめたさの人類学』による）

問一、傍線部1「エチオピアにいるときは、まるで違っていた」とあるが、エチオピアにいるとき、筆者はどのようであったのか。問題文中の言葉を用いて答えよ。

問二、難 思考力 傍線部2とあるが、「お辞儀する女性」が「『記号』だった」とはどういうことか、答えよ。

問三、傍線部3とあるが、「最初にエチオピアから帰国したときにもった違和感」に、「急に学生のひとり暮らしに戻ったこと」がなぜ「関係していた」と言えるのか、説明せよ。

問四、傍線部4「人類学者が～到来する」とあるが、それはなぜか。理由を自分の言葉で答えよ。

問五、傍線部5とあるが、「母親」が「ふくれっ面」をする目的を答えよ。

問六、傍線部6「このとき～関係ない」とあるが、このように言えるのは、感情がどのようなものだからか。理由を答えよ。

三 （古文）口語訳・内容吟味

次の文章を読んで、後の問いに答えよ。

＊近江の国の僧なりけるが、＊三河のある山寺に通ふありけり。修学ともに稽古せず、ただいたづらに＊信施をのみ受ける故にや、三河の師がもとへゆきて、房へ入らむとすれば、下女笞もて打たんとす。さて逃げさりぬ。また入らむとすれば、打たんとするあひだ、[1]「これはいかに。」と言はむとするも、声もたたず。さてまた逃げぬ。はるばる思ひたちてきたれば、これより帰るにも及ばずして、またゆきぬるとき、この下女「この牛は、やうあればこそたびたび来るらめ。」と言ひて、[2]厩に引き入れてつなぎぬ。その時我が身を見れば牛なり。心憂く、悲しなむども、[a]言ふばかりなし。[3]これは日頃の信施の積もりにこそと思ひて、＊尊勝陀羅尼こそ信施の罪をば滅ぼすなれと、さすが聞きおきたれども、それも[b]おぼえねば誦せず。せめては名字ばかりをも唱へむと思へども、[c]うるはしくも言はれず。[4]ただ「そんそん」とぞ言ひける。「この牛は病のあるにや。水も草もくはで、＊そそめく。」とぞ、人言ひけれども、心

うさに食物も忘れて、三日三夜そそめきける。さて三日といふに、「尊勝陀羅尼」と、言はれたりける時、もとの法師になりぬ。さて縄をときて、師のもとへ行きたれば、「いかにぞ。」と問ふ。しかしかの子細と申しければ、あさましきことなりとて、初めて尊勝陀羅尼を受け習ひ、経なむどよみけるとこそ。陀羅尼の功能(くのう)のめでたくこそおぼゆれ。

（『沙石集(しゃせきしゅう)』による）

注　＊近江の国・三河……それぞれ、今の滋賀県・愛知県東部。
＊修学……仏道に関する修業と学問。
＊信施……読経などの謝礼として僧侶に与えられた金品。
＊尊勝陀羅尼……仏のさまざまな功徳(くどく)を説いたとされる長文の呪文。
＊名字……呪文の名前。
＊そそめく……落ち着かず、そわそわする。ざわめく。

問一、点線部a～cの意味として、最も適当なものをそれぞれア～オから選び、記号で答えよ。

a「言ふばかりなし」
ア、言うだけではない　イ、言い尽くせない
ウ、言ってはならない　エ、言う気にもならない
オ、言ってみたことがない

b「おぼえねば」
ア、おぼえていない場合には
イ、おぼえていないならば
ウ、おぼえてからでないと
エ、おぼえていないので
オ、おぼえたければ

c「うるはしく」
ア、心をこめて　イ、大声で
ウ、間に合わせに　エ、思い出して
オ、きちんと

問二、傍線部1「『これはいかに。』と言はむとする」とあるが、これについて次の問いに答えよ。

i「これはいかに」とは、「近江の国の僧」が、誰に対して言おうとしたのか、答えよ。

ii「これはいかに」とは、何を尋ねようとしていたのか、答えよ。

問三、傍線部2「厩に引き入れてつなぎぬ」とあるが、「下女」がこのようにしたのはなぜか。「下女」の言葉を踏まえて、理由を答えよ。

問四、傍線部3「これは日頃の信施の積もりにこそと思ひて」とあるが、僧は自分が牛の姿になってしまった原因を何だと考えているのか。わかりやすく説明せよ。

問五、傍線部4「ただ『そんそん』とぞ言ひける」とあるが、これについて説明した次の文の（ 1 ）～（ 3 ）に入る言葉をそれぞれ答えよ。

牛が（ 1 ）もせずに「そんそん」と言うばかりで落ち着かない理由を、寺の人たちは、（ 2 ）と考えたが、実際は、牛の姿に変えられた僧が（ 3 ）からであった。

西大和学園高等学校

時間 60分　満点 100点　解答 P89　2月6日実施

出題傾向と対策

●論説文、小説文（省略）、古文の大問三題構成。大問それぞれに、漢字、語句の意味、接続詞補充、選択肢問題、記述問題などがバランスよく配置されている。選択肢には紛らわしいものは少なく、記述問題は本文の内容に沿ってまとめる形のものが多い。古文の設問はやや難。

●現代文は速読で文意を正確に捉えることが要求される。記述問題は解いた後に解説を読み、それを頭に入れて書き直してみるとよい。古文は、助動詞を含む確かな文法力を養成しておく。主語を補いながら読むことも大切。

（注意）各問題とも特に指定のない限り、句読点、記号なども一字に数えること。

一（論説文）漢字の読み書き・文脈把握・内容吟味

次の文章を読んで、あとの問いに答えよ。

教養という語にはどこか(ア)カンビな、感傷的なニュアンスが宿っていて、修養とか、修業とかいう語ほどに、日本語としては成熟していない。教養はどこか一点でも欧米の文化に関係した場合にのみ用いられて来たからであろう。近代日本の教育や学問が、欧米からの文化摂取を基本に置いて以来、公的な教育や学問は教養の色彩を帯び、日本古来の武道とか芸道とかを究める場合にのみ、修養や修業が使われる、という慣行がほぼ確立した結果とも考えられる。

他方、①世の中で通例、あの人は教養があるとかないとかいうときの教養とは、どういう意味であろうか。それはえてして単に学歴ということであって、さして深い意味のない場合が多い。せいぜい高等教育を受けて、多少人間が思慮深くなったとか、あるいはなったように見えるとか

いった程度のことであろう。しかし学校教育を受けたから人間が直に思慮深くなるとも思えない。むしろ逆のケースが、[A]思慮を失ったケースの方が、現代社会では多いくらいだ。ただ、世間が学校教育を尊重するのは、社会が昔に比べて複雑になっていて、いろいろな知識や情報をそれだけ必要とするからであろう。海外から流入してくる知識や情報を処理する術に通じていないと困る、ということもあるだろうし、国内に限った知識や情報でも、幅広く活用できる能力が何よりも尊重されるのである。そういう能力を持っていない人は、現代では何となく無力に見える。あるいは、少なくとも、視野の限られた、狭い人間に見える。そして、通常これをもって教養があるとか、ないとか言っているのである。[B]教養のある人とは、幅広い知識や情報をイクシできる人のことである。教養のない人とは、その反対に、複雑化した社会の全体を見渡すことのできない、狭い小範囲の知識や情報で十分に満足している人のことである。いずれにしても教養という語は、修養や修業と違って、「文明開化」の程度を表わす言葉として用いられて来ているといえる。

[C]、私はここでは、「教養」という語を、そのような慣行から切り離して使用しようと思う。それどころか、真の教養は、知識や情報の正反対の側にあるとさえ敢えて言いたいのだ。真の教養は見識という言葉にむしろ近い。公的な教育機関がそれを育成することに役立つこともあれば、役立たないこともある。

教養は②知識や情報の量とは関係がない。知識や情報は、それ自身としては、何処まで行っても教養とは結びつかない。知識や情報は豊富であるに越したことはないが、それらはあくまで必要悪であって、従ってなければ困るが、あるからそれで安心というものではないのだ。それどころか、必要悪というからには、必要な限度を越えれば、単に悪としてしか作用しないということもまま起こり得ることなのである。

大学で研究者を目指す青年にえてして多い病気は、学問の各分野における知識や情報を、学問そのものと混同することである。若い未熟な研究者が、自分の未経験の不安や能力の不在を埋めるために、もっぱら知識や情報ばかりを矢鱈頭に詰め込む不健康なケースも無論あるが、私が言っているのは③もう少し普遍的な問題である。海外からの知識や教養を仕入れるだけで、かなりの程度に安心できる構造が、もともと日本の近代の学問にはあるということと関係している。

まだ私が若かった頃、大学の研究室で、上級の大学院生や助手クラスの人々の中によく見掛けた、一見秀才めいた自信家が、どんなに無内容な博識家にすぎなかったかが、今はっきりと思い出せる。外国の、ことにヨーロッパの学術上の動きにウビンカンな余り、膨大量の文献の名前や、成立年代や、版元や、その異同に驚くほどよく通じている人が多かった。私はつねづね自分の不勉強を非難されているようなエサッカクさえ抱いた。彼らは文献の名前を知っているだけではない。現在学界の主流はそのどれに棹さしているか、流行は何で、古い学問は何であるかまで、ぺらぺらと口をついて出てくるほどの青年が少なくなかった。私がある方面の専門書をたまたま探しあぐねていると、彼らはさも軽蔑したような表情で私を見て、君はそんなことも知らないのかと言わんばかりに、得意然と、必要以上の文献知識を私に講義してくれるのだった。

私が所属していたのが文学部ドイツ文学科であったから、当然のことだが、ドイツにおけるドイツ文学研究の新しい動向に彼らは例外なくビンカンだった。[D]、これまた例外なく、若くしてこまちゃくれた専門家であることを競い合い、自分が一日本人として何のために、どのような動機で外国研究に向かうのかという、最も初歩的な、しかしまた最も根源的な問いをわが身に発することだけは避けているのである。否、そういう問いを発する内的必然性さえ彼らは感じない。自分とは何か？　というそういう問いを措いて、単に外国の最新の動向に自分を合わせて、知識や情報ばかりわが身に詰め込んでみても、じつは本当の学問はできないのではないか、という不安な疑問がそもそも彼らにはないのである。

生産的な不安を欠くことが、私に言わせれば、無教養ということに外ならない。それに対し絶えず自分に疑問を抱き、稔りある問いを発しつづけることが真の教養ということである。私が若い頃に研究室で数多く出会った秀才然とした博識家たちは、単に若かったから、あるいは未経験だったから、知識と学識とを混同する誤謬を犯したにすぎない、というオカンダイな見方も勿論できないわけではない。しかし、私はそれよりもっと本質的なことを言っている積りである。日本の学問は欧米に精神の鍵を預けて発展して来た。いわゆる教養の高下は「文明開化」の程度に応じている所以だ。とすれば、彼ら若い博識家―知識や情報は単なる必要悪であることを知らない―の空虚なあり方は、日本の近代的学問のそのものの姿ではないだろうか。事実、私が若い頃に出会った彼ら博識家たちは、日本の学界では必ずしも失敗者ではないのである。そこにじつは問題がある。

ヨーロッパやアメリカに精神の鍵を預けて、自分はただ机に向かって、黙々とそれを追認する。人文社会科学系の学問においては、今なお大半の日本の学者がこういう状態にある。彼らは最も西洋的であるように見えて、そのじつ近代日本的性格を最も露骨ににじませているのである。

そういう彼らを見ると、学会の最高位をきわめた学者であっても、私には少しも④教養ある人士には見えないのである。

（西尾幹二『人生について』による）

問一、**よく出る** **基本** 二重傍線部ア～オのカタカナを漢字に直せ。楷書で丁寧に書くこと。

問二、**基本** 空欄[A]～[D]に当てはまる最も適当なことばを次の中からそれぞれ一つずつ選び、記号で答えよ。ただし、同じ記号を繰り返し用いてはならない。

ア、たとえば　イ、だから　ウ、そして
エ、つまり　オ、なぜなら　カ、しかし

問三、傍線部①「世の中で通例、あの人は教養があるとかないとかいうときの教養とは、どういう意味であろうか」とあるが、「世の中」の人びとが考える「教養」とはどのような能力であると述べられているか。四十字以内で説明せよ。

問四、傍線部②「知識や情報」とあるが、これについて筆者はどのように考えているか。その説明として最も適当なものを次の中から一つ選び、記号で答えよ。

ア、ある程度は必要であり、それを幅広く活用できることが大切である。

イ、ある程度は必要であり、海外の最新のものを持つことが大切である。

ウ、ある程度は必要であるが、必要な限度を越えると教養の妨げとなりうる。

エ、幅広く豊富に必要であり、それを幅広く活用できることが大切である。

オ、幅広く豊富に必要であるが、海外の最新のものは教養の妨げとなりうる。

問五、傍線部③「もう少し普遍的な問題である」とあるが、どのような点が「もう少し普遍的」なのか。その説明として、最も適当なものを次の中から一つ選び、記号で答えよ。

ア、これまで若い研究者の間に限定されていた誤りが、現在は日本の学界全体に広がっているという点。

イ、現在は若い研究者の間に限定されている誤りが、これからは日本の学界全体に広がりうるという点。

ウ、誤りを信じている若い研究者が、現在は次々に日本の学界全体で増えているという点。

エ、誤りを信じている若い研究者の背景には、日本の学界全体のあり方が関わっているという点。

オ、誤りを信じている若い研究者の背景には、先輩研究者たちの指導不足が関わっているという点。

問六、思考力　傍線部④「教養ある人士」とあるが、筆者はどのような人を「教養ある人士」と考えているか。八十字以内で説明せよ。

問七、本文の内容に当てはまるものとして最も適当なものを次の中から一つ選び、記号で答えよ。

ア、近代以降日本では、教養という言葉は、欧米からの文化を取り入れた教育や学問だけでなく、日本古来の伝統的な武道や芸道とも結びつけられるようになった。

イ、世の中の人は、近代以降情報化が進んだ社会の中で、大量にある情報の中から有用な情報を選択することができる人のことを教養があると考えている。

ウ、筆者の学生時代の周りにいた研究者たちは、筆者が専門書を探しあぐねていると文献知識を教えてくれるなど、親切にしてくれ、筆者もそのことを感謝している。

エ、欧米からの知識や情報は、確かに弊害になりうるが、日本の学界に発展をもたらしてきた側面もあるため、うまく取り扱えば研究にとって有用なものである。

オ、筆者は、日本の研究者が欧米の文化摂取に必死になって、知識や情報を詰め込んでいる状況が、近代以降の日本の学界に蔓延（まんえん）していることを問題視している。

二　（省略）伊藤たかみ「サッチの風」より

三　（古文）動作主・口語訳・内容吟味

次の文章を読んで、あとの問いに答えよ。

土御門院、はじめて百首を詠ませおはしまして、宮内卿家隆朝臣(注1)のもとへ、見せに①遣はされたりけるが、あまりにAめでたくふしぎにおぼえければ、御製のよしをば言はで(注2)、何となき人の詠のやうにもてなして、定家朝臣のもとへ点を乞ひに(注3)②遣りたりければ、「合点して、褒美の詞など書きつけはべり」とて、懐旧の御歌を③見はべりけるに、

秋の色を送り迎へて雲の上になれにし月ももの忘れすな

この御歌に、はじめて御製のよしを知りて、④驚きおそれて、裏書にさまざまの述懐の詞ども書きつけて、詠みはべりける、

あかざりし月もさこそは思ふらめふるき涙も忘られぬ世に

まことにかの御製は、およばぬ者の目にも、たぐひ少なくめでたくこそおぼえはべれ。⑤管絃のよく染みぬるときは、心なき草木のなびける色までも、彼に従ひて見えはべるなるやうに、何ごとも世にすぐれたることには、見知り、聞き知らぬ道のことも、耳に立ち心に染むはならひなり。

当院(注4)の御製もB昔に恥ぢぬ御ことにや。その故は、そのかみ、御傅(めのと)(注5)の大納言のもとに渡らせおはしましけるころ、はじめて百首を詠ませおはしましたりけるを、大納言感悦のあまりに、密々に壬生の二品のもとへ見せに遣はしたりけり。二品、御百首のはし、春のほどばかりを見て、見もはてられず前に置きて、⑥はらはらと泣かれけり。やや久しくありて、涙をのごひて言はれけるは、「あはれにふしぎなる御ことかな。故院(注6)の御歌に、少しもたがはせたまはぬ」とて、ふしぎの御ことに申されけり。その時は、⑦いまだむげに幼く渡らせたまひける御ことなり。まして当時の御製、さこそめでたき御ことにてはべらめ。⑧かの卿、いまだ存せられたらましかば(注7)、いかに色をも添へてめでたがり申されましと、あはれにおぼえはべり。

（『古今著聞集』による）

（注1）宮内卿家隆朝臣…藤原家隆。「壬生の二品」、「二品」ともいわれる。

（注2）御製のよしをば言はで…「土御門院が詠んだ御歌ということを言わずに」ということ。

（注3）点…優れた和歌等の冒頭に印を付すこと。「合点」も同じ。

（注4）当院…後嵯峨天皇。「土御門院」の皇子。

（注5）御傅の大納言…幼い後嵯峨天皇を養育した源通方。

（注6）故院…「土御門院」の死後の呼称。

（注7）いまだ存せられたらましかば…「もしまだ生きていらっしゃったならば」ということ。

問一、よく出る　基本　傍線部①「遣はされたりける（お遣わしになった）」、傍線部②「遣りたりけれ（遣わした）」、傍線部③「見はべりける（見ました）」の主体（主語）は誰か、次の中から最も適当なものをそれぞれ一つずつ選び、記号で答えよ。

ア、土御門院　　イ、後嵯峨天皇

ウ、宮内卿家隆朝臣　　エ、定家朝臣

オ、御傅の大納言

問二、二重傍線部A「めでたくふしぎに」、二重傍線部B「昔に恥ぢぬ御こと」とあるが、それらの語の本文中の意味として最も適当なものを、それぞれ次の中から一つずつ選び、記号で答えよ。ちなみに傍線部「めでたくふ

しぎに」は、家隆朝臣の感想である。

A「めでたくふしぎに」
ア、ひどく恐ろしいことに
イ、言うまでもなく非常識に
ウ、すばらしく理解を超える程に
エ、お人よしにもほどがあるように
オ、よろこばしいがあまりにも奇妙に

B「昔に恥ぢぬ御こと」
ア、土御門院に恥じないほど突飛な御歌
イ、土御門院に恥じないほど趣のある御歌
ウ、土御門院に恥じないほどの筋違いな御歌
エ、土御門院が恥じ入るほどの風雅のある御歌
オ、土御門院が恥じ入るほどのぼんやりとした御歌

問三、傍線部④「驚きおそれて」とあるが、なぜ定家は驚き畏れたのか。三十字以内で説明せよ。

問四、傍線部⑤「管絃のよく染みぬるときは、心なき草木のなびける色までも、彼に従ひて見えはべるなるやう」とあるが、どういうことか。最も適当なものを次の中から一つ選び、記号で答えよ。
ア、あまり歌を理解していない者であっても、納得してしまうほど深く感動するということ。
イ、あまり歌を理解していない者にとっては、些細なものの事に対し感動できないということ。
ウ、よく歌を理解している者にとっては、どんな些細なものにでも深く感動するということ。
エ、よく歌を理解している者にとっては、些細なものに感動することはできないということ。
オ、よく歌を理解している者にとっても、納得できてしまうほどに深く感動するということ。

問五、傍線部⑥「はらはらと泣かれけり」とあるが、家隆が幼い後嵯峨天皇が作った百首の冒頭部分を見て涙を流したのはなぜか。次の形に合うように二十五字以内で答えよ。

後嵯峨天皇の御歌が［　　　］から。

問六、傍線部⑦「いまだむげに幼く渡らせたまひける御ことなり」とあるが、どういうことを表しているか。最も適当なものを次の中から一つ選び、記号で答えよ。
ア、今の後嵯峨天皇の御歌は、幼い時以上にすばらしいものであろうということ。
イ、今の後嵯峨天皇の御歌は、幼い時と同じように奇妙なものであったということ。
ウ、今の後嵯峨天皇の御歌は、幼い時以上に良くはならなかったであろうということ。
エ、今の後嵯峨天皇の御歌は、幼い時以上に周りを悲しませるものであったということ。
オ、今の後嵯峨天皇の御歌は、幼い時と同じように周りを悲しませるものだったということ。

問七、傍線部⑧「かの卿、いまだ存せられたらましかば、いかに色をも添へてめでたがり申されまし」とあるが、どういうことを表しているか。最も適当なものを次の中から一つ選び、記号で答えよ。
ア、源通方はもう亡くなっているので、後嵯峨天皇のことを恥じ入る必要はないということ。
イ、源通方はもう亡くなっているので、後嵯峨天皇のことを祝ってもいいだろうということ。
ウ、源通方はもう亡くなっているので、後嵯峨天皇のことをほめることができないということ。
エ、源通方はまだ亡くなっていないので、後嵯峨天皇のことを祝ってもいいだろうということ。
オ、源通方はまだ亡くなっていないので、後嵯峨天皇のことを恥じ入ることができないということ。

法政大学国際高等学校

時間 50分　満点 100点　解答 P90　2月12日実施

出題傾向と対策

●論説文（省略）と小説文の、現代文大問二題構成は昨年と同じ。論説文はやや難解で読みづらい。小説文もやや捉えにくさを感じる受験生がいるだろう。ただ設問は平易なものが多く、基礎的な学力を問うレベルである。接続詞や語句を補充する問題が多いのも特徴の一つである。

●漢字を日々繰り返し練習する。また語句の意味や文学史などの基本的な知識を確実に習得しておく。空欄が多く作られている文章に日頃から慣れておくとよい。また、制限時間内に相当数の問題をこなす練習も積んでおく。

一（省略）中村雄二郎・山口昌男著「知の旅への誘い」より（計53点）

二（小説文）漢字の読み書き・語句の意味・文脈把握・内容吟味（計47点）

次の文を読んで、後の問に答えなさい。

うそ鳥[注1]の啼（な）き声は、若い女の口笛に似ている。

すこし厚目の、艶やかで柔かそうな唇をまるくすぼめて、躊躇（ためら）いがちに、ひょうと低く鳴らしてみせる可憐（かれん）な口笛。口笛というよりも、こっそり洩（も）らした溜息（ためいき）が思いのほかに深すぎて、つい音になったというふうな、なにやらうるおいを帯びた、ひそやかな音色。

彼は、毎朝、そんなうそ鳥の啼き声で目醒（めざ）めた。

初めのうちは、A夢うつつに聞いて、すると郷里の生家に寝ているのだという錯覚に何度も陥った。郷里で暮らした子供時分は、よく寝床のなかでうそ鳥の口笛を耳にしたからである。［B］、春の花時には、朝っぱらからうるさいほどであった。生家のあたりには桜の樹が多くて、

うそ鳥が好物の蕾を啄みに群れをなしてやってくるのだ。

　けれども、いまは桜の季節でもないし、ここは郷里の生家ではない。東京近郊の①裾を切り崩した丘の谷間に、形も色も似たような屋根をぎっしり並べている建売住宅の一軒である。勿論、彼も子供ではなくて、そばには結婚したばかりの相手が寝ている。うそ鳥も、戸外の樹木の枝や電線ではなくて、枕許の障子を②隔てた縁側のはずれの、竹の鳥籠のなかで啼いている。

　起き出す前に、腹這いになって、癖の目醒まし煙草をふかしていると、隣からは妻の寝息が、縁側からは、口笛のほかに、飛び移った鳥の重みで止まり木が軽やかに③弾む音もきこえる。その音が、時々、もつれるように乱れるのは、縁側の小鳥が一羽だけではないからで、もう一つの籠にはおなじうそ鳥の雌がいるのだ。けれども、啼いているのは雄鳥だけで、雌鳥の方はただ黙々と止まり木を行きつ戻りつするばかりである。

　彼にも、妻にも、もともと小鳥を飼う趣味などなかった。それが、こうして啼かない雌鳥までも飼っているのは、彼の幼馴染みのひとりが、結婚祝いに、わざわざ郷里から手作りの鳥籠に入れて運んできてくれたからであった。

「わしら、C都会の暮らしには不案内でのう、どんな贈物がええやら見当がつかん。あれこれ考え迷ったあげくに、いっそ、なによりも田舎臭いものを、ちゅうことになったんじゃ。」

　この家で妻と暮らしはじめて間もなくのころ、突然ジャンパー姿であらわれた幼馴染みはそういって、両脇に抱えてきたむき出しの鳥籠を縁側に置いた。長距離トラックの運転手をしている男で、ついでがあったから助手席にのっけてきたのだという。

　その幼馴染みの話によれば、この春、郷里の桜という桜が例年になくおびただしい数のうそ鳥に蕾を食い荒らされて、花見もあやぶまれるほどであった。こうなると、うそ鳥も一種の害鳥で、町の誰もが駆逐に頭を悩ましたが、実はここに持参した二羽も、そのとき捕えて殺さずに保護しておいたもののうちから選んできたのである。

「結婚祝いじゃから番にしたっけが、一緒の籠に入れると雄鳥が啼かなくなるんでな。このまま別々に飼いなされ。」

　幼馴染みはそういって、これが雄で、こっちが雌、と都会育ちの妻に教えた。妻は雄鳥の籠を覗き込み、まあ、綺麗、と目を輝かせて嘆声を上げた。

　うそ鳥は、雀よりもひとまわり大きく、ぽってりと太った軀つきで、雄雌ともに頭と翼と尾は黒いが、あとは全体に地味な灰褐色の雌鳥よりも、頰から喉にかけてが朱色で、胸と腹とが青味を帯びた灰色の雄鳥の方がずっと美しい。

「ちょうど、あんたら夫婦と逆でやんすな。」

　幼馴染みは、妻の無邪気な喜びように満足したとみえて、柄にもなくそんな［　D　］。それから、ジャンパーのポケットを膨らませていた餌の荏胡麻の袋を取り出して、ざっと飼い方を伝授すると、まんず夫婦喧嘩もほどほどに、と笑って、近くの空地に停めてあるというトラックの方へ引き揚げていった。

　夫婦は顔を見合わせた。

「……厄介なものを貰ったな。どうする？」

「どうするって、飼うほかないでしょう。」

「でも、近頃はEうるさいからな。無許可で野鳥を飼っちゃいけないんだ。」

「だけど、せっかくの贈物よ。すぐ逃がしたりしたら贈ってくれた人に悪いわ。野鳥といっても、命を助けて保護していた害鳥でしょう？　それに、誰に迷惑をかけるわけでもないんだし。しばらく飼ってて、飽きたり手に負えなくなったりしたら放してやりましょうよ。」

　世話を引き受けると妻がいうので、彼は結局飼うことに同意した。

　飼いはじめてみると、F別段案ずるほどのこともなかった。籠を④軒下に吊るしたりしない限りは、道から見咎められるおそれはまずなかったし、啼き声も、鳥の姿さえ見えなければ妻の下手な口笛としかきこえなかった。

　ある晴れた日曜日の午後のことである。

　彼は、狭い庭を鉤[注2]の手に囲んでいる二階の窓から読み疲れた目をぼんやり下へ投げていて、妻が縁側に並べてある鳥籠の一つへ手を差し入れるのを見た。

　その鳥籠の口は、そのとき庭の方に向いていた。部屋から縁側へ出てきた妻は、籠を覗き込んでなにか呟き、そのまま籠の上に覆いかぶさるようにして、G庭に向いた口から象の鼻のように伸ばした右手の先を差し入れたのである。

　見ていて、危なっかしいな、と彼は思った。籠のなかに用があるなら、口を自分の方へ向ければいいのに。彼は声をかけてやろうかと思ったが、もう遅かった。妻の手の甲の下に思わぬ隙間ができたのだろう、籠のなかの鳥が一直線に庭へ飛び出るのが見えた。

　あ、と妻はちいさな悲鳴を洩らして身を起こした。鳥籠ががたんと鳴った。同時に彼も口を開けたが、声にはならなかった。彼は急いで階下へ降りた。

　妻は、まだ驚きから醒めない顔で、両手の拳を顎の下に並べていた。

「ごめんなさい、逃がしちゃった。」

「見ていたよ、二階の窓から。どうも危ない恰好だと思ってたんだ。」

　逃げたのは雄鳥で、隣の雌鳥は動顚[注3]してばたばたと籠のなかを飛び回っている。

「やっと馴れてきたのに……まさか逃げられるとは思わなかったわ。」

「馴れてきたところが危ないんだよ。野鳥は油断がならないんだ。」

　二人は、縁先から、塀際に並んでいる背の低い数本の植木の枝々を⑤丹念に見たが、うそ鳥の姿は見当らなかった。あたりに耳を澄ましてみたが、啼き声もきこえなかった。

「だけど、なんで籠のなかに手を入れたりしたの？」

「水の容器を取り出すつもりだったの。あんまり汚れてたから、替えてやろうと思って。」

「だったら、籠を回して、口をこっちへ向ければよかったのに。庭の方へ向けたまんまじゃ、不自然だし、不用心だよ。姿勢が無理だから、どうしたって手のまわりに隙間ができる。」

　妻はH訝しそうに彼を見た。

「手のまわりって？」

「はっきりいえば、甲の下のところにね。ほら、こんなふうに。」

彼は、さっき妻がそうしたように、空の鳥籠の上へ覆いかぶさるように身を屈(かが)めて、伸ばした右腕の先を籠の口から差し入れて見せた。［ I ］、上を向いた手のひらには、ただ押し上げるだけの格子戸がひとりでに落ちて隙間を塞ぐが、反対側の甲の下には、確かに思いのほかの空間が生じる。

「ね？　鳥はここから飛び出したんだよ。」

すると、意外にも、妻は真顔でかぶり(注4)を振った。

「違うわ。そこから逃げたんじゃないの。」

(J)彼は微笑した。

「いや……君はびっくりしてよく憶えてないんだろうけど、僕は上から見てたんだ。鳥は確かに君の手の甲の下から逃げたよ。」

「違うわ。それはあなたの見間違いよ。」

(K)思わず彼も真顔になって、妻を見詰めた。

「じゃ、どこから逃げたんだ？」

「籠の下の方からよ。」と妻はいった。「ちょっと手首が引っ掛かって、上の方だけが持ち上がったんだわ。」

その手作りの鳥籠は、床の部分と籠の部分とが二本の竹(たけ)釘(くぎ)で繋がれていた。もし竹釘の一本が抜けて上の部分だけが持ち上がれば、籠全体が大きく口を開けることになる。

見ると、庭の方に向いた竹釘がいつの間にかそばに抜け落ちていた。抜いたのは妻でも彼でもないから、なにかの［ L ］に、ひとりでに抜け落ちたのだと思うほかはない。

そういえば、さっき妻が悲鳴を上げた直後に、籠ががたんと音を立てたな、と彼は思い出した。《 ア 》、あれは斜めに持ち上がった上の部分が元へ戻ったときの音だったろうか。《 イ 》、そうではない。箱ががたんと鳴ったとき、妻はすでに身を起こしていた。妻は思わず鳥を追いかけようとして、ちょっと籠に躓(つまず)いただけだ。

彼は、《 ウ 》自分の目を疑うことができなかった。鳥は間違いなく、妻の手の甲すれすれに飛び出したのである。それをこの目ではっきり見たのだ。籠は決して斜めに持ち上がったりなどしなかった。

「ねえ、君」と、彼は押し黙っている妻にいった。(M)「僕は君をとがめてるんじゃないんだよ。僕は怒ってなんかいやしない。だから、正直にいえよ。」

「正直にいってるわ。鳥は籠の下から逃げたのよ。」

妻は平然とそういったが、嘘(うそ)をついているのは明らかであった。彼には妻という人間が急にわからなくなった。二年前から親しんできて、ようやく結婚まで漕(こ)ぎつけた相手が、(N)全く未知の、虚偽に満ちた女に見えてきて、彼は暗澹(あんたん)とした。

ところが、夕方近くなって、逃げたうそ鳥がいつの間にか戻ってきているのに妻が気づいた。そのとき彼は浴室にいたが、急いで腰にタオルを巻きつけて縁側へ出てみると、なるほど妻の指さす庭木の枝に喉の朱色がちらついている。例の口笛もきこえていた。

「珍しいな。逃げた野鳥が舞い戻るなんて。」

「やっぱり雌鳥が恋しいんだわ。なんとか誘(おび)き寄せましょうよ。」

二人は相談して、縁側のガラス戸を十センチほどの隙間だけ残してそろそろと閉め、その隙間の内側に雌鳥の籠を移して、彼は外で待機した。予想通り、庭の雄鳥は口笛を鳴らしながらすこしずつ雌鳥の籠に近寄ってきて、やがてガラス戸の隙間から縁側へ入った。彼は急いで庭へ回ってガラス戸を閉めた。

「啼かなくなるとかいってたけど、別々にしておくのは可哀相(かわいそう)よ。やっぱり夫婦は一緒に暮らすべきだわ。」

妻はそういって、捕えた雄鳥を雌鳥の籠に入れた。

うそ鳥の啼き声はそれきり絶えたが、夫婦は何事もなかったように暮らした。

（三浦哲郎著『完本　短篇集モザイク』より）

注1　うそ鳥　鳥の名。名前の由来は口笛を意味する古語「うそ」から来ている。
注2　鉤の手に　直角に、の意。
注3　動顛　「動転」と同じ意。
注4　かぶり　頭のこと。

問1、**よく出る** **基本** ――線部①～⑤の漢字の読みをひらがなで書きなさい。（各1点）

問2、――線部Aのここでの意味としてもっとも適当なものを次の中から選び、番号で答えなさい。（2点）
1、夢の中にいたまま
2、夢なのか現実なのかわからずに
3、夢のようなうっとりとした気分で
4、夢から覚める瞬間に

問3、**基本** ［ B ］に入る語としてもっとも適当なものを次の中から選び、番号で答えなさい。（2点）
1、もっぱら　2、いっぽう
3、そもそも　4、とりわけ

問4、――線部Cはどういうことか。もっとも適当なものを次の中から選び、番号で答えなさい。（3点）
1、都会の人がどのようなものを好むのか、事情がよくわからない、ということ。
2、都会ではどこに行けばどのようなものが買えるのかわからない、ということ。
3、都会で暮らすための生活必需品がどのようなものか知るすべがない、ということ。
4、都会に魅力を感じるが暮らそうとは思ったことがない、ということ。

問5、［ D ］に入るもっとも適当な文を次の中から選び、番号で答えなさい。（2点）
1、本音をもらした　2、ご機嫌を伺った
3、お愛想をいった　4、お小言をいった

問6、――線部Eと同じ意味で「うるさい」が使われている文を次の中から一つ選び、番号で答えなさい。（3点）
1、隣から漏れてくる楽器の音がうるさいから、耳を塞いだ。
2、蝿(はえ)がずっとまとわりついて、なんともうるさい。
3、几帳面(きちょうめん)な彼は、時間に関してもかなりうるさい。
4、この絵は背景がうるさいので、描き直してください。

問7、――線部Fとあるが、「彼」は何を案じていたのか。もっとも適当なものを次の中から選び、番号で答えなさい。（3点）
1、素人には野鳥を飼うのは難しくて、悪戦苦闘すること。
2、野鳥の飼育に飽きて、最後は手放す結果に終わること。
3、妻の手には負えなくて、結局は自分に世話の負担が回ってくること。
4、無断で野鳥を飼っていることが周囲に知られてしまうこと。

問8、――線部Gは、どのような状態・動作を譬(たと)えた表現か。もっとも適当なものを次の中から選び、番号で答えなさい。（2点）
1、無理な体勢　2、無邪気なしぐさ
3、不気味な動き　4、一心不乱な様子

問9、――線部Hのここでの意味として、もっとも適当なものを次の中から選び、番号で答えなさい。（2点）
1、無邪気に微笑(ほほえ)んで　2、ひどく悲しそうに
3、怒りをあらわにして　4、納得がいかず不審げに

問10、**基本** [I] に当てはまる語としてもっとも適当なものを次の中から選び、番号で答えなさい。（2点）
1、殊の外　2、意外にも
3、案の定　4、不思議と

問11、――線部Jとあるが、この「微笑」から、「彼」のどのような様子や性質を読みとることができるか。次の中からもっとも適当なものを選び、番号で答えなさい。（3点）
1、妻の勘違いを温かく受け止めて傷つけないように配慮した余裕ある態度。
2、いつもながらの素直ではない妻の反応を苦々しく思いつつも表面だけは繕った狡猾(こうかつ)さ。
3、鳥を逃して悲しみに暮れているであろう妻を慰めようとする優しさ溢(あふ)れる人柄。
4、いかにも見当違いで間の抜けた妻の反応をほほえましく思うほどの愛情の深さ。

問12、――線部Kとあるが、なぜ「真顔」になったのか。もっとも適当なものを次の中から選び、番号で答えなさい。（3点）
1、妻の強情さにあきれ果てたため
2、意外にも妻が反論してきたため
3、嘘をついた妻を諭そうとしたため
4、真剣さが必要だと反省したため

問13、**基本** [L] に入るもっとも適当な語を次の中から選び、番号で答えなさい。（2点）
1、因子　2、格子　3、調子　4、拍子

問14、**よく出る** **基本** ≪ア≫≪イ≫≪ウ≫に入る語の組み合わせとしてもっとも適当なものを次の中から選び、番号で答えなさい。（3点）
1、ア　たぶん　イ　やはり　ウ　いや
2、ア　やはり　イ　たぶん　ウ　すると
3、ア　いや　イ　すると　ウ　やはり
4、ア　すると　イ　いや　ウ　やはり

問15、――線部Mとあるが、ここでの「彼」の心情の説明としてもっとも適当なものを次の中から選び、番号で答えなさい。（3点）
1、嘘を認めないまま態度を硬化させた妻の開き直りに接して、どうにかして彼女の気持ちを和ませられたらと柔らかい物腰で対応するよう努めている。
2、どんなに記憶と照らし合わせても辻褄(つじつま)の合わない説明を聞かされた上に、それが撤回される様子がうかがえないので、妻にいら立ちを感じている。
3、うそ鳥を逃がした不手際を妻は誤魔化そうとしているが、心の奥では後ろめたい思いを抱いていると分かっているので、強く叱責することを躊躇(ちゅうちょ)している。
4、やんわりと諭そうとしている彼の優しい態度に乗じて、自分の正しさを言い募っている妻の様子に煩わしさを覚えている。

問16、――線部Nとあるが、ここでの「彼」の状況を説明したものとしてもっとも適当なものを次の中から選び、番号で答えなさい。（3点）
1、労苦を共に乗り越えてきたにもかかわらず、ささいな嘘で夫婦関係に破綻をもたらそうとしている妻の浅はかさに失望している。
2、何気ない顔で嘘をつかれたことで、これまでの妻の言動は全部偽りだったと思えてしまい、「結婚」そのものに虚しさを感じ始めている。
3、思いも寄らなかった裏の顔をはじめて見せられたようで、妻とのこれからの生活に影が差したように感じられ、憂いを覚えている。
4、妻の全てを知り尽くしているという自信が揺らいで、自分は本当に人を見る眼を持っているのかどうか判然としなくなっている。

問17、**思考力** この作品に関する説明としてもっとも適当なものを次の中から選び、番号で答えなさい。（4点）
1、「夢うつつ」でうそ鳥の啼き声を聞いたという幼少期の記憶と、大人になった現時点での心理が交互に語られていて、妻との争いによって生じた彼の葛藤の深さは、かつての思い出の甘美さとの対比によって際立たせられている。
2、人物間の会話や彼の心情は細やかに描いている一方で、妻の言葉の真偽は最後まで明確にしていない。こうした作品の語り口から、家族とは不透明性を抱えた他者とのつながりであるという現実が浮かび上がってくる。
3、作者は、作品全体を通して彼に寄り添う立場にあり、妻という「虚偽に満ちた女」との生活のために、不安な気持ちを押し隠しながら「何事もなかった」振りを続けていくことになる彼の未来に対して、強い同情を抱いている。
4、逃げ出した雄鳥を一途に思い続けた雌鳥の様子と、彼の許しを得ようと雄鳥を探し出した妻の甲斐甲斐(かいがい)しい様子とを重ね合わせることで、妻の夫に対する献身的な愛情を重層的に描いている。

明治大学付属中野高等学校

時間 50分　満点 100点　解答 P91　2月12日実施

出題傾向と対策

●昨年同様に、長文の論説文と言葉遣いの正否、故事成語、漢字の読み書きの大問四題からなる。長文の論説文では、文法や接続詞などの基本的な設問から本文の内容を問う記述式の設問まで、さまざまな国語力を図る設問が幅広く出題される。トータルな国語力を問う良問である。

●現代文では基本的な文法や漢字を着実に学習しておきたい。また、本文の空欄を埋めるだけでなく、本文の内容を言い換えて説明する設問があるが、段落ごとの意味や前後の文脈をつかみ、対処するようにしたい。

一 (論説文)文脈把握・内容吟味・意味用法の識別・語句の意味・文・主題

次の文章を読んで、後の問いに答えなさい。(字数指定がある問いでは、句読点・記号なども一字として数えます。)

バキッ、バキッ……。

大きな枝を踏み折るような、耳慣れない音。追いかけるように生暖かい風が、獣の匂いを運んできました。漆黒の闇の中、静かな[①]が走ります。ネイチャーガイド(案内人)が懐中電灯の光でそっと示した先に現れたのは、ボルネオゾウでした。まず親子、そして大きなメス。ボートの上で息を殺している私たちに気づく様子もなく、川岸をゆっくりと歩いて行きます。全部で七頭。仲間同士、低い声で鳴き交わしながら、やがてジャングルの中に消えていきました。

二〇一三年九月、私はマレーシアのボルネオ島を訪れました。②地球上でこの島にしか生息せず、推定二〇〇〇頭にまで減って絶滅が心配されているボルネオゾウの現状を取材するためです。

期待通りにゾウの群れに出会うことができた[③]の中で、私は飛行機の窓から見たボルネオ島の風景を思い出していました。眼下に広がるのは一面の緑。しかしよくよく見ると、熱帯雨林のあちこちに、木々が整然と並ぶプランテーション(大規模農園)がパッチワークのように広がっていました。緑は緑でも、これらは野生生物が生きていけない「緑の砂漠」。そして、④熱帯雨林の減少を加速させているのは、私たち人間なのです。

ボルネオ島は赤道直下にあり、北側をマレーシアとブルネイ、南側をインドネシアが統治しています。マレーシアでは「ボルネオ」、インドネシアでは「カリマンタン」と呼ばれています。

世界で三番目に大きい島Xで、面積は日本列島の約二倍。海に囲まれ、隔絶された環境(a)で生物が独自の進化をとげました。昆虫や両生類などにも「固有種」が多いのが特徴です。最大の都市コタキナバルまでは、成田空港から直行便で約七時間。日本との時差は一時間しかありません。地球上の生物種の半分以上は熱帯雨林に生息しているといわれる「野生生物のゆりかご」。そんな手つかずの自然は、意外に近くにありました。

この旅を企画したのは、北海道・旭山動物園の坂東元(ばんどうげん)園長です。旭山動物園にはボルネオ生まれのオランウータンが飼育されています。しかし、坂東園長は二〇〇七年まで、彼らの生まれ故郷を訪ねたことがなかったといいます。

「飼育しながら動物のことを理解したつもりでしたが、ジャングル(b)で野生の姿を見て、別の気持ちがわいてきました。「ああ、彼らはここで生まれて育ったのか。日本に来てくれてありがとう」って」

以来、坂東園長はボルネオの熱帯雨林保全に熱心に取り組ん(c)できました。日本で集めた寄付を、保全に役立ててもらおうというもの(d)で、名付けて「恩返しプロジェクト」。その一環として現地へ行くというので、私も野次馬として同行したというわけです。

野生動物は用心深いうえに、ジャングルの奥深くや高い木の上で暮らしているため、めったに会えません。最適なのが、ボートに乗って川から観察する方法です。ボルネオ島の東の端っこ、キナバタンガン川下流の森の中にあるバンガローに泊まり、昼、夜、翌日早朝と計三回、川を行きました。ガイドに指示され、岸辺の木々を双眼鏡で探すと、高さ三〇メートルはありそうな高い木の上を、のんびりと歩いて移動するオランウータンを見つけました。

鼻が長いテングザル。ニホンザルのような顔と長い尻尾を持った好奇心旺盛なカニクイザル。髪型をソフトモヒカンにしていたサッカーのベッカム選手のように、頭の上の毛が立っているシルバーリーフモンキーは枝の上で餌を食べたり、子ザル同士でじゃれ合ったりしています。くちばしの上に鮮やかなオレンジ色の突起があるサイチョウも、枝から枝へとダイナミックに飛び回っています。動物園では見られない、本当の野生の姿です。

しかし、そこをすみかとするボルネオゾウやオランウータンが、熱帯雨林の伐採により、生存の危機に直面しています。伐採で増えているのがアブラヤシのプランテーション。アブラヤシの実や種からは、良質の油(パーム油)がたくさん採れます。マレーシア政府は一九六八年、ゴムや木材に代わってアブラヤシの栽培を奨励するようになりました。⑤アブラヤシから採れるパーム油が「もうかる」と目をつけたのです。

狙いは当たりました。世界の人口が増えるにつれて、油の消費が増えました。先進国では肥満に悩む人たちを中心に、バターやラードなど動物性の油ではなく、「健康にいい」植物油が注目されるようになりました。

中でも、大豆油や菜種油に比べて値段が安いパーム油が人気を集めました。世界の生産量は、一九八〇年は四八〇万トンだったのが、二〇一七年には五八九〇万トンと、約四〇年間で一〇倍以上に増えました。現在、その八割以上がインドネシアとマレーシアで生産されています。

ボルネオ島内を車で走りました。繁華街を過ぎて三〇分もすれば、道路沿いはアブラヤシ農園になります。かつては、さまざまな木が生い茂る熱帯雨林だったのです。すれ違うトラックには、収穫したアブラヤシの実が山積みされていました。絞った後のパーム油を港へ運ぶタンクローリーも、ひっきりなしに往来していました。

地元の人々にとってアブラヤシは、手っ取り早くお金になる「金の卵」です。［Ａ］その一方で、⑥環境破壊の問題と社会的な問題が同時に起きています。

熱帯雨林が失われたことにより、貴重な野生生物やジャングルが守っていた生物多様性は損なわれました。一度開発されると、大量の肥料の影響で土地がやせてしまうため、熱帯雨林の再生はきわめて難しいのです。また、豊かな自然とともにあったそれまでの暮らしも変わりました。国境を越えてやってきた貧しい移民の人たちが農園で働き始めました。戸籍がなく学校にも行かないこどもたちも含まれています。世界的に問題視されている児童労働が見過ごされている現実もあります。

「パーム油？　聞いたことないよ」という人も多いでしょう。お菓子やカップラーメンの袋の裏側に印刷されている「原材料」の欄を読んでみましょう。「植物油」「植物油脂」と書いてあるものの多くは、実はパーム油です。赤ちゃんが飲む粉ミルク、みんなが好きなチョコレートやドーナツ、フライドポテトやハンバーガーなどのファストフード、お弁当にはいっている冷凍食品、食べ物以外ではシャンプーやリンスや石けんなどにもパーム油は使われています。

日々の料理に使うサラダ油やオリーブ油などとは違い、加工製品に使われることが多いため、消費者である私たちからは見えにくいのです。「見えない油」と呼ばれる⑦ゆえんです。

最大の消費国は人口が急増しているインド。日本も年間七一万トン（二〇一七年）輸入しています。

パーム油の生産は、野生動物を二重の意味で脅かしています。一つは、農園開発によって熱帯雨林が減っていること。［Ｂ］近年、農園にボルネオゾウが入り込み、好物のアブラヤシを食い荒らすため、人々は彼らを「害獣」として嫌うようになりました。二〇一三年一月には、一四頭ものゾウが集団で死んでいるのが見つかりました。毒殺とみられています。マレーシアはいま、国として発展するために産業を育てることと、野生生物を保護するという、相反する課題に直面しているのです。

この難しい課題は、決してマレーシアの人たちだけのものではありません。パーム油を購入している私たち一人一人に突きつけられた問題です。

どうすれば解決するか。もっとも単純な答えは「パーム油をやめる」ことです。しかし、油脂は生きるのに必要な栄養です。大豆や菜種に比べて安いパーム油は、貧しい人たちにとっては「命綱」とも言えます。パーム油がなくなれば、栄養不足におちいる人たちが増えるかもしれません。パーム油の生産現場で働いている人たちが失業してしまう事態も考えられます。

先進国の人々が、パーム油を使った商品を買わないようにするのはどうでしょう。［⑧］ではありません。あまりにも多くの加工食品にパーム油が使われているからです。だいいち、⑨パーム油が使われていたとしても明示されていないことが多く、私たち消費者は、買うか買わないかの判断ができないのです。

そんな中、「野生生物に優しい農園で採れたパーム油だけを使おう」という運動も始まりました。二〇〇四年、「持続可能なパーム油のための円卓会議（ＲＳＰＯ）」という国際的な話し合いが始まりました。プランテーションの経営者やパーム油に加工する製油会社、輸出業者、パーム油を使う食品メーカーなどの関係者に加えて、自然保護団体や法律の専門家、政府関係者など、いろんな立場の人が参加してルールを決めました。このルールを守って作られたパーム油は「認証油」と呼ばれます。

たとえば、ボルネオゾウやオランウータンが農園を横切らなくても熱帯雨林を移動できるよう、農園の敷地内に通り道を作ったり、幼い子どもや不法移民を低賃金で働かせたりしない農園などがＲＳＰＯの認証を受け、そこで採れたパーム油を使った製品には専用のシールを貼れるのです。価格は、そうでない商品より割高になってしまいますが、許容できる値段ならば、消費者が⑩そちらを選ぶことによって⑪事態の悪化を防げるかもしれません。

野生生物保護のための行動も大切です。「寄付」です。自然保護団体に直接寄付するだけでなく、日本ではキリンビバレッジの協力で、ジュースなどを買うと料金の一部を寄付できる支援自動販売機を、旭山動物園のほか全国二〇〇カ所に設置しています。私たちはジュースを定価で買うだけ。自動的に売上の一部が寄付に回されます。

私がボルネオ島を訪ねた時、サバ州の熱帯雨林にボルネオゾウのレスキューセンターが完成しました。一〇コースの五〇メートルプールほどの広さがある、ひょうたん型のパドック（放牧場）では、メスのゾウが一頭、餌を食べていました。この施設は、プランテーションに迷い込むなどトラブルを起こしたゾウを一時的に保護し、けがなどを治したあと、安心して過ごせる場所に移動させるための「ゾウの一時避難所」です。

約四八〇〇万円の建設費用は、日本からの寄付金でまかなわれました。設計は旭山動物園が担当し、地元の旭川市も一〇〇〇万円を寄付しました。キリンビバレッジは自動販売機を通して広く寄付金を集め、現地で発生するさまざまな手続きや建設作業は、大成建設と現地の子会社が担当しました。

地元・サバ州のアンブ野生生物局長は「⑫経済発展も大切だけれど、自然を守ることはそれ以上に大切です。⑬ここにくれば必ずボルネオゾウに会えるので、観光客も来るでしょう。子どもたちを連れてきて、熱帯雨林でいま何が起きているかを知ってもらうことも必要です」と話してくれました。

旭山動物園の坂東園長は「毎年、一〇〇万人以上の人たちが旭山に来てくれる。ボルネオからやってきたオランウータンを見て『かわいいね』と喜んだ後は、⑭彼らのふるさとが大変なことになっているということも知ってほしい」と言います。二〇一八年には、この活動が全国六カ所の動物園に広がりました。

パーム油を原料にさまざまな洗剤を作って四〇年になるメーカーのサラヤ（大阪市）も、恩返しプロジェクトに参加しています。

更家悠介（さらやゆうすけ）社長は二〇〇四年、ボルネオの現状を、テレビ番組のインタビューで偶然知りました。「手に優しい」「合成洗剤と違って環境を汚さない」と宣伝し、自信を持っていた製品の原料が、野生生物を苦しめているなんて、と愕（がく）然としました。パーム油を使った商品の売上げの一％（年間約一五〇〇万円）をボルネオの森林保護のために寄付し、洗剤を買った人たちに呼びかけてボルネオを訪ねるツアーも毎年実施しています。さきほど紹介した「認証パーム油」だけを使うようにするのはもちろんのことです。

「日本は昔から、家を建てるための木材や、自動車のタイヤの原料になるゴムをボルネオから輸入してきました。そして今はパーム油という恩恵を⑮受けています。そんな歴史的な関係を振り返れば、恩返しするのは当然です」と、更家さんは話します。

⑯人間だけの都合で自然を壊していけば、必ず人間がしっぺ返しを食う。そうでなくても、健やかな形で地球を子孫に残すのは、今を生きる人間たちの義務なのです。「野生生物のふるさとを守りたい」という日本の人たちの思いが、少しずつ形になり始めました。

「そんなこと、教科書に載ってないし知らなかった」と思ったあなた。知ることができてよかったと思います。私自身も取材を始めるまで、パーム油という油の存在や、その影響について知りませんでした。

⑰実態を勉強し、問題意識を持ってボルネオ島を実際に訪ね、人々の話を聞いて初めて、事態の深刻さを知りました。自分にできることは何かと考え、この事実を記事として伝えるほか、学校の授業や講演で紹介しています。

人間の暮らしをよりよくするための行動が、地球に負荷を与えたり、同じように生きる仲間である動物を犠牲にしたり、あるいはどこかで悲しむ人間を増やしている。グローバル化していく世界では、同じようなことがさらに増えていくでしょう。簡単には答えは出ませんが、まずは知ることからしか始まりません。「無関心は最大の敵」なのです。

（元村有希子『カガク力を強くする！』による）

問一、[①]・[③]に当てはまる言葉の組み合わせとして最も適切なものを、次の（ア）～（エ）の中から選び、記号で答えなさい。

（ア）①緊張・③安心　（イ）①緊張・③興奮
（ウ）①感激・③興奮　（エ）①感激・③安心

問二、――線②「地球上でこの島にしか生息せず」とありますが、このように特定の地域にしか「生息」しないものを何と呼んでいますか。本文中から抜き出して答えなさい。

問三、――線④「熱帯雨林の減少を加速させているのは、私たち人間なのです」とありますが、「熱帯雨林の減少」の原因となる「人間」の行為を、その行為の目的も明らかにして、三十字以内で具体的に答えなさい。

問四、**基本** ……線X「で」と同じ用法のものを、＝＝線（a）～（d）の中から一つ選び、記号で答えなさい。

問五、――線⑤「アブラヤシから採れるパーム油が『もうかる』と目をつけた」とありますが、「パーム油」が「もうかる」と考えられるのはどういう点からですか。「点」に続くように、五字以内で二つ、本文中から抜き出して答えなさい。

問六、**よく出る** **基本** [A]・[B]に当てはまる言葉を、次の（ア）～（オ）の中からそれぞれ選び、記号で答えなさい。

（ア）でも　（イ）だから　（ウ）さらに
（エ）そして　（オ）あるいは

問七、――線⑥「環境破壊の問題と社会的な問題」とありますが、それぞれの問題を本文中の言葉を用いて、十五字以内で具体的に答えなさい。

問八、**基本** ――線⑦「ゆえん」の語意味を熟語で答えなさい。

問九、[⑧]に当てはまる言葉を、次の（ア）～（エ）の中から一つ選び、記号で答えなさい。

（ア）一般的　（イ）効果的
（ウ）普遍的　（エ）現実的

問十、――線⑨「パーム油が使われていたとしても明示されていない」とありますが、実際にはどのように表示されているのですか。本文中から抜き出して答えなさい。

問十一、**よく出る** ――線⑩「そちら」の指示内容を、本文中の言葉を用いて十字以内で答えなさい。

問十二、――線⑪「事態の悪化」とありますが、この内容として適切でないものを次の（ア）～（エ）の中から一つ選び、記号で答えなさい。

（ア）野生生物の生きる環境が破壊され、島の豊かな生態系も破壊されてしまうこと。
（イ）パーム油を使った製品であることが分かりにくくなり、問題が潜在化すること。
（ウ）アブラヤシのプランテーションが、大規模に、しかも無計画に増え続けること。
（エ）他の国から流入した貧しい不法移民を、低い賃金で働かせる行為が広がること。

問十三、――線⑫「経済発展」とありますが、マレーシア政府が「経済発展」のために具体的に行ったことを、「マレーシア政府が」に続けて、本文中の言葉を用いて三十字以内で答えなさい。

問十四、**よく出る** ――線⑬「ここ」の指示内容を、本文中から抜き出して答えなさい。

問十五、――線⑭「彼らのふるさとが大変なことになっている」とありますが、「大変なこと」とは、ここではどのようなことをいっていますか。本文中の言葉を用いて、三十五字以内で答えなさい。

問十六、――線⑮「受けています」の主語を、本文中から抜き出して答えなさい。

問十七、――線⑯「人間だけの都合」を分かりやすく言い換えた表現を、「こと。」に続くように、本文中から十五字以内で抜き出して答えなさい。

問十八、**思考力** ――線⑰「実態を勉強し、問題意識を持ってボルネオ島を実際に訪ね」とありますが、これと対照的な態度の筆者の姿をたとえた言葉を、本文中から三字で抜き出して答えなさい。

問十九、ボルネオ島に広がる、野生生物の生存を脅かすものを、筆者は皮肉を込めて何と表現していますか。本文中から抜き出して答えなさい。

問二十、筆者の主張として最も適切なものを、次の（ア）～（エ）の中から選び、記号で答えなさい。

（ア）支援自動販売機をもっと活用して、ボルネオの環境問題に役立てるべきだ。
（イ）地球を守るため、環境は必ず保護されていかなければならない。

(ウ) ボルネオでは環境保全の資金活動のため、観光客を大切にしている。
(エ) 環境破壊の問題について、まず実態を知ることから始めることが大切である。

二 慣用句 よく出る 基本

次の①~⑤について、――線部の言葉が間違って使われている文を、(ア)~(エ)の中から一つずつ選び、それぞれ記号で答えなさい。

①
(ア) あなたと私はもともと赤の他人だ。
(イ) 就職が決まった学生の青田買いが横行している。
(ウ) 人望のある彼女に白羽の矢が立つのは当然だ。
(エ) あの事件の本当の黒幕は彼だったのか。

②
(ア) 新しいお店は、客がきびすを接するほど繁盛している。
(イ) 彼は、どんな質問にも的確に答えるので一目置かれている。
(ウ) 弟は、先生から折り紙を付けられるほどのいたずらっ子である。
(エ) 兄が断ったので、僕にお使いのお鉢が回ってきた。

③
(ア) 調子に乗ってたくさんの品物を注文したら足が出てしまった。
(イ) 姉の自慢話は鼻について仕方がない。
(ウ) 彼は、爪に火をともすような生活をしていたが、一転して大金持ちになった。
(エ) 好意を寄せている人の前で転んでしまい、目から火が出るほど恥ずかしかった。

④
(ア) 二か国による長い時間を掛けた話し合いは没交渉に終わった。
(イ) 彼女は語学力があり、海外の大舞台での活躍はまさに真骨頂と言える。
(ウ) 彼は権力者の圧力にも負けずに不正を暴く硬骨漢だ。
(エ) 大事な仕事の最中に持ち場を離れるという野放図な行いは許されない。

⑤
(ア) 夏休みになっても帰らない息子を、両親は一日千秋の思いで待っていた。
(イ) 八人の生徒たちは付和雷同で、皆異なる意見を述べた。
(ウ) 話が我田引水になって、利害の一致しない人から批判を浴びた。
(エ) 課長の指示は朝令暮改で、本当に従ってよいのか判断できない。

三 熟語 よく出る 基本

次の□に当てはまる故事成語を後の語群からそれぞれ選び、漢字に改めて答えなさい。

①□ですが、最後に一言申し上げます。
②この賞はスターへの□だ。
③彼は□型の人間だ。
④適度の運動は健康を□する。
⑤どこから勉強すればよいのかも分からず□だ。

【語群】
・しゅしゅ　・はてんこう
・とうりゅうもん　・じょちょう
・ごりむちゅう　・ちょうさんぼし
・だそく　・せんりがん
・たいきばんせい

四 漢字の読み書き よく出る 基本

次の①~⑦の――線部を漢字に改め、⑧~⑩の――線部の読みをひらがなで答えなさい。

①歯並びをキョウセイする。
②教室の中はカンサンとしていた。
③国同士の対立をユウリョする。
④試験範囲をしっかりモウラするよう勉強する。
⑤冷房のショクバイがオゾン層を破壊する。
⑥ハンザツな仕事に音を上げた。
⑦ビーカー内の水をフットウさせる。
⑧法律を遵守する国民性。
⑨大きな鐘を鋳造する。
⑩いくつもの塑像が展示されている。

明治大学付属明治高等学校

時間 50分　満点 100点　解答 P92　2月12日実施

出題傾向と対策

●昨年の論説文の長文二題から、一昨年までと同じく超長文の論説文一題に戻った。他に漢字の書き取り10問が独立して出題。記述問題が爆発的に増加したのが今年の特徴で、50分の試験時間で、一万三千字を越える超長文を読み、総字数で約四百字分の記述問題に答えなければならない。国語の知識問題は例年より減少。

●長めの論説文を、指示語、接続語などに気をつけ文脈と要点を押さえながら読んでいける読解力と、記述力の養成を心がけること。漢字の書き取り練習も必須。

注意　字数制限のある問題については句読点・記号を字数に含めること。

一 （論説文）文脈把握・内容吟味・慣用句・要旨

次の文章を読んで、あとの問いに答えなさい。ただし、【　】は語句の意味で、解答の字数に含めないものとします。（計80点）

本をどう読むか。読書の「問題性」からみて勘どころとおもうことを二、三お話します。読書論ではなくて読書実践ですね、読み深めのための。お座なり【いいかげん】をさけて、実質的に役に立つことを役に立てやすい形で話したい。私の考えを鮮明に浮かび上がらせるために、通念とは逆の面をことさら刺激的ない方で一方的に強調しますので、そういうものとしてお聞きとり下さい。

まず最初に「信じて疑え」。本を読むからには「信じてかかれ」ということを申し上げたい。仮説的に信じて読むということです。

古典は一読明快ではない。古典の真髄【物事の本質】、古典の古典たるゆえんは、踏みこんで、深読みして――本文との格闘をくりかえして――初めてわかる。それは御了解いただいたと思いますが、しかし、信じてかからなきゃ踏みこめないじゃないですか。「適当に」しか読めない。疑い深く白眼視【人を冷たい目で見ること】しながら踏みこんで本文と格闘するなんてことはできない。それ自体矛盾しています。いわんや、分からぬところを二度三度、時間をかけて根掘り葉掘り深読みの労を払うなど、馬鹿(ばか)馬鹿しくってできるわけないですね。何か期して待つところがなきゃ。信ずるところがあって初めて、読み深めの労苦が払える。

も少し、問題を煮つめておきましょう。いま、ちょっと見たように、信ずることがなければ読み深めの労は出てこないが、それよりもまず、労を払って解くべき問題・事実そのもの――解読すべき本文の字句――が、信の念がなければハッキリした形で目に映ってこない。

たとえばAさんの本を読んでいて、おかしいなと思うとき――あるいは思うところは、誰にもいっぱい出てくると思いますよ。

ここでAさんがいっていること――事実あるいは解釈――は、私の了解しているところと違っている、おかしいなとか、ここにはこう書いてあるけれど、たしか他のところでは別のことをいっていたと思うがなあとか、あるいは、つじつまの合わんこと、あるいは関係のないことが同じこのパラグラフのなかにあるとか。その他、多少読みつけてくると、段落と段落あるいは章と章との関係ですね、さらには全体の編別構成。そのかかり結びがハッキリつかめないとか。要するに文章解読法の鍵になる（かも知れん）いくつかの箇所ですね、具体的な。

文章についてそういう事実（と思われるもの）の発見があり、そこに何故という疑問がおこる。そして、その疑問を解くための探索が始まる。それはそうなんですけれども、その「事実に対する疑い」が、現実に、ある具体的な事実に対するはっきりとした形の「疑い」として読み手に提起され、その「疑い」を解明するための労苦を要する行為に結実してくるためには、その（疑いの）底に信ずるという情念・信の念が働いていなければならないでしょう。一つには、ここにはたしかに［ 1 ］という、自分の読みに対する信の念が。そしていま一つ。［ 2 ］というかたちでの、筆者に対する、これまた信の念が。

この二つの面での信念に支えられて初めて、疑問が、ある事についてのハッキリした形の疑問として起こり、それを解くための苦渋にみちた探索が始まり、また持続するわけです。事実を執念深く確かめてゆく操作のなかで、この二つの面での信念も、それぞれに確かめ直されて中身も変わってくるわけですけれども、それにしても、あらかじめ、端緒において、漠たる【ぼんやりと】形ではあれ、行為へと人をうながさずにおかぬ強烈な信念がなければ、読み深めの行為どころか、そもそも解明すべき事実なるもの――ここにこう書いてあるがそれは変だというそれ――すら、ハッキリした形では浮かんできません。何となく変だという感じで終わってしまう。

自分の読み――あるいは読むときの自分の感じ――に対する信念だけあって、はずという、著者らしい著者としてのA氏に対する信の心が無ければ、本文の字句に対する具体的な疑問がかりに起こったとしても、その疑問は、ミスプリか思いちがいだろう、といったかたちで、本文に勝手な改訂を加えて安直に読むことで、解消してしまうでしょう。熟読・熟考によって解明すべき箇所・具体的な事実そのものが、消えてしまう。自負――じつは他者一般に対する浅信――からくる本文の読みとばし・粗読です。

もっと粗雑に、一読明快に目に映るかぎりで読みとばして何等(なんら)の疑問も生じない無神経な人も多いですけれども、それでは本を読んだことにはなりませんね。本文の一字一句に神経をくばって精読し、おかしいとおもわれる箇所のいくつかを発見してその鍵を解こうとするのは、もともと、「はず」というA氏あるいは「A氏ほどの人」への、さらにいえば、A氏もそれに属しているはずの著者らしい著者というものに対する信念が心に働いているからです。駄本ばかり読んでいると、こういうくせが身についてしまいます。本とは「適当に」読み流すべきもの。

　他方でしかし、①これとは反対に、著者への信だけあって、自分の読みに対する信念がおよそ無ければ、あるいは、本を信じて自分を抛棄【＝放棄】してしまっては、これまた精読はできない。本文を隈なく精読し読み深める労を払って自分の見たところ、自分の疑惑を確かめ、隠された内実に到達してその本を自分の古典として獲得する創造的読書への道は、ここでもまた、閉ざされてしまいます。「適当に」しか本が読めない。

　深いところで著者を信じることは必要ですが、自分を捨てて②著者にもたれかかっちゃいけない。その時その時の自分の読みをとにもかくにも信じてそこに自分を賭ける。という行為（のくりかえし）がなければ、A氏の本が名著であるゆえんをこの眼で確認し、自分の古典として獲得することは、何回くりかえし読んでも不可能です。

　こういう、読む人自身への信と忠誠を欠いた「盲信からくる粗読」は、その意味で③非生産的ですが、それだけじゃない。愛読者としての著者への信の面でみても、こういう読書態度は、A氏を、深いところで信ずるというよりも、むしろ、著者らしい著者、信を寄せるに足る人間の一人として見ていないことを、つまるところ本当にはA氏その人に対する人間的信頼が欠如していることを意味する、といっていい。まともにぶつかってゆくことに危惧を感じる。［ 3 ］としたままに置くことによって保たれねばならぬような「信頼」関係。それは信頼関係とはいえますまい。

　学者が、慎重に考えた末、仮説を立てるように、本をよく選んで、しかし一度選んだからは、本はその時その時の自分の読みとともに仮説的に信じて、本文を大切に、踏みこんで深く読んで下さい。いい加減に読むくらいなら読まない方がいい。時間の無駄ですから。そのうち選び方もうまくなり、慎重になると同時に真に自主的になってもきます。

　へなちょこ本は、少々踏みこんで読むとふっ飛んじゃうから、そういうものばかり読んでいると、いいところまで踏みこまないくせがついてしまいます。ちょっとやそっと踏みこんでも外されない、そういうものとしてA氏の本を読む。④ぶつかり稽古ですね。そこで本を読む修業ができ、コツを覚えます。A氏は、こういうふうに考えを展開するくせがあるらしい、するとここはこうなっているはずだが、果たしてどうだろうかといった作業仮説作りも自然身についてくる（この、仮説を作って、それに従う方が本文が自然に読めるかどうか、本文でためすという読み方は、是非じっさいに試して下さい）。同時に、自分の読みに対する信念も――試されることで――謙虚さ柔軟さを加えながら深まってきます。

　解っているつもりのことが、じつはとんでもない誤解だったり、おかしいと思っていたことが、解ってみれば、あまりにもすっきりしていて、何故こういう単純なことが分からなかったか自分でも不思議、というようなことになる。本文のあちこちの文言が一挙にすっきり浮かび上がり読解されてくる。その時は楽しいですよ。もっとも、それがまたひっくり返ったりしますけれども、それも――そういうふうに読み、こちらの眼が変わってきたのも――もとと、その時その時の自分の読みを信じて、賭けたからです。

　どうか、A氏の本を読む修業で得たコツと確信を、A氏のもの以外の本、埋もれた古典、未だ古典ならざる古典の発掘にも生かしていただきたい。もし逆に、A氏への傾倒が、A氏はすばらしいがそれに較べてというかたちで、他の著者への無視と軽蔑を結果するようであれば、⑤功罪は逆転する。そんな形の熟読なら、これまた読まない方がいい。本は読むべし、読まれるべからず、といっておきます。

　次にもう一つ。これも刺激的な言い方をしておきますと、「⑥みだりに感想文を書くな」ということ。

　この頃感想文ばやりでしょう。本を読んだら感想を書くという習慣が広まってきたのはいいが、知らん間に、感想文を書かにゃならんから本を読むという変な習慣に変わってきた。ウソじゃないんです。ある高校の図書館の人に聞いた話ですけれども、生徒が熱心に本をさがしているんで、いまどき感心とおもってきいてみたら、つまるところ、感想文が書きやすいような「いい本」が無いかということで、さいしょは呆れていたけれど、近頃はそういう人ばかり。慣れっこになってこちらも上手になりましたよと笑っているんです。⑦そういう事態が出てきている。

　感想文を書くこと自体を否定するつもりは、もちろん、ありません。感想文を書くために本を読むというウソみたいな［ 4 ］がいつしか慣れになり読書論の常識になる、それが恐いというんです。

　本をていねいに読むためには、読みっぱなしにせずに、読み書くという作業で感想をまとめておくことが大切で、読み深めに不可欠の作業です。それも、本に線をひいたり、書きこみを入れたりから始まる自分の感想をノートという形で自分用に文章化するだけではなくて、感想文という、これは、ささやかながら公開を前提とした文章ですね、［ 5 ］目的で書かれた公の文章。短いながら、そういうものとしての感想文を書くことは、本を読む上に絶対に必要です。

　感想文ができ上がってくる過程をしらべてみますと、心に感じ、あるいは考えたことをノートに書き綴った断片断片――断片的文章のかたちをとった自分の私的意見ですね、だから、他人に解らなくても自分に読めればいい――が一方にあります。他方、また、これとは別に話のかたちで他人に公開した自分の公の意見――読書会や研究会で姿態を整えて文字通り公式に発表したものだけでなく、雑談でつっぱしって思いつきを語ったものまでを含めていうわけですけれども、とにかく話のかたちで理解を求めて他人に公開したとにもかくにも公的な自分の意見です――がありましょう。この二つが感想文のなかで結びついてくる。あるいは――うまく結びつかなければ感想文は書けないので、裏からいうと――自分の感想は、「感想文」という、書いた人間の思索を、それだけで――書き手から離れて――他人に伝えられる「独立した文章」にまとめあげる努力を通じて、初めて、自分にもハッキリしてくるものです。

　勢いこんで、確信をもってしゃべれもしたし他人の納得もえたはずの自分の考えなるものが、いざ筆にする努力を払ってみると、いかに漠然として怪しげなものであったか。お互いおもい知りますね。あるいは、また、綿密に考えたんねんにノートに書き記したはずの考証あるいは考察が、芸術的全体とまではいかなくても、とにもかくにもそれ自体として独立した一箇の文章にまとめあげようとすると、いかに、ちぐはぐでパースペクティヴ【展望】を欠いた、粗雑きわまりないものであったかが、いやになるくらい分かってきます。表現され対象化された自分だけが自分であるとすれば、自分の言いたいことが、すべて文章のなかに書きつくされていて、そこ（文章）に生の自分がいちいち割って入って外から注釈を言わずにすむ「独立した文章」を書きえないかぎり、主格たる自分は定立していないわけですね。対象化するとゼロとなる空疎な実体でしか未だない。

　というわけで、文章化にはまことにしんどい思いをする。それだから、そのためにこそ——少なくとも、これぞと思う本については——感想文に感想を凝結させることが絶対に必要なんです。⑧自分が自分になるためにも。その意味では、読めばとにかく感想文を書く風習が必要で、エンカレッジ【励ます】するだけでなく義務づけることも、だから必ずしも間違いではない。

　しかし、そこにまた、[4]の落とし穴があって、他人に通じやすい「他人向き」の「手ぎわのいい」感想文に向かって本を読むくせがつく。

　本をしっかり読むために感想を書く。それも、他人に理解可能な形での整然とまとまった文章表現を与える。そうしなければ自分の感想それ自体があやふやだから、論旨明快を期して感想文を書く。決して感想文を記すために本を読むんじゃない。そこまでは常識でしょう。だから、「感想文が書きやすいようないい本」をと求める学生の出現には、誰しも⑨眉をひそめます。しかし、感想文になりやすいかたちで本を読むという読書術、感想をまとめやすいように——そのように効果的に——本を読む術が読書法だという常識は、いい本とはそのような読書術に応える本、つまりは感想がまとめやすい本だという読書論とともに、案外一般通念になっているんじゃないでしょうか。だからこそ、学問を創設した人の本よりも、すっきりと手ぎわよくまとめられたテキストブックが好まれる。それなら先の学生の出現も不思議ではない。むしろ、徹底している。いぶかられ【不審に思われ】てきょとんとするのが当然でしょう。

　感想を狙いに本を読んじゃいけない。感想は読んだ後から——結果として——出てくるもので、それを待たなければいけない。さいしょから感想を、それも「まとめやすい形での」感想を求めて、いわば「掬い読み」をするかたちで本に接するから、せっかくの古典を読んでも、そのもっともいいところ、古典の古典たるゆえんが存するところを取り逃がしてしまう。だし殻を拾って肝心のエキスを捨てちゃうみたいなもんです。

　激越な【荒々しい】言葉を吐きましたが、いったい、本にかぎらず、本当にいいものに接して魂がゆすぶられる思いがしたとき、そう簡単に感想が出るもんでしょうか。それも、感想文にまとまりやすいような多少とも理路整然たる形で。そうじゃないですね。

　お芝居だって、本当にいい舞台に接し感動したときは、そう手早く感想が出るもんじゃない。むしろ、人を沈黙へとさそいこむ、あるいは強制する。その力の強さと持続力に、感歎の深さのほどが現れる。芝居をみたことが、劇場どまりではなく、人生における一つの事件であったと思われるような場所はそうでしょう。文化ショックというべきもの。そういう場合のほんとうの感想は、手早く小ぎれいな表出とは別のところにある。

　もちろん、本は、文字で記されたものであって、音楽や演劇とは違います。内容も違うし、一堂に集まり、揃って——同時進行的に——聴くというかたちも持たない。一人で、それぞれの時間で、思い思い緩急自在のテンポで、前後を照らし合わせたりしながら、くり返して読む。読書会で、集って一つの本を同時に読む場合でも、芝居や音楽会の場合の集まりのような同時進行性はありません。それぞれが自分の時間を持ちながら、時が進行してゆく。そこに、⑩読書という行為の特殊な意味と味がある。同じ集団ながら読書という行為によって支えられている集団の特殊な意味もそこにあるわけですね。各人がそれぞれ持つ密室性が強く、その密室性を抜きにしては存在しえない集団。人を直接に集団に結びつける呪術性が、演劇の場合よりもさらにもう一段薄まっている。

　というわけで、読書の場合には、芝居や音楽とちがって感銘のあり方に大きな違いがありますけれども、しかし、この場合でも、本当にいいものに接した場合、そう簡単に感想が出るもんじゃない。感想めいた何か強烈なものがあるにしても、少なくとも文章化可能なような明確な姿態をとったものでないことは、まず明らかです。もやっとした、[6]「口ごもった」状態で、⑪それはある。口ごもらざるをえない。

　何故そうか。

　それは、その文章を、他ならぬまさにその人が、しかもまさにその時に読んだ、個性的で全人間的な読みの残す余韻であるからです。著者によって与えられた衝撃が嫋々たる【（音声が）細く長く途切れない様子】余韻となって響いており、その響きには著者の個性と読者の個性が分かち難く溶けこんでいる。そしてそれは、社会科学の領域の、概念装置の果たす役割りの強い本の場合でも、そうです。見得たもの、そういうものとして表現しうるものの一つ奥に、確かに[7]表現しがたく聞こえてくるものがある。

　[8]人によっては、たとえばある事についてのウェーバーの見解だけに興味をもっていて、他の一切に感心のない人もあって、そういう、文化ショック不感症の人は最初から「もや」というほどの「もや」を感じないで読むでしょうし、[9]読後感をまとめるのにそれほどの苦労をしないでしょうけれども、お互いウェーバー学説そのものの研究を事としていない、ただ、ウェーバーを通じてモノが読めるようになりたいと思っているわれわれ素人は、そうではない。私たち素人が読んで一番印象の深いのは、ところどころの文言が、読み手である私の想像力を喚起し、私のなかにあった経験をゆりおこして、不意に、私の眼にある「モノ」を浮かばせてくれることです。それもモノ一般ではない。私の生活現実と直接にかかわり、それを見据えさせてくれるモノとして、把え【つかまえ】がたく漠然とはしていても、いぶき【息づかい】をもって確かに眼の前に立ち現れて、ようし今度こそ「それ」をハッキリと明確

に把えてやろうと決意させる、ある手ごたえのある物。しかも、この漠としながら明確な手ごたえのあるものは、あちこちのこれまた定かではない文言のなかに、しかし確かに出没している。そうだから、――著者が、文章に苦心して凝結させたところの、自ら見、伝えたかったものが、直接に私の生活現実にかかわって、私の魂に響いてくるからこそ、とらえ難いんです。そう簡単に、まとめうるようなものでは、それは無い。そしてまた、そうだからこそ、このとらえ難いものが大事であり、それをしっかりと受け取ることが、大切なんです。読書が与えてくれるもっとも貴重なもの、豊饒（じょう）【豊かであること】なものはそれです。

その「いぶき」を大切にして、それを取り逃がさないように、しっかり取りこむために感想を書く。書く労苦を払わなければ、その大事な「いぶき」・「もや」も、漠たる印象に終わって、やがて時とともに中身は消えさってしまう。あの本はよかったという印象だけ強烈に残って、さて、しかし何がどうよかったのか全く思い出せない、ということもよくあります。あの時読んだあの本はよかったなというかたちに終わって、時の経過を貫いて「いま」に生きるものを残さない。文化ショックがショックに終わって創造に向かって働かない。だから絶対書かなきゃならない。それも――この本をと思った場合には――自分用のノートにまとめるだけではなく、他人に理解可能な文章にまとめ上げる労苦を払わねばなりません。他の人にも通じる正確な理解への努力を欠いては、恣意的ではあっても、真に個性的な理解になりませんからね。しかしまた逆に、書くという行為が、大事な「もや」たる「いぶき」を消し、あるいはそもそもはねつけるかたちで本に接する結果をひき起こさぬよう、くれぐれも注意をしていただきたい。とくに、理路整然と他人に理解可能なかたちでの感想文を、みだりに、早急に書くことは特別に要注意です。早急な理路整然化の危険と、他人の同意を安直に求める危険の二つを含んでいますから。それは審査員である他人の価値基準への迎合になりやすい。こう書けば通じるだろうというあれですね。この場合審査員が先生であろうと、世論なるもの、あるいは一般通念であろうと、同じです。

個性的読書を意図したはずの「小論文」が「期待される感想文スタイル」の修得に結果する危険は御承知のとおりですが、研究会的色彩の強い読書会でも、下手をすると、本かぎりの、それも最大公約数的に個性のない研究会向きの意見表出の場になる危険は強い。

⑫書け、而（しか）して書くな。これは矛盾です。しかし、矛盾を避けず、むしろ、文字通り矛（ほこ）と盾（たて）の矛盾にしなければなりません。

読み手としては、どこまで書きにくく読むか――書きにくいところを書きにくいまま受け取ること――が勝負であります。他方書き手としては、読み手である自分が書きにくく受けとってきたその感想を、如何（いか）に明確に書きとめてみせるかが勝負といっていい。読者は、この矛盾した両者を一身のなかでともに育て上げ、競い合わせる。そのせめぎ合いのなかで真に正確で個性的な確かな読みが出てくるんで、そこに、読書の意味と妙味があるんです。

成心【先入観】をもって本に接し、自分を本にぶつけるようなことをせず、自分を殺し本に内在して、本から、本を通じて著者がいいたかったであろう言い分を、心を尽くして、耳を澄ませて自分で聴きとるようにして下さい。そのように著者を大事に本を読んで、そこに自然に浮かび出る自分自身の感想を何よりも大切にし、それを大事に育て上げるようにして下さい。そして、感想をまとめる場合には、全体のなかで要するにどこが一番自分に面白かったか。つまり、そこのところの一つでも、この本を読んでよかったと思われるところは何か、あるいは何と何かをまずハッキリさせる。そして、それは――そこが自分に面白かったのは――何故であろうかを考える。つまり焦点づくり。あの本は、少なくともここここが――誰が何と言おうといまの自分には――面白かったということ、これが読書の基本です。それをぬいて、「客観的」に本のスジ書きを書いたり、あるいはまた逆に、著者に内在して著者のいい分を聴きとどける努力もしないで、早急に自分の意見を著者にぶつけることをしては、真に個性的な理解に達することは決してできません。

さいごにもう一つ。確信にあぐらをかくな、ということ。自分の眼を信ずるのはいいが、盲信すれば、確かに見とどけたと思うものにさえぎられてまた、肝心の眼が働かなくなるということです。

堅くるしい話が続いていますので、具体例で考えることにします。

なくなったフランス文学のT先生のエッセイに、モナ・リザが好きになる話があって、学生時代面白く読んだことがあります。あるいは、先生の友人である人から聞いたことかも知れません。むかしのことでその辺も一つ怪しいのでT先生としておきます。その方が私の読みこみを自由に語りうる便もあります。

T先生は、もともとモナ・リザをあまり好きじゃなかったらしいですね。うす気味の悪い微笑がどうも気に染まないということでしょうか。というのは完全に私の読みこみで、その辺はわかりませんけれども、とにかくあまり好きじゃなかったらしい。修業時代にパリに行ってルーブル（美術館）で本物をみる。しかしそこでも好きになれなかったらしい。ところが、ルーブルでは、写真は撮らせないけれど絵は――所定の手つづきをとると――画かせるんです。あんなに傍（かたわ）らで大丈夫かなと思うぐらいのところにイーゼルを立てて模写をしている絵かき修業の人が今もたくさんいます。T先生もルーブル通いの都度、モナ・リザを模写する人を見た。見るつもりもないけれど、自然目に入ってくるわけですね。すると、この口のあたりはどうも違うんじゃないかということが、――価値判断じゃなくて事実の問題として――自然目に入ってくる。別の日に行くとまた別の人が模写をしていて、そこでもまた、ここは違うんじゃないかというところに気付く。そのうちにだんだんと原（もと）の絵はこうじゃないかという具合に気が入ってきて、といってもやはり価値判断をするわけじゃないが、気づかずにいた原画の全体が細部のかたまりとしてみえてくる。そういうふうにして見ているうちにいつしか知らん間にモナ・リザが好きになっていた。こういう話で、大変面白かったんです。

この話の面白いところの一つは、ルーブルで本物を見て、すぐに好きになったんじゃないということです。価値から自由に、価値なるものの呪縛から解放されて、価値判断をしてゆく自由な眼。

　この頃はパリなどはいわば月並み【平凡なこと】で、誰もが気楽にゆく。パリに行けば当然にルーブルにゆき、ルーブル詣り(まいり)をすれば、これまた当然に、名画中の名画モナ・リザを見る。「案内」を片手に、一々チェックしている熱心な人もあります。そこで、この眼でモナ・リザを見たが、なるほど名画であったと話すことになるんですけれども、しかし、考えてみると――考えてみるまでもなく――この眼で見、この眼で確かめたのは、本物のモナ・リザがそこに在ったという唯物論的？事実だけであって、モナ・リザが名画であるゆえんを自分の眼で味わい確認したわけじゃない。絵それ自体に関しては、従前通り、モナ・リザは名画なりという世評をそのまま、その世評の指示範囲内で――漠然と――見ただけということもありえます。あるいは漠然とまでも見ていないのかもしれません。にもかかわらず、ルーブルにいって現物を確かめたという事実の重みが、その人自身をもあざむいて、確かに名画であったと確信させる。そこが恐(こわ)いんです。お互い、そういう確信的な取りちがいをよくやりますね。「実証」の名において。

　T先生の名を使ってあげたこの例はそうじゃない。モナ・リザは名画なりという世評に左右されず、この眼で見、この眼でみた感じに従って判断をしている。模写をしている人と実物との違いに気づいても、本物の「すばらしさ」に較べて何という下手と見下したわけではない。ただ局所局所における具体的事実が違うという事実の確認を通じて、「名画モナ・リザ」の背後にあるモナ・リザというモノがこの眼でしだいにハッキリと明確に見えてくるのを意識しただけ。が、そのようにして、いままで自分の眼の射程の外にあったモナ・リザにおける事実、あるいは諸事実が見えてくることによって、絵そのものに対する評価・判定が、その新しく自分が見たところのものにしたがってひっくりかえった、ということですね。自分の眼を通じて自分の眼が、つまりは自分が変わった。

　本を読む場合も、⑬こういう解り方が必要だとおもうんです。自分の眼が必ずしも信を置くに値しないこと、眼におおいがあって宝を見逃しているかも知れぬことを、自分の眼そのものによって、――眼を自由に働かせて自分の心で――知る。信を貫きとおすことによってモノを見る自分の眼を深め、測らざるところに宝を発見する。

　自分の眼を信ずることは大切で、それは何よりも大切ですけれども、自分の眼を盲信し自分の意見に泥(なず)んじゃ【こだわっては】いけない。見得べきものが見えなくなる。

　眼は案外に働いていないものです。すぐ眼の前にある宝が見えない。見るべきときに見るべきほどのことを的確に、誤りなく見得る敏感な眼、あるいは耳をもつことは至難のわざです。

　裏からいうと、自分の眼の及ばないところにある宝は無限に存在しているということですね。いつ、どこにあるか分からん。現に眼の前にあっても、その存在に気づかない。何しろ宝の正体、宝はこういうものであるということが最初から分かっていて、その宝を発見するんじゃありませんからね。ああこれが宝であったなということがじっさいに宝にふれて初めて分かる、そういう類の宝の発見ですから。現に眼の前にあって、その存在を――存在としては――見ながら宝としては気がつかないわけです。

　宝は、財宝ではありませんから、金や銀、誰にも一目で分かる同一物ではありません。白金も黄金も何せんにと思う大事大切な宝ですけれども、――そうして、そういう財宝をこえる宝を持ち、それを何物にもかえず大事大切にすることは、すべての人に共通して見られることですけれど、では何が宝かというと、同じではない。金銀とは異なって各人各様まことに個性的なもので、これ、あるいはこれとこれが宝だという形をとらない。それが古典の探す宝です。ふつうの「宝さがし」とはちがう。

　若い人を見ていると、不意に言うことが変わってきて今まで見向きもしなかったクラシックに凝りだしたり、この野菜煮はおいしいですねなどといって、人をびっくりさせるようなことがあります。調べてみると恋人ができて、その人を媒介にして、趣味が変わってきた。そういうことによくぶつかります。その人は新しい宝を見つけたわけですけれども、何のことはない、前から眼の前にあった宝なんですよ。野菜煮にしてもクラシック音楽にしても。ただ、お袋だとか、私などみたいな堅物の好みだろうといった軽蔑の念から、それが宝たるゆえんを発見できなかっただけ。恋人に引かれて一度味を覚えると、食わず嫌いで軽蔑していたものの味がわかって好きになる。恋愛というのはじつにうらやましいぐらい大変なものです。

　読書の宝探しも同じだと思うんです。特定の著者への深入りを媒介にして思わざるところにある思わざる宝を見出す術を覚える。自由への自由な読書。――もっとも、これは難しい。私などにも無論できておりません。むしろ、本にこだわり、学問にこだわって、眼前の宝を見逃してばかりおります。何しろ思わざるところに、しかも思わざる人が持っているもんですから。が、読書の基本はそうでなければならんという確信だけは、ようやく強まってきました。お互いに、思わざるところにある思わざる宝を発掘する術(すべ)を獲得するよう、努力しましょう。

（内田義彦(ひこ)『読書と社会科学』より・一部改変）

問一、文中の[1]・[2]にあてはまる語句を答えなさい。ただし、[1]は次のア～エより選び、記号で答えなさい。[2]は自分で考えて答えなさい。（[1]2点、[2]3点）

ア、私に役に立つことが書いてあるけれど、それは独りよがりだ
イ、私にこう読めることが書いてあるけれど、それはどうしても変だ
ウ、私が言いたいことが書いてあるけれど、それは不十分だ
エ、私にはどうしても読み取れないけれど、それは私だけの問題だ

問二、基本 ――部①・⑦・⑪の指示内容を答えなさい。（各3点）

問三、思考力 ――部②とありますが、「著者にもたれかかる」とはどういうことか、答えなさい。（3点）

問四、難 ――部③とありますが、なぜですか。（3点）

問五、基本 文中[3]、[4]にあてはまる四字熟（5点）

語を次のア～オより選び、記号で答えなさい。（各2点）
ア、本末転倒　イ、暗中模索　ウ、曖昧模糊（こ）
エ、付和雷同　オ、朝三暮四

問六、**難** ——部④とありますが、ここではどういうことか、説明しなさい。（5点）

問七、**難** ——部⑤とありますが、なぜですか。（4点）

問八、**難** ——部⑥とありますが、なぜですか。（5点）

問九、**難** 文中［5］にあてはまる言葉を、二十五字以内で考えて答えなさい。（4点）

問十、——部⑧とはどういうことですか、説明しなさい。（4点）

問十一、**基本** ——部⑨とありますが、これと似た意味の言葉を次のア～オより選び、記号で答えなさい。（2点）
ア、目を皿にする　イ、舌を巻く　ウ、手をやく
エ、顔をしかめる　オ、あごを出す

問十二、**難** ——部⑩とありますが、どういう点で特殊なのか答えなさい。（4点）

問十三、**よく出る** **基本** ［6］～［9］にあてはまる最適な言葉を、次のア～エよりそれぞれ選び、記号で答えなさい。ただし、記号は一度しか使えません。（各2点）
ア、しかし　イ、もちろん
ウ、いわば　エ、だから

問十四、——部⑫を「（　Ｉ　）ように書け、而して（　Ⅱ　）ように書くな」と書き換えた場合、（　Ｉ　）（　Ⅱ　）に入る共通な言葉を、本文より八字で抜き出しなさい。（3点）

問十五、**難** **思考力** ——部⑬とはどういうことですか、説明しなさい。（5点）

問十六、本文の内容として適切なものには「○」を、不適切なものには「×」をつけなさい。ただし、すべて同じ記号の解答は認めません。（各2点）
ア、Ａ氏の本を読み深める過程で得たコツと確信を、他の本の精読にも応用することで、「手ぎわのいい」感想文に向かって本を読むくせが矯正される。
イ、Ｔ先生は、「名画モナ・リザ」という世評にしばられた模写を目にしたことで、自分の眼にかかった色眼鏡の存在に気づき、モナ・リザの新たな価値の発見にたどり着いた。
ウ、感想文を目的とする読書は、人は感動した時に沈黙するという現象に逆行するものであり、古典の古典たるゆえんを取り逃がすことにもつながってしまう。
エ、それまで自分が持っていた価値判断の枠が外れ、新たな価値を創造することができるという意味で、本の読み深めに恋愛経験が多大な影響力をもっていると言える。
オ、他の人にも通じる正確な理解と文章化の努力なしに、真に個性的な理解にはならないという意味で、筆者は絶対に感想を書く必要があると考えている。

二 漢字の読み書き　**よく出る** **基本**

次の1～10の文中の（カタカナ）を漢字で書きなさい。（各2点、計20点）

1、実力が（ハクチュウ）している。
2、余計な（カンショウ）を控える。
3、（ザンシン）な考えを持つ。
4、式を（ゲンシュク）に行う。
5、美しい（センリツ）に浸る。
6、情報集めに（ホンソウ）する。
7、水を（フットウ）させる。
8、（ヨイ）の月を眺める。
9、雑踏に（マギ）れる。
10、手続きが（ワズラ）わしい。

洛南高等学校

時間	満点	解答	
60分	100点	P93	2月10日実施

出題傾向と対策

●昨年同様、小説文、論説文（省略）、古文の大問三題構成。出題形式は選択、抜き出し、記述、空欄補充と多岐にわたる。小説文と論説文では、文章中の内容を六十字以内でまとめるような記述問題も出題されている。古文では、語句の意味などの基本的な問題のほか、大意や文脈の理解が求められる問題が出題された。

●小説文の記述問題は、例年一筋縄ではいかないものが多く、本文を正確に読み取る力と、設問の意図を的確に押さえる力を身につけておきたい。

一 （小説文）漢字の読み書き・内容吟味・語句の意味・文脈把握

次の文章を読んで、あとの問いに答えなさい。


「さあどうぞ」

と、湖山（こざん）先生は墨をするように促した。僕は恐る恐る墨を持って、硯（すずり）の上でゴシゴシとすり始めた。おもしろいくらいに墨はすれて、透明な水は真っ黒になっていった。

しばらくすっていると粘りが出てきて、あとどれくらいすればいいのだろう、と視線を上げると湖山先生は居眠りをしていた。

確かに退屈だろうけれど、居眠りしなくても、とも思ったが、とりあえず湖山先生を起こすと、

「もうできたかね？」

と、私はまるで居眠りなんかしてなかったぞというような顔で、起き上がった。それから、僕の座っている席のほうへやってきた。①<u>僕は背筋がぐっと伸びた。</u>着ている作務衣（さむえ）から漂う清潔そうなにおいは何なのだろう、と思っていると、湖山先生は無造作に筆を取って、目の前の紙に何かをバシャバシャと描き始めた。

この前と同じ、湖畔の風景が出来上がり、次に紙を置くと②ケイコクが出来上がり、最後には、竹が出来上がった。どれもまさしく神業で、一瞬の出来事だった。どうしてこんな速度で、こんなに高齢な老人が筆を操れるのだろう？ 年齢を感じさせない若々しい動きだった。そして何より速い。動きの細部についてはあまりに速すぎて分からない。手に持った筆が、先日と同じく、硯と梅皿と布巾と筆洗の間を回転しているということしか分からなかった。

気づくと墨はなくなり、硯の中身は空っぽになっていた。描かれた絵は床に広がっていた。そして湖山先生は衝撃的な一言を、僕に告げた。

「もう一回。もう一回、墨をすって」

僕は啞然(あぜん)としながらも、また一から墨をすり、湖山先生はうたた寝を始めた。

何が起こったのだろう？ 何か、気に障(さわ)ることをしてしまったのだろうか？

いろいろと思案しながら、惑いつつ墨をゴシゴシすり、これでいいだろうというところでまた湖山先生を起こした。

特別に機嫌が悪そうでもなく、かといって良さそうでもなく、また筆を取ると一気呵成(いっきかせい)にバサバサと描き上げて、硯の中身を空っぽにした。それからまた、さっきと同じせりふがかえってきた。

「もう一回」

僕は眉をひそめて、いったい何が起こっているのだろう？ と墨をすりながら考え続けた。

僕はとにかく墨をすり、湖山先生を呼んだ。湖山先生は居眠りから目覚めて、描いて、僕はまた同じ言葉をもらい、また墨をすり……と、そんなことを何度か繰り返した。もういい加減疲れてきたので、いろいろ考えるのをやめて、ただなんとなく手を動かし、③有り体に言えば適当に墨をすって湖山先生を呼んだ。すると湖山先生は最初のときとまったく同じく、特に不機嫌でもなく④フユカイでもなさそうな顔で、筆を取ると、

「筆洗の水を換えてきて」

と、言った。僕は言われたとおり廊下に出てすぐの場所にある流し場で、筆洗の水を新しいものに換えた。湖山先生の前に真新しい水を置いて席に着くと、湖山先生は待ち構えていたように筆を取って、墨を付けて筆洗に浸した。その瞬間、湖山先生は口を開いた。

「これでいい。描き始めよう」

僕は湖山先生が何を言っているのか、分からなかった。どうしてまじめにすった墨が悪くて、適当にすった墨がいいんだ？

僕はなんとも⑤腑(ふ)に落ちないという表情をしていたのだろう。湖山先生はにこやかに笑って答えた。

「粒子だよ。墨の粒子が違うんだ。君の心や気分が墨に反映しているんだ。見ていなさい」

湖山先生は、筆をもう一度取り上げて、いちばん最初に描いた風景とまったく同じものを描いた。木立が前面にあり、背後に湖面が広がり、さらにその背後に山が広がっているという絵で、⑥レイアウトはまったく同じだ。

だが湖山先生が筆を置いた瞬間の墨の広がりや、きらめきが何もかも違った。

画素数の低い絵と高い絵の違いと言ったらいいのだろうか。実際に粒子が違うというのなら、そういうことなのだろう。小さなきらめきや広がりが積み重なり、一枚の風景が出来上がったとき、最初に見たときは漠然と美しいとしか感じられなかった絵が、二枚目になると懐(なつ)かしさや静けさやその場所の温度や季節までも感じさせるような気がした。細かい粒子によって出来上がった湖面の反射は、夏の光を思わせた。薄墨で描かれた線のかすれが、ごく繊細な場所まで見て取れるもので、眩(まぶ)しさや、色合いまでも思わせ、波打つ様子は静けさまでも感じさせた。その決定的な一線は、たった一筆によって引かれたものだった。同じ人物が同じ道具で、同じように絵を描いても、[X]一つでこれほどまでに違うものなのかと、僕は愕然(がくぜん)とした。とたんに僕は恥ずかしくなった。

僕は⑦とんでもない失敗をさっきまで繰り返していたのだ。湖山先生は相変わらず、にこやかに笑っている。

私が何も言わなかったのが悪いが、と前置きした後に湖山先生は言った。

「青山君、力を抜きなさい」

静かな口調だった。

「力を入れるのは誰にだってできる、それこそ初めて筆を持った初心者にだってできる。それはどういうことかというと、凄(すご)くまじめだということだ。本当は力を抜くことこそ技術なんだ」

力を抜くことが技術？ そんな言葉は聞いたことがなかった。僕は分からなくなって、

「まじめというのは、よくないことですか？」

と訊(たず)ねた。湖山先生はおもしろい冗談を聞いたときのように笑った。

「いや、まじめというのはね、悪くないけれど、少なくとも自然じゃない」

「自然じゃない」

「そう。自然じゃない。我々はいやしくも水墨をこれから描こうとするものだ。水墨は、墨の濃淡、潤渇、肥瘦(ひそう)、階調でもって森羅万象を描き出そうとする試みのことだ。その我々が自然というものを理解しようとしなくて、どうやって絵を描けるだろう？ 心はまず指先に表れるんだよ」

僕は自分の指先を見た。心が指先に表れるなんて考えたこともなかった。それが墨に伝わって粒子が変化したというのだろうか。だが、たしかにその心の変化を墨のすり方だけで見せつけられた身としては、うなずくしかない。

「君はとてもまじめな青年なのだろう。君は気づいていないかもしれないが、真っすぐな人間でもある。困難なことに立ち向かい、それを解決しようと努力を重ねる人間だろう。その分、自分自身の過(あやま)ちにもたくさん傷つくのだろう。私はそんな気がするよ。そしていつの間にか、自分独りで何かを行おうとして心を深く閉ざしている。その強張(こわば)りや硬さが、⑧ショサに現れている。そうなるとその真っすぐさは、君らしくなくなる。真っすぐさや強さが、それ以外を受け付けなくなってしまう。でもね、いいかい、青山君。水墨画は孤独な絵画ではない。水墨画は自然に心を重ねていく絵画だ」

僕は視線を上げた。

言葉の意味を理解するには、湖山先生の声があまりにも

優しすぎて、何を言ったのか、うまく聞き取れなかった。不思議そうな顔で、僕は湖山先生を見ていたのだろう。湖山先生は言葉を繰り返した。

「いいかい。水墨を描くということは、独りであるということとは無縁の場所にいるということなんだ。水墨を描くということは、自然との繋(つな)がりを見つめ、学び、その中に分かちがたく結びついている自分を感じていくことだ。その繋がりが与えてくれるものを感じることだ。その繋がりといっしょになって絵を描くことだ」

「繋がりといっしょに描く」

僕は言葉を繰り返した。⑨僕にはその繋がりを隔てているガラスの部屋の壁が見えていた。その壁の向こう側の景色を、僕は眺めようとしていた。

その向こう側にいま、湖山先生が立っていた。

「そのためには、まず、心を自然にしないと」

そう言って、また湖山先生は微笑(ほほえ)んだ。湖山先生が優しく筆を置く音が、耳に残った。その日の講義は、ただそれだけで終わった。

⑩何か、とても重要なことを惜しみなく与えられているようで、そのすぐ前を簡単に通り過ぎてしまいそうになっている自分を感じていた。

小さな部屋に満たされた墨の香りと、湖山先生の穏やかな印象が、カチコチに固まっていた水墨画のイメージをボロボロと打ち壊していくのが分かった。

父と母が亡くなって以来、誰かとこんなふうに長い時間、穏やかな気持ちで向き合ったことがなかったのだと僕は気づいた。

（砥上　裕將『線は、僕を描く』）

問一、**よく出る** **基本** ——線②④⑧のカタカナをそれぞれ漢字に改めなさい。

問二、——線①「僕は背筋がぐっと伸びた」とありますが、それはなぜだと言えますか。それを説明した次のア～オの中から最も適当なものを選び、記号で答えなさい。

ア、湖山先生が居眠りしたことに不満であったが、それを気づかれまいとしていたから。
イ、墨がうまくすれたかどうかがよく分からないので、それを悟られたくなかったから。
ウ、気づくと粘りが出るほどに墨をすってしまっており、何とかごまかそうとしたから。
エ、墨のすれ具合に自信が持てず、湖山先生にどう思われるかが気がかりであったから。
オ、面白いあまり墨をすり過ぎてしまったので、叱られはしないかと心配していたから。

問三、**基本** ——線③「有り体に言えば」⑤「腑に落ちない」のここでの意味として、それぞれあとのア～オの中から最も適当なものを選び、記号で答えなさい。

③有り体に言えば
ア、上手に言うと
イ、率直に言うと
ウ、今風に言うと
エ、遠回しに言うと
オ、誇張して言うと

⑤腑に落ちない
ア、満足できない
イ、断言できない
ウ、納得できない
エ、冷静でいられない
オ、受け入れられない

問四、——線⑥「レイアウト」のここでの意味を漢字二字で答えなさい。

問五、［X］にあてはまることばを文章中から五字で抜き出して答えなさい。

問六、——線⑦「とんでもない失敗」とありますが、それは「僕」がどうしたことを言っていますか。十字程度で答えなさい。

問七、**思考力** ——線⑨「僕にはその繋がりを隔てているガラスの部屋の壁が見えていた」とありますが、それは「僕」のどういう様子をたとえたものと考えられますか。「…様子。」に続くように、文章中から二十五字以内で抜き出して答えなさい。

問八、**難** **思考力** ——線⑩「何か、とても重要なことを惜しみなく与えられているようで、そのすぐ前を簡単に通り過ぎてしまいそうになっている」とありますが、それはどういうことを表していますか。六十字以内で説明しなさい。（句読点は一字とします）

二 （省略）細川英雄「対話をデザインする――伝わるとはどういうことか」／河野哲也「じぶんで考えじぶんで話せる　こどもを育てる哲学レッスン」より

三 （古文）動作主・口語訳・内容吟味

次の文章を読んで、あとの問いに答えなさい。

河内国(かふちのくに)注一安宿郡(あすかべのこほり)の部内に、信天原(しではら)の山寺あり。妙見菩薩(めうけんぼさつ)に注二燃灯(ねんとう)を献ずる処(ところ)となす。注三畿内年毎(ごと)に、燃灯を奉(たてまつ)る。注四帝姫阿部(ていきあべ)の天皇の御代(みよ)に、注五知識、注六縁例(えんれい)により、燃灯を菩薩にあ献じ、ともに注七室主(むろぬし)に銭・財物を施しき。その布施(ふせ)の銭のうち五貫(くわん)を、師の弟子、ひそかに盗みて隠せり。後、銭をい取らむがために、往(ゆ)きてう見れば銭無し。ただし、①鹿、箭(や)を負ひて仆(たふ)れ死せらくのみ。②すなはち鹿を荷(にな)はむがために、河内の市の辺(ほと)りの井上寺(ゐのへでら)の里にえ返りて、人等(ひとども)をお率(ゐ)て至り見れば、鹿には非(あら)ず。唯(ただ)銭五貫なり。③因(よ)りて④盗人を顕(あらは)し、⑤定めて知る、是(こ)れ実の鹿に非ず。菩薩の示せる所なることを。是れ奇異(くす)しきことなり。

（『日本霊異記』）

注一　安宿郡……大阪府羽曳野市や藤井寺市の東部
注二　燃灯を献ずる……灯明を奉納する
注三　畿内……都の近隣の国
注四　帝姫阿部の天皇……女帝称徳天皇
注五　知識……信者
注六　縁例により……ついでがあって
注七　室主……山寺の住僧

問一、**よく出る** ——線あ～おの動作の主体の組み合わせとして正しいものを、次のア～オの中から選び、記号で答えなさい。

	あ	い	う	え	お
ア、	畿内	知識	弟子	弟子	弟子
イ、	畿内	知識	師	弟子	人等
ウ、	知識	師	師	師	師
エ、	知識	弟子	弟子	弟子	弟子
オ、	室主	弟子	弟子	畿内	人等

問二、**よく出る** ――線①「鹿、箭を負ひて仆れ死せらくのみ」の現代語訳として、次のア～オの中から最も適当なものを選び、記号で答えなさい。

ア、鹿が、矢に当たって死んでいるだけであった。
イ、鹿が、矢を背に荷って倒れていただけだった。
ウ、鹿が、矢を身に受けて死にそうなだけだった。
エ、鹿が、矢を背に乗せたまま死んだだけだった。
オ、鹿が、矢に当たり銭の上に倒れただけだった。

問三、**よく出る** **基本** ――線②「すなはち」③「因りて」の意味として、それぞれ次のア～オの中から最も適当なものを選び、記号で答えなさい。

②すなはち
ア、そして　イ、やがて　ウ、まさに
エ、つまり　オ、そこで

③因りて
ア、あきらめて　イ、こうして　ウ、こまって
エ、しだいに　オ、すると

問四、**思考力** ――線④「盗人を顕しき」とはどういうことを表していますか。二十五字以内で答えなさい。（句読点は一字とします）

問五、――線⑤「定めて知る」の現代語訳として、次のア～オの中から最も適当なものを選び、記号で答えなさい。

ア、必ず理解できる　イ、きっと知るだろう
ウ、はっきりとわかる　エ、決まってから知る
オ、わかるのが当然だ

問六、本文の内容に合致しないものを、次のア～オの中から一つ選び、記号で答えなさい。

ア、都の近隣の国々は、毎年菩薩に灯明を奉納した。
イ、信者たちは僧に燃灯と共に、財物や銭を奉じた。
ウ、菩薩は倒れた鹿で盗人をあばき、霊験を示した。
エ、鹿を取り除こうとして、弟子の盗みが露見した。
オ、隠しておいた銭は、弟子の手には入らなかった。

ラ・サール高等学校

時間 70分　満点 100点　解答 P94　1月26日実施

出題傾向と対策

●現代文二題、古文一題の構成は例年どおり。現代文は論説文（省略）と小説文で、平易で読みやすく、文章量も比較的少ない。一方、設問は内容読解・文脈把握が中心で記述式が多く、解答を自分でまとめる力が要求される。漢字、文法も出題され、高い基礎知識が求められる。

●過去問題や予想問題を通じて問題演習を重ねることで解答を自分でまとめる力を養いたい。また、漢字や文法、古語の意味など基礎的な問題で失点することのないよう、幅広い知識を着実に身につけておきたい。

一（省略）池澤夏樹「終わりと始まり　ヒトとイヌ　幻想力ゆえに落ちゆく人間」（「朝日新聞」19年10月2日付所載）より　（計40点）

二（小説文）漢字の読み書き・語句の意味・内容吟味

次の文章を読んで、後の問いに答えよ。（字数制限のある問題については句読点も一字に数える。）　（計40点）

大学生の「僕」は、水墨画の大家である「湖山先生（こざん）」と出会い、湖山先生から弟子入りをすすめられじかに絵の指導を受けている。

制作はひたすら難航していた。

何本も菊を買いこんで、枯らしてはまた何本も買い込んだ。講義に出る回数も少なくなり、※1古前（こまえ）君に代返を頼み、川岸さんにノートを頼むと二人とも①二つ返事で承諾してくれた。たまに川岸さんのバイトする喫茶店にコーヒーを飲みに行くと、作品の進捗（しんちょく）をきかれたけれど、僕は首を振るだけだった。

ただ単に墨で絵を描くことは、当然のようになり始めていた。

何度も菊の形を、緻密に毛筆で画仙紙の上になぞっていき、葉の形や、花びらの質感を覚え込み、精密に描く訓練をした。結果的に、形をとることはできるようになり、『菊を墨で描いた絵』は次第に描けるようになっていった。だが、それに習熟するにつれて、問題は大きくなった。どれほど精密に毛筆と墨で菊を描いても、それが湖山先生や※2翠山先生が描く水墨画のような印象を与えなかったことだ。

これだけ練習すれば、どう考えてもうまくなるはずだ、という量の紙を②反故にしたあとに、自分が描いた絵を一枚一枚見直していくと愕然とした。それは確かに菊の形をした絵に見える。だが、それ以上でもそれ以下でもなかった。

墨という粒子で構成された絵が最終的に菊の形に正確に配置されても、それが水墨画として完成しないのは、単純に考えても形以外の情報がそこに組み込まれているからだ。その形以外の情報が何なのかが見定められないから、ただひたすら菊を見て、描き続けるしかなかった。

悩むにつれ不安は募り、不安はそのまま焦りになり、それは指先に現れた。

生み出される線は、どこかやつれたものになって、春蘭を描いていたときのような清々しさが消え去り、思ってもみなかったほど、よくない方向に動き出していると感じたときにはもう冬になっていた。作品の締め切りまで一カ月を切っていた。

広い部屋の床が反故にした画仙紙で埋め尽くされ、埋もれるほどに積み重なった後で、僕はばかみたいに単純なことに気が付いた。それは、

「墨で絵を描くことが、水墨画ではないんだ」

ということだった。その言葉は僕の口から独り言のように漏れて、僕の中に染み込んでいった。考えてみれば、それはいまさら疑うべくもないことだった。形や技法のみを追求した絵が必ずしも水墨画にならないことは、何度も何度も繰り返し教わってきた。何度も何度も目にしてきたのだ。

だが、実際に自分が歩み始めると、知っていたはずの当たり前のことにさえ簡単につまずいてしまう。斉藤さんや※3千瑛の顔が浮かんだ。③あの人たちはこんな悩みとずっと闘ってきたのだ。眺めているだけでは分からない。実際に手を動かし、描いて、つまずいてみなければ分からないことばかりだ。僕はため息をついた。

室内を整え、散らばった紙を片づけて、お茶を淹れた。画仙紙を広げ、墨をすり、心を落ち着けて筆をとった。画仙紙を見つめ、筆の重みをそっと感じた後に、また筆を真っ白な梅皿に、穂先のほうを立てかけて置いた。

僕はここからが勇気だと思った。水墨画を水墨画たらしめる要素は、描くことでは見いだせない。描くこと以外の方法で描き方を見いださなければならない。描くという行為以外の場所に、水墨画の本質は存在しているのだ。その場所が何処で、そして何なのか、僕には分からなかった。だが、筆を静かに置いたとき、奇妙なことだけれど、これまでとはまるで違う手ごたえを感じた。何かにほんの少し近づいたような、心が少しだけ解き放たれたような優しい気持ちになった。

④僕はこれまでよりも少しだけ心地よく花を眺めていた。何処かに入り口があるはずだ。そして、何処かに始まりがあるのだ。僕は、時間も空間もまだ存在していない真っ白な画仙紙を見つめながら、その入り口を探していった。

それから一週間、筆を持ち上げることもなく、自室で花瓶に生けた菊の花を眺めていた。花の前に坐して、花の形、葉っぱの付き方、枝の伸び方を仔細に眺めて、真っ白な画仙紙を見つめて時を過ごした。

真っ白な画仙紙に本物の白い菊をゆっくりとAスかし見て、そしてまた本物の菊に目を戻す。そしてまた菊を見つめては画仙紙を見る、ということの繰り返しで、はた目から見ればただぼんやりとそこに座っているようにしか見えない。それでも僕はBシンケンだった。腕を組んでCフキゲンそうにそこに座っていた。花と画仙紙に飲まれて、僕は動けなかった。

そのうち真っ白な画面を見つめながら、筆の動きや墨の滲み、線のD雰囲気をイメージして、何百回も、頭の中で絵を描くようになっていた。数限りない失敗とわずかな成功の中で、僕は毛筆を持って絵を描くことを、頭の中で再現できるようになっていた。

少し集中してイメージしさえすれば、頭の中に筆があり画仙紙があり、それを現実とほとんど同じように動かすことができた。それは棋士が頭の中に盤と駒を置いているのと同じで、自然に身についていた。モノトーンで筆一本で絵を描くという制約が、そうしたイメージを可能にしているのかもしれなかった。

何もない自室で、自然光だけで、⑤ひもすがら菊を眺めていると、さまざまなイメージが画仙紙の上にわいてくるようになった。湖山先生もときどき庭を見つめながら、ただぼんやりと座っていることがあったけれど、おそらくこんなイメージをEテンカイし頭の中でいくつもの仕事をしていたのだな、と思い至った。翠山先生にしても、どうしてあれだけ無口で、張り詰めたように静かに過ごしておられるのか何となく分かる気がする。どちらの先生も、筆を持っていなくても、画仙紙の前にいなくても、ずっと絵を描いていたのだ。

僕はガラスの部屋の大きな壁に向かって、そこを画仙紙だと想定してさまざまな実験を行った。無数の春蘭を壁一面に描いてみたり、竹林をひたすらにそこに描いてみたり、巨木の梅をただひたすら描いてみたり、まず自分が描けるものを可能な限りそこで描き続けた。次に、自分には不可能な技法も記憶を頼りに再現し、うまくいかないときは何度も文字どおり試行錯誤し、描いてみた。

千瑛の薔薇や、斉藤さんの蔓薔薇、牡丹に、湖山先生が先日描いて見せてくれた葡萄の樹まで再現してみた。自分が習得した技法以外は不明な点も多かったが、何度も何度も考え、記憶を辿っていくと、ふいに閃くこともあった。何かを想い詰めて、考え続けて、悩み続ける、というネガティブともいえる行為が、考えもしなかった方向で役に立っていることが少しおかしくもあった。僕は孤独を過ごすことに、とても適した人間なのだろう。

だがそれらは描いて見せられ、西濱（にしはま）さんの言葉を借りれば『教えられた』画題だった。千瑛は僕が『見いだした美』を見たいと言った。そして、湖山先生は『花に教えを請（こ）え』と言われた。⑥あの二人の言葉には、何処か重なるものがあるような気がした。

技術はこうして、ひたすらに座り、考え続ければきっと上がっていくだろう。師や先輩に教えを請い、技を盗み、時に磨き、自分の力で再現する。それはたぶん、注意深く観察し、正確に動く手を持っていれば、何処までも同じ速度で伸びていく。けれども『絵を描く』ことは、高度な技術や自分が習得した技術をちらつかせることだけではない。それは技術を伝えてくれた『誰か』との繋（つな）がりであって、自然との繋がりではない。

そう思って、菊を見つめ直すけれど、やはり答えはまるでやってこなかった。描こうとするたびに、イメージは止まり、それが失敗に繋がることを描く前に察知していた。『たった一筆でさえ美しくあるように』とするなら、起筆（きひつ）のその一筆目がすでに誤りを含んでいた。

水墨画は、考察し、模索しながら描く絵画ではない、ということなのだ。⑦結局、描くという現象にすら僕はたどり着かなかった。

（砥上裕將『線は、僕を描く』より）

※1 古前君に代返を頼み、川岸さんに――古前君、川岸さんはともに大学生。代返は、出欠をとるとき、本人の出席を装って（よそおって）欠席者に代わり返事をすること。

※2 翠山先生――水墨画の大家。

※3 斉藤さんや千瑛――それぞれ、「僕」の兄弟子と姉弟子。「僕」は千瑛から、敬語で話さなくていいと言われ、「さん」をつけずに呼んでいる。後に出てくる西濱さんも、「僕」の兄弟子。

問一、**よく出る** **基本** 傍線部A「スかし」、B「シンケン」、C「フキゲン」、D「雰囲気」、E「テンカイ」のカタカナを漢字に改め、漢字はよみをひらがなで書け。

問二、**よく出る** **基本** 傍線部①「二つ返事」、②「反故（ほご）にした」、⑤「ひもすがら」の意味として最も適切なものを、次のイ～ホの中からそれぞれ選び、符号を記せ。

①「二つ返事」
イ、仕方なしに賛成するようす
ロ、先を争って役目を取り合うようす
ハ、倍以上の成果を約束するようす
ニ、音が重なりこだまするようす
ホ、すぐに受け入れるようす

②「反故にした」
イ、判断の根拠にした
ロ、使用済みの状態にした
ハ、反転させながら重ねた
ニ、大切に取っておいた
ホ、反省の材料にした

⑤「ひもすがら」
イ、一日じゅう
ロ、すがる思いで
ハ、ためつすがめつ
ニ、一人ぼっちで
ホ、素人ながら

問三、傍線部③「あの人たちはこんな悩みとずっと闘ってきた」とあるが、「僕」には斉藤さんや千瑛（ちあき）がどうしてきたと考えられたのか。百字以内で説明せよ。

問四、傍線部④「僕はこれまでよりも少しだけ心地よく花を眺めていた」とあるが、その理由として最も適切なものを、次のイ～ホの中から選び、符号を記せ。

イ、「僕」はこれまで水墨画の上達のために、繰り返し画仙紙に向かって練習を重ねていたが、水墨画の本質は描く行為以外の部分に含まれると思って筆を置いたとき、正体は分からないまでも現状の行き詰まりを打開する何かを見つけた感じがして、穏やかな気持ちになったから。

ロ、「僕」はこれまで締め切りが近いのに少しもうまくならず、ぶち当たった壁を越えるにはだいぶ時間がかかりそうであったが、自分はまだ学生であり自由に使える時間が他の人に比べれば充分にあると考え、勇気を出して描く行為をやめたら、かえって落ち着きを増したから。

ハ、「僕」はこれまで絶え間なく筆を動かして菊を画仙紙に描いていったが、菊の外形は真似（まね）できても繊細な花びらの情報までは描き込めなかったため、一度筆を置いたうえで花をすみずみまで観察することが大切だと思ったら、菊をいつくしむような気持ちが湧いてきたから。

ニ、「僕」はこれまで菊の形を緻密になぞっていけば美しい水墨画ができると信じて鍛錬してきたが、菊の形に忠実であるかどうかでなく、時間と空間を描くことが水墨画の本質であることを悟るに至り、筆を一旦置いたとき、なんとなく水墨画に向き合う気力が増したから。

ホ、「僕」はこれまで兄弟子や姉弟子との差を感じて愕然（がくぜん）とし、腕を上げるために、ひたすら菊の葉の形や花びらの質感を見定めようとしてきたが、ふと水墨画のことは横に置いておいて花瓶に生けた菊の花を見ると、ふさぎこむ自分を菊の花が包容してくれているように思ったから。

問五、**思考力** 傍線部⑥「あの二人の言葉」とあるが、二人の言葉から「僕」が汲（く）み取った内容を、九十字以内でまとめよ。

問六、傍線部⑦「結局、描くという現象にすら僕はたどり着かなかった」とあるが、どういうことか。最も適切なものを、次のイ～ホの中から選び、符号を記せ。

イ、「僕」はまじめに画題に向かい、実際に手を動かしたにもかかわらず、大きくつまずいてしまった。そのため紙と筆による練習には限界があると感じ、次に「僕」は逃げるようにして空想での練習を始めた。意外とこれが功を奏し、さまざまな技法を自分のものにするに至ったので、姉弟子や師匠の言葉に励まされるまま、「僕」は起筆しないで空想で腕を鍛え続けることにしたということ。

ロ、「僕」は画仙紙を前にして菊の絵をどれだけ練習しても、自分の水墨画を水墨画たらしめる、菊の形以外の植物の情報が組み込めないでいた。次に「僕」は画仙紙を用いず、記憶をもとにさまざまな植物を再現することで画題の種類を増やしつつあったが、画仙紙を前にすると菊以外の植物の印象はたちどころに消え、「僕」は一周回ってはじめの状態に戻ってしまったということ。

ハ、「僕」が湖山先生や翠山先生の描く水墨画をめざして練習に没頭していたころは、手本に遠く及ばない未熟な作品を多量に生産し続けていた。次に「僕」は斉藤さんや千瑛のやり方を模倣して、想像上の筆の動きのみで画題をこなすやり方を採用し、練習の効率が向上したように感じられた。しかし、実物の紙の前では自身の失敗作が頭に浮かび、「僕」は起筆をすることもできなかったということ。

ニ、「僕」は自分の未熟さを練習量でカバーしようとして繰り返し画仙紙に向かったが、いくら描いても水墨画らしくならなかった。次に「僕」は紙も筆も使わないで想像で練習を重ね、水墨画らしさとは何かをつかみつつあったが、やはり紙と墨で描かなければならない現実を直視すると、姉弟子と師匠の叱責を思い出し、「僕」にはそもそも素質がなかったと痛感するに至ったということ。

ホ、「僕」が作品の締め切りを意識し、筆をとって技術をひたすら向上させようとしていたころは、菊の形や水墨画の技法を追求していた。次に「僕」は筆をとらず頭の中で描き方をイメージするようになった。技術を磨くだけが全てではないと感じつつあったが、このまま筆をとっても納得のいく経過はたどれないだろうと先回りし、「僕」は描き始めることもできなかったということ。

三（古文）口語訳・内容吟味

次の文章は『義経記』の一節である。源頼朝の追っ手から逃れようと奥州を目指す源義経・弁慶たちの一行は、修行僧のふりをして舟着き場から河を渡ろうとしていたが、その時に舟着き場の渡し守から「あの客僧（旅姿の僧）は判官殿（義経）だ」と指摘を受ける。これを読んで後の問いに答えよ。（計20点）

「まさしくあの客僧こそ判官殿にておはしけれ」と指して※ぞ申しける。その時弁慶、「あれは白山より連れたる御房なり。①年若きにより人怪しめ申す無念さよ。これより白山へ戻り候へ」とて、船より引き下ろし、②扇にて散々にこき伏せたり。その時渡し守、「※羽黒山伏ほどᵃ情けなき者はなし。判官殿にてましまさずは、さにてこそあるべきよ。かほどいたはしげもなく、散々に当たり申されし事、しかしながら私が打ち申したるなり。③御いたはしくこそ候へ」とて、舟を寄せ「ここに召し候へ」とて、※楫取のそばに乗せ奉る。

「さらば船賃出だして渡り候へ」と申しければ、弁慶、「いつのᵇ習ひに山伏の※関船賃なす事やある」と言ひければ、「日頃取りたることなけれども、あまりに御房のᶜ腹悪しく渡り候へば」と申す。弁慶、「かやうに我らに当たらば、※出羽の国へ今年明年にこの国の者越えぬ事はᵈよもあらじ。ただいまこの返礼すべきものを」とぞ脅しける。坂田の渡りは、この幼き人の父、坂田次郎殿の※知行なり。あまりに言ひ立てられて渡しけり。

かくて六道寺の渡りをして、弁慶判官殿の御袖を控へ、「いつまで君を庇ひ申さんとて、現在の御主を打ち奉りつるぞ。天の恐れも恐ろしや。八幡大菩薩も許し御納受したまへ」とて、④さしも猛き弁慶、⑤さめざめと泣きけり。⑥よの人々も涙を流しけり。

《語注》　御房＝僧侶。

羽黒山伏＝羽黒山から来た山伏。

楫取＝舵を操る水夫。

関船賃なす＝関所を越える人や船を利用する人が料金を払うこと。

出羽の国＝旧国名。

知行＝支配する土地。

問一、よく出る 基本 点線部ａ「情けなき」、ｂ「習ひ」、ｃ「腹悪しく」、ｄ「よもあらじ」の語句の意味として最も適切なものを、次のイ～ホの中からそれぞれ選び、符号を記せ。

ａ「情けなき」
イ、恥ずかしくなる
ロ、情況を無視した
ハ、反社会的である
ニ、表情の見えない
ホ、思いやりのない

ｂ「習ひ」
イ、習得
ロ、慣習
ハ、習合
ニ、学習
ホ、習熟

ｃ「腹悪しく」
イ、性根が曲がって
ロ、浅はかな考えで
ハ、所持金が少なく
ニ、覚悟の無いまま
ホ、体の調子が悪く

ｄ「よもあらじ」
イ、私も止めさせよう
ロ、夜でもありえない
ハ、まさか無いだろう
ニ、互いに困ることだ
ホ、世間も許さないぞ

問二、傍線部①「年若きにより人怪しめ申す」とはどういうことを言おうとしているのか。最も適切なものを次のイ～ホの中から選び、符号を記せ。

イ、弁慶は若い頃から人に裏切られ続けていたので、渡し守が嘘つきだと考えたということ。

ロ、客僧が若く、判官殿と同じくらいの年齢であるため、他人に疑念を抱かせるということ。

ハ、源義経はその若さにも関わらず優秀だったため、源頼朝から嫉妬されていたということ。

ニ、渡し守は年が若く、人生経験があまりにも少ないので、相手を信じられないということ。

ホ、白山の僧侶は若者でないと務まらない貴重な存在なので、人々が珍しく思うということ。

問三、傍線部②「扇にて散々にこき伏せたり」という行動をとったのは何のためか。最も適切なものを次のイ～ホの中から選び、符号を記せ。

イ、若い客僧が判官殿だと気付かれないように、扇子で叩いて顔を変形させるため。
ロ、自分が怖い人間だと示すことで渡し守を怖がらせ、船賃の請求を回避するため。
ハ、若い客僧を敢えて叩くことで、若い客僧が自分の主人ではないことを装うため。
ニ、迷惑をかける若い客僧に腹を立て、白山へ帰るのがお互いのためだと諭すため。
ホ、若い客僧に、お前は一行の中で蚊ほどの取るに足らない存在だと教え込むため。

問四、傍線部③「御いたはしくこそ候へ」とあるが、そのように感じたのはなぜか。説明せよ。

問五、傍線部④「さしも猛き弁慶」とあるが、ここで「猛き」と弁慶の性質に言及しているのは何のためか。最も適切なものを次のイ～ホの中から選び、符号を記せ。
イ、今の苦境を弁慶が乗り越え、この後の場面ではさらに頼もしくなることを暗示するため。
ロ、ここで弁慶が泣いてしまうと、これまでの戦いで見せた潔さに矛盾すると糾弾するため。
ハ、弁慶が思わず感涙にむせぶのは、実は弁慶の強情さの裏返しであることを確認するため。
ニ、何事にも屈することのなかった弁慶であっても、涙を流すほど辛いのだと強調するため。
ホ、優れた策士である弁慶が突然の泣き真似で相手をだましたのは、流石だと称賛するため。

問六、傍線部⑤「さめざめと泣きけり」とあるが、弁慶が泣いたのはなぜか。説明せよ。

問七、難 傍線部⑥「よ」という言葉に漢字を当てる場合、何が最も適切か。次のイ～ホの中から選び、符号を記せ。
イ、余　ロ、四　ハ、世　ニ、予　ホ、与

立教新座高等学校

時間 60分　満点 100点　解答 P95　2月1日実施

出題傾向と対策

●一論説文、二論説文、三小説文（省略）の三題構成は例年どおりの出題。三の小説文は文章も長く、記述問題もやや難。一・二の論説文は紛らわしい選択肢も少なく、文章も平易。漢字の読み書き、空欄補充、内容吟味、選択肢、記述問題がバランスよく配されている。

●読解問題が三題と多いため、文章を正確に素早く読み取る力が必要とされる。論説文はキーワードと段落の要点を、小説文は人物の心情を押さえて読んでいくこと。漢字の学習も必須。

一（論説文）文脈把握・内容吟味

次の文章を読んで、後の問に答えなさい。

そもそも日本人は音をどのように捉えて表現しているのであろう。

われわれの周りには日常の音が氾濫している。溢れる音の中で何か或る音に注意を向けるとき、われわれは音を出す音源のものの名を借りて、「ベルの音が響く」、「車の音がする」、「鐘の音がする」などと言う。音は何かの音である。そもそも音を表現するときには、『～の音』がするというように、音を出す「物」の名前を用いる。音源が人間や動物であれば、「音」ではなく「声」として、「セミの声が聞こえる」、「鳥の鳴き声がする」などと言う。

音を出す音源は具体的な［①］である。もっとも耳鳴りという、自分にだけ聞こえる音がある。この場合は具体的な音源がないので、「セミの鳴き声のような音が聞こえる」などと、比喩的な言い回しを使う。擬音を使って、「ジーンという音がする」、「ゴーゴーと言っている」などと言うこともある。しかし外部から聞こえて来る音に対してなら、具体的なものの音源の名を使って、「～の音がする」と言う。

音がすることが当たり前の日常生活の中では、ひとつの注目したい音に対して、ただ「音がする」という言い方はあまりしない。「音がする」の〈音〉とは、きわめて抽象的で、聞こえてくる音は、何か特定の、具体的なものがつくり出している音に他ならない。「もの」があれば、ものの動きや物と物との接触は「音」を発する。それに「音」とは、物と物とが触れ合って空気が振動するときに聴覚に及ぼされる感覚なのであるから、抽象的な、何の音でもない音とか、あるいは音一般という音はない。もし「音がする」と言うだけで聴く相手が納得するとすれば、それは聞き取るべき音を出す対象を互いに知っていて、②そのように言うことを許す状況があるからである。

ところが「物音（もの音）がする」という言い方がある。「音」に〈もの〉という接頭語をつける言い方である。静寂の中で突然音が聞こえてきた場合などに、われわれは「おや、音がするよ」と言うが、同じことを、「何か物音がするよ」とも言う。音を発するのが何物かわからないときに、われわれは「音」ではなく、わざわざ「物音がする」というのである。「物音がする」という言い方は、「セミの鳴き声がする」というのとは違って、音の出所が何であるかを言っているのではない。音を出す「もの」があること、つまりそこに何かがいること、あることを告げている。そこに「音」を出す何かがある、いると言っている。

もっとも「そこに何かがある」ということだけを言いたいのであれば、「物音がする」も「音がする」も同じであろう。しかし「音がする」と「物音がする」には、微妙な違いがある。単に「もの」を付けるか付けないか、だけのことであるが、それだけに留まらない問題が潜んでいる。それはまず、「音」の語の前に置かれる接頭語〈もの〉が、日本人の認識の仕方を支配する要素をもっていることから出てくる。

日本語には、〈もの〉を頭につける言い方が少なくない。とくに形容詞、形容動詞に多い。すぐさま「もの静かな」、「ものさびしい」、「もの悲しい」、「ものものしい」など例が頭に浮かぶ。そして〈もの〉という接頭語をつけた形容詞・形容動詞は、「静かな」、「悲しい」、などとは違った、「なんとなく静かな」、「なんとなくさびしい」、あるいは「そこはかとなくさびしい」というような意味合いを付着させている。

接頭語ということだけを言うなら、〈もの〉以外の語が動詞につく接頭語は、特に古語に多い。たとえば〈うち〉は動詞に付いて、「ちょっと、ふと」という意味を添える(「うち見る」)。あるいは〈うち〉は「すっかり」(「うち絶ゆ」、「うち曇る」)、「勢いよく」(「うちいづ(出づ)」)の意味でも添えられる――ただし、「うち入る(討ち入る)」、「打ち殺す」のように「うつ(打つ)」の意味が残っている複合語の〈うち〉はここの意味の接頭語には入らない。言い添えれば、〈うち〉は一段と語気を強める場合もあって(「勢いよく入っていく」)、「少し、ふと」と、「勢いよく」という、両極端の意味合いを添える興味深い接頭語の例である。

接頭語には、「どことなく寂しい」、「なんとなく哀しい」という場合の「うら寂しい」、「うら哀しい」の〈うら〉等がある。また、「かたづける、とりまとめる」の意味の〈ひき〉(「ひきしたたむ」、「ひきとめる」、「ひきはがす」)や、「とり外す」の〈とり〉をつける例がある。いずれも語調を整えたり、語勢を強めたりして、語にニュアンスを与え、語幹の意味を強調する作用をする。

しかしこうした接頭語の中で、〈もの〉は他とは異なる要素をもっている。〈もの〉は、前述のように形容詞につけられるが、さらに名詞の頭につけて、「ものごころつく」、「もの想いをする」とすることができる。また動詞につけて「もの思う」、「もの語る」(物語る)とする場合もある。また目的語として使われることもある。「ものを憂う」という例がそれである。こうした用い方は、〈ひき〉、〈うち〉、〈とり〉には無い。つまり〈もの〉は語勢を強調するだけではなく、③別の役割を引き受けている。

もともと「もの」という語は、実体があって無いような、曖昧なところがある。「なんとなく」「どことなく」という意味合いは実体の無さがつくっており、こうして「もの静かな」には「どことなく静かな」というニュアンスができ、「もの悲しい」は「なんとなく悲しい」という意味合いをもつことになった、と言えるようにも思われる。

しかしそうすると、「なんとなく」の「なんとない」の「何」とは、一体何なのだろう。「どことなく」の「どこ」とは一体何処(どこ)なのであろう。これらの「もの」や「なん(なに)」は明らかにされないにもかかわらず、我々はそこに何かを感じ取る。そのような明らかでない〈もの〉という語が、動詞にも、名詞にも、形容詞・形容動詞や副詞にもつけられて力を発揮するのである。

「何でもないもの」とは、対象を断定できない、あるいは断定しない何かである。対象を特定しない曖昧な存在である。接頭語〈もの〉には、輪郭が見えないという静かな曖昧さがある。しかしこれは見方を変えれば、〈もの〉は存在だけを感じさせる、或る静かな広がり感を与える働きがある、ということになる。このことは「もの悲しい」や「もの思い」、「もの静か」などという〈もの〉のつく語の反対の場合を考えてみれば明らかである。騒々しく、素早く、けたたましく過ぎ去る明確なものに〈もの〉を付けて、「ものうるさい」「もの速い」などとすることは、ほぼない。〈もの〉は曖昧性を強調するが、この曖昧性には、方向性の欠落感と場所の広がりがある。場所だけがある、と言ってもよい。それは動きの少ない、ある静けさで、鈍く遅い、どんよりとした広がり感としての場所である。つまり何かが漂うような空間を「もの音」の〈もの〉は意識させる。〈もの〉は背後に、何かの存在を、何かある気配を暗示する語であるように見える。

あるいは「物音/もの音」には、背後に何かを感じさせる気配がある、とも言える。「もの音」には、未だ正体の定かではない、部分的にしか分からないものの影と、背後に何かが隠されているという感覚がある。「もの音がする」という言い方に何とも言えない曖昧な広がり感があるのは、音の源が何か分からないことに由来している。そこには、どこか得体のしれない、或る不気味さがつき従っている。不気味なものはたいがい、密(ひそ)やかで静かである。

このような日本語の〈モノオト〉の語感は、英語のノイズ noise、フランス語のブリュイ bruit というような語とはかなり異なる。noise や bruit は、他から区別される、いわば輪郭の明解な音を強く感じさせる。しばしば「雑音」と訳されるように、ノイズ noise やブリュイ bruit はわれわれにとっては外からの侵入者であり、異物として〈闖入(ちんにゅう)してきたもの〉と認識される。コンピューターで用いられる「ノイズ」がその例で、それらは耳障りで邪魔な余計なもので、その場を乱しにやってくる。ノイズは自己を主張して、その場で自己主張を始める。

ところが日本語の「もの音」という語には、押しかけてきて自らを顕示しようとする異物であるというよりは、自分の背景にあるものを見せようとする色合いの方が濃い。「もの音」は自分の背後の何かの先ぶれとしての役割が強く、ノイズのように自分自身を訴えかけようとはしない。

日本語の「もの音」は、まわりに溶け込んでいく物を物体として感じさせるすれすれのところにあって、ただ存在を語りかける語であるところがある。④そもそも「もの音ーがーする」という日本語の文の構造が興味深い。つまりこれは、「もの音」=「物の音」を主語=動作主とし、「する」を述語の動詞としている。この文型はわれわれに、音を発する「もの」の存在を意識させる。「もの音がする」という、主語〈もの音が〉と、述語〈する〉の構文は、少なくともかたちの上では、「もの音」を主語とし、「する」を述語とする。ところが文型の示すところとは逆に、「もの音がする」は、物の正体が曖昧であることを告げる。つまり「もの音がする」は、何かが音を響かせ、音を耳に届けさせるものの、しかしその物体が何であるのか、定かでないという、未知の存在をイメージとして浮き立たせる。

同時にこの言い回しを聞いた人はそこに、漠然と、何かの物音を聞くのに十分な静けさの広がりを感じ取る。「もの音ーがーする」は、音の生じる場の静かな状況を聞き手の意識の表面に引き上げる。

「音がする」とすることによって、かえって周りの静けさを引き出す効果は、音のもつ逆説的な能力である。芭蕉の「古池や　かはず飛びこむ　水のおと」で表現されているのは、カエルの飛びこむ音よりも、カエルが池に跳びこんだことで見えて来る、周囲の静かな気配であろう。あるいはもしかすると、この池のあたりは相当うるさかったのかもしれない。たとえば、カエルはずっと鳴いていた。そこにカエルが飛びこんで、それが発した水音によって、一瞬カエルたちの鳴き声が途絶えた。そのことで水の音が冴えわたり、その一瞬の静寂が、静寂と喧噪の対照をつくった。芭蕉がその断絶に見えてくる対比を句にしたという具合である。どちらで読み解くにしても、そこにはカエルの鳴き声を気づかせる地となる広がりの気配が見えてくる。

「もの音がする」は、芭蕉のカエルの句と同じ効果をもたらしている。音を響かせるだけの或る落ち着いた状況と気配がそこにあることが、「もの音がする」という言い方の底にある。「もの音がする」は、音の方ではなくて、「もの音」を生み出すものの気配があることを伝えている。

こうした気配の感覚は、もの音だけが与えてくれるのではない。ある種の香り、におい、風のそよぎ、空気の動きや、視覚的・嗅覚的なゆったりした緩い動きも同様である。社寺や教会では行事の際に、香を焚き、護摩を焚く。香は緩い空気の流れをつくり出し、何かが現れるにふさわしい特別の場をつくり出す。香る空気のゆるやかな流れは、永遠の中から姿をあらわしてくる神や仏の気配を期待させる。つくり出された広がりは、隠れている何ものかの姿を感じさせる準備をする。香や護摩は、まだ見えては来ないが、隠されている全体の先ぶれであり、切片であり、人はそこから寺の鐘の音の響きわたるようなひろがりを、ひとつのイメージとして捉えてゆく。

隠されたものの部分がつくり出すイメージは、静かで密やかであって、それはフロイトの言う「不気味なもの」の概念と通底している。われわれは宗教的な儀式の香の中に、ある種の不気味さを感じることがある。輪郭のはっきりしない、或る場を先駆的につくり出す「もの音」は、広がりを感じさせ、輪郭の淡いまとまりをもった、緩い気配を与える。

このような空間感覚としての気配は、受け手（見る者・聞く者）が感じ取るものであるので、⑤的で情緒的な要素を纏（まと）いつかせている。あるいはそうした情緒的な受け手の心の意識が、単に「音がする」という抽象的な言い方ではなく、「もの音がする」という言い回しを用いることになったのかもしれない。日本語の「もの音」は、もの同士が触れ合う現実感のある空間を想定させて、触覚的な空気の漂いを「気配」として発散している。同時に受け手の意識と周りの空間との境界線の曖昧性を露呈している。

（樋口桂子『日本人とリズム感』）

問一、空欄①に当てはまる語を、文中からひらがな二字で抜き出しなさい。

問二、難 傍線部②「そのように言うことを許す状況」の具体例として適当なものを次の中から選び、記号で答えなさい。

ア、誰もが予期していなかった客人がふいに訪れてきて、呼び鈴が鳴った。
イ、授業中に、誰かの机の中でスマートフォンの振動音がする。
ウ、夜半過ぎから風雨が強まった様子が、窓の音からうかがえる。
エ、二階の方で誰かが歩いているようで、みんな聞き耳を立てた。
オ、遠くの方から、祭りのお囃子（はやし）の音が風に乗って聞こえてきた。

問三、傍線部③「別の役割」とはどういう役割か。「役割。」に続くように文中から二十五字以内で二箇所抜き出しなさい。

問四、思考力 傍線部④「そもそも『もの音ーがーする』という日本語の文の構造が興味深い」とあるが、どのような点が興味深いのか。「文型」・「文意」の二語を用いて説明しなさい。

問五、空欄⑤に当てはまる語を次の中から選び、記号で答えなさい。

ア、相対　イ、客観　ウ、具体
エ、絶対　オ、主観　カ、抽象

問六、よく出る 本文からは次の一文が省かれている。どこに補うのが適当か。その直前の文の終わりの七字を、句読点も含めて抜き出しなさい。

この違いが「物音がする」と「音がする」との違いに出てきている。

三 （論説文）漢字の読み書き・文脈把握・語句の意味・内容吟味・慣用句・要旨

次の文章を読んで、後の問に答えなさい。

「コモンズの悲劇」とは、共有地、ひいては共有資源をめぐる合理的な獲得競争が結果として資源の枯渇や汚染をもたらすという、ギャレット・ハーディンによって示された考え方である。この「結果として」というところが重要であって、これは人類の選択の意図する目標としたものではないということを意味している。「コモンズの悲劇」とならんで、資源をめぐっては、もう一つ大きな問題がある。資源の豊かな地域は、その資源ゆえにイハンエイから取り残されるという「資源の呪い」の①パラドクスである。

これらの問題が生じやすい地域は、日本の場合、伝統的入会（いりあい）管理によって維持されてきた山野であることも多く、伝統的なローカル・コモンズ管理と近代テクノソフィア*によるエネルギー技術およびこの技術と結びついた大規模資本との軋轢（あつれき）が生じている。入会地は地域が共同で管理し、その資源を共有、利用してきた伝統的な空間であって、ここにエネルギー技術と企業経営の論理が突然介入してくると、そこに眠っていた資源をめぐって種々の対立が起きるのである。

A、巨大地熱発電プラントの建設が入会空間に計画されるとき、事業者は入会管理の論理、すなわち、伝統的な社会システムについて十分な理解をもっていないことも多い。入会管理は、多数決による意思決定はとらず、全員一致のロテッソクを守るところがほとんどである。事業者は、そこに近代の民主主義の多数決原理をもちこみ、地域に異なった意見がある場合には、多数派工作を行って、地域を分断してしまう。こうなると、地域は、引き裂かれてしまい、コミュニティの崩壊をも引き起こす。そうなると、地域は発展から取り残されてしまう。

かりに地域が資源利用に同意し、エネルギー産出施設の建設を承認したとしても、その利益のほとんどは事業者のものとなる。事業者からの税収は地域の自治体にもたらされるが、(ハ)ギセイになった地域だけをこの税収で潤すことはできず、その地域を含む自治体全体に対して平等に配分しなければならない。エネルギーをめぐっては、ダム建設による水力発電においても、原発においても、同様の問題が引き起こされてきた。地域にエネルギー資源が存在していたため、かえってその地域は発展から取り残されてしまうという事態が起きたのである。

こうした「資源の豊かな地域ほど経済発展から取り残され、民主主義が育たず、開発からも取り残される」という事態が「資源の呪い」である。リチャード・アウティがこの概念を提示したとき、当初考えられていたのは、枯渇する可能性のある石油や石炭資源をもつ途上国の直面するパラドクスであった。

この「資源の呪い」は、わが国の地方にも当てはまる。また、化石資源だけではなく、再生可能エネルギーでも同じだということには、よく注意する必要がある。薪や水車による水力利用が地域社会の(ニ)ゲンカクなルールのもとで活用されてきた近代以前とは異なり、近代テクノソフィアによる技術と資本による経営が介入すると、地域は地域の資源をみずからマネジメントすることができなくなり、事業主体からの補償金やあるいは税収による地域経済への貢献を期待するようになる。こうして地域は地域外の力への依存体質を深めてゆく。

かりに再生可能エネルギーの利益が地域に落ちるとしても、その配分をめぐって生じるリスクに地域はつねに対応しなければならない。汗水たらして得た利益と違い、コモンズの資源は、地域にもともと(ホ)チクセキされていたものであり、そうした資源をめぐって人びとの間で起きる取り合いは、しばしば地域内に悲惨な対立・紛争を引き起こすからである。[B]、その利益だけで地域が潤うことができるようになると、それに依存したまま発展への努力を怠るようになる。

地球環境問題は、グローバル・コモンズの問題だけでなく、ローカル・コモンズの問題とも深くつながっている。それは地域の衰退とも連動する問題である。原発が経済的な発展を望めない中小自治体の、かつ人口が疎(まばら)で豊かな水の得られる美しい海岸部で建設されたことは、そのような地域の問題と直結している。さらに、立地への協力によってつぎ込まれる資金は、地域の人びとの努力によって獲得されたものではない。こうした富をめぐる地域の内紛は、地域そのものを引き裂き、崩壊させてゆく。事業者がしばしば口にする「②人参をぶらさげる」というのは、地域の依存体質を徹底するための戦略である。

「コモンズの悲劇」は、人類が一緒に生きていかなければならない空間としての地球というコモンズの問題であるとともに、地域社会のコモンズの問題とも直結していると考えるべきである。

[C]、「コモンズの悲劇」を回避するためにはどうしたらよいのだろうか。「資源の呪い」を解くにはどうすればよいのか。わたしたちは、このような問題の解決のために知恵と思慮深さを求めなければならない。「コモンズの悲劇」を回避し、「資源の呪い」を解く知こそ、現代に生きるわたしたちのもつべき「現代のフロネーシス*」である。

「コモンズの悲劇」も「資源の呪い」も、人間の行為と地球環境の間で生じている。悲劇と呪いをどう見抜くかもわたしたち自身の選択であるから、わたしたちは、目の前に広がる風景の中にその兆候を察知しなければならない。風景をよく観察し、そこで起きている出来事の本質を推理しなければならないのである。

そこで、風景学の創始者・中村良夫の『風景学入門』という本を紹介しよう。中村は、もともと土木技術者であったが、日本で初めての高速道路建設に携わった。彼は、名神高速道路の部分開通のとき、道路の優美な曲線の誕生に感動する一方で、それが山野の形相(すがた)をがらりと変えてしまうのを見て[③]筋の寒くなるのを覚えたと語っている。この経験から、中村は、景観工学から風景学へと学問研究を展開することになった。風景学について、中村はつぎのように述べている。

風景学は、人間の生活環境をととのえるための技術的知識体系の一環として構想された。だが、同時に、風景を目ききする教養を磨き、風景への愛着を通じて生きる意味を問う、という学問のよろこびがそこにある。「それを知る者はそれを好む者に如(し)かず、それを好む者はそれを楽しむ者に如かず」という聖人のことばが、これほどあてはまる学問もあるまいと思っている。（中村良夫『風景学入門』）

この文章で中村は、風景と教養との関係を明確に述べている。それは、教養が風景を見分ける能力、「目きき」の力となるということである。教養によって見える風景が違ってくるのは、風景を見る目が違ってくるからである。さらに、風景への愛着をはぐくむことによって、自分の生きる意味を問うことができるという。中村は、本当の学問のよろこびはそこにあると考えている。しかも、この学問は、たんに知るだけの学問ではない。その学問を好み、さらに楽しむことのできる学問である。ただ、中村の「楽しむ」は、決して風景の魅力を個人として楽しむということではない。中村の風景学へのスタートが土木技術者であったことからも分かるように、風景学は、「人間の生活環境をととのえるための技術的知識体系の一環として構想された」ものでもあった。人間の生活環境をよりよいものにするという、行動する学問でもある。行動とともに楽しむことのできる学問、それが中村のいう風景学であったと思う。

中村は、風景との付き合い方について、つぎのようにも述べている。

人間は、自己をとりまく環境に対する愛惜と共感を研ぎすましつつ、その結果、自分が何者であるかを悟らされ、自己と環境の同時的倫理変容をとげてきた、といってよい。

現代の生態学的危機に対処するにあたって、自己は環境の恩沢によって初めて光り輝くという倫理的態度が環境制御に果たしてきた役割を再認識したい。環境形成にあたって、風景への愛着という環境に対する「共感」に根ざした倫理的気概が示されれば、それがわたしたちの生活様式を導き、ひいては環境を浪費することが避けられるかもしれない。（前掲書）

一人ひとりの人生は生まれてから死ぬまで風景とともにある。風景はその自己の一部といってもよい。ただ、風景がどのようなものとして立ち現れるかは、風景が立ち現れる人の自己が風景にどのように向かうかという、いわば態度にかかっている。この風景への態度のなかに、風景をどのようなものとして見ることができるかという能力、④風景の目ききの能力が潜んでいる。それだけではない。風景は人間の行為の選択によって現れる姿、相貌を変えてゆく。言い換えれば、風景がどのように変わってゆくかは、わたしたちの選択にかかっている。その意味で、わたしたちはわたしたちの見る風景に責任を負っているのである。

（桑子敏雄『何のための「教養」か』）

（注）＊近代テクノソフィア……科学技術。
＊フロネーシス……行為の選択を行う思慮深さ。

問一、**よく出る** **基本** 傍線部イ～ホのカタカナを漢字に直しなさい。

問二、**よく出る** **基本** 空欄 A ～ C に当てはまる語を次の中から選び、それぞれ記号で答えなさい。
ア、しかし　イ、たとえば　ウ、では
エ、あるいは　オ、なぜなら

問三、傍線部①「パラドクス」の意味として適当なものを次の中から選び、記号で答えなさい。
ア、皮肉　イ、誤解　ウ、反語
エ、逆説　オ、混乱

問四、傍線部②について。「人参」とは何を意味するか。文中から三十字以内で探し、最初と最後の五字を抜き出しなさい。

問五、**基本** 空欄 ③ に当てはまる漢字一字を答えなさい。

問六、傍線部④「風景の目ききの能力」を身につけるためには何が必要か。文中から抜き出しなさい。

問七、次のア～オそれぞれについて、本文の内容に当てはまるものには〇、当てはまらないものには×をつけなさい。
ア、地域に環境資源が存在することで、その地域のコミュニティは崩壊してしまう。
イ、環境問題は資源をめぐる問題だけでなく、地域の盛衰にも関わってくる問題である。
ウ、地域が資源利用に同意すれば、その事業からの税収はほとんど地域にもたらされる。
エ、風景学は環境など人間生活全般を考えるのであり、個人の楽しみを追求するのではない。
オ、風景を観察し、そこで起きる出来事の本質を見分ける力を磨くことが大切である。

三（省略）多和田葉子「地球にちりばめられて」より

早稲田大学系属早稲田実業学校高等部

時間 60分　満点 100点　解答 P96　2月10日実施

出題傾向と対策

●小説文、論説文（省略）、古文の大問三題構成は例年どおり。小説文、古文は選択問題が中心、論説文は語句補充、記述問題の出題と、大きく形式が分かれている。本文はいずれも長めで、選択肢も紛らわしいものが多い。旧国名、文学史など頻出の知識問題は今年も出題された。

●本校過去問を数年分解いて、文章や設問の難易度と解答時間の感覚をつかむ。その後、類題を使って、文章の細かな読み取り、選択肢の吟味や記述の練習を繰り返す。問われやすい基本的知識についてもぬかりなく準備を。

一（小説文）文脈把握・内容吟味・漢字の読み書き・文学史

次の文章を読んで、後の問いに答えなさい。

彼は不意な出来事を見い出して思わず足を止めてしまった。

1その前後二、三分の間にまくし上がった騒ぎの一部始終を彼は一つも見落とさずに観察していた訳ではなかったけれども、立ち止まった瞬間からすぐに全てが理解できた。配達車の傍（そば）を通り過ぎた時、a＊梶棒の間に、前扉に寄りかかって、彼の眼に脚（あし）だけを見せていた子供は、ふだんから悪戯（いたずら）が激しいとか、愛嬌（あいきょう）がないとか、引っ込み思案であるとかで、他の子供から隔てを置かれていた子に違いない。その時もその子供だけは、b遊びの仲間から外れて、配達車に身をもたせながら、つくねんと皆が道の向こう側で面白そうに遊んでいるのを眺めていたのだろう。一人ぼっちになるとそろそろ腹の空いたのを感じ出しでもしたのか、その子供は、c何の気なしに車から尻を浮かして立ち上がろうとしたのだ。その拍子に前扉の掛け金が折り悪しくも外れたので、子供は背中から扉の重みで押さえつけられそうになった。驚いて振り返って、開きかかったその扉を押し戻そうと、小さな手を突っ張って力んでみたのだ。彼が足を止めた時はちょうどその瞬間だった。ようよう六つぐらいの子供で、着物も垢じみて折り目のつかなくなった紺の単衣で、それを薄寒そうに裾短に着ていた。d薄ぎたなく汚れた顔に充血させて、口を食いしばって、寄りかかるように前扉にもたれている様子が彼には*笑止に見えた。彼は始めのうちは軽い好奇心にそそられてそれを眺めていた。

扉の後には牛乳の瓶がしこたま仕舞ってあって、抜き差しのできる三段の棚の上に乗せられたその瓶が、傾斜になった箱を一気に滑り落ちようとするので、扉はことのほか重みに押されているらしい。それを押し返そうとする子供は本当に一生懸命だった。人に救いを求めることすらし得ないほど e恐ろしいことがまくし上がったのを、誰も見ないうちに気がつかないうちに始末しなければならないと、気も心も転倒しているらしかった。泣きだす前のような子供の顔……こうした*suspense の状態が物の三十秒も続けられたろうか。

けれども子供の力はとても扉の重みに打ち勝てるようなものではなかった。ああしているとやがて大事になると彼は思わずにはいられなくなった。単なる好奇心がぐらつき出して、後戻りしてその子供のために扉を閉める手伝いをしてやろうかとふと思ってみたが、あすこまで行くうちには牛乳瓶がもうごろごろと転げ出しているだろう。その音を聞きつけて、往来の子供たちはもとより、向こう三軒両隣の窓の中から人々が顔を突き出して何事が起こったかとこっちを見る時、あの子供と二人で皆の好奇的な眼でなぶられるのも有難い役回りではないと気づかったりして、思った通りを実行に移すにはまだ距離のある考えようをしていたが、その時分には扉はもう遠慮会釈もなく三、*四寸がた開いてしまっていた。と思う間もなく牛乳のガラス瓶が後から後から生き物のように隙間を目がけて転げ出し始めた。それが地面に響きを立てて落ちると、落ちた上に落ちてくる他の瓶がまたからんからんと音を立てて、破れたり、はじけたり、転がったりした。子供は……それまでは2自分の力にある自信を持って努力していたように見えていたが、……こういう破目になると慌てて始め、突っ張っていた手にひときわ力を込めるために、体を前の方に持って行こうとした。しかしそれが失敗の因だった。そんなことをやったおかげで子供の姿勢は惨めにも崩れて、扉はたちまち半分がた開いてしまった。牛乳瓶はここを*先途とこぼれ出た。そして子供の胸から下をめった打ちに打っては地面に落ちた。子供の上前にも地面にも白い液体が流れ広がった。

こうなると彼の気持ちはまた変わっていた。3子供の無援な立場を憐れんでやる心もいつの間にか消え失せて、牛乳瓶ががらりがらりととめどなく滝のように流れ落ちるのをただ面白いものに眺めやった。実際そこに*惹起された運動といい、音響といい、ある悪魔的な痛快さを持っていた。破壊ということに対して人間の抱いている奇怪な興味。小さいながらもその光景は、そうした興味をそそり立てるだけの力を持っていた。もっと激しく、ありったけの瓶が一度に地面に散らばり出て、ある限りが粉微塵になりでもすれば……

果たしてそれが来た。前扉はぱくんと大きく口を開いてしまった。同時に、三段の棚が、吐き出された舌のように、長々と地面にずり出した。そしてそれらの棚の上にうんざりと積んであった牛乳瓶は、思ったよりもけたたましい音をたてて、壊れたり砕けたりしながら山盛りになって地面に散らばった。

その物音には彼もさすがにぎょっとしたくらいだった。子供はと見ると、もう車から七、*八間の所を*無二無三に駆けていた。他人の耳にはこの恐ろしい物音が届かない内に、自分の家に逃げ込んでしまおうと思い込んでいるようにその子供は走っていた。しかしそんなことのできるはずはない。彼が、突然地面の上に現れ出た瓶の山と乳の海とに眼を見張った瞬間に、道の向こう側の人垣を作って喚き合っていた子供たちの群れは、一人残らず飛び上がらんばかりに驚いて、配達車の方を振り向いていた。逃げかけていた子供は、自分の後に聞こえたけたたましい物音に、すくみ上ったようになって立ち止まった。もう逃げ隠れはできないと観念したのだろう。そしてもう一度何とかして自分の失敗を*弥縫する試みでもしようと思ったのか、小走りに車の手前まで駆けて来て、そこに黙ったまま立ち止まった。そしてきょろきょろと他の子供たちを見やってから、当惑し切ったように瓶の積み重なりを顧みた。取って返しはしたものの、どうしていいのかその子供には皆目見当がつかないのだ、と彼は思った。

群がり集って来た子供たちは遠巻きにその一人の子を取り巻いた。すべての子供の顔には子供に特有な無遠慮な残酷な表情が現れた。そしてややしばらく互いに何か言い交していたが、その中の一人が、

「わーるいな、わるいな」

とさも人の4ヒを鳴らすという調子で呼び出した。それに続いて、

「わーるいな、わるいな。誰かさんはわーるいな。おいらのせいじゃなーいよ」

という意地悪げな声がそこにいるすべての子供たちから一度に張り上げられた。しかもその*糺問の声は調子づいてだんだん高められて、果てはどこからともなくそわそわとする夕暮れの街の空気が、この癇高な叫び声で埋められてしまうほどだった。

しばらく躊躇していたその子供は、やがて引きずられるように配達車の所までやって来た。もうどうしても逃れる道はないと覚悟を決めたらしい。しょんぼりと泣きも得せずに突っ立ったその周りには、あらん限りの子供たちがぞろぞろとついて来て、皮肉な眼つきでその子供を鞭打ちながら、その挙動の一つ一つを意地悪げに見やっていた。六つの子供にとって、これだけの過失は想像もできない大きなものであるに違いない。子供は手の甲を知らず知らず眼の所に持って行ったが、そうしてもあまりの心の転倒にやはり【　　】。

5彼は心まで堅くなってじっとして立っていた。がもう黙ってはいられないような気分になってしまっていた。肩から手にかけて知らず知らず力がこもって、唾を飲み込むとぐっと喉が鳴った。その時に近所から大人までが飛び出して来て、あきれた顔をして配達車とその憐れな子供とを見比べていたけれども、誰一人としてその事件の*善後を考

えてやろうとする者はないらしく、関わり合いになるのを面倒くさがっているように見えた。その体たらくを見せつけられると彼はますます苛立った。いきなり飛び込んで行って、そこにいる人間どもを手当たり次第に殴りつけて、呆気にとられている大人子供を尻眼にかけながら、

「馬鹿野郎！　手前たちは木偶の棒だ。卑怯者だ。この子供が例えば普段悪戯をするからと言って、今も悪戯をしたとでも思っているのか。こんな悪戯がこの子にできるかできないか、考えてもみろ。可哀想に。はずみから出た過ちなんだ。俺はさっきから一部始終をここで見ていたんだぞ。べらぼうめ！　配達屋を呼んで来い」と存分に啖呵を切ってやりたかった。彼はいじいじしながら、もう飛び出そうかもう飛び出そうかと二の腕をふるわせながら突っ立っていた。

「えい、退きねえ」

と言って内職に配達をやっている書生とも思わしくない、純粋の労働者肌の男が……配達夫が、二、三人の子供を突き飛ばすようにして人ごみの中に割り込んで来た。

彼は6これから気の詰まるような忌々しい騒ぎが持ちあがるんだと知った。あの男は恐らく本当に怒るだろう。あの泣きもし得ないでおろおろしている子供が、皆から手柄顔に名指されるだろう。配達夫は怒りに任せて、何の抵抗力もないあの子の襟がみでも取ってこづき回すだろう。あの子は突然死にそうな声を出して泣きだす。周りの人々はいい気持ちそうにその光景を見やっている。……彼は飛び込まなければならぬ。飛び込んでその子供のために何とか配達夫を言いなだめなければならぬ。

7ところがどうだ。その場の様子が物々しくなるに連れて、もう彼はそれ以上見ていられなくなって来た。彼は思わず眼をそむけた。と同時に、自分でもどうすることもできないある力に引っ張られて、すたすたと逃げるように行手の道に歩き出した。しかも彼の胸の底で、手を合わすようにして「8許してくれ許してくれ」と言い続けていた。自分の行くべき家は通り過ぎてしまったけれども気もつかなかった。ただ訳もなくがむしゃらに歩いて行くのが、その子供を救い出すただ一つの手立てであるかのような気持ちがして、彼は息せき切って歩きに歩いた。そして無性に癇癪を起こし続けた。

(有島武郎の文章による)

＊梶棒…荷車を引っ張るために前方につけられた長い棒。
＊笑止…ばかばかしいこと。おかしいこと。またその様。
＊suspense…小説やドラマなどで、筋の展開によって読者に与える不安感や緊張感。
＊三、四寸…寸は長さの単位。一寸は約三センチ。
＊先途…勝敗や運命を決する大事な分かれ目。
＊惹起…惹き起こすこと。
＊七、八間…間は長さの単位。一間は約一・八メートル余り。
＊無二無三…無我夢中。
＊弥縫…失敗を一時的にとり繕うこと。
＊糾問…罪や不正を厳しく問いただすこと。
＊善後…後始末。
＊木偶の棒…役に立たない人。気のきかない人。
＊啖呵…けんかや口論をする際の、歯切れのいい、鋭い言葉のこと。
＊書生…学生。この小説の背景となっている大正時代においては、他人の家に住み込むなどして勉学に励み、下積みの生活を送る若者のことを指していた。

問1、――線1「その前後～騒ぎ」とあるが、「子供」が起こした「騒ぎ」の経過を、順序に従って並び替えたものとして最もふさわしいものを後のア～オから選び、記号で答えなさい。

①牛乳瓶の落ちる物音が周囲に届かないうちに、その場から立ち去ろうとしてしまう。
②扉の重みに耐えかね手に力を込めようとして体勢を崩し、牛乳がこぼれ出てしまう。
③人目を避けて牛乳の配達車に乗り込み、悪戯をしているうちに前扉が開いてしまう。
④牛乳瓶が散らばる物音を聞きつけた子供たちに囲まれ、癇高な罵声を浴びてしまう。
⑤牛乳の配達車の前扉に寄りかかっていたが、誤って前扉の掛け金をはずしてしまう。
⑥牛乳を流してしまったことで、配達夫の怒りに触れ散々にこづきまわされてしまう。
⑦配達車の所まで戻っては来るが、泣くこともできずにその場に立ち尽くしてしまう。

ア、③→②→①→④→⑦　イ、⑤→②→①→④→⑥
ウ、⑤→②→①→④→⑦　エ、③→②→①→④→⑥
オ、②→①→④→⑥→⑤

問2、――線2「自分の力に～努力していた」の内容が具体的に示されている箇所を文中の――線a～eから一つ選び、記号で答えなさい。

問3、――線3「子供の無援な立場を憐れんでやる心」の説明として最もふさわしいものを次の中から選び、記号で答えなさい。

ア、仲間から外れて配達車に身をもたせている子供に積極的に関わっていこうとする同情心
イ、開きかかった配達車の扉を押し返そうと悪戦苦闘する子供の姿に惹起された軽い好奇心
ウ、道を引き返して開きかかっている配達車の扉を閉める手伝いをしてやろうとする親切心
エ、周囲の好奇な視線に晒されないようあえて子供に手を貸さず放置しておくという道義心
オ、子供の過失を糾問せずに瓶の山や乳の海にむしろ美を見いだそうとする芸術への探求心

問4、**基本** ――線4「ヒを鳴らす」のカタカナの部分と同じ漢字を含むものを次の中から一つ選び、記号で答えなさい。

ア、彼女は全てをヒして語らなかった。
イ、彼の作品は死後になってヒの目を見ることになった。
ウ、彼女は人格円満でヒの打ちどころがない。
エ、彼女の実力はとうてい私のヒではない。
オ、彼がいずれ泣きを見るのはヒを見るより明らかだ。

問5、文中の【　】に当てはまる言葉として最もふさわしいものを次の中から選び、記号で答えなさい。

ア、涙は出て来なかった　イ、失敗を繕えなかった
ウ、沈黙したままだった　エ、眼を疑ってしまった
オ、にらみ返せなかった

問6、――線5「彼は～立っていた」での彼の心情として

最もふさわしいものを次の中から選び、記号で答えなさい。

ア、子供の悪戯が大惨事を招いてしまった事態に直面し、この際、子供の犯した過ちを明るみに出すしかないと覚悟を決めている。
イ、騒ぎの唯一の目撃者として子供の弁護をしてやりたいが、周囲の好奇な視線に晒されることを恐れ、現場に飛び込めずにいる。
ウ、子供たちに囲まれ、罵声を浴びている子供の姿を目の当たりにし、手当たり次第に子供たちを殴りつけたい衝動を抑えている。
エ、周囲の好奇な視線に晒されることを承知の上で、騒ぎの唯一の目撃者として名のりをあげ子供の弁護をする意志を固めている。
オ、苦境に立たされている子供に同情し、自分も労働者であることの強みを活かして配達夫とじかに交渉しようと意気込んでいる。

問7、――線6「これから～知った」から読みとれることとして最もふさわしいものを次の中から選び、記号で答えなさい。

ア、眼前に姿を現した配達夫が書生らしからぬ労働者風の男だったので、子供を容赦なく責め立てるだろうと「彼」が推測していること
イ、予期に反して、配達夫が書生ではなく労働者だったので、子供だけでなく周囲の人間も殴り倒すだろうと「彼」が危惧していること
ウ、牛乳の配達が本職ではない書生の身にとって、眼前の騒ぎを手際よく収拾するのは不可能に近いだろうと「彼」が見越していること
エ、配達夫が書生の身分であることを知るに及び、働きながら苦学している配達夫の怒りに対して、「彼」が一定の理解を示していること
オ、行きがかり上、騒ぎの渦中に飛び込んでいって書生と舌戦をくり広げ、対等に渡り合わなければならないと「彼」が勇んでいること

問8、**思考力**　――線7「ところがどうだ」の説明として最もふさわしいものを次の中から選び、記号で答えなさい。

ア、語り手が前に出て来て、「彼」のとった卑怯な態度を指摘している。
イ、語り手が中立的な立場から、「彼」の苦しい胸の内を明かしている。
ウ、語り手が読者を代表し、「彼」のとるべき行動をほのめかしている。
エ、語り手が目撃者として名のりをあげ、「彼」の罪悪を糾問している。
オ、語り手が沈黙を破り、「彼」に代わって事の行く末を説明している。

問9、――線8「許してくれ許してくれ」とあるが、「彼」はどのようなことに対して「許してくれ」と考えているのか。その内容を具体的に説明したものとしてふさわしいものを次の中から二つ選び、記号で答えなさい。

ア、騒ぎを聞きつけて集まった人々の醜態を目にし、腹を立てて存分に啖呵（たんか）を切ったこと
イ、威勢のいい配達夫を言いなだめることを差し控え、進んで現場に介入しなかったこと
ウ、事件の一部始終を目撃した者として、配達夫の怒りも当然のことだと受けとめたこと
エ、折りを見て事件に介入しようとしながらも、現場に飛び出す機会をついに逸したこと
オ、現場の騒ぎが物々しくなってもなお、自分のなすべきことに終始気づけなかったこと
カ、緊迫した場面を前にして我を失い、意に反して事件の現場に背を向けてしまったこと

問10、この小説において「彼」はどのような人物として描かれているか。その説明として最もふさわしいものを次の中から選び、記号で答えなさい。

ア、目の前に繰り広げられる光景に対し、想像に任せて自分の頭の中で筋書きを組み立てようとする人物
イ、まず事態を冷静に分析し、考えを行動に移すまでに、損得の緻密な勘定をしたうえで実行に及ぶ人物
ウ、窮地に陥った人間への同情心に富み、騒ぎを煽（あお）りたて楽しんでいる人々の卑劣さを放置できない人物
エ、弱者の側に立とうとするあまり、時にそれが乗じて暴力的に振舞い、周囲を恐怖に陥れてしまう人物
オ、他人を卑怯者呼ばわりする自分の方こそ、その一人なのではないかという疑問すら頭に浮ばない人物

問11、**よく出る**　文学史上、有島武郎と同じ「白樺派」に分類される作家を次の中から一つ選び、記号で答えなさい。

ア、夏目漱石　イ、森鷗外　ウ、志賀直哉
エ、太宰治　オ、三島由紀夫

二　（省略）加藤重広「言語学講義」より

三　（古文）仮名遣い・古典知識・口語訳・内容吟味・動作主

次の文章を読んで、後の問いに答えなさい。

今は昔、[1]比叡山*に僧あり。いと貧しかりけるが、鞍馬*（くらま）に七日参りけり。夢などや見ゆるとて参りけれど、見えざりければ、[2]今七日とて参れども、なほ見えねば、七日を延べ延べして百日参りけり。その百日といふ夢に、「我はえ知らず。[3]清水*（きよみづ）へ参れ」と仰（おほ）せらるると見ければ、明くる日より、また清水へ百日参るに、また、「[4]我はえこそ知らね。賀茂*（かも）に参りて申せ」と夢に見てければ、また賀茂に参る。

七日と思へども、例の夢見ん夢見んと参るほどに、百日といふ夜の夢に、「わ僧*がかく参る、いとほしければ、御*（ご）幣紙（へいがみ）、打撒（うちまき）の米ほどのもの、たしかに取らせん」と仰せらると見て、うちおどろきたる心地、[5]いと心憂（う）く、あはれにかなし。所々参り歩きつるに、ありありてかく仰せらるるよ、打撒の代（か）はりばかり賜（たま）はりて、何かはせん。我が山へ帰り登らむも人目はづかし。賀茂川にや落ち入りなましなど思へど、またさすがに身をもえ投げず。

①いかやうに計らはせ給（たま）ふべきにかとゆかしき方もあれば、もとの山の坊に帰りて②ゐたるほどに、知りたる所より、「もの申し候（さぶら）はん」と言ふ人あり。「誰そ」とてa見（た）れば、白き長櫃*（ながびつ）を担ひて、縁（えん）に置きて帰りぬ。いとあやしく思ひ

て、使を尋ぬれど、おほかたなし。これを開けてみれば、白き米と良き紙とを一長櫃入れたり。これは見し夢のままなりけり。さりともこそ[b]思ひつれ、これはかりをまことに[c]賜びたると、いと心憂く思へど、いかがはせんとて、[6]この米をよろづに使ふに、ただ同じ多さにて、尽くることなし。紙も同じごと使へど、失することなくて、[7]いと別にきらきらしからねど、いとたのしき法師になりてぞありける。

なほ、[　　　　]。

（『宇治拾遺物語』による）

*比叡山…滋賀県大津市の比叡山延暦寺。
*鞍馬…京都市左京区の鞍馬山の鞍馬寺。本尊は毘沙門天で、福徳を授けるものとされた。
*清水…京都市東山区の清水寺。本尊は十一面観音で、霊験あらたかなものとされた。
*賀茂…京都市の賀茂神社。上下両社があり、京都の守護神とされた。
*わ僧…「わ」は親しんで呼ぶことばで、対等またはそれ以下の者に用いられる。
*御幣紙、打撒の米…「御幣紙」は、神に祈る時に奉る物を作るための紙。「打撒の米」は、神を拝む時にまく米。
*長櫃…短い脚の付いた長方形の箱。

問1、よく出る 基本 ——線①「いかやうに」、②「ゐたる」を現代仮名遣いに直しなさい。

問2、よく出る ——線1「比叡山」、3「清水」はそれぞれどの国に属するか。次の中から選び、それぞれ記号で答えなさい。
ア、下野国　イ、山城国　ウ、美作国
エ、丹後国　オ、近江国

問3、——線2「今七日とて参れども、なほ見えねば」、4「我はえこそ知らね」の現代語訳として最もふさわしいものを次の中からそれぞれ選び、記号で答えなさい。

2「今七日とて参れども、なほ見えねば」
ア、もう七日と思って参詣したが、やはりお告げの夢が見えないので
イ、今は七日目だと思い参詣したが、具体的にしたいことが見つからないので
ウ、たった七日参詣した程度では、当然毘沙門天の夢が見えるはずがないので
エ、今に七日目になるだろうと参詣したが、これまで通り将来の展望が見えないので
オ、さらに七日行こうと思い参詣したが、まだ金持ちになる夢を見られないので

4「我はえこそ知らね」
ア、私にははっきりと分かっている
イ、自分でもよく考えてみたい
ウ、私にはお前の気持ちが理解できない
エ、自分にはどうにもできない
オ、私とは関わらないでくれ

問4、——線5「いと心憂く、あはれにかなし」について、次の問いに答えなさい。

1、なぜこのように思ったのか。その理由の説明として最もふさわしいものを次の中から選び、記号で答えなさい。
ア、本来の僧侶の職を三百日も放り出し、自分の欲望のためだけに行動してきたいましめとして、貢ぎ物を献上しろと言われたから。
イ、具体的なことを何一つ言ってくれない神仏の命令にも素直に従い、熱心に参詣する自分を褒めてくれたことに、しみじみと感じ入ったから。
ウ、色々な寺社をたらい回しにされ、一年近くも参詣し続けたのに、最後に出てきた夢ではわずかばかりのものしか自分に与えてくれないと分かったから。
エ、金を稼ぐ方法をいとも容易く教えてくれたことに驚き、初めからここに来ていればと、今まで思慮深く行動しなかったことを後悔したから。
オ、僧侶として立身出世するためにはどうすればよいのかを告げてもらおうと思っていたのに、神官に職を転ずるように命じられたから。

2、この後、僧の心情はどのように変化したか。最もふさわしいものを次の中から選び、記号で答えなさい。
ア、仲間たちには大きな夢を語って寺を出たのに、全く願いが叶わなかったので、恥ずかしさのあまり賀茂川に身を投げてしまおうと思いつめている。
イ、散々歩き回って神仏に祈り続けたのに、結局何も手に入れることができなかったので、さすがに自身は何も努力しなかったことを反省している。
ウ、自分の望み通りに神仏が願いを叶えてくれたことに感謝し、次にどのように行動したらよいか命じてくれることを期待している。
エ、夢の中でお告げのものを確実に与えてくれると言ってくれたのだから、延暦寺に戻り、どのようなことが起こるか様子をうかがいたいと思っている。
オ、神のお告げには落胆したが、これで死んでしまっては今までお告げをしてくれた仏たちに申し訳ないと思い、仏道修行をし直す決意を固めている。

問5、……線a「見れば」、b「思ひつれ」、c「賜びたる」の動作の主体の組み合わせとして最もふさわしいものを次の中から選び、記号で答えなさい。
ア、a 僧　b 僧　c 賀茂の神
イ、a 知り合い　b 使　c 僧
ウ、a 僧　b 僧　c 僧
エ、a 知り合い　b 使　c 賀茂の神
オ、a 僧　b 作者　c 使

問6、——線6「この米をよろづに使ふ」とあるが、その時の法師の心情として最もふさわしいものを次の中から選び、記号で答えなさい。
ア、自戒　イ、自重　ウ、自棄
エ、自慢　オ、自足

問7、——線7「いと別にきらきらしからねど、いとたのしき法師になりてぞありける」とあるが、どういうことか。その説明として最もふさわしいものを次の中から選び、記号で答えなさい。
ア、たいして目立っているわけではないが、豊かにはなったということ。
イ、最後まで何の努力もしなかったが、大変満足して暮らしたということ。
ウ、非常に長い間祈り続けていたので、皆に尊敬された

ということ。

エ、光り輝く財宝は手に入れられなかったが、十分納得したということ。

オ、いつも早とちりばかりしていたので、人々に笑われたということ。

問8、文中の□に入る表現として、最もふさわしいものを次の中から選び、記号で答えなさい。

ア、心長く物詣ではすべきなり

イ、夢を人に聞かすまじきなりと言ひ伝へたり

ウ、心にだにも深く念じつれば、仏も見え給ふなりけり

エ、あやしのものどもは、かく希有のことどもをし侍りけるなり

オ、年ごろ、憎みいやしみつる人々、後悔して、みな貴みけりとなん

――〔国語　問題〕終わり――

MEMO

MEMO

MEMO

MEMO

MEMO

CONTENTS

2020解答／国語

公立高等学校

北海道

問題 P.1

解答

一 問一、(1)りゃくれき (2)かんべん (3)ひき (4)つ 問二、(1)巻末 (2)列挙 (3)降 (4)招 問三、胸 問四、(1)行わ (2)ことができる 問五、(1)①空気のような存在 ②生活の中に深く浸透 (2)(現代の大都市では、)段ボールの原料となる段ボール古紙が大量に発生しているから。(29字)

二 問一、ウ 問二、(1)(誤って使われている漢字)思 (正しい漢字)支 (2)(誤って使われている漢字)信 (正しい漢字)申 問三、(1)新しい教科を勉強することを楽しみにしている(21字) (2)ア (3)(例)私は、学校行事を紹介するとよいと思います。アンケートを見ると、七割近くの小学生が学校祭などの学校行事を楽しみにしているからです。

三 問一、①無駄のない洗練された手さばき(14字) ②紙を傷つけない絶妙な力加減(13字) 問二、○致命的な失敗をしなければ、必ずリカバリーすることができること。(31字) ○失敗を深刻に考え過ぎることは緊張を生み、良くない結果を引き寄せる原因となること。(40字) 問三、指先まで 問四、紙を破いてしまうこと。(11字)

四 問一、たらちねの 問二、葉 問三、①手に取って ②秋山そ我は

裁量問題 問一、(1)エ (2)2いんゆ 3けっさく 問二、真は詳細が伝わり、草は動きや雰囲気が伝わる。(22字) 問三、①言葉がわからなくても意味が伝わる(16字) ②多くの人が共有する一般的な知識(15字) 問四、(抽象表現主義の作品や抽象的な現代アートは、)私たちに意味処理をさせないので、これらと向きあううちに、埋もれていた記憶が掘りおこされたり、思いがけない連想がつながって自分なりの意味が見出されたりするから。(79字) 問五、イ

解き方

一 問三、Aの「胸を借りる」とは、実力が上の人に練習の相手をしてもらう、という意味。Bの「胸のつかえがおりる」とは、心の中の悩みや不安がなくなる、という意味。問四、(1)「行う」は、ワ行五段活用なので活用は、わ／い／う／う／え／え、となる。直後に打ち消しを表す「ない」がある場合には、未然形＝わ、になる。(2)「使える」は可能動詞なので可能の意味になるような言葉を入れる。問五、**斎藤勝彦「トコトンやさしい段ボールの本」**より。(1)①空欄直前の「段ボールは、私たち日本人にとって」という表現の類似表現が傍線部の直前に「日本人にとっての段ボールは」とあることに着目する。②①で確認した「空気のような」という言い方には、絶対に必要なもの、当たり前にあるもの、という意味が含まれているので、それと同じような意味を持つ表現を本文で探す。冒頭の「私たちの生活の中に段ボールは深く浸透し」がそれに当たる。(2)解答欄に示された表現が「現代の大都市では、」であることに着目して傍線部直前を見ると、「段ボール古紙が大量に発生する大都市」とあるので、これを手がかりにしてさらに前を見ると「段ボールの原料のほとんどが段ボール古紙である」とあるので、この大量の段ボール古紙を「大森林」に見立てていることが分かる。

二 問一、「漢語」は基本的に音読みで読む。「和語」とは基本的に訓読みで読む。「鉛筆」は音読み＝漢語、「削る」は訓読み＝和語。問三、(1)直前の「回答数としては多くない」および直後の「授業の紹介」を踏まえて(A)のアンケート結果をを見ると、「中学校の生活で楽しみにしていること」の「新しい教科を勉強すること」がそれに当てはまることが分かるので、この二つを組み合わせて解答を作成する。(2)「よいと思います」＝評価、「動画を使った紹介は、中学校の生活がイメージしやすくなると思います」＝自分の意見、「他に……紹介した方がよいと思うことはありませんか」＝話し合いの方向付けとなっている。(3)正答例では「学校行事」を例に挙げ、その理由を「七割近くの小学生が学校行事を楽しみにしていること」とした。他にも「生徒会活動」を例に挙げ、生徒会活動を楽しみにしている小学生に、自分たちで学校のことを決めて動かしていく楽しさを具体的に知ってもらうことを理由として書くなど、いろいろ考えられる。

三 **日野祐希「菜の花工房の書籍修復家」**より。問一、傍線部にある「俊彦の真似」という語と、空欄②直後に「見返しからきれいに剥がされていく」とあるので、俊彦の剥がす様子の確認を前の部分で行うと、「俊彦の手際……無駄のない洗練された手さばきも、紙を傷つけない絶妙な力加減」とある。問二、設問文にある「俊彦は、……菜月への気遣い」という記述に着目しながら本文に戻ると、「そう語った俊彦は…」で始まる段落に「ヘラと一緒に俊彦の気遣いを受け取った菜月」とあるので、その前に書かれている記述から二つのポイントを押さえてそれぞれまとめる。問三、傍線部の「集中」という言葉の類似表現を探すと直後の段落に「注意深く」という語があるので、この語の含まれている一文を見てみると、「指先まで自分の意志を行き渡らせ」という文があり、これも「集中」の具体的な言い換えになっている。問四、設問文の「どのような失敗を恐れたからですか」という記述に着目して本文に戻ると、二段落めに「紙を破いてしまうのが怖くて」という記述があるので、この部分を簡潔にまとめる。

四 **「万葉集」**より。問一、「枕詞」とは、特定の語の上にかかって修飾したり語調を整えたりする語、のことである。「たらちねの」は「母」にかかる「枕詞」である。問二、青い色をしたものを意識しながら傍線部の直前を見ると「秋山の木の葉を見ては　黄葉をば　取りてそしのふ」とあるので、この繰り返されている「葉」が答えになる。問三、①「花も咲けれど　山をしみ　入りても取らず　草深み　取りても見ず」と「秋山の　木の葉を見ては　黄葉をば　取りてそしのふ　青きをば　置きてそ嘆く」は、取るか取らないか、が問題になっていることが分かる。詳しくは「通釈」を参照のこと。②最後に「秋山そ我は」とあるので、私は秋山のほうですよと言っているのである。

裁量問題 **齋藤亜矢「ルビンのツボ　芸術する体と心」**より。問一、(1)「重箱読み」とは、音読み＋訓読みで構成されている読みのこと。「極細」も「極＝ごく・きょく＝音読み」「細＝ほそ＝訓読み」の形になっている。問二、第一段落に「真は……図鑑のように詳細がわかる」「草でも……詳細が省かれて……動きや雰囲気が感じられる」とあるので、これらを、何が伝わる、という設問文の指示に合わせてまとめ直す。問三、①傍線部直後の「言葉がわからなくても意味が伝わるように」の「ように」は、「〜ことを目的として」という言葉と置き換えられる。②空欄部直後の「抽出」に着目。傍線部の段落の最後の一文に「多くの人が共有する一般的な知識……を抽出している」とある。問四、傍線部直前の「だから」は、その前に理由がある、という指示なので一段落前

を見ると、「作品と向きあううちに、埋もれていた記憶が掘りおこされたり、思いがけない連想がつながって自分なりの意味が見出されたりする」とあるので、この部分が傍線部の「自分と向きあっている」に対応していることが分かる。ただこれだけでは傍線部の「抽象表現主義の作品や抽象的な現代アートと向きあうときは」が何を意味しているのかが分からないので、それを確認するためにさらに前に戻ると、「そこからカンディンスキー…」で始まる段落と次の段落に「抽象表現に向かっていく。安直な意味は鑑賞のじゃまになる」「言葉をもった人間は、目に入る物を……意味処理しようとする」とあるので、ここから、抽象表現は私たちに意味処理を行わせない、ということが分かる。これらをまとめる。問五、「でもそれは、…」で始まる段落の「一見単純な形や色に表現されているのは、むしろ自然の多様さや複雑さの方だ」という記述が傍線部の「複雑な自然を複雑なまま『視る』」に対応していることを確認し、続きを読むと「毎日飽きもせず、アリや石ころをじいっと見つめていた人にしか描きだせない」「とことん『視る』」とあるので、これらの要素を踏まえた選択肢を選ぶ。

青森県

問題 P.6

解答

二 (1)アよくよう　イれんか　ウどんてん　エもよお　オあわ　カ臓器　キ寒暖　ク磁針　ケ暴　コ幸　(2)ア2　イ1

三 (1)以㆑身親㆑之　(2)3　(3)6

四 (1)4　(2)宛名が赤ん坊になって　(3)3　(4)3　(5)読むに値するすぐれた内容を、読むにたえる秀でた表現で書くために、読者層を明確にし(40字)

五 (1)2　(2)将棋自体が嫌い　(3)1　(4)プロになることをあきらめて、自分なりの将棋の楽しみかたを見つけてほしい(35字)　(5)4　(6)A棋士にはなれない悲しみにおそわれて(17字)　B将棋が好きだという、うそ偽りのない(17字)

六 (例)

私は「美しい」の基準は人それぞれだが、「きれい」の基準はだいたい同じである、という点が両者の違いだと気づいた。たとえばサッカーの試合でひたむきにプレーしている選手は、汚れていても「美しい」が、汚れのついた美しい皿を「きれい」とは誰も言わない。

このように場面や状況に応じた適切な言葉づかいは重要だ。人とうまくコミュニケーションを取るために、言いたいことを正確に伝えることが大切だと私は考える。

解き方

三 **李瀚「蒙求」**より。(1)「以身親之」を「身を以つて之を親らす」と書き下すためには、「以身」を逆にして「身を以つて」にすることと、「親之」を逆にして「之を親す」にすることの二つが必要なので、それぞれの漢字の間に「レ点」を打つことで書き下し文どおりの読み方になる。「レ点」は、一文字同士の順番を逆にする場合に用いる。(2)傍線部直後の漢文「日夜不居」の現代語訳を見ると「日夜政道に尽くして安居せず、自ら政治を行った」とある。(3)まず、書き下し文を見ると、空欄部のあとに「力に任す者は故より労す、人に任す者は故より逸す。」とあり、現代語訳では「自身の力に頼るものは疲れるが、他人に任せる者は楽なのです。」となっていることを確認する。次に[A]・[B]は、宓子賤の会話文のなかにあるので、「我」=「宓子賤」=[A]、「子」=「巫馬期」=[B]であることが分かる。最後に、現代語訳で「宓子賤」=「何もしない」、「巫馬期」=「日夜政道に尽くして安居せず、自ら政治を行った」とあるので、[A]=「自分は何もしない」=「人に任す」、[B]=「自ら政治を行う」=「自分の力に任す」となる。

四 **中村明「日本語の作法　しなやかな文章術」**より。(1)「読ま」は未然形。1は連体形、2は連用形、3は仮定形、4は未然形。(2)空欄直前の部分を確認する。「宛名が赤ん坊になっていた」「赤ん坊はまだ字を知らないから実際に読むのは母親だ」とあるので、ここから、宛名は赤ん坊で手紙の中身は母親向けになっていることを「つじつまの合わない」と言っていることが分かる。(3)まず空欄の前で述べられている具体例を要約すると、「都下」という語に筆者は文学的香りやのんびりした雰囲気を味わったが、東京の中心街から遠い土地に住む人間は、近郊を「いなか」と見くだすまなざしを感じとる可能性がある、ということになる。これを空欄直後の段落で「広く読まれる文章では相手も不特定だから…」とまとめていることに着目する。(4)この文章では、(2)・(3)で確認したように、出産祝いの手紙の例や「都下」という言葉の例、あるいは、東京・大阪・京都人にとっての「上る・下る」の例など、複数の例が提示されていることが分かる。また筆者の主張についても「わざわざその文章を読んでくれる奇特な相手に感謝し、その負担をできるだけ減らす」(第一段落)、「内容も表現も、そのかけがえのない一個人に合わせて書く」(第三段落)、「読み手の方向性をしぼる」(第四段落)、「可能な範囲で読者対象をしぼりこみたい」(第五段落)、「読み手の立場に寄り添って書く」(第六段落)など、同じような内容が繰り返されていることが分かる。(5)傍線部の「配慮」という語、およびまとめの文の空欄直前にある「文章を読んでくれる相手」「感謝」という語に着目して、これらの語がまとまって出てくる場所を探すと、第一段落に「ぜひ読んでもらおうと思えば、それ相応の配慮が必要だ」「わざわざその文章を読んでくれる奇特な相手に感謝し」とあるので、その間にはさまれた「読むに値するすぐれた内容を盛ること、そして、読むにたえる秀でた表現で綴ること」を答えの一部とする。次に空欄直後の「論点」「くっきりさせる」という語を手がかりにして第四段落を見ると、「論点がぼやけてしまう」「シャープな文章に仕立てる」とあるので、その間にはさまれた「ターゲットとなる読者層を明確にして書きたい」を答えの一部とする。これらをまとめて解答を作成する。

五 **佐川光晴「駒音高く」**より。(1)傍線部前の「父」の会話や行動を確認すると、「ずいぶん、苦しかったろう」「肩に手を置かれて、その手で背中をさすられた。」とあるので、ここから、祐也に対する父の思いやり・やさしさを読み取ることができる。そのうえで「最後まで最善を尽くしてきなさい」と言っているのだから、その心情は、プラスイメージ・肯定的なものである。4の「躍起になって」とは、むきになって、というマイナスイメージの言葉である。(2)傍線部直前の「いまのままだと」という語を手がかりにして前に戻ると、「10手後…」で始まる段落の最後に「いまのままでは、将棋自体が嫌いになりそうで」とあるので、この部分が答えになる。(3)空欄のあとに「悲しみ」というマイナスイメージの語があるので、選択肢の内容もこの感情とつながるものと考える。「鈍い」=マイナスイメージ／「鋭い」=プラスイメージ、「重い」=マイナスイメージ／「軽い」=プラスイメージ、という対比に基づいて1を正解とする。(4)空欄直前の「棋士を目ざしている『祐也』に対して」という記述に関わる「父」の発言を本文で確認すると、「父に聞かれて…」で始まる段落のあとのせりふで「プロを目ざすのは、もうやめにしなさい」「少し将棋を休むといい」とあり、「すぐには気持ち…」で始まる段落に「自分なりの将棋の楽しみかたを見つけるんだ」とあるので、これらをまとめて解答を作成する。(5)「顔がほころぶ」とは、かたかった表情がやわらいで笑顔になる、気持ちがほぐれて笑顔になる、という意味。ここでは直前の「いつもどおり、張り切った声で話す母」が、勝敗に関係なく、いつもと変わらず接してくれる存在であると考え、その母の様子にほっとして笑顔になったのである。(6)A直前の「ベッドに入ってからは」という語を手がかりにして本文に戻ると、後半部に「悲しみにおそわれたのは、ベッドに入ってからだった」「もう、棋士にはなれないんだ」とあるので、この部分をまとめる。B直前の「プロにはなれなかったけれど、それでも」という語を手がかりにして本文に戻ると、本文末尾のところに「プロにはなれなかったけど、それでも将棋が好きだ」「うそ偽りのない思い」とあるので、この部分をまとめる。

六 中学生のまとめた文章を見ると、「ひたむきな姿が美しい」は、一生懸命な姿にたいする気持ちで、例えばサッカーで泥まみれになってプレイしている選手も「美しい」と言える。「床をきれいに掃く」は、汚れを取り除く、清潔にする行為なので、「きれい」を用いたほうが適切である。第一段落ではこうした点を押さえながら「違いについて気づいたこと」を書く。第二段落の「自分の意見」は設問文の「場面や状況に応じた適切な言葉づかい」の大切さを、例えば聞く側の立場になって考えながら、自分の意見を述べるとよい。

岩手県

問題 P.10

解答

一 (1)A補　B規模　C簡単　(2)エ　(3)ウ　(4)a自分だけの利益を追求すること(14字)　b成り立たなくなる　(5)ア　(6)イ

二 (1)Aていねい　Bか　Cふく　(2)ウ　(3)ア　(4)イ　(5)これまで聞かれたことがなかった自分の考えを絵師にたずねられてうれしい気持ち。(38字)　(6)あわれに　(7)エ　(8)直接ものを目で見ずに心の中で想像する(姿勢。)(18字)

三 (1)みづからの光のごとき明るさ　(2)aわが子の頭　bらっきょう　(3)(例)私が暮らす地域には、宝石のようなホタルのいる川があります。
　私が暮らす地域では夏の夜、たくさんのホタルが飛び、まるで宝石のように見えます。この直喩によって、ホタルが輝く美しい川の情景を表現しようとしました。

四 (1)イ　(2)エ

解き方

一 南野忠晴「正しいパンツのたたみ方　新しい家庭科勉強法」より。(2)Ⅰ選択肢を見ると「たとえ」と「むしろ」のどちらかが入ることが分かる。「たとえ」は呼応の副詞なので、それに対応する「ても(でも)」で受けなければならないのにそれがないことに注意。Ⅱ空欄前後の「群れ」の捉え方を比較する。前部は、群れからはみ出ること＝孤立感＝犯罪を起こす、という構図で、後部は、群れに参加している＝お互いさま＝自立、という構図なので、前部と後部は、同じことを逆の側から言い換えている。(3)まず第二段落の冒頭を見ると、「人間の生活も同様です」とあるので、第一段落と第二段落は、動物＝人間、という関係になっていることが分かる。次に傍線部のある第一段落の内容を確認すると、「彼らは群れをなしながら、協力し合って餌を見つけ」とあるので、これがウの「集団を作ってお互いに助け合いながら生きてきた」という部分に対応していることが分かる。(4)傍線部の「群れ」という語を踏まえて第一段落の群れの話を再度見てみると、「一匹でも群れ全体の利益を無視し、自分だけの利益を追求するようなのがいたらどうなるでしょうか?」「もはや群れは成り立ちません。」とあるので、この最初の部分が傍線部の「少数のわがままな行動」に、後半が「群れを絶滅へと追いやる」にそれぞれ対応していることが分かる。そのうえで「群れ」という語を、設問文の指示である「人間社会」に置き換えて字数に合わせて書き換える。(5)各選択肢を見ると「働くこと」「社会に(参加・貢献)」という語が共通しているので、本文にそうした記述があるかどうかを探すと、空欄Ⅰと空欄Ⅱの間に「労働を通じて、社会にしっかりと参加・貢献できているという感覚が持てれば、……われわれは安心して生きていけます。」という記述があるので、この部分に一番近い内容の選択肢を選ぶ。(6)イは『お互いさま』という言葉…」で始まる段落に「『お互いさま』というのは、自分でやれることは自分でやり、できない部分は協力して助け合おうという姿勢で人と付き合う態度のことです。」とあるので、この部分に完全に合致している。

二 中澤晶子「さくらのカルテ」・兼好法師「徒然草」より。(2)冒頭の状況を正確に押さえる。まずお寺の玄関で「たのもう、たのもう」と言っているのは「だれか」。「耳をすませ」たのは「わたし」。傍線部あとで「わたしは、絵師、長谷桜玄」と言っているのは、先ほど「たのもう、たのもう」と言っていた人と同じ。よって、「だれか」＝「長谷桜玄」。「玄関に出ていった」のは「和尚さん」。話している「二人」は「だれか」(＝長谷桜玄)と「和尚さん」。ここまでは「わたし」が誰なのかは明示されていないので、さらにあとを見ると、傍線部④の段落に「ときどき、絵師の視線がわたしのからだを通り過ぎていきます。冬芽はついているものの、すっかり葉を落としたはだかのわたしは」とあるので、ここから、「わたし」＝冬芽はついているが葉を落としている何か、ということになる。(3)傍線前部に「あいかわらず、役に立たんのう。何をやらしても、中途半端じゃ。」とあるので、ここから、和尚さんの春慶に対する落胆・失望を読み取る。(4)「縮める」には、恐れなどで身を縮ませる、という意味がある。ここでは傍線部前の「絵師の視線がわたしのからだを通り過ぎていきます」「はだかのわたしは、その視線に出会うと」とあるので、ここから、はだかの自分の姿を見られた時の気持ち＝恐れ、という形で理解できる。(5)直前の「自分の考えなど、たずねられたこともない小坊主が、はっとして顔を上げました。」という記述、そして傍線部あとの「小坊主は、一気に言うと」「そう言った小坊主の瞳には、それまで見せたことのない、ひかりがありました。」という記述から、これまで自分の考えなど尋ねられることもなかった(＝存在を軽視されていた)小坊主が、考えを聞かれて(＝一人前の人間としてあつかわれて)、(うれしさで顔を赤くして)瞳を光らせながら一気に意見を言っている、という流れを読み取り、設問の「どのような心情」という指示に合わせて解答をまとめる。(6)語頭以外の「はひふへほ」は「わいうえお」に置き換える。(7)「『障ることありてまからで』なども書ける」ことは「『花を見て』といへる」ことと比較して、劣っていない＝優れている、と言っているのである。詳細は「通釈」を参照のこと。(8)点線部X・Yの「似た姿勢」＝共通点を分析する。Xは「まぶたの裏」で「さくらが……咲きはじめます」とあり、Yは「雨に対ひて月を恋ひ」「垂れこめて春の行方知らぬ」とあるので、共通点は、実際には存在していないものをまぶたの裏や心の中で思い浮かべている、ということが分かる。

三 栗木京子「短歌を楽しむ」より。⑴傍線部と佐藤佐太郎の作品との対応関係を確認する。（前者が傍線部、後者が作品）そのもの・内なる＝みづから、光を発する＝ひかり、ような＝ごとき、明るさ＝明るさ、となるので、「明るさ」の部分までを抜き出す。⑵短歌は「らっきょうのような頭」となっているので、「何が」＝頭、「何に」＝らっきょう、となる。ただし設問文に「それぞれ五字で」という指示があるので、「頭」に四字を足す必要がある。⑶解答例の第一段落では「ホタルのいる川」を例に挙げ、この「ホタル」を「宝石のような」という「直喩」を用いて「地域の様子」として提示した。そのあとに「第二段落」で、夏の夜にたくさんのホタルが宝石のように見える「美しい情景」を表現しようとした、という形で記述をまとめている。他にも「鏡のような湖」「おにぎりのような森」「滑走路のような道路」「竜の背中のような山」「メガネのような橋」「階段のようなたんぼ」「迷路のような細道」「お城のような博物館」など、例えられるものは多くある。

四 ⑴資料Ⅱを見ると、1日の睡眠時間が「6時間以上8時間未満」の男女の「体力合計点」よりも、「8時間以上」の「体力合計点」の方が下がっていることが分かる。これは、睡眠時間が長くなることで体力が低下した、ということを意味するので、傍線部の内容に合致する。⑵資料Ⅰの分析を行う。朝食を食べる割合が多い人ほど体力合計点が高く、朝食を食べる割合が少ない人ほど体力合計点が低い、という関係がはっきり見えてくるので、この結果と先ほどの資料Ⅱの結果を足して選択肢を確認すると、エの前半が資料Ⅰの結果に、後半が資料Ⅱの結果に合致する。

宮城県

問題 P.15

解答

一 問一、①つい　②つくろ　③けいしゃ　④かっさい　⑤幹　⑥飛　⑦安易　⑧歴訪
問二、ア　問三、ウ　問四、㈠難しくても　㈡イ　㈢エ　㈣ア　㈤実現したいことは二つあります（14字）

二 問一、イ　問二、自分の手に大量の汗をかいていることを知られたくなかった（27字）　問三、㈠責めて　㈡私とおなじ　問四、奥山も苦しんできたことを知り、捕らわれつづけてきた十五年前の出来事から解放してくれたことに感謝する気持ち。（53字）　問五、エ

三 問一、ウ　問二、生育環境に応じた姿　問三、A自分の力がまるでおよばない　B美や畏れ　問四、エ　問五、人知を超えたものに畏敬の念を抱き、自然から自分が感化されたものを抽出して、見えるようにすること。（48字）

四 問一、すえて　問二、㈠部屋の中の暗さと外の雪の明るさ（15字）　㈡ウ

五 （例）
私は、この投書の意見に共感を覚える。例えば、運動会で子の姿を必死に録画している保護者は、画面に映る拡大された我が子を見ているばかりで、周囲の子どもたちの活躍や雰囲気などにはあまり目を向けない。また、録画を優先するために、大きな声で応援することもない。それでは運動会を楽しめないし、子どももうれしくないのではないだろうか。私は、自分の目でしっかりと見て、場の雰囲気を味わい、大きな声援を送るべきだと考える。

解き方

一 問二、「予定」は、上の漢字が下の漢字を修飾している。同じ構成なのは、ア「仮眠」。イ「着席」は、下の漢字が上の漢字の対象を示すもの。ウ「尊敬」は、似た意味の漢字を重ねたもの。エ「雷鳴」は、上の漢字が主語、下の漢字が述語になっているもの。問三、ウのみが十五画、他は十四画である。問四、㈠「たとえ」は、下に「ても」「せよ」「とも」などを伴う副詞なので、「難しくても」などの形に直せばよい。㈡アは「原稿から目を離さずに」が不適。ウは「丁寧語を使わない」が不適。エは「なるべく早口で話す」が誤り。㈢「初志貫徹」とは、最初に決めた志を最後まで持ち続けること。㈣傍線部から始まるBさんの発言を読むと、話がつながらないということを問題視していることが分かる。すなわち、話の展開が論理的でない、ということを指摘している。㈤Aさんが工夫して直した点は、まず一文を三つの文に区切り、一文を短くしたこと、また、「一つ目」、「二つ目」と数字を入れて示すようにしたことである。文は短い方が聴き取りやすいし、数字を入れると、実現したいことがいくつあるのかが明確になり、内容も印象に残りやすくなる。空欄には、実現したいことは次の二つである、という内容が入ればよい。「二つ」と最初に示すことで、聞く側に心構えができる。

二 森絵都「出会いなおし」より。問一、傍線部の直前に「意味がわからず」とあることに着目。問二、奥山がなぜ「私」に手を差し出せなかったのかを考える。傍線部前のほうの奥山の言葉に「子どものころはすっごく……知られたくなくて」とある。また直前の言葉のなかに「バレたらどうしようって、すごくびくびくしてて」とも書かれている。奥山は手を握ることで、「私」に掌の汗のことを知られてしまうことを恐れていたのである。問三、㈠奥山の言葉に「ぼくのせいだ、ぼくが汗ばっか気にしてたからだ」とある。さらに、そう思っていたのに、「私」に謝ることができなかった。また、濡れた掌を気にして、転んだ「私」に手を差し出すこともできなかった。それらのことで、奥山はずっと自らを責めてきたのだと考えられる。㈡空欄の前に「これまで苦しんできたのは『私』だけではなかった」とある。これを手がかりに本文を探すと、「私とおなじ重さを負ってきてくれた」という箇所が見つかる。問四、傍線部の前に「ありがとう」とあるので、このときの気持ちは「感謝」であることがまず分かる。では、奥山に対してどのようなことを感謝しているのか。「ありがとう」の直前の「ほどけていく。……むすびめが解けていく。」に着目。奥山のおかげで、小学六年生のとき以来抱え続けてきた、失敗への恐怖、心の弱さ、臆病さから解放されたのである。「地を踏む足の軽さ」にふらつくほど、「私」はこのとき心の自由を感じたのである。「私」の心が解放されたのは、奥山に謝罪できたからだけではない。奥山もまた自分と同じように苦しんできたことを知り、深く理解し合えたからである。これらの点をまとめる。問五、アは本文からは「畳みかけるようなリズム」は感じられない。イは「びしょびしょ」という擬態語により、汗の量や掌の状態がよく伝わる。ウの「上弦の月がぼやけた」とは、涙がにじんで視界がぼんやりしたことを表す。時間の経過を暗示しているわけではない。エの「隠喩」とは、「…ようだ」などの語を使わずにたとえる表現方法のこと。

三 齋藤亜矢「ルビンのツボ　芸術する体と心」より。問一、傍線部にある、背筋が伸びるとは、姿勢を正す様子。また心を引き締め、襟を正す様子。選択肢の後半部分に着目すると、適当なのはウ。問二、傍線部の直前を見ると、厳しい環境で育った草木には、生き抜くための力がみなぎって

いるかのような力強さがある一方、育ちやすい環境で育った草木にはユニークさなどが足りないものが多いというようなことが書かれている。つまり、育った環境によりそれぞれ姿が異なることを、筆者は「おもしろい」と感じているのである。問三、A「非力」とは、力量が足りないこと。傍線部の前では、「自分の力がまるでおよばない」と言い換えられている。B空欄の直前に「筆者は、……感服し」とあり、空欄のあとには「自然に対して謙虚に向き合う気持ちを込めて」とあるので、空欄には、畏敬の気持ちを表す表現がふさわしい。問四、「自然と人工」は、その直後にあるように「線引きできるものではない」、つまり分けて考えられるものではないのである。それなのに、「対比的なものとして」感じる、つまり異なるものとして比べてしまうのは、傍線部のあとにあるように、自然が「人知を超えたもの」だからである、と述べられている。人間を超えた、すなわち人間とかけ離れた存在として自然を捉えてしまうため、「対比的なもの」に感じてしまうということ。問五、本文全体を読んでまとめる。まず本文の第二段落には「人に見えていないものを見えるようにすること」、つまり「抽出」が「芸術の本質」であると述べられている。次に「珠寶さんにお話を…」で始まる段落に、「自分が感化されたものを表現する」ことがまさに「抽出」なのだとある。そして「自然と人工…」で始まる段落以降の後半には、自然の美しさは「人知を超えたもの」であり、それゆえ「わたしたち」は「感服」し、「畏れ」を感じ、「いったん無になる」ことでその美しさを表現する、と書かれている。これが自然に対する向き合い方である。これらを五十字以内にまとめればよい。

四 **清少納言「枕草子」**より。問二、(一)まず「こなたには火もともさぬ」とあり、暗くなってきたが、自分たちがいる部屋の中では明かりをつけずにいるのである。なぜあえて明かりをつけずにいるのかと言えば、外の雪明かりを楽しむためである。「おほかたの雪の光、いと白う見えたる」と表現されている。「部屋の中」と「外」、また「暗さ」と「明るさ」という二つの対比を組み合わせて記述する。(二)アは「一人で過ごす夜」が誤り。イは「火桶から離れて」が不適。エは「外に火をともして」、また「何も言わずに」が誤り。

通釈 雪がとても高く降り積もった夕暮れから、部屋の端に近い所で、気の合った人、二、三人ほどで、火桶を中に置いて話などをするうちに、暗くなったが、こちらには火をともさないでいると、あたり一帯の雪の光がたいそう白く見えていて、火箸で灰などをわけもなくかきながら、しんみりしたこともおもしろいことも語り合っているのは、まあ、おもしろいことだ。

五 まず、投書の意見に対して、自分はどのような意見を持ったのかを明確に示す。それから、「具体的に」という指示に従い、自らの体験などを挙げて分かりやすく理由を説明する。

秋田県

問題 P.20

解答

一 1、双方向のもの　2、(バランスよく)明快な論理と素直な感情が融合している(話)　3、理屈をうっとうしい　4、エ　5、(1)a険悪になる　b国際的な交渉　(2)相手の立場や気持ちを考えながら主張したり、相手の論理の弱点を突いたりして、言葉による説得を行う(47字)

三 1、①過程　②そうぐう　③とら　④異　2、五(文節)　3、下一段活用　4、複雑

四 1、甘ったれ　2、役目を果たした充足　3、(1)aウ　bア　(2)不器用で気持ちを表に出さない(14字)　4、(1)信頼関係を築く　(2)Ⅱ断固とした物言いで制する(12字)　Ⅲ馬の主人としての自覚を深める(14字)

五 1、①こめすえて　②いわいおきて　2、ウ　3、a風が強い　b桜の花が風で散らない　4、Ⅰ腹黒きこと　Ⅱ和歌の題材をうっかり話す

六 (例)

わたしが外国人に伝えたい日本の魅力は、四季の変化に親しむ文化です。例として、春本番の訪れを楽しむお花見、夏の夜の蛍狩り、秋の紅葉狩り、季節の区切りを感じる六月や十月の衣替えなどの行事や、そうめんや栗ご飯などその季節になると作られる料理を紹介します。

なぜなら、日本人は他の四季のある外国と比べても季節の移り変わりを感じて暮らすことを大事にしていて、その心が伝統行事や日本食、俳句などの日本文化の特徴となっているからです。これを知って、外国人にもっと日本文化を好きになってほしいです。

解き方

一 **袖川裕美「同時通訳はやめられない」**より。1、傍線部のあとの「コミュニケーションは双方向のものなので、聞き方も大切」に着目する。「聞き方も」とあるので、話し方と聞き方両方が大切ということで設問の文章と同じ内容である。2、「そういう」の指す内容は前の二文である。「明快な論理と素直な感情が融合しており、「両者(=明快な論理と素直な感情)のバランスが重要」なのである。3、傍線部を含む文の「屁理屈という言葉がそれを象徴している。」の「それ」は直前の「主義主張や意見を論理的に主張するのを、うっとうしいと感じる傾向」を指すので、設問文のまとめの(　)には傍点部分が入る。そのまま当てはめると指定字数を超えるので、「意見を論理的に主張すること」を言い換えた表現=「理屈」を使ってまとめる。4、筆者は友人に説明しようとしたが、一回では「うまく伝わらなかった」。「2、3回やりとりをしてようやく」理解してもらえたことから、エが適切である。5、a設問文のまとめの冒頭は、本文の三・四段落めに書かれている内容である。三段落で欧米人の、四段落で日本人のコミュニケーションの特徴を対比し、日本人が苦手なこととその理由がまとめてある。四段落めの冒頭の文にある「対立軸が……恐れるのだ」に着目。b設問のまとめの「これは…」からは、本文最終段落の「これは『言葉による説得』で鍛え抜かれた文化と…」以降をまとめたものである。そのあとの「このあたりは、国際的な交渉が一段と増えるなかで、日本人が補強していくべき点であろう」に着目。c筆者は、本文最後の一文のなかで、今後、「相手の理屈には理屈で押し返す、相手の論理の弱点を言葉で突くといった訓練」が必要で、この「言葉による説得」を「屁理屈には陥らずに、やんわりと鋭くやる」のが「日本流ということ」だとしている。つまり、欧米流の「言葉による説得」に加え、日本流のよさを加えた「言葉による説得」を身に付けるべきだと主張している。日本流コミュニケーションの特徴は四段落めにあるので、それを踏まえてまとめるとよい。

三 2、「人間も/動物も/外からの/刺激を/受けると」と分けられるので五文節。3、「逃げ」は「て」に続くので「逃げる」の連用形。「逃げ」とエ段の音に「て」がついているので「逃げる」は下一段活用。

四 **河﨑秋子「颶風の王」**より。1、傍線部あとの「行くんでねえぞ。あんたは、うちの馬だ。…」という和子の断固

とした物言いに、ワカは「弾かれたように」、いつものワカに戻ったのである。「鼻先を……いつもの甘ったれだ。」が普段の様子である。2、傍線部直前の段落の「先ほど森で感じたような不安はかき消え、役目を果たした充足が和子の心を温かく満たしていた」の一文に着目。3、(1)和子の姿を見た母は「寒かったしょ。…」と、「駆けより、頰を温かい掌で挟んでくれた」ことから、母の和子への愛情が感じられる。一方、祖父は「和子を見ず」、「黙って新聞に目を通して」いて、和子を許していないようにも感じられ、祖父のそばで和子の体は寒さと緊張で硬くなっていたのである。(2)幸さんの言うように、祖父は遅くまで和子を待っていたので和子を心配していたと考えられること、だが、和子が戻っても「黙って新聞を読んでいる」こと、そして、和子と話して安心したのか「がさがさと荒々しく新聞を畳むと」、「寝る」と立ち上がったことなどから、自分の気持ちを素直に表せない人物像が読み取れる。4、(1)「前回の授業」の「本文」の、馬は「目ぇかけてやらねば(＝大切に世話をしないと)人間ば信用してくんねえと。信用してくれねえば、いざっちゅう時に人間も命預けられん」から考える。(2)Ⅱ初めは呼んでも「知らない馬のように」近づかず、「牝馬を追ってしま」いそうだったワカを、和子は「断固とした主人の物言い」で制し、連れ戻した。これを踏まえて、空欄のあとにつながるようにまとめる。Ⅲ「授業のまとめ」の「主人である……ことはできない。」という祖父の考えは「自覚」という言葉を使うとどのように言い換えられるか。

五 「**十訓抄**」より。2、直前の「かやうのこと」は、資基が語った「これ(人から聞いた風の祝の風習)を歌によまむと思ふ」である。3、a本文冒頭に「信濃の国は、きわめて風はやきところなり。」とある。b和歌の「風の祝にすき間あらすな」は「風の祝の神官にすき間を作らせるな」という意味だが、なぜなら「すき間もあり、日の光も見せつれば、風おさまらず」、咲きそろった桜が散ってしまうからである。4、Ⅰ感想に「俊頼を批判する」とあるので、本文中の「腹黒きこと」が当てはまる。Ⅱ本文では、資基は「歌によまむ」と思っていた「風の祝」の話をうっかり俊頼にしてしまい、俊頼を信じて自分は歌にしなかったのに、俊頼がその題材をあとで歌に詠んだことを知り、後悔したのである。これを踏まえ、資基が思慮深かったら、何をしなかったのかを考えて、十五字以内でまとめる。

通釈 信濃の国は、とても風の強いところであった。そのため、諏訪明神の社に、「風の祝」という神官を置いて、奥深いところに風を閉じ込めて、神として祭り、百日の間、これをお祈りするのが習わしであった。そうすると、その年は、風が静かで、農業のためにありがたいことであった。もしも、すき間があって、(閉じ込めた風に)日の光を見せてしまうと、風はおさまらず、悪いということを、藤原資基という人が聞いて、「こんなふうなことを聞きました。これを歌に詠もうと思っています」と、源俊頼に語ったところ、俊頼は、(資基に)答えて言った。「まったく世俗に近すぎる。このようなことを決して考えてはいけない。だめだ、だめだ」と言ったので、(資基は)「そういうことか」と思っていたが、俊頼がのちにこのことを歌に詠んだのであった。

信濃にある木曽路の桜の花が咲いたなあ。(桜が散らないように)風の祝の神官にすき間を作らせてはいけないぞ。

一番意地が悪い話といえるだろうか。資基は後悔したということである。

山形県

問題 P.24

解答

一 問一、aさっそく　bほどこ(そう)　問二、エ　問三、ウ　問四、チェックの結果が気になって緊張している(19字)　問五、技術の至らなさに対して情けない(15字)　問六、イ　問七、Ⅰ菜月に向かって笑い掛けてくれた　Ⅱ修復技術の向上のため、たゆまず精進しようという決意(25字)

二 問一、aこうざ　bうなが(し)　問二、ア　問三、エ　問四、Ⅰ相手の存在をほぼ無視　Ⅱ他者にとって意味を持つ話題について、伝えるための最大限の努力(30字)　問五、ウ　問六、相互関係構築　問七、異なる価値観や、社会の複数性、複雑さを受け入れることで、他者とともに生きることを学び、ことばを使って自由に活動できる社会を形成する可能性。(69字)

三 問一、いいし　問二、エ　問三、イ　問四、田地を争って得がたい兄弟を失う　問五、ア

四 問一、1株　2預(ける)　3円熟　4軽快　5街路　問二、ウ

五 (例)

Aの文章では成長するためには少しずつ着実に力をつけることが大切で、実力以上のものを求めてはいけないと言っている。一方Bの文章では、実力以上のものを求めるうちに実力の方が追いついてくると言っている。

このふたつは逆のことだが、私はどちらも本当だと思う。私は中学から野球部に入った。初心者で同級生より下手だったので、家に帰ってからも基礎練習をたくさんした。試合では上手な先輩の動きを観察し、あとで真似てみた。その結果、主将になれたという経験があるからだ。

解き方

一 **日野祐希「菜の花工房の書籍修復家」**より。

問二、「所作」とは、おこない、ふるまいのこと。問三、傍線部の二つ前の段落の「この本に対する最後の作業を始める前に、精神を統一していく。」や、直前の段落の「この技法を文字通り編み出した先人たちの偉大さを感じていた」に着目。これらの心情をまとめているのはどれか。問四、傍線部から前の方の作業を終えた部分で、「ただ、修復作業は完了しても、まだ一つ、やるべきことが残っている。」とある。作業を終えても、師匠のチェックを終えるまでは気が抜けないのである。問五、傍線部の前の会話に「失敗とまで行かなくとも、細々したミスはいくらでもあった」「たくさん危なっかしいところを見せてしまって」とあるのに着目。菜月は一応は修復を完成させたものの、順調にできたというわけではなかったのである。問六、アは「作業を始める前の場面に『菜月』自身の体験の回想がはさまれており」とあるが、回想は挟まれていない。糸で綴じる作業の場面には「言ってしまえば糸で三次元的に行う一筆書きだ」(「糸綴じの工程は…」で始まる段落)、「裏表紙へ抜けるように」「まるであやとりみたいに」(「まずは裏表紙…」で始まる段落)など比喩が使われていて分かりやすくなっている。よってイが正解。ウ作業を行う菜月の姿を、俊彦の視点から描いたような部分はない。エ作業を終えたあとの部分に、語り手の心情が反映されているような部分は特に見当たらない。問七、Ⅰ本文の後半部分に、「俊彦からの檄を受けながら、菜月は思わず目を見開いてしまった。弟子入りを志願するようになってから、俊彦が菜月に向かって笑い掛けてくれたことはなかったからだ。自惚れ

かもしれないけど、ようやく自分も、少しだけ俊彦に受け入れてもらえたということなのだろうか。」とあることから、笑い掛けてくれたことにより、心の距離が近づいていることを菜月自身も認識したと考えられる。Ⅱ「ご指導ご鞭撻のほど、どうぞよろしくお願いいたします」で指導を頼んでいるのは、修復技術についてである。そして、傍線部を含む段落の前の段落、Aさんが触れている傍線部の直前の段落の、さらに一つ前の段落に、「たゆまず精進していけ？言われるまでもない。」とあることから、修復技術向上のためにたゆまず精進しようという決意の現れと考えられる。

二 **細川英雄「対話をデザインする――伝わるとはどういうことか」**より。問三、筆者は傍線部の直前の段落で『おしゃべり』とは、相手に話しているように見えながら、実際は、相手のことを考えない活動」だと述べており、傍線部と対立する。また、傍線部のあとで「おしゃべり」とはどのような行動なのかを述べ、傍線部の三つあとの段落において、「このように、いわゆるおしゃべりの多くは、かなり自己完結的な世界の話ですから…」と自論に立ち返っている。問四、Ⅰモノローグにおける「話題にすること・相手への話し方」について述べられている傍線部の二つ前の段落に、「そこでは、他者としての相手の存在をほぼ無視してしゃべっているわけです。」とあるから、ここから空欄に合う形で抜き出せばよい。Ⅱダイアローグとはどのような活動だと筆者が考えているかは、傍線部の直後から四つめまでの段落にかけて述べられている。「自分の言っていることが相手に伝わるか、伝わらないか、どうすれば伝わるか、なぜ伝わらないのか、そうしたことを常に考えつづけ、相手に伝えるための最大限の努力をする、その手続きのプロセスが対話にはあります。」(「ダイアローグとして…」で始まる段落)、「その話題は、他者にとってどのような意味を持つかということが対話の進展には重要」(「対話成立の…」で始まる段落)、「ダイアローグとしての対話行為は……一つの話題をめぐって異なる立場の他者に納得してもらうために語るという行為」(「したがって…」で始まる二段落)とあるので、このあたりを空欄に合う形でまとめればよい。問五、傍線部で述べられているように、話題に他者が存在するかどうか、がポイントとなる。空欄の直前でAさんは「テーマ」について「迷っている」と言っている。それに対しBさんが話題に参加した結果、Aさんが「それはいい考えだね」と言っているので、Aさんの迷いに対するBさんの提案であるウが正解。問六、説明の文章は、傍線部の次の段落の後半部分とほぼ同内容である。問七、対話がどのような意味をもつのか、が述べられているのは後半の「まずあなたは…」で始まる段落から最終段落にかけてである。なかでも「相手との対話…」で始まる段落にはキーワードとして挙げられている語も出てくるので、この部分を中心にまとめればよいことが分かる。

三 **中山三柳「飛鳥川」**より。問二、「蘇瓊、国に至る時、兄弟を召して、さとして言へらく」とあるので、「言へらく」の直後からが話した内容。「いかにせん。」のあとは「骨肉親しきをすてて…」とまだ話している内容が続いているのに対し、続く「迷ひかな」のあとは「と、泪を流しける」と行動になっているので、「迷ひかな」で終わることが分かる。問三、傍線部の直後に「積年此事判断なくして」とある。ア・エは、最後に「それより、兄弟和睦して、争ひの心いささかもなかりけるとぞ。」とあり、争いをやめたことが分かるので不適。ウ百人になったのは証人であり、所有を訴えた人ではない。問四、「天下に得がたきものは……迷ひかな」で訴えている。問五、最後の文に「理に伏し……おのがすぢなき事をくい」とあることに着目する。

通釈 国を治めて、人民を導く人は、全体のことを考えて私利私欲に走らず、知的であって、理にかなった行いをする人で、あってほしいものである。これに関して、昔の人を思い出したところ、蘇瓊という人が、南清河郡の長官に任ぜられた時、百姓で、乙普明というものの兄弟が、田地(の領有)を争うことがありました。長い間この問題には決着がつかなくて、両方の証人たちは、百人にもなった。蘇瓊が、国に来る時、兄弟をお召しになって、諭して言うことには、天下に得がたいものは、兄弟である。求めやすいものは、田地である。たとえ田地を得たとしても、兄弟の心を失うことは、どうにもできない。親しい肉親を捨てて、親しくもない田地を求めるということは、哀れな迷いごとであるよと、涙を流すのを見て、そこにいた人たちは皆、ともに泣いたので、あの兄弟の者たちも、初めて道理を理解し、太守の前にひれ伏して、自分たちの行いが道理に合わないことを悔い悲しみ、それから、兄弟は仲良くなって、争いの心は少しもなくなったとかいうことだ。

四 問二、読む順番は、「①百②聞⑥不⑤如③一④見」となる。「一・二点」は下から間に文字を挟んでかえる時に、「レ点」はすぐ下の字からかえる時に使う。

福島県

問題 P.29

解答

一 1、(1)おさ　(2)もよお　(3)けいさい　(4)むじゅん　(5)降　(6)費　(7)筋肉　(8)専門
2、イ

二 1、ぬぎすて　2、若者の香り　3、ウ　4、エ

三 1、くいぬきて　2、(1)羽一羽づつ乞へ。(2)羽がなくなって、生きていくことができなくなる(22字)　(3)イ

四 1、ウ　2、イ　3、朱里が急に冷たい態度に変わり、自分から離れていくことはつらいが、正直に自分の気持ちを伝えたことを後悔してはいないから。(59字)　4、(1)デザインの一部にする　(2)おかしいことを言ってしまったのではないかという恥ずかしさ(28字)　5、ア

五 1、オ　2、エ　3、(1)他者の存在を意識して、自分の欲望を制御する(21字)　(2)ウ　4、オ　5、対話により相手の思いを理解し、他者とともにある社会で、それぞれが自分らしく生きるためにはどうすればよいかを考えること。(59字)

六 (例)
資料Ⅰでは二つの文の中に、五つものカタカナ語が使用されており、うち二つの単語に注釈がついている。また資料Ⅱではカタカナ語の使用について、半数近くの人が「別に何も感じない」と答えている。
私は「別に何も感じない」というのは、裏を返せば心に残らない、ありきたりの印象しか与えないことだと思う。確かにカタカナ語は日本社会に浸透してはいるが、多くの人々に訴えかける力には欠けていると思う。

解き方

一 **下田喜久美「若竹が無い」**(『下田喜久美詩集』所収)より。1、空欄のあとにある「自らの意志」に着目して、表皮に関係する自動詞を書き抜く。2、Ⅱ直後の「視覚以外の感覚」に着目して、若竹を聴覚・嗅覚・味覚・触覚で捉えた言葉を書き抜く。3、空欄のあとにある「成長の勢い」に最も合致する選択肢はウ。イは「強引に」が不適。問四、最後の「!」は感動や驚きを表現する符号。

若竹の成長に対する驚きを意味する。

三 **無住「沙石集」**より。2、(1)本文二文めの「宣ふ」という尊敬語に着目する。その直前が仏の言葉。(2)傍線部あとの「鳥共のいはく」に続く発言を指定字数でまとめる。(3)資料にある「あらゆる人に……人々はこれを嫌がった。……弟子たちを戒めた」に合致する選択肢を選ぶ。

通釈 昔、林の中で精神を集中して修行する者がいた。心を落ち着けて修行しようとすると、林に鳥が集まって、騒々しかったので、仏にこの事を(修行者が)嘆き申し上げたところ、「その鳥に、一羽につき一つずつ羽を乞いなさい。」とおっしゃる。さて(修行者が林の中に)帰って(鳥たちに)お願いしたところ、一羽ずつ口にくわえて抜き取って、(修行者に羽を)与えた。また次の日(修行者が)お願いした時、鳥たちが言うには、「我等は羽があるから、空を飛んで、食べ物を探し、生きる糧としているのに、毎日(羽を)お願いされるなら、すべて翼がなくなってしまう。この林に住むからこそ、このようなこともあるのだ。」と言って、(鳥たちは)飛び去ってしまった。

四 **水野瑠見「十四歳日和」**より。1、傍線部あとの「心にあったもやもや……ざあっと流されていく」と、そのあとの「息をつめて、筆先に集中して……清々しい気持ちになれる。」から正解はウ。2、傍線部直前の「上から塗り直せば」のあとに言えなかった言葉を推測する。アは「修復はしたくない」が誤り。ウは「きっと」という強い意志が「おずおずと」と矛盾する。エは「誰かに……してもらいたい」という他人任せが誤り。オは「すぐに」が不適。3、傍線部の直後の「朱里に本当の気持ちを……後悔はなかった」が、葉子が泣かないと思った理由である。ただし、それだけでは字数が足りないので、その前の『日向』と『日陰』の境界線。……完全に引いたことが、はっきりと分かった。」という表現を平易に言い換える。4、(1)説明文中の冒頭の「初めてしおりと出会った日」に着目して「ひらめく花びら」を導く。そして「飛び散ったシミ」を傍線部4の前にあるように「空に花びらが舞ってるようなイメージで全体に描きたし」て「デザインの一部にする」「ことを思いついた」のである。(2)Ⅱ直前の「三人の視線が私に気づいた」に着目して、傍線部4の前の「みんなの視線が私に集まっているのを感じ」た葉子が、どう思ったかを簡潔に説明する。5、イは「全員の心情を細やかに」が、ウは「複数の色彩」が、エは「過去の体験を繰り返し表現」がそれぞれ誤り。オは「一人称」と「多様な角度」が矛盾している。

五 **細川英雄「対話をデザインする――伝わるとはどういうことか」**より。1、二重傍線部「欲望の」の直後に動詞「かなう」があるので、主格の格助詞。2、傍線部の理由は傍線部前に「人によってその理性や倫理の形や中身は違う」と書いてある。3、(1)傍線部前の接続語「つまり」に着目する。他者の存在があるからこそ＝他者の存在を意識して、自分の欲望を制御するのである。(2)傍線部ウの例は「法律を守ることの重要性」ではなく、本文第二段落の終わりのほうにある「理性の働き」である。4、アの「他者への配慮」は第四段落の主張。イは「社会秩序」の定義ではなく「自由の基本概念(＝定義)」が正しい。ウは「内容を離れ」て、エは「視点を変え」てがそれぞれ不適。5、第一段落の問題提起「人として生きる」に対する筆者の主張は、第七段落である。①対話、②理解、③他者、④社会、⑤自分らしく生きる、⑥考える、といったキーワードをつなげてまとめる。

茨城県

問題 P.35

解答

一 (一)(1)保証 (2)申 (3)麦 (二)3 (三)4 (四)オーストラリアに行けない上にお父さんとも会えず、弟を連れて大叔父の家に行かなければならないから。(48字) (五)兵吾のほう(**または**兵吾は主税・自分もあん・表には出さ)

二 (一)(1)かごん (2)いったん (3)つ (二)2 (三)自分の固有の立場をもち、周囲のさまざまな情報を切り取り、その情報について自分のことばで語る(こと)(45字) (四)自分の「考～という活動 (五)相互作用

三 (一)1 (二)2 (三)4 (四)地球 (五)3 (六)とてつもなく長い時間を回収(13字)

四 (一)いわく (二)1 (三)4 (四)敢へて理を横にせず。(五)(例)

私が希望する企画はミュージカルです。なぜなら、「心を一つに」という文化祭のテーマに一番合っていると考えたからです。

例えばお化けやしきの場合は、教室が狭いため、お化け役を交代で演じることしかできません。しかし、ミュージカルなら、舞台裏の仕事の担当者も含めて、全員同時にステージで観客の前に立つ場面を作ることができます。全員一緒にステージに上がることで、クラスの団結力が一層強くなると思います。

解き方

一 **朽木祥「月白青船山」**より。(二)最初の傍線部の直後の「ふくれっつらになった」は不満を、あとの二つの傍線部あとの「口をとがらせた」「突っかかった」は怒りを表すので、主税が不満をつのらせているのが分かる。(三)お母さんの心情は、主税の反発に笑い出す「ついにお母さん…」で始まる段落で「オーストラリア行きをあきらめなければならなかった主税のことをかわいそうだと思っている」と書かれている。(四)「ため息をつく」のは思い通りにならない場合である。兵吾が思いどおりにならない理由は、傍線部の前のほうにある「楽しみにしていた旅行がふいになり……しかもあの弟を連れて。」に書かれている。(五)兵吾は主税と対照的に描かれているので、主税を描いた場面の前後を読み取る。

二 **細川英雄「対話をデザインする――伝わるとはどういうことか」**より。(二)接続語を入れる場合は前後の関係を考える。Aの前は「情報の質は……同じではない」、あとは「情報のもとにしたそれぞれ人の立場・考え方は、これまた千差万別」とあり、添加の関係となっているので1か2が入る。Bの直後では、これまで述べた「あなた」たちの行動をいったん「知識・情報を求めることが悪いといっているのではありません」と認めてから、次の段落の「しかし」以降で主張を述べているので、2の「もちろん」が入る。(三)傍線部に対する具体策は、「こう考えると…」で始まる段落以降にまとめられている。「大切なことは」に続いて「自分の目と耳で切り取り、……自分のことばで語る」とあり、「さまざまな情報」「自分の固有の立場」と指定された言葉もあるので、これらをまとめると、「自分の固有の『立場』」で「さまざまな『情報』」を「自分の目と耳で切り取り、自分のことばで『語る』」となる。(四)(二)の接続語のところで触れたように、最終段落の「しかし」以降に筆者の主張が述べられている。(五)「ある共通の問題」とは、「単なる知識・情報のやりとり」であり、その結果「相互作用が起こりにくくなる」と本文の最後の行に述べている。

三 **栗木京子「短歌をつくろう」**より。(二)「好きな」は「好きだ」と言い切ることができるので、物事の性質や状態を表

す形容動詞である。1・3・4は「立派だ」「はるかだ」「大切だ」と言い換えられるが、2は「おかしだ」とは言わない。「おかしな」は「話」にかかる連体詞である。㈢直前に「不安な気持ちを立て直そうとしている」とあるので「やせがまん」である。㈣直前の段落に「地球をすっかり汚して弱らせてしまった『人間の世紀』」とあるので、人間が痛めつけたのは「地球」である。㈤[Ⅰ]の説明にある「作者の時間は、未来へ向かう確かな輪郭を持っています」が、3の「未来へ向かう作者の時間を感じ取ることができる」と対応している。2は「[Ⅱ]の短歌は、人類誕生以前の時代がうたわれており」が誤り。人類が誕生してからの時間も含まれている。㈥「水仙の白」については、最後から二つめの段落に「とてつもなく長い時間が、『水仙の白』という一滴の時間の中に、すっと回収されてゆくことに気付きます」とある。この部分を字数内にまとめればよい。

四 「**注好選**」より。㈠「反論(反対の論)」は、上下で修飾・被修飾の関係なので、同じ構成は「入口(入る口)」となる。㈢最後に「仍りて孔子、車を却けて城の外より過ぐ。」とある。㈣孔子が子どもの理屈に従った理由は、一郎のせりふにある「相手を説得するためには、筋道の通った話をすることが大切」であることと、花子の「どういう順序で話すのかということを考えるのが重要」であり、「反対意見も想定して、反論を考える」ことである。作文の条件に「他のクラス企画一つと比較して書く」とあるので、これを反対意見と想定して反論を考え、自分の企画に対する「筋道の通った理由」を「順序」立てて考える。

通釈 昔、孔子が車に乗って道を進んでいた。三人の七歳の子どもがいた。土をこねて作った城の模型で楽しく遊んでいた。その時孔子がやって来て子どもに告げて言うには、「子どもらよ、お前たちは、道を空けて私の車を通せ」と。子どもたちがため息をついて言うには「まだ車をよける城を聞いたことがない。城をよける車は聞いたことがある」と。そこで孔子は、車をよけて城の外を通り過ぎた。(孔子は)決して道理を曲げることはしなかった。

栃木県

問題 P.40

解答

一 1、(1)こうけん (2)は (3)しょうだく (4)そむ (5)おもむ 2、(1)研究 (2)借 (3)似 (4)負担 (5)講座 3、(1)エ (2)ア (3)ア (4)ウ (5)イ

二 1、かろうじて 2、ウ 3、エ 4、銀貨が三包入った袋の持ち主を長時間探して、拾ったときのまま返したこと。(35字) 5、イ

三 1、イ 2、あなたにしかない感覚・感情 3、エ 4、ア 5、本当の自分が自己の中にはじめから明確に存在すると思い込んで、それを探している(状態。)(38字) 6、ウ

四 1、ウ 2、陸上勤務を少しは喜んでもらえると思っていたのに、妻と娘に反発され気まずくなったから。(42字) 3、イ 4、ア 5、息子に航輝と名付けるほど船に乗るのが好きな父が、家族のために船を降りても本当によいのかということ。(49字) 6、エ

五 (例)

Aの係員は日本人同士で日常使う普通の言葉を用いているが、Bの係員は基本的な日本語や英語由来の言葉を用いている。また敬語を使わないといった工夫がされている。

このことを踏まえて、私は様々な国の人とコミュニケーションをとる際には、相手の日本語のレベルを考慮して、相手の分かるレベルの日本語を使うことを心がけたい。先日外国人から道を聞かれた時に、一緒にいた母の説明ではなく、私のつたない日本語の説明の方が相手に通じたことがあった。これは偶然のことだったが、これからはやはりもっと意識して相手の日本語の力を考慮しながら、相手にとって理解しやすい日本語を用いるように心がけることが大切だと思う。

解き方

一 3、(1)「スケート」は冬に行うスポーツなので季節は冬。アは「雲雀」が春の季語。イは「名月」が秋の季語。ウは「遠花火」が夏の季語。エは「みぞれ」が冬の季語。(2)直前の「わくわくした心情」がヒント。(3)「想像」は「像を想う」と、下から上に読む形になっている。アの「抜群」も「群を抜く」と、同じ形になっている。イの「海底」は「海の底」なので、上から下に読む形、ウの「削除」は「削る」「除く」という、似た意味を並べた形、エの「未来」は「(まだ)来(ない)」なので、上の字が下の字を打ち消す形にそれぞれなっている。(5)直前に「AさんとCさんが言うように」とあるので、その前のAさんの会話を確認すると「俳句の十七音から色々なことが想像できるんだね。」とあり、またその前の、Cさんの会話を確認すると「私は……情景を想像したよ。」とあるのに着目する。

二 **西川如見「長崎夜話草」**より。1、「らう・らふ」のつづりは現代では「ろう」と読む。2、ア・イ・エの主語は「島原屋市左衛門」、ウの主語は「旅人」である。3、直前の「やがてぞ尋ね来なまし」がヒント。4、設問の要求を踏まえて、市左衛門の行動を傍線前部で確認する。ポイントは「旅人の宿す家ごとに尋ね行きて」「旅人のもの失ひたまへるなどやあるとあふ人ごとに問ひ」「さきの袋のままにて返しはべりぬ」の三点。5、直前の「その銀を分かちて報ひしかど曾て取りあぐる事もせねば」がヒント。

通釈 浜の町というところに、島原屋市左衛門とかいった者がいた。十二月初め、雪が降り積もった朝、用事があって朝早く出かけ、浜辺にある路を行くと、雪の間に奇妙なものが見えたので、立ち寄って引き上げたところ、非常に重たい袋で、中に銀貨の大きいものが三包みほどと思われるものがあった。(市左衛門は)おどろいて、きっと持ち主がいるはずなので、すぐに探しにやって来るのではないか(と思って)、その場所を離れないで二時〔およそ四時間〕ほど待っていたけれど探しに来る人もいないので、きっと旅人が落としたのだろうと(考えて)、あちこちの町くだりや、旅人が泊まっている一軒一軒の宿を尋ね歩いて、旅人でものをなくしなさった(人)などがいませんかと会う人ごとにたずねたところ、その日の夕方に、ようやく持ち主にめぐりあった。(事情を)始めから終わりまで詳しく質問して聞いたところ本当の持ち主だったので、先ほど拾った袋のまま返しました。この持ち主は喜んで(市左衛門を)拝んで、「私は薩摩国で、(私に使いを)頼んだ人が様々なものを買い求めさせる目的で、私を派遣したのに、もしこの銀貨がなかったら、私の命はあっただろうか、いや、なかっただろう〔責任を取って死ななければならなかっただろう〕。ほんとうに有り難いことでございますなあ。」と、その銀貨を分け与えて(拾ってくれた恩に)報い(ようとし)たが、(市左衛門は)決して(その銀貨を)取り上げる〔受け取る〕こと

もしないので、(持ち主は)しかたなく酒と肴を準備して心を込めて敬いもてなしをして帰った。

三　**細川英雄「対話をデザインする――伝わるとはどういうことか」**より。1、直後の「すなわち」が、前後同一を表すので続く文を確認する。「相手の表現を受け止め(＝相手の話をちゃんと聞く)、それを解釈して(＝相手の言っていることを自分なりに理解する)、自分の考えを述べる、そうして、自分の表現したことが相手に伝わったか、伝わらないかを自らが確かめる」という点を押さえて選択肢を選ぶ。2、傍線部は「あなた自身の(＝あなた独自の)個人メガネ(＝個人としてのものの見方やとらえかた、感じ方)」と置き換えられる。これを踏まえて前部を見ると「あなたにしかない感覚・感情」が内容および字数の条件に合っていることが分かる。3、直後の「事実に即して」という言葉がヒント。これは、対象のありのままをそのまま、という意味で、似た意味を持つ言葉が「客観的」である。4、直前の「少しずつつくられていく」と直後の「少しずつ変わっていく」が、同じ事柄の言い換えになっていることに着目する。5、設問文の「自分探し」に着目し、前のほうを見ると、三段落前に「ここに、いわゆる『自分探し』の罠があります。」とあり、そのあとに「本当の自分を探してどんなに自己を深く掘っていっても、何も出てきません」「『自分』とは、『私』の中にはじめから明確に存在するものでなく」とあるので、これらをまとめて、「私」の中に本当の自分がはじめから明確に存在すると考えて、それを探して自己の中に「本当の自分」を探しに行こうとする、という形で解答をまとめる。6、ウは傍線(1)の二～三段落後の記述、および終わりから二段落めの記述に合致する。

四　**岡崎琢磨「進水の日」**より。1、前後の会話内容を確認すると、直前に「それで、勤務先は……。」、直後に「名古屋営業所なんだ。これから一か月で引っ越さなくちゃならない。」以下母や莉央のせりふなどから、急な引っ越しと、それでこれまでの生活を乱される家族の不満を読み取ることができる。2、「ばつが悪い」とは、自分にとって不都合な状況が発生して気まずい、恥ずかしい、という意味。傍線部直後にあるように、父は「これから家族で一緒に過ごせること、少しは喜んでもらえると思っていた」のだが、前問で確認したように、陸上勤務のための名古屋営業所への移動は、妻と娘に強い不満を生み出したのである。これが父の「ばつの悪さ」の原因になっていると考え、解答をまとめる。3、空欄前後の記述から、通常は母の批判が耳に入らず、心に刺さりもしないような性格＝父の性格、であることが分かる。「おおらかな」とは、心がゆったりとしていて、細かいことにはこだわらないさま、という意味。4、前三問で確認したように、「母」は父と対立的な関係にある。だから傍線部直前のように航輝が「(お父さんと毎日会えるのが)ぼくはうれしいよ。それはとてもいいことだと思う。」と言って父の味方をしたことに対して、「母」が不満を持っているように「航輝」には思えたのである。5、設問文の「航輝は父に対してどのようなことを考えていたのか」という要求を踏まえて、傍線部前後で、航輝の父に対する思いを確認すること。息子に船(航海)にまつわる名前を付けるほど船に乗るのが好きな父が、家族のために陸上勤務を希望して船を降りることが本当にいいことなのかというのが、航輝の父に対する思いであることが分かる。6、この文章は「航輝」を主人公にしてまわりの家族の行動や言動から読み取れる(自分も含めた)家族の思いを述べている場所が多くある。

五　Aの係員とBの係員の言葉の中身を具体的に比較すると、A「前方」→B「前」、A「乗車口」→B「ドア」、A「お乗りください」→B「乗ってください」、A「左手」→B「左の箱」、A「整理券」→B「小さな白い紙」、A「それを取っていただけますか?」→B「その白い紙を取ってください」という違いが確認できる。「前方」「発車口」「左手」「整理券」といった言葉は、日本語に不慣れな外国人には分かりにくいので、それを「前」「左の箱」「小さな白い紙」という分かりやすい言葉に置き換えたり、「ドア」という、外国でも用いられる言葉に置き換えたりしている。またAの「お乗りください」「いただけますか?」といった敬語表現も外国人には難しいので、それらを用いずに説明を行っている。

群馬県

問題 P.44

解答

一　(一)㋐みぢか　㋑ていげん　㋒しだい　㋓しょうさい　(二)イ　(三)太陽系の惑星の運動の説明があまりに複雑になるという(問題)(25字)　(四)エ　(五)①人間は世界の全体像を見通すことができる存在であると考えられており、人々は宇宙を天空におおわれた有限な世界として思い描いていた。②イ

二　(一)ウ　(二)イ　(三)ア　(四)Ⅰで眠ってしまった時には、もうプロ棋士にはなれないという悲しみを感じていたが、Ⅱで眠りに落ちていった時には、プロにはなれなくとも自分は将棋が好きだという思いを再確認することで、前向きな気持ちになっていた。

三　(一)ちかい　(二)C　(三)①鍋で煮られた物をすくう　②イ

四　(一)事を好む者は　(二)ウ　(三)エ

五　(一)①往復　②拡散　③朗らか　④試みる　(二)(部首名)たけかんむり　(総画数)十八(画)

六　(一)エ　(二)ア　(三)(例)「山笑う」

私は「山笑う」について発表してみたいと考えます。言葉の詳しい意味は知らないのですが、この言葉からは、暖かくなると木々や草花が茂ってきて、山全体が明るくにぎやかになっている様子が感じられます。実際に山が笑うことはないのに、春の雰囲気をよく伝えている言葉だと思ったので、私はこの言葉を選びました。言葉の由来についても詳しく調べると、よりよい発表になると思います。

解き方

一　**伊藤邦武「宇宙はなぜ哲学の問題になるのか」**より。(二)空欄部の前には天動説の問題点が書かれており、それが原因で空欄部のあとの「革命的な発想」が生まれるので、順接の接続詞があてはまる。(三)傍線部直後に「それは地球を含む太陽系の惑星……という問題」とあるので、それを字数以内にまとめる。(四)一文めは、「…宇宙。」と体言止めになっている。また、二文めは「どろどろとしたカオスの世界のようにも」と比喩的に表現している。(五)①人間について書かれているところを探すと、第一段落に「人間は、世界全体……その全体像を見通すことができる」が見つかる。また、宇宙については第五段落に「宇宙が天空によっておおわれた……有限な世界であるという信念」とある。これが、地動説以前の人々が持っていた宇宙についての考えである。②アは「人間中心の考え方をさらに強める」が、ウは「太陽の偉大さを痛感し」「神のような存在について深く追求」が、エは「科学的知識に基づいた思考は誤りだと確信」がそれぞれ不適。「地球中心」や「人間中心」、いわば「絶対的」だった認識が大きく転換し、イの「相対的に捉える」ようになったのである。

二 **佐川光晴「駒音高く」**より。㈠文脈から、人によってそれぞれ異なっている、という意味の四字熟語を選択する。㈡傍線部の前の父の言葉を見ると、「気づいてはいたんだが……どうやってとめていいか、わからなかった」と書かれている。㈢「顔がほころぶ」は硬い表情が緩んで、笑顔になること。イの「同情する」、ウの「あきれる」、エの「照れくささを感じる」がそれぞれ不適。㈣問題文に「Ⅰで眠ってしまった時と比較して」とあるので、Ⅰ・Ⅱそれぞれの場面を確認する。Ⅰは直前に「悲しみにおそわれた」とあり、「もう、棋士にはなれないんだ。」と言っている。それに対してⅡの前では、「プロにはなれなかったけど、それでも将棋が好きだ」という「うそ偽りのない思いにからだをふるわせ」ている。将棋への気持ちを再認識して、悲しみを乗り越え、前向きな気持ちになっていることが分かる。

三 **「古本説話集」**より。㈡Cだけが「家主の女」の行為である。㈢①空欄の前の「阿弥陀仏が地獄の釜で煮られる人を救う」と重なる藤六の行為を文章中から探すと、「鍋に煮ける物を、すくひ食ひける」が見つかる。②空欄の直前の「おもしろい歌」は、人がいない家に入って勝手にものを食べ、見つけられてしまった藤六が、「阿弥陀仏」を話題に出して、自分の罪をごまかすために詠んだ歌と考えられる。

通釈 今となっては昔のことだが、藤六という歌詠みが、身分の低い者の家に、人もいなかったときを見つけて入った。鍋で煮た物を、すくって食べていたときに、家の主人の女が、水を汲んで、大通りの方から来て(家の中を)見ると、このようにすくって食べているので、「どうして、このように人もいないところに入って、こうして煮ている物を召し上がるのですか、ああいやだ、藤六さんではいらっしゃいませんか。それなら歌をお詠みください。」と言ったので、

　昔から、阿弥陀仏は苦しんでいる人々を救おうと誓って、地獄の釜で煮られている人々を救っているということです(私も煮物をすくって食べています)

と詠んだのだった。

四 **劉安「淮南子」**より。㈡「利を争ふ」は、利益を得るために争う、ということ。㈢一文めの具体的な記述から考えてもよいが、二文めの「其の好む所を以て、反つて自ら禍を為す」にその内容がまとまっている。

通釈 そもそも泳ぐことがうまい者は溺れ、馬に乗るのがうまい者は落馬する。それぞれその得意とするもので、かえって自分で不幸を作り出す。だから何かを得意とする者は必ず傷つくことになり、利益を勝ち取ろうとする者は必ず行き詰まることになる。

六 ㈡発表の冒頭には、聞き手に興味を持たせる印象的な内容を用意するとよい。「この句を発表の冒頭で用いるのが効果的」な理由は、「紅葉の小春かな」が「太郎さん」と同じように「小春」を春のことだと勘違いしている聞き手に、驚きを与え、印象的づけることができるからである。

埼玉県

問題 P.48

解答

一 問1、エ　問2、本を愛して止まない人だと信じていたが、その人の廃棄という言葉に裏切られた(36字)　問3、イ　問4、七曲と河尻の二人が好きな本を話題に、本の力を借りながらも、河尻への誤解を解く言葉を七曲に届けられて誇らしい(53字)　問5、ア

二 問1、⑴きせき　⑵ちょうぼう　⑶おだ　⑷効率　⑸熟　問2、ウ　問3、イ　問4、⑴いただきました。⑵エ　⑶敬具

三 問1、ウ　問2、ア　問3、魂を備え、同じ理性的能力をもち、種ごとに固有の身体をもつことで異なって思考する(39字)　問4　ア・エ　問5、「自然と文化」という西洋の分類が普遍的なものではなく、私たちと多様な存在の具体的な緊迫した関係に目を向ける(53字)

四 問1、いうひとはべれば　問2、適したものはない　問3、ウ　問4、イ・オ

五 (例)

　県内在住者で埼玉県に魅力を感じる人は五割強である。その理由としては住みやすさと交通の便がいいことを挙げている。また、自然の豊かさを挙げる人も多い。

　私も買い物に行く時は、近くに大きな商業施設があり、東京も近くてとても便利である。また、鉄道や高速道路が整備されており、秩父などの自然豊かな場所にも短時間で行けるので、住みやすい場所だと思っている。

解き方

一 **三川みり「君と読む場所」**(新潮文庫刊)より。問1、傍線部の「有季は言葉に迷った」のは、傍線部あとの「そんなこと(河尻さんが理性で感情を殺して仕事をしていること)を七曲に言っても、意味がない」や、直後の段落の「有季が語る大人の事情や苦悩なんかは、七曲の気持ちを宥める役には立たたない」と思ったからである。この気持ちがエの「七曲が、ただ大人の事情を知らずに怒っているのではない」「河尻や図書館側の事情を話しただけでは納得してもらえない」に対応する。問2、有季が考える七曲の心情なので、傍線部あとの「目をぎらつかせる…」で始まる段落以降にある有季の物思いの描写から「七曲と同じく(河尻も)本を愛して止まない人だと信じていたのだろう」「その人(河尻)の口から『廃棄』の言葉を聞き、裏切られたような気がしたに違いない」を抜き出して字数内でまとめる。問3、傍線部の「だから」は直前のせりふを受けている。「河尻さんは……高校生じゃないから。色々なことを堪えて、呑み込んでる」「本当は、本を選んで廃棄することもしたくない」「本を廃棄するって言われて、純粋に怒れる人が羨ましい(つまり、仕事上廃棄することをせざるをえない)」とあるので、イの「罪悪感を感じながらも、図書館職員として理性に従い仕事をしている」と考えているのである。問4、「口元がゆるむ」とはほほえむことを表す。有季がほほえんだのは、好きな本(『ライ麦畑でつかまえて』)の話を通して自分たちの思いが伝わり、傍線部前にあるように七曲が「あの図書館の魔女も許してやろう」と言ったからである。つまり、「難しいと感じていた」のは七曲の誤解を解くことであり、誤解が解けたときの気持ちは最後にあるように「嬉しかった」「誇らしかった」ので、それらをまとめればよい。問5、アの「夕方のオレンジ色の光が」は図書館ではなく、七曲の家の描写である。

二 問2、「何が(誰が)～どうした(どんなだ)」というのが主述の関係である。問4、⑴手紙の三段落めの冒頭の「いただいた」だけが、「ですます調」で書かれていない。⑵Aさんの「他にはありますか」という質問に答えているのでエの「助言」となる。

三 **中空萌「自然と知識——環境をどうとらえるか?」**(「文化人類学の思考法」所収)より。問1、傍線部の次の文章から説明されている。「天然のままで人為の加わらぬさま」『人為』と対置されているという意味でnatureと共通している。

……ゆえにこの語が翻訳語として選ばれた」はウにあるとおり。問2、I に続く「ではなく」に着目する。I ではなく、種間のかかわりあいに焦点を合わせる」とあるので、I には、種間のかかわりあいを考えていないことが入る。それはこの段落にある「自然を分類する(唯一精神を持った)人間という想定」である。問3、傍線部の前に書かれているので、「魂」と「固有」を含めてまとめればよい。問4、筆者は「都市生活のなかの自然」としてペット、カラス、ウイルス等の生きものや事物として実在するものを挙げている。アの「専門的知識」やエの「環境主義のスローガン」は生きものや事物として存在しないので「適切でない」。問5、まず「普遍的」は、二段落の最後に「『自然と(人間のつくりだした)文化』という分け方自体が、西洋の文化が構築したものであって、普遍的なものではない」とある。これが本文の前提である。「具体的」は、「このように人間が…」で始まる段落に「多様な動植物や事物とのやりとりのなかでしか生きられない具体的な存在として、みずからをとらえなおす」とあり、続く段落には「他の多様な生物、モノと私たちの日々の具体的な関係に目を向ける」とある。その結果「多様な存在の緊迫した関係をもクローズアップする」とあるので、以上を字数内にまとめればよい。

四 「**無名草子**」より。問2、直前の反語文に着目する。退屈を紛らせる珍しい物語はない、と言っているので、「適したものがない」のである。問3、上東門院が紫式部に対して「何を差し上げたら良いでしょうか」と「申しければ(申し上げたので)」、「珍しい物語はない」と言ったのは紫式部である。問4、「通釈」を参照。筆者はどちらが本当なのか分からないと述べているので、本文にある二つの話を選べばよい。ア・ウ・エは本文にはない。

通釈 大斎院より上東門院に対して、「退屈を紛らすことができる物語がございますか。」と尋ね申し上げなさったところ、(上東門院は)紫式部をお呼びになって「何を差し上げたら良いでしょうか。」とおっしゃったので、「珍しい物語は何がございましょうか、いや、ございません。新しく作って差し上げなさいませ。」と申し上げたので、(上東門院は)「(あなたが)作りなさい。」とおっしゃったのを、(紫式部が)お受けして、「源氏物語」を作ったというのは、すばらしく結構なことでございますという人がおりますと、また、(別の人が)(紫式部が)まだ宮中にお仕えもしないで里におりましたとき、このようなものを作り出したことによって、(上東門院に)召し出されて、そのため紫式部という名がついた、と申すのは、どちらが本当でございましょうか。

五 資料を読み取るときは、はっきりと分かる部分や大きく変化する部分に着目する。埼玉県の魅力に関しては、半分以上が魅力を感じていることと、その理由として「住みやすさ」「交通の便」「山、川などの自然が豊か」を取り上げ、自分の体験と結びつけて答えればよい。

千 葉 県

問題 P.54

解答

一 (1)は　(2)たび　(3)たいよ　(4)はくらく　(5)針小棒大

二 (1)垂　(2)耕　(3)収益　(4)登録

四 (1)イ　(2)しないことです　(3)求ムル木之長キヲ者ハ、必ズ固クス其ノ根本ヲ。　(4)いただけるとは

五 (1)(a)イ　(b)I異なる立場　II伝えるための最大限の努力　(2)エ　(3)ウ　(4)I違いを認める　II相手の領域に大きく踏み込む　(5)エ

六 (1)ア　(2)ウ　(3)イ　(4)家のことよりも尚七の将来　(5)I息子に学問の才を生かせる場所を与えてやれなかった　IIア

七 (1)おしえたまいし　(2)のちの人　(3)エ　(4)イ　(5)I伝え方を変える　II自分の意見を相手にわかってもらいやすい

八 (例)

資料Iから、家族や同じ地域出身の友人など身近な人々の間で方言を使うことが多いと分かる。だから地域の特産品や商業施設の名前が方言であると、地元の人々が産物を誇りに思い、郷土愛を深める効果があると思う。

一方、他の地域の人々に方言を使うことは少ないと分かる。だが、特産品や施設の名前に方言を使い、その意味に興味を持ってもらうことで、他の地域の人々にもその土地や人々への親近感を抱かせる効果が期待できる。

解き方

四 (1)「その場しのぎ」は、「その場だけをとりつくろって、切りぬけようとすること」の意。(2)「こつ」という体言(名詞)の説明なので「…こと」とする。(3)離れたところに返る場合は「一・二点」を使う。(4)「食べる」の謙譲語は「いただく」なので、「いただける」にすれば一文節で同じ意味になる。

五 **細川英雄「対話をデザインする——伝わるとはどういうことか」**より。(1)(a)傍線部の段落の冒頭にある「このように」は直前まで長い部分をまとめる働きがあるので、「このように」以降を見ると「おしゃべりの多くは、かなり自己完結的な世界の話ですから……モノローグ(独り言)に近いわけでしょう」とある。「自己完結的な世界」とは、イの「自分本位に語る行為」である。(b)ダイアローグの説明は傍線部BやCの手前にあるので、該当箇所を探せばよい。(2)傍線部の段落にある「つまり」に着目する。句点に続く「つまり」はそれまでの内容を簡潔に結論づける働きがあるので、「つまり」以降を見ると「その話題は、他者にとってどのような意味を持つかということが対話の進展には重要」とある。この「他者にとっての意味」が、エの「聞き手にとっての意義」と対応する。(3)傍線部は前にある「すなわち」以前の部分をまとめたものである。「すなわち」以前では「異なる立場の他者に納得してもらう」「他者を促し交渉を重ね」という二つの要素を述べ、それらを「相互関係構築のためのことばの活動」としている。これはウ「互いの理解につなげていくこと」である。(4)Iは「相手の価値観を受け止める」を自分の言葉で言い換えればよい。本文の最後の部分には「異なる価値観を受け止める」とある。IIはどういう行為によって「相手の背景どうしが接点を持ち、相手の社会の複雑さを受け入れる」かを考える。(5)筆者は他者を相手としたダイアローグの重要性を述べていることに着目する。ダイアローグとは傍線部Cで述べられている「相互関係構築のためのことばの活動」である。

六 **西條奈加「六花落々」**より。(1)「手の平が急に汗ばんでくる」のは緊張している状態を示す。傍線部の前で、尚七は「役料は七人扶持」と言われ、驚き緊張している。(2)父の心情を問うているので、父の行動に着目する。尚七が返答に困っていると、父が尚七より先に了解する。傍線部前で「忠常から念を押されても、葦兵衛の横顔は変わらなかった。」とあるので、父は決意を固めていたことが分かる。これがウの「尚七に口を挟ませまいと態度で示す」「息子を手放す大きな決断」に対応する。また傍線部の「ゆっくりと平

伏した」は「一切を委ねた言葉の重みをかみしめている」様子を表している。(3)傍線部の直前に「長いあいだそんな負い目を抱えていたのかと」とある。「そんな負い目」とは、尚七の「学問の才」を「生かしてやることができなかった」ことを示すので、尚七に学問をさせてやりたいという父の強い心情を初めて知ったのである。(4)尚七が返答に悩んだのは家族と別れるからである。父はそれを承知で息子の将来のために申し出を承諾したのだから、「家よりも尚七の将来」を大切に考えたのである。(5)Ⅰ父のせりふに「とぶ場所さえ与えてやれなんだ」とある。「とぶ」とはこの場合、尚七の学問の才を生かすこと、である。Ⅱ「泣き笑い」の「泣き」は尚七の学問の才を生かすことができない気持ちなので「悲哀」となる。イ「後悔」やウ「恨み」では泣かない。また、負い目を抱えて生きてきたことでエ「喪失感」は生まれない。

七 **二条良基「筑波問答」**より。(2)「あらぬ人」とは「別の人」という意味である。三位入道は二人の人に蹴鞠を教え、「あらぬ人」は二人めの人なので「のちの人」となる。(3)それぞれ人の特徴に合わせて教え方を変えているので、「気質＝個人の持つ特徴」となる。(4)傍線部前に「是はその人の気に対して教へかへられ侍るにや」とあるので、筆者は三位入道の気持ちをすでに理解しているのである。(5)Ⅰ相手に応じて教え方を変えるのだから、意見を伝える場合は「伝え方を変える」となる。Ⅱ伝え方を変えた効果は、「自分の意見が相手にわかってもらいやすい」ことである。

通釈 昔、難波の三位入道殿が、人に、蹴鞠を教えなさったのを側でうかがったところ、「手の構え方はどれだけでも開いているのがよい」と教えられた。その次の日、また別の人に会って、「鞠の持ち方は、どれだけでも閉じているのがよい」とおっしゃった。これはその人の気質に対して教えを変えなさったのでしょうか。後日に尋ね申しましたところ、「そのことでございます。先の人は手が閉じていたので、開いているのが基本であると教え、のちの人は手が開いていたので、閉じているのが基本であると申したのです。」仏がこの世のあらゆる生き物の気質に対して様々な法を説きなさったのも、みなこのようである。

八 資料1から分かるのは、方言は家族や同じ地域の友人に対して使う場合が多く、他の地域の友人にはあまり使わない、ということである。方言を地元の人に対して使えば親しくつき合うことができ、他の地域の人に使えば、方言や自分の地域に興味を持ってもらうことができる。これらを資料2と組み合わせて考えるとよい。

東京都

問題 P.59

解答

一 (1)なが　(2)へんきゃく　(3)たんれん　(4)ていねい　(5)ひた

二 (1)射　(2)暮　(3)群　(4)輸送　(5)背景

三 〔問1〕ウ　〔問2〕ア　〔問3〕エ　〔問4〕ウ　〔問5〕イ

四 〔問1〕イ　〔問2〕エ　〔問3〕ウ　〔問4〕ア

〔問5〕(例)

私が所属する生活委員会では、三年生を中心としたグループを作って、役割を分担しています。月ごとに相談しながら、挨拶運動や下校点検など、そのときに必要な活動ができるよう、柔軟に分担や編成を決めています。

筆者は、自律分散的に状況に対応する組織を理想としています。私は、個々が周囲と協力し補い合い、自分で考え行動できる組織が理想と考えます。私も自ら行動できる生活委員になれるよう努力していこうと思います。

五 〔問1〕エ　〔問2〕ア　〔問3〕イ　〔問4〕エ　〔問5〕ウ

解き方

一 **瀬那和章「わたしたち、何者にもなれなかった」**より。〔問1〕「苛立ちながら」という「心情」を表す語と、あせる気持ちを余計にせき立てるような「チクチク」という「一定リズム」の擬音語に着目する。アの「音と色彩」も「チクチク」という音とマーカーの色を表していてよさそうに見えるが、「受験に向けた勉強が進」んでいないということは文章中から読み取れない。イは「時間の経過とともに順序立てて」が、エは「味気ない部屋の雰囲気」「誇張して」がそれぞれ不適。〔問2〕傍線部前の「やりたいと思える限りやればいい」「大人になったら、なんで映画を撮れないの?」という「楽観的」なサキの言葉と、「いずれ、私たちは大人になる。」「いつまでも親の脛をかじってらんないでしょ。自分でお金を稼いで、食べていかなきゃいけない。」という「私」の言葉とから考える。〔問3〕傍線部前の「ね、大丈夫でしょ。私たちなら、必ずなれるよ。」というサキの囁きを聞き、「短編部門の最優秀賞」の「実感がわい」て、「私たちは、すごい。私たちは、無敵だ。」と思い、「涙がこぼれた」ことから、「誇り」と「感動」の涙であることを押さえる。「私」が「監督」を務めたかどうかはわからず、サキの回すカメラの被写体となっていることから、むしろ出演者と考えるほうが自然なので、イは不適。〔問4〕傍線部前の「東京の番号からかかってきた」電話を受賞の知らせと考え、「驚いた顔一つせずに、カメラを回していた。」ことから、今回の受賞について「自信をもっていたこと」や「満足している」様子が分かる。〔問5〕傍線部前の「この日から……」で始まる段落以降にある「これから先、映画で食べていくという自信」「卒業しても……映画を撮ろうね。」「私たちは一緒だ」「未来への確かな予感」などに合うものを選ぶ。

四 **福岡伸一「動的平衡3」**より。〔問1〕「商行為」とは、「元手・労力」＝「消費したエネルギー」をかけて「製品」＝「創出させた秩序」を作り、かけた元手より大きな「もうけ」＝「大きな利益」を生み出すことである。〔問2〕前段で「商社パーソン」の「商行為」を例に挙げて「エントロピー増大の法則」との闘いを説明し、それを受けて、その法則と対峙し闘っている「生命体」のことを提示しているが、第四段以降の話題が「生命」の「動的平衡」であるので、それが「筆者の主張」の中心であることが分かる。アの「乱雑化という課題に対する具体的な解決法」、イの「生命の本質に関わる自説の根拠となる事例」、ウの「エントロピー増大の法則について順序よく整理しながら説明」は、それぞれ書かれていないこと。〔問3〕第五段の内容を押さえること。「エントロピー増大の法則に凌駕され、秩序は崩壊……生命の死を意味する」のが「(大きく)変わ」ることで、「自らを常に、壊し分解しつつ、作りなおし、更新し……絶え間のない分解と更新と交換の流れ……動きつつ、釣り合いをとる」ことが、傍線部後半の「(つねに小さく)変わり続けてきた」に当たることに着目。〔問4〕第十段の内容を押さえる。「生命の動的平衡は自律分散型で」「個々の細胞やタンパク質は……前後左右のピースと連携を取りながら絶えず更新されている。」「ピース近傍の補完的な関係性(相補性)さえ保たれていれば、ピース自体が交換されても……絵柄は変わらない」ということと合致するのを選ぶ。〔問5〕「具体的な体験や見聞」を必ず入れて、そこから導き出された「意見」を書くこと。

五 **「井上靖対談集　歴史・文学・人生」・服部土芳「三冊子」・森田峠「三冊子を読む」**より。〔問1〕傍線部あとの「茶室で茶を主客飲み合うという無形のもの」への「鑑賞の仕方」に、

「芭蕉と利休のあいだに」「共感するものがある」と述べ合っていることから考える。アは「茶室や庭に芸術性を見いだし……利休の残した様々な作品について高い価値を認めている」、イは「西洋人と東洋人の芸術観について比較する上で」、ウは「他の三人の先達と比較することで」が、それぞれ不適。〔問2〕傍線部直前の、井上氏の「あの場に自分も一員として参画し、自分もほかの人の発句を鑑賞して、それらを理解して、そしてそれをさらに進めていくような形で自分のものを出していく」という連歌や連句の進め方と合うのはアである。〔問3〕傍線部の前後の対話は、「そうですね。」「…消えるんでしょうね」→「消えるんです。そこなんです」「ああ、そうですか。」「ほんとうですね。」と、相手の言葉を肯定する言葉や相づちなので、アの「疑問を抱き」や、ウの「不思議に思い」は除外できる。井上氏の「その(連歌、連句の)喜びは……茶室における喜びも消えると同じように消えるんでしょうね」という言葉に、山本氏は「消えるんです。そこなんですよ。…」と「賛同し」、「消える」ということに「話題を焦点化させている」。〔問4〕傍線部はほぼ文末の「　」のなかに引かれているので、現代語訳の対応する部分を探せばよい。「風雅」は芭蕉にあっては「俳諧」のこと。〔問5〕「たとひ」は現代仮名遣いでは「たとい」。

東京都立　日比谷高等学校

問題 P.65

解答

一 (1)しょうこ　(2)きょそ　(3)せつれつ　(4)しんちょく　(5)じじょうじばく

二 (1)結　(2)背信　(3)一頭地　(4)金輪際　(5)博覧強記

四 〔問1〕人間は、「同じ」という概念を得て、同じものを指し示し、他者と交流できるように言葉を生み出した。(47字)　〔問2〕ウ　〔問3〕エ　〔問4〕イ　〔問5〕(例)

「人間の情報化」が進むことで、コミュニケーションにおける誤解が生じやすい世界になっていく。例えば、SNSなどにおける情報は、実際に発した言葉や態度の情報のみであって、生身の人間の表情や雰囲気が失われている。そして、その情報が過剰に表現されていくことで、実際に伝えたかったことや言葉の真意が伝わらずに誤解が生じ、様々な問題が引き起こされている。

このように、「人間の情報化」は人間同士の直接的なやりとりよりも誤解が生まれやすい。従って、人間が本当に求めている世界にはならないと考える。

解き方

四 養老孟司「AI無脳論」(『文藝春秋』にみる平成史』所収)より。〔問1〕「それによって」とは『同じ』という概念を獲得」したことによって、ということ。つまり、それによって、たとえば「花という物」と「ハナ」という音声が同じものを指すので「等価交換」できることに気づき、他者に伝えるためには物より「ハナ」という音声を使うほうが便利で汎用性があることから言葉を生み出していったと思われる。〔問2〕「心の理論」を「三歳児と五歳児」で確かめたことから、どのようなことを指して「心の」としているのか考える。三歳児と違って五歳児は、「相手の立場に立」って「お姉ちゃんの頭(=心)の中がどうなっているのか考え」る(=推察する)能力を身に付けていることを確かめる実験である。〔問3〕傍線部の直後の段落に、「あらゆる人工物は……脳の産物に他なりません。そこでは、植物や地面などの自然すら、人為的に配置されています。」と述べられていることから考える。土の道が「効率的に利用」しやすいように舗装され、自然林は作業しやすいように杉やヒノキなどの純林に植え替えられたように、「私たちの身の回りの世界」の全てのものが脳によって「意識的に」作られたものになった、というのである。〔問4〕「同じものが追求され」た「現代の都市」が「感覚をそぎ落としている」ことの例として挙げられている、直後の段落に書かれている「オフィス」のありさまから考える。明るい・暗いも、暑い・寒いも、晴れも雨も関係なく、みんな同じ刺激のなかで生活し、しかもゴキブリも蚊もハエも不快なものは全て排除された空間では、人と異なる刺激を与えられることはなく、したがってそれぞれの人ごとに呼び起こされる感覚というものは発生しえないのである。〔問5〕まず、「筆者の指摘する『人間の情報化』がどのようなものであるか、これに該当する具体的な例」を示さなければならないが、文章中で筆者が示している具体例、つまり、「人体に関する情報」が記されたカルテやパソコンの画面ばかり見ていて、患者の表情や様子を見ようとしない医療現場、本人確認のために、本人を目の前にして書類に書かれた情報を求める銀行窓口の事務員、同じ部屋で働いている上司に対面して口頭でするのではなくメールで報告する新入社員、など類似の具体的例を探し、それを踏まえたうえでの「考え」を述べること。「肯定的な考えでも否定的な考えでもよいが、取り上げた具体例との整合性を考えること。

東京都立　西高等学校

問題 P.68

解答

一 (1)さ　(2)ひつぜつ　(3)しょうせい　(4)へいいはぼう

二 (1)直　(2)紙背　(3)便益　(4)百家争鳴

三 〔問1〕ウ　〔問2〕イ　〔問3〕エ　〔問4〕イ　〔問5〕将棋は孤独な戦いだと実感した寂しさが、二回目の対局で強敵と互角に戦ったことを経て、競い合い共に向上する喜びへと変化した。(60字)　〔問6〕ア

四 〔問1〕エ　〔問2〕ア　〔問3〕ウ　〔問4〕エ　〔問5〕ウ　〔問6〕イ　〔問7〕(例)

確かに現代の人間はすべてがデータ化された生活を送っているが、個々人の行動は決してデータ通りではなく、その場その時の各人の意志と感情によって決定されることが多いと思う。そして、その意志や感情を決めるのは、もって生まれた身体と感覚、育った環境やそこで育まれた性格などで、それらを個々人についてデータ化するのは難しく、たとえ二重存在的になっても、最終的には身体と感覚に基づき考えたことが優先されると思う。

五 〔問1〕ア　〔問2〕あれこれと物思いする(場所)　〔問3〕ウ　〔問4〕ウ　〔問5〕エ

解き方

三 佐川光晴「駒音高く」より。〔問1〕傍線部前で将棋の有賀先生に「野崎君みたいにしっかり挨拶をしよう」と言われたこと、そのことで、傍線部直後で「航介君のおとうさんと田坂監督に胸のうちで感謝した」ことから、ウ。〔問2〕二週間前に「ぼく」に完勝した山沢君としては、すでに実力差はよく分かっており、そんな相手と対局しても結果は目に見えているのに、という思いがあるはず。アは「有賀先生を後回しにして」が誤り。それは初めからの予定。ウの「ぼく」が「熱心に研究を重ねてきた」というのは、山沢君は知らないこと。エは「人数合わせ」「有賀先生を内心うとましいと思った」が不適。〔問3〕アの「積み重ねた努力の成果」という表現は、「二週間」の研

究に対して使うのは大げさ。イの「勝利が現実になりつつある」、ウの「山沢君と対局できるとは思っていなかった」がそれぞれ不適。〔問4〕「キツネにつままれる」は、思いがけないことが起こって、わけが分からずぼんやりすること。「ぼく」の実力を認めた有賀先生に研究会や奨励会の話をされても、将棋界のことを何も知らない父と母は、わけが分からずぼんやりしているのである。〔問5〕「…敵なのだ」は、心底そう思う、ということで、それに対して「…ぼくだって思っていた」は、以前はそう思っていたが、今は違う、ということ。将棋はチームメイト同士で励まし合う野球と違って、「自分以外は全員が敵」の孤独な戦いであることを思い「さみしくなった」のが、山沢君と互角の勝負をしたことをきっかけに、今は「同じ将棋教室に通うライバル」同士として「一緒に強くなろう」という気持ちになり、「ぼくの心は(喜びで)はずんでいた」のである。〔問6〕「ぼく」の視点から書かれた文章であり、「ぼくはさみしくなってきた」「初めて将棋が怖くなった。」「絶対に負けるわけにはいかない」等々、「ぼく」の心中を直接に描写している部分や、「(見てろよ、山沢。今度は、おまえが泣く番だ。)」、「(よし、そうこなくちゃな。)」などのように、「ぼく」の思いを、( )でくくって表していることに着目する。イの「山沢君の翔太への態度は淡々とした変化の無い描写」は、「メガネの奥の目をつりあげた」や「ムキになった態度」とあるのと合わない。ウの「登場人物の心情表現を排除」も不適。エの「直喩表現の多用」も合わない。

四 **港千尋「インフラグラム　映像文明の新世紀」**より。〔問1〕「『非物質』展」についてまとめている「ひとことで言えば……」で始まる段落の内容に着目する。「近未来的な物質……残っているのは……思想や言葉といった『非物質』のほうだ……35年前に使われた電子的なメディアのほとんどは……すでに姿を消しているのだ……展覧会の名称としては、間違ってはいなかった」の記述と合致するのはエ。〔問2〕傍線部の「それまでとは異なる現実が登場しはじめた」ことを、傍線部あとにあるように「展覧会のレジュメ」では「モノの複雑さ」と表現していることや、それは「わたしたちの世界を構成しているモノが、もはや以前のようなモノではなくなることではないか、という問題提起だった」ということから考える。「以前のようなモノ」＝「物質や人体」は、そこに存在するモノ＝確固たる実在(現実)として捉えられるモノであったが、科学技術の発展によって、たとえば「光の応用範囲を拡張してきた」写真が、「第二に…」で始まる段落で述べられているように「3Dスキャナ」によって「スキャンした物体をデータとして転送し、別の場所で出力すること」で「物体とイメージの区別が次第になくなってゆく」ように、モノの存在が曖昧になる時代が始まったということ。〔問3〕傍線部直後の「商品広告の圧倒的多数が、依然として写真というメディアによっている」という具体例や、次の段落の「写真は……複合的な科学技術の産物である。」「今日の文明は……写真抜きで成立するとは誰にも想像できない。」ということから考える。〔問4〕傍線部直前の「それは」の指示内容を押さえること。同じ段落冒頭の「異なる種類の情報を結びつけ……雑誌のようでもあ」り、「撮影され、印刷され……保存される」「写真は」ということ。それを踏まえているのは、エの前半。またエの後半は、「写真は光学と化学…」で始まる段落で、「記憶や思考といった心の働きにも影響をもっている」と述べられているのに合致する。〔問5〕傍線部について直後で「物体はイメージの一形態であり、イメージは物体の一形態……物体としての存在様式と、イメージとしての存在様式が二重化している」と述べ、そのような「モノの持つ性質を『超物質性』」と呼んでいるが、その「超物質性」について詳しく述べた次の段落の内容を読み取ること。〔問6〕「だがここで注意したいのは…」で始まる段落までが、「『非物質展』」の紹介だが、展覧会は「現実の不思議さ」の例ではないので、アは不適。次いで、「今から思えば…」で始まる段落から異なる種類の情報を結びつける写真について説明し、末尾の三段落で、モノの持つ「超物質性」について述べ、そんななかで、「人間とは何なのか……わたしたちはどこへ行くのか」ということや「生の意味」、つまり「人間のあり方」を問いかけているので、イが適切。「今後の人間の生きる道」について、最終段落で「現代の文明は……取り返しのつかない結果をもたらそうとしているのではないだろうか。」と、現状に危機感を抱いてはいるが、それについてはその前の段落で「わたしたちは自分自身で考え、答えを見つけるほかはない」と述べているのであって、「今後の人間の生きる道について悲観的な観測をしている」わけではないので、エは不適。また、ウの「写真がすべての生活の基盤になった社会の危険性」も誤り。〔問7〕まず、「その意味で」の指示内容をきちんと押さえること。徹底的にデータ化され、それを受け入れて生活している人間と、もって生まれた身体と感覚をたよりに生きていくしかない人間のあり方を「二重存在的」といっていることを踏まえたうえで、そのことに対する考えを書く。

五 **池田彌三郎「日本の旅人　在原業平」**より。〔問1〕本文後半の「それは…」で始まる段落以降の「文芸の上の約束ごととして……『人に逢うところ』であった」「宇津の山は、道が細く、暗く、従って心細く……蔦が茂り、楓が繁り……旅行者は……誰か人に、逢うことになっていた。」とあるのに着目する。イは「街道の重要地点」が、ウは「軍記物語では……涙ながらに越えてゆく」が、エは「夢の中でさえも会えない人に会うために」が、それぞれ不適。〔問2〕あとの［　　］の「三河の国の八橋にも着くと」に着目。〔問3〕傍線部の「弁」は「区別する」の意。ウの「弁別」が同様に「区別すること・見分けること」の意。〔問4〕「それ」が指しているのは直前の「日本文学における『旅の記』というものが、どういう性質のものであるかということ」であるが、その「性質」の具体的内容は傍線部の直後で、「日本の旅人が、旅中で経験することは、あることがらは、すでに旅行への出発前からきまっていた、ということ」と述べられている。このことを言い換えているのが、ウの「既知のことがらをたどるもの」である。〔問5〕「あるいはこうもいえるだろう。」として述べられている最終段落の内容から考える。エの「文学作品の中に描かれ……自然である」は、本文の「日本の自然は、文学に把握されたもののみがそこに存在する。」ということを、「文学作品に……歴史として人々に受容されてきた」は、本文の「日本の歴史は、文学の選択と濾過……そこに存在する。」ということを、それぞれ言い換えたものである。

東京都立　国分寺高等学校

問題 P.76

解答

一 (1)きよ　(2)は　(3)あきら　(4)あざけ　(5)救護　(6)射　(7)皮革　(8)操縦士

二 〔問1〕イ　〔問2〕エ　〔問3〕息子の　〔問4〕ア　〔問

5〕ウ　〔問6〕エ

三　〔問1〕ア　〔問2〕①A国家が市場　B功利主義的　②エ　〔問3〕ウ　〔問4〕イ　〔問5〕(例)

私は「多元論」の考え方を支持する。中学二年でのグループ学習による研究発表では、班員の一人が意見を頑固に主張して仲間の意見を聞かず、話が偏った方向に進んで不本意な発表になった。三年の時は、前年の反省から班員全員が意見を出し合って様々な視点からの研究を行い、新たな観点による結論を得ることができて、発表はクラスで好評だった。この経験から、広く他者の知恵を集め、耳を傾ける「多元論」の考え方が良いと考える。

四　〔問1〕エ　〔問2〕ウ　〔問3〕ア　〔問4〕イ　〔問5〕エ　〔問6〕ア

解き方

二　**堀江敏幸「平たい船のある風景」**より。〔問1〕傍線部前後から読み取れる「私」の情報は、①「私」に見えているのは妻と息子の背中だけである、②「私」は息子がパスタを、水を張った鍋に投入する様子を想像している、③「私」はテーブルでビールを飲んでいる、ということである。これらの記述から読み取れない感情表現の入った選択肢(アの「つまらなさ」、ウの「期待し心から応援」、エの「心配そうに」)は、いずれも不適。〔問2〕傍線部およびその前後から読み取れる「妻」の情報は、①「妻」はセンダンの木がある家の記憶がよみがえっている(傍線部前)、②「妻」は興奮している(傍線部)、③「私」にその家のセンダンが好きだったということを語っている(傍線部あと)、の三つだけである。ここから読み取れる内容に合致するのはエだけである。〔問3〕傍線部の「右左を気にして」「子どものため」という語に着目しながら本文に戻ると、「妻の職場は…」で始まる段落に「息子の将来を考える」「つまらない世間体に気をとられていた」という記述がある。〔問4〕傍線部およびその前後から読み取れる「私」の情報は、①「私」はこの新しい住居での生活を「妻とふたりで決めたことだ」と考えている(傍線部前)、②「私」はこれからはこの平たい船(＝新居)を頼りない日々に浮かべて生きていこうと考えている(傍線部)、③「私」は(生活で)何が起きようとも、丈夫なもやい綱を結び、安易な風に流されない(ように生きていこう)と考えている、の三つだけである。ここから読み取れる内容に合致するのはアだけである。〔問5〕ウは、点線部Cの前を見ると、センダンの木について「ふつうは差し障りがあって庭に植えない」という旧習と「成長が速くて、どんどん伸びてくる。伐りたいと思っても、根を絶やさないかぎりどうしようもない」という欠点が書かれており、それに対して点線部で欠点を「生命力がある」という長所に置き換え、「庭に植えない」という旧習を、「葉っぱは虫除けにもなるから、木の家にはむしろいい」と否定していることが分かる。アは「擬人法」が「空の表情の劇的な変化」を表しているというつながりが本文に存在しない。イは「非現実の世界への入り口が生々しく表されている」が誤り。点線部B直後で「酔いのせい」「ぼんやりした頭」とあるので、この想像はあくまで、ぼんやりとしたものである。エは「はかなげな美しさ」が誤り。〔問6〕、エの「センダンの木の不思議な力」「妻の表情の変化や行動」「子どもを授かったときのこと」については点線部Cから点線部Dの間で細かく書かれている。また「新たな幸せな出来事のきざし」も傍線部(4)前後の肯定的な記述から読み取ることができる。アは「不愉快になった」、イは「妻は息子の料理につきあっているうちに感覚が鋭くなり」が、ウは「若い感覚についていけずにやや居心地の悪い思いをしている」が、それぞれ本文で確認できない。

三　**猪木武徳「自由の思想史」**より。〔問1〕アは3段落を見ると、「消極的自由」について「主体が、いかなる他人からの故意の干渉も受けずに……放任されているべき範囲」「他人によって干渉されない範囲が広がるにつれて、その人の自由も拡大される」「私生活の範囲と公権力の範囲のどこに境界線を引くのか」とあり、これらはすべてアの内容に合致する。イは4段落に「積極的自由」に関する記述があるが、「権力者が干渉できる範囲」に関する話はされていない。ウは根拠となる部分がない。エの「それぞれ独立の概念として論じるべき」については1段落に「限界がある」と述べられている。〔問2〕①A「一つ目の理由」という設問文の語に着目して前部を見ると、6段落の中ほどに「ひとつには」という語があることが分かる。そして続く「国家が市場……ロスを被る」までの部分が指定の字数に当てはまることを確認する。BAで見た「…ロスを被る」の直後に「功利主義的に考える」とあり、これが空欄直後の「な考え」という語に対応している。②傍線部あとの8〜10段落までのポイントをまとめると、「国家という単一理性が与える知識……ではなく、多くの人々が関わる……ほうが、……『真理』により近づきやすい」「さまざまな思考実験や生活の多様性は、……それぞれの個性にあった『新しい方法』をもたらす重要な契機になる。」「自由な実験や競争を許さないで、単一理性の提供する知識のみを強制すると、さまざまな可能性の扉を閉ざしてしまうことになる」となる。これらの要素を的確に踏まえた選択肢はエ。イが紛らわしいが「時間がかかり」という点が問題になっている記述はない。〔問3〕ウの10段落における「競争」への注目は、〔問2〕②で確認したとおりである。また11・13段落では、競争のメリットが述べられ、間の12段落では、競争についての補足的な説明として「機能」の話がされている。よって段落の構成の説明として適切である。〔問4〕イの「経済社会で競争の過程」については11段落に具体的に書かれている。「科学の実験」とは次の文にあるように「発見のための手続き」のこと。アは3段落に「『消極的自由』は、英国近代史における自由への戦いのなかで育まれた」とあるので、点線部と対照的なレッテルを貼るとすれば、その相手は「古代世界」ではなく「英国」でなければならない。ウは「そこから逸脱することなく」に該当する部分がない。エは点線直前にあるように、「知識の扉を閉ざす」原因は直前にあるように「われわれの信念」であり、「公権力が……人々の思考力を弱めてしまう」からではない。〔問5〕14段落に「一元論」＝「社会の問題にも『科学的に決定的な』回答を原理的に見出し得るとみなす」＝正しい答えは一つだけ、「多元論」＝「人間行動における無意識的な要素の存在や知識の不完全性を強調する」＝いろいろな意見の集合体が正しい答え、という対比があることを確認したうえで、どちらかの立場で自分の考えを述べる。

四　**安田登「平家物語」・長田暁二「日本の愛唱歌」**より。〔問1〕「暗躍」とは、人に知られないように活動すること。ここでの「暗」は、人に知られない、という意味。エの「暗号」の「暗」が同じ意味。〔問2〕本文中に引用されている「大原御幸」の現代語訳を見ながら各選択肢の内容を確認すると、ウの記述はすべて現代語訳に合致していることが分かる。アは「遠い山々にはまだ桜が咲いており」が、イは「多くの人が大原の里を訪ねている」が、エは記述内容全体が、それぞれ現代語訳に合致しない。〔問3〕アを見ると、「二番では主にエ段の音を用いて寂しい情感を表現している」とあるが、「朧月夜」の二番でエ段の音が用いられているのは

「火影」「鳴く音」「鐘」「霞める」の四つであり、ア段の音を持つ「里わ」「火影」「田中」「辿る」「蛙」「鳴く」「鐘」「さながら」の八つと比較しても数が少なく、むしろ一番同様「ア段の音を多用することで明るく静かな雰囲気を漂わせている」と考えるほうがよい。〔問4〕傍線部の次の段落の初めに「ここに書かれている景色は、建礼門院の心情であり、また法皇の心情でもあ」る、とあるので、人物では決められない。また「心にさざ波が立っているような状態」とは、心が穏やかではない状態、心が乱される状態、という意味なので、これがイの「穏やかではいられない」に対応していることが分かる。〔問5〕傍線部の「鳴く郭公の虚ろな響き」と「心の空しさ」という語を踏まえて選択肢を見ると、エの「鳴くほととぎす」が「鳴く郭公」に、「もの思ふ」が「心の空しさ」に対応していることが分かる。〔問6〕傍線部は建礼門院と法皇と聴き手の心情は無意識のレベルで同じものであり、その心情は感情表現ではなく景色の描写によって共有される、ということ。この内容に最も近いアが正解。

神奈川県

問題 P.84

解答

一 (ア)1ゆうかん　2しっそう　3しゅんびん　4ほころ　(イ)a1　b4　c2　d3　(ウ)4　(エ)2

二 (ア)1　(イ)4　(ウ)2　(エ)3

三 (ア)3　(イ)1　(ウ)2　(エ)1　(オ)3　(カ)4

四 (ア)1　(イ)3　(ウ)2　(エ)1　(オ)Ⅰ分かりやすい　Ⅱ妄信的な考え方　(カ)4　(キ)4　(ク)2

五 (ア)3　(イ)(家庭用水の使用量が減った主な理由は、)節水便器などの技術が進歩するとともに、人々の節水に対する意識も高まった(からだと考えられます。)

解き方

一 (ウ)例文の「が」は、対象を表す格助詞。1は並立を表す接続助詞。2は逆接の接続助詞。3は連体詞「我が」の一部。4は対象を表す格助詞。(エ)「轟く」とは、大きな音が鳴り響くこと。よって、「聴覚的に捉え」とある2が正解。

二 **「伊會保物語」**より。(ア)傍線部の盗人の発言が、「われその日より片時のいとまもなく、御辺のことをこそ祈り候へ。」という僧の発言を受けてのものであることに着目。僧が「一瞬の暇もなく自分のことを祈っている」というのに対し、効果がないのでうそをついていると思ったのである。(イ)直前の盗人の発言に「これに井戸の侍るぞや。われ上より縄をつけて、その底へ入れ奉るべし。飽くまで水飲みたまひて、上がりたく思しめし候はば、引き上げ奉らん。」とあり、特に何かを企てている様子は見られない。(ウ)傍線部直前の「その儀」とは、その前の「かの僧、そばなる石にしがみつきておるほどに」を指す。石にしがみついていれば、盗人が引っ張ったところで上にあがるはずがない。(エ)盗人の態度を指摘するためにわざと水を飲みたいと言い、井戸の中で石にしがみついたことが、「僧の謀」である。1は「出家したいという訴えを一度は断られた」が、2は「強い悪念ゆえに改心は難しいと皆から言われていた」が、4は「『僧』が持つ祈りの力を信じられず心を閉ざしていた」「修行の大切さを懸命に伝えようとする熱意に心を動かされ」がそれぞれ不適。

通釈 盗人は、僧の袖を引きとめて、怒って申すことには、「私はあなたを頼りにしているけれども、その甲斐がない。祈誓(神仏に祈り、心に誓いを立てること)なさっていないのではないか。」と申すので、僧が答えて言ったことには、「わたしは(頼まれた)その日から一瞬の暇もなく、あなたのことをお祈り申し上げています。」とおっしゃるので、盗人が申すことに、「あなたは出家の身として、うそをおっしゃるのですか。その日から悪念だけが生じるのでございます。」と申すので、僧ははかりごとをして、「急に喉が渇いて仕方がない。」とおっしゃったので、盗人が申したことに、「ここに井戸がございます。わたしが上から縄をつけて、その底へお入れしましょう。満足するまで水をお飲みになって、(井戸の外へ)上がりたいとお思いになられましたら、引き上げ申しましょう。」と約束して、例の井戸へ(盗人は僧を)押し入れた。例の僧は、水を飲んで、「お上げなさい。」とおっしゃったとき、盗人は力を出してえいやと引くけれど、全く上がらない。どういうことかと思って、うつ伏せになって見てみれば、どうして上がるはずがあろうか、例の僧は、そばにある石にしがみついているので、盗人が怒って申すことに、「なんともあなたは愚かな人であることだな。その様子では、どうして祈祷も効果があるだろうか。いやないだろう。その石をお放しなさい。たやすく引き上げ申し上げましょう。」と言う。僧は、盗人に申すことに、「そうであるからこそ、わたしがあなたのことを祈念しましても、このようにございますのですよ。いかに祈りを捧げるといっても、まずあなた自身が悪念の石を離れなさらずにおられるほどに、あなたのような強い悪念は、善人になりづらいのです。」と申されたので、盗人はうなずいて、「もっともなことであるなあ。」といって、足元にひれ伏して、それから髪を切って出家し、そのまま僧の弟子となって、並々ではない善人になった。

三 **野中ともそ「洗濯屋三十次郎」**より。(ア)「まぶしい陽射しに困惑する」とは、嬉しいけれどどうしたらいいか分からない様子を例えたものである。傍線部の直後に「あいつは店を継がせるには頼りねえが、なんか違うもんにでもなんだろ。楽しみに見ててやろうじゃねえか、とか。」とある。1は「誇らしく思っている」のであれば苦々しい顔をするはずである。2は「ハンカチを色水で染めた作品を褒める言葉」が、4は「家族を和ませるための実験」が、それぞれ本文中の記述と一致しない。(イ)「そんなこと」とは、三十次郎の将来を期待する言葉である。「あの夏。…」で始まる段落に「長男だけをあからさまに贔屓していたような洋二郎も、まだ『家族』を見ていたのだ。」とあることから、洋二郎が三十次郎を気にかけていたことを、長門はここで初めて知ったと考えられる。2は「『洋二郎』が『三十次郎』の無責任さを黙認していた」が、3は「染み抜き職人として『洋二郎』に裏切られたと気づいた怒りを抑えている」が、4は「跡継ぎとして『三十次郎』に期待するがゆえの行動であったことに気づいて」がそれぞれ不適。(ウ)傍線部の直前の「あのとき、中島クリーニングが崩れ落ちるのを食い止めたのは、ひょっとしてこの薄ぼんやりした男のつけた、ハンカチの染みだったのかもしれない。」と感じて「泣きたいような笑いたいような気持ち」になった長門が、直後で「いえ、あまさが歯にしみまして。」と、思ったこととは関係ないことを話しているのに着目。感じたことを胸に留めておこうとしていると考えられる。(エ)長門が今まで知っていた中島家は兄ばかりが贔屓される姿だったが、三十次郎が話した、染められたハンカチのエピソードを受けて、長門は洋二郎が三十次郎のことも気にかけていたことを知り、見方が変わっている。

これを反映しているのは1。(オ)傍線部に「私も」とあるように、染みのついたシャツを残すことを、染色されたハンカチを全てきれいにせず残しておくことに重ねており、長門も三十次郎の将来を期待して見守ろうとしていると考えられる。

四　**中屋敷均「科学と非科学　その正体を探る」**より。(ア)「こういった科学的…」で始まる段落で、「現在の社会で『科学的な根拠』の確からしさを判断する方法として採用されているのは、この権威主義に基づいたものが主である」と指摘したうえで、続く段落で権威主義を肯定し、さらにその次の段落で権威主義を否定している。よって、Aに「もちろん」、Bに「しかし」が入る。(イ)傍線部の直後に「生物のように変化を生み出し、より適応していたものが生き残り、どんどん成長・進化していく」とある。(ウ)傍線部直前の「科学の進化し成長するという素晴らしい性質は、その中の何物も『不動の真理』ではない、ということに論理的に帰結」や、直後の「絶え間ない修正により、少しずつより強靱で真実の法則に近い仮説ができ上がってくるが、それでもそれらは決して一〇〇%の正しさを保証しない」に着目。「絶対的に正しい」ものがあるのだとすれば、そこにたどり着いた時点で進化も成長も止まるのであり、逆に言えば科学が常に成長し続ける以上、「絶対」はないのである。(エ)傍線部あとの二段落にわたり、科学的知見の確からしさについて正しい認識を持つことが、現実においてどのようなことなのか述べられている。直後の段落では、一口に「科学的知見」といっても、成熟度の違いや手法の違いなどにより、「確度が大きく異なったものが混在」していると述べられている。また、続く段落では、「一つの問題に対して専門家の間でも意見が分かれることは非常に多く、そのような問題を非専門家が完全に理解し、それらを統合して専門家たちを上回る判断をすることは、現実的には相当に困難なこと」とある。(オ)I傍線部直後に「この手法の利点は、なんと言っても分かりやすいこと」とあるので、Iには「分かりやすい」が入る。II傍線部から四つあとの段落に「『権威が言っているから正しい』というのは、本質的に妄信的な考え方であり」とある。(カ)傍線部を含む段落の後半部分に、「権威主義者に見られる典型的な特徴が、それを構築する体系から逸脱するものを頑なに認めない、という姿勢である。それは権威主義が本質的に人々の不安に応えるために存在しているという要素があるからであり、権威主義者はその世界観が瓦解し、その体系の中にある自分が信じた価値が崩壊する恐怖に耐えられないのである」とある。(キ)傍線部直前の段落に「科学を支える理性主義の根底にあるのは、物事を先入観なくあるがままに見て、自らの理性でその意味や仕組みを考えることである。」、傍線部の段落に「〝科学的に生きる〟ことにとっては、〝信頼に足る情報を集め、真摯に考える〟、そのことが唯一大切なことではないかと思う。」とあるのに着目。これらと一致するのは4。

五　(ア)各選択肢の正誤を「グラフ」を見ながら検討する。たとえば、1は平成27年度の家庭用水の使用量のうち「風呂・シャワー」の使用量は八七・六リットル、「トイレ」の使用量は四六リットルで、「風呂・シャワー」の使用量のほうが多いので誤り。2以下を同様に検討してみる。(イ)「技術」と「意識」という二つの語句を、どちらもそのまま用いること、というのがヒントとなっている。会話の前半では、Cさんが発言している節水便器や、Bさんの発言にある風呂水を汲み上げる機能のある洗濯機や手洗いの十分の一程度の水で洗える食器洗い乾燥機等、技術の進歩によって使用する水の量が少なくなった家電が増えていることが述べられている。また、後半では、人々の節水に関する意識が高まっているという話がなされている。この二つの話を一文につなげ、空欄に合うような形で述べればよい。

新潟県

問題 P.92

解答

一　㈠1すぐ　2つい　3ね　4かいきょ　5きゅうご　6らんおう　㈡1垂　2冷　3種　4庁舎　5包装　6貯蔵

三　㈠イ　㈡きかい　㈢エ　㈣ア　㈤船の人は見送る人々に自分の思いを伝えたいが、手紙を渡すことも海を歩いて渡ることもできないということ。(50字)

四　㈠それは、つ～らである。㈡ウ　㈢イ　㈣効率化や経済化の観点からだれかと分かち合う時間を節約して得た自分だけの時間までも、効率的に過ごそうと考えるようになったということ。(65字)　㈤エ　㈥多くの敵意に満ち、孤独な人間が増えている状況を解消するためには、他者と時間を重ね合わせて生きていくことで信頼関係を深め、互酬性にもとづいた暮らしをとりもどすことが必要だということ。(90字)

解き方

三　**紀貫之「土佐日記」**より。㈠「追ふ」には、目的地に向かっていくという意味がある。㈢傍線部の前の部分を確認する。国境までで見送りを終える人が多いなかで、藤原のときざね、橘のすゑひら、長谷部のゆきまさなどといった人々は、あちらこちらと追ってきたのである。㈣傍線部を含む「海のほとりにとまれる人も遠くなりぬ。船の人も見えずなりぬ。」と、直後の「岸にもいふことあるべし。船にも思ふことあれど、かひなし。」は対になっており、同じようなことを岸の視点、船の視点から言っている。船の人が見えなくなったのは、岸からの視点である。㈤Bの文章の最後の段落に、「『ふみ』という言葉には、『手紙』を表す『文』という意味と、『踏み渡る（歩いて渡る）』を表す『踏み』という意味が掛けられています。」とある。Iの和歌では「ふみしなければ知らずやあるらむ」とあるので、歩いて渡ることも手紙を渡すこともできないから、見送ってくれる人々を思う気持ちを伝えたいという望みがかなわないのである。

通釈　九日の早朝に、大湊から、奈半の港を目指そうということで、漕ぎだした。

この人あの人とお互いに、国の境の内まではと、見送りに来る人がたくさんいる中で、藤原のときざねや橘のすゑひら、長谷部のゆきまさたちは、館を出発なさった日から、あちらこちらと追ってくる。この人々こそ、志ある人である。この人々の深い誠意はこの海（の深さ）にも劣らないだろう。

ここから、今は漕ぎ離れていく。これを見送ろうとして、この人々は追ってきたのだ。このようにして漕ぎ行くのにつれて、海のそばにとどまっていた人々も遠くなった。（岸の人々からは）船の人の姿も見えなくなった。岸（の人）にも話したいことがあるだろう。船の人にも思うことがあるが、どうしようもない。こうではあるけれど、この歌を独り言として、やめにした。

見送る人を思う心は海を渡るけれども踏み渡っていくことも手紙を送ることもできなければ気持ちはわからないだろう

四　**山極寿一「ゴリラからの警告　『人間社会、ここがおかしい』」**より。㈠傍線部直後の一文は、傍線部の具体例にあたる。それを受けて「それは、つきつめて考えれば…」と続くが、この「それ」は、傍線部の「人は時間に追われて生活している。」を受けている。よって、「それは、つきつめて考えれば、人間の使う時間が必ず他者とつながっているからである。」を抜き出せばよい。㈡空欄直前の部分が原因、あとの部分が結果という関係になっている。㈢傍線部直後に「野生のゴリラは長い間人間に追い立てられてきたので、私たちに強い敵意をもっている。しかし、……許してくれる。それは、ともにいる時間が経過するにしたがい、信頼関係が増すからである。」とある。㈣傍線部の直前の段落で、「…戦後に高度経済成長をとげた日本人は、他人に邪魔されずに自分だけで使える時間をひたすら追い求めた。そこで、効率化や経済化の観点から時間を定義する必要が生じた。つまり、時間はコストであり、金に換算できるという考え方である。」とあり、傍線部の直後に「自分の欲求を最大限満たすために、効率的な過ごし方を考える。」とある。「常にだれかと分かち合う時間」(第五段落)を効率化や経済化の観点から節約することで本来ならばどのように使ってもいいはずの「自分だけの時間」を捻出したにも関わらず、結局効率化を考えてしまうのである。㈤空欄直後に「他者のなかに自分を見るようになり、他者の目で自分を定義するようになった。」とある。㈥筆者が「いのちをつなぐ時間をとりもどすことが必要」と主張する理由は、直前にあるように「世界は今、多くの敵意に満ちており、孤独な人間が増えている。それは経済的な時間概念によってつくりだされたものだ」からである。経済的な観点から効率化を追い求めてきたが、「人間は時間を他者と重ね合わせて生きている」(最後から二段落め)のだから、「仲間に自分の時間をさしだし、仲間からも時間をもらいながら、互酬性にもとづいた暮らしを営」(同段落)むこと、つまり「いのちをつなぐ時間をとりもどす」ことで、孤独を解消できると考えているのである。

富山県

問題 P.95

解答

一 アけいさい　イあこが　ウしょうち　エ借　オ衛星　カ縦横

二 1、ア　2、与えられる　3、自らの意思でどれか一つを選ぶこと(ができる。)　4、願望の実現・幸福な状況　5、ウ　6、イ　7、a選択　b不運　c困難な状況　8、(1)遭遇　(2)所与としての人生のなかでは必ずさまざまな人や出来事と遭遇するから。　9、所与と遭遇によって用意される選択肢を選ぶことで、人生が変化してゆくこと。

三 1、ウ　2、効率の良い作業方法　3、ア・エ　4、ヒグマ　5、ヒグマの副担当になるという願いが叶うかもしれないと期待する気持ち。　6、イ　7、ウ　8、自分が動物に優劣をつけていたことを見抜かれていると感じたから。　9、こども動物園の担当になってがっかりしていたが、前向きにがんばろうという気持ちになった。

四 1、いえども　2、(1)ア　(2)小臣　3、千　4、エ

五 (例)(選んだ俳句の番号)④

空からゆっくり、そして静かに雪が舞い降ります。大きくてふんわりとした雪はまるで綿あめのようです。子供たちが、その下で大きな口を開けてはしゃいでいる様子が目に浮かんできます。

寒い印象の冬ですが、雪が降ったときの景色は格別です。山々は、白く輝き、神々しく見えます。足あと一つない雪の田に思わず飛び込みたくなります。春夏秋冬と様々な色を見せる日本の季節の中でも、この白く輝く世界を先生にも味わってほしいと思います。

解き方

二 **桑子敏雄「何のための『教養』か」**より。1、アは上一段活用、イは五段活用、ウは下一段活用、エはサ行変格活用。2、条件文中の空欄直前の主語「命は」に着目する。本文冒頭の段落に「生まれるということは、命を与えられるということである。」とある。3、設問文中の「できる」に着目して、本文から同じ語句を探す。傍線部③のあとの「複数の選択肢……選ぶことができる」とあるので「できる」から遡って十六字を抜き出す。4、傍線部の次の文に「よりよい選択とは……をもたらす選択であり」と書いてある。5、空欄のあとの「不運が生じることもある」に着目する。副助詞「も」は、類似した事柄を列挙したり、同様の事柄がまだあることを言外に表したりするので、添加の接続語「さらに」が正解。6、空欄直後の「選択」には「よい・正しい」や「悪い・誤った・正しくない」といった二面性があるので、「分かれ目」を意味する熟語を選ぶ。7、それぞれ空欄あとの「を誤る」「に見舞われる」「を生きる」に着目して、本文から同じ語句を探す。ただし空欄cを「そのような状況」にしては不適。指示語「その」が指す具体的な「状況」を同じ段落から抜き出す。8、(1)傍線部前の「所与としての生きていること」の直前「もまた」に着目して、その直前の語句を抜き出す。(2)設問文中の冒頭「なぜ」に着目して、本文から理由を説明する「…から」を探す。傍線部⑥のあとの「そのなかで……出会うから」の部分を、指示語「その」の内容を明らかにして簡潔にまとめる。9、傍線部にある「人生の彩り」の同義語を本文から探す。同じ段落に「人生の豊かさ」とあるので、その直後の「所与と遭遇によって用意される選択」が正解。ただし解答欄が三行あるので、さらに傍線部の前にある「選択によって人生は変化してゆく」をつけ加える。

三 **片岡翔「あなたの右手は蜂蜜の香り」**より。1、千と万は、非常に数が多いことの例え。ただしエは「色々と様々に変化すること」という意味なので、正解はウ。2、条件文中「一方で動物に対しては手を抜けない」に着目して、傍線部の直前の「動物に対しては無駄を省いちゃいけない」と対になる表現を探す。3、イは問1に矛盾するので不適。ウは第二段落めにある「全てを憶えろと言われたわけじゃない」に矛盾するので不適。4、傍線部の二つ前のせりふに「ヒグマの担当は、…」とあり「あたし」がヒグマに関心を持っていることが分かる。5、傍線部前の「まだ副担当が残ってる」と、そのあとにある「もしかしたらもしかしたら……汲んでくれるんじゃないか」の箇所を分かりやすく説明する。6、空欄の前にある「まぁそう気を落とさずに。」や、空欄直後の「バレたらしい」に着目して、がっかりする、ショックを受けるという熟語を選ぶ。7、傍線部直前の「軽やかさ」が含まれている選択肢はイとウ。ただし、イは問6に明らかに矛盾するので不適。8、明確な理由は本文中のどこにも書かれていないので、世間一般の常識の範囲内で「黒豹」という猛獣のイメージを膨らませるしかない。傍線部のあとのほうにある「怒っているのは確かだった」に着目する。園長が怒っている理由は、傍線前のせりふ「動物によって……優劣は何一つありません」から分かる。9、変化前の気持ちは問6や、傍線部⑥の前にある「恨むように蓮見さんを見る」を参考にする。変化後は最終文の「気を引き締めて頑張らないと。」しかない。

四 **「十訓抄」**より。2、(1)傍訳を参考にして、一段落めの、

黥布という身分の低い家臣が、背信の心があったことを、侮っていた人物を考える。(2)条件文中の「立場」に着目して、身分の低い家臣、という意味の語句を抜き出す。3、本文二段落めの「この口が一の徳をならひて、かの万が一の失をのがるべし。」が対句表現。よって「万慮に一失」と対句関係になるのは「千慮に一徳」なので、正解は千。4、筆者の主張は最終文「あやしきもの(身分の低い者)にもものを問ひ、学ぶること(学ぶこと)を恥にせぬなり」にある。

通釈 昔、漢の高祖と楚の項羽が、秦の天下を争った時、多くの合戦を繰り広げたけれど、高祖は傷を負うことがなくて、ついに項羽を亡ぼして、天下を取った頃に、黥布という身分の低い家臣が、背信の心があったのに、高祖は(黥布を)侮って、自分自身で(黥布を)攻撃なさるうちに、流れ矢に当たって、お亡くなりになった。

どのようなことについても、人を侮ってはいけないのである。総じて賢人も万に一つの失敗がある。愚かな者も千に一つの徳がある。この千に一つの徳を見習って、あの万に一つの失敗を免れるべきだ。

これによって、「賢い人は形だけの教えにとらわれない」とも言う。「聖人は草を刈る人や木こりに相談する」と言った。この真意は、よい人は人を侮らずに、身分の低い者にも物事を尋ね、学ぶことを恥としないのである。

石川県

問題 P.98

解答

一 問1、(1)たずいえつ　(2)たいだ　(3)なか　(4)は　問2、(1)粉雪　(2)雑草　(3)刻　(4)絶景

二 問1、ア　問2、イ　問3、A品川　B竹崎　問4、失敗すれば、生命の危機に繋がる　問5、過程を評価したいという磯貝の意図のとおり、三人が熱心な議論を通して決断したことが確認できたから。(48字)　問6、せします。　問7、コンテストに出ると動物の幸せに加えて他人の評価も考えてしまうが、両立できない場合は、本来の目的である動物の幸せを優先すべきだと気づいたから。(70字)

三 問1、エ　問2、目の前のモノ　問3、答え・意味合い　問4、エ　問5、(情報)ア・イ・エ　(知識)ウ　問6、(情報収集」とは)目に見えている情報に加えて、知識と照らし合わせるための情報を増やすことであり、情報が多い方が多くの意味合いを得ることができるから。(65字)　問7、メッセージを得る手段である点は三つに共通するが、「感じる」だけが情報と知識の意識的な加工プロセスが無く、他の二つでは「思考」の方がより能動的であるということ。(79字)

四 問1、いて　問2、イ　問3、ア　問4、桃の枝　問5、Aやせたる法師　B貧窮(または貧窮殿)　C貧乏の原因であった貧窮が困っていると知ると、泣いて同情する

五 (例)(選んだ符号)ア

なぜなら、資料IIのAさんのように「長い時間は聴けない」人やDさんのように「足腰の弱い」人にとっては「自由広場」が便利だからである。資料Iを見ると、「自由広場」は入り口から近いのですぐ分かり、短時間で楽しめ、歩き回らなくて済む。またこの場所は芝生や席までさえぎるものがないので、B・C・F・Gの人もそれぞれの場所で楽しめ、Eさんのじゃまになる人混みも「芝生公園」の周りに生じないと私は思う。

解き方

二 **佐藤青南「市立ノアの方舟」**より。問1、「おっしゃい」は「言い」の尊敬語。問2、「ように」を用いてあるものを別のものにたとえるのが「直喩」である。問3、傍線部のあとで出てくる三人とは「竹崎」「品川」「麻子」で、「二人の後輩を頼もしげに見て、竹崎が言う。」とあるので、「先輩」=「竹崎」、「後輩」=「品川」「麻子」であることが分かる。問4、傍線部の「動物の採餌」について述べられている箇所を前のほうで探すと竹崎のせりふが見つかる。その中の「野生では狩りが失敗すれば、生命の危機に繋がる」という記述が傍線部の「動物の採餌を、同じ次元で語るのは適切ではない」に該当することが分かる。問5、直前の「これが……きみたちの答えなんですね」「三人が同時に頷く。」という記述に着目する。三人で答えを出して、みんな納得していることが森下の「満足」につながっていることを踏まえ、本文の冒頭に戻ると、「森下さん、もしかして答えを知っているんですか」という磯貝の会話文があり、その少しあとに「あれだけ熱心に取り組んできたのに参加を取りやめる時点で、熱心な議論と決断の過程があったということでしょう。」「園長は、過程を評価する仕組みを作りたい……そうおっしゃいましたよね。それなら大成功だ」という、森下から磯貝園長への会話文があるので、ここから、磯貝園長は過程を評価する仕組みを作りたいと言っていたが、三人が同時に頷く姿に、熱心な議論と決断の過程を実感し、森下も磯貝園長と同様に満足したのだと理解し、この部分を簡潔にまとめる。問6、「磯貝が思い出した」とは、磯貝の過去の話であるということなので、本文中で磯貝の過去の話を探すと、傍線部①のあとのほうに「園内エンリッチメントコンテストの受け付けは、昨日までだった。」とあり、そのあとに磯貝が「朝礼の後、竹崎を呼び止め、なぜ参加しなかったのかを訊いた」のに対し、竹崎が「よかったら、展示場にいらしてください。答えをお見せします。」と答えたところまでが、磯貝の昨日の記憶=過去の話である。問7、傍線部④の前にある「それで、コンテストへの参加をやめたというわけですか。」という記述に着目して前後の内容を確認する。まず前では「お客さんにとっては、常同行動をしているほうが、動きがあって楽しいのかもしれません。だけどネーヴェにとっては、餌を待ち続けるこの状況のほうが、何倍も張り合いがあるはずなんです」「どちらか一方しか選べないのなら、僕らはネーヴェの幸せを選びます」とあり、さらに「他人がどう評価するかではなく、動物にとってなにが最善かを真っ先に考えて行動できるように」とあるので、これらの内容を重ね合わせて記述を行う。

三 **波頭亮「論理的思考のコアスキル」**より。問3、直後の「このような、情報と知識を照らし合わせたり繋ぎ合わせたりして何らかのメッセージを得る」という記述に着目してあとを見ると、傍線部③およびその直後に「情報を知識と照らし合わせてみると……答えに辿り着くことができる」とあるので、この、得るもの=辿り着くもの、という関係から、一つめは「答え」であることが分かる。さらに次の段落には「情報と知識を照らし合わせたり繋ぎ合わせたりして意味合いを探す行為」とあるので、この、得るもの=探して見つかるもの、という関係から、二つめは「意味合い」であることが分かる。問4、直後の「この場合においても」という指示語を手がかりにしてあとを見ると、「思考してみたが、有効な答えが得られなかった」とあるので、この答えが得られない、という状態と同じ意味内容を示す選択肢を選ぶ。問5、第二段落に「目の前のモノについて

の情報と符合する知識」とあるので、ここから「目の前にあるもの」＝「情報」、「目の前にないもの」＝「知識」という区分ができる。ウの「菜の花が咲く季節」＝「春」という「知識」ということになる。問6、傍線部④の段落には「『それが何か』を分かるためには……情報が多い方が答え／意味合いを導きやすい。」「自分の持っている知識と照らし合わせるための材料が多い方が、多くの意味合いを得ることができる」「知識と照らし合わせるための情報を増やす」とあるので、これらを重ね合わせて「今見えている情報に加えて、知識と照らし合わせるための材料（＝情報・追加情報）が多い方が、答え（＝意味合い・「それが何か」）を導きやすくなるから」という形で解答をまとめる。問7、「思考」については第二段落に「情報と知識を照らし合わせたり繋ぎ合わせたりして何らかのメッセージを得るプロセスが『思考』である」という説明がある。次に「感じる」については傍線部④の直後の段落に「『感じる』には情報と知識の意識的な加工プロセスが無い」「無意識的・受動的に発生するリアクションとしてのメッセージを得ることが『感じる』である。」という説明がある。最後に「思う」については傍線部⑤の段落に「『思考』と『思う』には……共通性がある。」「その共通性は情報と知識・経験とを照らし合わせる・繋ぎ合わせるプロセスを経て、意味合いが浮かんでくるという点である。」とあり、さらに一段落あとに「『思考』と『思う』の相違点は、意味合いを得ることに対する能動性の度合いである」「『思う』はそれほど……能動的に情報・知識の加工をしているわけではない」という説明がある。これらの説明を重ね合わせて簡潔にまとめる。

四 無住「沙石集」より。問2、「年ごろ」とは古文では「長年・何年もの間」という意味。問3、「弟子にも、小法師にも持たせて」いる人間は、弟子でも小法師でもない者である。問4、直前に着目。円浄房と弟子、小法師が何のために桃の枝を持ったのか。問5、A第二段落の冒頭に「夢に、やせたる法師一人、古堂にゐて」とある。B同じく第二段落に、夢から覚めた円浄房が「この貧窮、いかに侘びしかるらん」と言っていることから考える。C空欄直後の「とても優しい人」に着目して、円浄房の優しさが書かれている場所を探すと、末尾の部分で、自分を貧乏で苦しめたはずの「貧窮」に対して「いかに侘びしかるらん」と言って泣いているので、ここから、自分を貧乏で苦しめた相手である貧窮ですら、その貧窮が困っていれば同情して泣く、という点が「優しい」の意味するところだと分かる。

通釈 尾張国に、円浄房という僧がいた。暮らし向きが貧しくて、年齢も五十歳になっていたが、弟子の僧が一人と、小法師（年若い法師）が一人いた。（円浄房は）「長年あまりに貧乏なのが悲しいので、貧乏を、今こそ追い払おうと思うのだ」と言って、大みそかの夜、桃の枝を、自分も持って、弟子にも、小法師にも持たせて、呪文を唱えて、家のなかから次第にものを追うように（枝を）打ちつけて、「今こそ貧乏神殿、出ていかれよ、出ていかれよ」と言って、門まで追って、門を閉めてしまった。

その後の夢に、やせた法師が一人、古堂に座って、「長年お側におりましたが、（あなたが私のことを）追い払いなさったので、お別れいたします」と言って、雨に降られてどこにも行けず、泣いている（という夢を）見て、円浄房が語ることには、「この貧乏神、どんなにつらく思っているようか」と、（語って）泣いた（という）ことこそ、（円浄房が）情け心を持っている（者）と思われる。

それ以後、（円浄房は）暮らし向きに不自由なく過ごした。

五 まず資料Ⅰから、各広場やステージの特徴を確認する。「自由広場」は公園の正面ゲートのすぐ近くにあり、小さなステージがあるがベンチはなく飲食は不可である。「芝生広場」は公園のなかほどにあり、ステージはないが広い芝生のスペースがあり、ベンチはなく飲食可である。周りにはジョギングコースがある。「水上ステージ」は公園の一番奥にあり、周辺にベンチが置かれ、飲食可である。次に資料Ⅱを、資料Ⅰで確認した広場やステージの特性に合わせて分類すると、Aさんのように園内をよく知らない人、Hさんのように短時間だけ聞きたい人、Dさんのようにあまり歩けない人には「自由広場」が向いていると考えられる。またCさんのような子ども連れの人、Gさんのように散策もしたい人なら「芝生公園」が向いているし、Bさんのように食事と花見と音楽を同時に楽しみたい人、Fさんのようにゆっくり座って音楽を聴きたい人なら「水上ステージ」が向いている。Eさんのようにジョギングを楽しみたい人は「芝生公園」以外を望むだろう。こうした点を踏まえて、自分はどの場所が、誰にとって、なぜよいと思うのか、という観点から自分なりの解答を書く。

福井県

問題 P.102

解答

一 問㈠ウ・オ　問㈡ア　問㈢人と人をつなぐための対話（12字）　問㈣（ドイツで）勉強していた日本学　（日本で）得たいろいろな情報　問㈤（文化とは、）集団的な枠組みで捉えられるものではなく、対等な関係を結んだ他者との対話のプロセスに組み込まれた、一人ひとりの意識・認識であり、動態的・流動的なものである。（77字）　問㈥イ

二 問㈠①けいよう　②たいしん　③こうおつ　④は　⑤衛星　⑥宿敵　⑦射　⑧整然　問㈡エ

三 問㈠奪うように　問㈡イ　問㈢遮られて、届かなかった　問㈣たくさんの人の愛情と仕事がかけられて長い時間をかけていたんできたものを、粗末にし、反省しないこと。（49字）　問㈤ａ畏敬の感情　ｂ感情を外に上手く出すことができず、人への怒り方が分からない（29字）　問㈥エ

四 問㈠かたらいていわく　問㈡未だか〜ば見ず　問㈢ア　問㈣ばらを手に入れること。　問㈤ウ　問㈥ａ別れを惜しんだ　ｂ同じ株から生えている

五 （例）

私は一律に無料で提供されている日本のサービスを必要な人が選択できるようにするのが望ましいと考える。なぜなら、資料A①から、店のレジで、はしなどを入れるのは過剰だと思う人が六十三％もおり、不必要なサービスを受けている人が多いとわかるからだ。

たしかに、資料B②の意見のように、必要な物を入れてくれると自分で準備しなくてよいので便利だ。だが、これらはごみになる。特に海洋汚染の原因のプラスチックごみは減らすべきだ。したがって、私は必要な人にだけ有料でサービスを提供すべきだと考える。

解き方

一 細川英雄「言語・文化・アイデンティティの壁を越えて」（「かかわることば」所収）より。問㈠問題文の「の」は格助詞で主語を示し、「が」に置き換えられる。ア・エは連体修飾語、イは体言の代用を示す。問㈡Aの前の文の内容について、空欄のあとで言い換えて説明していること、Bの前の文の具体例を空欄のあとに示していることから考える。問㈢「かかわらない言葉」は「人と

人の関係性から離れ……見ること」を言い換えていることに着目し、それと対照的な意味を表す部分を探す。問㈣傍線部の二段落あとに、「ザビーネは、なぜ自分が……気づくようになる」とあり、その直後にドイツと日本の具体例が示されているので、字数に注意してまとめる。問㈤最終段落に述べられている筆者の考えを指定語句に注意してまとめる。筆者は文化とは、「集団的な枠組みで捉える」ものではなく、その前の段落で述べられているように「一人ひとりのことばのやりとり(＝対話のプロセス)の中に……組み込まれている」とすると、文化は「一人ひとりの意識や認識」であり、「動態的・流動的なもの」だとしている。また、最後から三つめの段落で、対話を成立させるためのさまざまな要素の基盤となるものが「対等な関係」であるとしている点にも着目する。問㈥一～三段落で問題提起、四～十段落で具体例、十一～十三段落で筆者の考えを述べている。

二 問㈡ア、Aの楷書には点画の省略はない。イ、Bの行書は、楷書と異なる筆順・画数である。ウ、Cの明朝体のいとへんの「折れ」の書き方が楷書や行書とは異なる。

三 **住野よる「麦本三歩の好きなもの」**より。問㈡第二段落にある男子学生は本を弁償することが「不本意」で「むすっとしている」ことから考える。問㈢学生たちの「大きな声に叩き落とされた」は三歩の声が大きな声に遮られる様子を、「床に転がった」は三歩の声が学生たちには届かず聞こえていない様子を、それぞれ表す比喩表現である。問㈣傍線部の「そんな」は、直前の文の「それをあんな……反省する気もない」を指す。さらに、「それ」は、その前の「長い時間をかけていたんできたもの」について説明している、「長い時間をかけていたんできたものには……仕事がそこにかけられている」の部分を指していると捉えてまとめる。問㈤優しい先輩の姿を見て、傍線部前にある「畏敬の感情と、最近の自分の悩みとが完全にリンクした」三歩の具体的な悩みは、傍線部あとの「今の注意の仕方……怒り方を教えていただけませんか?」というせりふから分かる。問㈥この文章全体の特徴は、平易な表現や、主人公の視点に沿った、独特でユーモラスな表現にある。また、主人公の日常を淡々と温かく描いているといえる。

四 **「注好選」**より。問㈡最後に「と。」がある部分に着目する。枯れたばらを見て嘆いて言った言葉がある。問㈢「色に随ひ、香に付きて」は「ばらの花の色を見、花の香をかぐにつけても」という意味、「千万の喜びあまりあり」は「千万といってもなおあまりあるほどの喜び」と訳せる。つまり、「ばらの花の美しい色を見、よい香りをかぐに付けても、はかりしれない大きな喜びを得た」のである。問㈣人々は「荊三茎」を手に入れたいと願うが、兄弟の家以外では見つからないのである。問㈤「(かれたばらが)また元のように花は咲くでしょうか。」と祈っているのである。問㈥a「吾が三荊、別れを惜しむが為に枯れたり。」とある部分に着目する。b兄弟三人の血がつながっているように、三荊は同じ株から三本のばらが生えている。

通釈 昔、三人(の兄弟)がいた。田祖・田達・田音といった。さて田一族が代々住む家に庭の植え込みがあった。一年中花を咲かせる同じ株から生えた三本のばらがあって、一つは白の花、一つは赤の花、一つは紫の花だった。昔からずっと受け継いで宝として、(美しい三色の花の)色を見、(かぐわしい花の)香をかぐにつけても、はかりしれない大きな喜びを得た。人々が(同じような三茎のばらの花を手に入れようと)願うけれども未だにほかの場所では見つかっていない。そして(兄弟の)父母が亡くなったあとに、この三人の身はたいへん貧しくなった。(三人で)相談して言うことには、「私たちの家を売って、他国に移住しよう。」と。その時に隣国の人が、(三人の家の)三本のばらを買った。(三人は)三本のばらを売って、金銭を得た。その翌朝に、三本のばらの花は落ち、葉は枯れてしまった。三人はこれを見て嘆いた。未だかつてこのようなことは見たことがない、と。祈って言うには、「私たちの三本のばらは、別れを惜しんだので枯れたのです。私たちは(この家に)とどまりましょう。もう一度、元のように花が咲くでしょうか。」と。すぐに金銭を返した。翌日になるにつれて(三本のばらは)元のように元気になった。(したがって、三人は)家を去ることはなかった。こういうわけで契りのことを三荊というのである。

山梨県

問題 P.107

解答

一 一、アあいさつ　イはんぷ　ウきょだく　エうるお　オあざ　二、ア祝福　イ郵便　ウ放牧　エ幼　オ拾　三、散 入ニ春 風一 満ニ洛 城一

二 一、使われていました　二、ウ　三、相手に応じて、外来語を使うかどうかを考えている(23字)

三 一、ア　二、エ　三、C地産地消　D輸送距離が長くても、総合的にエネルギー消費が少なくなる(27字)　四、イ　五、効率的な資源の利用のために食品廃棄量を半減させる。(25字)

四 一、むかいたれば　二、イ　三、A同じ気持ち　Bもうしばらく対座していたい(13字)　四、ア・ウ

五 一、Aイ　Bケ　二、エ　三、C空気感そのもの　D先生の手の動きと言葉とを合わせて理解することができなかった(29字)　四、巧みな技術よりも、絵の中に心が生き生きと描かれていることの方が大切だということ。(40字)　五、エ　六、(例)

逆上がりの時、私の腕はだらんと伸び、足は途中までしか上がりませんでした。それを見た先生は、「腕立て伏せをやって腕と腹筋の力を付けなさい」と助言してくれました。それで夏休み中、毎日腕立て伏せ十回にチャレンジしました。初めは一回するのがやっとだったのが、二十回はできるようになり、二学期に、楽に逆上がりができました。

何かができるようになるためには、その技術だけでなく、基礎体力が重要であること、大切なのは総合力であることを悟りました。

解き方

一 三、「春風ニ」「入リテ」、「洛城ニ」「満ツ」と、二文字以上、上に返るときは「一・二点」を使う。

二 二、Cさんの「日常生活で使う言葉なので」、Dさんの「和語や漢語に置き換えることができるのでしょうか」、Bさんの『根拠』という言葉に置き換える……置き換える短い言葉が…」、Cさんの「該当する日本語がなく…」などの発言から考える。三、「モチベーション」という外来語について、Dさん、Bさんがそれぞれ「友達や家族と話すときにしか使いません」「目上の人や初対面の人に対して使うのは抵抗があります」と述べていることから、「相手によって、外来語を使うかどうか(を決めている、を考えている、が決まる、が変わる)」という意味のまとめが入るはず。

三 **石川伸一『「食べること」の進化史 培養肉・昆虫肉・3Dフードプリンタ』**より。一、傍線部あとの「LEDの光を

制御すること」や「カリウムを含まない養液を使うこと」は「人工的に環境を変え」ることであり、その結果、「ビタミン類の栄養素が変化する」ことや「『低カリウムのレタス』を作ること」になることを押さえる。二、Aは前後で分かるように「農場と食卓の……距離を縮めてくれる」ことなので、どの選択肢の言葉もあてはまるが、Bは前にあるように「生産をより身近なものに感じさせる」ことなので、「精神」しか入らない。三、傍線部あとに「輸送に関わるエネルギーが……距離が近い地産地消ほど望ましい」とあるのに着目する。四、「農学が……学問の一つとなったこと」が「新しい生産方法……つながったということ」の原因とは言えないので、アは不適。ウの「新しい生産方法の開発」や「食のグローバル化」はかえって「環境負荷」を増大させることにもなるので誤り。「環境問題を優先するべきである」という主張はされてないので、エも不適。五、資料に書かれている「消費者が取り組むことのできる」内容は、「廃棄物の発生防止と再利用」「消費者による……食品廃棄量を……半減させる」などなので、廃棄物と資源の関係から述べると書きやすい。

四 **兼好法師「徒然草」**より。一、語中・語尾の「は・ひ・ふ・へ・ほ」は「ワ・イ・ウ・エ・オ」と読む。二、「有益」「無益」の「益」で、「役立つこと、ためになること」の意。「なし」は「無し」。三、A「喜んで迎える」客はどんな客か、本文の傍訳を参考に考える。B「いましばし」どうしたいのか考える。ちなみに、阮籍は気に入らない客は白い眼で迎えたと伝えられ、これが「白眼視」の語源。四、「同じ心にむかはまほしく思はん人……この限りにはあらざるべし」と合うのは、ア。「心づきなき事あらん折は……そのよしをも言ひてん」と合致するのは、ウ。

五 **砥上裕將「線は、僕を描く」**より。一、A「素早い」動作を表す言葉。B直前の「手と筆がそもそも一つであったかのような」動きを表す言葉としてふさわしいのは「収まりの良さ」。二、アは「先生の信頼を得ようとして」が、イは「上達しようとあせっている」が、ウは「手順を始めから覚え直そうとしている」が、それぞれ不適。傍線部の前のほうの「出来上がったものは……何とか植物に見える程度の拙い絵だった」、傍線部直後以降の「なぜ、同じようにならないのだろう?」「…うまくいかないのだろう?」「は、はい。とにかく描き続けました」などとあるのと合うのは、エ。三、C空欄部あとの「その時間の中にとどまっていたい」に対応する本文中の表現は「技術を凝視…」で始まる段落の「ずっと見ていたい」「ずっとこの瞬間の中に浸っていたい」だが、そんな思いになったのは、空欄部直後にあるように、何「に引き付けられ」たからかということを読み取る。「湖山先生が描いている空気感そのものに僕は吸い込まれていく」(「技術を凝視…」で始まる段落)とある。D傍線部2は直前の「黙り込んでしまった」を言い換えている表現。「黙り込んでしまった」理由は、傍線部の段落冒頭にあるように「僕の思考は、描かれた手の動きと、言葉を同時に追いかけられず……内容の理解までついていかない」から。この文の内容を二十五～三十字にまとめる。四、傍線部の前で「技術以上の何かがたいせつだ」ということかと思ったものの、このときの「僕」には「何か」にあたるものが分からなかったのであるが、湖山先生が「気韻生動を尊ぶ」ということについて説明した言葉のなかに、「水墨画の最大の評価」は「その人の心が……生き生きと描かれているかどうか、ということ」で、「いちばんたいせつなのは生き生きと描くことだよ」とあることから考える。五、「周囲の風景」は書かれていないので、アは不適。湖山先生の言葉のなかに使用されている、漢語らしい漢語は「気韻生動」「心字点」くらいで、他は音読みの熟語でも日常生活で使用するような言葉なので、イの「漢語を多用することで」もあてはまらない。「僕」の言葉のなかで「……」が使用されているのは、先生の「次の言葉を期待している」ときではなく、先生の言っていることや自分の気持ちをはっきりとは理解できず、とまどいを感じているときなので、ウも不適。「僕はその解答編のような技術を……記憶にとどめていた」「なぜ、同じようにならないのだろう? 何が違って……うまくいかないのだろう?」「ずっと見ていたい……浸っていたい」、「何なんだろう、これは?」などの表現は、「指導の場面を『僕』の視点から描写」したものなので、エが合致する。

長野県

問題 P.113

解答

一 (1)①どうさつ　②ふ　③しげき　④とうごう　⑤おとろ　⑥えいきょう　(2)七　(3)エ　(4)A教養　B物事の「本質」　C人格　(5) i 経験　ii Eウ　Fオ　(6)(例)読書の目的は、思考を深め、人生を豊かにすることにあると思う。なぜなら、読書によって筆者の考え方や生き方を知り、自分の考えを深めたり、自分の生き方の参考にしたりすることができるからである。

二 (1)[B]　(2)花の成長を実感することができる(15字)　(3)イ・エ　(4)ウ　(5)(例)いろいろな場所とは、具体的にどこですか。

三 ①エ　②ア　③ウ

四 (1)①いえば　②あろう　(2)ア・エ　(3)ア　(4) i 何の役にも立た　ii B進撃し　C退却し　D引っかけ　E引っぱる　iii ウ

五 (1)①裏　②結果　(2)エ　(3)ウ　(4)A自分が一番きれいだと信じている絵　Bイ　(5)先生にくもり空の絵は選ばれないと言われたが、一人でもくもり空の絵を選んでくれた人がいたことに満足した。(6)(例)「ピンク色の桜」に、くもり空をきれいだと思う人が自分以外にもいて、自分の感じ方を大切にしてきてよかったという気持ちが反映されている。

解き方

一 **鎌田浩毅「読まずにすませる読書術 京大・鎌田流『超』理系的技法」・齋藤孝「読書する人だけがたどり着ける場所」**より。(2)単語で区切ると、「世界/は/さらに/広がっ/て/いき/ます」となる。(3)エの内容は、第十段落の内容と一致する。アは読書によって知識が増えていくという記述はある(第八段落)が、「想像力」や「忍耐力」については本文中で触れられていない。イは第三段落に「自分が何を知らないかがわかることで『何を学べばよいか』が明らかになります」とあるように、順番が逆である。ウは第八段落に「読書によって知識は増えていきますが、それは例えるならフランス料理という構造の中で新しいレシピが増えているだけに過ぎません。」とあり、「フランス料理の食材で和食をつくる」のではない。(4)文章Ⅱの第六段落に、「教養とは、雑学や豆知識のようなものではありません。自分の中に取り込んで統合し、血肉となるような幅広い知識です。」とある。また、続けて第七・八段落には「カギとなるのは物事の『本質』を捉えて理解することです。」「バラバラとした知識がたくさんあっても、それを総合的に使いこなすことができないのでは意味がない。単なる『物知り』は『深い人』ではないのです。教養が人格や人生にまで生きている人が『深い人』です。」とある。よって、この中から空欄に入る言葉を探す。(5)ⅰ「学生や一般の方からの質問を受けた」というのは、実際に筆者が経験したことである。ⅱ「フランス料理」も、「血肉になる」も、理解しやすくするための例えである。また、文章Ⅰにあるようにプラトンが「学ぶとは自分が変わることだ」と説いていることや、文章Ⅱの西郷隆盛が多くの本を読んでいたという話は、歴史上の人物に関わる具体例である。

二 (1)〈活動内容〉の説明に入るときに資料に目を向けてもらうと、話が進めやすい。(2)配付した資料には「花壇がきれいな花でいっぱいになるうれしさ」と「花の成長の実感」の二つが挙げられており、前者は空欄の前ですでに触れられている。よって、「花の成長の実感」を、空欄に合う形に直せばよい。(3)冒頭近くの「園芸という言葉を知っていますか。」という問いかけや、「です」「ます」をつけて丁寧に話していること、また、「おもな活動は二つあります」と話してから説明していることから考える。(4)田中さんの質問は「先ほど、活動で大変なこともあると言っていましたが」とあるように、河合さんの説明を聞いて出てきた質問であることが分かる。また、「前日までの新入生の様子」で、「中学校ではその他にも活動をしていることはあるのかな」と言っているように、横沢さんが「質疑応答」で聞いた質問は、横沢さんが元々聞きたかった質問である。(5)「他に活動していることはありますか。」に対する答えの「育てた花を地域のいろいろな場所に配る活動をしています。」なので、「いろいろな場所に配る活動」について、具体的に聞くのが適当である。

三 ①傍線部を漢字に直すと「支持」。③「一日千秋」とは、「いちじつせんしゅう」と読み、待ち望む気持ちがとても強いことを表す。

四 **浅井了意「浮世物語」**より。(2)「ある人牛を売りけるに」とあるので、「ある人」とは牛の売主を指す。エの「其方」は直前に「ある時かの売主に逢ふて」とあるので、牛の売主を指す。(3)売主の「中〳〵力の強く、しかも息災な。大坂陣では佐奈田ぢやと思へ」という発言を聞いて購入を決めたのであり、実際に牛が働く様子は見ていない。(4)ⅰ田での牛の様子を見て、買主は「何の役にも立たぬ牛なり。」と言っている。ⅱ最後の三井さんの「言葉のしゃれと、売主のとんちがこの話のおもしろさなんだね」という発言に着目すると、言葉のしゃれを説明しているのだということが分かる。「大坂陣で佐奈田は、たび〳〵かけこそしたれ、一足もひいたことはなかつた。」とあるから、「かく」と「ひく」のそれぞれに当てはまる意味を入れればよい。ⅲ「進撃する」の「かく」と「引っかける」の「かく」、「引っぱる」の「ひく」と「退却する」の「ひく」、両方に共通しているのは発音である。

通釈 今となっては昔のことだが、ある人が牛を売るのに、買主が言うことには「この牛は、力も強くて病気もしていないか」と言うと、売主が答えて言うことに、「ずいぶん力は強く、しかも丈夫である。大阪の陣で言えば真田幸村（くらいに活躍する）と思えばよい」と言う。（買主は）「それなら」と言って買い取った。五月になって、この牛に犂をかけて田をすかせたところ、まったく弱くて田をすくこともせず、犂は一歩も引かない。ともすれば人を見かけては駆けて行って、角で引っかけよう引っかけようとするありさまで、「何の役にも立たない牛である。よくもよくも憎いことを言って買わせたものだ。大阪の陣で言えば真田だと言ったから、さぞかし強かろうと思ったのに、犂は一歩も引かず、そのくせに人を見ると引っかけようとする」と腹を立てていた。ある時、例の売主に会って「あなたはいい加減な嘘をついて、人を引っかけて、犂さえ引かない牛を、真田だと行って売りつけられた」と言うと、売主が答えて言うことに、「そうだろう。犂は一歩も引かないだろう。人を見ては引っかけようとすることは本当であろう。だからこそ真田と申したのです。大阪の陣で真田は、たびたび進撃することはあっても、一歩も退却することはなかった。その牛も、引かないのだから、真田だ」と言った。

五 **重松清「おまけの話」**（「こども哲学　美と芸術って、なに？」所収）より。(2)「勝ち目がないのに、…」で始まる段落の表現や、傍線部④の前「でも、たとえゼロだったとしても——。絵を描き直さなくてよかった。うん。やっぱり、絶対に、よかった。」などは「ヒロシ」の自分への語りかけであり、これによりヒロシがどのようなことを感じているのかが分かりやすくなっている。(3)傍線部の四段落あとに、「でも、やっぱり一番きれいなのは——。」とある。ア先生の発言を受けて、「みんなはこの絵を選ばない——。くもった空をきれいだとは思わない——。ほんと——？」とあり、驚いてはいるものの、プライドが傷つき、その傷を癒そうとしているとまでは言えない。イ「描き直すことを決心した」という場面もないし、実際にくもり空の絵をそのまま提出している。エ「ヒロシ」は「朝日が昇る空」を描こうとはしていない。(4)A「ポスターに選ばれるような絵に描き直した方がいいのか」と迷っているのだから、Aには「ヒロシ」が元々描いた「一番好きなくもり空の絵」（リード文）が入る。これを本文中で表しているのは、傍線部④の前の「自分が一番きれいだと信じている絵」である。B一番きれいだと信じている絵か、ポスターに選ばれるような絵かで気持ちが揺れているのだから、イの「迷う」が入る。(5)前半の「先生」とのやりとりで、先生にポスターはみんなの投票の多数決で決めるから、選ばれないと思うと言われ、中間部分で友だちに「一番きれいな空って、どんな空？」と聞くも「くもり空はゼロ」という結果になっていることから、誰にも選ばれないかもしれないと思いつつくもり空の絵を提出したことが分かる。ところが、実際には投票のシールが一枚貼ってあり、くもり空をきれいだと思う人がいたことが分かった。そのことに「ヒロシ」は満足しているのである。(6)桜のピンク色は、明るい気持ちの表れと考えられる。よって、「ピンク色の桜」が、「ヒロシ」の嬉しい気持ちや自分の気持ちを大切にして絵を描き直さなくてよかったという気持ちを反映していると考えられる。

岐阜県

問題 P.119

解答

一 ①ぞうてい　②よくよう　③うけたまわ　④いど　⑤ひめん　⑥預　⑦宣伝　⑧仲裁　⑨短縮　⑩帯

二 問一、イ　問二、エ　問三、修業もしていない見習いの身で、何もわかっていないのにえらそうなこと（33字）　問四、A製作にうつせなかった　Bほとんど描いていた　問五、船大工の技術をきわめ、身につける（16字）

三 問一、ウ　問二、長く　問三、A自分の活動　B外界をコントロールしよう　問四、ア　問五、イ　問六、微妙に変化する反応のしかたが、子どもの新たな探索欲をひきおこす（31字）

四 問一、かえりみる　問二、ウ　問三、自分の姿も他人が同じように見るだろう（18字）

五 問一、Aに比べBの人の割合が半分にも満たないことから、インターネットの情報はまだ人々の信頼を得ていないことが分かります。問二、(例)

私は、新聞やテレビを利用するのがよいと思います。なぜなら、テレビや新聞の情報は情報の入手先や発信元、責任の所在がはっきりとしたものが多いのに比べ、インターネットの情報は誰もが発信できるという利点はあるものの、それらが不正確なものもあり、時にはフェイクニュースなども少なくないからです。

解き方

二 **岡崎ひでたか「魔の海に炎たつ」**より。問一、「できヌ」と「ヌ」に言い換えられる打ち消しの助動詞。イは「忘れヌ」と言い換えられる。問二、直後に続く「そのとおり……改良しなきゃならねえと思っとる。」という満吉の言葉から考えて、アの「褒めてもらいたい」、イの「自分が考えた船の構想は間違っているのかもしれない」、ウの「どこがいけないのかを聞こうと思っている」は、ともに不適。父の顔を「正面から見すえていった」という態度からは、自分の考え、意志をどうしても父に伝えたいという強い決意が感じ取れる。問三、続く芳太郎の言葉、「おめえは、まだ修業もしておらねえ見習いの身だ。何もわかっておらんくせに、えらそうな口がきけるか。」から、必要なことがらをまとめる。問四、「この構想は…」で始まる段落から、「じいが読みとった芳太郎の気持ち」を捉える。Bは、空欄の前後の「腹のなかでは……ことで」と同じ表現が文章中にあるので容易。Aは、「経済的な事情から」=「景気がよくないのに、船の製作費が高くな」るから「どうであった」というのか読み取る。問五、直前のじいのせりふのなかから、設問文の「今の満吉に……必要だ」と言っていることを捉える。せりふにある「まずは〜うえで」という表現から、「〜」に該当する部分が今必要なことだとじいが考えていることが分かるが、「その」という指示語はもとの言葉に、さらに文末は「ことが必要だ…」につながるように直して答えなければならない。

三 **岡本夏木「子どもとことば」**より。問一、Ⅰ・Ⅱ・Ⅲは直前の段落に「子どもが新奇なものを好むという現象……見慣れた物よりも、新しい物の方を好む」とあることから、Ⅳは直前に「新奇な人より、旧い母親の方をとる」とあることから考える。問二、「長く」は、形容詞「長い」の連用形。問三、空欄の前後の「子どもは〜が外界にどのような変化をもたらすかを探る」「自分の力で〜としている」という表現に着目し、傍線部の段落から同じ表現を探せば「〜」に入る言葉は容易に見つかる。問四、「学ぶ」と「習う」というほぼ同じ意味の字の組み合わせ。「思考」も「思う」と「考える」で同様。イは「苦」と「楽」で対になる組み合わせ、ウは「最も→高い」で上が下の対象になっている。エは「馬に→乗る」で上が下の字を修飾する。問五、傍線部直後の「子どもが笑えば……また叩いてやる。」という具体例をまとめた言い方がイ。問六、要求されている内容は三つで、「母親のどのような反応のしかたが」「子どもの何を」「どのようにする」からかという質問に対応する言葉を、最終段落から押さえること。「その(=母親の)、反応のしかたは微妙にそのときそのとき変化している」「随伴関係探知ゲームの一部を改造して、また新たな探索欲をひきおこす」とあるのに着目。

四 **無住「沙石集」**より。問一、語頭以外の「は・ひ・ふ・へ・ほ」は、「わ・い・う・え・お」と読む。問二、「人を鏡として我が身を照らす事なき」とは、他人の欠点を見て、そこに自分の姿を映し、自分も同じような欠点がないかということを見ようとしない、ということ。つまり、世間の人が他人の欠点を見てあれこれ言うばかりで、自分の欠点を見ようとしない愚かさを述べている。問三、「我れをもまた人のかくのごとく見ん事を思へ」とあることから考える。「我れをも」は、「自分の姿をも」の意。

通釈 世間の人が、自分の欠点を忘れて他人の欠点ばかり見、他人を鏡として我が身の姿をそこに映すことがないことは、愚かなことである。人を非難したならば、我が身の欠点を省みるのが、他人を鏡とする心構えである。人の愚かで思慮分別に欠ける姿を見たら、自分のことをもまた他人が同じように見るだろうと思いなさい。この人は、とりもなおさず自分の姿を映す鏡なのである。

五 問一、「目的A」と「目的B」のグラフで目立つのは、「新聞」を利用する人との割合が逆転していることである。そうなる理由を「信頼」という面から考える。問二、理由の中に「具体的な例」か「グラフの結果」を必ず入れること。

静岡県

問題 P.122

解答

一 問一、㋐ちょうやく ㋑染 ㋒急 ㋓約束 問二、岬からの距離が近いこと。問三、エ 問四、ア・ウ 問五、ウ 問六、紺野先生が無線機の送信機を卵の近くへ置いたことで、少年だけが殻の破れる最初の瞬間に立ち合うことができたこと。(54字)

二 問一、㋐まぼろし ㋑じゅんすい 問二、ウ 問三、イ 問四、心の中の情報だけで見ている風景 問五、イ 問六、(私たちは)知覚と認知の両方の過程でものを見ているが、むしろ認知の方が強く影響するから。(42字)

三 問一、エ 問二、硬貨を 問三、あらゆる人 問四、ご覧になった(**または**見られた) 問五、(図2には、)競技の内容が具体的にわかる工夫があります。

四 問一、たぐい 問二、ア・オ 問三、(1)〇機会があれば必ず訪ね寄って無事かどうかを聞いたこと。〇主人の家が衰えた時にたびたび物を贈ったこと。(2)佐吉が正直なことを知って、売る人は気を配って重くして与え、買う人は気を配って軽くしてはかったから。

五 (例1)(賛成)

私はこの発言に賛成だ。言葉は、発する側と受け取る側両方が同じ意味で使わなければ、伝えたい内容が伝わらないからだ。例えば「文化祭についてげきを飛ばす」といった時、文化祭に関する提案を皆に知らせたのと、文化祭で頑張ろう!と活気づけたのでは全然違う。国語辞典にも本来の意味だけを載せ、テレビやラジオで正しい使い方をすることで間違った使い方が広まらずに済むと思う。

(例2)(反対)

私はこの発言に反対だ。なぜなら、言葉とは、時代と共に移り変わるものだと考えるからだ。資料の「なし崩し」は、本来の意味は「少しずつ返していく」だ。しかし、六五・六%の人は「なかったことにする」だと思って使っているのだから、「なかったことにする」という意味で文を読んだ方が、誤解がない。世の中の実態に合わせて、言葉の意味も変化するべきだと私は考える。

解き方

一 **長野まゆみ「夏帽子」**より。問一、「目と鼻の先」とは、とても近い距離であること。

『少年』が住む島の位置が分かるように」とあるので、直前の「岬の一部をちぎって投げたような」を受けた形で説明する。問三、アは傍線部直後の「暮れなずむ……走っている。」無線から、快晴だが強風であるとの予報が流れた。」と、イは傍線部前にある「先生、あの卵、あすには孵るかもしれませんね。」と、ウは傍線部1の直後の「波が荒い日は渡し船が通わず、……渡し船は少年の祖父が操舵する。」とそれぞれ一致する。エはaの次の段落にある「強風のために入り江の架橋も閉鎖され」と一致するが、入り江の架橋が閉鎖されることは少年の通学に影響を与えない。問五、一文で書けそうなところも、短文に区切って書かれている。このことにより畳み掛けるような印象となり、臨場感を高めている。アは「文末に体言止めを多用することで」が、イは「比喩表現を用いることで」が、エは「回想的な場面を挿入することで」がそれぞれ不適。問六、「出来事」は、「その朝、…」で始まる段落以下に描かれている。また、傍線部の前で少年が「先生、もしかしたら、殻の破れる最初の瞬間に立ち合ったのはぼくだけですか。」と言っているのに着目。先生が送信機を置いて生徒たちを呼びに行き、戻って来る間も、少年は無線機を通じて卵のそばにいたのである。

二 **ハナムラチカヒロ「まなざしのデザイン〈世界の見方〉を変える方法」**より。問三、太線部は打ち消しの助動詞「ない」である。アは形容詞「ない」、イは打ち消しの助動詞「ない」、ウは形容詞「切ない」の一部、エは形式形容詞の「ない」。問四、夢について言及があるのは後ろから三段落め。「夢は視覚的な光のインプットは全くなく、心の中の情報だけで見ている風景である。」とあるので、ここから指定された条件に合わせて抜き出す。問五、アは「最後は読者に問いかける形で話題をさらに広げている」とあるが、まとめの段落である最終段落に、疑問を投げかけるような記述はない。イは冒頭の話題は「月の錯視」という現象であり、一般にも古くから広く知られていると考えられる。ウは「はじめに提起した問題の答え」とあるが、はじめの数段落に問題提起とみられる記述はない。エは「前半と後半で対照的な内容を示し」とあるが、この文章では一貫して「知覚」と「認知」による「見る」行為について述べられている。問六、「現実を歪めて…」で始まる四段落である。初めの段落に、「心理学では、見るプロセスを『知覚』と『認知』の二つとして捉えている。」とあるから、ここを中心に、「この心のフィルターの方が強く影響する」(「私たちが見る風景…」で始まる段落)内容を入れる。

三 問一、アは「皆さんは、ユニバーサルデザインという言葉をお聞きになったことがありますか。」と問いかけている。イは「私たちの班は、ユニバーサルデザインについて発表します。」と主題を明らかにしている。ウも「この言葉には『すべての人が使いやすいように工夫された設計』という意味があります。」とある。エのみ、自分の体験を述べている部分はない。問二、ここの文脈では、硬貨は入れる対象物であるから、「硬貨は一枚ずつ入れる」よりも、「硬貨を一枚ずつ入れる」のほうが適切である。「直すべき助詞を含む一つの文節を」とあるので、「硬貨を」が正答となる。問三、第二段落二文めの「あらゆる人が使用しやすいように工夫されたデザインなのです。」は、第一段落の最後の一文「この言葉には『すべての人が使いやすいように工夫された設計』という意味があります。」とほぼ同じ内容を指している。問四、聞いている人に敬意を示すために、尊敬語の形に直す。「見る」の尊敬語は「見られる」「ご覧になる」なので、これらを「見た」に対応する過去形に直せばよい。問五、図1は選手の姿だけで、道着を着ることは分かるもののどのような競技なのか分かりづらい。一方、図2は一方の選手がもう一方の選手を投げており、柔道であることが一目で分かるようになっている。

四 **三熊花顛・伴蒿蹊「続近世畸人伝」**より。問二、アは佐吉、イは世の人々、ウは朋輩の者、エは主人、オは佐吉。問三、(1)帰したあとの二文、「されどもなほ旧恩を忘れず、道のついであれば必ず訪ね寄りて安否を問ふ。」「年経て後、其の家大きに衰へければ、又よりよりに物を贈りけるとかや。」が答えにあたる部分。(2)「いくほどなく豊かに暮らしける」の直前に「ければ」とあるのに着目。これは、「…なので」と訳す。よって、ここを含む「後には佐吉が……軽くはかりければ」までが理由となる。

通釈 永田佐吉は、美濃の国羽栗郡竹ヶ鼻の人で、親につくすことにおいて他に比較するものがないほど優れている。また、仏道において信心深かった。大抵貧しい人を気の毒に思い、総じて人と付き合う時に真心を持って接するので、誰ともなく仏佐吉と通称として呼んだ。幼い時、尾張名古屋の、紙屋某の家に召し使われていたが、休暇がある時には砂で文字を習うことをし、また四書を習い読んだ。(仕事の)仲間の者がねたんで、読書のことを口実にして、悪い所で遊ぶなどと事実ではない悪口を言ったので、家の主人も疑って、竹ヶ鼻に帰した。そうであってもやはり(佐吉は)古くからの(主人への)恩を忘れず、道中機会があれば必ず訪ね寄って無事かどうかを尋ねた。年月が経ったあと、その家が大いに衰えた時には、やはりたびたび物を贈ったとかいうことである。主人から解雇されたあとは、綿の仲買人の仕事をしていたが、秤というものを持たず、(計量を)買う時は佐吉が買う相手に任せ、売る時は(佐吉が)売る相手に任せる。後には佐吉が正直なことを知って、(佐吉に)売る人は気を配って重くして与え、(佐吉から)買う人は(秤のおもりを)軽くしてはかったので、いくらも経たないうちに豊かに暮らすようになった。

五 「言葉がもつ本来の意味や使い方を大切にするべきだ。」という発言に対しての賛成か反対かを問われているので、本来の意味を大切にするべきだと思えば賛成、本来の意味でない新しい意味や使い方が浸透しても仕方がない、または現在広く使われている意味で使うべきだと考えるのであれば反対となる。自分の立場を明確にしたうえで、条件に従って書くこと。

愛知県

《Aグループ》

問題 P.126

解答

一 (一)Aオ　Bア　(二)イ　(三)エ　(四)ア・ウ　(五)イ

二 (一)①ぎょうしゅく　②訪　(二)ウ

三 (一)〔ことば〕イ　〔意味〕ア　(二)エ　(三)(科学的知見は、)常に不完全で、どれくらい確からしいのかという確度だけが問題であるため、どんなに正しく見える仮説でも、それをさらに修正する努力が絶え間なく続けられているから。(85字)　(四)権威の高さ　(五)エ　(六)ウ・オ

四 (一)イ　(二)エ　(三)ア　(四)ウ

解き方

一 **串田孫一「緑の色鉛筆」**より。(一)A 1段落の後半に「持ち帰りまして」とあり、空欄の直後に「持ち帰ることのできない」とあるので、逆接の関係

を表す言葉が入る。B前の方に「持ち帰ることのできない場合が往々にしてある」とあり、空欄の直後に「持ち帰ることのできないことの方が多い」とあるので、あとのほうを強調する言葉が入る。㈡直後に「大人は……必要であるものしか本気で見ない」、直後の4段落に「私たちの……すべての行為は必要といういわば鞭で叩かれてそれをしている」、「空を見る必要がなければわざわざそれを注意深く見ることがありません」とあるので、こうした記述を踏まえて選択肢を選ぶ。㈢傍線部直前の4段落にある「必要から解き放されている人、何の拘束も受けずに物を見ることのできる人が芸術家だというわけです」という記述に着目する。㈣アは2段落に、ウは3段落にそれぞれ対応する記述がある。イは「粘り強く実験を行い」「何度も実験を繰り返して」、エは「日常的に記録する習慣を通して養われる」、オは「自然と向き合う時間を確保」「子供の頃の感受性を取り戻すことが必要」に該当する内容が、それぞれ本文で確認できない。㈤1段落は筆者の経験、2段落は経験と「見落とす」という事実の提示、3段落は見落とさない小学生の例から「見落とす」大人の問題点の提示、4段落は「必要に基づいて物を見る」ことの問題点と、そこから解放された存在である芸術家の物の見方の提示、5段落は「芸術家の眼」に学ぶべきことの提示と「合理化」された生活や物の見方の否定、6段落は「必要という鎖」を解いた生活や物の見方の大切さの提示、という構成になっている。

三 **中屋敷均「科学と非科学　その正体を探る」**より。㈠空欄あとの「日常茶飯事」がヒント。「日常茶飯事」とは、ありふれた平凡な物事、という意味。非常に数が多い、と理解して選択肢を選ぶ。㈡3段落の冒頭から傍線部直前までの内容を押さえる。「現実をよく説明する適応度の高い仮説」「長い時間の中で批判に耐え」「有用性や再現性ゆえに、後世に残っていく」「仮説の適応度をさらに上げる」「修正仮説が提出されるサイクルが繰り返される」という点に着目して選択肢を選ぶ。㈢設問文の求める「科学的知見の特徴」を踏まえて」および「不完全」「努力」「確度」というキーワードを手がかりにして4段落を見ると、「科学の知見が常に不完全」「どんなに正しく見えることでも、それをさらに修正するための努力は、科学の世界では決して否定されない。」「科学的知見には、『正しい』or『正しくない』という二つのものがあるのではなく、その仮説がどれくらい確からしいのかという確度の問題が存在するだけなのである」とあるので、これらをまとめて解答を作成する。㈣6段落の「権威の高さと情報の確度を同一視して判断するというやり方」という言葉が「権威主義」の意味の説明になっている。㈥ウ・オはいずれも7段落のなかに対応する記述がある。アは「科学者が栄誉を求めるあまり」「疑いの目をもって接していく必要がある」が、イは「現実を……科学者の使命であり」「多少の誤りがあっても、私たちは科学者を信頼する必要がある」が、エは「『ネイチャー』に論文が載るようなすぐれた研究者の判断に任せる」が、それぞれ不適。

四 **司馬遷「史記」**より。㈠傍線部前の「乃ち周に如く。界に入るに、耕す者皆畔を譲り、民の俗は皆長に譲る。」がヒント。㈡正確な直訳を求めている。ウとエとで迷うが、傍線部にはウの「かかされる」という、受け身を表す言葉がない。また「のみ」に対応する訳もウにはない。㈢傍線部②の前に「吾が争ふ所は、周人の恥づる所なり。」とある。周人が「譲る」行為を繰り返しているので、彼らもこれに従ったのである。㈣冒頭で「西伯陰に善を行ふ。」とあり、そのあとのほうに「耕す者皆畔を譲り、民の俗は皆長に譲る」という、民の行為があり、それを末尾で「西伯は蓋し受命の君なり。」と評価している。西伯の善行が民の善行へとつながり、争いが起こらない国になる、というのである。

通釈　西伯は人知れず善を行う。(だから)周辺の国の君主がやって来て公平な解決をつけてもらった。ある時、虞と芮の人が、訴訟が起きて裁決がつかなかった。そこで周へ行った。国境に入ると、(田を)耕す者は皆畔(道)を(相手に)譲り、人々の風習は年長者を尊重するものであった。虞と芮の人は、まだ西伯に会っていないが、皆恥じて互いに言うことには、「自分が争っていることは、周人が恥じる(ような)ことである。どうして(西伯のところへ)行く必要があろうか、ただ恥をかくだけであろう。」と。そのまま引き返しお互いに(訴訟の争点を相手に)譲り合って帰った。周辺の国の君主がこれを聞いて言うことには、「西伯は思うに天から使命を受けた君主である。」と。

《Bグループ》

解答

一 ㈠エ　㈡ウ　㈢一生懸命生きている　㈣ウ　㈤イ・エ　㈥Xオ　Yウ

二 ㈠①かえり　②打破　㈡善

三 ㈠①オ　②イ　㈡ウ　㈢(色に比べて音は、)社会的な区分けに用いることは難しいが、その場にいる人々に一様に共有させる強制性が高く、一体的な高揚感をかもし出す有効な手段として利用できる。(78字)　㈣なつかしさの感情　㈤エ

四 ㈠ア・イ・オ　㈡ウ　㈢ア　㈣イ

解き方

一 **長谷川眞理子「世界は美しくて不思議に満ちている　『共感』から考えるヒトの進化」**より。㈠傍線部あとの「実は、私は、人生は楽しいし、世界は美しくて不思議に満ちているので、それを探究するために、ずっと生きていたいと思っているのだ。」「本質的に人生は生きる価値がある」という記述に着目。㈡直後の「つまり、大野先生は、……森羅万象の大筋の全体を知っている、本物の博物学者だったのだ。」という記述がヒント。「森羅万象」とは、この世のありとあらゆる事柄、という意味。「博物学者」とは、自然界に存在する動物・植物・鉱物などの形状や性質に関する事柄を学問の対象とする学者のこと。㈢Aの直前にある「すべての生き物が」という語に着目して前に戻ると、4段落の前半部に「生物はみな、一生懸命生きている」とある。㈣直後の「氷山の一角」とは、明るみに出た、物事全体のほんのわずかな部分、という意味であることが分かる。㈤イは4段落の内容に、エは6段落の内容にそれぞれ該当する。㈥X「こうした哲学的な問い」を手がかりにして「感想」に戻ると、オの直前に「『生きている意味は何か？』などといった疑問」とあるので、これが「哲学的な問い」の中身であることが分かる。Yの記述があるのは、本文の3段落の部分である。その直前の2段落にある「生きる意味は十分にある」という記述がウの前部の「どうして生きる意味や価値を見つけることができたのかも分かりませんでした」「しかし、文章を読み進めるうちにだんだん分かってきました」という話の流れに対応していることが分かる。

三 **松木武彦「美の考古学　古代人は何に魅せられてきたか」**より。㈠①の前に「さまざまな知覚でバリエーションを享受している」とあり、直後に「私たちがこのようにバラエティに富んだ各種の知覚を享受するようになったのは、さほど古いことではない」とあるので、前後は、逆接・対立の関係にある。②前の部分に「パソコンの画面の形や色や質感」「電子音」「コーヒーの匂い」「石けんの香り」「歯みがき

粉の味」といった具体例が並べられ、直後でそれを「色や形、質感や輝き、音、匂い、味」と要約している。㈡傍線部の「知覚資源」と設問文の「役立てられてきた」を手がかりにしてあとの部分を見ると、「知覚資源は美の源泉」「知覚資源がかもし出す美の多くが、経済的価値や人間関係を演出し、社会を複雑に組織化していくのに役立てられた」とあるので、これらの記述を踏まえて選択肢を選ぶ。㈢設問文の求める「区分け」「強制性」「高揚感」というキーワードを手がかりにして5段落を見ると、「社会的な区分けにこれらの知覚資源を用いたり」「色以上にいやおうなく一様にそれ(＝音)を共有させることができる。……強制性が高い」「一体的な高揚感をかもし出す有効な手段として……利用されてきた」とあるので、これらをまとめて解答を作成する。㈣空欄直前の「故郷への帰属意識を呼びおこす」という記述を手がかりにして6段落を見ると、「生まれ育った場所に久しぶりに帰ったときのなつかしさの感情」「なつかしさの感情と結びついた帰属意識」とあるので、この「なつかしさの感情」を解答とする。㈤この文章は1段落の「私たちをとりかこむ世界(＝身の周りの世界)は、実にカラフル」という話から始まり、2段落で「音楽」「テレビ」などの身近で日常的な具体例を提示しながら、3段落で「知覚資源」という筆者の考え方を提示し、4段落では色彩を用いた具体例を述べつつ、6段落で「知覚資源」について再度主張を行っている、という構成である。

四 **大田南畝「仮名世説」**より。㈠アは「門人……示し、……勧む。」なので門人が主語。イは「かの門人怒りつぶやきていふ」とあり、そのなかで「吾其の任にあたらん」と言っているので、門人が主語。ウは「先生しづかに言ひていはく」とあり、そのなかで「吾非を改めて彼が是にしたがふべし」とあるので、先生が主語。エは「彼も又みづからその非をしらん」とあるので主語は彼(＝大高清助)。オはウと同じく先生の会話文中の記述。そのなかで「汝只みづから修めよ。他をかへりみる事なかれ。」とあるので、先生の前にいる門人が主語。㈡直前の「もし吾……即天下の公共なり。」がヒント。㈢「修む」とは「学問・技芸などを身につける」という意味。㈣仁斎先生は、他者の非難に反論せず、相手が正しかったら相手に従い、自分が正しかったらそれはすぐに天下に知れ渡ると考えている。

通釈 仁斎先生が生きていらっしゃる時、大高清助という人が「適従録」を執筆して大いに先生の学説を非難した。弟子がその書物を持って来て(先生に)示し、すぐにこれ(「適従録」)の反論を作ることを勧めた。先生は微笑して何も言わなかった。先ほどの弟子が怒ってつぶやいて言うには、「もし先生が反論しないのならば、私がその(反論の)役割を担おう。」と。先生が静かに言ったことには、「彼が正しいなら私は非を改めて彼が正しいとすることに従わなければならない。もし私が正しくて彼が間違っているならば私の正しさはすぐに天下に知れ渡ることとなる。もともと反論するまでもない。ずっとあとになって彼もまた自分でその間違いを知るだろう。あなたはひたすら自分自身の修養に努めなさい。他人を気にかけることがないように。」と(言ったそうである)。先生の度量〔心の広さ〕は、だいたいこのような感じであると、ある人が語った。

三 重 県

問題 P.135

解答

一 ①あつか　②しぼ　③ゆかい　④ていさい　⑤額　⑥幼　⑦混雑　⑧円熟

二 ㈠イ　㈡二学期の準備　㈢エ　㈣メガネ姿を川野さんに見られることも嫌だったが、川野さんが似合うと言ってくれた(から。)(38字)　㈤ウ

三 ㈠ウ　㈡湿度が高い　㈢紫外線を吸収して、次の年の芽が傷つけられることから守る(こと。)(27字)　㈣イ　㈤ア

四 ㈠においおこせよ　㈡ア　㈢エ　㈣主人の詠んだ歌に返事をした(13字)

五 ㈠エ　㈡ウ　㈢イ　㈣(例1)

私は、学校の近くにある山や森、海岸などでごみ拾いをするボランティア活動を学校で企画すればよいと思います。

ボランティア活動に参加した理由として「社会の役に立ちたいから」が最も多く挙げられています。だから、参加者を増やすためには、ゴミ拾いをするボランティア活動が地域の環境を守ることにつながるということをポスターに書いて掲示したり、校内放送で呼びかけたりすればよいと考えます。

(例2)

学校や地域で花を植えて、見る人の心がいやされるような、美しい花壇をつくる活動をすればよいのではないだろうか。

資料3では、ボランティア活動に参加したことがない理由として、「時間がないから」「何をすればよいのかわからないから」が挙げられている。だから、昼休みや放課後に、校門の周りや地域の公園へ短時間で少しずつ花を植えていく活動の案内チラシをつくり、配布すれば参加者が増えると考える。

解き方

二 **重松清「虹色メガネ」**(「季節風　夏　僕たちのミシシッピ・リバー」所収)より。㈠「無」の下にある部首を「れんが・れっか」と言い、画数は四画であるが、行書では二画めから四画めまでが線でつながれて、区分けがされていない。㈡直前の「明日から二学期だから」という言葉を手がかりにしてあとを見ると、傍線部⑷のあとのほうに「これで二学期の準備完了」「わたしも準備完了」「二学期に向かって出発」とあるので、ここから「二学期の準備」を抜き出す。㈢「単語」で分けると「メガネ／を／かけ／て／帰っ／て／くる」となる。㈣設問文の「なっちゃんが嫌だったこと」については、傍線部前に「最初はメガネ姿を川野さんに見られることも嫌だった。」とあることを確認する。そのあとに「でも、川野さんは『似合うよ、なっちゃん』と言ってくれた。」とあるので、これが傍線部のような気持ちになった理由であると考え、ここまでの話をまとめる。㈤「目をよくしてくれる」「声までくっきりと聞こえてくる」という言葉が、自分の状態がプラスになった、ということを意味する。「川野さん」とメガネの話をすることで、そんな気分になったのである。アは「川野さんが学校以外でもおしゃべり」が誤り。本文には「教室ではおとなしくてクライ印象」とある。イは「川野さんのメガネを使って」が誤り。本文には「川野さんはなっちゃんからメガネを受け取り」とある。エは「川野さんに悩みごとを聞いてもらった」が誤り。

三 **田中修「植物のひみつ」**より。㈠「隠れ」の終止形は「隠れる」で(ラ行)下一段活用。「隠す」の終止形は「隠す」で、(サ行)五段活用。㈡終わりから三段落前に「さらに、赤い色素をつくりだす反応は……水分が保持されていなければなりません。」「湿度の高い場所が適しています。」「湿度の高いほうが、美しい状態が長く保たれます」とあるので、この、

湿度の高さがポイントである。㈢傍線部の「イチョウの黄葉」の役割を前部で探すと『何のために、イチョウ…』で始まる段落に「黄色い色素はカロテノイドです」「この色素に考えられる役割があります」「紫外線の害を防ぐ働きがあります」とあるので、さらにあとを見ると「黄葉の葉っぱの色素は……紫外線を吸収して、次の年の春に活躍する芽が傷つけられることから守っているのです。」とあるので、この部分までをまとめて解答を作成する。㈣A「カエデや…」で始まる段落に「赤色になるためには、葉っぱの緑色の色素であるクロロフィルがなくなるにつれて、『アントシアニン』という赤い色素が新たにつくられなければなりません」とある。B「しかし、冬が…」で始まる段落に「イチョウの黄葉には、年ごとに、場所ごとに、あまり変化がないということです」とある。C「イチョウの黄葉…」で始まる段落に「年によって、紅葉の色づきが異なる」とあり、さらに続く段落に「場所によって、色づきに違いがあります」とある。㈤本文にある「イチョウの葉っぱは自分の生涯の終わりに際し、……黄色の色素に主役を譲る……洒落た気配り」(「このしくみ…」で始まる段落)、「黄色の葉っぱの色素は……守っている」(「イチョウの木…」で始まる段落)、といった部分には「擬人法」が用いられている。それが植物を、人間に近いものという親近感を読者に与えている。

四 「**十訓抄**」より。㈠語の頭以外の場所にある「はひふへほ」は「わいうえお」に置き換える。㈡「な」という副詞は下に「そ」をともなって禁止の意を表す。㈢「一・二点」を用いる。㈣直前の「申したりけるこそ」を手がかりにして、誰(の何)に対して、何をしたのか、をまとめる。

通釈 菅原道真が、大宰府に旅立つことを決心されたころ、

　春風が吹いたら、梅の花よ、(私に)その匂いを送ってよこせよ。主(私)がいないからといって春(が来たこと)を忘れてはいけないよ

と(歌を)詠み残して、都を出て、筑紫にお移りになったあと、あの紅梅殿に、梅の一本の枝が、飛んで行き、(そのまま)生えついた。

ある時、(道真が)この梅に向かって、

　故郷(都・京都)(からやって来た)(梅の)花がものを言う世であったらどうにかして昔のことを尋ねただろうにとお詠みになった時、この木が、

　先人(道真)の旧宅は、垣根が昨年から荒れはてて鹿たちの住み家と化し主(道真)がいなくなって青空のみが澄みわたる

と返事をしたことが、驚くほどで、しみじみと心を動かされるとも、想像もつかないことではないか。

五 ㈠【資料1】を見ると、ボランティア活動に参加したことがある人は「六二一人」、参加したことがない人が「一二二八人」なので、参加したことがある人よりも参加したことがない人の方が「一六六人」多いことになる。㈡最初の空欄のあとを見ると「災害救助や被災地の復興支援のように、現地に行って、困っている人を支援するような活動」とある。現地に行くのも大変であるし、そこで災害救助や復興支援といった大きなことに中学生が参加するのも大変である。この、大変さ・すごさが、ボランティア活動に参加することをためらわせている、と考える。㈢「そうたさん」の発言を見ると「これらの結果から考えると、……ボランティア活動は特別なことと捉えられているのかも」と、結果を踏まえて自分の意見を述べていることが分かる。さらに「全校生徒の多くの人がそういうイメージをもっていることによって、【資料1】のような結果となったのではないか」と、結果の理由(原因)を推測していることが分かる。㈣〔注意〕の②に基づいて【資料2】と【資料3】(そして【資料4】)の分析を行う。まず【資料2】から分かることは、ボランティア活動に参加した理由で最も多いのが「社会の役に立ちたいから」である。【資料4】からは「今後、ボランティア活動に参加してみたい」と考えている人の数が圧倒的に多いことが分かる。しかし【資料3】にあるように、多くの人は「参加する時間がない」「何をすればよいのかわからない」「自分にできるかどうか自信がない」という理由でボランティア活動への参加をためらっている、と考えられる。ここで、設問㈡で確認したことを思い出すと、こうした人々はボランティア活動を、特別なことと考えている可能性があるので、より身近で取り組みやすいボランティア、短時間で誰でもできる簡単なボランティアを企画し、参加を促すことで「参加者を増やす」ことが可能になると推測できる。

滋賀県

問題 P.140

解答

一 1、飲料ボトル輸送時のCO_2排出量が削減され、温室効果ガスの排出量低減に役立つこと。2、イ　3、エ　4、イ　5、レジ袋は、現在、大量に生産され、大量のごみとなっている容器包装プラスチックの一つである。そうした中で、地球を廃棄物の吸収源と考えると、吸収できない人工物であるレジ袋が、自然の中に流出し、分解されずにたまり続けることが問題となっているから。

三 1、①周囲　②奮　③車窓　④費　⑤綿密　2、①しんせい　②ちんれつ　③もよお　④かんき　⑤おもむ　3、①ア　②b　4、①突き通さないものはないのだ　②(漢字)矛盾　(意味)前後のつじつまが合わないこと。

解き方

一 **枝廣淳子「プラスチック汚染とは何か」**より。1、プラスチックが軽量であることの利点に関しては、[A]の「今世紀最大…」で始まる段落の「たとえば」以降に「飲料ボトルが……プラスチックに代わることで、軽量化が進み、輸送時のCO_2排出量が削減される」とある。2、「このように…」で始まる段落の「このように」は、それまでの部分を簡潔にまとめているので、その次にある「プラスチックは……環境負荷低減に役立ってきた」が前半の要旨となる。続いて「しかし」以降に、プラスチックが分解されることなく、自然の中に存在し続けるという問題点が述べられている。この二つをまとめてあるのがイである。アの「人間の暮らしを見直さなければならない」、ウの「環境に配慮したプラスチックの開発を考えるべきだ」はどちらも本文に書かれていない。エは「人間の意図にかかわらず、必ず功罪が現れてくる」が誤り。プラスチックの「功」の部分は人間が意図したものである。3、「【資料の一部】からのみ得られる情報」という表記に着目する。【資料の一部】だけに述べられているのは、容器包装プラごみのうちリサイクルされたものは14%に過ぎず、32%が流出していることである。4、点線部に続いて「(供給源としての問題と吸収源としての問題を)ごっちゃになったままでは議論がかみ合わない」と述べている。これはイの「(双方の)一側面に着目するのではなく、それぞれの面から考え

る」ということであり、アの「供給源の問題として解決策を議論すべき」ということでも、ウの「資源の量と排出された廃棄物の量を分けて分析すること」でも、エの「どちらか一方を優先すること」でもない。5、二重傍線部ではレジ袋をやめる理由について『吸収源としての問題』への対処として出てきている」とある。「吸収源の問題」について【本の一部】では、「他方、…」で始まる段落に「自然由来ではない人工物のように……排出し続けるのは持続可能ではない」、最終段落に「製造・使用・廃棄されたレジ袋が道ばたや世界中の海に散逸し、もともと自然環境では分解されないプラスチックごみとしてたまり続けている」とあり、【資料の一部】では「容器包装のプラごみのうち、リサイクルされたのは14％に過ぎない」「数百年ないし千年たっても分解されない」「あるものは土壌に堆積し、あるものは海にたどりつく」とある。これらを字数内でまとめればよい。理由説明なので、最後に「～から。」を忘れないこと。

三 3、①「言う」は「ない」をつけると「言わない」とア段音に続くので、ワ行五段活用である。②「言い」だから連用形となる。4、①楚人の言うせりふの最後を見る。②矛と盾を売っている者がつじつまの合わないことを言い、それを指摘されたら返答に窮したという故事成語。

京都府

問題 P.143

解答

一 (1) a (下)りいたり　d たぐい　(2)(イ)　(3)(エ)　(4) むかし　(5)㊀A 不仁の行　B 民のため　㊁(ウ)

二 (1)(ウ)　(2)〈1〉　(3)(ア)・(イ)・(エ)　(4)㊀(エ)　㊁他人も～い商品　(5) げんきゅう　(6) Ⅰ(ア)　Ⅱ(ク)　(7) Ⅰ(エ)　Ⅱ(キ)　(8) Ⅰ(ウ)　Ⅱ(カ)　(9) 収(容)　(10)(イ)　(11)㊀(ア)　㊁(ウ)　㊂Ⅰ(イ)　Ⅱ(ケ)

解き方

一 **浅井了意「浮世物語」**より。(2)傍線部の前に「帝みづから弓に矢をはげ、これを射んとし給ふに、道行き人ありて、是を知らず白鴈を追ひたて侍べり。」とある。「通釈」参照。(3)「今、君この白鴈を重んじて人を殺し給はば」とある。よって「重んじて」の主語は「君」である。「君」が指すのは帝。(4)傍線部bのあとに、「公孫龍といふ臣下、いさめていはく」とある。「いはく」の下には話した内容が続くから、そのあとの「むかし衛の文公の時…」からが話した内容である。(5)㊀文公の発言「雨を求むるも民のため也。今これ人を殺しなば、不仁の行、いよいよ天の怒りを受けん。この上は、われ死して天にまつらん」に着目。「人を殺しなば、不仁の行」とあるので、Aには「不仁の行」が入る。Bは、二か所ある点に着目。両方に共通して入るのは「民のため」。㊁文公は、雨を降らせるにはどうしたらいいか占いに答えを求め、人を一人殺して天に差し出せという答えを得たが、誰かを殺したのでは民のためにならない、自分が死のうと考えた。この行動と一致するのは(ウ)。(ア)は「自分の思いに固執せず、臣下の忠告に耳を貸しそれを素直に受け入れて考えを改める」とあるが、そのような記述はない。(イ)は「自身が天の怒りを受けることを恐れず」「占いを行った勇気」とあるが、占いを行うことで天の怒りを受ける恐れがあるという記述はない。(エ)は「自身が帝に罰せられることを顧みず」とあるが、「注」にあるとおり、文公自身が君主である。

通釈 唐土の梁の国の帝が、狩りにお出でになった。白い鴈がいて田んぼの中に下りていた。帝は自ら矢を弓の弦にかけて、この鴈を射ようとなさったところに、通行人がいて、帝が鴈を射ようとしていることを知らずに白鴈を追い立てておった。帝は大いにお怒りになって、その人をつかまえて殺そうとしなさったところに、公孫龍という臣下が、(帝のことを)いさめて言うことに、「昔、衛の国の文公の時代に、天下がずっと日照りし続けること三年にもなった。これを占わせたところ、(占い師が)言うには、一人を殺して天に差し上げたならば雨が降ることだろう、と。文公がおっしゃるには、雨を求めるのも民のためである。今この時人を殺したならば、仁の道に背く行いであり、ますます天の怒りを買うだろう。こうなった以上は、私が死んで(自分の命を)天に差し上げよう、とおっしゃる。その誠意が天の道理にかない、すぐに雨が降って、五穀は豊かに実り民は栄えた。今、あなたがこの白鴈を重んじて人を殺しなさったら、これはまったくトラやオオカミのような冷酷無情な行いではないでしょうか」と申し上げたので、帝は大いに感じ入って、公孫龍を尊び重んじなさった。

二 **深田淳太郎「文化人類学の思考法」**より。(1)「ここ」とは、前段落の内容を受けている。「各々の技能に応じてモノやサービスを生産し、その見返りとして貨幣をもらい、その貨幣と交換で他人がつくったパンや珈琲を手に入れるということである。つまりモノとモノとを、貨幣を介して間接的に交換しているわけだ。」とある。また、傍線部の直後に「貨幣があいだに入ることが決定的に重要」とあるから、正答はモノのやりとりについて述べている(ウ)。(2)挿入文の「なぜなら」に着目。「モノどうしの直接交換は難しい」のだから、挿入部分の前には貨幣の必要なことが述べられているはず。(3)傍線部を品詞分解すると、「もちろん／断ら／れる／だろ／う」となる。「もちろん」は副詞、「断ら」はラ行五段活用動詞、「れる」は受け身の助動詞、「だろ」は断定の助動詞、「う」は推量の助動詞。(4)㊀直前の段落に、「物々交換が成立するには『2人の人間が互いに相手の欲しい物をもっているという希な偶然、すなわち欲求の二重の一致』が必要だが、片思いが両思いに成就するのは容易ではない。だから、あいだに入る『交換媒介』としての貨幣が重要なのである。」とある。㊁[3]段落に、「アダム・スミスは、(欲望の二重の一致という)『不便を避けるために、分業が確立した後、どの時代にも賢明な人はみな、自分の仕事で生産したもの以外に、他人が各自の生産物と交換するのを断らないと思える商品をある程度持っておく方法をとった』と論じている。」とある。この「他人が各自の生産物と交換するのを断らない」と同義で、指定された空欄の前後のつながりや字数に合う部分を探す。[3]段落後半部分にある「他人もきっと受けとるという期待から、交換を断られない商品」とあり、ここが解答となる。(7)空欄の前に述べられていることは「もちろん過去にさかのぼって貨幣が発生する瞬間を確認できるわけではないので、これ(貨幣商品起源説)は仮説にすぎない。」、直後に述べられていることは「物々交換のなかから、特定の商品が貨幣の役割を果たすようになったという報告は数多くある」で、逆のことを述べている。よって、空欄には逆接の接続詞が入る。(8)「報告」は「報せる」「告げる」で似た意味の漢字が重なっている。Ⅱ群の(カ)は「添える」「付ける」で似た意味の漢字同士である。(キ)は「脇の道」で上の字が下の字を修飾している。(ク)は「日が没する」で、上の字と下の字が主語述語の関係。(ケ)は「緩やかだ」「急だ」で反対の意味の漢字の組み合わせ。(10)ア[2]段落においては、[1]段落で述べられた具体例とは別の具体例を挙げて「貨幣があいだに入ることが決定的に重要」であることを説明している。よって「1段落の趣旨を否定」してはいない。（イ）3段落にも2段落で具体例として出てきた「人類学者」「歯医者」「ラーメン屋」を使って貨幣の媒介機能について説明している。よって、この説明は本文の内容と一致する。（ウ）4段落は「このように」と3段落の内容を受けたうえで、3段落で述べたものが「貨幣商品起源説」であり、それが有力な説であることを述べている。よって3段落と異なる論点とはなっていない。（エ）5段落において、一般論と自説との比較は見当たらない。
(11)㊀5段落に「現在、私たちが使っている貨幣はこの『交換媒介』機能を中心として、価値を将来にもち越す『価値保存』、あらゆるモノの価値をあらわす『価値基準』という三つの機能を果たすものとされる。」とある。このうち交換媒介機能は空欄の前で触れられているので、「価値保存」「価値基準」の二つを満たす選択肢を選べばよい。よって正解は「持続性（＝価値保存）」と「指標（＝価値基準）」の（ア）。㊁空欄のあとで、「貨幣について調べてみると、アダム・スミスが、人間は物々交換し、取引する性向を備えていることを指摘していたよ。」とある。また、5段落で「貨幣のはじまりはこのような不完全な商品だったが、その後、時代が下るにつれて三つの機能をより完全に果たすモノに変わっていった。」とある。㊂Ⅰポスターなどの掲示物は、余白がないと見づらくなってしまう。Ⅱ漢字をひらがなよりも大きく書くことで、見やすくなる。

大阪府

問題 P.147

解答

A問題 ㊀ 1、(1)な (2)すみ (3)かいが (4)はあく (5)植 (6)洗 (7)電池 (8)登録 2、ウ

㊁ 1、C 2、ア 3、イ 4、カ 5、aオオルリを目の当たりにした（経験から、）（13字） b世の中には

㊂ 1、ア 2、ゆえ 3、ウ

㊃ 1、ア 2、イ 3、エ 4、(1)a作曲家が表現したかったものは何なのか（18字） b演奏者との (2)イ

㊄（例）

私はCがもっとも効果的に伝わると考える。Cには「ありがとう」という感謝の言葉が入っており、見た人はあたかも教室から感謝の言葉をもらったかのような気持ちになる。人と同じように、教室もきたなくされるといやだろうな、きれいにされるとうれしいだろうな、という気持ちが自然にわいてくるので、積極的に心をこめて掃除や片づけをするようになるのではないかと私は思う。

B問題 ㊀ 1、(1)あ (2)ほが (3)めんみつ (4)しゅうい (5)転 (6)染 (7)弁論 (8)衛星 2、ア 3、尽日尋ネテレ春ヲ不ずレ見レ春ヲ

㊁ 1、イ 2、庭を掃き清めた後、わざと二、三枚の葉を散らした。（24字） 3、a一見雑然と b自然の力に

㊂ 1、ようよう 2、仔細 3、ウ 4、エ

㊃ 1、エ 2、ウ 3、（数値との）1対1の対応づけが、より科学的に実現できたとき、より限定して定量化できる（ようになる。）（36字） 4、a人間の意思や必要性 b測る決まりごととしての単位

㊄（例）

私はBの取り組みの方が効果的だと考える。【資料】からは本を読むことが好きではない層が全校生徒の三割程度存在することがわかる。今回の目的は「生徒の図書室の利用を活発にする」ことなので、本を読むことではなく、まずは「図書室に来てもらえる」ための取り組みを行うことが大切だと思う。Bは「他の活用方法」を提案することで、こうした層の図書館に対する興味を引き出している点が効果的だと言える。また、そうやって図書館に来た人が何かの機会に本に興味を持つかもしれない。そういう意味でもAよりもBの取り組みの方が効果的だと私は考える。

C問題 ㊀ 1、aなにをして b自分を純粋な 2、撮っていくなかで、見えていなかったイメージを徐々に摑んでいくという創作の方法に慣れていくと、先が見えない、なにも決まっていないということに真実味を覚え、それがごく当たり前の状態だ（89字） 3、イ

㊁ 1、ウ 2、ア 3、aほかの花は散っているのに、山里の花はさかりである（24字） b風が吹かなかった

㊂ 1、(1)ほが (2)まかな (3)はんも (4)家路 (5)展覧 (6)衛星 2、イ 3、エ

㊄（例）

私は言葉を本来の意味で用いることを心がけたい。資料Bを見ると「檄を飛ばす」を本来の意味で用いる人はどの世代も少なく、違う意味で用いる人が多い。私も「檄を飛ばす」を違う意味の方で考えていたが、仮に私がこのまま同世代や違う世代の人と話をしても問題は起こらないだろう。しかし言葉を本来の意味で使わなければ、自分が間違った意味を広めていることにもなる。言葉の本来の意味を知っていることは大事であるし、その意味に基づいて言葉を使うことも大事である。違う意味で言葉を使う人との会話でも、その使い方を受け入れつつ、本来の使い方を分かってもらえるようなコミュニケーションを図っていきたいと私は考える。

解き方

A問題 ㊀ 2、放課後に「どうしたか」の「どうしたか」に当たる部分が「修飾している部分」になる。

㊁ **神松幸弘「オオルリの青」**より。1、AとBは形容詞。ウは助動詞。2、直前の「望遠鏡で」という語も合わせて、望遠鏡で私に鳥を見せてくれたのは誰か、ということ。3、「どよめく」とは、音が鳴り響く、大勢の人が上げる声であたりがざわめく、という意味。4、次段落に「これらは……順番に……と呼ばれている。」とあるので、③には「遺伝子の多様性」に、④には「種の多様性」に、⑤には「生態系の多様性」に、それぞれ対応する内容が入ることが分かる。5、a直後の「経験から」という語に着目して本文に戻ると、傍線部Bの直前に「この鳥を目の当たりにした経験から」とあるので、「この鳥」を「オオルリ」に書きかえたうえで記述を行う。b直後の「直感した」という語に着目して本文に戻ると、二重傍線部の直前に「世の中にはものすごい生物たちがみちあふれているに違いない。そう、直感したのだ。」とあるので、この部分が解答になる。

㊂ 1、直後の「これは何たる無実をいひかくるぞ」がヒント。2、「ゑ」は現代かなづかいでは「え」となる。3、本文の終わりにある「かなにて『ごばん』とかきたるを、『小判かへせ』とよみたるゆゑなり」の部分にウが合致する。

通釈 昔、ある人へ「いつか（以前に）貸した碁盤をお返しください」と書いて送ったところ、前に言った人（さるかた）は大いに腹を立てて「これはなんという無実のこと（本当ではないこと）を言いかかる（言いがかりをつける）のだ、まったく身におぼえがない」と言う。その手紙を細かく調

べてみたところ、かな〔ひらがな〕で「ごばん」と書いていたのを「小判(こばん)返せ」と読んだため(のかんちがい)であった。

四 **佐渡裕「棒を振る人生」**より。1、「では」は、前の話題をふまえて、新しい話題に切りかえる時に用いる接続語である。2、一段落前から空欄直前までを整理すると、設計図を書く人＝作曲家／設計図＝楽譜／それを見て、建築物(できあがる音楽)を想像する人＝指揮者、という関係になっていることを理解する。そのうえで、では、音楽を作る職人とは誰なのか、と考えると、それは実際に音を生み出す演奏者ということになる。3、傍線部直後に「見知らぬ土地で、しかも二百年も三百年も前につくられた作品が、同じ譜面を手にしさえすれば、現代のドイツでも日本でも同じ演奏ができるのだから」とあるので、これを踏まえて選択肢を選ぶ。4、(1)aは直前の「〝暗号〟を読み解く」という語に着目して本文に戻ると、傍線部①の四段落あとに「〝暗号〟を読み解いて、作曲家が意図した音のイメージに近づく」とあるので、これを踏まえて「話し合いの一部」に戻ると、空欄部のあとに「作曲家が意図した音のイメージに近づく」とあることが分かる。今度はこの直前の「つまり」という語に着目してもう一度本文に戻ると、先ほど確認した「〝暗号〟を読み解いて…」の直前に「つまり」とあるので、この「つまり」の前の部分を見てみると、「作曲家が楽譜を通して表現したかったもの」とあるので、この記述をもとにして解答を作成する。b直前にある「〝共通言語〟」という語に着目して本文に戻ると、第一段落に「指揮者と演奏者との〝共通言語〟」という記述があり、そのあとに「演奏者とのコミュニケーションを図る」とある。(2)Aさんの発言は三か所あり、最初の発言がウに、二番めの発言がエに、最後の発言がアに該当する。イに該当する発言はない。

五 Aの「教室もあなたの心も美しく」という標語のよいところは、教室の美しさと自分の心の美しさを重ね合わせて、教室をきれいにしてくれる人は心の美しい人だ、というメッセージを伝えていることである。こうしたメッセージを伝えられた相手は、気分よく教室をきれいにしてくれるだろう。Bの「いつもていねいに掃除をしよう」という標語のよいところは、自分が何をすれば教室を清潔に保てるのか、が具体的に書いてあることである。「清潔に保つ」という漠然とした言葉ではなく、「ていねいに掃除」をする、ということを意識して行うことで、現実的に一番教室を清潔に保てるだろう。Cの「きれいに使ってくれてありがとう」という標語のよいところは、「ありがとう」という感謝の言葉が先に書いてあることである。教室があたかも人間のように気持ちを持っているものであり、その教室から感謝されているかのように書くことで、自分だけのためではなく「教室に感謝されるようなことをしよう」、「教室のためにもきれいにしよう」という積極的な気持ちをもって教室をきれいにしてもらえるだろう。このようにどの標語もそれぞれ、よいところと、それが人に与える影響があるので、そうした点を踏まえて解答を作成する。

B問題 **一** 2、主語として用いられているので、この「匂い」は動詞「匂う」の連用形が名詞化したもの。3、「レ点」は、一文字同士の順番を逆にする場合に用いる。「尋春」を逆にして「春を尋ねて」にすることと、「不見春」を逆にして「春を見ず(不)」にすることの二つが求められている。

二 **勅使川原宏「私の茶道発見　日本の美の原点とは」**より。1、①直前の「『自然のまま』の姿がいちばんいい」と直後の「自然のままにしておくと……雑然としたものになってしまいます」は、逆接の関係である。②直前の「森は人の手を加えることで、森らしくなる」と直後の「適度に人が手を入れることで、緑豊かな森になっていくのです」は、説明・補足の関係である。2、設問文の「利休の行動」に着目して本文に戻ると、第二段落に利休の修業時代の話として「庭に出てきれいに掃き清めた後、木の枝をゆすって、わざと二、三枚の葉を散らしたというのです」とあるので、この部分を簡潔にまとめる。3、a直前の「均衡を重んじて作られた西洋の庭とは異なり」「木や石や花などが」と直後の「ようである」という記述を踏まえて本文に戻ると、空欄②の直後の段落で「均衡を重んじる西洋の美学」「まったく異質な」「…木々は……飛び石が」とあり、そのあとに「一見雑然と配置されているように見えながら」とあるので、この部分から抜き出す。bあとのほうの「数字ではとてもできない計算がされている」という記述を踏まえて本文に戻ると、最終段落末尾に「数字ではとてもできない計算がされているのです」とある。その直前の「そこには」の指示語の中身を確認すると直前の「庭師がその感性で」とあるので、どのような感性か、という観点からさらに前部を見ると、一段落前に「自然の力に沿って別の自然を表現していこうという美意識」とある。

三 1、「やう」は昔の発音どおり。「yau」の「au」の部分が後に「ō」と発音されるようになったので、表記も「よう」になった。2、「仔細」とは、物事のくわしい事情(＝わけ・理由)という意味。3、直後の「疲れず」を手がかりにしてあとを見ると「かねてつかれぬ人馬なれば」とあり、この「人馬」がさらに「数万の人馬」と言い換えられていることが分かる。4、イは「自分一人が得をするのであれば」に該当する記述が本文に見当たらない。

通釈 昔、中国の漢の文帝の時代に、一日に千里を走る名馬を差し上げたとき、朝廷の高官や大臣は、「すばらしい貴重な宝だ。」と申し合っていたところ、文帝は大笑いなさっておっしゃったことには、「私はこの馬を貴重な宝だとは思わない、そのくわしい理由は、私がたまたま気晴らしの外出で歩くときには、一日にやっと三十里、また合戦などの時も、多くて五十里(歩く)に過ぎない。このようにゆっくりと歩くからこそ、数万の人馬も疲れず、私について来て忠義を尽くした立派な仕事をなす。もしまた場合によっては急ぐことがあるといっても、日頃から疲れていない人馬なので、私によくついて来て忠義を尽くした立派な仕事にはげむ。だから私一人が千里を走る馬に乗っても、数万の人馬が、千里を走らなかったらまったく価値がない。」と言って、持ち主のところへ(名馬を)返しなさった。

四 **安田正美「単位は進化する」**より。1、空欄部前の「長さを測りたいという欲求はとても身近」「標準化(基準を決めること)しようと考えるのは」および、直後の「な流れ」に着目してあとのほうを見ると、一段落あとに「測りたいという人間の欲求がまずあり、測る決まりごととしての単位が生まれ、標準化されていく。そのような流れ」とあるので、この、順番通りに自然に生じていく様子を的確に示す語を選ぶ。2、一段落あとに「当時電気の性質に驚いたり、雷の強弱などを感じたりすることはあっても、その量を測るという発想はなかったでしょう。感覚的にとらえるという点では、たとえば、私たちが味をとらえているのと似たようなものだったのではないかと思います」とあり、次の段落に「長さも温度も、……感覚からスタートします。」とある。これをまとめたのがウ。3、味については、まず傍線部の二段落前に「味自体……量としては曖昧なままです」とあり、これが空欄部前の「量としては曖昧なままの味」に対応していることを確認する。次に一段落前に「甘味を出しているのはこの物質であり、この物質の量がこのときに甘味がいくつだ」とあり、これが傍線部直前の「味を出している物質の量とその味の量」に対応していることを確認する。そしてそのあとにある「1対1の対応づけが、より科学的に実現する可能性があります。それができたときに、味という感覚についても、より限定して定量化できるようになるかもしれません」とあるので、この部分を指定字数の範囲におさまるようにまとめる。4、a直前の「量を測りたい、測らなくてはいけないという」という記述に着目して本文に戻ると、後ろから二段落めに「きちんと量を測りたい、測らなくてはいけない、というニーズ」とあるので、今度はこの「ニーズ」の言い換えになるものを最終段落で探すと「人間がそれを使って何かをしたいという思い……人間の意思や必要性」という語が出てくるのでこの部分を抜き出す。b直後の「標準化」という語を手がかりにして本文に戻ると、第三段落に「量を測りたいという人間の欲求(※aの答えと同じ意味)がまずあり、測る決まりごととしての単位が生まれ、標準化されていく」とあるので、この「測る決まりごととしての単位」が答えになる。

五 「生徒の図書室の利用を活発にする」ための取り組みを考える問題である点を踏まえたうえで【資料】と【取り組み】との関係を考える。まず【資料】を見ると、本を読むことが好きな人間は全校生徒の約七割、好きではない生徒が約三割であることが分かる。次に【取り組み】の【A】を見ると「読みたいと思えるような本がたくさん」とあるので、この取り組みはどちらかと言えば、本が好きな約七割の生徒に向けたものであると推測できる。一方【B】を見ると「読書だけでなく他の活用方法がある」とあるので、この取り組みはどちらかと言えば、本が好きではない約三割に向けたものであると推測できる。よって、【条件2】の「効果的であると考える理由」については、誰に対して、どのような意味で効果的なのか、という仕方で記述を行うとよい。

C問題 **一** **長谷良樹「定まらないアート」**より。1、a空欄直後の「ありのままに受けとめる」という語と同じものが傍線①の直後にある。その直前に「こういった空白の時間」という語があるので、「こういった」と「時間」という語を手がかりにして前を見ると、第一段落に「なにをしていたのか分からないような時間」とあり、これが要求の字数と合致することを確認する。b空欄aと空欄bとが「～ことであり、～ことである」という並列の関係にあることを踏まえて傍線部のあとを見ると、先ほど確認した「空白の時間を、ありのまま受けとめるということ」という記述のあとに「それは、自分を純粋な状態に保つことでもある」という並列の関係が確認できる。2、空欄部直前の「作品の完成形がイメージできなかったとしても」という記述が傍線部②のあとのほうにある「作品を撮りはじめる際……完成形がイメージできないまま発進してしまうこともある」に対応していることを確認し、そのあとのポイントを押さえると、「撮っていくうちに、目指すイメージがかすかに見えはじめ、そこから徐々に全体の構成を練りなおし、完成に近づけていく」「見えていなかったイメージを徐々に摑んでいくのだ」とあるので、これらをまとめて前半部分とする。次に空欄直後の「生活のなかでも思うようになる」という記述が傍線部②の一段落あとの「ものごと全般について……それがごく当たり前の状態に思えてくる」という記述に対応していることを確認し、この段落の内容をまとめて後半部分とする。3、イは末尾二段落の内容に合致する。アは「はっきりとした目標や答えを設定しておくことが求められる」が、ウは「撮るものに意味を与え」が、エは「見る側が求めているコンセプトに合わなければ」が、それぞれ本文の内容や主旨に合致しない。

二 1、「思ひかけぬ」とは「思ひかく」に打ち消しの「ず」の連体形がついたもの。「思ひかく」には、「心にかける・恋い慕う」のほかに「予測する・予想する」という意味がある。2、見る人もなき山ざとの花の色「を」、風「が」をしんで(=惜しんで)いるようだ、と読む。3、a直後の「状況の違い」という語に該当する場所を本文で探すと、「ほかの花、みな散りはてぬるに、この山里の花の、まださかりなるは」の部分に、ほかの花=散っている／山里の花=さかりである、という「状況の違い」が確認できるので、この部分をまとめる。bａで確認した「この山里の花の、まださかりなるは」の続きの「風の吹かざりけるなりと。」に着目。「と」のあとには、詠み手が考え(気づき)、という語が省略されている。

通釈　見る人もいない山里の桜の花の色は、かえって風が惜しんでいるようである

多くの花は、風を、ただ恨むばかりであるのに、この山里の桜は、風が、その花(が散るの)を惜しんで(吹くのを)やめたのは、考えもしなかったことではないか。本当に(実際は)、風が(山里の桜の花が散るのを)惜しんで止めたのではない。ほかの花が、みんな散ってしまったのに、この山里の桜の花が、まださかりであるのは、(きっと)風が吹かなかったからだと(詠み人が考えたのである)。風は吹けば、どこに行くかわからないものなのに、これ(里山の桜の花)には、風が吹かなかったのは、風が、(花が散ることを)惜しんでいるようであると、言っているのだろう。

三 2、「迫真」は「真に迫る」で、下の字が上の字の対象を示す形。これと同じなのはイの「就職」(職に就く)である。3、「を」の上部が「遠」の「袁」の部分に対応し、下部が「辶」の部分に対応する。

五 【資料A】を見ると、「おもむろに」の意味が50代から60代にかけて逆転していることが分かる。ということは例えば20代が「おもむろに」を使って70代と話をすると、話の内容を逆の意味に解釈される可能性が発生することになる。もちろん70代が20代に話をする場合でも状況は同じである。つまり、異なる世代間のコミュニケーションの問題が存在するのである。次に【資料B】を見ると、「檄を飛ばす」の意味について、全世代の大半が本来の意味とは異なる意味で用いていることが分かる。この場合、たとえば世代の異なる人々同士のコミュニケーションで会話内容の解釈のズレが生じることは少ないが、それがいずれも本来の意味とは異なったものである、という問題が発生する。設問の要求は「あなたがコミュニケーションを図る際に心がけたいと考えること」なので、【資料A】を踏まえて考えれば、異なる世代の考える言葉の意味とのズレを意識して、相手に合わせて(基本的には本来の用い方に合わせて)コミュニケーションを図る、という点が論述の中心となる。そして【資料B】を踏まえて考えれば、本来の意味を大事にして、自分の用いている言葉の意味に気をつけながらコミュニケーションを図る、もしくは、本来の意味ではないものを「新しい意味」と考え、意思疎通の行いやすさを優先してコミュニケーションを図る、という点が論述の中心となる。大事なことは、自分の主張とその根拠をしっかりと提示すること、自分の主張を論理的に説明できていること、なので、その点に気をつけること。

兵庫県

問題 P.155

解答

一 問一、二　問二、エ　問三、参加する時間がないことでした（14字）　問四、イ・ウ　問五、情報を提供する

二 問一、非(ズシテ)レ黒(ニ)　非(ズ)レ白(ニ)　問二、ア　問三、ウ　問四、a恥じる　b良知

三 問一、おおせ　問二、②ア　③ウ　問三、エ　問四、aかへでのもみぢ　bこの中～ぞせむ　問五、イ

四 問一、①くちょう　④つぶ(さ)　⑤けいけい(に)　問二、3　問三、エ　問四、イ　問五、ア　問六、ウ　問七、イ

五 問一、Aウ　Bエ　Cウ　問二、無味(乾燥)　問三、エ　問四、イ　問五、ア　問六、イ　問七、a命題の～に限定　b論理矛盾　問八、ア　問九、エ

解き方

一 問一、「二の足を踏む」は「ためらう、しり込みをする」という意味。問三、「アンケート結果」で最も多いのは「参加する時間がない」であること、Aさんが「高校時代は忙しい」と述べていることから考える。問四、ア「数年前よりも活動経験者の割合が高まっている」というAさんの発言の裏付けとして二つの年度のグラフを比較しているが、年度ごとの推移は示していない。エは「経済的負担の問題」に関わらず、新聞全体で「活動経験のない生徒に参加してもらうために必要なこと」を伝えているので「活動経験なし」のデータを用いている。問五、Aさんの「学校新聞等で多くの情報を提供することは、とても大切だ」という発言に着目する。

二 **耿定向「権子」**より。問二、「良知」とは陽明学では「人にもともと備わっている知性」のことをいう。傍線部の書き下し文「先生の良知を論ずる」の助詞「の」は主語を示すので良知を論じているのは「先生」である。また、傍線部の主語は学生で、あとに学生が「良知は何物なりや。」と言っていることから、学生は、先生が良知について説明しているのを聞いても、良知がどのようなものかを理解できなかった、と解釈できる。問三、「失笑」はあまりのおかしさに「思わず笑ってしまう」ことである。問四、書き下し文の「士は慙ぢて赧らめり。」は、つまり、学生は的外れな質問をしたことを自ら恥じて顔を赤らめたのを見て、先生は「其の色（＝良知の色）は赤色なり。」と言ったのである。つまり、先生は、「良知の色は赤色、恥じて顔にあらわれた色」であり、自らの行いを恥じることそのものが知性の発揮だと教えている。

通釈　昔、陽明先生の屋敷に多くの弟子がひかえていた。来たばかりの学生は、たぶん愚かな人だろう。（その学生は）しばらく陽明先生の良知（人がもともと持っている知性）について説明するのを聞いても、理解できなかった。突然質問して言うには、「良知とはいったいどのような物でしょうか。黒いのでしょうか、白いのでしょうか。」と。弟子たちは啞然として思わずくすくす笑った。その学生は恥ずかしくなって顔を赤らめた。陽明先生が落ち着いて言うには、「良知は黒でもなければ白でもない。その色は、（今のあなたの顔色のような）赤色である。」と。

三 **源俊頼「俊頼髄脳」**より。問二、②「つかはす」は「与ふ」の尊敬語なので「投げつかはし」たのは後冷泉天皇である。「女房達……おほせられければ」まで、すべて主語は天皇である。③「申す」は謙譲語である。その前で、天皇が女房たちの中に「伊勢大輔の孫のありける」を見て、かえでを投げ与え、「この中には、おのれぞせむ」と伊勢大輔の孫におっしゃったので、歌を申し上げたのは「伊勢大輔の孫」である。問三、「されば」は接続詞で、「そういうわけで」の意味。和歌にまつわる話全体を受けている。問四、「かかる」は「このような」という意味で、「は」は「葉」、「ことのは」は「言葉」である。伊勢大輔の孫は天皇から「かへでのもみぢ」を投げ与えられ、「この中には、おのれぞせなむ」と言葉をかけられ、歌を詠んだことから考える。問五、アは伊勢大輔は本文中に登場しないので不適。ウは歌を詠んだのは伊勢大輔の孫なので不適。エは「されば……覚ゆ。」が筆者の感想であり、本文の内容と合わない。

通釈　昔から続く家の風（和歌に対する伝統）こそ、うれしいことです。このようなありがたいお言葉（紅葉したかえでの葉）が私に寄せられると思うと。

（この歌はこうである。）後冷泉天皇ご在位のとき、十月ごろに、月がすばらしかったので、（天皇が）女房たちを多く連れて、南殿にお出ましになって、月見の宴をなさったときに、（天皇が）かえでの紅葉したのをお折らせになられて、連れてきた女房たちの中に、（歌人で有名な）伊勢大輔の孫がいたのを見つけられて、（伊勢大輔の孫に紅葉したかえでを）投げ与えられて、「この女房たちの中では、（今、私のしたことへの返事を）お前がしなさい。」とおっしゃったところ、大して時間もかかることなく（伊勢大輔の孫が）申し上げた歌である。（天皇は）この歌をお聞きになって、「歌の品格はそれなりであるが、歌を詠む早さはすばらしいものである」と、おっしゃられたそうである。そういうわけで、いよいよ、少しばかり歌の趣向が劣っていたとしても、早く歌を詠むべきであるとも思われる。

四 **谷津矢車「廉太郎ノオト」**より。問二、「有望な（形容動詞）＋人材（名詞）＋に（助詞）＋活躍し（動詞）＋て（助詞）＋もらう（動詞）＋しか（助詞）＋ない（動詞）」と分解できる。助動詞と助詞が付属語だから、その数は3である。問四、傍線部のあとの延の言葉に「楽器は音楽への理解力で弾きこなすものという誤解があるが、一番必要とされるのは……身体操作に他ならない」とある。また、「まさか、こんなところで活きてくるとは思わなかった。」という部分から、廉太郎も楽器の演奏に身体操作が大事だとは考えてもいなかったことが分かる。問五、延が廉太郎にバイオリンを諦めさせようとしたのは、「途轍もないバイオリニスト」の「あの子に巻き込まれて」廉太郎が潰されないためである。「暗い顔を浮かべた」とき、延の「年齢相応の女性の素顔が覗いた」とあることから、「あの子」が廉太郎にもたらす不安とともにバイオリニストである自身にもたらす不安がよぎったと解釈できる。問六、延は廉太郎を「有望な人材」と認め、日本の西洋音楽のために活躍してほしいと思っているので「人生のすべてを懸けることができるほど」音楽が好きかと問うたのである。しかし、「言葉が出ず」、覚悟ができていない廉太郎を見て、もどかしく思い、「致し方あるまい。」と言い、レッスンを提案して覚悟を促している。アは、言葉が出ない廉太郎に対する様子なので、本文の内容と合わない。イ・エは、その後の延の言葉はなぐさめようとしているものや抑制しようとしているものではない。問七、廉太郎は鍵盤が「汗で光る」ほど、全力でピアノを演奏し、その結果、「圧倒的なまでの実力差を見せつけられたというのに体中に心地いい疲労がのしかかっている」のである。つまり、演奏によって充実感を覚え、その余韻に浸り、「天井を見上げた」のである。

五 **波頭亮「論理的思考のコアスキル」**より。問三、②は、

前の段落が菜の花の具体例、空欄②の段落でうろこ雲の具体例が述べられ、並列の関係であることが分かる。⑦は前の「豊かな広がりを持ちリアリティのある」、直後の「論理的妥当性の高い」という二つの相反する要素を持つ思考について述べていることから考える。問四、「適切な言語化の第一歩」は、直後に「思考の対象としようとする事象（=菜の花）を正確に表す言葉（=菜の花という言葉）を探し、選択すること」とある。問五、傍線部のあとの段落でネコの具体例を示して説明している。正確な言葉探しはそれほど難しいスキルではないが、自然言語は「多義性」を持つため、「A=BかつA≠Bである」というような矛盾した命題表現が成立し、「論理的思考を行いながら論理を展開していく上で混乱や誤謬をきたす原因」となるとある。イは言語はもともと多義性を持つので不適である。問六、傍線部のあとに理由が述べてある。「思考対象が持つ意味内容を一つだけに限定しないからこそ様々な知識と繋がり得る」のであり、「豊かで広がりを持った論理展開が可能になる」とある。また、文章冒頭の「思考するというのは……意味合いを紡ぎ出す行為」とある点にも着目する。問七、「論理的に精緻な思考」は「数学的思考」と言い換えられるので、同じ段落の「言葉の多義性から……数学的思考しか成立しなくなる」という部分に着目する。問八、傍線部は「豊かでかつ論理的に妥当性の高い思考を実現する」方法を述べたものなので、同様の内容を述べている前の段落の「豊かな広がりを……論理を展開していくこと」に着目する。問九、一～六段落で、論理的思考成立のためには「適切な言語化」が必要であることを述べ、次に七～十段落で、自然言語の多義性とそれがもたらす論理的思考の展開の混乱について、十一・十二段落で純粋な論理的思考の問題を挙げて、思考における言葉の多義性の重要性を、十三・十四段落で思考を正しく展開させる方法について述べている。

奈良県

問題 P.162

解答

一 ㈠ Aはな（やかな）　B転（じて）　C防（ぎ）　Dこうけん　㈡ウ　㈢イ　㈣静かで質素なものがもつ美しさ　㈤コケの緑が、季節ごとの花や紅葉や雪の色をきわだたせること。（29字）　㈥イ　㈦Xたとえ　Yめでる感性

二 ㈠イ　㈡音を聞いて　㈢ウ　㈣幼いときのワクワクした気持ちがよみがえって、原稿を書き進めることができるおまじないの言葉。（45字）　㈤ア　㈥エ

三 エ

四 ㈠ア　㈡ウ　㈢エ

五 ㈠エ　㈡ウ　㈢（例）

私は、「なぜ」や「どういうことですか」などの言葉を用いて、多くの情報を聞き出せるようにしたい。

なぜなら、「はい」や「いいえ」で答えられる質問だけでは、自分の知識の確認しかできず、相手の考えを詳しく聞くことが難しいからだ。インタビューでしか聞き出せない情報が得られるように質問を工夫したい。

解き方

一 **大石善隆「コケはなぜに美しい」**より。㈡ここでは「…と言えば、まずそのものが思い出される代表例」という意味で使われている。㈢傍線部直前の段落にある「日本庭園ではもともとコケは使われていなかった」や、「いつしか庭園が広くコケに覆われるようになった」とある。㈣設問文中の「コケの印象」に着目して、本文から同じ表現を探す。傍線部の次の段落の最終文に「これは……コケの印象そのものではないだろうか」とあるので、指示語「これ」の指示する直前の内容を抜き出す。㈤傍線部の「移ろい」と「ひきたて」を具体的に分かりやすく説明する。「移ろい」とは、傍線部直前の「春には桜が、夏には……真っ白な雪が覆う」を指し、「ひきたて」とは「目立つようにする・際立たせる」という意味である。㈥「日本十進分類法」という専門用語に惑わされずに、選択肢を見て検討する。設問文の「コケの生態に興味をもち」とあるので、「コケの生態」がどの分類に入るか選択肢を検討する。「生態」とは「生物が、自然界に生きている状態」のこと。㈦X和歌の現代語訳一行めに「苔の敷物」とあるので、「蘿蓆」が敷物の比喩（=たとえ）であることが分かる。Y本文から「蘿蓆」の同義語（=敷物）を探す。最終段落に三度「コケのじゅうたん」という比喩が出てくるが、設問文中の空欄前の『蘿蓆』を」と同じ形になる、最後の「コケのじゅうたんを」直後が、和歌を詠んだ人に備わっていたものである。

二 **角野栄子『作家』と『魔女』の集まっちゃった思い出**より。㈠「伺う」は「聞く」の謙譲語。「伺う」が「私」の行動であることも参考になる。㈡設問文にある「認識」の同義語を本文から探す。傍線部あとに「情報を得て」とあるので、この部分の初めの五字「音を聞いて」を抜き出せばよい。㈢傍線部は前に述べた事柄を言い換えて、簡潔にまとめているので、正解はウ。㈣設問文中の「どのような言葉か」に着目して、本文から「言葉」という語句を探す。本文【Ⅰ】の二段落めに「これは私のおまじないの言葉」とあるので、指示語「これ」の内容を明確にして、指定字数でまとめる。㈤傍線部あとの「言葉って、……ぴったりのリズムや響きがあれば、不思議なほど相手に伝わる」とある。㈥結論は最後の段落に書かれているので、エの「結論から話し始める」が不適。

三 【下書き】では、平仮名の「やり」が明らかに用紙の中心線からずれているが、中心に言及しているのはエだけ。

四 **松平定信「花月草紙」**より。㈠「いささか」は副詞なので、最も近い動詞に直接かかる。㈡傍線部はカ行下二段動詞「欠く」の連体形。㈢本文の「かくせんと思ふこころざしのひとつなり」と「かくせんと思ふこころざしのひとつなり」が対応している。筆者の主張は、後者の「こころざしのひとつなり」、つまり、目的意識を持つことにある。

通釈 「この世に生まれて物心がついた頃から、老いて行くまで、少しも怠けずにする事があったら、必ずどんな事柄でもきっと秀でるに違いない。」と言うと、「ひたすら心がけることがないので、たとえ何回したとしても自分のものとすることが出来るとは思わない。この食事をすることは、物心ついてから、一日に三度は欠けることがないけれど、こうしようと思う心がないので、食事が上手でもなく、かえって食べ物をこぼし、または『魚の骨が刺さったよ。』などと言うこともあるだろう。だから、こうしようと思う志（目的意識を持つこと）が一番（大事）である。」と言った。

五 ㈠エの「一朝一夕」は「わずかな時日」の意。用法としては、あとに否定の表現を伴うことが多い。ここでも「ありません」と否定の語で結んでいる。㈡二文め「奈良の木は、……いるのですね。」と相手の発言を踏まえたうえで、「そのような特徴があるのには、何か秘密があるのでしょうか」とさらに詳しい情報を聞き出そうとしている。

和歌山県

問題 P.166

解答

一 〔問1〕①告　②浅　③寒暖　④勤勉　⑤のが　⑥かま　⑦けいりゅう　⑧ぎんみ
〔問2〕オ　〔問3〕イ　〔問4〕(1)ア　(2)ウ

二 〔問1〕イ　〔問2〕保護という言葉は外部の立場から使う言葉（19字）　〔問3〕車の排気ガスが環境に悪影響を与えるため、電気自動車など、排気ガスを出さない車を造ることによって、共存しようとしている。（59字）　〔問4〕ウ
〔問5〕その（サメの）えじきになっていたエイが増え、そのエイが好むホタテ、ハマグリなどが大量に食べられたため（45字）　〔問6〕エ

三 〔問1〕ア　〔問2〕ぼくがわからなかった詰み筋を見通していたこと　〔問3〕エ　〔問4〕イ　〔問5〕山沢君は、自分以外はみんな敵だと考えているが、ぼくは、対局中は敵でも、勝ったり負けたりをくりかえしながら、一緒に強くなっていけるライバルだと考えている。（76字）　〔問6〕ウ

四（例）
A案に比べてB案では、活動へ参加した学年・人数について数字を挙げたり、実際に活動へ参加した人の体験を書いたり、お年寄りの方の言葉を引用したりして、話題に具体性をもたせるように工夫している。
この文章は福祉施設への訪問を呼びかけるという目的で掲載されるので、新聞を読む人に活動内容を実感させる必要がある。そのためにはなるべく具体的な例を挙げて、わかりやすく相手に伝えることが大切である。

解き方

一 〔問2〕Aは八画、BとDは九画、Cは十一画。〔問3〕傍線部は「聞く」の謙譲語。アは「察する」の意。エは「機会などを待ちうける」意。ウは「訪問する」の謙譲語。〔問4〕**無住「沙石集」**より。(1)「かかる」は、このような・このように、という意味の指示語。傍線部前の現代語訳「飢えに苦しんでいる」を指す。(2)傍線部前に「蛙、返事に申しけるは」と書いてある。

通釈 世の中が日照りに見舞われ、池の水もなくなり、食べ物も無くなって、飢え死に寸前で、手持ちぶさただった時に、蛇が、蛙のところへ亀を使者に立てて「ちょっとおいでください。お目にかかりたい」と言うと、蛙が、返事に申し上げたことには、「あなたは飢えに苦しんでいるから、仁義を忘れて食べることばかりを思う。情け深いのも親しく付き合うのも、普通に暮らしている時のことだ。このような時だから、（私、蛙は蛇に）お目にかかることは出来ない」と返事をした。

二 **林将之「葉っぱはなぜこんな形なのか？」**より。〔問1〕空欄aの直後「自然の中」と、空欄bの直後「宇宙人」は、ともに言い換え表現（イコール関係）なので正解はイ。〔問2〕傍線部Aにある「保護します」という表現に着目して、保護という熟語の意味を説明している部分を探す。また傍線部には「地球外」とあるので、「外」「外部」もキーワード。〔問3〕一口に車のリスクと言っても、むやみやたらに危険性を挙げても意味がない。設問文中の「共存する方策」に着目して、持続可能な開発目標に関連づけると、書きやすいのではないだろうか。例えば、車の排気ガスは人体に悪影響を与えたり、大気汚染や地球温暖化を招いたりする。また、いつまでもガソリン車のままだと、いずれは石油資源が枯渇し、持続可能な開発は困難になってしまう。さらに高齢者の危険運転は、罪のない人を無差別に殺しかねない。リスクさえ思いつけば、方策はそんなに難しくはないだろう。〔問4〕設問文中の推量の助動詞「だろう」に着目し、「迷惑生物」の撲滅運動後を推測した部分を探す。傍線部直後の段落にある「間違いなく生態系の……生じることだろう」が該当部分。〔問5〕たとえ食物連鎖が分からなくても、図よりエイの個体数が増え、ホタテとハマグリが減っているのは一目瞭然。サメを駆除すると天敵がいなくなったエイが繁殖し、エイの好物であるホタテやハマグリが、大きく減少するという構図である。〔問6〕筆者の主張は最終段落の「自然破壊と文明発展が……来ているように見える」なので正解はエ。アは「自然の中にあるということを証明するため」という目的が誤り。イも「テクノロジーをもつため」という目的が誤り。ウは本文の終わりの文の「自然への理解を深め」なおかつ、「自然と共存する」必要が欠落している。

三 **佐川光晴「駒音高く」**より。〔問1〕傍線部は、一つのことに集中して雑念が起こらないこと、という意味のアが正解。〔問2〕傍線部の前の「手順がはっきり見えているわけではなかった」ぼくに対して、山沢君の「馬引きからの7手詰めだよ」や「詰め将棋をするように、山沢君が盤上の駒を動かしていく。」とあるように、はっきりと詰み筋が読める実力者だったのである。〔問3〕傍線部前の有賀先生のせりふのなかにある「野崎君には伸びしろが相当ある……応援してあげてください」に着目する。せりふの直前「プロの棋士になることを目標にしている」山沢君と、素晴らしい対局をしたことによって、「プロを目ざすには遅すぎ」るが、伸びしろいかんによっては可能性があると感じている。〔問4〕アは極めて危険なことをする、ウは非常に忙しい、エは名人が失敗をすること、のそれぞれ例え。〔問5〕山沢君は傍線部Eあとの「将棋では、自分以外はみんな敵なんだと思っているのに対して、ぼくはそのあとの「対局中は敵だけど……ライバルでいい」や、さらにそのあとの「勝ったり負けたり……一緒に強くなっていけばいい。」と考えている。〔問6〕傍線部前の「となりの図書館で棋譜をつける……引き分けだった対局の」に着目する。アは「全く歯が立たなかった」が誤り。イは「体力をしっかり身につけたい」が不適。エは「山沢君の面影を早く振り払いたい」が不適。

鳥取県

問題 P.171

解答

一 問一、(1)たずさ　(2)よくよう　(3)全く　(4)困難　問二、ア・ウ・エ　問三、ア　問四、ウ　問五、(1)（主語）妹は　（述語）行った　(2)イ　問六、エ

二 問一、(1)イ　(2)うつむけて　問二、ウ　問三、エ　問四、文学は人生にかけがえのない豊かさを与えるものだということを忘れずに生きること。（39字）　問五、エ

三 問一、ア　問二、イ　問三、ウ　問四、人生の意味や人間の存在を思念的に考察しようとする姿勢の深まりを表しているから。（39字）　問五、ア　問六、ウ　問七、イ　問八、(1)いにしえ　(2)イ　問九、（例1）
時代を経ても変わらない人間の心理に触れることができるのが古典の魅力だ。例えば、私は失敗が許されない大事な試合で、平家物語の与一と同じ緊張を感じることができた。
（例2）
和歌を学習した時、声に出して読むと、言葉の持つ響きやリズムを味わうことができました。古典を学習する意義

は、日本語の美しさを再発見することだと思います。

四 問一、本校生徒会は、楽しさの中にも規律ある学校をめざしていますが、それを実現するのは簡単ではありません。しかし、私は必ずやりとげたいと思い立候補しました。問二、いらっしゃる　問三、エ　問四、ア　問五、

（例1）

私はAのポスターを選ぶ。Aの特徴は「みんなの笑顔のために」という演説最後の言葉と、大勢の楽しそうな生徒が描かれているところだ。これにより、鳥取さんがめざす学校像が明確に伝わる。星のイラストやポップ体で書かれた文字も、見る人を楽しい気持ちにさせる。一方で、Bはシルエット調でさびしい気持ちになる。また、「道を創る」とあるが、具体的にめざすものが伝わらない。だから、選挙ポスターにはAがふさわしい。

（例2）

選挙ポスターというと、華やかなものが多い中、Bのデザインはシンプルだからこそ逆に目を引きます。また、演説に引用した言葉をもとにして作られたキャッチフレーズは、固い決意を表しています。これが行書体で書かれることで、真剣な雰囲気も良く伝わると考えます。これに対し、Aでは大勢の人物が同じように描かれており、立候補者が誰なのかさえわかりません。したがって立候補者の主張がよく表現されているBを選びます。

解き方 **一** 問二、アの部首は「うかんむり」で三画、イは「きへん」で四画、ウは「こざとへん」で三画、エは「しんにょう」で三画、オは「れんが」で四画。問三、アの「黒板」は下の「板」を「黒」が修飾している。イの「屈」は「かがむ」、「伸」は「のばす」で意味が対になる漢字の組み合わせ。ウ意味が似ている漢字の組み合わせ。エの「帰郷」は「郷(さと)」に「帰」る、という動作の対象を示す。問四、アは「ごんごどうだん」と読む。イは「無我夢中」と書く。エは、昔の物事を研究し吟味して、そこから新しい知識や見解を得ること、という意味である。問五、(1)「行った」という動作が述語であるから、「行った」のは誰か、の誰かに該当する部分が主語となる。(2)「とても」は副詞。アの「少し」、ウの「カアカア」、エの「にっこりと」はいずれも副詞。イの「大きな」は連体詞である。問六、「一・二(三)点」は、二文字以上空いた文字の順番を逆にする場合に用いる。

二 **三浦しをん「骨片」**より。問一、(1)、直前の「蒔田さんはこれからどうするんだったかな」および直後の「家業を手伝いますの。」という記述から、自分の将来の進路に関係ある事柄が傍線部に関係すると考える。(2)傍線部の前の「うつむきがちであった」という語に着目してあとのほうを見ると、傍線部3のあとに「うつむけていた顔を上げ、思わず先生の姿を正面から見た。」とあるので、ここで心情が大きく変化したことが分かる。問二、「白眼視」とは、人を冷たい目で見ること、冷淡に扱うこと、という意味。問三、傍線部の前に「明日からは餡をこねるのです」「文学とも、ましてや国の発展とも関係のない毎日で」とあるので、ここから私が、これからの自分の仕事となる「あんこ屋」で餡をこねる仕事を、他の人の職業(医者・外交官など)と比較して恥じており、さらにそのように恥じている自分自身のあり方も恥じていることが分かる。それに対して傍線部あとの先生の「私も国のため…」と「それにね、…」以下の言葉で、「私」を励ましているのである。問四、傍線部の「そのこと」という指示語を手がかりにして、傍線部3から傍線部4の直前までの、先生の主張を確認すると「文学は……餡をこねる貴女自身には、必要という言葉では足らないほどの豊穣をもたらしてくれるものではないですか」「あの作品(『嵐が丘』)……にはすべてがあります」「人間のすべてが『嵐が丘』(＝文学)にはある」とある。ここから、文学は人間に(あるいはひとりひとりの人生に)大きな豊穣(＝豊かさ)をもたらしてくれる、ということが指示語の内容であることが分かる。また傍線部4は「そのことを、よく心に留めておかなければいけません」とあり、これも、先生が伝えたいことなので、そのことを含めて、解答をまとめる。問五、この文章は全体として「私」を主語としながら、「私」の視点から見たまわりの様子や、自分の内面の様子をつづっていることが分かる。

三 **鈴木健一「知ってる古文の知らない魅力」・兼好法師「徒然草」**より。問一、A前後は、対立関係にあるので逆接の接続詞が入る。B前後は、言い換え・因果の関係になっている。問二、まず設問文の「和泉式部の歌集の表現を引用」という言葉の意味は、具体例の提示のことである。具体例をとおして言いたいこと、つまり、筆者の意図は通常、具体例の前か後ろにあることが多いので、その部分を確認すると、後ろの方に「一個人の独創であるかに見える名文にも、このように先行する表現があって、すべてが新見というわけではないのです」とあるので、ここが筆者の意図であると考え、当てはまる選択肢を選ぶ。問三、直後の「つまり」が、前後同一を表すので、そのあとがヒントになる。「平安時代にしばしば用いられた常套的な表現を『徒然草』序文は下敷きにしているのです」とあるので、これを、平安時代の常套的な表現と「徒然草」の序文との類似性と考えて、それに当てはまる選択肢を選ぶ。問四、傍線部2の三段落後の「この作品の本質を象徴的に表しているのが『ものぐるほし』なのです」という記述に着目して、その前の部分を見ると、「人生の意味、人間の存在を思念的に考察しようとする姿勢の深まり」とあるので、この部分を軸にしてまとめる。問五、最終段落を見ると「共同性を有することで、読者の共感を増幅させ、かつ個性の部分の差異化もはかられます。」「共同性と個性が補完的に紡ぎ出されていく」とあるので、この点を踏まえた選択肢を選ぶ。問六、傍線部のあとに「文は、文選のあはれなる巻々、白氏文集、老子のことば、南華の篇」とあるので、(注)も踏まえて考える。問七、直前の「文をひろげて」と直後の「友とするぞ」を重ね合わせて考えると、「見ぬ世の人」＝書物をひろげると会える友、ということになる。問八、(1)語頭以外の「はひふへほ」は「わいうえお」に置き換える。(2)「通釈」を参照のこと。問九、文章Ⅰの話を踏まえて考えれば、昔の人の思いや考え方を知り、共感することで、物の見方や考え方が深まった、ということを、一例をあげながら述べてもよい。また、文章Ⅱの話を踏まえて考えれば、昔の人の考えを知り、それを自分の人生に生かすことができる、といった魅力を述べ、自分の心の支えになっている古典の書物の名前や一節を挙げ、それがどんなふうに支えになっているかを書いてもよいだろう。

通釈 ひとり明かりの下で書物をひろげて、遠い昔の人を友とするのは、この上なく心がなごむ、楽しいことだ。書物は文選のしみじみとすばらしい巻物の数々、白氏文集、老子のことば、「荘子」の本(である。)

日本の博士たちのかいたものも、昔のものにはしみじみと感動することが多い。

四 問一、まず、「…簡単ではありませんが、私は必ずやりとげたい…」が、逆接でつながれているので、この逆接の前後で文を分け、二文めのはじめに、「だが」「しかし」といった接続語を置けばよい。また繰り返し使われている言葉は「楽しさの中にも規律ある学校」なので、これを指示語

に置き換える。問二、「来る」の尊敬語は「いらっしゃる」となる。また「おいでになる」といった語もある。問三、(＊注)で「魯迅」の説明がされているように、「魯迅」という音声を聞いただけで、彼が作家であることを理解する人が多くないと思われる。彼が作家であること、最低限「故郷」が小説の題名であることの説明は、必要である。問四、「演説」は多くの人を前にして自分の思いを伝えることなので、顔は聴衆に向けておくことが基本となる。問五、AとBの違いを簡単に整理すると、A＝横書き・字体が親しみやすい(ポップ体)／B＝縦書き・字が大人っぽい(行書体)、A＝「みんなの笑顔」を軸にしたキャッチフレーズ・楽しそう・親しみやすそう／B＝「私達が道を創る」ことを軸にしたキャッチフレーズ・責任感ありそう・真面目そう・リーダーシップありそう、A＝大勢の人が笑っている・自分ではなく、生徒の側を描いているイメージ／B＝一人の人を影絵で表している・生徒の側ではなく鳥取さん自身のイメージ、といったものが考えられる。これを【条件】①の二つめの項目に合わせて説明し直すと、例えば、Aは横書きで字体が親しみやすい。それは鳥取さん自身の親しみやすさをイメージさせる効果がある、となるし、これを正しいとするなら、Bは字体が縦書きで大人っぽく、固いイメージで親しみに欠ける、という仕方で「問題点」として扱うことができる。このように対比を明確にしながら、条件に沿って自分の意見をまとめる。

島根県

問題 P.176

解答

一 問一、1はか(る)　2うけたまわ(る)　3すいこう　4けはい　問二、1浴(びる)　2赴(く)　3帰省　4浸透　問三、イ　問四、八(文節)

二 問一、ウ　問二、ア　問三、(マラソン選手)木　(小学生)草　問四、次々に世代を更新することで、変化する環境や時代に対応する能力。(31字)　問五、1種子を残すこと　2イ

三 問一、エ　問二、ア　問三、嘉穂に近づけない寂しさを感じながらも、心配で目が離せないと思う心情。(34字)　問四、ウ　問五、イ　問六、今までおばちゃんに遠慮して隠してきた歌への思いを、もう隠さなくてよいのだと喜ぶ気持ち(43字)

四 問一、ウ　問二、エ　問三、本当は不死の術を知らなかった(14字)　問四、イ

五 問一、ウ　問二、1ア　2エ　問三、(例1)
[商店街(A寺通り商店街)での歩き食べ問題を改善するために、]私は、大きなゴミ箱を通りのあちこちに置くことを提案します。インタビューでは、近所の住民がゴミのポイ捨てに困っていると答えていました。しかし商店街の店主の話から、歩き食べのおかげでお客が増え、歩き食べは商店街のために役立っている面があるとわかりました。私は、街の中で歩き食べをしても、ゴミをすぐに片付けることで、きれいな街と歩き食べを両立できると思います。
(例2)
[商店街(A寺通り商店街)での歩き食べ問題を改善するために、]僕は、歩き食べをしていい時間帯を決め、それ以外の時間は歩き食べをしないようにするといいと思う。観光客は歩き食べを楽しみにやってきているということだから、歩き食べに夢中になっていると、地元の高校生が言っていたように、他の人の服を汚すようなこともあると思う。だから、通学や通勤の人が多い時間帯だけ歩き食べを禁止にすれば、観光客の楽しみも確保できると思う。

解き方

一 **稲垣栄洋「植物はなぜ動かないのか　弱くて強い植物のはなし」**より。問一、傍線部あとの「ところが…」で始まる段落に「こうして地殻変動が起こる……気候も変動」、その次の段落に「下流で三角州を築いていく。草が誕生をしたのは、まさにこの三角州であった」とあるので、正しい過程はウ。アとエの「植物の巨大化」は関係ない。問二、傍線部から二つめの段落に「その気になれば、数千年も生きる……わざわざ進化を遂げて、寿命が短くなっている」ことを不思議だと言っている。問三、傍線部直前の段落にある「四二・一九五キロ」がマラソン選手、傍線部直前にある「一〇〇メートルずつ」が小学生なので、それぞれが植物の寿命の比喩であることが分かる。問四、「植物も…」で始まる段落の内容に着目。「植物は寿命を短くし、……次々に世代を更新していく方を選んだ」「植物は世代を経ることで変化したり、進化を進めたりすることができる」「そのため、世代を進めることで、変化する環境や時代の移り変わりに対応することも可能になる」とある。このあたりの内容を設問の「植物が手に入れたものは何か」に合うようにまとめる。問五、1問四から「植物の究極の目的」が、世代の「更新」であること確認する。そして、(B)の文章に「雑草にとって、もっとも重要なことは何だろうか。」とあるので、その直後にある答えの部分を抜き出す。2アは「答えず読者にゆだねる」が誤り。ウは「文語的で堅苦しい」が不適。エは「作者個人の感想」が誤り。

三 **にしがきようこ「ピアチェーレ　風の歌声」**より。問一、アは「才能の限界を感じ」が、イは「才能を見いだす自分の力の確かさ」が、ウは「強く嫉妬」が、それぞれ不適。問二、黄色は赤信号の手前なので、断定的に決めつける表現は不適。イは「話についていけず」が、ウは「腹を立てて」が、エは「不満を感じて」が、それぞれ不適。問三、傍線部の前後から「心情」を言い表している語句に着目する。傍線部前の「心配してんだよ」と、あとの「目だけは離さないでいようと思って」が、博美おばちゃんの心情である。傍線部の段落のせりふの最後で「ぐるぐると嘉穂の周りを回っ」て、なかなか心が通わない状態を、人工衛星にたとえている。問四、傍線部の前のほうの「嘉穂には…」で始まる段落に「なるたけ迷惑をかけないように、……努力している」とある。それをおばあちゃんは「心配してんだよ。」ととってしまっているので「まずい」と感じ、傍線部のせりふになったのである。問五、「目を細める」とは、好意的な表情をすること。問六、前書きの冒頭の「事情により両親と離れ、祖父母と博美おばちゃん、弟の穂高とともに生活している」や、傍線部③前にある「嘉穂には遠慮がある。おばちゃんは嘉穂や穂高を育てるために結婚もできないでいる」とあるように、嘉穂はおばちゃんに遠慮して、歌への思いを隠してきたのである。

四 **「列子」**より。問一、返り点の「二点」が付いている動詞「怒り」を最後に読む。問二、登場人物のなかで「生を喪ふ(＝命を失った)」人は、不死の術を知っているという者だけである。問三、「彼」は「不死の術」が、自分自身に効かなかったから「生を喪ふ(＝命を失った)」のであり、結果的にうそつきだったことになる。問四、アは「余計なもの」、イは「論理的に合わないこと」、ウは「敵中に全く孤立すること」、エは「本質的にはたいした違いがないこと」という意味。

五 問一、ウのように「たくさんの内容を一気にすばやく質問する」と、回答者が戸惑って答えにくくなる。問二、

1「聞く」の謙譲語、「うかがう」を使う形にする。2あなたの考えを(私に)聞かせるので、正解はエ。問三、「礼子さんの立場に立って」の意見文であることを念頭において、条件②の「【反対】と【賛成】からそれぞれ一人の回答を選び」という条件に注意して書くこと。

岡山県

問題 P.182

解答

一 ①ⓒと ⓕあいまい ②ウ ③Xイ Y バレーがやりたくてたまらない ④ウ ⑤本気でバレーと向き合っている自分のまっすぐな言葉は灰島の心に届くはずだ(35字) ⑥エ

二 ①おもう ②イ ③Ⅰ来 Ⅱ連想関係 Ⅲ身になじんだ Ⅳ都の妻を思い浮かべる

三 ①ⓓ芽 ⓕ評価 ②ア ③イ ④総体としての自分 ⑤Xそのまま受け入れ Y いろんな他者との交流によって、自分自身を常に多様な視点からとらえ直そうとしていく(40字) ⑥エ

四 ①和語 ②ア ③ウ・オ ④どちらのことばを主に使うかの割合は年代によって異なる。だから、カタカナ語を使うときは、それが相手の年代にとってなじみのあることばなのかどうかに留意する必要がある

解き方

一 **壁井ユカコ「2．43 清陰高校男子バレー部」**より。②A直後に「人の気持ちなど意にも介さなそう」とあることに着目。③X傍線部は「ネット」という、人ではないものの様子を人のように表現している。隠喩法はたとえを示す「～ように」を使わない表現技法のため不適。Yネットの前に立つ灰島も傍線部のあとにあるように「まだ試合を続けたがっているみたい」に見えるのは、灰島が「バレーがやりたくてたまらないっていう渇望を放出」しているからである。④傍線部のあとの「自分以外の誰かの言葉が欲しかった。……誰かに肯定してもらいたかった。……無駄ではなかったと信じられる。」に着目。自分の思いと同じである「バレーより面白いものなんて、他にない」(傍線部直前)という灰島の言葉によって、小田はこれまでの自分を肯定されたと思えたのである。⑤傍線部の「鍵」は灰島の心を閉ざすドアの鍵で、小田は灰島の心のドアを開け、自分の思いを届けられると感じたのである。「だから」とあるので、そう思った理由は傍線部前にあるように、灰島が「自分に対しても他人に対しても恐ろしくストイックだが、本気でバレーと向き合っている者を拒絶することはない」からである。また、本文の最後の方の「きっとこいつの心には。まっすぐな言葉だけが届く。」とある点にも着目する。つまり、バレーに本気な自分は拒絶されず、そのまっすぐな言葉は心に届くと思ったのである。⑥傍線部ⓔあとの「バカにしているような言い方ではなかった。……間違いなく即座に手をはたき落とす気だ。」に着目すると、灰島は全国大会を目指すという小田の覚悟を確認しようとしていることが、傍線部ⓖあとの「おれもまた全力で応えねばならないだろう。……まっすぐな言葉だけが届く。」に着目すると、小田が灰島の問いかけに全力で応えようとしていることが分かる。

二 **鈴木宏子『古今和歌集』の創造力**」より。②Yのあとの「けれども、この歌の場合は、『唐衣』語群から、都に残してきた妻を思い浮かべてもよいのだろう」に着目する。「けれども」は逆接関係を示すので、Xは「唐衣」語群を説明する言葉が、Yは「都に残してきた妻を思い浮かべる」を説明する言葉が入る。③Ⅱ本文の「業平の…」で始まる段落にある縁語についての説明の「縁語とは、……語群のこと」に着目。Ⅲ「なれ」に関する掛詞「萎れ」についての説明から適語を探す。Ⅳ最後の段落の「けれども、」以降で、和歌に込められた「都に残してきた妻へ」の思いについて述べられているので、字数に注意してまとめる。

三 **光嶋裕介「建築という対話　僕はこうして家をつくる」**より。③傍線部の前の段落二つで例を挙げて、何かを生み出す(=創造)時のスタンスを述べている。「今までの人生で……無意識的に、選択しながら」「先人たちによって……再度生み出されていく」という部分に着目する。④直前に「要するに」とあるので、傍線部を含む段落では前の段落をまとめ、筆者の考えを述べている。直前の段落で「日々体験したもの」が地図に描き込まれる情報としている点や、設問文の「さまざまな体験がつながっていく」と同様の内容の「必要な情報が必要な情報とリンクして、総体としての自分が見えてくる」(傍線部あと)とある。⑤傍線部前の四つの段落から考える。筆者は「自分自身を成り立たせているものを、バラバラのモザイク状であることに目を背けないで、そのまま受け入れたい」とし、「そのまま」とは「今の自分では意味が回収できない(=理解できない)もの」「矛盾すること」でも総体として自覚し、受け入れることとある。よって、Xは「そのまま受け入れ」が入る。さらに、筆者は「モザイク状のものがいろんな人と接することで、変化していくこと」が重要で、それは「いろんな他者との交流で、多様な光に照らされる」からだとしている。また、常識や先入観にとらわれると古くなる自分の地図を「批判的に疑いながら、更新し続けること」が必要だともしている。これらを踏まえ、Yをまとめる。⑥アは共同作業で作品づくりをする重要性は主張していない、イは若い時は人格が不透明としてはいるが、その事実を述べてはいない、ウは知らない街を訪れる場面を想像させてはいるが、地図が街の把握に役立つという主張はしていないのでそれぞれ不適。

四 ②Xのあとに「カタカナ語だと意味がよくわからない」とあるので、和語の意味がわかる人の割合は多いが、カタカナ語の意味がわかる人の割合は少ないことを述べているアが適切。③アは、奈緒はことばの定義を確認し、資料から孝一の提示した話題への仮説を出しており、批判はしていないので不適。イは、優太の具体例は奈緒の考えを裏付けており、話題を変えてはいないので不適。ウは、絵里はなじみのあるカタカナ語について述べ、奈緒や優太と異なる見方を示しているので適切。エは、絵里も優太も質問してはいないので不適。オは、「つまり」と絵里の考えを言い換えているので適切。④【資料Ⅲ】では、40代までと50代以上ではどちらの言葉を使うかが異なる点を読み取る。一文めに読み取ったことをまとめ、二文めには読み取り内容を踏まえて、カタカナ語の使用の注意点を論理的に書く。

広島県

問題 P.187

解答

一 1、①結局 ②厚 ③縮 2、夢に出てきた顔 3、屋根裏で仮面を作っていた。(13字) 4、就職先を考える時も吉の身体のことを心配しているところや、吉を遠くに行かさず下駄屋にさそうという父の言葉に賛成するところから、心配性な面のある母親として描かれていると考えられる。 5、(1)ウ (2)下駄を作

る仕事を二十五年間続けてきたことで、下駄作りの技能が身に付いた職人になっている

二 1、①めぐ　②ぼっとう　③きわ　2、いたって地味だが、誰にも「あの画家はいい」といわしめる普遍的な「何か」を持ち合わせている(44字)　3、ア　4、エ　5、小さな差異を生み出すことに価値を見いだし、研ぎ澄まされた感覚で、ひたむきに同じものを描き続けている(49字)

三 1、ア　2、父母がすっかり衰えてしまったこと。(17字)　3、(訴)え　4、Ⅰイ　Ⅱいつまでも若く、健康でいてほしい(16字)

四 (例)

私は、「疑問に対する追究」という題名がよいと考える。なぜなら、中井さんがこの作文で最も伝えたいことが明確に伝わるからだ。中井さんは発明家になるという夢の実現のために、疑問に対して追究し続けるエジソンのような人になりたいと主張している。つまり、一番伝えたいことの中心となる言葉は「追究」である。だから、中井さんの伝えたいことが端的に表現できているこの題名がよいと考える。

解き方

一 **横光利一「笑われた子」**より。2、吉が書いていたもの「口が耳まで裂けた大きな顔に笑われた」夢のなかの顔に似ている。3、吉は毎日屋根裏に昇って仮面作りをしていたのである。屋根裏の奥の方で「まァこんなところに仮面が作えてあるわ。」と姉が言ったことに着目する。4、母のせりふをたどってみる。一段落めの母の言葉の「大阪は……何もならない。」、五段落めで吉に下駄屋をやらせようという父に対する母の様子と言葉の「心配そうに黙っていた母は、「それが好い。あの子は身体が弱いから遠くへやりたくない。」から分かる母の人物像を書く。5、(2)本文最終段落にある「二十五年仮面の下で下駄をいじり続けて貧乏した」吉が、腹が立って割った仮面を手にとり「持ち馴れた下駄の台木を眺めるように」眺め、「立派な下駄が出来そう」と見極めたことから、長年職人として働いてきた者が身に付けた習慣や確かな技が読み取れる。これを踏まえ、指定の形式でまとめる。

二 **原田マハ「いちまいの絵　生きているうちに見るべき名画」**より。2、傍線部直後の段落で「ひとつは…」、「もうひとつは…」と二つ理由が述べられている。「つまり」と要約している部分に着目する。3、「公言」は、上の漢字が下の漢字を修飾している。4、空欄直前は「同じようなモティーフが、繰り返し……登場する」とし、空欄あとはその「同じようなものを、固定された視点」で描いているとあり、前の文に説明を添加している。5、「資料」よりモランディは画家として、「微妙な差異、小さな変化のうちに積極的な価値を見いだす」ことを自ら選び、それゆえ、差異を生み出す行為は、画家にとって「洗練され研ぎ澄まされたもの」になるとある点や、本文の「モランディの作品…」で始まる段落で筆者が「同じようなものを……ひたむきに描いている」その冷めた、「凍ったような情熱」(「なぜそうまでして…」で始まる段落)が観る側に伝わるとある点に着目。

三 **「御伽草子集」**より。1、大しう(かれ)は両親が若返ってほしいと熱心に祈っていることから考える。2、両親の「朽ちはてたる御姿」を見て嘆き悲しんだのである。4、Ⅱの【大谷さんが読んだ続きの要約】に七草で作った薬を両親に与えると、「二十歳くらいの姿になり」とある。みかどにも同じようになってほしいと考えたのである。

通釈　いったい正月七日に、野に出かけ、七草を摘んで、天皇の召し上がる食べ物として献上するという風習は、その由来を尋ねると、(次のようである。)中国の楚の国の片隅に、大しうという者がいた。かれは親孝行な者であった。とっくに、もう百歳になっている父母がいて、腰などは曲がり、目などもかすんで(見えず)、(こちらの)言うことも聞こえなくなっていた。そのように、年をとったので、大しうはこの(父母の)すっかり衰えてしまったお姿を拝見するたびに、嘆き悲しむこと限りなかった。

大しうは、二人の親のお姿を再び若返らせてほしいと思って一日中、天の神に祈った。「私の親のお姿を再び若くしてください」と、神仏三宝に訴え、「この願いが叶わないものならば、私の姿に入れ替えてください。私の身が年老いてすっかり衰えてしまったとしても、二人の親を若返らせてください」と、近くの「とうこうせん」という山によじ登って、二十一日間、爪先で立って背伸びする苦行をして、心を込めて祈った。さてさて、多くの神仏は、これを不憫に思われて、二十一日の願が満ちる夕暮れに、ありがたいことに帝釈天王が天から降りて来られ、大しうに向かっておっしゃることには、「お前が深く親をいとおしく思って、ひたすら天の神に訴えたことは、願いを聞き入れなさったので、私はここまで来たのだ。さあさあ、お前の親を若くしよう」といって、薬の作り方を伝授して下さったのはありがたいことである。

山口県

問題 P.192

解答

一 (一)11(画)　(二)4　(三)クレーターが　(四)1　(五)泥だんご　(六)望遠鏡の魅力を駿馬に伝えられて、うれしいと思う気持ち。　(七)3

二 (一)1雑誌　2よぎ　(二)d　(三)2　(四)3　(五)言いたいことを見出すためには、まず情報を収集することが必要であるという発想。　(六)インターネットを利用して、生活や仕事のためのさまざまな情報を得ているから。　(七)Ⅰ情報をもとにしたそれぞれの人の立場・考え方(21字)　Ⅱ自分の固有の立場で必要な情報を選択し、その内容を理解した上で自分のことばで語る(39字)

三 (一)おしうる　(二)4　(三)道をあきらかにせむ

四 (一)聖人終身言(フモ)レ治(ヲ)　(二)言　(三)Ⅰまねをする　Ⅱ1

五 1へだ　2しんく　3遊　4招待　5清潔

六 (一)食べ残し　(二)(例)

私は、校門でのあいさつ運動を続けてきました。朝が早く、つらく感じることもありましたが、笑顔であいさつをすると、地域の方がはげましや感謝の言葉をかけてくださり、温かく幸せな気持ちになれました。

この経験から、あいさつには人と人とをつなぐ力があると感じました。人はあいさつをきっかけにして、お互いを認め合い、心が通い合うようになると思います。これからも自分から進んであいさつをして、多くの人と関わりあい、みんなが温かい気持ちで暮らせる社会を築いていきたいです。

学校指定教科検査問題　(一)2・4　(二)(実在する事物A)桜花　(非実在の事物B)雪　(三)本当は似ていない二つの物を、たった一つの類似性を取り出し強引に結びつけることで、両者に共通する美しさがあらためて認識されるということ。(67字)

解き方

一 **黒川裕子「天を掃け」**より。(二)1は「のはら」の意味。2は「自然のまま」の意味。3は「野蛮な」の意味。4は「ある一定の範囲」の意味。「視野」は「見

ることができるある一定の範囲」という意味である。㈢「一文節で」とあるので、「上部に浮きあがった無数の」は外し、「クレーターが」の「が」までを書く。㈣「穏やかな」は形容動詞で、基本形は「穏やかだ」。1は形容動詞「きれいだ」、2は形容詞「暖かい」、3は助動詞「ようだ」、4は形容詞「面白い」。㈤「それ」は前の内容を受けて使うことが多い。傍線部の直前には、泥だんごのエピソードが述べられている。㈥傍線部の直後ですばるが「けっこういいだろ。望遠鏡って」と言っているのに着目。望遠鏡のよさを駿馬に伝えることができて、気持ちが高ぶっているのが声に現れているのである。㈦傍線部の直前に、「これは宇宙の切れっぱし。でもそこには、でっかい泥だんごが浮かんでいるのだ。そのせいだろうか、とんでもなく遠いはずなのに、遠いと感じない。」とあるのに着目。遠くにあるものを遠いと感じない、を言い換えているのは3。1は、ここでは距離を感じないのは月と地表であり、日本とモンゴルの話ではない。2は、ここで駿馬が距離を越えたと思っているのは、時間的距離ではなく、空間的距離である。4は、「自分自身の存在のはかなさを実感し」とあるが、そのような記述はない。

二 **細川英雄「対話をデザインする　伝わるとはどういうことか」**より。㈡aはサ行変格活用、bは五段活用、cは下一段活用、dは上一段活用。㈢ここでの「切り口」とは、分析や議論などでの観点・手法のことである。㈣「心をとらえる」とは、興味関心をそそる、ということである。㈤「この」とは、前の内容を受けている。傍線部の前の段落には、「『言いたいこと』を見出すために、あなたは、おそらくまず「情報の収集を」と考えていませんか。情報がなければ、構想が立てられない、だから、まず情報を、というのがあなたの立場かもしれません。」とあるのでその内容をまとめればよい。㈥傍線部の三文あとに、「各種のメディアの力による情報収集の方法を、わたしたちは無視するわけにはいきません」とある。また、さらにその次の文には「あなた自身の自覚・無自覚にかかわらず、いつの間にかわたしたちの仕事や生活のための情報源になっているということももはや否定できない事実でしょう」とある。つまり、インターネットを含む各種メディアがわたしたちの生活の情報源になっているからこそ、日々の生活には不可欠なのである。㈦情報について筆者の考えが述べられているのは、第十一段落（「しかし、よく…」で始まる段落）から第十四段落にかけての部分。第十一段落では情報の質がさまざまであること、また、その情報をもとにしたそれぞれの人の立場・考え方は千差万別であることが、第十二段落では情報を受け取る側が自分の目と耳で情報をどう切り取り、どう自分のことばで語るかこそが重要であることが、第十三段落では自分の立場がなければ思考停止に陥ってしまうことが書かれており、それらを受けて第十四段落の傍線部の「自分あっての情報」という言葉につながっている。Ⅰは直前に「情報の質や」とあることから、第十一段落の内容であることが分かる。Ⅱは「自分の固有の立場」という言葉を用いて、と条件指定がされていること、あとに「情報を活用することができる」と続くことから、第十二・十三段落の内容をまとめればよいことが分かる。

三 **本居宣長「玉勝間」**より。㈡「あしき」は「よくない」、「ゆゑ」は「理由」の意味。㈢本文の真ん中あたりに、「すべておのが人をしふるは、道をあきらかにせむとなれば、かにもかくにも、道をあきらかにせむぞ、吾を用ふるには有ける。」とある。「道をあきらかにせむ」ことこそが、筆者の目的なのである。

通釈 私について学問をしようという諸君も、わたしよりもあとに、さらによい考えが出たときには、決して私の説にこだわるな。師である私の説がよくない理由を示し、（あなたが）よいとする考えを伝えていきなさい。そもそも私が人を教えるのは、真理を明らかにしようとするからで、ともかくも、真理を明らかにすることこそが、私を大切にすることであるよ。真理を考えずに、むだに私を尊重することは、私の本意ではない。

四 **劉安「淮南子」**より。㈠読む順番に漢字をふると、①聖②人③終④身⑥言⑤治となるので、「言」に「治」から戻ってくるように、「レ点」をふる。㈡「人をして之を善くせしむる者は、其の詩に非ざるなり」とある。これに対応するのは、「用ひる所は其の言に非ざるなり」である。㈢Ⅰ直前に「其の言ふ所を得れども、其の言ふ所以を得ざればなり」とある。鸚鵡は、人の言葉をまねているだけで、自分で考えて言葉を発していないからである。ⅡBさんの「『迹に循ふ者』の例は、ただ単に先人の考えをそのまま受け入れたり、先人の行動をそのまま行ったりするだけで、後世に名前を残すことはできないということになりますね」という発言を受けている。まねをするだけではだめだということなので、自分なりの考えがある、つまり、1の根本となるもの、が正解となる。

通釈 聖人は生涯国の治め方について発言するが、（人を動かすために）用いるのは、言葉ではないのである。発言のもととなる心を用いるのである。歌うものには詩がある。しかし、人に歌をうまく歌わせるものは、その詩ではないのである。

鸚鵡は言葉を発することができるが、言葉を上達させることはできない。これはどういうことかといえば、つまり人の発する言葉を身につけられるが、その言う理由を得られない（理解できない）からである。つまり、先人の足跡をなぞる者は、自分の足跡を残せる人物ではないのである。

六 ㈠空欄のあとで、「これなら私たちにも取り組めて、両方の由来からの食品ロスを減らすことにもつながります。」とあるのに着目。事業系廃棄物由来と、家庭系廃棄物由来の両方にあうのは「食べ残し」。

学校指定教科検査問題 **鈴木宏子『古今和歌集』の創造力」**より。㈠「相違」は「相互に違う」で、上の字が下の字を修飾している。1の「意思」は、「意識」「思考」で、似た意味の字が重なっている。2は「急に増える」で上の字が下の字を修飾している。3の「開幕」は「幕が開く」で、下から返って読む。4の「仮定」は、「仮に定める」で上の字が下の字を修飾している。5の「難易」は、「難しい」と「易しい」で反対の意味の字が組み合わさっている。㈡和歌の訳を参考にする。㈢「文章二」の第一段落に、「本当は似ていない二つの物を、『白さ』という印象深いたった一つの類似性を取り出すことによって、半ば強引に結びつけてしまう、言い換えれば、それ以外の属性はすべて捨象してしまう。」とある。また、第二段落に「本当は似ていない『桜』と『雪』を結びつけることから、二つに共通する『真っ白な美しさ』が、あらためて認識されるのである。」とあるので、この辺りを中心にまとめる。

徳島県

問題 P.197

解答

一 (1)(a)かなめ　(b)やわ　(c)かんめい　(d)きせき　(2)(a)済　(b)委　(c)円熟　(d)祝賀

(3) 秋 (4)ウ

二 (1)沈黙(が続いている状況) (2)エ (3)ⓐ自己ベストを目指し、それを可能な限り上げていく(23字) ⓑ納得するものを与えられていない(15字) (4)イ

三 (1)ア (2)(あ)表現の意味を共有する (い)新しいオリジナリティとして自分自身の中でとらえなおされる(28字) (う)個人としての存在意義 (3)ⓐア ⓑ自分の町を守ると共に多くの人々に知ってもらう(こと)(22字)

四 (1)おもおえたれども (2)時にはよむ (3)ⓐ月が海から出ている(情景を見たから) ⓑ故郷をなつかしく思う (4)ウ

五 (1)エ (2)(例)

「空に吸はれし」という言葉が心に残った。広がりのある言葉だと感じたからだ。城の草はらで寝転び空を見上げていたのは、当時十五歳の作者。未来への期待や不安でいっぱいだったことだろう。作者は、そのような複雑な思いを空が受け入れてくれているように感じ、この言葉を用いたように思われる。

私も同じ年頃だ。将来のことを思うとき、期待と共に不安を感じることがある。しかし、夢や希望をもち、将来を考えることは楽しくもあり、喜びでもある。夢を実現させるために、「二度と来ない」かけがえのない日々を大切に、今をしっかりと生きていきたい。

解き方 **一** (3)「木」を行書で書くと、四画めがそのまま右上にはね上がって五画めが省略される。
(4)「出発する」を上の「ゆっくりと」が修飾している。「修飾・被修飾」の関係。ウも同じ関係。アは二つの語が対等の関係で並んでいる、「並立」の関係。イは下の語が上の文節に意味を添えている、「補助」の関係。エは上と下が「主語・述語」の関係になっている。

二 **佐藤いつ子「キャプテンマークと銭湯と」**より。(1)直後の段落の「黙りこんでいた」「重い沈黙」という語に着目する。
(2)直前の「それってあきらめろってこと?……ネガティブだよ。」という周斗の会話文と、傍線部の「息巻いた」という語がヒント。「ネガティブ」とは、消極的という意味。「息巻く」とは、息づかいが荒くなるほど激しく怒る、激しく言い立てる、という意味。(3)ⓐ空欄直後の「自分のてっぺん」という語に着目して傍線部の前のほうを見ると、「自分が出来ることの最高」「自己ベスト」「自分のてっぺんを目指すし、そのてっぺんを可能な限り、もっともっと上げていく」とある。ⓑ空欄直前の「周りの人にも」という語に着目すると、「こんな俺を支えてくれてる人に、納得するものをまだ与えられてない」が見つかるので、この部分をまとめる。(4)比呂は本文前半では人間関係に悩む周斗を励ます役割を担っているが、後半では自分の仕事、自分のあり方について悩みを抱えるひとりの大人として、同じように悩みを抱える周斗に向って自分の気持ちを語っている。

三 **細川英雄「対話をデザインする――伝わるとはどういうことか」**より。(1)直前の「この二つ」が何を指すのかを確認する。段落冒頭の内容を整理すると「伝えたいことを相手にわかるように話す=自分と他者との関係における課題」(に対し、)「オリジナリティを出す=自己内の思考を整理・調整する課題」となる。各選択肢の前半の文は「オリジナリティを出す」に該当するので、対立するのは「伝えたいことを相手にわかるように話す=自分と他者との関係における課題」である。(2)(あ)空欄の前にある「伝えたいことを自分の表現で発信する。」および後ろにある「相手の発信を促す。」に対応する記述がいずれも「ここで、…」で始まる段落にあることを確認し、両者の間にある「その表現の意味を相手と共有し」という記述をベースにして解答を作成する。(い)空欄の前にある「共有化されたオリジナリティが相手に影響を及ぼす。」に対応する記述が「相手に伝わる…」で始まる段落にあることを確認し、その直後にある「次の新しいオリジナリティとしてあなた自身の中でとらえなおされる」という記述をベースにして解答を作成する。(う)空欄の前にある「共通了解の実感」「この実感は喜びと共に現れ」に対応する記述が「どんな社会的…」で始まる段落にあることを確認し、その直後にある「この実感がわたしたちに個人としての存在意義をもたらす」から抜き出す。(3)ⓐアはⓐの「大きな地図を描き」「町の歴史や自然、特産物なども調べて……まとめました」「あのマップに……写真をいくつか載せました」の部分が該当する。ⓑは「学校の行き帰りに……気づきました」「例えば……染まります」の部分が該当する。ⓒは『ふるさとマップ』を作っていたときも、町のみなさんが協力してくれました。…教えてくれました。」の部分が該当する。ⓓ~ⓕに該当する部分はない。ⓑⓐの「この町を、多くの人々に知ってもらいたい」、ⓑの「この町を多くの人々に知ってもらいたい」、ⓔの「私もこの町の人々と共に町を守っていきたい」をベースにして記述を行う。

四 **紀貫之「土佐日記」**より。(1)語の頭以外の場所にある「はひふへほ」は「わいうえお」に置き換える。(2)あとのほうにある「とて」は、「と言って」と訳す。その直前までが会話文(発言の部分)となる。(3)ⓐ二重傍線部の直前に「その月は、海よりぞ出でける。これを見てぞ」とあるので、この部分をまとめる。ⓑ「唐土」の「海」から出てくる月を見て、奈良の「三笠の山」から出てくる月を思い出す、ということは、故郷のことを思い出す、なつかしく思う、ということを意味する。(4)和歌の直後の「かの国人聞き知るまじく、思ほえたれども、言の心を、ここの言葉伝へたる人に、いひ知らせければ」の部分がウの記述に合致する。アは送別の会を催したのは「かの国人」である。イは「和歌の形式」については説明していない。エは阿倍の仲麻呂が和歌を詠んだのであって、「中国の人が……漢詩」を詠んだわけではない。

通釈 昔、阿倍仲麻呂といった人は、中国に渡って、日本に帰って来ようとする時に、船に乗るべき所で、あちら(中国)の国の人が、送別の会をして、別れを惜しんで、あちら(中国)の漢詩を作ったりしていた。なごりがつきないように思ったのだろうか、月が出て来るまで(中国の人々は)そこにとどまった。その月は、海から昇ってきた。これを見て、仲麻呂さんは、わが国(日本)に、こういう和歌を、このように別れを惜しんで、喜びもあり、悲しみもある時には詠むと言って、詠んだ和歌は、

青い海原のはるか遠くの空をながめると(奈良の)春日にある三笠山から出ていた月と同じ月だなあ

と詠んだのだった。あちらの国の人(中国の人々)は聞いても(意味が)分かるまいと、思われたが、和歌の意味を、日本の言葉を理解している人に、説明して聞かせたところ、気持ちを理解することができたのだろうか、大変意外にも感心したということだった。中国と日本とは、言葉が異なるものであるが、月の光は同じことであるはずだから、人の心も同じことなのだろう。

五 (1)「十五の心」と末尾が「心」で終わっている。文末を「心」のような名詞(体言)で終わるような表現技法のことを「体言止め」と呼ぶ。句に余韻を与え、印象を強める役割がある。(2)「話し合いの一部」では「短歌」のなかから「不来方」「空に吸はれし」「十五の心」の三つのキーワードが扱われて

いる。「不来方」という地名には「二度と来ないという意味もある」という記述、「地名と作者の思いとの二つの意味を重ねることもできそう」という記述、「空に吸はれし」「空に吸い込まれていくようであった」という記述を手がかりにして、筆者の当時の気持ちを考えてみたり、あるいは「石川啄木が旧制盛岡中学校の生徒だった頃」「十五の心」を現在の自分の年齢や心情に重ね合わせて自分の気持ちと石川啄木の気持ちを重ねて思いを述べてみたりと、書き方はいろいろと考えられる。「条件」の(B)の「二段落構成」「心に残った言葉とその理由」「あなたの考え」という指示をきちんと踏まえて記述を行う。

香川県

問題 P.202

解答

一 (一)aしょうどう　bいど(み)　cじゃっかん　dみす(えて)　(二)2　(三)3　(四)4　(五)(自分の、)選択肢が多すぎて何がしたいのかわからなくなって迷うところが、米作りの、農薬を使うという選択肢が入ると余計な雑念が浮かぶ(ところと同じだと感じたから)(59字)　(六)アすぐに金になる仕事　イ自分や他の人間に返ってくる(13字)　(七)乾いた駒音　(八)1

二 (一)あいたり　(二)ただもの　(三)1　(四)ここに老〜候ふらむ　(五)2

三 (一)a否定　b成功　c常　d支配　(二)ア存在理由をもたない　イ外面的にしか見ない　(三)3　(四)(当時の哲学は)価値の問題と事実の問題を混同して、事実についても判断できる(と考えていたところに問題があった)(29字)　(五)2　(六)万能　(七)(われわれには)科学を自由に用いる科学の主人という存在でいることが求められ、哲学を用いて価値判断を行い自分の行為を選んで(生きてゆく必要がある)(52字)　(八)3　(九)(第)9(段落)　(十)4

四 (例)

Aはまだ読んでいない多くのすばらしい本が存在することを伝えているのに対し、Bは読書には自分の心を揺さぶる体験と出会える良さがあることを伝えている。

私は、Aのスローガンを採用するのがよいと考える。なぜなら、あまり本を読まない人を「自分の興味に合う本が見つかるかもしれない」とわくわくさせそうだと感じるからだ。以前、私の弟はめんどうだと本を読まなかった。しかし、好きなアニメの舞台が幕末時代だと知って歴史の本を読むようになった。このことから、自分の興味に合う本がまだ多くありそうだと思わせることが読書につながると考える。

解き方

一 **浜口倫太郎「シンマイ！」**より。(二)喜一の考えは、直前のせりふにあるように「農薬を絶対に使わないと心に決めて逃げ道を断て」ば、どうすればよいかを「懸命に考えるように」なり、「新しい知恵や工夫が生まれる」ということである。「膝を叩く」は急に気づいたり、感心したりするときに行う動作であるが、直後にあるように翔太は喜一の「あえて選択肢を減らすことで、自身の覚悟と思考を強める」という「聞いたこともない考え」に感心したのである。(四)傍線部直後の喜一の「家族を養うためには……生計を立てるしか道がなかった。」という言葉と、さらにそのあとで喜一の吐いた息について、「あきらめ混じりの息ではない。なるべくしてそうなった。そんな実感が込められていた」とあることから考える。1は「仕方なく」「別の生き方への未練」が誤り。2・3は有機農業に関する振り返りであり、「なんで農家になったんだ?」に対して振り返った内容としては不適。(五)直前にある喜一の「今の若い奴らは選択肢が多すぎる。だから迷うんだ」の言葉に翔太は同意したのであるが、これはさらにその前にある「何がしたいのかわかんねえ」と悩む翔太自身のことである。また、選択肢が多いことによって迷う例を、最初のほうの米作りに関する会話から探すと、「農薬を使うという選択肢が入れば、余計な雑念が浮かぶ。」が見つかる。この部分の言葉を用いてまとめる。(六)ア傍線部の前のほうに「生業ってのはすぐに金になる仕事だ。」とある。イ傍線部直前の「それ」は、その前にある「金にならない……いつか巡り巡って自分や他の人間に返ってくる。そう信じて働くこと」を指す。設問の説明文では、「金にならない……いつか巡り巡って」の部分を、「いつか、じかにではなくとも」と言い換えている点にも着目する。(七)設問に「静けさ」「集中力」とあるので、会話のない将棋の場面に着目する。「乾いた駒音」の一文では「将棋の駒音と虫の音」だけが聞こえる静けさの中、それさえも「溶け合い、現実感が薄れて」感じられるほどに将棋に没頭していく様子が表されている。(八)全体を通して喜一の有機農業や仕事に対する考え方が語られ、それに対して、翔太が思いを巡らせる流れである。また、最後の、喜一から「おまえは一年以上かけて本当の仕事をしてきたんだ。俺が保証してやる」と自分を認める言葉をかけられた翔太が「ふいに胸が熱くなり、……経験したことのない感情だった」としている。

二 **「十訓抄」**より。(二)直前に「一人当千の馬の立てやうなり。ただものにあらず。」とある。(三)「さればこそ」は予想していたとおりだったときに用いる語で、「そんなことだと思った」という意味である。「致頼＋に(＝断定の助動詞「なり」連用形)＋て(接続助詞)＋あり(動詞「あり」連用形)＋けり(詠嘆を表す助動詞「けり」終止形)」で、「致頼だったのだなあ」と訳す。(四)「致経いはく」と「いひけり」に着目する。致経が国司に話した言葉である。(五)傍線部直前の「保昌、……無為なりけり。」から考える。1は保昌が「誰よりも腹立たしさを感じ」の部分が、3は「あえて弱者を演じる」の部分が、4は「家来の言動を厳しく罰し」の部分がそれぞれ本文に合わない。

通釈 丹後(京都府北部)の国の国司である藤原保昌が、都から任国(丹後の国)へ向かうとき、与謝の山で、白髪の武士一騎と出会った。(その武士は)木の下に少し馬を入れて、笠を傾けて馬を立てていたので、国司の家来が「あの老人はなぜ馬から下りないのか。責めただして下ろそう」と言った。そのとき国司が「一人で千人の敵に立ち向かうほどの勇士の馬の立て方だ。ただものではない。(そんなことは)してはならない」と制止して、そのまま通り過ぎると、三町ほど遅れて、大矢右衛門尉・平致経と出会った。国司に挨拶をしていた折、致経が、「この辺りで一人の老人とお会いになられたと存じます。あれは我が父・平五大夫(平致頼)でございます。かたくなな田舎者で、詳しい事情も知らず、きっと無礼なふるまいをいたしたでしょう」と言った。致経が行ったあとで、国司は「やはりそうだった。あれは致頼だったのだ」と言った。保昌は、かれ(致頼)の振る舞いを見て理解して、決して侮らなかった。家来を注意して無事であった。(そういうわけで)たいそう評判が高いのである。

三 **岩崎武雄「哲学のすすめ」**より。(二)傍線部の前の文の「現代は科学の……いうような考え」から考える。(三)[5]〜[7]段落で、筆者は「価値の問題」と「事実の問題」が区別されていなかった哲学から科学は「事実についての判断」を譲られた、[10]段落で「価値判断の問題は、事実についての知識である科学の領域外の問題」としているように、筆者は科学は価値判断を行わず、事実についての判断のみを扱うものと考えている。また、科学は「事実について知ろうとするとき、単に事実がいかにあるかということを知ること(＝事実についての知識を得る)ができるのみ」ということを自覚し、哲学から独立したとあることにも着目する。1と2は「適切な価値判断を行う」「事実についての価値判断を試みようとする」の部分がそれぞれ本文に合わない。4は「より多くの知識を獲得しようとする」という部分が本文では述べられていない。㈣[6]段落で当時の哲学の考えが具体的に述べられ、最後のほうの文「このように……考えられていたわけです。」でまとめられている。この一文に着目して、設問文の指示にある形で答える。㈤傍線部の「れ」は「自発」を表す。1は「尊敬」を、3と4は「受け身」をそれぞれ表す。㈥[3]段落の「科学が自分を万能と考えようとする」が同様の内容を表している。㈦[10]・[11]段落に筆者の考えが述べられているので、設問文の指示に合う形にまとめる。筆者は、われわれは人間として生きてゆくかぎり、「常に価値判断を行い」、「自分の行為を選ば」なければならないとし、このような目的も含め、「どんな目的のためにも科学的知識を利用できる」としている。しかし、「価値判断の問題は科学の領域外」であることを忘れ、「科学によっていっさいを割り切ろうとする」と科学に支配されてしまう。これを避けるには科学的知識を利用する者は「科学を自由に用いる、科学の主人」という存在でなければならず、「科学によっては解決できない価値の問題」があること、それを解決する哲学が必要であることを理解する必要があると述べている。㈨[5]・[6]・[7]・[8]段落は、科学と哲学の対立が哲学側から起こる場合を述べている。具体的には、近世以前の哲学が本来の領域を越えていたため、哲学と科学が対立し、科学が哲学から独立したこと、そして、哲学の領域は価値判断であると意識すると対立は起こらないとする。[9]段落では科学がその領域を越え、すべてが科学で解決可能と考えると、科学と哲学は対立するとし、対立が科学側から起こる場合を述べている。[10]・[11]段落は前段落の内容を受けた筆者の考えを述べている。設問の一文は、「このこと(＝科学が事実についての知識であることを忘れて、いっさいの問題は科学によって解決されると考えること)もまた、科学が自己の領域を越え、(哲学の領域への)越権行為をしようとする」という内容なので、[9]段落の最後に続く。㈩[11]段落の内容が筆者の最も主張したいことである。

愛媛県

問題　P.206

解答

一 1、イ　2、向かっていたから　3、形容動詞・エ　4、a思慮を欠いた　b思慮深さ　c目標とする願望の対象を達成すること　5、自然の必然的な法則に決められることなく、複数の選択肢から自らの意思に基づいて一つを選択できる(46字)　6、a無知　b知を負かしてしまうほどの欲望　c意志の弱さ　7、誰もが　8、ウ

二 1きょうしゅう　2せんりつ　3ともな　4にご

三 1看板　2祝辞　3暴れる　4困る

四 1、ウ　2、拍　3、イ　4、合理的であるよりもおいしさを守り続けることを第一に考えたい(29字)　5、勝目のレシピを丁寧に守って作ったおいしい(お菓子)(20字)　6、エ

五 1、とうとき　2、ア　3、世の人〜る人ぞ　4、aきそうきそう　b呼び捨てにされる　c後の世

作文 (例)

資料を見ると、「チームやグループに求められることとして、「困った時に助け合えること」が最も多く、ついで「仲が良いこと」「コミュニケーションが活発であること」となっており、仲間の人間関係を重視した答えが多く、「リーダーの統率がとれていること」が最も少なかった。

私は中学校で三年間バスケットボールを続けていたが、仲間との仲がよいチームほど強かったと思う。コーチの指導方針は変わらなかったので、やはりコーチの統率力よりも仲間と深くかかわり、団結することが大切なのだろう。

高校に入ってからもクラスや部活動、委員会活動など様々な活動を行いたいと考えている。グループの中には考え方や性格の違う人もいて、意見がまとまらなかったり、対立する場面もあるかもしれない。でも、この資料にもあるように、互いに仲良くコミュニケーションを取り、困った時にはお互いに助け合えるような関係を作って、よりよい活動をしたいと思う。

解き方

一 桑子敏雄「何のための『教養』か」より。1、「創」と「補」がともに十二画。2、この部分は「わたしの関心は(主部)」「近代の科学技術が……向かっていた」となっているので、述部(どうした、どんなだ)にあたるのは「向かっていた」になる。3、言い切りの形は「大切だ」なので形容動詞。「こと」という体言(名詞)にかかっているので連体形。4、a自然に対する行為は[6]段落に書かれている。自然を破壊するのは「思慮を欠いた行為」である。b直後の「重要」という語に着目すると、筆者が重要だと考えているのは[4]段落にある「思慮深さ」である。c空欄前の「できる」に着目すれば、思慮深さによってできることが[5]段落に書いてある。5、傍線部を、すぐあとで「そのこと」と述べ、「人間は選択する存在であり、思慮深さを持つ存在」であると説明している。これは傍線部の手前に書いてある「人間のふるまいは……意味している」の言い換えである。6、[9]段落と[10]段落でソクラテスとアリストテレスの対比になっているので、各段落から該当するものを抜き出せばよい。7、設問の文章は「わたしたちは、迷う人生を送っている」という意味なので、これに該当するのは[8]段落にある「誰もが……迷うことなく選択することなどありえない(＝迷っている)。」となる。8、[11]段落にある「地球と人間の将来に向けて……どのような選択肢があるのかを見抜いて、しっかり迷い考えることが大切である。」という筆者の主張が、ウと対応している。

四 辻村深月「東京會舘とわたし」より。1、Aは勝目が自作のガトーに自信を持っていることを考える。直前に「勝目のこの決断」という表現もある。Bはあとにある「なぜ、自分の信条を曲げてまで付き合わなくてはならないのか」「ならば勝手にすればいい、もう結構」という表現から考える。勝目の考えを社長は分かってくれないのである。3、「目を見開く」は驚きを表す慣用句。社長は直前の「ロスが出ることは仕方ない」という勝目の言葉に驚いたのである。4、勝目のせりふから、どんな気持ちでガトーを作ったかを読み取る。傍線部の前のほうの「ガトーは、この厚さ…」で始まる勝目のせりふのなかの「第一に考えたいと思います」という表現に着目。5、田中のせりふをよく読む。設問にある「どのように作った」は傍線部のあとにある「勝目さんの

レシピを丁寧に守る」、「どのようなお菓子」は「丁寧で、何より、おいしくなくては意味がありません。」が該当するので、この二つを字数内にまとめればよい。6、本文は「自作のガトーを、自信を持って提案する勝目」「勝目に助け舟を出す田中」「勝目の提案を了承する社長」という三つの要素からなっており、これをまとめたのがエ。

五「**みみと川**」より。2、筆者が関先民に聞いたので、答えたのは関先民である。3、大猷院が近臣に言った言葉なので、「ある時御近臣を召して」の次から「と問い給ひしに」の上までが入る。4、a世間の人は「きそうきそう」と言っていた。b本文に「世の人きそうきそうと呼び捨てぬれば」とある。c「後の世にはかかるたぐひにやなりなん」の部分が該当する。

通釈　この頃関先民の家を訪問した時、（関先民が）ひどく古びた巻軸で、紙も所々破れた画を見せた。白い鷹の図である。（描いた人の）名がないので「誰が書いたのか。」とたずねると、（関先民は）「これは以前に由緒のある人が与えたたいそう立派なものであるが、大猷院様がおかきになったのである。」と言う。この君の画がこれほどまでにすばらしくおかきになるとは、思いもかけないので、珍しくてしばし見つめていると、先民がまた言うには、「この君は鷹の画にはとりわけ巧みでいらっしゃったと聞いている。しかしその後にはまったく画をおかきにならなかった。その理由は、ある時近臣をお呼びになって、世間の人は鷹の絵というときそうきそうと言うようであるが、きそうとはどこのどのような人かと問いなさったので、『これは宋の世の徽宗皇帝と申す天子でいらっしゃる。』と答え申し上げると、『私は今日から鷹の絵をかくことをやめてしまおう、世間の人がきそうきそうと呼び捨てにするので身分の低い人と思った、私がかいた画も後世ではこのようなたぐいになるのだろうか。』とおっしゃって、これより後はけっして画をおかきにならなかった。」と。たいそう尊いご意志であることだ。

作文　資料を読み取る際には特徴的な部分に着目する。ここでは、チームやグループに求められることとして、「困ったときに助け合えること」「仲が良いこと」「コミュニケーションが活発なこと」等、仲間の人間関係を重視した答えが多く、「リーダーの統率が取れていること」が最も少ないということである。これに対する賛成、反対の立場を明確にして、その理由を自分の体験から述べ、これからどうしたいのかを字数内にまとめる。

高知県

問題 P.211

解答

一 (一)1しんぎ　2ほが　(二)1演劇　2粉　(三)れっか（**または**れんが）　(四)エ　(五)1 8　2一輪とよぶべく　3イ　(六)1ア　2あの建物の後ろや内側はどうなっていると思いますか　3エ

二 (一)ウ　(二)イ　(三)かつては衣服を最後まで大切に使い切ったが、現代のファッションには安く買った服を使い捨てにさせるような異常な面があるということ。（63字）　(四)ウ

三 (一)「科学的」ではないあり方は思考過程に個人の感情が入り込むが、「科学的」であるためにはあるべき筋道に沿って客観的に考えること（が大事である。）（68字）　(二)（例）部活動で自分が望む結果を出せなかったときに、他の人のミスや相手の強さのせいにせず、スコアをもとに分析し対策を考えることは「科学的な考え方」だ。このように考えることで、次の目標もはっきりとするので科学的な思考は大事だと思う。

四 (一)とわずということなし　(二)ア　(三)問ふは礼なり　(四)イ

解き方

一 (三)楷書で書くと「熊」。(四)アの「竜頭蛇尾」は「最初は勢いが盛んであるが、終わりは衰えてしまう」こと。イの「深謀遠慮」は「遠い将来のことまでよく考えて、綿密に計画を立てる」こと。ウの「虚々実々」は「互いに策略をめぐらして戦う」こと。(五)1単語分解すると「植物／の／茎／に／似／て／い／ます」となる。2真っ白な鶴を一輪の花に見立てて「一輪とよぶべく」と表現していることを押さえる。3「…のごとし」という言葉を使ってたとえているので、直喩である。(六)1メディアなどを通じて分かる史跡の情報はごく一部であることを、教科書に載っている歴史的建造物の例を挙げて説明している。2直前の文が「みなさんは」から始まっていることや、あとの文章とのつながりから問いかけの言葉が入ることを押さえる。あとの文章にある「それ」に当たる言葉を補い、「どうなっていると思うか」「知っているか」などの言葉でまとめる。3、伝統工芸の体験学習について「楽しそう」とよさを認めたうえで、自分が行きたいと考えている史跡訪問のよさを再度主張していることから考える。

二 **堀畑裕之「言葉の服　おしゃれと気づきの哲学」**より。(一)一文にある「それ」が指すものに注意して探す。ウの直前には人口増加による「食料危機」について語られており、一文の内容と合っている。(二)傍線部の段落冒頭の「つまり日本は……衣服を自分たちでまかなう力をもはや全く持っていない」とあることに着目する。筆者は日本のこの状態を危うい」と言っているのである。よって、アは「危うさ」が指すものが異なるため不適。ウは「衣服の原材料は自給することもあきらめている」という内容が本文になく不適。エは「大量生産と大量消費を続けていくと、世界の中で孤立する危険性がある」という内容が不適。(三)傍線部の段落には「現代」、直後の段落には「かつて」の布や服の扱われ方が述べられているので、この二段落の内容を指定字数内でそれぞれまとめる。(四)筆者の主張を押さえたうえで、文章から読み取れる要素だけをもつ選択肢を選ぶ。また、ウの「二つの価値観」が、「現代」と「かつて」の内容を指していることを押さえる。アは「資源について詳しく説明」が不適。イは「かつての日本人の姿を取り戻すことを主張」が不適。エは「現代とかつての日本の違いを数字を根拠として示して論じ」が不適。

三 **池内了「なぜ科学を学ぶのか」**より。(一)傍線部の直後に『科学的』思考」がどのような作業であるかが詳しく述べられている。また、次の二段落に「『科学的』思考」の過程で「個人の意見や願望や私情」が入り込むと「科学的なあり方」ではなくなることが理由とともに述べられている。この二通りの思考過程について指定字数でそれぞれまとめる。(二)傍線部のあとにある①②③の内容や、(一)で押さえた「『科学的』思考」の内容を手がかりに、このような思考過程が必要とされる身近な事柄を考える。

四「**十訓抄**」より。(二)1「師頼卿、……いはく」、2「成通卿閉口す。後日……ひとりごちていはく」と、それぞれ文の流れを押さえる。(三)師頼卿は論語に示されている内容に則って、儀式の進め方や立ち居振る舞いについて人に尋ねていたのである。論語における孔子の振る舞いについて説明した部分の「問ふは礼なり」という孔子の返答が正解。(四)

成通卿は師頼卿の行動を見て長年家に引きこもっていたせいでやり方を忘れてしまったのだろうと考え、「うひうひしく思しめさるる条、もつとも道理なり」と皮肉を言ったのである。しかし、師頼卿の行動は、論語の一節を踏まえたものだったため、師頼卿の教養を思い知った成通卿は「不慮の言を出し、後悔千廻」と反省している。

通釈 師頼卿は、長年の間、出世ができず、家に閉じこもっていたが、中納言を拝命したのちに、初めて釈奠を執り行う首席者をつとめることがあった。その時は、儀式の進め方と立ち居振る舞いについて、ことのあるたびに(これでよいのかと)疑って、ほとんど全部を人に尋ねた。その時、成通卿が参議として列席して言うことには、「長年、家にこもっていらっしゃったので、朝廷の儀式や政務をお忘れになったか。もの慣れず気おくれするようにお思いになるのも、当然だ」。師頼卿は返事をしないで、振り返って(成通卿を)横目で見て、独り言を言うことには、

君主の祖先の霊を祭る廟に入ってからは、一つ一つを(人に)尋ねる…　論語

成通卿は何も言えなかった。あとになって人に語って言うことには、「軽率に、考えの足りないことを言ってしまい、後悔してもしきれない」と。

その意味は、孔子が大廟に入って、儀式に参加した時、一つ一つの事についてその長官に尋ねた。人がこれを見て「孔子は礼法を知らない」と非難したところ、(孔子が)「問い尋ねることが礼儀なのだ」とお答えになったということだ。

成通卿のお立場としては、どんなに悔しく思われることであっただろうか。「このことは、(師頼卿の)慎み深さが行き届いているということなのだ」と言った。

福岡県

問題 P.215

解答

一 問一、絶えない　問二、ふんいき　問三、心遣い　問四、尊重　問五、3

二 問一、信頼と助け合いの精神　問二、2　問三、4　問四、(C)　問五、信頼関係が築かれ、交換、分業が可能になった結果、専門家が誕生し、技術が発達する(39字)

三 問一、ぜいたくが、骨　問二、3　問三、ア支える　イ感謝　問四、最高のもてなしをするために、毎日目黒村まで水を汲みに出かけていた自分の努力を、海老蔵が見抜いていたことに対する驚き。(58字)　問五、1

四 問一、いいていわく　問二、手柄　問三、斉　問四、1　問五、ア強力な秦や広大な楚から国土を奪われる(18字)　イ攻撃を取りやめた

五 (例)

私は上田さんの言うように「要点を簡潔に伝える」ことを最も大切にしたいです。なぜなら今回の目的は体育大会に来てもらうことであり、そのためには日にちや時間などを相手が間違えないように、基本的な内容を簡潔に知らせるのが最も良いと思うからです。

そのためには「電子メール」で伝えるのが最も効果的だと思います。なぜなら電子メールなら相手がいつでも都合のよいときに見られるし、忘れたら見直すこともできます。また一緒に送付した資料で細かいプログラムもいつでも確認できるからです。

解き方

一 問三、「配慮」とは、「心をくばること、心遣い」という意味。問五、「輪」は十五画。1「衛」は十六画、2「縮」は十七画、3「熱」は十五画、4「銅」は十四画。

二 **市橋伯一「協力と裏切りの生命進化史」**より。問一、傍線部の「ヒト」「稀有な性質」の類似表現を探す。「こうした他人…」で始まる段落に「他人を信頼して思いやって助け合うというヒトの稀有な性質」という記述がある。よって「他人を信頼して思いやって助け合う」を十字でまとめた記述が、続く段落の冒頭にあるので、それを抜き出す。問二、直前の記述から、助け合いの習慣を持つ現在の狩猟採集生活民族＝傍線部、という関係を押さえる。次にそれぞれの民族の特徴を確認すると、直後の二つの段落に「肉は一族全体で分かち合います」「取り分は平等」「平等主義」(サン民族)、「獲物は他の家族とも分け合います」「食料の分かち合い」(イヌイット)とあり、それらを次の段落の冒頭で「このような助け合いの精神」とあるので、これらの内容を踏まえて選択肢を選ぶ。問三、前半の「血縁関係が…」で始まる段落の記述に着目。「チンパンジーはヒトと遺伝子にしてわずか1・2%しか違わず」「しかし」「人間であれば当たり前にすることをチンパンジーは決してしません」という記述は、チンパンジーとヒトとの類似点→相違点を説明していることが分かる。問四、点線部の疑問を簡単に言いかえると、信頼ができるまでのプロセスはどうなっているのか？　ということになる。(C)の直前を見ると、「相手の気持ちが想像できるようになると……助け合いの関係が生まれます」「助け合いが続けば相手との信頼関係が生まれます」とあるので、相手の気持ちを想像→助け合いの関係→信頼関係、というプロセスが確認できる。一方、(C)の直後を見ると「信頼関係が築かれたことによって」とあるので、これはプロセスではなく、信頼関係ができたあとの話をしていることが分かる。よって(C)までが正解。問五、「共感能力」の話は(A)のあとにあるので、そこから傍線部の「巨大で発展した社会」に至るまでのポイントが何であるかを確認する。まず(A)から(C)までのポイントを押さえると、共感能力＋想像力→助け合いの関係→信頼関係、という形になっている。次に(C)から傍線直前までのポイントを押さえると、信頼関係→物々交換→分業→専門家の誕生・技術の発達、となる。(A)から(C)までのプロセスは、問四で確認済みなのでここでは(C)から傍線部直前までのポイントである、信頼関係→物々交換→分業→専門家の誕生・技術の発達、までの部分をまとめて解答を作成する。

三 **竹田真砂子「七代目」**より。問一、傍線部②のあとに「ぜいたくが、骨の髄まで染みこんでいる大立者と、海老蔵を見込んだ自分」という記述がある。問二、設問は「心情」を聞いているが、選択肢を見ると全て「情けなさ」となっているので、そのうえにある経緯を検討する。己之吉の海老蔵に対する思いや行動を確認すると、最初のほうの「からかわれていた…」で始まる段落に「海老蔵に特別扱いされた、と己惚れていた自分が恥ずかしい」「毎日毎日目黒村くんだりまで、水汲みに行った」、傍線部の直前の段落に「一朱二朱の勘定しか取らない料理店で、三両の仕込み代金」「『お蔭様で、ここまでやれるようになりました』という気持」「損得抜きでやってきた」とある。これらを踏まえて、海老蔵が自分のことを特別扱いしているので、必ず来ると思ってお金をかけて準備していた、という経緯になっていることが分かる。問三、お園が己之吉に「お不動様のご利益」と言ったのは、夫である己之吉の行いのほうが自分のお百度参りよりも効果があった、という形で、夫である己之吉を自分よりも上に置く、ということを意味している。それに対し

て己之吉がお園に、「波除け様だろう」と言ったのは、妻であるお園のほうを自分よりも上に置く、ということを意味している。これを、アの直前の「妻として」、イの直後の「思いを抱いている」という表現に合うように言い換える。問四、設問文の「最高のもてなし」については、傍線部①とその前後で「水の吟味こそ一番のもてなし」と、毎日毎日目黒村くんだりまで、水汲みに行った」という記述が「努力」である。次に「棒立ちになった」とは、驚きやおそれのためなので、その理由を探す。直前で海老蔵が「ところでお前さん、料理に使う水を、一体どこまで汲みに行きなすった」と言っているので、これが、水を汲みに行った己之吉の努力を見抜く、理解する、ということを意味しているので、これらをまとめる。問五、まず直前で海老蔵に深々と頭を下げられた己之吉が「夢のように見つめていた」という状態、つまり、我を忘れてぼうっとなっている状態、であることが分かる。次に傍線部でお園について「後に控えている」「嗚咽(＝むせび泣くこと)」と書かれているので、これを問三で確認した、お園の人物設定、つまり「妻として己之吉を支える人物」「己之吉の労によるものであると伝えている」と合わせて考えると、己之吉の労が報われた瞬間を目の前に見て、喜びのために嗚咽していることが分かる。

四 **劉向「戦国策」**より。問一、語の頭以外の場所にある「はひふへほ」は「わいうえお」に置き換える。問二、【A】の「田父之を見、労勧の苦無くして、其の功を擅にせり。」の訳は、【B】の「農夫はこれを見て、何の苦労もなく手柄を独占したのです。」である。問三、【B】の「韓子盧が東郭逡を追いかけ」の部分と、【A】の「斉、魏を伐たんと欲す。」の部分を重ね合わせると、「韓子盧」が追いかける側、つまり「斉」を意味していることが分かる。問四、「恐る」の主語は「臣」であり、その「臣」は、斉王に対する臣、つまり会話主である「淳于髡」を指している。問五、ア空欄の前にある「斉と魏の二国が疲弊衰弱している間に」を手がかりにして【B】を見ると、「斉や魏の疲弊衰弱につけ込んで、あの農夫のように手柄を得るのではないか」とあるので、この農夫の手柄は、斉と魏の両国を滅ぼして自分の領土にすることであると推測できる。これを斉王の立場で「国土」という語を用いて書くなら、強力な秦や広大な楚から国土を奪われること、となる。イ【A】の傍線部の訳が【B】の「斉王は恐れて、将軍を解任し、兵士を帰らせ休ませた。」に対応していることを確認し、それを【B】の冒頭にある「斉が、魏を伐とうとした。」という記述と重ね合わせると、伐とうとしたのを止めた＝攻撃を取りやめた、となる。

五 異なる二つの資料からそれぞれ自分の立場を選び、その理由を考える、という条件作文になっている。基本的には、どのようなことを最も大切にしたいかも、どのような手段が最も効果的かも自由に選んでよいが、それぞれの理由を明確に書くことが重要である。解答例では【資料1】から「土田さん」の「要点を簡潔に伝えること」を選んだが、「中川さん」の意見であれば、何をするのかを細かく伝えることで興味を持ってもらう、「山下さん」の意見であれば、ぜひ来てほしいという思いを分かってもらう、「本村さん」の意見であれば、もし伝わっていなければ目的を果たすことができない、といった理由を考えることができる。次に最も効果的な手段として【資料2】の「電子メール」を選んだが、「電話」であれば、相手の反応で分かったか分からないかが確認できるし、相手が分からないことをその場ですぐに確認し修正できる、「訪問」であれば、相手に確実に情報が伝えられるし、相手の反応を見ながら自分の気持ちを込めて思いを伝えることができる。

佐賀県

問題 P.219

解答

一 問1、aはたん b優勢 c複雑 dつごう 問2、ウ 問3、ア 問4、イ 問5、科学は、常識と信じているパラダイムの正しさを疑うことにより、次のパラダイムへと転換することで進歩するから。(53字) 問6、ウ

三 問1、七 問2、ウ 問3、エ 問4、イ 問5、せっかく自分に会いに来てくれた少年と二人で遊ばなかったことが後ろめたかったから。(40字) 問6、エ

四 問1、になわん 問2、銭 問3、イ 問4、X死んだ鹿がいたはずの Yア

解き方

一 **仲野徹「科学者の考え方――生命科学からの私見」**(「転換期を生きるきみたちへ」所収)より。問2、コンセンサスは、意見の一致、合意、という意味で、傍線部は、科学は、人々の合意形成がしやすい、意見の一致を得やすい、ということ。問3、傍線部の「それほど」の「それ」はすぐ前文を指す。よって、直前の「その時代の最高に知性的な人だって天動説を信じていた」ほど強力に、パラダイム(＝多くの人が共有している科学的な知的枠組)は、「時代を覆い尽くして」いた、つまり、その時代の多くの人の考え方を支配していた、多くの人が当たり前だと思っていたということである。問4、傍線部の段落から四つめの段落までで具体的に説明されている。つまり、人々は、普段の生活経験などから天動説を信じていたが、「技術が進み、いろいろなことが観測され」、天動説ではおかしいことが出てきたので、コペルニクスが地動説を出した。地動説は、「地球が宇宙の中心であるという聖書の考え(＝宗教的考え)にあわない」ためすぐには受け入れられなかったが、「その(＝太陽が中心にあって、地球も惑星もその周りを回っているという地動説の)考えの方が正しいのではないかという研究成果……が徐々に蓄積」していき、ガリレオの観測により、「天動説に決定的ダメージを与え」、「最終的」には「地動説が認められた」のである。傍線部の二段落前で具体的説明を、「次に述べるように、科学的な観測が蓄積した結果として破綻し、地動説のパラダイムへと転換した」とある点にも着目する。問5、筆者が傍線部のように考えるのは、直前の「科学は、みんなが当たり前に思っていること(＝パラダイム)に対して疑いを持つことによって進歩してきた」からである。また、直前の段落で述べられている科学の進歩に関するトーマス・クーンの考え方の「科学というのは、あるパラダイムが次のパラダイムへと転換する『パラダイムシフト』によって進化する」にも着目し、これらをもとにまとめる。問6、この論説文は、一～四段落で科学のコンセンサスについて話題を提起、五～十一段落で天動説と地動説の具体例、十二段落以下でパラダイムに関する筆者の考えを述べているので、ウが正解。エは末尾で再びコンセンサスについて考えを述べていないので誤り。

三 **重松清「南小、フォーエバー」**(「小学五年生」所収)より。問1、「予定よりも／ずっと／早い／列車で／帰る／ことに／なる」と区切られる。問2、少年は、「息が荒い」「顔が汗びっしょり」の三上くんを見て、少年に「早く会うために」三上くんが急いで帰ってきたと思ってうれしくなり、頬が「ゆるんだ」のだが、「一時から五組と試合する」という

三上くんの言葉から早く帰ってきた理由が分かり、がっかりして頬が「しぼんだ」のである。問3、三上くんの言う「俺らの学校」は転校した小学校であり、少年といた南小ではない。「俺ら」という言葉からは三上くんが友人もでき、転校先になじんでいる様子がうかがえる。同時に、「俺ら」には少年は含まれないため、少年は三上くんとは生きる世界が別になったのだと寂しく感じたのである。問4、傍線部の前から、三上くんたち「みんなは少年を放っておいて、少年の知らない話ばかりして」いるので、少年は疎外感、孤立感を感じている。そのうえ、一緒にやろうと誘ったはずの三上くんの「トシ、ピンチヒッターでいい？」という扱いに、みじめさ、やるせなさを感じ、「泣きたくなった」のである。問5、傍線部前で三上くんは、「せっかく来てくれたんだし」、少しでも少年と遊ばないと悪いと思い、誘ったのである。また、少年に謝りながら、「トシのことを忘れてたわけじゃないんだけど」などと言い訳をしていることから少年を放っておいたことに後ろめたさを感じていることが分かる。問6、この文字は、少年と三上くんとのつながりを象徴しているとすると、文字の上に「積もっていた砂埃」は二人のつながりが切れかかっていたことを、それが拭い取られ、「少しだけ、文字が鮮やかになった」ことはつながりを少しだけ取り戻したことを表していると言える。

四 景戒「**日本霊異記**」より。問2、傍線部の主体は直前の「師の弟子(＝山寺の僧の弟子)」。盗んだものはその前にある「其の布施の銭の中五貫」である。問3、「人等を率て」は「人々を連れて」という意味である。その理由は、前にあるように「鹿を荷はむが為に」である。「荷ふ(かつぐ)」に、意志を表す助動詞「む」がついた「荷はむ」は「かつごうとする」と訳せる。問4、X弟子が人々を連れて来て見ると、「鹿には非ず。唯銭五銭なり。」とあることから考える。Y「是れ奇異しき事」とは、「是れ、実の鹿に非ず。菩薩の示せる所なることを。」を表しており、それを訳すと「是れ(＝弟子の盗みを明らかにした件の鹿)は本物の鹿ではなく、妙見菩薩のお示しによるものだ」となることから考える。

通釈 河内の国の安宿郡の地域に、信天原の山寺がある。妙見菩薩にろうそくの火をお供えしていた場所(として知られている所)である。都の近隣の国は毎年、ろうそくの火を献上していた。女帝称徳天皇のご治世に、信者たちは機会があって、ろうそくの火を妙見菩薩にお供えし、それと同時に山寺の僧にも金銭と財物を与えた(ことがあった)。そのお布施のお金のうち五貫を、山寺の僧の弟子が、こっそりと盗んで隠した。後日、(弟子が、隠していた)お金を取り出すために、行って見てみたところお金がない。ただ鹿が、矢に当たって倒れて死んでいるだけだった。そこで(弟子は)鹿を担ぎ出すために、河内の市場の近の井上寺の実家に帰って、人々を連れて(鹿が倒れていた場所に)来て見ると、(そこにあったのは)鹿ではない。ただ五貫のお金(があるだけ)である。こんなわけで盗人が明らかになった。まさしく分かる、(先のものは)本物の鹿ではない、妙見菩薩が示されたものだということが。じつに不思議なことである。

長崎県

問題 P.224

解答

一 問一、aも(れた) bすなお c厳(しかった) 問二、ア 問三、ウ 問四、イ 問五、なるべく多くの部員に試合に勝った喜びなどを味わわせて卒業させ、大人になって余裕ができた時にまた弓を引こうという気持ちにさせたい(63字) 問六、イ 問七、エ 問八、ア

二 問一、博雅三位 問二、ア 問三、いうよう 問四、三位のひちりきの音色が趣深く高貴で、悪い心が改まったから。(29字) 問五、ウ

三 問一、a慣(れない) b製造 cちめい 問二、イ 問三、エ 問四、ウ 問五、D 問六、安全を連続的に実現するという積み重ねにより生まれる信頼があってはじめて成り立つ(39字) 問七、戦争や差別のような社会の重大な過ちにつながる兆候を見逃さず、人々に警戒を促す(38字) 問八、エ

四 問一、ア 問二、イ 問三、来週土曜日の九時から十二時まで、高齢者の生活を手伝うボランティア活動に参加することにしたので、当日八時三十分までに南公民館に来てください(68字)

解き方

一 **我孫子武丸「凛の弦音」**より。問二、空欄を含む一文「不満を感じた……ことはない。」は、納得しないかもしれないが、口に出して反対はしないという文意である。問三、傍線部は、疑いや恨みなどが消えずに、心がさっぱりしない、という様子。問四、傍線部前のせりふの「…泣きそうになった……自信もないし」は、自身の弱さを吐露する吉村先生の本音。アは「先生を試そう」が、ウは「自分も弱さを見せなければならない」が、エは「弓は一生出来るもの」が、それぞれ不適。問五、条件文中の「引用」に着目し、同様の表現を本文中から探す。傍線部前の「なるべく多くのみんなに……卒業させてあげたい。……大人になって……弓引いてみようかな」の部分を指定字数でまとめる。問六、傍線部前の「わたしはわたしの射を目指す。」が、先生の話を聞いたうえでの凛の決意である。問七、本文最後の方の「棚橋先生は、…」で始まる段落に吉村先生の人物像が描かれている。アは「独りよがり」が不適。イは棚橋先生のことである。ウは「優柔不断」が不適。問八、イは「無理に言おう」が誤り。ウは「対決姿勢」が誤り。エは「弓道の価値の高さ」が不適。

二 **橘成季「古今著聞集」**より。問一、点線部直前「はい出でて」に着目する。板敷の下から「はい出」てきた人は、盗人に入られた屋敷の主である博雅三位。問二、傍線部の「さり」は動詞「去る」の連用形、「ぬる」は完了の助動詞「ぬ」の連体形。問四、傍線部前の「音をうけたまはるに……悪心みなあらたまりぬ。」が理由にあたるので、現代語訳を参考にして指定字数でまとめる。問五、「いうなる」は、優美だ・上品だ・風流だ、という意味の形容動詞「優なり」の連体形。

通釈 博雅三位の家に、盗人が入った。三位は、板敷の下に逃げ隠れた。盗人が帰り、その後、(三位は板敷の下から)はい出て家の中を見たところ、残された物はなく、みな盗み出してしまっていた。ひちりき一つだけを棚に残していたのを、三位が取ってお吹きになっていたのを、(三位の家を)出ていった盗人が、遠くでその音色を聞き、感情がおさえられなくなって、(三位の家に)帰って来て語ることには、「たったいまの御ひちりきの音色をお聴きすると、趣深く高貴な音色でありまして、悪い心がすっかり改まりました。盗んだ品々を全てお返しいたしましょう」と言って、全て置いて出て行った。昔の盗人は、又このように、風流を理解する心も持っていたのだ。

三 **森博嗣「悲観する力」**より。問二、傍線部は、上の漢字が下の漢字を修飾する構成。イが同じ構成。アは下の漢字

が上の漢字の目的や対象を示す。ウは意味が似ている漢字の組み合わせ。エは意味が対になる漢字の組み合わせ。問三、Ⅰ直前の「進めと勘違いされる」に着目して、「進め」は停止の反対なので危険側。Ⅱは直前に「停まれになる」とあるので安全側。Ⅲも直前の「機械の不具合がすぐにわかる」に着目する。これは第[1]段落の「誤操作は必ず起こる」という「フェールセーフ」の思想なので安全側。問四、傍線部あとに「安全を確保するために、二重三重に『バックアップ』を用意して備える」とある。ア・イ・エには、二重三重の「バックアップ」がない。問五、A～Cは直後に名詞があるので、連体修飾格の格助詞。Dは直前の語句を体言と同じ資格にする＝「もの・こと」に置き換えることが出来る。問六、傍線部直前の「安全を連続的に……信頼は生まれない。」が理由にあたり、指定語句の「安全」と「信頼」も含まれている。ただし、文末の「ない」は打ち消し表現なので、そのまま用いられない。信頼が成り立つや、信頼が築かれるや、信頼が得られる、などの表現に改める。問七、空欄あとの「役割を果たす」の同義語を本文中から探す。第[10]段落の「マスコミなどは、そういった……使命といえる」の部分が、筆者の考えにあたる。指示語「そういった」は一文前にある「戦争」「差別」に置き換える。さらに「警鐘を鳴らす」も慣用句＝比喩なので、「警戒を促す」や「歯止めをかける」といった表現に改める。問八、アは[2]が「フェールセーフ」の具体例なので適当。イも[4]が信号機の具体的な考察なので適当。ウも[7]で「悲観力」という新たなキーワードを提示しているので適当。エで[9]は歴史的根拠は挙げているが、反論はしていないので不適。

四 問一、三件のボランティア活動の中で、参加しやすさを比較する。㋐は「英検2級以上の有資格者等」とあるので、三件のなかで最も難易度が高い。㋐が最も左にある図を選ぶ。問二、空欄直後の「参加しやすいとは言えない」に着目する。㋺のチラシを見ると、平日の週3回で時間も指定されている。問三、㋩のボランティア活動の具体的な内容である「お年寄りの生活のお手伝い」と、活動日時「来週土曜日の九時から十二時」と、集合に関する連絡「開始時間の30分前」と「南公民館」を書き入れる。

熊本県

問題 P.229

解答

一 1、①なか ②こうい ③向 ④夢中 2、利 3、ウ 4、5 5、ア 6、オ

二 1、私は高校生の姉に誘われて 2、A我を忘れる B試合観戦に熱中している(様子) 3、3 4、エ 5、ウ

四 1、Ⅰ九分三八秒 Ⅱ九分 2、九分という中途半端な時間が、圭祐の体に刻みこまれていること。(30字) 3、ア 4、きっと、他の分野でも充分に生かせる 5、イ 6、希望や期待もなく無意味な時間を過ごすと想像していた高校生活に対して、興味を感じ始めた。(43字)

五 1、きょう 2、オ 3、エ 4、時鳥の初音を聞かせたい 5、家づとになりしことこそうれしけれ親も待たれし初時鳥

解き方

一 4、文節に区切ると、「小説を／読む／友など／一人も／いなかった」となる。5、「最後」は「最も後ろ」で、上の字が下の字を修飾している。アが「親しい友」で、同じ形。イは「土」「地(面)」で、似たような意味の漢字が重なっている。ウは「縦」と「横」で反対の意味の漢字が重なっている。エは「幕を開ける」で、下の字が上の字の目的になっている。オは「日が没する」で、上の字と下の字が主語・述語の関係になっている。6、オの「くれ」は後ろに「た」が続いており、連用形である。

二 1、「春田さんへの助言の一部」によると、『『高校生の姉は、私を誘って』の部分は、春田さんを主語にしたほうがあとの文とのつながりが自然になると思います。」とある。これに従って書き換えると、「私は高校生の姉に誘われて」という受け身の形になる。2、[2]段落で使われている慣用句は「我を忘れる」で、「熱中する」「茫然自失する」の意味がある。ここでは、「熱中している」の意味。3、挿入する文が「試合の迫力を感じることだけが競技場の魅力ではありません。」であるから、試合の迫力について述べている部分のあとに入ることが分かる。また、[2]段落では、「代表校同士の試合はすさまじい迫力で」「世界レベルのスピードと力強さはさらに圧倒的な迫力で」とあり、試合の迫力について述べていることが分かる。さらに、[3]段落の一文めは「競技場には、自分で見どころを決める自由もあります。」と、[2]段落とは違った競技場で試合観戦をするよさが述べられている。よって、この一文は[3]段落の冒頭に入ることが確認できる。4、傍線部の一文は、直前の「競技場でスポーツを見ることは楽しいことですが、私はテレビ観戦にもっと大きな魅力を感じます。」という一文に対して、なぜそう言えるのかを述べている。よってエの「主張に対する根拠が明確であったか」の項目で評価するのがよい。5、スポーツ競技をテレビで観戦するのがよい、という小山さんの主張が述べられているのは[2]段落と[4]段落。このうち、[2]段落ではなぜそう言えるのかの根拠が示されており、最初に話すのにふさわしい。

四 **湊かなえ「ブロードキャスト」より。** 1、Ⅰ傍線部のあとに、「それを突破できたのが、二年生の春の大会で、九分三八秒。」とある。Ⅱ本文の冒頭に、『『圭祐は九分を意識したことがあるのか？』……『三〇〇〇メートル走の目標タイムだ』僕は中学生のあいだずっと、その時間を意識し続けていた。」とあるので、目標タイムは九分以内であったことが分かる。2、傍線部のあとの圭祐と正也の会話に着目。「何が？」と問いかけた圭祐に対し、正也が「九分っていう中途半端な時間が、おまえの体には刻み込まれてるってことだろ」と答えている。よって、この部分を中心に、「おまえ」が誰を指すのかを明らかにしてまとめればよい。4、圭祐が培ってきたものについて正也が述べているのは、傍線部②のあとに続く部分。九分という時間が圭祐の体に刻み込まれているという正也に「それがドラマと関係あるの？」と圭祐が問うのに対し、「大アリだよ。三〇〇〇メートルを……タイミングとか。全体の流れやリズム。トップクラスの選手のものなら、一つの分野として、研究を重ねて完成されたものだろうから、きっと、他の分野でも充分に生かせると、俺は思う」と答えている。この中から十七字を抜き出す。5、傍線部の直前に「…無神経に文化部に誘ってしまってよかったのかな、って後悔したんだ。謝ろうかな、とも思った。でも、そういうことされる方が嫌だろうなって思って」とある。また、最後から四段落めには、「気を遣われて当然、だけど、あからさまに気を遣われるとムカつく。僕はそういう態度でいたはずだ。」とある。問いでは「どんな言動が圭祐を不快にさせると判断して」とあ

るので、謝り、あからさまに気を遣っている選択肢を選べばよい。アの「普段どおりの態度」は、「昨日と同じテンション」と同じである。ウは「その場を取り繕おうとする」が不適。エの「陸上部での記録を話題に出したこと」や、オの「陸上部での活躍ぶりを勝手に調べたこと」は、今日の振る舞いであり、謝ろうと考えた対象ではない。6、圭祐の高校生活に対する心情が述べられているのは最後から三番めと二番めの段落。「時間だけが無意味に過ぎていくような三年間を送ることしか想像できなかった」高校生活だが、「僕の事情をわかった上で、新しい世界を覗いてみようと誘ってくれているヤツがいる」、つまり、新しい世界に興味を示している。この内容を指示に従ってまとめる。

五 **「猿著聞集」**より。3、傍線部の直前に「『家づとになるべきものならば、たらちねの喜びたまふものを』と思ひたれど」とあるのに着目。みやげにしたいが、どうしようもない(持ち帰れない)ということなので、エが答えとなる。4、「家づとになるべきものならば、たらちねの喜びたまふものを」とあるように、唐麿が願いながら果たせなかったのは、時鳥の鳴き声をみやげとして母に持ち帰ること。つまり、母に時鳥の鳴き声を聞かせたかったのである。6、元々の句を五・七・五・七・七に分けると、「家づとに／ならぬばかりぞ／恨みなる／親も待たれし／初時鳥」となる。このうちはじめの五・七・五を「家づとになりしことこそうれしけれ」に置き換えればよい。

通釈 錦織唐麿という人が、幼かった時、ある山里を通り過ぎた。夏の初めであったので、時鳥の初音を聞いて、

　(音は持ち帰れないので)みやげにならないことが恨まれることだよ親も待っている初時鳥

と詠んだ。さて家に帰って母親の前に出て、「今日時鳥の初音を聞いたところ、『みやげになるものなら、母親が喜びなさったのに』と思ったけれど、どうしようもなくて、ただこのような歌だけを詠んで帰ったのです」と申したところ、母親がそれを聞いて、「時鳥の初音を聞くよりもおまえが詠んだ歌を聞くことのほうが嬉しい気持ちがすることだよ」とおしゃった。ちょうど、空で時鳥が鳴いたので、母親とともに「ああ、鳴いたよ」と言うと、唐麿は、

　みやげになって嬉しいことだ

と、上の句を直したということだ。

大分県

問題 P.233

解答

一 問一、(1)延(ばす) (2)東 (3)貿易 (4)とどこお(る) (5)はんぷ 問二、(1)①このテ ②ウ ③なさって ④エ (2)エ

二 問一、(1)イ (2)今のままでいい (3)運動神経に自信があるので、スポーツを続けなければならない(28字) (4)自分が成長するためには、今までよりもっともっと努力すること(29字) 問二、イ

三 問一、A土の中の栄養分のバランスが崩れてしまう B生育を抑制する有害物質 問二、生産力が大きい 問三、まいた種子の量に対する収量(13字) 問四、イ 問五、エ

四 問一、知ルレ之ヲ為シレ知ルトレ之ヲ 問二、(1)ア (2)知りがほ (3)あらゆる事を知り、明らかにする(15字) (4)ウ

五 問一、数値によって目標の達成状況を確認すること(20字) 問二、エ 問三、(例)

(目標の②を設定したのは、)宿題以外の学習に取り組んでいる生徒が、M中学校では全校の35%しかいなかったからです。与えられる学習ではなく、自ら進んで取り組む学習により、確かな学力は身につくと思います。毎日、取り組む内容を自分で見つけて、主体的な学習を進めていきましょう。

解き方

一 問二、(1)①手紙文二段めの「このテーマにした理由は……思ったことが理由です」の一文の主語と述語の対応が不適。②順接の接続語「なので」は、ある出来事(原因・理由)に対して予想どおりの結果になる場合に使用される。傍線部直後の「突然の依頼」は、今からお願いすることなので不適。時間的な順序を表す場合は「そして・そこで」が適切。③体を大切にするのは花田先生なので、尊敬語「なさる」の連用形＋「て」にする。④「拝啓」の結語は「草々」ではなく「敬具」である。

二 **吉野万理子「部長会議はじまります」**より。問一、(1)空欄部のあとの「てっきり強い口調で言い返してくると思ったので、意外だった」に着目して「なんとなく不安そうな」イが正解。(2)Cさんの発言の最後の「自分が言われたみたい。」に着目する。本文の「東山の叔母さん…」で始まる段落に同じ記述があり「新しい扉を開けようとしない」が良さそうであるが、字数オーバーのため不適。そこで、その直前の段落の東山の叔母さんの考え方に戻り、「新しい扉を開けようとしない」という比喩の言い換え表現を探す。扉を開けない＝挑戦しない＝現状維持となり、同段落にある「今のままでいい」が正解となる。(3)二重傍線部の前の「運動神経いいし、スポーツ……続けなきゃ、って思いこんでいる」が宮本の意地。(4)設問文中の「三人に影響を与えた考え方」に着目して、東山の叔母さんの考え方から、傍線部の「成長したい」という表現を探す。問二、点線部は、東山の叔母さんの考え方に影響を受けた滝が、自分なりに「新しい扉を開けようとし」た箇所なので、イの「登場人物の気持ちの変容」が正解。

三 **稲垣栄洋「イネという不思議な植物」**より。問一、傍線部の理由は直前の二段落に述べられている。A最初の段落に「連作障害の原因には……バランスが崩れてしまう」とあるので、田んぼの水が防ぐことは後半部分。B空欄直後の「洗い流してくれる」と同じ表現を本文中から探す。問二、傍線部はヨーロッパの農村風景を見ての感想である。傍線部の「日本の田んぼのすごさ」は、傍線部あとの「一方、…」で始まる段落にある「田畑の面積が小さく……つまり、少ない農地で……食糧を得ることが可能であった」とあり、そのあとに〝ヨーロッパは……生産力が小さい〟とあるので、その反対に〝日本は生産力が大きい〟とする。問三、生産効率の説明は傍線部の次段落。判断基準は、まいた種子の量に対して、どの程度の収量を得られるか、である。問四、本文では陸稲について言及していないのでアは不適。「記事」ではアフリカの農村風景の記述がないのでウも不適。「記事」ではムギについて言及していないのでエも不適。問五、エは「内容のまとまりごとに小見出しを付け」てはいるが、本文は起承転結の構成になっていない。

四 **「論語」・「続古事談」**より。問一、すぐ上の文字を読む返り点は「レ点」。問二、(1)孔子の言葉には「…と為し、……と為す」という、同じ語調が反復されているので対句。(2)空欄部のあとの「身に才智ある」に着目して、本文から対句表現を探す。Ⅱの「実才なきものの、よろづの事を知りがほにするなり。」が「身に才智ある」人物のしないことである。(3)空欄直後の「ではなく」という打ち消し表現に着目して、世間一般の人が勘違いや誤解している考え方を探す。

本文の「僻事」の主語にあたる部分の「皆の事を知りあきらむる」を現代語訳する。(4)学問の本質とは「僻事」のあとの部分「大小事をわきまふるまでする」なので、ウが正解。

通釈 Ⅰ 先生が言うには、「子路よ、お前に知るということを教えようか。(自分が)知っていることを知っていると(定義)し、知らないことを知らないと(定義)する。これが知るということである」と(孔子はおっしゃった)。

Ⅱ 故少納言入道は、人に会って、「藤原敦親はすばらしい博士だなあ。物を尋ねると知らない知らないと言う。」とおっしゃった。その真意を尋ねた人が、「知らないと言うのは何がすばらしいのか」と(少納言入道に)言ったところ、「自分に才智がある人は知らないということを恥じないのである。本物の才智がない人が、全ての事を知ったかぶりするのである。総じて学問というものは、全ての事を知り明らかにすることだと(世間の)人が理解しているのは間違いである。大事と小事を見極めるまで追求することを、学問の本質を極めると言うのである。それを知っているから、難しい事柄や言葉の意味を質問されて(藤原敦親は)知らないと言うのを恥としないのである。」と(少納言入道は)おっしゃった。

四 問一、「説明原稿」の空欄直後の「できる」に着目して、「説明内容のメモ」のなかから、何が「できる」のかを探す。問二、エの「具体例を交えて示す」が不適。ポスターのなかに具体例(数字・固有名詞など)は何一つない。問三、「意識調査結果」を踏まえて目標を設定する場合、肯定的回答の割合が高いものは、あまり改善の余地が残されていないので、避けたほうが無難である。肯定的回答の割合が五割未満の項目を選択すると比較的書きやすいが、極端に割合が低すぎると、かえって具体的な取り組みが難しくなったり、実現の可能性が低くなったりするので、身の丈に合った項目を選ぶ。

宮崎県

問題 P.240

解答

一 問一、ⓐそ ⓑ運営 ⓒ傷 問二、ウ 問三、ア 問四、自分をほめてくれた「わたし」にならわかってもらえると思ったので、不安を打ち明けようと決めた気持ち。(49字) 問五、エ 問六、イ

二 問一、ⓐだとう ⓑ努 ⓒ功績 問二、それでは 問三、イ 問四、ア 問五、エ 問六、脳の処理容量を超えた情報を扱うことができるように、紙に書き出しながら考え、頭の中の考えをはっきりさせるように、何度も書きなおしをすればよい。(70字)

三 問一、ア 問二、イ 問三、交通手段に関する情報 問四、ウ 問五、バスのりばなどの情報と、記号が示す内容を多言語で表記することです。なぜなら、訪日外国人の中には、言葉や文字ではっきり伝えなければ分からない発信者責任型の考えの人もいるから(85字)

四 問一、ウ 問二、のたまえり 問三、君子防二未然一 問四、1追討使の派遣を決める立場 2嫌疑 問五、イ 問六、エ

解き方

一 **赤澤竜也「まぁちんぐ！吹部！#2」より。** 問二、「息を呑む」とは、驚きや恐れのために一瞬息を止める、という意味。ここでは直後の「小早川さんがバトンを落としてしまった」ことへの驚きを表している。問三、傍線部前の「その姿はとても落ち込んでいるように見えた。」と直後の「とにもかくにも自分の感動を伝えたかった。」がヒント。落ち込んでいる人を励ます、明るく元気な口調であるはず。問四、傍線部の前には「わたし」が小早川さんを非常にほめている様子が描かれており、その「わたし」に直後で「怖いんです」という小早川さんの会話が続いているので、ここから、自分のことをほめてくれた人に自分の怖い気持ちを打ち明ける、という構図を読み取る。また小早川さんが自分の気持ちを打ち明けたのは、「わたし」のことを、本当の気持ちを伝えても大丈夫な相手、つまり、分かってくれる相手、と見なしたからだと考える。これらの要素を重ね合わせて解答を作成する。問五、傍線部の前の部分の内容を確認すると「途方に暮れていたわたしを支えてくれたのは先輩たちだった。」「そして、今度はわたしが先輩たちから受け継いだものを後輩たちに手渡す立場になった。」「なんとしてもこの後輩をもり立てていかなくてはならない。」「誰も見ていないところで支える部長がいたって、役に立つならそれでいい。」という記述が並んでいるので、これらの内容を的確に踏まえた選択肢を選ぶ。問六、この文章には、「わたし」の回想場面が含まれており、そこで「わたし」が自分の「心情」を整理していることも確認できる。アは「戸惑いを深めていく主人公」が、ウは「考え方の違いが浮き彫りになり緊張感が高まって」が、エは「優柔不断な登場人物の性格」がそれぞれ誤り。

二 **波頭亮「論理的思考のコアスキル」・外山滋比古「思考の整理学」より。** 問二、この文章は、第一のまとまり＝脳内だけで完結できる情報処理のキャパシティはかなり小さい(第一・第二段落)、第二のまとまり＝脳が扱える情報量に限りがあることに関する三つの例、そしてそのまとめ(第三・第四・第五段落)、第三のまとまり＝この問題の解決方法としての「書くこと」(第六段落)、という構成になっている。問三、傍線部①の前に「脳が扱える情報量に限りがあるという事実は」とあり、傍線部②の直後の段落にも「脳の処理情報のキャパシティの小ささは」とあるので、この二つのヒントを踏まえて選択肢を選ぶ。ウは「数だけである」という限定が誤り。「7」・「4」という数字は取り扱える情報(もしくはチャンク)の数量であって「数」を扱っているわけではない。問四、直前の「一瀉千里」とは、物事がすみやかにはかどり進むこと、という意味。本文冒頭の「あまり、立ち止まらないで、どんどん先を急ぐ。」と同じ意味である。また空欄直後の「そこで全体を読み返してみる。」という表現は、すでに全体を書き終えている、ということを前提とした表現であることも分かる。問五、直前の「語られた」「語られている」ことと傍線部の「純化」とのつながりを意識しながらあとのほうを見ると「長く語ってきた琵琶法師の集団的功績」という記述があるので、ここから、語ること＝集団であること、という関係を把握する。さらに一段落あとの冒頭を見ると、「思考は、なるべく多くのチャンネルをくぐらせた方が、整理が進む。」とあるので、ここから、語ること＝集団であること＝多くのチャンネルをくぐらせること、という関係が分かる。最後にそれがエの「複数の視点」に対応していることを確認する。問六、設問文の「『書く』ことによる効能が分かるように」という指示を踏まえてⅠを見ると、最終段落に「紙に書き出しながら考える」ことで「脳の処理容量を超えた情報を扱うことが可能になる」と書かれていることが分かる。次にⅡを見ると、「第一稿が…」で始まる段落に「書きなおしの労力を惜しんではならない。書くことによって、少しずつ思考の整理が進む」「何度も何度も書きなおしをしているうちに、思考の昇華の方法もおのずから体得される。」とあるので、これら

の効能をまとめ直す。

三 問一、「以心伝心」とは、言葉によらなくても互いに気持ちが通じ合うこと、という意味。傍線部の次段落の「発信者が具体的な内容を説明しなかったとしても、受信者はそれを推し量って理解することができます。」という記述がヒント。問二、サ変動詞「する」は体言(＝名詞)などの下について、複合動詞をつくる。問三、直前の「資料1によると」と直後の「が役に立った」「最も多く」という記述に着目して「資料1」を見ると、「旅行情報で役に立ったもの」として「交通手段」が最も多いことが分かるので、「旅行情報」と「交通手段」を組み合わせて解答を作成する。問四、「知子さんの発言」という設問の指示を踏まえて「話し合いの様子」に戻ると、問題の解決に向けた方法の提案→具体例の提示、という形になっており、その具体例の提示の仕方が、資料3と先生から配布された資料とを結びつけ、重ね合わせた形になっていることが分かる。問五、条件の一つめにある「資料3に付け加えるとよい具体的な情報」、二つめにある「発信者責任型文化」に関する話は、問四で確認した知子さんの発言、それから「話し合いの様子」の後半の志穂さんと貴史さんの発言にある。知子さんの言っている「訪日外国人客に、最も役に立ったとされる情報」とは、問三で確認した「交通手段」に関する情報で、「発信者責任型文化」については先生から配布された資料の最終段落で「はっきりと言葉で情報を伝えなければ従わない場合がある」とあるので、この「情報」を「交通手段」に関する情報に置き換えるとよい。次に志穂さんの会話を見ると「外国の方には、日本語や記号だけでは伝わりにくい」とあるので、日本語以外、記号以外の何かが求められていることが分かる。最後に貴史さんの発言を見ると「資料4を作って持ってきました」「文字情報が複数の言語で発信されていると、情報を受け取る側は安心する」とあるので、資料4にある「バスのりば」などの情報を複数の言語で説明することが先ほど確認した「条件」の一つめの「資料3に付け加えるとよい具体的な情報」であると考え、これらをまとめて、具体的な情報＝バスのりば等の情報、表記方法＝複数の外国語、「発信者責任型文化」の考え方＝外国の方には、日本語や記号だけでは伝わりにくい、の順番で記述を行う。

四 「**十訓抄**」・「**古楽府**」より。問一、大納言俊明卿「が」、丈六の仏を作らるる〔お作りになる〕由〔ということ・という話〕「を」聞いた人は、(仏に貼る)薄〔金箔〕のために「金」を献上した人と同じである。問二、語頭以外にある「はひふへほ」は「わいうえお」に置き換える。問三、「一・二点」は、二文字以上空いた文字の順番を逆にする場合に用いる。問四、1設問は「なぜか」を問うているので、Aの「人、そのゆゑ〔理由〕を問ひければ」のあとにある大納言俊明卿の会話内容が入る。2空欄直前に「謀反に関係する者という」とあるので、よくないことに関わっていると思われる、という意味を持つ「嫌疑」が入る。問五、Aに書かれているのは、具体的な出来事だけである。Bは最初に優れた人に関する考えを述べたあとで、具体例として「瓜田」「李下」でのふるまいについて書いている。問六、設問文は「楷書で書いた場合」の「部首」の画数を求めている点に注意する。「定」の部首は「うかんむり」で三画、アは「あなかんむり」で五画、イは「しめすへん」で四画、ウは「れんが(れっか)」で四画、エは「すん(すんづくり)」で三画。

通釈 A　大納言源俊明が、約四・八五mの仏をお作りになる(という)ことを聞いて、奥州の藤原清衡が、金箔のために金を献上したが、(源俊明はその金を)取らずに、(藤原清衡のところに)返してしまった。人が、そのわけをきいたところ、(源俊明は)「清衡は王土をあちこち不当に占領して、今すぐにも謀反をおこしそうな者である。(私は)その時は朝廷の敵を追討する使者の派遣をするようなことを、決定する立場にある人間である。そのために、これ(金)を受け取らないのだ」とおっしゃった。

B　すぐれた人は未然に防いで、疑いの範囲にはいない(＝すぐれた人は疑いがかけられるようなことは未然に防ぐし、嫌疑のかかるような場所にはいない)。瓜のはたけでくつをはき直さず、すももの木の下で冠(の位置)を直さない。

鹿児島県

問題 P.245

解答

一 1、①勇　②かんしゅう　③いの　④幕　⑤冷静　⑥ちか　2、十一

二 1、イ　2、ア　3、他者と相互的にやりとりをする中で把握され表現された自らのオリジナリティが、さまざまな人との間で共通了解されたと実感できたとき。(63字)　4、Ⅰ個人と社会との関係を自覚　Ⅱ生きる目的としてのテーマ　5、ウ

三 1、おおいに　2、エ　3、ウ　4、Ⅰ病さまざま癒ゆること　Ⅱさらに大切に祭った　Ⅲ信仰心をなくした

四 1、ア　2、Ⅰつまらなそうだった　Ⅱ悔しそうに話しかけてきた(12字)　3、ウ　4、エ　5、山沢君との対戦をとおして、これからもライバルたちと競い合って実力を高め、絶対にプロ棋士になると決意し、気持ちが高ぶっている。(62字)

五 (例)

二点目は、古典をマンガで読むと、古典の言葉を学習できないからです。古典の言葉には、現代語とは異なる、独特の味わいや魅力があります。和歌などの伝統的な文化は、古典の言葉によって表現され、多くの人々に親しまれてきました。古典の言葉を学ぶことで、当時の人々の心情に寄り添いながら、こうした文化をより深く理解できると思います。

解き方

一 2、楷書で書くと「率」である。

二 **細川英雄「対話をデザインする――伝わるとはどういうことか」**より。1、aの前後を見ると逆の内容になっているので、逆接の語が入る。また、bを含む一文の文末は「だからです。」となっているので、「なぜなら」が最適である。2、傍線部は連体詞である。アは「単なる」が同じく連体詞、イの「そこ」は代名詞、ウの「ある」は五段活用の動詞の連体形、エの「次第に」は副詞である。3、まず、傍線部を含む一文を見ると、「この実感」が「個人としての存在意義」をもたらすとある。「この実感」とは、その直前にある『わかった、わかってもらった』という実感」を指す。これは、その直前の段落までさかのぼれば、「共通了解の実感」に置き換えられる。さらに、この「共通了解の実感」を得るために必要なことは、傍線部の四～二段落前の「ここで、自分の考えを相手にも……活動の意味だということができるでしょう。」の部分に書かれている。つまり、さまざまな人との相互的なやりとりによって、自らの中にあるオリジナリティを把握し、相手に分かるように表現すること、である。これができれば、「共通了解の実感」を得ることができ、「個人としての存在意義」がもたらされることになる。以上のことをまとめればよい。4、点線内の文章は、傍線部よりあとの本文の要約である。「わたしたちが、

対話によって……ことを知って、」までが、「他者とのやりとり…」で始まる段落の要約、空欄Ⅰから「…可能性がある。」までが、「さらに、自分と…」で始まる段落の要約である。最後の「そして、対話を……有効である。」は、最終の二つの段落の要約になっている。それさえ分かれば、空欄Ⅰ、Ⅱに入る表現は容易に見つかる。5、ア「矛盾した」が誤り。本文には「一見矛盾する」がそうではないと書いてある。また「他者」ではなく「自己」である。イ「対話の前後で変化することのない」が誤り。「他者とのやりとりによって自分の考えをもう一度見直し、…」と本文にはある。エ「対話の技術を向上させる」が不適。本文には、対話は「技術論としてとらえられがち」であるが、ここではそうとらえない、と書かれている。

三 **新井白石「鬼神論」**より。2、傍線部の「道行く人」が麞を盗んだと本文は続いているので、鮑魚を置いていった人と同一人物である。3、傍線部前の「さりとも……罪深し」に着目。4、Ⅰ「鮑君」を神として祭ったあとの「御利益」とは、さまざまな病気が回復すること、であった。Ⅱ生徒Cが引用している箇所からも分かるように、社を立派に作り直し、絶え間なく舞楽を奏して大切に祭ったのである。Ⅲ「先生」の言葉に、「人々の信仰心がご利益を生むことの例」とある。人々の篤い信仰心が、「御利益」を作り出したということ。

通釈 昔、汝南県の人が、田の中に網を張って、麞を捕ろうとした。すぐに麞が(網に)かかったが、その網の持ち主がまだ来ていなかったときに、道を行く人がおり、その麞を盗んだ。そうは言っても、人の捕ったものを理由もなく取ってしまうのも罪が深いと思って、その麞の代わりに、携えて持ってきた鮑魚を一つ、網の中に入れて行き去ったあとに、その網の持ち主が来て、鮑魚が網の中にあるのを見て、この鮑魚はここにいるべきものとも思われず、どう考えても霊験のある神が現れなさいましたのであろうとたいそう不思議に思った。村の人たちが皆寄り集まって、すぐに小さな社を建てて、(その中へ)お入れ申し上げ、「鮑君」と名付け申し上げた。(その後)村の人たちはさまざまな病気が回復することがあったので、この神様の恵みによるところだといって、敬い祭るうちに、社を立派に作って、賽の神楽の音が絶えることがなかった。まことにすばらしい神様であった。七、八年ほど経て、例の鮑魚の持ち主がこの社のそばを通り過ぎて、「どのような神がこのように現れなさっているのだろう」と言ったところ、自分が置いていったあの鮑魚だった。「ああ、驚きあきれたことだ、それは私が置いていったものなのになあ」と言ったので、例の神の不思議な力のさまざまなご利益はすぐになくなったのだった。

四 **佐川光晴「駒音高く」**より。1、傍線部の直後に「よし。目にもの見せてやる」とあり、「目にもの見せる」とは、思い知らせる、という意なので、今度は絶対に勝つと勇み立っていることが分かる。2、空欄Ⅱのあとに「意外だった」とあることに着目し、対局の前とあとの山沢君の「意外」な変化を読み取る。熱戦を経て、山沢君のなかで「ぼく」に対する気持ちが変わったのである。3、アは「納得できないまましぶしぶ」が不適。本文に、「ぼくはあらためて……感心していた」とある。イは「あきらめている」が誤り。対局が終了しても、「ぼく」は「詰み筋を懸命に探し続けた。」とある。エは「悔しさをこらえている」が誤り。4、「詰み筋」を見極めている山沢君の実力に感心している。「切磋琢磨」とは、志を同じくする仲間と励まし合って、ともに向上すること。5、傍線部より前に、「ぼくの心ははずんでいた。」とある。強いライバルと切磋琢磨することで、これからさらに強くなっていけるであろうことに高揚している。また、それよりあとの本文に、「どれほど苦しい道でも、絶対にやりぬいてみせる。」とある。ここでは、プロになることを強く決意しているのである。そして、傍線部で「ぼく」は「かけ足」で図書館へと向かう。「かけ足」というところに、「ぼく」の前向きな姿勢と、より高みを志す意気込みが表れているといえよう。

五 資料1のメモに「古典をマンガで読むこと」の良くない点として、「イメージの固定」と「古典の言葉を学習できない」ことが挙げられている。空欄前には一点目とし前者が取りあげられているので、空欄には後者を取りあげた内容にする。空欄直後にも、そのあとの鈴木さんの言葉にも「伝統文化」という表現があるので、この表現を中心にすえてまとめる。理由を説明する文章なので、最初の一文は「二点目は……からです。」という形にすることを忘れないこと。

沖縄県

問題 P.250

解答

一 問1、a主流　bねら　問2、2　問3、エ　問4、ウ　問5、ア　問6、目的もない　問7、イ　問8、ウ

三 問1、おなじように　問2、イ　問3、ウ　問4、エ

四 問1、思ひ群ならず　問2、イ　問3、(1)対句　(2)ウ

五 問1、イ　問2、ア　問3、来場者のおもてなし　問4、エ　問5、Ⅰ(例)

教室案内用のポスター作成に時間をかけたが、来場者からの評価は低かった。逆に、案内係の役割分担や対応に工夫が足りないと思っていたが、来場者からは好評だった。

Ⅱ(例)

来年度の文化祭をより良くするためには、教室案内のポスターを工夫する必要がある。なぜなら、実行委員が時間をかけたにもかかわらず、来場者の評価が最も低かったからだ。今年のポスターのよくない点を話し合って、内容や貼る場所を検討しなければならない。また、案内係の対応は高評価だったので、今年のように各フロアに立てるとよい。

解き方

一 **椰月美智子「14歳の水平線」**より。問2、「しずかに見て」の「見(見る)」と「何も言わない」の「言わ(言う)」の二つ。問3、「目を細める」とは「微笑む」「にこにこする」ことを表す慣用句。問4、父とは生活時間も違うし、自分も友達と遊ぶことに忙しくて父と話すことはない、という内容なので「ほとんど」が入る。自分で分かっていることなので、エの「おそらく」は不自然。問5、最初のリード文にあるように、島を出たいというのは征人の本心であり、それを初めて告げたので直前にあるように「胸がいっぱいになった」のである。問6、「望み通りの言葉」と対照的な会話文とは、東京行きに反対する言葉である。征人が「東京に行きたい」と言ってから、それに反対する会話文を探すと、母ちゃんの「目的もないくせに、東京に行きたいなんて」となる。同じく母ちゃんの「また、おだてんでくださいよ。」は東京に行くことではなく、大学に行くことに反対している。問7、征人が心のなかで謝った理由は、

直前の「父ちゃんを傷つけたと思った」からである。東京に行くのは、父の跡を継がないことであり、イの「父親の生き方を否定すること」になる。問8、本文全体を通して征人と父の関係が描かれているので、ウが正解となる。アは伯父との関係、イは母親との関係で説明している。エは「島の芸能を守り続ける父親」が誤り。

三「**宇治拾遺物語**」より。問2、「あやし」はこの場合、「不思議に思う」の意味。「あやし」の直前に「少し重し」とある。問3、係助詞「ぞ」「こそ」は、その上にある語を強調する。問4、主語は文頭の「隣里の人」とにあり、羨んだのは「いみじきこと〔たいしたもの〕」とは、老女が裕福になったことを表す。

通釈　それから幾月かして「（瓢は乾燥して）もうよい具合になっただろう」と思って見ると、（瓢は）よい具合になっていた。取り下ろして（瓢の）口を開けようとすると、少し重い。不思議に思って（口を）切り開いて見ると、何やらいっぱい入っている。「何だろう」と思って（他の入れ物に）移して見ると、白米が入っていたのである。思いもかけずこれは驚いたと思って、大きな入れ物に全部の米を移してみたが、（瓢のなかには前と）同じように白米が入っているので、「ただ事ではない。雀がしたことであろう」と驚き嬉しかったので、（その瓢を別の）物に入れて大切にしまっておいて、残りの瓢を見ると、（最初の瓢と）同じようにみな白米が入っている。これを（入れ物に）移し移し使ってみるが、食べきれないほど沢山ある。

こうして、本当に金持ちになったのだった。隣の里の人も見てびっくりして、たいしたものだとうらやましがったということだ。

四「**新編　中国名詩選**」より。問1、送り仮名はそのまま平仮名に直すので、「思ひ」を「思い」としないこと。問2、四行詩は絶句、八行詩は律詩。問3、律詩の三行めと四行め、五行めと六行めは対句になる。

五　問1、みゆきさんは、これまでの意見を整理したうえで「他にも何かありますか。」と議論を進展させている。問2、「つまり」はそれまでの内容をまとめる働きがあり、直前に先生は「沖縄の全ての人が沖縄の印象になるということを前提におもてなしをすることです」と述べている。問3、まとめの図から、Ⅱの対象が「家族」や「地域の人」となっているので「来場者」を含む言葉を本文から探す。問4、頭語が「拝啓」なので、結語は「敬具」。問5、資料を読み取る際には、特徴的な部分を抽出する。ここでは「ポスター作成に時間をかけたが、来場者からの評価が低い」「案内係の役割分担や対応に工夫が足りないと思っていたが、来場者からは好評だった」が特徴的なことである。

国立高校・高専

東京学芸大学附属高等学校

問題　P.255

解答

一〔問1〕ⓐ改札　ⓑ慎重　ⓒ特有　ⓓ案外　ⓔ訪　〔問2〕②　〔問3〕④　〔問4〕②　〔問5〕①　〔問6〕③　〔問7〕④　〔問8〕⑤

三〔問1〕a③　b⑤　〔問2〕目やすくあらまほしけれ。（12字）　〔問3〕②　〔問4〕①　〔問5〕②　〔問6〕⑤　〔問7〕④

解き方

一　**伊藤亜紗「目の見えない人は世界をどう見ているのか」**より。〔問2〕木下さんの話は、冒頭にある「見えない人（木下さん）が『見て』いる空間と、見える人（筆者）が目で捉えている空間」が「どのように違うのか」ということの例として挙げられていることを押さえる。二人とも同じ場所を歩いていながら、目の見える筆者が「坂道」と捉えていた空間を、目の見えない木下さんは「山の斜面」と捉えていたように、「二人の抱く空間のイメージが大きく異なっていた」からびっくりしたのである。①は「自然豊かな」「誤解をしていた」が、③は「視覚よりも身体全体でとらえる方が正解だ」が誤り。坂道を歩いているのではなく、「山の斜面」を下っていると言った木下さんを、筆者が広い雪の斜面を道にとらわれずに滑降するスキーヤーのようだと表現したのであるから、④も不適。目の見えない木下さんが分かったのは「斜面」を下っているということであって、駅が「頂上」に、西9号館が「ふもと」にあたる所にあるとは分からないことなので、⑤も誤り。〔問3〕目の見える筆者にとって、今歩いている道は、傍線部の前後にあるように「大岡山という『出発点』と……つなぐ道順の一部……空間的にも意味的にも他の空間や道から分節化された『部分』でしかな」く、「サークル勧誘の立て看板」「知った顔」「学食の入り口」などの「目に飛び込んでくるさまざまな情報が、見える人の意識を奪っていく」ところであるが、そのことを踏まえた選択肢は④。〔問4〕目の見えない人は、傍線部の直後から述べられているように「人が進むべき方向を示し」ている「道だけを特別視しない俯瞰的なビジョンを持つことができ」るからで、そのような意味のことを述べているのは、②。傍線部の段落の方にある「俯瞰的」は、高所から見下ろして眺めるさまで、当然「大局的な立場から空間をとらえることができる」と合致する。〔問5〕Xは直後にあるように「コンクリートや土を固めて作られた文字通りの道」なので「物理的」な道、Yは本当の道ではなく、「人の進むべき方向」をたとえているので、「比喩的」な道と言える。〔問6〕人は、「知らず知らずのうちにまわりの環境に影響されながら行動している」(「人は自分の行動…」で始まる段落)、「都市においては無数の道が……人の欲望に強く訴えてくる」「視覚的な刺激によって人の中に欲望がつくられていき、気がつけば…」(「桂離宮では…」で始まる段落)などとあることから考える。〔問7〕直前に「仕事をするつもりでパソコンを開いたら買い物をしていた」とあるのに着目する。「仕事をするつもり」というもともとの自分の意志を見失い、パソコンの画面に現れた「視覚情報に行動が誘発されて」(選択肢④)しまった例である。〔問8〕①は「互いに理解し合うことは難しい」が不適。②は「偶然そのルートを通っている」が不適。偶然ではなく、「目的地」に向かって歩いているのである。③の「豊かな感受性が希薄になりがち」や、④の「『いたずら』は抑制されるべきものではない」ということは書かれていない。⑤は「資本主義システムが…」の末尾の段落の内容と合致。

三 兼好法師「徒然草」より。〔問1〕a「覚ゆ」は、記憶することではなく、「思ほゆ」の転で、「自然に思うようになる、思われる、感じる、思い出される」などの意。b「拙し」は、「能力が劣っている、頭の働きが悪い、愚かである」の意。〔問2〕「あいなし」の反対語は「めやすし(目安し・目易し)」で、意味は「見た目に感じがよい、見て安らかに感じる」。また、「あいなく見ぐるし」の主語は「衆に交はりたる」人だが、それと対照的なのが「万のしわざはやめて、暇ある」人であることも手がかりになろう。〔問3〕「おぼつかなし」は、「ぼんやりしている、不明確だ、はっきり決めがたい、よくわからない、気にかかる、疑わしい」などの意。「ずして」は「…ないで」と上の語を打ち消して下に続ける言葉。全体で、「不明確ではなくて、疑わしくはなくて、不審ではなくて」の意味。「やむ」は「止む」で、「やめる、おえる、中止にする」などの意。「べし」は相手の動作に付いたときは、「…したほうがいい、…すべきだ、…しろ」などの意味を表す助動詞。〔問4〕「碁打つことばかりに聡く巧みなる」「拙き人」が、碁が上手か否かで「賢き人」の「智」を評価したり、「万の道の匠」が「人」が「我が道」を知らないのを見て、自分が勝っていると考えたりすることから考える。自分のある一面だけを基準として、他人の全能力を推し量り評価しているから筋道に合わないのである。〔問5〕「百聞は一見にしかず」の「しかず」で、「…に比べて及ばない」の意。〔問6〕「是非」は「正しいこと(是)と誤ったこと(非)」。「是非す」で、「善悪の批判をすること」。〔問7〕随筆文の主題は、冒頭、あるいは末尾の文によって示されることが多い。Ⅰの文章の「ゆかしく覚えむことは……羨まざらむは、第一なり。」、Ⅱの文章の「己が境界にあらざるものをば、争ふべからず、是非すべからず。」に共通する考えを述べた選択肢を選ぶ。

通釈 Ⅰ ある人の言うことには、五十歳になるまでに上手の域に達しない芸は捨てるべきである。一生懸命習うことができる将来もない。老人のことを、人も笑えない。(老人が)衆人に交わっているさまも、うとましく、みっともない。だいたい、(その歳になったら)全ての仕事はやめて、暇のあることこそ、見よくもあり、願わしいことである。俗世間のことにかかわって一生を暮らすのは、最も愚かな人である。知りたいと思われるようなことは、尋ね聞いても、そのだいたいの様子が分かったならば、一とおり不審な点がなくなったという程度でやめるのがよい。最初から大それた望みを持つことなく、人を羨ましく思わないとしたら、それがいちばんよいのである。

Ⅱ(ものの道理に)暗い人が、他人を推し量って、その知恵の程度が分かったと思っても、まったく筋道にあわない。

愚かな人であって、碁を打つことばかりに頭が働いて上手な人が、賢い人であって、(碁を打つ)技につたない人を見て、自分の知恵に及ばないと決めてかかったり、全てそれぞれの道の専門の職人が、自分の専門のことを人が知らないのを見て、自分が勝っていると思うようなのは、大きな間違いであろう。仏教の教えを研究するが実践を伴わない僧侶、座禅の実践はするが仏教の教えに暗い僧侶とが、互いに(相手を)推し量って、(相手を)自分には及ばないと思っているのは、どちらも当たっていない。

自分の専門とする領域でないものを、競い合ってはいけないし、よしあしを論じてはいけないのである。

お茶の水女子大学附属高等学校

問題 P.259

解答

一 問一、a対照 b断続 c達観 d殺傷 e一助 問二、1カ 2イ 3エ 4ウ 5オ 6ア 問三、「思う」「感じる」は内容に責任を負う必要も理由を他の人に説明する必要もないが、「考える」は自分や他の人の考えに責任を負い、理由を説明する必要があるという違い。(79字) 問四、A自分で考え、言葉にする(11字) B自分の考えを相手に伝える(12字) C相手の考え Dみんなと考え、みんなで考える(14字) 問五、戦争で親を殺された子どもが、大きくなって今度は仕返しとして相手の子どもの親を殺す、という状態が続くこと。問六、みんなで何度も考え、互いの考えを修正し合うという作業を続けることで、より正しい考えに向かって建設的な対話ができるから。(59字)

二 問一、Aウ Bイ Cウ 問二、iア iiウ iiiイ 問三、何度も同じ注意をされてうんざりしたから。(20字) 問四、とりあえず自分が起きると祖母に思わせようという気持ち。(27字) 問五、イ 問六、ウ 問七、エ 問八、はじめは口うるさく注意する祖母に反発し、心配させてやろうと思ったが、それでも自分を気づかおうとする祖母に対して、申し訳ない気持ちになった。(69字)

三 問一、iなお iiきょう 問二、Aウ Bイ Cイ 問三、①ウ ⑤エ ⑥イ 問四、②エ ④イ ⑦オ 問五、障子の穴の空いたところを別の紙でふさぐこと。問六、1一間づつ張られける 2治世の道の根本が倹約であることを息子に気づかせるため。

解き方

一 眞嶋俊造「平和のために戦争を考える ——『剥き出しの非対称性』から」より。問二、1直前の「朝から晩まで」という語がヒント。四×六=二十四時、という意味。2直前の「前向きな」という語がヒント。物事を積極的・発展的に進めようとするさまが「建設的」の意味である。3直後の「心は言葉にしなくても相手に伝わる」が「以心伝心」の意味である。4直後の「進む1回限り」がヒント。進むのが1回限りならあちこちに行かず、まっすぐ進めばよい。逆に5は直後にあるように「何度も行き来する」のだから「縦横無尽」となる。6二段落前の「どうせ戦争はなくならないのだから考えても仕方ない」という考えが当たり前だとするならば、空欄直後の「戦争を考えないと戦争はずっとなくならない」は発想が逆になっている。「逆説的」とは「急がば回れ」のように、矛盾しているように見えるが、実は正しい、というあり方を意味する。問三、傍線後部の内容を整理すると、思う・感じる＝他の人に対して説明する必要がない、考える＝考えた人が(他の人に対して)その理由を説明しなければならない／自分の考えに責任を持ち、他の人の考えに対しても責任を持つ、となる。これを逆に考えれば、思う・感じる＝自分にも他人にも責任を持つ必要がない、となるので、これらの対比を意識して記述をまとめる。問四、A前部の「自分自身で考えている」「『考え』は言葉にして初めて相手に伝わる」という二つの記述を足し合わせたもの。B一段落前の「考えを言葉として相手に伝える」という記述に着目。C一段落前の「相手の考えに耳を傾ける」に着目。D一つ前の段落にある、「第4段階は、……お互いと、お互いで、つまり、『みんなと、みんなで考える』こと、」という記述に着目。問五、「負の連鎖」とは、何かトラブルによって生じた悪いことが原因となって、さらに悪いことを引き起こす、ということが続く状態、という意味である。戦争が戦争を生む、といったことに対する具体例を考えると「負の連鎖」の例になる。問六、「考える」ことについて書かれた、二重傍線部bの段落の内容を確認する。「私たちは何度も考え、必要に応じて考えを修正し、さらに考えるということを時間軸の中で断続的または連続的に行っている」とあるので、これがなぜ「戦争をなくす」ことにつながるのかを考えて本文を見直すと、空欄Dの段落に「みんながみんなで、より正しい考えに向かって、建設的な対話に積極的に参加し、関わり続けること」とあり、この「建設的な対話」が平和をもたらす理由なので、これらをまとめて記述を行う。

二　志賀直哉「或る朝」より。 問一、A「角のある」とは、人の性格や言動がとげとげしい、という意味。B「その手を食わず(その手は食わない)」は、相手の計略には乗らない、従わない、という意味。直前で祖母が「大きい敷蒲団をたたもうとして」いるのは「信太郎が起きて手伝うだろう」という、計略・思惑からである。C「ませた」とは、年の割に大人びた、という意味。問二、i「～なさる」は、尊敬表現。ii「～ます」は、丁寧表現。iii「～(し)て頂く」は、謙譲表現。問三、傍線部の「今度は」という表現と、直前の「祖母が又同じ事を云った」に着目。「今度は」ということは、一度は返事をした、ということである。寝るという意思表示をしたのに、実際は寝ていないが、また同じことを言われたのでうんざりしたのである。問四、「気休め」とは、その場限りの安心やなぐさめ。また、そのための言葉や行為、という意味。傍線部直後に「のびをして見せた」とあるので、「見せた」相手が誰なのかを考えると、祖母に自分がもうすぐ起きると思わせるために、「見せた」ことが分かる。問五、傍線部前の「余り起きろ起きろと云われたので実際起きにくくなって居た」「起しに来なかったら、それに免じて起きてやろう、そう思っている」という記述に着目する。問六、まず、問五のところで、信太郎が「起しに来なかったら、それに免じて起きてやろう」と思っていたことを思い出す。そのあとに「又、祖母が入って来た。信太郎は又起きられなくなった。」とあるので、ここから、祖母がいる間は起きられない、という状況を確認する。次に傍線部前に「年寄の云いなり放題になるのが孝行なら、そんな孝行は真っ平だ」とあるので、信太郎は、言われてするのが嫌い、ということを理解する。問七、信太郎の弟や妹の話は二か所ある。一つめは傍線部③のあとで、そこで弟と妹は、たわいもないこと＝取るに足りないことを繰り返し言い合っている。二つめは本文末尾で、弟は炬燵櫓の上に立って「銅像だ」と力んで見せ、上の妹は「…本当に西郷さんのようだわ」と云っている。いずれも、弟・妹の仲の良さ、ふるまいや会話のたわいのなさ、面白さが特徴となっている。それがエの「ユーモラス」「絆の強さ」に通じると理解する。問八、これまでの設問を振り返りながら、信太郎の心境の確認を行う。問三では、口うるさく注意する祖母に対して、面倒だ、わずらわしい、という感情を持っている。それは問四・五でも続き、問六では言い争いにまでつながっている。しかしそのあとで、祖母は再び姿を見せ、「今迄の事を忘れたような顔を故意として」信太郎に話しかける(太線部iiiの前部)。そして、さっきまで言い争いをしていた信太郎のアドバイスを聞いて「素直にもどって来た」(太線部iiiの後部)。そのあとに「祖母のもたたんでいる」ときに、祖母にそこまでさせている(重い蒲団を上げさせる＝仲直りしようとしている＝自分のことを気づかわせている)ことに対して「泣きたいような気持が起って来た。涙が自然に出て来た」のである。

三　兼好法師「徒然草」より。 問一、i語の頭以外の位置にある「はひふへほ」は「わいうえお」に置き換える。ii昔は「きょう」のことを「けふ」と発音していた。問二、①「手づから」とは、「自分の手で・みずから」という意味。⑤「ありがたかりけり」は形容詞「ありがたし」に助動詞「けり」がついたもの。「ありがたし」は、「めったにないほどすばらしい」という意味。⑥の「通へり」は動詞「通ふ」に助動詞「り」がついたもの。「通ふ」は、「通る・行き来する」という意味のほかに、「共通点がある・似ている」という意味もある。問四、②「たまはる」は「受く」「もらふ」の謙譲語で、「いただく・ちょうだいする」という意味。②「よも」という副詞は下に「じ」をともなって、「決して～ないだろう」という訳になる。「まさる」は、「(自分より)すぐれている・上である」という意味。⑦「ただ人」とは、「ふつうの人間・一般の人」という意味。「あらざり」の「ざり」は打ち消しの助動詞「ず」の連用形。問五、直前の「張らせ候はん」を踏まえて、「明り障子の破ればかりを、禅尼手づから小刀して切りまはしつつ張られければ」の部分を簡潔にまとめる。問六、1直前の「さはさはと張りかへんと思へども」という言葉に着目。さっぱりと張りかえずにどうしているか、という点を踏まえて前のほうを確認する。2直接の理由は、直後の「物は破れたる所ばかりを修理して用ゐることぞと、若き人にみならはせて、心つけんため」ということになるが、見せつける相手は「鎌倉中期の幕府五代執権、北条時頼」なので、その本当の目的はもう少しあとにある「世を治むる道、倹約を本とす。」の部分にあると考え、これを点線部直後の部分と重ね合わせて記述を行う。

通釈 相模の国の長官である北条時頼の母は、松下禅尼と申した。時頼を(自分の家に)招き入れなさる事があったときに、すすけた明り障子の破れたところだけを、禅尼が自分で小刀を使って切り取り切り取りして(別の紙を)張っていらっしゃったので、(禅尼の)兄の安達義景が、その日〔時頼来訪の日〕の準備をして控えていましたが、(安達)「(その仕事は)こちらにいただいて、誰々という男に張らせましょう。そうしたこと〔障子の破れを紙でふさぐこと〕が得意な者がおります。」と申しなさったところ、(禅尼)「その男、尼〔私〕の細工に、決してまさることはないでしょう。」

と言ってやはり障子の一こまずつお張りになっていたのを、
義景(が見て)、

「すべてを(一度に)張り替えました方が、はるかに簡単でしょう。(障子の色の濃淡が)まだらでございますのも見苦しくありませんか。」

と重ねて申しましたところ、

(禅尼)「尼〔私〕もあとでさっぱりと張り替えようと思うが、今日だけはわざわざそうしておかなければならないのです。物は壊れた部分だけをつくろって使うのだと、若い人〔時頼〕に見習わせて、気をつけさせようとするためなのです。」

と申しなさった。(このことは)大変珍しいほど尊い(ことであった)。治世の道は、倹約が基本である。(禅尼は)女性であるけれども聖人〔有徳の男僧〕の心に似通っていた。天下を治めるほどの人物を子として持っていらっしゃった。(そこから考えても禅尼は)本当に凡人ではなかったのだということだ。

筑波大学附属高等学校

問題 P.264

解答

一 問一、書かれた文字を、他者に代わって音声化すること。問二、ウ 問三、○つっかえそうな言葉でも言い換えができないこと。○思ってもいないことを言わなければいけないこと。問四、生命 問五、イ 問六、意味が伝わること 問七、教科書 問八、イ 問九、漢字・仮名の分かち書きや、助詞と、用言や助動詞の活用形 問十、a一説 b痛快 c支障

二 問一、aア bイ 問二、ア 問三、自分勝手な言動を続ける松平にいら立ちつつも、松平を刺激してまた不快なやりとりが始まるのを避けるために我慢している。(57字) 問四、イ 問五、エ 問六、松平に対する勝ち誇った気持ちが、どんどん小さくなった。問七、エ

解き方

一 **伊藤亜紗「ままならない体と言葉」**より。

問一、傍線部のあとに「碑文を読む者は、自分ではしゃべることのできない墓に成り代わって、声を発している。」と書かれている。声を他者に貸す、ということは、書かれた文字を他者の代わりに音声にする行為である。問二、傍線部のなかに「墓の声」とある。また、傍線部の前には『私は』と一人称で記す」とある。「人々」は、「墓」がしゃべっている主体だと感じるだろう。問三、傍線部の二段落あとに、「音読が苦しい理由は二つある。」とある。その二つの理由のどんなことが「奴隷的」なのか、「一つは」以下の部分から、一点、「もう一つの理由は…」で始まる段落からもう一点を、それぞれまとめる。問四、A前の「いのち」と同じ意味で音の違う言葉を挙げればよい。問五、傍線部直後の「吃音当事者」は、直後の段落にあるように「他者の言葉に身を任せ、言うべき音を機械的に体から出していけばいい」、つまり、自分で考えて話すと吃音が出てしまうが、何も考えずに他者の言葉をしゃべるときは吃音が出ないのである。問六、空欄後の「だから」以後に着目する。「自分の発音がまずくても、書いてあるのだから大丈夫だろう」と思うことは、一言一句の音声ではなく、その文の意味さえ伝わればよい、と考えているということである。傍線部⑤の「字幕」も、理解できない外国語の意味を理解するために用いられるものである。問七、音声を聞きながら文字を見て理解しているという意味で、全員が持つ「教科書」が字幕のような役割を果たしている。問八、傍線部の一文前に「言葉と体の関係は一筋縄ではいかない」とある。一段落前を見ると、「言葉と体の関係は人によってずいぶんと違って」いると書かれている。また、本文の最後には「言葉は言語活動であると同時に、それをあやつる体の問題でもある」と書かれている。よって、体についても述べている選択肢を選ぶ。問九、点線部のあとに「語の切れ目を把握する」とある。日本語においては、意味のある単語のまとまり、つまり文節を意識すればよい。助詞・助動詞の付属語は仮名書きするのに対し、文節の中心になる用言・体言は漢字で書くことが多い。だから一文節は漢字で始まることが多いので、文節の切れ目を分かりやすくしている。また、「を」や「に」「も」「のに」などの助詞と、連用形や終止形などの活用形とが、分節を考えるうえでの目印になる。

二 **瀧羽麻子「瀬戸内海の魔女」**(「サンティアゴの東 渋谷の西」所収)より。問一、b「むきになりかけていた」→「おとなしく隣に座った」という真帆の態度の変化を表している。問二、「頬が紅潮している」という様子は、緊張、興奮、怒りなどの気持ちの表れであることが多い。傍線部前の話題は島ではなくホテルなので、イ「島をかばって反論したい」は不適。また、ウ「年配の人」に反論する「緊張」も記述がない。真帆の言葉の内容は、客が満足している、リピーターも多い、ということなので、エの「ホテルの功績を丁寧に説明」しているとも言えない。傍線部から読み進めていくと、「ちょうど通り過ぎ…」で始まる段落に「むきになりかけていた真帆」とある。また、「真帆が我に…」で始まる段落にも「さっきのように腹を立てている様子はない」とある。真帆は松平の言ったことに対して怒りをもって反論しているのである。問三、「舌打ち」は、悔しいときや不快なときに行われることが多い。また相手に不快感を与える行為でもある。傍線部の前には「つくづく自分勝手なばあさんだ。」とあるので、急に休憩をしはじめた松平の自分勝手さにいらだっているのである。また「つくづく」とあるので、それまでの言動も含んでいると考えてよいだろう。そして「舌打ちをこらえ」たについて、我慢する理由を考える。本文の前半にあるように、相手の松平に対しては、「魔女」のようで「なにもかも見透かされている気」がしており、「下手にはむかってまたやりこめられそうな気」がしている。また、傍線部前では反論する真帆を見て「相手が悪い」「もう帰ろう」「こんなやつと話していてもいやな気持ちになるだけだ」「つきあう義理もない」などと考えている。やりかえされるのも不快だから、できるだけ刺激したくないということがうかがえる。問四、傍線部の行動は、直前の松平の言葉に対する反応である。「運とか好意とか……、自分だけでうまくやりたかった」という言葉は、傍線部のあとにある「まさに広海の願いでもある」。広海からしたら、また自分の考えを見抜かれた、ということになる。問三でも確認したとおり、広海は松平のことを「魔女」のようだと感じている。「目をそらした」のは、心を読まれたくない、という気持ちの表れといえる。問五、傍線部に至るまでの松平の様子を確認していく。傍線部前の真帆とのやりとりでは「すまして」「泰然と落ち着きはらって」いたが、広海の質問によって「口もとがこわばった」。そして「結局はこだわってる」とたたみかける広海の言葉によって本心を見透かされたと感じ傍線部のようになったのである。他者に、自分の私的な問題に踏み込んでほしくない、という気持ち、つまり「警戒心」を強めていると言える。問六、まず、「ふくらんだ気持ち」については、一段落前に「勝った、と広海は思った。」とある。松平をやりこめて勝ち誇った気分で松平

を見ているのである。しかしそれが「しぼんだ」ということは、「白い髪が……浮いている。」という松平の「ただの老人」に過ぎない姿を見て、勝ち誇った気持ちがどんどん小さくなったということである。問七、エは「問題の深刻さ」が不適。また、「ドラマ性を広海が心中で否定」したとあるが、「現実は、ドラマのようにいかない」ことを予想しただけである。

東京工業大学附属科学技術高等学校

問題 P.268

解答

一　問一、(b)イ　(e)ウ　(f)ア　(g)エ　(h)オ　問二、(a)すうこう　(c)あっとうてき　(d)はっこう　(i)どひょう　(j)けいしょう　問三、オ　問四、エ　問五、味覚は食習～なんですね　問六、ウ　問七、(フランスで修業し、)フランスで作っていたお菓子をそのまま店で出した(人たち。)(23字)　問八、A様々な形　B種類　C組み合わせ　問九、変えてはいけない部分さえわきまえておけば、あとは自由で、自分が美味しいと思えるものを作ればよく、それに判断を下すのは消費者だと考えているから。　問十、イ

二　問一、イ　問二、ウ　問三、ア　問四、1・「無言で小さくうなずいた」という酒井の満足の仕草や、誘導的質問で本音を引き出せたということから、新しい「何か」の任務に春海という人物が適任かどうかを見極めようという意図が満たされたことが読み取れる。(99字)　問五、本当の真剣勝負の御城碁を打つ(こと。)(14字)　問六、碁以外に発揮を求める、強烈な自己獲得への意志　問七、ア　問八、分かりやすいし楽しめる　問九、1　問十、Ⅰイ　Ⅱエ

解き方

一　**吉田菊次郎「本場の洋菓子と日本のケーキどうちがう?」**(「MetRo mIN.」17年12月号所載)　問一、(b)洗練、(e)冷蔵、(f)質感、(g)粉糖、(h)造。問三、直前の「フランスのお菓子は崇高なもの。味もデザインも洗練されているだろう」というのが、筆者の持っていた印象であることから考える。問四、「地に足がつく」とは考えや行動が堅実でしっかりしていること。アは、だから賭け事にのめり込むのはおかしい。イ・ウは比喩表現になっていない。オは意味が違う。問五、傍線部の理由が問われているのではなく、「西洋と日本の味覚」の違いの理由が問われていることに注意する。問六、日本と違ってフランスでは「早起き」しなければならないので「早起き」に「　」がついているのである。ア「お菓子の前にパンを大量に焼く」のではない。イ・エ・オのように日本のほうが早起きなのではない。問七、その頃の日本にできたフランス菓子のお店についての説明を字数制限のなかで抜き出す。問八、問題文の「アーモンドとお酒の工夫の仕方について」、本文で述べられている言葉のなかから、字数に合うものを抜き出す。問九、「逆だと思います」に対して「逆」だと考えられる事情を傍線部よりあとの部分から読み取りまとめる。問十、「金科玉条」というのはそれ以外ないと考えて固執すること。フランスのことに固執していることを説明している選択肢を選べばよい。

二　**沖方丁「天地明察」**より。問一、「疑問」とは傍線部前の「自分などの言動」に対する「疑問」である、特定のことより漠然としているものだと考える。問二、相手がどう思っているのか「判別がつか」ないのである。ア・イ・エは自分で判別することなので不適。問三、春海と同様に「宗教に関わる意図が薄」く、算術に付随する単なる異国の話としてとらえていて、その異国のことをさらに知りたいという意図はなかった。問四、文章末尾の「無言でうなずいた」は、「何か」のために、春海の学識だけでなく、性格志向・本性を見極めようとした酒井の意図が満たされ、春海が「何か」の任務を与える人物として適任者と分かり、満足したことを表す。問五、傍線部前の「真剣の勝負」の碁について説明する形で解答を作る。問六、傍線部のあとの部分から春海の思いを述べた字数に適合する部分を探す。問七、「毒を食らわば皿まで」はいわばどうなってもよいということ。問八、「対局を見る側」とは、要するに「将軍様」の立場から見て、「上覧碁」がどういうものかということについて述べた部分を探す。問九、「春海は言った。…」から始まる段落の「たかが石三つ、くれてやる。だがそれで勝てるなどと思うな。」という言葉から、石を取れば「勝利に近づく」ことが分かる。問十、Ⅰア「趣味の昇華」、ウ「趣味にとどまるのみ」、エ「町人の遊戯の延長」がそれぞれ不適。Ⅱ直後の「二刀を与える」から、身分を上げて、何らかの任務に就かせようという意図が読み取れる。

大阪教育大学附属高等学校 池田校舎

問題 P.275

解答

一　問一、①Ⅰエ　Ⅱア　②Ⅰウ　Ⅱエ　③Ⅰア　Ⅱウ　④Ⅰイ　Ⅱイ　問二、Aエ　Bウ　問三、(ⅰ)ウ　(ⅱ)イ　問四、エ　問五、父のプライドを傷つけることになるから。(19字)　問六、父の才能を信じ、作品制作への協力に専念する生き方。(25字)　問七、公権力に反抗する気持ちと、作品の出来に自信を持ち出板に満足する気持ち。(35字)　問八、今まで気づいていなかったおあいの痩せ方が、想定以上で、病を思わせるようなものだったから。(44字)　問九、エ　問十、○そして原稿○一行だけ書

二　問一、①口火　②つど(い)　③あやつ(る)　④領域　⑤著述家　⑥皮質　⑦基(づいて)　問二、(一点目)修行を積めば、瞑想によって自分の意志で脳波を操作できるようになること。(35字)　(二点目)修行時間が少ない僧は、瞑想する時に集中力に必要な脳部位が活性化するが、修行時間が多い僧はそうではなく、集中をせずに瞑想ができるということ。(69字)　問三、集中は、生き残るために意識を周囲に分散させる力を発達させてきた動物にとって不自然な行為であり、動物であるヒトにとっても本来的に不自然な行為であるはずだから。(78字)　問四、体の動きが　問五、念じただけ　問六、ア　問七、(例)

「想像力と(具体性)」

私は、夢を叶えるには、想像力に具体性が必要だと考える。なぜなら、具体的でないと、身体や脳を動かす効果が薄いと考えるからだ。

私は、「楽器の演奏がうまくなりたい」と思っていて、演奏がうまい自分を想像することもある。そのような抽象的な想像は、もちろん動機づけには大事だが、具体的な練習にはつながっていない。しかし、「曲のこの部分をこのように演奏する自分」を具体的に想像することで、練習の内容が自然と決まる。本文中にもあるように「自分の将来像を具体的に描くこと」が、夢を叶えるのには必要なのだ。だから私は、夢を叶えるためには、想像力に具体性が必要だと考える。

解き方

一 **朝井まかて「阿蘭陀西鶴」**より。問二、A空欄の前に「森田屋や岡田屋など何軒か」は「すぐに訪れた」と書かれており、西鶴の原稿に期待していたことが分かる。「ところが」と続くので、その内容と逆のことが起こったのである。空欄のあとの会話でも、原稿の評価が高くないことが分かる。B文の流れが分かりにくいが、冒頭から空欄前の⊠までが回想であり、空欄から三段落前の「やがて」以降が大晦日の様子である。「掛取り」はいわば借金取りであり、西鶴たちはそれが「引き揚げて行く」のを静かに待っている。そして、「そろそろ良さそう」と判断して「掻巻を撥ねのけ」たのである。危機を脱してほっとしているはずである。問四、「身過ぎ世過ぎ」とは生活のこと。アは燃料にする木もない、イはお米をお布施で少しずつ集める、ウはタコの足を一本切ってごまかして売る、などどれも貧しい様子がうかがい知れる。エは「三十貫目の銀」を持ち、その利息だけで「四人の口過ぎはゆるり」、つまり四人分の食事などの生計が立つ、裕福な生活である。問五、西鶴の性格についての記述を探すと、本文の最後のほうに「手前勝手でええ格好しぃで、自慢たれ」と書かれている。自信家で見栄っ張りな西鶴が、娘が自分の作品の売り込みをしていると知ったら、プライドが傷つけられるはずだ。問六、生き方の記述は、傍線部の前に「嫁ぎもせんと子も持たん」とあるが、否定文は避けたい。全文を読むと、おあいは推敲を手伝うなど、西鶴の作品の制作を助けていることが分かる。そしてそれは、無理強いではなく、父の才能を信じ、楽しんで行っていることも分かる。問七、傍線部の前に「公儀の鶴の字法度」を破って、「難波西鶴」と筆名を入れたことが書かれている。これは、庶民の文化の担い手として、幕府に抵抗する気持ちの表れといえる。その気持ちは、傍線部直後の言葉にも表れている。また、その筆名は作品への自信の表れともとれる。文章冒頭にも、今回の原稿には「自信」があると書かれている。出板される運びとなったときの様子は直前の段落にあるように「鷹揚」であり、余裕が感じられる。出板に満足をしているということである。問八、傍線部で西鶴が動揺したのは、おあいが「えらい痩せてる」ことに気づいたからである。直後に「薬や」「医者を呼ばんとあかん」と言っていることから、病気を思わせるほどの痩せ具合だったことが分かる。問九、傍線部の前に、路地に出たのはおあいである。「春の匂い」は希望を感じさせるものであると言える。自分の命が長くないことを知りながらも、父の「真骨頂」とも言える作品が出板されたことで、父の未来に明るさを感じているのである。「そして原稿を読み終えると……膝を進める気配を立てた」と、伊丹屋の動作を「気配」で感じとっているのは目に見えないから。また、「一行だけ…」で始まる段落にあるように、手紙の文字が「ちゃんと読めるものになっているのかどうかも心許な」いのは、文字自体が見えていないからである。「おあいは父の…」の文の「笑い声に耳を澄ませながら」は、直後の「目尻を慌てて拭った」が涙が出そうになって見えなかったともとれるので不適。問十、

二 **池谷裕二「脳には妙なクセがある」**より。問二、一点目は、空欄Aの次の文に、「修行を積めば……操作できるようになる」とある。二点目は、空欄Bの周辺にある、若造と高僧の違いについてまとめていく。問三、傍線部を含む段落の二段落前の「ちなみに」から、「集中力」が「不自然なもの」だという説明がなされている。動物にとって集中力は不自然、ヒトも動物、ヒトにとっても集中は不自然、とまとめていけばよい。問四、傍線部のあとはしばらく「想像力」についての説明が続く。実験の話は「未来を想像…」で始まる段落からであり、「ワシントン大学のシュピュナー博士らが重要な発見をしました」とある。そのまま読み進めると次の段落の最後に、「体の動きが……とは、意外な発見です。」が見つかる。問五、指示語なので、直前の部分を確認すると、「念じただけの行為が……連動すること」という二十六字の部分がある。問六、A前は修行僧の話で、そのあとは素人の話である。B前の実験結果を、あとにまとめている。Cあとには、前の実験の具体的な内容が記されている。D直前で、実験結果について「意外な発見」とは言ったものの、普段の生活から推測できる内容だったことに思い至っている。

大阪教育大学附属高等学校 平野校舎

問題 P.278

解答

一 問1、a均一　b内実　c設計　d受容　e提起　問2、たとえば、問3、Aオ　BエCウ　Dイ　問4、〇他者との濃密な関係性を持つ（こと）〇社会全体で共有されている了解事項がある（こと）

問5、

動詞	助詞	助動詞	助動詞	助詞
ある	の	だろ	う	か

問6、コミュニケーションの現場において、まわりの人間が、社会の風潮と異なる振る舞いや考え方を承認し、賞賛していけばよい。（57字）問7、他人とだいたい同じような意見。問8、（生徒）E　問9、（例）

個性を磨くためには、まず自分のことをよく知ることが大切だと私は考える。自分にはどんな特徴があるのか。あるいは他人とは何が違うのか。その違いの良い面と悪い面をきちんと分析して、良い所を伸ばそうと努力することが「磨く」ことではないかと思う。

しかし、自分がどんなに個性的であっても、それが人のためにならないものであれば、人はその個性を受け入れないし、自分も幸せになれない。他人が持っていない何かを自分が持っていて、それが人の役に立つようなものであれば、「磨く」ことに意味がある。

私もそうした個性を自分の中に見つけて、それを人のために役に立つように磨いていきたいと思う。

二 問1、Aウ　Bエ　問2、Ⅰ毛　Ⅱたこ　問3、自分の進路の　問4、珠美の卒業式に出ると言った父がその前に家出してしまったこと。（30字）　問5、ウ　問6、イ

三 問1、A人のむすめ（**または**むすめ）　B男　問2、ア　問3、むすめの親が男に、むすめが男のことを好きだったと告げた。（28字）　問4、オ　問5、Ⅰ秋　Ⅱ夏

解き方

一 **茂木健一郎「思考の補助線」**より。問2、まず、脱落文の内容を確認すると「個性」に関して「他者」との「差異」を否定していることが分かる。それは他者との関係について、「差異」とは反対の内容があとにあることを意味する。次に、「たとえば、文化的…」で始まる段落には、モーツァルトの音楽を例に挙げて他者との共通点がなければ「個性」は理解も受容もされない、ということが述べられている。他者との「差異」ではなく「共通点」が必要、という話は、脱落文の内容に合致する。よってこの部分に入ると考える。問3、A直前の「不足しているわけではあるまい」と直後の「濃厚すぎるくらい」では、どちらかといえばあとを選ぶという関係になっている。B直前の「お互いを同質化する契機」について、「ティーンエー

ジャー」のときにそうした傾向が「顕著となる」と述べられているので、あとに前の性質を強く持った具体例を示すための語が入る。C直前の「『同化』も『個性化』も、同じくコミュニケーションの現場において成立する」という記述を、直後で「コミュニケーションがなければ、『同化』も『個性化』も起こりえない」と、より強く言い換えている。「そもそも」は、より根本的であることを強調することを示す語で、「もともと」「元来」と同じように使われる。D前の内容をあとで言い換えていることを示す語が入る。問4、まず設問文中の「他人とのやりとり」「個性が磨かれる」「『〜こと』につながる形」という語や指示を手がかりにして本文を探す。一か所めは傍線部の二つあとの段落で、「他者との濃密な関係を持つことが、個性を際だたせるために必要なダイナミクスを提供するのである」とあるので、ここが設問の条件を満たしている。二か所めは末尾から二つめの段落に、「ここに、コミュニケーションを通して人々が個性を磨く際のきわめて重要な問題がテイキされる。」とあるのに着目。「ここ」は前段の「人々の間で共有されて……身につけていた」ことを指すが、これはモーツァルトの音楽について述べた部分なので、それを広く一般化した表現をあとの部分から探す。問5、「ある」は、五段活用の「動詞」、「の」は、不確かな断定の内容を示す「(格)助詞」、「だろ」は、断定を表す「助動詞／だ」の未然形、「う」は、推量を表す「助動詞／う」の終止形、「か」は、疑問を表す「(終)助詞」である。問6、傍線部にある「そのような形勢」とは、直前の「『個性化作用』よりも『同化作用』が勝る」であり、これを逆転すると「同化作用」よりも「個性化作用」が勝ることになる。これを踏まえてあとを見ると、一つ後ろの段落に、「…分水嶺は、お互いに他人を承認ないしは否認する価値の構造の中にある」とあり、さらにそのあとの段落に「逆に、社会の風潮と異なる振る舞いや考え方が賞賛されれば、『個性化』のベクトルが強化される。」とあるので、ここから「賢者の石」は、社会の側が承認し、賞賛することにあると考え、この部分を軸にして解答を作成する。問7、直前の「他人と同じような振る舞いをしたり」という記述を手がかりにすると、他人と同じような意見のことであることが分かる。問8、生徒Eの発言は、最終段落の内容と合致している。Aは「経済的に成功を収めたので」という因果関係を示す記述が本文に存在しない。Bは「欧米に限られていて」に該当する根拠は見つからない。Cは、「他社とのコミュニケーション…」で始まる段落に「同化作用は、……大人になっても本質的に変わらない」とあるので、間違い。Dは「古典的な要素」に該当する記述が本文に見当たらない。問9、「本文を参考にする必要はない」という指示が出ている以上、書く内容は自由で構わないが、設問で「あなたの考え」が要求されているので、その内容にはある程度の論理性が必要である。解答例では、個性を磨くことの意味、という観点から、本文の最後で述べられている「他者との共通基盤があってこそ、『個性』は輝く。」という記述を手がかりにして、人の役に立つ、そして自分を幸せにする個性を「自分の個性」として磨く、という結論になるように解答を作成した。スポーツ選手でも、芸術家でも、あるいは普通の人でも、よい個性は人を幸せにする、という考えに基づく記述である。

二 鷺沢萠「海の鳥・空の魚」より。問1、A「陳腐」とは、古くさくてありふれているもの、平凡なもの、という意味。B「仏頂面」とは、無愛想で不機嫌な顔、という意味。問2、Ⅰ「毛の(が)生えた」とは、わずかに勝っているが、大して変わらない、という意味。Ⅱ「耳にたこができる」とは、同じ話を何度も聞かせられて、うんざりする、という意味。問3、設問文の「珠美が他の家族に違和感を覚えている」という指示を念頭に置いて本文を確認する。「珠美は心の中で…」で始まる段落に「自分の進路のことなどよりも、父がいなくなったというのにどうして母も姉もあんなに平然としているんだろうと考える。」とあるので、ここで珠美と母・姉は同じではないということが分かる。「二文節」という指示に注意する。問4、傍線部の「特別」「腹立ち」を念頭に置いてあとを見ると、「父は、珠美の卒業式をまたずに『家出』してしまった。せっかく新調したスーツも持たずに。それは珠美に対する裏切りのように思える」とあるので、この「卒業式」が「特別」に、「珠美に対する裏切り」だと考える点が「腹立ち」の原因に、それぞれ対応しているので、この部分を字数以内でまとめる。問5、直後の「父兄席の中に、ひときわ目立つ明るいグリーンを見つけた」「やっぱり来てくれたんだ。」という記述から、父が卒業式に来てくれたと勘違いしたのである。問6、直前の二つの段落の「姉の背広姿をもういちど胸に描いた」と「がんばって同時通訳になろうか」という記述から、姉の背広姿を見ることで、姉に対する印象が以前と変わり、同時通訳という目標を真剣に考えるようになった、という論理を読み取る。次に姉はなぜ、父の背広を着て珠美の卒業式に来たのかを考える。問4で確認したように、「新調したスーツ(＝グリーンのスーツ)」は、本来父が珠美の卒業式に着ていくはずのものであった。姉の直美がそれを着てきたということは、父の代わりとしてやってきたということを意味する。それは、父も(母も)来ることなく一人で卒業式を迎える珠美に対する直美の優しさと思いやり、によるものだと考えられる。その、優しさと思いやり＝姉の気持ちを、自分なりに真剣に受け入れることが、「すると直美は…」で始まる段落で姉に言われた「目標がないということは人間を駄目にする。どんなことでもいいから目標を持ちなさい。」という言葉を「重み」をもって受け入れるということなのだと理解できる。ウはまぎらわしいが、「父思いの自分」と言うほどの父に対する思いを珠美の行動や言動から確認できない。

三「伊勢物語」より。問1、A直前の「かくこそ思ひしか」を手がかりにして前を見ると、「人のむすめ」が「いかでこの男にものいはむと思ひけり」とある。B傍線部前の「まどひ来たり」の主語と同じ。問2、直前の「いかでこの男にものいはむと思ひけり。うちいでむことかたくやありけむ」という文の意味を押さえる。問3、「もの病み」になって「死ぬべき時」が来て「かくこそ思ひしか」と言ったのは「人のむすめ」。それを「聞きつけ」たのは「親」。そしてそのこと(＝むすめが男のことを好きであったこと)を「告げた」のは、むすめから話を聞いた「親」。告げた相手はむすめの片想いの相手である「男」、ということになる。問4、この和歌のなかでの「雁」の役割について考える。(注)④を見ると、「雁」は「この世とあの世を行き来する鳥とも言われる」と書かれている。「この世」にいる「男」が「秋風が吹くよ」という、自分の言葉を「蛍」に託して、「蛍」がその言葉を「雁」に伝えて、「雁」が「あの世」にいる「むすめ」に「男」の言葉を届ける。ここで想定されているのは、男とむすめとの交流である。問5、Ⅰ直後の「風吹く」を手がかりにして本文を見ると、「夜ふけて、やや涼しき風吹きけり」とある。よって、涼しくなる頃＝秋。Ⅱ直前の「暮れがたき」とは、なかなか暮れない、という意味。先ほどの「夜ふけて」の前の部分には「時は六月のつごもり、いと暑きころほひ」とあるので、まだ暑い時期＝夏。

通釈 昔、男がいた。大事にされていたある人の娘が、どうにかしてこの男にもの(自分の好意)を言おうと思っていた。(しかし)口に出すことができなかったのだろうか、病気(恋の病)になって、死んでしまいそうな時に、「(あの人のことを)このように思っていました」と言ったのを、親が、聞きつけて、(親は)泣きながら(男に自分の娘の好意を)告げたので、(男は)あわてて(娘のところに)やって来たのだが、(娘は)死んでしまったので、(男は)しみじみともの寂しい気持ちで(娘の家に)引きこもっていた。時は六月の終わりで、たいへん暑いころに、日が暮れたばかり(の時間)には、(娘へのとむらいのための)音楽を演奏し、夜がふけると、やや涼しい風が吹いてきた。蛍が高く飛び上がった。この男は、(その様子を)横になったまま見て、

(飛んで)ゆく蛍よ、雲の上まで飛んでいけるものなら、(地上＝この世ではもう)秋風が吹いていると雁に告げておいてくれ

なかなか暮れない夏の一日を、物思いにふけっていると、これといった理由もなく(なんとなく)もの悲しいことだ

広島大学附属高等学校

問題 P.282

解答

一 問1、(a)一瞬　(b)到達　(c)崩　(d)侵　問2、思うつぼ　問3、iエ　iiア　iiiウ　問4、Aウ　Bイ　Cエ　Dア　問5、ア　問6、エ　問7、ウ　問8、外側と内側の区別がなく、ルールの説明もなく、始まりもわからないうちにいきなり始まり、始まったら終わることはないという点。(60字)

二 問1、(a)こんがん　(b)りふじん　(c)しろもの　問2、(1)部首は「めへん」で、「めへん」以外の「眞」の字の画数は十画なので、部首索引で「めへん」の十画の所を引く。(2)ア・オ　問3、獣たちの本来あ〜や深い森の中だ　問4、ウ　問5、〇深い愛情を注ぐ、大切な存在がいた点。〇深く愛するものと強制的に別れさせられた点。問6、(本文に)飢えたくなければ瞋るなと父は言った。だが妻は、瞋りもせずに飢えて死んだ。(とあるから)父の言葉が真実ならば、瞋りを知らぬ妻はなぜ飢えて死なねばならなかったのか、(と考え続けている、と考える。)

三 問1、(a)思うよう　(b)答えていわく　問2、ウ　問3、(1)松ニ 無二 古シ 今ノ 色一　(2)松は昔から今まで年中緑色なのに、なぜあなたは赤松というのか。(3)イ　問4、若い僧と禅問答をしたところ、思いがけず見事な答えを返されたので、東堂に会わなくても十分に悟りの境地を確かめられたと考えた(60字)

解き方

一 **入不二基義「足の裏に影はあるか？ ないか？ 哲学随想」**より。問2、傍線部の「ですよね」には、「いいですよ、先生のおっしゃるとおりですよ。その調子で真理を志向してくださいね」という意味が言外に込められている。真理を志向する姿勢を肯定しておいて、次のゲームで引っかからせる。このときの「私」の答えは、まさに「学生」の意図どおりだったのである。問3、i空欄の少し前に「ゲームの外と内は、截然と区別されていたのである。」とあり、空欄のあとに『根源的な区別』は危うくなる」とあるので、逆接の表現が入る。ii空欄の前では、「ゲームの成立自体を危うくする」とかなり深刻な内容を述べ、直後に、「これは破壊的な状況でも、特別な状況でもない」と述べているので、「とはいえ」を入れるのが適切。iii直前の「特別な状況でもない」をさらに言い換えて、直後の「ごく普通」であると展開していく箇所なので、「むしろ」が最適。問4、空欄A〜Dの次の段落を読めば分かる。Aは、「変な音を繰り返し言わされたために」、「ヒラヤマ」や「ヒマヤラ」などと言い間違える段階。Bは、「正しい音」、つまり「ヒマラヤ」には到達し、「ヒマラヤ」と答えるものの、それは真理ではないという段階。Cは、「私」がそう答えたように、真理を志向し、「エベレスト」と答える段階。そしてDが、「ただオウム返しに繰り返す」という、このゲームの「正解」であり、「至高の心理」の段階である。問5、傍線部の「それ」は「真理への志向」を指している。つまり、正しい答えを目指そうとすることである。また「駆動している」とは、動かしているということ。問6、傍線部を含む段落の最後のほうに、「いわば、『至高の真理』の段階と『真理以前』の段階とが、一致してしまうのである。」とある。これが、「とても興味深い」理由である。考え抜いた最終段階の答えと、幼児の口真似とが一致するという点に筆者は興味深さを感じている。問7、なぜ「恐るべき応答」なのかについては、傍線部から始まる三つの段落に書かれている。すなわち、ここからがゲームであるという、ゲームの外と内とを隔てる「根源的な区別」がなくなり、ゲームの成立自体が危うくなるからである。したがって、ア・イ・エはいずれも正しい。問8、「われわれ」の「ことば」の世界も、「ことば」の使い方、コミュニケーションの取り方などの説明はないまま、知らず知らずのうちに「ことば」を使って生きている。そして生きている以上、この「ことば」のゲームからはずれることはない。「ことば」の「外」側に立って、このゲームのルールを語るなどということはできないのである。

二 **浅田次郎「獅子吼」**より。問2、(1)「読み方」が分からない場合なので、音訓索引で調べることはできない。(2)「形声文字」とは、音を表す文字と意味を表す文字を組み合わせて作られた文字。アとオが該当する。イの「岩」とウの「森」は会意文字。エの「鳥」は象形文字。問3、傍線部の直前に「私たちの住まう場所は人間の世の一部であり」とあり、これが「自然の摂理に反している」というのだから、ここでの「自然の摂理」とは、動物たちが草原などの本来生きるべき場所で生きることを指している。問4、二段落めに、「妻の父母」がふるさとの話を語らなかったことが書かれている。また、傍線部の段落に、「草原の話」を知らなければ別れを悲しまなかったはずだ、とある。これらから「妻の父母」の思慮深さとは何を指しているのかが分かる。問5、「妻」は、引き離されたのちにやせ衰えて死んでしまうほど、「子供ら」を愛していた。また「若い飼育係」は、弱っていく「妻」を案じ、慰め、深い愛情を持って世話し続けた。このように、慈しむ存在がいて深い愛情を注いでいたことと、その愛するものと無理やり引き離されたことが、両者の共通点だと言える。問6、「私」は、最終段落にあるように「雪に埋もれてゆく妻の体を見つめながら」、つまり「妻」の死を見つめながら、考え続けている。「私」のなかには「父」の言葉があり、自らの子らにも語って聞かせるほど、この「父」の「訓え」を支えにしている。しかし「妻」の死は、これと矛盾するものだった。だからこそ「私」は、「父」の「訓え」と「妻」の死との間で揺れ動きながら、いつまでも考え続けているのである。

三 **「百物語」**より。問2、傍線部直前の「この寺は別法寺と申します」は、寺院の門外にいた喝食の言葉である。円心の問いに対して答えている。問3、(1)二字以上離れた下の一字から上の一字に返って読む時には、「一・二点」を用い

る。(2)松は昔から今まで季節の変化にかかわらず常に緑の葉におおわれている、という意味の言葉を踏まえ、松は常に緑色であるのになぜあなたの名は「赤松」というのか、と尋ねたのである。(3)喝食の答えを聞き円心は舌を巻いて帰ってしまうのだから、仕掛けられた禅問答に見事に答えていることが分かる。問4、円心は、東堂に会わなくても十分であると思い、そのまま帰っていった。若い喝食にさえ、まだ自分は及ばないということを悟ったのである。

通釈 赤松円心は禅の修行をして会得して、自慢なさっていたが、ある時ある禅宗の寺院へ立ち寄り、長老の和尚に悟りの境地を確かめてみようと、門外まで参上したところ、十一、二歳の若い僧が土あそびをしておられたので、赤松は、若い僧に尋ねて、「この寺の名は何と申し上げるのか」と言うと、(若い僧は)「あなたは何という人ですか」と。「私は赤松円心である」と言うと、「この寺は別法寺と申します」と答えたので、円心が思ったことは、年端も行かぬ小僧だなあ、禅問答をしてやれと思って、「仏の法(真理)に他の法はないが、なぜ、この寺は別法寺というのか」と尋ねられたところ、若い僧が答えて言うには、「松は昔から今まで年中色が変わらない。(それなのに)なぜあなたは赤松と言うのですか」と答えたので、円心はびっくりして、東堂に会うまでもないといって、門外から帰られたということだ。

国立工業高等専門学校
国立商船高等専門学校
国立高等専門学校

問題 P.286

解答

一 (1)イ (2)エ (3)ウ (4)ア (5)ウ (6)ア

二 問1、イ 問2、エ 問3、ウ 問4、ア 問5、イ 問6、ウ・エ 問7、ア

三 問1、イ 問2、イ 問3、aウ bエ cア 問4、エ 問5、イ 問6、ア 問7、ウ 問8、ウ

四 問1、(a)ウ (b)エ 問2、ア 問3、イ 問4、エ 問5、イ 問6、ア 問7、エ

解き方

二 **中西進「ことばのこころ」**より。問1、「宮廷の女房」にあてはまるのは「枕草子」を書いた清少納言しかいない。あとは全員男性。問2、「をかし」は、おもしろみのあるすばらしさを表現するときの言葉。直前の「土御門殿のありさま」と「秋のけはひ」を重ね合わせていると考えればエの「趣深い」が最も適当である。問3、ア・イ・エは「ある」に置き換えられる「ない」で形容詞、ウは「ぬ」と置き換えられる「ない」で打ち消しの助動詞である。他に「さりげない」のような置き換えのできない形容詞の一部がある。問4、直後の段落の「この描写の中には何一つ、きわ立った秋の景物がない」「それでいて秋のけはいがたつという季節の体感」とあり、その「体感」についてさらにあとのほうで「作者の目や耳に、あれこれの景物が一つの生命体をなして感じられる」とあるので、これらを踏まえて選択肢を選ぶ。問5、直後の「三者三様、山、沢、浦と場所をかえて、秋の夕ぐれという同じ季節の同じ時刻を歌う形をとる」という記述を踏まえて選択肢を選ぶ。問6、傍線部の「こうしたもの」の中身を確認すると、直前の「山の槇」「沢の鴫」「浦の苫屋」があてはまることが分かる。問7、「体言止め」とは、句や文の末尾を体言(＝名詞)で終わる修辞法のこと。三歌とも「夕暮」という体言で終わっている。「倒置法」とは、文・文節の順序を入れ替える表現法で、三歌とも文の順が入れ替えられている。

三 **中屋敷均「科学と非科学　その正体を探る」**より。問1、「枚挙にいとまがない」とは、たくさんあり過ぎていちいち数え切れない、という意味。問3、a直前の「確からしさを正確に把握して峻別」ということについて、直後の「evidence-based medicine（EBM）」の話を使って具体的に提示している。b直前の段落が「EBM」に対する「意欲的な試み」という肯定的な評価になっているのに対して、bの段落は「どんな科学的知見に対しても公開されている訳ではもちろんない」「科学的な情報の確度……画一的な視点で判断して良いのか、ということにも、実際は深刻な議論がある」といった否定的な評価になっていることを確認する。c直後の冒頭「しかし」に着目。「しかし」以降で自分の主張・本当の思いを述べるときに、一度「もちろん・たしかに」等を用いて相手の意見や立場を肯定しておく、という手法である。問4、直前の「現実に合わない、現実を説明していない仮説が提出されることは、科学において日常茶飯事」「医学生物学論文の70％以上で結果を再現できなかった」という二つのヒントを適切に押さえた選択肢を選ぶ。問5、傍線部の「適者生存」の内容を直後で確認すると、「生物のように変化を生み出し、どんどん成長・進化していく」とあるので、このような変化を生み出し、より適応していたものが生き残り、どんどん成長・進化していく」とあるので、この内容に最も近いものを選ぶ。ウは「環境に適応するために自らを改変していく」が誤り。変化して適応できたものが生き残る、というプロセスを十分説明できていないことを理解する。問6、直前の段落冒頭にある「もし100％正しいところまで修正されていたとしても、それを完全な100％、つまり科学として『それで終わり』と判定するようなプロセスが体系の中に用意されていない」の、体系的に用意されていない点が「原理的に不完全」ということを意味すると理解する。これがアの「科学的知見が完全な真理に達したことを判定する仕組みを持たない」という部分に合致している。問7、「神託」とは、神のお告げという意味。設問文の「科学者の立場」という指示に即して直後を見ると「科学に従事する者たちが、非専門家からの批判は無知に由来するものとして、聖典の寓言のような専門用語や科学論文の引用を披露することで、高圧的かつ一方的に封じ込めてしまう」とあるので、この記述に一番近い内容の選択肢を選ぶ。問8、ア「しかし、そういった…」で始まる段落に「変化しないものに発展はない。教条主義に陥らない〝可塑性〟こそが科学の生命線である」とあるので、誤りを訂正する能力(の前提としての誤ること)はむしろ、科学の進歩の必須条件であると理解できる。よって合致しない。イ、アでも確認したが「〝可塑性〟こそが科学の生命線」であり、問6でも確認したように「完全な100％……と判定するようなプロセスが体系の中に用意されていない」のが科学である以上、「不動の真理」は存在しない。ウ「しかし、なんと言えば…」で始まる段落の内容に合致する。エ「基礎科学」と「応用科学」の区別を要求するような記述はない。

四 **青山七恵「わかれ道」**(「ブルーハワイ」所収)より。問2、傍線部の「赤ちゃん」という言葉は、幼いこと、幼稚なことを意味する。また直後以降に「わたしはひとりでずんずんと売り場の通路を進んでいった。」「ひとりで歩いて家に帰ろう」とあるので、ひとりで(＝自分の意思で)行動できる自分を肯定し、それができない存在として、直前にあるように「小さな子どもたち」を「赤ちゃん」と言っているのである。エは「お菓子を手にし」たのは「わたし」なので誤り。問3、直後の段落の「横の車道ではひっきりなしに、車がわたしを追いこしていった。」「そのうちの一台が速度をゆる

めて助手席の窓を開け、なかにいる父が姉と声を合わせてわたしの名前を呼ぶところを想像した。」という記述に着目する。「二車線の道路の、左側の歩道」は、左側通行の車が歩道にいる人を見つけやすい方の歩道である。問4、傍線部前の「はっとして立ちどまった。父の車だった。」「一瞬だったけれども、後部座席の左側にだれかが座っているのがみえた。」「車は道の先のカーブに消えていった」という記述から、家族が私に気づかない、自分ではない誰かが自分の座るべきところにいる、という状況を確認する。それに対して二段落後で「気づけば目から、涙がぽろぽろあふれていた。」とあるのに着目する。問5、まず傍線部の「家からじゃないよ」が直前の「今日はお母さんと留守番しているはずだったんじゃないの？　ここまで家からひとりで歩いてきたの？」という姉の発言の否定であることを確認する。次に直後にあるように、姉と父の服装が「覚えていた」のと違うことに「気づいた」ことに着目する。エは「父と姉の言うこと」とあるが、姉しか発言していないし、「記憶が次々と否定」とあるが、「次々と」という言い方ができるほどの記憶の話はされていない。問6、「空の高いところで…」で始まる段落に「北極星を探そうとした」「家の庭から何度も姉とみたことのある星」「いまはどんなに目をこらしてもみつけられない」という記述があるので、さらに次の段落を見ると「もう一度あの車に乗って、家族みんなでおばあちゃんちに行ったり……することができるのなら、もう二度と車のなかで泣きわめいたりはしない。二度とお姉ちゃんをぶったりしないし、黙っているお父さんをずるだとも思わない」とあるので、ここから、北極星の存在↓家族とのつながり、という構図を読み取る。そのうえで今度は傍線直後を見ると「これから先、またひとりぼっちになることがあっても、二度とその光を見失わないように……。」とあるので、ここから、ひとりになっても家族とのつながりを忘れない、ということが傍線部の「その星を見つめつづけた」意味であることが分かる。問7、ア後半部分には「鮮やかな色彩と光の描写」に該当する記述が見あたらない。イ本文を読むと、明るい場面に明るい内心、暗い場面には星の光(ただし「輝き出していた」とあるだけで「明るさ」は強調されていない。単に「夜になった」ことを示す描写である)、となっており、「明暗のコントラスト」「心の矛盾」を確認できる場所はない。ウ「華やかな色彩と光の描写(＝プラスイメージ)」が「不安(＝マイナスイメージ)を表現する」という因果関係は成立しない。エ「光の描写」と「『わたし』の心情」との対応関係を確認すると、例えば第二段落↓第三段落では、「わたし」の心情＝勇気のある、立派なことをした／胸を張って歩いた、光の描写＝きらきら光る赤や黄色のペンダント、という形で、光が「明」の時は心情も「明」、という関係になっている。また傍線部(3)以降の部分では、「わたし」の心情＝涙がぽろぽろ／はっきりとは思い出せない／どんなに目をこらしてもみつけられない、光の描写＝すっかり日は暮れていた(＝光の消失)／空の高いところでは星が輝き出していた(＝弱い光)／コンビニエンスストアが青白く光っていた(＝明るくない光)、という形で、光が「暗」の時は心情も「暗」、という関係になっている。よってエは適切。

東京都立産業技術高等専門学校

問題 P.294

解答

一 (1)季節　(2)速　(3)忠告　(4)功労　(5)操　(6)腹案　(7)筋　(8)謝罪　(9)律　(10)座右

二 〔問1〕エ　〔問2〕ア　〔問3〕エ　〔問4〕イ　〔問5〕ア　〔問6〕ウ

三 〔問1〕(a)かざ　(b)とまど　(c)はさ　〔問2〕イ　〔問3〕エ　〔問4〕ウ　〔問5〕ウ　〔問6〕ア　〔問7〕イ

解き方

二 〔問1〕アが五画、イとウが六画、エは七画である。〔問2〕アは「とどこおって」が正しい。〔問3〕「単語」で分ける目安は、意味が分かるところとそうでないところをすべて区切る、ということである。「雨が降ってきましたが」で意味が分かる最低限の語を集めると「雨／降る／き／た」となる。そうでない部分が「が／て／まし／が」となるが、これらをすべて区切って「雨／が／降っ／て／き／まし／た／が」とすれば「単語」に区切ったことになる。〔問4〕「安全に」は形容動詞、アの「眠く」は形容詞、イの「変だっ」は形容動詞、ウの「ゆっくり」は副詞、エの「大きな」は連体詞である。〔問5〕運動会でお世話になった地域の人と校長先生の立場は、ここでは「地域の人」＞「校長先生」となる。よって「地域の人」に「校長先生」からの伝言を伝える場合には、校長先生の言葉や行為に謙譲語を用いて下げ、それにより「地域の人」に敬意を表す形にする必要がある。アの「伺いたい」「申して」はいずれも謙譲語。イは「おっしゃっておられました」が、ウは「いらっしゃりたい」「おられました」が、エは「お越しになりたい」「お話しになって」がそれぞれ尊敬語である。〔問6〕「レ点」は前後の一文字を逆にする。「一・二点」は二点の上の一文字と、二点から一点までの間の文字を逆にする。

三 **朝比奈あすか「いつか、ドラゴン」**より。〔問2〕傍線部をよく見る。「かっこいいものを作れると思うと」という表現には、自分はこのかっこいいものを(いつか)作れる、という前提が含まれている。次に「わくわく」とは、期待や喜びなどで心がはずみ、興奮する様子を表している。そして「神秘的」とは、人の知恵でははかり知れない、不思議な、という意味を持つ。これらがイの「作れると思う」「自分にもできるかもしれない」「胸が高鳴る」「紙を折っただけとは信じられない」に対応する。〔問3〕直後の「折り紙探検隊の教室まで行くのが待ちきれなかったのだ。」と、そのあとの「はたしてほのかは……驚いてくれた。」がヒント。特に着目すべきは「はたして」という語で、思っていたように、予想通りに、という意味を持つ。これを軸にして前後の内容をもう一度確認すると、折り紙探検隊の教室まで行って(ほのかに見せるのが)待ちきれなかった、(見せたらほのかはきっと驚くだろうと予想していたが)はたして(＝予想通りに)ほのかは驚いてくれた、ということになる。こうした点を踏まえて選択肢を選ぶ。〔問4〕傍線部直前の「宝田さんは、なんでもできる」という陽太の発言と、傍線部の「心を込めて言うと」および直後の「じゃあ、やってみる」というほのかの発言とのつながりを考えると、ほのかは「宝田さんはなんでもできる」という「心を込めた陽太の言葉」を受け入れて「じゃあ(＝陽太くんがそう言ってくれるのなら)、やってみる」と言ったのだ、と理解できる。傍線部のなかの、瞳の奥を遮ったかすかな光は、この思いの受け入れ＝思いの通じ合いを形にしたもの、だと考える。〔問5〕直前の「見ての通り難易度が結構高いんですよ。……私でも、このドラゴンの頭部の仕上げはなかなか手こずりましたから」という会話文と、傍線部の「いまいち納得のいっていない出来映えでした」を重ね合わせると、納得のいっていない出来映えではあるが、難易度が高いものを何とか手こずりながらも仕上げた、となる。〔問6〕直前の「あれ、出しなよ」「あれって……?」というほのかと陽太の会話は、出すべきものに気づいているほのかと、それにまだ気づいていない陽太との関係を表している。次に傍線部を見ると「陽太がまだぼんやりしている」は、陽太は出すべきものにまだ気がついていない、「たまりかねた」は、がまんできない＝待ち切れない、「手提げバッグをひっぱり」は、急いで出そうとしている、「繊細な手つきで、そうっと、……くす玉を取り出した」は、くす玉を大切にしようとしている、とそれぞれ解釈できる。〔問7〕陽太の作ったくす玉に対する周りの反応を前のほうで確認すると「へえ、やるじゃん。このくす玉なかなか難しいやつだ。」、「小学生でここまでやれるって、なかなかの才能ですな」など、いずれも陽太の折り紙の器量を評価していることが分かる。さらに傍線部直前でもじゃもじゃ頭が「複雑系折り紙に興味ある?」と声を掛けているが、このもじゃもじゃ頭に関しては傍線部(4)のあとで「この写真のドラゴンはあなたが作ったんですか」「この作品は、あそこの、彼です」「もじゃもじゃ頭を顎で指した」「あの人が、ドラゴンを作ったのか!」「陽太の目に、もじゃもじゃ頭が、急に、眩しく輝いて見えた」とあるので、ここから、もじゃもじゃ頭＝ドラゴンを折った凄い人、憧れの人、と理解できる。彼から声をかけられた、ということは、ドラゴンを作れる人から教えてもらえる可能性＝自分がドラゴンを作れる可能性、を意味すると考えられる。これらの要素をきちんと踏まえたイが正解。

私立高等学校

愛光高等学校

問題 P.298

解答

一 問一、a撤回　b深刻　c詐欺　d諭す　e娯楽　問二、エ　問三、ウ　問四、ア　問五、私たちは、新聞に書かれている記事が唯一絶対の客観的事実ではなく、そこには伝える側がそのものごとをどのように認識しているかも反映されていることに、十分気を付けなければならないということ。問六、一般に考えられているようにただ一つの客観的事実とそれをめぐる複数の主観的意見があるようなものではなく、様々な表現が可能であるために常に多面性を有しているもの。問七、イ

二 問一、1、aウ　bオ　cウ　2、一部始終　問二、弟である自分より先に、母に取りすがって甘える兄の姿を見て、高ぶっていた気持ちが急に冷めている。問三、エ　問四、オ　問五、相手に気に入られることばかりを考えて行動する兄よりも、酒場での一部始終を冷静に見て、事の次第をありのままに伝えられる自分が報告する方が、父親の落胆は軽くなると確信したから。問六、ア　問七、イ

三 問一、aべき　b聞き　問二、エ　問三、連れの法師が自分のことを家主に売る約束をしたこと。問四、売られそうになった自分が、逆に連れの法師を売ろうとしていることを、連れの法師や宿の主人に気付かれないうちに立ち去ろうと考えたから。問五、ウ　問六、売られて、責め使はれけり(12字)　問七、イ

解き方

一 **野矢茂樹『【増補版】大人のための国語ゼミ』**より。問二、傍線部中の「嚆矢」とは、昔、戦いの初めにかぶら矢を射たことから、物事の初め・始まり、という意。さらに傍線部の指示語「そうした」は、一文前「こうした区別のだいじさを教えること」を指す。問三、傍線部中の指示語「そう」は、直前の「事実を述べようとする主張と意見を述べる主張はかなり明確に区別できる」を指す。問四、それぞれの新聞から受ける印象を、客観的に私情を挟まず分析する。イは「上手に受け流し」「頼りない人間」が、ウは「堂々とした態度」「人の話を聞かない」が、エは「人々がまとまって行動し」「人々が無秩序に行動し」が、オは「あまり激しい意見を言わない」「我を忘れている」がそれぞれ不適。問五、問題の意図は、傍線部を本文の内容に即して分かりやすく説明する、というものである。そこでまず傍線部中の「まなざし」を別の表現に言い換える。まなざし＝視点＝見方・考え方、であるが、傍線部の直後の段落にある「特定の見方のもとで事実を捉えている」に着目して、伝える側(＝新聞社)が事実をどのように認識し(＝捉え)ているのか、と解釈する。問六、傍線部から二つ前の段落の「多くの事実は、単一の見方……事実は多面的なものとして現れる」や、傍線部の段落にある「ただ一つの客観的事実と……多面性を認めねばならない」に着目する。解答の末尾は必ず「…もの。」にする。問七、筆者の主張は最終段落「自分の見方を絶対視して……感受性を鋭敏にしなければならない。」である。

二 **野呂邦暢「白桃」**より。問一、1a「語尾がふるえ」るとは、寒さ・恐れ・不安などのために、声が小刻みに揺れて聞こえる＝落ち着かない様子。b「口ごも」るとは、言い渋って途中でつかえる＝ためらっている様子。c「いっさん(＝一散)に」とは、夢中になって駆け出す様子。2二重傍線部直前「酒場での」に着目し、ここよりあとから酒場の同義語を探す。二段落あとにある「店でのはずかしめ」と、「そこまで考えた…」で始まる段落に「店での一部始終」とあるが、ことの詳しい事情や成り行きを意味するのは「一部始終」。問二、まず弟が傍線部の「あっけにとられ」た原因となる兄の行動(＝傍線部前)を抜き出す。次に兄の行動を見た結果、「泣きたいという衝動にかられた」(傍線部あと)自分の「感情がみるみる失せてい」ったことを説明する。問三、傍線部前後の「落胆は怒りに変った」と「怒りがますます強く彼の内でふくれあがった」に着目する。オは「自分を軽くあしらう兄」が不適。問四、傍線部の「けげんそうに」とは、そんなことが実際にあるのかというように不思議がる様子。直後に兄は「嘘をつけ」と言っているので、イは不適。問五、兄がなおさら駄目で、自分の方が優れている根拠を本文中から探す。「目のまえに…」で始まる段落の「弟が母を認めるまえに兄は母にとりすがって」や、その二つあとの段落の「父の壮行の挨拶が終るのを巧みに見はからって」に着目する。兄は大人に気に入られることを念頭に置いて行動す

る、ずる賢い子供なのである。かたや「そこまで考えた…」で始まる段落では「店での一部始終は自分がよく知って」おり、続く段落で「兄や母がつげるより自分の報告が父の失望をかるくする」と確信できたのである。問六、傍線部の「しらじらしい」はマイナス感情の形容詞。イは「罰を恐れて泣いて」が不適。ウは「嘘がばれている」が不適。嘘をついたのは弟。エは「弟に罪をなすりつけ」が不適。オは「うらやましく」が誤り。問七、傍線部直前に「父が自分の話をきいて……あやしいものだった」とあるように、兄や母はもちろん父でさえも、自分に共感してくれないのではないかと思っている。最終文中の「そしてまだ家からも十分に遠かった」は、弟の心理状態の隠喩であることを読み解く。

三 無住「沙石集」より。問一、a名詞「もの」に続くので、助動詞「べし」を連体形にする。b過去の助動詞「けり」に続くので、カ行四段動詞「聞く」を連用形にする。問二、イは、最初の会話文中で「召し仕ふべきもの」と言われているので、アとは別人。ウも、アと家主の会話を盗み聞きしていた法師なので、アとは別人。エは直後の「寝入りたる」に着目して、家主と密談したあとに安心して寝入ったアの法師ということになる。問三、「一人の法師」が「壁を隔てて」聞いたことは、「これに候ふ…」で始まる最初の会話文である。問四、傍線部は、身売りされそうになった法師が、ピンチを切り抜けるために機転をきかせてついた嘘であることを見抜く。自分を欺こうとした法師を、逆に出し抜いたのである。問五、傍線部直後の「かへりて売られて、責め使はれけり」に着目する。同宿の法師を売るつもりが、反対に自分が売られたという意。問六、傍線部の直前「由なく人を誑惑(人をたぶらかし惑わす)」しようとした結果、どうなったかを考える。問五参照。問七、傍線部は前にある「因果の道理違はずこそ」に対する筆者の感想。因果の道理を正しく説明しているのはイ。

通釈 修行者である法師が、二人が旅の途中で道連れになって、お互いに語り合って、修行したところ、ある里に泊まって、一人の修行者が、夜更けに、ひそかに家主に言ったことには、「ここにおります法師は、正当な理由があって(当然、私が)召し使うべき法師でございますが、今は、(あなたに)売ろうと思います。いくらいくらの値段で(法師を)買いなさるがよい」と約束して、早くも値段を決めた。

このもう一人の法師は、このことを、壁を隔てて聞いた。「不思議なことである。私を、この法師は、売るなんて」と思って、夜明け前に、この法師が寝入ったすきを見計らって、(家主の)部屋の中に入って、「昨夜(別の法師が)申し上げましたお金を、頂きたいのです。(私は)忙しい身なのです。この(別の)法師は部屋で寝ております」と言って、お金を受け取ってそそくさと出て行った。

この(眠っていた別の)法師が、目覚めてみると、もう一人の法師はいない。さて、(残された法師は)思惑が外れて、反対に売られて、(家主に)こき使われた。

理由なく人をたぶらかし惑わそうとして、自分の身を煩わす。因果応報の道理は間違うことはないのだ。昔の人が言うことには、「他人のことを悪く言うときは、自分の過ちを自覚し、他人を危ない目に合わせるときは、自分が落ちる事を思いなさい」と言った。真実だなあ。

市川高等学校

問題 P.303

解答

一 問1、④ 問2、オ 問3、イ 問4、エ 問5、自分自身が経験したり、想定し得ないような他者の悲しみを慮るには、自身が知覚できていない部分を感受するような知性が必要であるということ。(67字)

三 問1、ウ 問2、ウ 問3、3ウ 4ア 問4、エ

四 問1、1競争 2豊富 3鉄鉱 問2、1オ 2オ 3ア

解き方

一 郡司ペギオ幸夫「天然知能」より。問1、欠落部分が「つまり」で始まっており、その前の部分の要約や言い換えとなっていることが分かる。③④のいずれかが該当すると考えられるが、③の前の段落の例を④で挙げているので、④の方がふさわしい。問2、アは「鳴き声をあげたくなるほどの恐怖」が、イは「人間から目を離せないほどの」が、ウは「我が子をあえて差し出すことで助かろう」が、エは「人間の前から動けないほどの恐怖や不安」が、それぞれ誤り。問3、傍線部直後の文の「第一に…」「第二に…」だけに着目せず、次の「外から見て…」で始まる段落に注目して考える。この段落に求める解答が具体的に述べられている。問4、ア・ウ・オは「その両者に大きな違いはない」としているが、それらの根拠がいずれも本文からは読み取れず、正解とは言えない。残るイとエを比べると、イは「敢えて平静を装っている」を「十分あり得る」とするのは無理があり、誤り。問5、「そのような他者の悲しみ」は直前に述べられている。「一・五人称的知性」については四つ前の「一・五人称…」で始まる段落の内容をまとめる。

三 源俊頼「俊頼髄脳」より。問1、アは「元帝の後宮に入っていなかったら」が、イは「王から求婚されて」が、それぞれ誤っている。エは本文に述べられていない内容。オは「不安を感じて」があたらない。問2、本文の最後に「王昭君が思ふらむ心のうち、おしはかりて詠むなり」とあるので、「誰」は王昭君のことと分かる。したがってアかウに絞られるが、ア「生まれ故郷から上京」したかどうかは分からない。問3、3「いと」は「とても」の意味で、「しも」は強めの語だが、下に打ち消しの語がくると「それほど~でもない」となる。4本来「心ざし」は「意志・意向・気持ち」などの意味なので、ウも考えられるが、ここではより具体的に考えて、アを正解とする。問4、アは「元帝に愛想をつかした」が誤り。イは正解に近いが、「引き換えに多額の金品を要求」とは読み取れない。ウとオはともに、「後宮の人数を減らしたい」がそもそも誤り。

通釈 鏡を目にするごとに写る真の姿につらくなります。王昭君があのよう(美しい后)でなければこんな(つらい)運命を感じることにならなかったものを　懐円

嘆きながらやってきた旅路に降りる露にも勝ることですよ。住み慣れた故国の国境を越えるときに流す涙は　赤染衛門

これらの歌は、懐円と赤染衛門とが、王昭君のことを詠んだ歌である。唐土では、元帝が、人々の娘を(后として宮中に)お召し寄せになってご覧になって、宮廷に、並べて座らせなさって、四、五百人がいならんで、むなしくいたけれど、元帝の後宮では、あまりにたくさんの后たちが集まっていたので、(帝はご自分で)ご覧になることもなくていらっしゃった。そこに、北方民族のえびすの王が、外国から、(元帝の)都に参上なさったことがあったときに、どのように(もてな)したらよいか、と(元帝が)家来に、決めさせなさった時に、(家来たちが)「この後宮にいる役立たないお后のなかで、たいして美しくもない人を一人、(え

びすの王に）お与えになったらよろしいでしょう。それ以上の贈りものはないでしょう」と、決めて申し上げたので、（元帝は）そうであろうとお思いになって、ご自分から(一人一人に)ご覧になって、そのお后をお決めになるべきであったが、お后のの数の多さに、お困りになってしまい、絵師を呼んで、「このお后たちの姿を、絵に描き写してこい」と、おっしゃったので、順番に描いていたところ、お后たちは、えびすの王の妻になることはいやだと思って、私も私もと同じように考え、（絵描きに）お金を渡したり、それ以外の物を与えたりして、（自分たちの）たいして美しくもない姿かたちを、（実際よりも）美しく描かせて、（絵師がその絵を元帝のもとへ）持ってきたところ、王昭君というお后が、（自分の）姿かたちがたいそうすばらしくて、立派であるのをあてにして、絵師に、贈りものをしないで、彼らに任せて描かせたところ、本当の（美しい）姿の通りには描かないで、たいそうみっともなく、描いてお届け申し上げたので、この人〔王昭君〕を（えびすの王に）お与えになるのがよいとお定めになった。（いよいよ）その（王昭君をえびすに行かせる）時になって、（元帝が王昭君を）お召しになってご覧になったところ、（王昭君が）本当に宝石が輝くように（美しく）、なんとも言いようがなかったので、帝は、驚きなさって、この人〔王昭君〕を、えびすの王にお与えになることを、残念にお思いになって、お嘆きになって（いた）、数日のうちに、えびすの王が、その人〔王昭君〕をいただくことができると聞いて、参上したので、他の人に変えることもできなくて、とうとうお与えになったので、（えびすの王は王昭君を）馬に乗せて、はるか遠くの国に連れて行った。王昭君が、嘆き悲しむことは限りがなかった。元帝は、（王昭君への）恋しさに、つらくお思いになって、あの王昭君が住んでいた所を、ご覧になったところ、春には柳の葉が、風になびき、ウグイスが、たいくつそうに鳴き、秋は、木の葉がつもって、軒にはしのぶ草が、びっしりと生え、たいそう、もの悲しく感じることはなんとも言いようがない。このときの気持ちを思いやって詠んだ歌である。（前の歌で）こうでなかったならば、と詠んでいるのは（元帝の気持ちを詠んでいて）、もし王昭君が美しくない后だったらこんなに残念に思わなかったのに、と詠んでいるのである。（あとの歌で）故郷を恋しく思う涙は、道に降る露にも勝っているだろうなどと詠んでいるのは、王昭君が思っている心の内を、推し量って詠んでいるのである。

四 問2、1は「飛躍」。ア「現役」、イ「内訳」、ウ「約束」、エ「薬」、オ「躍(る)」。2は「貯蓄」。ア「竹馬」、イ「築(く)」、ウ「畜産」、エ「逐一」、オ「蓄(える)」。3は「帯(び)」。ア「熱帯」、イ「怠惰」、ウ「耐熱」、エ「大渋滞」、オ「待機」。

大阪星光学院高等学校

問題 P.307

解答

一 問1、a労使　b彩　c匂　d遺産　e籠　問2、Aオ　Bイ　問3、エ　問4、ア　問5、自分と価値観の違う弟からすると、仕事を辞め雪深い高原で一人暮らしをし、父親の面倒を見ることのできない今の自分は理解されないと思ったから。（68字）　問6、オ　問7、唐沢の、菓子職人として実直に仕事をする姿しか見えていなかったが、認知症の父の介護について現実的な助言をもらうことで、彼が世の中を渡っていくための思慮深さを持ち合わせた人であることに気づいたということ。

解き方

一 **乙川優三郎「まるで砂糖菓子」**（「地先」所収）より。問3、傍線部の前にある「そのこと」とはその前の「最後はみんなひとりになること」だから「最後はみんなひとりになることを意識して暮らす必要はない。人間はしたたかだから」ということを唐沢は倒置法を使って述べている。つまり「ひとりであっても人間はしたたかだから何とかなる。気にすることはない」と独り身の奈緒子を慰め、励ましているのである。問4、点線部アの前後に「冗談も出る」「労使の関係はあってないようなものであった」とあり、二人が親しくなっているのが分かる。選択肢イは点線部アで見たように二人は親しくなっているので「唐沢のことをとっつきにくい存在として見ている」が誤り。点線部ウのあとに、奈緒子のせりふを受けて唐沢の「目を丸くして笑う」とある。「目を丸くする」とは驚くことを示す。唐沢は奈緒子の反論に驚き、感心し、笑うことから、点線部ウは軽く冗談まじりに言ったせりふだと考えられる。選択肢エは点線部ウで見たように唐沢の言葉は「手厳しい」ものではなく、点線部エの言葉も機転を利かせて半ばジョークのように返している。だから唐沢は目を丸くして笑ったのである。点線部オの「昆虫でも観察するような目で彼女を眺めた」は、好意を持ってじっと奈緒子を見つめている。だから奈緒子は直後にあるように「見つめられても嫌ではなかった」のである。「どことなくぎこちなく、女性に接することに慣れていない」（選択肢オ）わけではない。問5、人間の行動は、状況→心理→行動(せりふ)、の順になる。ここでは、奈緒子の推測ではあるが、弟(徹夫)の、姉を頼りないと見ている、という心理を問うているので、徹夫と奈緒子の状況を考えればよい。それぞれについてまとめると、徹夫は、家族を持ち、都会にしか住めない。自然の中で暮らす奈緒子が理解できない。父と連絡を取っている、奈緒子は、早期退職して、高原での一人暮らしを愉しんでいる。父とは連絡を取っていない、となる。この違いから、徹夫が姉を頼りないと見ている理由として、自然のなかで暮らす姉の気持ちが理解できない、早期退職して一人で暮らしている、父と連絡を絶っている、等が考えられる。問6、内容を問う問題なので傍線部にある「その意味」と「徹夫の言うこと」を考える。「その意味」とは傍線部前の「女ひとりで介護はできない」「そう遠くない将来に（父の介護に）備えなければならない」ことであり、「徹夫の言うこと」はさらにその前の「今のうちに本人にそのこと（施設に入ること）を話してくれないか」を示す。つまり、奈緒子ひとりでは介護できないので、今のうちに父に施設に入ることを話したほうがいいという徹夫の意見も一理ある、ということ。アは「この地で一緒に暮らす」が誤り。一人では介護できないので施設に入れることを考えている。イは「父親の頑固な性格からして子供に面倒をかけまいと受け入れず難色を示す」が誤り。傍線部前に「姉さんと暮らしたいという意思表示だろうな」という徹夫のせりふがある。ウ「父親の面倒を見る余裕がなく」「埼玉に戻って安定した職を探した方がよい」という描写はない。エ「徹夫は……父親の面倒を見る余裕がない」が誤り。「徹夫はそう言って……」で始まる段落にあるように、弟は「身勝手な坊やでしかない」ので父を任せられないのだ。問7、設問は「どのように変化したか」だから、変化する前と後と変化をもたらした要因の三つが必要になる。変化については傍線部に続く文章にまとめられている。唐沢を「高原の菓子職人を心のどこかでそれしかない人に見ていた」が、認知症の父に対する現実的なアドバイスをもらったことで、「男らしい分別」があり、「どこでも生きてゆける男の沈着さや底の深さにも気づいた」のだ。この三点を百字以内でまとめればよい。

開成高等学校

問題 P.310

解答

一　問一、a葛藤　b推奨　c郊外　d自虐　e巧妙　問二、「安定志向」や「波風を立てない合理性」という価値観を絶対化することで、少数者や例外者より賢く優れているという自尊心を正当化すること。問三、お金と時間をかけることで初めて手に入る、快適な中間者の生活では得られない「本物の体験」を彼らが知らずに人生を終える点。問四、中間から脱落することへの恐れや臆病さを、他者を見下し貶めることを通じて自己肯定感を確保するというやり方で偽装するというもの。

二　問一、小学校の担任の先生の影響や妹に童話を書くことを勧められたことと、大人との厳しい関係が苦手で子供相手なら話しやすかったということ。問二、父である政次郎は自分にとって絶対的で、父のようになりたいと憧れたが、情況的にも物理的にも父になれない自分が父になれる唯一の方法が童話という子供を生むことだと気がついたから。

三　問一、ウ　問二、エ　問三、ほととぎすの声を聞いて歌を詠めなかった清少納言は、景色に感動して句を詠めない自分の気持ちをわかってくれる気がしたから。問四、昼から降り続いた雨が明け方にやみ、急いで流れる雲間から見える月の光が、梢からしたたる雨のしずくを静かに照らし出している情景。

解き方

一　**三谷尚澄「哲学してていいですか？　文系学部不要論へのささやかな反論」**より。問二、まず、傍線部前に「ほどほどで十分」「『ほどほど』を約束してくれる輪の中の世界こそが最高」「波風のない平和な暮らしに十分満足」とあるので、これが傍線部の「『現状の居心地のよさ』に立てこもる」ということだと理解する。次に同じく傍線部前に「愚か者たちよ……わたしたちの平安を乱さないでくれ」「じたばたと見苦しく、うっとうしい奴らはいらない」「足ることを知り、不要な摩擦や混乱を回避することを知る賢明なわたしたち」とあるので、これが「『中間の優位』を正当化する」ことだと理解する。これらをまとめて解答を作成しても良いのだが、この話をより抽象化して簡潔にまとめている場所が「何度も述べてきた…」で始まる二段落にあるので、そこから傍線部前で捉えたことがらを「安定志向」「波風を立てない合理性」「『賢さ』が……『自分が少数者や例外者ではないこと』を特権化する」「彼ら／彼女らの自尊心を支える正当化の論理」といったキーワードで捉え直し、傍線の記述に合わせて整理して解答を作成する。問三、傍線部直後から続く文章には設問の要求する「不幸」の話がしばらく出てこないので、さらに後ろを見ると、「何万円という…」で始まる段落に「何万円というお金をかけなくても十分においしい焼き肉を食べることができる。」「何十万円、何週間とかけて世界の秘境まで旅をしなくても……充分に楽しめる。」「『ここではないどこかへ』という気持ちとは無縁のままで人生を終えてしまうのであってかまわない」とあるので、これを逆にして、お金と時間をかけることで初めて手に入る、快適な中間者の生活では得られない「本物を知る体験」を持てないことが、筆者の考える「不幸」だと理解して解答をまとめる。問四、傍線部直前にある「中間優越主義」の上に「尊大な」という形容動詞がついている点に着目しながら、どういう点で「尊大」なのか、という観点から後ろを見ると、四段落後に「彼ら／彼女らに特有の自尊心のあり方は、同時に尊大な性格を有したものである」とあり、その理由として「他者を見下し、貶めることを通じてみずからの自己肯定感を確保する、という仕組みの上に成り立つ」とあるのを確認する。またさらに最終段落に「彼らのその尊大にして狡猾な自尊心が、ある種の巧妙に偽装された臆病さともいうべきものを、その裏側に見え隠れさせている」とあり、その臆病さについて「『ふつうじゃなくなったらどうしよう？　みんなと同じバスに乗れなくなったらどうしよう？』という臆病な猜疑心を常に見え隠れさせてはいないだろうか」という説明がなされているので、これらを、肯定的に評価できない「中間優越主義」の性質、としてまとめて解答を作成する。

二　**門井慶喜「銀河鉄道の父」**より。問一、傍線部あとの「だから童話なら安心して書けるのである。」の直前までが「疑問に対する答」であると理解し、傍線部直後からの記述を「整理」する。具体的には傍線部あとの「ひとつには」から始まる部分、そのあとの「それにくわえて」から始まる部分を、それぞれ簡潔にまとめる。問二、傍線部あとで、なぜお父さんになりたかったのか、と、なぜ今は素直にみとめられたのか、の二点について確認する。まず、なぜお父さんになりたかったのか、については、傍線部のあとに「政次郎ほど大きな存在はなかった」「ほとんど絶対者である。」「巨大で複雑な感情の対象、それが宮沢政次郎という人なのだ」とあるので、ここから、父＝大きな存在、絶対的な存在、という構図を読み取る。次に、なぜ今は素直にみとめられたのか、については、同じく傍線部あとから「自分は父になれないというのは情況的な比喩であると同時に、物理的に確定した事実だった。」「それでも父になりたいなら……（子供のかわりに、童話を生む）」「すべてが自分の子供なのだ」とあるので、ここから、自分は情況的にも物理的にも父になれないことを自覚し、そして、子供のかわりに童話を生むことが「父になる」ことだ、という実感を得た、と理解して、これらをまとめて解答を作成する。

三　**松尾芭蕉「鹿島詣」**より。問一、助動詞「べく」の終止形は「べし」であり、推量・意志・可能・当然・命令・適当、といった役割がある。ここでは直前に「雨しきりに降りて」とあるので、雨のせいで月が見えない、という、可能（実際は下に「ず（打ち消し）」があるので「不可能」）の意味で用いられている。問二、直前の「月のひかり、雨の音、ただあはれなるけしきのみ胸に満ちて、いふべき言の葉もなし。」という記述に着目。芭蕉が目の前の光景に、非常に感動している、という状況、そして、言葉が出ない（芭蕉は句を詠む人間なので正しくは「句が出ない」）という状況をここから読み取る。問三、問二で確認したように、月の光る目の前の光景の美しさに句を詠むことができない、という自分の状況と、傍線部の直後にある、ほととぎすのさえずりを聞いておいて、和歌を詠むことができずに、帰るに帰れない、という状況がよく似ているので（つまり二人は同じような状況で、同じような気持ちを抱いている関係なので）、芭蕉は清少納言のことを「よき加担の人」つまり、（自分の気持ちをわかってくれる）よい味方、と言ったのである。問四、問三で確認した「月のひかり、雨の音、ただあはれなるけしき」の情景を、さらにその前部にある「昼より雨しきりに降りて」「あかつきの空、いささかはれけるを」という時間の流れに重ね合わせて解答を書く。

通釈　日がまさに暮れかかっているころに、利根川のほとりの、布佐という所にたどり着く。この川で鮭をとるための網代というものをしかけて、(とれた鮭を)江戸の市場で売る者がいた。夜になってしばらくの間、その漁師の家に入って(お邪魔をして)休息をとる。夜の宿はなまぐさい。月が陰るところなく(かがやいて)晴れわたっていたので、夜舟を(出航させて)川を下らせて鹿島に至る。

(次の日の)昼から雨がしきりに降って、(夜になっても)月を見られそうもない。(鹿島山の)ふもとに根本寺の前の和尚が、今は隠遁して、ここにいらっしゃるということを聞いて、尋ねていって横になった[泊まった]。(その場所は)(杜甫が漢詩で)吟じた[うたった・詠んだ]ように、まさしく「人をして深省を発せしむ[人に深い反省の思いを抱かせる]」と(感じで)、(私も)しばらく清らかな気持ちになったような気がした。夜明けがたの空が、少し晴れてきた時に、和尚が(人々を)起こして目覚めさせましたので、人々は起きて出てきた。月の光、雨の音、ただしみじみとした風景のもたらすおもむきだけが胸に満ちてきて、(句として)言うべき言葉も出てこない。はるばると月を見に来たのに(月がうつくしすぎて、すぐに句を詠むことができなかったら、わざわざここまでやって来た)価値がなくなってしまうのも不本意なことである。あの何とかという女[清少納言]ですら、(ほととぎすの声を聞いておいて、その)ほととぎすの歌を詠むことができないで帰るに帰れなかったのも、私にとってはよい味方であろう。

　高速で(流れてゆく雲の間から)月の姿が見え隠れする。

　木々の梢はまだ(先ほどまで降っていた)雨のしずくをしたたらせている

関西学院高等部

問題 P.313

解答

一 問一、①支障 ②資質 ③普及 ④膨大 ⑤重複 問二、趣味が仕事の潤滑剤としての遊びの役目を果たすと考えられているから。問三、日本では本職ではなくただの楽しみと考えられているのに対し、イギリスでは仕事よりも重視され人間の品位を形成する要素のひとつとされている。問四、「個人研究」(探求)のスタートラインを決めるものであること。問五、親睦の場面などで、生活のために仕方なくしている仕事の話ではなく、趣味、レジャ、スポーツなどの話でどれだけのことが語れるかということ。問六、「研究」はまだ明らかにされていないことを自分で突き止める行為であるのに対し、「勉強」「学習」は既存の研究結果を調べ自らの知識とする行為である。

三 問一、①エ ②ウ ③ア 問二、重病で寝込んでいる尼が、橘の実を食べたいと言っているということ。問三、橘の実を食い尽くす虫になること。

解き方

一 **森博嗣「ジャイロモノレール」**より。問二、傍線部と同じ段落で「あまりにきっちりとはまりすぎていると、かえって使い勝手が悪くなる」とあるのに着目。これは自動車の話であるが、人間にも同じことが言えると考えられる。同じ段落の最後の方に「潤滑剤」という表現があることから、これを用いて人間に置き換えればよい。問三、イギリスにおけるホビィの位置付けは傍線部の直後に「もともと、紳士のたしなみとして、hobby はあった。それは、仕事よりも重視される存在で、人間の品位を形成する要素の一つと認められている。」とある。一方、日本における「趣味」は「仕事の潤滑剤」(第一段落)であり、「本職ではなく、単なる楽しみで行うもの」(第五段落)であるとあるから、このあたりをまとめればよい。問四、傍線部の段落に「コレクションは、目的ではなく、手段なのだ。」「蒐集することで、探求をスタートさせることができる」とあり、さらに、末尾の段落に、「資料を集めることは、研究が……スタート地点に立つために必要な行為」、「コレクションは、リサーチ(研究)のスタートラインを決めるもの」とあることから、コレクションの「意味」を考える。問五、西洋において仕事は「貧しさの証であり、生活のためにしかたなくしている行為」(第五段落)であり、「親睦のためのパーティなどで、何を語れるかが、人を評価する基準であり、そのとき、趣味が前面に出てくる」とあるから、このあたりをまとめる。問六、傍線部のあとで自由研究を「自分で課題を見つけて、それについて調べる、というものだったはず」としていることから、「学習」「勉強」は(すでに誰かが研究したことを)調べること、という意味合いが強い。一方、「研究」については、最後の段落に一言で表現すれば、自分が最初に知ることだ。世界の誰も知らないことを自分が突き止める、という行為を『研究』と呼ぶ」とある。

三 **鴨長明「発心集」**より。問一、①「いと」は、とても、の意味の副詞。「やすからず」は、心が穏やかである、気持ちが安らかである、の意味の形容詞「やすし」に、打ち消しの助動詞「ず」がついた形。アかエか、話の流れから決める。②「かかる」は「このような」で、直前の「皮をむきて見るに、橘の袋ごとに、白き虫の五六分ばかりなるあり。」を指す。③「おひて」は漢字にすると「追ひて」。「かくのみ」は「このようにだけ」で、「このように」とは橘の袋一つ一つに白い虫が入っていることを指す。年を追ってこのようにだけなった、ということ。問二、点線部前の「かの家の隣に、……尼ひとり住みけり。重病をうけて、……、この橘を見て、『かれを食はばや』といひければ」の部分が「かく」にあたる。この部分を短くまとめる。問三、尼が死ぬ間際に発した言葉のなかに「われ、極楽に生まれんことを願ひつれど、今にいたりては、かの橘をはみつくす虫にならんと。」とあるのに着目。極楽浄土を夢見ていたが、瀕死の状態で橘の実を譲ってもらえないことに腹を立て、虫になってそれらを食いつくしてしまいたいと決意したのである。

通釈 最近のことであるが、ある僧の家に、大きな橘(柑橘類の一種)の木があった。実がたくさんつくだけでなく、その味もまた格別であったので、主人である僧はまた、他に類をみないものだと思っていた。その家の隣に、年老いた尼が一人で住んでいた。重病にかかって、寝込んで、数日物も食べず、湯水もしっかりと飲めないほどになっていたが、この橘を見て、「あれを食べたいものだ」と言ったので、すぐさま、隣へ人をやって、「これこれこういう事情である」と言わせたが、(主人の僧は)情けをかけることもなく頑なに(橘を)惜しんで、一つも寄越さなかった。この病人がいうことには、「非常に腹立たしいことだ。情けない。病はすでに重くなっていて、命の、今日明日もしれないのだ。たとえ沢山食べたところで、二つ三つくらいのものだろう。その程度の(少しの)ものを惜しんで、私の願いを叶えてくれないのは、残念なことである。私は、(来世で)極楽浄土に生まれたいと願っているけれど、今となっては、あの橘を食い尽くす虫になりたいと(思うくらいに悔しい)。この憤りを解消しなくては、極楽浄土に生まれ変わることなどむずかしい」と言って死んだ。

　隣の僧は、このことを知らずにいて過ごしていたところ、この橘の実の落ちたのを取って食べようと思って、皮をむいてみたところ、橘の袋ごとに、白い虫で五、六分(十五～十八ミリメートル)くらいのものがいる。驚いて、「どの実にも虫がついているのか」と思って、見ると、そこらじゅうの橘が、すべて同じようになっている。毎年つねにこのようなことになったので、「(この木を植えておいて)何になるだろうか、いや、何にもならない」と、ついにはその木を切り捨ててしまった。

共立女子第二高等学校

問題 P.316

解答

一 問一、(a)盛衰 (b)厳格 (c)詳しい (d)潜在 問二、Aイ Bウ 問三、1単独行動 2リーダー 問四、自分の意思と判断で主体的に行動できる(人間)(18字) 問五、現場から離 問六、エ 問七、危機の種類～対処できる(から) 問八、相手の主体性(または意思)を尊重しながら(よい関係をつくり)、優れた能力を引き出す力。 問九、自分が主人になる 問十、Ⅱ

二 問一、(a)だじゃれ (b)がっぺい (c)まぬか(または まぬが) (d)たくわ 問二、A腰 B目 問三、(お)ばあちゃん 問四、家のなかに光来の居場所を作ってあげたいということ。 問五、ウ 問六、居場所 問七、ア 問八、エ 問九、光来が悪いグループとのつき合いから距離をとり、勉強もちゃんとやって、頑張れることを見つけようとしているということ。 問十、イ

三 問一、三(月) 問二、エ 問三、③よいよりつどいて ④なおすますまず 問四、ウ 問五、おくのほそ道

解き方

一 **太田肇『ネコ型』人間の時代 直感こそAIに勝る**」より。問二、A直前の一文にある「みんな並んで一緒に作業する」という「かつて」「ふつうだった」ことが、空欄のあとで、「そのような仕事の大部分は機械やコンピューターに取って代わられ……みられなくなった」と否定されているので、逆接の言葉でつなぐ。B直前段落の内容を、空欄のあとで「組織」が「プロジェクトチームに近いようなスタイルになってくる」とまとめている。問三、直前の「こうしてみると」が傍線部の理由にあたるので、「こうして」が指す前段落から、ネコは何「をする」のか、何「もいない」というのか読み取る。問四、三つあとの段落に、集団で仕事するプロジェクトチームに参加するメンバーについて、「自分の意思と判断で主体的に行動できる、『ネコ型』の人間」と述べられているのに着目する。問五、次の段落に「機械的な組織」の問題点が述べられているが、「今日のように…」の文の、「組織はますます非効率になってくる」ということよりも、「現場から離れた…」の文の、「トップが……現場の状況を把握できるとはかぎらないし……判断を下していたらとても間に合わない」ということのほうが具体的で詳しい内容になっている。問六、二つあとの段落に「有機的な組織」の利点が述べられている。「自分たちで判断し、即座に対応するほうが効率的だし、顧客の多様なニーズにも的確に応えられる」とあるのに着目。問七、傍線部前後に「多様で個性的なメンバーからなる組織」は、「アリやハチの集団」の場合、「危機に陥ったとき効率的に対処できる」とあるが、人間の場合はどうだというのか、傍線部あとの「人間の組織」について述べた段落から類似の表現を探す。問八、傍線部の段落冒頭に「相手の主体性を尊重しながらよい関係をつくるという姿勢は……組織のリーダーにとっても大切だ。」とあることや、傍線部あとの段落で「高校野球や大学駅伝の名監督」が「相手の主体性を尊重する関わりかたを学んで……能力を……引き出すことに成功した。」という例から考える。問九、「主人に仕える」と対照的な表現を、「ネコ型」人間が「上下ではなく対等な関係を求めている」ことをもとに考える。問十、「その証拠に」の「その」が指していることのあとに入れる。「ネコは、飼い主の思うようには動かない」ことの証拠に、「警察猫や盲導猫は聞いたことがない」というのである。

二 **山本甲士「ひかりの魔女」**より。問二、A相手と争うような態度や口調が「喧嘩腰」。B嬉しいときや気持ちがいいときの表情が「目を細くする(細める)」。問三、冒頭の段落で光来が「リキの散歩をサボって深夜に帰宅した」とき、ばあちゃんが、リキが悲しそうに鳴いていたと「作り話」をしたことから考える。問四、直接的には直前の、光来にとっての「重大な意味」を指しているが、これでは具体性がないので、傍線部前にある「リキの面倒をみるという役目」が「家の中で居場所がないと感じていた」光来にとってどんな意味を持つものであったかを、おばあさんの立場からまとめる。問五、母親の作った弁当を食べないで突き返していた行動が母親との別居を招いたのではなく、傍線部あとにあるように「新しい父親からがみがみ言われるのが嫌になって、実の父親のところに移った」のだから、ウは不適。問六、空欄部前にあるように「お母さんが再婚して、自分のことを構ってくれなくなり」、「新しい父親からがみがみ言われ」ている友達にとって、家の中からなくなりそうな気がしたものは何か考える。第二・三段落で、友達が「家の中で居場所がないと感じて」光来が深夜帰宅をくり返していたときの「悪いグループ」の一人であったことも手がかりになる。問七、お父さんの顔色が悪いこと、様子が変なこと、光一の大学進学や光来の高校進学が無理になるかもしれないことなどから、アが考えられる。「これまで通りの稼ぎがなくなる」理由としては、イ・ウ・エも想像されるが、そのどれであるかは書かれていないので分からない。問八、父親の稼ぎがなくなるかもしれないということで母と祖母が組んでやむなく始めた規模の小さな惣菜屋という「深刻な話をしていたはずなのに」、急に、取引先を増やすとか通販をするとかいう、「未来が開けてる」ような明るく大きな話になってしまったので、その落差の大きさについ噴き出してしまったのである。問九、「憑き物」は人にとりついて災いをなす動物などの霊で、「憑き物でも落とそうとするかのように」とは、この場合、悪いグループとのつき合いを絶とうとするかのように、ということ。そして、高校に入れるよう勉強もちゃんとして、「あの子」と約束したように、何か頑張れることを見つけようとしているのである。問十、光一の目を通して描かれてはいるが、主人公の「私」が語る形式の一人称小説ではないので、イは「適当でない」。

三 **松尾芭蕉「おくのほそ道」**より。問一、月の異名は古典の常識。睦月(一月)、如月(二月)、弥生(三月)、卯月(四月)、皐月(五月)、水無月(六月)、文月(七月)、葉月(八月)、長月(九月)、神無月(十月)、霜月(十一月)、師走(十二月)は覚えておく。問二、「かは」は疑問の係助詞。疑問の意で訳してあるのはエのみ。問三、語中語尾の「は・ひ・ふ・へ・ほ」は、「わ・い・う・え・お」と読む。問四、「行く春」が、春の季語。ウの「すみれ草」が春に花をつける野草。ア「名月」は秋、イ「枯野」は冬、エ「せみの声」は夏。

通釈 三月の二十七日、夜明けの空はぼんやりかすんで、月は有明の月で光はもう消え失せているけれども、富士の峯がかすかに見えて、上野や谷中の桜の花の梢をこんどはいつ見られることかと心細い。親しい人たちは前の晩からみんな集まって、(隅田川を)船に乗って見送ってくれた。千住という所で船から上がると、これから先の三千里の長

い旅への思いで胸がいっぱいになり、幻のようにはかないこの世のわかれ道で(見送りの人々との)別れに涙を流した。

　今、春が過ぎて行こうとしている。去りゆく春との別れを惜しんで、鳥は悲しげに啼き、魚の目には涙が浮かんでいるように見える。

　この句を旅の記録の書きはじめとして(旅を始めたが)、(別れが辛くて)足が進まない。見送りの人々は道の途中に立ち並んで、私たちの後ろ姿が見えるうちはと見送ってくれているようである。

久留米大学附設高等学校

問題 P.320

解答

一　問一、Ⅰ自分で考えたものではなく、他人の考えたことをそのまま写し取った複製　Ⅱ評価は低いものになる　問二、「ほんもの」である図書館の本は価値が高く、コピーは「ニセ者」なので価値が低いということ。(27字)　問三、コピーの要～くないこと　問四、オ　問五、(1)習ふ　(2)学んだことを復習して自分のものにすること。　問六、他の人たちの芸術作品を模倣しながら、それらを織り合わせて自分なりの作品を生み出すということ。　問七、a軍配　b尊(**または**貴)(ばれる)　c趣味　d挨拶　e身支度

三　問一、両どなりの銅職人と鉄職人の家から聞こえるうるさい音　問二、只在二明日一　問三、二匠　問四、どこに引っ越すのか　問五、互いに相手の家に引っ越すということ。　問六、自分から引っ越して相手にとって好ましい状態にする(24字)

解き方

一　**岡本裕一朗「12歳からの現代思想」**より。
　問一、傍線直前の「『オリジナル』と『コピー』の対立」という言葉を手がかりにしてあとの部分を見ると、二段落あとに「オリジナルとは『原物』であって、コピーはその『複製』だ」という言葉があるので、これを手がかりにすると「複製」＝他人の書いたものをそのまま写したレポート、「原物」＝自分で考えて書いたレポート、ということになる。さらに、「コピーは……価値が低い」とあるので、これを「教師」が学生に「伝えようとしている」ことに直して解答をつくる。問二、傍線部の「価値」という語を手がかりにしてあとの部分を見ると、二段落あとに「コピーは…オリジナルより格下」「コピーはオリジナルより価値が低い」「『ほんもの』…は高価なのに、そのコピー(複写)は『ニセ物』として価値が低い」とあるので、ここから図書館の本＝ほんもの＝価値が高い／コピー＝ニセ物＝価値が低い、という形で解答をまとめる。問三、まず傍線部あとの話が、要するに、オリジナルと思っている作品は、別のオリジナルのコピーである、という話であることを理解する。これに一番近いのが傍線部の一段落あとにある「オリジナルそのものだって、じっさいには他のオリジナルのコピーだ」だが、30字以内の条件に合わないし、「どういうことを示そうとしていると考えられるか」という設問の条件に合わないので、傍線部の二段落あとのまとめにあたる「コピーの要素を含まないオリジナルなど、まったくないこと」を正解とする。問四、傍線部あとに「ふつう、文学作品を読解するには、『作者』が心に描いた意図などを理解すべきだ、と見なされています」「ところが、バルトはこの考えに異を唱え」「『作者』のオリジナルと見なされた『作品』は……『引用』を織り合わせてつくられている」ことを主張したのである。つまり一人の作者によってつくられたものではないので、「多様な視点での解釈が可能」(選択肢オ)だということになる。問五、「学びて時にこれを習ふ」という記述が「学ぶ」と「習ふ」は同じものではないことを意味している点を理解する。これが自分たちの行っている「勉強」したあとに「復習」する、ということと同じであることを理解し、「復習」とはどういうことなのかを念頭に置いて解答をまとめる。問六、傍線部「コピーからオリジナルが生まれる」という言葉と同じことを言っている場所がどこかにあると考え、設問文の「芸術作品」という語を手がかりに本文を探す。「作者が…」で始まる段落に「『作者』のオリジナルと見なされた『作品』は、じっさいには他の人たちからの『引用』を織り合わせてつくられているのです」という記述があるので、これを解答の骨組みとして用いる。また小林秀雄の引用文の中にも「模倣は創造の母である」という記述があるので、この「創造」を「オリジナルが生まれる」と読み換えて、これらを踏まえて解答をまとめる。

三　**馮夢竜「笑府」**より。問一、傍線部直前の「居る所は銅鉄匠の間に介す。朝夕耳に聒しく」の部分を分かりやすくまとめ直す。問二、「一・二点」は、二文字以上空いた文字の順番を逆にする場合に用いる。問三、傍線部直後の「款」の字が、傍線部①あとの「東と作りて款謝せん」の部分で使われており、そのあとに「二匠忽ち並び至りて曰はく…東と作る」とあるので、ここから、款謝の相手＝東と作る相手＝二匠、という構図を読み取る。問四、「遷」とは、場所・時間を移す、という意味。会話文にふさわしい形で書き換える。問五、傍線部の「我」と「他」が、それぞれ「二匠」のどちらかを指している、と考えるならば、互いに相手の住んでいた場所に引っ越す、ということになる。「裏」は「中」のこと。問六、「自ら遷りて」＝自分自身が引っ越す、ということ。「弄し」の意味は、その直前の「他の好ましきを」＝他の人の好ましい状態を、という意味につながることを考えると、他人にとって快適な状態を、あれこれ工夫して実現しようとする、というような意味になる。

通釈　ある人が大変静か(な環境)を好むが、(彼の)住んでいる所は銅職人と鉄職人の間にはさまれている。(その音が)朝夕耳にうるさく、非常にこうした状態を苦しんで、「この両家がもし引っ越す日があるなら、私はできることならご馳走をして感謝を述べよう。」といつも言っていた。ある日、二人の職人が突然並んでやって来て言うには、「我々はすぐ引っ越します、あなたが前から我々にご馳走すると言っておられたので、いつもと違って(こうしてきちんとかしこまって)やって来て(あなたの好意を)お受けします。」と。(ある人が)引っ越しの時期を問うと、(二匠は)「すぐ明日ですよ。」と言った。その人(ある人)は、大いに喜んで、ついに盛大に二匠をもてなす。酒宴のあとに(ある人が)「あなたがた二家はどこに引っ越すのですか。」と問うと、二匠は「自分は引っ越して相手の家に住んで、相手は引っ越して自分の家に住むんですよ。」と言った。
　どうして(ある人は)自分が引っ越して、他人(二匠)にとって快適な状態を、あれこれ工夫して実現しようとすることができなかったのだろうか。

慶應義塾高等学校

問題 P.322

解答

一　問一、一元的に統一される　問二、多様な自然と共にある日本の村落のあり方は、各

地で異なり様々なので、国の一様な法律とは別に、それぞれ独自の習慣や取り決めがつくられたから。(68字) 問三、自分たちの暮らしや労働の文化と、自分の属する社会を守るため。(30字) 問四、共同体 問五、①国家 ②習慣 ③法律 問六、優先する。問七、イ 問八、エ 問九、エ 問十、1途上 2航行 3採取 4模索 5蓄積

二 問一、擬人法 問二、(誰かの)幸・不幸の結実を助けてくれる(存在。)(14字) 問三、めしべが長く、おしべが短い(姿。)(13字) 問四、種の退化をきたす 問五、ア 問六、(他者は)必ずしもなつかしく好ましい存在ではなく、どうでもよくうとましい存在でもある(という偏見。)(37字) 問七、回 問八、欠如を抱き 問九、1オ 2エ 3ア 4ウ 5イ 問十、A心 B恩 問十一、aことさら bおおぎょう 問十二、1総和 2志向 3媒 4委 5形勢

解き方

一 **内山節『里』という思想」より。** 問一、傍線部の段落のなかで、対の表現として「多元的」が複数回使われているのに着目する。問題文Iの最後の段落は、まとめとして第一段落の繰り返しの内容になっており、そこに対義語の「一元的」がある。問二、傍線部の「多層性」については、「私はこんなあり方…」で始まる段落に「法律の世界と習慣の世界との多層的な世界」と書かれている。この二つが並行して用いられる理由を考えればよい。問題文IIには、日本の自然は各地でさまざまであり、それらとともにある共同体も多様であることが書かれている。国の法律は一様であるから、多様な村落それぞれの状況と完全には適合せず、各村落の「習慣」もつくられることになる。そこに「多層性」が生まれるのである。問三、傍線部から二つあとの段落に「自分たちの文化を守るため、……習慣をつくる必要があった」とある。ここでの「文化」は、地域における暮らしの文化や、職能集団における労働の文化である。また、続く段落には「自分の属する社会を守るための習慣」とあるので、これらをまとめる。問四、傍線部のあとに「大きな世界ではない」とあり、続く部分に「地域」「職能集団」と具体的に示されている。また、次の段落には「さまざまな社会」と言い換えられている。それらを踏まえて問題文IIから同内容の語を探すと、最終段落に「共同体は、……それぞれの地域にローカルな社会としてつくられていた」が見つかる。問五、「多層的な世界」に関するまとめの段落は、最終段落の一つ前の段落である。問六、入れる文章が「それは森をもたない…」から始まっているので、具体的に「森」について書かれている段落を探すと、「このような国…」で始まる段落中に「たとえばかつての日本では、森の所有権は…」が見つかる。この段落の後ろに入れてみると、違和感なく文がつながる。問七、両空欄直前の「取り決め」に近いのはイ「掟」とウ「法」だが、国の「法律」は「習慣」の対として挙げられているので「法」は不適。問八、「風土」は一般的に、その土地の気候や地形、景観などの総称として用いられる。また、それらに培われた人間の文化も含めて用いられることもある。問九、傍線部の前の段落には、日本の自然は各地でさまざまであることと、それらに基づいて共同体が生まれたことが書かれている。また、傍線部は直後に「日本の共同体は、その地域の自然がそれぞれ異なる以上、……差異が大きかったのではないか。」「日本には……さまざまな共同体が各地に展開していた、と考えたほうがよいのではないのか」と言い換えられている。

二 **吉野弘「詩のすすめ 詩と言葉の通路」より。** 問一、「虫や風」が「訪れ」る、というふうに、人間でないものを人間に見立てる技法を「擬人法」という。問二、傍線部「誰かのための虻」のたとえについては、文章の中盤、空欄【4】から始まる段落で説明されている。字数指定も考慮して「幸・不幸の結実を助けてくれる」を抜き出す。問三、指示語なので、前の部分を探していくと、同段落に芙蓉の花の具体的な姿として、「長いめしべと短いおしべ」があると書かれている。その姿から筆者は「めしべが同じ花の中のおしべの花粉を心待ちにしている姿」とは見えない、「外部への期待」を持つ姿だと発想をふくらませ、「他者」という言葉に思い至ったのである。問四、設問文に「花が」とあるので、「花」についての具体的な理由を傍線部より前の部分から探すと、一段落前に、「自花受粉は同一の遺伝形質を受け継ぐため種の退化をきたすことが多いので、花は一般的に自花受粉を避ける」が見つかる。問五、「僭越」は、自分の地位や立場を越えて出過ぎたことをすること。問六、傍線部「私の偏見」については、次の段落で「必ずしも他者を好ましく思っているわけではなく、むしろ煩わしくさえ感じています」「他者のことは、本来はどうでもいいのであり、うとましく思うことのほうが自然なのです。」と書かれている。次の段落にも同様に「単になつかしいだけでなく、うとましくもある他者、……そういう視点もすべりこませた」とある。問七、挿入部分の「世界」という語は、詩中の第二連にしか用いられていない。回に挿入してみると、直前の内容と「そのように」がうまく呼応する。挿入する部分は疑問の形になっているが、答えの部分はないので投げかけと捉える。問八、空欄のあとに「それを他者から満たしてもらう」とあり、第二連に「欠如を満たす」という表現がある。「欠如」という語に着目して文章中を探していくと、「もしも、このような…」で始まる段落に「生命体はすべてその内部に、それ自身だけでは完結できない『欠如』を抱いており、それを他者によって埋めるように運命づけられている」とある。また、次の段落には、「欠如を抱いている」という表現に対する筆者のこだわりも記されている。問九、1空欄後が、空欄の前から予想されることと逆の内容になっている。3直後にある「ホンヤクくさい匂い」は、はっきりとそうだ、というわけではないということ。4詩の中に「私」「あなた」とあるので、言わなくても分かるはずのことを述べている。5傍線部⑥にあるように「『他者』についての私の偏見」を、筆者が再認識しているのである。

慶應義塾志木高等学校

問題 P.326

解 答

二 問一、(祖国)オ (故国)カ 問二、Iイ IIエ IIIウ IVア 問三、白々とした廃墟の姿 問四、aカ bイ cキ dケ eオ 問五、エ 問六、人間の生き方なのだ。問七、家族の誰かが亡くなったのではないかと不安に思う気持ちもあったが、自分の苦労をねぎらう父の言葉に生きて戻れた喜びが再びよみがえったということ。(70字) 問八、f最初の色彩 g沙漠 h空箱

解き方

二 **林芙美子「雨」より。** 問一、「祖国」とは、自分の生まれた国・国家、という意味だが、「故国」にはそれに加えて、故郷・ふるさと、という意味もある。傍線部Eの直後に「孝次郎は松代に着いて駅に出迎えている父親に逢った」とあるので、ここが「祖国」に着いてからさらに「遠い山河がある」「故国」であることが分かる。問二、I直後の「虚栄心ばかりで生きているような人たち」の発言

としてふさわしいものを選ぶ。「虚栄心」とは、うわべをつくろってよく見せようとする気持ち。生きて帰れぬかもしれない戦地に送り出すのに、時流や周囲に迎合し、「御奉公頼む」といううきれい事を言ってるのを「虚栄心」と言っている。Ⅱ直前の「美しいものを見ないではいられない、うまいものを食べないでは生きられない、女を愛さずにはいられない」がヒント。自分の欲望に対して忠実に生きる、という生き方がエの「自然にたわむれて無心に生きてゆく」という言葉に対応している。Ⅲ直前の「異常な生活をくりかえしている人間の浅はかな生活をおかしく思わないではいられない」が、ウの「いい生き方で埋めきれない人間生活の運命を不思議に考える」に対応している。Ⅳ直前の「自分がいつの間にか二十九歳になった」および直後の「原隊にいる時、毎日……死ぬ訓練をさせられていた」がヒント。前者がアの「この月日が惜しまれてならない」に、後者が「戦場に放浪していた」にそれぞれ対応している。問三、設問文の「対照的」とは、対比がきわだっていること、対立的、という意味。「象徴的」とは、抽象的な概念や観念を、具体的なものに託して比喩的に示すありさま。「煙草の空箱」については、後部に「最初の色彩だった」とあるので、「対照的」なものは、いろどりがない、はずである。そのいろどりのなさが、具体的に書かれている比喩であればそれが「象徴的」なものである。問四、傍線部の前を段落の冒頭からまとめると、①変わり果てた祖国の姿＝②白々とした廃墟の姿＝③日本人の本当の告白、という形になる。①を「解説文」のa・bに即して言い換えると、祖国が変わり果てた姿となった、となる。次に③をc・dに即して言い換えると、日本人の本当の告白、となる。最後にeについては、傍線部の「厳粛」という語に着目して考える。「厳粛」とは、心が引きしまるありさま、厳しいありさま、という意味なので、そうした心のありさまを表している選択肢を選ぶ。問五、一文め「寒いも暑いも感じない」＝身体感覚の話をしている。二文め「嫌悪の心」＝心情の説明をしている。三文め「哀しみが」＝心情の説明をしている。また二文め「兵隊」→三文め「兵隊たち」という言い方で一般化がなされている。オは「過敏になっている」が誤り。むしろ、鈍感になっているのである。問六、まず傍線部「祖国へ上陸してみれば」をキーワードにして祖国の現状を確認する。直前に「家がないだろうと案じている」「肉親が生存しているだろうかと案じている」「職業がみつかるだろうかと不安になっている」とあるので、ここから、街全体が破壊され、多くの人が死に、仕事も見つからないような現状を確認する。これと真逆のものが「戦場での空想」だと考え、冒頭の段落に戻る。空欄Ⅱの直前にある「早くかえって」「美しいものを見ないではいられない」「うまいものを食べないでは生きられない」「女を愛さずにはいられない」とあり、これが、傍線部直前の現状と真逆になっていることが分かる。問七、設問文に着目。「不安な臆測」については、十数行前の「家へは行かないんですか？」「ああまあ、支度がしてあるので、一杯飲もう」という会話文がヒント。すぐに家に行かないのは家の方に何か事情があるから、という臆測を孝次郎に抱かせた、と想定できる。また直後の「お母さん丈夫ですか？」「ああ丈夫だとも、皆、うちのものは元気だ……」とある点も重視する。「父の言葉」については直前の「辛かったろうなあ……」がヒント。自分のことを気づかう父の言葉に、辛かった戦場での記憶がよみがえったとともに、そこから直前の「生きてかえったことが嬉しくてたまらなかった」という気持ちを生じさせ、孝次郎のなかの「不安な臆測」を消し去ったのだ。問八、まず、「駱駝」の話がされている傍線部Bのところに戻る。その段落の末尾に「最初の色彩」という言葉があり、これが空欄f直後の「脳裏に焼きつき」に対応している(色のない所に色があらわれる＝強く印象に残る＝脳裏に焼きつく)。次にgとhを見ると、直後の表現はそれぞれ「のような精神状態」「のような身体」となっているので、gが精神状態の比喩、hが身体の比喩を求めていることが分かる。傍線部Bの段落に「空箱」「沙漠」とあるので、これらがどちらの比喩として成立するかを考える。傍線部前に「虚脱したような空白な心」とあり、あとに「肉体的な苦しみもなく……藻ぬけの殻になっている感じ」とあるので、虚脱＝空白(物がない)＝沙漠、苦しみのない＝藻ぬけの殻＝空箱、という関係が分かる。

慶應義塾女子高等学校

問題 P.328

解答

一 問一、1呼応　2こお(り)　3去来　4ひそ(む)　問二、アよる　イゆうぐれ　ウつとめて　問三、X蛍の光　Y恋情　問四、5→4→2→3→1　問五、恋の象徴である若菜を摘む人を見ながら、霞に遠く隔てられた過去を思い出しているので、西行が青春時代の恋を思い起こしていると考えられるから。問六、⑴じんじつ　⑵春の七草を入れて炊いた七草がゆを食べる風習。問七、春夏秋冬の自然風物に心情を託すという詩歌の伝統手法があるため、春とともに芽生える若菜に重ね合わせて、春に躍動する人の恋心を表現できるから。問八、日本も中国も農耕社会であるため、自然現象や季節の変化を具体的に示し、人々に最適の耕作時期を知らせる暦が必要だったから。問九、自然そのものよりも、そうした自然風物の描写を通じて引き出される人間の心情こそ、詩人が最も詠みたい中心であるということ。問十、⑴自然の景物を通して人間の心情を引き起こす(技法)(20字)　⑵詩歌を詠む際、去来するさまざまな気持ちをどのような切り口でうたいだすかが難しいが、目にした自然の景物からうたいだせば詠みやすいから。問十一、G掛詞　H序詞　問十二、語りたい心情を最初から露骨に言葉にせず、まず自然の風物を描写し、その風物から心情を引き起こすという過程にこそ生まれる詩歌の深い味わい。問十三、3・5

二 問一、1ちゅうすう　2粒子　3過言　4維持　問二、4　問三、神経回路は、刺激を受けることで臨界期という特定の期間のみ集中的につくられるため、臨界期を過ぎるとある行動の学習が成立しなくなるから。問四、一歳から保護されるまで外界から隔離されて育ち、他人と話すことによって得られる言語的な刺激を、神経回路に受けられずにいたという状況。問五、しっかりと考えたり、表現したりすること(19字)　問六、科学の専門用語も日本語でつくられているため、一つの言葉からたくさんのイメージを受け取ることができ、科学を学ぶ際に理解しやすいから。問七、3・4　問八、(次表)

形容詞	動詞	助動詞	動詞	助詞	動詞
連用形	未然形	連用形	連用形		連体形
うまく	使いこなせ	なく	なっ	て	しまう

解き方

一 **彭丹「いにしえの恋歌　和歌と漢詩の世界」より。**問三、自然の風物から人間の心情を引き出す「興」の技法の例を挙げている箇所なので、空欄Xには自然の風物、空欄Yには人間の心情を入れればよい。問四、1西行は平安時代末期の歌僧。2紀貫之は平安時代前期の歌人。３清少納言は平安時代中期の歌人。４小野小町は平安時代前期の歌人。５柿本人麻呂は、「万葉集」を代表する歌人。問五、まず、西行の歌に「霞」が「昔を遠くへだつ」とあるので、この歌では霞は空間を隔てるものではなく、時間を隔てるものとして捉えられていることが分かる。つまり西行は霞を見て、過去の日々を思い出している。では、どのような過去なのか。西行は「若菜を摘む人」を見ており、「若菜」は恋の象徴であることから、恋に心を弾ませた青春の日々を思い起こしていると考えられる。問七、まず、傍線部のすぐあとにあるように、若菜という自然風物に、恋するという心情を託すことができる詩歌の伝統手法があるからである。では、なぜ若菜と恋が結びつくのか。これについては、「春先の風物である…」で始まる段落に書かれている。問八、傍線部の前後をよく読むこと。「一年」をなぜ「七十二候」にまで細かく分けたのか。季節や自然現象のわずかな変化を注意深く捉えるためである。では、なぜそこまで動植物や気象を詳しく観察するのかと言えば、農業は天候に大きく左右されるからである。問九、農耕社会ゆえに季節の変化に敏感であるため自然を好んで詠むが、自然そのものよりもそこから引き出される人の心情こそが、詩人が真に語りたい詩歌の中心なのである。問十、⑴傍線部の次の段落に説明されている。⑵傍線部の二つあとの段落に書かれている。いきなり心情をうたいだすより、切り口として自然の景物を描写するほうが作りやすかったのである。問十一、Ｇ「掛詞」とは、同音であることを利用して、一つの語に二つの意味を持たせて文の内容を豊かにする技巧。Ｈ「序詞」とは、ある語句を引き出すための前置きの語句。「あしひきの山鳥の尾のしだり尾の」までが、「ながながし」を引き出す序詞となっている。問十二、「含蓄」とは、表面にはあらわれない味わいのある深い意味のこと。「興」が創り出す「含蓄という詩歌の魅力」とは何かという問いの答えは、最後の段落にある。露骨に心情を語らず、まず自然の風物を描くことで、そこから心情を引き起こすという過程を生み出す。その過程が作品世界に含みを持たせ、奥行きのある味わいをもたらす。それが「興」の創り出す魅力である、と筆者は述べている。問十三、１は、さわやかな初夏の風景を描いている。２は、「嵐」の字は「山」と「風」からできているということを詠み込んだ、ことば遊びの歌。４は、古都の八重桜が平安京の宮中に奉られ、美しく咲き匂う姿を詠んでいる。６は、すでに秋を感じている、六月三十日の夏越しのみそぎの行事の情景を描く。これらはいずれも「興」の技法を用いてはいない。それに対して、３は、「いぶきのさしも草」という素材から、燃える火のような恋心を引き出している。また、５は、庭に散る花吹雪から、自らの老いの悲哀を引き出して表現している。３も５も、作者が語りたい中心は、恋心であり老いの悲哀である。

二 池田清彦「進化論の最前線」より。問二、空欄の直前の「日本人が英語を話すことができないこと」と、その前の「これ」との関係が、空欄であるという。「これ」とは、直前の段落にある、科学を日本語で学ぶことができるほど、「日本語がしっかりとしている」ことを指す。この二つの事柄の関係を表す語は、４の「表裏一体」である。表裏一体とは、相反して見える二つのものの関係が根本の所では密接に結びついていること。問三、幼少期に脳に刺激を受けることがなぜ大切であるかについては、「同じようなケースでも…」で始まる段落と、その次の段落に書かれている。「臨界期」を過ぎてしまうと、もはや神経回路はつくられないのである。問四、一歳から監禁されたため、神経回路に言語的な刺激を受けずに育った、「ジーニーという少女」の状況をまとめればよい。問五、この場合の「言葉をうまく使いこなす」とは、「ネイティブのバイリンガル」のように話すことではない。幼少期に身につける幼い言語表現ではない、社会で通用するような言語表現ができることである。「まずは日本語で…」で始まる段落に「しっかりと考えたり、表現したりすること」とある。問六、「明治の初期に…」で始まる段落に、「学問を学ぶには母国語で学んだほうが理解も進みます」とある。さらに科学について言えば、科学の専門用語も日本語でつくられているため、一つの言葉や漢字の表記からたくさんのイメージを受け取ることができると書かれている。問七、１英語などの第二言語をうまく使いこなせるようになるためには、言語の臨界期には一つの言語を母語として言語中枢に入れたほうがよい、と本文にあるので誤り。２「既存の日本語」が誤り。積極的に新しい日本語をつくった、とある。３は、本文の最後の部分に書かれている。４は、本文の二番めと三番めの段落に書かれている内容である。５西周は確かに、新しい翻訳語を生み出す作業の多くに関与したが、西周がいなかったら作業は滞ったと言い切ることはできない。６「脳の発達は止まってしまう」が誤り。「臨界期」とは、神経回路がつくられる期間のことである。問八、「使いこなせ」は、可能動詞「使いこなせる」の未然形。可能動詞とは、語のなかに「…できる」という意味を持つ動詞。五段活用の動詞「使いこなす」とは別の語なので注意。「なく」は、助動詞「ない」の連用形。「使いこなせぬ」と「ぬ」に置き換えられるので助動詞である。「しまう」は補助動詞「しまう」の連体形。

國學院高等学校

問題 P.332

解答

一 問一、イ 問二、ウ 問三、ア 問四、イ 問五、イ 問六、エ 問七、オ 問八、オ 問九、結論を用意

二 問一、Aア Bウ Cオ 問二、エ 問三、イ 問四、エ 問五、Aウ Bオ

三 問一、1わざわい 2ようよう 問二、オ 問三、エ 問四、イ 問五、ア 問六、オ 問七、ウ

四 (1)はとば (2)けいだい (3)ひんぱつ (4)へんちょう (5)気遣 (6)遇 (7)既成 (8)暦

解き方

一 **村上春樹「自己とは何か（あるいはおいしい牡蠣フライの食べ方）」**（「村上春樹 雑文集」所収）より。問一、Ｉ空欄部あとの「…することになるとしても」という逆接の仮定条件と呼応する表現は、「たとえ」。Ⅱ空欄部あとの結果に対して前部が理由の関係になっていることを確認する。「そこで」「だから」といった、原因・理由→結果を示す語が候補となる。Ⅲ空欄部あとの「感じたとしたら」がヒント。順接の仮定条件と呼応するのは「もし」。Ⅳ直前に「自分自身を説明するのはほとんど不可能」とあり、直後に「不可能であっても……牡蠣フライについて……書くことは可能」とあるので、「ただ」「しかし」といった、限定か逆接を示す語が入る。問二、Ｘ直後に「その権利を読者に委ねることなく、自分であれこれものごとの判断を下し始める」とあるので、自分を前面に出す、という意味合いをもつ「顕示」「肯定」といった語が入る。Ｙまず直後の「問いかけ」という語に着目して、その問いかけが「自分とは何か？」という問いかけであることを前後で確認する。次に空欄部あとでこの問いかけを「別の総合的なかた

ちに……置き換えていく……作業」を「きわめて自然に、本能的に」行い、「問いそのものについてあえて考える必要もない」と書かれているので、この、分かりきっていること、を示す「自明」が入る。Z空欄部をはずして前後をつないでも前後の話の流れに変化が生じない場合、強意・強調系の言葉が入ると考える。「相関関係」とは、一方の変化が必ず他方の変化をもたらすような関係、のことを指す。問三、設問文の「この『判断』」を通して『読者』の身に起こること」という指摘に着目してあとを見ると、傍線部から三段落後に「僕が言う『判断』とは」という記述があるので、さらにそのあとを見ると「読者は生きるという行為に含まれる動性＝ダイナミズムを、我がことのようにリアルに『体験』することになる」とある。問四、直後の段落の「自分の気持ちを理解してもらえたと感じたとしたら」という記述が傍線部の内容に対応していることを確認し、そのあとの「それはあなたが僕の物語を、自分の中に有効に取り入れることができたからです」がヒントとなる。またその直後に「仮説の行方を決めるのは読者であり、作者ではない。」とあるので、これらを重ね合わせて、作者の物語として提示された仮説を、読者が自分の中に有効に取り入れ、仮説の行方を決めた、という内容に最も近い選択肢を選ぶ。アは「筆者の想定した並び方と一致した」が「仮説の行方を決めるのは読者であり、作者ではない」に合致しない。ウは「個人的オーダーに従って」が「自分の中に有効に取り入れる」という記述に合致しない。問五、直前の記述に着目。「仮説の行方を決めるのは読者であり、作者ではない。」と「物語とは風なのだ。」を重ねると、作者の物語中の仮説は目に見えないが、その行方は読者という揺らされるもの（＝読書行為）によってその行方を定められる、となる。問六、傍線部あとの「我々（＝小説家）はその『自分とは何か？』という問いかけを、別の総合的なかたちに（つまり物語のかたちに）置き換えていくことを日常の仕事にしている」「問いそのものについてあえて考える必要もない」という記述に着目する。問七、「牡蠣フライ」の話が書かれている空欄Ⅳの前後の記述を確認する。前には「自分自身を説明するのはほとんど不可能」とあり、あとには「牡蠣フライについて……書くことは可能」「あなたと牡蠣フライとのあいだの[Z]（＝相関）関係や距離感が、自動的に表現される」とある。また「牡蠣フライ……について文章を書き続ける。そしてそれらの事象・事物と自分自身とのあいだに存在する距離や方向を、データとして積み重ねていく」と書かれているので、これらを重ね合わせて選択肢を選ぶ。問八、ア「多くを判断する」が誤り。第一段落に「小説家とは……わずかしか判断を下さない」とある。イ「長期にわたって真剣に考え抜いた」作家については空欄Yの段落に「彼／彼女は本来的な作家ではない」と書かれている。ウ「判断を与えることをやめてしまうと」が誤り。第二段落に「自分であれこれものごとの判断を下し始めると」とある。エ「『猫』、すなわち『読者』」が誤り。第三段落に「猫」＝「仮説」と書かれている。オ第四段落の内容に合致する。問九、傍線部の「猫」「眠らせておく」という語を手がかりにして前部を見ると、第三段落に「我々はそれらの仮説を、まるで眠っている猫を手にとるときのように」「『仮説』という言葉を使うたびに、いつもぐっすり眠り込んでいる猫たちの姿を思い浮かべる」とあるので、その「仮説」についての記述を確認すると、同じ段落冒頭に「結論を用意することではなく、仮説をただ丹念に積み重ねていくこと」とあるので、この「丹念に積み重ねていくこと」が傍線部の内容に該当することが分かる。

二 **堀辰雄「墓畔の家」**より。問一、A「ずんずん」とは、人が勢いよく進んでいくさま、物事がすみやかに進むさま、という意味。直後の「得意そうに入って行く」がヒント。B「ばったりと」は、物事がとつぜん途絶えるさま、急に倒れるさま。直前の「いままで何か言いあっていた」と直後の「話しやめた」の関係を押さえる。C「こっそり」とは、人に気づかれないように物事をするさま。段落冒頭からの「不安な気持」「無言」「おっかなびっくり」という状態が継続していると考える。問二、直後の「その時くらい爺たちが私たちに向って腹を立てたことは今までにもなかった」「爺やたちは二人がかりで、何処までも私たちを追いかけて来た。」という記述に着目。問三、直前の「常泉寺の裏を抜ける、まだ誰も知らなかった抜け道」を通ることに対して「一人の異議も」ないということは、そうしたことが、悪いことではない、と思っているからだと考え、その根拠を前の段落で探すと、「境内に侵入して……荒し廻っているところを寺の爺にでも見つかろうものなら……追い出されてしまう……そうなると一層その寺の境内や墓地を荒すことが面白い」とあるので、この心情が傍線の部分まで続いていると考える。問四、まず傍線部前の「私たちの目の前には……見たこともないような怪奇な庭が横たわっていた。……無気味に感じられる恰好の巌石……緑青いろをした古い池……松の木ばかりが……煙のように這いまわっていた」という、庭の気味の悪さに対して、直後の段落にあるような「私たちは何時の間にかとんでもない場所へ来てしまったような不安な気持」を引き起こしたのである。問五、Aア「子どもたちの興奮とその様子を見守る『私』の冷静な心境」とあるが、「私たち」という言葉が多用されていることからも分かるように、「私」も「子どもたち」に加わっているので不適。イ「曖昧な表現」は物事を、ぼんやりとさせるはずなので、「衝撃の大きさが強調されている」という内容と矛盾する。ウ「見える」という表現は「『私』の視点」を示し、この主観的な表現は、自分がその場にいる、という「臨場感」につながる。エ常泉寺周辺の景色については、問四で確認したように、基本的には無気味さが強調されており、一つの情景描写から「景色の美しさ」を結論づけることはできない。また「登場人物たちの心理描写」は本文で数多く確認できるので「抑えて」という記述と矛盾する。Bア第一段落で、爺に怒られることに対して「そうなると一層その寺の境内や墓地を荒すことが面白い」とあるので、「荒んだ心境」にはなっていない。イ「抜け道を通り抜ける場面」において「景色に慣れて」「気持ちが大きく」「好奇心に満ち溢れた心境」に該当する部分は存在しない。ウ「亡くなった母」という事実を指し示す記述は本文に存在しない。エ「その小家のあたり…」から始まる段落に「その竹垣を乗り越すのにいろいろな苦心をした」という記述があるが、そのとき彼らが何を思っていたかについて確認できるキーワードは存在しない。オ「私たちがそんな寺の…」で始まる段落に「爺やたちは二人がかりで、何処までも私たちを追いかけて来た」「私たちも何んだか興奮して」という部分に合致する。

三 **「一休ばなし」**より。問二、傍線部前にある「利根発明」と同じ意味。「利根」とは、かしこいこと、「発明」とは、「かしこいこと・利発」でいずれも同じ意味。問三、主語は前部の「こびたる旦那」で、述語が「ありて」→「来りて」→「参学などし侍りて」→「心地よく思ひて」→「たはぶれをいひて」→「問答などしけり」と続いている。問四、傍線部あとの一休の行動に着目。一休は旦那を、門外でちらっと見て、寺のなかへ走って戻って、板に「かわのたぐひ、かたくきんぜいなり」と書いて置くので、旦那は、皮の類を身につけていたことが分かる。問五、傍線部のあとに着目。「かの旦那是を見て、『皮のたぐひにばちあたるならば、此寺の太鼓は何とし給ふぞ』と申ける。」とあるので、「問答」が始まっていることが分かる。問六、一休は「さればとよ〔だからですね〕」以下で答えているので、その内容を確認する。問七、「おどけられけり」の「おどけ(る)」とは、冗談や面白いことを言ってふざける、という意味。

通釈 一休和尚は、幼い時から、普通の人とは違っておられ、利根発明〔利口でかしこいこと〕であったとか。師匠の坊さんは養叟和尚と言われた。学識のある旦那がいて、常に(養叟和尚のところに)やって来て、養叟和尚に参禅などなさいましては、小僧一休の発明〔かしこいこと〕であることを好ましいと思って、ときどき冗談を言って、問答などをしていた。いつもの旦那が、皮のはかまをはいてやって来たとき、一休は門の外で(その様子を)ちらりと見て、(寺の)中へ走っていって、へぎに何やら書き付けて立てられたことには、

この寺の内に皮の類(を身につけて入ることは)、固く禁制である〔きびしく禁じられている〕。もし皮を身につけて入ってくる場合には、その身に必ずばちがあたるだろう。

と書いて置きなさった。その旦那はこれを見て、「(もし)皮の類にばちがあたるなら、このお寺の唐太鼓は何となさいましょうか」と申された。一休はお聞きになられて、「だからですね、夜昼三度ずつ(太鼓には時間を知らせるために)ばちがあたるのだから、あなたへも太鼓のばちをあて申し上げましょう、皮のはかまをはかれているので」とおどけなさった。

渋谷教育学園幕張高等学校

問題 P.337

解答

一 問一、(a)逃避 (b)原稿 問二、春夏秋冬 問三、オ 問四、ア 問五、ウ・エ 問六、隣の家に人がいるが、その様子がわからない、という人の世の底知れぬさびしさやはかないあわれさ、あじきなさの自覚。問七、戦後の人心のすさみを見かねた筆者は救いとしての宗教を求めたが、それでも理性に基づく向上の道にいそしみたいので、救いと向上・理想を両立させる形で生きてきた。問八、明暗

三 問一、イ 問二、(姫君の)母が(姫君の)父に対して 問三、山城国・近江国 問四、ウ 問五、エ・カ 問六、ア・イ・エ

解き方

一 **岡潔「宗教について」**(「春宵十話」所収)より。問三、直前に「戦争中を生き抜くためには理性だけで十分だったけれども、戦後を生き抜くためにはこれだけでは足りず、ぜひ宗教が必要だった。」とあるので、なぜ理性に加えて宗教も必要なのか、という観点からさらに前を見ると、一段落前に「これまで死なばもろともと誓い合っていた日本人どうしが、われがちにと食糧の奪い合いを始め、人の心はすさみ果てた」「私にはこれがどうしても見ていられなくなり、……救いを求めるようになった。」とあるので、ここから、以前の絆がこわれ、人々が個人として対立するようになった、こんな世の中で生き抜くためには、救いとしての宗教が必要となった、という二つの要素を理解し、この要素を的確に踏まえた選択肢を選ぶ。ウ理性に加えて宗教が必要なのであって、両者は、(逆説的に)対立しているわけではない。エ「死んだ方がまし」と考えているのではなく直前の段落に「生き抜くため」だと書かれている。問四、直前の「お前はなぜこんなに重いのか」「自分は世界の苦しみを身に荷うているのだ」とあるので、ここから、身の重さ＝背負っている苦しみの重さ、という関係を理解する。次に、世界の苦しみを背負う存在はどのような存在なのか、という観点からさらに前部を見ると、二段落前に「人が悲しんでいるから自分も悲しいという道をどんどん先へ進むと宗教の世界に入ってしまう」「人の人たる道をどんどん踏みこんでゆけば宗教に到達せざるを得ない」、一段落前に「人の悲しみがわかること、そして自分もまた悲しいと感じることが宗教の本質なのではなかろうか」とあるので、ここから、世界の苦しみを背負う存在＝人の人たる道をどんどん踏みこんだ存在＝宗教の本質に位置する存在、という関係を理解し、この要素を的確に踏まえた選択肢を選ぶ。問五、傍線部の前の内容をまとめると、①キリスト教徒である安部磯雄、賀川豊彦などが行った活動は理性的な生き方であって宗教的な生き方ではない、②こうした奉仕的な活動は理性の世界に属する、③普通は宗教的な形式を指して宗教と呼んでいる、となる。これらをさらにまとめると、宗教的な形式を指して宗教と呼ぶような普通の考え方(＝分類の仕方)は理性と宗教の違いがわかっていない、ということになるので、これらの要素を踏まえたウ・エを正解とする。問六、直前の「人の世の底知れぬさびしさも自他対立自体から来るらしい。」という記述とあとの「人の世のはかないあわれさ」「人の世のさびしさ、あじきなさを何かのきっかけで自覚すると」を重ね合わせると、人の世＝底知れずさびしいもの＝はかないあわれなもの、あじきなさの自覚、となる。また、句自体に関しては、深い秋に、隣の家に住む人のことをひっそりと思っている、といった意味になるので、これを先ほどの「自他対立」と重ね合わせると、隣に人がいるけれど、その人のことがわからない、という人の世の底知れぬさびしさやはかないあわれさ、あじきなさの自覚、となる。これらを踏まえて解答を作成する。問七、傍線部の段落の内容を簡潔にまとめると、①宗教の世界には自他の対立がなく、安息が得られるが向上も理想もない、②(筆者は)向上の道にいそしむ者として、向上なく理想もない世界には住めない、③筆者は純理性の世界だけでも宗教的世界だけでもやっていけない、となるので、ここから筆者は、安息(宗教)と向上・理想(理性)のどちらも持っていたい、ということがわかる。また設問の「戦後の筆者は、どのような形で生きてきたのか」「そのような生き方を求めた理由もわかるように」とあるので、この指摘に該当する箇所を本文で確認すると、第二段落に「戦争がすんでみると……人の心はすさみ果てた」「私にはこれがどうしても見ていられなくなり……救いを求めるようになった。」とあり、第三段落に「戦後を生き抜くためにはこれ(＝理性)だけでは足りず、ぜひ宗教が必要だった」とあるので、これらをまとめて、戦後に人心がすさみ果てて、これを見かねた筆者は救いを求めるために宗教を必要としたが、それでも向上の道にいそしむ者として、向上と理想のある世界(＝理性の世界)に住み続けたい、という気持ちを持っている、と考え、これらを踏まえて解答を作成する。問八、「絶筆」とは、生前最後に書いた筆跡や作品、という意味。

三 **「宇治拾遺物語」**より。問一、傍線部「さ」は、そう・そのように、という指示語なので、その内容を前の部分で確認する。直前の「御名を隠させ給ひて……逢はせ給ひもし

けるに」の部分に正確に対応しているのがイの「身分の高くない女には……関係を持っていた」の部分である。エは「悪人」に該当する記述が本文に存在しない。問二、直前の人物関係を確認すると「(父が)聞きつけて」「母をせため(＝責め立てて)」「(父が)いたくのたまひ(＝ひどいことをおっしゃり)」となっているので、この「父」に対して「母」が「あらが」ったのである。問四、傍線部の「空言」は、嘘・偽り、という意味だが、何を嘘・偽りと考えているかはここだけでは分からない。あとを見ると「いつかは越えん逢坂の関」とあり、「かは」は、どうして～か、いや～ではない、という訳になるので、ここから、父は一条摂政がまだ姫君と逢っていないと考えている、と推測できる。問五、「をかし」とは、面白い・滑稽だ・趣がある・心ひかれる、という意味。本文の読解が基本となる。文章内容については「通釈」を参照。問六、『宇治拾遺物語』は鎌倉時代前期の説話集。

通釈　今となっては昔のことであるが、一条摂政〔藤原伊尹〕とは東三条殿〔藤原兼家〕の兄でいらっしゃる。御顔かたちをはじめとして、他人に対する心づかいなどもすばらしく、学才、ふるまいもすぐれておられたが、また色好みでもあるらしく、多くの女とお逢いになりお戯れをなさっていたが、少し軽々しい振る舞いだと自覚なさったので、ご自分の名をお隠しになって、大蔵の丞豊蔭と名乗って、身分が高くない女のところにはお手紙もおやりになった。(そうした女に)思いもかけなさり、お逢いもしなさったが、人はみな(その事実を)十分理解して承知していた。

(その一条摂政が)高貴な身分の人の姫君のところへお通いになり始めた。(姫君の)乳母〔世話係〕や、母などとは話をして〔自分の方に引き入れて味方にして〕、父には知らせなさらない、そのうちに、(姫君の父は)聞きつけて、非常に腹を立てて、母をひどく責めたて、非難して、ひどいことをおっしゃったので、(母は)「そんなこと(一条摂政が通っていらっしゃるという事実)はありません」と言い張って、(一条摂政に)「まだだ〔まだ逢っていない〕という内容の手紙を書いてください」と、母君が(一条摂政に)困って申し上げたので、(一条摂政は)

私はひそかに(あなたに逢いたいという気持ちが)急いでいるのに、いつまでたってもどうして逢坂の関を越えにくいのか〔あなたに逢うことができないのか〕

と(書いて)手紙をおやりになったので、(母が)父に見せると、(父は)「それでは(通っているという話は)嘘だったのか」と思って、返歌を、(姫君の代わりに)父が詠んだ。

(あなた＝一条摂政は都〔京都〕の人なので)あづま路〔東国〕を行き来する人ではない身分(の方)なので、逢坂の関をいつ越えることがありましょうか(いや、越えることはありますまい〔お逢いすることはありませんよ〕)

と詠んだのを見て、(一条摂政は)にっこりなさったであろうよと、「一条摂政御集」にある。おもしろい(話だ)。

十文字高等学校

問題 P.340

解答

一　①償　②磨　③艶　④据　⑤危惧　⑥い
⑦はんよう　⑧ねんしゅつ　⑨かんり　⑩な
んせき

二　問一、エ　問二、ウ　問三、イ　問四、ア　問五、エ　問六、Aひとつの語がひとつの対象を指示する(17字)　Bウ　問七、(試)行(錯)誤　問八、創造性　問九、ⓑイ　ⓒウ　ⓓア　ⓔエ　問十、ア　問十一、相当は～がある(ということ)　問十二、やはり、言～っている。　問十三、イ・オ

三　問一、1おもしろし　2とどむ　問二、Ⅰア　Ⅱエ　Ⅲエ　問三、①イ　②ウ　④ア　問四、ようにいう　問五、ウ　問六、雅びたる　問七、イ　問八、エ

解き方

二　外山滋比古「知的創造のヒント」より。問一、Aは前の内容に対する説明がAのあとに書かれていること、B直前の「それ」は、段落冒頭の「この(＝子供の母国語の)学習」を指し、言葉の学習は習得というより、発見・創造と呼ぶ方がふさわしいとあること、また、Cは前後で逆の内容を述べていることから考える。問三、「葛藤」とは相反することが存在するために迷うことである。問四、傍線部の三つあとの段落に「ひとつの事柄をあらわすための表現、あるいは、そういう表現と思っているものを、類似、同類のものへ応用、転用すること」とあることに着目する。問六、傍線部の二つ前の段落で、イヌという語を聞くといつも見ている犬を思い浮かべる例を挙げ、「ひとつの語がひとつの対象を指示するのであるから、これは固有名詞のようなものである。」とある。また、傍線部の段落の「いかなる犬(＝複数の同類の物)もイヌという語で呼ぶことができるようになる」と、「はじめ固有名詞的であったものが、普通名詞に変わる」という部分に着目する。問八、「既知から未知へ飛躍する翼」とはすでに知っていることから、まだ知らぬ新しいことを生み出すことと捉えられる。このような意味を持つ語を探す。問十、傍線部のあとの「ナフタリン」の具体例から考える。「ナフタリンは虫が好かない。」から、「いやな奴(＝虫が好かない奴)をナフタリンと呼ぶ」ので、関係の類似による命名である。問十一、「普遍」とは全てに共通することである。傍線部のあとに具体例、最後に要点がまとめられているので、十五字以内という条件に合う該当箇所を探す。問十二、直後の段落の最初に理由が述べられている。「古い時代」は、言葉をよく知らない幼児と同じように、「言語表現の手段が限られており、分析の方法が未発達である段階」である。問十三、ア幼児は「比喩的転用という方法を教わる」わけではない。また、比喩的転用で言語の数は増えず、固有名詞から普通名詞への転換が行われる。ウ「ものごとを新しい綽名で呼ぶ能力」にめぐまれているのは子供である。エ幼児の言語感覚は、比喩的転用を行い、それを訂正されるという試行錯誤をくりかえして身につく。

三　本居宣長「玉勝間」より。問三、①「あまねく」は「広く」の意味、「なば」は完了の助動詞「ぬ」の未然形＋仮定の接続助詞「ば」で、「～ならば」と訳す。②「しげし」は「多い」、「にぎはし」は「にぎやかだ」の意味。④「然なるべし」は「その通りであろう」と訳すが、「然〔その通り〕」が指す内容は、前の「ひきがへるといふ物を、……訛りなる」であるから、アが正解。問五、係り結びの法則により「ぞ・なむ・や・か」は連体形、「こそ」は已然形で結ぶ。連体形はウの「ける」である。問六、筆者は昔風な言葉を「雅びたる〔上品・優雅な〕」ものとし、今の世の人が使う今風の言葉を「俗しき〔下品な〕」ものとしている。問七、傍線部の結果、筆者は「なまさかしき……中々にいやしくなんなりもてゆくめる」と言っている。問八、「通釈」参照。

通釈　一般に田舎には、昔の言葉が残っていることが多い。特に遠い国の人の言う言葉のなかには、おもしろい言葉などが混ざっている。私は長年気をつけて、遠い国の人が、訪ねて来たときは、必ずその国の言葉を質問もし、その人の言う言葉にも、気をつけて聞いてもいるが、さらに

全国の言葉なども、広く聞き取り集めたならば、どんなにおもしろいことが多いだろうか。近ごろ、肥後の国の人でやって来た人が、言うことを聞くと、世間の人が「見える」「聞こえる」などと言うことを、「見ゆる」「聞こゆる」などと言うのである。これは今の世には全く聞かない、上品なことばづかいであるが、その国では、一般にそう言うのかと尋ねると、全くの身分のいやしい山に住むきこりなどは皆、見ゆる・聞こゆる・冴ゆる・絶ゆる、などのように言いますが、少し言葉遣いを改める程度の者は、多くは「見える」「聞こえる」のように言います、と語った。それはかえって今の世間の下品な言い方であるのに、一般に諸国の人々が言うので、それをよいことと考えているもののようである。どの国でも、身分のいやしい山に住むきこりなどの言葉は、なまってはいるが、多く昔の言葉を言い伝えているが、多くの人が行き交いにぎやかなところなどは、他国の人も入り交じり、都の人なども、何かにつけて行き来などするうちに、自然とあちこちの言葉を聞き覚えて、自分も言葉選びをして、こざかしい今風(の言葉)に移りやすくて、古風の言葉に遠くなりかえってだんだん下品になってゆくようだ。本当にまあ、同じ肥後の国の、他の人が言ったことだが、その国で、ひきがえるという物を、「たんがく」というのは、昔の「たにぐく」のなまったものであろうと思います、と語ったのは、実際にその通りであろう。この類のこと、諸国になお聞いたことも多くあるが、今はちょっと思い出したことを言うのである。さらに思い出すのにまかせて、また言うつもりである。

城北埼玉高等学校

問題 P.344

解答

一 問1、甲子園常連の商業高校に進学したかったのに、商業高校に見合った偏差値以上に成績が上がりすぎてしまった(49字)　問2、エ　問3、必ず迎えに来ると約束したのに迎えに来ることができず、結局パインに嘘をついたことになってしまったから。(50字)　問4、食ってしま　問5、エ　問6、色　問7、2歯　3肩　問8、磁石　問9、後悔

二 問1、(1)たいとう　(2)せきはい　(3)ていさい　(4)封筒　(5)意図　(6)連絡　問2、(1)ウ　(2)カ　問3、(1)なさいません　(2)いらっしゃいましたら　問4、Ⅰウ　Ⅱア　Ⅲ夏目漱石　問5、Ⅰイ　Ⅱのれん

三 問1、大事な素晴らしい言葉はあたりまえの日常の言葉なのに、どこか別の場所にある特別な言葉だ(42字)　問2、つまり、わ　問3、有限なるもの、ささやかなものがじかに無限なるものにさわっているということ(36字)　問4、エ　問5、1イ　2ウ　3ア　問6、ウ　問7、イ

解き方

一 荻原浩「人生はパイナップル」(『それでも空は青い』所収)より。問1、「不覚」とは、油断をして失敗すること。直前の部分に、野球の練習の合間に勉強したおかげで「成績はどんどん上がって」「偏差値ってのがクラスでもトップクラスになってしまった」とある。偏差値が、自分の行きたい「甲子園常連」の「商業高校」の偏差値を大きく超えてしまい、周囲が「商業高校」への受験に反対するようになったのが、「不覚」だったのである。問2、ア『俺』と娘はやがて結婚した」、イ『俺』をかばってくれた女の子」、ウ「顔見知りだった二人」がそれぞれ本文と合致しない。問3、まず、解答の文が『俺』から始まっているのに注意。「俺」は、「じいちゃん」が使っている一人称であるから、「じいちゃん」の「懺悔」の理由を考えなければならない。「懺悔」は、過去に行った悪事を告白し、悔い改めるという意味の語である。傍線部の前の部分から、「じいちゃん」は、迎えに来るという「パイン」への言葉を守れなかったことを後悔しているのが分かる。問4、傍線部の「食いたくない」ものは、「パイン」からもらった焼き菓子。もらってから「肌身離さず持っていた」その焼き菓子を「食えなかった」のは、「食ってしまったら、あの子との日々も消えてしまう。」と考えていたからである。問5、ア「面倒くさかった」…コントロールと、……キャッチできるところを見せるいい機会だ」、イ「じいちゃんを誘った」がそれぞれ不適。ウ「高齢者起業セミナー」に対する「猛反対」は、「じいちゃん」の歯切れの悪さに対して「ぼく」が推測している理由の一つである。また、じいちゃんは「ぼく」の志望に反対はしていない。問6、賛成できない素振りを見せることを、「難色を示す」という。問7、体の一部を用いた慣用句は多いので、しっかり確認しておこう。問8、二つめの空欄直後に「極がさかさま」とあり、「抱き合っていた」二人が「離れた」とある。向かい合う極によって、くっついたり離れたりするものは、磁石である。問9、問3にもあったように、「じいちゃん」は過去の出来事に対して、後悔している。空欄前にある「後にも先にも」の「後」と、「懺悔」の「悔」を組み合わせた、「後悔」が当てはまる。

三 大岡信「言葉の力」(『世界』主要論文選1946－1995』所収)より。問1、この傍線部が指している一例は、語彙が貧弱だと言う人のことである。この人は、傍線部前にあるように「どこか別の場所に、……誰が見ても素晴らしいという特別な言葉」があると考えており、それを持っていないから詩を書けない、と言っている。それに対して、筆者は冒頭から三文めで述べているように「大事な素晴らしい言葉というのは、……あたりまえの日常の言葉なんだ」と考えている。「野望」は、身のほどをこえた大きな望み、「紛糾」は、意見や主張などが対立してもつれること。つまり、「大事な素晴らしい言葉」は「日常の言葉」で、すでに持っているのだから、本来問題はないはずなのに、「大事な素晴らしい言葉」は「特別な言葉」だと考え、それを持ちたいと望むから、かえってすんなりといかないのである。問2、傍線部あとに「なぜそういうことが生じるのだろうか。結局のところ、事柄は次の一点に帰着するだろう。」とあり、さらにその直後に「つまり、……氷山の一角だということである。」が見つかる。問題文の「比喩的に述べられている」という指示にも合致する。問3、傍線部あとに「考えられるものが……さわっていることは、言いかえれば」とあるので、そのあとの部分を書き抜けばよい。問4、傍線部あとに、「コミュニケーションは訳せば『伝達』とか『通信』という意味だが、人間の気持というものはそんなに簡単に伝わるものではない」とある。問5、1空欄直後の部分を見ると、「これを押して言えば、……しないほうがいいとさえ言えるのではないか。」とあるので、前の内容に付け加える「さらに」が入る。2前後を見ると、「拒絶的な態度」が「鮮烈に考えや気持を伝えることができる」となっていて、一般的に想定される結果とは反対のことが起こっている。3空欄の前後は言い換えになっている。問6、最初の空欄Aの前には「ある思いを簡単に伝える」とある。「簡単に伝える」は、前の段落でも何度も用いられており、その前には「より早く、広く伝わる」とも書かれている。正解はウの「能率」。三つめの空欄に当てはめると、能率だけを考えて生きることは幸せではない、となる。これは、人間にも言葉にも「少

し別の暗闇」や「薄くらがり」があり、「誤解の余地が常にある」、つまり非効率的なところに人間らしさがある、という筆者の主張とも合致する。問7、イ『コミュニケーション』という言葉の中には……『人の心と心のふれ合い』という意味も含まれている」が不適。その他は全て本文内に確認できる。

昭和学院秀英高等学校

問題 P.349

解答

一 1、A過程　B稼　C摂取　D没頭　E回避　2、ア　3、イ　4、Ⅰア・オ　Ⅱ以前は自分の能力不足を自分で補う営みから、現在は関係そのものを楽しむ自己充足的な人間関係の構築によって補う営みになった。(60字)　5、ア・エ　6、オ　7、ウ　8、素質や環境の差異は、社会的構造によって作られているにもかかわらず、生得的な宿命であるという思い込みに現代人が陥っていること。(62字)

二 1、Ⅰイ　Ⅱオ　2、Ⅲコ　Ⅳエ　3、オ　4、私は価値のない生活用品でつまらないものと思っているが、父は持ち込んだ人の思いが込められた大切なものと思っている。(56字)　5、由緒正しい　6、ウ　7、好き　8、遠い昔に生まれ、人の手を伝ってここまでたどりつき、やっとめぐりあえた品物が、その品物にまつわるさまざまな物語を私に向かって語りかけてくるように感じるということ。(80字)　9、イ・カ

三 1、たくさん　2、いわんや　3、ウ　4、b・c　5、イ　6、雉にあ　7、エ

解き方

一 **土井隆義『宿命』を生きる若者たち　格差と幸福をつなぐもの」**より。4、Ⅰ傍線部の二つあとの段落に「社会の高原化によって……超越的な目標を胸に抱きにくくなった」とあることからアが、その次の段落で「現在の若者たちは、シェアの世代」と言われ、「クルマが必要になったら……借りればよいと考え」ていることからオが選べる。Ⅱ傍線部のあとの三つの段落で、本来は「その能力の足りない部分を補う営みこそ、努力」という意味であったが、現代の若者の「他者とのつながりによって補おうとする(＝人間関係を新たに構築する＝三つめの段落)営みも、また努力の一つのかたちといえる」し、それは「関係そのものを楽しむ自己充足的な人間関係を紡いでいくこと」だと述べていることに着目。5、傍線部の前の段落で述べられている「恵まれた成育環境になければ、その才能に目覚めることは難しかった」「その環境も、社会制度の設計いかんでいかようにも変えていける」とあるのに合うのはア。また、エの前半は傍線部前の「現代の若者たちに見られる人間関係のマネジメント力の高さ」とあるのに合致するし、その若者のマネジメント力は「生得的な素質などではなく、社会化による産物」なので、当然「社会の変容次第で……低下する」ものだと言える。6、なぜ、望ましい現象でないのか。それは傍線部直後の「それもまた認識論的誤謬」、つまり、傍線部の二つ前の段落から述べられているように「本来は社会構造的な背景から生まれた格差でありながら……個人的な理由にもとづいたものであるかのように錯覚している状態」の一側面で、「排除されていることを当事者に意識させないような排除」なので、「自分の宿命」として「納得をもって淡々として迎え入れて」しまっているから望ましくないのである。7、ア・イ・エ・オはいずれも若者が周囲に呼びかけ、それに人々が賛同することである運動が始まった例だが、ウはそのような人間同士のつながり、傍線部前の段落で言われている「新しい人間関係の構築」とは無関係の例である。8、「落とし穴」は、実際はAであるのにBだと思い込むことの比喩。二重傍線部の次の文を生かして説明すると、「素質や才能の多くも、じつは与えられた社会環境のなかで……格差をともないながら、再生産されてきたもの」なのに、現代人がそれを「生まれ持っている」ものだという思い込みに陥っていること、となるが、これだと「65字以内」という制限字数をオーバーしてしまうので、同様の趣旨を、「天才的なピアニスト」や「人間関係のマネジメント力の高さ」を持った「現在の若者」の例を挙げた段落から簡潔に述べた語句を探してまとめること。

二 **宮下奈都「スコーレNo.4」**より。3、「うちが食べていける」とは、古道具屋が商売として成り立つという意味で、そのためには古道具(商売の中心はいわゆるリサイクル品ではなく骨董品)を売り買いする客が存在しなければならず、そのような骨董品を所持している人や価値を認めて買う人がいるのは田舎ではなく、一定以上の文化水準と富を持った都会でなければならない、というのが父の理屈であろうが、「私」には自分の商売を基準として考える父のそんな発想が面白かったのである。アには父がそう考える理由が書かれていないので、根拠が書かれているオのほうが適切。4、傍線部の一文の「どうしてああいうものを置くの」という口調には、「ああいうもの」に価値を認めず、つまらないものだと思う気持ちが感じられる。そう感じるのは、それらが骨董品ではなく直前の段落にある「生活の塊」、つまり日用品、生活用品だから。父の言う「ああいうもの」は、夫の遺愛の壷を持ち込んだ婦人のように、「その品に込められた思いや、それを自分がどんなに大事にしてきたか、滔々と語っていく」ことから考える。5、「素性」は家柄や血筋、生まれ育った経歴のことだが、ここでは転じて、伝来の由緒、由来のこと。いつ、誰によって作られ、どのようにして今に伝わってきたのかはっきりしない甕、ということ。ものごとの起こりと、今に至るまでのいきさつのことが「由緒」で、「由緒正しい掛け軸」は、いつ、誰によって描かれ、どのようないきさつを経て伝わってきたかがはっきり分かっている掛け軸、の意。6、アは「私の中のあらゆる欠点を探し出してとがめようとする」が、イは「私の審美眼のつたなさが責められているように」が、オは「私という存在にも値をつけている」がそれぞれ不適。また、エは「他人に向けるときの冷ややかさの中に」が、傍線部直後の「…冷ややかさを想像すると……家族にそんな目を向けることなどないのだけど」と矛盾。7、二つめの空欄直後の「一生かけて見続けるなんてこと」ができるための条件は何か。「伊万里の赤絵皿」に見入る「私」に父が、「へえ、麻子はそれが好きなのか」と声をかけたこと、父が「品物の講釈をする」(次段落)のを聞き、「父はこれが好きなんだ」と「私」が思ったことから考える。8、傍線部直前の段落にある「遠い昔に生まれ、人の手を伝ってここまでたどりつき、やっとめぐりあえた品物が……私に向かって心を開く。」ということ。「私に向かって心を開く」とは、その品物が自分に関するさまざまな話を「私」に向かって語りかけているように感じるということである。9、アは「具体的に」が誤り。感覚的な表現であり、これらの比喩からは実際の川の様子は分かりにくい。点線部Cの「どんどん出ていったり入ってきたりすることがない」の主語は「商品」であって「客」ではないので、ウも不適。エの「憎らしげに」も誤り。「婦人」は

「ご主人」の思い出をなつかしげに語っている。オの「唐代の水瓶」「根来塗りの盆」「備前の皿」は品物の種類、名前を言っているだけで、「具体的に描写され」ているとは言い難い。「フルドーグヤ」「コットーヒンテン」と片仮名書きにしてあるのは、耳で聞いてその語の発音は分かったものの、意味も漢字も分からなかったからなので、イは合っている。また、カも点線部Hのあとの「私はそれが楽しかった」「父からの熱がじかに私の肌に伝わってくる」などとあるのと合っている。

三「**今昔物語集**」より。3、「人などを以て……渡らせたまへれば」が、そう考えた理由。4、「それ」は直前の「次なりける鷹」を指しているが、aは前にある「第一にして持たりける鷹」を、dもやはり改めてもらい受けた「第一にして持たりける鷹」を指している。5、「つたなくて」は「下手で」の意。「え……ざり」は「…できない」という不可能を表す文型。6、雉を追わせると「五十丈」を過ぎないうちに仕留める鷹だったのである。

通釈　忠文が驚き慌てて、急いで出迎え、「これはいったいどんなご用で思いがけずいらっしゃったのですか」と尋ねると、親王は、「(あなたが)鷹をたくさん持ちなさっているということを聞いて、一羽いただこうと思って参ったのです」とおっしゃったので、忠文は、「使いの者をもっておっしゃればいいことを、このようにわざわざいらっしゃったのですから、どうして差し上げないことがございましょうか」と言って、鷹を与えようとしたが、鷹をたくさん持っている中で、一番大事にして持っていた鷹は、世に並ぶものがないほど利口な鷹であって、雉に合わせると必ず五十丈以内で仕留める鷹なので、その鷹は惜しんで、次によい鷹を取り出して与えた。それもよい鷹ではあったけれども、第一の鷹に肩を並べることはできなかった。さて親王は、鷹を手に入れて喜び、自分から(手に)止まらせて京にお帰りになったが、途中で雉が野に伏しているのを見つけ、親王は、この手に入れた鷹を放ったところ、この鷹は下手で鳥を捕まえることができなかったので、親王は、「このように下手くそな鷹をくれたことだ」と腹を立てて、忠文の家にひき返し、この鷹を返してしまったところ、忠文が鷹を手にして言うことには、「これはよい鷹だと思って差し上げたのですが。それでは別の鷹を差し上げましょう」と言って、「このようにわざわざいらっしゃったのですから」と思い、あの一番いい鷹を与えた。親王は、またその鷹を(手に)止まらせて帰ったが、木幡の辺りで試してみようと思って、野に犬を放って雉を狩らせたところ、雉が飛び立ったのでその鷹を放ったところ、その鷹はやはり雉を仕留めないで飛んで雲の中に入りいなくなってしまった。それで今度は親王は、何もおっしゃらずに京に帰りなさった。

　このことから考えると、その鷹が、忠文のもとにいるときはこの上なく賢かったのに、親王の手許にいるときは下手くそで飛び失せてしまったのは、鷹も主人のいかんを分かっているからである。だから、心ない鳥獣であっても、もとの主人を分かっていることはこのようなものである。ましてや道理の分かる人間の場合はなおさらであり、これらのことに思いをいたし、専ら自分を知ってくれる人のためにはよく尽くすべきである、とこう語り伝えているということだ。

巣鴨高等学校

問題 P.356

解答

一 問1、a細分　b交　c睡魔　d忙殺　e事典　問2、(1)ア　(2)ウ　問3、エ　問4、イ　問5、(1)その中には　(2)全体として〜超えている(点。)　(3)得た洞察がふたたび現実のコンテクストに戻しやすく、その後の生活で大きな意味を持つ(40字)

二 問1、イ　問2、おいしくない　問3、エ　問4、ア　問5、おわりて　問6、エ　問7、イ・ウ・オ　問8、ウ

解き方

一 **梶谷真司「考えるとはどういうことか　0歳から100歳までの哲学入門」**より。問1、e「事典」は事柄や物事を表す言葉を集めて、その説明をしたもの。百科事典や人名事典などがこれにあたる。一方、「辞典」は言葉を集めてそれぞれの表記や発音・意味などを記したもの。国語辞典・英和辞典などがこれにあたる。この場合は哲学研究に関する語を集めていると言えるから、「事典」となる。問2、(1)傍線部直後の段落に「誰しも、物事を突き詰めていったり、深く悩んだり傷ついたりすると、いわゆる哲学の問いにぶつかることはある」とあるのに着目。イは「普通の人が現実生活で物事を突き詰めても考えつかないほど」が不適。ウは「正しく生きるための指針となる道徳的な問い」が不適。エは「大学において深く論じられるようになった」とあるが、哲学の研究の場は大学だけではない。(2)第四段落に「専門的な哲学の問題は、結局のところ、誰にとってもほとんどの場合、実生活には関係がない」から、正解はウ。アは「哲学の世界で認められる人」が、イは「一読して把握できる人」が不適。エはその都度処理するのでは哲学のレベルまで達していない。問3、傍線部の前の段落に「たとえば『他者』とは友だちであり、親であり、……目の前にさえいない赤の他人、不特定多数の人である」とある。これを傍線部の直後にあるように「一般的で抽象的」な言い方をすると「他者」になるのである。問4、傍線部直後の段落に「哲学の問題といえども、たとえば……文献学的なことは、かならずしも哲学的とは言えない。」とある。イで疑問に感じていることは、教育史的な事柄であり、答えは一つ決まっている。問5、(1)具体的な問いであるから、「今日は何を食べるのか？　食事の材料をどこで買うか？　テレビは何を見るか？　どの授業が退屈か？　誰にメールを送るか？　等々。」(「その中には…」で始まる段落)がそれにあたる。(2)傍線部直後に「哲学の問題が、現実の文脈から切り離され、個別のテーマに分かれていることは、学問として純粋で専門的に高度であるためには必要だろう。」とあるように、哲学的な問いはテーマ別に分かれている。一方身近な問いは、「これは哲学の…」で始まる段落に「体や生活と同様、現実には哲学の問いのような区分はない。」とあるように、テーマごとに分かれていない。このことを指摘した部分は本文中に「実生活の問いは、もっと具体的で複合的で錯綜しており、いくつもの問いが絡み合っている。」(「実生活の…」で始まる段落)と、「全体としては、いろんな問題が複雑に絡み合い、哲学の問題として考えられることをはるかに超えている」(「こうした…」で始まる段落)がある。どちらも「点」とつなげることは可能だが、前者は40字、後者は47字であるから、後者を抜き出すのがよい。(3)最後の一文に「だから、いわゆる哲学の問題を考えることよりも、自分自身の問いをもつことのほうが重要なのである。」とあるから、この前に述べられている最終段落の部分をうまくまとめればよい。

三 **無住「沙石集」**より。問1、「きはめたる」は「この上ない、はなはだしい、大変な」という意味。問2、酒に水を混ぜ

ているのであるから、酒が薄まってしまう。「うすい」だと3字で指定された字数に対して少ないので、「おいしくない」とするのがよい。問3、人々が訴えのなかで「酒に水入れて売るが、罪なる事、こまやかに仰せられ給へ」と言っているのに着目。「酒に水を入れる」、つまり酒を薄めて売っているのだから正解はエ。イ水を酒だと言っているわけではない。問4、イ「民衆が少なからず不満を持っている」のは、嘘ではなく本当のこと。ウ「酒が足りなくて困っている」との記述は本文中にはない。エ「そこまでではないと思いつつ」とあるが、傍線部③のところで問題意識を民衆と共有しているから、不適。問6、このあとで、能説房が「普段は水っぽい酒なのに、今日は酒っぽい水である」と言っているのに着目。尼公は「酒に水を入れるのが罪だと知ったので、水に酒を入れた」と言っていることから、自分自身のことを言っていると考えられる。問7、能説房の説教を受けて「[ア]に[イ]入るるは罪と仰せられ候ひつる」と言っているので、アに酒、イに水が入り、ウとエは入れるものと入れられるものを逆にして、ウに水、エに酒が入る。「是は[ウ]に[エ]を入れて候ふ」を実際にやって見せているのが、「大なる桶に[オ]を入れて、[カ]を一ひさげばかり、入れたりける。」なので、オは水、カは酒と考えられる。問8、ア「今昔物語集」は平安時代、イ「万葉集」は奈良時代、エ「若菜集」は明治時代の成立。

通釈 嵯峨〔今の京都市右京区〕に、能説房という説経師がいた。随分と弁の立つ僧であった。隣に酒屋の金持ちの尼がいた。能説房は、大変な酒飲みで、もらったお布施は、全て酒代に使ってしまっていた。ある時は付けで買って、お布施をもらうと支払いに充てていた。

この尼は、仏事をすることがあったときに、能説房を講師として招いたところ、近所の者たちは、これを聞いて、能説房に申し上げることには、「この尼君の、酒を売りますのにひとつ難があることに、水を入れていますので、思うほどおいしくない。今日の御説法のついでに、酒に水を入れて売るのは罪だと、丁寧にお話しください。我々のためにもそのようにお願いしたい」という。

能説房が申し上げたことに、「それぞれがおっしゃるより前に、私もそう気づいておりました。今日、日頃の〔尼君の〕不満を言おう」と言って、仏経の解釈はほどほどにして、酒に水を入れることの罪悪について考えまとめ上げて、多少は根拠のないようなこともこまごまと言った。

さて説法が終わり、尼君が、そのあたりにいた聴衆たちを皆呼んで、大きな桶に、なみなみと酒を入れて、取り出して〔皆に〕勧めた。能説房は、上座に座って、盃を取り上げて呑んだ。この尼君は、「思慮が足りなかったことでございますよ。酒に水を入れるのは罪であるのも知らないで」と言うと、「水が少し入っているのでさえもよし、今日はなんとよろこばしいことだ」と思うところ、能説房は、「あっ」と言ったので、「どれほどよいことだろうか」と、感じ入る声かと聞いていると、「日頃は少々水くさい酒であったのでございますが、これは、少々酒臭い水でございますのは、どうしたことです」と言うと、「そうでございます。酒に水を入れるのは罪とおっしゃられましたので、これは水に酒を入れたものでございます」と言って、大きな桶に水を入れて、酒を小さな容器に一杯分ほど入れた。この尼君は、面白さを感じる心持ちでしたのだろうか、また、本気でしたのだろうか。

高田高等学校

問題 P.359

解答

【二】問一、エ　問二、ア　問三、オ　問四、ウ　問五、ウ　問六、オ　問七、エ　問八、ア　問九、ウ　問十、オ　問十一、イ

【三】問一、ア　問二、エ　問三、エ　問四、オ　問五、ウ

解き方

【二】**豊島ミホ「檸檬のころ」**より。問一、表現を問う設問。空欄前後の文脈から判断する。Ⅰは直前の「せわしなく帰ってきたお母さんが」とある点から母が急いでいる様子が、Ⅱは直後で手伝いを頼まれたくなくて「後ずさりして」いる点から「私」が母に見つからないように用心している様子が、Ⅲは前後で「こなくていい」と母に「いい残して」「二階に上がった」点から母に対してそっけなく対応する「私」の様子が分かる。問二、傍線部前後では、「私」が「上京」するというのに、「家の中も、いつもと変わらず、母も「最後の家族ディナー」だというのに、みそ汁」を作り「私の好物でも何でもな」い食事を用意するばかりだ。しかし、その後「私」が部屋に戻ると、父も母も息をひそめた声で「子どもって、いなくなるためにいるのかしら」と声を交わすのである。父も母もつとめて「いつもと変わらな」いように振る舞っているのである。問三、「大仰」は「おおぎょう」と読み、「おおがかり、おおげさ」の意味。問四、傍線部の段落にあるように、「私」には、兄は「家族の中でも浮き気味で、離れる時も特に感慨はなかった気が」したが、家を出る時に兄は「なかなか歩き出さ」ず、「やっと歩き出」すと「振り返って私に手を振った」。その兄の姿を「一人暮らし」をする今の「私」は自分と重ねている。「出ていく兄に…」の段落にあるように「やっぱりここは『ウチ』のままだったのかもしれない」と。したがって、兄も「私」と同じく「ウチ」で生活してきたことを思い返していると捉えることができる。問五、「妙な感じ」は兄が出ていった時に「私」が感じたことである。すなわち、傍線部の三段落あとにある「兄さんがいない。本当に、いない。」という「残された私」の思いである。問六、空欄直前の「それに気付いて、初めて不安になった。」に着目する。「それ」が指しているのは、「私が出ていったら」父も母も、兄が出ていったときに「私」が感じたように、「加代子がいない」と思うだろうということである。したがって、オの「自分がここからいなくなるのだ」が正しい。問七、傍線部前の内容を踏まえる。「私」は、「ベッドに入っ」て「眠る前に考えていたさまざまのこと」を「思い出した」のである。したがって、アは「明日も思い出として美化」が、イは「明日は来ないと絶望的な気分」が、ウは「楽しいことばかり思い出した」が、オは「上京後にも続くかもしれない明日に思いをはせる」がそれぞれ誤り。問八、「私」は「子どもって、いなくなるためにいるのかしら」という、父母の「ひそめた二人分の声」を聞き、涙を流しているのだ。問九、傍線部直前の「兄の真似をして家を振り返ってみようかとも思ったけれど、泣くのが怖くてしなかった。」と、その前の「兄の時ほど往生際が悪くなく」に着目する。「私」は泣きそうになる気持ちを押さえるために駅に向かって歩いているのである。問十、空欄直前の「真っ白だった山は、ところどころ土が見えて」を踏まえると、雪の「白」と茶色の「土」がまだらに混じり合っている様子を表していることが分かる。問十一、「息はもう白くなかった」と「街は既に明るかった」から、「早朝」の時間帯は過ぎており、「一人暮らし」で「私」が上京する時間が近づいていることが分かる。

【三】**「十訓抄」**より。問一、「よき」は形容詞「よし」の連体形で、

「立派だ・美しい・すぐれている」という意味。問二、「所置く」は連語で、「遠慮される」という意味。「所」は心の「距離」を表すのである。問三、「かかれど」は直訳すると、「このようではあるけれど」という意味。したがって、逆接の「ところが」があてはまる。問四、「ぞ」は係り結びの一つで、結びの言葉は、連体形になる。係り言葉「ぞ」「なむ」「や」「か」は連体形に、「こそ」は已然形で結ぶと覚えておこう。問五、本文で「好ましい」とされているのは、傍線部③以降の後半部である。前半部で述べられている他人から距離を置かれて立派だと思われることよりも「好ましい」のは、「ひたすら心が乱れるときには乱れ、その時に従って冗談をいったり、おもしろいことに笑ったりする」ことである。つまり、他人との関わりの中で自分の心を動かす「柔軟さ」が「好ましい」と述べているのである。

通釈 すべて、人の振る舞いは、重々しく言葉が少なく、他人を軽く思わず、他人に軽く思われず、おろかしいことを笑わないで、ふざけることを好まず、おおらかにおとなびて、振る舞っていれば、心の中は分からないが、立派な人だと見られて、他人にも敬われ、距離を置かれるのである。ところが、これは心引かれて、好ましいというわけではない。ひたすら(心が)乱れるときには乱れ、その時に従って、遊び興じたり、おもしろいことに笑ったり、人と(別れる時)の名残を惜しんで、友人のいうことを聞く気持ちを持って、この上なく(すばらしいと)思われた時に、利徳が多いものだと、昔の人は、多く思っているのである。

拓殖大学第一高等学校

問題 P.362

解答

一 問一、①イ ②イ ③ウ 問二、④はやがてん ⑤ひょうしょう ⑥いちごいちえ ⑦ふっこう ⑧したて 問三、⑨エ ⑩ア

二 問一、オ 問二、で生きることである。問三、エ 問四、以前とは違～たどり着く 問五、ア 問六、オ 問七、オ 問八、ウ→ア→イ→エ 問九、エ 問十、1× 2〇 3× 問十一、(1)a失った事実～つけていく(こと) b喪失とともに～幅させない(こと) (2)喪失を経験した者同士が体験や感情を共有することで、自分で問題を整理する(こと)(35字)

三 問一、ア 問二、ウ 問三、ウ 問四、女が男との約束を破り、男の姿におびえて逃げたから。(25字) 問五、わが容～いかに(**または**恐れむ) 問六、のきぬ 問七、イ 問八、もちいたまわずして 問九、ア

解き方

二 **坂口幸弘「喪失学 『ロス後』をどう生きるか?」**より。問二、「すなわち」とあり、喪失体験から「立ち直る」ということや、喪失からの「回復」についてまとめているので、それらについて述べた段落の末尾で、かつ、「適応」ということに話題が転じる段落の前に入るはず。問三、筆者は「喪失への適応」が必要であることを述べているが、その内容を説明したのがエ。アは「周囲からの期待に応える」「喪失から『立ち直る』べき」が、イは「喪失前の生活への回帰」が、ウは「喪失体験を消去し」が、オは「もとのよい状態への『回復』を目指す」が、それぞれ不適。問四、「喪失以前と同じ状態に戻る」のは、喪失から立ち直ることや喪失からの回復で、それと対義的に述べられているのは「喪失への適応」である。そのような語句を「十七字」で探すと、「喪失への適応」を「旅」にたとえて説明した段落に、「以前とは違う新しい場所にたどり着く」というのがある。問五、喪失の経験をした人は泣きたくなかったわけではなく、悲しくなかったわけでもない。悲しく泣きたい気持ちを抑え、我慢していたのである。それが「(中略)」直後の段落以降にあるように、「重大な喪失を経験した者同士」が「普段の生活では話せないことも安心して話せる(＝仲間からの支援と信頼を感じられる)場」で「体験や気持ちを語り、分かち合うことを通して」「喪失にともなう複雑な感情が解かれ(＝解放され)」て、「初めて泣けた」のである。問六、図1の説明部分から考える。喪失体験の直後には濃く濁っているがやがて薄れていき「自分が回復したことを感じ」るものの「沈殿し」て残っていて、「何かのきっかけによって」再びよみがえってきたり薄れたりを繰り返すものであることが分かるが、それを「この図を描いた遺族は、『悲しみは底に沈んでいるだけ。消えてなくなることはない』と話している。「悲しみ」とはつまり「悲嘆」のこと。問七、図示するのは、他人に「グリーフを説明する」ため。図2を描いた人は、それによって「実際に歩いている道を見つめるようになった」と述べているが、これは「自らの喪失体験を客観視」するようになったということ。また、「死を受けとめた」とは、喪失を「受容」したということである。問八、図2を参照しながら、子が亡くなったあとの遺族の心理を時系列を追ってたどっていくこと。ことの始まりは、子との「死別」なので、ウが最初になる。ここでまっすぐ進む「はずだった道」、右に大きくカーブする「今歩いている道」が別れる。アの「その後」は子との死別のあとを指しているので、「ウ→ア」とつながる。エの「けれども……『本当なら』という言葉も減っていく。」という文と逆接でつながるのはイの「『本当なら今頃は……と考え続ける。」なので、「イ→エ」になり、「ウ→ア→イ→エ」というつながりが確定する。問九、子を亡くした悲しみを表す、ボールの傷口の大きさに着目する。傍線部あとにあるように、「もぎ取られた傷口は……そのままだが、「本体のほうを大きくする努力」をし、「器を大きくすれば傷口の比率は小さくなって」いったのを表しているのはエの図。問十、1は「(中略)」の二つ前の段落にある「喪失に適応するためには……拭いきれぬ思いをいかに消し去るのかが大事なのではなく」とあるのと矛盾。3は「喪失体験を図示する」のは、最後の一文にあるように「自分と向き合い、気持ちを整理する」ためなので、「相手の気持ちと向き合う」が不適。2は「(中略)」の前の段落の内容と合致する。問十一、(1)当事者が「適応」するために必要な条件は「(中略)」の二つ前の段落に、そのために必要な社会の姿勢は「(中略)」の一つ前の段落にそれぞれ述べられているので、制限字数を手がかりに探す。(2)「(中略)」のあとで「重大な喪失を経験した者同士が……体験や気持ちを語り、分かち合うことを通して」、「その目的は……自分で解決あるいは受容していくこと」と述べられていることや、末尾の段落で、「みずからの喪失体験を……共有することは、自分と向き合い、気持ちを整理する機会となりうる」と述べられていることに着目する。

三 **源俊頼「俊頼髄脳」・「今昔物語集」**より。問一、冒頭の「あひすみて、年来になりにけれど、昼とどまりて見ることなかりければ」がその理由である。結婚して長年になるのに、昼とどまって顔を見せようとしない男に対し、その愛情を疑ったのである。問二、A「男」「言ひければ」のあとなので「女」。B「その夜、また来たりて」……「と言ひ」とあるので、来た男。C「女これを……契り」とあるので女。D「帰り給ふを、女」とあるので、帰ったのは男。問三、「うとまし」は「気味が悪い」の意。男の本体が蛇であったことを気

味悪く思っている。「ながら」は逆接の接続助詞。「恋しからむ事」は、長年夫婦であったので、逢えなくなったら男を恋しく思うであろうということ。女の心は二つの相反する気持ちの間で揺れ動いている。問四、傍線部あとの「さばかり申し事を用ゐ給はずしておびえ」て「逃げ去りぬ」(傍線部前)ことがその理由である。問五、男は、「わが容姿見ては、さだめて怖ぢ恐れむ」ことを心配して、女に「決しておびえないでください」と言ったのである。問六、「おびえ(おびゆ)」は「おびえる、こわがる」の意。女が蛇をこわがってした行動を探す。「のきぬ」は「退きぬ」で、「離れた、距離をおいた、逃げた」の意。問七、Ⅰでは男が「…まことに道理なり。我も……恥なきにあらず」と言い、「契りて、泣く泣く別れ去」ったこと、Ⅱでは男が引き止める女に箸を突き刺して死なせてしまったことから考えて、イが適当。天皇は女の親なのでアは不適。ウの「男をなじる女の姿」は書かれていない。問八、「ゐ」はワ行イ段の仮名。語中・語尾の「は・ひ・ふ・へ・ほ」は「ワ・イ・ウ・エ・オ」と読む。問九、アのみ江戸時代の成立。

多摩大学目黒高等学校

問題 P.366

解答

一 ①追随　②凝　③警鐘　④擁護　⑤誘致　⑥びこう　⑦みすい　⑧しょうあく　⑨ぶぎょう　⑩れいさい

二 問一、①3　②3　問二、③4　④6　問三、2・5

三 問一、㋐4　㋑1　問二、山びめ　問三、2　問四、2　問五、5　問六、4

四 問一、イ4　ロ2　ハ1　ニ3　問二、感覚の喪失　問三、1　問四、4　問五、3　問六、いっさいの価値体系の根拠に対する問い。(19字)　問七、虚無

解き方

二 問一、①「順位が前回の調査と比べて最も上がったのは」とあるので、「資料1」の「OECD加盟国中の順位」の欄を見て前回の調査と比べればよい。二〇〇六年と二〇〇九年の差が7位でいちばん大きい。②同様に得点の欄を見ると、やはり二〇〇六年と二〇〇九年の差が22点でいちばん大きい。問二、選択肢のなかで、毎回十位以内に入っているのはフィンランドと韓国である。③は直前に「北欧の」、④は直前に「アジアの国」とあるので、③がフィンランド、④が韓国となる。問三、1は「二〇〇三年に下がったが、それ以降は毎回上がっている」とあるが、二〇一二年から二〇一五年にかけて下がっている。3二〇一二年のランキングではニュージーランドは十三位。4「すべての調査で二十位以内になっている」とあるが、二〇〇〇年では二十位までに入っていない。

三 『御伽草子』より。問二、傍線部③のあとに、「としたけたる人にかたりしに、『それは山びめといふものならん。…』とかたる」とある。語った内容はこの体験であるから、女の正体は山びめであったことが分かる。問三、傍線部の直前に「くちびる」、直後に「ゑめる」とあることから、笑うときの様子を表した言葉であると推測される。問四、「なを／すさまじく／ぞ／あり／[X]」と品詞分解でき、強意の係助詞「ぞ」が入っていることが分かる。係結びの法則により、「ぞ」を受けて文末が連体形になるので、過去の助動詞「けり」の連体形である「ける」が入る。問五、傍線部の前の「てつぱうとりなをし、……さらぬていに笑ふ」を受けて「おそろしく」感じているのである。1は「とつぜん自分にむかっててっぽうをうってきた」の記述が本文中にない。2は「今まで見たこともないほどに美しい人」であることが、恐ろしいと感じた理由ではないので不適。3は「動物とまちがえてうちころしてしまった」の記述が本文中にない。4は「自分よりもうまくてっぽうを使ってみせた」とあるが、女性はてっぽうの弾を受け止めただけである。問六、「おらが春」は小林一茶の作品で、江戸時代の成立。

通釈 ある浪人が言うことに、備前の国岡山にいたときのこと、山家に行って遊んだ。そこの人が語ったことに、動物を狩るために、ある時奥深い山へ分け入ったところ、年齢が二十歳くらいの女のようなのが、目もとは上品で優雅であること世に類をみないほどである。色がすばらしい小袖を着て、黒髪がごくふつうにつややかで美しい様子は、また現実の人とも思えない。このように右も左も分からない山の中で、不安に感じたので、鉄砲を持ち直し、真正面を撃ったところ、(女は)右の手で撃った弾を取り、牡丹色の唇でにやと笑う様子は、なお恐ろしい。さて、ふたつ弾を入れ、手前へ素早く撃ったところ、これも左の手で取って、どうということはないというふうに笑う。このときに、「もう(自分にできる)手は尽くしてしまった。どうすればいいのだろうか」と恐ろしく、急いで帰ると、(女は)追いかけても来ず帰ってきた。その後、年長者に(女に会ったことを)語ると、「それは山びめというものであろう。気に入ると宝などをくれるという話だ」と語る。まさか宝を貰うはずもない。

四 真木悠介「彩色の精神と脱色の精神」(『気流の鳴る音　交響するコミューン』所収)より。問一、イ空欄の直後に『更級日記』では逆に」とあるから、逆接の「ところが」が入る。ロには直後に「反対に、こういうタイプの人間もいる。」とあるから、逆接の「ところが」、または別の事柄を添加する接続詞「また」が入る。設問文に「同じものを二度以上用いてはいけません」とあり、「また」はイには入らないから、ロに入れる。ハのあとに続く「フロイトは……パイオニアである」は、直前の「〈脱色の精神〉は近代の科学と産業を生み出してきた」ことの具体例であるから、「たとえば」が入る。ニは前後に述べられている事柄が両立しなければならないので、「しかも」が入る。問二、「脱色の精神」は「いつも冷静で、理性的で、たえず分析し、還元」(「われわれの…」で始まる段落)するのであり、「世界の諸事物の帯電する固有の意味の一つ一つは剥奪され解体され」(傍線部②の段落)ていき、「感覚の喪失」(次の段落)として特色づけられる。問三、脱色の精神の特徴は「われわれの…」で始まる段落に述べられているとおり。問四、抽象化されるということは、個別の特徴をなくすということであり、結果として「交換可能」になる。交換可能ということは、同じものとみなされるということである。1は「一つ一つの持つ意味が明らかになってくる」が、2は「分解された個々の『部分』を入れ替えてみたとしても、その諸事物の性質は変わらない」が、3は「個々の部分に価値が生じ」が、5は「これまで以上に価値の上での比較ができる」がそれぞれ不適。問五、aそれぞれのものが持っている意味という文脈だから、「内」が入る。b直後の〈人生の目的〉は、自分の中にはないものだから、「外」が入る。c前の方にある「神」「天皇」「富や権力や名声」はいずれもその人の内面にあるものではない。よって「外」が入る。問六、傍線部の直前「心まずしき近代人の生の意味への感覚を(c)部から支えようとするこれらいっさいの価値体系は、精神が明晰であればあるほど、それ自体の根拠への問いにさらされざるをえず」を受けて「この問い」としているので、この部分をまとめればよい。問七、「ニ

ヒリズム」とは、本当に信頼できる真理や価値はどこにもない、という考え方のこと。

中央大学杉並高等学校

問題 P.370

解答

一 (a)惨禍 (b)真面目 (c)譲 (d)損 (e)湧 (f)理不尽 (g)すた (h)やわ

二 問1、イ 問2、イ

三 問1、エ 問2、B 問3、オ 問4、エ

四 私たちは何でも自由に考えられると信じている。しかし、実際には文化によって決められた根拠のない思い込みに縛られて行動している。つまり、文化を研究し、心の限界を知ることこそが自由への第一歩なのである。(98字)

五 問1、イ 問2、ウ 問3、①ピラミッド ②民主的な核家族 問4、エ 問5、①商品化 ②脱商品化 問6、ア 問7、ウ 問8、ア

解き方

二 問1、「23パーセントは球技以外の競技である」とあるから、球技の割合は100マイナス23で77パーセント。また、「球技以外の競技のうち、もっとも加盟人数の多いのが陸上競技で、およそ39パーセントを占める」とある。23パーセントのうちの39パーセントは、8・97パーセントで四捨五入すると9パーセントである。問2、従来の領収書では合計金額が300円、9月以降の領収書では合計金額が301円になっている。アどちらの領収書でも消費税額は明示されている。ウ従来の領収書が税込み価格での計算、9月以降の領収書が税抜き価格での計算なので、税額と計算方法が逆の組み合わせになっている。エ合計金額は1円しか変わらないうえに、総額は増えており、「食料品の値段が相対的に下げられることになった」とは言えない。オなぜ税込み価格での計算から税抜き価格での計算に変わったのかは、資料や問題文からは読み取れない。

三 **武内確斎「絵本太閤記」**より。問1、歌の後半部分、「己が齢を君にゆづりて」に着目。松が枯れるのは不吉なことであるが、松の寿命を秀吉に譲って枯れたのだとすることで、秀吉の長寿を願うめでたいことに変えたのである。問2、Bの直後に「と申し上げければ」と謙譲語が使われているのに着目。また、さらにそのあとに「殿下可笑しく思し召し」とあり、主語が変わっていることから、ここで曽呂利の発言は終わっていることが分かる。問3、傍線部の直後に、「国々の大小名さては我が身のことを囁き申し上ぐるやと」とあるのに着目。自分のことを何か言っているに違いないと思ったのである。問4、曽呂利が私腹を肥やしたことについて、最後に「殿下これを聞こしめし、例の曽呂利が横着こそをかしけれとて笑ひ給ひぬ」とある。笑ってはいるものの、苦々しく思っているという記述はないので正解はエ。アは「曽呂利に黄金とらせよと仰せありければ」に、イは「殿下可笑しく思し召し、『汝が望みに任する間、心のままに嗅ぐべし』と仰せけるに」に、ウは「国々の大小名さては……囁き申し上ぐるやと、心もとなく思ひつつ内証より若干の金銀を曽呂利に送り、御前のとりなしよろしく頼み存ずる旨」に、オは「日ごとに贈り物山のごとく、俄かに徳付き福有の身となりけるとぞ」に一致する。

通釈 ある時(秀吉公が)特別に愛しなさっていた松の樹が枯れてしまったのを、秀吉公がよくなくお思いになっていたのを、曽呂利が伺い見てお祝いしたことには、

　御秘蔵の葉の色が変わらない松の木は枯れてしまいました。自分の残りの寿命を君に譲って

　秀吉公はご感心なさってよくよく祝い申してくれた、曽呂利に金を取らせようとおっしゃったところ、曽呂利は謹んで額を下げ、「ありがたき幸せでございます、このように申し上げるのも恐れ多いことではございますけれど、今ここでお金をいただくよりも、毎日君〔秀吉公〕のお耳を嗅がせていただけたならばお金をいただくことよりも(喜びは)勝り、ありがたいことでございましょう」と申し上げたところ、殿下は面白いとお思いになって、「お前の望みどおりにするので、心のままに嗅ぐがよい」とおっしゃったところ、曽呂利はたいそう喜び深くお礼を申し上げた、それより後、諸国の大名小名が登城して、(秀吉公に)お目通りする時には必ずこの曽呂利が、秀吉公のそばにいてお耳を嗅いでいるのを、諸国の大名小名は「さては私のことを何か囁き申し上げているのだな」と、不安に思って内密に若干の金銀を曽呂利に送り、秀吉公のとりなしをよろしく頼んだため、日ごとに(曽呂利のもとに届く)贈り物は山のようになり、急に裕福な身になったということだ、殿下〔秀吉公〕はこのことをお聞きになり、あの曽呂利のずうずうしいこととお笑いになった。

四 要約の基本は、具体例を抜くこと、筆者の主張など大事なところをつなげること、の二点である。第一・三・四段落は具体例であるから、省略することができる。そして、第二・五・六段落の筆者の主張の部分を指示に従ってつなげていけばよい。第二段落の「しかし私たちの心は本当に自由なのだろうか。」は、第三・四段落の具体例を経て第五段落の「このように、知らず知らずのうちに、私たちの心や行動を方向付けてしまうものが文化である。」という筆者の主張を提示するための疑問提起であることに注意。

五 **鈴木謙介「未来を生きるスキル」**より。問1、第二段落に「『お互いがお互いであること以外に関係性を保つ理由がない』のが純粋な関係性です」とあることから、正解はイ。アは「計算高くあることによって」が、ウは「制度や形式に則して、それぞれが社会的な位置を取得する」が不適。エは第一段落に「ここでの純粋は、心が汚れていないという意味ではなく」とあるので不適。オは「偶然結ばれた者達」が不適。問2、第八段落で投げかけた「いま家族の条件としてなにを残すのか——。」に対し、続く段落において「お互いが『家族になろう』と思って作ったという、その純粋な理由だけを残していくという話」と答えを述べているのに着目。問4、第十一段落(「そんな家族…」で始まる)に「これまで核家族で切れていた3世代がオンラインでつながって、孫にとって遠かったおじいちゃん、おばあちゃんが、自分のすぐ身近にいる高齢の家族として存在することもあり得ます。」とあるのに着目。バラバラになっていた3世代が再び繋がるということである。問5、第十八段落(「こうしたサポート」で始まる)に(教育や介護など、家族以外の誰かが担うことができる)「サポートのうち、お金での購入が前提となるサービスを『商品化』されたものと呼び、福祉のように権利として保障されているものを『脱商品化』されていると呼びます」とあることから考える。問6、「家族が持つ本質的な機能」とは、病気になったとき、家族に支えてもらうような「親密性」のことを指し、それは金銭では買えないものである。アのみが商品化され金銭で買うことができるものである。問7、後ろから四段落めに「『親密性』の有無が人生の質(QOL)を左右するにもかかわらず、それを再分配することはもとより、強制的に提供することもできないのです。」とあるのに着目。問8、ア「戦前の家父

長制の欠点を修正してできた『純粋な関係』」が不適。

東海高等学校

問題 P.375

解答

一 問1、A提唱　B滞在　C先見　D抜本　E繰　問2、3　問3、自然環境に優しいエネルギーを得ようとして逆に環境破壊を促進する点。(33字)　問4、1　問5、5　問6、2　問7、資本主義を前提とした社会から、一部の人間のために多くの弱者が犠牲にならないような社会に移行すること。(50字)　問8、5

解き方

一 **斎藤幸平「気候危機と世界の左翼」**(「群像」20年1月号所載)より。問2、「人新世」とは、人類の活動が、地球のあり方を変えるほどの重大な地質学的な威力となっていることを示す概念である。そして人類をそれほどまで駆り立てているシステムが、資本主義なのだという。その意味での「人新世」は「資本新世」と呼び換えてもよい、と筆者は述べている。つまり、「人新世」と「人類」、「人類」と「資本主義」という言葉のつながりが説明されているものを選べばよい。問3、「本末転倒」とは、大切なこととつまらないこととを取り違えること。「バイオマス」とは、「注」にもあるように、環境に優しいエネルギー資源であり、「バイオマス」を利用するのは環境問題解決のためなのに、その「バイオマス」の生産により、逆に環境が破壊されてしまうという皮肉な結果が生じるのである。問4、傍線部直後に挙げられている例から考える。「公共交通機関を充実させ、……充実させるべきではないか。そして……減らさなくてはならない。」という部分が、「資本主義的なロジックからの決別」を果たす変化の例である。一方、「テスラのSUVや太陽光パネルのついた一軒家を買う」というのは、「資本主義的なロジック」に適合する例である。すなわち、「資本主義的」とは、傍線部の前の段落にある「大量生産・大量消費のライフスタイル」なのであり、選択肢のなかでは、「白熱球」から「LED電球」に買い替えるという1が適合する。これはあくまで、資本主義的なロジックの枠組みのなかでの環境問題対策に過ぎないということである。問5、「プランBの惑星は存在しない」とは、地球が代替不可能な唯一の惑星である、という意味である。プランAの惑星(地球)が破壊されたらプランBの惑星に住めばよい、というわけにはいかない。だからこそ、「将来の世代へ地球を残すのは現代の世代の責任」であると傍線部直前に述べられている。問6、「規範的次元」とは、傍線部を含む段落の冒頭にある、「現在の放埒な……見なすべきなのか。」という問いを指す。資本主義を当たり前のものとして考えていると、こうした根本的な問いを「矮小化」してしまう、と筆者は言う。「矮小」とは、いかにも規模の小さいさま、という意味。気候危機を考える上で大切な問いが、小さく捉えられてしまうことを批判しているのである。このように考えれば、2のみが適当であることが分かる。問7、傍線部は直前の「誰も取り残されないような民主主義的な移行」の言い換えである。さらに、「誰も取り残されない」とは、傍線部のあとにあるように、「一部の人間だけが生き残るために、多くの人々が犠牲になるということがない」ことである。資本主義を自明視する既存の社会から、このような社会へ移行する必要がある、と筆者は主張している。つまり、「リバイアサン」の「注」にあるような、「弱者の犠牲を顧みずに……国家」ではない、弱者を取り残さない社会への転換が必要であるということ。問8、1「十分歯止めがかかる」が誤り。第四段落に書かれている。2「技術イノベーション」では環境問題は解決できない、と筆者は述べている。3「最早何ら有効性を持たない」が誤り。4「財源的な問題である」が誤り。5は本文の最後の一文に書かれている。

同志社高等学校

問題 P.378

解答

一 問一、Aオ　Bイ　Cエ　Dア　Eウ　問二、エ　問三、表現される対象と、表現している芸術作品　問四、エ　問五、ウ　問六、何を描いているのかさっぱり分からない(18字)　問七、ア　問八、エ　問九、丁寧　実写　洗練　著　塗

二 問一、エ　問二、Aエ　Bア　Cイ　Dウ　問三、(a)オ　(b)エ　問四、ウ　問五、(少女が)兄をこわがらず、家に遊びに来てくれ、「僕」に好意を寄せてくれる唯一の存在である(ということ。)(39字)　問六、オ　問七、ア　問八、オ　問九、倒　瞬間　歓声　飢　一目散

解き方

一 **稲葉振一郎「社会学入門〈多元化する時代〉をどう捉えるか」**より。問一、A冒頭でマグリットという画家を紹介し、空欄を挟んでパイプの絵の話題に転じているので、空欄には「さて」が入る。B空欄直前でマグリットの意図を仮定し、空欄直後、その仮定をもとにこの絵を分析しているので、「とすれば」が適当である。C空欄直前で、パイプの絵、人物画、静物画と順に例を挙げ、空欄直後に同様の例として小説を付け加えている形なので、「そして」が入る。D空欄直前で、絵画や小説に描かれる主題と、絵画や小説それ自体とは別のものであると述べ、空欄直後に、鑑賞者はその二つが別のものであることを「気にしない」とあるので、「しかし」が入る。E直前で芸術にとって「何かを描く」ことは本当に必要なのかという問題提起をし、空欄のあと、その問題を提起するにあたって当然踏まえておくべきことを付け加えているので、「もちろん」が入る。問二、傍線部の「何か」とは、表現される対象を指す。ア・イ・ウ・オはいずれも表現される対象の例であるが、エの「絵画」は表現している媒体の例なので、「何か」にはあてはまらない。問三、傍線部にある「主題」と「物語」は、その直後にある「パイプ」と「パイプの絵」にそれぞれ相当する。5段落ではさらに、表現される「何か」と「小説や絵画それ自体」と言い換えられる。そしてこれがひと続きにまとめられている箇所が、「表現される対象と、表現している芸術作品」である。また、傍線部の直後に、この二つは「互いに別物」であるとあり、同様に先ほど見た「表現される……芸術作品」の直後にもこの二つは「別のもの」であると述べられているので、文脈からもこの二か所が同じ内容であることが分かる。問四、5段落全体の内容を読み取る。アは「鑑賞者はそれらを同じものと考える」が誤り。イは前半が本文に合致しない。書き手は鑑賞者に主題を意識させるために、媒体としての作品を透明化しようと努力する、と本文にはある。ウは全体が誤り。オは後半部分が本文と合致しない。問五、筆者はモダニズム芸術を説明するために、傍線部の問題意識を提示している。すなわち、「何か」を表現することはそれまでの芸術の伝統的なあり方であったが、それは果たして芸術にとって必須であるのかと問うのである。まず7段落において、描く対象は

自由であると述べ、8段落では対象も主題も、実は必要ないのではないかと述べている。問六、傍線部直前の「そういう意味では」の「そう」が何を指しているかを考える。これは、さらに直前の「文学・小説には、……というイメージが」ある、ということを指す。そして、この意味では「まったく空虚」である、つまり内容がない、ということなので、「教訓」も「洞察」も「問題提起」も何もないということになる。すなわち、直前の段落の「何を描いているのかさっぱり分からない」という箇所が該当する。「…さっぱり分からないけれど美しい・おもしろい」というつながり方も、傍線部直後と同じである。問七、筆者は、1～5段落で、表現される対象と、表現するための媒体としての作品が別物であることを論じ、それを踏まえて6段落以降で、モダニズム芸術の考え方について述べている。それは、「何か」を描く、つまり対象や主題を描くのではなく、何を描いているのかさっぱり分からないものを描くのもまた芸術と言えるのではないかという考え方である。つまり、主題を描くための手段や道具ではない、ただの絵という「もの」そのものが芸術になり得るのではないかという主張である。これを説明しているのはア。「社会的価値とは無縁である」ことは直接には触れられてないが、「唯美主義」「芸術至上主義」が「似たような考え方」として挙げられていることから類推できる。問八、1・2段落では、マグリットのパイプの絵について、3～5段落では文学について述べている。6～8段落では、モダニズム芸術の考え方について述べ、9段落では、その考え方をさらに突き詰め、芸術における美とは何か、という問いを投げかけている。

二　**阿部昭「鵠沼西海岸」**より。問一、ア「仲間たち」は「聞き耳を立て」ているわけではない。また「強い憤りを覚えた」も誤り。イ「少女にだけは秘密にしておきたかった」が誤り。ウ「兄」に「悪意」があるわけではない。オ「兄を心配してくれる仲間たちのやさしさ」が誤り。仲間たちは「誰もその家に寄りつかなかった」と傍線部の段落の冒頭にある。問二、分かりやすい空欄から埋めていく。空欄Dの語はあとの「見られたくなかった」に係っていくので、「ふと」「きっぱりと」「さぞ」は入らない。あてはまるのはウの「もう」のみ。次に空欄Bの語は「思い出す」に係るので、アの「ふと」以外は入らない。同様に空欄Cの語が係っていくのは「拒む」であり、イの「きっぱりと」のみがあてはまる。また、空欄A直後の「むさくるしい」に係る語として適当なのは「さぞ」しかない。問三、(a)「卑屈」は、必要以上に自分をいやしめて人にへつらうこと、いじけて人にへりくだること。(b)「翻弄」は、思うままにもてあそぶこと。問四、ア本文には書かれていない内容である。イ「好意とは性質の異なる感情」の存在には、このときはまだ気づいていない。傍線部直後の段落で分かるように少女の好意のなかに「憐憫」を感じとっていたことを、「僕」は、語っている「いま」の時点では気づいている。エ本文に書かれていない。オ「自分から進んで」「彼女の拒絶で傷つくことに恐れを抱いた」が誤り。「僕」は、少女のやさしさを感じており、また「そんなふうに…」で始まる段落にあるように「僕を遠くからじっと見守っている少女の視線」にも気がついていた。そして、このとき「僕の手を握りしめ」、「僕の腕を抱きこむようにして、いっしょに歩こうと」誘う少女の大胆なふるまいに、少女が異性としての自分に好意を抱いていることを確信したのである。問五、本文最初の方にあるように少女は、誰も「寄りつかなかった」「僕」の家に遊びに来てくれるたった一人の人であり、「僕」の兄をこわがらない唯一の人であった。また「僕」に好意を抱き、やさしく接してくれる「味方」であった。問六、最も見られたくない人に、荒れ果てた家の様子を見られてしまうかもしれないことに激しく動揺したのである。問七、空欄Ⅰ・Ⅱのあとの「ううん。……みたの。」という少女の言葉を見れば、Ⅱに入る語としてイ「あきれた」やエ「おこった」は不適であると分かる。また、そのあとに「きまり悪そうに」とあるので、ウ「おびえた」も不自然である。Ⅰに入る語としてオ「どぎまぎと」と、ア「きょとんと」を比べると、想像もしていなかった「僕」の「剣幕」に、わけが分からず当惑している様子の方が自然であることが分かる。問八、「だがそういう…」で始まる段落にあるように、少女は「僕を翻弄してたのしむようなこともした」とあり、「僕」も自分を意識しているということを知っていた。だから、引っ越してしまう前にわざわざ会いに来たのであり、思いがけない「僕」の冷ややかな態度と「剣幕」に呆然としたのである。

東大寺学園高等学校

問題 P.382

解答

一　(一)A琴線　B喪失　C憩　D漸進　E魅力　(二)エ　(三)自分自身が時間や経験を積み重ねることによって自分の感情や視点が大きく変化し、自分が出会う対象の質や価値を変え、以前は当たり前だと思っていたもののすばらしさに気づくことができるようになった、ということ。(四)イ　(五)ア　(六)ア　(七)ウ

三　(一)人得㆓其一㆒　(二)(a)イ　(b)ウ　(c)ア　(三)ウ　(四)イ　(五)仲の良かったおしどりの夫婦を死なせた自分の罪深さを後悔し、僧になって死んだおしどり夫婦の供養をしたい、と考えたから。(58字)

解き方

一　**堀部安嗣「住まいの基本を考える」**より。(二)傍線部「複合的」とは、複数のものが合わさった状態、という意味。一段落前にある「自分の中に潜在的にあった記憶の断片のようなものがつながった」状態が「複合的」なのである。また傍線部の「懐かしさ」については、二つあとの文に「まだ自分が訪れたことのない世界にも懐かしい場所は存在していて」とあるので、この部分が対応していると考え、これらを合わせて選択肢を選ぶ。(三)まず、この設問が実質的に「変えた」の中身を聞いていることを理解し、「変えた」とは何がどうしたことなのか、という観点から前の部分を見ると、「自分自身が時間や経験を積み重ね、大きく変化した」「自分の感情や視点がいまと昔では大きく変化した」「人の〝質〟や〝価値〟さえも自身が変えた」とあるので、こうした点を踏まえたうえで「平凡」と「非凡」の意味も反映させながら解答をまとめる。(四)空欄前の「過去は過去のものとして缶詰に閉じ込めたような」および空欄あとの「懐古の商品化」「郷愁のパッケージ化」という記述を踏まえて、古いもの＋商品、という観点から選択肢を選ぶ。アやエは、人の目に触れないので「商品化」の条件から外れる。(五)各選択肢ともに、前半の内容に違いはないので、後半の内容を論理的に分析する。ア2005年の時点で人が居住しているのは全体の四八・一パーセントで、これが2050年には三七・七パーセントに減少しているので、減少率は約二二パーセントとなり、合致する。イ「人口が増加する」とあるが、「増加」するのは人口規模別の割

合であり、人口そのものではない。ウ「ちょうど二割」ではなく、二割二分ほどになっているはずである。エ【グラフⅡ】から、どこの人口が増加し、どこの人口が減少するかを特定することは不可能である。㈥まず「筆者の主張」がどのようなものかを確認すると、傍線部あとに「正の遺産はこれからの時代もしっかりと活かし、負の遺産は知恵によって正の遺産に変換してゆくことが必要です」とあるので、これが「筆者の主張」である。アは、正の遺産を活かし、生活の質の向上に役立てるという点で合致する。イは、活かしていないので不適。筆者が危惧するゴーストタウンになってしまう。ウは、「取り壊し」が「知恵によって」という主張に合致しない。エも「整地」した時点で自然を元の姿に戻すことにならないし、過疎地の里山は「負の遺産」でもない。㈦傍線部前の「止むを得ず破壊した森や河川や海。それらが元の姿になったら」「住宅もそれらとともにある情感豊かな姿に自然に戻ってゆく」「それは豊かな人の記憶を育み、誇りある原風景を形成してゆく」という記述がウの「かつて見られたような、建物と自然の調和した情感あふれる風景を取り戻す」「人々はその風景を大切にすべき原風景としてとらえる」という部分に対応していることが分かる。アは「昔の情感豊かな風景を懐古しながら」が誤り。新しく作られた「情感豊かな自然」が「人の記憶を育」むのであって、昔を懐かしむわけではない。

三 **橘成季「古今著聞集」**より。㈠「一・二点」は、二文字以上空いた文字の順番を逆にする場合に用いる。㈡(a)「やがて」は、すぐに、そのまま、という意味。(b)「させる」は連体詞で、下に打ち消しの語をともなって、それほど～ない、大して～ない、といった意味になる。㈢直訳すると「どんな人がこのように泣くのか」となる。また、傍線部には「あやしくて〔不思議に思って、妙なことだと思って〕」という語があるので、これも踏まえて選択肢を選ぶ。アの「どんないきさつのある者でも、こんなに泣くだろうか」では、どんないきさつがあっても、普通これほど泣きはしない、という思いを述べただけになってしまう。㈣傍線部の前に「をとこを殺し給へるかなしみにたへずして」「わが身もながらへ侍るまじきなり」とあるので、こうした点を踏まえて選択肢を選ぶ。㈤「餌がら」となった自分の夫とくちばしを重ね合わせて、雌のおしどりが死んでいたことから、この二羽のおしどりを自分が死なせてしまった、という罪悪感を読み取り、さらに「出家」が僧侶となることである点を踏まえ、二羽のおしどりを供養するという意味を読み取る。

通釈　陸奥国田村〔福島県〕の里の住人である、馬の允の何とかという男が、鷹狩りをしていたが、(獲物の)鳥をとれずにむなしく帰っていたところ、赤沼という所で、おしどりの一つがい〔夫婦〕がいたので、くるり(という矢)を持って射たところ、外すことなく雄の鳥に当たった。そのおしどりをすぐに(鷹の)えさとして与えて、えさの食い残しを餌袋に入れて家に帰った。その次の日の夜の夢で、たいへん上品でいかにも小さい感じのする女が、枕元に来てしくしくと泣いていた。(馬の允なにがしは)不思議に思って、「どんな人がこのように泣くのか〔あなたは一体なぜそんなに泣いているのですか〕」とたずねたところ、「きのう赤沼で、これといったあやまちもございませんのに、長年連れ添った男を殺しなさった悲しみに耐えられずに、(あなたのところに)参上してつらさを申すのです。この(つらい)思いのためにわたし自身も(命を)長らえますことはできませんでしょう」と言って、一首の歌を詠んで、泣きながら去っていった。

日が暮れると誘った〔誘い合っていっしょに寝ていた〕のに(夫が死んでしまって、今では)赤沼の真菰にかくれて一人で寝るのはつらいことです

しみじみと不思議に思っていると、その二日後に、えさの食い残しを見ると、餌袋におしどりの雌の鳥が、(雄の鳥の)くちばしを自分のくちばしに重ね合わせて、死んでいたのであった。これを見て、その馬の允は、すぐに髪を切って出家したのであった。

桐朋高等学校

問題 P.385

解答

一 問一、身勝手だけれども奔放さの中に愛嬌や弟子である自分への愛情が感じられた、生前の諏訪野先生のことを、亡くなった寂しさを感じながら懐かしむ気持ち。問二、②エ　③ア　④オ　⑤イ　問三、まる　問四、エ　問五、ウ　問六、哲学　問七、相手をゴキブリに喩えるのは普通は不適切で失礼なことだということに気付かず、奈央の軽い謙遜のことばを真面目に受け取り、格言めいたことばで励まそうとしているところに「先生」らしい不器用な人柄の良さを感じ、面白く感じている。問八、イ　問九、エ　問十、ア

解き方

一 **畠山丑雄「先生と私」**(「群像」19年6月号所載)より。問一、「遠い目」とは、ここではないどこか遠いところを見ているような目つき。つまり、気持ちがここにないことを表す。では、「先生」の気持ちがどこにあるかというと、「～中略～」のあとから傍線部の前までで先生が語っている、生前の諏訪野先生の様子である。また、傍線部のあとの先生の発言を受けて、「先生のことばは怒っている。しかし顔はやはり笑っている。そうして語調は感傷に転じている。」と奈央が感じている点、傍線部④の前で「しかしあんな見舞いでももう来ないとなると妙に懐かしい」と先生自身が発言している点に着目すると、生前の諏訪野先生に思いを馳せ、懐かしく思い感傷的になり、遠い目をしていると考えられる。問三、「集める」は「人々に呼びかけ、集合させる」という意味の他動詞。これに対する自動詞は「集まる」である。問四、空欄Bには、「高校の文芸部の顧問が勝手に送っただけで私の［B］ではないんです」とあることから、「意志」または「本意」が入ると考えられるから、選択肢はウかエに絞られる。また、ここは奈央が受賞という自分の才能が評価されたことの戸惑いを述べたことに対する返答であるから、空欄Cに「覚悟」は入らない。問五、「始祖」はそのことを始めた人、「騙る」は身分や名前などを偽ること。この語義が押さえられていればウが選べる。また、直前の「死人に口なしとばかりに」もヒントとなる。問六、傍線部⑨の前の「世界は人間なしに始まったし、人間なしに終わるものだ」という発言を受けて「先生に哲学が再発しそうになった」とあることに着目。ここで「再発」しているのであるから、さらにこの前のどこかで哲学的な発言をしているはずで、空欄D直後の「そもそも『我々自身のことば』なるものは本当に存在するのだろうか？」がそれにあたると考えられる。問七、傍線部の直前に「これ(＝「今はそれで構わないさ。ゴキブリだって普段は地面を這いつくばっているがいざというときにはちゃんと飛び立つ」)でフォローをしたつもりでいるらしい。」とあることに着目。ゴキブリとは、一般的に汚い、怖い等のイメージが強く、あまり肯定的に語られることはなく、人をゴキブリに喩えるのは失礼にあたり、奈央が腹を立てて

もおかしくない。しかし、先生はそのことに全く気づいておらず、その様子を見て笑ってしまったと考えられる。問八、「双方に穏当な答え方をした」とある。穏当とは無理がなく、理にかなってもいることであるから、「星座」を思いついた「メソポタミアの羊飼い」は「想像力が豊かだった」という答えは、羊飼いに対しても、奈央の疑問に対しても無理のない答えだったと言える。問九、傍線部前の「軽薄に復そうとする」とは、より人間らしく俗な解釈を述べることで理屈っぽく哲学的な問いから逃れるということである。「故郷が懐かし」いという感情よりも、「恋」はさらに人間的で理屈から離れた感情であるということ。

豊島岡女子学園高等学校

問題 P.388

解答 二 問一、ア 問二、オ 問三、A高い B低い 問四、イ 問五、ウ 問六、そこには愛 問七、ア 問八、エ 問九、自然そのものにできるだけ多く触れ、自然と深くつながることによって、その本質を見極めようとすること。(49字)

解き方 二 宮本常一「自然を見る眼」(「宮本常一 伝書鳩のように」所収)より。問一、「米三合」は、一日鉦をたたいたことに対する報酬のこと。とんびは「ピーヒョロロ」となくて農作物を荒らす小鳥を追い払ったことに対して、一日につき米三合の報酬を農民からもらえるということである。もちろん、とんびの餌は小動物で、米などは食べないから、農民から親しみをこめて大切にされていることの比喩的表現であろう。「何となく明るさをおぼえて」や「したしみをおぼえて」とあることから考える。「鳥追歌」は農作物を荒らす小鳥を、鉦や太鼓、拍子木などを鳴らして追い払いながら歌った歌。とんびが自分たちと同じように鳥追いをしていると見立てたのである。問二、「自然の友」は自然の中の生き物が子供の友であったということで、「子供の遊びの中に取り入れられていた」ことをいう。問三、最初と最後のAが分かりやすい。「雪がとけてしまうと」「どうしてそんなところへかけたかと思われる」のは「高い」枝にかかっているからだし、「雪の深い年」には「雪がとけた後に地上から見あげ」ると「かけた場所」は「高い」枝になっているはず。Bは文脈から考えて、Aの対義語が入る。問四、「くされ縁」は、「離れないでだらだら続く、好ましくない関係」というのが本来の意味だが、「彼とは学生時代からのくされ縁で、以来五十年親しくつき合っている」のように、切っても切れない関係に親しみをこめて使う場合もある。ここでは、「大へんしたしまれもし、人間の愛情の中におかれ」「人間とその人生をともにする面が多かった」などとあることから、後者の用法である。問五、直前の段落で「ちかごろ、……あげつらうことを批判と……心得ている人が多いのだが、対象の中へとけこみその本質的なものにふれることなくして本当の批判というものがあり得るだろうかと思って見る。」と述べられていることと、直前の「自然が年々さびしくなっていき」に着目。問六、傍線部の二つあとの文の、「自分の努力によって、あるいは愛情のからみあいによって得たもの」が「『失われていきつつある』もの」であるが、さらに二つあとの文の「愛情による対象とのつながりも、またそれによる努力も、努力によってつくり出される創造性」のほうがより具体性がある。問七、「カラスだけでは…」で始まる段落で「子供たちは……人間の世界につながるロマンスを通じて親しみの眼をもって見つつ次第に交渉をふかめていった」とあるのと合うのは、ア。問八、主に筆者の見聞を述べた前半部分では文末を断定的表現で結んでいるものが多いが、「科学的な態度」「科学的な見方」ということについて述べている中ほどでは、「…どちらが科学的な態度だということになるだろうか」「…本当の批判というものがあり得るだろうか(=ないのではないか)」「…どんなになっているのだろうか」「…心ゆたかにするものであろうかどうか(=しないのではないか)」「…失われていきつつあるのではなかろうか」「…得たものがどれほどあるだろうか(=あまりないのではないか)」「…稀薄だといえるのではなかろうか」「…つながりの中にあるのではなかろうか」というように、疑問や反語の形で問題点を投げかけ、読者に考えてもらい、筆者の意見に同意してもらおうとしている文が多いことに着目する。問九、問五を参考にすること。傍線部③のようなことが「民衆の生活を心ゆたかにするものであろうか(=いや、しないであろう)」とあるので、「人間の生活を心ゆたかにするために」必要なのは、自然を「死んだ世界」としてではなく「生きた世界として」とりあつかうことで、それには、問五ウの選択肢の逆を考えればよいわけである。つまり、「人間との関わり」を増やし=「自然そのものに、できるだけ多くふれる機会を持」ち、「生物の世界を……人間につながるものとして理解し」(「そしてそれは…」で始まる段落)、「対象の本質的なものにふれる」=「自然の本質というものを……見きわめて」(最終段落)いくことが必要なのである。

灘高等学校

問題 P.391

解答 一 問一、a警鐘 b調停 c創出 d抽出 e暦 f悲惨 g徹底 h挑戦 i帰結 問二、Xエ Yイ 問三、イ 問四、多くのひとが納得する妥当な判断(15字) 問五、AIは、人間が面白いと判断した膨大なデータを使って、人間に面白いと思われる確率が高いものを提示しているだけだから。問六、過去や現在の模倣が繰り返されるだけの、陳腐で退廃的なもの。問七、AIに判断を委ねることで、人間の、未来への夢や希望に基づいた斬新で挑戦的な判断が行われなくなり、人類の未来の進展や向上もなくなってしまうという心配。

二 問一、情熱的で、喜怒哀楽の感情の振れ幅が大きく、表情も豊かであった。問二、お辞儀する女性は、機械的に、ただ取引の完了という意味を示すだけのものだったということ。問三、日本の学生のひとり暮らしは人と深く関わらずに生活できるので、常に人と深く関わるエチオピアでの生活との差が大きかったから。問四、二つの土地での経験の相対化が、様々な問題の発見につながるから。問五、赤ん坊を面白がらせて機嫌をとるため。問六、感情は、人とモノの配置や関係などの文脈によって生起するものだから。

三 問一、aイ bエ cオ 問二、i下女 ii僧房に入ろうとすると追い払われ、僧房に入れてもらえない理由。問三、何度か追い払った牛が、それでもたびたび来るということは、何か理由があるのだろうと考えたから。問四、布施を受けるのにふさわしい修行や学問を行っていないのに、繰り返し布施を受け取ったこと。問五、1食事 2病気 3信施の罪を滅ぼすといわれる尊勝陀羅尼を唱えようとした

解き方

一 **船木亨「現代思想講義――人間の終焉と近未来社会のゆくえ」**より。問三、ＡＩが「正しい判断」を与えてくれるような質問とは、インプットされたデータから合理的、客観的に「判断」できるものである。ア・ウ・エ・オは、「大好き」「幸せ」など、どれも個人的、主観的な問題を含んでいる。イは、データから客観的に答えを導き出せるので、これが正解。問四、傍線部はＡＩの「判断」のことである。ＡＩの「判断」については、二段落あとに「多くのひとが納得する妥当な判断」と書かれている。ＡＩの「正しいとされる判断」は、人間の「正しい」という判断の集積であるから、「妥当な判断」になるはずである。問五、傍線部の「それら」はＡＩのことである。ＡＩにとって「ギャグ」がおかしくないのは、傍線部直前にあるように、「世界中の……フィードバックしているから」である。一文前の「正しいとされた判断を……確率を上げていくだけ」、また、前の段落の「大量のデータ……シミュレートするだけ」もほぼ同内容なので、それらを使って具体的にまとめていく。問六、傍線部の直前に「ＡＩの説く未来は、現在の延長でしかない。」とある。また、傍線部を含む段落の最後に「せいぜい似たような……退屈な現在か、……、現在の廃墟としての、……疑似過去」とある。「退屈」「廃墟」「破滅」「悲惨」と、否定的な言葉が並ぶのは、繰り返しや現状維持は、「挑戦」や「変化」がなく発展や向上が起こらない悪い状態と言えるからだろう。問七、傍線部のなかに、ＡＩが「未来の消失」に「加担する」のではないかとある。また、傍線部の前に「だから」があるので、前の段落を見ると、「ＡＩが普及するということは……判断に意義を与えてきた『未来』を考える人間がいなくなってしまう」とある。「未来」への夢や希望に促された人間の判断は、現行とは違った新しい挑戦的な判断になる。しかし、ＡＩに判断を委ねると、それらは行われず、未来は過去や現在の模倣になる。これでは、進展や向上は望めないのである。

二 **松村圭一郎「うしろめたさの人類学」**より。問一、傍線部の前にある、「あまり感情的にならない」「冷めた少年」だった自分と反対の内容を探していく。そうすると「腹の底から…」で始まる段落の「喜怒哀楽に満ちた」「つねにいろんな表情を浮かべていた」などが見つかる。問二、「記号」は、意味を表すものという意味で用いられる。「人」ではなく「記号」であった、ということは、お辞儀をする女性が、心を持った人間的存在ではなく、ただ「取引の完了という意味」を表すだけのものだったということである。問三、第五段落に、エチオピアでは「生活のすべてがつねに他人との関わりのなか」にあると書かれている。日本での「学生のひとり暮らし」は、家族と暮らすわけでもなく、人と深く関わらなくても生活していける。その落差が大きかったから、違和感も大きかったのだと言える。問四、傍線部の前には、エチオピアと日本で暮らすことで、「ずれ」や「違い」に気づき、それらについて考え始めた筆者のことが書かれている。『ホーム』と『フィールド』の二国での経験を比較し、相対化することが、問題発見につながっているのである。問五、傍線部のあとに「母親がほんとうに怒っているわけではない」ことが「周囲の文脈のなかで理解される」とある。つまり、傍線部の「ふくれっ面」は「怒り」以外の目的で行われているのである。想定される目的は、傍線部の「あやす」、つまり機嫌をとるため、である。ふくれっ面は、赤ん坊を面白がらせる一手段であろう。問六、傍線部の前に、「こうした人とモノの配置から、……『悲しみ』だと疑いなく感じとる。」とある。また、二段落前には「感情を引き起こす刺激には、人とモノの配置やそれらの関係といった文脈全体が含まれている。」と書かれている。我々は「文脈」があれば「感情」は生まれると考えているのだから、「脳内」の「反応」がどのようであるかは関係がないのである。

三 **無住「沙石集」**より。問一、ａ「言ふばかりなし」は、「何とも言いようがない」「言葉では言い表せない」という意味。ｂ「ね」は打ち消しの「ず」の已然形。接続助詞「ば」は、已然形につくと「～ので」や「～すると」という意味になる。ｃ「うるはし」は「美しい」「きちんとしている」という意味の形容詞。問二、僧房に入ろうとした僧に対して、そのたびにむちで追い払ったのは下女。僧は、なぜ自分が追い払われるのかは分からなかったのである。問三、下女の言葉を見ると、この牛は、何か理由があるからたびたび来るのだろう、と考えているのが分かる。問四、傍線部に「日頃の信施の積もり」とあり、すぐあとに、「信施の罪」とある。また、冒頭から二文めに「修学ともに稽古せず、ただいたづらに信施をのみ受けける」とある。「積もり」は、積み重なった結果、という意味の語。布施を受け取るのにふさわしい修行や学問を行っていないのに、たびたび布施を受け取ったことが罪であると推測できる。問五、１・２牛を見た人は、「この牛は病のあるにや。」「水も草もくはで」と言っている。３牛になってしまった僧は、信施の罪を滅ぼすと聞いて知っていた尊勝陀羅尼を唱えようとしたが覚えていなかったので、その呪文の名前だけでも唱えようとしていたのである。

通釈 近江の国の僧であったが、三河のある山寺に通う僧がいた。仏道の修行も学問もせずに、ただ無駄にお布施ばかりを受けたからだろうか、三河の師のところに行って、僧房に入ろうとすると、下女がむちで打とうとする。そこで(僧は)逃げ去った。また入ろうとすると、(下女がむちで)打とうとするので、「これはどういうことか。」と言おうとするが、声も出ない。そこで(僧は)また逃げた。遠くから思い立って来たので、ここから帰ることもできず、また行ったとき、この下女が「この牛は、何か用があるからたびたび来るのだろう。」と言って、馬小屋に引き入れてつないだ。その時、(僧が)自分自身を見てみると牛である。情けなく、悲しいなどという言葉では言い尽くせない。これは常日頃のお布施についての罪が積み重なった結果だろうと思って、尊勝陀羅尼は布施の罪を滅ぼすそうだと、なるほど僧なので聞いて心に留めておいたけれども、それも思い出せないので、唱えられない。せめて呪文の名前だけでも唱えようと思うけれども、きちんと言うこともできない。ただ「そんそん」と言ったのであった。「この牛は病気があるのだろうか。水も草も食わないで、そわそわしている。」と、人々は言うけれども、情けなさに食事も忘れて、三日三晩そわそわした。そして三日めという日に、「尊勝陀羅尼」と、言うことができたとき、もとの法師になった。そこで縄を解いて、師のところに行ったので、「どうしたのか。」と(師は)尋ねる。(僧は)これこれの事情がと申し上げたので、(師は)驚きあきれた話だと言って、(僧は)初めて尊勝陀羅尼を学び、経などを読んだとかいうことだ。陀羅尼の効能は素晴らしいと思われる。

西大和学園高等学校

問題 P.395

解答

一 問一、ア甘美　イ駆使　ウ敏感　エ錯覚　オ寛大　問二、Ａエ　Ｂイ　Ｃカ　Ｄウ　問

三、複雑化した社会の全体を見渡すことができ、幅広い知識や情報を駆使できる能力。(37字)　問四、ウ　問五、エ　問六、知識や情報ばかりを詰め込まず、自分とは何かという疑問を絶えず抱き、何のために研究に向かうのかという最も根源的な問いを自分に発し続けながら、真の学問を行う人。(78字)　問七、オ

三　問一、①ア　②ウ　③エ　問二、Aウ　Bイ　問三、百首の歌が、実は土御門院の詠んだ歌であることに気づいたから。(30字)　問四、ア　問五、(後嵯峨天皇の御歌が)父の土御門院が生前に詠んだ歌とそっくり同じだった(から。)(24字)　問六、ア　問七、ウ

解き方

一　**西尾幹二「人生について」**より。問二、A空欄の直前に、「むしろ逆のケースが」とあり、直後に「思慮を失ったケースの方が」とあるため、「言い換えると」の意である「つまり」が適当。B空欄までの文章で、「世の中」の人々が考える「教養」とは何かということについて述べ、空欄のあとにそれをまとめている。したがって「だから」が入る。C空欄のあとに、前の段落で述べてきたことと対立する事柄を述べているので、「しかし」が適当。D空欄の直後に「これまた例外なく」とあることからも分かるように、前に述べた事柄に付け加えているので、「そして」がふさわしい。問三、傍線部を含む段落に書かれている。特に空欄Bのあとの二文に要点がまとめられている。問四、傍線部の段落に「知識や情報」は「必要悪」であると書かれている。問五、「普遍的」とは、ある範囲におけるすべてのものにあてはまるさま、という意味。どのような点が「普遍的」なのかについては、「生産的な不安を…」で始まる段落に書かれている。「知識や情報」ばかりを詰め込もうとする若い研究者の姿は、実は「日本の近代的学問のそのものの姿」なのではないか、と筆者は主張している。問六、筆者の考える「本当の学問」、また「真の教養」とは何かということについては、「私が所属していたのが…」で始まる段落とその次の段落に書かれている。「根源的な問い」を自分自身に発し続けることこそ重要であると筆者は述べている。問七、アは後半が誤り。イ世の中の人々が考える「教養」とは「情報」選択能力に限らない。「知識や情報」を活用できる能力を指すと本文にはある。ウは全体が誤り。エ「うまく取り扱えば研究にとって有用なものである」とは筆者は考えていない。問五とほぼ同じ内容であるオが、筆者の主張と合致している。

三　**橘成季「古今著聞集」**より。問一、土御門院が歌を詠み、まずそれを家隆に見せ、家隆が定家に見せたのだから、①の主体は土御門院、②の主体は家隆である。またその歌に評価の印をつけているのは定家なので、③の主体は定家である。問二、A「めでたし」は、「大変すばらしい、立派だ」という意、「ふしぎなり」は、「常識や理性では考えられないこと、予測不可能な様子」。B「恥づ」は「ひけをとる、劣る」の意。「ぬ」は、下に「御こと」が続くため連体形だと分かる。したがって打ち消しの助動詞。問三、定家が「驚きおそれ」た理由は、傍線部の直前の「はじめて御製のよしを知りて」という箇所を見れば分かる。すなわち、定家は「秋の色を…」という歌を見て初めて、この百首が土御門院の歌だと悟り、驚いたのである。この歌には、天にたとえて「宮中」を表す「雲の上」という言葉が使われていた。問四、音楽(管絃)の例を用いて、この歌のすばらしさを説明している。傍線部で、音楽がすばらしい時には、草木でさえも音色に合わせてなびくかのように見えるという例を示すことによって、歌に特別に秀でていない者の心も動かすほど優れた歌であるということを述べようとしている。問五、涙を流した理由は、家隆の言葉から明らかになる。幼い後嵯峨天皇の父である、亡き土御門院の歌と同じ歌だったからである。「たがはせたまはぬ」は、動詞「たがふ」+尊敬の助動詞「す」+尊敬の補助動詞「たまふ」+打ち消しの助動詞「ず」。問六、傍線部の直後に「まして当時の……はべらめ。」とある。幼少時の歌がこれほどすばらしかったのだから、現在の歌は言うまでもなく立派でしょう、ということ。問七、反実仮想の助動詞「まし」を用いた、「ましかば……まし」の構文。事実に反することを仮に考えて想像する。「AましかばBまし」の形で、「もしAだったらBだろうに」と訳す。つまり傍線部の場合、「もし通方がまだ生きていたら、大変すばらしいとほめただろうに」という意味になり、事実は、「通方はすでに亡くなっているので、ほめることはできない」ということになる。

法政大学国際高等学校

問題 P.398

解答

二　問1、①すそ　②へだ(てた)　③はず(む)　④のきした　⑤たんねん　問2、2　問3、4　問4、1　問5、3　問6、3　問7、4　問8、1　問9、4　問10、3　問11、1　問12、2　問13、4　問14、4　問15、2　問16、3　問17、2

解き方

二　**三浦哲郎「うそ」**(「完本　短篇集モザイク」所収)より。問2、「うつつ」とは「現」と書く。「夢うつつ」とは、夢か現実か区別し難いこと、意識がぼんやりしている状態。問3、空欄Bのあと、話を別の方面に転じているわけではないので、2の「いっぽう」は不適。また、別の話を語り出しているわけでもないので、3の「そもそも」も不適。1の「もっぱら」は、それだけが行われるさま、であるが、文脈上そぐわない。問4、「不案内」の意味を問う問題。「不案内」とは、知識・経験・心得などがなくて、様子や事情がよく分からないこと。問5、まず、空欄Dの直前の「柄にもなく」とは、地位・能力・性格にふさわしくなく、の意。では、「幼馴染み」がどんなことを言ったのが、「柄にもなく」と感じられたのか。空欄部前で述べられているように「うそ鳥」が雌よりも雄の方が「ずっと美しい」ことを踏まえ、そのあとの「あんたら夫婦と逆でやんすな。」、つまり「彼」よりも妻の方がはるかに美しいと言ったのである。「幼馴染み」は、「妻の無邪気な喜びように満足」して、わざわざ妻をほめるようなことを口にしたのである。「お愛想」とは、相手を喜ばせる言葉やしぐさ、おせじのこと。問6、傍線部の「うるさい」とは、あれこれ文句や注文をつける、口やかましい、の意。1は、音が邪魔になり腹立たしい、2は、しつこくされてうっとうしく感じる、4は、視覚的な不快感をそれぞれ表す。問7、「彼」が何を案じていたのかは、傍線部の直後を見れば分かる。鳥を「道から見咎められる」こと、また「啼き声」から鳥の存在を知られること、である。なぜそのようなことを案じていたのかといえば、傍線部前にあるように、「無許可で野鳥を飼っちゃいけない」ことを「彼」は知っていたからである。問8、傍線部を読むと、右手を無理に伸ばした不自然な形であることが分かる。傍線部Hの直前の「彼」の言葉にも、

「姿勢が無理だから」とある。問9、「訝しい」とは、不審に思われる、うたがわしい、ということ。問10、空欄Ｉの直前の「彼」の動作は、どういうことになるか予期しながら行っている。そして、空欄の直後、予期したとおりの結果になった。したがって空欄には、思ったとおり、予期したとおり、の意である3の「案の定」が入る。問11、2は「いつもながらの素直ではない妻の反応」がおかしい。「狡猾さ」という点も根拠が見当たらない。3は妻が「悲しみに暮れている」ことは、本文からはうかがえない。4の「いかにも見当違いで間の抜けた」とあるのは言い過ぎ。問12、妻が生じさせた籠の口の隙間を再現し、それを見せれば当然妻もすんなり納得すると思っていた「彼」は、傍線部前で「真顔でかぶりを振った」妻の反応が意外だった。さらに、直前で「違うわ。それはあなたの見間違いよ」と重ねて反論してきた妻の態度があまりに意外で、思わず「彼」の顔から余裕の「微笑」が消えたのである。問13、「拍子」とは、この場合、ある動作をした、そのはずみ、とたん、の意。問14、まずウを考えると、選択肢のなかの「すると」と「いや」は文脈上入らない。そこで、3・4に絞って考えると、イに入る語として「すると」は不自然である。イには「いや」を入れ、「…だったろうか。」と問い、「いや、そうではない。」と否定する、自問自答の形にするのが自然。このように考えれば答えは4しかない。問15、1は「態度を硬化させた妻」とあるが、「硬化」とは、自分の意見などを強く主張して譲らない、強硬な態度になることであり、妻はそれほどにはなっていないので誤り。3の妻が自らの「不手際を」「誤魔化そうとしている」ことは、本文からは読み取れない。また、「後ろめたい気持ちを抱いている」かどうかも定かではない。妻の心情は謎のまま残されている。4の「乗じて」とは、うまく利用する、つけこむこと。妻には、「彼」の「優しい態度」に「乗じて」言い募るような態度は見られない。問16、傍線部Ｎにある「暗澹」とは、将来への希望などを失って、暗い気持ちでいるさま。それを説明しているのが3である。理解していると思っていた妻が、急に得体のしれない他者に見えてくる不気味さが描かれている。問17、1は幼少期の記憶と大人の心理が「交互に」語られてはいない。また「彼」の幼少期の思い出は「甘美」とまでは言えない。3の「強い同情」などの作者の感情は、本文からは読み取れない。4は全体が誤り。答えは2。妻がなぜ、不自然な向きで籠を開いたのか、妻はうそをついているのか、またなぜうそをつくのか、などの謎は、謎のまま残されている。それによって、どんなに分かり合っているように思える家族同士でも、実は他者のつながりに過ぎず、不透明な部分を必ず持ち合わせているということが浮かび上がるのである。親しい家族同士でもふと違和感を覚える瞬間があり、関係性が揺らぐ瞬間があるということを描き出している。

明治大学付属中野高等学校

問題 P.402

解答

一 問一、イ　問二、固有種　問三、パーム油を採るためのアブラヤシ栽培による熱帯雨林の伐採。(28字)　問四、(d)　問五、健康にいい(点と)値段が安い(点。)　問六、A(ア)　B(ウ)　問七、(環境破壊の問題)生物多様性が損なわれること。(14字)　(社会的な問題)児童労働が見過ごされる現実。(14字)　問八、理由　問九、(エ)　問十、「植物油」「植物油脂」　問十一、認証油を使った製品　問十二、(イ)　問十三、(マレーシア政府が)ゴムや木材に代わってアブラヤシの栽培を奨励したこと。(26字)　問十四、ボルネオゾウのレスキューセンター　問十五、農園開発で熱帯雨林が減り、野生生物が生存の危機にあること。(29字)　問十六、日本は　問十七、人間の暮らしをよりよくする(こと。)(13字)　問十八、野次馬　問十九、金の卵　問二十、(エ)

二 ①(イ)　②(ウ)　③(エ)　④(ア)　⑤(イ)

三 ①蛇足　②登竜門　③大器晩成　④助長　⑤五里霧中

四 ①矯正　②閑散　③憂慮　④網羅　⑤触媒　⑥煩雑　⑦沸騰　⑧じゅんしゅ　⑨ちゅうぞう　⑩そぞう

解き方

一 **元村有希子「カガク力を強くする！」**より。

問一、①は「耳慣れない音」が聞こえる中で、「静かな」何かが心に「走」ったとあるので、「緊張」だと分かる。「緊張が走る」で張りつめた雰囲気に襲われる、という意味。③出会えないかもしれないゾウに運よく出会えたという喜びと興奮の気持ちを読み取る。問二、傍線部の二段落後に、「海に囲まれ、隔絶された環境で生物が独自の進化をとげ」たことを指して、「固有種」と呼んでいる。設問の「特定の地域にしか『生息』しないもの」とは、「独自の進化」をとげた「生物」、すなわち「固有種」である。問三、「『熱帯雨林の減少』の原因となる『人間』の行為」とは、「しかし、そこをすみかと…」で始まる段落で述べられている「アブラヤシのプランテーション」のための「熱帯雨林の伐採」である。この「アブラヤシの栽培」が行われる理由は、「アブラヤシの実や種」から「良質の油(パーム油)がたくさん採れ」る点にある。問四、Xの「で」は断定の助動詞「だ」の連用形。(a)・(b)は場所を示す格助詞。(c)は接続助詞。問五、「パーム油が『もうかる』」のは、傍線部以降の段落で説明されている。一つは、「バターやラードなど動物性の油ではなく、『健康にいい』植物油である」ためである。もう一つは、「大豆油や菜種油に比べて値段が安い」ためである。問六、Aは前後で「アブラヤシ」が「お金になる『金の卵』」である「その一方で、環境破壊の問題と社会的な問題」が起こっているというのだから、反対の内容をつなぐ逆接の接続詞が入る。Bは直前の文に「パーム油の生産は、野生動物を二重の意味で脅かしてい」るとある点に着目する。一つは「熱帯雨林が減っていること」で、もう一つがボルネオゾウを「『害獣』として嫌うようになっ」たことである。したがって、「さらに」が入る。問七、傍線部直後の段落の内容を押さえる。熱帯雨林が失われたことで起きている「環境破壊の問題」は、「貴重な野生生物やジャングルが守っていた生物多様性は損なわれ」たことである。また「社会的な問題」は、「世界的に問題視されている児童労働が見過ごされている現実」があることである。問八、「ゆえん」は漢字で「所以」あるいは「由縁」で、理由という意味である。問九、空欄の前後の文脈を読み取る。「先進国の人々が、パーム油を使った商品を買わないようにする」のが難しいのは、「あまりにも多くの加工食品にパーム油が使われて」おり、「パーム油が使われていたとしても明示されていないことが多く、私たち消費者は、買うか買わないかの判断ができない」ためである。したがって、「現実的」でないというのである。問十、傍線部⑦の前の段落に、「『パーム油？　聞いたことないよ』という人も多いでしょう。」とある。それは、「原材料」にパーム油ではなく、「植物油」「植物油脂」と別の言葉で表示されているためである。問十一、直前の段落で説明されているのは、「持続可能なパーム油のための円卓会議」で決められた「ルールを守って作られたパーム油」、すなわち「認証油」を使おうという運動があることである。問十二、「事態の悪化」とは、熱帯雨林の伐採による野生生物の危機や、パーム油の栽培のために不法な児童労働を無視する現状がますます加速していくことである。(イ)「パーム油を使った製品であることが分かりにくくな」っているのは現在の状況のままである。したがって、誤りと分かる。問十三、「しかし、そこをすみかと…」で始まる段落で、「マレーシア政府は」とある点に着目する。「政府」は「経済発展」のために「ゴムや木材に代わってアブラヤシの栽培を奨励」したのである。問十四、「ここ」とは、二つ前の段落の「サバ州の熱帯雨林」にある「ボルネオゾウのレスキューセンター」のことである。問十五、「彼ら」とは傍線部前の「ボルネオからやってきたオランウータン」やボルネオゾウといった野生生物のことである。野生生物が熱帯雨林の伐採により絶滅の危機に瀕しており、パーム油のためにアブラヤシを食べる生物が虐殺されるという現状があるというのだ。問十六、恩恵を「受けてい」るのは、「日本」である。問十七、最後の段落に、「人間の暮らしをよりよくするための行動が、地球に負荷を与えたり、同じように生きる仲間である動物を犠牲にしたり、あるいはどこかで悲しむ人間を増やしている。」とある点を押さえる。「人間だけの都合で自然を壊していく」内容を言い換えた部分だと分かる。問十八、傍線部の内容は直後にある「自分にできることは何かと考え」ることにほかならない。こう考えて真剣に関わる態度と「対照的な態度」は、筆者がこの旅行に参加したときの最初の姿勢である。「野次馬として同行した」(「以来、…」で始まる段落)である。問十九、「ボルネオ島に広がる、野生生物の生存を脅かすもの」とはアブラヤシのことである。地元の人々にとって手っ取り早くお金になるアブラヤシを皮肉を込めて、「金の卵」(「地元の人々…」で始まる段落)と表現している。問二十、本文と選択肢の内容を比べながら判断する。(ア)は「支援自動販売機をもっと活用して」が、(ウ)は「観光客を大切にしている」が本文の内容と異なる。(イ)は「地球を守るため」が本文の内容とは異なる一般的な内容であるため、誤りである。

二 ①(イ)「青田買い」は、企業が新入社員の採用に際して早い段階から内定を出すこと。(イ)は「就職が決まった」とあるので、誤りと分かる。②(ウ)の「折り紙を付けられる」が「品物や人物などについて、信用できるものとして保証する」ことを指す。③(エ)は恥ずかしくて顔が真っ赤になるのは、「目から火が出る」ではなく、「顔から火が出る」である。④(ア)の「没交渉」は、関わりを持たないことである。⑤(イ)の「付和雷同」は、自分にしっかりとした考えがなく、他人の言動にすぐ同調すること。

明治大学付属明治高等学校

問題 P.406

解答

一 問一、1イ　2Aさんほどの人がいいかげんなことを書くはずがない　問二、①自分の読みに対する信念だけあって、著者に対する信の心が無いこと。⑦感想文が書きやすいような本を探すという事態。⑪感想めいた何か強烈なもの。問三、著者が書いていることを盲信すること。問四、何回くりかえし読んでも、隠された内実に到達できずその本を自分の古典として獲得できないから。問五、3ウ　4ア　問六、その時の自分の読みを仮説的に信じて、著者の考えの展開に沿っているか試し、自分の読みを深めること。問七、他の著者への信の心が持てなくなり、他の古典の内実に到達できなくなるから。問八、最初から感想を書こうと考えてしまうと、掬い読みの形になり、その古典のいいところを取り逃がしてしまうから。問九、自分の感想や考えを他の人にも納得してもらう(21字)　問十、自分が思っていることを対象化してはっきりさせること。問十一、エ　問十二、それぞれが別々の内容に触れ、自分の時間や思い思いのテンポを持っている点。問十三、6ウ　7ア　8イ　9エ　問十四、他人に理解可能な　問十五、それまで気づいていなかった作品の価値に気づくために、批評に左右されず、自分の眼で見て感じたことに従って判断すること。問十六、ア×　イ×　ウ○　エ×　オ○

二 1伯仲　2干渉　3斬新　4厳粛　5旋律　6奔走　7沸騰　8宵　9紛　10煩

解き方

一 **内田義彦「読書と社会科学」**より。問一、1直後の「自分の読みに対する信の念」に対応するのが「私にはこう読める」で、空欄前の「疑い」に対応するのが「どうしても変だ」である。2書かれていることに「疑い」を持ちながらも、根底に空欄部あとにある「筆者に対する、これまた信の念」が込められた表現を考える。問二、①直後の「著者への信だけあって、自分の読みに対する信念が……無ければ」の「反対」である。⑦傍線部前の高校の図書館で出てきている「呆れ」たような事態を指している。⑪傍線部前の「もやっとした」「『口ごもった』状態で」「少なくとも文章化可能なような明確な姿態をとったものでない」ものとは何か、前の部分から探す。問三、傍線部直後で述べられている「自分の読みを……信じてそこに自分を賭ける」「という行為」がなく、直前の「自分を捨てて」しまうというのはどういうことか考える。次の段落では「こういう、読む人自身への信と忠誠を欠いた『盲信からくる粗読』」とまとめている。問四、「非生産的」とは、読んでも何も生まれない、何の役にも立たない、ということ。なぜそうなるかは、直前の「その意味で」の内容を押さえること。「その」が指しているのは、「自分の古典として獲得することは、何回くりかえし読んでも不可能です」(直前の段落)だが、つまり、何回くりかえし読んでも、自分の古典として獲得することができない、という意味で「非生産的」なのである。「自分の古典として獲得する」には、二つ前の段落にあるように、その本に「隠された内実に到達」しなければならないことにも留意。問五、3空欄部直前で分かるようにA氏に対する「人間的信頼が欠如し」、「まともにぶつかってゆくことに危惧を感じる」ので、「あやふやなままはっきりさせない」でおくことによって信頼関係を保っている、ということ。4空欄が二つあることに注意。前の空欄の直前に「感想文を書くために本を読む」とあるが、それは、あとの空欄の次の段落に「決して感想文を記すために本を読むんじゃない。」とあるように、大事なこととそうでないことが逆転している、というのである。問六、傍線部直後から、「本を読む修業ができ、コツを覚え」るのが「ぶつかり稽古」であることが分かる。その具体的内容は一つ前の段落に書かれているので、その内容を中心にまとめる。問七、傍線部前で述べられている「A氏のもの以外」にも、「埋もれた古典、未だ古典ならざる古典」はあるはずなのに、「A氏への傾倒」が「他の著者への無視と軽蔑を結果」すればどうなるのか、ということを考える。当然、A氏以外の著者への信の心が持てなくなり、そのような読み方では他の古典の「内実に到達してその本を自分の古典として獲得する」ことができず、「A氏の本を読む修業で得たコツと確信」が、かえって「罪」になってしまうのである。問八、みだりに感想文を書いてはいけない理由が傍線部の次の段落から長々と述べられているが、「感想を狙いに本を読んじゃいけない。」で始まる段落がそのまとめである。「さいしょから感想を……求めて、いわば『掬い読み』をするかたちで本に接するから……古典の古典たるゆえん……取り逃がしてしまう」とあるのに着目してまとめる。問九、直前で「公開を前提とした文章」とあることから、どんな「目的」で公開するのか考える。直後とその次の段落にある「理解を求めて他人に公開」「書いた人間の思索を……他人に伝えられる」「他人の納得もえたはずの自分の考え」などの語句に着目すれば、「公開」の「目的」が分かる。問十、傍線部前の二つの段落から考える。まず、「表現され対象化された自分だけが自分である」とあるのに着目。「自分が自分になる」=「主格たる自分」を「定立」させるためには、自分の思索を「書き手から離れて」=「対象化さ」せ「ハッキリ」させることが必要なのである。問十二、直前の「そこに」の「そこ」が指している内容を押さえる。傍線部の段落冒頭から述べられているように「本は……内容も違うし……一人で、それぞれの時間で、思い思い緩急自在のテンポで、……くり返して読む。……それぞれが自分の時間を持ちながら、時が進行してゆく」ところに、「読書という行為の特殊な意味と味がある」と言うのである。問十四、二つ前の段落に、感想文は「他人に理解可能な文章にまとめ上げる労苦を払わねば」ならないが、「しかしまた逆に」、「他人に理解可能なかたちでの感想文を、みだりに、早急に書くことは特別に要注意で……審査員である他人の価値基準への迎合になりやすい」と、「矛盾」したことが述べられていることに着目する。問十五、「こういう」の指す内容を押さえること。直前の段落には、T先生が、「世評に左右されず、この眼で見、この眼でみた感じに従って判断をし」、それまで気づかなかった「名画モナ・リザ」の価値に気づいた例が書かれている。そのことを本の「解り方」に敷衍して記述すること。問十六、アは「A氏の本」は「著者に対する信の念」と「自分読みに対する信の念」の例として挙げられていて、感想文の書き方とは無関係なので不適。イの「世評にしばられた模写」「自分の眼にかかった色眼鏡の存在に気づき」がそれぞれ書かれていないこと。ウは「感想を狙いに本を…」で始まる段落や、「激越な言葉を…」で始まる段落および「お芝居だって…」で始まる段落の内容と合っている。エは最後から二つめの段落に「恋人ができて、その人を媒介にして、趣味が変わってきた」ことは書かれているが、それは例えであって、直接「本の読み深め」についてのことではないので不適。オは「本をていねいに読むためには…」で始まる段落から、「本をしっかり読むために…」で始まる段落までの内容と合致。

洛南高等学校

問題 P.411

解答

一 問一、②渓谷　④不愉快　⑧所作　問二、エ　問三、③イ　⑤ウ　問四、構図（**または**構成）　問五、墨のすり方　問六、墨を力を入れてすったこと　問七、自分独りで何かを行おうとして心を深く閉ざしている（様子。）（24字）　問八、湖山先生が心を自然にするという言葉で生き方の大切さを伝えようとしているが、孤独な「僕」には理解しきれていないということ。（60字）

三 問一、エ　問二、ア　問三、②オ　③イ　問四、盗んだのが弟子だったと明らかになったということ。（24字）　問五、ウ　問六、イ

解き方

一 砥上裕將「線は、僕を描く」より。問二、傍線部前に「あとどれくらいすればいいのだろう」とあることに着目する。指示されて墨をすったものの、どの程度すればいいのか分からないままに湖山先生が起き上がったので、すった墨をどう思われるかと緊張しているのである。問三、③「有り体」はありのままのこと。⑤「腑に落ちない」は納得できないという意味の慣用句。問四、傍線部の前で、湖山先生が描いた絵の構成を説明していることから考える。問五、いろいろと思案しながらまじめにすった墨と、いろいろ考えるのをやめて適当に手を動かしてすった墨とでは、墨の粒子が異なり、それが絵の仕上がりに違いをもたらしたのである。文章中から「墨のすり方」にあたる語句を探す。問六、繰り返し墨をするよう指示された「僕」は、はじめはゴシゴシと墨をすっていたことから考える。問七、傍線部の前の湖山先生の言葉に、「水墨画は孤独な絵画ではない。」「自然との繋がりを見つめ、学び……与えてくれるものを感じることだ」とあることに着目する。傍線部から、今の「僕」は「その繋がり」と「ガラスの部屋の壁」によって隔てられている状態、つまり「孤独な」状態だと分かる。「僕」が孤独であることを表現している言葉を、傍線部の前後の内容から条件に合う字数で探す。問八、傍線部の「とても重要なこと」が、力を抜いて心を自然にすることが大切だという、水墨画の描き方だけではなく人の生き方にも通じる湖山先生の教えを指していることを捉える。「繋がり」と隔てられている「僕」にとって、湖山先生の言葉は実感を持ってすぐに理解できるものではなかったため、「そのすぐ前を簡単に通り過ぎてしまいそうになっている」のである。問七の内容を踏まえたうえで、傍線部の言葉が指す内容を押さえ、六十字以内にまとめる。

三 景戒「日本霊異記」より。問一、あ「献じ」は、直前に「知識縁例により」とあることから「知識」が動作の主体である。一文あとの「後、銭を取らむがために…」以降の内容については、お布施の金銭を盗んだ弟子が後日お金を隠した場所に向かったところ、お金が無くなっており、鹿が倒れていたため、鹿を運び出そうとしたと考えるのが自然である。よって、い～おの動作はすべて「弟子」が主体になる。問二、「負ひて」には身に受けてという意味のほかに背負ってという意味があるが、「仆れ死せらく」と続くことから、鹿が矢に当たって死んでいたと解釈するのが正しい。問三、②「すなはち」はそこで、つまりなどの意味を表す。意味だけではなく、文脈も考えてふさわしいものを選ぶ。③「因りて」は、前に述べた内容を理由として、結論にあたる内容を述べる際に使われる。問四、弟子がお金を隠していたことが人々に知られてしまったのである。問五、「定めて」は「きっと・必ず・間違いなく」という意味がある。「知る」は「理解する・感じる・分かる」などの意味がある。意味のみを見ればア・イも考えられるかもしれないが、前後の文脈に着目すると、弟子の盗みを明らかにした件の鹿は本物ではなく、妙見菩薩のお示しによるものだと強調する言葉であると考えられるので、ウの「はっきりとわかる」が適当である。問六、イの「僧に燃灯と共に、財物や銭を奉じた」が本文に合致しない内容である。

通釈 佐賀県四（49ページ）参照

ラ・サール高等学校

問題 P.414

解答

二 問一、A透(かし) B真剣 C不機嫌 Dふんいき E展開 問二、①ホ ②ロ ⑤イ 問三、形や技法のみを追求した絵は必ずしも水墨画にはならないと実感し、描くこと以外の方法で水墨画の描き方を見いだすという逆説的な問題に直面しながら、長い間水墨画の本質を求め続けてきたということ。(93字) 問四、イ 問五、「僕」が水墨画を描くにあたり、師や先輩のもつ既知の技法を身につけるだけでは完成させられず、自分の目を通して直接自然とつながり、対象の美をとらえることが求められている、ということ。(89字) 問六、ホ

三 問一、aホ bロ cイ dハ 問二、ロ 問三、ハ 問四、渡し守が、自分が若い客僧を判官殿だと疑ったせいで、若い客僧が散々に打たれてしまっていると考えたから。問五、ニ 問六、渡し守の疑いから庇うためとはいえ、主人である義経を叩くという、あまりに恐れ多い行動を働いてしまったのが辛いから。問七、イ

解き方

二 **砥上裕將「線は、僕を描く」**より。問三、「斉藤さん」も「千瑛」も、注釈にある通り「僕」にとって水墨画の兄弟子・姉弟子にあたることから、「僕」と同じような経験を、「僕」より先にしていると考えられる。この場面で「僕」がぶつかっている壁は、「墨で絵を描くことが、水墨画ではないんだ」(第十段落)ということである。次段落に「形や技法のみを追求した絵が必ずしも水墨画にならないことは、何度も何度も繰り返し教わってきた。何度も何度も目にしてきた」とあることから、今まで「僕」は、(おそらく斉藤さんや千瑛からも聞かされていた)墨で絵を描くことが水墨画ではない、ということを、身を持って理解してはいなかったが、この場面で実感したと考えられる。この実感に対して「僕」は「描くこと以外の方法で描き方を見いださなければならない。描くという行為以外の場所に、水墨画の本質は存在しているのだ。」(「僕はここからが…」で始まる段落)と考えている。よって、①形や技法のみを追求して墨で絵を描くことが水墨画なわけではないこと、②水墨画の本質は描くこと以外にあるのだということ、③そうは言っても水墨画とは一般に墨で描かれた絵のことを指すのだから、水墨画の本質が墨で描くこと以外にあるというのは逆説的であるということ、この三点を中心にまとめればよい。問四、傍線部直前に「筆を静かに置いたとき、奇妙なことだけれど、これまでとはまるで違う手ごたえを感じた。何かにほんの少し近づいたような、心が少しだけ解き放たれたような優しい気持ちになった。」とあるのに着目。これと一致するのはイ。ロ「自分はまだ学生であり自由に使える時間が他の人に比べれば充分にあると考え」とあるが、このような記述は本文中にはない。ハ「菊の外形は真似できても繊細な花びらの情報までは描き込めなかった」とあるが、第四段落に「葉の形や、花びらの質感を覚え込み、精密に描く訓練をした。結果的に、形をとることはできるようになり」とあるのと矛盾する。ニ「時間と空間を描くことが水墨画の本質であることを悟るに至り」とあるが、「僕」は形や技法を追求することが水墨画の本質ではないことは分かったが、水墨画の本質が何なのかまではたどり着けていない。ホ「これまで兄弟子や姉弟子との差を感じて愕然とし」とあるが、そのような記述は本文中に見当たらない。また、「ふと水墨画のことは横に置いておいて」とあるが、身体が絵を描いていなくても心の中で常に描いており、横に置いておいたわけではない。問五、「あの二人の言葉」とは、直前にある千瑛の「僕が『見いだした美』を見たい」と、湖山先生の『花に教えを請え』である。傍線部の次の段落で「師や先輩に教えを請い、技を盗み、……自分の力で再現する。それはたぶん、……伸びていく。けれども『絵を描く』ことは、高度な技術や自分が習得した技術をちらつかせることだけではない。それは技術を伝えてくれた『誰か』との繋がりであって、自然との繋がりではない。」とあるように、「僕」自身が自然と繋がって、自然の美しさを見いだすことが求められているのである。よって、これらの内容をまとめればよい。問六、イ「『僕』は逃げるようにして空想での練習を始めた」や「『僕』は起筆しないで空想で腕を鍛え続けることにした」が本文中の内容に適さない。ロ「記憶をもとに様々な植物を再現することで画題の種類を増やしつつあった」とあるが、「僕」が記憶をもとに様々な植物を描いたのは、画題の種類を増やすことが目的ではない。ハ「『僕』は斉藤さんや千瑛のやり方を模倣して、想像上の筆の動きのみで画題をこなすやり方を採用し」とあるが、斉藤さんや千瑛がどのような方法で練習を重ねていたのか本文中からは読み取れない。ニ「姉弟子と師匠の叱責を思い出し」とあるが、叱責とまでは言えないし、「『僕』にはそもそも素質がなかったと痛感するに至った」とあるが、壁を越えられずにいるだけで、越えることを諦めてはいない。ホは「『僕』が作品の締め切りを意識し、……技法を追求していた。」が第一段落から第五段落に、「次に『僕』は……描き方をイメージするようになった。」が「それから一週間…」で始まる七段落に一致する。

三 **「義経記」**より。問一、d「よも~打ち消し」の形でハ「まさか~無いだろう」。問二、「怪しむ」は、怪しく思うの意味。イは「弁慶は若い頃から人に裏切られ続けていた」かどうかが、ハは「若さにも関わらず優秀だった」「源頼朝から嫉妬されていた」がそれぞれ本文中から読み取れない。ニは傍線部の「年若き」が誰のことを指しているのかを取り違えている。ホ「白山の僧侶は若者でないと務まらない」とあるが、本文中から読み取れない。問三、第三段落で弁慶が「いつまで君を庇ひ申さんとて、現在の御主を打ち奉りつるぞ。」と言っていることから、弁慶は義経をかばうために打ったと考えられる。問四、傍線部直前に「しかしながら私が打ち申したるなり」とあるのに着目。実際には渡し守は客僧を打っていないのに、このように言っているのは、客僧が打たれたのは、渡し守が客僧を判官殿ではないかと疑ったせいだと考えているからである。問五、少しのことでは動じない力強い弁慶が泣いたとすることで、辛さを強調している。問六、臣下が主人を叩くなどということはあってはならないことである。傍線部前で「いつまで君を庇ひ申さんとて、現在の御主を打ち奉りつるぞ。」と言っていることから、叩いたのはあくまで義経を守るためであるが、それでも叩いてしまったことが辛いのである。問七、「よの人」と言うとハの「世」を思い浮かべがちであるが、「世の人」は「世間一般の人」の意であり、この場面ではまずい。その場にいた他の人たち、の意味のイが正答となる。

通釈 (船着き場の渡し守が)「まさにあの客僧こそ判官殿でいらっしゃる」と指差して申し上げる。その時弁慶は、「あれは白山から連れてきた僧侶である。年齢が若いから人が怪しく思い申し上げることのくやしさよ。これから白山へお戻りになりなさい」と言って、船から引き下ろし、扇で散々に叩きつけた。その時、渡し守は、「羽黒山から来た山伏ほど思いやりのない者はない。判官殿でいらっ

しゃらないならば、そうであるはずだよ。これほどにいたわる様子もなく、散々にあたり申し上げていることであるが、しかしながら私が打ち申し上げた(のも同然である)のだよ。お気の毒なことでございます」と言って、船を寄せ「ここにおいでなさい」と言って、楫取のそばに(客僧のふりをした義経を)乗せ申し上げる。

(渡し守が)「そうであれば船賃を出してお渡りなさい」と申し上げると、弁慶が、「いつの慣習に山伏が料金を払って船に乗るなどいうことがあろうか」と言うので、(渡し守は)「普段は(船賃を)取ることはないけれども、あまりにあなたの性根が曲がっていらっしゃるもので」と申す。弁慶は、「そのような態度で我々に当たるのであれば、出羽の国へ今年来年とこの国の者が越えていくことはまさか無いだろう。坂田の渡りは、この幼いお方の父、坂田次郎殿の支配する土地である。まさに今この返礼をするべきものを」と脅す。あまりに言い立てられて(渡し守は)船を渡した。

このようにして六道寺の渡し場を越えて、弁慶は判官殿のお袖を捉えて、「なんとしてでも君を庇い申し上げようとして、主を打ってしまいました。天のお怒りも恐ろしいことです。八幡大菩薩もお許しくださいませ」と言って、あんなにも猛々しい弁慶が、さめざめと泣いた。他の人々も涙を流した。

立教新座高等学校

問題 P.418

解答

一 問一、もの　問二、イ　問三、○存在だけを感じさせる、或る静かな広がり感を与える(役割。)(24字)　○背後に、何かの存在を、何かある気配を暗示する(役割。)(22字)　問四、文型が音を発する「もの」の存在を意識させるにもかかわらず、文意としては物の正体が曖昧である点。　問五、オ　問六、着させている。

二 問一、イ繁栄　ロ鉄則　ハ犠牲　ニ厳格　ホ蓄積　問二、Aイ　Bエ　Cウ　問三、エ　問四、事業主体か～済への貢献　問五、背　問六、教養　問七、ア×　イ○　ウ×　エ○　オ○

解き方

一 **樋口桂子「日本人とリズム感 『拍』をめぐる日本文化論」**より。問一、空欄の前後に、「音を出す音源のものの名を借りて」や、「具体的なものの音源」などの表現があるのに着目すると、「音を出す音源は具体的な」「もの」ということになる。問二、ア～オのそれぞれの場面での「音」がすることをどのように表現するか考える。イの場合は「机の中で音がする」という言い方をするが、アは「チャイムが鳴った」、ウは「雨の音が聞こえる」「風の音がする」とか「窓が鳴っている」、エは「足音がする」、オは「お囃子が聞こえる」というのが普通である。問三、傍線部のあとでさまざまに「もの」という接頭語のついた語の例を挙げ、三つあとの「『何でもないもの』とは…」で始まる段落で、「〈もの〉は存在だけを感じさせる、或る静かな広がり感を与える働きがある」「〈もの〉は背後に、何かの存在を、何かある気配を暗示する語である」という形でまとめていることに着目する。問四、「文型」の面からは、傍線部の直後で「この文型はわれわれに、音を発する『もの』の存在を意識させる。」と述べている。「文意」という語は直接出てこないが、すぐあとに、「ところが文型の示すところとは逆に……物の正体が曖昧であることを告げる。」とあることに着目する。この「物の正体が曖昧であることを告げる」点が「文意」であり、それが文型が示す「音を発する『もの』の存在を意識させる」ことと「逆」であるのが「興味深い」というのである。問五、「空間感覚としての気配は、受け手(見る者・聞く者)が感じ取るものである」とあるのに着目。受け手が感じ取るものだということは、受け手によって感じ取り方が違う、つまり「主観」的なものだということである。問六、「この違い」が何を指すか考え、その「違い」について書かれている箇所のあとに入れる。「物音がする」と「音がする」との違いは、「物」(もの)が付くか付かないかの違いであるが、「日本語には、〈もの〉を頭につける…」で始まる段落で、同じように「もの静かな」や「もの悲しい」などと、「静かな」「悲しい」などの違いについて述べられているので、そのあとに入れる。

二 **桑子敏雄「何のための『教養』か」**より。問二、A直後で「巨大地熱発電プラントの建設」を例として挙げている。B再生エネルギーの利益によるリスクは空欄前後の「資源をめぐって……悲惨な対立・紛争を引き起こす」か、「その利益……に依存したまま発展への努力を怠るようになる」かのどちらかであるので、選択の接続語でつなぐ。C「コモンズの悲劇」の説明から、それを「回避するためにはどうしたらよいのだろうか」と回避の方法に話題が転じている。問三、「急がば回れ」「負けるが勝ち」のように、一見真理に反するように見えて、よく考えてみると一面の真理を表している説が「パラドクス」で、日本語では「逆説」という。資源の豊かな地域は繁栄するはずなのに、「その資源ゆえに繁栄から取り残される」というのは、一見すると真理に反するような説だが、直後の段落以降で傍線部直前の「資源の呪い」について説明されているような理由で、一面の真理を表しているのだということ。問四、「人参をぶらさげる」とは、乗っている馬の鼻先に馬の好物である人参をぶらさげてやると、馬は人参を食いたいために前に出ようとし、結果として一生懸命走ったり歩いたりすることから、利益になるものごとを見せびらかして人を思いどおりに動かすことを言う。だから「人参」は、事業者が事業の見返りに与える地域住民の利益にあたるものである。原発の場合は傍線部直前にある「立地への協力によってつぎ込まれる資金」も「人参」であるが「十八字」で条件に合わないので、他の部分から「三十字以内」という条件で探してみる。問五、道路が「山野の形相をがらりと変えてしまうのを見て」感じる「恐ろしさ」。恐ろしさのためぞっとすることを表す慣用句が「背筋が寒くなる」。問六、中村良夫が「風景学入門」のなかで、「風景を目ききする教養を磨き」と言い、その次の段落で筆者自身も「教養が風景を見分ける能力、『目きき』の力となる」と述べている。問七、アは、地域に環境資源が存在すると、その地域のコミュニティが必ず崩壊するわけではないので不適。ウは、「事業者からの税収は地域の自治体にもたらされるが……地域だけをこの税収で潤すことはできず……自治体全体に対して平等に配分しなければならない」(「かりに地域が…」で始まる段落)とあるのと食い違うので不適。他の選択肢は文章の内容と矛盾しない。イは、「地球環境問題は……ローカル・コモンズの問題とも深くつながっている……地域の衰退とも連動する問題である」(「地球環境問題は…」で始まる段落)と、エは、「中村の『楽しむ』は、決して風景の魅力を個人として楽しむということではない……人間の生活環境をよりよいものにするという、行動する学問でもある」(「この文章で…」で始まる段落)と、オは、「風景をよく観察し、そこで起きている出来事の本質を推理しなければならないのである。」(「『コモンズの悲劇』も…」で始まる段落)と、それぞれ合致している。

早稲田大学系属早稲田実業学校高等部

問題 P.422

解答

一 問1、ウ　問2、d　問3、ウ　問4、ウ　問5、ア　問6、イ　問7、ア　問8、ア　問9、エ・カ　問10、ア　問11、ウ

三 問1、①いかように　②いたる　問2、1オ　3イ　問3、2ア　4エ　問4、1ウ　2エ　問5、ア　問6、ウ　問7、ア　問8、ア

解き方

一 **有島武郎「卑怯者」**より。問1、問題に示されている『騒ぎ』の経過」は①～⑦であるが、選択肢では五つの順序になっているので、まずは本文の内容に合致しない二つを外す。③「悪戯をしているうちに」は本文中にないし、⑥「散々にこづきまわされて」は「彼」の想像内なので不適。その二つを含まない選択肢はウしかない。問2、傍線部「努力をしていた」の主語は「子供」。「子供」の努力している様子が具体的に描かれているのはどれか。問3、傍線部前後の内容から、同内容の描写は前の部分にあると考えられる。さかのぼってみていくと、前の段落に「その子供のために扉を閉める手伝いをしてやろうか」とある。問4、傍線部の「ヒ」は「非」。ア・イ・エ・オの「ヒ」はそれぞれ「秘」「日」「比」「火」と書く。問5、空欄の前に「やはり」があるので、空欄には前の状態と変わらない内容が入る。「手の甲を知らず知らず眼の所に持って行った」とあるので、目元に関係のある描写に注意して段落内を探すと、「しょんぼりと泣きも得せずに」が見つかる。問6、傍線部「心まで堅くなって」とあるので、体はすでに堅くなって動けずにいるのが分かる。さらに傍線部のあとには「がもう黙ってはいられないような気分」とある。つまり、傍線部は動けずに黙っているときの気持ちということになる。問7、イ「周囲の人間も殴り倒すだろう」、ウ「手際よく収拾するのは不可能」、エ「配達夫の怒り」に「一定の理解」、オ「書生と舌戦をくり広げ」がそれぞれ本文中にない。問8、前の段落の最後の「彼は飛び込まなければならぬ。……言いなだめなければならぬ」は、語り手が前面に出て、「彼」の介入を強く望んでいる表現である。しかし、結局「彼」は目を背け歩き去る。その卑怯な行動に対して、あきれるような表現になっているのである。問9、ア「啖呵を切った」は彼の想像内の出来事であり不適。イ「言いなだめる」は、問8にあったように、語り手の願望なので不適。ウ「配達夫の怒りも当然のことだ」、オ「自分のなすべきことに終始気づけなかった」は、それぞれ本文と合致しない。問10、「彼」は、「子供」に起こった出来事を見て、次に起こる事態を想定したり、感情的に介入する自分を想像したりしたが、結局は「子供」を助けなかった。そのことから、イ「損得の緻密な勘定をしたうえで実行」、ウ「卑劣さを放置できない」、エ「暴力的に振舞い、周囲を恐怖に陥れてしまう」は不適と判断できる。また、最後の段落で「許してくれ許してくれ」と胸の中で言い続ける「彼」は、自分が「子供」を見捨てた「卑怯者」だという自覚もあると考えられるのでオも不適。

三 **「宇治拾遺物語」**より。問2、1「比叡山」延暦寺は現在の滋賀県にある。問3、2「今」には、「今一度」のように「もう」という意味がある。4「ね」は打ち消しの「ず」の已然形。「え…ず」は不可能を表す。問4、1傍線部のあとの部分に、お告げを受けた僧の詳しい心情が述べられている。あちこちの寺社に合計三百日も参詣したのに、結局与えるといわれたのは米と紙だけだったことが、「心憂く」「かなし」なのである。2傍線部の次の段落の冒頭を見ると、「いかやうに計らはせ……とゆかしき方もあれば」とある。「ゆかし」は、見たい、聞きたい、という物事への興味を表す語である。お告げの結果がどうなるかを見てみたいと思ったのである。問5、a訪ねてきた人が誰なのかを見ようとしたのは、僧坊に帰っていた僧である。bいくらなんでも米と紙だけではあるまい、と考えていたのは僧である。c「賜ぶ」は尊敬語であり、米と紙を与えるのは賀茂の神である。問6、結局お告げどおりのものしかもらえなかったことに対してのあきらめや、投げやりになる気持ちである。問7、「きらきらし」は語感どおり、光り輝いていること、目立っていること。「たのし」は、ここでは裕福である様子。問8、神仏の御利益を得るのに、結局三百日かかった、という話である。慌てずに気長に行うほうがよい、と言えるだろう。

通釈　今となっては昔のことであるが、比叡山に僧がいた。とても貧しかったが、鞍馬寺に七日間参詣した。(お告げの)夢などが見えるかと思って参詣したが、見えなかったので、もう七日と思って参詣したが、やはり(お告げの夢が)見えないので、七日を延ばし延ばしして(結局)百日参詣した。その百日めという日の夢に、「自分にはどうにもできない。清水寺へ参詣せよ」とおっしゃると見たので、翌日から、また清水寺へ百日参詣するけれども、また、「自分にはどうにもできない。賀茂神社に参詣して申し上げよ」と夢に見たので、また賀茂神社に参詣する。

七日と思うけれども、例の夢を見よう見ようと参詣するうちに、百日めという日の夢に、「おまえがこのように参詣するのが、かわいそうなので、御幣紙と、内撒の米くらいのものを、確実に与えよう」とおっしゃると見て、はっと目が覚めた時の気持ちは、とてもつらく、しみじみと悲しい。あちらこちら参詣して歩いたのに、最終的にこのようにおっしゃるよ、内撒の米のおかわりだけをいただいて、何になるだろうか、いや、何にもならない。比叡山へ帰り登るとしても人目が恥ずかしい。賀茂川に落ちて入ってしまおうかなどと思うけれども、またそうはいってもやはり身を投げることもできない。

(賀茂神社の神が)どのようにお計らいになるだろうかと見てみたいと思うところもあるので、もとの比叡山の僧坊に帰って座っている時に、知っているところから、「ごめんください」と言う人がいる。「誰か」と思って見てみると、白い長方形の箱を担いで、縁側に置いて帰った。とても不思議に思って、(持ってきた)使いを探すが、まったく見つからない。この箱を開けてみると、白い米と良い紙とを箱一杯に入れてある。これは見た夢の通りである。いくらなんでもとは思っていたけれども、これだけを本当にくださったと、とても情けなく思うけれど、どうしようもないと思って、この米をさまざまなことに使うけれども、まったく同じ多さであって、尽きることがない。紙も同じように使うけれど、なくなることがなくて、これといって特別に華やかではないけれども、とても裕福な法師になったそうだ。

やはり、(神仏には)気長にお参りをするのがよい。

――〈国語　解答〉終わり――

2020年入試の出題傾向と2021年の予想・対策

国語

国語は現代文・古文ともに読解が中心で、内容的にはかなり突っこんだ設問が出るので、日頃から着実な読解力を身につけるようにしておこう。基本的な国語知識もマスターしておこう。

2020年入試の出題傾向

2019年と内容・形式ともに大きな変化はないが、話し合い・インタビュー・報告文など実際の言語生活のなかで必要とされる知識や表現方法に関する問題や、図表の読み取りを基本とした条件作文が増える傾向は続いている。さらに、読解問題に話し合いの要素をからめた出題の増加も続いている。公立校では、長文の読解問題を中心として、基本的な内容を多角的に問う総合問題が出題される。国・私立校は長文読解が中心で、設問数の多い学校が多く、内容的にも難解な設問が目につく。記述式は、それほど増加してはいないが、県・校によって多く出題するところもあるので注意したい。

古文・漢文の出題は、純粋な形ではそれほど増えているわけではないが、現代文の中に含まれるケースが多いので、軽視はできない。

韻文については、単独出題はそれほど多くはないが、古文・漢文同様、他の文種に含まれて出題される場合が多い。

作文では、図表やポスターを見ての感想・意見や、学校生活や社会問題に関しての意見を書かせるなど、条件作文が多様化している。

2021年入試の予想・対策

傾向として大きな変化はないだろう。読解内容を話し合いの形で問う設問も減ることはないと思うが、読解がしっかり出来ていれば特に問題はない。言語生活で必要とされる知識を問う問題や図表の読み取り問題が多様化していることに注意したい。日頃から言葉や社会問題に関心を持つようにしたい。漢字の読み書きは必出であり、常用漢字の読み書きはマスターしておきたい。漢字・熟語の基礎知識もまとめて整理しておくとよい。

もちろん、中心は読解問題であることに変わりはない。論理的文章では、文章構成から論旨をすばやく把握できる力をつけておきたい。また文学的文章では登場人物の心情の把握が中心となる。

また、作文問題はさまざまな形で出題され、いろいろな条件が課されるので、条件に合った正しい文章が書けるように訓練しておきたい。

志望校の過去問はぜひ研究しておきたい。

2020 年の出題内容一覧

国語		文の種類								内容の分類			
		散文				韻文			古文・漢詩文	読解			
		論説文・説明文	随筆文・紀行文	小説文・伝記文	その他	詩	短歌・和歌	俳句・川柳		内容吟味	文脈把握	段落吟味	要旨・主題
1	北海道	▲		▲					▲	▲	▲		
2	青森県	▲		▲					▲	▲	▲		
3	岩手県	▲		▲	▲				▲	▲	▲		
4	宮城県	▲		▲					▲	▲			
5	秋田県	▲		▲					▲	▲	▲		▲
6	山形県	▲		▲					▲	▲	▲		
7	福島県	▲		▲		▲			▲	▲	▲	▲	▲
8	茨城県	▲		▲	▲				▲	▲	▲		
9	栃木県	▲		▲					▲	▲	▲		
10	群馬県	▲		▲	▲				▲	▲	▲		
11	埼玉県	▲		▲					▲	▲	▲		
12	千葉県	▲		▲	▲				▲	▲	▲		
13	東京都	▲		▲	▲				▲	▲		▲	▲
	東京都立日比谷高	▲		▲			▲			▲			▲
	東京都立西高	▲		▲					▲	▲		▲	▲
	東京都立国分寺高	▲		▲		▲				▲	▲	▲	
14	神奈川県	▲		▲	▲				▲	▲	▲		▲
15	新潟県	▲							▲	▲	▲		▲
16	富山県	▲		▲					▲	▲	▲		
17	石川県	▲		▲					▲	▲	▲		
18	福井県	▲		▲					▲	▲	▲	▲	
19	山梨県	▲		▲	▲				▲	▲	▲		▲
20	長野県	▲		▲	▲				▲	▲	▲		
21	岐阜県	▲		▲					▲	▲	▲		▲
22	静岡県	▲		▲					▲	▲	▲		
23	愛知県（Aグループ）	▲							▲	▲	▲		▲
	愛知県（Bグループ）	▲							▲	▲	▲		▲
24	三重県	▲		▲	▲				▲	▲	▲		
25	滋賀県	▲			▲					▲			
26	京都府	▲							▲	▲	▲	▲	
27	大阪府	▲							▲	▲	▲	▲	
28	兵庫県	▲		▲	▲					▲	▲	▲	
29	奈良県	▲	▲		▲				▲	▲	▲		
30	和歌山県	▲		▲					▲	▲	▲		▲
31	鳥取県	▲		▲	▲				▲	▲	▲		
32	島根県	▲		▲					▲	▲	▲		▲
33	岡山県	▲		▲	▲		▲			▲	▲		
34	広島県	▲		▲					▲	▲	▲		
35	山口県	▲		▲	▲				▲	▲			
36	徳島県	▲		▲					▲	▲	▲		
37	香川県	▲		▲					▲	▲	▲		
38	愛媛県	▲		▲					▲	▲	▲		
39	高知県	▲							▲	▲	▲	▲	▲
40	福岡県	▲		▲					▲	▲	▲		
41	佐賀県	▲		▲					▲	▲		▲	
42	長崎県	▲		▲	▲				▲	▲	▲	▲	▲
43	熊本県	▲		▲	▲				▲	▲	▲	▲	▲

国語		読解		漢字・語句					文法				
		鑑賞	表現技法	漢字の読み書き	漢字知識	熟語	語句の意味	慣用句・ことわざ	品詞識別	意味用法の識別	文・文節	活用	その他
1	北海道			▲	▲			▲				▲	
2	青森県		▲	▲								▲	
3	岩手県		▲	▲			▲						▲
4	宮城県		▲	▲	▲	▲							
5	秋田県			▲		▲					▲	▲	
6	山形県		▲	▲			▲						
7	福島県	▲	▲	▲	▲					▲			
8	茨城県			▲	▲	▲			▲				
9	栃木県			▲				▲	▲				
10	群馬県		▲	▲	▲		▲						
11	埼玉県			▲							▲		
12	千葉県			▲							▲		
13	東京都			▲									
	東京都立日比谷高	▲		▲			▲						
	東京都立西高			▲			▲						
	東京都立国分寺高		▲	▲	▲								
14	神奈川県	▲		▲					▲				▲
15	新潟県			▲		▲				▲		▲	
16	富山県			▲		▲						▲	
17	石川県		▲	▲			▲						
18	福井県	▲		▲	▲					▲	▲		
19	山梨県			▲							▲		
20	長野県		▲	▲							▲		
21	岐阜県			▲		▲			▲				
22	静岡県		▲	▲	▲	▲		▲	▲	▲			
23	愛知県（Aグループ）			▲		▲		▲					
	愛知県（Bグループ）			▲		▲							
24	三重県		▲	▲	▲						▲	▲	
25	滋賀県			▲					▲				
26	京都府			▲			▲		▲	▲			
27	大阪府			▲	▲	▲	▲		▲	▲	▲		
28	兵庫県			▲		▲	▲	▲	▲		▲		
29	奈良県		▲	▲	▲	▲							
30	和歌山県			▲	▲	▲	▲	▲					
31	鳥取県			▲	▲	▲	▲		▲		▲		
32	島根県		▲	▲	▲			▲			▲		
33	岡山県		▲	▲		▲			▲				
34	広島県			▲		▲							
35	山口県			▲	▲	▲	▲		▲		▲	▲	
36	徳島県			▲	▲						▲		
37	香川県			▲			▲		▲	▲			
38	愛媛県			▲	▲			▲			▲	▲	
39	高知県			▲	▲	▲					▲		
40	福岡県			▲	▲						▲		
41	佐賀県			▲							▲		
42	長崎県	▲	▲	▲		▲				▲			▲
43	熊本県			▲		▲	▲	▲			▲	▲	

国語		内容の分類												
		作文			国語知識					古文・漢文問題				
		課題作文	条件作文	短文作成・表現力	文学史	韻文知識	敬語	聞く話す	国語知識	内容吟味	口語訳・動作主	文法	仮名遣い	古典知識
1	北海道			▲						▲		▲		
2	青森県		▲					▲		▲				▲
3	岩手県		▲			▲				▲			▲	
4	宮城県		▲					▲		▲			▲	
5	秋田県		▲					▲		▲			▲	
6	山形県		▲							▲			▲	▲
7	福島県		▲							▲	▲		▲	
8	茨城県		▲							▲				▲
9	栃木県		▲			▲				▲	▲		▲	
10	群馬県	▲								▲	▲		▲	▲
11	埼玉県		▲						▲	▲	▲		▲	
12	千葉県		▲				▲	▲		▲				▲
13	東京都	▲									▲		▲	
	東京都立日比谷高	▲												
	東京都立西高	▲												
	東京都立国分寺高	▲												
14	神奈川県							▲		▲				
15	新潟県									▲	▲		▲	
16	富山県		▲							▲	▲		▲	
17	石川県		▲				▲			▲	▲		▲	
18	福井県		▲							▲	▲		▲	
19	山梨県	▲	▲	▲						▲	▲		▲	▲
20	長野県		▲					▲		▲			▲	
21	岐阜県		▲							▲			▲	
22	静岡県		▲	▲			▲			▲	▲		▲	
23	愛知県（Aグループ）									▲	▲			
	愛知県（Bグループ）									▲	▲			
24	三重県		▲							▲	▲		▲	▲
25	滋賀県		▲				▲			▲	▲			▲
26	京都府								▲	▲	▲		▲	
27	大阪府		▲							▲	▲		▲	▲
28	兵庫県									▲	▲		▲	▲
29	奈良県		▲				▲		▲	▲	▲	▲		
30	和歌山県		▲							▲	▲			
31	鳥取県	▲	▲				▲				▲		▲	▲
32	島根県		▲				▲	▲		▲	▲			▲
33	岡山県		▲					▲	▲				▲	
34	広島県		▲							▲				
35	山口県	▲								▲			▲	▲
36	徳島県		▲							▲			▲	
37	香川県		▲							▲	▲		▲	
38	愛媛県									▲				▲
39	高知県		▲							▲	▲		▲	
40	福岡県		▲							▲	▲		▲	
41	佐賀県		▲							▲			▲	
42	長崎県		▲							▲	▲		▲	
43	熊本県			▲						▲	▲		▲	

国語		文の種類 散文 論説文・説明文	随筆文・紀行文	小説文・伝記文	その他	韻文 詩	短歌・和歌	俳句・川柳	古文・漢詩文	内容の分類 読解 内容吟味	文脈把握	段落吟味	要旨・主題
44	大分県	▲		▲					▲	▲	▲	▲	
45	宮崎県	▲		▲	▲				▲	▲	▲	▲	
46	鹿児島県	▲		▲					▲	▲	▲		
47	沖縄県	▲		▲	▲				▲	▲	▲		
48	東京学芸大附高	▲		▲					▲	▲	▲		▲
49	お茶の水女子大附高	▲		▲					▲	▲	▲		
50	筑波大附高		▲	▲						▲	▲		
51	東京工業大附科技高		▲	▲						▲	▲		
52	大阪教育大附高（池田）	▲		▲						▲	▲		
53	大阪教育大附高（平野）	▲		▲					▲	▲	▲		
54	広島大附高	▲		▲					▲	▲	▲		
55	愛光高	▲		▲					▲	▲			▲
56	市川高	▲		▲					▲	▲	▲		
57	大阪星光学院高	▲		▲						▲	▲		▲
58	開成高	▲		▲					▲	▲			
59	関西学院高等部	▲							▲	▲			
60	共立女子第二高	▲		▲					▲	▲	▲	▲	▲
61	久留米大附設高	▲		▲					▲	▲	▲		
62	慶應義塾高	▲				▲			▲	▲	▲		
63	慶應義塾志木高	▲		▲					▲	▲	▲		
64	慶應義塾女子高	▲					▲			▲	▲		
65	國學院高		▲	▲					▲	▲	▲		
66	渋谷教育学園幕張高	▲		▲					▲	▲	▲		
67	十文字高	▲		▲					▲	▲	▲		
68	城北埼玉高	▲		▲						▲	▲		
69	昭和学院秀英高	▲		▲					▲	▲	▲		
70	巣鴨高	▲	▲	▲					▲	▲	▲		
71	高田高	▲		▲					▲	▲	▲		
72	拓殖大第一高	▲		▲					▲	▲	▲		▲
73	多摩大目黒高	▲		▲	▲				▲	▲	▲		
74	中央大杉並高	▲		▲					▲	▲	▲		▲
75	東海高	▲		▲						▲			
76	同志社高	▲		▲						▲	▲	▲	
77	東大寺学園高	▲		▲					▲	▲	▲		
78	桐朋高		▲	▲						▲	▲		
79	豊島岡女子学園高	▲			▲					▲	▲		▲
80	灘高	▲							▲	▲			
81	西大和学園高	▲		▲					▲	▲	▲		
82	法政大国際高	▲		▲						▲	▲		
83	明治大付中野高	▲								▲	▲		▲
84	明治大付明治高	▲								▲	▲		▲
85	洛南高	▲		▲					▲	▲	▲		▲
86	ラ・サール高	▲		▲					▲	▲	▲		▲
87	立教新座高	▲		▲						▲	▲		▲
88	早実高等部	▲		▲					▲	▲	▲		
89	国立工業高専・商船高専・高専	▲		▲						▲	▲		
90	東京都立産業技術高専	▲		▲						▲	▲		

国語	内容の分類											
	読解		漢字・語句					文法				
	鑑賞	表現技法	漢字の読み書き	漢字知識	熟語	語句の意味	慣用句・ことわざ	品詞識別	意味用法の識別	文・文節	活用	その他
44 大分県	▲	▲	▲	▲						▲		▲
45 宮崎県			▲	▲			▲	▲				
46 鹿児島県			▲	▲	▲			▲				
47 沖縄県			▲			▲		▲				
48 東京学芸大附高			▲			▲		▲				
49 お茶の水女子大附高			▲			▲						
50 筑波大附高			▲			▲						
51 東京工業大附科技高			▲				▲					
52 大阪教育大附高（池田）			▲			▲		▲			▲	
53 大阪教育大附高（平野）			▲			▲	▲	▲				
54 広島大附高			▲	▲		▲						
55 愛光高			▲		▲	▲						
56 市川高			▲		▲	▲						
57 大阪星光学院高			▲			▲						
58 開成高			▲									
59 関西学院高等部			▲			▲						
60 共立女子第二高			▲				▲					
61 久留米大附設高			▲			▲						
62 慶應義塾高		▲	▲			▲						
63 慶應義塾志木高			▲						▲			
64 慶應義塾女子高			▲					▲			▲	
65 國學院高			▲									
66 渋谷教育学園幕張高			▲			▲	▲					
67 十文字高			▲		▲		▲					
68 城北埼玉高			▲		▲		▲	▲				
69 昭和学院秀英高			▲			▲						
70 巣鴨高			▲			▲						
71 高田高			▲			▲						
72 拓殖大第一高			▲	▲		▲						
73 多摩大目黒高			▲			▲		▲				
74 中央大杉並高			▲			▲						▲
75 東海高			▲			▲						
76 同志社高			▲			▲						
77 東大寺学園高			▲			▲						▲
78 桐朋高			▲			▲						
79 豊島岡女子学園高			▲			▲						
80 灘高			▲			▲						
81 西大和学園高			▲			▲						
82 法政大国際高			▲			▲						
83 明治大付中野高			▲		▲	▲	▲		▲	▲		
84 明治大付明治高			▲				▲					
85 洛南高			▲			▲						
86 ラ・サール高			▲			▲		▲	▲	▲	▲	
87 立教新座高			▲			▲	▲					
88 早実高等部			▲			▲						
89 国立工業高専・商船高専・高専		▲	▲			▲	▲	▲				
90 東京都立産業技術高専			▲	▲		▲		▲		▲		

国語		内容の分類												
		作文		国語知識						古文・漢文問題				
		課題作文	条件作文	短文作成・表現力	文学史	韻文知識	敬語	聞く話す	国語知識	内容吟味	口語訳・動作主	文法	仮名遣い	古典知識
44	大分県		▲							▲	▲	▲		▲
45	宮崎県		▲					▲		▲	▲		▲	▲
46	鹿児島県		▲							▲	▲		▲	
47	沖縄県		▲						▲	▲	▲	▲	▲	▲
48	東京学芸大附高									▲	▲			
49	お茶の水女子大附高						▲			▲	▲		▲	
50	筑波大附高			▲										
51	東京工業大附科技高													
52	大阪教育大附高（池田）	▲												
53	大阪教育大附高（平野）	▲								▲	▲			▲
54	広島大附高									▲	▲		▲	▲
55	愛光高									▲	▲	▲		
56	市川高									▲	▲			
57	大阪星光学院高													
58	開成高									▲				
59	関西学院高等部									▲				
60	共立女子第二高										▲		▲	▲
61	久留米大附設高									▲	▲	▲		
62	慶應義塾高													
63	慶應義塾志木高				▲									
64	慶應義塾女子高								▲					▲
65	國學院高									▲	▲		▲	
66	渋谷教育学園幕張高				▲					▲	▲			▲
67	十文字高									▲	▲	▲	▲	
68	城北埼玉高				▲		▲							
69	昭和学院秀英高									▲	▲		▲	
70	巣鴨高									▲	▲		▲	▲
71	高田高									▲		▲		
72	拓殖大第一高									▲	▲		▲	▲
73	多摩大目黒高									▲	▲	▲		▲
74	中央大杉並高									▲	▲			
75	東海高													
76	同志社高													
77	東大寺学園高									▲	▲			▲
78	桐朋高													
79	豊島岡女子学園高													
80	灘高									▲	▲			
81	西大和学園高									▲	▲			
82	法政大国際高				▲									
83	明治大付中野高													
84	明治大付明治高													
85	洛南高									▲	▲			
86	ラ・サール高									▲	▲			
87	立教新座高													
88	早実高等部				▲					▲	▲		▲	▲
89	国立工業高専・商船高専・高専				▲						▲			
90	東京都立産業技術高専						▲							▲

最近3か年の入試の出題内容分析

国語

ここでは、本書の掲載校を中心に約100校を対象として2020年を含めた３年間の問題文の種類と出題内容の分析を行った。入試対策としては、もちろん全体について網羅しておくことは必要であるが、自分の受験する県・学校の傾向を把握しておくことが大切である。

《文の種類》

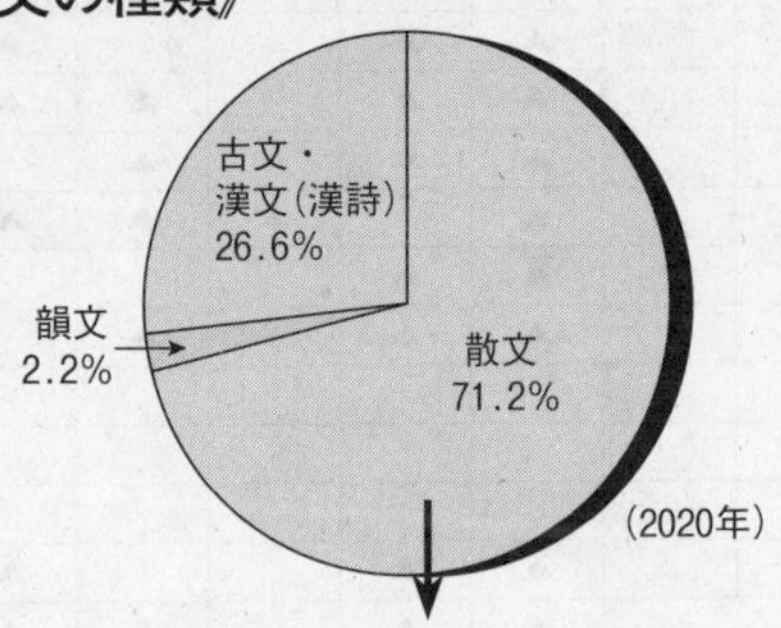

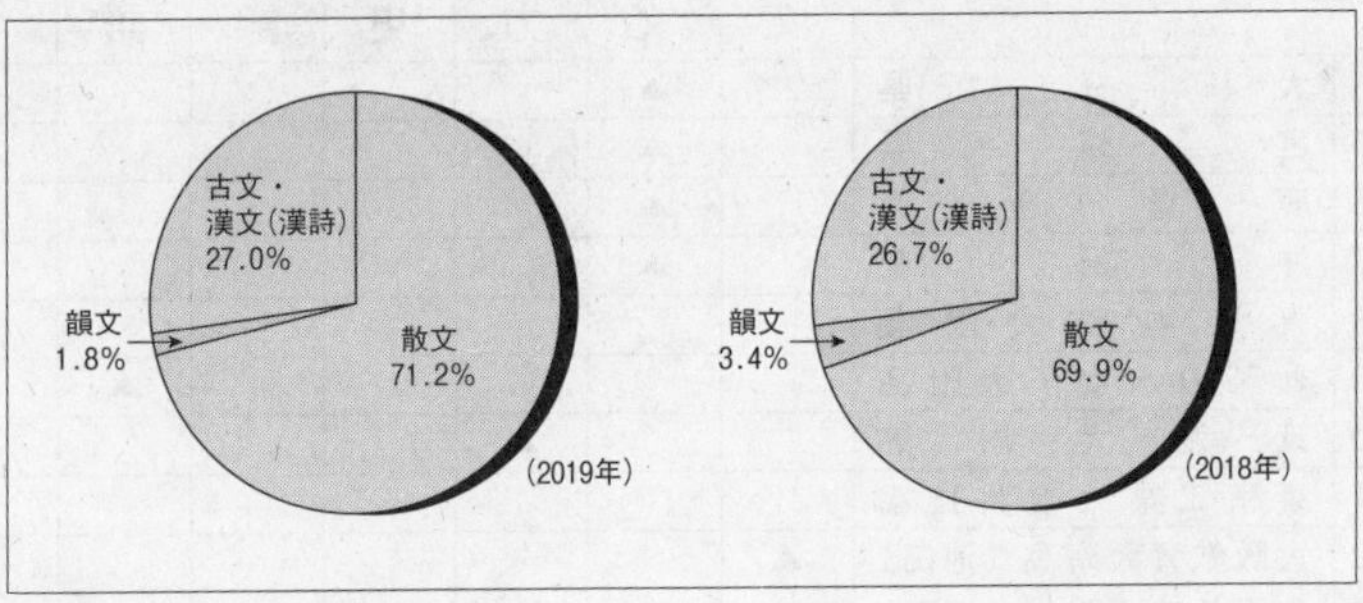

論説文・説明文	47.0%
小説文・伝記文	39.0%
随筆文・紀行文	3.0%
その他	11.0%

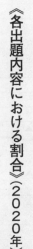

《内容の分類》

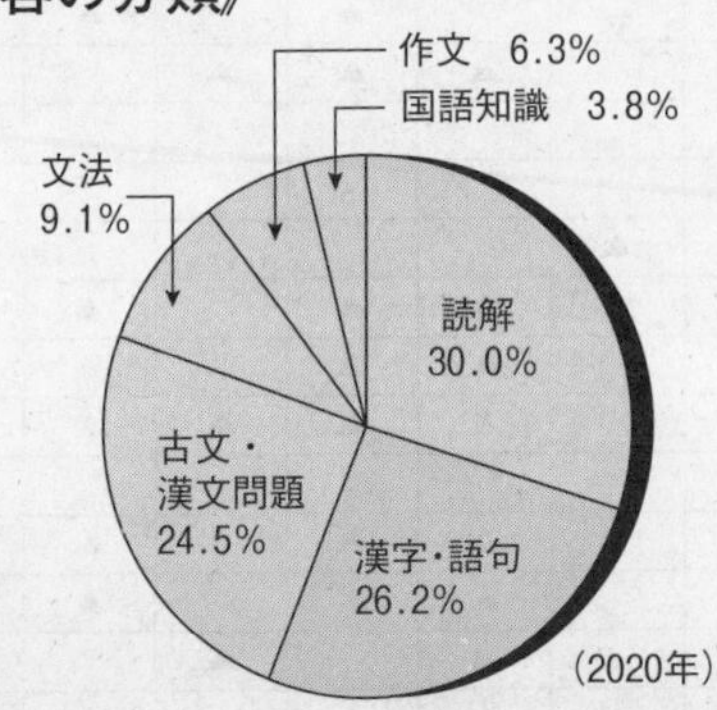

《各出題内容における割合》（2020年）

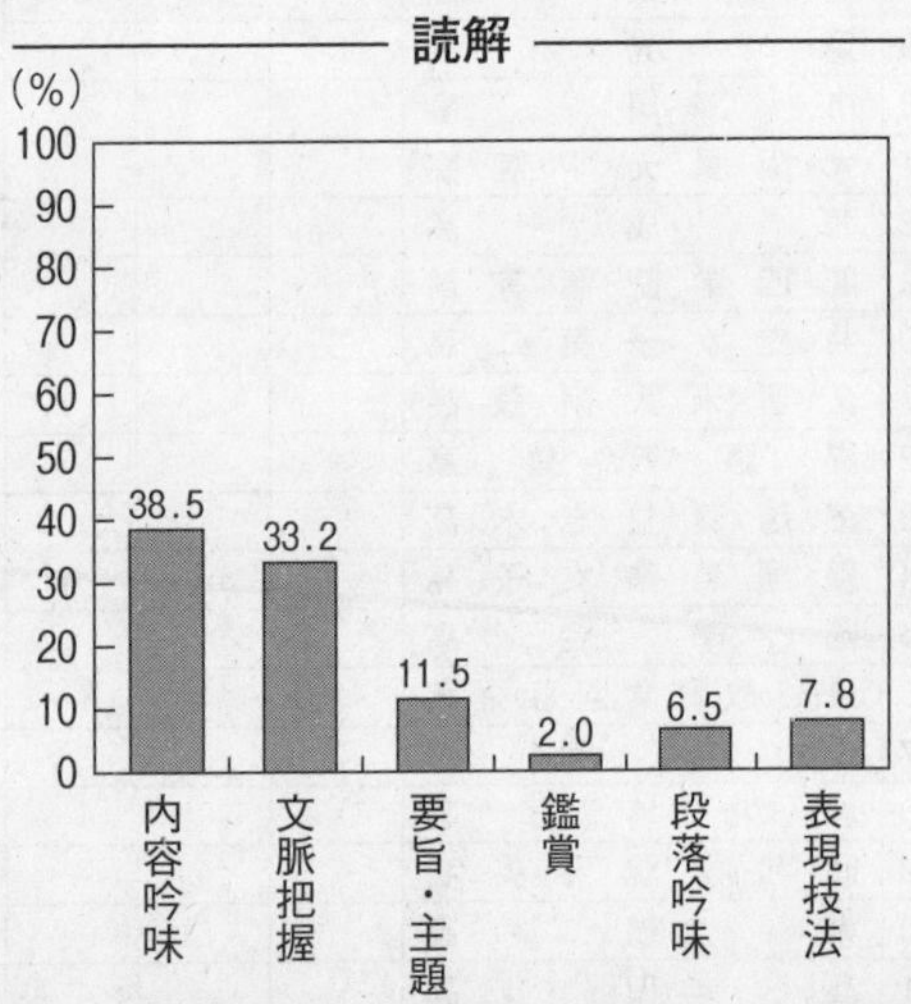

〈最近３か年の出題傾向〉

◎出題される文の種類について

論説文・小説文が中心であることに変わりはない。韻文の単独出題は多くはないが、古文・漢文と同様に他文種に含まれて出題されることがあるので注意したい。一般的には、論説文を中心とした説明的文章と、小説文を中心とした文学的文章をバランスよく出題する傾向が強いが、学校によってはどちらかに力点を置くこともあるので、志望校の傾向は調べておいたほうがよい。古文では、特に公立の場合傍訳が多く、極端な難問になることはない。漢文・漢詩も基本の勉強を忘れないようにしたい。

◎設問内容について

〈読解〉 国語問題の中心であり、圧倒的に多い分野である。会話文を配し、読解内容を問うものや図表の読み取りをからめる形式が増えている。形に惑わされないことが大切。内容吟味は、「この部分はどんな意味か」「人物の心情は？」といった設問で、いちばん多く出題されている。文脈把握は、穴埋めと指示内容が主力である。要旨・主題はいわば文章の眼目であり、しっかり把握することが他の読解問題を解くうえでも必要となる。比喩（直喩・隠喩・擬人法）や体言止め・倒置法などの表現技法も理解しておきたい。また、小説文での鑑賞問題や記述式にもぜひ対策を立てておきたい。

〈漢字・語句〉 漢字の読み書きは、読解問題同様どこでも出題している。点の取りやすい分野であるだけにミスはしたくない。漢字と熟語の学習は互いに関連をもたせて進めたい。漢字の意味を知ることにより、熟語構成の基本知識にもなる。ことわざ・慣用句や和語・漢語などの語句知識にも目を通しておきたい。また、書写では行書と楷書との違いを整理しておきたい。

〈文法〉 出題率はそんなに高くないが、学習しないと点になりにくい分野である。品詞識別・意味用法の識別が主であるが、単語区分・文節区分・文の成分なども確認しておきたい。品詞識別では、「…に」の形になる形容動詞の連用形に注意したい。また、形容詞の「な

漢字・語句

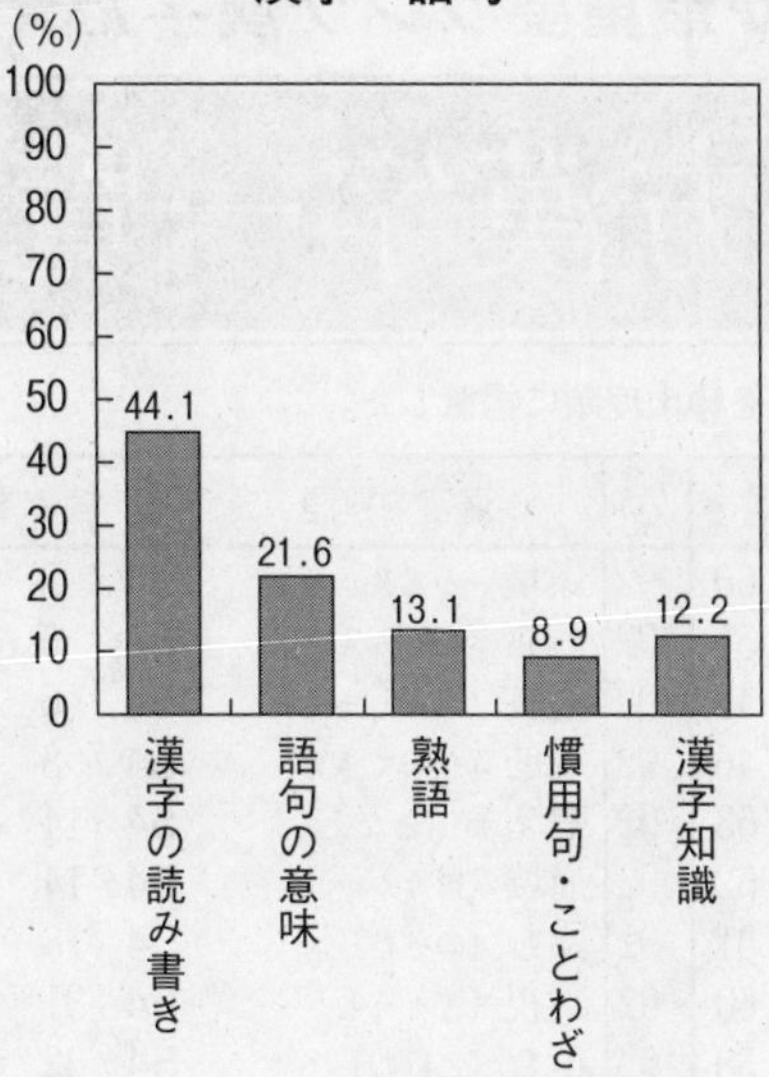

文法

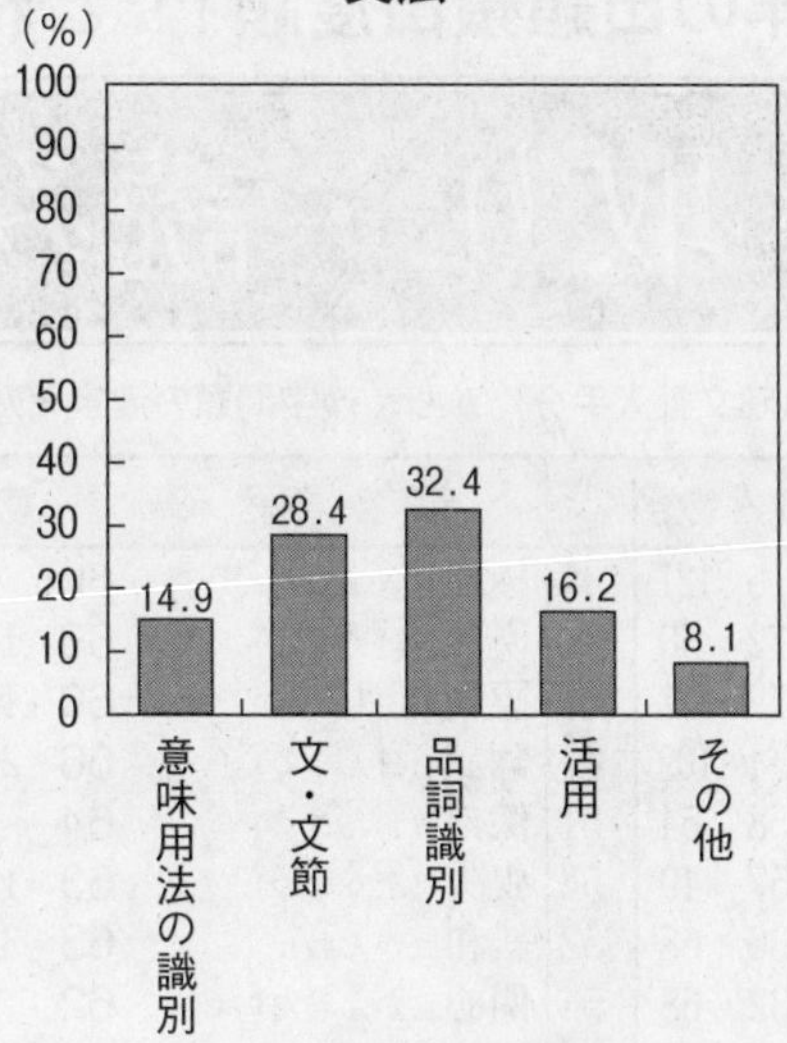

作文

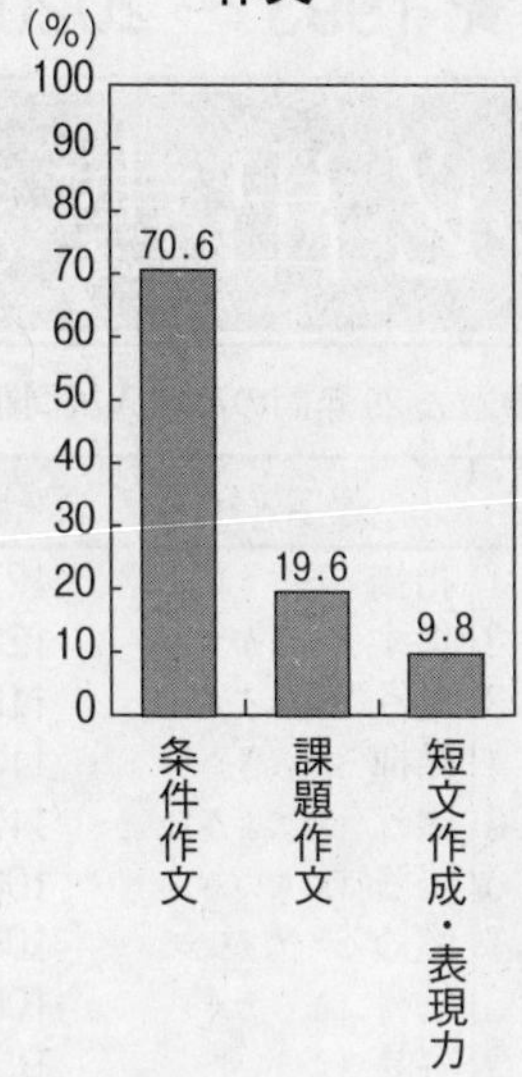

国語知識

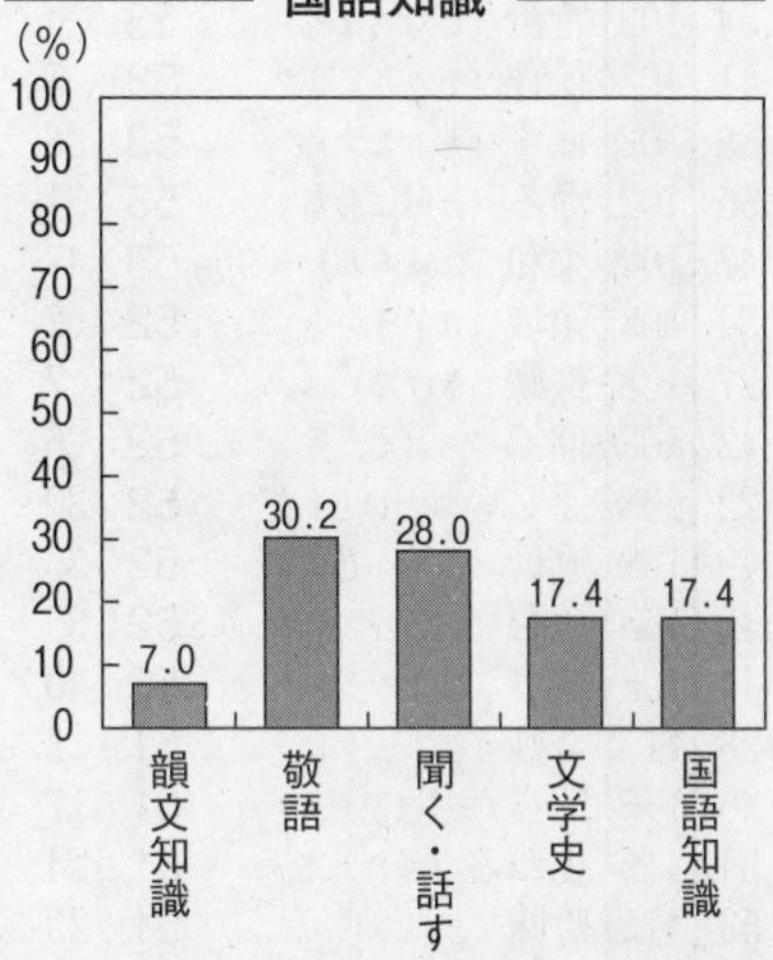

古文・漢文問題

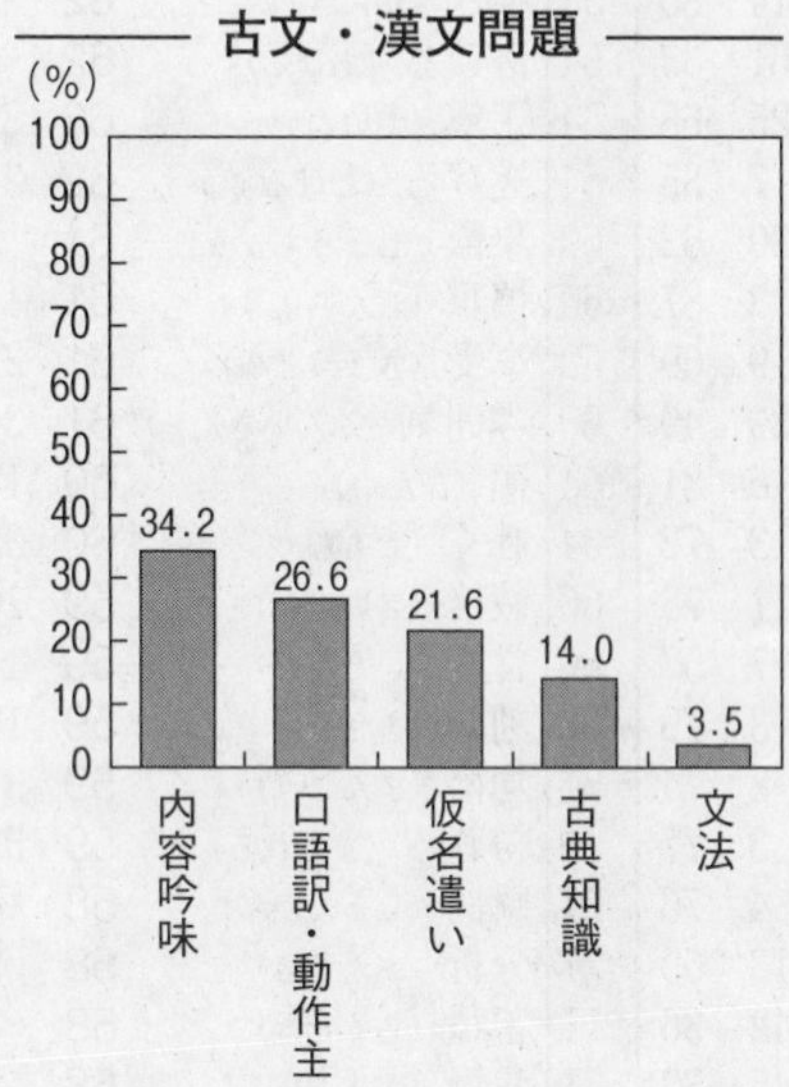

い」と助動詞の「ない」の識別はできるようにしておく。「品詞分類表」を完全に頭に入れておきたい。意味用法の識別では、「の」「に」「れる・られる」など特に注意したい。

〈作文〉 条件作文が中心である。課題作文や短文作成は少なくなっている。作文は、ほぼ全公立で出題されている。意見文や案内文やスピーチ原稿、絵や写真についての感想などの条件作文の出題が多くなり、内容も多様化している。意見文では、調査結果や各種グラフなどについて意見を書かせるもの、ある意見に対して賛否をはっきりさせ、その理由を書かせるものなどがある。日頃から身の回りの問題や時事問題などに関心を持つように努めたい。また、具体例を挙げ、二段落で、などいろいろな条件がつくので、見落とさないように注意すること。さらに、「書きだしや段落のはじめは一字下げる」などの「原稿用紙の使い方」を確認しておこう。

〈国語知識〉 敬語問題が増えていることに注意したい。尊敬語・謙譲後・丁寧語の区別、特に尊敬語の「お（ご）～になる」「いらっしゃる」「ご覧になる」、謙譲語の「お（ご）～する」「参る」「伺う」「拝見する」などに注意する。「聞く・話す」の分野では、話し合いでの発言の適否やコミュニケーションのしかたなど言語生活一般に関する基礎知識は確認しておきたい。韻文知識は表現技法・季語が中心。基本的なもの、誤りやすいものはチェックしておく。漢詩の形式も確認しておきたい。文学史は、公立では古典に集中している。各時代の主な作品の著者・ジャンルを覚えておく。手紙の基本的な形式もマスターしておきたい。

〈古文・漢文問題〉 内容吟味・仮名遣い・口語訳・動作主が多い。古文は主語の省略が多いので、つねに動作主は誰か考えて読むことが必要だ。係り結びの法則も理解しておくこと。仮名遣いは、語頭にない「はひふへほ」は「わいうえお」に直す、という鉄則を覚える。漢文・漢詩では、「レ点」「一・二点」の使い方など、訓読の基本を押さえておこう。

★1993〜2020年の出題頻出度順！！これが最重要ランク漢字だ★

必出書き取り・読み方漢字一覧

●過去28年間の高校入試問題（旺文社入手分）から、漢字問題の漢字・熟語を頻出度順に掲載した。

順位	漢字・熟語	計	読み	書き	順位	漢字・熟語	計	読み	書き	順位	漢字・熟語	計	読み	書き
1	指摘（してき）	127	6	121	47	極端（きょくたん）	66	6	60	92	環境（かんきょう）	54	3	51
2	促す（うながす）	122	72	50	47	漠然（ばくぜん）	66	15	51	92	興奮（こうふん）	54	6	48
3	覆う（おおう）	119	72	47	47	駆使（くし）	66	18	48	92	鑑賞（かんしょう）	54	6	48
4	発揮（はっき）	113	4	109	47	翻訳（ほんやく）	66	20	46	92	端的（たんてき）	54	8	46
5	漂う（ただよう）	112	58	54	51	深刻（しんこく）	64	1	63	92	唱える（となえる）	54	14	40
6	陥る（おちいる）	106	57	49	52	喪失（そうしつ）	63	11	52	92	崩壊（ほうかい）	54	14	40
7	眺める（ながめる）	104	36	68	52	緩和（かんわ）	63	32	31	92	臨む（のぞむ）	54	18	36
8	納得（なっとく）	100	32	68	54	関心（かんしん）	62	2	60	92	凝視（ぎょうし）	54	31	23
9	容易（ようい）	95	8	87	54	排除（はいじょ）	62	4	58	92	拒む（こばむ）	54	32	22
10	維持（いじ）	94	14	80	54	喚起（かんき）	62	5	57	102	魅力（みりょく）	53	1	52
10	示唆（しさ）	94	61	33	54	浴びる（あびる）	62	8	54	102	特徴（とくちょう）	53	4	49
12	矛盾（むじゅん）	93	25	68	54	丁寧（ていねい）	62	21	41	102	操作（そうさ）	53	7	46
13	獲得（かくとく）	92	7	85	54	遂げる（とげる）	62	24	38	102	催す（もよおす）	53	28	25
13	把握（はあく）	92	30	62	60	象徴（しょうちょう）	61	5	56	102	滞る（とどこおる）	53	31	22
15	対象（たいしょう）	90	3	87	60	慎重（しんちょう）	61	14	47	102	柔和（にゅうわ）	53	47	6
16	錯覚（さっかく）	88	19	69	60	享受（きょうじゅ）	61	27	34	108	領域（りょういき）	52	2	50
16	穏やか（おだやか）	88	39	49	60	雰囲気（ふんいき）	61	34	27	108	機嫌（きげん）	52	7	45
18	証拠（しょうこ）	87	6	81	64	額（ひたい）	60	18	42	108	仰ぐ（あおぐ）	52	26	26
19	普及（ふきゅう）	85	13	72	64	赴く（おもむく）	60	38	22	108	乏しい（とぼしい）	52	30	22
20	余裕（よゆう）	84	11	73	66	栽培（さいばい）	59	10	49	108	成就（じょうじゅ）	52	35	17
20	貢献（こうけん）	84	27	57	66	営む（いとなむ）	59	14	45	108	挑む（いどむ）	52	35	17
22	過程（かてい）	82	3	79	66	刻む（きざむ）	59	15	44	108	繕う（つくろう）	52	40	12
22	浸透（しんとう）	82	8	74	66	均衡（きんこう）	59	31	28	115	奇妙（きみょう）	51	8	43
24	紹介（しょうかい）	80	3	77	66	紛れる（まぎれる）	59	33	26	115	朗らか（ほがらか）	51	17	34
24	犠牲（ぎせい）	80	4	76	71	瞬間（しゅんかん）	58	4	54	115	委ねる（ゆだねる）	51	24	27
26	概念（がいねん）	78	13	65	71	分析（ぶんせき）	58	5	53	115	吟味（ぎんみ）	51	25	26
26	著しい（いちじるしい）	78	42	36	71	蓄積（ちくせき）	58	7	51	115	慌てる（あわてる）	51	27	24
26	気配（けはい）	78	45	33	71	我慢（がまん）	58	8	50	115	凝る（こる）	51	28	23
29	微妙（びみょう）	77	8	69	71	循環（じゅんかん）	58	10	48	115	伴う（ともなう）	51	29	22
30	鮮やか（あざやか）	76	38	38	71	遭遇（そうぐう）	58	14	44	115	強いる（しいる）	51	37	14
31	抵抗（ていこう）	75	3	72	71	妨げる（さまたげる）	58	23	35	115	厳か（おごそか）	51	40	11
31	顕著（けんちょ）	75	28	47	71	巧み（たくみ）	58	28	30	124	依然（いぜん）	50	3	47
33	募る（つのる）	74	47	27	71	境内（けいだい）	58	51	7	124	秩序（ちつじょ）	50	7	43
34	徹底（てってい）	72	4	68	80	素朴（そぼく）	57	18	39	124	詳細（しょうさい）	50	14	36
34	遂行（すいこう）	72	43	29	80	担う（になう）	57	30	27	124	掲げる（かかげる）	50	28	22
36	歓迎（かんげい）	71	3	68	80	培う（つちかう）	57	31	26	124	風情（ふぜい）	50	29	21
36	遮る（さえぎる）	71	53	18	80	廃れる（すたれる）	57	42	15	124	携わる（たずさわる）	50	37	13
38	頻繁（ひんぱん）	70	46	24	84	真剣（しんけん）	56	2	54	124	顧みる（かえりみる）	50	38	12
39	複雑（ふくざつ）	69	1	68	84	妥協（だきょう）	56	10	46	131	招く（まねく）	49	1	48
39	偶然（ぐうぜん）	69	3	66	84	輪郭（りんかく）	56	19	37	131	展開（てんかい）	49	1	48
39	収穫（しゅうかく）	69	6	63	84	怠惰（たいだ）	56	26	30	131	支障（ししょう）	49	2	47
39	操る（あやつる）	69	33	36	84	体裁（ていさい）	56	36	20	131	綿密（めんみつ）	49	3	46
39	潜む（ひそむ）	69	43	26	84	施す（ほどこす）	56	38	18	131	編む（あむ）	49	8	41
44	対照（たいしょう）	68	1	67	84	諭す（さとす）	56	44	12	131	希薄（きはく）	49	9	40
44	克服（こくふく）	68	22	46	91	衝動（しょうどう）	55	13	42	131	脳裏（のうり）	49	14	35
46	掲載（けいさい）	67	17	50	92	機会（きかい）	54	1	53	131	膨大（ぼうだい）	49	18	31

順位	漢字・熟語	計	読み	書き
131	費やす（ついやす）	49	19	30
131	怠る（おこたる）	49	25	24
141	純粋（じゅんすい）	48	5	43
141	風潮（ふうちょう）	48	6	42
141	恩恵（おんけい）	48	16	32
141	赴任（ふにん）	48	17	31
141	浸る（ひたる）	48	30	18
141	隔てる（へだてる）	48	31	17
147	簡単（かんたん）	47	1	46
147	傾向（けいこう）	47	4	43
147	緊張（きんちょう）	47	4	43
147	後悔（こうかい）	47	4	43
147	要請（ようせい）	47	4	43
147	避ける（さける）	47	6	41
147	意図（いと）	47	10	37
147	過剰（かじょう）	47	11	36
147	辛抱（しんぼう）	47	13	34
147	既成（きせい）	47	14	33
147	不朽（ふきゅう）	47	22	25
147	滑らか（なめらか）	47	26	21
159	圧倒（あっとう）	46	1	45
159	冒険（ぼうけん）	46	1	45
159	繁栄（はんえい）	46	3	43
159	厳密（げんみつ）	46	4	42
159	衝突（しょうとつ）	46	6	40
159	衝撃（しょうげき）	46	7	39
159	傑作（けっさく）	46	12	34
159	鍛える（きたえる）	46	16	30
159	口調（くちょう）	46	25	21
159	被る（こうむる）	46	29	17
169	前提（ぜんてい）	45	1	44
169	反映（はんえい）	45	1	44
169	依頼（いらい）	45	4	41
169	預ける（あずける）	45	4	41
169	勧誘（かんゆう）	45	5	40
169	滞在（たいざい）	45	5	40
169	脅威（きょうい）	45	8	37
169	険しい（けわしい）	45	16	29
169	率直（そっちょく）	45	17	28
169	弾む（はずむ）	45	34	11
179	規模（きぼ）	44	2	42
179	洗練（せんれん）	44	2	42
179	干渉（かんしょう）	44	7	37
179	刺激（しげき）	44	7	37
179	円滑（えんかつ）	44	14	30
179	唯一（ゆいいつ）	44	23	21
179	会釈（えしゃく）	44	27	17
179	厄介（やっかい）	44	27	17
187	破壊（はかい）	43	3	40
187	基盤（きばん）	43	5	38
187	根拠（こんきょ）	43	5	38
187	謙虚（けんきょ）	43	8	35
187	継承（けいしょう）	43	8	35
187	誇張（こちょう）	43	9	34
187	静寂（せいじゃく）	43	20	23
194	創造（そうぞう）	42	1	41
194	自慢（じまん）	42	2	40
194	岐路（きろ）	42	18	24
194	便宜（べんぎ）	42	25	17
194	携える（たずさえる）	42	26	16
194	抑える（おさえる）	42	27	15
194	為替（かわせ）	42	40	2
201	基礎（きそ）	41	1	40
201	負担（ふたん）	41	1	40
201	覚悟（かくご）	41	2	39
201	印象（いんしょう）	41	2	39
201	歓声（かんせい）	41	3	38
201	到達（とうたつ）	41	3	38
201	放棄（ほうき）	41	6	35
201	訪れる（おとずれる）	41	7	34
201	支える（ささえる）	41	10	31
201	由来（ゆらい）	41	10	31
201	平穏（へいおん）	41	12	29
201	凝らす（こらす）	41	23	18
201	戒める（いましめる）	41	26	15
214	清潔（せいけつ）	40	1	39
214	非難（ひなん）	40	1	39
214	妨害（ぼうがい）	40	1	39
214	拾う（ひろう）	40	2	38
214	生涯（しょうがい）	40	3	37
214	貴重（きちょう）	40	4	36
214	拡張（かくちょう）	40	4	36
214	普遍（ふへん）	40	4	36
214	築く（きずく）	40	4	36
214	愉快（ゆかい）	40	8	32
214	安易（あんい）	40	9	31
214	繊細（せんさい）	40	9	31
214	匹敵（ひってき）	40	9	31
214	帰省（きせい）	40	13	27
214	措置（そち）	40	17	23
214	偏る（かたよる）	40	26	14
214	支度（したく）	40	29	11
231	倹約（けんやく）	39	2	37
231	耕す（たがやす）	39	5	34
231	散策（さんさく）	39	6	33
231	衰える（おとろえる）	39	9	30
231	握る（にぎる）	39	10	29
231	占める（しめる）	39	11	28
231	尋ねる（たずねる）	39	14	25
231	抱える（かかえる）	39	29	10
239	抗議（こうぎ）	38	1	37
239	構築（こうちく）	38	1	37
239	寛容（かんよう）	38	3	35
239	効率（こうりつ）	38	5	33
239	厳しい（きびしい）	38	5	33
239	冒頭（ぼうとう）	38	6	32
239	偏見（へんけん）	38	7	31
239	媒介（ばいかい）	38	9	29
239	懐かしい（なつかしい）	38	10	28
239	感慨（かんがい）	38	10	28
239	凝縮（ぎょうしゅく）	38	15	23
239	伐採（ばっさい）	38	17	21
239	制御（せいぎょ）	38	20	18
239	隅（すみ）	38	21	17
239	披露（ひろう）	38	24	14
254	業績（ぎょうせき）	37	1	36
254	操縦（そうじゅう）	37	1	36
254	期待（きたい）	37	2	35
254	交渉（こうしょう）	37	3	34
254	派遣（はけん）	37	8	29
254	収拾（しゅうしゅう）	37	10	27
254	該当（がいとう）	37	10	27
254	突如（とつじょ）	37	10	27
254	崩れる（くずれる）	37	14	23
254	貫く（つらぬく）	37	19	18
254	嫌悪（けんお）	37	22	15
254	企てる（くわだてる）	37	23	14
254	専ら（もっぱら）	37	28	9
254	閲覧（えつらん）	37	28	9
254	折衷（せっちゅう）	37	30	7
269	賢明（けんめい）	36	1	35
269	事態（じたい）	36	1	35
269	迷惑（めいわく）	36	1	35
269	困難（こんなん）	36	3	33
269	退屈（たいくつ）	36	3	33
269	単純（たんじゅん）	36	3	33
269	試行錯誤（しこうさくご）	36	4	32
269	範囲（はんい）	36	5	31
269	無駄（むだ）	36	6	30
269	導く（みちびく）	36	9	27
269	備える（そなえる）	36	10	26
269	困惑（こんわく）	36	12	24
269	克明（こくめい）	36	13	23
269	勧める（すすめる）	36	14	22
269	交錯（こうさく）	36	14	22
269	慰める（なぐさめる）	36	17	19
269	蓄える（たくわえる）	36	18	18
269	浸す（ひたす）	36	21	15
269	緩やか（ゆるやか）	36	24	12
269	更迭（こうてつ）	36	25	11
289	供給（きょうきゅう）	35	1	34
289	即座（そくざ）	35	2	33
289	敏感（びんかん）	35	2	33
289	粗末（そまつ）	35	3	32
289	大胆（だいたん）	35	3	32
289	奪う（うばう）	35	5	30
289	比較（ひかく）	35	5	30
289	透明（とうめい）	35	5	30
289	起伏（きふく）	35	6	29
289	垂れる（たれる）	35	6	29
289	隠す（かくす）	35	6	29
289	懸命（けんめい）	35	7	28

★3年分の公立高校入試・作文のテーマがわかる★

過去3か年作文出題内容一覧

県名	2020年	2019年	2018年
青森	「美しい」と「きれいだ」の類義語について書かれた文を読み、一段落めには二つの言葉の違いで気づいたことを、二段落めには自分の意見を書く。(150 ～ 200字)	「仕事を選択するときの重要な観点」について調査したグラフ資料を見て、一段落めには観点を比較して気付いたことを、二段落めには自分の意見を書く。(150 ～ 200字)	新聞広告を見て、一段落めには、「批評する観点」をもとに気づいたことを、二段落めには一段落めを踏まえて自分の意見を書く。(150 ～ 200字)
岩手	直喩を用いて自分が暮らす地域の様子を、一段落めは直喩を用いた表現を書き、二段落めにはその表現によってどのような情景、心情を表現しようとしたかを説明する。(75 ～ 105字)		植松努「NASAより宇宙に近い町工場」を読み、本文中の「科学という営み」の内容と共通している事柄を今後の自分の生活にどのように取り入れていきたいか、書く。(105 ～ 150字)
宮城	「スマホで録画しながら音楽演奏を聞くことに違和感を覚える」という新聞投書を読み、自分の考えとその理由を具体的に書く。(160 ～ 200字)	社会人としてこれからの時代を生きていくに当たり、挙げられた三つの要素のなかから自分が大切にしたいものを一つ選び、その理由を書く。(160 ～ 200字)	「春」の季語を用いた三つの俳句のなかから、自分が抱いている「春」のイメージに近い俳句を一つ選び、その理由を書く。(160 ～ 200字)
秋田	自分が考える「外国人に伝えたい日本の魅力」を、伝えたいと思う理由を交えて書く。(200 ～ 250字)	未来の世の中の姿の一部として挙げられたa、b、cから最も実現してほしいものを一つ選び、その理由を自分の生活に関連づけて書く。(200 ～ 250字)	「訪日外国人旅行者が旅行中に困ったこと」のグラフ結果を見て、外国人旅行者に日本で快適に過ごしてもらうための考えを書く。(200 ～ 250字)
山形	和辻哲郎と城山三郎の二つの言葉を読み、「自分が成長するために」という題で、一段落めには二つの言葉にどのような考えが読み取れるか、二段落めには自分の体験を含めて考えを書く。(200 ～ 240字)	「あなたは、毎日使っている日本語を大切にしていますか」という質問のグラフ結果二つを見て、一段落めにはグラフで気付いたことを、二段落めには自分の体験を含めて書く。(200 ～ 240字)	「高校生の勉強と生活に関する意識調査」のグラフ結果を見て、一段落めにはグラフで気づいたこと、二段落めには自分が学校生活で大切にしたいことを、自身の体験を含めて書く。(200 ～ 240字)
福島	外国語や外来語のカタカナ語についての文とグラフ資料を読み、一段落めはカタカナ語の使用で気づいたことを、二段落めには自分の考えを書く。(150 ～ 200字)	公園の掃除活動の参加者を呼びかける文章A案、B案を比較して、B案がどう工夫されているか、また、文章を書くうえで大切なことについて自分の考えを二段落構成で書く。(150 ～ 200字)	「友達との話し合い」についての質問の回答結果を表したグラフを見て、一段落めにはグラフから気づいたことを、二段落めにはそのことについて自分の意見を書く。(150 ～ 200字)
茨城	ある古典の文章とグループでの話し合いの文章を参考に、自分が希望する文化祭の企画を、挙げられたなかから選び、他の企画と比較して賛成を得られるように書く。(160 ～ 200字)	ある古典の文章と「生き方の知恵」についての話し合いを読んで、「自分の力の限界を知って行動するのが賢い生き方だ」という考えに賛成か反対か選び、その理由と、古典を読んで考えたことを生活にどう生かすか書く。(160 ～ 200字)	学校図書館の掲示物の改善に関する話し合いと、現在の掲示物と改善案を読み、一段落めには改善したことを具体的に、二段落めにはその理由を、「です・ます」の文体で書く。(160 ～ 200字)
栃木	日本語に不慣れな外国の人のバスの乗り方について、係員が説明している二つの場面図を見て、自分が外国の人とのコミュニケーションで心がけたいことを二段落構成で体験を交えて書く。(240 ～ 300字)	「意見の表明や議論などについてどのような意識を持っているか」いう質問のグラフ結果と、それを見た四人の会話を参考にして、自分の考えを体験を踏まえて書く。(240 ～ 300字)	海外の中学生に対して、日本について紹介する。五つのテーマの候補から一つを選び、選んだ理由と具体例を挙げながら自分の考えを書く。(240 ～ 300字)
群馬	春に関する言葉で「春分」「若草」「山笑う」のなかから自分が発表したい言葉一つを選び、その理由を書く。(140 ～ 180字)	伊藤明夫「40億年、いのちの旅」を読み、ヒトが自滅の道を歩まないための提案を、本文に触れて書く。(140 ～ 180字)	中道正之「サルの子育て　ヒトの子育て」を読み、自分が感じたことを、自分の経験と結び付けて書く。(140 ～ 180字)
埼玉	「埼玉県の魅力」について県内在住者対象に調査したグラフ資料をもとに、一段落めに資料から読み取った内容を、二段落めに体験を踏まえて自分の考えを書く。(165 ～ 195字)	小・中・高生の「読書量」の調査のグラフを見て、「読書を推進するための取り組み」について自分の考えを体験を踏まえて書く。(195 ～ 225字)	「書き言葉によるコミュニケーション」についてのグラフを見て、「文字で伝える際、重視すること」について、自分の考えを体験を踏まえて書く。(195 ～ 225字)

県名	2020年	2019年	2018年
千葉	方言に関するグラフ資料と活用事例を読み、一段落めに方言は地元の人にどう効果があるか、二段落めに方言は他の地域の人にどう効果があるか、それぞれグラフから読み取ったことと活用事例をもとに自分の考えを書く。(～200字)	「巨人の肩の上に立つ」というたとえについての生徒と先生の会話文を読み、そのたとえが何を言い表しているか、これからの生活にどう生かしたいか、自分の考えを二段落構成で書く。(～200字)	図書館に掲示された新旧二つのマナーに関するポスターを見て、新しいポスターがどのように工夫されているか、新しいポスターに張り替えることによってマナーが改善された理由について自分の考えを二段落構成で書く。(～200字)
東京	**東京都**：福岡伸一「動的平衡３」を読み、国語の授業で「理想の組織」というテーマで自分の意見を発表することになったときの自分の話す言葉を、具体的な体験や見聞も含めて書く。(～200字) **日比谷高**：養老孟司「AI無能論」を読み、筆者の指摘する「人間の情報化」がどのようなものであるか、これに該当する具体的な例を示したうえで、自分の考えを書く。(～250字) **西高**：港千尋「インフラグラム」を読み、人間はどうなっていくと考えるか、自分の考えを文章にふさわしい題名をつけて書く。(～200字) **国分寺高**：猪木武徳「自由の思想史」を読み、著者の言う「一元論」と「多元論」の考え方について、どちらを支持するか、自分の考えとその理由を体験や見聞を含めて書く。(～200字)	**東京都**：齋藤亜矢「ヒトはなぜ絵を描くのかを読み、「新しい『何か』に出会うこと」というテーマで自分の意見を発表するとき、自分が話す言葉を具体的な体験や見聞を含めて書く。(～200字) **日比谷高**：信原幸弘「情動の哲学入門」を読み、筆者が指摘する情動と価値判断が葛藤・対立することについて経験に基づき具体例を挙げ、自分の考えを二段落構成で書く。二つの段落が論理的につながり、一つの文章として完結するよう書くこと。(～250字) **青山高**：加藤文元「数学の想像力」とこの文章について話し合っている生徒たちの会話文を読み、効果的な対話をするためには「見る」をどのように用いたらいいか、筆者や生徒たちの考えを踏まえ、自分の考えを書く。(～200字) **西高**：船木亨「現代思想講義」を読み、本文に示された「AIによってどうなるのか」について、自分の考えを、ふさわしい題名もつけて書く。(～200字) **国立高**：酒井直樹「ひきこもりの国民主義」を読み、本文に示された「私が社会的な存在であるから、私は変容する可能性をもつ」という筆者の主張について、自分の考えを書く。(～200字) **白鷗・両国・富士・大泉・武蔵高**：堀内進之介「人工知能時代を〈善く生きる〉技術」を読み、自分は社会がどのように変わってほしいと考えるか、「技術」という言葉を用いて具体例を挙げて書く。(～200字)	**東京都**：國分功一郎「中動態の世界」を読み、「自分の意志をもつこと」というテーマで自分が話す言葉を具体的な体験や見聞を含めて書く。(～200字) **日比谷高**：西谷修「世界史の臨界」を読み、「言語」「文化」「慣習」に関することで、集団の人びとがものの見方等に強い影響を受けているにもかかわらず、それを十分に認識していないことの具体例を挙げ、自分の考えを書く。(～250字) **青山高**：長谷川宏「高校生のための哲学入門」と三人の生徒の感想を読み、「筆者が述べる自分との向き合い方」を実現するにはどうしたらよいか、自分の理想とする生き方に触れながら、自分の考えを書く。(～200字) **西高**：佐伯啓思「経済成長主義への訣別」を読み、筆者の言う「拡張と進歩の価値に囚われない、別の価値」について自分の考えを題名もつけて書く。(～200字) **国立高**：久保田裕之「社会を『共有』する」を読み、現代社会で求められる連帯のあり方について、自分の考えを具体例を挙げて書く。(～200字) **墨田川高**：齋藤孝「新しい学力」を読み、どのような場合に「知の適応力」が求められると考えるか書く。(～200字) **白鷗・両国・富士・大泉・武蔵高**：福岡伸一「新版 動的平衡」を読み、「時間の経過」について、具体例を挙げながら自分が日頃感じていることや自分の考えを書く。(～200字)
富山	四つの俳句から一句を選び、一段落めにその俳句から自分が読み取った情景を説明し、二段落めで表現されている季節の魅力を紹介する。(180～220字)	富山県に関するデータ表から、二つ以上のデータ項目を取り上げ、富山県のよさを一段落めに、二段落めに一段落めを踏まえながら自分が住む地域のよさを具体例を挙げて書く。(180～220字)	「これからの社会」についての資料をもとに、三つのことわざから一つ選び、一段落めには選んだ理由を、二段落めにはそのことわざに関連して、どんなことに取り組むかを書く。(180～220字)
石川	ある公園の見取り図と、そこで行われるミニコンサートに対する市民の意見を読み、来園者を増やすために公園のどこでコンサートを開くのがよいか、挙げられた3つの場所から選び、その理由を書く。(200字程度)	新聞の見出しの付け方を助言されたメモと、学級新聞の原稿を読んで、自分ならどう見出しを付けるか、その見出しの理由と自分が伝えたいこと、工夫点を「だ・である。」調で書く。(200字程度)	中学校の生徒会が、小学生に向けた学校説明会で運動会を紹介したスライドから小学生にとって効果的なものを一つ選び、それを選んだ理由を、作成したメモの内容と結びつけて書く。(200字程度)
福井	各種サービスに関する二つの資料を見て、日本のサービスはこれからどうなることが望ましいか、一段落めに資料を一つ選び、それと関連づけて考えを書き、二段落めに選ばなかった資料から予想される反論を書いたあと、さらに自分の考えを書く。(200～240字)	スポーツに関する資料A～Dのなかから一つ選び、一段落めに自分はこれまでどうスポーツと関わってきたか具体的に書き、二段落めには選んだ資料の内容を踏まえてこれからの人生の中でどうスポーツと関わっていきたいか、自分の考えを書く。(200～240字)	福井国体に向けて車道と歩道を整備し、街路樹を植えることになった。三つの資料を見て、一段落めには周辺環境を考えた上で、優先したいと思う機能を選び、理由を書く。二段落めには一段落めの内容を踏まえて植えたいと思う樹木を選び、その理由を書く。(200～240字)

県名	2020年	2019年	2018年
山梨	砥上裕將「線は、僕を描く」を読み、自分が向上心をもって取り組んだことは何か、そこからどのようなことを考えたか、具体的に書く。(～240字)	若松英輔「種まく人」を読み、自分がこれまで影響を受けた言葉を具体的に挙げ、その言葉からどのようなことを考えたかを書く。(～240字)	香月夕花「左手のルロイ」を読み、自分がこれまでに人とのつながりの中で得たものは何か、そこで得たものをどのように生かしていきたいか書く。(～240字)
長野	鎌田浩毅「読まずにすませる読書術」・齋藤孝「読書する人だけがたどり着ける場所」を読み、「本は何のために読むのか？」について、「思考」「人生」の二つの言葉を使い考えを書く。(80～100字)	森博嗣「読書の価値」・諏訪正樹「身体が生み出すクリエイティブ」を読み、「知識や経験の大切さ」について、「知識」「経験」「新しい」の三つの言葉を使って、自分の考えを書く。(80～100字)	暉峻淑子「対話する社会へ」を読み、最初に、筆者が考える対話的関係を「応答」「自覚」の二つの言葉を使って書き、次に、自分はどのように対話したいかを具体的に書く。(80～100字)
岐阜	「どのメディアを最も利用するか」を尋ねた二つのグラフ結果を見て、世の中の動きについて信頼できる情報を得るには、どのメディアを利用するとよいか二段落構成で書く。(101～180字)	「手紙を手書きで書くこと」についてどう思うか、一段落めには自分の考えを、二段落めにはその理由を具体例を挙げるか、関連調査のグラフ結果を活用して書く。(101～180字)	「読書と図書館に関する調査」についての三つの調査結果（グラフ）を見て、読書が好きかどうかということと、本を借りた冊数について書き（21～60字)、最近一か月で図書館から本を借りたことのない生徒に、より利用してもらうためにどのようなことをするとよいか二段構成で書く。(121～200字)
静岡	「慣用句などの意味や使い方」について「言葉をもつ本来の意味や使い方を大切にするべきだ」という発言に賛成か反対か、自分の意見を書く。(150～180字)	「つなげよう　ひとりひとりの　思いやり」という標語から、どのようなことを考えるか、自分が体験したことなどと関連させて書く。(150～180字)	『論語』の「進む道が同じでないならば、お互いに話し合いはしない方がいい。」という考えについて、賛成か反対か自分の意見を述べる。(150～180字)
三重	ボランティア活動についての話し合いの文を読み、「ボランティア活動の参加者を増やすための工夫」について、ボランティア活動に関するアンケート資料を踏まえながら考えを書く。(160～200字)	買い物をしたときのレジ袋を利用することについての会話文を読み、自分の考えや意見を根拠を明確にし、考えが的確に伝わるように書く。(160～200字)	「仕事をするうえで大切なこと」について、三つの言葉の中から、最も大切だと思うことを一つ選び、その理由を書く。(160～200字)
滋賀	平田オリザ「対話のレッスン」、敬語についての調査資料、話し合いの文などを読み、意見文の書き方について、自分ならどのように書くか、工夫点を三つ取り上げて書く。(100～140字)	今井むつみ「ことばの発達の謎を解く」と、その本についてのノートを読み、言葉の意味の探究を続け、言葉に対する感性を磨いていくには何ができるか、自分の考えを書く。(100～140字)	塚田泰彦「読む技術～成熟した読書人を目指して～」を読み、「読む力を伸ばす」ということについて、自分の考えを書く。(100～140字)
大阪	A問題：生徒に教室を清潔に保つよう呼びかけるための張り紙のことば三案のなかから一つ選び、それが最も効果的に伝わると考える理由を書く。(～180字) B問題：中学校の図書室利用を活発にするためのグラフ資料と二つの提案を見て、自分はどちらの提案が効果的と考えるか、資料から読み取れる内容をもとに理由を書く。(～260字) C問題：「おもむろに」「檄を飛ばす」の二つのことばの意味について質問した回答結果（グラフ資料）を見て、自分がコミュニケーションを図る際に心がけたいことを、資料を参考にしながら書く。(～300字)	A問題：「一期一会」「温故知新」「十人十色」の各四字熟語から、大切にしたい言葉を選び、理由を書く（～160字） B問題：2020年東京オリンピック、パラリンピックの開催に伴い、ピクトグラムを利用した案内用図記号の活用についてどう注意すべきか、挙げられた資料から読み取れるピクトグラムの課題、問題点にもふれて、考えを書く。(～260字) C問題：ヨハン・ホイジンガ「ホモ・ルーデンス」の冒頭の一文と平安時代末期に編まれた「梁塵秘抄」の歌の一つを読み、自分が考える「遊び」とはどのようなものか、少なくとも二つの文の一つにふれて、自分の考えを書く。(～300字)	A問題：「失敗は成功のもと」といえる例を、意味を参考にして、どのように工夫や改善がなされたのかも含めて具体的に書く。(160字程度) B問題：「インターネットの普及は、私たちに良い影響を与えているか」という討論のテーマについて、自分の考えとその理由を明確にして、自分とは異なる考えや、自分の意見への反論などを想定しつつ自分の意見を述べる。(～260字) C問題：「インターネットの使用には注意が必要だ」という意見を述べるため、どのような資料やデータがあればよいか、考えを書く。(～300字)
奈良	「未来に伝えたい奈良の魅力」をテーマにしたインタビュー文を読み、自分なら地域の人にどのように気をつけてインタビューするか、二段落構成で書く。(100～150字)	文化庁が発表した「言語コミュニケーションの四つの要素」を読み、一段落めには四つの要素から自分が大切だと思うことを一つ選び、二段落めにはその理由を経験に基づいて書く。(100～150字)	二段落構成。読書週間の標語を見て、一段落めにはこの標語に見られる表現の工夫を書き、二段落めには、それを踏まえて、自分の考えを書く。(100～150字)
和歌山	地域の福祉施設でお年寄りと交流する参加者を呼びかけるため、生徒会新聞に掲載するA・Bの文案読み、B案がA案より表現が工夫されている部分と、その効果について考えを書く。(160～200字)	「伊曽保物語」所収の古文「鼠の談合の事」を読み、別途挙げられた話と関係の深い三つの言葉から一つを用いて、あらすじを書く。(141～200字)	古文「醒睡笑」の一部と、本文を理解するために調べた情報を用いて、言葉を補いながら、あらすじを現代語で書く。(書き出しを含めて121～200字)

県名	2020年	2019年	2018年
鳥取	生徒会役員選挙で生徒会に立候補するための演説原稿と選挙ポスター二案を見て、自分はどちらのポスターがいいと思うか、選んだポスターの特徴と効果を挙げるとともに、もう一方のポスターの問題点も指摘し、演説の内容も踏まえて書く。(141 ～ 200 字)	「ら抜き言葉」についてのスピーチ文と話し合い文、二つの関連資料を踏まえて、「ら抜き言葉」をどう考えるか書く。その際、挙げられた三つの四字熟語から一つ選び、一段落めには資料から読み取れることを、二段落めには選んだ四字熟語に関連させ考えを書く。(141 ～ 200 字)	好井裕明『「今、ここ」から考える社会学』を読み、インターネットの利用に関するアンケート結果をもとに作成した三つのキャッチコピーから一つを選び、一段落めには選んだ理由を、二段落めには問題を解決するための具体的な手立てについて、考えを書く。(141 ～ 200 字)
島根	商店街での歩き食べに関するインタビュー回答を読み、自分なら歩き食べについてどのような意見文を書くか、歩き食べを改善する立場で具体的な提案を書く。(150 ～ 180 字)	読書に関するインタビュー、話し合いを読んで、「読書の良さ」を伝える放送原稿をアンケートのグラフを取り上げて自分の体験を根拠に書く。(150 ～ 180 字)	ボランティア活動についてのスピーチと二つの資料（グラフ）を読み、ボランティア活動への参加者を増やす工夫についての意見文を書く。(120 ～ 150 字)
岡山	日本語に関する中学生四人の話し合いの文と三つの資料を読み、「芸術家」と「アーティスト」の言葉を使うことについて、話し合いのなかの空欄を補うかたちで、資料を踏まえながら書く。(60 ～ 80 字)	「以和為貴」についての生徒の発表と質問を読み、「和」とはどういうことか、一文めは三つの資料を踏まえて具体例を挙げて説明し、二文め以降は「例えば」に続けて書く。(80 ～ 100 字)	商店街の活性化計画として実施したアンケート調査とお店の人からの聞き取りを踏まえて、お客さんのニーズを捉えたものとなるよう、パンフレットにセールスポイントを二文で書く。(60 ～ 80 字)
広島	ある作文と、作文を書くためのメモと、作文についての生徒の会話を読んで、その作文の題名をアドバイスするなら、自分はどのように書いて伝えるか、考えを二段落構成で書く。(～ 200 字)	ある落語のあらすじと結末の場面と、この落語を朗読するための話し合いの文を読み、この噺の面白さをどう伝えたらいいか二段落構成で書く。(～ 250 字)	新聞の投書を読み、資料と二つの古典作品の一節を書き留めたノートをもとに、古典を学ぶ意義について書く。(～250 字)
山口	食品ロスについてのクラスの話し合いと資料を読み、自分が「社会をよりよくするために心がけていきたいこと」について書く。(141 ～ 240 字)	地域をPRする観光パンフレット作成のため、観光協会を取材した会話文を読み、自分が「実際に行動して学んだこと」について書く。(141 ～ 240 字)	地域の祭りについて学習を行った際の話し合いの発言を踏まえて、「地域との関わりの中で学んだこと」について自分の体験にふれながら書く。(141 ～ 240 字)
徳島	短歌の鑑賞会で選ばれた石川啄木の短歌と、話し合いの一部を読んで、選ばれた石川啄木の短歌に自分が感じたことを話し合いを参考にして二段落構成で書く。(181 ～ 260 字)	「相手との伝え合いで重視していること」について調査したグラフをもとに、自分の考えを書く。一段落めではグラフから読み取ったことを、二段落めでは伝え合いで自分は「言葉に表す」「互いに察し合う」「一概には言えない」のどの立場か、その根拠を書く。(181 ～ 260 字)	原田マハ「リーチ先生」と資料、会話文を読み、一段落めには、資料の水差しの実用品としての特徴を100字以内で説明し、二段落めには、前の段落を踏まえて、日常生活で使う器を作る場合に重視する点についての自分の考えとその理由を書く。(181 ～ 260 字)
香川	学校の図書委員会が、読書を楽しんでもらうために考えたスローガン二案のうち、自分はどちらを選ぶか自分の体験を示しながら書く。(150 ～ 250 字)	合唱コンクールのスローガンのAとBの二つの違いと、どちらを採用するのがよいか自分の意見を具体例を示しながら書く。(150 ～ 250 字程度)	「クラスの目標を表す言葉」について、三つの言葉から一つ選び、体験や具体例を示しながら自分の意見を書く。(150 ～ 250 字程度)
愛媛	自分がチームやグループで活動するときに、何を大切にしたいか、「チームやグループに求めらること」に関するグラフ資料を参考にして気づいたことを交えて書く。(300 ～ 400 字)	「高校生が考える魅力的な大人のイメージ」のグラフ資料を見て、魅力的な大人のイメージについてグラフから気付いたことを交えて自分の考えを書く。(300 ～ 400 字)	「体験活動が子どもたちにもたらす効果」のアンケート結果のグラフを読み、これから中学校に入学する子どもたちに、どのような体験活動をすすめたいかを述べる。(300 ～ 400 字)
高知	池内了「なぜ科学を学ぶのか」を読み、筆者が述べる「化学的な考え方」の具体例としてどのようなものが考えられるか、それについて自分はどう考えるか書く。(100 ～ 120 字)	長谷川眞理子「世界は美しくて不思議に満ちている」を読み、文中の筆者の考えについて、自分はどう考えるか理由を明らかにして書く。(100 ～ 120 字)	星野道夫「魔法のことば　自然と旅を語る」を読み、最初に、筆者の考えを「理想」「現実」の二つの言葉を使って説明し、次に、それに対する自分の考えを理由を含めて書く。(80 ～ 100 字)
福岡	相手に伝えるときに大切にしたいことについての意見とメモ、伝える手段の特徴を挙げた資料を見て、自分ならどのように伝えるのが大切で効果的か、二段落構成で書く。(181 ～ 240 字)	幼稚園幼児とのふれあい活動に関する二つの資料を見て、一段落めには「秋を見つけよう」という活動を行うにあたり、幼児にどのような場面でどう言葉をかけるか資料を参考にして具体的に書き、二段落めではその理由を資料から情報を取り上げて書く。(181 ～ 240 字)	提示された二つの資料を見て、中学校生徒会のキャッチフレーズを考える。一段落めには、そのキャッチフレーズにした理由を書き、二段落めには、自分の考えたキャッチフレーズの表現のよさについて書く。(181 ～ 240 字)

県名	2020年	2019年	2018年
佐賀	学校に通えない子どもの社会問題に関する「セーブ・ザ・チルドレン・ジャパン」の広告とJCIAのHP資料を見て、自分が考える解決法を二段落構成で書く。(101～120字)	修学旅行で予定されている自主研修の計画についての話し合い文を読み、見学の目的を明確にして見学コースを提案する。(60字程度)	
長崎	グループで参加するボランティア活動についての話し合いとチラシを見て、話し合いに欠席した生徒に伝えるべき活動内容と連絡事項を書く。(～70字)		中学校の保健委員会が校内放送で「睡眠の大切さ」について呼びかけることになった。その内容についての話し合いと、その後に調べたことをまとめた二つの資料の内容を踏まえて、作成中の放送原稿を完成させる。(～100字)
熊本	本川達雄「生きものとは何か」を読み、「時間の流れる速度」について自分の考えを、筆者の意見にふれながら自分の体験や見聞を交えて書く。(126～175字)	中学校の給食委員会が作成する「給食だより」の編集会議の様子を読み、「問題意識をもつことで、行動が変わったあなたの体験」について、自分がどんな問題意識を持ったか、その前と後でどう行動が変わったかを書く。(146～175字)	内山節「清浄なる精神」を読み、日常生活の中で「折り合い」をつける上で大切にしたいことについて、筆者の意見にふれながら、自分の考えを書く。(126～175字)
大分	ある中学校の生徒会で定められた三つの目標のポスターと生徒の意識調査結果(グラフ)を見て、自分なら三つの目標を設定した理由と達成するための取り組みをどう説明するか、目標のなかから一つ選び、書く。(81～120字)	「アバター技術」について書かれた記事を読み、アバター技術の実用化でどのような社会的問題が解決できるか、社会的問題の具体例を一つ絞り、その問題を解決するのにアバター技術が効果的な理由について書く。(81～120字)	観天望気についての八つの情報を踏まえて、前半には、二つの観天望気を選んで書き、後半には、自分が選んだ観天望気にどんな人が興味を持ち、どう役立つかを書く。(80～120字)
宮崎	「訪日外国人に宮崎県で観光を楽しんでもらうために必要なこと」について、クラスのグループで提案する際の表現を書く。(～90字)		
鹿児島	「古典をマンガで読むこと」についての議論のためのメモ資料と実際の議論を読み、「古典をマンガで読むことはあまり良くない」という生徒の発言文の空欄を埋めるかたちで、考えを書く。(101～160字)	高齢者の世代間交流についての資料と、世代別の言葉に対する調査資料(グラフ)を見て、一段落めには資料から読み取ったことを、二段落めには自分が高齢者とコミュニケーションをとる際、何を心がけたいか書く。(96～160字)	スポーツ大会で鹿児島県を来県する人に、再訪したいと思ってもらうためにどのような取り組みをしたいか、資料1～4を読み、重視したいことを選び、自分の考えを具体的に書く。(101～160字)
沖縄	・中学の文化祭の来場者と実行委員のアンケート資料を見て、二つの資料を関連させて読み取れることを書く。(60～80字) ・上記で読み取ったことを踏まえて、「次年度の文化祭をより良くするために必要なこと」をテーマに①必要と思うこと、②理由、③具体的な方法の三点を書く。(140～160字)	・自然学習実習先の「やんばる野生生物保護センター」の担当者との電話での会話文を読み、ヤンバルクイナの交通事故に関する二つの資料から読み取れることを書く。(60～80字) ・同電話会話文を読み、「沖縄の希少な野生生物を守るために必要なこと」を、①必要だと思うこと、②理由、③対策の三点で書く。(140～160字)	・沖縄県の観光に関する三つの資料のうち、「沖縄旅行の満足度」から読み取れることと、そのことに対する意見を書く。(80～100字) ・沖縄県の観光のために必要だと思うこととその理由を具体的に書く。(140～160字)